KB044417

감시 자본주의 시대

The Age of Surveillance Capitalism

THE AGE OF SURVEILLANCE CAPITALISM

감시 자본주의 시대

권력의 새로운 개척지에서 벌어지는 인류의 미래를 위한 투쟁

쇼샤나 주보프 지음
김보영 옮김
노동욱 감수

문학사상

"주보프는 감시 자본주의의 기원과 우리 사회에 끼칠 해악을 집요하게 파고들며 흡인력 있는 문장으로 감시 자본주의의 본질을 전달한다. … 새로운 자본주의를 이해하기 위한 힘든 여정을 믿음직하게 이끌어줄 귀중한 책이다."

—제이컵 실버먼, 《뉴욕 타임스 북 리뷰》

"독창적이고 여러 번뜩이는 통찰을 보여주는 이 책은 대중과 정치인들이 디지털 매체의 비범한 힘 및 그 힘을 통제하는 기업들과 씨름하는 대목에서 결정적인 순간에 도달한다. 최근에 출간된 토마 피케티의 《21세기 자본》이 그랬던 것처럼, 이 책 또한 통념에 의문을 제기하고 우리의 현재와 미래에 관해 불편한 질문을 던지며 뒤늦은 감이 있지만 반드시 필요한 논쟁을 촉구한다. 쇼샤나 주보프는 어둠 속에 감추어진 우리 삶의 새로운 지형에 가차 없이 탐조등을 겨누었다. 그리고 아름답지 않은 그림이 드러났다."

—니콜라스 카, 《로스앤젤레스 리뷰 오브 북스》

"주보프는 이 책에서 디지털 경제에 대한 빼어나고 매력적인 분석을 보여주는 동시에 테크놀로지가 정치적·사회적 삶에 일으키는 막대한 변화에 대해 사회적 각성을 촉구하고 있다."

—폴 스타, 《포린 어페어스》

"테크 기업 리더들은 대중이 이 책을 읽지 않기를 바랄 것이다. … 말할 수 없이 뛰어나며 우리를 깊이 동요시킨다."

"획기적이며 엄중한 경고 ⋯ 놓쳐서는 안 되는 책. 우리가 디지털 시대의 윤곽을 포착하려고 어둠 속을 헤맬 때,《감시 자본주의 시대》는 조명탄을 쏘아올려 이 혁명이 우리의 경제, 정치, 사회, 그리고 삶 자체를 어떻게 변화시키고 있는지를 만천하에 드러낸다."

"우리가 개인이자 사회구성원으로서 지금 경험하고 있는 디지털화의 영향이 어떻게 전개되어왔는지를 설명하고 더 큰 그림을 그리려는, 지금껏 가장 야심찬 시도. ⋯ 주보프는 이 책을 통해 애덤 스미스, 막스 베버, 칼 폴라니, 그리고 감히 말하자면 카를 마르크스의 계보를 잇는다. 우리 사회 구석구석을 헤집고 돌아다니는 이 새로운 자본주의 변종을 길들이지 못한다면, 더 이상 몰랐다고 발뺌할 수 없어진 우리에게 남는 것은 자책뿐일 것이다. 인상적이고 명쾌한 책이다.

"대담하고 영향력 있는 책. ⋯ 주보프는 기술에 대한 심층적인 이해와 광범위한 인문학적 식견을 결합함으로써 이 시대의 경제적 조건—이는 결국 사회적·정치적 조건이 된다—에 대한 최초의 결정적 해석으로 평가될 만한 책을 썼다.

"폭넓은 사유와 열정을 모두 갖춘 중요한 책."

—브라이언 애플야드, 《선데이 타임스》

"쇼샤나 주보프의 《감시 자본주의 시대》는 21세기 정치, 경제, 문화, 사회에 관한 가장 중요한 책이 될 가능성이 크다. 주보프는 우리가 거대 기업들에게 무료로 내주는 사적인 데이터의 탈취를 토대로 하는 완전히 새로운 자본주의 형태에 대해 어느 누구보다 더 강력한 설명을 제공한다. 이 책은 우리 시대의 《자본론》이다."

—핀탄 오툴, 《아이리시 타임스》

"새로운 지평을 여는 책. … 주보프는 지식 기반 테크놀로지를 통해 자본이 축적되는 시대에 마르크스의 잉여가치 이론을 적용함으로써 우리 모두를 장악하고 있는 감시 체제의 실체를 꿰뚫어 비판적 시각을 갖게 해준다."

—존 그레이, 《뉴 스테이츠먼》

"우리에게 도래한 정보 문명에 관한 독보적인 필독서."

—데이비드 파트리카라코스, 《리터러리 리뷰》

"이 책의 주된 공헌은 지금 일어나는 일에 이름을 붙이고, 그것을 문화적·역사적 관점에서 사유하며, 우리에게 충분한 시간을 갖고 멈추어 서서 우리의 미래가 현재와 어떻게 달라질 수 있을지 숙고할 것을 요청한다는 점이다.

—프랭크 로즈, 《월 스트리트 저널》

"키 플레이어들이 그들을 저지하려는 정부의 노력을 무시하고 비웃으며 종국에는 유린하기까지 하는 과정이 주보프에 의해 하나하나 드러날 때마다 충격적이다."

—카트리나 걸리버, 《타임스 리터러리 서플먼트》

"《감시 자본주의 시대》는 애덤 스미스의 《국부론》에서 토마 피케티의 《21세기 자본》에 이르는 기념비적 저작에 비견되어왔는데, 충분히 그럴 만하다."

—《체인지보드 매거진》

"책의 중요성이 우리가 사는 세계를 얼마나 효과적으로 묘사하는지, 그 세계를 변화시킬 잠재력이 얼마나 큰지에 따라 측정되는 것이라면, 나는 이 책이 21세기의 가장 중요한 책이 될 것이라고 본다."

—《런던, NW》 저자 제이디 스미스

"테크놀로지 산업이 일으킨 변화에 관해 급진적 재해석을 제공하는 쇼샤나 주보프의 《감시 자본주의 시대》는 내가 지금까지 읽은 테크놀로지와 정치, 사회의 교차점을 다룬 책 중 가장 중요하다.

—미카 시프리, 《아메리칸 프로스펙트》

"현대인의 디지털 철창살이 어떻게 만들어져가는지 단계별로 잘 설명한다."

—앨릭스 로스, NewYorker.com

"이 책은 위험에 처한 사람들에게든 그들을 보호할 권력이 있는 사람들에게든 분명하게 경종을 울리며, … 이 체제에 정신이 번쩍 드는 충격을 가하는 동시에 개인들에게 너무 늦기 전에 통제권을 되찾으라고 촉구한다."

—《더 내셔널 UAE》

"테크놀로지 기업들이 데이터 수집을 위해 무슨 일을 하고 있는지 철저하게 학구적으로 파헤친다."

—《워싱턴 포스트》

"이 책을 손에 들고 있는 것만으로도 이 시대의 포식자들로부터 한 발짝 피해 있는 느낌이 든다."

—아난드 기리다라다스, 《엘리트 독식 사회》 저자

"쇼샤나 주보프의 《감시 자본주의 시대》는 이미 레이첼 카슨의 《침묵의 봄》이나 카를 마르크스의 《자본론》 같은 사회경제적 분석의 고전에 견주어진다. 충분히 그럴 만하며 더 높은 평가도 아깝지 않다. 《침묵의 봄》처럼 기업의 이해관계가 우리 세계를 어떻게 해치고 있는지를 충격적으로 폭로하고 있으며, 《자본론》처럼 그 해악을 이해하고 그에 맞서 싸울 수 있는 프레임을 제공하기 때문이다. 그러나 《감시 자본주의 시대》는 걸작 공포물이기도 하다. 이 책은 우리를 매일 매 순간 따라다니면서 메타데이터를 빨아먹는 알고리즘 악령을 묘사하는데, 나를 이보다 겁에 질리게 한 책을 떠올리기 힘들 정도다. 지난 10여 년 동안 우리를 추적하는 테크놀로지의 뒤를 좇아온 사람들조차도 주보프에 의해 비로소 알게 된 주변의 상황에 심장이 얼어붙을 것이다."

—샘 비들, 《인터셉트》

"테크 기업들이 어떻게 우리 삶의 매 순간을 수익화하고 그 과정에서 우리의 자유의지를 위협하는지에 대한 경고."

—《와이어드 UK》

"빅 테크의 힘에 대한 가장 중요한 비판 중 하나."

—라나 포루하, 《파이낸셜 타임스》

"섬뜩하게 본질을 꿰뚫는다."

—《글로브 앤드 메일》

"《스마트 기계의 시대》를 통해 정보 시대와 그것이 초래할 위험을 우려하는 입장의 대표주자로 자리매김한 주보프가 이번에는 현대 자본주의와 디지털 테크놀로지 사이의 불온한 관계를 시의적절하게 검토하고 있다."

—《아이리시 인디펜던트》

"주보프는 감시 자본주의의 경제적·철학적 함의를 심층 검토하고, 온종일 인터넷에 연결되어 있으려는 우리 아이들이 곧 우리에게 닥칠 현실의 징후임을 경고하며, 인간의 본질을 약탈하려는 시도에 대한 대중의 분노를 촉구한다. … '디지털의 꿈에 드리워질 그림자'가 될 거대하고 놀라운 사례다."

—《커커스 리뷰스》

"주보프는 디지털 혁명이 우리의 프라이버시와 자유를 위험에 빠트리고 있음을 설득력 있게 주장한다. … 반드시 읽어야 할 책이다."

—《워싱턴 북 리뷰》

"《감시 자본주의 시대》는 테크놀로지 지식 시대의 병폐를 다룬 최근의 여러 책 가운데 가장 중요한 책이다. 이 책은 정보의 폭격이 지식이나 지혜를 늘려주지 않을 뿐만 아니라 행동 통제를 위한 시스템을 낳음으로써 인간의 본질을 심각한 위협에 빠트리고 있음을 경고한다."

"마침내 모든 이들이 쇼샤나 주보프를 깊이와 설득력, 해박한 식견을 갖춘 우리 시대의 예언자로 받아들이고 있다. 사실 오래전부터 그랬어야 했다."

"잘 읽히면서도 많은 생각을 하게 하는 책. 강력하게 추천한다."

"정보 산업 시대의 《침묵의 봄》."

"대단한 야심과 해박한 식견을 보여주는 책. 주보프는 디지털의 출현에 대해 가장 뛰어난 예지력과 깊이를 지닌 우리 시대의 사상가 중 한 명이다. 의미 없는 트윗과 자아도취적 페이스북 게시물이 가득한 시대에, 주보프의 진지한 학문적 접근은 칭송받아 마땅하다."

"누구나 디지털 환경에서의 자기 방어 수단으로서 이 책을 읽어야 한다."

"주보프는 놀랍도록 독창적이며, 과감한 동시에 지혜롭고, 웅변적이면서 열정적이고, 학식이 깊지만 알기 쉽게 쓴다."

"장담하건대《감시 자본주의 시대》는 현대 사회에 대한 사회경제학적 분석의 교과서로서 애덤 스미스의《국부론》이나 막스 베버의《경제와 사회》의 반열에 오를 것이다."

—톰 피터스, 《초우량 기업의 조건》 공동 저자

"탁월하게 핵심을 꿰뚫는 책. 보기 드문 개념적 대담함, 문장의 아름다움, 헤아리기 어려울 만큼 깊이 있는 절박함을 갖춘 역저다."

—로버트 B. 라이시, 《공동선》과 《자본주의를 구하라: 소수가 아닌 다수를 위하여》 저자

"논의의 깊이, 해박한 지식, 지적 엄격함, 무엇보다 그녀의 주장에 실린 힘 때문에 책을 읽는 내내 정신이 혼미해질 지경이었다."

—독 설스, 《인터넷 경제》 저자이자 《리눅스 저널》 편집장

"이 책은 날카로운 지성과 인간에 대한 깊은 애정으로 위험하리만큼 비인간적인 이 시대의 모습을 적나라하게 보여주면서 우리가 어떤 미래로 가고 있는지를 이야기한다."

—케빈 워바크, 펜실베이니아 대학교 와튼 스쿨 교수, 《블록체인과 새로운 신뢰 구조》 저자

나의 과거와 미래,

사랑하는 짐 맥스민과의 추억에,

용기 있는 친구 프랑크 쉬르마허와의 추억에,

내 아이들 클로이 소피아 맥스민과 제이컵 래퍼얼 맥스민에게

이 책을 바칩니다.

아이들의 미래를, 미래 세대의 도덕적 이상을 지키기 위해

이 책을 썼습니다.

현재가 차갑게 굳어버린 우리, 그 어둠과 소음 속에
잠에서 깨어나 오랜 옛날 남쪽 나라를 향해 한숨짓네
벌거벗고 지내던 본능적인 평온함의 따뜻한 시대
순수한 입 안에 맴도는 기쁨의 맛

밤이 오면 오두막에서 꿈꾸지
미래의 공 안에서는 미로의 의식儀式마다
음악의 계획이 그리고 음악의 심장이 있으니
조금의 흠도 없는 그 길을 조금의 흠도 없이 따를 수 있어

우리는 확실한 흐름, 확실한 거처를 부러워하지
그러나 확신 없이 실수를 거듭한 우리는
벌거벗지 못하고 신전의 문처럼 고요해질 수도 없어

태초와 같이 흠 없는 존재로 돌아갈 수 없으니
우리가 필요해서 얻은 자유,
그곳이 인간이 살기로 한 산.

— W. H. 오든, 《중국 소네트》, XVIII

감시 자본주의 Sur·veil·lance Cap·i·tal·ism

1. 인간의 경험을 무료로 추출하여 예측, 판매로 이어지는 숨은 상업적
   행위의 원재료로 이용하려는 새로운 경제 질서

2. 상품과 서비스 생산이 전 지구적 규모의 새로운 행동수정 아키텍처에
   종속되는 기생적 경제 논리

3. 인류 역사상 전례 없는 부, 지식, 권력의 집중을 특징으로 하는
   자본주의의 악성 돌연변이

4. 감시 경제의 토대를 이루는 틀

5. 19세기 및 20세기에 산업 자본주의가 자연에 가한 위협에 견줄 만한
   인간의 본성에 대한 위협

6. 새롭게 등장해 사회를 지배하려 들고 시장 민주주의에 갑작스러운
   도전을 제기하는 도구주의 권력의 기원

7. 총체적 확실성에 근거해 새로운 집단적 질서를 부과하려는 움직임

8. 위로부터의 쿠데타에 상응하는 중대한 인권 박탈, 즉 국민주권의 전복

차례

들어가며

디지털 미래는 인류가 살 만한 시대가 될 수 있을까?

1부 감시 자본주의의 토대

01 2011년 8월 9일: 감시 자본주의를 위한 무대 설치

2부   # 감시 자본주의의 전진

3부 **3차 현대성과 도구주의 권력**

결론

디지털 미래는
인류가 살 만한 시대가 될 수 있을까?

> 나는 보았네. 칼립소의 섬, 그녀의 궁전에서
> 그의 눈물이 흘러넘치는 것을
> 그녀가 그를 가두어 놓았으니, 그는 고향 땅에 돌아갈 수 없네.
>
> **– 호메로스, 《오디세이아》**

I. 가장 오래된 질문

"우리 모두가 똑똑한 기계를 위해 일하게 될까요, 아니면 똑똑한 사람들이 기계를 중심으로 모이게 될까요?" 1981년에 어느 젊은 제지공장 경영자가 나에게 던진 질문이다. 메기 튀김 요리를 먹고 피칸 파이로 식사를 마무리하려던 참이었다. 그의 거대한 제지공장이 있는 남부 소도시에서의 첫날밤이었다. 나는 그로부터 6년 동안 주기적으로 그 도시를 방문했다. 비가 내리던 그날 밤, 탁자 위 천막에 점점 더 세차게 후두둑거리던 빗소리조차 들리지 않을 정도로 청년 사업가의 말은 나의 뇌리를 강타했다. 나는 오래된 정치적 질문들을 떠올렸다. 고향에 머무를 수 있을 것인가, 추방당할 것인가? 주군이 될 것인가, 신하가 될 것인가? 주인이냐 노예냐? 이것들은 지식과 권한, 권력에 관한, 풀리지 않는 영원한 화두다. 역사에는 종결이 없다. 어느 시대에나 새로운 위협이 재심을 요구하므로, 그 시대를 살아가는 세대는 자신의 의지와 상상력을 펼쳐야 한다.

달리 물어볼 데가 없어서였는지, 공장 경영자의 목소리는 긴급함과 좌절감으로 가라앉아 있었다. "어떻게 될까요? 우리는 어느 쪽으로 가야 하죠? 지금 당장 알아야 해요. 시간이 없다고요." 나도 답을 알고 싶었다. 그래서 연구를 시작했고, 그 결과가 올해로 나온 지 30년 된 나의 첫 책《스마트 기계의 시대: 일과 권력의 미래In The Age Of The Smart Machine: The Future Of Work And Power》였다. 그 연구는 "디지털 미래는 우리의 집이 될 수 있을까?"라는 질문에 답하기 위한, 평생에 걸친 탐구의 첫 장章이 되었다.

따뜻한 남부 도시에서 나눈 그날 저녁의 대화는 오래전 일이 되었지만, 가장 오래된 질문들은 불현듯 다시 되살아났다. 디지털 영역은 우리가 심사숙고해 의사 결정을 할 틈도 주지 않고 모든 익숙한 것을 장악하고 재정의해버린다. 우리는 여러 측면에서 네트워크로 연결된 세계를 찬미한다. 그 세계가 우리의 역량과 가능성을 풍요롭게 만들어주리라고 기대하기 때문이다. 그러나 네트워크로 연결된 세계에서 예측 가능한 미래를 감지할 감각은 사라지고, 이에 따라 전적으로 새로운 영역의 불안, 위험, 폭력이 탄생했다.

이제는 모든 계층, 세대, 사회에 걸쳐 있는 수십억 명의 사람이 가장 오래된 질문들에 대답해야 한다. 정보통신기술은 전기보다 더 널리 보급되어, 70억 명의 세계 인구 중 30억 명이 정보통신기술을 이용한다.[1] 1980년대에는 지식과 권한, 권력이 뒤얽힌 딜레마가 일터에서만 일어나는 일이었지만 이제는 그렇지 않다. 지금 그 딜레마는 생활필수품에 깊이 뿌리내리고 거의 모든 형태의 사회적 참여에 영향을 준다.[2]

바로 얼마 전까지만 해도 정보화된 일터나 정보 사회의 도전에 우리의 우려를 집중시켜야 마땅할 것 같았다. 그러나 이제 가장 오래된 질문들은 가능한 한 넓은 틀로 다루어져야 한다. 그 틀을 가장 잘 정의하는 용어는 '문명', 더 구체적으로 말하자면 정보 문명이다. 이 새로운 문명은 우리가 고향이라고 부를 수 있는 장소가 될 수 있을까?

모든 생명체는 태어난 곳을 향한다. 모든 생물 종은 기원한 지점을 향해 방위를 정한다. 그러한 방향성이 없다면 미지의 영역을 항해할 방법이 없고, 길을 잃게 될 것이다. 나는 해마다 봄이 오면 긴 여정을 마치고 내 방 창문에서 내려다 보이는 만으로 돌아오는 한 쌍의 아비阿比새를 보며 이 사실을 상기한다. 귀향, 회복, 연락, 보호를 향한 새들의 울음소리는 우리 역시 우리가 있어야 할 장소에 있다는 점에 안심하며 잠들 수 있게 한다. 바다거북은 부화하면 바다로 내려가 수천 마일을 여행한다. 여행은 10년, 20년 동안 이어지기도 한다. 그러다 알을 낳을 때가 되면 떠나온 길을 되짚어 태어난 바로 그 해변으로 돌아온다. 어떤 새들은 매년 태어난 곳에서 짝짓기를 하기 위해 수천 마일을 비행하는데, 그러는 동안 몸무게가 반으로 줄어든다. 새, 벌, 나비 … 둥지, 구멍, 나무, 호수, 벌집, 언덕, 해변, 골짜기 … 거의 모든 생명체는 한 장소에 대해 그런 깊은 애착을 가지며, 그곳에서 활발하게 번식한다. 그런 장소를 우리는 자생지라고 부른다. 다시 말해, 그들의 고향이다.

모든 여행자와 추방당한 자가 고향을 향하는 것은 인간이 가진 본능적 애착에서 비롯된다. 고향으로의 귀환nostos이 우리의 가장 깊은 욕구 가운데 하나라는 사실은 우리가 귀향을 위해 기꺼이 지불하는 대가에서 뚜렷이 드러난다. 우리가 떠나온 장소로 돌아가든, 미래에 대한 바람으로 둥지를 틀고 성장할 수 있는 새로운 고향을 만들든 어쨌든 고통은 수반된다. 우리는 여전히 오디세우스가 겪은 고난에 관해 이야기한다. 인간은 고향 해변으로 돌아가 우리가 살던 성문 안으로 들어가기 위해 고통을 견뎌낸다.

인간은 새나 바다거북보다 큰 두뇌를 가지고 있어서, 똑같은 곳으로 돌아가는 것이 항상 가능한 일은 아니며 항상 바람직하지도 않다는 사실을 안다. 고향이 언제나 단 하나의 집이나 장소일 필요는 없다. 우리는 그 형태와 위치를 선택할 수 있다. 그러나 고향이 갖는 의미를 선택할 수는 없다. 고향은 우리가 알고 있는 곳, 우리를 알아봐주는 곳, 우리가 사랑하고 사랑받는 곳이다. 고향이란 우리가 지배력을 가지고 있고, 목소리를 낼 수 있으며, 관계를 맺는 곳이자, 성역이다. 부분적인 자유와 번성을 누릴 수 있으며 어느 정도의 안식과 어느 정도의 진망이 주어진다.

고향이 사라지는 느낌은 견딜 수 없는 그리움을 불러일으킨다. 포르투갈인들은 이 느낌을 이렇게 부른다. 사우다드saudade. 이 단어는 수 세기에 걸쳐 이민자들이 고향을 향해 가진 그리움과 향수병을 뜻한다고 한다. 21세기의 혼란으로 인해 고향으로부터 분리된 데 대한 통렬한 불안과 그리움은 보편적인 이야기가 되었다. 우리 모두는 그러한 느낌에 사로잡혀 있다.[3]

II. '어웨어 홈'이라는 프로젝트

2000년 조지아 공과대학교 컴퓨터 과학자와 엔지니어가 '어웨어 홈Aware Home'이라는 프로젝트를 위해 뭉쳤다.[4] 어웨어 홈은 '유비쿼터스 컴퓨팅ubiquitous computing' 연구를 위한 '거주 실험실'을 뜻했다. 연구자들은 집에 내장된 정교한 '맥락 인식 센서' 네트워크와 입주자가 입은 착용형 컴퓨터가 생물과 무생물의 여러 프로세스를 포착하는 '인간-주택 공생'을 상상했다. 이 구상이 실현되려면 입주자의 착용형 기기로부터 얻은 개인의 정보를 호스팅하는 플랫폼과 센서가 감지한 환경 정보를 호스팅하는 플랫폼 사이의 '자동 무선 협응장치'가 필요했다.

이 연구는 세 가지 가정을 전제로 진행됐다. 첫째, 과학자와 엔지니어 들은 새로운 데이터 시스템이 완전히 새로운 영역의 지식을 산출할 것이라는 점을 이해하고 있었다. 둘째, 새로운 지식과 그 지식을 활용해 생활을 개선할 수 있는 권한은 오직 그 집에 사는 사람들에게만 귀속된다고 가정했다. 셋째, 연구진은 어웨어 홈이 발휘하는 디지털 마법이 '집'을 그 벽 안에 거주하는 사람들의 사적 성역이라고 여긴 고대 관습을 현대판으로 재탄생시킬 것이라고 가정했다.

이 모든 구상은 엔지니어링 계획에 포함되었다. 그 계획은 신뢰, 단순성, 개인의 통제권, 사적 영역인 집의 불가침성을 강조했다. 어웨어 홈 정보 시스템은 단 두 개의 노드(Node: 네트워크에서 연결 포인트 혹은 데이터 전술의 종정 혹은 재분배점)만 있는 단순한 '폐쇄 회로'로 구상되었고, 전적으로 입주자에 의해서만 제어되었다. 연구진은 이 주택이 "지속적으로… 입주자가 어디에서 무엇을 하는지를 모니터링하고 건강 상태까지 추적하므로… 입주자에게 이 정보의 공개에 대한 통제권을 주어야 할 필요가 분명하다"라고 결론지었다. 모든 정보는 "개인 정보의 프라이버시를 보장하기 위해" 입주자의 착용형 컴퓨터에 저장해야 했다.

2018년 기준으로 전 세계 '스마트홈' 시장은 360억 달러 규모로 추산되며, 2023년에는 1,510억 달러에 이를 것으로 전망된다.[5] 이 숫자들은 표면 아래의 진동을 무심코 누설하고 있다. 네스트 온도조절기라는 스마트홈 기기 하나만 살펴보자. 이 기기를 만든 네스트는 구글의 모회사인 알파벳Alphabet이 소유한 회사로 2018년 구글과 합병되었다.[6] 네스트 온도조절기에는 어웨어 홈에 담겨 있던 여러 구상이 들어 있다. 사용 이력과 환경에 관한 데이터를 수집하고, 동작 센서와 전산으로 거주자의 행동을 '학습'한다. 네스트의 앱은 자동차, 오븐, 피트니스 트래커, 침대 등 연결되어 있는 다른 제품들로부터 데이터를 수집할 수 있다.[7] 이런 시스템은 비정상적인 움직임이 감지되었을 때 조명을 켜고 녹화와 녹음이 이루어지고 있음을 경고

할 수 있고, 집주인이나 다른 사람에게 알릴 수도 있다. 구글과 합병되었으므로, 네스트의 다른 제품과 마찬가지로 온도조절기에도 디지털 개인 '비서'를 비롯한 구글의 인공지능 기술이 도입될 것이다.[8] 어웨어 홈처럼 온도조절기와 그 주변기기들도 엄청난 양의 새로운 정보를 창출하고, 그리하여 새로운 권력을 창출한다. 그런데 이 지식과 권력은 누구를 위한 것인가?

온도조절기는 와이파이 접속이 가능하고 네트워크로 연결되어 있어서, 거기서 만들어진 복잡한 개인별 데이터는 구글 서버에 업로드된다. 온도조절기에는 '프라이버시 정책', '서비스 이용약관', '최종사용자 사용권 계약'이 딸려 있다. 이런 문서들이 제시하는 프라이버시 및 보안 정책은 강압적이어서, 민감한 가정사나 개인 정보가 예측 분석이나 다른 불특정 고객에게 제품을 판매할 목적으로 다른 스마트 기기나 이름 모를 직원, 혹은 제삼자에게 공유될 수 있다고 말한다. 네스트는 수집하는 정보의 보안에 아무런 책임도 지지 않는다. 하물며 같은 생태계 내에 있는 다른 업체들이 그 데이터를 사용하는 방식에 대해서는 말할 것도 없다.[9] 런던 대학교의 두 학자는 네스트의 정책을 세밀하게 분석한 끝에 누군가가 여러 장치와 앱이 서로 연결된 네스트 생태계에 진입하면, 그 장치와 앱 각각이 저마다 부담스럽고도 파렴치한 계약 조건들을 가지고 있으므로, 가정용 온도조절기 한 대를 구입함으로써 거의 천 건의 계약을 검토해야 하는 상황이라고 결론지었다.[10]

서비스 약관에는 고객이 네스트의 약정 조건에 동의하지 않는다면 온도조절기의 기능과 보안이 심하게 손상될 것이며, 기기의 신뢰도와 안전성을 보장하기 위한 필수 업데이트를 지원받지 못할 것이라고 명시되어 있다. 그 결과는 배관 동파에서 화재경보기 미작동, 홈 시스템 해킹 위험에 이르기까지 다양하다.[11]

2018년, 어웨어 홈이 전제한 가정들은 바람과 함께 사라졌다. 어디로 간 것일까? 바람의 정체는 무엇이었나? 어웨어 홈은 다른 여러 미래지향적 프로젝트와 마찬가지로 개인이 더 유능하게 살아갈 수 있는 디지털 미래를 상상했다. 가장 결정적인 문제는 2000년에 이 비전이 개인적 경험의 프라이버시에 대한 변함없는 약속을 당연하게 전제했다는 데 있었다. 그들은 자신의 경험을 디지털화 한다면, 그 데이터로부터 얻을 수 있는 지식에 대해 독점적인 권리를 행사하게 될 것이고, 그 지식이 어떻게 사용될 것인지에 대해서도 독점적인 결정권을 가질 것이라고 가정했다. 그러나 오늘날 프라이버시와 지식, 그리고 그 활용에 대한 이러한 권리는 뻔뻔한 기업들에게 빼앗겼다. 그들은 일방적으로 타인의 경험과 그 경험에서 얻을 수 있는 지식이 자기네 것이라고 주장한다. 이와 같이 급변한 상황이 우리에게, 우리 아이들에게, 그리고 우리의 민주주의와 디지털 세계에서 사는 인간의 미래에 뜻하는 바는 무엇일까? 이 질문들에 답하는 것이 이 책의 목표다. 이 책은 디지털 세상의 꿈에 어둠이 드리우고 완전히 새로워진 탐욕스러운 상업적 프로젝트, 즉 *감시 자본주의* 사회로 빠르게 뒤바뀌는 데 대한 이야기다.

III. 감시 자본주의란 무엇인가?

감시 자본주의는 일방적으로 인간의 경험을 공짜 원재료로 삼아 행동 데이터로 번역한다. 이 데이터 중 일부는 상품이나 서비스 개선에 활용되지만, 나머지는 사유화된 행동잉여behavioral surplus로 분류되어 '기계 지능machine intelligence'이라고 알려진 고도의 제조공정에 투입되고, 당신이 지금, 혹은 장차 할 행동을 예상하는 예측상품prediction product으로 만들어진다. 그리고 이러한 예측상품은 행동의 예측이 거래되는 새로운 종류의 시장에서 거래된다. 나는 이 시장을 행동의 선물거래가 이루어지는 미래행동시장 behavioral futures market이라고 부를 것이다. 많은 회사가 우리의 미래행동에 판돈을 걸려고 안달인 까닭에 감시 자본주의 사회의 자본가들은 이러한 거래를 통해 막대한 부를 쌓는다.

이 책에서 앞으로 보게 되겠지만, 이 새로운 시장에서 경쟁의 역학관계는 감시 자본가들이 행동잉여를 통해 계속해서 점점 더 많은 예측을 끌어내도록 몰아붙이고, 목소리, 성격, 감정까지도 예측의 원천으로 삼는다. 결국 감시 자본가들은 가장 예측성 높은 행동 데이터를 얻으려면 수익성 있는 행동을 부추기고, 구슬리고, 조정하고, 몰아가기 위해 진행 상황에 개입해야 함을 알게 되었다. 경쟁 압박이 이러한 변화를 낳은 것이다. 자동화된 기계 프로세스는 우리의 행동을 알 뿐만 아니라 적절하게 모양 짓는다. 지식에서 권력으로 방향이 재설정되면서, 우리에 관한 정보 흐름을 자동화하는 것만으로는 충분치 않아졌다. 이제는 우리 자체를 자동화하는 것이 새로운 목표가 되었다. 감시 자본주의의 이 진화 단계에서, 생산수단은 복잡하고 포괄적인 '행동수정수단means of behavioral modification'에 비해 점점 더 부차적인 것이 된다. 이와 같이 감시 자본주의는 신종 권력을 낳는다. 이 새로운 권력을 나는 도구주의instrumentarianism라고 부른다. 도구주의 권력은 타인의 목적에 맞는 행동이 무엇인지를 알고, 그렇게 인간의 행동을 모양 짓는다. 이 권력은 무기와 군대 대신 자동화된 매체를 통해 그 의지를 행사한다. 그 매체는 기기, 사물, 공간이 '스마트하게' 네트워크에 연결되어 있는 아키텍처로, 점점 더 구석구석까지 컴퓨터가 내장되고 있다.

앞으로 이어질 장들에서 우리는 이러한 기업 활동과 그것들을 지탱하는 도구주의 권력의 성장 및 확산을 살펴볼 것이다. 사실 이 대담한 시장 프로젝트를 벗어나기란 어려워졌다. 그 촉수가 순진한 포켓몬고 사용자를 미래행동시장에 판돈을 건 음식점, 술집, 패스트푸드점, 가게로 살살 유인하여 먹고 마시고 쇼핑하게 만드는 데서부터, 금요일 오후 5시 45분에 여드름 치료제를 사거나 일요일 오전에 긴 시간 조깅을 하고 나서 엔도르핀이 당신의 머릿속을 강타하여 러닝화 쇼핑몰에서 '구매하기'를 클릭하거나, 다음 주에 있을 선거에서 투표를 하게 하는 등 개인의 행동을 특정 방향으로 유도할 목적으로 페이스북 프로필에서 무차별적으로 잉여 정보를 쓸어가는 데 이르기까지 넓게 뻗어 있기 때문이다. 산업 자본주의에서 끊임없이 생산수단을 증대하게 하는 압박이 있듯이, 오늘날 감시 자본가와 그 시장의 행위자들은 행동수정수단의 끊임없는 증대와 도구주의적 권력의 강화에 대한 압박을 받는다.

감시 자본주의는 오래전 꿈꾸었던 디지털 드림과 배치되며, 어웨어 홈을 망각된 유물로 만든다. 감시 자본주의는 네트워크라는 형식이 태생적으로 도덕적인 내용물을 담고 있으리라는, 즉 '연결된' 존재는 본질적으로 친사회적이고, 선천적으로 포용적이며, 자연히 지식의 민주화를 향하는 성향을 지닌다는 환상을 벗겨낸다. 디지털 네트워크는 다른 사람들의 상업적 목적을 위한 수단이 되었다. 감시 자본주의는 그 본질상 기생적이고 자기지시적self-referential이다. 카를 마르크스Karl Marx로 거슬러 올라가는 자본주의의 흡혈귀 이미지를 다시 떠올리게 하지만 뜻밖의 변화를 동반한다. 감시 자본주의는 노동이 아니라 인간 경험의 모든 측면을 다 빨아먹고 산다.

한 세기 전 제너럴 모터스가 경영자 자본주의managerial capitalism를 창안하고 완성했던 바로 그 방법과 거의 동일하게 구글은 감시 자본주의를 창안하고 완성했다. 구글은 이론적으로나 실천적으로나 감시 자본주의의 개척자였고, 연구 개발의 자금원이었으며, 실험과 실행의 선구자였다. 그러나 이 길을 가는 유일한 존재는 아니다. 감시 자본주의는 급속하게 페이스북으로, 그 다음에는 마이크로소프트로 퍼져나갔다. 아마존도 이쪽으로 방향을 틀었음이 분명해 보인다. 감시 자본주의는 끊임없이 애플을 괴롭히는 외부 위협이자 내부 논쟁과 갈등의 원천이기도 하다.

감시 자본주의의 개척자로서, 구글은 인터넷상의 미개척지에서 전례 없는 시장 운영이 가능했다. 천적이 없는 환경에 들어온 외래종과도 같았다. 이 황무지에는 법이나 경쟁자의 방해가 거의 없었다. 구글의 경영자들은 그 어떤 공공기관이나 개인들도 따라올 수 없는 무서운 속도로 사업의 체계적 일관성을 밀어붙였다. 구글은 역사적 사건에서 득을 보기도 했다. 9/11 테러에 자극받은 국가 안보기구가 통합적 지식과 확실성의 보장을 위해 감시 자본주의의 새로운 역량을 육성하고, 모방하고, 보호하고, 전용하려고 했기 때문이다.

감시 자본가들은 곧 그들이 무엇이든 원하는 대로 할 수 있음을 깨달았고, 그렇게 했다. 그들은 지지와 해방의 옷을 입고 현대인들의 불안감에 호소하며, 그것을 이용한다. 그러나 진짜 행동은 무대 밖에서 일어나고 있었다. 감시 자본가들은 개인에게 주어지는 더 큰 권한, 신속한 이동 능력, 막대한 수익원에 대한 확신, 그들이 정복하고 차지할 영토가 가진 미개척된 무방비적 본질 등을 망토로 가리듯이 그럴 듯하게 꾸민다. 그들이 지배하는 자동화된 프로세스가 본질적으로 내포하는 해독불가능성, 프로세스가 야기하는 무지와 불가피하다는 느낌이 그들을 보호했다.

이제 감시 자본주의는 미래행동시장이 처음에 온라인 광고에서 겨냥했던 대규모 인터넷 기업들의 경쟁 무대에 한정되지 않는다. 대부분의 인터넷 기반 사업에서 감시 자본주의의 메커니즘이 기본적이고도 불가피한 모델이 되었다. 결국 경쟁 압력은 오프라인 세계로의 팽창을 견인했고, 온라인에서 검색, '좋아요', 클릭 기록을 가져가듯 근본적으로 똑같은 메커니즘이 공원에서 조깅을 하거나 아침식사를 하며 대화를 나누거나 주차할 자리를 찾는 행위에도 적용된다. 오늘날 예측상품은 표적형 온라인 광고를 넘어 보험, 소매, 금융 그 외에 이 새롭고 수익성 있는 시장에 참여하려는 모든 분야의 기업에 이르기까지 광범위한 미래행동시장에서 거래된다. '스마트한' 가정용 기기든, 보험사가 '행동 심사'라고 부르는 것이든, 다른 어떤 거래든, 이제는 돈을 내고 그들이 우리를 지배하게 한다.

감시 자본주의 사회의 제품과 서비스는 가치 교환의 대상이 아니다. 그 거래를 통해 생산자와 소비자 사이에 건설적인 호혜 관계가 구축되지 않는다. 상품과 서비스는 개인적 경험을 다른 사람의 목적을 위한 수단으로 활용하기 위해 긁어모아 포장하는 채굴 사업으로 사용자들을 유인하기 위한 '미끼'일 뿐이다. 우리는 감시 자본주의의 '고객'이 아니다. "무엇인가가 공짜라면, 당신이 곧 상품이라는 뜻이다"라는 말도 있지만, 이 역시 틀렸다. 우리는 감시 자본주의를 가능케 하는 결정적 잉여의 원천이며, 원재료 착출 사업의 대상일 뿐이다. 그 사업에는 고도의 테크놀로지가 동원되며, 우리는 그것을 점점 더 피할 수 없게 된다. 감시 자본주의의 진짜 고객은 그 시장에서 미래행동에 대한 정보를 사가는 기업들이다.

이 논리는 평범한 일상을 매일 갱신되는 21세기형 파우스트의 거래로 바꾸어놓는다. 이미 알고 있듯이, 우리가 대가로 내놓아야 하는 것이 삶을 파괴할 텐데도 뿌리칠 수 없다는 점에서 '파우스트의 거래'다. 생각해보자. 인터넷은 사회적 활동에 참여하는 데 필수적인 요소가 되었다. 그런데 인터넷은 상업적인 콘텐츠로 가득하다. 그리고 그런 콘텐츠는 감시 자본주의에 종속되어 있다. 우리의 의존성은 상업적 감시 프로젝트의 핵심이다. 효율적인 삶을 향한 체감 요구felt needs는 감시 프로젝트의 뻔뻔한 급습에 저항하려는 성향에 맞선다. 이 갈등은 우리에게 정신적 마비psychic numbing를 일으켜 추적, 분석, 추출, 수정되는 데 익숙하게 하며, 체념적 냉소주의로 상황을 합리화하거나, 방어 기제로 작동할 변명을 지어내거나("나는 숨길 게 없으니까"), 좌절과 무력감 속에서 무지를 선택해 현실을 외면할 다른 방법을 찾게 한다.[12] 감시 자본주의는 이런 식으로 21세기의 개인들이 해서는 안 될 근본적으로 불합리한 선택을 강요하며, 그것을 당연하고 정상적인 것으로 만들어 우리로 하여금 사슬에 묶인 채 노래하게 한다.[13]

감시 자본주의는 지식, 그리고 지식에서 비롯되는 권력의 전례 없는 비대칭성을 통해 작동한다. 감시 자본가들은 우리에 관해 모든 것을 알고 있는 반면, 감시 자본주의의 작동은 우리가 알 수 없도록 설계된다. 그들은 우리에게서 방대한 영역의 새로운 지식을 뽑아내 축적하지만, 우리를 위해서 그렇게 하는 것은 아니다. 그들이 우리의 미래를 예측하는 것은 우리가 아니라 다른 사람들의 이익을 위해서다. 감시 자본주의와 미래행동시장이 번성하도록 허용되는 한, 새로운 행동수정수단의 소유는 생산수단의 소유를 넘어 21세기 자본주의의 부와 권력의 근원이 된다.

상기한 사실들, 그리고 그 사실들이 개인의 삶, 우리 사회, 민주주의, 새롭게 도래한 정보 문명에 가져오는 귀결들은 다음 장에서부터 상세하게 살펴볼 것이다. 여기서 활용된 증거와 추론은 감시 자본주의가 새로운 경제성의 절박함을 배후 삼아 사회 규범도 무시하고 민주 사회가 존재하기 위한 필수 조건인 개인의 자율성에 관한 기본권도 무효화하는 무법자임을 시사한다.

산업 문명이 자연nature을 훼손하며 번창해 지금 지구 전체를 위협하게 되었듯이, 감시 자본주의와 신종 도구주의 권력이 형성한 정보 문명은 인간의 본성human nature을 훼손시키며 성장하고, 결국 인류 전체를 위협하게 될 것이다. 기후 혼돈climate chaos이라는 산업 문명의 유산은 우리를 낙담과 회한, 공포에 휩싸이게 한다. 우리 시대 정보 자본주의의 지배적인 형태인 감시 자본주의는 어떤 피해와 후회를 유산으로 남겨, 미래 세대를 탄식하게 할까? 당신이 이 책을 읽을 때쯤이면, 더 많은 부문과 기업, 스타트업, 앱 개발자, 투자자가 이 그럴듯한 정보 자본주의 버전을 둘러싸고 집결함에 따라 감시 자본주의가 더 큰 영향력을 발휘하고 있을 것이다. 이러한 집결과 그것이 불러일으키는 저항은 권력의 새로운 개척지 중 핵심적인 전장戰場을 규정하게 될 것이고, 거기에서 인류의 미래가 시험대에 오를 것이다.

IV. 전례 없는 현상

감시 자본주의가 숱하게 승리의 노래를 부르는 가운데, 항상 부각되는 점이 하나 있었다. 그것은 전례 없는 현상이라는 점이다. 이전에 없던 것은 알아볼 수 없다. 전례 없는 무엇인가를 접하면 우리는 자동적으로 우리가 잘 아는 범주를 렌즈 삼아 들이대고 그것을 해석하는데, 이는 실체를 보지 못하게 만든다. 고전적인 예로, 자동차라는 전례 없는 물건을 맞닥뜨렸을 때 사람들은 옛 개념을 끌어와 '말 없는 마차'라고 불렀다. 스페인에서 온 정복자를 처음 만난 아메리카 원주민 이야기는 비극으로 끝난다. 카리브제도의 토착민이었던 타이노족Taíno族이 갑옷과 무기로 무장하고 수염을 기른 스페인 병사가 땀을 흘리며 모래사장을 터벅터벅 걸어오는 모습을 처음 보았을 때, 그 순간이 어떤 의미를 가지며 후에 일어날 어떤 일의 전조가 될지를 어떻게 알았겠는가? 민족을 파멸시킬 존재라고는 상상도 못했던 타이노족은 그 이상한 생명체들을 신이라고 여겼고, 복잡한 환영 의식으로 그들을 맞이했다. 이것은 전례 없는 일에 막혔을 때 올바른 사고가 어떻게 중단되는지 보여주는 사례다. 친숙한 대상은 기존의 렌즈로 조명할 수 있지만, 처음 접하는 대상은 과거의 연장선상에 놓음으로써 오히려 본질이 왜곡될 수 있다. 이것은 비정상적인 것의 정상화에 기여하며, 전에 없던 상대와의 싸움을 한층 더 힘겹게 만든다.

　폭풍우가 몰아치던 몇 해 전 어느 날 밤, 집이 벼락을 맞았다. 나는 전례 없는 일이라는 점이 이해력을 얼마나 저하시키는지에 관해 강렬한 교훈을 얻었다. 벼락이 치고 나서 몇 분이 안 되어 짙은 연기가 아래층에서 계단을 통해 거실로 올라왔다. 나는 가족들을 불러내고 소방서에 전화하면서, 달려 나가 가족들과 합류하기 전에 단 1~2분이라도 뭔가 유용한 일을 해야겠다고 생각했다. 우선 나는 연기로 인한 피해를 줄이기 위해 위층으로 뛰어 올라가 모든 침실 문을 닫았다. 그 다음에는 다시 서둘러 아래층의 거실로 가서 가족 앨범을 두 손 가득 챙겨 안전하게 현관에 내놓았다. 연기가 나를 덮치려는 순간, 소방서장이 내 어깨를 잡고 문밖으로 끌어냈다. 우리는 억수같이 쏟아지는 빗속에 서 있었고, 놀랍게도 우리 눈앞에서 집이 화염 속에서 폭발했다.

나는 그 화재를 통해 많은 것을 배웠다. 그중에서도 가장 중요한 교훈은 전례 없는 일의 인식불가능성unrecognizability이었다. 위기의 초기 단계에서 나는 우리 집이 연기로 망가질 것만 걱정했지 아예 사라질 수도 있다고는 상상도 하지 못했다. 나는 과거의 경험이라는 렌즈로 지금 일어나고 있는 일을 파악했고, 괴롭기는 하겠지만 결국 우회로를 거쳐 정상으로 돌아올 수 있으리라고 상상했다. 전례 없는 일을 식별해낼 수 없었던 내가 할 수 있는 일은 곧 존재하지 않게 될 방문을 닫고 사라질 운명에 처한 현관에서 안전을 도모하는 것뿐이었다. 이것이 경험해보지 못한 상황이라는 점은 깨닫지 못했다.

감시 자본주의라는 명칭은 나중에 정했지만 그 현상의 출현을 연구하기 시작한 것은 2006년에 미국과 영국의 테크놀로지 기업 경영자, 종사자들을 인터뷰하면서부터였다. 수년 동안 나는 그들에게 발생한 뜻밖의 불안 요소가 관리 소홀이나 상황 이해 및 판단 오류와 같이 본래의 경로에서 벗어난 우회로라고 생각했다.

내가 연구하던 자료들은 그날 밤 불에 타버렸고, 2011년 초에 다시 그 주제로 돌아갔을 즈음에는 지금 형태를 갖추어가고 있는 현상을 나의 구식 렌즈로 설명할 방도가 없음이 분명해졌다. 덤불 속에 숨겨진 세부사항들은 잃어버렸지만 나무의 윤곽은 전보다 더 뚜렷해졌다. 정보 자본주의는 본래의 작동 메커니즘, 경제적 필요, 시장을 등에 업고 새로운 축적 논리를 적용하는 쪽으로 단호하게 방향을 틀었다. 나는 이 새로운 형태가 자본주의 역사를 규정하는 규범과 관행으로부터 이탈했고, 그 과정에서 놀랍고 전례 없는 무엇인가가 출현했음을 알 수 있었다.

물론 경제사에서 출현한 전례 없는 현상을 주택 화재에 비할 수 없다. 재앙적 화재가 내 인생에서는 전례 없는 것이었지만, 세상에 없던 현상은 아니었다. 이와 대조적으로 감시 자본주의는 역사상 처음 등장한, 새롭고 독특한 현상이다. 그것은 지금까지 있었던 그 무엇과도 다른 새로운 종이며, 비유하자면 그 자체의 시공간적 물리 법칙이 있고 하루는 67시간이며 에메랄드빛 하늘과 땅을 향한 산맥, 건조한 물이 있는, 완전히 새로운 행성이다.

그럼에도 사라질 방문을 닫는 일의 위험성은 매우 현실적이다. 감시 자본주의가 전례 없는 현상이라는 점은 체계적인 논쟁을 피하는 요소가 된다. 우리의 기존 개념으로 충분하게 파악할 수 없기 때문이다. 우리는 감시 자본주의 아래서 일어나는 일을 '독점', '프라이버시' 같은 범주에 의존하여 논의한다. 그리고 비록 이 쟁점들이 무척 중요하고, 감시 자본주의에도 독점이나 프라이버시에 대한 위협이 있는 것이 사실이지만, 기존의 범주들은 이 신흥 체제의 가장 결정적이고 전례 없는 특징들을 확인하고 설명하기에 부족하다.

감시 자본주의는 계속 현재의 궤도를 유지하며 우리 시대의 지배적 축적 논리가 될 것인가, 아니면 때가 무르익었을 때 그것은 '시조새'였다고, 즉 무시무시하기는 하지만 궁극적으로는 자본주의의 긴 여정에서 막다른 골목을 마주할 운명이었다고 판단하게 될까? 그런 파멸에 이르게 된다면, 무엇이 그것을 그렇게 만들게 될까? 효과적인 백신을 만들려면 무엇이 필요할까?

모든 백신은 질병에 대한 철저한 지식에서 시작된다. 이 책은 감시 자본주의의 낯설고, 독특하고, 심지어 상상하기조차 힘든 면면을 탐색하는 여정이다. 전례 없는 현상을 이해하려면 효과적인 논의를 위해 필수적인 전주곡으로서 생생한 관찰과 분석, 그리고 새로운 용어 설정이 요구된다는 확신 때문에 이 책을 쓰게 되었다. 이어지는 장들에서 나는 감시 자본주의가 뿌리를 내리고 번성하는 구체적인 조건, 그리고 이 시장 형태의 작동과 팽창에 적용되는 근본 메커니즘, 경제적 필요성, 공급의 경제, 권력의 구축, 사회 질서의 원칙 등의 '운동 법칙laws of motion'을 검토할 것이다.

V. 꼭두각시가 아닌 꼭두각시 조종자

전례 없는 상대에 맞서려면 우선 우리가 쫓는 대상이 꼭두각시가 아니라 꼭두각시 조종자라는 점부터 깨달아야 한다. 이해를 어렵게 하는 첫 번째 난제는 감시 자본주의가 활용하는 테크놀로지와 감시 자본주의 자체의 혼동이다. 감시 자본주의는 테크놀로지가 아니라 테크놀로지를 주입하고 실행하는 논리 체계다. 감시 자본주의는 시장의 한 형태로, 디지털 환경 밖에서는 상상할 수 없지만 '디지털'과 동일하지는 않다. 어웨어 홈 이야기에서 보았고 다음 장에서 다시 보게 되겠지만, 디지털은 그것에 생명을 불어넣는 사회경제적 논리에 따라 여러 다른 형태를 취할 수 있다. 패배감과 무력감이라는 가격표를 붙이는 주체는 테크놀로지가 아니라 자본주의다.

감시 자본주의가 테크놀로지가 아니라 실행 논리라는 점이 핵심이다. 감시 자본주의는 우리가 그들의 관행을 그들이 활용하는 테크놀로지에 불가피하게 수반되는 현상이라고 생각하기를 원한다. 예를 들어, 2009년에 대중은 처음으로 구글이 우리의 검색 이력을 무한정 보유한다는 사실을 알게 되었다. 원재료 공급 차원에서 데이터를 사용할 수 있다면 정보기관이나 사법 당국도 그 데이터를 이용할 수 있는 것이다. 이 관행에 관해 묻자 구글의 전 CEO 에릭 슈미트Eric Schmidt는 "구글을 포함한 검색 엔진이 일정 기간 동안 정보를 보유하고 있는 것이 사실"이라고 대답했다.[14]

정확히 말하자면, 검색 엔진이 아니라 감시 자본주의가 정보를 보유하는 것이다. 슈미트의 발언은 상업적인 필요와 기술적인 요구를 뭉뚱그려 대중을 혼란스럽게 만드는 고전적인 사례로, 감시 자본주의의 구체적인 행태와 구글 검색 엔진이 실행하는 특정 선택을 위장한다. 더 중요하게는 감시 자본주의의 관행이 실제로는 자기거래의 상업적 목적을 위해 꼼꼼하게 계산된 수단이며, 따라서 여기에 아낌없는 투자가 이루어지고 있는데도, 마치 어쩔 수 없이 하는 일처럼 보이게 만든다. 이 '위장된 불가피론 inevitabilism' 개념은 2부 1장에서 깊이 있게 다룰 것이다. 지금은 디지털 혁신의 초현대적인 세련됨에도 불구하고 감시 자본주의 기업들의 메시지가 1933년 시카고 국제박람회가 "발견하는 과학, 응용하는 산업, 적응하는 인간"이라는 구호로 찬미했던 바로 그 주제와 거의 다를 바 없음을 지적하는 것으로 충분하다.

기술적으로 불가피하다는 주장에 맞서려면 방향 설정부터 해야 한다. 테크놀로지가 경제나 사회로부터 떨어져 나와 그 자체로서만 존재하지 않으며 결코 그럴 수 없다는 사실을 명확하게 인정하지 않고 정보 문명의 현상황을 평가하기란 불가능하다. 이는 기술적 불가피성이 존재하지 않는다는 뜻이다. 테크놀로지는 언제나 경제적 수단이며, 그 자체로 목적이 될 수 없다. 현대 사회에서 테크놀로지의 DNA는 이미 사회학자 막스 베버Max Weber가 "경제적 지향"이라고 부른 것에 의해 패턴화되었다.

베버가 말했듯이, 기술의 발전과 배치에는 언제나 경제적 목적이 내재되어 있다. '경제 행위'는 목표를 결정하며, 기술은 '적절한 수단'을 제공한다. 베버의 틀에서, "현대 사회에서 기술적 발전이라고 일컬어지는 것이 전반적으로 이윤 창출이라는 경제적 동기를 지향해왔다는 사실은 기술의 역사에 있어서 기초적인 사실 중 하나다."[15] 현대 자본주의 사회가 도래한 이래로 테크놀로지는 언제나 그것을 실행에 옮기게 만드는 경제적 목표의 한 가지 표현이었고, 지금도 그러하고, 앞으로도 그럴 것이다. 우리의 어휘에서 '테크놀로지'라는 단어를 삭제해보면 자본주의의 목표가 얼마나 빨리 노출되는지를 알 수 있을 것이다.

감시 자본주의는 여러 테크놀로지를 활용하지만 그 어떤 테크놀로지와도 동일시될 수 없다. 감시 자본주의는 그것이 작동할 플랫폼을 채택할 수 있지만 그 플랫폼과 동일하지 않으며, 기계 지능을 활용하지만 기계로 환원될 수 없다. 감시 자본주의는 알고리즘에 의존하지만 알고리즘과 같지 않다. 감시 자본주의 고유의 경제적 필요성이 바로 커튼 뒤에 숨어 기계를 조작하는 꼭두각시 조종자다. 다른 은유로 표현해보자면, 이 같은 경제성의 요청은 신체의 부드러운 조직들과 같아서, 엑스레이 사진에는 나타나지 않지만 근육과 뼈를 결속시키는 긴요한 일을 담당한다. 우리만 테크놀로지의 환상에 사로잡히는 것은 아니다. 이 환상은 트로이의 목마만큼 오래된, 사회 사상의 오랜 주제다. 그러나 각 시대마다 사람들은 발을 헛디뎌 테크놀로지가 다른 이해관계의 한 표현임을 잊게 만드는 늪에 빠지곤 했다. 현대 사회에서 그 이해관계는 자본의 이익을 뜻하며, 우리 시대에 그 자본은 디지털 환경을 장악하고 우리가 미래로 나아갈 방향을 정하는 감시 자본이다. 이 책에서 우리의 목표는 현대판 신종 트로이 목마에 생명을 불어넣어 우리의 삶과 우리의 사회, 우리의 문명으로 돌진하게 하여 우리를 오래된 질문으로 돌아가게 만드는 감시 자본주의의 법칙을 포착하는 것이다.

우리는 예전에도 이런 벼랑 끝에 서본 적이 있다. "한동안 우리는 예전

방식으로 새로운 문명을 작동시켜 보려고 애쓰며 휘청거렸지만 이제는 세상을 바꾸기 시작해야 한다." 1912년, 토머스 에디슨Thomas Edison은 헨리 포드Henry Ford에게 보낸 서신에서 새로운 산업 문명을 바라보는 그의 전망을 밝혔다. 에디슨은 인류의 진보에 이바지할 수 있는 산업주의의 잠재력이 강도 남작robber baron이라고 불리던 악덕 자본가의 강성 권력과 그들의 제국을 지배하는 독점 경제 때문에 좌절될 것을 우려했다. 그는 미국 자본주의의 '낭비'와 '잔인함'을 비난하며 이렇게 탄식했다. "미국의 생산 방식과 공장법, 자선단체, 자본과 노동의 관계, 분배, 이 모든 것이 잘못되었다. 통제를 벗어나버린 것이다." 에디슨과 포드 둘 다 그들이 희망을 품었던 현대 산업 문명이 다수의 비참함과 소수의 번영이라는 어둠을 향해 질주하고 있음을 알고 있었다.

이 논의에서 가장 중요한 대목은 에디슨과 포드 모두 당시의 지배적인 자본주의 관행이 산업 문명에서 도덕적 삶을 규정하게 되리라는 점을 잘 알고 있었다는 점이다. 그들은 미국이, 그리고 결국은 세계가 불행과 갈등으로 점철된 미래를 피하기 위해 새롭고 더 합리적인 자본주의를 만들어내야 한다고 믿었다. 에디슨은 모든 것이 재창조되어야 한다고 보았다. 새로운 테크놀로지는 사람들의 요구를 이해하고 충족시키는 새로운 방식을 반영해야 하고, 새로운 경제 모형은 그 새로운 방식을 이윤으로 변환시킬 수 있어야 하며, 새로운 사회 계약은 그 모든 것을 지탱할 수 있어야 했다. 새로운 세기가 밝아왔지만, 문명의 소용돌이가 그렇듯 자본주의도 달력과 시계에 따라 진화하지 않았다. 1912년이었지만 여전히 19세기가 기득권을 포기하지 않았다.

우리 시대도 마찬가지다. 이 글을 쓰는 지금, 21세기가 되고도 20년 이상이 지나갔지만, 20세기의 사회경제적 다툼이 여전히 우리를 갈라놓는다. 이러한 다툼은 자본주의의 진화라는 긴 서사시 중 감시 자본주의가 새로운 한 장의 주인공으로서 데뷔하여 스타덤에 오른 무대다. 이것이 바로 1부의 첫머리에서 보게 될 극적인 장면의 배경이다. 이 장소는 올바른 맥락에서 논의 대상을 평가하기 위해 우리가 서 있어야 할 곳이다. 감시 자본주의는 열정이 과도한 기술자들이 저지른 사고가 아니라, 성공을 보장받고 유지하기 위해 역사적 상황을 교활하게 이용하는 법을 배운, 불온한 자본주의다.

VI. 이 책의 구성, 주제, 사상적 뿌리

《감시 자본주의 시대》가 미개척지를 안내하는 최초의 지도이자 첫 시도로서, 더 많은 탐험가에게 길을 열어주게 되기를 바란다. 감시 자본주의와 그 영향을 이해하려다 보니 여러 학문 분과와 역사적 시기들을 가로지르는 탐험이 필요했다. 내 목표는 이질적인 개념과 현상, 수사修辭와 관행의 파편들 속에서 어떤 패턴을 볼 수 있게 하는 개념과 틀을 개발하는 것이었는데, 그러는 가운데 지도상의 새로운 지점 각각이 꼭두각시 조종자의 뼈와 살이 되어 그 형체를 드러내는 데 기여했다.

이 지도의 여러 지점은 격변기의 빠른 흐름들로부터 뽑아내야 한다. 현재 진행형인 현상을 이해하기 위해 내가 사용한 방법은 쏟아지는 기술적 세부 사항과 기업들의 미사여구 속에서 그 깊숙한 곳의 패턴을 분리하는 것이었다. 이 지도와 개념이 전례 없는 현상을 잘 조명하고, 감시 자본주의가 경제적·사회적 지배라는 긴 게임을 이어나가는 가운데 우리 주위에서 끓어 넘치는 사건들의 빠른 흐름에 대한 설득력 있고 종합적인 이해 방식을 제공해준다면, 나의 방법이 유효하다고 볼 수 있을 것이다.

이 책은 결론을 포함해 총 4부로 구성된다. 각각은 네 개 또는 다섯 개의 장으로 이루어져 있으며, 각 부의 마지막 장에서는 이제까지 논의한 바의 의미를 되짚어보고 개념화한다. 1부는 감시 자본주의의 토대, 즉 그 기원과 초기의 발달 과정을 다룬다. 1부 1장은 감시 자본주의가 성공적으로 데뷔한 무대를 살펴보면서 시작된다. 유감스럽게도 우리는 감시 자본주의와 관련된 현상이 급속하게 부상하고 일반적으로 받아들여진 데 대해서 피상적인 설명에 자족한 지 오래되었다. 데뷔 무대가 더 중요한 것이 바로 이 때문이다. 예를 들어, 우리는 '편리함' 같은 관념이나 여러 서비스가 '무료'라는 사실을 믿었다. 그러나 1부 1장에서는 일상생활에 디지털 테크놀로지가 깊숙이 들어오고 감시 자본주의가 뿌리를 내려 번성할 수 있게 하는 사회 조건을 탐색한다. 나는 한 세기의 역사를 지닌 개인화 과정과 신자유주의 시장 경제가 지난 10년 동안 만든 엄혹한 사회적 서식지 사이의 '충돌'을 묘사할 것이다. 개인화는 우리의 경험을 자기 결정권을 가진 개인으로서의 경험으로 만들었지만, 신자유주의 사회에서 우리의 자긍심과 자기결정권에의 요구는 일상적으로 저지당한다. 이러한 모순이 주는 고통과 좌절감은 우리로 하여금 생존을 위해 인터넷을 향해 질주하도록 자극했고, 궁극적으로 감시 자본주의의 가혹한 대가에 굴복하게 만들었다.

뒤이어 1부 2장에서는 감시 자본주의의 발명과 구글에서 이루어진 초기의 발달을 세밀하게 검토한다. 당시에 발견되고 진화한 요소들은 나중에 감시 자본주의의 핵심 메커니즘, 경제적 정언 명령, 그리고 '운동 법칙'이 된다. 구글의 기술적 솜씨와 전산 능력도 훌륭하지만, 그 성공의 진정한 공적은 스스로도 인정한, 사회적 관계에 대한 급진적인 관점에 있다. 그 급진성의 시작은 사람들의 사적인 경험 영역이나 자율적인 개인이 지닌 도덕적 완전성을 무시하는 것이었다. 감시 자본가들은 마음대로 침입할 수 있는 권한을 주장하며, 개인의 결정권을 찬탈하여 인간의 경험을 일방적으로 감시하고 스스로 부여한 권한으로 이익을 얻는 데 사용하기 위해 그 경험을 추출했다. 그들의 전진을 막을 법의 부재, 햇병아리 감시 자본가들과 국가

정보기관 사이의 상호의존적 이해관계, 새로운 영토를 지키고자 한 기업의 고집스러움이 이런 침략을 거들었다. 결국 구글은 감시 자본가들이 성공적으로 정보 자본주의의 지배적 형태로 제도화될 수 있도록 전술을 명문화했고, 이는 감시 수익surveillance revenue 경쟁에 열의를 갖고 참여할 새로운 경쟁자들을 끌어들였다. 이러한 성취에 힘입어, 구글 그리고 경쟁자들을 포함하는 더 넓은 소유주는 지식과 권력의 이례적인 비대칭성을 누리게 된다. 인류의 역사를 통틀어 이 같은 비대칭성은 전례가 없었다. 이러한 전개가 의미하는 바를 가장 잘 이해하려면 21세기 사회 질서의 핵심 축인 학습의 사회적 분업화division of learning in society가 사유화된다는 맥락에서 살펴보아야 한다.

2부에서는 확실성에 가까운 예측상품에 대한 경쟁의 결과로 감시 자본주의가 온라인 환경에서 현실 세계로 이주하는 과정을 추적한다. 이 새로운 현실 비즈니스reality business에서는 인간 경험의 모든 측면이 원재료 공급원이 되고, 행동 데이터로 렌더링될 것을 전제로 한다. 이 새로운 과업 대부분은 '개인화personalization'라는 기치 아래 달성되는데, 이는 일상생활의 친밀하고 깊숙한 곳까지 파고들어가는 공격적인 채굴 작업을 숨기기 위한 위장이다. 경쟁이 심해지면서 감시 자본가들은 인간의 경험을 추출하는 것만으로 충분하지 않음을 알게 된다. 가장 예측성이 높은 원재료를 공급받으려면 우리의 경험에 직접 개입해 감시 자본주의의 상업적 성과에 도움이 되는 방식으로 우리의 행동을 조종해야 한다. 생산수단이 새롭고 더 복잡한 행동수정수단에 종속됨에 따라 인간의 행동에 영향을 주고 적절하게 수정하게 하는 자동화된 작업 절차가 새롭게 설계된다. 우리는 페이스북의 감정 전염 실험과 구글의 기술이 담긴 증강현실 '게임'인 포켓몬고에서 이 새로운 프로토콜의 작동을 볼 수 있다. 미국 사회가 대중을 대상으로 하는 행동수정기법을 개인의 자율성과 민주적 질서에 대한 용납 불가능한 위협이라고 비난한 것이 불과 수십 년 전의 일이라는 점을 생각하면, 우리는 정신적 마비 상태에 있음이 틀림없다. 오늘날에는 그때와 똑같은 일이 일어나도 수익을 향한 행진 속에 그러한 일이 일상적으로 만연해 있어서 저항이 거의 없고 심지어는 논의의 대상도 되지 않는다. 끝으로, 나는 감시 자본주의의 작동에 의해 미래를 상상하고 의도하고 약속하고 구성하는 개인 능력의 바탕인, '미래 시제'에 대한 기본권이 도전받는다고 본다. 이 권리는 자유의지의 필수 조건이며, 더 정확하게 말하자면, 우리가 미래에 대한 의지(the will to will, 여기서 'to will'을 '미래'로 번역한 이유는 2부 5장에서 설명될 것이며 영어의 'will'이 본동사로서 '의지하다'라는 뜻과 조동사로서 미래를 가리키는 뜻을 함께 갖는 데 대한 한나 아렌트Hannah Arendt의 논의와 관련된다-옮긴이)를 끌어내는 내적 자원의 필수 조건이다. 내 질문은 이것이다. 그들은 어떻게 우리의 권리를 빼앗았나? 나는 우리의 과거와 미래의 역사에 관한 묵상으로 2부를 끝맺을 것이다. 산업 자본주의는 자연을 파괴했다. 그렇다면 감시 자본주의는 인간의 본성에 어떤 재앙을 퍼부을까?

3부에서는 도구주의 권력이 어떻게 등장하게 되었고, 그 권력이 유비쿼터스 감지 장치가 있고, 네트워크로 연결되어 있고, 전산화되어 있는, 내가 빅 아더Big Other(개인의 모든 정보가 타인 혹은 정부로부터 감시를 받고 사생활의 침해를 당하는 것)라고 부르는 기반 시설에서 어떻게 구현되는지, 이로 인해 만들어지는 사회와 사회적 관계의 전망이 얼마나 생소하고 심각하게 반민주적인지 살펴본다. 나는 도구주의 권력이 전례 없는, 완전히 새로운 종이어서 이해를 거부한다고 주장한다. '말 없는 마차' 증후군(Horseless carriage syndrome; 미디어 학자 마셜 맥루한Marshall McLuhan이 소개한 용어로 새로운 미디어를 기존의 관점으로 받아들이는 방식을 말한다. 자동차가 처음 발명됐을 때 사람들이 '말 없는 마차'라고 부른 데서 유래했다-옮긴이)도 그 이해를 어렵게 하는 이유 중 하나다. 도구주의 권력은 전체주의라는 낡은 렌즈를 통해 관찰되어 왔고, 이 때문에 무엇이 다르고 무엇이 위험한지 알아보기가 어려웠다. 전체주의는 국가를 완전한 소유를 위한 프로젝트로 변형시켰다. 도구주의와 빅 아더에서의 그 구현은 시장을 완전한 확실성을 위한 프로젝트로 변형시킬 것을 예견하게 한다. 이 새로운 프로젝트는 디지털 환경이나 감시 자본주의의 논리를 떠나 상상할 수 없다. 도구주의 권력이라는 이름을 짓고 그것을 분석하면서 나는 초기 이론물리학에서 그 지적 기원을, 극단적 행동주의자인 B. F. 스키너B. F. Skinner의 연구에서 구체화된 모습을 발견했다.

3부에서는 감시 자본주의의 두 번째 단계를 추적한다. 첫 번째 단계가 가상 세계에서 현실 세계로의 이주였다면, 두 번째 단계는 초점이 현실 세계에서 사회적 세계로 이동하는 단계다. 이제는 사회 자체가 원재료 추출과 통제의 새로운 대상이 된다. 산업 사회가 잘 작동하는 기계로 간주되었듯이, 도구주의 사회는 기계학습 시스템을 모방하는 인간들로 이루어진다고 전제된다. 즉 일종의 합류를 향한 벌집형 사고confluent hive mind로, 각각의 요소는 다른 모든 요소와 협력하여 학습하고 작동한다. 기계 합류 모형에서 각 개별 기계의 '자유'는 시스템 전체의 지식에 종속된다. 도구주의 권력도 이와 유사하게 사회적 합류social confluence를 달성하기 위해 사회를 조직하고, 이끌고, 조율하려고 한다. 이러한 사회에서는 집단 압력과 컴퓨터로 계산된 확실성이 정치와 민주주의를 대체하고, 개별 존재가 느끼는 현실과 그들의 사회적 기능은 소멸된다. 우리 사회의 가장 어린 구성원들은 소셜 미디어에 애착을 가지며 이 파괴적 역학관계를 이미 경험하고 있다. 소셜 미디어는 최초의 전 지구적 인간 벌집 실험 무대다. 나는 이 같은 전개가 두 번째 기본권인 성역을 가질 권리the right to sanctuary에 어떤 함의를 지닐 것인지 고찰할 것이다. 인간은 고대에나 문명 사회에서나 그 어느 누구도 침범할 수 없는 피난처를 필요로 했는데, 감시 자본이 새로운 권력의 미개척지 변경에서 '출구 없는' 세계를 창출함에 따라 그러한 권리가 공격받게 되었다. 이는 인류의 미래를 향한 뜻깊은 의미를 지닌다.

마지막 장의 결론은 감시 자본주의가 놀라운 방식으로 시장 자본주의의 역사를 벗어나 새로운 길로 향하고 있다는 것이다. 감시 자본주의는 방해받지 않는 자유와 총체적 지식 모두를 요구하며, 자본주의가 사람들 및 사회와의 사이에 가졌던 호혜적 관계를 버리고, 벌집에서의 삶의 완전하고 집합적인 전망을 강요한다. 그 감독과 통제는 감시 자본가들과 데이터 사제들이 담당한다. 감시 자본주의와 그 속에서 급속하게 축적되는 도구주의 권력은 자본주의적 야망이라는 역사적 규범을 초월해, 기업이나 시장 같은 종래의 제도적 범위를 넘어 인간, 사회, 정치의 영토 전체에 대한 통치권을 주장한다. 따라서 감시 자본주의를 가장 잘 설명하는 표현은 위로부터의 쿠데타다. 감시 자본주의는 국가의 전복이 아니라 국민 주권의 전복을 꾀하며, 독보적인 힘으로 민주주의의 탈공고화democratic deconsolidation를 향해 위험천만한 이동을 감행하는 가운데 이제 서구 자유민주주의까지 위협한다. 오직 '우리 민중we the people'만이 이 흐름을 역전시킬 수 있다. 우선 이 전례 없는 현상에 이름을 붙이고, 새로운 형태의 집단행동을 도모해야 한다. 그것이 일으키는 마찰은 인간의 미래를 풍요롭게 만드는 것이 우리 정보 문명의 토대로서 가장 우선시되어야 함을 재천명할 것이다. 디지털 미래가 우리가 살게 될 집이 되려면, 우리가 그렇게 만들어야 한다.

내 방법론은 이론, 역사, 철학, 질적 연구를 주로 다루는 사회과학자들의 방법과 수필가들의 방법을 결합한다. 통상적인 방법은 아니지만 이렇게 한데에는 이유가 있다. 나는 때때로 수필가들처럼 내 개인적 경험을 바탕으로 이야기할 것이다. 우리가 이 책에서와 같이 중요한 쟁점들을 다룰 때 우리의 손이 미치지 않는 기술적·경제적 요인에 너무 많은 추상적 개념이 뒤따르다 보면 정신적 마비에 빠질 가능성이 높아지기 때문이다. 감시 자본주의가 일상생활의 살갗에 남기는 상처를 포착하지 못한다면 우리는 감시 자본주의와 그것이 가져오는 결과의 무게를 온전히 다룰 수 없다.

사회과학자로서 나는 일찍이 당대에 전례 없는 현상을 마주했던 이론가들에게 흥미를 갖게 되었다. 이 관점에서 고전들을 읽으며 나는 그들의 지적 용기와 선구자적 통찰력에 새삼스럽게 감탄했다. 뒤르켐, 마르크스, 베버와 같은 사상가들은 19세기 및 20세기 초에 빠르게 형성되고 있던 산업 자본주의와 산업 사회라는 현상을 대담하게 이론화했다. 한나 아렌트Hannah Arendt, 테오도어 아도르노Theodor Adorno, 칼 폴라니Karl Polanyi, 장폴 사르트르Jean-Paul Sartre, 스탠리 밀그램Stanley Milgram 등 20세기 중반의 사상가들도 나에게 영감을 주었다. 그들은 전체주의라는 당대의 전례 없는 현상을 명명하기 위해 고군분투했고, 인류의 미래에 그 현상이 가져올 흔적을 파악하고자 애썼다. 선견지명 있는 학자들과 기술 평론가들, 헌신적인 탐사 보도기자들의 통찰력도 내 작업에 큰 도움이 되었다. 그들 덕분에 이 책에서 나타나는 지도상의 핵심 지점들을 조명할 수 있었다.

지난 7년 동안 나는 감시 자본주의의 최상위 기업들과 그들의 고객, 컨설턴트, 경쟁자들의 생태계에 초점을 맞춰 자세히 들여다보았다. 그들은 실리콘밸리의 정신을 규정하는 테크놀로지와 데이터 과학의 맥락 안에 존재한다. 이 점은 또 하나의 중요한 구별이 필요함을 시사한다. 감시 자본주의가 테크놀로지와 같지 않듯이, 이 새로운 논리 역시 어떤 단일 기업이나 기업 집단으로 환원될 수 없다. 5대 인터넷 기업인 애플, 구글, 아마존, 마이크로소프트, 페이스북은 유사한 전략과 이해관계를 지닌 단일체로 간주되는 때가 많지만, 적어도 감시 자본주의와 관련해서는 그렇게 볼 수 없다.

우선, 자본주의와 감시 자본주의를 구별해야 한다. 1부 2장에서 더 자세히 논의하겠지만, 데이터 수집의 목적과 방법이 그 구분선을 규정하는 요인에 속한다. 어느 기업이 오로지 제품이나 서비스의 개선을 위해 허락을 받고 행동 데이터를 수집한다면, 이는 자본주의적 행위이기는 해도 감시 자본주의적 행위는 아니다. 5대 인터넷 기업은 모두 자본주의를 실천하고 있지만 그들이 전적으로 감시 자본주의의 행위자들이라고 볼 수는 없다. 적어도 지금은 그렇다.

예를 들어, 애플은 내가 감시 자본주의 체제에서 이루어지는 행위라고 간주하는 여러 행위들을 하지 않겠다고 선언하며 선을 긋는다. 애플이 실제로 약속을 완벽하게 실천하고 있지는 못하고, 구분선이 때로 흐릿해지기도 하며, 방향을 바꾸거나 모순된 행동을 할 수도 있다. 아마존은 한때 데이터 수집과 서비스 개선 간의 선순환과 고객들의 지지에 자부심을 가졌다. 애플과 아마존은 물리적 제품과 디지털 제품 모두에서 수익을 창출한다는 공통점이 있다. 따라서 순수한 데이터 기업보다 감시 수익에 대한 압박이 덜하다. 그러나 2부 3장에서 보게 되겠지만 아마존은 최근에 '개인화된' 서비스와 제3자 수익을 새롭게 강조하고 있어서, 감시 자본주의 쪽으로 더 이동한 것으로 보인다.

특정 기업이 감시 자본주의의 세계로 완전히 이동했는지는 가령 아마존의 독점이나 반경쟁적 관행부터 애플의 가격, 세금 전략, 고용 정책까지 그 기업의 운영으로부터 제기되는 중대한 쟁점들에 대해 아무것도 설명해주지 않는다. 미래를 보장해주는 것도 아니다. 애플이 감시 자본주의에 굴복할지, 선을 유지할지, 혹은 그 야망을 확장해 인류의 미래가 개인의 자율성이라는 이상 및 민주주의 사회의 가장 깊은 가치와 동맹을 맺는 효과적인 대안적 궤도에 안착하게 될지는 시간이 말해줄 것이다.

이 구별이 내포한 한 가지 중요한 함의는 독점이나 사생활 문제 등 기술 기업들이 낳은 자본주의적 폐해가 제기된다고 해도, 그러한 폐해가 그 기업들이 감시 자본주의로 향하는 현상이나 감시 자본주의의 지속적인 정교화를 가로막지는 않는다는 사실이다. 예를 들어, 구글이나 페이스북의 독점을 저지하라는 요구는 더 많은 소규모 감시 자본주의 기업이 설립되게 만들고 따라서 더 많은 감시 자본주의 경쟁자들에게 길을 열어주는 결과를 낳을 수 있다. 이와 유사하게, 온라인 광고업계에서 구글과 페이스북의 복점duopoly(2개 업체에 의한 시장 독점)을 완화한다 해도 온라인 광고 시장 점유율이 둘이 아니라 5개의 감시 자본주의 기업, 혹은 50개의 기업에 분산될 뿐이지 감시 자본주의의 영향력이 줄어드는 것은 아니다. 나는 이 책의 처음부터 끝까지 감시 자본주의 시장 형태를 억제하고 퇴치하기 위해 문제 삼고 중단시켜야 할, 감시 자본주의의 전례 없는 측면들에 집중할 것이다.

나는 구글, 페이스북, 마이크로소프트를 중점적으로 다룰 것이다. 그 기업들을 전체적으로 비판하려는 의도가 아니라 그들이 감시 자본주의의 DNA를 가장 잘 살펴볼 수 있는 일종의 배양 접시라고 보기 때문이다. 앞서 제시했듯, 내 목표는 특정 기업이나 테크놀로지가 아니라 새로운 논리와 그 작동 방식의 지도를 그리는 것이다. 예전에 사상가들이 경영자 자본주의와 대량생산이라는 새로운 논리를 포착하기 위해 여러 사례를 넘나들었듯이, 나 역시 여러 통찰을 엮어 지도를 구체화하기 위해 많은 기업의 경계를 가로지른다. 감시 자본주의는 미국, 그중에서도 실리콘밸리, 특히 구글에서 창안되었다. 대량생산과 마찬가지로 미국의 발명품이 전 지구적 현실이 된 것이다. 이러한 이유로, 이 책의 많은 부분이 미국에서 전개된 현상에 초점을 맞추고 있지만, 그 결과는 전 세계에 영향을 미친다.

구글, 페이스북, 마이크로소프트를 비롯한 여러 기업들의 감시 자본주의적 행태를 연구하면서 나는 인터뷰, 특허, 실적 발표, 연설, 컨퍼런스, 영상, 사업계획, 정책을 면밀히 살폈다. 이에 더해 2012년부터 2015년 사이에 19개 회사의 52명의 데이터 과학자를 인터뷰했다. (대개 실리콘밸리의) 첨단 테크놀로지 기업과 스타트업에서 그들이 쌓은 경력을 합하면 총 586년에 달했다. 이 인터뷰를 진행하면서 감시 자본주의와 그 물질적 기반에 대한 내 '실측 자료ground truth' 이해 수준이 높아졌다. 처음에는 명성이 높은 소수의 데이터 과학자, 고참 소프트웨어 개발자, '사물 인터넷' 전문가를 만났는데, 그들이 동료를 소개해주면서 인터뷰 표본이 커졌다. 인터뷰는 몇 시간에 걸쳐 이루어지기도 했다. 비밀 유지와 익명성을 약속했지만, 한 사람 한 사람 모두에게 감사하며, 이 지면을 빌려 공개적으로 감사를 전한다.

끝으로, 이 책의 독자들은 첫 머리에 실은 W. H. 오든W.H.Auden의 《중국 소네트Sonnet from China》 XVIII 전문 외에 같은 연시에서 발췌한 구절들을 읽게 될 것이다. 나에게 소중한 의미를 지니는 오든의 연작은 인류의 신화적 역사에 대한 신랄한 탐구이며 폭력과 지배에 맞서는 영원한 투쟁이자 인간 정신의 초월적 힘과 미래에 대한 끈질긴 권리 주장이다.

1부
감시 자본주의의 토대

01

2011년 8월 9일
: 감시 자본주의를 위한 무대 설치

> 위험과 처벌이 더 커지고
> 돌아가는 길은 천사들이 막아섰으니
> 시인과 정치인은 그리로 갈 수가 없네.
>
> **— W. H. 오튼, 《중국 소네트》 II**

2011년 8월 9일, 수천 킬로미터 떨어진 곳에서 일어난 세 사건이 새롭게 등장한 정보 문명에 대한 풍부한 전망과 증폭되는 위험을 포착했다. 첫째, 낡은 사회경제적 문제들을 해결할 디지털 드림을 약속한 실리콘밸리의 개척자 애플이 결국 엑손모빌을 능가해 세계에서 가장 시장 가치가 높은 기업에 등극했다. 둘째, 런던에서 일어난 경찰 총격 사건이 시 전역의 대규모 폭동을 촉발하고 격렬한 항의 물결이 전국을 뒤덮었다. 10년 동안 디지털 부문이 폭발적으로 성장했지만 신자유주의 경제 체제의 살인적인 긴축 재정과 그로 인한 극심한 불평등은 완화하지 못했다. 너무 많은 사람이 미래에서 배제되었다고 느꼈고, 분노와 폭력이 유일한 해결책이라고 여겼다. 셋째, 스페인 시민들이 구글에 '잊힐 권리'를 요구함으로써 인간의 미래에 대한 권리를 주장했다. 이 사건은 더 공정하고 민주적인 디지털 미래를 염원한 오랜 꿈이 얼마나 빨리 악몽으로 바뀌고 있는지를 세계에 경고했으며, 디지털 역량과 자본주의적 야망의 융합을 둘러싼 전 지구적 전쟁을 예고했다. 우리는 정보 문명이 마침내 민주적 조치나 사적 권력 혹은 무지나 표류에 의해 모양을 갖추게 될 때까지 아무리 나아가도 제자리로 돌아오는 어느 고대 우화 속 주인공처럼 그 8월 9일을 매일 다시 경험하고 있다.

I. 애플의 해킹

애플은 수요와 공급의 대격전지 한복판에 있던 음악 산업을 뒤흔들었다. 한편에는 냅스터 등 음악 파일 공유에 대한 열광을 통해 질적으로 새로운 수요를 보여주던 젊은이들이 있었다. 그들은 내가 원하는 것을 내가 원할 때 내가 원하는 곳에서 나만의 방식으로 소비하고자 했다. 반대편에는 음반업계 경영자들이 있었다. 그들은 가장 열렬한 냅스터 사용자들을 추적해 기소함으로써 공포심을 주입하고 그 수요를 짓밟고자 했다. 애플은 업계 종사자들과 협업하면서도 개인 사용자들의 변화하는 요구에 맞춤으로써 상업적이고 합법적인 해법으로 간극을 메웠다. 냅스터가 음악 산업을 해킹했다면 애플은 자본주의를 해킹한 것으로 보였다.

애플의 해킹이 실제로 얼마나 극적이었는지는 쉽게 잊는다. 애플의 수익은 아이팟과 아이튠즈, 아이폰의 매출에 힘입어 급등했다. 《블룸버그 비즈니스위크Bloomberg Businessweek》는 월가의 투자분석가들이 애플의 불가사의한 '기적'으로 혼미해졌다고 묘사했다. 한 분석가는 이렇게 말했다. "… 예측 모형을 만들 수조차 없다. 마치 종교 같다."[1] 그 수치는 지금 들어도 충격적이다. 2003년 10월, 윈도우 호환 아이튠즈 플랫폼이 출시된 지 사흘 만에 무료 아이튠즈 소프트웨어의 다운로드 수가 백만 건에 이르렀고, 백만

곡의 음원이 팔렸다. 스티브 잡스Steve Jobs는 "우리는 일주일도 안 되어 모든 기록을 깨고 세계 최대의 온라인 음악 회사가 되었다"고 선언했다.[2] 한 달 안에 5백만, 석 달 후에는 천만 다운로드를 기록했고, 석 달이 더 지났을 때는 다운로드 수가 2천 5백만 건이 되었다. 그 숫자는 4년 반이 지난 2007년 1월에는 20억, 다시 6년이 지난 2013년에는 250억까지 올라갔다. 2008년 애플은 월마트를 제치고 세계 최대의 음악 판매업체가 되었다. 아이팟 매출의 성장도 화려했다. 뮤직 스토어 출시 직후에는 한 달에 백만 개가 팔렸는데, 4년 후 아이팟의 기능을 아이폰이라는 혁명적인 제품에 포함시키자 또 한 번의 도약이 일어나 1억 개가 팔려 나갔다. 2017년의 한 주식 시장 수익률 연구에 따르면 애플은 이전 세기의 그 어느 미국 기업보다 투자자들에게 더 큰 수익을 안겨주었다.[3]

아이팟이 등장하기 백 년 전, 대량생산은 경제적 가치가 실현될 수 있는 또 하나의 소우주를 드러내면서 새로운 시대로 나아가는 관문을 열었다. 아직 충분히 파악되지 않은 새로운 소비자 대중은 상품을 원하기는 하되 감당할 만한 가격의 상품을 원했다. 헨리 포드는 대규모 생산과 낮은 원가를 결합하는 혁명적 기업 논리로 자동차 가격을 60퍼센트 인하했다. 포드가 명명한 '대량생산'의 논리는 다음과 같은 그의 유명한 경구로 요약된다. "어떤 고객이든 원하는 색의 차를 구입할 수 있습니다. 단, 그것이 검은색이기만 하다면."

나중에 GM의 앨프리드 슬론Alfred Sloan은 그 원리를 다음과 같이 설명했다. "그들[소비자]에게 보여줄 제품을 완성했을 때, 우리는 반드시 그 제품을 판매해야 한다. 제품을 시장에 내놓기까지 엄청난 투자가 수반되기 때문이다."[4] 포드나 슬론의 논리와 마찬가지로 음악 산업의 비즈니스 모델도 소비자에게 무엇을 구매해야 할지 알려준다. 기존의 음반 산업 경영자들은 CD의 생산과 유통에 투자했으므로, 고객은 CD를 구매해야 했다.

헨리 포드는 모델 T라는 자동차로 새로운 대량 소비의 가능성을 타진하여 대성공을 거둔 최초의 인물 중 한 사람이 되었다. 아이팟처럼 포드의 모델 T 공장도 즉각적인 수요 폭증을 감당해야 했다. 대량생산은 어디에나 적용될 수 있었고, 실제로 그렇게 되었다. 곧 산업 전반에, 그리고 전 세계에 확산되어 생산의 틀을 바꾸었으며, 새로운 대량생산 자본주의가 20세기형 부의 창출을 위한 기초로 군림하게 되었다.

아이팟과 아이튠즈의 혁신은 디지털 테크놀로지의 새로운 역량으로 소비 경험을 역위invert시킴으로써 한 세기 동안 지배적이었던 이 기업 논리를 뒤집어놓았다. 애플은 차별화된 상업 논리로 청취자와 음악 사이의 관계를 다시 썼다. 지금은 이 논리가 익숙해졌지만 처음 소개되었을 때에는 혁명적인 경험이었다.

애플이 일으킨 역위에는 그것을 뒷받침하는 몇 가지 핵심 요소가 있었다. 디지털화는 가치 있는 자산, 이 경우 노래를 그것이 묶여 있던 제도적 공간에서 구출했다. 슬론은 제도적 절차에 드는 비용에 관해 언급했지만, 이제는 음악이 청취자에게 직접 도달하므로 그런 절차와 비용이 제거된다. 예를 들어, 애플은 CD를 제조하는 것과 같은 제품의 물리적 생산을 우회했고, 따라서 포장, 재고 관리, 보관, 마케팅, 운송, 유통, 물리적인 판매 등의 절차도 필요 없었다. 아이튠즈라는 플랫폼과 아이팟이라는 기기의 조합으로 청취자는 언제든지 노래 목록을 마음대로 재구성할 수 있었다. 내 아이팟은 다른 어느 누구의 아이팟과도 같지 않고, 지난주의 아이팟과도 다르다. 청취자가 그 구성을 정할 수 있고, 또 수정할 수 있기 때문이다. 음악 산업과 소매업체나 마케터 등 음반 산업의 주변 행위자들에게는 고통스러운 과정이었지만 이것이 바로 새로운 청취자가 원하는 바였다.

이 성공을 어떻게 이해해야 할까? 애플의 '기적'은 대개 천재적인 디자인과 마케팅 덕분이라고 해석된다. '내가 원하는 것을 내가 원할 때 내가 원하는 곳에서 내가 원하는 방식으로' 가지고 싶어 하는 소비자의 열망은 '편리함'을 요구하는 증거로 간주되며, 때로는 나르시시즘이나 조급함으로 치부되기도 한다. 내 관점에서 볼 때 이런 설명은 애플의 성취가 보인 전례 없는 규모에 비해 볼품없다. 우리는 역사적으로 어떠한 힘이 삶에 이 새로운 형태를 소환했는지 깊이 파고들지 못한 채 너무 오랫동안 애플의 자본주의와 디지털의 전례 없는 결합을 피상적으로만 설명하는 데 그쳤다.

포드가 가장 먼저 대량 소비 가능성을 타진했듯이, 애플 역시 개인이 집단에 환원되지 않는 새로운 사회, 개인화된 소비에 대한 그들의 수요를 타진함으로써 폭발적인 상업적 성공을 경험한 최초의 기업 중 하나가 되었다. 애플이 이룬 역위는 상업적 개혁 전체를 아우르는 더 큰 이야기를 암시했다. 디지털 시대는 결국 소비의 초점을 대중에게서 개인으로 옮기는 수단을 제공했으며, 자본주의의 작동과 자산을 해방시키고 재구성했다. 이 새로운 시대는 완전히 새롭고, 긴급히 요구되며, 네트워크로 연결된 디지털 공간 밖에서는 사실상 불가능한 무엇인가를 약속했다. 우리의 새로운 요구와 가치를 지지하는 암묵적 약속은 우리 내면의 존엄성과 가치를 확인시켜 주고 우리 개개인을 의미 있는 존재로 인정하는 것 같았다. 이는 소비자들에게 개인적 요구에 무관심한 제도적 세계로부터 잠시 빠져나올 수 있게 하는 가운데, 내가 선택한 바로 그 방식으로 내가 진정으로 원하는 것에 도달할 수 있게 연결함으로써 공급과 수요를 재결합할 수 있는 새로운 합리적 자본주의의 가능성을 열었다.

앞으로 이어질 장들에서 논의하겠지만, 아이팟을 거칠게 몰아붙인 역사적 조건은 우리가 불평등과 배제에 대한 해결책을 추구할 때 인터넷의 해방적 약속을 우리의 일상생활에 소환하기도 했다. 이 책의 논의에서 가장 중요한 것은, 이 동일한 조건이 감시 자본주의가 뿌리를 내리고 번성할 수 있는 서식지를 제공한다는 점이다. 더 정확하게 말하자면, 상반되는 두 개의 역사적 힘이 파괴적 충돌을 일으켰기에 애플의 기적이 가능했고 감시 자본주의도 성공할 수 있었다. 그중 한 힘은 근대화라는 더 긴 역사에 속하며, 한 세기에 걸쳐 사회의 중심이 대중에서 개인으로 이동하게 만든 힘이다. 반대 방향의 힘은 수십 년에 걸쳐 신자유주의 경제 패러다임의 실행과 정교화를 견인한 힘이다. 신자유주의 패러다임은 그 자체의 정치경제학을 형성하고 사회를 변형했으며, 특히 심리적 자기 결정권을 갖고 도덕적 주체가 되고자 하는 개인의 욕구를 변형하고, 제압하며, 방해하거나 심지어는 파괴하고자 했다. 다음 절에서는 이 충돌의 기본적인 윤곽을 간략하게 그려보면서, 다음에 이어질 장들에서 감시 자본주의의 지배력이 급속하게 부상한 과정을 살펴볼 때 준거로 삼을 용어들을 정리할 것이다.

II. 두 현대성

자본주의의 진화는 특정 시공간에 사는 사람들의 요구에 대한 응답이다. "대량생산은 대중의 욕구를 인지하면서 시작된다"고 말한 헨리 포드는 이 점을 확실히 알고 있었다.[5] 디트로이트의 자동차 제조업체들이 고급 차량에 집착하고 있을 때 포드만은 새롭게 등장한 근대화된 국민들을 알아보았다. 그들은 농민, 임금 노동자, 가게 주인들로, 가진 것은 많지 않지만 원하는 것은 많았고, 따라서 그들이 감당할 수 있는 가격으로 원하는 물건을 갖고 싶어 했다. 표준화, 대량생산, 낮은 단가라는 새로운 논리가 가진 변혁적인 힘이 드러나는 가운데, 포드와 그 추종자들을 소환한 바로 그 동일한 존재 조건으로부터 '수요'도 발생했다. 포드의 그 유명한 '5달러의 날(포드 자동차의 설립자인 헨리 포드가 1914년 당시 평균 2.34달러였던 노동자 임금을 5달러로 인상하겠다고 발표한 날—옮긴이)'은 바로 호혜성의 조직 논리를 상징했다. 그는 조립 라인 노동자들에게 지금껏 그 누구도 상상하지 못한 고임금을 지불했다. 대량생산 기업의 성공이 대량 소비자 집단의 번창에 달려 있음을 알고 있었기 때문이다.

새롭게 등장한 시장 형태와 경영주들은 여러 결함을 가지고 있었고 폭력적인 행태도 보였지만, 근대화된 개인들만큼은 잠재적 소비자이자 노동자이기에 중요하게 여겼다. 대량생산 기업들은 지역 사회에 의존했고, 이러한 의존은 제도화된 호혜 관계로 이어졌다. 외부적으로는 소비자가 저렴한 상품과 서비스에 접근하도록 노동자와 소비자의 권리 및 안전을 보장하고 보호하는 민주적인 감독 수단과 방법이 도입되어야 했다. 내부적으로는 안정적인 고용 시스템과 승진 체계, 꾸준한 임금 인상과 복리후생 향상을 도모했다.[6] 사실 지난 40년을 돌아보면, 그동안 이 시장 형태는 체계적으로 파괴되어왔지만, 말썽도 많고 불완전하기는 해도 사회 질서와의 호혜 관계가 가장 두드러진 특징 중 하나였던 것만큼은 사실인 듯하다.

그 함의는 새로운 시장 형태가 가장 생산적이려면 사람들의 실질적 요구와 사고방식에 맞게 모양을 갖추어야 한다는 것이다. 20세기의 여명이 밝아오던 시기에 이 점을 지적했던 위대한 사회학자 에밀 뒤르켐Emile Durkheim의 통찰은 이 책 전체를 관통하는 시금석이 될 것이다. 뒤르켐은 극적인 산업화의 격동기에 공장과 전문화, 복잡한 분업화 등을 관찰하면서, 경제학자들이 이러한 전개를 기술할 수는 있겠지만 원인을 포착하지는 못할 것이라고 보았다. 그는 이러한 전면적인 변화를 가져온 '원인'이 사람들의 요구 변화에 있으며, 경제학자들은 사회적 사실을 보지 못할 수밖에 없다고 주장했다.

우리[사회학자들]는 경제학자들과 다른 시각에서 분업을 본다. 경제학자들에게 분업이란 생산 규모 증대의 필수 요소다. 우리에게 더 큰 생산성이란 단지 불가피한 귀결, 즉 분업이 가져온 영향일 뿐이다. 우리가 전문화하려는 이유는 더 많이 생산하기 위해서가 아니라 전문화가 우리를 새로운 존재 조건 속에서 살 수 있게 할 것이기 때문이다.[7]

뒤르켐은 우리에게 주어진 '존재 조건' 안에서 어떻게 하면 효과적으로 살아갈 수 있는가에 대한 인류의 영원한 탐구가 노동 분업화, 테크놀로지, 노동 조직, 자본주의, 그리고 궁극적으로는 문명 자체를 요청하는 보이지 않는 동인이라고 보았다. 앞에 열거한 현상들은 인간의 욕구라는 동일한 용광로에서 주조되며, 그 욕구는 효율적인 삶을 위한 격화일로의 '폭력적 투쟁'에 의해 만들어진다. "만일 노동이 더 분업화된다면 그것은 생존을 위한 투쟁이 더 격렬해졌기 때문일 것"이다.[8] 자본주의의 합리성은 사람들이 자신의 시공간에서 맞닥뜨리는 존재 조건과 씨름하면서 삶을 효과적으로 살기 위해 노력하는 가운데 느끼는 욕구를 (아무리 불완전하더라도) 반영한다.

뒤르켐의 렌즈를 통해서 보면, 우리는 포드의 모델 T를 갈망하는 고객들과 아이팟이나 아이폰 소비자들이 각 시대의 특징적 존재 조건을 표출하고 있음을 알 수 있다. 사실 각각은 '개인화'라고 알려진 한 세기에 걸친 과정 중 서로 다른 두 단계가 낳은 결실이다. 개인화는 현대modern era 인류의 징표다. 포드의 대량 소비자는 '1차 현대성'[9]의 구성원이었는데, '2차 현대성'의 새로운 조건은 새로운 종류의 개인을 낳았고, 이들에게 애플의 역위, 그리고 그 뒤를 이은 여러 디지털 혁신은 반드시 필요한 요소였다. 2차 현대성은 구글이나 페이스북을 우리의 삶 속으로 가져다놓았고, 감시 자본주의가 가능해지는 데 기여하는 예기치 못한 전개로 이어졌다.

두 가지 현대성이란 무엇이며, 우리의 논의에서 어떤 의미를 지닐까? 개인이 도덕의 실천과 선택이 작동하는 장소로 처음 등장한 것은, 그 출현을 위한 조건이 먼저 자리 잡은 서구에서였다. '개인화individualization' 개념을 신자유주의의 '개인주의individualism' 이데올로기와 혼동하면 안 된다. 개인주의 이데올로기는 성공이나 실패의 모든 책임을 원자화되고 고립된, 가공의 개인에게 떠넘기는데, 이때 개인은 관계, 커뮤니티, 사회로부터 단절되어 끊임없는 경쟁 속에 갇혀 있다. 평생에 걸친 자아 발전의 모색과 관련된, 심리적 '개성화individuation' 과정과도 다르다. 개인화는 현대화라는 장기적 과정의 결과물이다.[10]

인류의 삶은 불과 얼마전까지만 해도 혈통과 지역, 성별과 친족, 지위와 종교에 의해 이미 결정된 것이었다. 나는 내 어머니의 딸이거나 내 아버지의 아들일 뿐이었다. 개인으로서의 인간이라는 관념은 수 세기에 걸쳐 점차적으로 모습을 드러냈다. 약 2백 년 전, 우리는 처음으로 삶이 더 이상 부락과 씨족의 전통에 따라 한 세대에서 다음 세대로 이어지지 않는 현대의 길을 걷기 시작했다. '1차 현대성'은 많은 사람이 전통적인 규범이나 의미, 규칙으로부터 분리되면서 삶이 '개인화'된 시기를 나타낸다.[11] 그것은 삶이 정해져 있는 각본대로 이루어지는 것이 아니라 열린 결말을 갖게 됨을 뜻했다. 오늘날에는 많은 사람에게 전통이 온전하게 남아 있는 곳에서조차 이야기의 끝을 단언할 수 없게 되었다.

나는 종종 내 증조부모가 지녔던 용기를 떠올린다. 1908년, 그들은 카자흐스탄인으로서 키예프 외곽의 작은 마을에 사는 고통에서 벗어나고자 마차에 짐을 싣고, 당시 네 살이었던 나의 조부 맥스를 포함해 아이 다섯과 미국으로 가는 증기선을 탔다. 그동안, 그들이 느낀 슬픔과 두려움과 설렘의 복합적인 감정은 어떤 것이었을까? 1차 현대성을 개척한 수많은 다른 사람들처럼, 그들도 봉건제의 잔재가 남아 있는 세계를 탈출해 스스로 완전히 새로운 삶을 찾아 나섰다. 맥스는 소피와 결혼해, 자기가 태어난 마을의 리듬과 전혀 다른 가족을 일구게 된다. 스페인 시인 안토니오 마차도Antonio Machado는 그의 유명한 시에서 1차 현대성의 개척자들이 느꼈던 흥분과 그들의 용기를 이렇게 표현한다. "여행자여, 길은 없다네. 당신이 가면 그곳이 곧 길이니." '탐색search'은 탐험과 자기창조의 여정이지, 이미 나와 있는 답을 훔치는 것이 아니다.

그러나 새로운 산업 사회는 계급, 인종, 직업, 종교, 민족, 성별, 그리고 대중사회의 리바이어던인 기업, 직장, 노조, 교회, 정당, 시민 단체, 학교 같은 거대 조직들의 패턴 속에서 봉건제의 낡은 위계를 상당 부분 유지했다. 대중 사회의 새로운 세계 질서와 집중, 중앙 집권, 표준화, 관리로 이루어지는 관료적 논리는 여전히 각자의 삶에 단단한 닻과 지침, 목표를 부여했다.

부모 세대 혹은 그 이전의 모든 세대와 비교하면 소피와 맥스는 스스로 많은 것을 만들어나가야 했다. 그러나 모든 것은 아니었다. 소피는 집안일이 자기 몫이 되리라는 사실을 알고 있었다. 맥스는 가족의 생계를 위해 돈을 벌게 되리라는 것을 알았다. 그들은 세상에서 제공되는 것들에 적응했고, 그 규칙을 따랐다. 그 어느 누구도 그들에게 의견을 묻지 않았고, 설사 그들이 말했더라도 듣지 않았을 것이다. 세상은 그들에게 그들이 하기로 되어 있는 일을 할 것을 기대했다. 그들이 스스로 만들어나가는 일은 아주 조금뿐이었다. 그들은 훌륭한 가정을 꾸리고, 결국 집과 차, 세탁기와 냉장고를 갖게 될 것이었다. 그렇게 할 수 있는 방법을 찾는 일은 헨리 포드나 앨프리드 슬론 같은 대량생산 선구자들의 몫이었다.

불안감이 들었다면, 그것은 자신에게 주어진 역할들이 요구하는 바에 맞추어 살 필요성이 있음을 반증하는 것이었다. 주어진 사회적 역할의 가장자리로 비어져 나오는 자아의식은 억눌러야 했고, 이를 위해 정신적인 고통까지도 감내해야 했다. 사회화와 적응은 핵가족을 대중 사회의 사회적 규범에 순응하도록 '인격을 생산'하는 '공장'으로 보는 심리학과 사회학의 소재였다.[12] 그 '공장'은 여성성이라는 신화, 벽장 속 동성애, 교회에 다니는 무신론자, 불법 낙태 등 많은 고통도 생산했다. 그러나 결국 우리 같은 사람도 태어났다.

내가 길을 떠날 때 그 길에는 답도 없었고 따라갈 앞사람도 없었고 나침반도 없었다. 내가 가진 것은 내 안의 가치와 꿈뿐이었다. 나는 혼자가 아니었다. 그 길은 나와 같은 여정을 떠나는 사람들로 가득했다. 1차 현대성이 우리를 낳았지만, 우리는 삶에 대한 새로운 사고방식을 갖고 태어났다. 그것이 바로 '2차 현대성'이다.[13] 시작은 전통적 생활 방식으로부터 현대적 사회로의 이주였으나, 그것이 이제는 또 다른 사회를 꽃피웠다. 이 새로운 사회에서 사람들은 개별적인 자아에 대한 인식을 가지고 태어났고, 그 생득권에는 자유와 의무라는 양날이 수반되었다. 우리는 스스로 삶을 선택할 권리와 그렇게 해야 한다는 요청을 모두 경험한다. 우리는 대중이라는 무리에 속한 익명의 구성원으로 존재하는 데 만족하지 못하며, 자기결정권을 행사할 자격이 있다고 느낀다. 소피와 맥스라면 가당찮은 오만이라고 여겼을 행동이 우리에게는 명백히 옳은 일이다. 평생 불확실성, 불안, 스트레스를 가져다줄지도 모르지만, 이러한 사고방식은 분명 인간 정신의 혁혁한 성취다.

20세기 후반 이래로, 개인화의 서사는 '2차 현대성'의 국면에 접어들었다. 산업화 시대의 현대성과 그 핵심에 있는 대량생산 자본주의의 작동은 상상을 뛰어넘는 부를 생산했다. 민주 정치, 분배 정책, 교육과 의료에의 접근, 강력한 시민 단체가 그 부에 더해지면서, 새로운 '개인들의 사회'가 처음으로 등장하기 시작했다. 대학 교육, 여행, 긴 기대 수명, 가처분 소득, 높은 생활 수준, 소비재에의 폭넓은 접근, 다양한 커뮤니케이션과 정보, 전문화되고 높은 지적 수준이 요구되는 직업 등 예전에는 극소수 엘리트의 전유물이었던 경험을 수억 명의 사람들이 누릴 수 있게 되었다.

1차 현대성이 탄생시킨 계층적 사회 계약과 대중 사회는 예측 가능한 보상을 약속했지만, 그들은 우리를 묶고 있던 줄을 끊어 2차 현대성의 해안으로 굴러떨어지게 했다. 이제 우리의 삶에는 더 복잡하고 화려한 무늬가 새겨졌다. 교육과 지적 노동은 우리가 개인적 의미를 창출하고 자신의 견해를 형성할 수 있는 도구인 언어와 사고력을 증진시켰다. 커뮤니케이션, 정보, 소비, 여행은 개인의 자의식과 상상력을 자극해, 이미 정해져 있는 역할이나 집단 정체성에 의해 억눌리지 않은 관점과 가치, 태도를 갖게 해주었다. 건강 상태의 증진과 수명 연장은 삶을 더 깊고 성숙하게 만들 시간을 허락했고, 선험적인 사회 규범보다 개인적 정체성을 더 중요하게 여길 근거를 강화했다.

전통적인 역할로 복귀할 때조차도, 그러한 역할은 출생과 동시에 부과되는 절대적인 진리가 아니라 선택의 문제다. 정체성에 관한 위대한 임상의인 에릭 에릭슨Erik H. Erikson은 한때 이렇게 말했다. "예전의 정신분석 환자는 그가 무엇이고 누구인지에 대한 스스로의 생각을 가로막는 억압 때문에 고통받던 반면, 오늘날의 환자가 가장 괴로워하는 문제는 무엇을 믿어야 하는지, 내가 누구여야 하는지, 혹은 누가 될 수 있는지다."[14] 이 새로운 사고방식은 더 부유한 국가들에서 뚜렷하게 드러나지만, 전 세계 거의 모든 지역에서 2차 현대성 단계에 진입한 인구가 더 많아진 것으로 나타난다.[15]

1차 현대성은 집단적 해결을 위해 자아의 성장과 표현을 억압했지만, 2차 현대성에 의하면 자아는 우리가 가진 전부다. 정신적 주권에 대한 새로운 인식은 인터넷이 그 주장을 증폭시키기 훨씬 전부터 세상에 등장했다. 우리는 시행착오를 통해 어떻게 우리의 삶을 엮어낼 수 있는지를 배운다. 주어진 것은 아무것도 없다. 가족, 종교, 생물학적 성별과 젠더, 도덕, 결혼, 공동체, 사랑, 자연, 사회적 관계, 정치 참여, 직업, 음식… 이 모든 것은 우리가 납득할 수 있는 조건하에서 검토되고, 재협상되고, 재구성되어야 한다.

실제로 인터넷과 넘쳐나는 정보 기기들을 우리의 일상생활에 소환한 것이 바로 이 새로운 사고방식과 요구였다. 고정된 운명이 없는 삶의 부담감은 우리로 하여금 새로운 디지털 환경이 주는 풍부한 자원에 더 큰 권한을 부여하게 했다. 디지털 환경이 우리의 목소리를 증폭시키고 우리가 스스로 선택한 관계를 패턴화하는 새로운 방식을 제공했기 때문이다. 이 현상을 일으키는 힘은 매우 깊은 곳에서 작동하므로, 우리가 이 현상을 해방으로 느끼든 고통으로 느끼든 관계없이, 자신의 삶의 저자인 개인이 우리 시대의 진짜 주인공인 것처럼 보인다.[16]

서구 현대성 형성의 중심에는 개인에게 불가침의 권리를 부여하고 개개인의 삶이 지닌 존엄성을 인정하는 법과 원칙이 있다.[17] 그러나 그 법과 원칙을 피부로 느낄 수 있게 된 것은 2차 현대성의 시대에 와서다. 이 느낌은 이미 법에 확립되어 있는 바를 일상생활에서 실현하고자 하는 새로운 요구로 표출되었다.[18]

2차 현대성에는 해방적 잠재력도 있었지만 삶은 더 힘들어졌다. 그리고 오늘날 우리의 존재 조건은 그 어려움을 반영한다. 2차 현대성은 자신의 삶을 창조하고 유지하는 데 불가피하게 비용이 들어간다는 점 때문에도 우리를 힘들게 하지만, 신자유주의 패러다임이 발현하고 그 지배력이 커짐에 따라 사회경제적 정책과 관행이 제도적으로 변화한 결과로서 나타난 불안정성이 더 문제다. 광범위한 영향력을 지닌 신자유주의 패러다임은 2차 현대성이 강조하는 자기결정권과 그것을 가능케 하는 서식지를 향한 끊임없는 물결을 저지하거나 방향을 바꾸거나 뒤집고자 했다. 우리는 현대화라는 한 세기 전부터의 서사와 경제적 폭력이 효율적인 삶의 추구를 좌절시켜온 10년 된 서사 사이의 이러한 충돌 속에서 살고 있다.

경제사적으로 이 전환점을 기록하는 흥미로운 문헌은 무척 많다. 그러나 여기서 내 목표는 독자들로 하여금 이 더 넓은 범위의 서사 가운데서 그 충돌을 이해하는 데 필수적인 몇 가지 주제, 즉 애플의 '기적'과 감시 자본주

의의 잉태 및 성장 두 가지 모두를 소환한 존재 조건에 주목하게 하는 것이다.[19]

III. 신자유주의적 서식지

1970년대 중반, 전후의 경제 질서는 경기 침체, 인플레이션, 급격히 낮아진 성장률로 시달렸고, 이 현상은 미국과 영국에서 가장 현저했다. 2차 현대성을 체화한 개인들—특히 학생, 젊은 노동자, 아프리카계 미국인, 여성, 라틴아메리카계 미국인, 그 밖의 소외계층—이 동등한 권리, 목소리, 참여를 요구하며 결집함에 따라 정치 질서에 가해지는 새로운 압박도 있었다. 미국에서는 베트남 전쟁이 사회 불안의 중심 사안이었고, 워터게이트 스캔들이 드러낸 부패는 정치 개혁에 대한 대중적 요구를 촉발했다. 영국에서는 인플레이션 때문에 노사 관계가 한계점을 넘어섰다. 퇴치하기 어려워 보이는 경제적 쇠락의 망령이 민주적 사회 계약에 대한 강경한 새로운 요구와 결합되면서, 한때 확실해 보였던 케인스식 정책이 그러한 전개를 뒤집지 못하는 까닭을 판단할 준비가 안 되어 있던 양국의 선출직 공직자들은 혼란, 불안, 절망에 빠졌다.

신자유주의 경제학자들은 이런 기회가 오기를 기다렸고, 양국 정부를 괴롭히던 '정책 공백'을 틈타 그들의 구상이 흘러들어갔다.[20] 1974년에 노벨상을 받은 오스트리아 경제학자 프리드리히 하이에크Friedrich Hayek와 이년 후 노벨상 수상자가 된 미국의 밀턴 프리드먼Milton Friedman을 필두로 하는 일군의 경제학자들은 전후 내내 케인스주의가 지배하던 학계의 변두리에서 급진적인 자유시장 경제 이론, 정치 이념, 실용적 의제를 다듬었고, 이제 그들의 시대가 온 것이다.[21]

자유시장에 대한 신념은 유럽에서 전체주의적 또는 공산주의적인 집단주의 이데올로기의 위협에 맞서는 전면적인 방어책으로서 발생했다. 그것은 자기조정시장self-regulating market이 모든 국가 감독 형태로부터의 급진적 자유를 요구할 만큼 복잡하고도 완전한 자연력natural force으로 다시 받아들여지는 것을 목표로 했다. 하이에크는 시장의 엄격한 규율이 국가에게 부여된 적법한 정치적 권위를 대신하는 '확장된 질서'이므로 개인과 집단은 이 규율에 절대적으로 복종해야 한다고 설명했다. "현대 경제학은 … 그런 확장된 질서가 어떻게 정보 수집 프로세스를 구성하는지 설명한다. … 개인은 말할 것도 없고, 어떠한 중앙 계획 당국도 … 전체를 알거나 소유하거나 통제할 수 없다."[22] 하이에크와 그의 이념적 동지들은 어떤 다른 세력에 의해서도 방해받지 않고 외부의 그 어떤 권위에 의해서도 휘둘리지 않는, 자본주의의 기본적인 핵심으로 돌아가야 한다고 주장했다. 부와 권력의 불평등은 시장 체계의 성공에 필요한 특징이자 진보를 위한 힘이므로, 용인되었을 뿐 아니라 찬미되기까지 했다.[23] 하이에크의 이념은 새로운 기업의 상, 즉 기업의 구조와 철학, 사회와의 관계 등에 지적 상부 구조와 정당성을 제공했고, 이는 감시 자본주의 기업에 앞서 일어난 또 하나의 결정적 선행 사건이 되었다.

　새로운 개념은 마이클 젠슨Michael Jensen과 윌리엄 메클링William Meckling에 의해 구체화되었다. 하이에크의 연구에 크게 영향을 받은 이 두 경제학자는 20세기 기업의 친사회적 원칙을 향해 '주주 가치 운동'이라는 이름의 칼을 빼 들었다. 1976년에 젠슨과 메클링은 전문경영인을 소유주에게 기생하는 존재로 재해석한 기념비적 논문을 발표했다. 전문경영인의 존재는 불가피할지도 모르지만 어쨌든 주주의 재산 축적에 장애가 된다. 그들은 대담하게도 소유주와 경영인의 구조적 단절이 "기업의 가치를 낮추는 결과를 초래할 수 있다"고 주장했다.[24] 경영인이 자신의 선호와 안위를 위해 기업의 가치를 주주에게 최적화시키지 않는다면 그것은 경영인에게만 합리적인 일이 될 것이다. 이 경제학자들이 제시하는 해결책은 시장에서 가치를 나타내는 신호인 주가를 새로운 인센티브 구조의 기반으로 삼아 결국 경영인의 행동을 주주의 이해관계와 결정적으로 일치시키는 것이다. 하이에크의 '확장된 질서'가 준 신호를 따르지 않는 경영인은 곧 실현되지 않은 시장 가치를 포악하게 사냥하는 '문 앞의 야만인들'(RJR, 내비스코의 인수합병을 둘러싼 뒷이야기를 담은 동명의 책 제목에서 유래한 말로, 여기서 야만인은 사모펀드를 일컫는다—옮긴이)에게 잡아먹힌다.

'민주주의의 위기'라는 시대정신 속에서 신자유주의적 전망과 시장 지표로의 회귀는 정치인과 정책 입안자들에게 무척 매력적이었다. 이는 정치권으로 하여금 힘든 경제적 선택을 피할 수 있게 하는 수단이자 무질서가 우려되는 곳에 새로운 종류의 질서를 부과해주리라는 약속이었기 때문이다.[25] 그렇게 되면 시장의 힘이 가진 절대적 권위가 거역할 수 없는 통제의 궁극적 원천으로서 명문화되고, 희소 자원을 두고 영원히 경쟁할 운명을 선고받은, 원자화된 개인들의 이데올로기가 민주적 논쟁과 숙의가 있어야 할 자리를 차지하게 될 것이었다. 경쟁적 시장의 규율은 제멋대로인 개인들을 침묵하게 하고, 더 나아가 살아남는 데 급급하여 불만을 가질 틈이 없는 존재로 변형시킬 것으로 보였다.

집단주의라는 적이 물러나자 국가의 규제와 감독, 사회 보장 법령과 정책, 노동조합과 단체교섭 제도, 민주 정치 원칙과 같은 새로운 적들이 나타났다. 그런데 이 모든 것들이 시장의 진리로 대체되고, 경쟁이 성장을 가져다줄 해법으로 여겨졌다. 새로운 목표는 규제 완화, 민영화, 세금 인하 등 공급자 중심의 개혁을 통해 성취될 것이었다.

위대한 역사학자 칼 폴라니는 하이에크와 프리드먼이 주목받기 35년 전에 이미 시장 경제의 부상에 관해 역설했다. 폴라니는 상쇄적인 법과 정책 없이 작동하는 자기조정시장은 근본적으로 파괴적이라는 결론에 이르렀다. 그는 이중 운동double movement을 이렇게 묘사했다. "… 일련의 법령과 정책의 연결망이 노동, 토지, 화폐와 관련된 시장의 행위를 억제하기 위해 만든 강력한 제도들로 통합되었다."[26]

폴라니는 이중 운동이 시장을 사회에 묶음으로써, 즉 시장의 파괴적인 과잉 팽창을 막고 균형과 완화를 도모함으로써 시장의 작동을 돕는다고 주장했다. 폴라니는 이러한 대응조치가 19세기 후반 동안 모든 유럽 사회에서 자연발생적으로 출현했음을 관찰했다. 각국은 노동자들에게 주어지는 보상, 공장 시찰, 공영화, 공공시설, 식품안전, 아동노동, 공공안전 등 새로 부상한 영역들을 감독하기 위해 법, 규제, 제도를 마련했다.

미국은 수십 년에 걸친 사회적 논쟁으로 산업적 생산을 사회의 요구에 (불완전하게나마) 부응하게 하는 이중 운동을 성취했다. 이는 진보시대(Progressive Era, 미국에서 정치 개혁과 사회 운동이 활발하게 일어나던 1890년대부터 1920년대까지의 시기-옮긴이)의 반독점운동, 시민 사회, 입법 개혁으로 나타났고, 그 후 입법, 사법, 사회복지, 세금 등에 대한 뉴딜 정책과 제2차 세계대전 후에 이루어진 케인스 경제학의 제도화—궁극적으로 사회경제적 평등에 이바지한 노동시장, 과세, 사회복지 정책—과정에서 정교화되었다.[27] 이중 운동은 위대한 사회(Great Society, 린든 B. 존슨 대통령이 1964년에 발표한 개혁 정책-옮긴이)의 입법 개혁, 특히 민권법과 획기적인 환경 관련 법안 등에서 한층 더 발전되었다. 많은 학자들은 이와 같은 대응책들이 있었기에 미국과 유럽에서 시장 민주주의가 성공적일 수 있었고, 그들의 정치경제학은 수요와 공급의 호혜 관계를 생산하는 데 있어서 좌파 이론가들이나 심지어 폴라니가 상상했던 것보다도 훨씬 더 잘 적응할 수 있었으며, 20세기 중반에 이르러 대기업이 현대적 사회 제도로서 튼튼하게 뿌리를 내려 영원할 것처럼 보인 것도 그 덕분인 것으로 보았다.[28]

이중 운동은 신자유주의의 기치 아래 파기되어야 했고, 그 집행은 즉각적으로 이루어졌다. 1976년, 젠슨과 메클링이 선구적인 분석을 발표한 바로 그해, 지미 카터Jimmy Carter 대통령은 항공, 교통, 금융 부문을 대상으로 과감한 규제완화 조치를 시행하면서 기업을 월가의 시장 지표에 맞게 급진적으로 재편하기 위한 정책을 펴기 시작했다. 시작은 잔잔한 파문에 불과했지만 "20세기의 마지막 20년을 거치면서 경제의 큰 부분에서 통제력을 쓸어낼 만한 해일"로 바뀌었다.[29] 카터로부터 시작된 이 정책은 레이건과 대처 시대, 더 나아가 사실상 이후 미국의 모든 정권을, 그리고 새로운 재정 정책 및 사회 정책이 유럽과 그 밖의 지역으로 확산되면서 결국 전 세계 여러 국가를 규정하게 된다.[30]

그리하여 미국 공공기업들public corporation의 분할과 감축이 시작되었다.[31] 사회 제도로서 공기업은 비용이 많이 드는 일종의 오류로 재해석되었고, 고객이나 직원과의 장기적인 호혜 관계는 시장 효율성을 파괴하는 방해 요소로 간주되었다. 금융 정책상의 당근과 채찍은 경영진이 회사를 분할하거나 축소시키도록 설득했고, 자본주의의 논리는 수익성이 있는 상품과 서비스의 생산에서 점점 더 낯선 형태의 금융 투기로 옮겨갔다. 시장의 새로운 작동 방식이 부과한 규율은 자본주의에서 날것의 골자만 남기고 모두 벗겨냈고, 1989년 젠슨은 확신에 차 "공공기업은 빛을 잃었다"고 선언했다.[32]

세기가 바뀔 무렵, 감시 자본주의의 기본 메커니즘이 막 모양새를 갖추기 시작하면서, '주주 가치 극대화'가 기업의 '목적함수objective function'로 널리 인식되었다.[33] 이 원칙은 극단적 철학이라는 오명을 벗고 상업, 금융, 법 등 여러 영역에서 두루 표준으로 정론화되었다.[34] 2000년에 미국 공공기업이 고용한 직원 수는 1970년의 절반도 안 되었다.[35] 2009년의 공공기업 수는 1997년의 반밖에 안 된다. 공공기업은 "생산을 위해 꼭 필요하지는 않고, 고용 안정과 사회 복지 서비스 제공에 적합하지 않으며, 믿을 만한 장기적 투자 수익을 입증하지 못하는" 존재가 되었다.[36] 반면 소유와 경영의 완벽한 합일을 뜻하는 '기업가entrepreneur'에 대한 동경은 거의 신화적인 수준에 이르고, 뻔뻔함, 경쟁 상황에서의 교활함, 지배력, 부를 갖춘 단 하나의 미화된 형상이 2차 현대성에 내재되어 있던 풍부한 잠재력을 대체하게 된다.

IV. 2차 현대성의 불안정성

2011년 8월 9일, 애플의 회의실에서 환호성이 터져 나오던 바로 그때, 런던에서는 "1780년의 고든 폭동Gordon riot(영국 사상 최대의 민중 폭동으로, 반反가톨릭 시위에서 시작되어 폭동으로 격화됨-옮긴이) 이후 가장 넓게 확산되고 가장 긴 기간 동안 일어난 질서 붕괴"[37]를 진압하기로 작정한 경찰관 1만 6천명이 거리로 쏟아져 나왔다. 경찰이 한 젊은이를 총격으로 사망케 한 데서 촉발된 평화로운 철야농성이 폭력적으로 변한 것은 나흘 전이었다. 그 후 며칠 동안 폭도의 수가 급격히 늘어나고 서른두 개의 런던 내 자치구 중 스물두 개, 그리고 영국 전역의 다른 주요 도시들에서 약탈과 방화가 일어났다.[38] 나흘 동안 수천 명이 가두로 나와 5천만 달러 이상의 재산 피해를 냈고, 3천 명이 체포되었다.

애플의 등극이 2차 현대성 시대의 개인들이 주장하는 바를 재가해준 것으로 보였던 바로 그 순간에, 런던의 거리는 30년 동안 이루어진 배제를 통한 경제 성장 실험이 남긴 암울한 유산을 말해주었다. 폭동 일주일 후, 사회학자 사스키아 사센Saskia Sassen은 《데일리 비스트Daily Beast》에 기고한 글에서 이렇게 논평했다. "하나의 기저 질환을 꼽자면, 그것은 중산층의 일원이 되고 싶어 하며 자신과 부유한 엘리트 사이의 현격한 불평등을 뼈아프게 인식하는 사람들의 실업과 극심한 빈곤이 관련되어 있다. 이 폭동은 여러 측면에서 혁명의 일종이고, 더 이상 견딜 수 없는 사회 조건에 대한 이의 제기다."[39]

견딜 수 없게 된 사회 조건이란 무엇이었을까? 많은 분석가들은 영국 폭동의 비극이 신자유주의가 달성한 사회 변화 때문에 일어났다는 점에 의견을 같이한다. 그리고 그 변화는 영국과 미국에서 가장 포괄적으로 이루어졌다. 실제로 270명의 폭동 가담자 인터뷰에 근거한 런던 정치경제대학교의 연구는 "일자리도 없고, 돈도 없다"는 구호에서 볼 수 있듯이 불평등이 지배적인 쟁점이었음을 밝혔다.[40] 기회 부족, 교육 접근성의 부족, 주변화, 박탈, 불만, 절망 등 여러 연구가 서로 다른 용어를 사용했지만 결국 같은 이야기였다.[41] 그 전후에 일어난 2011년 5월 마드리드의 대규모 집회에서 시작된 분노한 사람들 운동Indignados movement, 9월 17일 월가의 주코티 공원에서 일어난 점령하라 운동Occupy movement 등과 매우 다른 양상을 띠기는 했지만, 런던 폭동도 그 운동들과 마찬가지로 경제적 불평등과 배제라는 주제에서 발원했다.[42]

미국과 영국, 그리고 유럽 국가 대부분은 도금시대Gilded Age(남북전쟁 직후 19세기 말, 미국 자본주의가 급속하게 발전한 대호황 시대-옮긴이) 이래로 가장 심각하게 세계 최빈국들과 비교해도 더 극심한 사회경제적 불평등 문제에 시달리며 2010년대에 진입했다.[43] 21세기의 첫 10년 동안 애플의 기적이 일어나고 인터넷이 일상생활을 파고드는 등 디지털 부문이 폭발적으로 성장했지만, 위태로운 사회 분열은 지금보다 훨씬 더 계층화된 반민주적 미래를 암시했다. 미국의 어느 경제학자는 이렇게 썼다. "금융 정책 안정화라는 새로운 합의를 이룬 시대에 경제는 역사상 최대 규모로 소득이 최상위층에게 이전되는 모습을 목도했다."[44] 2016년에 발표된 국제통화기금IMF의 보고서는 전 세계적 신자유주의 추세가 "기대한 바와 달랐다"고 결론지으며 냉정하게 불안정성을 경고했다. 불평등은 변동성을 증가시키고 경제 위기에 대해 항구적으로 취약하게 만듦으로써 '성장 수준과 지속성'을 현저히 떨어뜨렸다.[45]

효율적인 삶의 추구는 자유시장이라는 방패 아래 한계점까지 치달았다. 런던 폭동 2년 후, 영국에서의 한 연구는 2013년에 이르렀을 때 미흡한 교육과 실업에 따른 빈곤이 이미 인구의 3분의 1에 달했으며, 사람들을 일상적인 사회 참여에서 배제시켰음을 보여주었다.[46] 영국의 또 다른 보고서는 "소득 수준이 낮거나 중간인 노동자들이 신뢰할 만한 기록이 작성된 19세기 중반 이래로 가장 심한 생활 수준 하락을 경험하고 있다"고 적고 있다.[47] 2015년에는 긴축 조치로 인해 지방자치단체 예산이 19퍼센트, 즉 180억 파운드 줄어들었고, 아동 보호 예산은 8퍼센트 삭감되었으며, 15만 명의 연금 수급자가 더 이상 기본적인 서비스를 받을 수 없게 되었다.[48] 2014년 기준, 미국의 소득이 있는 인구 하위 절반 중 가장 높은 임금은 약 3만 4천 달러인데, 이는 미국 인구의 약 절반이 빈곤 상태에 있음을 뜻했다.[49] 또한 2012년 미국 농무부 조사에 따르면 약 4천 9백만 명이 "음식 공급이 불안정한food-insecure" 가정에 속했다.[50]

《21세기 자본Capital in the Twenty-First Century》에서 프랑스 경제학자 토마 피케티Thomas Piketty는 장기간의 소득 자료를 종합해 자본수익률은 경제성장률을 넘어서는 경향이 있다는 축적의 일반 법칙을 도출했다. 'r > g'로 요약되는 이 경향은 훨씬 더 극심한 소득 격차를 낳고 사회에 반민주적인 여러 영향을 끼쳐 결국 자본주의를 위기에 처하게 할 징후가 된다. 이러한 맥락에서 피케티는 금융 엘리트들이 그들의 막대한 수입을 정치권을 포획하는 데 투입함으로써 정치적 문제로부터 자신의 이익을 보호하는 방식들을 살펴본다.[51] 실제로 2015년에 《뉴욕 타임스The New York Times》는 미국의 158개 엘리트 가문과 그들의 기업이 2016년 대통령 후보의 선거 운동을 위해 양대 정당이 모금한 자금 중 거의 절반가량(1억 7천 6백만 달러)을 냈으며, 주로

"규제 완화와 감세 … 그리고 복지 예산 축소를 공약한 공화당 후보"를 후원했다고 보도했다.[52] 역사학자, 탐사 보도기자, 경제학자, 정치학자들은 과두제 민주주의를 지향하는 복잡다단한 현상을 분석해, 금융 엘리트들이 대중적 영향력과 정치 포획을 위해 체계적으로 활동하고 있다는 점을 조명했다. 그러한 활동은 극단적 자유시장 의제를 추진하고 유지하기 위해 민주주의를 희생시킨다.[53]

피케티의 광범위한 연구는 이렇게 요약할 수 있다. 자본주의를 날것 그대로 먹으면 안 된다. 소시지를 조리해서 먹어야 하듯이, 자본주의도 민주주의 사회와 그 제도를 가지고 요리해야 한다. 날것 그대로의 자본주의는 반사회적이기 때문이다. 피케티는 경고한다. "시장 경제는 … 그대로 내버려두면 … 강력한 양극화의 힘을 가지고 있어서, 민주주의 사회에, 그리고 그 기반인 사회 정의라는 가치에 잠재적 위협이 될 수 있다."[54] 많은 학자들은 이 새로운 환경을 신봉건주의라고 불렀다. 일반인의 통제나 민주적 합의 메커니즘을 멀리 벗어나 있는 엘리트의 부와 권력의 합병이 그 특징이다.[55] 피케티는 이를 '세습 자본주의'로의 회귀라고 부른다. 이는 전근대 사회로의 복귀로, 삶의 기회가 능력에 의한 성취가 아닌 상속된 부에 달려 있는 사회를 말한다.[56]

우리는 이제 그 모든 파괴적 복잡성 속에서 무엇이 충돌하고 있는지를 포착해낼 도구를 갖게 되었다. 견딜 수 없는 것은 사회경제적 불평등이 전산업사회의 '봉건적' 유형으로 되돌아갔다는 점, 그러나 우리 민중은 되돌아가지 않았다는 점이다. 우리는 문맹의 농부도, 농노나 노예도 아니다. '중산층'이든 '소외계층'이든, 개인화된 사람들은 저마다의 사회적 경험과 견해를 가지고 있지만, 동일한 역사적 조건에 처해 있다. 역사는 2차 현대성 유형에 속하는 수억 혹은 수십억 명을 태어나면서부터 정해진 운명이라는 한때는 영원할 것 같던 조건으로부터, 그리고 대중 사회라는 환경으로부터 해방시켰다. 우리는 우리 자신이 존엄성과 유능한 삶을 살 기회를 가져야 마땅한 존재임을 안다. 일단 나온 후에는 다시 튜브에 넣을 수 없는 치약처럼, 한 번 해방된 우리의 자아는 다시 가둘 수 없다. 마치 폭파음이 퍼져나가듯, 불평등한 현실과 체감 사이의 이 지독한 충돌로부터 나온 고통과 분노는 잔향을 남기며 우리 시대를 규정한다.[57]

다시 2011년으로 돌아가보자면, 런던 폭동에 가담한 270명의 인터뷰도 이 충돌의 상처를 반영했다. 그 보고서의 결론은 이러했다. "저마다 표현 방식은 달랐지만, 폭도들은 불공정이 만연해 있다는 느낌을 이야기하고 있었다. 어떤 사람들에게는 일자리, 돈, 기회의 부족이라는 경제적 불공정이 문제였고, 또 어떤 사람들에게는 더 광범위한 사회적 불공정, 즉 물질적인 결핍을 넘어 다른 사람들과 비교할 때 자신이 어떻게 취급당하고 있다고 느끼는지가 문제였다." 그들 사이에 "보이지 않는 존재가 되었다는 느낌이 넓게 퍼져 있었다." 한 여성이 설명했듯이 "그 젊은이들의 이야기에 귀 기울여야 한다. 그들에게는 그것이 정의일 것이다." 한 청년은 "아무도 자기에게 신경 쓰지 않는다고 생각되면, 그 사람들이 신경 쓰도록 소란을 일으키게 될 것"이라고 반추했다.[58] 런던 북부에서 일어난 이 광란이 보여준 무언의 분노가 "존엄성의 부정"을 표출한 것이라는 분석도 있었다.[59]

그해 가을 멀리 다른 대륙에서 '점령하라 운동'이 터져 나왔을 때, 그것은 런던 빈민가에서 8월에 일어난 이 격렬한 폭발과 공통점이 거의 없어 보였다. '점령하라 운동'이 대변하려고 했던 사람들 중 99퍼센트는 소외계층이 아니었다. 오히려 이 운동의 정당성 자체가 그들이 압도적 다수라는 데 있었다. 그러나 영국의 폭동과 마찬가지로 '점령하라 운동'도 불평등한 현실과 체감 사이의 충돌을 드러냈다. 월가의 운동에서 이에 대한 분노는 창조적이고 개인화된 정치 문화—그들은 '직접 민주주의'와 '수평적 리더십'을 주장한다—를 통해 표현되었다.[60] 어떤 전문가들은 지도부의 '내핵'에 해당하는 사람들이 그들의 고도로 개인화된 접근 방식을 고집하고, 지속적인 대중 운동이 되기 위해 필요한 전략과 전술을 위해 타협하려고 하지 않았다는 점과 함께, 이 충돌도 운동을 무력화시킨 요인 중 하나였다고 분석했다.[61] 그러나 주코티 공원에 농노가 없었다는 것만큼은 확실하다. '점령하라 운동'을 가까이에서 지켜본 한 사람이 말한 것처럼, "과거의 운동과 달랐다. 시작할 때부터 우리 중 대부분이 지배자들보다 현명하다는 것이 밝혀졌다. 우리는 더 멀리 내다보았고, 더 나은 판단을 했으며, 따라서 엘리트 지배 구조에 전통적으로 부여되었던 정당성, 즉 그들이 하층민보다 높은 식견을 가지고 있으므로 그들이 통치하는 것이 옳다는 생각을 뒤집었다.[62]

이것은 우리의 존재 조건을 규정하는 2차 현대성의 실존적 모순이다. 우리는 우리 삶에 대한 통제권을 우리가 행사하기를 원하지만, 어디에나 그 통제를 방해하는 요소가 있다. 개인화는 우리가 제각기 유능한 삶을 확보하는 데 필요한 자원을 찾아 헤매게 했지만, 그때마다 우리를 하찮은 존재로 보는 경제, 정치와 전투를 벌여야 한다. 우리는 우리 각자의 삶이 고유의 가치를 지닌다고 알고 있지만, 우리는 보이지 않는 존재로 취급된다. 후기 금융 자본주의의 보상이 우리 손에 잡히지 않고 스쳐 지나가버릴 때 우리는 당황하며 미래를 고민하게 되고, 그 당황스러움이 폭력으로 분출되는 일이 점점 더 잦아진다. 심리적 자기결정권은 우리가 꿈을 펼치기 위한 기반이므로, 불평등, 배제, 경쟁의 만연, 모멸적인 계층화가 점점 심해지는 가운데 우리가 경험하는 상실은 단지 경제적인 문제가 아니다. 그것들은 우리에게 뼛속 깊은 실망과 고통을 안긴다. 우리는 우리 자신이 각자의 존엄성과 각자의 방식대로 살아갈 권리를 가질 자격이 있다고 알고 있기 때문이다.

사회철학자 지그문트 바우만Zygmunt Bauman은 우리 시대의 가장 심한 모순이 "자기주장을 할 수 있는 권리와 그러한 자기주장을 실현하기 위해 사회적 환경을 통제할 능력 사이의 큰 격차"라고 했다. 바우만에 따르면 "그 깊은 틈새에서 개인들의 삶을 오염시키는 가장 독성 강한 배출물이 뿜어져 나온다." 그는 수 세기 동안 이어진 인간 해방 서사의 새로운 장이 바로 이 지점에서 시작되어야 한다고 주장한다. 2차 현대성의 불안정성은 충돌을 초월해, 이번에는 정말로 소수가 아닌 다수에게 풍요롭고 유능한 삶을 향한 길을 제공하는 3차 현대성에 자리를 내줄 수 있을까? 정보 자본주의는 어떤 역할을 하게 될까?

V. 3차 현대성

애플은 그 '깊은 틈새'로 뛰어들었다. 그리고 한동안은 애플이 이룩한 자본주의와 디지털의 결합은 3차 현대성으로 가는 새로운 길이 될 수 있을 것으로 보였다. 디지털 자본주의가 개인의 권익을 지지해주리라는 기대는 21세기의 첫 10년 동안 전 세계적으로 2차 현대성을 내면화한 사람들을 흥분시켰다. 구글이나 페이스북 같은 신생 기업들은 정보와 사람들을 낡은 제도의 제약으로부터 구출하며, 우리가 원하는 정보나 사람을 우리가 원하는 때에 원하는 방식으로 찾게 해줌으로써 결정적인 중요성을 지닌 새로운 영역에서 삶을 바꾸어줄 것만 같았다.

애플의 역위는 소비자에게 정말 이익이 되도록 기업을 운영하고자 하는 그들의 방향 설정에 개인 소비자들에 대한 신뢰할 만한 지지와 호혜 관계가 내재함을 암시했다. 애플은 이제까지의 충돌을 뛰어넘을 수도 있을, 새로운 디지털 시장 형태의 가능성을 제시했다. 이는 자기결정권을 열망하는 개인들이 요청했으며, 디지털 환경이 배태하고 있는 3차 현대 자본주의에 대한 조기 예고였다. "내 삶, 내 방식, 내가 낼 수 있을 만한 가격"을 위한 기회를 제공하겠다는 약속은 아이폰으로부터 원클릭 쇼핑, 대규모 공개 온라인 강좌MOOC; massive open online course, 주문형 서비스on-demand service, 수백 개에서 수천 개에 이르는 웹 기반 기업, 앱, 디바이스에 이르기까지, 상업적인 디지털 프로젝트의 핵심에 빠르게 자리 잡았다.

실책과 부족함, 취약한 부분도 물론 있었다. 애플의 새로운 논리가 지닌 잠재적 중요성은 완전히 파악되지 않았고, 심지어는 애플도 이를 다 알지 못했다. 오히려 그들은 계속해서 모순적인 모습을 보였고, 이는 그들이 이전과 다를 바 없음을 시사했다. 애플은 착취적 가격 정책, 해외로의 생산기지 이전, 판매 직원 착취, 제조업체의 작업 환경에 대한 책임 방기, 직원 채용 시 불법적인 비경쟁 합의에 서명하게 함으로써 임금을 삭감하는 정책, 제도화된 세금 탈루, 친환경 정책 결여로 비난받았다. 단 몇 가지만 열거했지만, 애플의 기업 활동이 그들만의 독특한 논리를 지닌 새로운 사회적 합의를 내포하고 있음을 부정하는 것처럼 보이는 행태는 그 외에도 많다.

진정한 경제적 변이가 출현하더라도 기존의 성격과 새로 나타난 특징들 사이에는 항상 긴장이 존재한다. 옛것과 새것의 조합은 전에 없던 패턴으로 재구성된다. 변이 요소는 이따금 그 요소가 '선택'되어 증식하기에 적합한 환경을 만난다. 바로 그때 새로운 형태는 완전히 제도화될 기회를 갖게 되고, 미래를 향한 고유의 이동 경로를 확립한다. 그러나 잠재적 돌연변이는 증식에 실패할 확률이 훨씬 높다. 기존의 관행이 관성으로 압박하기 때문이다.[63]

애플의 역위는 강력한 경제적 돌연변이이되 새 시대의 요구를 충족하기 위한 여정에서 시행착오의 시련을 겪고 있었던 것일까, 아니면 증식에 실패한 잠재적 돌연변이였을까? 테크놀로지에 대한 의존도 상승과 열광 속에서 우리가 쉽게 잊고 있던 사실이 있다. 우리는 '현실' 세계에서 자본의 힘으로부터 도망쳐 나왔지만, 바로 그 자본의 힘이 디지털 영역에 대해서도 재빠르게 소유권을 주장하고 있다는 사실이다. 이 망각은 정보 자본주의가 처음에 약속한 전망과 달리 암울하게 바뀌고 있을 때 우리로 하여금 그 불의의 습격에 맥없이 당하게 만들었다. 우리는 '지원군이 오고 있다'는 약속을 믿었지만, 골치 아픈 문제들이 점점 더 일상적으로 터져 나왔고 문제가 하나 터질 때마다 실망과 분노가 폭발했다.

2004년에 서비스되기 시작한 구글의 지메일은 왜 개인의 메일 교환을 들여다보고 광고를 생성했을까? 첫 번째 지메일 사용자가 개인적인 메일 내용에 따른 맞춤형 광고를 처음 보게 된 직후 바로 대중이 반응했다. 다수는 불쾌해하고 격분했으며, 어떤 사람들은 혼란스러워 했다. 구글의 역사를 기록한 스티븐 레비Steven Levy는 이렇게 썼다. "구글은 메일에 광고를 붙임으로써 사용자의 프라이버시가 서버를 소유한 회사의 정책과 신뢰성에 달려 있음을 알려주려고 한 것 같았다. 구글은 수익을 위해 광고를 활용한다는 사실을 분명히 했다."[64]

2007년에 페이스북은 비콘을 선보이면서, "대인관계를 통해 정보를 유통하는 새로운 방식"이라고 선전했다. 비콘은 페이스북 광고주가 인터넷을 통해 사용자를 추적할 수 있게 하고, 사용자의 구매 내역을 허락 없이 개인 네트워크에 노출했다. 대다수의 사람들이 페이스북의 뻔뻔함에 격분했다. 사람들을 화나게 한 것은 온라인에서의 사용자 추적과 사용자의 사생활을 노출하는 권한 남용 두 가지 모두였다. 페이스북 창업자 마크 저커버그Mark Zuckerberg는 압박에 못 이겨 이 서비스를 중단했지만, 2010년에도 사생활 보호가 더 이상 사회적 규범이 아니라고 발언했고, 새로운 사회 조건에 대한 이 아전인수격 주장을 반영한 페이스북의 '프라이버시 정책' 완화를 자축했다.[65] 저커버그는 조너선 트렌Jonathan Trenn이라는 사용자가 비콘에 대한 경험을 쓴 다음 글을 읽어본 적이 없었던 것 같다.

새해를 맞아 여자 친구를 놀라게 해주려고 오버스탁에서 다이아몬드 약혼반지를 샀죠. … 몇 시간이 안 되어, 가장 친한 친구 한 명에게서 약혼 축하(!!!) 전화를 받고 깜짝 놀랐습니다. 오버스탁이 (해당 품목의 웹페이지 링크와 가격을 포함한) 내 구매 내역을 내 페이스북 뉴스피드에 공개하고 내 친구들 모두에게 알렸다는 사실을 알고 제가 얼마나 경악했을지 상상해보세요. 페이스북에서 모든 친구라고 하면 여자 친구도 포함되고, 여자 친구의 친구들, 또 … **이 모든 게 내 동의를 구하기는커녕 나에게 알리지도 않고 이루어졌어요.** 여자 친구에게 특별한 선물이자 평생 남을 추억을 만들어주려고 했는데, 이벤트를 망쳐서 너무 괴롭습니다. 음흉하고 짜증스러운 사생활 침해 때문에 저는 절망에 빠졌습니다. 이걸 좋은 아이디어라고 생각하는 오버스탁과 페이스북 사람들의 목을 비틀고 싶어요. 이 서비스는 인터넷에 끔찍한 선례를 남기고 있습니다. 제 인생의 한 부분을 망친 기분이에요.[66]

개인들을 옹호해주리라는 기대를 저버린 여러 사례 중에서도 '서비스 이용 약관'이 가장 악성적이다.[67] 법률 전문가들은 이런 계약이 사용자가 좋든 싫든 받아들여야 하고 받아들일 수 없다면 서비스를 이용할 수 없게 한다는 점에서 '부합계약contracts of adhesion'이라고 부른다. 서비스 이용 약관 같은 온라인 '계약'은 '클릭랩click-wrap'이라고 불리기도 한다. 여러 연구가 보여주듯이, 사람들 대부분이 약정 내용을 읽어보지도 않고 '동의합니다'를 클릭하는 순간 억압적인 계약 조건에 말려들기 때문이다.[68] 많은 경우, 웹사이트를 훑어보기만 해도 사용자가 알든 모르든 서비스 이용 약관에 동의한 것으로 간주된다. 학자들은 이러한 디지털 문서가 지나치게 길고 복잡해서 사용자들이 그 내용을 읽어보는 경우가 거의 없고, 사용자들의 의미 있는 동의meaningful consent가 명백히 결여되어 있음에도 불구하고 대부분의 법정이 클릭랩 약정의 적법성을 인정해왔다고 지적한다.[69] 미국 연방 대법원장 존 로버츠John Roberts조차도 본인이 "컴퓨터 화면상의 작은 글씨들을 읽지 않는다"고 인정했다.[70] 설상가상으로 회사는 언제든지 특정 사용자에게 알리거나 동의를 구하지 않고 일방적으로 서비스 이용 약관을 변경할 수 있으며, 그러한 변경은 대개 다른 회사들(협력사, 공급자, 마케팅 회사, 광고 중개업체 등)과 관련되지만, 그들의 서비스 조건에 대한 책임을 언급하거나 인정하지는 않는다. 이러한 '계약'은 사용자에게 무한 퇴행을 요구하며, 법학 교수 낸시 킴Nancy Kim은 이를 "가학적"이라고 표현하기도 했다.

법학자 마거릿 래딘Margaret Radin은 이런 '계약'에 '이상한 나라의 앨리스' 같은 특징이 있다고 본다. 실제로 고대 로마 시대 이래로 계약 제도의 진화에서 결정적인 요소였던 '동의'와 '약속'이라는 신성한 관념은 단지 상투적인 문구로서 회사가 그 계약서의 수취인을 구속하고 싶어 한다는 것을 명시하는 '부적' 같은 신호로 바뀌었다.[71] 래딘은 이것을 "민간 부문에서 일어나는 사유재산 몰수"라고 부른다. 동의 없이 일방적으로 권리를 빼앗아가는 것이기 때문이다. 래딘은 이러한 '계약'이 법에 의한 지배와 계약 제도의 도덕적·민주적 '퇴화'이며, 민주적 절차를 통해 부여되는 사용자 권리를 재구조화하는 왜곡이라고 본다. "[그것은 사용자의 권리를] 회사가 부과하고 싶어 하는 시스템으로 대체한다. 그 회사와 거래하려는 수취인은 회사가 고안한 법의 세계로 들어가야만 한다."[72]

디지털 환경이 이러한 퇴행에 필수적인 요소였다. 킴은 예전에는 종이 서류가 생산하고 배포하고 보관하는 비용 때문에라도 계약 행위에 자연적 제약이 되었다고 지적한다. 종이 계약서는 물리적 서명을 요구하며, 고객에게 작은 활자로 가득한 대량의 문서를 읽도록 하는 것이 부담이었다. 그러나 디지털 계약서는 '무게가 없다'. 비용 추가 없이 내용을 추가하거나 복제하거나 배포하거나 보관할 수 있다. 기업들이 클릭랩 또는 브라우즈랩 계약의 유효성이 법적으로 인정된다는 사실을 알게 된 이상, "소비자로부터 거래와 무관한 추가적인 이익을 뽑아내기 위해" 이 퇴행적인 계약의 범위를 확장하지 못하게 막을 길이 없다.[73] 또한 1부 2장에서 살펴볼 행동잉여의 발견이 동시에 일어났다. 서비스 이용 약관이 확장되어 기괴하고 도착적인 '프라이버시 정책'을 포함하게 되었고, 소비자 권리의 몰수 조건에 또 하나의 무한 퇴행 요소가 더해졌다. 미국 연방거래위원회Federal Trade Commission 전 위원장 존 레이보위츠Jon Leibowitz조차도 "우리 모두 소비자들이 프라이버시 정책을 읽지 않는다는 데 동의한다"고 공개적으로 발언했다.[74] 2008년 카네기 멜런 대학교의 두 교수는 개인이 일상에서 마주치는 프라이버시 정책을 모두 제대로 읽으려면 연간 76영업일이 꼬박 걸리며, 이를 국가적 기회비용으로 환산하면 7,810억 달러에 이른다고 추산했다.[75] 지금은 더 심각해졌다. 킴이 말한 것처럼, 여전히 대부분의 사용자는 기업들이 "협상 없이 권리를 취득하고, 무슨 일이 일어나는지 사용자와 규제당국이 알아차리기 전에 은밀하게 실행에 옮기는" "약탈적인" 계약 조건을 모른다.[76]

처음에는 단순히 신생 인터넷 회사들이 그들의 경제적 논리에 부과되는 도덕적·사회적·제도적 요건을 파악하지 못한 것처럼 보였다. 그러나 각 기업의 일탈과 함께, 그들이 저지르는 위반이 단지 버그가 아니라 일정한 패턴을 이룰 가능성을 무시하기가 더 어려워졌다. 애플의 기적은 경제 개혁의 씨앗을 품고 있었지만 제대로 이해되지 못했고, 애플 스스로에게도 수수께끼 같았다. 전설적인 창업자 스티브 잡스가 사망하기 오래전부터, 애플이 사용자의 기대를 악용하는 일은 자주 일어났다. 이는 애플이 그 창조물의 깊은 구조와 역사적 잠재력을 얼마나 잘 이해하고 있는지에 대한 의문을 제기했다. 아이팟과 아이튠즈가 거둔 드라마틱한 성공은 인터넷 사용자들에게 새로운 디지털 자본주의에 대한 낙관적인 전망을 불어넣었지만, 애플은 아이팟의 약속을 명확한 시장 형태로 끌어올릴 일관되고 포괄적인 사회적·제도적 프로세스를 추진하는 데 있어서 헨리 포드와 앨프리드 슬론처럼 고삐를 쥐지 못했다.

이러한 전개는 진정한 경제 개혁에는 시간이 걸리는 데 반해, 인터넷 세계, 그 투자자와 주주들은 서두르고 있다는 단순한 진실을 반영한다. 디지털 혁신이라는 신조는 속도에 대한 집착과 분열, '창조적 파괴'라는 깃발 아래 행해진 캠페인으로 빠르게 바뀌었다. 진화경제학자 조지프 슘페터 Joseph Schumpeter가 만든 이 유명하고 운명적인 문구는 실리콘밸리에서 "허가 없는 혁신permissionless innovation"이라는 완곡한 표현으로 부르는 일을 정당화하는 용도로 이용되었다.[77] 파괴의 수사학은 자본주의에서 좋은 패를 든 사람이 오히려 새로운 테크놀로지를 가지고 모두 날려버리려고 하는 것과 같아서 '소년과 장난감' 이론을 떠올리게 했다. 사실 슘페터가 말한 창조적 파괴의 의미는 오늘날 이 표현이 가리키는 현상보다 훨씬 더 미묘하고 복잡하다.

슘페터는 자본주의를 '진화' 과정으로 여겼지만, 실제로는 지속적 혁신 중 상대적으로 적은 수만이 진화적으로 유의미한 수준까지 올라간다고 보았다. 이 극소수의 사건을 그는 '돌연변이'라고 부른다. 돌연변이는 자본 축적의 논리, 이해, 실행에서 일어나는 견고하고 지속가능하며 질적인 변화로, 주어진 상황에 대해 무작위적이거나 일시적·우발적으로 일어나는 반응이 아니다. 슘페터는 소비자의 새로운 요구가 이 진화 메커니즘의 방아쇠를 당기며, 이 요구에 일치시키는 것이 지속가능한 돌연변이를 이끄는 규율이라고 주장했다. "자본주의의 진전은 대중의 삶을 점진적으로 더 높은 수준에 이르게 하는데, 이는 우연의 일치가 아니라 바로 그 메커니즘에 의한 것이다."[78]

돌연변이가 안정적으로 유지되려면, 그 새로운 목표와 실행방법이 새로운 제도적 형태로 번역되어야 한다. "자본주의 엔진을 설치하고 구동하는 기본적인 추진력은 자본주의 기업이 창조하는 새로운 소비재, 새로운 생산 및 운송 방법, 새로운 시장, 새로운 형태의 산업조직으로부터 나온다." 슘페터가 '파괴'가 아니라 '창조'를 이야기한다는 점을 주목하자. 슘페터는 "대장간에서 철공소, US 스틸 같은 대기업으로의 조직적 발전 단계"를 돌연변이의 예로 제시한다.[79]

슘페터는 창조적 파괴를 지속가능한 창조적 변화라는 길고 복잡한 과정이 낳은 불운한 부산물로 이해했다. 그는 "자본주의는 창조하면서 동시에 파괴한다"고 썼다. 슘페터는 이 점에 대해 단호했다. "창조적 응답이 뒤따를 사건들의 전 과정과 '장기적' 결과를 좌우한다. … 창조적 응답은 사회경제적 상황을 영구히 변화시킨다. … 이것은 역사적 프로세스에서 창조적 응답이 필수적인 요소인 이유다. 어떤 결정론적 신조도 무용하다."[80] 끝으로 실리콘밸리의 수사학이나 그들의 속도 숭배와 반대로, 슘페터는 진정한 돌연변이란 인내를 필요로 한다고 주장했다. "우리가 논하고 있는 프로세스에서, 그 모든 요소가 그 진정한 특징과 궁극적 효과를 드러내려면 상당한 시간이 걸린다. … 수십 년 혹은 수백 년에 걸쳐 전개되는 과정이므로, 시간을 두고 그 성과를 판단해야 한다."[81]

슘페터가 '돌연변이'의 중요성을 이와 같이 높게 평가했다는 사실은 높은 문턱이 있음을 함축한다. 새로운 제도적 형태—이는 새로운 사람들의 새로운 요구로 구체화된다—를 발명하는 진지한 작업을 통해 때가 되면 이 문턱을 넘게 된다. 상대적으로 작은 파괴는 창조적이다. 특히 활발한 이중 운동이 없으면 더 그렇다. 이는 슘페터의 책에서 US스틸의 예로 묘사되었다. US스틸은 앤드루 카네기, J. P. 모건 등 도금시대의 가장 악명 높은 악덕 자본가들이 설립했다. 이중 운동이 점점 강력하게 압박을 가해옴에 따라 US스틸은 결국 노동조합과 단체교섭을 통한 공정한 노동 관행과 내부 노동 시장, 승진 체계, 직업적 위계, 고용 안정성, 훈련과 개발을 제도화했다.

그러나 동시에 대량생산 기술의 진보를 이룩하기도 했다.

돌연변이는 동화fairy tale가 아니다. 그것은 합리적 자본주의로, 민주적 제도를 통해 그 안에서 살아가는 사람들과 호혜적 관계를 맺어야 한다. 돌연변이는 자본주의를 기대에 부응하는 방향으로 이동시킴으로써 자본주의의 본질을 근본적으로 변화시킨다. 이런 생각은 '소년과 장난감' 이야기만큼 매혹적이거나 흥미진진하지는 않지만 경제사의 다이얼을 충돌을 뛰어넘어 3차 현대성으로 향하게 하기 위해 필요하다.

VI. 감시 자본주의가 공백을 메우다

신종 경제 권력은 공백을 빠르게 채웠다. 무심코 하는 검색이나 '좋아요' 클릭은 모두 기업이 추적, 분석, 현금화할 자산이었다. 이 모든 일이 아이팟이 처음 등장하고 나서 10년이 안 되는 기간 동안 일어났다. 그것은 마치 이따금 신선한 살점을 찾아 물 위로 반짝거리며 뛰어오르기는 하되, 수면 바로 아래에서 소리 없이 유영하는 상어 같았다. 이윽고 기업들은 이러한 침해가 '무료' 인터넷 서비스를 위해 필요한 대가라고 설명하기 시작했다. 그들은 사용자가 프라이버시라는 값을 지불함으로써 원할 때, 원하는 곳에서, 원하는 방법으로 정보, 접속, 그 밖의 디지털 상품 등 풍성한 보상을 얻게 된다고 말했다. 이러한 설명은 우리가 자본주의와 디지털 세계의 규칙을 다시 쓸 큰 변화를 주목하지 못하게 했다.

돌이켜보면 사용자의 기대에 부응하지 못하는 여러 불협화음이 실제로 급속히 부상하는 제도적 형태를 들여다볼 수 있는 작은 구멍들이었음을 이제는 안다. 그 제도적 형태는 완전히 새로운 시장 프로젝트로 가는 수단으로서 2차 현대성을 내면화한 사람들의 요구와 '배제를 통한 성장'이라는 기존 규범을 활용한다. 시간이 흐르면서 이 상어는 스스로 빠르게 증식하고 침투하며, 내적 일관성을 지닌 정보 자본주의의 신종 변이임을 드러냈다. 상어의 목표물은 지배였다. 전례 없는 자본주의 유형이 역사 속으로 달려들고 있었다. 그것이 바로 감시 자본주의다.

이 새로운 시장 형태는 독특한 축적 논리이며, 감시가 투자를 수익으로 전환시키는 근본 메커니즘이다. 그 급격한 부상, 제도적 정교화, 현저한 확장은 역위와 권익 지향적 가치라는 잠정적 약속에 도전했다. 더 일반적으로 말하자면, 감시 자본주의의 부상은 네트워크 환경의 해방적 약속을 마음속에 품은 많은 '네티즌'의 희망과 기대를 저버렸다.[82]

감시 자본주의는 우리가 필요로 하는 것을 예측하고 우리의 힘든 삶에서 복잡성을 줄이는 천 가지 방법과 무한한 정보라는 마법을 약속하며, 효율적인 삶에 대한 우리의 요구를 충족시켜줄 디지털 세계의 기적을 소환했다. 우리는 환영식을 열어 그것을 우리의 마음과 집에 들였다. 그런데 다음에 이어질 장들에서 상세하게 살펴보겠지만, 감시 자본주의는 효율적인 삶을 위해 디지털 영역에서 자원을 구하려는 우리에게 새로운 종류의 위협을 안겨주었다. 이 새로운 체제 아래, 우리의 요구가 충족되는 바로 그 순간은 우리의 삶이 행동 데이터를 위해, 그래서 결국 다른 사람들의 이익을 위해 약탈당하는 순간이기도 하다. 그 결과는 권한의 부여와 감소가 불가분의 중층 구조로 결합되어 있는 괴이한 합성물이다. 이 축적 논리를 단호히 억제하거나 금지하는 사회적 응답이 없는 상황에서, 감시 자본주의는 우리 시대의 지배적인 자본주의 형태가 될 태세를 갖추고 있는 듯하다.

어떻게 이런 일이 일어났을까? 이 책 전체에서 새로운 통찰과 해답을 얻어 나가는 가운데, 우리는 되풀이하여 이 질문으로 돌아올 것이다. 우선 지금은 우리가 수 세기 동안 국가 권력의 형태로 위협을 상상해왔음을 인식할 수 있다. 이것은 젊은 천재들이 운영하는 상상력 풍부한 이름의 신생 회사들로부터 우리 스스로를 방어할 준비가 전혀 되어 있지 않다는 뜻이다. 그들은 정확하게 우리가 열망하는 것을 거의 또는 전혀 비용을 들이지 않고 갖게 해줄 수 있는 것처럼 보였다. 이 새로운 체제의 가장 뼈아픈 해악은 포착하거나 이론화하기 어려웠다. 극한의 속도 때문에 흐릿하게밖에 볼 수 없고, 값비싸고 해독하기 어려운 기계 작동, 비밀주의 기업 관행, 능수능란한 미사여구로 사용자들을 오도하거나, 문화적 차이를 의도적으로 잘못 적용하는 등의 행태로 위장하고 있기 때문이다. 이 길에서 우리가 그 의미를 긍정적으로, 혹은 적어도 평범하게 받아들이는 '오픈 인터넷', '상호운용성', '연결성' 같은 용어들은 조용히 시장 프로세스에 연결되었고, 여기서 개인들은 다른 사람들이 시장에서 목표하는 바를 이루기 위한 수단으로 캐스팅된다.

감시 자본주의는 너무 빨리 뿌리내렸다. 이 때문에 용감한 법학자와 기술에 정통한 활동가 등의 예외는 있었지만, 교묘하게 우리의 이해와 합의를 피할 수 있었다. 1부 3장에서 더 깊이 논의하겠지만, 디지털 환경 바깥에서 감시 자본주의를 상상할 수 없기는 해도 신자유주의 이념과 정책 역시 감시 자본주의가 융성할 수 있는 서식지를 제공했다. 신자유주의 이념과 그 실행은 감시 자본주의 축적 논리의 심장부에서 2차 현대성의 개인들을 가혹한 대가에 굴복시킨다. 정보와 접속은 엄청난 성장과 수익을 가져다줄 행동 데이터를 얻기 위한 몸값이다. 누구든 감시 자본주의를 가로막거나 해체하려면 그 작동을 보호하고 유지하는 이 더 거대한 제도적 지형과 싸워야 할 것이다.

역사는 통제 집단을 제공하지 않는다. 따라서 우리는 헨리 포드와 앨프리드 슬론이 그들의 시대에 했던 것처럼 애플이 왕관에 박힌 보석을 알아보고 정교화하고 제도화하는 시간이 더 길거나 여건이 달랐다면, 혹은 경영진이 다른 사람들이었다면 어떻게 되었을지 말할 수 없다. 기회가 영원히 사라진 것도 아니다. 오히려 그 반대에 가깝다. 3차 현대성을 위한 새로운 합성물이 만들어질 수도 있다. 개인들로 이루어진 사회에 부합하고 민주적 제도에 의해 뒷받침되는 새로운 합리적 디지털 자본주의의 가능성은 여전히 있다. 그러한 사회에서는 진정한 역위와 그에 따른 사회 계약이 새로운 자본주의의 원칙으로 제도화될 것이다. 슘페터가 그러한 제도화의 기간을 수십 년 또는 수 세기에 달할 것으로 여겼다는 사실은 앞으로의 논의에서도 기억해야 할 대목이다.

이러한 전개는 훨씬 더 위험하다. 그 해악을 독점, 프라이버시 등 이미 알려져 있는 몇 가지로 국한시킬 수 없고, 따라서 기존 방식으로 투쟁해서 쉽게 물리칠 수 없기 때문이다. 우리가 마주한 새로운 해악은 개인의 존엄성에 대한 위협을 수반한다. 그 가운데서도 개인의 자주권과 관련되는 기초적인 권리에 대한 위협이 가장 중요하다. 미래 시제에 대한 권리와 성역을 가질 권리가 여기에 포함된다. 이러한 권리들은 자유의지와 민주적 질서 개념의 필수 전제조건으로서 행위 주체로서의 개인과 개인적 자율성을 요청한다.

그러나 지금 당장은 감시 자본주의에 따른 지식과 권력의 심한 불균형이 이러한 기본권을 가로막고 있다. 새로운 형태의 사회 통제 속에서 일방적으로 우리의 삶이 데이터로 번역되고 몰수되고 용도 변경되며, 이 모든 일이 다른 사람들의 이해관계를 위해, 그리고 우리가 인식하지 못했거나 무기를 갖추지 못한 상태에서 이루어진다. 우리는 아직 인류의 미래에 민중의 권리를 효과적으로 확보하기 위한 새로운 협력 형태와 새로운 정치학, 즉 19세기와 20세기에 원초적 자본주의를 사회와 결합하기 위해 일어난 사회 운동에 준하는 21세기의 등가물을 발명하지 못했다. 그리고 그러한 발명품이 우리를 기다리고 있는 동안, 저들의 유통과 그에 대한 저항은 인류의 미래를 위한 싸움이 펼쳐지는 주요 격전지 중 하나를 규정하게 될 것이다.

2011년 8월 9일, 3차 현대성에 대한 매우 다른 두 전망 사이에서 사건들이 솟아올랐다. 첫 번째 전망은 개인화된 사회경제적 관계 속에서 정보가 민주화될 것이라는 디지털 테크놀로지의 약속에 기초했다. 두 번째 전망은 대중의 배제와 엘리트 지배라는 가혹한 현실을 반영했다. 그런데 그날의 교훈이 아직 완전히 정리되지 않은 시점에 신선한 대답, 혹은 조금 더 조심스럽게 말하자면 갓난아기의 말간 피부처럼 연약하고 희미한 대답이 스페인 라벤더 향과 바닐라 향이 나는 리본을 타고 세계가 주목하는 수면 위로 날아올랐다.

VII. 인간의 미래를 위하여

2011년 8월 9일 새벽, 바르셀로나 라발 지구에 있는 백 년 된 빵집의 차가운 대리석 바닥에 열여덟 살 소녀 마리아 엘레나 몬테스가 앉아 있었다. 소녀의 가족이 운영하는 가게였다. 마리아 엘레나는 달콤한 밀크커피를 아껴 마시며 럼주에 적신 집시 케이크를 기다렸다. 아침을 맞는 광장의 비둘기 소리를 들으니 진정이 되었다.

파스텔레리아 라 둘세라는 이름의 그 빵집은 작은 광장을 끼고 서 있는 협소한 중세 건물에 있었다. 여피 스타일의 유입과 철거를 피한 몇 안 되는 거리 중 하나였다. 몬테스 가족은 세월이 흘러도 눈에 띄는 변화가 없도록 그들의 소중한 가게를 지켰다. 그들은 아침마다 설탕을 듬뿍 뿌린 크리스피 추로스, 바닐라 커스터드를 넣은 부누엘로스, 종이 라미킨에 든 작은 딸기 플란, 버터를 넣은 만테카도, 슈가파우더를 묻힌 나선형 엔사이마다, 폭신폭신한 컵케이크, 바삭바삭한 페스티뇨를 반짝거리는 유리 진열장에 애정을 담아 채워 넣었다. 증조할머니의 레시피대로 신선한 우유 치즈로 만든 특별한 플라오에는 스페인 라벤더, 펜넬, 민트를 곁들였다. 몬테스 부인에 따르면 아몬드와 블러드 오렌지를 넣은 타르트는 이사벨라 여왕에게 바쳤던 것과 똑같았다. 희고 광택이 나는 냉동 진열장에는 아니스 향이 나는 올리브오일 아이스크림이 채워졌다. 오래된 천장형 선풍기가 천천히 돌아가면, 꿀과 효모의 향이 옛 모습 그대로인 가게 구석구석까지 스며들었다. 단 한 가지만 바뀌었다. 여느 해 8월이었다면 마리아 엘레나 가족은 팔라프루헬이라는 해변 소도시 인근의 소나무 숲에 있는 여름 별장으로 떠났을 것이다. 그곳은 여러 세대 동안 가족의 휴식처였다. 그러나 2011년에는 몬테스 가족도, 빵집 손님이나 친구들도 여름 휴가를 떠나지 않았다. 경제 위기가 흑사병처럼 전국을 휩쓸었다. 실업률은 21퍼센트까지 올라가 유럽연합 중 최악이었으며, 24세 미만 인구의 실업률은 46퍼센트라는 믿기 힘든 수치를 기록했다. 바르셀로나가 속해 있는 카탈루냐 지방에서는 750만 명의 인구 중 18퍼센트의 소득 수준이 빈곤선 아래로 떨어졌다.[83] 2011년 여름, 산이나 바다에서 8월을 보내는 소박한 즐거움을 누릴 수 있는 사람은 거의 없었다.

건물 매각에 대한 압박도 있었다. 그렇게 되면 결국 라 둘세는 사라져야 할 것이었다. 압박에 굴복해 싸게라도 건물을 매각하면 그 돈으로 편안하게 살 수 있었다. 판매는 부진했지만 피토 몬테스 씨는 몇 년 동안 꾸준히 일해 가족 같아진 직원들을 해고할 수 없었다. 그를 아는 모든 사람이 폐업은 기정사실이니 우아한 퇴장 기회를 얼른 잡아야 한다고 말했다. 그러나 몬테스 가족은 훗날을 위해 파스텔레리아 라 둘세를 지키기 위해 어떠한 희생도 감수하기로 했다.

그로부터 꼭 석 달 전, 후안 파블로와 마리아는 마드리드를 향해 행진했다. 푸에르타 델 솔 광장에서 수천 명의 시위대에 합류하기 위해서였다. 한 달 동안의 야영은 분노한 사람들Los Indignados 또는 15M 운동이라고 불리는, 경멸의 경제학에 의해 결국 한계점까지 내몰린 사람들의 목소리가 되었다. 할 말은 "이제 그만!Ya, No mas!"밖에 남지 않았다. 이만하면 됐잖아! 마드리드에 많은 시민이 집결하면서 시위 물결이 전국으로 퍼져나갔고, 이 시위는 이후 포데모스Podemos('우리는 할 수 있다'는 뜻의 정당명-옮긴이) 등의 신생 정당을 탄생시켰다. 여러 도시에서 주민회의를 열기 시작했고, 몬테스도 바로 전날 밤 라발 지구의 주민회의에 참석했다.

전날 밤의 대화가 귀에 쟁쟁하던 8월 9일 이른 오후, 사람들은 빵집 위층의 아파트에 모였다. 점심식사를 하면서 라 둘세의 운명에 관해서 논의하기 위해서였다. 사람들은 몬테스 씨가 무슨 생각을 하는지 확실히 알지 못했다.

피토 몬테스는 "은행가는 모를 수도 있지만, 미래는 과거를 필요로 하게 될 것입니다. 대리석 바닥과 집시 케이크의 단맛을 원하게 될 거예요. 은행 사람들은 비행기가 추락해도 사상자 숫자만 읽듯이 우리도 회계장부의 숫자로 취급하죠. 그들은 미래를 자기네 것이라고 생각해요. 하지만 우리에게는 저마다의 사연이 있습니다. 우리에게는 각자의 인생이 있어요. 미래에 대한 우리의 권리를 선언하는 것은 우리 몫입니다. 미래도 우리가 살 집이니까요."

마리아와 후안 파블로는 앞으로의 계획을 이야기하며 함께 안도의 한숨을 내쉬었다. 후안 파블로는 다니던 대학교를 휴학하고, 마리아 엘레나는 입학을 연기할 예정이었다. 라 둘세의 매출 확대를 위해 배달과 케이터링 서비스를 시작하기로 했다. 모든 직원의 임금을 감봉하되, 아무도 그만두지 않아도 되었다. 부뉴엘로나 그 옆에 줄지어 있는 다른 빵들은 여전히 푸짐하겠지만, 그외에는 모두 허리띠를 졸라매기로 했다.

그들은 말했다. 우리는 피할 수 없는 일에 어떻게 맞서야 하는지 안다. 우리는 전쟁 속에서 생존했고, 파시즘 시대를 겪으면서도 살아남았다. 우리는 또 살아남을 것이다. 몬테스 가족이 미래를 그들이 살 집으로 여길 권리를 주장한다는 것은 이해하기 어렵고 아름다우며 놀랍고 수수께끼 같고 표현할 수 없고 실체도 없는 일들의 연속을 의미하겠지만 그런 것들이 없으면 기계적이고 영혼이 없는 삶이 될 것이라는 데 모두가 동의했다. 그는 다음 세대의 스페인 아이들이 장미 꽃잎으로 장식한 블러드 오렌지 타르트를 알아보고, 알람브라의 향기로운 정원을 거닐던 중세 사람들의 신비로운 삶을 느끼게 하겠다고 다짐했다.

8월 9일, 그늘진 광장에 열기가 점점 더해갔고, 태양은 훈족, 무어족, 카스티야인, 부르봉가가 각각의 시대에 승리의 행군을 했던 거리를 비웠다. 그 고요한 거리에서는 마드리드에서 바로 그날 《뉴욕 타임스》에 실릴 역사적인 심의가 있으리라는 조짐을 찾아볼 수 없었다.[84] 그러나 나는 두 도시가 보이지 않는 향기로운 리본으로 연결되어 있는 모습을 상상한다. 리본은 라 둘세에서 바르셀로나의 창공으로 솟아올라 천천히 남서쪽을 향해 뻗어나가 스페인 정보보호국Agencia Española de Protección de Datos의 소박한 건물 입구에 다다른다. 이곳에서는 미래 시제에 대한 권리를 둘러싸고 또 하나의 투쟁이 벌어지고 있었다.

스페인 정보보호국은 평범한 시민 아흔 명의 손을 들어주기로 했다. 그들은 몬테스 가족처럼 빛의 속도로 변화해가는 세상 속에서 대대로 이어져온 의미를 보존하고자 했다.[85] 스페인 사람들은 '잊힐 권리'라는 이름으로 가장 사나운 황소, 즉 감시 자본주의의 거대 권력인 구글을 제압하기로 결심하고, 붉은 천을 펄럭이며 투우장에 입장했다. 정보보호국이 이 인터넷 기업에게 이 아흔 명이 문제시한 링크 인덱스 작업을 중단하라고 명령했을 때 황소는 최초이자 가장 강한 타격을 입었다.

몬테스 가족을 포함해 수백만 명의 스페인 사람들은 무심한 자본이 필연이라고 주장하는 관행으로부터 미래를 되찾아야만 직성이 풀렸다. 구글과의 공식적인 대결 역시 그러한 고집, 결단력, 정서에 의지했다. 감시 자본주의의 경제성에 대한 요청은 정보를 추출하고 보유하려는 끈질긴 충동을 일으켰지만, 셀 수 없이 여러 종류의 회색 그림자를 지닌 인간의 실존적 복잡성이 잊힐 권리를 주장하며 그에 맞섰다. 감시 자본주의의 작동과 그 디지털 아키텍처가 필연이 아니며, 필연이었던 적도 없고 앞으로도 필연이 아닐 것이라고 주장하며 미래 시제에 대한 권리를 활발하게 주장하고 있는 곳이 바로 스페인이었다. 그들은 구글의 자본주의도 인간이 만들었으며, 상업적인 논리가 아니라 민주적 절차에 의해 폐기되거나 다시 만들어져야 한다고 주장했다. 구글은 인류 혹은 디지털의 미래를 결정짓는 최종판이 아니다.

시민 아흔 명에게는 저마다 다른 이유가 있었다. 한 사람은 전 남편의 괴롭힘 때문에 두려워하고 있었고, 그가 인터넷으로 자신의 주소를 찾지 못하게 하기를 원했다. 개인 정보 보호가 정신적 평안과 물리적 안전에 필수적이었다. 어느 중년 여성은 대학생 시절에 구금되었던 일을 창피해했다. 이 여성에게는 개인 정보 보호가 정체성과 자긍심을 위해 필수적이었다. 마리오 코스테하 곤잘레스라는 변호사는 수년 전에 집이 압류되는 일을 겪었는데, 이 문제가 해결된 지 오래되었지만 그의 이름을 구글에서 검색하면 여전히 압류 통지에 관한 링크가 나왔고, 이 때문에 자신의 명예가 훼손되었다고 주장했다. 스페인 정보보호국은 신문이나 그 밖의 사이트에서까지 적법한 정보 삭제를 요청하는 것은 거부했다. 그러한 정보가 어딘가에는 존재할 수밖에 없다는 점이 이유였다. 그러나 구글에게 책임이 있고, 마땅한 조치를 취해야 한다는 데에는 동의했다. 무엇보다도 구글은 누구의 허락도 얻지 않고 월드와이드웹에서 개인적인 정보를 수집하고 색인화하고 접근 가능하게 하면서 일방적으로 정보 수명 주기를 변경했다. 정보보호국은 시민에게 링크 삭제를 요청할 권리가 있다고 결론짓고, 구글에게 해당 정보의 인덱싱을 중지하고 원출처로 연결되는 기존 링크를 삭제하라고 명령했다.

"전 세계의 정보를 체계적으로 정리하고, 그리하여 유용하고 보편적으로 접근 가능하게 만든다"는 구글의 사명은 우리 모두의 삶을 변화시켰다. 막대한 혜택이 있었던 것은 분명하다. 그러나 개인들에게는 시간이 가면 노화하고 잊혀야 할 정보가 영원한 젊음을 얻어, 각 개인의 디지털 정체성 전면에 부각됨을 뜻했다. 스페인 정보보호국은 모든 정보가 영생을 얻을 만한 가치가 있지는 않다는 점을 알아보았다. 어떤 정보는 잊혀야만 한다. 그 정보가 인간에 대한 것이기 때문이다. 물론 구글은 당국의 명령에 이의를 제기했고, 아흔 건 중 하나를 골라 스페인 고등법원으로 가져갔다. 변호사 마리오 코스테하 곤잘레스의 건이었다. 그리고 이 사건은 유럽연합 사법재판소에 회부되었다. 길고도 극적인 심의 끝에 2014년 5월, 사법재판소는 잊힐 권리를 유럽연합법의 기본 원칙 중 하나로 인정하는 판결을 발표했다.[86]

사법재판소의 판결은 디지털 미래에 대한 일방적 권한을 주장하기로 마음먹은 감시 자본주의의 강력한 세력들로부터 민주주의가 미래 시제에 대한 권리를 되찾기 시작한 중요한 변곡점이었다. 그런데 이 판결을 개인 데이터의 삭제나 링크 수정과 관련된 법적·기술적 고려사항 정도로 생각하는 경우가 너무 많다. 사법재판소의 분석은 구글이 주장하는 검색 엔진 기술의 불가피성을 거부하고 검색 결과가 기계 이면에서 그 움직임을 제어하는 특정한 경제적 이해관계의 부수적 산물임을 인정함으로써 인간 중심의 미래를 지지한 것이다. "검색 엔진 사업자는 프라이버시와 개인 데이터 보호 기본권에 상당한 영향을 줄 수 있다." 이해관계에 대한 "그러한 관여의 잠재적 심각성에 비추어볼 때, 그것은 단순히 그러한 검색 엔진 사업자가 그 프로세싱에서 얻는 경제적 이익으로 정당화될 수 없다."[87] 법률학자 폴 M. 슈워츠Paul M. Schwartz와 칼니콜라우스 파이퍼Karl-Nikolaus Pfeiffer는 이를 다음과 같이 요약했다. "사법재판소는 정보의 자유로운 흐름이 궁극적으로 유럽 인권 체제에서 존엄성과 프라이버시, 데이터 보호만큼 중요하지 않다고 생각했다."[88] 사법재판소는 유럽연합 시민들에게 싸울 권리를 부여했고, 구글에게는 사용자의 링크 해제 요청을 이행할 절차를 수립하라고 요구했으며, 시민들이 "감독 기관이나 사법 당국" 등 민주적 제도를 통한 문제 제기 권한을 갖도록 하여 "그러한 기관이 필요한 조사를 수행하고 그에 따른 구체적인 조치를 취하도록 개인 정보 처리 담당자controller에게 명령을 내리"라고 했다.[89]

사법재판소는 잊힐 권리를 재천명하며, 디지털 미래에 대한 결정적인 권한이 국민, 법률, 민주적 제도에 있다고 선언했다. 또한 개인들과 민주적인 사회는 미래 시제에 대한 권리를 위해 싸울 수 있고, 거대한 사적 권력과 싸워서 이길 수 있다고 단언했다. 인권학자 페데리코 파브리니Federico Fabbrini가 지적했듯이, 유럽 사법재판소는 이 중대한 사건을 계기로 "디지털 시대의 인권 지뢰밭"에 발을 들여놓게 되었고, 이로써 인권 법원으로서의 역할이 더욱 확고해졌다.[90]

사법재판소의 판결이 발표되었을 때, '스마트 머니'(단기적인 차익을 통한 고수익을 노리며 장세에 따라 빠르게 움직이는 투자 자금-옮긴이)는 미국에서는 있을 수 없는 일이라고 보았다. 미국의 인터넷 기업들은 수정헌법 제1조를 근거로 "허가 없는 혁신"을 정당화하며 몸을 숨기려 들기 때문이다.[91] 테크놀로지 전문가 중에는 "말도 안 되는" 판결이라고 하는 사람도 있었다.[92] 구글 경영진은 판결을 비웃었다. 기자들은 구글 공동창업자 세르게이 브린Sergey Brin의 반응이 "농담"과 "묵살"이었다고 묘사했다. 중요한 기술 컨퍼런스의 Q&A 시간에 이 판결에 관한 질문이 나오자 브린은 "그 판결을 그냥 잊을 수 있으면 좋겠다"고 말했다.[93]

당시 CEO였으며 공동창업자인 래리 페이지Larry Page는《파이낸셜 타임스Financial Times》와의 인터뷰에서 기업 강령을 인용하면서, 구글은 "여전히 '전 세계의 정보를 체계적으로 정리하고, 그리하여 유용하고 보편적으로 접근 가능하게 만든다'는 것을 목표로 한다"고 단언했다. 페이지는 사람들이 민주적 제도보다 구글을 더 신뢰해야 한다는 듯한 놀라운 발언으로 구글의 전례 없는 정보 권력을 방어했다. "일반적으로 구글 같은 회사에 데이터를 제공하는 편이 정당한 법적 절차 없이 데이터를 수집하는 정부기관에 두는 것보다 낫다. 우리는 분명 우리의 명성에 신경을 쓰기 때문이다. 나는 정부가 얼마나 명성에 신경 쓰는지 모르겠다."[94] 사법재판소의 판결 발표 다음날 에릭 슈미트 회장은 주주들에게 그 판결이 "잊힐 권리와 알 권리 사이의 충돌"에서 "균형을 잘못 맞췄다"고 말했다.[95]

구글 경영진들의 발언은 미래에 대한 특권적 통제권을 유지하겠다는 의지와 그에 대한 도전을 받게 된 데 대한 분노를 반영했다. 그러나 미국 대중이 구글의 일방적인 권력을 용납하지 않았다는 증거는 차고 넘친다. 사실 스마트 머니는 이름만큼 영리하지 못했던 것 같다. 유럽연합 판결 이듬해에 미국 성인을 대상으로 실시된 국민 여론조사에 따르면 88퍼센트가 잊힐 권리와 유사한 법안을 지지했다. 그해에 퓨 리서치Pew Research가 실시한 조사에 따르면 미국인의 93퍼센트가 "누가 자신의 정보를 입수할 수 있는지"에 대해 통제권을 갖는 것이 중요하다고 믿었다. 그 외에도 일련의 여론조사에서 비슷한 결과가 나왔다.[96]

2015년 1월 1일 캘리포니아주에서는 '온라인 지우개' 법이 발효되었다. 이 법은 웹사이트, 온라인 서비스, 온라인 애플리케이션, 모바일 애플리케이션 운영자가 미성년 사용자에게 삭제 권한을 부여하거나 미성년자가 자신이 게시한 내용이나 정보의 삭제 요청이 가능하도록 의무화했다. 이 법은 제한 없는 알 권리에 있어서 선두주자를 자임했던 구글의 역할을 약화시킴으로써 핵심적인 감시 진용을 흐트러뜨렸고, 우리가 서 있는 지점이 싸움의 끝이 아니라 길고 변덕스러운 드라마의 시작점임을 암시했다.

스페인 정보보호국, 그리고 이후 유럽 사법재판소는 저들이 주장하는 감시 자본주의의 필연성의 참을 수 없는 가벼움을 증명했다. 두 기관 모두 건강하고 공정한 디지털 미래를 만드는 데 있어서 민주적 제도가 우선한다는 점으로부터 우리의 선택에 따라 인류의 미래가 달라질 수 있음을 선언했다. 스마트 머니는 미국의 법이 국민들보다 감시 자본주의에 충성하는 태도를 결코 포기하지 않을 것이라고 말한다. 그러나 이후의 수십 년은 스마트 머니가 틀릴 수 있음을 다시 한 번 입증할지도 모른다. 스페인 사람들과 그들의 정보보호국, 그리고 유럽 사법재판소에 관해 말하자면, 그들은 시간이 흐름에 따라 자신들이 이룩한 일이 기나긴 서사에서 흥분되는 첫 번째 장章에 해당되었음을 알게 될 것이다. 그 서사는 인류의 미래인 3차 현대성이 포괄적 민주주의에 뿌리내리며, 유능한 삶을 살 개인의 권리를 존중하게 하기 위한 싸움이다. 우리의 아이들이 곰곰이 생각해볼 수 있도록 그들의 메시지를 이렇게 다시 써본다. 기술적 필연성은 가볍기가 이를 데 없어 민주주의의 무게와 대조되고, 덧없기 그지없어 장미 꽃잎의 향기나 벌꿀의 단맛처럼 오래가지도 못한다.

VIII. 이름 짓기와 길들이기

감시 자본주의를 길들이려면 이름부터 신중하게 지어야 한다. 길들이기란 HIV에 대한 최근의 연구사에서 생생하게 묘사된 것 같은, 일종의 공생 관계에 비유할 수 있다. 30년 동안 과학자들은 예전의 치료 논리에 따라 백신 개발을 목표로 삼았다. 중화항체neutralizing antibody를 만들도록 면역체계를 훈련시키는 것이 기존 방법이었다. 그런데 데이터가 쌓일수록 HIV 바이러스가 다른 감염병의 패턴을 거스르는 예상 밖의 움직임을 보였다.[97] 2012년 국제 AIDS 컨퍼런스에서 혈액이 자연항체natural antibody를 생성하는 HIV 보균자가 드물게 나타나므로, 그들을 면밀히 연구함으로써 치료법을 찾아야 한다는 새로운 전략이 발표되었고, 이때부터 조류가 변하기 시작했다. 자가 백신 반응을 재현하는 방법을 연구하기 시작한 것이다.[98] "이제 우리는 적의 얼굴을 안다. 따라서 어떻게 문제에 접근해야 하는지에 대한 실질적인 단서를 갖게 되었다."[99]

이 사례가 우리에게 주는 교훈은, 모든 성공적인 백신은 상대, 즉 해당 질병에 대한 면밀한 이해로부터 시작된다는 점이다. 과거의 재앙으로부터 나온 기존의 인식 틀이나 어휘, 도구는 오히려 진전을 가로막는다. 우리는 연기 냄새를 맡고 서둘러 방문을 닫지만, 그 방은 이미 사라질 운명에 처해 있다. 그 결과는 매끄러운 대리석 벽에 눈덩이를 던지는 것과 같아서, 눈덩이는 벽의 표면에 닿자마자 미끄러져 내려가고, 벽에는 젖은 얼룩만 남을 뿐이다. 이 책의 논의에서 벌금이나 우회적인 운영, 새로운 암호화 패키지는 그런 얼룩이다.

지금 우리에게는 이 새로운 자본주의 형태의 정체를 그들의 용어, 그들의 언어로 파악하는 것이 중요하다. 그러려면 실리콘밸리로 다시 눈을 돌려야 한다. 그곳에서는 모든 일이 너무나 빠르게 일어나므로, 방금 무슨 일이 일어났는지 아는 사람이 거의 없다. 실리콘밸리는 어느 구글 엔지니어가 생생하게 묘사했듯이, "꿈의 속도"로 진보가 일어나는 곳이다.[100] 여기서 나는 실리콘밸리에서 일어나는 일을 느린 속도로 재생함으로써 그러한 논쟁을 위한 공간을 넓히고 이 창조물들의 가면을 벗겨 불평등을 증폭시키고 사회적 위계를 강화하고, 배제를 심화하고, 권리를 강탈하고, 개인의 삶에서 누구를 위한 것과 상관없이 사적인 모든 요소를 제거하는 그들의 경향을 드러내려고 한다. 디지털 미래가 우리가 살 집이 되어야 한다면, 그렇게 만드는 주체는 우리어야 한다. 우리가 알아야 하고, 우리가 결정해야 하며, 누가 결정할 것인지를 우리가 정해야 한다. 이것이 인류의 미래를 위한 우리의 투쟁이다.

02

행동잉여의 발견

: 온라인 행동이 남기는 부수적인 흔적들

그는 별들과 날아가는 새들을 보고 말하지
강이 범람하거나 요새가 무너지겠어
예언은 맞기도 하고 안 맞기도 하지만
운 좋게 맞으면 큰 보상을 받거든.

— W. H. 오든 《중국 소네트》 VI

I. 구글 : 감시 자본주의의 선구자

구글과 감시 자본주의의 관계는 포드 자동차, 제너럴 모터스와 대량생산 기반 경영 자본주의의 관계와 같다. 새로운 경제 논리와 사업 모델은 특정 시공간에 살던 사람들에 의해 발견되고 시행착오를 통해 완성된다. 우리 시대에 구글은 감시 자본주의의 선구자이자 발견자였고, 감시 자본주의를 정교화하고 실험하며 선도적으로 실행했고, 역할 모델이면서 확산의 중추였다. 20세기 자본주의의 선구자로서 GM과 포드가 갖는 상징적 지위는 그들을 지속적인 학술 연구 대상이자 대중적 매혹의 대상으로 만들었다. 그들이 주는 교훈이 개별 회사를 뛰어넘는 반향을 일으켰기 때문이다. 구글이 해온 일도 동일한 방식으로 검토되어야 마땅하다. 단순히 한 기업을 비판하려는 것이 아니라 강력한 신생 자본주의 형태를 체계적으로 정리하는 출발점으로 삼기 위해서다.

대량생산이 포드에서 대성공을 거두자 수십 년 동안 수많은 연구자와 기업인, 엔지니어, 언론인, 학자들이 대량생산의 발명 배경, 기원, 결과를 탐구해왔다.[1] 수십 년이 지난 후에도 학자들은 여전히 포드라는 사람과 그 회사에 관해 많은 글을 썼다.[2] GM도 철저한 연구 대상이었다. 피터 드러커는 GM의 현장을 연구해 1946년《기업의 개념Concept of the Corporation》이라는 영향력 있는 저작을 썼다. 20세기의 경영 조직의 실제 모습을 집대성한 이 책은 경영의 현자로서 그의 명성을 확립하는 데 한몫했다. 두 기업에 대한 학술적 연구와 분석에 더해, 포드와 GM 경영진 스스로가 그들이 발견하고 실행한 것에 대해 열정적으로 설명했다. 헨리 포드와 그의 총지배인 제임스 쿠젠스, 앨프리드 슬론과 그의 마케팅 담당자 헨리 '벅' 위버는 그들의 성취를 되돌아보고, 개념화하고, 다른 사람들에게 전도했으며, 미국 자본주의의 진화 역사 속에 확실하게 위치시켰다.[3]

구글은 비밀스럽기로 악명 높아서, 드러커 같은 사람이 자유롭게 현장을 활보하면서 복도에서 수첩을 꺼내 들고 글을 쓰는 장면을 상상하기 힘들다. 경영진은 책이나 블로그를 통해 세심하게 디지털 복음주의 메시지를 만들어내지만, 그 운영이 어떻게 이루어지는지는 외부의 연구자나 언론인들이 쉽게 접근할 수 없다.[4] 구글의 기밀 유지 협약은 회사에 관한 사안을 타인에게 누설하는 일을 광범위하게 금지하고 있으며, 2016년에는 구글의 한 프로덕트 매니저가 회사를 상대로 소송을 제기해 직원들이 회사 기밀 유지 협약을 위반한 동료를 식별하도록 하는 내부 감시 프로그램이 있다는 혐의를 주장했다.[5] 벅 위버나 제임스 쿠젠스처럼 구글의 관행과 목표를 체계적으로 정리한 사람은 장기간 구글의 수석 경제학자였던 할 배리언

Hal Varian이다. 그는 중요한 주제들을 검토하는 학술 논문으로 우리의 이해를 돕는다. 배리언은 '구글노믹스의 애덤 스미스'이자 광고 모형의 '대부'로 일컬어진다.[6] 우리는 그의 저술에서 감시 자본주의의 논리와 권력에 대한 중요한 단서를 찾을 수 있다. 그러한 단서들은 뻔히 보이는 곳에 숨어 있다.

배리언은 학술지에 실린 두 편의 예사롭지 않은 논문에서 '컴퓨터 매개 거래'와 그것이 현대 경제에 미치는 변형 효과라는 주제를 다루었다.[7] 두 편 모두 온건하고 현실적인 태도를 취하고 있어서, 그 무심하고 절제된 표현은 그 내용이 깜짝 놀랄 만한 선언이라는 점과 대조된다. "오늘날 사실상 모든 거래에는 컴퓨터가 개입된다. … 이제 그 컴퓨터들을 몇 가지 다른 용도로 쓸 수 있다."[8] 그리고 나서 그는 "데이터 추출과 분석", "모니터링 개선을 통한 새로운 계약 형태", "개인화 및 맞춤형 서비스", "지속적인 실험"을 다른 용도의 네 가지 예로 제시한다.

새로운 '용도'에 대한 배리언의 논의는 감시 자본주의라는 낯선 논리, 감시 자본주의가 만든 학습의 분업화division of learning, 감시 자본주의가 이끄는 정보 문명의 성격에 다가서는 뜻밖의 이정표가 되어주었다. 배리언의 "역공학적reverse engineering" 주장을 렌즈로 삼으면 감시 자본주의의 세계관과 방법론을 이해하는 데 도움이 되므로, 우리는 감시 자본주의의 토대를 살펴보는 과정에서 이따금 그의 관찰을 다시 언급할 것이다. 배리언은 "누구나 빅데이터라고 하면 데이터 추출과 분석에 관해 이야기한다"고 말한다. '데이터'란 감시 자본주의의 새로운 제조 공정에 반드시 필요한 원재료다. '추출'이란 기업이 원재료 공급 사업에서 규모의 경제를 달성하기 위해 원재료를 둘러싸고 권한을 행사하도록 하는 사회적 관계와 물질적 하부 구조를 표현하는 말이다.

'분석'은 고도로 전문화된 전산 시스템들의 복합체를 가리킨다. 이러한 전산 시스템을 이 책에서는 '기계 지능'이라고 칭할 것이다. 나는 이 포괄적인 문장이 마음에 든다. 우리가 나무가 아닌 숲을 보도록, 즉 테크놀로지에만 매몰되지 않고 그 목적을 파악할 수 있게 훈련시키기 때문이다. 그러나 이 문장을 선택할 때 나 역시 구글의 안내를 따른다. 구글은 스스로 "기계 지능 혁신의 선봉에 있다"고 말한다. 기계 지능이라는 용어는 '예측 분석'이나 '인공지능' 같은 다른 용어들처럼 여러 종류의 연산조작을 함의하며, '고전적인' 알고리즘 방식 생산뿐 아니라 기계학습을 포함한다. 구글은 그중에서도 언어 번역, 음성 인식, 시각적 처리 공정, 랭킹, 통계 모델링, 예측을 언급한다. "이런 일들을 할 때 우리는 이해 관계에 대한 직간접적인 증거를 대량으로 수집하며, 이해와 일반화를 위해 학습 알고리즘을 적용한다."[9] 이러한 기계 지능 운용은 원재료를 사용자의 행동을 예측하기 위해 설계된 알고리즘 방식 제품으로 전환하는데, 이러한 제품은 수익성이 매우 높다. 이러한 기법과 작동방식이 가진 불가해하고 배타적인 특징은 마치 성을 에워싼 해자처럼 그 안에서 일어나는 행위를 보호한다.

구글의 표적형 광고 발명은 재정적 성공의 길을 닦기도 했지만 감시 자본주의의 발견과 정교화라는 더 광범위한 발전의 초석이기도 했다. 광고 모형이 바로 구글의 특징이어서, 구글의 자동화 경매 방식 및 구글의 온라인 광고 분야 발명품들이 지닌 여러 측면을 다룬 문헌도 많이 나왔다. 그런데 그런 글들은 너무 장황하며 지나치게 묘사적이기만 하고 이론화는 덜 되어 있다. 이 장과 1부 나머지 장들에서 나의 목표는 감시 경쟁의 '운동 법칙'을 밝히는 것이다. 이를 위해 감시 자본주의의 근본 메커니즘이 처음 발견된 그 탄생 시점부터 다시 살펴보려고 한다.

그전에 용어에 관해 한마디 덧붙이고 싶다. 전례가 없는 현상은 새로운 언어를 필요로 하며, 나는 기존의 언어로 새로운 현상을 포착할 수 없을 때 새로운 용어를 고안한다. 그러나 의도적으로 친숙한 언어를 용도 변경할 때도 있는데, 어떤 요소나 프로세스의 기능적 연속성을 강조하고 싶기 때문이다. 뉴턴의 관성, 힘, 반작용 법칙에서 차용한 '운동 법칙'이 바로 그런 예다.

역사가들은 오래전부터 산업 자본주의의 '법칙'을 설명하기 위해 이 용어를 사용했다. 예를 들어, 경제사학자 엘런 메익신스 우드Ellen Meiksins Wood 는 영국의 지주들이 강압보다 생산성을 우선하면서 지주와 소작농 간의 관계가 변화한 것에서 자본주의의 기원을 찾았다. "역사의 새로운 움직임은 우리가 초기 근대 영국의 '농업 자본주의'라고 부르는 것이다. 이것은 이전 과 구별되는 '운동 법칙'에 따라 움직이는 사회적 형태로, 이후에 산업 자본 주의 형태로 성장하게 된다."[10] 우드는 이 새로운 '운동 법칙'이 산업적 생산 에서 어떻게 드러나는지를 다음과 같이 설명한다.

> 자본주의가 다른 모든 형태의 '상업 사회'와 구별되는 결정적 요인은 시장의 요청과 자본주의적 '운동 법칙'을 발생시키는 특정한 사회적 재산 관계의 발달 이었다. … 경쟁적 생산과 이윤 극대화, 잉여 이윤을 재투자해야 한다는 압박, 끊 임없는 노동 생산성 개선의 필요성 등 … 이러한 자본주의적 운동 법칙들이 작 동하기 위해서는 거대한 사회적 변형과 대변동이 요구되었으며, 인간과 자연의 관계, 즉 인간이 기본적인 생명 유지를 위해 필요한 요소들을 공급받는 방식 자 체가 변화해야 했다.[11]

여기서 내가 주장하려는 바는 감시 자본주의가 경쟁적 생산, 이윤 극대 화, 생산성, 성장과 같은 기존의 자본주의 '법칙'을 폐기하지는 않는다 해도, 이러한 예전의 움직임이 이제는 새로운 축적 논리 안에서 작동한다는 것이 다. 이 새로운 논리는 예전과는 다른, 그 자체의 운동 법칙을 가진다. 이 장 과 앞으로 이어질 장들에서 우리는 이 근본적인 동학을 검토할 것이다. 그 동학에는 추출과 예측에 의해 규정되는 감시 자본주의 특유의 경제성 요청, 원재료 공급에 있어서 규모의 경제 및 범위의 경제에 대한 독특한 접근 방식, 기계 지능 기반 '생산수단'을 더 복잡한 행위 체계 안에 포함시키는 행동수정수단의 구축과 정교화, 행동수정의 요건으로서 그 모든 작동이 정보와 통제의 총체성을 향하게 하게끔 하는 방식—이는 전례 없는 도구주의 권력을 위한 구조적 틀과 그에 따른 사회적 함의를 창출한다—이 포함된다. 우선 당장의 목표는 새로운 렌즈를 통해 이미 우리에게 익숙한 지형, 낙관론과 위기, 발명으로 상징되는 구글의 초기 활동을 다시 평가하는 것이다.

II. 권력의 균형

구글은 1998년에 스탠퍼드 대학원생 래리 페이지와 세르게이 브린에 의해 설립되었다. 모자이크 브라우저가 대중에게 월드와이드웹으로 통하는 문을 열어준 지 2년 만이었다. 구글은 처음부터 해방적·민주적인 사회 세력이라는 정보 자본주의의 약속을 담지하고 있어서 3차 현대성에 속한 전 세계 사람들이 흥분하고 기뻐했다.

이러한 폭넓은 환영 분위기 속에서 구글은 점점 더 다양한 서비스를 제공하고 사람들은 그러한 서비스를 통해 온라인에서 정보를 검색하고 웹을 이용했다. 구글이 새롭게 펼쳐진 넓은 인간 행동 영역에 컴퓨터를 매개시키는 데 성공한 것이다. 이와 같이 새로운 활동들이 처음으로 정보화됨에 따라 완전히 새로운 데이터 자원이 창출되었다. 모든 구글 검색 쿼리(query: 정보 수집에 대한 요청에 쓰이는 컴퓨터 언어)는 검색 키워드뿐 아니라 검색 조건의 수와 패턴, 쿼리 작성 문구, 철자와 구두점, 체류 시간, 클릭 패턴, 위치 정보 등 부수적인 데이터 항적을 생성하게 된다.

초기에는 이러한 행동의 부산물들을 아무렇게나 저장했고, 편의상 무시했다. 그러던 중 '데이터 마이닝'에 큰 관심이 있었던 젊은 스탠퍼드 대학원생 아미트 파텔Amit Patel은 구글의 우연한 데이터 캐시가 어떠한 의미를 지니는지에 대해 획기적인 통찰력을 제공했다. 그는 데이터 로그를 연구하며 온라인에서의 행동 하나하나가 남긴 구조화되지 않은 신호들의 항적으로부터 각 사용자의 상세한 스토리, 즉 그들의 생각과 감정과 관심을 구성할 수 있음을 알게 되었다. 그는 이런 데이터가 실제로 "인간 행동에 대한 광범위한 센서"를 제공하며, 구글 검색을 종합적인 인공지능으로 만들겠다는 공동창업자 래리 페이지의 꿈을 실현하는 데 즉시 활용할 수 있으리라고 결론지었다.[12]

구글의 엔지니어들은 곧 부수적인 행동 데이터들의 끊임없는 흐름이 검색 엔진을 재귀적 학습 시스템으로 바꾸어놓을 수 있음을 알아냈다. 그렇게 되면 검색 결과를 계속해서 개선하고 철자법 검사, 번역, 음성 인식 등 제품 혁신에 박차를 가하게 될 것이었다. 케네스 쿠키어Kenneth Cukier는 당시를 다음과 같이 기억했다.

1990년대에 다른 검색 엔진들에게도 기회가 있었다. 그러나 그들은 하지 않았다. 2000년경에는 야후가 그 잠재력을 보았지만 그뿐이었다. 구글만이 사용자들과의 상호작용이 남긴 잔해 가운데서 사금砂金을 알아보고 그것을 그러모으는 수고를 감내했다. … 구글은 사용자 상호작용의 부산물로 나오는 정보를 활용한다. 이 데이터 배기가스data exhaust는 자동적으로 서비스를 개선하는 데 재활용되거나 완전히 새로운 상품을 만드는 데 이용된다.[13]

지금껏 폐기물로 여겨졌던 것, 즉 검색이라는 연소 반응에서 구글 서버로 뿜어져 나오는 '데이터 배기가스'는 이제 구글 검색 엔진을 지속적인 재귀적 학습 및 개선 과정으로 탈바꿈하는 핵심 요소가 되었다.

구글의 개발 초기 단계에서 그 검색 기능 개선에 쓰인 피드백 순환 과정은 권력의 균형을 만들어냈다. 구글 검색과 사람들은 학습의 원천으로 서로를 필요로 했기 때문이다. 이 공생 관계는 구글의 알고리즘이 점점 더 관련성 높고 포괄적인 검색 결과를 학습하고 생성할 수 있도록 했다. 더 많은 쿼리는 더 많은 학습을 뜻하며, 더 많은 학습은 더 높은 관련성을 창출한다. 관련성이 높아지면 더 많은 검색이 이루어지고 더 많은 사용자를 유입시킨다.[14] 1999년 이 신생 회사가 실리콘밸리에서 가장 존경받는 벤처캐피털에 속하는 세쿼이아 캐피탈과 클라이너 퍼킨스로부터 2,500만 달러의 투자를 받았다고 발표하기 위해 첫 기자 회견을 열었을 때, 구글 검색은 이미 1일 700만 건의 검색 요청을 처리하고 있었다.[15] 그로부터 몇 년 후, 2002년에 수석 경제학자로 구글에 합류한 할 배리언은 이렇게 적었다. "사용자가 수행하는 모든 행위는 분석되고 시스템에 다시 피드백될, 일종의 신호로 간주된다."[16] 그 당시에 이미 창업자의 이름을 딴 페이지 랭크Page Rank 알고리즘이 개발되어 있었고, 이는 쿼리에 대한 가장 인기 있는 결과를 확인하는 데 크게 기여했다. 이후 몇 년 동안 검색 쿼리의 부산물로부터 수집, 저장, 분석, 학습된 것들은 구글을 웹 검색의 절대적 표준으로 만들게 된다.

여기서 우리에게 가장 중요한 것은 구글의 결정적인 차별점이다. 이 초기 기간 동안 행동 데이터는 완전히 사용자 편에서 작동했다. 사용자 데이터는 아무런 대가 없이 가치를 제공했고, 그 가치는 개선된 서비스라는 형태로 사용자 경험에 재투입되었고, 사용자는 아무런 대가 없이 강화된 검색을 이용할 수 있었다. 사용자들은 행동 데이터라는 형태로 원재료를 제공했고, 수집된 데이터는 속도, 정확성, 관련성을 개선하거나 번역과 같은 부가 서비스를 구축하는 데 이용되었다. 나는 이것을 행동 가치 재투자 사이클behavioral value reinvestment cycle이라고 부른다. 이 회로에서 모든 행동 데이터는 상품이나 서비스 개선을 위해 재투입된다(그림 1 참조).

이 사이클은 아이팟의 논리를 모방한다. 구글에서도 그 논리는 멋지게 작동했다. 그러나 한 가지 결정적 차이가 있었다. 지속가능한 시장 거래의 부재였다. 아이팟의 경우에는 수익성이 좋은 실물 상품의 구매에 의해 순환이 촉발되었고, 그에 뒤따르는 호혜적 관계가 아이팟 제품의 개선과 판매 증대를 이끌었다. 고객은 이 상업적 거래 프로세스의 주체였고, 거래는 '내가 원하는 것을 내가 원할 때 내가 원하는 곳에서'라는 요구를 충족시켜 주겠노라고 약속했다. 구글도 주체로서의 개인을 지향했지만, 판매할 실물 제품이 없으므로 사이클이 시장 바깥에서 부유했다. 고객과의 시장 거래가 아니라 '사용자'와의 상호작용밖에 없었다.

이 점은 구글의 사용자를 고객으로 생각하는 것이 왜 부적절한지를 설명할 수 있게 해준다. 여기에는 경제적 교환, 가격, 이윤이 없다. 사용자가

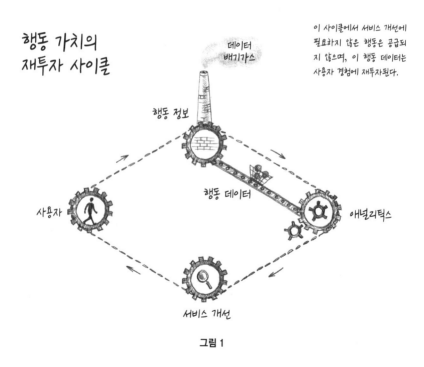

행동 가치의
재투자 사이클

이 사이클에서 서비스 개선에 필요하지 않은 행동은 공급되지 않으며, 이 행동 데이터는 사용자 경험에 재투자된다.

데이터 배기가스

행동 정보

행동 데이터

사용자

애널리틱스

서비스 개선

그림 1

노동자의 역할을 하지도 않는다. 자본가가 노동자를 고용하여 임금과 생산 수단을 제공할 때 그들이 생산하는 제품은 자본가에게 속하며, 자본가가 이윤을 남기고 제품을 판다. 여기서는 그런 일이 일어나지 않는다. 사용자는 그들의 노동에 대한 대가를 받지 않으며, 생산수단을 운용하지도 않는다. 이에 관해서는 이 장의 뒷부분에서 더 깊게 논의할 것이다. 끝으로 사람들은 흔히 사용자가 곧 '제품'이라고 말한다. 이 말 역시 오해의 소지가 있는데, 이에 관해서도 나중에 다시 설명할 기회가 있을 것이다. 우선 간단히 말하자면, 사용자는 제품이라기보다는 원재료 공급원이다. 뒤에서 설명하겠지만, 감시 자본주의의 독특한 제품들은 우리의 행동으로부터 나오지만 우리의 행동에 무관심하다. 그 제품들은 우리를 예측하는 데 관련되어 있지만, 실제로 우리가 무엇을 하는지, 우리에게 어떤 일이 일어나는지는 상관하지 않는다.

요컨대 구글의 개발 초기 단계에서 구글 검색 사용자들이 무심코 포기한 것들이 회사에게는 가치 있는 것이었고, 사용자들도 개선된 서비스라는 형태로 그것을 다시 소비했다. 이 재투자 사이클에서는 사용자들이 부가적인 행동 데이터를 제공하면서 창출된 가치가 경탄할 만한 검색 결과를 내놓는 데 전부 '소비'되었다. 사용자들이 구글 검색을 필요로 하는 만큼 검색 엔진도 사용자들을 필요로 한다는 사실은 구글과 사용자들 사이의 힘의 균형을 만들었다. 사람들 자체가 목적이자 비시장적이고 자족적인 사이클의 주체였고, 이는 "전 세계의 정보를 체계적으로 정리하고, 그리하여 유용하고 보편적으로 접근 가능하게 만든다"는 구글의 사명에 완벽하게 일치했다.

III. 검색과 자본주의: 참을성 없는 돈과 예외 상태

구글은 웹페이지 검색이라는 눈부신 신세계를 펼쳤고, 그로 인해 컴퓨터 과학 역량도 신장되었으며, 화려한 벤처 후원자들도 있었지만, 1999년까지는 투자자들의 돈을 확실히 수익으로 전환시킬 방법이 없었다. 행동 가치 재투자 사이클은 무척 멋진 검색 기능을 창출했지만 아직 자본주의적인 체계라고 볼 수 없었다. 권력의 균형은 재정적 위험을 뜻했고 검색 서비스 요금을 사용자에게 부과할 수 없게 만드는 요인이기도 했다. 검색 결과를 돈을 받고 판다는 것은 구글의 웹 크롤러(web crawler: 조직적·자동화된 방법으로 월드와이드 웹을 탐색하는 컴퓨터 프로그램)가 이미 다른 사람들로부터 무상으로 얻은 정보에 가격을 매기는 일이므로 회사의 미래에 위험한 선례를 남기게 될 터였다. 애플의 아이팟 같은 기기나 디지털 음원이 없다는 것은 남길 이윤이나 잉여 가치가 없다는 뜻이고, 팔 것이 없으므로 돌아올 수익도 없었다.

구글은 광고를 3등칸으로 밀어냈다. 애드워즈AdWords 팀은 일곱 명으로 구성되었는데, 그중 대부분이 창업자들이 가졌던 광고에 대한 일반적 반감을 공유하고 있었다. 그러한 기조는 세르게이 브린과 래리 페이지가 1998년 월드와이드웹 컨퍼런스에서 발표해 그들의 검색 엔진 개념을 처음 공개한 〈대규모 하이퍼텍스트 웹 검색 엔진의 해부The Anatomy of a Large-Scale Hypertextual Web Search Engine〉라는 논문에서 확립되었다. "우리는 검색 엔진에 광고를 실으면 광고의 타고난 속성 때문에 소비자의 요구로부터 벗어나 광고주의 이해관계에 기울게 될 것이라고 본다. 이러한 유형의 편향은 감지하기는 매우 힘들지만 상당한 영향을 끼칠 수 있다. … 우리는 광고의 쟁점이 학술적 영역에서 투명하고 경쟁력 있는 검색 엔진을 갖는 것이 왜 중요한지에 대한 충분한 자극이 되리라 믿는다."[17]

구글의 첫 수익은 웹서비스를 야후나 일본의 빅글로브BIGLOBE 같은 포털에 제공하는 독점 라이선스 거래에 의존했다.[18] 검색 쿼리 키워드에 링크된 스폰서 광고에서도 소소한 수익이 발생했다.[19] 고려해볼 만한 다른 수익 모형도 있었다. 당시 거대 포털 AOL에 독점적으로 서비스를 제공했던 오버추어Overture, 마이크로소프트가 채택한 잉크토미Inktomi 같은 경쟁 검색 엔진들은 그들이 인덱싱한 사이트들로부터 수익을 얻었다. 오버추어는 검색 결과에서 높은 순위에 놓이게 하는 대가로 광고주로부터 요금을 받는, 브린과 페이지가 경멸한 바로 그 방식으로 온라인 광고를 유치하는 데 성공하기도 했다.[20]

"구글이 과연 기술력만큼 비즈니스 모형도 훌륭하게 창출할 수 있을까?"라는 《뉴욕 타임스》 기사의 한 대목처럼, 저명한 분석가들은 구글이 이미 자리 잡은 라이벌들과 경쟁할 수 있을지 공개적으로 의문을 제기했다.[21] 포레스터 리서치Forrester Research의 한 유명한 분석가도 구글이 검색으로 돈을 벌려면 "[야후처럼] 포털을 만들거나 … 포털과 제휴하거나 … 기술 라이선스를 팔거나 … 큰 기업이 매수해주기를 기다리는" 수밖에 없다고 단언했다.[22]

이와 같이 구글의 생존 가능성을 많은 사람이 의심했지만, 권위 있는 벤처 후원자들은 창업자들에게 자금 조달 능력에 대한 자신감을 심어주었다. 그런데 2000년 4월 상황이 급변했다. 전설적인 닷컴 경제가 추락하기 시작했고, 실리콘밸리의 에덴동산은 돌연 금융 지진의 진원지가 되었다.

4월 중순이 되자 실리콘밸리의 특권과도 같았던 패스트머니 문화가 이른바 '닷컴 버블'의 붕괴 속에 포위되었다. 야심에 찬 실리콘밸리의 청년들, 그리고 그들보다 조금 더 나이 먹은 투자자들에게 이것이 얼마나 두려운 일이었는지 우리는 쉽게 잊는다. 불과 몇 달 전에 엄청난 가치를 평가받은 스타트업들이 하루아침에 문을 닫아야 했다. '닷컴 기업에게 비운이 다가온다Doom Stalks the Dotcoms'와 같은 걸출한 기사들에 따르면 월가에서 최고

가로 추앙받던 인터넷 기업들의 주가가 "나가떨어졌"으며, 그중 다수는 공모가보다도 낮은 금액에 거래되었다. "많은 닷컴 기업들이 쇠퇴하면서, 벤처 투자가도 월가도 주머니를 열려고 하지 않는다."[23]고 보도되는 등 기사는 포탄 세례를 맞은 투자자들의 탄식으로 가득했다. 많은 인터넷 기업이 상장해 있던 나스닥은 4월 10일부터 한 주 동안 사상 최악의 하락을 맛보았고, '게임'이 돌이킬 수 없는 지경에 이르렀다는 공감대가 확산되고 있었다.[24]

실리콘밸리의 사업 환경이 흐트러지면서, 투자자들은 구글을 대기업에 매각해 현금화할 가능성이 매우 낮다고 보았고, 한 번 밀려든 공포감은 쉽게 사라지지 않았다. 구글에 투자한 여러 투자자들이 구글의 전망에 대해 의구심을 표명하기 시작했고, 자금을 회수하겠다고 위협하는 투자자도 있었다. 구글 검색이 모든 검색 엔진 중 최고라는 사실이 널리 알려져 있었고, 트래픽도 급증하고 있었으며, 마운틴 뷰에 있는 구글 사무실에 매일 천 장의 이력서가 밀려들어왔지만, 구글은 수익에 대한 압박이 급격하게 심해졌다. 클라이너 퍼킨스의 존 도어John Doerr와 세쿼이아의 마이클 모리츠Michael Moritz는 페이지와 브린이 너무 느리게 움직이는 것 같아서 불만이었다.[25] 구글의 역사를 기록한 스티븐 레비에 따르면, "벤처캐피털들은 피비린내 나는 죽음의 현장에서 비명을 질렀다. 싱싱한 샐러드 같았던 풋내기 IT기업들의 시대는 갔고, 구글도 짓밟힌 래디시가 되지 않으리라고 장담할 수 없었다."[26]

특히 그 시기에 실리콘밸리의 벤처 투자가 가진 독특한 성격은 스타트업 인플레이션이 위험한 수준에 이르게 만들었고 구글에 대한 위기감이 커지는 데에도 한몫했다. 스탠퍼드 대학교 사회학과 마크 그래노베터Mark Granovetter 교수와 그의 동료 미셸 페라리Michel Ferrary가 실리콘밸리 벤처 기업들을 연구하면서 밝힌 것처럼, "위상이 높은 벤처캐피털 기업과 연결되어 있으면 그 스타트업의 위상도 높게 평가되었고, 이는 다른 투자를 끌어들였다."[27] 지금 생각해보면 자명한 사실이지만, 이를 통해 갑작스러운 위기에 대한 몇 달 동안의 불안을 설명할 수 있다. 명성이 높은 벤처캐피털이 투자했다는 사실은 특히 첨단 기술 분야처럼 '불확실한' 환경에서의 투자에서 일종의 신원 보증으로 기능했다. 이는 마치 최상위 대학교에 합격했다는 사실이 그 학생을 다수와 구별되는 특별한 존재로 분류하고 인정하게 만드는 것과 같다. 높은 위상을 알려주는 신호의 힘을 상실한 젊은 기업은 빠른 속도로 질주하는 실리콘밸리의 대열에서 긴 낙오자 명단에 오르게 된다.

인플레이션을 야기하는 과대 선전이 투기꾼을 끌어들이고 벤처 자금의 변동성을 키우면서 실리콘밸리에 참을성 없는 돈이 범람하게 된 원인이라고 지적하는 연구 결과들도 있다.[28] 프리버블Pre-bubble 시기의 투자 패턴에 대한 연구들은 '한탕주의' 사고방식을 보여주었다. 투자자들은 분명 신생 기업 중에 새로운 비즈니스 모델을 갑자기 발견해 그들의 투자 자금을 전부 금광으로 바꾸어줄 기업이 있으리라는 믿음으로 투자 결과가 나빠도 오히려 투자금액을 늘렸다.[29] 실리콘밸리의 스타트업 폐업률은 보스턴, 워싱턴 D.C. 등 다른 벤처 캐피털 중심지를 앞질렀다. 참을성 없는 돈 중 큰 이익을 거머쥔 사례는 소수였고, 다수는 손실로 끝났다.[30] 참을성 없는 돈은 실리콘밸리 스타트업의 규모에도 반영되어, 종사자 수가 평균 68명으로 타지역 평균 112명에 비해 매우 적었다.[31] 이는 조지프 슘페터가 지적한 것처럼 제도적 역량 발달은커녕 사업을 성장시키거나 인재 기반을 다지는 데긴 시간을 들이지 않고 투자에 대한 수익을 빨리 회수하는 데만 관심이 있다는 점을 시사한다. 이러한 성향은 투자를 한 쪽이든 받은 쪽이든 순자산만을 유일한 성공 척도로 찬양하는 실리콘밸리의 전반적인 문화에 의해 더악화되었다.[32]

천재적이고도 원칙적인 통찰력을 가지고 있던 브린과 페이지도 고조되는 위기감을 무시할 수는 없었다. 2000년 12월,《월 스트리트 저널Wall Street Journal》에 따르면 실리콘밸리 투자자들 사이에서 다음과 같은 '진언眞言'이 출현했다. "몇 년 안에 단순히 돈을 버는 능력을 보여주는 것만으로는 주요 주자로 남기에 충분치 않게 될 것이다. 앞으로는 수익을 지속적으로 유지하고 기하급수적으로 증대할 능력이 필요해질 것이다."[33]

IV. 행동잉여의 발견

정치에서 예외 상태의 선언이란 법치를 유보하고 위기에 의해 정당화되는 새로운 집행 권력을 도입하기 위한 구실이다.[34] 2000년 말 예외 상태는 구글과 구글 사용자 사이에 존재했던 호혜적 관계를 폐기하는 근거가 되었고, 창업자들로 하여금 광고에 대한 열정적이고 공개적인 반대 의지를 굽히게 했다. 투자자들의 우려에 대한 구체적인 응답으로, 창업자들은 작은 규모의 애드워즈 팀에게 더 많은 돈을 벌 방법을 찾아내라는 임무를 맡겼다.[35] 페이지는 광고주가 거쳐야 하는 절차 전반을 단순화하라고 지시했다. 이 새로운 접근 방식에서 그는 광고주들이 "키워드 선택에조차 관여하지 않도록 해야 한다"고 주장했다. "선택은 구글이 한다"는 것이 그의 원칙이었다.[36]

이는 구글이 늘어나는 행동 데이터 캐시와 전산 처리 능력 및 기술을 검색 쿼리에 맞는 광고를 매칭시키는 한 가지 작업으로 변환하리라는 것을 의미했다. 이전과 다른 행보를 정당화하기 위해 새로운 수사학이 동원되었다. 광고가 있어야만 한다면 그것은 사용자와의 '관련성'이 있는 것이라야 했다. 광고가 검색 쿼리에서의 키워드에 연결되는 것이 아니라 특정 광고가 특정 개인에게 '표적화'되는 것이다. 이런 이상이 실현된다면 사용자에게는 관련성을, 광고주에게는 가치를 보장해줄 수 있다.

새로운 수사학에는 구글이 이 새로운 목표를 추구하는 가운데 수백만, 나중에는 수십억 명의 사용자들에 관한 독점적이고 상세한 부수적 행동 데이터가 있어야만 알 수 있는 민감한 사항들을 활용해 미개척지로 건너가리라는 사실이 빠져 있었다. 새로운 목표를 달성하기 위해 행동 가치 재투자 사이클은 더 광범위하고 더 복잡한 작업에 빠르고 은밀하게 투입되었다. 검색 결과의 질을 개선하는 데에만 이용되던 원재료가 이제는 개인 사용자들에게 표적화된 광고 서비스를 제공하는 데에도 활용된다. 어떤 데이터는 서비스 개선에 계속 이용되겠지만, 점점 더 많은 양의 부수적인 신호들이 저장되어 구글과 광고주 모두를 위해 더 높은 수익을 가져다주도록 광고를 개선하는 용도로 쓰일 것이다. 서비스 개선을 넘어서는 용도로 활용 가능한 행동 데이터는 잉여를 구성하며, 구글이라는 신생 기업은 생존을 위해 '지속적이고 기하급수적으로 늘어나는 수익'에 도달할 수 있는 길을 바로 이 행동잉여에서 찾았다. 비상사태임이 인지된 덕분에 새로운 돌연변이가 형체를 이루기 시작했고, 이 기업이 원래 사용자와의 사이에서 가졌던 관계, 즉 암묵적으로 개인의 권익을 지지하는 사회 계약이라는 그물망 사이를 조용히 빠져나간 것이다.

구글의 예외 상태 선언은 감시 자본주의가 뿌리를 내리는 데 있어서 분수령이 된 2002년의 배경이 되었다. 행동잉여에 대한 구글의 인식은 그해 4월 또 하나의 문턱을 넘었다. 4월의 어느 날 아침 데이터 로그 분석팀이 출근해보니 '캐럴 브래디의 결혼 전 이름'이라는 이상한 구절이 검색 쿼리 순위 최상단에 올라와 있었다. 왜 갑자기 1970년대 시트콤 주인공에게 관심이 생겼을까? 데이터 과학자로 당시 로그 분석팀 일원이었던 아미트 파텔은 《뉴욕 타임스》와의 인터뷰에서 이 사건에 대해 "세상에서 무슨 일이 벌어지고 있는지 알지 못하는 한, 그것을 해석할 수 없다"고 말했다.[37]

로그 팀은 퍼즐을 풀어냈다. 우선 쿼리의 시계열적 패턴에 매시 48분에 시작되는 다섯 번의 급상승 구간이 있음을 포착했다. 그 다음에는 그 쿼리 패턴이 인기 있는 TV 퀴즈쇼 〈누가 백만장자가 되기를 원하는가? Who Wants to Be a Millionaire?〉 방영 시간 동안 발생했다는 사실을 알게 되었다. 검색 빈도가 급상승한 구간은 그 프로그램의 지역별 방영 시간대에 따른 것이었고, 하와이주에서 퀴즈쇼가 방영된 시간에 마지막 급상승 구간이 나타났다. 시간대가 서로 다른 각 지역에서 퀴즈쇼 진행자가 캐럴 브래디의 결혼 전 이름을 질문한 시간에 구글 서버로 검색 쿼리가 밀려들어온 것이었다.

《뉴욕 타임스》가 보도했듯이, "사람들은 캐럴 브래디에 대한 정보의 정확성에 눈이 휘둥그레졌다." 브린조차도 사건이나 동향이 전통적인 매체의 '레이더'에 미처 닿기도 전에 드러나 보이는 구글 검색의 선명한 예측력에 어안이 벙벙했다. 브린은 《뉴욕 타임스》와의 인터뷰에서 이렇게 말했다. "처음으로 전자현미경을 들여다본 것 같은 기분이었다. 마치 실시간 바로미터 같았다."[38] 《뉴욕 타임스》에 따르면 구글 경영진은 대량 쿼리 데이터가 어떻게 상업화될 수 있는지에 대한 구상을 밝히는 데 주저했지만, 그중한 사람은 "이 데이터가 엄청난 기회를 제공한다"고 털어놓았다.[39]

캐럴 브래디 사건 한 달 전, 애드워즈 팀은 새로운 접근 방식을 모색 중이었고 브린과 페이지는 경험 많은 기업 중역이자 엔지니어이자 컴퓨터과학 박사인 에릭 슈미트를 회장으로 영입했다. 8월에는 에릭 슈미트에게 CEO 역할까지 맡겼다. 도어와 모리츠가 창업자들에게 회사를 수익이 나는 방향으로 운영할 줄 아는 전문경영인을 영입하라고 종용한 결과였다.[40] 슈미트는 즉시 긴축 프로그램을 시행했다. 그는 자금 조달 전망이 위태로워지자 예산의 고삐를 쥐고 재정적 위기에 대한 경각심을 높였다. 긴축적인 운영을 업무 공간에까지 적용하면서 뜻하지 않게 사무실을 공유하게 되기도 했는데, 그때 한 사무실에서 일하게 된 사람은 다름 아닌 아미트 파텔이었다.

나중에 슈미트는 그 몇 달 동안 비좁은 공간에서 함께 지내다 보니 수익이 좋아진 것을 재무 담당자들보다 먼저 접할 수 있었다고 자랑했다.[41] 슈미트가 구글에 저장되는 행동 데이터가 가진 예측력에 관해서 파텔로부터 어떤 통찰력을 얻었는지 우리는 알지 못하며 앞으로도 알 수 없겠지만, 데이터가 가진 예측력을 더 깊이 이해하게 됨으로써 재정적 위기에 대한 구글의 구체적 대응 방안을 신속하게 구상하게 되었다는 점에는 의심의 여지가 없다. 이는 궁극적으로 애드워즈, 구글, 인터넷, 더 나아가 정보 자본주의의 본질 자체를 믿기 힘들 만큼 수익성이 높은 감시 프로젝트로 전환시킨, 결정적인 돌연변이를 만들었다.

구글의 광고는 처음부터 당시의 다른 온라인 광고보다 효과적이라고 평가되었다. 검색 쿼리에 연결되어 있었고, 사용자가 실제로 그 광고를 클릭하는지, 즉 '클릭률click-through rate'을 구글이 추적할 수 있었기 때문이다. 하지만 광고료는 예전 방식대로 얼마나 많은 사람이 광고를 보았는지만 고려해 청구되었다. 검색이 확대되면서, 구글은 애드워즈라는 셀프서비스 시스템을 만들었다. 이 시스템에서 누군가가 어떤 광고에 해당하는 키워드를 검색하면, 검색 결과에 광고주가 설정한 텍스트 상자와 랜딩 페이지로의 링크가 포함된다. 광고의 가격은 검색 결과 페이지상의 광고 위치에 따라 달랐다.

검색 엔진계의 라이벌 스타트업이었던 오버추어는 키워드 맞춤형 광고를 웹페이지상의 광고 크기와 위치에 따라 판매하는 온라인 경매 시스템을 개발했다. 구글은 이 모델을 변형하고 강화해 결과적으로 정보 자본주의의 경로를 바꾸어놓았다. 블룸버그의 한 저널리스트는 2006년에 이렇게 설명했다. "구글은 클릭당 요금에 누군가가 실제로 그 광고를 클릭할 가능성에 대한 구글의 추정치를 곱해 구글에게 가장 높은 금액의 광고료 총액을 지불할 것으로 예측되는 광고주에게 가장 좋은 위치를 줌으로써 그 귀한 부동산으로부터 얻을 수 있는 수익을 극대화한다.[42] 여기서 확률 추정치는 구글이 그들의 가장 중요하고 비밀스러운 발견인 행동잉여를 다루면서 전산 처리 능력을 진전시킨 결과물이었다. 이 시점부터 계속해서 성장하는 기계 지능과 끊임없이 방대해지는 행동잉여의 공급량, 이 두 가지의 조합이 전례 없는 축적 논리의 토대가 된다. 구글의 재투자 우선순위도 바뀐다. 이제까지는 단순히 사용자에게 더 나은 서비스를 제공하는 것이 최우선이었지만, 이제는 지금껏 어느 누구도 보지 못했던 가장 광범위하고 기술적으로 진전된 원재료 공급 운용 방법을 창안하고 제도화하는 데 가장 우선적으로 행동 데이터가 재투입된다. 이때부터는 수익과 성장이 더 많은 행동잉여에 의존하게 된다.

구글은 초기 몇 년 동안 많은 특허를 출원했다. 이는 예외 상태가 행동잉여를 더 많이 포착하려는 의지와 중대한 혁신을 이끌었고, 이에 따라 폭발적인 발견과 창의성, 복잡성이 터져 나왔음을 보여준다.[43] 나는 이 중에서도 특히 2003년 구글 최고의 컴퓨터 과학자 세 명이 출원한 "표적형 광고에 사용하기 위한 사용자 정보 생성"에 주목한다.[44] 이 특허는 구글의 성공을 뚜렷하게 만들, 새로운 축적 논리, 돌연변이의 출현을 상징한다. 이것이 더 흥미를 끄는 이유는 구글의 탁월한 과학자들이 회사의 새로운 목표를 달성하는 데 자신의 지식을 투입할 때 어떠한 태도를 가졌는지가 이 문서에 나타나 있어서, 이례적으로 테크놀로지의 케이크 안에 깊이 박혀 있는 '경제적 지향'을 엿볼 수 있다는 데 있다.[45] 따라서 이 특허 문서는 구글이 완곡어법의 연막으로 프로젝트의 본 모습을 감추기 전에 새로운 클릭의 정치경제학과 그 도덕적 가치관을 설명한, 일종의 논문과도 같다.

이 특허는 구글의 진정한 고객들로 이루어진 새로운 청중을 향해 막후에서의 운영이 어떠한 지향을 가지고 있는지를 밝힌다. 발명자들은 "본 발명은 광고에 관한 것"이라고 선언한다. 그들은 광고주들이 사용할 수 있는 막대한 양의 인구통계학적 자료가 있지만 많은 광고 예산이 "낭비되고 있

으며, … 그러한 낭비를 식별해 제거하기란 매우 힘들다"고 지적한다.[46]

모든 광고는 알아맞히기 게임이다. 광고는 예술이거나 관계 맺기일 수도 있고, 예로부터 전해 내려오는 지혜나 표준적인 관행일 수도 있지만, 절대로 '과학'이 될 수는 없다. 특정 메시지를 특정 사람에게, 그것도 실제로 그 사람의 행동에 영향을 미칠 가능성이 높은 순간에 딱 맞추어 전달할 수 있다는 생각은 광고에 있어서 결코 다다를 수 없는 성배聖杯와도 같았다. 발명자들은 온라인 광고 시스템들도 이 어려운 목표를 달성하지 못했다고 지적한다. 당시에 구글의 경쟁사들에게 널리 퍼져 있던 접근 방식은 광고를 키워드나 내용에 표적화하는 것이었는데, 이 방법으로는 '특정 사용자에게' 관련성 높은 광고를 식별할 수 없었다. 이제 발명자들은 그 어느 광고계 거물이 꿈꾸는 가장 야심 찬 이상도 뛰어넘는 과학적 해법을 제시한다.

> 검색 쿼리나 문서 요청 같은 사용자의 요청에 대해서 서비스되는 광고와 그 요청을 제공한 사용자와의 관련성을 높일 필요가 있다. … 본 발명은 사용자 프로파일 정보를 결정하고 그렇게 결정된 사용자 프로파일 정보를 광고 서비스에 사용하기 위한 새로운 방법과 장치, 메시지 포맷 그리고/또는 데이터 구조를 포함한다.[47]

다시 말해, 이제 구글은 사용자를 위한 서비스를 개선하기 위해서만이 아니라 사용자의 마음을 읽어 관심사에 맞는 광고를 제공할 목적으로 행동 데이터를 채굴한다. 온라인 행동이 남기는 부수적 흔적들을 통해서 관심사를 추론할 수 있기 때문이다. 행동 데이터에 대한 구글의 독특한 접근은 행동 데이터를 통해 특정 개인이 특정 시공간에서 무엇을 생각하고 느끼고 행하는지를 알 수 있게 된다는 뜻이다. 그렇게 놀랍지 않거나, 주목할 만한 일조차 아니라고 생각된다면 그것은 심각한 정신적 마비 증상이 우리를 대담하고 전례 없는 자본주의 작동 방식 변화에 익숙하게 만들었다는 증거다.

특허 명세서에 따르면 사용자가 구글 검색 엔진으로 검색할 때마다 시스템이 검색 쿼리를 이행하는 동시에 특정 광고를 그 사용자에게 맞게 구성해 보여주게 된다. 쿼리에서 광고로의 이 즉각적인 번역, 즉 '매칭'이라고 불리는 예측 분석을 수행하는 데 사용되는 데이터는 단순한 검색 조건을 훨씬 뛰어넘는 의미를 지닌다. 새로운 데이터 세트가 컴파일되면 이 예측의 정확성이 드라마틱하게 높아진다. 이러한 데이터 세트들은 '사용자 프로파일 정보' 또는 'UPI User Profile Information'라고 불린다. 이는 이제 어림짐작으로 추측할 필요가 없고 광고 예산 낭비가 훨씬 줄어들 것임을 뜻했다. 수학적인 확실성이 그 자리를 대신할 것이기 때문이다.

UPI는 어디에서 올까? 과학자들은 이 지점에서 획기적인 발견을 발표한다. 그들은 우선 새로운 데이터 중 일부는 구글의 기존 검색 시스템에 지속적으로 축적되는 행동 데이터 캐시에서 추출될 수 있다고 설명한다. 그 다음으로는 훨씬 더 많은 행동 데이터가 온라인 세계 어디서나 사냥, 채집될 수 있다고 강조한다. 그들의 표현에 따르면 UPI는 '추론', '가정', '연역'될 수 있다. 그들의 새로운 방법과 연산 도구를 이용하면 사용자가 직접 개인 정보를 제공하지 않더라도 사용자의 검색 패턴, 문서 조회, 그 밖의 수많은 온라인 행동 신호를 통합하고 분석함으로써 UPI를 생성할 수 있다. "사용자 프로파일 정보는 개별 사용자 또는 사용자들의 집단에 관한 정보를 포함할 수 있다. 그러한 정보는 해당 사용자에 의해 제공될 수도 있고, 사용자 정보의 배포 권한을 부여받은 제삼자에 의해 제공될 수도 있으며, 사용자의 행위에서 파생될 수도 있다. 특정 사용자 정보는 동일한 사용자의 다른 사용자 정보를 사용하거나 다른 사용자의 사용자 정보를 사용해 연역되거나 가정될 수 있다. UPI는 다양한 존재entity와 관련될 수 있다."[48]

발명자들은 UPI가 사용자 또는 집단의 행위로부터, 사용자가 조회하는 모든 종류의 문서로부터, 광고의 랜딩 페이지로부터 연역될 수 있다고 설명한다. "예를 들어, 전립선암 검사에 관한 광고는 '남성'이고 '45세 이상'인 사용자 프로파일에 한정될 수 있다."[49] 그들은 UPI를 얻는 다른 방법들도 설명한다. 그중 하나는 속성값을 예측하는 '기계학습 분류자machine learning classifier'를 활용하는 것이다. 사용자와 문서, 검색 쿼리, 웹페이지 사이의 관계를 밝히는 '연관성 그래프'도 개발되었다. "사용자 간 연관성도 발생할 수 있다."[50] 발명자들은 새로운 온라인 세계의 분석적 과제들을 해결하려는 컴퓨터 과학자들만이 이 방법론을 이해할 수 있다는 점을 명시한다. "다음의 설명은 관련 기술에 능숙한 당업자가 본 발명을 행하고 이용할 수 있도록 제공된다. … 서술된 예들에 대한 각종 수정안은 당업자라면 누가 봐도 알 수 있을 것이다."[51]

이 책의 논의에서 가장 주목해야 할 점은 이들이 가장 우려한 마찰 요인이 기술적 문제가 아닌 사회적 문제였다는 점이다. 사용자들이 단지 그들이 원한 바가 아니라는 이유만으로 의도적으로 정보를 제공하지 않을 때 마찰이 발생한다. 과학자들은 "불행히도, 사용자 프로파일 정보를 항상 쓸 수 있지는 않다"고 경고한다. 사용자들이 언제나 "자발적으로" 정보를 제공하지 않을 수 있으며, "사용자 프로파일이 불완전하거나 … 프라이버시에 대한 고려 등의 이유로 포괄적이지 않을 수도 있다."[52]

이 특허의 분명한 목적은 사용자들이 자신의 개인 정보에 대해 갖는 결정권이 구글과 구글 사용자 사이에 있었던 암묵적 사회 계약이 태생적으로 지닌 속성임에도 불구하고 그러한 권리 행사가 구글 과학자들을 단념시키지 않을 것임을 알리는 데 있었다.[53] 발명자들은 다음과 같이 경고한다. 사용자가 UPI를 제공할 때조차도, "의도적으로 혹은 의도치 않게 부정확할 수 있고, 오래된 정보일 수도 있으며 … 어떠한 명시적 정보도 시스템에 제공되지 않았는데 특정 사용자의 UPI가 결정될 (혹은 업데이트되거나 추가될) 수도 있다. … 처음 생성된 UPI에 이미 기존의 UPI 정보에 명확하게 들어 있는 어떤 것들이 불필요하게 포함될 수도 있다."[54]

과학자들은 사용자들이 결정권을 행사함에 따라 발생하는 마찰을 극복할 의지도 있고, 그렇게 할 역량도 있다고 확언한다. 구글이 독점적으로 보유하고 있는 기법은 행동잉여를 감시, 포착, 확장, 구성, 탈취할 수 있게 하며, 여기에는 사용자가 의도적으로 공유하지 않기로 한 데이터도 포함된다. 사용자들의 저항은 데이터를 몰수하는 데 장애물이 되지 않을 것이다. 어떠한 도덕적·법적·사회적 제약도 상업적 목적을 위해 다른 사람들의 행동을 찾아내고 소유권을 주장하고 분석하는 일을 방해하지 못할 것이다.

발명가들은 사용자들의 지식, 의도, 동의를 우회하면서도 UPI 데이터세트를 컴파일하듯이 구글이 가늠할 수 있었던 속성들의 사례를 제공한다. 여기에는 웹사이트 방문 기록, 사이코 그래픽스, 검색, 이전에 사용자가 보았거나 선택했거나 이후 구매까지 한 광고에 대한 정보가 포함된다.[55] 긴 목록이며, 분명 지금은 훨씬 더 길어졌을 것이다.

마지막으로 발명자들은 효과적인 표적화를 방해하는 또 한 가지 요소를 언급한다. 사용자 정보가 존재하더라도 "광고주가 효과적으로 표적형 광고를 전달하는 데 이 정보를 사용하지 못할 수 있다."[56] 이 특허 출원 서류에 제시된 발명의 강점에 관해 설명하면서 발명가들은 구글이 정확한 표적을 찾기 위해 행동잉여를 사냥하고 포획해 변형하는 자기들만의 솜씨를 가지고 있음을 공개적으로 선언한다. 다른 어떤 기업도 행동잉여에 대한 접근의 폭, 과학적 지식과 기술을 지닌 인력, 전산 능력, 저장 인프라 등에서 구글을 따라올 수 없었다. 2003년 당시 여러 사이트에서 행동잉여를 끌어와서 증가분을 포괄적인 '데이터 구조'로 통합할 수 있는 기업은 구글이 유일했다. 구글은 최종적인 '매칭'을 위한 기반으로서 데이터를 누가 무슨 광고의 어떤 구성을 클릭할 것인지에 대한 초 단위 예측으로 전환시키는 데 있어서 컴퓨터 과학 분야 최첨단 지식을 지니고 있었고, 이 분야에서 구글의 위상은 독보적이었다.

이 모든 것을 평이한 언어로 설명하자면, 구글의 발명은 그들이 자동화된 아키텍처로 마치 취조실의 일방 투시 거울처럼 사용자의 인지나 지식, 동의와 상관없이 개인이나 집단의 생각, 감정, 의도, 관심을 추론하고 연역하는 새로운 역량을 갖추게 되었음을 드러냈다. 구글은 행동 데이터에 비밀리에 접근할 수 있는 특권을 갖게 된 셈이다.

일방 투시 거울이란 비대칭적인 지식 및 권력에 기초한 감시라는 특수한 사회적 관계를 나타낸다. 구글에게 그런 사회적 관계를 사용자들에게 부과하고자 하는 의지와 그럴 만한 능력이 있었기 때문에 새로운 축적 방식이 발명된 것이다. 의지는 창업자들이 예외 상태라고 간주한 상황 때문에 촉발되었고, 능력은 그들이 행동잉여에 대한 특권적 접근성을 활용해 개인들이 지금 무슨 행동을 하고 있으며 곧, 혹은 나중에 어떤 행동을 할지를 예측하는 데 실제로 성공했다는 점에서 비롯되었다. 이렇게 얻은 예측력은 개인 행동에 대한 예측을 가치평가하고 매매하는 새로운 시장에서 세계사적으로 유례없는 경쟁 우위를 점하게 만들어줄 것이었다.

이제 구글은 사용자를 위해 재활용할 수 있는 데이터를 우연히 입수하게 된 수동적 수혜자가 아니다. 표적형 광고 특허는 구글이 창업 당시의 사용자 권익 지향적 태도를 벗어나 행동에 대한 감시를 정교화해 축적 논리를 완성해나간 경로를 알려준다. 그 발명 자체가 행동 가치 재투자 사이클이 새로운 상업적 타산에 예속되는 논리를 폭로하고 있다. 이전에는 사용자를 위해 검색의 질을 개선하는 데 행동 데이터의 가치를 다 써버렸는데, 이제는 행동 데이터가 역동적인 온라인 광고 시장을 구축하기 위한 핵심 원재료가 되었고, 그 원재료를 구글이 독점하고 있다. 구글은 이제 사용자에게 서비스를 제공하기 위해 필요한 정보보다 더 많은 행동 데이터를 확보하려 들 것이다. 그 잉여, 즉 행동잉여는 원가가 0인 자산으로 게임의 판도를 바꾸었다. 서비스 개선을 위한 데이터가 실질적이고 수익성 높은 상품으로 전환된 것이다.

소수의 데이터 사제들priesthood만이 이 프로세스를 해독할 수 있었고, 그들 가운데에서도 구글은 초인übermensch이었다. 데이터 사제들은 사회적 규범이나 개인의 자기결정권에 무관심하며, 그들만의 세계에 은거하며 감시 자본주의의 근본 메커니즘을 확립했다.

구글 창업자들의 예외 상태 선언은 젊은 지킬 박사를 근육질의 무자비한 하이드 씨로 만들었다. 하이드 씨는 다른 사람의 자기결정권과 상관없이 언제 어디서든 먹이를 사냥할 작정이었다. 다시 태어난 구글은 개인의 자기결정권을 무시했고 그들이 찾아서 취할 대상에 선험적 한계가 없음을 알렸다. 구글은 개인의 의사 결정권에 내포된 도덕적·법적 의미를 일축하고 기술적 기회주의와 일방적 권력이 지배하는 상황을 만들었다. 이제 구글은 그들의 실질적인 고객들에게 인간 욕망의 본질적 모호함을 과학적 사실로 전환하기 위해 필요한 일이라면 무엇이든 할 것임을 확언한다. 구글은 기존의 사회 계약을 뛰어넘어 자신의 가치를 확립하고 그 자신의 목적을 추구하는 초월적 권력이 되었다.

V. 잉여의 대규모화

구글의 상업적 운영에서 행동잉여의 중심성이 확립되는 데에는 가격 혁신 등 다른 새로운 요소들도 기여했다. 첫 번째 신규 가격 책정 지표는 광고의 노출 횟수가 아니라 '클릭률'에 기초했다. 클릭률이란 얼마나 많은 사용자가 광고를 클릭해 광고주의 웹페이지를 방문하는가를 말한다. 클릭률은 관련성을 보여주는 신호이며, 따라서 성공적인 표적화의 척도라고 해석되었다. 즉, 클릭률은 행동잉여의 가치로부터 비롯되고, 그 가치를 반영하는 운영 결과를 나타냈다.

이 신규 가격 산정 방법은 예측 효과를 지속적으로 향상시키기 위해 행동잉여를 늘리는 자극제가 되었고, 그 자극의 강도는 계속 높아졌다. 더 나은 예측은 직접적으로 클릭률을 상승시키며, 따라서 수익으로 이어진다. 구글은 표적형 광고를 자동화된 경매로 판매하는 새로운 방법을 터득했다. 경매는 새로운 발명품의 규모를 빠르게 성장시켰고, 수십만 광고주와 수십억(나중에는 수조에 이르게 된다) 건의 경매를 동시에 수용할 수 있었다. 구글 고유의 경매 방법과 수용력은 큰 주목을 받았고, 이는 무엇이 경매되고 있는지를 잊게 만들었다. 거기에서 팔리고 있던 것은 다름 아닌 행동잉여의 파생상품이었다. 클릭률 지표는 이 예측상품을 위한 '고객' 수요를 제도화했고, 이에 따라 잉여 공급 사업에서 규모의 경제가 핵심적인 중요성을 갖게 했다. 새로운 논리가 성공하려면, 즉 성공적으로 행동의 선물 거래가 이루어지려면 잉여의 포획이 자동화되고 어디에서나 이루어져야 했다.

광고주 자신의 경매 입찰에 더해 '품질평가 점수quality score'라고 불리는 또 하나의 핵심 지표도 광고의 가격과 페이지상의 광고 게재 위치를 정하는 데 도움을 주었다. 품질평가 점수에는 클릭률과 행동잉여에 대한 구글의 분석이 반영되었다. 구글의 한 임원은 "클릭률은 예측적이어야 했"으며, 그러려면 "우리가 정확히 그때 그 쿼리에 관해 가지고 있었던 모든 정보가 필요했다"고 강변했다.[57] 사용자 행동을 강력하게 예측하려면—이는 광고의 관련성을 평가하는 기준이 되었다—엄청난 연산 능력과 최첨단 알고리즘 프로그램이 필요할 터였다. 점수가 높은 광고는 점수가 낮은 광고보다 광고료가 낮아진다. 구글의 고객, 즉 광고주는 품질평가 점수가 블랙박스라고 불평했지만 구글은 뜻을 굽히지 않았다. 그리고 이 규정에 따라 높은 점수의 광고를 만든 광고주는 클릭률 급등을 경험했다.

애드워즈의 빠른 성공은 감시 논리의 더 큰 확장을 고무했다. 광고주들은 더 많은 클릭을 원했다.[58] 답은 이 모델의 적용 범위를 구글 검색 페이지 외의 영역에까지 넓히고 인터넷 전체를 구글의 표적형 광고를 위한 캔버스로 바꾸는 것이었다. 그렇게 하려면 구글의 빠르게 팽창하는 의미 분석 semantic analysis 및 인공지능 역량을 효율적으로 의미를 '짜내는' 데 이용함으로써, 할 배리언이 말한 구글의 새로운 '데이터 추출 및 분석' 기술이 웹페이지나 사용자 행위를 향하게 해야 했다. 그래야만 웹페이지의 내용, 그리고 사용자들이 그 내용과 어떻게 상호작용하는지를 정확하게 평가할 수 있기 때문이다. 구글의 특허 기술에 기초한 '콘텐츠 표적형 광고'는 마침내 애드센스AdSense로 명명되었다. 애드센스는 2004년에 일일 매출 백만 달러를 달성했고, 2010년에는 연수익이 백억 달러를 초과했다.

행동잉여, 데이터 과학, 물질적 인프라, 연산 능력, 알고리즘 시스템, 자동화된 플랫폼, 이 모든 것이 수익성 좋은 새로운 혼합물을 이루었다. 이러한 융합은 전례 없는 '관련성'과 수십억 건의 경매를 발생시켰다. 클릭률은 로켓처럼 치솟았다. 애드워즈와 애드센스 부문은 검색 부문만큼 중요해졌다. 행동잉여는 관련성 달성의 척도인 클릭률과 더불어 대규모 온라인 감시에 의존하는 신종 상거래의 초석으로 제도화되었다. 내부자들은 행동 예측에 관한 구글의 새로운 과학을 '클릭의 물리학'이라고 일컬었다.[59] 이 새로운 영역을 장악하려면 행동 예측 분야의 사제 가운데서 구글의 우위를 확보할 전문적인 클릭 물리학자들이 있어야 했다. 구글이 상당한 수익을 내면서 클릭률로 측정되는 인간 행동의 예측, 컴퓨터 매개 예언 사업을 위해 인공지능, 통계, 기계학습, 데이터 과학, 예측 분석 등 각 분야에서 이 시대 최고의 인재들을 불러들일 수 있었다. 2001년부터 구글의 자문위원이자 정보경제학의 권위자인 할 배리언이 이 상서로운 집단이자, 신생 과학을 이끌어갈 수장으로 임명된다. 양떼들의 목자로 선택된 것이다.

처음에 페이지와 브린은 광고를 받지 않으려 했다. 그러나 광고가 위기로부터 회사를 구할 수 있다는 증거가 쌓이면서 태도가 바뀌었다.[60] 회사를 구한다는 것은 그들 스스로를 심하게 물질적이고 경쟁적인 실리콘밸리의 문화 속에서 매우 똑똑하지만 돈을 버는 방법은 알아내지 못한 별 볼 일 없는 주자로 남지 않게 하는 일이었다. 페이지는 뛰어난 과학자였지만 가난을 벗어나지 못했던 니콜라 테슬라Nikola Tesla의 망령에 시달렸다. 그는 자신의 발명품으로 돈을 벌어보지 못하고 죽었다. 페이지는 이렇게 되뇌었다. "발명 이상의 뭔가를 해야 한다."[61] 브린은 자기만의 노선을 걸었다. "솔직히 닷컴 붐 시절에 나는 바보가 된 기분이었다. 인터넷 기업을 창업했지만, 누구나 하는 일이었고, 남들이 그렇듯 우리도 돈을 못 벌었으니까."[62] 그들의 재정 상태와 사회적 지위에 닥친 이례적 위협이 페이지와 브린의 생존 본능을 일깨운 것으로 보인다. 위협이 이례적인 만큼 이에 대한 조치도 이례적이어야 했다.[63] 업계에 성큼 다가온 공포에 대해 구글 창업자들은 사실상 '예외 상태'를 선언함으로써 응답했다. 그들은 구글의 창립과 초기 행보에서 지켜졌던 가치와 원칙을 유보할 필요가 있다고 판단했다.

나중에 세쿼이아의 모리츠는 위기가 두 갈래 길을 열고 구글을 완전히 새로운 방향으로 이끌었을 때, 그 위기 상황이 구글로 하여금 스스로를 '기발하게' 재창조하게 만들었다고 회고했다. 그는 구글의 발명이 가진 특수성, 그들이 처한 비상 상황, 사용자에게 서비스를 제공하는 입장에서 감시하는 입장으로의 180도 방향 전환을 강조했다. 그는 무엇보다 이 젊은 기업이 그들의 행동잉여 분석을 클릭 가능성을 예측하는 데 처음 적용해 오버추어 모델을 혁신적으로 변형한 것을 지적하면서, 게임의 판도를 바꿀 만큼 획기적인 행동잉여라는 자산을 발견한 일이 구글을 미래를 점치는 거인으로 만들었다고 보았다.

구글의 첫 12개월은 녹록지 않았다. 처음에는 지금 같은 사업을 하지 않았기 때문이다. 창업 당시에는 지금과 방향이 달라서, 기술을 판매하고 있었다. 다시 말해, 검색 엔진 라이선스를 더 큰 인터넷 기업에 팔았다. 첫 6, 7개월 동안 무서운 속도로 돈이 빠져나갔다. 그 후 … 래리, 세르게이 … 등은 오버추어가 발전시킨 모델을 보고 거기에 매달렸다. 그것은 순위별 광고ranked advertisement였다. 그들은 이 모델을 어떻게 개선하고 강화할 수 있을지를 알았고, 자신들의 것으로 만들어 구글의 사업을 변모시켰다.[64]

모리츠의 회고는 행동잉여를 발견하지 못하고 감시의 작동 쪽으로 방향을 전환하지 않았다면 구글이 '무서운' 속도의 지출을 감당할 수 없었고, 따라서 생존이 위태로웠을 것임을 시사한다. 참을성 없는 돈이라는 긴급 상황은 예외 상태를 만들었고, 이는 그 결정적인 몇 년 간의 행보를 만들었다. 예외 상태가 없었다면 구글이 어떠한 모습이 되었을지 우리는 결코 알 수 없을 것이다. 지속적인 수익을 보장하는 다른 어떤 길이 탐색되거나 발명될 수 있었을까?

다른 어떤 대안적 미래상이 창업자들의 원칙과 사용자의 자기결정권에 대한 신념을 지킬 수 있었을까? 구글은 다른 길을 찾는 대신 새로운 자본주의의 화신化身을 이 세상에 풀어놓았다. 그것은 판도라의 상자였고, 우리는 그 내용물을 이제 막 이해하기 시작했다.

VI. 인간의 발명품

여기서 핵심은 감시 자본주의가 특정 시공간에서 특정 인간 집단에 의해 발명되었다는 사실이다. 그것은 디지털 기술의 숙명적 결과도, 정보 자본주의의 필연적 표출 형태도 아니다. 감시 자본주의는 역사의 한순간에 의도적으로 축조되었다. 1913년 디트로이트에서 포드 자동차 회사의 엔지니어와 기계광들이 대량생산을 창안한 방식과 여러 면에서 유사하다.

헨리 포드는 물량을 늘려 비용을 획기적으로 절감하고 수요를 확대하면 이윤을 극대화할 수 있음을 입증하려고 했다. 그것은 증명되지 않은 명제였고, 뒷받침하는 경제 이론도, 실체도 없었다. 그러나 육류 포장 공장, 밀가루 제분 공장, 재봉틀 공장이나 자전거 공장, 병기 공장, 통조림 공장, 양조장 등에서 이미 여러 조짐이 수면 위에 올라왔다. 부품 호환성, 절대 표준화, 정밀 기계, 연속 흐름 생산continuous flow production에 대한 실행 지식이 늘어나고 있었다. 단, 그때까지 아무도 포드가 그의 상상 속에서 들은 웅장한 교향곡을 완성하지 못했다.

역사학자 데이비드 하운셸David Hounshell이 말했듯이, 1913년 4월 1일 디트로이트에 나타난 최초의 이동식 조립 라인은 "수년 동안 이를 개발해 온 포드 자동차가 또 한 발을 내딛은 것뿐이었지만 하늘에서 뚝 떨어진 것처럼 보였다. 그날이 저물기도 전에 그들이 근본적인 대변혁을 이루었음을 감지한 엔지니어들도 있었다."[65] 1년 안에 생산성이 종래의 고정식 조립 라인 대비 낮게는 50퍼센트, 높게는 열 배까지 증가했다.[66] 1908년 825달러였던 모델 T의 판매가는 1924년에 4기통 자동차 중 사상 최저 가격인 260달러까지 떨어졌다.[67]

포드의 경우와 마찬가지로, 온라인 환경에서의 경제적 감시 논리를 구성하는 요소 중에는 이미 수 년 동안 가동되고 있는 것들도 있었지만 극소수의 초창기 컴퓨터 전문가들만 알고 있었다. 예를 들어, '쿠키'—서버와 클라이언트 컴퓨터 간에 정보가 전달될 수 있게 하는 소량의 코드 조각—라고 알려진 소프트웨어 메커니즘은 최초의 상용 웹 브라우저 회사인 넷스케이프가 1994년에 개발했다.[68] '웹 버그'—사용자의 활동을 감시하기 위해 웹페이지나 이메일로 개인 정보를 수집하는 (대개 보이지 않을 정도로) 작은 그래픽—도 전문가들에게는 1990년대 후반에 이미 알려졌다.[69]

이 전문가들은 그런 감시 메커니즘이 프라이버시에 어떠한 영향을 줄지 깊이 우려했고, 적어도 쿠키의 경우에는 사용자들을 감시하거나 프로파일링하는 프라이버시 침해 역량 자체를 인터넷 정책으로써 제도적으로 막으려고 노력하기도 했다.[70] 1996년에는 쿠키의 기능을 둘러싼 논쟁이 공공 정책 쟁점으로 대두되었다. 1996년과 1997년에는 연방거래위원회 워크숍에서 자동화된 간단한 프로토콜로 모든 개인 정보 통제권이 기본적으로 사용자들에게 부여되도록 하자는 제안에 관해 논의했다. 광고주들은 이 제도에 격렬하게 반대하며, 정부 규제를 피하기 위해 네트워크 광고 이니셔티브 Network Advertising Initiative라는 '자율규제' 협회를 설립하는 데 합의했다. 클린턴 행정부는 2000년 6월 모든 연방 웹사이트에서 쿠키 사용을 금지했고, 2001년 4월 쿠키 규제 조항이 포함된 법안 세 개를 의회에 상정했다.[71]

구글은 이 상황에 새로운 생명을 불어넣었다. 한 세기 전의 포드가 그랬듯이, 구글의 엔지니어와 과학자들도 상업적 감시의 교향곡 전체를 처음 연주한 지휘자와 같았다. 그들은 넓은 범위에 걸친 메커니즘들을 새로운 시장 형태의 기초로 통합했다. 쿠키도 그 메커니즘의 하나였고, 감시와 일방적인 행동 데이터 추출을 보장하는 완전히 새로운 논리의 독점적 분석력, 알고리즘적 소프트웨어 역량도 포함되었다. 포드의 발명만큼이나 구글의 발명도 큰 충격을 가져다주었다. 2001년, 구글이 행동잉여를 활용하기 위한 새로운 시스템을 시험하자, 순수익이 8천 6백만 달러(2000년 수익의 400퍼센트가 넘는다)로 뛰어올랐고, 구글은 처음으로 흑자를 맛보았다. 2002년이 되면서는 현금이 멈춤 없이 흐르기 시작했다. 구글의 독점적 분석력과 행동잉여의 결합이 과녁을 정확히 겨누고 있다는 증거였다. 수익은 2002년 3억 4천 7백만 달러, 2003년 15억 달러, 2004년 32억 달러로 치솟았고, 2004년에 구글은 나스닥에 상장되었다.[72] 행동잉여의 발견은 4년이 채 안 되는 기간 동안 3,590퍼센트라는 놀라운 수익 증대를 낳았다.

VII. 추출의 비밀

자본주의의 측면에서 보자면 포드와 구글의 이 두 발명의 순간에 중요한 차이가 있었다. 포드의 발명은 생산에 혁명을 일으킨 반면, 구글의 발명은 추출에 혁명을 일으켰는데, 이는 감시 자본주의의 첫 번째 경제적 절박성, 즉 추출의 숙명적 필요성을 확립했다. 추출의 절박성extraction imperative은 원재료 공급의 규모가 무한히 팽창해야 함을 뜻했다. 산업 자본주의에서는 제조 능률을 높이고 원가를 낮추기 위해 생산 부문에서의 규모의 경제가 요구되었다. 감시 자본주의에서는 행동잉여의 추출에서 규모의 경제가 요구된다.

　대량생산은 20세기 초 최초의 대량 소비자들에게서 새로운 수요의 원천을 찾았다. 포드는 이 점을 명확하게 파악하고 있었다. "대량생산은 대중의 필요를 인지하는 데서 시작된다."[73] 공급과 수요는 1차 현대성 시대에 내 증조부모 소피와 맥스를 비롯한 많은 사람들의 삶을 규정한 새로운 '존재 조건'이 낳은 연계 효과로 나타났다. 포드의 발명은 자본주의와 그 안에서 살아가는 사람들 사이의 호혜적 관계를 강화했다.

　반면 구글의 발명은 구글이 당초에 사용자들과 맺었던 사회 계약의 호혜성을 파괴했다. 한때는 구글을 사용자 편에 서게 했던 행동 가치 재투자 사이클의 역할은 극적으로 변모했다. 구글은 공급과 수요를 사용자들에게 더 합치시키기보다 시장 우위를 차지하려는 경쟁 속에서 가용한 모든 수단을 동원해 온라인 행동을 쥐어짜고 긁어모으려는 광고주들의 급등하는 수요를 중심으로 그들의 사업을 재창조하는 쪽을 택했다. 이 새로운 운영 방식에서 사용자들은 이제 더 이상 목적이 아니며, 다른 사람들의 목적을 위한 수단에 불과해졌다.

사용자 서비스에의 재투자는 행동잉여를 끌어내기 위한 방법이 되었고, 사용자는 자기도 모르게 더 큰 수익 창출을 위한 원재료 공급원이 되었다. 구글만이 달성할 수 있는 잉여 추출의 규모는 곧 구글의 핵심인 검색 사업 분야에서 강력한 경쟁자들을 모두 제거할 터였다. 행동잉여가 낳은 엄청난 수입이 계속해서 더 많은 사용자를 그물망 안으로 끌어들이는 데 사용되고, 그에 따라 검색에서의 실질적인 독점 구조가 구축될 것이기 때문이었다. 구글은 그들의 발명, 발견, 전략이 지닌 강점 덕분에 예언자적 능력에 근거한 새로운 경제 논리의 모선母船이자 이념형이 되었다. 인류는 역사가 시작된 이래로 영원히 불확실성과 싸워야 하며, 이를 이용하는 유서 깊은 돈벌이 수단이 바로 예언이다.

헨리 포드처럼 그들이 생산 부문에서 이룬 성취를 전도하는 것과, 행동 데이터와 개인 정보를 추출하는 숨은 프로세스를 지속적으로 강화하고 있음을 뽐내는 일은 전혀 다른 문제였다. 구글은 그들이 어떻게 규칙을 스스로 재작성하고, 그 과정에서 스스로를 추출의 절박성에 사로잡힌 노예로 만들었는지, 그 은밀한 방법을 절대로 드러내지 않으려 했다. 수익을 얻으려면 행동잉여가 꼭 필요했고, 행동잉여를 지속적으로 축적하려면 비밀주의가 필수적이었다.

이것이 구글의 정책과 실행에서 무대 위와 무대 뒤에서의 모든 행동에 대한 비밀주의가 제도화된 사연이다. 구글 경영진이 행동잉여가 가진 힘을 이해하자, 슈미트는 '은닉전략hiding strategy'을 제도화했다.[74] 구글 직원은 다른 사람들에게 '새로운 방법론, 장치, 메시지 포맷, 데이터 구조' 등 특허 내용을 이야기하거나 현금 흐름에 관한 소문의 진위를 확인해주어서는 안 되었다. 은닉은 사후적 전략이 아니라 감시 자본주의라는 케이크를 굽기 전에 이미 안에 넣어 둔 요소였다.

구글 경영진이었던 더글러스 에드워즈Douglas Edwards는 그러한 상황과 구글의 비밀주의 문화에 관해 흥미로운 설명을 제공한다. 그에 따르면 페이지와 브린은 '매'처럼 공격적으로 데이터를 포획하고 잡아둘 것을 주장하는 강경파였다. "래리는 우리의 기술적 비밀을 노출하거나 프라이버시의 냄비를 휘저어 데이터 수집을 방해할 가능성이 있는 일이라면 그게 무엇이든 반대했다." 페이지는 사용자들이 구글의 데이터 운용 범위에 관해 알 수 있는 실마리에 노출되는 일을 최소화함으로써 호기심을 불러일으키지 않으려고 했다. 그는 연속적으로 검색 쿼리가 흘러가는 사옥 로비의 전광판도 의심했으며, 해마다 검색어를 통해 그해의 동향을 요약해 보여주는 구글 시대정신Google Zeitgeist 컨퍼런스도 없애버리려고 했다.[75]

저널리스트 존 바텔John Battelle은 2002년부터 2004년까지 구글이 걸어온 길을 기록하면서 그들의 "냉담함", "제한된 정보 공유", "서로를 멀어지게 하는 불필요한 비밀주의와 고립"을 묘사했다.[76] 스티븐 레비는 "구글이 정보를 더 쉽게 지킬 수 있었던 것은 인터넷 사업을 추적한 전문가 중 거의 대부분이 그런 비밀 유지가 심지어 가능하다고 믿지도 않았기 때문이었다"고 논평했다.[77] 슈미트는 《뉴욕 타임스》와의 인터뷰에서 "이겨야 하기는 하지만, 부드럽게 이기는 편이 낫다"고 말하기도 했다.[78] 행동잉여를 수집·분석하는 작업의 과학적·물질적 복잡성 또한 전체적인 작동을 투명 망토로 감추는 은닉 전략을 가능케 했다. 슈미트는 잠재적 경쟁자들에게 "구글 만한 규모의 검색 엔진을 운영하는 일은 매우 심각한 진입 장벽"이라고 경고했다.[79]

금광을 발견한 사람이 그 위치를 숨기는 데에는 사업상의 건전한 이유도 분명 존재한다. 구글의 경우, 경쟁 우위를 위해 은닉 전략이 필요했던 것도 사실이다. 그러나 그들의 은폐와 난독화obfuscation 전략에는 다른 이유도 있었다. 만일 대중이 구글의 마법이 지닌 실체, 즉 그 마법이 사용자들의 온라인 행동을 일방적으로 감시하는 독점적 기술과 개인의 의사 결정권을 무효화하도록 설계된 방법의 산물임을 알게 되었다면 어떻게 반응했을까? 구글은 사용자의 허락 없이 정보를 취해 일방적으로 다른 사람들의 목적을 위해 활용했으므로, 사용자들이 감지할 수 없도록 설계한 운용방식을 보호하기 위해 비밀주의를 엄수해야만 했다.

구글이 비밀주의를 선택할 권력을 가지고 있었다는 사실 자체가 성공의 증거였다. 이 권력은 '의사 결정권'과 '프라이버시' 사이의 괴리를 보여주는 결정적인 예다. 의사 결정권은 무엇인가를 비밀로 유지할지 공개할지를 선택할 권력을 부여하며, 의사 결정권을 쥔 자는 주어진 상황에서 프라이버시나 투명성의 수준을 선택할 수 있다. 윌리엄 O. 더글러스William O. Douglas 미국 대법관은 1967년에 프라이버시에 대한 이 관점을 다음과 같이 설명했다. "프라이버시란 자신이 믿거나 생각하거나 소유하고 있는 것을 공개 혹은 노출할 개인의 선택권을 포함한다."[80]

감시 자본주의는 이러한 의사 결정권을 요구한다. 프라이버시의 침해만을 문제 삼는 경우가 많지만, 이는 곡해의 소지가 있다. 더 광범위하게 사회 전체를 보면, 프라이버시는 침해된다기보다는 재분배된다. 프라이버시에 대한 의사 결정권을 감시자본이 가져가기 때문이다. 어떤 개인 정보를 어떻게 공개할 것인지에 대한 의사 결정권이 당사자가 아닌 감시 자본주의 영역 내에 집중된다. 구글은 새로운 축적 논리에 필수적인 요소를 발견했고, 성공에 반드시 필요한 정보를 가질 권리를 주장해야만 했던 것이다.

구글의 기술적 방법론이나 기밀 유지 정책뿐 아니라 그들의 언어도 이러한 권리 약탈을 숨기는 능력에 영향을 미쳤다. 일찍이 조지 오웰George Orwell은 정치, 전쟁, 사업에서 완곡한 표현이란 "거짓을 진실로, 살인을 존경할 만한 일로 들리게 만드는" 수단이라고 지적했다.[81] 구글은 그들의 행동잉여 사업이 가진 의미를 업계 용어로 신중하게 위장했다. 흔히 쓰는 '디지털 배기가스'나 '디지털 빵가루' 같은 용어는 무가치한 쓰레기, 즉 쓸모 있는 것을 취하고 남은 잔해라는 함의를 내포한다.[82] 유용한 데이터로 재활용할 수 있는 배기가스를 왜 대기 중으로 흘려보내는가? 누가 그런 재활용을 착취, 몰수, 약탈 행위라고 부를 수 있겠는가? 누가 감히 '디지털 배기가스'를 노획물이라거나 밀수품이라고 말할 수 있을 것이며, 구글이 그들의 방법론과 장치, 데이터 구조를 가지고 그런 '배기가스'를 의도적으로 만들어냈다고 상상하겠는가?

'표적화'라는 단어 또한 완곡어법이다. 이 단어는 정밀성, 효율성, 적격성 같은 관념을 떠올리게 한다. 표적화라는 말 속에 구글이 그들의 연산 능력을 집중시켜 킹콩이 개미 한 마리를 쫓아내듯이 사용자들의 의사 결정권을 쉽게 묵살하는 새로운 정치 방정식이 감추어져 있고, 이 모든 일이 아무도 볼 수 없는 무대 뒤에서 이루어진다고 누가 짐작이나 할 수 있겠는가?

이러한 완곡어법들의 작동 방식과 똑같은 예를 북아메리카 대륙 최초의 지도에서 볼 수 있다. 옛 지도에서 각 지역에는 '이교도', '무신론자', '우상숭배자', '원시인', '신하', '반란자' 같은 표식이 붙어 있었다. 이러한 완곡어법에 힘입어, 원주민, 그리고 그들의 장소와 권리가 침략자들의 도덕과 법의 방정식에서 소거되었고, 교회와 왕정을 위한 길을 닦기 위해 원주민의 삶을 약탈하고 파괴하는 행위가 정당화되었다.

적나라한 사실을 미사여구와 생략, 복잡성, 배타성, 규모, 악성 계약, 디자인, 완곡어법 속에 의도적으로 숨긴 것도 구글의 수익이 급등한 기간에 그 성공을 가능하게 한 근본 메커니즘과 더 광범위한 함의를 알아차린 사람이 그렇게 적었던 이유를 설명하는 또 한 가지 요인이다. 상업적 감시는 단순히 불운한 사건이나 우발적 착오가 아니었다. 그렇다고 해서 정보 자본주의의 불가피한 전개도, 디지털 테크놀로지 또는 인터넷이 필연적으로 낳을 수밖에 없는 산물도 아니었다. 그것은 구체적인 상황에서 인간이 선택한 것이었고, 전례 없는 시장 형태이자 위급 상황에 대한 독창적인 해법이었으며, 새로운 자산이 값싸게 창출되고 수익으로 전환되는 메커니즘이었다. 감시란 허락 없이, 심지어 우리가 '아니오'라고 말할 때조차 우리의 의사 결정권을 갈취하며 '우리 민중'을 짓밟고 이윤을 얻는 방식을 말한다.

2004년 IPO 이후 몇 년 동안 구글이 보인 눈부신 재정적 발전은 우선 놀라웠고, 그 다음에는 온라인 세계에 모든 것을 끌어당기는 자성을 부여했다. 실리콘밸리 투자자들은 그때까지 몇 년 동안 위험을 무릅쓰고 높은 가치를 되돌려줄 사업 모델을 찾는 데에만 몰두했었다. 구글의 재무제표가 공개되자 전설 속 보물을 찾아 헤매던 사냥이 공식적으로 종료되었다.[83]

새로운 축적 논리는 구글이 상장한 해에 설립된 페이스북에 가장 먼저 전파되었다. 페이스북의 CEO 마크 저커버그는 한 세기 전의 전화 회사처럼 사용자들에게 사용요금을 부과하는 방식을 거부했다. 그는 이렇게 주장했다. "우리의 임무는 전 세계 사람들을 연결하는 것이다. 요금을 지불해야 하는 서비스로는 그렇게 할 수 없다."[84] 저커버그는 2007년 5월에 페이스북 플랫폼을 개방해 대학교 이메일 주소를 갖고 있지 않아도 누구나 소셜 네트워크를 이용할 수 있게 했다. 6개월이 지난 11월, 그는 비콘이라는 대규모 광고 상품을 내놓았다. 비콘은 어떤 사용자가 제휴업체 웹사이트에서 거래를 하면 그 사용자의 '친구' 모두가 그 사실을 공유하게 되는 시스템이었다. 사용자의 사전동의나 인지 없이, 심지어 사용자가 페이스북에 접속해 있지 않아도, 이러한 게시물이 나타날 수 있었다. 사용자들뿐 아니라 코카콜라 등 제휴사의 일부도 격렬하게 항의했고, 저커버그는 결국 곧바로 후

퇴했다. 12월에 비콘은 사전동의형opt-in 서비스로 바뀌었다. 23세의 CEO 는 감시 자본주의의 잠재력을 알고 있었지만, 아직 구글처럼 그 작동과 의 도를 알아보기 힘들게 만드는 데 능숙하지 않았다.

페이스북을 압박하던 "어떻게 하면 그 많은 사용자들을 활용해 돈을 벌 수 있을까?"라는 질문은 여전히 해답을 찾지 못하고 있었다.[85] 구글의 축 적 논리를 모방하려는 첫 시도를 철회한 지 석 달이 지난 2008년 3월, 저 커버그는 구글의 임원이었던 셰릴 샌드버그Sheryl Sandberg를 최고운영책 임자로 영입했다. 래리 서머스Larry Summers 재무부 장관 비서였던 샌드버 그는 2001년에 구글에 합류했고, 글로벌 온라인 판매 및 운영 담당 부사 장을 역임했다. 샌드버그는 구글에서 애드워즈 확장과 다른 온라인 판매 사업을 통해 감시 자본주의 발전을 선도했다.[86] 그 기간 동안 구글의 성장 을 지켜본 한 투자자는 "애드워즈를 만든 것은 셰릴이었다"고 단언하기도 했다.[87]

페이스북과의 계약서에 서명한 샌드버그는 자신의 재능을 발휘해 페이 스북을 소셜 네트워크 사이트에서 거대 광고 기업으로 변모시키면서 감시 자본주의의 "장티푸스 메리(미국 최초의 무증상 장티푸스 보균자로 49명에게 장티푸스 를 감염시킨 요리사—옮긴이)"로 만들었다. 샌드버그는 페이스북의 소셜 그래프가 경외심을 불러일으킬 만한 행동잉여의 원천이 될 수 있음을 잘 알고 있었 다. 19세기에 광물을 찾아 나섰던 사람이 어느 계곡에 우연히 떨어졌는데 그곳에 세계 최대의 다이아몬드 광산과 금광이 모여 있었던 것과 같은 일 이다. 샌드버그는 이렇게 말했다. "우리는 다른 어느 누구보다 더 나은 정보 를 가지고 있다. 우리는 성별, 연령, 위치를 알고 있으며, 다른 사람들은 추 정치만 갖고 있지만 우리가 가진 것은 실제 데이터다." 페이스북은 자체적 인 표적화 알고리즘을 개발하기 위해 UPI를 추적하고, 긁어모으고, 저장하 고, 분석하는 방법을 배우고, 구글이 그렇게 했듯이 사람들이 자발적으로 회사에 제공하는 정보에만 제한하지 않고 추출 작업을 하게 된다. 샌드버그는 페이스북이 지닌 친밀성과 공유의 문화를 교묘하게 조작함으로써 수요를 충족시키기 위해서만이 아니라 수요를 창출하는 데에도 행동잉여를 사용할 수 있다는 점을 잘 알고 있었다. 이는 우선 페이스북 문화의 지형에 광고주들을 끼워넣는다는 것을 의미했다. 페이스북에서 광고주들은 사용자들을 '대화'에 '초대'할 수 있다.[88]

VIII. 요약 : 감시 자본주의의 논리와 작동

감시 자본주의는 구글을 필두로 웹 전체에서 급속하게 정보 자본주의의 기본 모델이 되었고, 앞으로 살펴보겠지만 점차 모든 부문에서 경쟁자들을 끌어들였다. 이 새로운 시장 형태는 사람들의 진정한 요구를 충족시키는 일이 그들의 행동에 대한 예측을 판매하는 것보다 수익성이 낮고, 따라서 덜 중요하다고 선언한다. 구글은 우리의 가치보다 우리의 미래행동이 다른 사람들에게 주는 가치가 더 높다는 점을 발견한 것이다. 이 발견은 모든 것을 바꾸어 놓았다.

행동잉여는 구글의 수익을 보장한다. 2016년, 구글의 모회사인 알파벳수익의 89퍼센트는 구글의 표적화 광고에서 나왔다.[89] 원재료 흐름의 규모는 구글이 인터넷을 지배하고 있는 양상에 반영되어 있다. 2017년 기준, 구글은 평균 초당 4만 건의 검색 쿼리를 처리하고 있으며, 검색 건수는 일일 35억 건, 연간 1조 2천억 건에 이른다.[90]

전례 없는 발명에 힘입어 시장 가치 4천억 달러에 이른 구글은 설립한지 불과 16년 만인 2014년 시가총액 2위 엑손모빌을 근소한 차이로 밀어내고 애플에 뒤이어 세계에서 두 번째로 부유한 회사가 되었다.[91] 알파벳/구글은 2016년에 수차례 애플의 시가총액 세계 1위 자리를 빼앗았으며, 2017년 9월 20일 기준으로 2위를 지키고 있다.[92]

전체적인 그림을 파악하여 퍼즐 조각들을 맞추려면 한발 물러서서 바라볼 필요가 있다.

1. 논리 : 구글을 비롯한 감시 플랫폼들은 종종 '양면' 또는 '다면' 시장으로 설명된다. 그러나 감시 자본주의 메커니즘이 시사하는 다른 뭔가가 있다.[93] 구글은 사용자들과의 비시장 상호작용을 잉여 원재료로 재해석하여 그 진정한 고객인 광고주들과의 진정한 시장 거래를 겨냥한 상품을 제조하는 방법을 발견했다.[94] 시장 바깥에서 시장 내부로 행동잉여를 끌고 들어옴으로써 구글은 마침내 투자를 수익으로 전환할 수 있게 되었다. 구글은 사용자의 비시장 온라인 행동으로부터 마치 무에서 유를 창조하듯 한계 비용 제로로 핵심적인 원재료라는 자산군을 창출했다. 처음에는 사용자들의 검색 행위가 낳은 부산물로서 이 원재료가 단순히 '발견되었'지만, 나중에는 감시를 통해 공격적으로 사냥되고 대규모로 조달되었다. 구글은 이와 동시에 그 원재료로 제조한 독점적 '예측상품'을 매매할 수 있는 새로운 유형의 시장도 창출했다.

이러한 전개를 간단히 요약하자면, 행동잉여를 감시 자산으로 볼 수 있으며, 여기에 구글의 운명이 달려 있다. 이 자산은 감시 수익을 발생시키고, 결과적으로 감시 자본이 될 결정적 원재료다. 이 자본 축적 논리 전체를 가장 정확하게 이해할 수 있는 용어가 감시 자본주의다. 감시 자본주의란 감시 기반 경제 질서, 즉 감시 경제의 기본이 되는 틀이다. 여기서 종속과 위계가 중요하다. 예전에 존재했던 기업과 사용자 사이의 호혜 관계가 이제는 우리의 행동잉여를 다른 사람의 목적을 위해 수집하는 파생 프로젝트에 종속된다. 우리는 더 이상 가치 실현의 주체가 아니다. 그러나 어떤 사람들이 주장하듯이 구글이 판매하는 '제품'도 아니다. 우리는 구글의 예측 공장을 위해 원재료를 추출당하고 몰수당하는 대상일 뿐이다. 우리의 행동에 대한 예측이 구글이 만들어 파는 제품이며, 그 제품은 우리가 아닌 구글의 실질적 고객에게 판매된다. 우리는 다른 사람의 목적을 위한 수단이다.

산업 자본주의는 자연nature에서 얻은 원재료를 상품으로 변모시켰고, 감시 자본주의는 새로 발명한 상품을 위해 인간의 본성human nature을 활용하려 한다. 이제 사람들은 새로운 시대의 시장을 위해 자연 대신 인간의 본성을 파내고 뜯어내고 탈취해간다. 그 해악을 사용자들이 원재료 공급에 대한 대가를 못 받고 있다는 점 정도로 환원시킬 수 있다고 생각한다면 큰 착각이다. 그러한 왜곡은 가격 책정 메커니즘을 이용해 제조 및 판매를 위한 인간 행동의 추출을 제도화, 정당화할 수 있게 한다. 또한 다른 사람들이 우리를 더 잘 통제할 수 있도록 우리의 삶을 행동 데이터로 만드는 것이 착취의 본질이라는 점이 핵심인데, 이 핵심을 무시하게 만든다. 여기서 문제삼아야 할 것들은 우리의 삶이 애초에 행동 데이터로 만들어진다는 사실, 상기한 무시가 어디에서나 행동 데이터가 만들어질 수 있게 하는 조건이라는 점, 결정해야 할 사안이 있다는 것을 알기도 전에 의사 결정권이 사라진다는 것, 이러한 권리 축소가 가져올 결과를 알 수도 예측할 수도 없다는 것, 다른 영역의 소비자처럼 떠날 것인가, 항의할 것인가, 남을 것인가(exit, voice, loyalty: 서비스나 상품의 질이 저하될 때 고객이 선택할 수 있는 대안에 관한 앨버트 허시먼의 개념-옮긴이)를 선택할 수 없고 우리에게 남은 것은 단지 무력함과 체념, 정신적 마비뿐이라는 것, 저녁 식탁에 둘러 앉아 정체 모를 세력으로부터 숨을 방법을 궁리해봐야 우리가 적극적으로 할 수 있는 일이라고는 암호화밖에 없다는 것이다.

2. 생산수단 : 구글의 인터넷 시대 제조 공정은 이 전례 없는 현상의 핵심

적인 구성 요소다. 그 구체적인 테크놀로지와 기법, 즉 '기계 지능'은 끊임없이 진화하고 있으며, 그 복잡성 때문에 우리는 주눅이 들기 쉽다. 동일한 용어라도 오늘 뜻하는 바와 1년 후, 혹은 5년 후에 뜻하는 바가 매우 다를 수 있다. 예를 들어, 구글은 늦어도 2003년부터 '인공지능'을 개발하고 활용한다고 말했지만 그 용어 자체가 움직이는 표적과 같아서 틱택토 게임을 할 수 있는 원시적인 프로그램부터 시작해서 수십 대의 무인 자동차를 한꺼번에 조작하는 시스템으로까지 발전했다.

구글의 기계 지능 기술은 행동잉여를 먹고 자라며, 더 많은 잉여가 투입될수록 기계 지능이 만들어내는 예측상품이 더 정확해진다. 《와이어드 Wired》의 창간 편집자 케빈 켈리Kevin Kelly는 구글이 검색 엔진을 개선하기 위해 인공지능 개발에 몰두하는 것처럼 보이지만 오히려 진화하는 AI 역량을 지속적으로 훈련시키는 수단으로 구글 검색을 발전시킬 가능성이 더 높다고 말한 적이 있다.[95] 이것이 기계 지능 프로젝트의 본질이다. 최후의 기생충처럼, 그 지능은 얼마나 많은 데이터를 먹어치우느냐에 달려 있다. 바로 이 점에서 새로운 생산수단은 양과 질 사이에 긴장이 존재하는 산업 시대 모델과 근본적으로 다르다. 기계 지능은 이 둘 사이의 긴장을 해소해 하나로 통합한다. 총체성에 근접해야만 비로소 품질의 잠재력을 극대화할 수 있기 때문이다. 더 많은 기업이 구글 방식의 감시 이윤을 추구하면서 데이터 과학 및 관련 분야의 세계적인 인재들 상당수가 표적 광고를 위해 클릭률을 높이는 예측상품 개발에 전념하고 있다. 예를 들어 마이크로소프트의 검색 엔진 빙Bing의 베이징 연구소 소속 연구자들은 2017년 중요한 연구결과를 발표했다. 그들의 논문은 이렇게 시작된다. "광고의 클릭률 CTR을 정확하게 추정하는 일은 검색 비즈니스의 수익에 결정적인 영향을 미친다. 우리의 제품에서 정확도가 0.1퍼센트만 개선되면 수입이 수억 달러 늘어날 것이다." 이어서 새로운 첨단 신경망 응용 프로그램이 하나의 식별 수단에서 정확도를 0.9퍼센트 개선해 "온라인 트래픽에서 유의미한 클릭량 증가"를 가져옴을 입증한다.[96] 구글의 한 연구팀도 '예측성 피처 상호작용predictive feature interaction'을 포착하고 '최첨단 성능'을 발휘해 클릭률을 개선하기 위한 새로운 심층 신경망 모델을 소개했다.[97] 이 같은 연구 결과가 수천 편에 이르며, 그중에는 점진적인 발전을 보여주는 것도 있고 획기적인 발견을 보여주는 것도 있다. 이는 정교하고 난해하며 배타적이고 값비싼, 21세기의 '생산수단'이다.

3. 상품 : 기계 지능은 행동잉여를 가지고 우리가 지금, 곧, 혹은 장차 무엇을 느끼고, 생각하고, 행할지 예측하기 위해 설계된 예측상품을 만든다. 그 공정은 구글이 가장 삼엄하게 지키는 기밀 사항에 속한다. 이러한 상품의 속성은 왜 구글이 반복적으로 그들이 개인의 데이터를 팔지 않는다고 주장하는지를 설명한다. 구글의 경영진들은 자기들이 원재료를 팔지 않으므로 프라이버시 문제에서 결백하다고 주장한다. 맞다. 그들이 파는 것은 행동 데이터 같은 개인 정보가 아니라 예측이다. 그러나 그 예측은 행동잉여라는 세계사적으로 유례 없는 규모의 개인 정보가 있어야만 제조될 수 있는 상품이다.

예측상품은 고객의 리스크를 줄인다. 언제 어디에 판돈을 걸어야 할지 조언해주기 때문이다. 예측상품의 품질과 경쟁력은 얼마나 확실한가에 달려 있다. 예측성이 높은 상품일수록 구매자의 리스크를 줄이고 매출을 늘린다. 구글은 직관 대신 대규모 과학으로 승부하는 데이터 기반 예언가가 되는 법을 배웠다. 예언가는 우리의 운명을 점치지만 그것을 우리가 아니라 그들의 진짜 고객들에게 판다. 초기에 구글의 예측상품은 대개 표적형 광고의 판매를 겨냥하고 있었다. 그러나 광고는 감시 프로젝트의 결말이 아니라 시작일 뿐이었다.

행동잉여의 발견

감시 자본주의는 행동잉여의 발견과 더불어 시작된다. 행동잉여란 서비스 개선에 필요한 것 이상의 행동 데이터가 만들어짐을 뜻한다. 잉여는 기계 지능의 원료가 된다. 기계 지능은 새로운 생산수단으로, 사용자 행동에 대한 예측을 만들어낸다. 이 예측상품은 새로운 미래행동시장에서 사업자 고객에게 판매된다. 행동 가치 재투자 사이클은 이 새로운 논리에 종속된다.

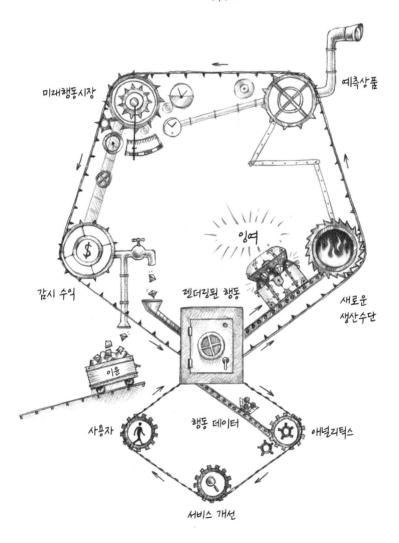

그림 2

4. 시장 : 예측상품은 미래행동만 거래되는 새로운 종류의 시장에 팔린다. 감시 자본주의의 이윤은 일차적으로 미래행동시장에서 나온다. 이 새로운 시장이 등장한 초창기에 광고주들이 지배적인 행위자였던 것은 사실이지만, 그 집단에게만 한정될 이유는 없다. 마치 대량생산 시스템이 우연히 자동차 공장에서 처음 적용되었던 것처럼, 새로운 예측 시스템이 광고와 관련되었던 것은 우연일 뿐이다. 두 경우 모두 시스템은 여러 다른 영역에 적용될 수 있다. 우리의 행동에 관한 확률적 정보를 구매하거나 미래행동에 영향을 미치는 데 관심이 있는 행위자라면 누구든 개인, 집단, 조직, 사물의 미래행동을 점쳐주는 이 시장에 판돈을 걸 수 있으며(그림 2 참조), 이미 가시적인 동향이 나타나고 있다.

03

성을 둘러싼 해자
: 사용자의 행동을 예측하기 위해 설계된 알고리즘의 보호막

> 탄생의 시간은 그들의 유일한 대학 시절이었다
> 그들은 조숙한 지식에 만족했다
> 자기 분수를 알고 있었으며 영원히 훌륭했다.
>
> — W. H. 오든, 《중국 소네트》 I

I. 인간의 본성이라는 자연 자원

구글 전 CEO 에릭 슈미트는 할 배리언이 광고 경매를 검토한 때가 구글 사업의 진정한 본질을 밝힌 유레카의 순간이었다면서 이렇게 말했다. "우리가 경매업에 종사하고 있다는 사실을 갑자기 깨달았다."[1] 래리 페이지는 "구글은 무엇인가?"라는 질문에 매우 다르게, 그리고 훨씬 더 심오하게 답했다. 더글러스 에드워즈는 창업자들에게 이 질문에 대한 답을 캐물었던 2001년의 한때를 이렇게 전한다. 페이지가 골똘히 생각하다 이렇게 말했다. "만일 우리가 어떤 범주에 속한다면 그것은 개인 정보라는 범주가 되겠지요. … 이제까지 본 장소나 커뮤니케이션 … 센서는 정말 저렴합니다. … 저장 장치도, 카메라도 싸죠. 사람들은 엄청난 양의 데이터를 생성할 것입

니다. … 당신이 지금까지 듣고 보고 경험한 모든 것이 검색 가능해질 것입니다. 당신의 삶 전체가 검색 가능해진다는 뜻이에요."[2]

페이지가 가진 전망은 시장 영역 바깥에 있는 것들을 데려와서 시장 상품으로서 새로운 삶을 살라고 선고해온 자본주의의 역사를 완벽하게 반영했다. 역사학자 칼 폴라니는 1944년 자기조정시장 경제로의 '거대한 전환'을 다룬 대서사를 출간했다. 그는 이 변형 과정의 기원을 그가 "상품 허구commodity fiction"라고 칭한, 놀랍고 결정적인 세 가지 정신적 발명품으로 설명했다. 첫 번째 허구는 인간의 삶이 시장의 역학에 종속되어 사고 팔리는 '노동'으로 재탄생될 수 있다는 것이다. 두 번째는 자연이 시장의 언어로 번역되어 '토지' 또는 '부동산'으로 재탄생될 수 있다는 것이다.[3] 세 번째는 교환이 '화폐'로 재탄생될 수 있다는 것이다. 약 80년 전에, 카를 마르크스Karl Marx는 토지와 천연 자원의 강탈이 현대적 자본 형성을 점화한 최초의 "빅뱅"이라고 설명하며 이를 "시원적 축적"이라고 명명했다.[4]

철학자 한나 아렌트는 폴라니와 마르크스의 개념을 더 복잡하게 설명했다. 아렌트에 따르면 자본주의를 탄생시킨 시원적 축적은 한 번에 일어난 폭발이 아니라 사회와 자연의 더 많은 측면들이 시장의 역학에 종속됨에 따라 주기적으로 반복되는 현상이다. 마르크스의 "단순 강도라는 원죄"는 "자본 축적의 모터가 갑자기 멈추지 않도록 결국 반복되어야 한다."[5]

시장친화적 이념과 관행이 팽배한 우리 시대에는 이 같은 반복이 너무 자주 일어나다 보니 그 뻔뻔함을 알아차리거나 이의를 제기하지도 못한다. 예를 들어, 지금 우리는 인간의 혈액이나 장기, 대신 임신하거나 줄을 서거나 주차할 사람, 슬픔을 위로해줄 사람, 멸종 위기 동물을 사냥할 권리를 '구매'할 수 있다. 구매 가능한 상품의 목록은 나날이 늘어간다.[6]

사회이론가 데이비드 하비David Harvey는 아렌트의 통찰력을 바탕으로 "수탈에 의한 축적accumulation by dispossession"이라는 개념을 구축한다. "수탈에 의한 축적이란 자산을 싼값에 (어떤 경우에는 무상으로) … 내놓는 것을 뜻한다. 과잉 축적된 자본은 그러한 자산을 취해 즉시 이윤이 남는 쪽으로 용도 전환할 수 있다." 그는 "이러한 체계에 합류"해 "자본 축적의 이점"을 누리기로 한 기업가는 방어군 없는 미개척지를 찾아가 수탈을 자행할 때가 많다고 덧붙인다.[7]

페이지는 인간의 경험이 아무도 발을 들이지 않은 원시림임을 포착했다. 온라인에서는 아무런 추가 비용 없이, 현실 세계에서도 "정말 저렴한 센서"만 있으면 매우 낮은 비용으로 인간의 경험을 추출할 수 있다. 추출된 경험은 행동 데이터로 변환되고, 여기서 발생한 잉여는 완전히 새로운 시장 교환 유형의 기초를 형성한다. 감시 자본주의는 바로 이 디지털 수탈digital dispossession 행위에서 기원한다. 과잉 축적된 투자금의 조바심과 체계에 합류하고자 했던 두 기업가가 디지털 수탈을 탄생시켰다. 이것은 구글의 세계를 움직이게 하는 레버로, 구글이 이윤을 좇게 만들었다.

오늘날 감시 자본의 소유주들은 인간의 경험적 실재로부터 빼앗은 네 번째 허구 상품을 선언했다. 시장 역학의 손아귀에 들어가기 전의 무성한 초원과 숲이 있던 자연처럼 인간의 신체와 사고와 감정도 개척되지 않은 천연 그대로의 상태였다. 이 새로운 논리에서 인간의 경험은 감시 자본주의의 시장 메커니즘에 복속되고 '행동'으로 재탄생된다. 행동은 데이터로 만들어지고, 끝없이 이어지는 대기 행렬에서 순서를 기다려 차례차례 예측 제조 기계에 투입된다. 그리고 마침내 미래행동시장이라는 신생 시장에서 교환된다.

감시 자본주의하에서 행동의 상품화는 우리의 미래를 시장 권력이 비밀주의와 해독불가능성, 전문 지식이라는 해자에 의해 보호되는 세상으로 만든다. 이른바 '개인화 서비스'와 같이 우리의 행동으로부터 파생된 지식이 경험을 제공해준 대가로 우리에게 되돌아올 때조차도, 그와 동시에 잉여를 우리의 관심사와 무관한 판매로 전환시키는 또 다른 작동이 일어난다. 우리에게는 공식적인 통제권이 없다. 우리는 이 시장의 행위에 필수적이지 않기 때문이다.

이러한 미래에 우리는 우리 자신의 행동으로부터 추방당한다. 즉, 다른 사람들을 위해 다른 사람들에 의해 우리 행동이 수탈당하고, 그 행동에서 파생된 지식에 대한 접근권도 통제권도 거부당한다. 지식, 권한, 권력은 모두 감시 자본이 가져가고, 우리는 '인간이라는 천연 자원'에 불과하게 된다. 우리는 우리 경험의 지도를 스스로 그릴 권리를 박탈당한, 미개척지의 원주민이다.

디지털 수탈은 한 번의 사건이 아니라 행위와 재료와 기술의 지속적인 복합 작용이며, 한 차례의 파동이 아니라 조수 자체다. 구글의 지도자들은 이의 제기와 제약으로부터 '반복적인 죄'를 방어하려면 지속적이고 광범위한 요새화가 필요하리라는 것을 처음부터 알고 있었다. 그들은 시장의 기업 지배 구조 영역, 민주적인 법 영역이 부과하기 마련인 규율에 얽매이고 싶지 않았다. 그들의 자유를 위해서는 민주주의가 저지되어야 했다.

'그들은 어떻게 빠져나갔을까?' 우리는 이 중요한 질문으로 다시 돌아올 것이다. 한 가지 답은 감시 자본주의 서비스를 위해 수요를 창출하고 유지하는 존재 조건을 이해하는 데 달려 있다. 이 주제는 '충돌'에 관한 1부 1장의 논의에 요약되어 있다. 두 번째 답은 감시 자본주의의 기본 메커니즘과 운동 법칙을 명확하게 파악하는 데 달려 있다. 이 탐구는 이제 막 시작되었고, 2부에서 더 진전될 것이다.

세 번째 답을 얻으려면 감시 자본주의의 주장을 발전시키고 그것들을 치명적인 도전으로부터 보호한 정치적·문화적 상황과 전략을 이해해야 한다. 1부 3장에서는 이 세 번째 영역을 다룰 것이다. 한 가지 요소만으로는 이 일을 이룰 수 없었을 것이다. 그러나 정치적 상황과 선제적 전략의 만남은 이 돌연변이가 뿌리를 내리고 번성할 수 있도록 서식지를 비옥하게 만들어주었다. 여기에는 다음 세 가지가 포함된다. (1) 기업 통제권과 법이 닿지 않는 공간에 대한 권리 주장을 통해 끈질기게 '자유'를 추구하고 방어한 창업자들 (2) 신자유주의 패러다임의 정책과 법적 지향, 2001년 9월 테러 공격의 여파로 긴급해진 행동잉여 분석과 예측 역량에 대한 국가적 관심 등 역사적 정황이 제공한 보호막 (3) 왕국을 보호하고 면밀한 실태 조사를 모면하기 위한 정치적·문화적 요새의 설계와 구축.

II. 전략 : 자유를 향한 절규

구글의 창업자들이 그들의 자유를 제도화한 방식 중 하나는 통상적이지 않은 기업 지배 구조였다. 페이지와 브린은 회사에 대한 절대적인 통제권을 가졌다. 그들은 2004년 구글을 상장하면서 테크 부문 최초로 이중 의결권 주식 구조dual-class share structure를 도입했다. 클래스 'A' 주식에는 각각 한 개의 의결권이 있는 반면 두 창업자가 보유한 클래스 'B'의 주식에는 열 배의 의결권이 주어진다. 이러한 구조는 페이지와 브린이 시장이나 투자자의 압박에서 벗어날 수 있도록 했다. 페이지는 IPO와 함께 발표한 '창업자의 편지'에서 이렇게 썼다. "공개기업으로 전환하면서, 우리는 제삼자가 구글을 인수하거나 영향력을 행사하기 힘든 기업 구조를 마련했습니다. … 이 구조의 주요 효과는 구글의 주주가 바뀌어도 앞으로 더 중요해질 회사의 의사 결정과 운명에 대한 통제권을 우리 팀, 특히 세르게이와 내가 계속 갖게 될 것이라는 점입니다."[8]

통상적인 견제와 균형은 작동하지 않고, 대중은 그저 창업자들을 '신뢰'해야 했다. 슈미트는 이 주제에 대한 이의가 제기될 때마다 창업자들을 대변했다. 예를 들어, 2014년 12월 케이토 연구소Cato Institute에서 슈미트는 구글에서 권력 남용이 일어날 가능성에 관해 질문받았다. 그는 청중에게 단지 구글 지도자 계보의 연속성만 설파했다. 페이지가 2011년 슈미트의 뒤를 이어 CEO로 취임했고, 현재의 지도자들이 미래의 지도자들을 신중하게 선택할 것이라는 설명이었다. "우리는 래리와 잘 맞습니다. … 코드가 같은, 말하자면 같은 부류의 사람들이죠. … 구글을 만든 우리 모두가 같은 시각을 갖고 있고, 우리의 후임들도 그럴 것이라고 확신합니다."[9]

그해에 페이지와 브린은 과반수 이상(56퍼센트)의 의결권을 가지고 있었고, 그 의결권으로 삼중 의결권 주식 구조를 도입하여 의결권이 전혀 없는 클래스 'C'를 추가했다.[10] 《블룸버그 비즈니스위크》가 지적했듯이 "중립적인 'C' 주식은 페이지와 브린이 먼 미래까지 … 통제권을 유지할 수 있도록 보장한다."[11] 2017년 기준으로, 브린과 페이지는 수퍼 의결권이 있는 클래스 'B' 주식 중 83퍼센트를 보유하고 있는데, 이는 의결권의 51퍼센트에 해당한다.[12]

여러 실리콘밸리 창업자들이 구글의 뒤를 따랐다. 2005년에는 IPO 기업 중 이중 의결권 제도를 도입한 기업이 1퍼센트였지만 2015년에는 15퍼센트까지 상승했으며, 그중 절반 이상이 테크놀로지 기업이었다.[13] 그중에서도 2012년에 있었던 페이스북의 IPO는 주목할 만하다. 페이스북은 이원적인 주식 구조를 통해 창업자 마크 저커버그가 의결권을 장악하게 했으며, 2016년 무의결권 주식인 클래스 'C'를 발행함으로써 저커버그 개인의 의사 결정에 대한 전권 장악을 공고히 했다.[14]

금융학자들이나 투자전문가들이 이러한 주식 구조의 영향에 대해 논쟁하는 동안, 절대적인 기업 지배력으로 구글과 페이스북 창업자들은 공격적인 인수를 추진할 수 있었다. 그러면서 결정적인 두 격전지에서 군비 경쟁이 일어났다.[15] 첨단 제조업은 기계 지능에 의존했고, 따라서 구글과 페이스북은 안면 인식, '딥 러닝', 증강현실 등 각 분야를 대표하는 회사와 인재를 확보해야만 했다.[16] 그러나 기계는 투입되는 데이터만큼만 똑똑해질 수 있다. 따라서 구글과 페이스북은 모든 컴퓨터 매개 분야에서 흘러나오는 행동잉여를 놓치지 않기 위해 더 많은 곳에 그물망을 치려고 경쟁했다. 창업자들은 행동잉여를 장악하기 위해 엄청난 프리미엄을 지불하고 핵심 공급 경로를 제공할 회사와 인력들을 끌어들였는데, 그런 회사나 인력은 점점 늘어났다.

예를 들어, 구글은 2006년에 상장한 지 2년밖에 안 된데다가 한 번도 돈을 벌어 본 적이 없고 저작권 소송에까지 휘말려 있던 1년 6개월 된 스타트업을 16억 5천 달러를 들여 인수했다. 그 회사는 유튜브였다. '미친' 한 수라는 평을 듣고, 말도 안 되는 금액이라고 비판받았지만, 슈미트는 공세적이었다. 그는 구글이 동영상 공유 사이트를 위해 10억 달러의 프리미엄을 지불했다는 사실을 거리낌 없이 인정했지만, 그 이유에 관해서는 거의 아무말도 하지 않았다. 2009년 포레스터 리서치의 한 영리한 매체분석가가 수수께끼를 풀었다. "그만한 부가 가치를 얻을 수 있다. 구글은 모든 광고 역량과 검색 트래픽을 유튜브에 연결시킬 수 있기 때문이다. … 유튜브를 인수하면 수많은 시청자가 다른 누군가의 사이트가 아닌 구글 소유의 사이트로 오게 된다. … 미끼 상품처럼 그 자체로는 돈이 안 돼도 충분한 가치가 있는 셈이다."[17]

페이스북의 저커버그도 비슷한 전략을 추구했다. 그는 가상현실 기업 오큘러스Oculus(20억 달러), 메신저 애플리케이션 와츠앱WhatsApp(190억 달러) 같은 전형적인 스타트업들을 위해 '천문학적' 비용을 지불했다. 그런 회사들은 대개 수익이 나지 않았지만 '빠르고 북적거리는' 퍼레이드와 같아서, 쏟아져 나오는 인간 행동의 거대한 흐름을 페이스북이 가질 수 있게 해주었다. 추출의 절박한 요청에 응답해야 하는 저커버그는 투자자들에게 해당 서비스가 '수십억' 명의 사용자에게 도달할 때까지 수익을 고려하지 않을 것이라고 말했다.[18] 어느 테크놀로지 전문기자는 이렇게 표현했다. "저커버그는 사실 이사회와 말을 섞을 필요가 없었다. … 주주들이 저커버그의 터무니없는 행동을 견제할 방법이 없었다."[19]

유럽연합 위원회에서 와츠앱 인수를 심의할 때 이 축적 논리에 대한 이해가 유용했다는 사실은 눈여겨볼 만하다. 유럽연합 위원회는 두 비즈니스로부터의 데이터 흐름이 분리되어 있을 것이라는 보장을 전제로 인수를 허용했다. 위원회는 추출의 절박성과 공급망 운용에서의 규모 경제의 필요성이 더 나은 예측상품 탐색을 위해 잉여 흐름을 통합하라고 압박한다는 사실을 나중에서야 알게 되었다.[20]

구글 창립자들은 시장 영역에서 그들에게 절대적인 통제권을 부여하는 기업 형태를 구축했듯이, 공공 영역에서도 자유를 추구했다. 자유를 얻기 위한 구글의 전략에서 핵심 요소는 전례가 없고 그래서 아직 법이 닿지 않는 사회적 영토를 포착하고, 구축하고, 그에 대한 권리를 주장하는 능력이었다. 사이버 공간은 이 드라마의 중요한 등장인물로, 에릭 슈미트와 재러드 코언Jared Cohen이 디지털 시대에 관한 저서 첫 페이지에서 다음과 같이 칭송했다. "온라인 세상은 사실상 지상의 법에 얽매이지 않는다. … 아무도 관할하지 않는 세계 최대 공간이다."[21] 그들은 정치 제도의 범위를 넘어서는 운영 공간을 차지하게 되었다는 사실을 기뻐했다. 이는 19세기에 유럽 투기꾼들이 자기들의 땅으로 끌어들였던 '암흑 대륙'의 21세기 판본이다. 19세기 중반 영국 자본가들이 과잉 축적된 자본을 아시아와 아프리카에 수출한 과정을 연구한 아렌트는 이렇게 적었다. "산업도 정치 조직도 존재하지 않으며, 폭력이 그 어느 서구 국가에서보다 더 많이 허용되는 미개발 지역에서, 이른바 자본주의의 법칙이 실제로 현실을 창출할 수 있었다. … 행복한 성취를 가져다준 새로운 비밀은 정확히 경제 법칙이 더 이상 소유 계급의 탐욕을 가로막지 않는다는 점에 있었다."[22]

이와 같은 무법성lawlessness은 감시 자본주의의 짧은 역사에서도 결정적인 성공 요인이었다. 슈미트, 브린, 페이지는 법으로부터 자유로울 권리를 열렬히 부르짖었다. 구글이 세계에서 가장 강력한 기업이라고 할 만큼 성장한 이후에도 마찬가지였다.[23] 그들의 노력에는 다음과 같은 몇 가지 일관된 주제가 있었다. 구글 같은 테크놀로지 기업은 빠르게 움직이므로 국가가 곧바로 이해하거나 따라갈 수 없다. 따라서 개입하거나 제한하려는 그 어떠한 시도도 옳지 않거나 어리석을 수밖에 없다. 규제는 언제나 혁신과 진보를 지연시키는 부정적인 힘이다. '기술 혁신'을 이루려면 법이 닿지 않는 환경이 필요하다.

슈미트, 페이지, 브린은 제각기 이 주제에 관해 거침없이 의견을 피력했다. 슈미트는 2010년 《월 스트리트 저널》 인터뷰에서 구글에게는 "사용자를 바르게 대해야 할" 강한 동기가 있으므로 규제가 필요하지 않다고 주장했다.[24] 2011년 《워싱턴 포스트》와의 인터뷰에서 슈미트는 인텔의 전 CEO 앤디 그로브Andy Grove의 반민주주의 공식을 인용하며, 그로브의 생각은 "나에게도 적용된다"고 말했다. 구글은 민주적 제도의 느린 속도로부터 스스로를 보호하기로 했다.

> 이것은 앤디 그로브의 공식이다. … "첨단기술 사업은 일반 사업보다 세 배 빠르게 진행된다. 그리고 정부는 일반적인 기업보다 세 배 느리다. 그래서 아홉 배의 격차가 생긴다. … 그러면 어떻게 해야 할까? 당연히 정부가 방해하거나 일을 더디게 만들지 않기를 원할 것이다."[25]

《비즈니스 인사이더》는 같은 해 모바일 월드 콩그레스Mobile World Congress에서 슈미트가 한 발언을 다음과 같이 옮겼다. "정부 규제에 관해 묻자 슈미트는 테크놀로지가 빠르게 변화하므로 정부는 테크놀로지에 대한 규제를 시도조차 하지 말아야 한다고 말했다. 변화의 속도가 너무 빨라질 것이고, 어떤 문제든 테크놀로지로 해결될 것이기 때문이라고도 했다. 그는 '우리는 그 어느 정부보다 빨리 움직일 것'이라고 단언했다."[26]

브린과 페이지는 슈미트보다 훨씬 더 솔직하게 법과 규제에 대한 경멸을 드러낸다. 2013년 한 개발자 대회에서 CEO 페이지는 청중으로부터의 질문에 대한 대답으로 모두를 놀라게 했다. 그는 기업이 "진정 위대한 것을 만들고" 다른 기업들과 "상호 운용 가능한" 기술을 창출할 자유를 방해하는 "부정적인 인식"을 지적했다. "법 같은 오래된 제도는 우리의 테크놀로지에서 비롯되는 변화의 속도를 따라잡지 못하고 있다. … 구글의 기업 공개 당시, 법은 50년 전 그대로였다. 인터넷이 생기기도 전에 만들어진 법이 옳을 수가 없다." '부정적인 인식'을 제한하고 '긍정적인 인식'을 키울 방법에 관해 묻자, 페이지는 이렇게 대답했다. "아마도 우리는 세계의 한 작은 부분을 따로 떼어 놓아야 할 것이다. … 기술전문가로서 우리는 새로운 것을 시도해볼 수 있고 그것을 정상적인 세계에 배치하지 않고도 사회와 사람들에게 어떤 영향을 가져올지를 미리 그려볼 수 있는, 안전한 장소를 가져야만 한다.[27]

중요한 것은 다름 아닌 감시 자본가들이 만들어낸 발명품의 논리가 그들에게 무법성을 추구하도록 압박한다는 사실이다. 구글과 페이스북은 온라인 개인 정보 보호를 없애고, 규제를 줄이며, 프라이버시를 강화하는 법안을 악화시키거나 저지하고, 그들이 하려는 일을 제한하려는 모든 시도를 좌절시키기 위해 강력하게 로비를 펼친다. 그러한 법들은 행동잉여가 매끄럽게 흐르도록 하는 데 있어서 실존적 위협이 되기 때문이다.[28]

이 축적 논리가 성공적이려면 추출의 광맥이 보호 대상이 아니어야 하고 비용 없이 이용할 수 있어야 한다. 그런데 이 요건은 아킬레스건이다. 지금 구글에게는 코드가 곧 법이지만, 구글의 현재 영토, 그리고 앞으로 진출할 영토에 새로운 법이 등장할 가능성은 감시 자본주의를 위협하는 항시적인 위험 요소다. 만일 새로운 법이 나타나 행동잉여의 추출을 금지한다면, 감시 모델은 붕괴할 것이다. 이 시장 형태가 내적 논리를 충족하려면 민주적 절차와의 영원한 갈등에 대비하든가 목표를 달성하기 위해 민주주의에 잠입해 유혹하고 타락시킬 방법을 찾아야 한다. 감시 자본주의의 생존과 성공은 행동잉여를 마음대로 추출할 수 없게 만드는 법을 무시하거나 회피하거나 설파하거나 재편하거나 파괴하는 동시에 가용한 모든 수단을 통해 집단적인 합의를 이루어내는 데 달려 있다.

무법지대에 대한 이러한 주장은 19세기 악덕 자본가들의 주장과 놀랍도록 흡사하다. 구글의 핵심 인물들처럼 19세기 후반의 거물들도 그들의 이익을 위해 방어 없는 영토를 주장했고, 스스로 부여한 특권의 정당성을 선포했으며 새로운 자본주의를 지키기 위해 민주주의를 희생시켰다. 적어도 미국의 경우, 우리는 일찍이 같은 경험을 했다.

경제사학자들은 도금시대 악덕 자본가들이 무법지대에 몰두했다고 기록한다. 오늘날의 디지털 강도들에게 하이에크, 젠슨, 그리고 에인 랜드Ayn Rand가 있었다면 당시에는 허버트 스펜서Herbert Spencer의 사회진화론이 있었다. 감시 자본가들이 그들의 기업에 정보와 부가 전례 없이 집중되는 현상을 '네트워크 효과'와 '승자독식' 시장의 불가피한 결과라고 변명하듯이, 도금시대의 기업가들은 스펜서의 그럴듯한 사이비과학 용어 '적자생존'을 들먹이며 사회의 부가 가장 공격적이고 경쟁적인 개인들의 수중에 들어가도록 한 신성한 계획의 증거라고 주장했다.[29]

오늘날의 감시 자본가들처럼 도금시대의 백만장자들도 거대한 불연속성의 맨 끝에 서 있었다. 생산수단이라고는 빈 땅밖에 없었다. 거기서 어떤 제약도 받지 않고 노동력 활용 방법, 노동 환경, 환경 파괴, 원재료 조달, 심지어 제조물의 품질에 이르기까지 완전히 새로운 산업 자본주의를 발명해야 했다. 그리고 21세기의 후예들처럼 그들도 자신의 목적을 위해 그들이 경멸하던 바로 그 법을 이용하는 데 거리낌이 없었다. 감시 자본가들이 방해받지 않는 기술적 '진보'를 정당화하는 명분으로 표현의 자유라는 깃발을 들고 행진했듯이—이 주제에 관해서는 추후에 다시 논의할 것이다—19세기의 자본가들은 '사유 재산'과 '계약의 자유'라는 기치를 내걸었다.

'국가는 경제의 작동에 개입할 권리도 이유도 없다'는 확신에 고취되어 있던 도금시대 백만장자들은 '자본의 권리'를 지키고 정책 수립이나 입법 과정에서 선거로 뽑은 대표자 역할을 제한하기 위해 힘을 합쳤다.[30] '진화의 법칙', '자본의 법칙', '산업사회의 법칙'이 있는 한 다른 법은 필요하지 않다는 것이 그들의 주장이었다. 존 록펠러John Rockefeller는 그의 엄청난 석유 자산이 "무역 발전이라는 자연법"의 귀결이라고 주장했다. 제이 굴드Jay Gould(19세기 말에 활동한 미국 철도사업가이자 투기꾼-옮긴이)는 의회에서 연방 차원의 철도 요금 조정 필요성에 관해 질문하자 이미 "공급과 수요, 생산과 소비의 법칙에 의해 조정되고 있다"고 대답했다.[31] 1896년 인민민주당 윌리엄 제닝스 브라이언William Jennings Bryan을 물리치기 위해 이 백만장자들이 소집되었다. 브라이언이 철도를 규제하고 국민을 '강도와 압제'로부터 보호하는 등, 정치 영역 안에 경제 정책을 묶어 두겠다고 공언했기 때문이었다.[32]

데이비드 나소David Nasaw의 표현을 빌리자면, 도금시대 엘리트 사업가들의 요지는 그 시대의 경제적 원죄를 보호하는 가장 효과적인 방법이 '민주주의의 억제'라는 것이었다. 이를 위해 경제 영역에 개입할 민주주의의 권리라는 개념을 공격할 이념적 무기를 세심하게 연마하여 적극적으로 퍼뜨렸을 뿐만 아니라, 그들 편이 되어줄 후보에게 넉넉한 자금을 대주었다.[33] 그들의 산업은 '자기규제적', 즉 자유롭게 자체적인 진화 법칙을 따를 수 있어야 했다. 그들은 "민주주의에는 한계가 있다. 유권자와 그들이 선출한 대표자들은 이 나라에 경제적 재난이 닥칠까 봐 그 한계를 감히 넘어가지 못한다"고 설파했다.[34] '요새화'에 관해 논의하면서 우리는 구글이 이 모든 전략을 부활시켰음을 보게 될 것이다. 그러나 그에 앞서, 그 젊은 기업에게 피난처를 제공하고 인간의 경험을 무한한 자원 착취의 희생양으로 삼는 일을 비호해준 독특한 정황을 살펴볼 것이다.

III. 보호막: 신자유주의의 유산

구글의 지도자들은 역사적인 정황 덕을 보았다. 구글 혹은 더 넓게 감시 자본주의 프로젝트는 독보적으로 안전한 감시 돌연변이의 서식지가 마련되는 데 기여한 두 가지 상황의 수혜자였다. 첫째, 미국 경제를 감독, 규제하는 정부기구를 신자유주의가 장악했다. 그 기본 틀에 관해서는 1부 1장에서 논의한 바 있다.[35] 법학자인 캘리포니아 대학교 조디 쇼트Jodi Short 교수는 한 매력적인 연구를 통해 신자유주의 이데올로기의 역할이 구글의 야망과 무법 영토에 대한 성공적인 방어를 설명하는 중요한 요인임을 실증적으로 보여준다.[36] 쇼트는 1980년부터 2005년 사이에 발표된 규제에 관한 법률 검토 논문 1,400편을 분석했다. 하이에크와 프리드먼의 영향으로 예측할 수 있듯이, 이 문헌들에서 가장 많이 다루어진 주제는 '행정부의 강압적 본질', 그리고 산업 규제와 '압제', '권위주의'의 체계적 결합이었다. 이러한 세계관에 따르면 모든 규제는 부담을 지우는 일이고, 관료제는 인간 지배의 한 형태이므로 거부되어야 마땅하다. 쇼트는 대상 기간 동안 비용과 효율성에 대한 합리적 논거보다 이러한 공포가 규제 정책에 훨씬 더 크게 영향을 미쳤음을 관찰했으며, 불안의 두 가지 원천을 확인했다.

첫 번째 원천은 뉴딜 개혁에 대한 미국 기업계의 반발에 있었다. 그들은 규제에 대한 저항을 "독재로부터 민주주의를 지키기 위한 의로운 투쟁"으로 묘사했다.[37] 도금시대 백만장자들의 선전과 별반 다르지 않았다. 두 번째 원천은 제2차 세계대전과 냉전이 불러일으킨 전체주의와 집단주의에 대한 두려움으로, 이는 하이에크로부터의 직접적 유산이었다. 이러한 방어적 태도는 미국 정치사상에 침투했고 그것을 개조했다. 그리고 국가의 규제 역할에 대한 정책입안자들의 생각을 점차 바꾸어 놓았다.[38]

쇼트가 검토한 문헌 중에 정부 규제의 '강압성'을 해결할 방법을 제시한 논문도 있었지만 가장 두드러진 것은 '자기규제'였고, 1996년 이후, 즉 디지털 기술과 인터넷이 주류가 되어가면서 이 경향은 더 강하게 나타났다. 그 기조는 기업들이 자체적인 기준을 마련하고, 기준의 준수를 감시하며, 스스로 판단해 "자발적으로 위반을 알리고 개선해야 한다"는 것이었다.[39] 구글의 주식 공모가 있었던 2004년, 자기규제는 정부와 재계 전체에서 강압 없이 가장 효과적으로 규제할 수 있는 유일한 도구이자 집단주의와 권력의 집중 경향에 대한 해독제로 자리 잡았다.[40]

새로운 감시 자본가들에게 이 신자유주의의 유산은 우연히 굴러들어온 행운이었다. 또 다른 법학자 프랭크 파스콸레Frank Pasquale는 신자유주의의 유산이 '소비자'가 자신이 원하는 프라이버시 수준을 제공하는 서비스만 이용한다고 가정하며 프라이버시를 경쟁 상품으로 취급하는 모델을 만들었다고 보았다. 이러한 시각에서 볼 때 규제적 개입은 경쟁의 다양성을 약화시킬 뿐이다. 그것은 또한 '통지 및 동의' 모델—클릭랩과 그 '가학증적' 유사품들—이 프라이버시에 대한 개인의 선택을 정확하게 보여주는 신호라고 여긴다.[41]

구글의 지도자들, 그리고 이후 구글의 감시 프로젝트 동반자들이 수정헌법 제1조가 보장한 표현의 자유를 보호막 삼아 그들의 발명품을 보호하고자 할 때에도 신자유주의적 시대정신이 그들 편에 서주었다. 이것은 헌법과 정치 이념이 뒤얽힌, 복잡하고 경쟁적인 전장이다. 여기서는 새로운 감시 시장 형태를 키운 서식지를 더 잘 이해하기 위해 몇 가지 요소만 살펴보고자 한다.[42]

여기서 수정헌법 제1조에 대한 법리 검토가 특히 최근 20년 동안 '보수·자유주의적' 해석에 편향되어 있다는 점이 중요하다. 헌법학자 스티븐 헤이먼Steven Heyman이 지적했듯이, "최근 수십 년간, 수정헌법 제1조는 판사들이 보수·자유주의적 의제를 진전시키기 위해 활용하는 가장 중요한 수단 중 하나가 되었다."[43] 이러한 역학관계는 여러 극적인 사법적 결정을 낳았다. 미국 대법원은 선거운동에서 돈의 역할에 대한 제한을 거부했고, 혐오 발언과 포르노그래피의 제한도 거부했으며, 차별을 금지하는 주 민권법보다 결사의 자유가 우선한다는 입장을 고수했다.

많은 법률학자가 관찰한 바와 같이, 최근 수정헌법 제1조에 대한 사법적 논증에서 나타나는 이념적 지향은 표현의 자유와 재산권 사이의 긴밀한 연관성을 주장한다. 소유권을 표현의 자유에 대한 절대적 권리에 연결시키는 논리는 기업 행위에 헌법의 보호를 받아야 마땅한 '표현'으로서의 특권을 부여했다.[44] 어떤 학자들은 이를 17세기에 회사법을 낳은 모태였던 봉건제로의 위험한 회귀로 간주한다. 중세의 법 원칙은 '자치권을 주장하는 귀족, 교회, 길드, 대학, 도시에 대한' 군주의 권위 행사를 제한했다. 그 결과로 미국 법원은 "정부의 과도한 개입 가능성은 금방 알아보지만, 기업을 포함해 '사적 부문'의 권력 문제는 보려고 하지 않는다.[45]

이러한 맥락에서 감시 자본가들은 파스콸레가 '표현의 자유 근본주의'라고 부르는 '사이버 자유주의' 이념을 열정적으로 발전시켰다. 그들의 법무팀은 그들의 플랫폼상의 콘텐츠나 기계 운용에서 생성되는 "알고리즘에 의한 정보 정렬"을 제한하는 모든 형태의 감독, 혹은 외부에서 부과되는 제약을 막기 위해 수정헌법 제1조를 공격적으로 내세운다.[46] 감시 자본주의의 선도자들을 여러 차례 변호했던 한 변호사의 말처럼, "이 회사들을 위해 일하는 법조인들은 업무상의 이유로 표현의 자유를 지지해야만 한다. 사실 이 회사들은 모두 표현의 자유라는 말로 자기들의 사업을 설명한다."[47]

이렇게 보자면 감시 자본가들을 전례 없는 존재라고만 볼 수 없다. 기업의 권리가 걸어온 역사를 연구한 애덤 윙클러Adam Winkler는 "미국의 역사에서 언제나 당대 최강 기업들이 끈질기게 집결하여 원치 않는 정부 규제를 헌법으로 물리쳤다"는 사실을 상기시킨다.[48] 오늘날 기업들의 집결이 독창적인 것은 아니었다. 또한 윙클러의 신중한 설명은 과거의 집결이 미국 사회에서 권력과 부의 분배, 민주적 가치와 원칙의 강도에 미친 영향을 입증한다.

감시 자본주의 시대에 관한 우리 논의의 핵심은 인터넷과 관련해 표현의 자유를 위한 기회 확대가 여러 중요한 측면에서 해방의 힘으로 작용했다는 것이다. 그러나 이 사실에만 주목하느라 다른 측면을 보지 못하면 안 된다. 표현의 자유 근본주의는 새로운 시장 형태를 구축하고 눈부신 성공을 설명하는 전례 없는 사업 형태가 면밀한 감독을 피하도록 했다. 헌법을 활용해 보호막을 친 기업들의 새로운 관행은 그 목적에 있어서 반민주적이고 권력 남용으로부터 개인을 보호하기 위해 의도된 수정헌법 제1조의 영원한 가치를 근본적으로 파괴하는 것이었다.

미국의 경우, 감시 자본주의를 감독으로부터 보호하는 데 있어서 의회 법령들이 동등한, 혹은 훨씬 더 중요한 역할을 수행했다. 그중 가장 유명한 법령은 웹사이트 소유자를 사용자 생성 콘텐츠에 대한 기소나 소송으로부터 보호하는 1996년 통신품위법Communications Decency Act 230조로, "쌍방향적 컴퓨터 서비스의 제공자나 사용자는 다른 정보 콘텐츠 제공자가 제공하는 정보의 발행자나 화자로 취급될 수 없다"고 명시했다.[49] 이러한 보호 장치 덕분에 트립어드바이저 같은 사이트에 부정적인 호텔 이용 후기가 실릴 수 있고, 트위터도 언론사에 적용되는 책임성의 기준을 적용받지 않고 공격적인 게시물이 유포되도록 방관할 수 있다. 통신품위법 230조는 웹사이트가 발행자가 아니라 '매개자'라는 견해를 제도화했다. 한 언론인이 말한 것처럼, "외설적인 블로그 게시물에 대한 책임을 온라인 플랫폼에게 물어 고소하는 일은 마치 《롤리타Lolita》를 소장하고 있다는 이유로 뉴욕공공도서관을 고소하는 것과 같다."[50] 그러나 감시 자본주의가 무대에 등장하면 이러한 논리가 붕괴되며, 이에 관해서는 추후에 다시 살펴볼 것이다.

기업들에 대한 통신품위법 230조의 불간섭 입장은 '자기규제'라는 지배적인 이념과 실행에 완벽하게 부합되었다. 그리하여 인터넷 기업들, 궁극적으로 감시 자본가들은 이제 원하는 일을 마음대로 할 수 있게 되었다. 인터넷 대중화가 시작된 1995년에 만들어진 이 법령은 웹사이트 콘텐츠에 대한 매개자의 책임을 명확히 하고, 웹 게시물의 명예훼손과 관련된 두 상반된 판결이 야기한 논쟁을 종결짓고자 했다.[51] 1991년의 한 판결은 컴퓨서브CompuServe가 명예훼손에 대한 책임이 없음을 밝혔다. 게시 전에 콘텐츠를 검토하지 않았다는 것이 이유였다. 법정은 컴퓨서브가 공공 도서관이나 서점, 신문가판대 같은 배급자이지 발행자가 아니라고 보았다.

그로부터 4년이 지난 1995년, 프로디지Prodigy라는 초기 웹서비스 제공업체가 게시판에 올라온 익명의 명예훼손 게시물 때문에 소송을 당했다. 이번에는 뉴욕 주 법원이 반대되는 결론을 내렸다. 이 법정은 프로디지가 게시판을 관리하면서 편집권을 행사했다는 점을 가장 크게 문제 삼았다. 프로디지는 콘텐츠 관리 지침을 수립했고, 기준에 위배되는 게시물을 삭제했다. 법정은 프로디지가 사이트에 있는 콘텐츠에 대한 책임을 지고 있으므로 단순한 배급자가 아닌 발행자라고 결론지었다. 이 판결이 확정되면 인터넷 업체들은 '역설적인 사면초가 상태'에 직면하게 될 터였다. "ISP가 외설적이거나 유해한 콘텐츠를 제거하면 할수록 그러한 콘텐츠에 대해 더 큰 책임을 지게 된다"는 뜻이기 때문이다.[52] 인터넷 업체들은 양자택일을 해야 했다. "표현의 자유를 위한 구세주가 될 것인가, 악당을 막는 방패가 될 것인가?"[53]

론 와이든Ron Wyden 상원의원에 따르면 통신품위법 230조의 취지는 인터넷 업체들이 법적 제재의 위험 없이 콘텐츠에 대해 일정 정도의 통제권을 행사할 수 있도록 함으로써 모순을 해소하는 것이었다. 법령의 첫 번째 문장만 보더라도 "모욕적인 내용을 차단하고 선별하는 '선한 사마리아인'의 보호"를 언급하고 있다.[54] 와이든과 그의 동료들이 예견할 수 없었고, 여전히 이해하지 못하는 이 초기의 논리가 더 이상 유지될 수 없다는 것이다. 컴퓨서브도 프로디지도 감시 자본가가 아니었다. 그러나 오늘날의 많은 인터넷 매개자는 감시 수익을 얻는 데 매달리고 있다.

이 점은 기업과 그 플랫폼의 콘텐츠 사이의 관계를 근본적으로 변화시키며, 이것이 바로 감시 자본가들을 나보코프의 숭앙받는 저서를 중립적인 입장에서 관리하는 뉴욕공공도서관에 비유할 수 없는 이유다. 둘은 전혀 다르다. 감시 자본주의 체제하에서 콘텐츠는 행동잉여의 원천이다. 콘텐츠를 제공하는 사람들의 행동, 즉 접속하고 커뮤니케이션하며 이동하는 패턴, 그들의 생각과 감정, 그들의 이모티콘이나 감탄 부호, 목록, 축약어, 인사말에 드러나는 메타데이터도 마찬가지다. 서가에 꽂혀 있던 책이 이제는 그 책에 손대는 사람에 대한 기록, 그가 언제 어디에서 그 책을 만졌으며, 어떤 행동을 하고, 어떤 연결망에 속해 있는지 등의 정보와 더불어 다이아몬드 광산이 되었다. 이제 그것은 발굴되고 약탈되어 행동 데이터로 변형될 것이다. 그러고 나면 기계에 투입되어 상품으로 만들어져서 팔려나갈 것이다. '매개자'를 보호하려 했던 통신품위법 230조는 이제 감시 자본주의의 추출 작업을 비판적 검토로부터 보호하는 또 하나의 방어벽으로 기능한다.

오늘날 감시 매개자에 관한 한 중립이란 존재하지 않는다. 추출의 절박성과 잉여 공급에서의 규모 경제에 대한 요구는 감시 자본가들이 그들의 해안에 콘텐츠를 무한히 밀려들어오게 하기 위해 가능한 모든 수단을 이용해야 함을 의미한다. 그들은 더 이상 콘텐츠를 단순히 호스팅하기만 하는 것이 아니라 콘텐츠로부터 공격적으로, 은밀하게, 일방적으로 가치를 추출한다. 결론에서 다루겠지만, 경제성에 대한 절박한 요청은 원재료의 포기를 가능한 한 최소화할 것을 요구한다. 즉, 사용자의 접근을 막거나 규제당국을 끌어들임으로써 잉여의 양과 속도를 위협하는 극단적인 경우만 관리한다. 이것은 페이스북, 구글, 트위터 같은 기업들이 터무니없는 콘텐츠조차 삭제하기를 꺼리는 이유이며, "IT 기업의 법무팀" 통신품위법 230조에 "조금도 흠집이 나지 않게 하기 위해 맹렬하게 소송을 제기하는 이유를 설명하는 데에도 도움이 된다."[55] 새로운 테크놀로지 환경을 키우기 위해 만들어진 법령이 이제는 자본주의라는 불한당의 비대칭적 부, 지식, 권력을 보호하는 법적 방어벽이 된 것이다.

IV. 보호막 : 감시 예외주의

감시를 연구하는 대표적인 학자 데이비드 라이언David Lyon은 《9월 11일 이후의 감시Surveillance After September 11》에서 그날의 사건이 일으킨 여파로 기존의 감시 관행이 강화되었고 이전에 있던 제한이 폐지되었다고 말한다. "데이터 보호 당국, 프라이버시 감시기구, 인권 단체 등이 수십 년 동안 감시가 낳는 부정적인 사회적 영향을 완화하기 위해 노력했지만, 지금 우리는 감시의 관행이 더 배타적이고 침입적인 방향으로 급격히 기울고 있음을 목격하고 있다."[56] 뉴욕과 워싱턴 D.C.에서 일어난 9/11 테러 이후 공권력과 정부 정책의 방향이 이렇게 갑자기 바뀐 일이 바로 신생 시장 형태에 보호막을 제공한 두 번째 역사적 정황이다.

라이언은 특징을 정확하게 잡아냈다.[57] 9/11 이전 몇 해 동안, 연방거래위원회는 미국의 인터넷 프라이버시를 둘러싼 논쟁을 규정하는 핵심 주체로 부상했다. 연방거래위원회는 우리가 앞서 검토한 이유로 자율규제를 옹호했고, 인터넷 기업들이 자체적으로 행동 수칙, 프라이버시 정책, 실행 방법을 수립하도록 유도했다.[58] 그러나 연방거래위원회는 결국 자율규제만으로는 웹에서 개인 소비자 프라이버시를 보호하기에 충분하지 않다는 결론에 이르렀다. 9/11 테러 1년 전이자 구글이 행동잉여를 발견하고 애드워즈를 성공시키기 1년 전이기도 했던 2000년, 연방거래위원회 위원들은 다수 의견으로서 온라인 프라이버시 규제를 위한 입법을 권고하는 보고서를 발간했다. 이 보고서에 따르면, "지금까지의 자율규제 안에는 자율규제 프로그램의 광범위한 실행에 관한 내용이 매우 부족하므로, 수 년 동안 업계 및 정부가 노력해왔지만 … 위원회는 그러한 노력만으로 온라인 시장 전체가 업계 선두주자들이 채택한 기준을 모두가 따르리라고 보장할 수 없다는 결론을 내렸다." 이 보고서는 대중적인 웹사이트 중 단 8퍼센트만이 업계 프라이버시 감시기구로부터 공식적인 인정을 받았음을 지적했다.[59]

규제 반대 입장과 인터넷 사이트를 표현의 자유 원칙에 따라 운영하고자 하는 경향이 지배적이었지만 연방거래위원회 위원들은 이 보고서에서 온라인에서 소비자를 보호할 연방 차원 입법의 윤곽을 그렸다. 권고안은 "명확하고 눈에 잘 띄게" 정보 처리 방식을 통지하고, 개인 정보가 어떻게 사용되는지를 소비자가 선택할 수 있게 하며, 수정 및 삭제 권리를 포함해 모든 개인 정보에 접근 가능하게 하고, 개인 정보 보안을 강화할 것을 요구했다.[60] 이러한 내용이 법으로 제정되었다면, 감시 자본주의의 기본 요소 중 다수가 확실한 불법 행위가 되었거나 적어도 공공 영역의 조사와 논쟁의 대상이 되었을 가능성이 높다.

그러나 연방거래위원회의 노력은 곧 짧은 수명을 마감했다. 클린턴 행정부에서 최고 프라이버시 자문역을 역임했고, 이후에 오바마 대통령의 정보통신기술 검토단Review Group on Intelligence and Communication Technologies 위원으로 활동한 피터 스와이어Peter Swire에 따르면 "2001년 9월 11일의 공격과 함께 모든 것이 바뀌었다. 프라이버시가 아니라 보안에 모든 시선이 압도적으로 집중되었다."[61] 불과 몇 달 전에 논의된 프라이버시 규정들이 거의 하루아침에 대화에서 사라졌다. 미국 의회에서도 유럽연합 전역에서도 감시 활동을 절대적으로 확대하는 법제화가 신속히 이루어졌다. 미국 의회는 애국자법Patriot Act을 통과시키고, 테러리스트 선별 프로그램을 만들었으며, 개인 정보의 무단 수집을 엄청나게 증가시키는 여러 다른 수단을 제도화했다. 9/11은 독일(독일인은 나치와 스탈린 전체주의의 경험 때문에 감시에 고도로 민감하다), 영국, 프랑스를 포함해, 유럽 전역에서도 정보기관과 사법 당국의 권력을 확대하는 꾸준한 입법 흐름을 촉발했다.[62]

여러 단서가 있었음에도 그 점들을 이어 테러 공격이라는 큰 그림을 예측하지 못했다는 사실은 미국인들에게 수치심과 낭패감의 원천이었고, 이는 다른 우려를 압도했다. 여러 관련 당국들은 포괄적인 정보와 분석을 위해 담장을 허물고 데이터베이스를 통합해야 한다는 압박을 받았고, 이에 따라 정책의 기조가 '알 필요'에서 '공유할 필요'로 옮겨갔다.[63] 한편, 프라이버시 연구에 주력해온 크리스 제이 후프네이글Chris Jay Hoofnagle은 포괄적인 프라이버시 입법의 위협이 법안을 수정하거나 저지하려는 업계와 그들이 고용한 로비스트들을 움직이게 했다고 말한다. 9/11 이후 달라진 정치적 분위기 속에서, 이 두 세력은 쉬운 승리를 위해 연합했다.[64]

인터넷이 결정적인 표적이었다. 2013년에 CIA 국장 마이클 헤이든Michael Hayden은 9/11 이후 수 년 동안 "월드와이드웹이 군국화된 데 대한 상당한 책임"이 CIA에게 있음을 인정했다.[65] 우선 온라인 프라이버시 규제 입법이 직접적인 피해를 입었다. 전자 프라이버시 정보 센터Electronic Privacy Information Center, EPIC 마크 로텐버그Marc Rotenberg 소장은 9/11 위원회(대미 테러공격에 대한 국가위원회National Commission on Terrorist Attacks upon the United States 의 약칭-옮긴이)에서 프라이버시에 대한 시각이 갑자기 반전되었다면서, 9/11 이전에는 "프라이버시를 보호하려는 논의에서 대대적인 감시를 가능케 하는 기법 발달을 긍정적으로 보는 입장이 거의 없었다"고 증언했다.[66] 스와이어 역시 변화된 상황을 비슷하게 지적했다. 스와이어에 따르면 정보 공유의 중요성을 새롭게 강조한 결과로서 "의회가 민간 부문에서의 정보 이용 규제에 관심을 갖지 않게 되었다. … 입법의 위협 없이도 업계가 만든 여러 자율규제 방안이 힘을 잃었다."[67] 연방거래위원회에서는 프라이버시에 대한 광범위한 우려에서 더 정치적인 구미에 맞는 '피해 기반' 전략으로 관심이 옮겨가면서, 신원도용이나 데이터베이스 보안처럼 구체적인 신체적 위해나 경제적 손해를 확인할 수 있는 사례를 겨냥하게 되었다.[68]

입법을 논외로 한 채, 다른 세력들이 감시 자본주의가 뿌리를 내리고 성장할 정치적 환경을 조성했다. 9/11 테러 공격으로 정보 당국들은 속도가 계속해서 기하급수적으로 상승하는 낯선 수요 곡선을 마주하게 되었다. 그 비밀주의에도 불구하고 국가안전보장국NSA조차 민주주의의 일시적인 법적 제한에 지배되었다. 민주주의는 본래 속도가 느리다. 잉여, 견제와 균형, 법과 규칙은 그 속도를 더욱 늦춘다. 관계 당국들은 법적, 관료제적 제한을 신속하게 우회할 수 있는 방법을 모색했다.

이러한 정신적 외상과 불안 속에서, 어떤 희생이 따르더라도 속도를 내야 한다는 새로운 지상 과제를 정당화하기 위해 '예외 상태'가 적용되었다. 라이언은 이렇게 설명했다. "9/11은 그때까지 억압적 체제나 디스토피아를 그린 소설에나 나올 법한 일들을 우리 사회에 가져왔다. … 정상적인 조건의 유예가 '테러와의 전쟁'이라는 명분으로 정당화된다."[69] 우리의 논의에서 중요한 점은 이러한 예외 상태가 구글의 성장과 감시 기반 축적 논리의 정교화에 유리하게 작용했다는 사실이다.

구글의 사명이 "전 세계의 정보를 체계적으로 정리하고 누구나 접근할 수 있게 한다"는 것이었음을 기억할 것이다. 한편 2001년 말, 정보 당국들은 공공 영역에서의 '정보 지배력'을 확립하고 수천억 달러에 달하는 국가 지원으로 글로벌 기술 인프라, 인력, 실행력을 갖춤으로써 그 지배를 신속하게 제도화했다. 이제 공공 부문과 민간 부문의 정보 지배 행위자들 사이에 새로운 상호의존성이 나타나기 시작했다. 이를 이해하는 데에는 막스 베버의 '선택적 친화성elective affinity' 개념이 가장 도움이 된다. 선택적 친화성이란 공유된 의미, 이해관계, 호혜성에 의해 서로에게 이끌리는 현상을 말한다.[70]

공공 정보 당국과 감시 자본주의의 신생아인 구글 사이의 선택적 친화성은 비상사태의 한가운데에서 역사적으로 독특하며 기형적인 산물인 감시 예외주의라는 꽃을 피웠다. 9/11 테러는 구글에 대한 정부의 관심을 변화시켰다. 얼마 전까지만 해도 정부는 구글의 활동을 규제하는 입법에 중점을 두었지만, 이제는 구글을 임무를 달성하기 위한 필수품으로 여기게 된 것이다. 양쪽 다 확실성을 갈망했고, 각자의 영역에서 아무리 비싼 대가를 치르더라도 그 갈망을 충족시키려고 작심했다. 이 선택적 친화성은 감시 예외주의를 지속시켰고, 감시 자본주의라는 돌연변이가 번성하도록 그 서식지를 비옥하게 만드는 데 기여했다.

공공의 사명과 민간의 사명 사이의 선택적 친화성은 전 NSA 소속 존 포인덱스터John Poindexter 제독이 통합정보인식Total Information Awareness, TIA 프로그램을 제안했던 2002년에 이미 명확하게 드러났다. 이 프로그램의 비전은 행동잉여를 포획하고 분석하는 기본 메커니즘에 대한 지침처럼 보인다.

만일 테러 단체가 미국을 공격하려는 계획을 세우고 실행에 옮기려고 한다면, 그 단체에 속한 사람들은 무엇인가를 거래해야 할 것이고, 이 정보 공간에 서명을 남기게 될 것이다. … 우리는 잡음 가운데에서 이 신호를 포착할 수 있어야 한다. … 이 데이터에서 추출한 관련 정보는 향상된 시맨틱 콘텐츠와 함께 대규모 저장소에 저장되어 과업 수행을 위한 분석에 사용될 수 있어야 한다.[71]

CIA의 조지 테닛Geroge Tenet 국장은 1997년, "CIA는 계곡을 헤엄칠 필요가 있다"는 표현으로 실리콘밸리에서 흘러나오는 신기술을 습득할 필요를 언급했다.[72] 1999년 CIA는 최첨단 기술에 연결되는 도관으로서 벤처투자회사 인큐텔In-Q-Tel을 설립했다. 당초에는 실험적인 운영으로 의도되었지만, 9/11 이후 구글을 비롯해 IT 기업들과 관계를 형성하고 새로운 역량을 확보하는 결정적 원천이 되었다. 실리콘밸리 소식을 다루는《머큐리 뉴스Mercury News》에 따르면 "CIA에게 인터넷 등에 떠돌아다니는 모든 비구조화된 데이터를 이해할 수 있는 기술을 찾아내라는 긴급한 과제가 새로 생겼다. CIA는 그렇게 빨리 분석가들을 양성할 수 없다." 인큐텔 CEO는 정부기관이 "허둥대고" 있으며 "우리는 지금 과잉행동 상태에 있다"고 지적했다.[73]

그러한 과잉행동 속에서 감시 예외주의가 번져나갔다. 포인덱스터의 통합정보인식 프로그램은 의회의 지지를 얻지 못했지만,《MIT 테크놀로지 리뷰MIT Technology Review》의 한 분석은 TIA 구상이 조용히 국방부의 선진 연구 개발활동Advanced Research and Development Activity, ARDA으로 이관되었음을 보여주었다. ARDA는 2002년 "대량 데이터를 활용한 새로운 정보 활동"을 위해 6천 4백만 달러의 연구비를 지원받았다. 2004년 미국 회계감사원General Accounting Office은 수십 개의 연방기구에서 이루어지는 데이터 마이닝 프로젝트 19개와 개인 데이터를 수집, 분석해 개인행동을 예측하기 위해 개발된 120개 이상의 프로그램을 점검했다.[74] 2006년《뉴욕 타임스》는 정보기관들이 연간 400억 달러를 지원받아 정기적으로 은밀하게 실리콘밸리에 잠입하고 새로운 데이터 마이닝 및 분석 테크놀로지를 탐색했다고 보도했다.[75]

국가 안보 기관들은 빠르게 발전하고 있는 구글의 역량을 활용하고, 동시에 정보활동으로서의 가치가 입증된 보안 및 감시 테크놀로지를 더 발전시키고 상용화·확산하는 데 구글을 이용할 방법을 찾아 나섰다. TIA가 워싱턴에서 충분히 개발, 통합될 수 없다면, 그 과업의 일부를 실리콘밸리, 그리고 정보 지배력의 일인자인 구글에 위임하면 된다. 2003년 늦여름, 구글은 안보 당국에 그들의 검색 기술을 장착해주는 데 대한 207만 달러의 계약을 수주했다. 컨슈머 워치독Consumer Watchdog(납세자 및 소비자의 권익을 위해 활동하는 비영리단체-옮긴이)이 정보자유법Freedom of Information Act을 근거로 입수한 자료에 따르면 NSA는 구글로부터 "24개 언어로 된 문서 1,500만 건을 검색할 수 있는 검색 장치"를 구매했다. 구글은 2004년 4월 무상으로 서비스 기간을 1년 연장했다.[76]

2003년 구글은 CIA와의 특별 계약에 따라 CIA 산하의 인텔링크 관리 사무소Intelink Management Office를 위해 검색 엔진을 커스터마이징하기 시작했다. 이 기구는 "CIA와 그 밖의 정보기관을 위해 일급비밀 인트라넷, 비밀 인트라넷, 민감하지만 비밀로 분류되지 않은 인트라넷을 감시한다."[77] 핵심 기관들은 구글 시스템을 활용해 인텔리피디아Intellipedia라는 내부 위키를 지원했다. 여러 조직의 정보요원들이 매우 신속하게 정보를 공유할 수 있어서, 이 새로운 시스템은 진공청소기처럼 정보들을 빨아들였다.[78] 2004년에 구글은 키홀Keyhole을 인수했다. 키홀은 존 행키John Hanke가 설립한 위성 지도 회사로, 그 핵심 투자자가 바로 CIA의 벤처투자회사인 인큐텔이었다. 키홀은 이후에 구글 어스의 근간이 되고, 행키는 구글 지도의 수장이 되어 논쟁

거리인 스트리트 뷰 프로젝트를 이끌기도 했다. 2009년 구글 벤처스와 인큐텔은 보스턴의 한 레코디드 퓨처Recorded Future에 투자했다. 이 회사는 미래의 사건을 예측하기 위해 실시간으로 웹을 감시한다. 〈와이어드〉는 CIA가 운용하는 벤처투자회사와 구글이 한 스타트업에 투자한 최초의 사례이며, 두 투자사 모두 레코디드 퓨처의 이사회 의석을 확보했다고 보도했다.[79]

9/11 이후 수십 년 동안 NSA는 다양한 영역에서 발휘되는 구글의 역량을 흉내내고 습득하면서 구글처럼 되려고 했고, 감시 예외주의는 모방이라는 말로 포장되었다. 2006년 키스 알렉산더Keith Alexander 장군은 IC리치 ICREACH라는 새로운 검색도구가 "여러 정보기관들이 전례 없는 양의… 메타데이터를 공유, 분석할 수 있게 해줄 것"이라고 내다보았다. 프로그램이 시험 구동된 2007년 말까지 여기서 공유된 커뮤니케이션의 수는 500억 건에서 8,500억 건까지 치솟았다. 이 시스템의 검색 인터페이스는 '구글처럼' 설계되었다. 즉, 분석가가 메타데이터 '실렉터selectors'에 대해 검색을 구동하고, 중요한 행동잉여를 추출해 '소셜 네트워크', '생활 패턴', '습관'을 드러내는, 더 일반적으로 말하자면 '미래행동을 예측하는' 분석을 할 수 있게 한다.[80] 2007년에 NSA의 두 분석가가 인터넷에서 정보를 찾는 방법에 관한 내부 교육 매뉴얼을 작성했다. 이 매뉴얼은 한 장章을 할애해 구글 검색과 공개적인 유통을 의도하지 않은 정보를 노출시킬 수 있는 구글 '핵스 hacks'(구글을 활용하는 심화된 방법을 의미하며, 오라일리 미디어에서 출간한 동명의 책 제목에서 따온 용어-옮긴이)에 관해 상세하게 분석함으로써 NSA가 구글에 얼마나 깊은 관심을 가지고 있는지를 드러냈다.[81]

구글에 대한 정보기관들의 관심을 불러일으킨 선택적 친화성은 그해에 있었던 구글의 연구책임자이자 AI 전문가인 피터 노빅Peter Norvig의 펜타곤 하이랜드 포럼Pentagon Highlands Forum 발표에서도 부각되었다. 펜타곤 하이랜드 포럼은 군과 정보기관 당국자들이 첨단기술 업계, 선출직 공무원, 학계, 기업의 최고위직 임원, 방산업체 사람들과 교류하는 폐쇄적인 네트워킹 행사다. 이 포럼을 총괄한 리처드 오닐Richard O'Neill은 2001년 하버드 대학교 강연에서 하이랜드 포럼을 "아이디어 엔진"이라고 소개하며, "여기에서 나온 구상을 싱크탱크 사람들과 의사 결정자들이 활용할 수 있다"고 설명했다.[82] 여기서의 네트워킹은 재계, 특히 실리콘밸리의 선두주자들과 정부 사이의 가교가 되었다.[83] 법률학자 메리 앤 프랭크스Mary Anne Franks는 탐사 보도 전문 기자인 나피즈 아메드Nafeez Ahmed의 심층적인 보도를 인용해 이 포럼이 구글의 성장을 지원하는 시스템이자 인큐베이터였고, 국방부와 정보 당국, 신생 기업인 구글을 한데 모으고 연결시켜 주는 힘이었다고 논평했다. "미국의 정보기관들이 구글을 초창기부터 후원한 방식은 두 가지의 조합이었다. 하나는 직접적인 후원이었고, 다른 하나는 국방부와 이해관계를 공유하는 금융권 인사들의 비공식 네트워크를 통한 지원이었다."[84] 또 다른 법률학자는 구글과 정보기관들, 특히 NSA 사이에 "전례 없는 협업"이 이루어졌다고 설명했다.[85]

학자들은 이 시기 동안 정보기관들이 그들의 특권에 대한 헌법적 제약에 분개하면서, 정보기관들과 실리콘밸리 기업들 사이의 상호의존성이 커졌다고 지적했다.[86] 정보기관들은 구글 같은 기업이 누리는 무법성을 염원했다. 법학교수 잭 볼킨Jack Balkin은 2008년에 쓴 에세이 〈국민을 감시하는 국가의 헌법The Constitution in the National Surveillance State〉에서 헌법은 정부 관계자들이 감시 의제를 신속하게 실행에 옮기지 못하도록 막으며, 이는 정부가 "정보를 수집하고 생성할 때 민간 기업에 의존하도록 하는" 동기가 된다고 보았다.[87] 볼킨은 대법원이 국민 개인이 제삼자에게 공여하는 거래 기록과 정보에 거의 아무런 프라이버시 제한도 부과하지 않는다고 지적했다. 이메일은 대개 민간 부문의 서버에 보관되므로 이에 대한 보호가 '없지는 않겠지만 제한적'이다. 이와 같은 법의 부재는 민주주의의 제약에 묶여 있는 정부 관계자들에게 사기업들을 매력적인 파트너로 보이게 만든다.

법학자 존 마이클스Jon Michaels는 헌법의 감독을 피하려는 정부의 욕구가 정보 활동을 위한 비밀스러운 민관 협력을 낳았다고 주장한다. 이러한 협력은 "수색영장 같은 법적 절차 대신 악수로 체결되고, 감독을 피하거나 때로는 법을 무시하기 위해 이런 방식을 택한다."[88] 마이클스가 보기에 정보기관들은 기업들이 사적으로 보유하고 있는 데이터 자원에 이끌릴 수밖에 없고, "어떤 면에서는" 그러한 정보에 "의존"하고 있다.[89]

상기한 두 학자의 관찰은 2010년 마이크 매코널Mike McConnell 전 NSA 국장이 구글과 정보기관들 사이의 선택적 친화성을 엿볼 수 있는 또 한 가지 단서를 제공했을 때 확증되었다. 매코널은 《워싱턴 포스트》에 기고한 글에서 감시에 기반한 구글의 데이터 포획, 추출, 분석이 당연하며 탐나기까지 한다는 입장을 뚜렷하게 드러냈다. 여기서 새로운 위협의 강한 열기, '천 분의 일 초' 안에 충족되어야 하는 급격한 수요가 민간과 공공의 경계를 녹아내리게 한다. 매코널이 그리는 미래상에는 '이음매 없이 매끈한' 감시의 제국이 있다. 이 제국에서는 자기 자신을 스스로 보호해야 하며, 정당한 법적 절차, 증거, 영장, 법 따위의 시간을 낭비하는 관행으로 민주주의의 예를 따질 여지가 없다. 매코널은 다음과 같이 주장한다.

국가의 중요한 기반 시설을 보호하려면 … 민간 부문과의 효과적인 협력관계를 형성해 정보가 공공과 민간 사이를 빠르게 오갈 수 있게 하고, 기밀로 분류된 정보를 신속하게 해제할 수 있게 해야 한다. 구글과 정부 사이의 협력 가능성에 관한 최근의 보고서들이 협업할 수 있는 분야와 공동의 과제들을 제시하고 있다. 우리는 미래에 그러한 협력을 보게 될 가능성이 높다. … 그렇게 되면 정부와 민간 부문의 전통적인 역할이 모호해질 것이다. … 사이버 공간은 국경을 모른다. 따라서 국방을 위한 우리의 노력에서도 경계선이 없어져야 한다.[90]

오바마 행정부의 마지막 몇 달 동안 국방장관 애슈턴 카터Ashton Carter는 실리콘밸리를 둘러보았다. 그리고 그곳에서 새로운 국방부 혁신 자문위원회의 발족을 발표했다. IT 기업의 경영진과 국방부 사이의 채널을 공식화한다는 뜻이었다. 카터는 에릭 슈미트를 위원장으로 임명하고 그에게 위원회 구성을 일임했다.《와이어드》는 "정부는 사이버 공간에서의 안보 위협을 방어하기 위해 그 어느 때보다 실리콘밸리를 필요로 한다"고 결론지었다.[91] 이러한 사실은 국제적인 연구자 그룹이 수행한 '대량 수집bulk collection'에 대한 포괄적인 연구에서 상세하게 다루어졌고, 인디애나 대학교의 프레드 케이트Fred Cate와 UC버클리의 제임스 뎀프시James Dempsey가 이를 책으로 펴냈다. 케이트와 뎀프시는 개인 데이터가 사기업의 수중에서 "광범위하게 집적"된다는 데 주목한다. "정부는 당연히 이 데이터에 접근하고 싶어 한다. … 전 세계의 모든 정부는 기업들에게 이 데이터를 공개하도록 할 권한이 정부에게 있다고 주장한다."[92] 감시 예외주의가 아니었다면, 그래도 이런 데이터가 존재했을 수는 있겠지만, 적어도 지금과 같이 세부적인 데이터까지 이렇게 대량으로 존재하지는 않았을 것이다.

감시 예외주의는 구글이 싹을 틔운 감시 관행이 논쟁의 대상이 아니라 탐나는 대상이 되는 환경을 창출함으로써 정보 자본주의가 진화해나가는 데 기여했다. 다시 한 번 말하지만, 역사는 우리에게 비교할 만한 통제집단을 제공해주지 않는다. 따라서 감시 역량에 대한 급작스러운 관심이 없었다면 정보 자본주의가 다른 방향으로 전개되었을지는 확실히 알 수 없다. 지금으로서는 공공-민간의 '선택적 친화성'이 낳은 예기치 못한 한 가지 결과로 구글의 젊은 지도자들이 대담하게도 무법성을 당연한 권리처럼 주장할 수 있었고, 국가는 훨씬 더 불투명한 방식으로 구글이 그렇게 할 자유를 허락했으며, 그리하여 이제 막 시작된 감시 자본주의의 관행이 규제나 정당성에 대한 이의 제기 없이 뿌리를 내리고 성장한 것으로 보인다.

강력한 선택적 친화성은 어떠한 대가를 치르든 확실성을 얻고자 했고, 그 대가 중 하나가 바로 감시 자본주의에 보호막을 제공하는 것이었다. 시간이 충분히 지난 후에 역사가들은 틀림없이 이 관계의 세부적인 면면을, 그리고 구글이—적어도 부분적으로는 군사적 수요를 이유로—감독을 피해 행동잉여를 포획하고 활용할 수 있었던 방법을 알게 될 것이다.

행동 가치 재투자 사이클에서 사용자 중심의 가치를 지향했던 디지털 기술은 새로운 군사적 목적이라는 맥락 속에서 거칠 것 없이 감시 쪽으로 방향을 돌렸다. 감시 자산은 제재를 받을 위험 없이 번성했고, 감시 자본을 끌어들였다. 이 상황은 군사적 요청으로 공장이 쉴 없이 돌아갔던 20세기 중반의 자동차, 철강, 기계 산업을 연상케 한다. 그러나 종국에는 이것이 축복이 아닌 저주로 판명되었음을 기억하자. 군사적 수요는 혁신 과정을 왜곡하고 억압했으며, 업계와 소비자 대중의 관계를 틀어지게 했다. 결국 이 산업 분야들은 1970년대 말, 1980년내 초 시장의 세계화 속에서 해외 경쟁자들에게 취약해졌다.[93]

이와 유사하게, 감시 예외주의 조건하에서 구글의 지도자들은 감시 모델의 수익성이 매우 높았으므로 교환 기반의 소비자 옹호형 시장 형태를 만드는 고되고 위험한 일을 감당하지 않아도 되었다. 감시와 추출이 법적으로도 안전하고 막대한 수익도 가져다주는데, 왜 위험을 무릅쓰고 유기농법으로 수익을 낼 수 있는지를 실험하겠는가? 이렇게 질문한 것은 구글만이 아니었다. 인터넷 기업은 모두 같은 선택의 기로에 섰다. 감시 수익이 벤처 자본가들과 월가의 투자 분석가들에게 기준이 되자, 인터넷 업체들은 그 흐름을 따라 가기가 훨씬 쉬워졌다. 그 다음에는 그렇게 하지 않기가 힘들어졌다.

V. 요새화

정보를 지배하는 데 혈안이 되게 만든 사건들 이후 여러 해가 지났는데, 감시 자본주의가 여전히, 특히 미국에서 거의 아무런 장애물 없이 진행되고 있는 까닭은 무엇일까? 그 사이에 일어난 수많은 제도적 사실institutional fact 이 감시 자본주의의 관행을 통상적인 일로 만들고, 더 나아가 필요하며 불가피한 것처럼 보이게 만들었다. 행동잉여의 발견과 그에 뒤따르는 자본과 재료의 대량 축적, 관련 기기와 서비스의 확산, 데이터 흐름의 통합, 미래행동시장의 제도화가 그 대표적인 예다.

그렇다고 해서 우리가 자연적 오류에 굴복해야 한다는 뜻은 아니며, 감시 자본주의의 번성을 그 나름의 가치가 있다거나 불가피하다는 신호로 해석해야 한다는 뜻도 아니다. 뒤에 이어질 장들에서 감시 자본주의의 성공에 기여한 추가적인 요인들을 밝히겠지만, 여기서는 우선 여러 도전으로부터 잉여 흐름을 지키기 위해 그 공급망을 요새화한 구글의 선제적 노력에 주목하고자 한다.

이 요새화 전략의 여러 요소들은 이미 잘 알려져 있지만, 우리의 논의에서 중요한 점은 그 각각이 자유롭고 규제되지 않는 행동잉여의 흐름을 유지하기 위해 핵심적인 운용에서부터 감독을 회피하려는 다각적인 노력의 일환이라는 사실이다. 방어벽은 구글과 다른 감시 자본가들을 정치적 간섭과 비판으로부터 보호하기 위해 격전지 네 곳에 세워졌다. (1) 선거정치에서 구글만의 독보적인 역량이 경쟁 우위의 원천이 될 수 있음을 입증했다. (2) 홍보 및 공격적인 로비 활동을 통해 의도적으로 공공과 민간의 이해관계 차이를 흐릿하게 만들었다. (3) 구글의 결정적인 성장기인 2009~2016년에 선택적 친화성에 의해 구글과 오바마 행정부 사이에 회전문 인사가 이루어졌다. (4) 학술적 활동과 더 넓은 문화적 담론에서 의도적으로 영향력을 발휘함으로써 정책 수립, 여론 형성, 정치 의식에 있어서 중요한 입지를 차지했다. 방어벽을 쌓은 네 전장에서의 결과를 살펴보면 감시 자본주의가 실체로서 어떻게 존재하게 되었고 왜 계속해서 번성하고 있는지를 이해하는 데 도움이 될 것이다.

첫째, 구글은 행동잉여로부터 얻을 수 있는 예측 지식이 감시 자본가들을 부유하게 만들었듯이 후보자들이 선거에서 승리하는 데에 도움이 될 수 있음을 입증했다. 요컨대 구글은 21세기형 선거운동의 한가운데에서 마법을 부릴 준비가 되어 있었고, 2008년 오바마의 선거운동 때 첫선을 보였다. 슈미트는 팀을 조직하고 첨단 데이터 전략의 실행을 지휘하는 주도적인 역할을 맡았다. 그들의 전략은 행동 예측 과학으로 전통적인 정치 기법을 무색하게 만들었다.[94] 실제로 "그들은 시카고의 오바마 선거운동본부에서 … 주말마다 각 선거구의 유권자들을 개조했다. … 현장의 선거운동원들은 그 이벤트들이 전국의 유권자 모두의 예상 행동과 신념에 미친 영향을 볼 수 있었다."[95]

언론학자 대니얼 크레이스Daniel Kreiss와 필립 하워드Philip Howard의 연구는 2008년 오바마 선거운동이 2억 5천만 명 이상의 미국인에 대한 유의미한 데이터를 컴파일링했음을 보여주었다. 여기에는 "선거운동 웹사이트와 … 페이스북 같은 외부 소셜 미디어 사이트의 사용으로부터 수집한 방대한 온라인 행동 및 관계 데이터"가 포함되었다.[96] 저널리스트 사샤 아이센버그 Sasha Issenberg는 저서 《빅토리랩The Victory Lab》에서 이러한 선거운동의 전개 과정을 기록하면서 2008년에 오바마의 컨설턴트였던 사람의 말을 인용했다. 그는 예측 모델을 예언가가 사용하는 도구에 비유했다. "우리는 … 사람들이 결정하기 전에 이미 그들이 누구에게 투표할지 알았다."[97]

오바마는 워싱턴의 통상적인 거래 행태를 분쇄할 혁신적인 후보라는 정체성을 굳히기 위해 슈미트와의 친분을 활용했다.[98] 오바마가 당선되자 슈미트는 경제 부문 인수 자문위원회Transition Economic Advisory Board에 합류했고, 선거 후 첫 번째 기자 회견에서 오바마 옆에 나타났다.[99] 《폴리티코Politico》에 따르면, "슈미트가 오바마의 경제 분야 최고 참모진과 어깨를 나란히 하는 장면만으로도 구글 경쟁사들의 등골을 서늘하게 만들기에 충분했다. IT업계를 잘 아는 어느 민주당 로비스트는 '이는 마이크로소프트를 겁먹게 할 것'이라면서 '사람들이 구글을 무서워하는 이유가 있다'고 말했다."[100]

오바마의 선거운동에서 슈미트가 맡은 역할은 긴 관계 중 한 단락에 불과했으며, 혹자는 이를 '연애'에 비유했고, 이제 그 관계는 전설이 되었다.[101] 슈미트가 2012년 재선에서 훨씬 더 두드러진 역할을 맡았다는 사실은 놀랍지 않다. 그는 모금과 새로운 기술 기반 구축을 이끌었고, "선거 당일 밤에는 개인적으로 투표율 시스템을 점검했다."[102]

《뉴욕 타임스》정치부 기자 짐 루텐버그Jim Rutenberg는 2012년 오바마의 승리에서 데이터 과학자들이 기여한 중대한 역할을 묘사했는데, 이는 행동 잉여의 포획과 분석을 정치 기법으로 활용하는 생생한 그림을 보여준다. 선거운동본부에서는 "오바마에게 투표하라고 설득할 모든 부동층 유권자의 이름, 주소, 인종, 성별, 소득"을 알고 있었으며, 이 사람들을 겨냥하려면 어떻게 텔레비전 광고를 내보내야 할지 연구했다. 각 부동층 유권자마다 민주당 후보에게 투표하라는 설득이 얼마나 쉽게 통하겠는지를 뜻하는 "설득가능성 점수persuasion score"를 부여해 분류했다는 점은 큰 약진이었다.[103]

구글, 페이스북 등 정보 지배력이 발휘되는 다른 영역들에서와 마찬가지로, 행동잉여과 그 예측력은 오바마 선거운동 진영에서도 일급비밀이었다. 루텐버그가 관찰한 바에 따르면, "사람들의 삶을 들여다보기 위해 사용하는 최신 테크놀로지 도구와 방대한 서버가 처리하는 엄청난 양의 개인 데이터는 대부분 감추어져 있었다. 부분적으로는 … 경쟁 우위를 유지하기 위해서였다. 그러나 '데이터 마이닝'과 '애널리틱스' 같은 일이 유권자들을 불편하게 할까 봐 우려했다는 점도 분명 비밀 유지의 한 이유였다."[104]

둘째, 2012년 선거를 앞두고 2011년 《워싱턴 포스트》와 가졌던 인터뷰를 보면 슈미트는 또 한 가지 요새화 전략을 자랑하고 있었다. "공무원들은 젊다. 그들은 이해가 빠르다. … 우리가 그들에게 의지하는 이유다.[105] 물론 전직 공무원을 고용하기도 한다. 그들은 서로 잘 안다. 일이 잘 돌아가는 이유다." 구글의 정치적 효용은 동부와 서부의 권력 중심 사이에서 보기 드물게 붐비고 빠른 회전문이 가동될 수 있는 길을 닦았다. 구글 투명성 프로젝트Google Transparency Project는 오바마 집권 기간 동안 구글권Googlesphere(구글과 그 계열사, 구글과 함께 일하는 법무법인과 로비회사)과 정부(백악관, 의회, 정부 유관기관, 연방 위원회, 정치 캠페인) 사이에서 나타난 인력 이동을 분석했다.

그 결과 2016년 4월까지 197명이 정부에서 구글권으로, 61명이 구글권에서 정부로 이동한 것으로 나타났다. 이중 백악관 공무원이었던 22명이 구글로 이직했고, 구글권의 간부급 31명이 구글의 비즈니스에 직접적으로 관련된 분야의 백악관 혹은 연방 자문위원회에 합류했다.[106]

셋째, 구글은 정치 시스템 도처에 기부금을 뿌렸다. 단지 조심하는 차원에서였다. 슈미트는 2014년 장기간 구글 임원을 역임한 조너선 로젠버그Jonathan Rosenberg와 공저를 발간했다. 이 책에서 그는 정부라는 주제를 공격적으로 다루면서, 정부가 구글 같은 신생 기업을 건방진 훼방꾼으로 보며 겉으로는 신생 기업과도 손잡는 척하지만 실은 변화를 막기 위해 결탁하는 기존 기업들과 한통속이라고 비난한다. 저자인 이들은 정치인과 로비스트에 대한 경멸을 내비치며 이렇게 썼다. "이것은 정치인들이라면 자연히 걷게 되는 경로다. 기존의 기업들이 그에 도전하는 기업들보다 더 돈이 많고, 어떻게 돈을 써야 민주 정부의 정치적 의지를 조종할 수 있는지도 더 잘 알기 때문이다."[107]

슈미트가 현직의원들과 그들의 정치 장악을 폄하한 바로 그해에, 구글은 다른 어느 기업보다 로비에 많은 돈을 썼다. 그 금액은 1천 7백만 달러를 상회했으며, 감시 분야의 라이벌인 페이스북이 로비에 지출한 금액의 두 배에 가까웠다. 그 후 몇 해가 지나 백악관의 주인이 바뀌었지만, 구글은 2018년 1천 8백만 달러 이상의 로비 자금으로 다른 모든 기업을 압도하는 등 그 페이스를 유지하면서, 행동잉여를 자유롭게 추출하고 처리하지 못하게 할 수 있는 프라이버시 관련 입법이나 여타의 발안을 막아냈다. 구글은 유럽연합에 등록된 모든 로비스트 중에서도 가장 부유한 편에 속해, 여러 유럽 기업들의 연합을 대리하는 로비 단체를 제외하면 가장 많은 돈을 쓰고 있다.[108]

구글은 주 단위의 정교한 로비 방법도 배웠다. 이러한 로비는 주로 프라이버시를 확대하고 행동잉여의 운용을 축소시킬 법안 제출에 반격하기 위해 이루어졌다. 예를 들어, 구글은 자율주행차량―이는 중요한 행동잉여 공급망이 될 것으로 기대된다―을 운행할 권리를 얻었는데, 이는 핵심적인 입법을 위해 오바마 행정부 공직자들의 협조 아래 주 규제당국에 로비 활동을 벌인 성과였다.[109] 현재 구글과 페이스북 모두 생체 데이터의 규제와 프라이버시 보호를 위한 법을 저지하거나 약화시키기 위해 주 차원의 공격적인 로비 활동을 선도하고 있다.[110]

요새화가 이루어진 네 번째 전장에서 구글은 학술 연구와 시민 사회 영역에 침투해 영향을 미침으로써 그들이 하고 있는 일에 대한 조사를 완화시키고 경우에 따라서는 좌절시키는 방법을 배웠다.《워싱턴 포스트》는 구글을 "워싱턴의 영향력 장인master of Washington influence"이라고 칭하면서 그들이 자기 목소리를 교묘하게 포장하고 연출한다고 지적한다. 슈미트도 이 작업에 직접 참여했다. 공공정책 싱크탱크로서 경제 문제에 대한 오바마 행정부의 접근 방식을 설계하는 데 큰 역할을 한 뉴 아메리카 재단New

America Foundation 이사회 구성원이었던 그는 의장을 맡은 2013년 연간 예산 1,290만 달러에서 상당한 비중을 차지하는 금액인 100만 달러를 기부했다. 슈미트가 이사로 있던 1999년부터 2016년까지 뉴 아메리카 재단은 구글과 에릭 슈미트 개인, 그리고 슈미트 가족이 설립한 재단으로부터 2,100만 달러를 기부받았다.[111]

《워싱턴 포스트》는 네 번째 영역에서 구글이 발휘한 솜씨를 상세하게 폭로했다. 이 기사는 조지 메이슨 대학교 법·경제 센터에서 인터넷 검색 경쟁에 관한 학술회의가 3차에 걸쳐 열렸을 때 무대 뒤에서 구글이 어떠한 음모를 꾸미고 있었는지를 보여주었다. 법·경제 센터는 구글로부터 상당한 연구비를 지원받는 '자유시장 지향적' 연구소였다.[112] 이 회의는 2012년 5월에 개최되었는데, 바로 연방거래위원회가 구글의 반독점법 위반을 조사하고 있던 때였다. 기자들은 구글의 직원들이 연구소와 긴밀히 소통하면서 구글에게 호의적인 발표자와 참가자를 선정했음을 밝혀냈다. 참가자 중 구글 직원도 많았다. 그들은 "연구소 직원에게 의회, 연방거래위원회 위원, 법무부 및 주 법무장관실의 고위직 공무원의 세부 정보가 들어 있는 명단 파일을 보냈다." 학술회의 패널 대부분은 구글에 대한 정부 조치의 필요성을 격렬하게 부정한 "최고의 테크놀로지 및 법률 전문가"로, "구글의 운명을 결정할 규제당국 사람들 앞에서 규제를 반대하는 주장을 폈다." 대부분의 참가자는 구글이 이 회의의 구상에 관여했다는 사실을 알지 못했다. 구글과 연구소 직원들이 합의하에 구글이 무대 뒤에서 개입했다는 사실을 감추었기 때문이다.[113]

연방거래위원회의 반독점법 위반 조사는 감시 자본주의를 규제하려는 위협에 대한 구글의 공포를 고조시킨 것으로 보인다. 그해에 시민 사회단체를 위한 구글의 기금이 공격적으로 투입되기 시작했다. 미디어·민주주의 센터의 심층조사보고서 '극우의 구글라이제이션The Googlization of the Far

Right'에 따르면, 2012년에 구글이 기부금을 낸 기관 목록에 그로버 노키스트Grover Norquist가 이끄는 조세개혁을 지지하는 미국인들Americans for Tax Reform, 코크 형제 기금으로 운영되는 헤리티지 행동Heritage Action, 연방주의자 협회Federalist Society나 케이토 연구소 같은 규제 반대 단체 등 규제와 조세에 반대하고 기후변화를 부정하는 반정부 집단이 새롭게 등장했다.[114] 구글은 또한 기업 로비 단체인 ALEC의 회원임을 순순히 인정했다. ALEC는 총기 규제와 온실가스 배출 규제에 반대하고 투표 억제, 담배산업 감세 등 극우파의 주장을 옹호하는 것으로 알려져 있다.[115] 한편, 2014년 구글 정책 펠로우의 명단에는 구글에 정보와 권력이 집중되는 데 앞장서서 맞서 싸울 것 같은 민주주의와 기술 센터Center for Democracy and Technology, 전자 프런티어 재단Electronic Frontier Foundation, 프라이버시의 미래 포럼Future of Privacy Forum, 전국 소비자 연맹National Consumers League, 시티즌랩Citizen Lab, 시민의 권리 협회Asociación por los Derechos Civiles 등의 비영리조직 사람들이 대거 포함되었다.[116]

　2017년 7월《월 스트리트 저널》은 구글이 2009년부터 적극적으로 법, 규제, 경쟁, 특허 등의 사안에서 구글의 입장을 지지하는 대학 교수들을 발굴하고 그러한 연구 및 정책 논문을 내는 데 연구비를 지원한다고 보도했다.[117] 구글이 발간 전에 논문에 관여하는 경우가 많았고, 일부 저자는 구글이 연구비를 지원했다는 사실을 밝히지 않았다. 구글은 "아무런 조건 없이 제공한 연구비였다"고 주장했지만 2017년의 한 사례는 그 주장이 거짓임을 보여주었다. 그해 여름, 뉴 아메리카 재단에서 가장 높게 평가받는 학자들 중 한 명이자 디지털 독점 전문가인 배리 린Barry Lynn은 다년간의 반독점 위반 조사 끝에 구글에 27억 달러의 벌금을 부과한 유럽연합의 역사적인 결정에 찬사를 보내는 논평을 재단 웹사이트에 게시했다.《뉴욕 타임스》와 린의 말에 따르면, 뉴 아메리카 재단 이사장은 슈미트의 압력에 굴복해 린과 그가 이끄는 오픈 마켓팀 연구진 열 명을 해고했다. 린은《뉴욕 타임스》와의 인터뷰에서 이렇게 말했다. "구글은 매우 공격적으로 워싱턴과 브뤼셀에 돈을 뿌려 배후 조종을 한다. … 구글은 사람들에게 너무 두려운 존재가 되었다." 기자는 이 기사에서 구글이 영향력을 발휘하는 방식은 "강하면서도 정교해" 미국의 다른 모든 회사를 능가한다고 평했다.[118]

구글이 가장 앞서가는 가운데, 감시 자본주의는 인간의 경험을 갈취하고, 그것을 남들이 탐낼 만한 행동 예측으로 전환시키는 방법을 알아내면서 그 시장의 역학을 널리 확산시켰다. 2차 현대성의 요구, 신자유주의의 유산, 현실정치에서의 감시 예외주의라는 시대적 여건, 그리고 공급망 운용을 외부의 감독으로부터 지킬 목적으로 정치적·문화적 장악력을 통해 스스로 구축한 요새는 구글과 더 광범위한 감시 프로젝트를 탄생시키고, 보호하고, 성공적으로 키워냈다.

민주주의가 접근하지 못하도록 하는 감시 자본주의의 능력이 이 냉혹한 현실을 만들었다. 정당한 투표, 민주적인 감독, 주주 지배 구조를 탐탁잖아 하는 구글의 두 청년이 전 세계 정보를 조직화하고 이를 어떻게 보여줄 것인지를 통제하고 있으며, 또한 정당한 투표, 민주적인 감독, 주주 지배 구조를 마뜩잖아 하는 페이스북의 한 청년이 점점 그 폭을 넓히고 있는 사회적 관계망 구축 수단과 그 관계망에 감추어져 있는 정보를 통제하고 있다.

04

정교화된 감시 자본주의

: 탈취, 장악, 경쟁

> 평화와 사랑 같은 모든 단어와
> 건전하고 긍정적인 모든 말은
> 더럽혀지고 세속화되고 천박해져
> 섬뜩한 기계 소리로 바뀌었네.
>
> — **W. H. 오든, 〈우리도 골든아워를 알았더라면〉**

I. 추출의 절박성

래리 페이지는 이런 세상을 꿈꾸었다. "우리의 궁극적 야망은 구글에서 일어나는 경험 전체를 아주 단순하고 그래서 아름답게, 마치 저절로 일어나는 마법처럼 만드는 것이다. 우리는 당신이 무엇을 원하는지 알고 그것을 즉시 가져다줄 수 있다."[1] 이 야망을 실현하는 과정에서 추출의 절박성은 공급의 규모를 키우라고 끊임없이 압박한다. 행동잉여의 사냥에서 규모를 제한하는 경계는 있을 수 없고, 약탈을 피할 수 있는 곳도 없다. 인간의 경험을 강탈하고, 그것을 데이터로 변환하며, 그 데이터를 사용하는 데 대한 의사 결정권의 요구는 이 과정을 그림자처럼 따라다닌다. 이는 검색에서 시작된 구글의 공급망이 왜 끊임없이 팽창하며 클릭과 쿼리로부터 멀리 떨어진 새로운 영토에까지 욕심을 부리게 되었는지를 설명한다. 이제는 검색, 이메일, 글, 사진, 노래, 메시지, 동영상, 위치 정보, 커뮤니케이션 패턴, 태도, 선호도, 관심, 얼굴, 감정, 건강 상태, 소셜 네트워크, 구매 이력 등 온라인 환경의 모든 것이 구글의 행동잉여 저장소에 담긴다. 우리가 일상에서 구글, 페이스북, 더 일반적으로 인터넷의 컴퓨터 매개 아키텍처의 모든 국면과 마주치는 매순간 만들어지는 수많은 가상의 실은 행동잉여의 신대륙이 된다. 실제로 컴퓨터가 매개되는 전 세계의 모든 활동이 감시 자본주의의 지휘 아래 추출 아키텍처로 용도 변경되고 있다.

이 과정은 온라인에서 기원했지만 현실 세계로 퍼져 나갔다. 이에 관해서는 2부에서 더 자세히 살펴볼 것이다. 구글이 단순히 검색 회사라면, 왜 스마트홈 기기, 착용형 기기, 자율주행차량에 투자하겠는가? 페이스북이 그저 소셜 네트워크이기만 하다면, 왜 드론과 증강현실을 개발하는 것일까? 이러한 다양성을 보고 어리둥절해 하는 사람도 있지만, 대개는 장기적인 투자, 미래를 내다보는 파격적인 승부수라며 박수를 보낸다. 다양하고 심지어 무작위적으로 여러 산업과 프로젝트에 흩뿌려져 있는 것처럼 보이는 그 활동들은 사실 모두 같은 목적에 이끌려 수행되는 한 가지 활동이다. 그 목적은 다름 아닌 행동잉여의 포획이다. 자동차, 셔츠, 휴대전화, 책, 동영상, 로봇, 칩, 드론, 카메라, 각막, 나무, 텔레비전, 시계, 나노봇, 장내 박테리아, 온라인 서비스를 모방하여 설계되는 각각의 발명품은 하드웨어, 소프트웨어, 알고리즘, 센서, 연결성이 조금씩 다르게 배치되어 있을 뿐, 행동잉여 포획이라는 동일한 목적을 갖고 있다.

구글이 하는 일은 형태를 바꾸는 것이다. 그러나 각각의 형태 안에 같은 목적이 숨겨져 있다. 원재료를 사냥하고 포획하는 것이 그 목적이다. 이봐, 내 차를 몰고 싶지 않아? 내 휴대전화로 통화해보지 않을래? 내 셔츠는 어때? 내 지도는? 이 모든 경우에 여러 창조적인 모양의 급류는 더 많은 고객을 끌어들이고 유지할 수 있는 값비싼 예측상품 제조 공정에 투입하기 위해 추출 아키텍처를 지속적으로 확장해 대규모로 원재료를 얻는다는 큰 흐름의 일부일 뿐이다. 2008년 왜 구글에 '상품'이 150가지나 있냐는 질문을 받고 당시 CEO였던 에릭 슈미트는 이렇게 대답했다. "비판의 여지도 있겠지만, 전략이라고 볼 수도 있다. 구글의 목표는 고객 만족이다. 구글 전체가 고객을 만족시키기 위한 하나의 상품이라고 생각해달라."[2] 그런데 구글의 고객이란 전 세계의 광고주와 구글의 예측에 돈을 지불하는 사람들이다. 따라서 '고객 만족'이란 계속해서 확장되는 추출 아키텍처로부터 원료를 뽑아내서 투입함으로써 새로운 미래행동시장에서 구글이 지배적인 시장 점유율을 갖는다는 뜻이다.

새로운 공급 경로는 지속적으로 구축되고 시험되며, 그중 일부만 실제로 운용된다. 신뢰할 만한 규모로 공급이 이루어지는 경로, 예를 들어 안드로이드 스마트폰 운영 체제나 지메일 같은 것들은 정교화되고 제도화된다. 실패한 경로는 차단되거나 수정된다. 하나의 경로가 닫히면 또 다른 경로를 찾아낸다. 어느 공급 경로가 성공적이라고 밝혀지면 표적형 광고를 위한 캔버스가 되어 두 배로 넓힌다. 이는 미래행동시장의 범위를 그만큼 확장하며, 동시에 더 많은 사용자로부터 행동잉여를 발생시킬 수 있다. 공급 경로의 선수 명단은 수시로 변경되겠지만, 작전지시는 언제나 같다. 행동잉여를 포획하고 의사 결정 권한을 넘겨받아라! 바다로 흘러들어가는 강물처럼, 하나의 물줄기가 막혀도 다른 쪽에서 길을 찾으면 된다.

이 장에서 우리는 추출의 절박성이 낳은 결과인 새로운 시장 형태와 그 경쟁 역학의 정교화 과정을 살펴볼 것이다. 이 지상 과제는 잉여 공급의 운용이 감시 자본주의 기업의 모든 면을 규정하게 만들었다. 이는 원재료 공급 영역을 장악하기 위한 끝없는 혁신 퍼레이드로부터 시작된다. 장악은 단순히 기술만으로 달성될 수 없다. 지속가능한 수탈을 위해서는 정치, 커

행동잉여
축적의
역학

감시 자본주의의 중심 운동은 더 예측력이 강한 행동잉여의 신규 원천을 축적하는 일이다. 현실 세계에서 우리가 하는 어떤 행동은 결과를 보장한다. 감시 자본주의 목표는 현실 세계에서의 그런 행동에 견줄 만큼 높은 예측력을 달성하는 것이다. 추출은 온라인에서 시작되지만 예측에 대한 절박한 요청이 모멘텀을 증가시킴에 따라 현실 세계에서의 새로운 원천을 찾아나서게 만든다.

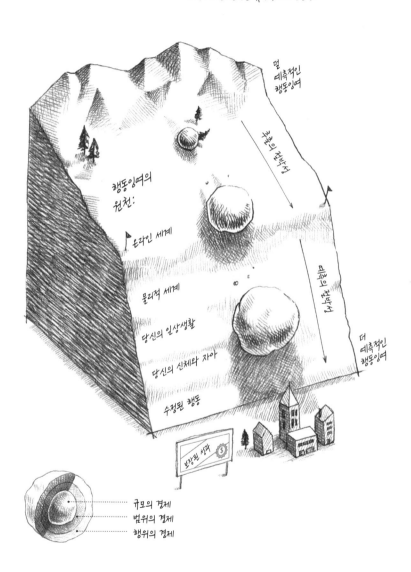

더
예측적인
행동잉여

추출의 점박성

행동잉여의
원천:

온라인 세계

물리적 세계

당신의 일상생활

당신의 신체와 자아

수정된 행동

추출의 점박성

더
예측적인
행동잉여

보장된 성과

규모의 경제
범위의 경제
행위의 경제

그림 3

뮤니케이션, 행정, 법, 물질적 전략을 조심스럽게 단계적으로 혼합해 고도로 조화롭게 활용해야 한다. 그래야만 새로운 땅에 대한 권리를 대담하게 주장하고 끈기 있게 이어갈 수 있다. 처음에는 구글이, 그 다음에는 페이스북이 이 전략들을 성공적으로 구사했고, 그것의 실현가능성과 그 실현이 가져다줄 보상을 확실하게 만들었다. 이에 따라 인간 경험을 점점 더 무자비하게 유괴하고, 잉여 공급을 장악하며, 미래행동시장이라는 신생 시장에서 경쟁하는 일이 반복되는 이 사이클에 새로운 경쟁자들이 들어오게 됐다.

II. 장악

2001~2002년의 행동잉여 발견은 구글 검색이 공급 경로로 탈바꿈하는 최초의 구글 '서비스'가 되리라는 것을 의미했다. 그 결과 검색 메커니즘에서 사람들이 간파하기는커녕 상상하기도 힘든 변화가 일어났다. 2010년 하버드 비즈니스 스쿨의 벤저민 에덜먼Benjamin Edelman 교수가 이 숨은 메커니즘을 연구했다. 그는 구글 툴바—마이크로소프트의 인터넷 익스플로러에 설치하는 플러그인으로, 사용자가 google.com으로 가지 않고 검색을 할 수 있다—에서 '향상된 기능 사용'을 선택하면 구글에 '타사 검색 엔진에서의 검색을 포함한 모든 페이지 뷰의 전체 URL'이 전송된다는 점을 밝혀냈다. 에덜먼은 이 옵션을 활성화하기가 '놀라울 만큼 쉬운' 반면 비활성화는 불가능하다는 점을 발견했다. 사용자가 툴바 비활성화를 구체적으로 지시하고 화면상에서 사라져 비활성화된 것처럼 보이더라도 툴바는 계속해서 브라우징을 추적한다.[3] 구글은 현재 연간 '수조' 건의 검색을 처리하며, 다양한 검색 추적 메커니즘은 누구도 피할 수 없는 강력한 쿠키(사용자의 컴퓨터에 삽입되는 짧은 추적 코드)로 보호받는데 그것은 엄청난 규모의 수익을 보장한다.

이는 구글이 원재료 공급을 작동시키는 기반이 된다.[4]

2015년 인터넷 법 전문가인 팀 우Tim Wu가 하버드 비즈니스 스쿨의 마이클 루카Michael Luca, 옐프Yelp의 데이터 분석팀과 함께 구글 검색의 숨은 메커니즘을 연구했다. 그 메커니즘은 중요한 공급 기능을 확장하기 위해 작동했다. 그들은 구글이 자체 콘텐츠 및 '하위 제품downstream product'에 유리하게 체계적으로 검색 결과를 변질시키고 있음을 알아냈다.

> 시간이 지나면서 구글이 가격 비교, 지역 업체 평가 등 자체 콘텐츠를 개발하기 시작했다. … 구글은 검색 엔진이자 콘텐츠 공급자다. 구글은 검색에서의 지배력을 활용해 콘텐츠를 판촉하려고 경쟁사 콘텐츠를 배제하고 자사 콘텐츠만 보여주는 '유니버설 서치universal search' 기능을 개발했다.[5]

대규모의 잉여가 끊임없이 요구된다는 점은 기업의 배타적인 행태를 예견하게 한다. 구글 검색이 원재료 공급 활동의 토대이므로, 구글이 사용자들을 검색 플랫폼, 콘텐츠, 부가 서비스에 끌어들이고 효율적인 추출을 위해 '기법, 장치, 데이터 구조'를 은밀하게 활용할 동기는 언제나 존재한다. 무게 중심이 배타성 쪽으로 기울 때 나타나는 행태를 20세기의 규제 체계에서라면 '독점'으로 간주할 것이다. 그러한 해석도 타당한 면은 있지만 이는 새로운 질서의 가장 중요한 요소들을 놓치게 한다. 추출의 절박성은 모든 것을 소유 대상으로 만들기를 요구한다. 이 새로운 맥락에서 상품과 서비스는 단지 감시에 얽힌 공급 경로일 뿐이다. 자동차는 단순히 자동차가 아니라 그것을 운전할 때 발생하는 행동 데이터이며, 지도는 단순히 지도가 아니라 그것을 활용해 어딘가를 찾을 때 발생하는 행동 데이터다. 그들의 꿈은 경계가 계속해서 넓어져 결국 전 세계, 그리고 전 세계에 있는 모든 것의 매순간을 그려내는 일이다.

전통적으로 상품과 서비스의 독점은 자의적으로 가격을 인상하기 위해 부당하게 경쟁을 제거함으로써 시장을 왜곡한다. 그러나 감시 자본주의하에서는 독점적이라고 규정되는 여러 관행이 사실상 사용자에게서 비롯되는 원재료 공급을 장악하는 수단으로 기능한다. 사용자가 금전적으로 지불해야 할 가격은 존재하지 않는다. 사용자의 서비스 이용은 곧 해당 기업이 데이터를 추출할 기회이기 때문이다. 장악의 관행은 상품의 틈새를 보호하기 위해서가 아니라 규제되지 않는 상품, 즉 행동잉여를 공급하는 중요한 경로를 보호하기 위해 설계되었다. 못된 시장 행위자가 구리 시장이나 마그네슘 시장을 장악했던 시대가 있었다. 우리 시대에는 행동잉여 시장을 누군가 장악하려 한다. 그 기업은 가격을 임의로 책정하기 위해서가 아니라 가장 중요한 공급 경로에 대한 자사의 지배력을 확보하기 위해 경쟁 검색 업체를 부당하게 방해한다.

이러한 시장 장악은 추상적인 개념이 아니며, 먼 길을 거치더라도 결국 광물이나 농작물을 거쳐 상품 가격에 영향을 미친다. 이 책의 논의에서 '장악당하는' 대상은 바로 우리다. 우리는 탐나는 상품의 원천이며, 우리의 경험이 추출 작업을 할 목표 지점이다. 감시 자본주의가 실리콘밸리에서 더 넓은 범위의 기업과 산업 부문으로 옮겨가면서, 우리는 점차 탈출구 없는 세계에 사는 우리 자신을 발견하게 된다. 우리는 융합, 중첩, 끈질긴 수탈 작전에 장악되었다. 이후에 다시 설명하겠지만, 구글의 독점 관행을 제한하기 위해 설계된 규제 개입은 이 시장 형태의 기본적인 작동에 거의 영향을 미치지 못할 가능성이 높다는 점을 기억해야 한다. 새로운 공급 경로들은 계속해서 발견되고, 개설되고, 확보된다. 수탈 행위는 모든 장애물을 피해나가고 있으며, 진정한 실존적 위협이 없는 한 앞으로도 계속 그럴 것이다.

구글의 안드로이드 모바일 플랫폼은 잉여의 포획과 방어를 지배하는 방식을 보여주는 예다. 스마트폰과 태블릿 PC의 부상으로 인터넷의 사용 환경이 모바일로 이동하자, 구글은 검색이라는 주요 공급망을 지키고 확장하기 위한 새로운 방법을 찾아야 했다. 안드로이드는 금세 구글의 행동잉여를 위한 두 번째 주요 공급 경로가 되었다. 2008년에 구글은 '모바일 기기를 위한 개방적이고 포괄적인 플랫폼'을 개발하기 위해 IT 제조업체들과 이동통신 사업자들의 동맹을 이끌어냈다. 안드로이드폰이 애플과 경쟁해 스마트폰에서 높은 수익을 얻을 기회를 구글에게 제공한다고 본 사람들도 있었지만 구글 내부에서는 행동잉여와 그것을 예측상품으로 만들어내는 데서 훨씬 더 큰 성장 및 이윤 창출 가능성을 포착했다.

구글은 사용자들을 구글 검색을 비롯한 구글의 서비스로 유인할 목적으로 유비쿼터스 휴대기기 제조사들에게 안드로이드의 사용권을 무상으로 제공했다. 그것은 행동잉여가 발생하는 기존 영역을 유지하면서 새로운 영역을 개척하기 위해 유비쿼터스 모바일 공급 장치를 확보하는 셈이었다. 그 새로운 영역에는 광고주들이 무척 탐내는 위치 정보와 모바일 결제 시스템이 포함되었다.[6] 2009년 구글의 최고재무관리자는 재무분석가들에게 "오픈소스라는 점으로 비용을 낮추어 이 휴대전화를 보급하면 그로부터 얼마나 많은 검색 건수가 발생할지 생각해보라"고 말했다.[7] 2011년 어느 저명한 실리콘밸리의 벤처투자가는 안드로이드 기기에 관해 다음과 같이 설명했다.

고전적인 의미로 보자면 '상품'이 아니다. … 그들은 안드로이드에서 수익을 내려고 하지 않는다. … 그들은 구글과 소비자 사이에 남아 있는 모든 벽을 걷어내려고 하며, 그것을 무료로 (혹은 무료 이하로) 만들고 싶어 한다. … 본질적으로 그들은 단순히 해자를 파고 있는 것이 아니다. 구글은 아무도 접근하지 못하도록 성 바깥 250마일에 이르는 땅을 초토화시키고 있다.[8]

공급의 운용은 요새화된 성 안의 보물이었으며, 안드로이드 개발 정책이 이 공급 전략 성공의 열쇠였다. 아이폰과 달리 안드로이드 플랫폼은 '오픈소스'였다. 이는 전 세계 애플리케이션 개발자들이 안드로이드 사용자들을 위한 앱을 쉽게 만들도록 했다. 결국 구글은 구글 플레이스토어에 이 귀중한 앱의 신세계를 담았다. 구글 플레이의 사전 탑재를 원하는 기기 제조업체들은 구글 검색, 지메일, 구글 플레이, 유튜브, 구글 지도, 구글 포토 등의 모바일 서비스, 그리고 그 외에도 구글에서 부상하는 다른 공급 경로가 있다면 무엇이든 라이선스를 받아 기본 기능으로 설치하거나 특정 기능의 경우에는 구글의 서비스만 독점적으로 사용해야 했다.

2016년에 구글의 안드로이드 서비스는 유럽연합 반독점 규정 위반 조사의 표적이 되었다. 구글의 항의는 그들이 중요한 공급 경로를 구글 검색과 구글 모바일 서비스에서 의도적으로 구축하고 보호해왔다는 사실을 반증했다. 구글의 독점적인 활동에 대한 정부의 이의 제기는 전통적인 경쟁의 폐해를 강조했는데, 이러한 관점은 앞에서도 언급했듯이 감시 자본주의의 새로운 폐해를 감춘다. 2013년 4월, 에릭 슈미트는 디지털화된 '모든 것'을 다룬다고 표방하는 한 컨퍼런스에서 "안드로이드로 우리가 하려는 일은 모든 사람에게 도달하는 것"이라고 말했다. "안드로이드 기기는 6개월에서 9개월 안에 10억 대를 넘어설 것이고, 1~2년 안에 20억 대에 도달할 것이다. … 상대적으로 저렴하면서 브라우저를 탑재한 스마트폰 하나만 있으면 전 세계의 정보에 닿을 수 있다." 아마도 그는 마지막 문장을 통해 안드로이드 사용자들이 얻는 혜택을 말하려고 했을 것이다. 그러나 이 문장은 구글 자신의 야망과 모바일 공급 경로에서 규모 경제가 갖는 중요성에 대한 통찰력을 훨씬 더 잘 요약하고 있다.[9]

구글은 공급 경로에 대한 위협을 격렬하게 막아선다. 추출 작업과 원재료에 대한 배타적 권리 주장을 가로막는 일은 있을 수 없다. 2009년 안드로이드폰 제조사인 모토로라는 구글의 무료 위치 서비스를 스카이훅 와이어리스Skyhook Wireless의 것으로 대체하기로 했다. 모토로라는 스카이훅의 서비스가 더 신뢰할 만한 결과를 내놓는다고 믿었다. 구글의 프로덕트 매니저는 구글 임원진에게 스카이훅의 기술이 더 우수하다는 점을 인정하지만 다른 제조사들까지 스카이훅으로 옮겨간다면 구글의 와이파이 위치 데이터베이스를 위한 "데이터 수집을 지속할 수 없게 되므로 구글에게 끔찍한 일이 될 것"이라는 내용의 이메일을 보내 우려를 표명했다. 스카이훅이 모토로라(와 삼성)를 상대로 제기한 최종 소송의 법원 서류에는 구글의 모바일 담당 부사장이 모토로라 CEO에게 보낸 이메일이 포함되어 있다. 여기서 그는 구글의 데이터 수집 방해가 "선적 중지에 해당하는 중대한 문제stop-ship issue"라고 주장했다.[10]

또 하나의 법정 다툼은 안드로이드 같은 제품의 가치가 어떻게 해서 판매보다 공급의 측면에서 더 높게 평가되는지를 보여준다. 2011년 두 전직 구글 엔지니어와 프라이버시 전문 변호사가 설립한 디스커넥트Disconnect, Inc.는 인터넷 사용자의 프라이버시와 안전을 보호하는 데스크탑 및 모바일 애플리케이션을 개발했다. 이 애플리케이션은 사용자의 브라우저나 휴대기기와, 비가시적 추적에 관여하거나 악성 소프트웨어를 유포한다고 알려져 있거나 그러한 유포가 의심되는 사이트/서비스 사이의 요청하지 않은 비가시적 네트워크 연결을 차단했다. 이 비가시적 네트워크 연결은 사용자가 웹을 이용할 때뿐 아니라 제삼자의 모바일 애플리케이션을 사용할 때에도 작동했다.[11] 디스커넥트는 특히 사용자가 웹사이트를 방문하거나 모바일 애플리케이션을 열자마자 제삼자의 사이트나 서비스에 의해 일어나는 '요청하지 않은 비가시적이고 은밀한' 네트워크 연결을 겨냥했다.

디스커넥트가 겨냥한 대상은 구글 및 다른 감시 자본가들이 중요한 공급 경로로 확립한 바로 그 프로세스였다.[12] 쿠키의 양을 중점적으로 측정하는 웹 프라이버시 센서스web Privacy Census를 포함한 몇몇 연구가 구글의 추출 아키텍처 규모를 설명한다. 웹 프라이버시 센서스는 감시 자본주의의 발견과 정교화에 있어서 중요한 시기였던 2011년, 2012년, 2015년에 상위 100개, 1,000개, 25,000개의 웹사이트를 분석했다. 2012년과 2015년을 비교해보면, 쿠키를 100개 이상 사용하는 사이트가 두 배, 150개 이상 사용하는 사이트가 세 배 이상 증가했음을 알 수 있다. 2015년 조사 결과에 따르면 사용자 수가 가장 많은 100개의 웹사이트를 단순히 방문하기만 해도 자신의 컴퓨터에 6,000개 이상의 쿠키가 생성되며, 이중 83퍼센트는 방문한 사이트와 무관한 제삼자에 의해 만들어진다. 이 조사는 상위 100개 사이트 중 92개, 상위 1,000개 사이트 중 923개에서 '구글 추적 인프라'가 발견되었다는 사실로부터 "인기 있는 웹사이트에서 사용자를 추적하는 구글의 능력은 타의 추종을 불허하며, 오로지 인터넷 서비스 제공자만이 달성할 수 있는 감시 수준에 근접해 있다"는 결론에 이르렀다.[13]

펜실베이니아 대학교 티모시 리버트Timothy Libert의 2015년의 분석은 상위 백만 개의 웹사이트 중 90퍼센트가 평균 아홉 개의 외부 도메인에 데이터를 유출한다는 사실을 밝혔다. 그러한 외부 도메인들은 상업적 목적으로 사용자 데이터를 추적, 수집, 저장한다. 이러한 웹사이트 중 78퍼센트는 한 회사가 소유한 도메인으로 제삼자 전송을 개시한다. 그 회사는 바로 구글이다. 34퍼센트는 페이스북 소유 도메인으로 데이터를 전송한다.[14] 프린스턴 대학교의 스티븐 잉글하트Steven Englehardt와 아빈드 나라야난Arvind Narayanan은 2016년 웹사이트 백만 개의 데이터 추적을 측정, 분석한 결과를 발표했다.[15] 그들은 81,000개의 제삼자를 확인했지만 그중 단 123개만이 1퍼센트 이상의 사이트에서 나타났다. 그중 최상위 다섯 개, 그리고 상위 스무 개 중 열두 개의 제삼자는 구글 소유 도메인이었다. 그들은 "사실 구글, 페이스북, 트위터만이 모든 사이트의 10퍼센트 이상에서 나타나는 제삼자"라고 결론지었다. 2017년에 최상위 제삼자 앱 시장에서 10,000개의 앱을 조사한 중국 연구자들은 앱이 자동으로 휴대전화 백그라운드에서 다른 앱을 실행시키는 '은밀한' 프로세스를 발견했다. 그들은 이러한 '앱 공모app collusion'가 제삼자 안드로이드 시장에 만연해 있다고 결론 내렸다. 중국의 대중적인 플랫폼 중 상위 1,000개 앱 중 822개는 평균 76개의 다른 앱을 실행시키며, 이러한 실행 중 77퍼센트는 앱 업데이트를 위해 설정한, 그러나 그 이상의 많은 일을 하고 있음에 틀림없는 클라우드 기반 '푸시 알림 서비스'를 통해 개시된다. 연구자들은 안드로이드 환경에서 구글이 그 푸시 서비스를 제공한다는 점을 지적한다.[16]

끝으로 프랑스 비영리기관 엑소더스 프라이버시Exodus Privacy와 예일 대학교 프라이버시 랩Yale Privacy Lab은 2017년 추적 소프트웨어의 기하급수적 확산을 입증하는 탁월한 연구 결과를 발표했다. 엑소더스는 구글의 안드로이드 플랫폼에서 구동되는 300개 이상의 앱에서 44개의 트래커를 확인했다. 그중 일부 앱은 애플 운영체제제용으로도 제작되었다. 이 앱들은 전체적으로 수십억 회 다운로드되었다. 이 연구보고서에서 두 가지 주제가 특히 눈에 띈다. 그것은 편재성ubiquity과 강화intensification다. 첫째, 추적 혐의로부터 자유로운 앱은 거의 없다. 지금은 당신을 추적하고 있지 않더라도 다음 주나 다음 달에는 추적하고 있을지도 모른다. "트래커에 의존하는 산업이 엄연히 존재하며, 현재 '깨끗'하다고 확인되는 앱에도 아직 확인되지 않은 트래커가 들어 있을 수 있다. 개발자가 앞으로 앱의 신규 버전에 트래커 코드를 추가할 수도 있다." 둘째, 가장 무고하다고 여겨지는 날씨, 손전등, 카풀, 소개팅 앱조차도 수십 개의 추적 프로그램으로 '오염되어' 있으며, 이러한 프로그램들은 점점 더 기괴하고 공격적이며 불법적인 전략으로 대량의 행동잉여를 수집한다. 궁극적인 목적은 표적 광고에 있다. 예를 들어, 피즈업FidZup이라는 광고 추적 전문 업체는 '음파 발생기와 휴대전화 사이의 통신'을 개발했다. 이것을 이용하면 인간의 귀에 들리지 않는 음파를 건물 안에 퍼뜨려 휴대전화의 존재, 즉 그 소유자의 존재를 감지할 수 있다. 프랑스의 음식점과 호텔 안내 앱인 '보탱 구르망Bottin Gourmand'을 설치한 사용자들은 파리에서 돌아다닐 때 업소의 스피커를 통해 물리적 위치를 추적당하고, 그들의 경험은 자동차 잡지 앱 '오토 저널Auto Journal'이나 TV 가이드 앱 '텔레스타TeleStar' 독자에게 공유된다. 1부 2장에서 살펴본—그리고 이후에도 몇 차례 더 검토할—구글의 특허에 의해 이미 예견되었지만, 이 연구 결과는 사용자에게 통제권을 주겠다던 안드로이드의 '권한 부여 체계'가 상시적인 추적에 아무런 영향을 주지 못한다는 점을 부각한다.[17]

이 원재료 공급 방식의 호전성과 강도를 볼 때, 디스커넥트 소프트웨어가 구글 플레이의 방대한 모바일 앱 목록에서 퇴출된 것은 놀랄 일이 아니다. 디스커넥트는 이 사안에 대해 구글을 상대로 소송을 제기했다. 이 신생 업체는 "구글과 광고 회사들이 사용자의 개인 정보를 수집하고, '프로파일'을 만들고, 이를 통한 표적 광고로 돈을 벌기 위해 눈에 보이지 않는 연결을 이용해 사용자가 웹페이지를 훑어보거나 모바일 앱을 열 때 그 '뒤를 밟고 있다'"는 사실을 문제 삼았다.[18] 그들은 더 나아가 구글이 제공한다고 말하는 프라이버시 보호란 "자사의 지속적인 개인 정보 수집을 늘 허용한다"고 주장했다.[19] 앱 스토어에서 팔리거나 '무료'로 다운로드되는 수많은 앱에 관한 한 애플과 달리 구글에서 나타나는 악명 높은 '자유주의' 성향을 볼 때 구글의 디스커넥트 앱 퇴출은 이례적이다. 구글의 느슨한 가이드라인은 악성 앱을 식별하고 배제할 뿐 그 외의 제한을 거의 두지 않기 때문이다.[20]

디스커넥트의 창립자들은 퇴출이라는 명령에 도전하려 했지만 혼자서는 역부족이었다. 구글과 협상을 꾀했던 시도가 성과 없이 끝난 후 그들은 결국 다른 조직들과 손잡고 유럽연합에 제소했다.[21] 디스커넥트의 주장은 다음과 같았다.

구글은 금융권으로부터 추적의 '효과'를 늘려 수익과 이윤을 높이라는 압박을 심하게 받고 있다. 문제가 될 수 있는 사이트와의 보이지 않는 연결을 차단함으로써 사용자에게 자신의 개인 정보에 대한 통제 (그리고 악성 프로그램으로부터 스스로를 보호할) 능력을 부여하는 것이 구글에게는 실존적 위협이 된다.[22]

디스커넥트의 창립자들은 구글에 몸담았던 사람으로서 적을 잘 안다고 생각했다. 그러나 그들은 감시 자본주의의 제도화가 얼마나 진전되었으며, 구글이 그 공급 경로에 대한 '실존적 위협'을 얼마나 맹렬하게 막아서고 있는지를 과소평가했다.

III. 수탈의 사이클

디스커넥트가 나타나기 오래전, 구글은 성공적인 수탈이란 단일 행위로 달성될 수 없고, 정치적·사회적·행정적·기술적인 작전이 하나로 뒤얽혀야만 가능한 일이라는 사실을 깨달았다. 그러려면 상당한 기간에 걸친 노련한 관리가 필요하다. 수탈 작업은 예측가능한 일련의 단계a predictable sequence of stages를 드러낸다. 잉여 추출을 정상화한다는 궁극적 목표를 달성하기 위해서는 이 단계들 각각이 섬세하게 만들어지고 상호 간에도 세심하게 조율되어야 한다.

사이클의 네 단계는 침입incursion, 습관화habituation, 각색adaptation, 조준변경redirection이다. 이 네 단계가 합해진 '변화 이론'은 수탈 과정을 정교한 행정적·기술적·물질적 역량이 뒷받침되는 정치적·문화적 행위로 설명하고 예측할 수 있게 해준다. 여러 생생한 사례에서 이 사이클을 볼 수 있다. 구글의 지메일이라든가, 버즈Buzz, 그 다음에는 구글플러스Google+라는 이름으로 소셜 네트워크에서 공급 경로를 확보하려는 노력, 구글 글래스Google Glass 개발이 그 예다. 이 장에서는 수탈의 사이클과 그것을 관리하는 과제를 면밀히 살펴보기 위해 스트리트 뷰를 중점적으로 살펴볼 것이다.

성공적인 수탈의 첫 번째 단계는 랩탑, 전화, 웹페이지, 당신이 살고 있는 거리, 친구에게 보내는 이메일, 공원에서의 산책, 생일 선물을 고르기 위한 온라인 검색, 자녀 사진을 업로드하는 행위, 당신의 관심사와 취향, 당신이 점심에 먹은 음식의 소화 상태, 당신의 눈물, 응시, 감정, 표정 등 무방비 상태의 공간에 일방적으로 침입하면서 시작된다. 침입 단계에서 수탈 작전은 일상생활이 일어나는 비시장 공간에서 행동잉여를 유괴하기 위해 가상의 역량에 의존한다. 침입은 구글의 가장 기본적이면서도 가장 성과가 높은 수탈 형태를 개시한다. 아렌트의 표현에 따르면 이는 "단순 강도라는 원죄"다. 침입은 아무것도 아랑곳하지 않고 길을 따라가며 그 길에 있는 모든 것에 대한 의사 결정권을 주장한다. '내가 주웠으니 이제 내 것'이라고 말하는 것이다.

구글은 침입을 시작하고 저항에 부딪힐 때까지 계속 밀고나가는 방법을 익혔다. 저항이 나타나면 적들을 유혹하거나 무시하거나 압도하거나 단순히 지치게 한다. 유혹이란 전례 없는 저장량, 이전과 다른 종류의 정보, 전보다 편리한 활용 방법 같은 황금 미끼를 늘어뜨리는 것을 말한다. 필요하다면 적들의 시간과 돈, 의욕을 겨냥하는 더 가혹한 전술로 간단히 방향을 바꿀 수도 있다. 국가와 주, 집단, 개인이 구글을 상대로 수백 건의 소송을 제기했으며, 공개되지 않은 소송도 많다. 전자 프라이버시 정보 센터EPIC 마크 로텐버그 소장에 따르면 전 세계에서 얼마나 많은 소송이 진행되었는지 아무도 정확히 알지 못한다.[23] 법적인 문제제기의 내용은 다양하나 그 소송들이 말해주는 바는 하나다. 일방적인 침입은 저항에 부딪힌다는 것이다.

법적 대립이나 사회적 저항이 표면화된 쟁점을 몇 가지만 열거하자면,

도서의 디지털화,[24] 스트리트 뷰의 와이파이와 카메라를 통한 개인 정보 수집,[25] 음성 통신 캡처,[26] 프라이버시 설정 우회,[27] 검색 결과 조작,[28] 광범위한 검색 데이터 보유,[29] 스마트폰 위치 데이터 추적,[30] 웨어러블 테크놀로지 및 안면 인식 기능,[31] 상업적 목적을 위한 학생 데이터의 은밀한 수집,[32] 구글의 여러 서비스와 기기로부터 얻은 사용자 프로파일의 일괄 통합[33] 등을 들 수 있다. 향후 수 년 안에 이 목록에 드론, 신체 센서, 신경전달물질, '디지털 비서', 그 밖의 센서 장착 기기에 관련된 사안이 포함될 것이다. 한편 구글의 특권의식과 확고부동함, 대담함은 한결같이 놀랍다. 추출의 절박성은 구글이 무방비 공간으로 경계를 넓혀가도록 몰아붙인다.

두 번째 단계의 목표는 습관화다. 민주적 절차에 의해 이루어지는 소송과 조사가 느릿한 속도로 전개되는 반면, 구글은 쟁점이 된 행위를 빠른 속도로 계속 발전시킨다. 연방거래위원회와 연방통신위원회의 조사, 법적 소송, 사법적 검토, 유럽연합 위원회의 조사가 진행되는 동안 논란의 대상인 구글의 행위는 제도적으로 더 공고히 확립되고 점점 커지는 이해 당사자들의 생태계가 재빨리 이를 지지한다. 사람들은 동의와 무력감, 체념이 뒤섞인 채 침입을 받아들이는 데 익숙해진다. 경악과 분노의 감정은 사라진다. 한때는 생각지도 못했던 침입 자체가 서서히 일상 속에 스며든다. 점차 피할 수 없는 일처럼 보인다는 것이 더 문제다. 새로운 의존성이 발생한다. 사회 전체가 무감각해지면서 어떤 개인이나 집단이 불만을 표시하기가 더 어려워진다.

구글이 간혹 관행을 바꾸라는 압박을 받을 때 경영진과 엔지니어들이 대응하는 단계가 사이클의 세 번째 단계다. 그들은 정부 당국, 법원 판결, 여론의 당면 요구를 충족시키기 위해서 피상적이지만 전술적 효과가 있는 각색을 실행한다. 한편, 마지막 단계에서 구글은 전열을 가다듬고 새로운 수사학, 방법론, 디자인 요소를 구축하여 문제시된 공급 작전을 사회적·법적 요구에 부합해 보이는 딱 그만큼만 조준변경한다. 이 단계의 과업에 동원되는 구글의 창의성, 재정적 자원, 결단력은 유연하고 변화무쌍하다. 그에 반해 행동잉여의 포획 작전을 위해 규모의 경제가 반드시 필요하다는 점은 영구기관perpetual-motion machine과 같아서 그 리듬에 일탈의 여지란 있을 수 없다.

구글은 대중의 저항에 대응하고 그러한 저항을 변형하는 방법을 배워나가면서 행동잉여 프랜차이즈를 보호하고 확대하기 위한 필수적 조건으로 수탈의 이론과 실행을 발전시키고 다듬었다. 구글은 2004년 만우절에 지메일을 출시했고, 표적 광고를 위한 잉여를 추출할 신선한 원천으로 이용하기 위해 이메일 콘텐츠를 자동 스캔하는 데 대해 대중적 분노가 일어났으나 이를 제압했다. 이는 일찍이 그들의 학습 곡선learning curve이 상승세를 타는 계기를 제공했다. 결국 수탈의 사이클은 게임 전술의 틀을 짜는 노골적인 변화 이론으로 다듬어졌다. 그리고 이 전술은 감시 자본가 기업이 사회의 저항에 대응하는, 실전 테스트를 거친 방법으로서 주기적으로 환기된다.

구글은 수탈 사이클을 통해 지메일에 대한 위협을 물리치는 데 성공했고, 이 사이클은 2007년 구글 스트리트 뷰의 출시와 함께 거리 지도 제작을 두고 일어난 전투에서 다시 재연되었고, 그럼으로써 더 정교화되었다. 이번에도 구글은 사용자에게 허락을 구하지 않았다. 그저 '단순 강도의 원죄'를 되풀이하며 원하는 것을 취했으며, 전 세계의 공공장소, 거리, 건물, 집을 집어삼켜 데이터로 뱉어내면서 저항이 잦아들기를 기다렸다.

1단계: 침입

대중이 처음 스트리트 뷰를 인식하게 된 것은 온건해 보이는 한 블로그 게시글로 인해서였다. 구글의 '프라이버시 보호' 담당 법률고문 피터 플라이셔Peter Fleischer는 공공장소에 대한 미국의 '귀한 전통'을 찬미함으로써 새로운 '서비스' 출시를 도왔다. 그는 "사람들이" 공공장소에서 "집에서만큼의 프라이버시를 기대하지 않는다"고 주장했다. 법조인인 그는 계약을 맺거나 선례를 만드는 데 있어서 발언이 미치는 영향을 잘 알고 있을 것이므로, 그의 2007년 발언을 주의 깊게 살펴볼 만하다. 그는 모든 공공장소가 구글의 사냥터가 될 수 있다고 주장한 셈이어서, 그가 가볍게 던진 이 선언적인 진술은 몇 가지 특별한 의미를 가졌다. 그의 설명에 따르면 모든 공공장소는 사용자의 권한 부여, 인지, 동의 없이 구글이 새로운 형태의 침입을 감행하기에 알맞은 대상이다. 집, 거리, 근린, 마을, 도시 이 모두가 이제는 이웃들이 살고 걸어다니고 만나고 이야기하는 지역 고유의 풍경이 아니다. 구글 스트리트 뷰는 모든 장소를 GPS 좌표와 카메라 앵글이 만든 무한 격자 안의 여러 요소 중 하나에 불과하게 만든다.

이 선언을 통해 플라이셔는 구글에게 모든 장소에서 거기에 모이는 사람들을 하나로 묶는 주관적 의미를 제거할 수 있는 특권을 확보해주려고 한다. 물론 우리는 집을 나서는 순간 남들이 우리를 볼 수 있음을 안다. 그러나 그것은 우리가 선택한 공간 안에서 거기에 있는 사람들과 서로를 볼수 있다는 뜻이다. 반면 지금 문제 삼는 것은 비인격적 구경거리가 된다는점이다. 내 집, 내가 다니는 거리, 내가 사는 동네, 내가 가장 좋아하는 카페, 이 모두가 살아 있는 여행 안내서이자 감시의 표적, 채굴장, 전지적 감시와 상업적 이용 대상으로 재정의된다.

구글은 이미 웹에 있는 모든 것을 가져갔지만, 스트리트 뷰와 구글 지도, 구글 어스(위성 및 항공 사진을 이용해 전 세계를 3D로 보여주는 구글 서비스) 등 다른 지도 제작 시스템은 훨씬 더 원대한 야망을 선포했다. 구글은 세상의 모든 것을 알 수 있고, 데이터화할 수 있으며, 구글을 통해 모든 것에 접근할 수 있게 되고, 구글이 행동잉여에 대한 무한한 욕구를 가지고 모든 것을 색인화하게 될 것이다. 이렇게 되면 구글의 손이 미치지 않는 곳에 존재하는 것은 아무것도 없게 된다. 구글에게 정복당한 세상은 구글 앞에 무릎을 꿇고 구글의 손에 이끌려 당신에게 온다.

스트리트 뷰를 처음 소개한 그 블로그 글은 오래전 죄 없는 카리브해 해변에 상륙한 침략자들의 모습을 정확히 재현한다. 정복자들adelantados은 우호적이고 겸손한 몸짓 속에 침략의 맨얼굴을 정교하게 감추어 그들의 도착이 함의하는 눈앞에 닥친 분명한 위험을 알아차리지 못하게 만들었다. 플라이셔도 그들처럼 우호적인 관계를 보장한다. 스트리트 뷰는 만화 같은 그림으로 장식한 자동차 지붕에 대형 360도 카메라를 설치해 영상을 담는데, "공공 도로를 걷고 있는 사람들의 프라이버시를 존중하도록" 설계되었으며, "그것이 바로 누구나 우리에게 연락해서 사진 삭제를 요청할 수 있는 간단한 절차를 만든 이유"라는 것이 플라이셔의 설명이다. 그는 "다른 나라에서는" 그 나라의 법과 관습을 존중할 것이라고 약속했다.[34]

저항은 곧바로, 그리고 빈번하게 일어났다. 스트리트 뷰는 2009년 1월 독일과 일본에서 반대에 부딪혔다. 당시 구글 지도 담당 부사장이었던 존 행키는 논란을 묵살했다. (행키가 CIA의 자금으로 운용된 위성 지도 회사 키홀의 설립자였다는 것을 기억할 것이다. 구글이 키홀을 인수한 후 그는 키홀을 구글 어스로 진화시켰다.) 그는 한 기자에게 이 모두는 "사람들이 정확하게 그것이 무엇인지, 그들이 정말 염려할 필요가 없는 것이 무엇인지를 알게 되는 일련의 과정"일 뿐이라고 말했다. 이것을 다른 말로 하면 바로 수탈의 사이클이다. 구글 어스도 공격받았다. 뭄바이에서 끔찍한 테러 공격을 도왔다는 비난에 휩싸였을 때 행키는 구글 어스나 스트리트 뷰에 대한 논쟁이 "서구"에서는 "대체로 소멸했다"고 주장했다. 그는 영리하게도 구글의 침입에 대한 모든 저항을 표현의 자유에 반대하는 권위주의적 정부와 그러한 정부가 있는 "폐쇄적 정보사회"의 입장과 동일시했다.[35] 이 논리는 구글이나 구글과 한 배를 탄 이들에게 표준적인 수사학적 공격 무기가 된다.

그렇다면 행키는 2009년 4월 영국의 조용한 마을 브로턴 주민들이 반갑지 않은 침입이라며 마을 경계를 침범해 들어오려던 스트리트 뷰 차량을 막아섰을 때 놀랐을까? 이 일은 분명 '서구'에서 일어났으며, 프라이버시, 자기결정권, 의사 결정권에 관한 논쟁은 결코 사그라들지 않았다. 프라이버시 인터내셔널Privacy International은 스트리트 뷰 이미지에서 신원이 드러난 사람들로부터 받은 200건 이상의 신고를 첨부해 영국 당국에 공식 항의서를 제출하면서 서비스 중단을 요구했다.

구글의 경영진은 프라이버시 존중에 대한 플라이셔의 강조를 깜빡 잊은 것 같았다. 행키는 감당하기 힘든 항의들을 묵살해 버렸다.《런던 타임스London Times》와의 인터뷰에서 그는 구글이 굴하지 않고 그해 말까지 스트리트 뷰에 영국 전역을 담을 계획이라고 말했다. 그는 스트리트 뷰의 정보가 "경제에 유익하며 우리 각자에게도 유익하다"고 단언하며, "이것은 사람들에게 강력한 정보를 제공해 더 나은 선택을 할 수 있도록 하는 문제"라고 덧붙였다.[36]

행키의 말은 물론 희망사항에 그쳤다. 그러나 구글 전체의 행보에는 일치하는 발언이었다. 그들이 사람들에게 대단한 힘을 실어준 것은 맞다. 그러나 사람들이 의사 결정권을 도둑맞고 있음을 알아채고 되찾으려 하지 않는 한, 꼭 지나치지 않을 만큼만 힘을 실어줄 뿐이다. 구글은 사람들이 더 나은 선택을 할 수 있기를 바란다. 그러나 그 선택이 구글 자신의 경제성 달성에 방해되지 않는 한에서만 그렇다. 구글이 생각하는 이상적인 사회에는 시민이 아니라 서로 멀리 떨어져 있는 사용자들만 존재한다. 구글은 정보에 밝은 사람을 이상적으로 여기지만 그들은 구글이 선택한 방식으로만 정보를 얻어야 한다. 이는 우리가 구글의 말을 잘 듣고, 구글과 사이좋게 지내며, 무엇보다도 구글을 감사히 여겨야 함을 뜻한다.

2010년에 독일 연방 데이터 보호 위원회German Federal Commission for Data Protection는 구글 스트리트 뷰의 운용이 실제로 은밀한 데이터 스위프를 위장하고 있으며 스트리트 뷰 차량이 사설 와이파이 네트워크로부터 개인 데이터를 비밀리에 수집하고 있다고 발표했다.[37] 구글은 오직 공개된 광역 와이파이 네트워크 이름과 와이파이 라우터의 식별 주소만 수집하고 그러한 네트워크로 전송된 개인 정보는 수집하지 않는다면서 혐의를 부인했다.[38] 하지만 수일 만에 독일 보안 전문가들의 독자적인 분석으로 스트리트 뷰 차량이 가정으로부터 암호화되지 않은 개인 정보를 추출하고 있다는 결정적인 증거가 나왔다. 구글은 암호화되지 않은 와이파이 전송으로부터 개인 정보인 '페이로드 데이터payload data(전송이 이루어지게 하기 위한 부가 데이터가 아닌, 전송의 목적이 되는 데이터-옮긴이)'를 가로채 저장했음을 인정해야 했다. 블로그에 올린 사과문에서도 "경우에 따라 이메일 전체와 URL, 비밀번호가 캡처된다"고 언급했다. 캐나다, 프랑스, 네덜란드의 전문가들은 페이로드 데이터에 이름, 전화번호, 신용 정보, 비밀번호, 메시지, 이메일, 대화 내용뿐 아니라 온라인 데이트 기록, 포르노그래피, 검색, 의료 정보, 위치 데이터, 사진, 동영상 및 음성 파일이 포함됨을 밝혀냈다. 그들은 그러한 데이터 패킷이 특정 개인에 대한 상세 프로파일을 구성하기 위해 짜깁기될 수 있다고 결론지었다.[39]

구글의 '스파이파이Spy-Fi' 스캔들은 전 세계 매체의 헤드라인에 올랐다. 많은 사람은 이 발각이 구글에 회복불가능한 피해를 입힐 것이라고 생각했다. 독일에서는 구글의 이러한 행위가 명백히 프라이버시 및 데이터 보호에 관한 법률 위반이라고 밝혔다. 또한 관계자들은 분개하며 구글이 유럽연합의 조사와 독일 법정의 판결을 받게 될 것이라고 경고했다. 독일 의회에는 구글에게 소유자의 동의 없이 개인의 재산을 노출시킨 데 대한 벌금을 부과하는 법안이 상정되었다. 구글은 스위스, 캐나다, 프랑스, 네덜란드에서도 소송에 걸렸다. 2012년까지 유럽, 북미, 호주 등의 12개국에서 여러 차례에 걸쳐 조사가 이루어졌고 구글은 최소 9개국에서 불법 행위를 저질

렀다고 밝혀졌다.[40]

미국에서는 38개 주 사법 당국이 구글 스트리트 뷰의 실태에 대한 조사에 착수했다. 시민들이 수많은 집단 소송을 제기했고 그중 여덟 건이 북캘리포니아 연방 지방법원에서 병합되었다. 프라이버시 인터내셔널의 수장은 구글이 '빅 브라더Big Brother'가 되어간다고 말했다.[41] 전자 프라이버시 정보 센터는 스파이파이 스캔들 파문을 피하기 위한 구글의 노력에 맞서 미국에서 법적 대응을 위해 싸우는 한편 구글 스트리트 뷰 및 그 추출 전략에 대한 전 세계의 분노와 시위, 조사, 소송, 결정 내용을 지속적으로 업데이트해 온라인에 게시하고 있다.[42]

구글은 스트리트 뷰의 "프라이버시 침해"가 "실험적인" 프로젝트를 수행하던 한 엔지니어의 "실수"라고 해명했다. 그의 부주의로 스트리트 뷰의 소프트웨어에 잘못된 코드가 삽입되었다는 것이었다. 구글은 문제의 엔지니어 신원을 밝히기를 거부하며 그 프로젝트의 책임자들은 데이터 캡처 사실을 알지 못했고 그 데이터를 사용할 "의도가 없었다"고 주장했다. 에릭 슈미트는《파이낸셜 타임스》와의 인터뷰에서 "당혹스럽다"면서, 문제의 엔지니어가 구글의 정책을 명백히 "위반"한 데 대해 내사를 받게 될 것이라고 강조했다. 슈미트는 세계의 모든 정보를 색인화한다는 구글의 사명이 타당하다는 주장을 굽히지 않았다.[43]

이 사건을 조사한 연방통신위원회FCC는 2012년 그 사건을 "스트리트 뷰 프로젝트를 담당한 구글 직원 중 한 명의 고의적인 소프트웨어 설계 결정"이라고 표현했다.[44] 그 엔지니어는 와이파이 "워드라이빙wardriving"―차량으로 이동하면서 장비를 활용해 무선 네트워크를 찾는 기법―에 대한 전문성 때문에 스트리트 뷰 팀에 선발되었다.[45] 그의 설계 노트는 사용자 트래픽과 위치 데이터가 "그들이 무엇을 하고 있는지에 대한 정보"와 함께 기록되며, 이를 "다른 작업에 활용하기 위해 오프라인에서 분석할 것"임을 명시했

다. "프라이버시를 위한 고려사항"도 언급은 했지만 무시했다.[46]

FCC는 구글의 책임전가식 해명과 모순되는 증거를 찾아냈다. 해당 엔지니어가 프로젝트 책임자에게 이메일로 그의 소프트웨어 설명서로 연결되는 링크를 보냈고, 책임자가 그 링크를 스트리트 뷰 팀 전체에 공유했음을 보여주는 기록이 나온 것이다. FCC는 그 엔지니어가 최소한 두 번 동료들에게 스트리트 뷰의 개인 데이터 수집 사실을 이야기했다는 증거도 찾았다. 구글이 철저한 내부 소프트웨어 검토 및 테스트 절차를 지키고 있으며 주기적으로 페이로드 데이터를 스트리트 뷰의 하드디스크에서 오리건에 있는 데이터 센터로 전송한다는 증거도 있었다. 하지만 구글의 엔지니어들은 개인 데이터 수집에 관해 알고 있었다는 사실을 부인했다.[47]

2단계: 습관화

'사이클'이 결국 저항을 사그라들게 할 것이라는 행키의 믿음은 추출에의 절박한 요청에 응답할 수 있게 하는 핵심 요소 한 가지를 반영한다. 그것은 구글 검색에서 발견되었고 지메일에서 다듬어졌으며 스트리트 뷰를 통해 정교화된, 다음과 같은 메시지다. "돌아보지 마라. 잦아들 때까지 기다려라. 필요하다면 밟아라."

2012년 4월에 발표된 FCC의 보고서는 부유하고 단호하며 대담한 감시 자본가를 상대로 한 대결에서 민주주의가 얼마나 취약한지에 대한, 마음 아플 정도로 우울한 묘사다. 2010년 11월 FCC는 구글에 필요한 정보에 대한 요청서를 보냈지만 거의 아무것도 입수할 수 없었다. 이듬해 3월, 두 번째 '보충' 요청서를 보냈다. 구글은 불완전한 정보와 비협조적인 자세로 응답하여 8월에 또 다시 '독촉장'을 보내게 만들었다. 구글의 비협조는 계속되었고 FCC는 10월에 또 요청서를 보냈다. FCC 직원은 1년 내내 대답을 회피하는 기업 간부들 및 그 대변인들을 찾아다녀야 했다.

그 문서는 민주주의의 공백에 대한 폭로이자 퇴짜 맞은 민주주의에 관한 서사시다. FCC는 필요한 자료의 목록을 상세하게 작성해 첫 요청서를 보냈지만 돌아온 것은 "다섯 개의 문서뿐"이었고 이메일 내용은 전혀 없었다. 구글 측에서는 "부담스럽다"면서 포괄적으로 검토할 시간이 없으며, 관련된 직원을 확인하는 데 "실패했다"고 답했다. 제출한 서류에서 관련된 직원들의 이름은 '편집'되어 있었다. 그들은 요청한 자료가 "유용하지 않다"고 주장했다. 그들은 정보를 확인하는 데 "실패했다"고 말했고, 자료를 특정해 제출을 요구해도 "그렇게 하지 않았다." 구글은 불법으로 수집한 페이로드 데이터에 대한 접근권을 "요청해서는 안 된다"고 "논박했다." "구글은 … 기다렸다." 구글은 "답하는 데 실패했다"거나 "제공하는 데 실패했다"는 문구를 되풀이했다. "구글은 위원회의 명령을 어겼고 … 지연시켰다." 진술서가 다섯 차례 요청되었지만, 급기야 FCC가 소환장을 발부하겠다고 위협한 2011년 9월까지 한 번도 제출하지 않았다. 베일에 싸인 문제의 엔지니어는 수정헌법 제5조의 자기부죄거부의 권리를 들먹이면서 조사관들과의 대화를 거부했다. 이 보고서는 "많은 경우 혹은 모든 경우에 구글의 협조 실패가 고의적이었다는 증거가 있다"고 결론지었다. "어쩔 수 없다"고 말했을지도 모른다.

결국 구글의 법무팀이 이겼다. 그들은 10년 된 감청법에 들어 있는 단 한 줄의 모호한 문구로 구글의 데이터 스위프를 방어했다. 아마도 이 논쟁 전체를 통틀어 가장 강력한 효과를 발휘한 요소는 구글이 대놓고 멸시했던 바로 그 민주적 법과 규칙 체계가 구글이 책임을 회피하는 데 동원되었다는 점일 것이다. 최종적으로 FCC는 구글이 조사를 방해한 데 대해 단 25,000달러의 벌금을 부과하는 데 그쳤다. 구글이 법적인 처분을 모면했던 것은 사회가 그들의 행위에 동의했기 때문이 아니라 구글의 침입으로부터 시민을 보호할 관련 법이 충분하지 않았기 때문이었다.

38개 주 사법 당국도 별 수 없었다. 이들의 리더였던 코네티컷주의 리처드 블루먼솔Richard Blumenthal이 스트리트 뷰가 수집한 개인 데이터에 대한 민사 조사 요구서(소환장에 준함)를 발부했을 때에도 "구글은 이를 무시했다."[48] 구글은 2013년 마침내 단 7백만 달러의 벌금과 '적극적인' 자체 정책에 관한 일련의 합의안을 받아들이며 주 당국들과 합의했다.《뉴욕 타임스》는 이 스캔들이 사안 전체에서 유일한 쟁점이었다는 듯이, 구글이 마침내 "스트리트 뷰의 지도 제작 프로젝트를 진행하는 동안 사람들의 프라이버시를 침해"했음을 시인했다고 보도했다. 주 당국자들은 "업계의 거인이 개인 데이터 프라이버시라는 쟁점에 대한 감수성을 높일 수 있도록 기업 문화를 바꾸겠다고 약속했다"며 의기양양하게 떠들어댔다.[49] 추출의 절박성이 거인을 거인일 수 있게 하는 요인이라는 점을 생각하면, 프라이버시 자율 규제에 대한 구글의 약속을 믿어 의심치 않는 주 사법 당국의 순진함에 웃어야 할지 울어야 할지 모르겠다.

여기에서 습관화 전술을 조명하는 두 핵심 요소를 볼 수 있다. 그 하나는 스트리트 뷰의 첫 침입이 일어난 2007년으로부터 2010년의 스캔들, 2012년의 FCC 조사 결과 발표, 2013년 주 정부 조사 종결에 이르는 시간의 경과다. 독일의 조사 역시 별다른 성과도 없이 2012년 말에 이르러서야 마무리되었다. 그 밖의 논쟁과 소송들도 더디게 진행되었다. 그러는 동안 구글은 모든 소음과 분노를 뒤로 한 채 스트리트 뷰 운영을 지속했다. 2008년에서 2010년 사이에 전 세계적으로 6천억 바이트, 미국에서만 2천억 바이트의 개인 정보가 '불법적으로' 수집되었다.[50] 구글은 개인 데이터 수집을 중단했다고 말했다. 과연 그렇게 했을까? 누가 장담할 수 있을까? 설사 중단했다고 하더라도, 스트리트 뷰라는 이름으로 이루어진 초기의 침입은 문제없이 효력을 발휘했다.

두 번째 요소는 단 한 명의 악한 엔지니어를 정교하게 만들어냄으로써 고전적인 희생양 전법으로 멋지게 사람들의 시선을 돌린 점이다. 이 작전은 추출의 절박성이라는 야심 찬, 그러나 논란의 여지가 있는 의제로부터 시선을 거두어 감염된 하나의 세포라는 전혀 다른 이야기에 주목하게 만들었다. 즉 유기체 전체는 거대하지만 무고하며, 그 세포 하나만 잘라내면 된다는 뜻이었다. 이제 남은 과제는 감염된 살점을 잘라내고 유기체가 프라이버시 침해증이라는 질병을 스스로 치유했다고 선언하기만 하면 되었다. 그리고 새 생명을 얻어 거리로 다시 돌아가는 것이다.

구글은 행키가 예견한 바를 정확히 그대로 달성했다. 스트리트 뷰에는 근본적인 뻔뻔함이 있었다. 그 전례 없이 대담한 침입은 영국의 소도시 주민들이 깜짝 놀라 구글 카메라 차량 진입을 막으러 거리로 나오게 했다. 그러나 스트리트 뷰는 그 후 6년이 넘는 기간 동안 전 세계인의 의식에 확실히 뿌리를 내렸다. 구글은 전략적 원칙에 따라 발뺌하고 무시하며 민주주의를 빌미로 삼기도 하면서 6년 이상 사람들이 스트리트 뷰를 사용하게 했고, 그러는 동안 사람들의 의식 속에 구글에게도 불가피한 일이고 우리가 어쩔 수 있는 일도 아니라는 암묵적인 논리를 구축했다. 의사 결정권의 '단순 강도'를 서서히 정상적인 일, 심지어 '편리하고', '유용하며', '멋진' 일로 생각하게 만들 6년 이상의 시간이 있었던 것이다.

3단계: 각색

2010년 10월, FCC의 첫 번째 요청서를 받기 직전, 구글의 엔지니어링 및 연구 담당 부사장은 구글 공식 블로그에서 '더 강력한 프라이버시 관리' 방침을 발표했다. 그는 "우리는 이 부분에서 크게 실패했다"고 말했다. 스트리트 뷰 스캔들은 부주의에 의해 일어난 오류, "여러분의 신뢰를 얻기 위해" 열심히 일하는 회사에 난 하나의 흠집 정도로 치부되었다. 이 게시물은 대중에게 구글이 외부 규제기관 당국자들과 '구글의 정책 개선 방향'을 협의하고 있다고 확신시켰고, 사용자 프라이버시를 보장할 수 있도록 변화할 것이라고 약속했다. 또한 컴퓨터 보안 및 프라이버시 관리 전문가인 구글 임원 앨마 휘튼Alma Whitten을 엔지니어링 및 제품 관리 전반을 아우르는 프라이버시 담당 이사로 지명했다. 내부 교육에서 "사용자 데이터를 책임감 있게 수집, 사용, 취급"하는 데 대해 새롭게 강조할 것이라는 점도 소개했다. 마지막으로 데이터 취급을 감독할 수 있는 새로운 내부 통제에 관해서도 약속했으며, "구글에서 일어난 일에 대해서는 참담한 심정이지만, 우리의 절차와 구조 변화가 모든 구글 사용자를 위해 우리의 내부 프라이버시 및 보안 관행을 현격히 개선하게 될 것이라고 확신한다"고 끝맺었다.[51]

이렇게 공개적으로 개혁을 약속했지만, 구글은 이와 동시에 스트리트 뷰가 소송, 벌금, 규제의 대상인 여러 나라—호주, 벨기에, 캐나다, 프랑스, 네덜란드, 홍콩, 아일랜드, 이스라엘, 이탈리아, 뉴질랜드, 폴란드, 스페인, 한국, 영국, 미국 등—정부의 요구도 수용해야 했다. 일본에서는 주택 소유주들이 스트리트 뷰 카메라가 사생활을 보호하기 위해 쳐놓은 울타리 너머를 훔쳐보며 사적인 주거공간을 녹화하고 있다고 항의했다. 구글은 카메라 위치를 낮추고 모든 이미지를 재촬영하며, 신원을 확인할 수 있는 얼굴 이미지와 차량 번호판을 흐리게 처리하라는 정부의 요구에 합의했다. 독일에서 구글은 지역 주민들이 어떤 스트리트 뷰 이미지에서든 자기 집을 흐리게 처리해달라고 요청할 수 있게 했다. 2009~2010년에 거의 25만 가구가 옵트아웃opt-out(당사자가 자신의 데이터 수집을 허용하지 않는다고 명시할 때 정보 수집을 금지하는 제도-옮긴이)을 요청했고, 구글은 이 요구에 부응하기 위해 200명의 임시직 프로그래머를 고용해야 했다.[52] 구글은 스트리트 뷰의 불법 데이터 수집을 최초로 발견한 함부르크 정보보호원에 의해 벌금 14만 5천 유로를 부과받았는데, 정보보호원이 부과할 수 있는 최대 벌금이 15만 유로밖에 안 되었다.[53] 이는 유럽의 규제당국이 프라이버시 사안으로 징수할 수 있는 최대 금액이었다. 구글은 신속하고 철저하게 페이로드 데이터를 삭제한다는 조건으로 5천 유로를 감면받았다. 2011년 구글은 독일에서 스트리트 뷰 프로그램을 종료하여, 서비스는 지속하고 있지만 이미 수집한 이미지 외에 더 업데이트하지는 않는다.[54]

스트리트 뷰 운용 자체를 금지한 나라도 있다. 스위스는 구글이 올린 스위스 전역의 모든 이미지를 삭제해야 한다고 주장하며 2009년 처음으로 이 서비스를 금지했다. 결국 금지는 해제되었지만 스위스 연방 행정 법원 Swiss Federal Administrative Court은 얼굴을 흐리게 처리할 것, 옵트아웃을 제도화할 것, 카메라 높이를 낮출 것을 포함하는 일련의 엄격한 지침을 부과했다. 2016년 현재까지도 스위스의 스트리트 뷰 서비스는 실외 관광지에 제한되어 있다.[55] 구글은 오스트리아, 체코, 그리스, 인도, 리투아니아에서도 스트리트 뷰 금지에 부딪혔다. 그러나 2017년 여름을 기준으로 볼 때 이들 국가 중에서도 일부 지역의 데이터는 이용할 수 있었다.[56]

4단계: 조준변경

구글은 블로그 반성문에서 근본적인 축적 논리, 즉 그 거인을 탄생시키고 계속 성장할 수 있게 해준 감시 자본주의의 원리를 포기하겠다는 말을 끝까지 하지 않았고 할 수도 없었다. 스트리트 뷰의 조준변경 작전에 담긴 메시지는 구글이 그 격자로부터 아무것도 빠져나가지 못하게 하리라는 것이다. 모든 것을 울타리 안에 몰아넣고 원재료로 전환할 것이다. 스스로 문을 닫지 않는 한, 구글이 '사용자 프라이버시'를 지키기 위해 말하거나 실행할 수 있는 바가 거의 없다. 이것은 2015년에 구글 지도 탄생 10주년을 기념해 그 역사를 되돌아본 한 기사에 다음과 같은 언급이 있는 이유를 설명해준다. "구글 지도는 모든 종류의 프라이버시 논란을 불러일으켰다. … 그렇다고 해서 스트리트 뷰라는 프로젝트가 가로막힌 것은 아니다. 현재 구글맵에 있는 200여 개국 중 65개국의 스트리트 뷰를 이용할 수 있다."[57]

앨마 휘튼에게 주어진 임무는 공급 부문에서 추출의 요청에 응답하는 과업이나 지속적으로 요구되는 규모의 경제를 해체하지 않으면서 구글의 프라이버시 관련 평판을 회복하는 것이었다. 다시 말해, 논리적으로 불가능한 일이었다. 그러나 프라이버시의 최고 권위자 자리에 임명된 지 단 2년 반 만인 2013년 4월 사직을 발표했다는 사실은 휘튼이 이 과업을 진지하게 받아들였음을 시사한다. 사실, 2013년 초 의회 청문회에서 휘튼이 구글이 한 일에 대해 증언한 장면을 보고 있자면 마음이 아프다. 누가 보더라도 휘튼은 의회의 질문에 대해 진실을 피해 답변할 단어들을 애써 찾고 있었다.[58] 글로벌 지도 제작 프로젝트를 끝낼 수는 없었지만, 재편하고 다시 방향 설정할 때가 온 것이었다.

스캔들 이후 2년 동안 구글의 수수께끼 엔지니어가 어떠한 운명에 처했는가를 보면 그다지 바뀐 것이 없고, 앞으로도 바뀌지 않으리라는 점을 눈치챌 수 있었다. 2012년 4월 FCC 보고서가 발표된 후 며칠 안 되어 스트리트 뷰 조사를 담당한 전직 주 수사관이 유명한 해커이자 워드라이빙 전문가인 매리어스 밀너Marius Milner를 구글의 '악한'으로 지목했다. 그가 정책을 '명백히 위반'해 구글에 회복불가능한 피해를 입힌 지 2년이 지났지만, 그는 여전히 구글 직원으로 유튜브 부문에서 일하고 있었다. 그해 말, 밀너는 존 행키가 이끄는 팀의 일원으로서 "병렬현실 게임의 가상 객체 전송 시스템 및 방법A System and Method for Transporting Virtual Objects in a Parallel Reality Game" 이라는 특허에 참여한 여섯 명의 발명가 중 한 명이 되었다.[59]

밀너가 참여한 발명은 인그레스Ingress라는 가상현실 게임과 관련되어 있었다. 인그레스도 행키 팀이 개발한 작품이었다. (행키는 결국 알파벳 산하의 또 다른 자회사 나이앤틱 랩스Niantic Labs로 분리해 나간다.) 인그레스는 포켓몬고라는 또 다른 '게임'에서 다시 등장할 여러 기본 개념의 테스트베드였다. 포켓몬고는 2부에서 면밀히 살피게 될 2단계 감시 자본주의 확장의 원형原型이다. 이 단계에서 구글 지도는 디지털 수탈의 장을 가상 세계에서 우리가 '현실'이라고 부르는 세계로 확장시키기 위한 핵심 자원이다. 그러한 계획에 비추어볼 때 스트리트 뷰를 죽여서는 안 될 뿐만 아니라 제한해서도 안 되었다. FCC의 조사가 있은 지 불과 4개월 밖에 안 된 2012년 9월, 구글 지도 수석 프로덕트 매니저가 이 확장 과정을 간결하게 요약했다. "오프라인 세계, 즉 우리가 사는 현실 세계를 보면 정보가 온전히 온라인에만 존재하는 것이 아니다. 우리는 삶을 살아갈수록 현실 세계에서 우리가 보는 것[과 온라인 세계] 사이의 차이를 메꾸려고 하며, 구글 지도가 바로 그 부분을 담당한다."[60]

구글이 2008년에 착수했으나 2012년 FCC의 보고서가 발표되고 나서도 4개월이 지나서야 공개한 극비 프로젝트 '그라운드 트루스Ground Truth'가 좋은 예다. 그라운드 트루스는 산책로, 금붕어 연못, 고속도로 진입로, 교통량, 여객선, 공원, 캠퍼스, 동네, 건물 등 상세한 '장소의 논리'를 담은 '심층 지도'다.[61] 이러한 세부 정보를 정확히 아는 것은 모바일 기기에서 발생하는 행동잉여에 대해 경쟁 우위를 확보할 수 있게 하는 원천이다. 심층 지도 구축은 미국 인구조사국이나 지질조사국의 지리 데이터베이스 같은 공공 자원에 의존하지만,[62] 구글만의 차별점은 그들이 독점적으로 보유하고 있는 스트리트 뷰 데이터와의 통합이다. 다르게 표현하자면, 공공 자산을 통해 컴파일된 데이터가 잉여 행동과 의사 결정권의 이전 거래로 취한 데이터로 보강된다. 이렇게 합성된 결과물은 사적 자산으로 재분류된다.

2012년 그라운드 트루스 시연회에 처음 초대받은 기자 중 한 사람이었던 알렉시스 매드리걸Alexis Madrigal은 이렇게 전했다. "그라운드 트루스 팀은 대개 스트리트 뷰 차량으로 돌아다니면서 2주에 한 번, 2006년 1년 동안 수집한 데이터보다 많은 영상 데이터를 게재하고 있다. … 지금까지 구글의 촬영 차량은 5백만 마일(약 8백만 킬로미터, 지구를 200바퀴 도는 거리-옮긴이)을 달렸다." 스트리트 뷰 차량은 구글 검색 초기에 색인화와 최초의 수탈 작전을 위해 소리없이 웹페이지들을 징발해갔던 웹 크롤러에 비유된다. 2012년의 스트리트 뷰 데이터도 거리의 간판과 주소들을 제공했다. 매드리걸은 스트리트 뷰 덕분에 곧 "도로에서 볼 수 있는 모든 글귀가 구글의 물리적 세계 색인에 포함될 것"이라고 썼다. 매드리걸이 그라운드 트루스를 보고 난 결론은 다음과 같았다. "구글이 모은 지리적 데이터는 다른 어느 회사와도 비견할 수 없을 듯하다. … 그들은 당신을 유혹하기 위한 정교한 미끼로 이 경기장을 통째로 건설했다."[63]

한 프로젝트 리더가 말했듯이, "전 세계를 지도로 만들기로 결정하기 위해 극복해야 할 한 가지 문제는 일단 시작하고 나면 영원히 멈출 수 없다는 것이다."[64] 아마도 그래서 2016년 구글 스트리트 뷰 웹사이트는 "우리는 2007년 미국의 스트리트 뷰 서비스를 시작으로 많은 진전을 이루었으며, 오늘날 360도 파노라마 영상 서비스를 7개 대륙으로 확장했다"면서 그 성공적인 진화를 축하했다. 감시 및 수집 장치를 장착한 스트리트 뷰의 이동 수단은 차량으로 접근할 수 없는 장소의 영상을 담기 위해 설계된 웨어러블 백팩, 삼륜자전거, 스노모빌, 트롤리 등으로 보강되어왔다. 관광청이나 비영리단체는 구글의 여행자용 장비(배낭형 카메라)를 대여해 사전적 의미에서든 비유적인 의미에서든 "손길이 닿지 않은", "외지고 독특한 장소의 영상을 수집"할 수 있다.[65]

구글은 스스로 구축할 수 없는 것은 사들였다. 구글은 2013년 웨이즈 Waze라는 이스라엘 소셜 매핑 스타트업을 두고 페이스북과 겨룬 입찰 전쟁에서 승리했다. 웨이즈는 커뮤니티 기반 실시간 교통 정보 분야의 선구자였다. 2014년에는 미국 상무부가 고해상도 위성사진에 대한 제한을 풀자마자 스카이박스Skybox라는 실시간 위성 영상 분야 스타트업을 인수했다. 한 전문가는 다음과 같이 설명했다.

> 당신의 사무실 위에 위성이 있다고 상상해보라. 예전의 해상도라면 당신의 책상 위치 정도를 파악할 수 있었을 것이다. 새로운 영상은 각 픽셀이 약 31센티미터이므로 당신의 책상 위에 무엇이 있는지까지 알아볼 수 있다. 이 정도면 '생활 패턴' 분석을 시작할 수 있다. 단순히 식별하는 것을 넘어 움직임이라는 관점으로 활동을 바라본다는 뜻이다.[66]

이러한 맥락에서 보면 구글의 조준변경 작전이 또 한 가지 측면에서 중요함을 인식할 수 있을 것이다. 구글은 2011년 "당신이 공항, 쇼핑몰, 가게 안에 있을 때" 위치를 파악하고 추적할 수 있게 하는 "실내 위치 확인 시스템indoor positioning system"을 도입해 "또 하나의 경계"를 돌파했음을 발표했다. 결국 구글은 센서와 내장 카메라를 활용해 사용자들이 실내 공간을 매핑하고 탐색할 수 있게 할 것이다.[67] 2014년 9월에는 블로그를 통해 구글 지도가 "상세한 길찾기, 새로 생긴 음식점 찾기, 등산로 정하기 등 무엇이든 결정하기 위한 부조종사" 역할을 하게 될 것이라며 변화무쌍한 신기능들을 소개했다. 이 글은 스트리트 뷰가 경이로운 신기능을 제공하게 될 것이라면서, 배낭을 메고 돌아다니기만 하면 내부의 지도를 그릴 수 있는 일명 '카토그래퍼Cartographer('지도제작자'라는 뜻-옮긴이)'라는 모바일 지도 제작 도구를 도입함으로써 구글의 침입이 총체적으로 확장된다는 소식을 전했다.[68] 카토그래퍼의 정보는 점점 커지는 실내 공간 내비게이션 데이터베이스에 추가될 수 있으며, 사람이나 기기가 건물 안팎의 공간 사이를 이동할 때 그 위치를 확인하는 구글의 능력을 증폭시킬 것이다.

그전까지는 스트리트 뷰와 추출 요청이 건물 안까지 들어가지 못했다. 집안에 스트리트 뷰 카메라를 초대할 집주인은 없다. 하지만 구글은 카토

그래퍼 기능을 더 광범위한 스트리트 뷰 조준변경 작전에 끼워넣었고, 사업체들에게 소비자의 신뢰를 높이고, 불안을 가라앉히며, 실질적으로 수익을 증대해줄 방법으로 홍보했다. 구글은 소비자와 직접 만나는 업종의 사업체들에게 "고객을 안으로 초대하라"고 설득했다. 소비자들은 구글 스트리트 뷰의 '비즈니스 뷰'를 통해 수천 곳의 호텔, 음식점 등의 안을 볼 수 있게 된다. 구글 검색의 결과에도 새로운 스트리트 뷰 콘텐츠가 담길 것이다. 호텔을 검색한 사용자가 호텔의 내부를 가상 투어할 수도 있다. 구글은 "고객이 방문 전에 당신의 영업장을 경험하게 함으로써 고객들에게 확신을 줄 수 있다"고 말했다. 구글은 가상 투어가 "예약을 두 배로 늘려 줄 것"이라고 단언했고, 사업체가 구글의 인증을 받으면 구글 공인 프리랜서 사진작가를 활용해 스트리트 뷰 이미지를 생성할 수 있게 하는 프로그램을 도입했다. 이 범상치 않은 조준변경은 종래의 패턴을 뒤집기 위한 전술이었다. 그들은 스트리트 뷰의 틀을 다시 짰다. 저항을 피해 침입하기 위해 불안하게 잠행해야 했던 스트리트 뷰가 이제는 사업체들이 입장권을 구하려고 쟁탈전을 벌이는 호화 VIP 구역으로 탈바꿈하게 되는 것이다.

스트리트 뷰의 조준변경과 정교화는 감시 프로그램의 방향과 야망에 결정적인 변화가 일어나고 있음을 말해주었다. 이제는 경로를 알려주는 데 그치지 않고 경로를 정해줄 것이다. 이 책의 뒷부분에서 이 새로운 수탈 방법에 관해 살펴보겠지만 우선 간단히 말하자면 스트리트 뷰, 더 넓게는 구글 지도를 통해 수탈의 사이클이 새롭고 훨씬 더 야심 찬 목표를 향하게 되리라는 점을 알 수 있다. 이제 목표는 온라인 데이터 원천으로부터 현실 세계의 감시, 조언자, 적극적인 목자牧者로, 지식에서 영향과 통제로 바뀌었다. 궁극적으로 스트리트 뷰의 정교한 데이터는 자율주행차와 '구글 시티'로 이루어진 구글의 화려한 침입 복합체의 기반이 된다. 2부 1장에서 더 자세히 알아보겠지만, 이 두 가지는 현실 세계에서 상품과 서비스가 거래되는 시장 안에 미래행동시장을 확립하기 위해 완전히 새로운 미개척지를 펼쳐 보이며, 새로운 수준의 잉여 포획을 목표로 한다. 두 가지의 혁신 역시 이전의 성취를 토대로 이루어지며, 모든 것이 행동잉여의 대규모 추출이라는 하나의 목표 안에 통합된다는 점을 이해하는 것이 중요하다.

이렇게 진보하는 가운데, 구글은 한 가지 기회를 인식했고, 고객들도 인정하게 되기를 바랐다. 그것은 구글이 일상생활이 일어나는 현실 공간에 있게 되면 실제 행동에 영향을 미칠 수 있다는 점이었다. 예를 들어, 2016년에 구글은 '운전 모드' 기능이 포함된 새로운 지도 앱을 도입했다. 이 앱은 사용자가 어디에 가고 싶은지를 선택하지 않아도 알아서 목적지와 소요시간을 추천한다. 당신이 온라인에서 망치를 검색하고 나서 차에 올라 안전벨트를 채우면, '운전 모드'가 당신을 철물점으로 데려다줄 것이다. 《월 스트리트 저널》은 "구글이 이 '푸시' 기술을 모바일 검색 앱에 통합하고 있다"고 보도했다.[69]

이 앱에서는 지속적으로 축적되는 사용자와 맥락에 대한 지식에 기반하여 경로를 정하고, 그에 따라 '부조종사'가 길을 유도한다. 구글의 행동잉여에 대한 독점적인 접근권과 분석력은 그 사람이 돈을 쓰는 장소와 이유를 예측해 '여기서 먹어라' 또는 '이것을 사라'라고 말할 수 있게 한다. 구글은 잉여 분석을 통해 당신이 고가의 울 정장을 사리라는 것을 예측할 수 있고, 실시간 위치 확인 데이터를 활용해 당신이 양복 가게 주변을 지나는 바로 그 순간에 당신의 프로파일에 알맞은 사업주나 광고주로의 유도신호를 전달할 수 있다. 구글은 사람들을 밀거나 당기고, 제안하고, 쿡 찌르고, 부추기고, 말리고, 유혹하면서 그들의 삶 자체의 부조종사가 되기를 원한다. 구글의 유도에 대한 사람들의 응답은 또다시 데이터가 되어 더 나은 예측상품으로 재탄생된다. 구글의 새로운 버전의 온라인 광고 시장, 즉 미래행동시장에서는 당신의 행동에 대한 유도신호 자체가, 즉 당신의 미래가 실시간으로 현실세계에서 거래되는 상품이다.

이 신생 시장은 리스크가 크다. 예측불가능한 행동은 곧 매출의 손실을 뜻한다. 따라서 그 어떤 것도 운에 맡길 수 없다.[70] 2016년 9월《레지스터Register》는 최신 안드로이드 폰에 기본 탑재된 구글 플레이 앱이 사용자의 위치를 파악해 그 정보를 구글의 서버뿐 아니라 제삼자 앱에도 전송하고 있음을 폭로했다. 한 보안 전문가는 맥도날드 매장에 들어서는 바로 그 순간 안드로이드 폰에 맥도날드 앱을 다운로드 받으라는 알림이 뜨는 것을 보고 경악했다. 그는 나중에 구글 플레이가 그의 위치 정보를 수천 번도 더 가져갔음을 알아냈다. 이와 유사하게, 구글 지도에는 "당연히 있어야 할 끄기 기능이 없다." 앱의 작동을 중지시키려고 하면 운영체제가 "기기의 기본 기능이 더 이상 의도대로 작동하지 않을 수 있습니다"라고 경고한다.[71] 구글의 행태는 추출의 요청에 깃든 권위주의적 정치를 반영하며, 구글 자체가 준엄한 경제적 요구의 노예가 되었음을 보여준다.

여기서 우리는 한번 퇴짜를 맞았던 스트리트 뷰가 온라인 세계와 현실세계 모두에서 미래행동시장이 팽창하는 데 결정적으로 기여하면서 새 생명을 얻었다는 점에 주목해야 한다. 예전에는 미래행동시장이 표적형 온라인 광고에만 집중했지만, 지금은 더 커져서 사람들이 지금, 곧, 장차 무엇을 할 것인지, 그들이 온라인으로 할지, 걸어서 혹은 차를 타고 거리로 나갈 것인지, 방, 홀, 가게, 로비, 상점가를 지나갈 것인지 등의 예측을 아우르려고 하고 있다. 이 야심 찬 목표는 저항이 무력화되고 사람들이 서서히 굴복하게 되면 새로운 침입과 수탈이 일어나리라는 징조다.

우연이었는지 계획적이었는지는 알 수 없지만, 구글은 모든 지도제작자의 권력이 비롯되는 원천을 발견했다. 지도 제작의 역사를 연구해온 훌륭한 역사학자 존 B. 할리John B. Harley는 이를 "지도가 제국을 창조했다"는 말로 요약했다. 지도는 새로운 영토로 구상하거나 주장하고는 있지만 아직 실제로 장악하지는 못한 땅에 대해 효과적으로 '강화를 맺고, 문명화하고, 착취하는 데' 반드시 필요하다. 통제하려면 장소와 사람을 알아야 한다. 할리에 따르면, "지도상의 선들이 곧" 정복의 언어이며, "침략자들이 그들 스스로의 복잡한 경쟁과 상대적 권력에 따라 선을 그어 대륙을 구획화했다." 미국 최초의 직사각형 토지 측량은 "이 땅에 질서를Order upon the Land"이라는 슬로건으로 이 언어를 완벽하게 이해했음을 보여주었다.[72] 지도제작자는 그 질서를 명령하는 권력의 노리개로, 현실을 지도에 남길 것과 망각할 것, 단 두 가지로 환원한다. 지도제작자는 모든 인간에게 다음과 같은 구글과 감시 자본주의의 메시지를 확고하게 각인시키는 임무를 맡고 있다. 만일 당신이 우리의 지도상에 존재하지 않는다면 당신은 존재하지 않는 것이다.

IV. 대담한 개들을 풀다

스트리트 뷰 같은 프로젝트를 통해 구글은 스스로 미래의 운명을 결정하는 역할을 자임하며 미래를 좌지우지할 수 있음을 깨달았다. 그들은 새로운 핵심 공급선을 확보하기 위해 필요하다면 아무리 논란이 많아도 수탈 행위를 유지해야 한다는 점도 배웠다. 예를 들어, 독일에서 스트리트 뷰가 보호되지 않은 와이파이 네트워크에서 은밀하게 개인 정보를 빼내고 있다는 발표가 나기 불과 몇 달 전, 전 세계에서 스트리트 뷰에 대한 항의가 분출하던 시기에 구글은 버즈Buzz를 도입했다. 버즈는 소셜 네트워크에서 탐나는 행동잉여가 흘러나올 때 그 길목에 구글의 그물망을 드리우기 위한 플랫폼이다. 구글의 침략 행위는 사용자들의 사적인 정보를 강제 징발해 소셜 네트워크를 수립하는 버즈의 도입과 함께 수탈의 사이클과 이를 둘러싼 논쟁이 새로운 국면에서 다시 시작되게 했다.

구글은 반대를 피하거나 무력화하면서 공급 경로의 방향을 바꾸는 법을 배우고 나서 훨씬 더 용감해져, 대담한 개들을 대혼란 속에 풀어놓았다. 여러 예가 있지만 그중에서도 구글 글래스는 추출에의 요청이 얼마나 집요하며 그것이 어떻게 상업적 행위로 번역되는지를 깔끔하게 보여준다. 구글 글래스는 안경 형태의 착용형 기기 안에 전산, 통신, 사진, GPS 추적, 데이터 검색, 음성 녹음과 동영상 녹화 등의 여러 기능을 결합한다. 구글 글래스가 수집한 위치, 음성, 동영상, 사진, 그 밖의 개인 정보 등의 데이터는 구글의 서버로 이동해 다른 공급 경로를 통해 얻은 데이터와 합해져서 행동잉여가 거대한 하나의 흐름을 이루게 된다.

이 프로젝트는 앞으로 웨어러블 컴퓨팅 및 잉여 포획이 띠게 될 더 유연하고 덜 공공연한 형태의 선구자로 보였다. 존 행키는 최초의 자동차가 마차를 닮았던 것처럼 이 기기도 안경이라는 친숙한 모양으로 만들어져 웨어러블 테크놀로지 '입문 단계'에 적합하다고 설명했다. 다른 말로 하면, '안경'은 실제로 그것이 전례 없는 물건이라는 사실을 위장하기 위해 취해진 형태다. "최초의 탄생 순간에는 사람들이 과거에 본 적이 있는 무엇인가를 생각나게 해서 더 사람들이 받아들이기 쉽게 만들어졌지만, 궁극적으로 우리는 이 테크놀로지가 당신의 몸 어디에 있든 사회적 용납 가능성이 아니라 그 기능에 최적화되기를 원하게 될 것이다."[73] 구글 글래스는 2012년 봄 유행을 앞서나가는 미래주의로 세련되게 소개되었지만, 오래지 않아 사람들 사이에서 이 이상한 침입에 대한 새로운 공포가 표출되었다. 이 기기를 착용한 사람들은 '글래스홀(glasshole, glass와 asshole의 합성어-옮긴이)'이라고 놀림받았고 구글 글래스를 쓴 사람의 입장을 거부하는 매장도 있었다.[74]

프라이버시 옹호자들은 구글 글래스가 프라이버시나 익명성에 대한 합리적 기대를 저버리고 사람들과 장소에 대해 '항시적'이면서 '감지할 수는 없게' 기록한다는 데 대해 항의했다. 그들은 안면 인식 소프트웨어가 이 새로운 데이터 스트림에 적용되면 나타날 새로운 위험을 경고하며, 구글 글래스 같은 테크놀로지가 공공장소에서의 행동 방식을 근본적으로 바꾸어 놓게 될 것이라고 예측했다. 2013년 5월, 의회 프라이버시 위원회가 구글 CEO 래리 페이지에게 구글 글래스의 프라이버시 보호를 보장할 것을 요구했다. 구글은 그때 심지어 컨퍼런스까지 열어 개발자들에게 이 새로운 기기를 위한 앱 개발 방법을 알려주고 있었다. 2014년 4월 퓨 리서치는 미국인의 53퍼센트가 착용형 스마트 기기를 '나쁜 변화'라고 생각한다고 발표했다. 여성의 경우 부정적으로 인식하는 비율이 59퍼센트에 달했다.[75]

구글은 습관화의 효과가 나타나기를 기다리며 인내했다. 그해 6월, 구글은 구글 글래스에서 사용자가 주변의 모든 것을 인터넷에 실시간으로 스트리밍할 수 있는 비디오 공유 앱 라이브스트림Livestream을 제공할 것이라고 발표했다. 누군가 이 기기의 소유자가 논란의 소지가 있고 침입적인 능력을 손에 넣게 되는 데 대해 질문하자 라이브스트림 CEO는 "규칙을 정하는 것은 … 결국 구글의 몫"이라고 대답했다.[76] 세르게이 브린은《월 스트리트 저널》과의 인터뷰에서 "사람들은 언제나 혁신에 본능적인 반감을 가진다"고 말함으로써 어떠한 저항도 확실히 거부할 것임을 분명히 했다.[77]

2015년 구글이 구글 글래스를 더 이상 이용할 수 없게 되었다고 발표하면서 각색이 시작되었다. 그들은 구글 글래스가 불러일으킨 대중의 혐오나 사회적 논란을 인정하는 그 어떠한 언급도 하지 않았다. 짧은 블로그 글로 이렇게 발표했을 뿐이다. "우리는 이제 더 큰 신발을 신고 달리는 법을 배울 준비가 되었다. … 때가 되면 미래 버전의 새로운 구글 글래스를 보게 될 것이다.[78] 한 안경 디자이너가 미래지향적인 기기를 넘어 더 아름다운 외형으로 변모시키는 과업을 맡았다.

조준변경은 조용히 시작되었다. 2015년 6월 FCC의 엔지니어링·기술 사무소는 새로운 구글 글래스 설계 계획안을 받았고, 그해 9월 구글 글래스가 "새 이름과 새 생명을 얻게 된다"는 신선한 발표 소식이 전해졌다.[79] 일 년 후, 구글의 회장이 된 에릭 슈미트는 "그것은 거대하고 아주 기본적인 플랫폼"이라고 전제했다. 그는 구글 글래스를 공개 조사에서 철수시키기로 한 것은 "사용자들에게 공개할 준비를 하기 위해서일 뿐이며 … 그렇게 하기 위해 시간이 필요하다"고 설명했다.[80] 구글에서 더 많은 정보가 흘러나오면서, 대중의 반응이 어떠하든 간에 웨어러블 테크놀로지를 새로운 잠재적 공급 경로로 삼기로 한 계획을 바꿀 계획이 전혀 없음이 분명해졌다. 구글 글래스는 행동잉여의 운용이 온라인으로부터 오프라인 세계로 옮겨가는 것을 도울, 새로운 '착용형' 플랫폼의 전조였다.[81]

2017년 7월, '기업용 구글 글래스Glass Enterprise Edition'라는 새 버전을 세상에 소개하는 어느 블로그 글을 통해 조준변경 단계가 공개되었다.[82] 이번에는 공공장소에서 정면 공격 하는 일이 없을 것이다. 그 대신 일터로의 전술적 후퇴를 단행할 것이다. 일터는 습관화 맥락의 절대적 표준이다. 그곳에 묶여 있는 직원들 사이에서는 침입적 테크놀로지를 통상적인 일로 받아들이게 할 수 있다. 이 프로젝트의 리더는 "제조업, 물류업, 출장 서비스, 의료 등 여러 분야 종사자들이 손으로 다른 일을 하면서 착용형 기기로 정보를 조회하거나 다른 자료를 참조할 수 있어서 유용하다는 사실을 알게 된다"고 논평했으며, 대부분의 언론 기사도 새로워진 구글 글래스를 활용한 공장의 생산성과 효율성이 높아졌다면서 구글 글래스가 활동 영역을 공공장소에서 일터로 옮긴 일을 상찬했다.[83] 직장에서 글래스에 익숙해지게 하여 글래스가 거리로 쉽게 나갈 수 있게 하려는 수작임에 틀림없었고 이 기기가 가진 침입적 감시의 특성이 종사자들에게 고용 조건으로서 부과되리라는 점도 분명했지만 이에 대한 지적은 거의 없었다.

구글 글래스로부터 얻을 수 있는 교훈은 공급원으로의 접근 경로 하나가 장애물을 만나면 곧바로 다른 경로들이 구축되어 다시 고삐를 쥐고 확장을 견인한다는 것이다. 구글은 마지못해 홍보에도 더 주의를 기울이게 되었지만, 추출의 절박성은 언제나 수탈의 사이클을 전력을 다해 가동해 끊임없이 영토를 확장할 것을 무조건적으로 요구한다.

　이론적으로는 수탈이 '단순 강도' 행위일 수 있지만, 사실 그것은 그렇게 단순하지 않다. 수탈 과정에서는 복잡한 정치적·물질적 프로세스가 고도의 조화를 이루고 있는데, 여기에는 뚜렷한 단계들이 있고, 예측가능한 역학적 논리도 있다. 여기서 드러나는 변화 이론은 페이지가 말한 "저절로 일어나는 마법"이라는 장려한 운무를 배경으로 다수의 지식과 권리를 가져다가 소수에게로 옮겨 놓으며, 이 과정은 체계적으로 일어난다. 이 이론의 관점에서 사회적 논란은 안타깝지만 예측 가능한 반응이다. 우매한 대중은 반사적으로 '변화에 저항'하고, 피할 수 없는 미래를 거부하며 돌아갈 수 없는 과거에 연연하기 때문이다. 여기서 피할 수 없는 미래란 바로 구글이 지배하는 미래, 감시 자본주의의 시대를 말한다. 변화 이론은 반대란 침입 과정에서 극복되어야 할 어려움으로 그저 견뎌야 한다고 말한다. 반대는 치과에서 마취용 주사바늘이 처음 살을 찌를 때의 고통처럼 금방 지나가고, 곧 무감각해진다.

V. 수탈 경쟁

구글이 감시 자본주의의 메커니즘과 원리를 구축하고 감시 수익을 끌어내는 데 멋지게 성공하자 불 붙은 경쟁이 추출 전쟁을 점점 격화시켰다. 구글은 빈 땅에서 시작했지만, 곧 감시 수익을 보고 따라온 다른 기업들과 싸우게 된다. 첫 상대였던 페이스북은 여전히 행동잉여 공급 분야에서 가장 공격적인 경쟁자다. 페이스북은 빠른 속도로 침입의 물결을 일으키고, 자유롭고 법의 규제도 없는 잉여의 땅에서 입지를 확립하는 한편, 그들이 한 행위를 부인하고 비판을 물리쳤으며 대중을 혼란스럽게 했다. 친구들 사이의 의사소통 수단인 '좋아요' 버튼은 2010년 4월 페이스북에 전면적으로 도입되었는데, 이는 저커버그에게 수탈의 사이클을 지배할 수 있는 기회를 처음으로 보여주었다. 그해 11월, 박사학위 논문을 준비하던 네덜란드의 프라이버시 연구자 아르놀트 로센달Arnold Roosendaal은 이미 진행 중인 침입에 관한 한 연구를 발표했다. 그는 '좋아요' 버튼이 사용자의 버튼 클릭 여부와 관계 없이 쿠키를 사용자의 컴퓨터에 설치해 행동잉여를 지속적으로 포획하고 전송하는 강력한 공급 메커니즘임을 입증했다. 로센달은 이러한 방식을 "대안적 비즈니스 모델"이라고 일컬었으며, '좋아요' 버튼이 페이스북 비회원도 추적한다고 밝혔다. 그는 페이스북이 잠재적으로 '웹 사용자 모두'와 연결될 수 있고, 따라서 그들 모두를 감시할 수 있다고 결론지었다.[84] 불과 두 달 전만 해도 저커버그는 페이스북의 프라이버시 위반 사례가 늘어나고 있다는 지적에 '실수'라고 일축했다.[85] 지금도 그는 각본에 집착하며 로센달의 발견을 '버그'라고 해명했다.[86]

2011년에는 사이클의 습관화 단계가 한창 진행 중이었다. 그해 5월 《월스트리트 저널》의 한 기사는 사용자가 버튼을 클릭하지 않을 때에도 페이스북의 추적이 일어나고 있음을 공식화하며, 가장 방문자가 많은 전 세계 천 개의 웹사이트 중 3분의 1에 이미 이 버튼이 있다고 밝혔다. 한편 페이스북의 최고 기술 책임자는 '좋아요' 버튼에 관해 이렇게 언급했다. "우리는 그것을 추적에 사용하지 않는다. '좋아요' 버튼은 추적을 위해 만든 것이 아니다."[87] 9월 25일, 오스트리아 해커 닉 쿠브릴로빅Nik Cubrilovic은 페이스북이 사용자가 로그아웃한 후에도 계속 그들을 추적한다는 사실을 폭로했다.[88] 페이스북은 오류로 인해 특정 쿠키가 사용자를 추적하게 된 것이며, '결함'을 수정하겠다고 발표했다. 그들은 '안전성'과 '성능'을 고려할 때 쿠키의 사용을 완전히 중단할 수는 없다고 덧붙였다.[89] 언론들은 쿠브릴로빅의 폭로가 있기 불과 사흘 전에 페이스북이 여러 웹 도메인에서 사용자를 추적하는 전문 기법에 관한 특허를 받았다는 사실을 알아냈다. 이 새로운 데이터 처리 방법을 이용하면 사용자를 추적할 수 있음은 물론, 사용자와 그들의 소셜 네트워크에 관한 개인별 프로파일을 만들 수 있고, 페이스북 사용자의 행위에 관해 제삼자로부터 보고받을 수 있으며, 페이스북 시스템 안에서의 행위를 기록해 특정 개인들에게 특정 광고를 전달하는 데 활용할 수 있다.[90] 페이스북은 이 특허의 관련성과 중요성을 즉각 부인했다.[91]

여러 강력한 증거를 내밀어도 페이스북이 사용자를 추적하지 않았다는 주장을 굽히지 않자, 전문가들은 낙담했고 대중들은 더 혼란스러웠다. 이것이 요점이었던 것 같다. 페이스북은 모든 혐의를 부인하고 사용자의 안위를 위해 힘쓸 것을 맹세하면서 세계가 '좋아요' 버튼을 습관화할 1년 반의 시간을 확보했고, 그 시간 동안 치켜든 엄지손가락이라는 상징이 가상 커뮤니케이션의 필수불가결한 요소로 제도화되었다.[92]

이 알찬 성과는 수탈의 사이클이 각색 단계로 가는 길을 닦았고, 2011년 11월 페이스북은 그들이 체계적으로 "소비자들에게 페이스북에 올린 개인 정보를 비공개 상태로 유지할 수 있다고 말해 놓고 그 정보를 반복적으로 공유, 공개하는 기만을 저질렀다"는 고발에 대해 연방거래위원회와 합의했다.[93] 2009년 EPIC와 프라이버시 옹호자 연합의 문제 제기로 연방거래위원회 조사가 시작되었고, 페이스북이 약속을 파기한 증거가 수두룩하게 나왔다.[94] 그중 몇 가지를 열거하자면, 페이스북은 웹사이트를 변경하면서 사적인 정보를 공개했고, 제삼자가 사용자의 개인 데이터에 접근할 수 있게 했으며, 개인 데이터를 제삼자의 앱에 유출했고, 아무런 인증 절차도 없는 '인증된 앱' 프로그램을 운용했으며, 광고주들이 개인 정보에 접근할 수 있게 했고, 계정이 삭제된 후에도 개인 데이터에 접근이 가능했으며, 미국과 유럽연합 사이의 데이터 전송 규약인 세이프 하버 프레임워크Safe Harbor Framework를 위반했다. 감시 자본주의가 지배하는 소우주에서는 이러한 위반 각각이 추출의 지상과제를 달성하는 데 있어서 별 다섯 개짜리 가치를 갖는 일이었다. 연방거래위원회는 페이스북이 더 이상 프라이버시에 관한 허위 해명을 내놓지 못하도록 했고, 사용자에게 새로운 개인 정보 처리 방침에 대한 적극적 동의를 구하고, 향후 20년 동안 2년에 한 번씩 포괄적 프라이버시 프로그램을 감사받을 것을 명령했다. 연방거래위원회의 존 레이보위츠 위원장은 "페이스북의 혁신이 소비자 프라이버시를 희생시키는 대가로 이루어져서는 안 된다"고 천명했다.[95] 그러나 레이보위츠의 상대는 회사 하나가 아니었다. 그가 대적해야 할 상대는 이전과 구별되며 다루기 힘든 지상과제를 안고 있는 새로운 시장 형태였고, 이 시장 형태는 사용자의 프라이버시를 대가로 삼아야만 소임을 다할 수 있었다.

조준변경이 순식간에 뒤따랐다. 2012년에 페이스북은 데이터로직스 Datalogix와 제휴하여 온라인 광고가 현실 세계에서의 구매로 이어지는 때를 알아내 모바일 앱 사용에 기초한 광고를 겨냥하겠다고 발표했다. 이 전략을 쓰려면 사용자 계정에서 이메일 주소를 비롯한 개인 정보를 채굴해야 했다. 같은 해에 페이스북은 광고주들에게도 사용자의 이메일 주소, 전화번호, 웹사이트 방문 기록 등 표적 광고를 위한 데이터에 접근할 수 있게 했고, 개인의 메시지를 스캔해 제삼자의 웹사이트에 연결하거나 연결된 웹페이지에 '좋아요'가 자동 등록되도록 하는 것도 승인했다.[96] 2014년에는 여러 디지털 위젯 가운데 '좋아요' 버튼을 이용해 사용자들의 인터넷 활동을 추적하여 개인화된 광고를 위한 상세 프로파일을 구축할 것이라고 발표했다. 그 '포괄적 프라이버시 프로그램'은 사용자들에게 이 새로운 추적 정책을 알렸고, 길고 빽빽한 서비스 이용약관에 단 몇 줄을 삽입함으로써 2010년 4월 이래의 모든 주장을 뒤집었다. 프라이버시에 대한 옵트아웃을 선택할 수 있는 장치는 제공되지 않았다.[97] 그들이 버그라고 말했던 것은 페이스북 본연의 기능이었다.

한편 구글은 2001년 광고 추적ad-tracking 업계의 거물인 더블클릭DoubleClick의 인수를 연방거래위원회에서 승인받는 데 결정적인 조건이었던 사용자의 사전동의opt-in consent 없이 추적 네트워크에서 얻은 데이터를 다른 개인 식별 정보와 결합하지 않는다는 약속을 계속 지켰다. 당시에 구글은 페이스북이 침입과 습관화라는 험난한 길을 개척하며 감시 자본주의의 경계를 넓힐 때까지 기다린 것으로 보인다. 몇 년이 지난 2016년 여름, 구글은 사용자의 더블클릭 검색 기록이 지메일이나 다른 구글 서비스에서 얻은 개인 식별 정보와 '결합될 수 있다'고 발표하면서 그 경계를 넘었다. 구글은 이 새로운 차원의 트래킹을 위해 사전동의를 구하는 장치를 넣겠다고 약속했는데, 사전동의 페이지의 제목을 '구글 계정의 몇 가지 새로운 기능'이라고 붙였다. 한 프라이버시 연구사는 이를 두고 웹에서의 프라이버시를 마지막까지 감싸고 있던 '얇디얇은 허울'조차 날려버린 결정타라고 논평했다. 프라이버시 단체 연합이 연방거래위원회에 제출한 항의문의 다음 구절은 수탈 사이클의 논리에 대한 인식을 담고 있었다. "구글은 한 번에 하면 명백히 불법인 일을 몰래 점진적으로 했다."[98]

2012년의 페이스북 IPO는 악명 높은 실패작이었다. 모바일 기기로의 급격한 전환을 이유로 마지막 순간에 예상 매출이 하향 조정되면서 투자은행과 그 고객들 사이에서 불미스러운 거래가 일어났던 것이다. 그러나 저커버그, 셰릴 샌드버그와 그들의 팀은 수탈 사이클의 함의를 재빨리 파악했다. 이번에는 회사의 항로를 모바일 광고 쪽으로 돌리기 위해서였다. 그들은 대규모로 행동잉여를 포획하고, 법망을 피하거나 법에 저항하며, 예측 상품을 개선하기 위해 생산수단을 업그레이드하는 등 무자비하고 숙련된 행동잉여 사냥꾼이 되는 법을 배웠다.

감시 수익이 미친듯이 흘러나왔고, 시장은 주주들에게 후한 보상을 안겼다. 2017년 《파이낸셜 타임스》는 〈페이스북−위대함의 징표Facebook: The Mark of Greatness〉라는 제목의 기사에서 페이스북의 수익이 71퍼센트나 증가했다고 보도했다. 페이스북의 시가총액은 5천억 달러에 육박했고, 월 평균 실사용자 수가 20억 명이었다. 불과 1년 전만 해도 100대 기업에 들지 못했던 페이스북은 2017년 1분기 상위 100개 기업을 대상으로 하는 한 중요한 집계에서 7위에 올랐다. 그해 2분기에는 거의 모든 수익, 즉 총 수익 93억 달러 중 92억 달러가 광고에 의해 발생했는데 이는 전년 대비 47퍼센트 증가한 금액이었으며, 그중 모바일 광고가 가장 큰 비중을 차지했다.[99]

《가디언》은 구글과 페이스북이 2016년 전 세계 광고비의 5분의 1을 차지했다고 보도했다. 이는 2012년의 두 배에 해당한다. 구글과 페이스북이 2016년의 광고비 지출 상승분 중 90퍼센트 가량을 가져갔다는 보도도 있었다.[100] 감시 자본주의는 이 두 기업의 지위를 넘볼 수 없는 수준으로 밀어 올렸다.

5대 인터넷 기업 중 나머지 셋, 즉 마이크로소프트, 애플, 아마존 가운데 가장 먼저, 그리고 가장 단호하게 감시 자본주의로 선회한 기업은 2014년 2월 사티아 나델라Satya Nadella를 CEO로 선임한 마이크로소프트였다. 이러한 변화는 기술 부문 주도권 회복을 위한 수단이었다. 마이크로소프트가 검색 사업에서 구글과 대적하며 표적형 광고 역량을 개발할 몇 번의 결정적 기회를 놓친 일은 잘 알려져 있다. 2009년 초, 당시 수석 부사장이자 검색 사업 부문 책임자였던 나델라는 마이크로소프트가 감시 자본주의 초기 단계의 수익 창출 기회를 알아보지 못했다는 점을 공개적으로 비판했다. 그는 "우리 중 아무도 유료 검색 모델의 가치를 알아보지 못했다"면서, "돌이켜보면" 검색광고 서비스 종료는 "끔찍한 결정이었다"고 탄식했다. 나델라는 마이크로소프트의 검색 엔진 빙으로는 구글과 경쟁할 수 없다는 점을 인식했다. 높은 품질의 예측상품 제조에 필수적인 행동잉여의 포획 규모가 너무 작아서였다. "검색을 생각해보면 … 그것은 규모의 게임이다. 분명히 현재 우리가 가진 규모는 충분하지 않다. 이 점은 광고 관련성의 질을 … 저해하며, 이것이 현재 우리에게 주어진 매우 큰 과제다."[101]

나델라는 CEO를 맡은 지 3개월이 채 안 된 2014년 4월, 시장조사기관 IDC에 의뢰한 연구 결과를 발표하며, 마이크로소프트의 뱃머리를 규모의 게임 쪽으로 돌릴 생각이라고 밝혔다.[102] 나델라는 "자사의 데이터를 어떻게 활용하는가에 따라 전혀 활용하지 않는 회사에 비해 1조 6천억 달러의 추가 수익을 올릴 수 있다"는 결론을 얻었고, 이에 따라 저 멀리 보이는 풍요로운 미개척지의 해안에 상륙하기로 결심했다. 마이크로소프트는 자체 데이터에서 수익을 얻을 것이고, 그렇게 하는 고객들에게 '힘을 실어주는' 것을 전문화할 것이다. 나델라는 블로그에서 마이크로소프트의 새로운 방향을 이렇게 알렸다. "이 신세계에서 우리의 기회는 유비쿼터스 컴퓨팅으로부터 나오는 데이터 배기가스에 촉매 작용을 일으켜 생활환경지능ambient intelligence을 위한 연료로 전환시키는 방법을 찾는 데 있다."[103] 데이터에 관한 새로운 전망을 개괄한 한 동영상의 설명처럼, "예전에는 아무도 손대지 않았던 데이터가 이제는 자산이 되었다."

나델라의 계획 중 다수는 견고한 공급 경로를 확립하고 생산수단을 업그레이드함에 있어서 잃어버린 시간을 만회하기 위한 것이었다. 검색 엔진 팀은 사토리Satori라는 테크놀로지로 디지털 세계와 현실 세계를 아우르는 독자적인 모델을 구축했다. 사토리는 매일 DVD 28,000장 분량의 콘텐츠가 추가되는 자가학습체계다.[104] 프로젝트 책임자에 따르면 "지난 몇 년 동안 우리가 얼마나 많은 데이터를 수집했는지를 생각하면 정말 놀랍다. 일렬로 줄을 세우면 금성까지 닿고도 7조 픽셀이 남는다."[105] 그 모든 픽셀은 유용하게 쓰이고 있었다. 이 회사는 2015년 10월 실적 발표에서 전 분기에

약 10조의 검색 광고 매출이 발생함에 따라 빙이 최초로 수익을 내기 시작했다고 발표했다.

빙의 행동잉여 접근성을 강화하는 또 다른 전략은 2015년에 출시된 "디지털 비서" 코타나Cortana였다. 출시 후 석 달 동안 사용자들이 코타나에게서 답을 얻은 질문은 10억 개가 넘는다.[106] 마이크로소프트의 한 임원은 "브라우저에서는 다섯 개 중 네 개의 쿼리가 구글로 간다. [코타나에 접속할 수 있는] [윈도 10] 작업 표시줄에서는 다섯 개의 쿼리가 모두 빙으로 간다. … 우리는 모두 항상 뭔가를 검색한다. 검색은 우리의 수익 창출 전략을 구성하는 핵심 요소다.[107]

코타나가 발생시키는 것은 검색 트래픽만이 아니다. 마이크로소프트의 개인 정보 처리 방침은 이렇게 적고 있다. "코타나는 사용자가 로그인해 본인의 기기, 본인의 마이크로소프트 계정, 기타 마이크로소프트 서비스와 본인이 선택한 타사 서비스의 데이터를 코타나에게 사용하도록 허용할 때 가장 효과적으로 작동합니다."[108] 래리 페이지가 말한 저절로 일어나는 마법처럼, 마이크로소프트도 코타나를 통해 감탄과 경외감을 불러일으키고자 했다. 마이크로소프트의 한 임원은 코타나의 메시지를 다음과 같이 요약했다. "'나는 당신에 관해 많은 것을 알고 있다. 나는 당신이 기대하지 않은 방법으로 당신을 도울 수 있다. 나는 당신 눈에 보이지 않는 패턴을 읽을 수 있다.' 이것이 코타나의 마법이다."[109]

하지만 마이크로소프트는 영리하게도 코타나가 가진 지식의 진짜 범위를 사용자들에게 공개하지 않기로 결정했다. 코타나는 당신의 모든 것을 알고 싶어 하지만, 자기가 얼마나 알고 있는지를, 혹은 코타나의 작동 목표가 끊임없이 더 많은 것을 학습하는 데 있다는 것을 당신에게 알려주고 싶어 하지 않는다. 그 대신 '봇'은 허락과 확인을 요구하도록 프로그램되어 있다. 코타나 프로젝트 그룹 프로그램 매니저의 표현을 빌리자면, 코타나의 지능을 "자동적"으로가 아니라 "점진적"으로 보여줌으로써 대중을 겁먹지 않게 하기 위해서다. 그는 휴대폰이 얼마나 우리 삶을 장악하고 있는지를 사람들이 깨닫고 깜짝 놀라기를 바라지 않는다고 말했다. "우리는 '마술' 같은 요소를 조금 줄이고 조금 더 투명해지기로 결정했다."[110]

나델라는 새로운 '대화' 플랫폼을 구상한다. 여기서 사용자는 그들의 일상생활의 세세한 부분까지 자발적으로 노출하도록 유도하는 봇과 상호작용한다.[111] 그는 이 플랫폼이 다음의 예에서처럼 '대화형 커머스' 등의 경험을 제공할 것이라고 했다.[112]

[봇은] 당신이 지난 주에 무슨 구두를 샀는지 알고, 당신의 과거 구매 이력을 통해 당신이 무엇을 좋아하는지도 알며, 당신의 프로파일도 안다. 당신이 가장 좋아할 만한 제품을 추천 시스템에서 조회할 수 있으며 … 데이터와 분석의 힘을 이용하여 당신에게 가장 적합한 제품을 추천할 수 있다. 당신의 소셜 네트워크를 통해 선택을 도와줄 친구를 초대해줄 수도 있다. 선택을 하고 나면 당신의 사이즈 정보와 배송 주소, 결제 정보를 이용해 선택한 드레스를 당신에게 배송해줄 것이다.[113]

2015년 7월 마이크로소프트의 새 운영체제인 윈도우 10의 출시는 그들이 행동잉여의 공급 경로를 확보하고 유지하는 데 얼마나 진지하고 다급한지를 보여주었다.[114] 한 소프트웨어 엔지니어가 《슬레이트Slate》에 기고한 글은 윈도우 10이 "개혁이 절실히 필요한 프라이버시의 늪"이라고 표현했다. 그는 이 운영체제가 어떻게 "마이크로소프트의 서버에 사용자의 데이터를 대량으로 넘겨줄 권리를 스스로에게 부여하고, 사용자의 시간을 마이크로소프트의 목적을 위해 이용하며, 윈도우 사용 내역을 프로파일링하는지" 상세하게 묘사했다.[115]

많은 분석가가 금세 밝혔듯이, 이 운영체제는 사용자들이 '빠른 설치'를 선택하도록 유도한다. 이 설치 방법을 택할 때의 기본 환경설정은 개인 정보를 최대한으로 마이크로소프트의 서버에 흘려 보내도록 맞추어져 있다. 기술 전문 웹진 〈아르스 테크니카Ars Technica〉의 조사는 기본 설정을 바꾸거나 코타나 같은 주요 서비스를 비활성화하더라도 운영체제는 인터넷 접속을 유지하며 정보를 마이크로소프트에 계속 전송한다고 폭로했다. 이렇게 전송되는 정보에 제품 일련번호, 사용자 콘텐츠, 위치 데이터 등 개인 정보가 포함되는 경우도 있었다.[116]

전자 프런티어 재단EFF의 분석에 따르면, 코타나를 사용하지 않겠다고 설정한 사용자도 문자, 음성, 터치 입력과 웹 추적, 일반적인 사용 정보, 사용 프로그램, 세션 지속시간 같은 원격측정 데이터 등 '전례 없이' 많은 양의 정보를 수집당했다. 또한 EFF는 사용자가 위치 정보 전송을 차단하면 운영체제의 보안 업데이트가 적절하게 기능하지 않으므로 마이크로소프트가 개인 정보를 전송받기 위해 보안 기능을 인질로 삼는 셈이라고 지적했다.[117]

2016년 마이크로소프트는 262억 달러에 전문직 소셜 네트워크 링크드인LinkedIn을 인수했다. 이 인수는 소셜 네트워크 차원의 잉여 행동이라고 할 수 있는, 이른바 '소셜 그래프'를 얻을 신뢰할 만한 공급 경로를 확보한 것이다. 사용자 4억 5천 명으로부터의 소셜 잉여라는 이 강력하고도 새로운 흐름은 마이크로소프트의 예측상품을 대폭 강화할 수 있다. 나델라도 투자자들에게 링크드인의 인수를 발표하면서 "이 인수가 우리의 표적화와 관련성의 수준을 한 단계 높일 수 있다"고 말했다.[118] 당시에 나델라가 투자자들에게 말한 세 가지 핵심 기회 중 하나는 "개인 및 기관 가입과 표적형 광고를 통한 수익 창출 가속화"였다. 마이크로소프트가 각 개인에 대한 종합적 지식, 즉 모든 서비스, 기기, 채널을 통해 통합된 직업적 프로파일을 가질 수 있게 된다는 점이 중요하다. "현재 코타나는 당신에 관해 알고, 당신이 소속된 조직에 관해 알며, 세계를 안다. 장차 코타나는 당신이 속한 업계 전체의 네트워크까지 알게 되어 당신을 위해 점들을 연결하여 당신이 한 걸음 앞서 나가게 해줄 것이다."[119]

시장은 마이크로소프트와 나델라에게도 감시 수익 쪽으로 방향을 돌린 데 대해 넉넉하게 보상해주었다. 나델라가 CEO 자리에 오른 2014년 2월, 이 회사의 주식은 약 34달러에 거래되고 있었고, 그 시장 가치는 약 3,150억 달러였다. 3년이 지난 2017년 1월, 마이크로소프트의 시가총액은 2000년 이래 처음으로 5,000억 달러를 돌파했고 주가는 65.64달러로 사상 최고치를 기록했다.[120]

VI. 감시 수익의 유혹

구글, 페이스북, 마이크로소프트의 전례 없는 성공은 글로벌 경제에 뚜렷한 자성磁性으로 작용했다. 무법성의 정치가 가장 확고하게 자리 잡은 미국에서는 그 영향이 더욱 강했다. 오래지 않아 실리콘밸리에서 멀리 떨어진 전통적인 분야의 회사들까지 감시 수익 경쟁에 뛰어들겠다고 나섰다. 이 두 번째 물결의 맨 앞에는 수많은 개인과 가정에 광대역 서비스를 제공하는 통신사 및 케이블 업체가 있었다. 이 회사들이 이미 자리 잡은 인터넷 업계 거물들과 효과적으로 경쟁할 수 있을지에 관해서는 논란이 있었지만, ISP 업체들이 문을 두드리리라는 사실은 분명해 보였다.《워싱턴 포스트》는 "웹 전체를 볼 수 있는 넓은 시야로 무장한 인터넷 서비스 제공 사업자들은 페이스북 밖의 페이스북, 구글 밖의 구글이 될지도 모른다"고 평가했다.[121] 그중 가장 규모가 큰 버라이즌Verizon, AT&T, 컴캐스트Comcast 같은 기업들의 전략적 인수는 오랫동안 유지해오던 서비스 요금 모델에서 벗어나 행동잉여의 수익화를 위해 변화를 꾀하겠다는 신호였다. 그들의 전술은 감시 자본주의의 기본 메커니즘과 작동 요건이 일반화될 수 있음을 보여주며, 새로운 축적 논리가 광범위한 시장 활동의 완전히 새로운 영역을 규정한다는 증거가 되었다.

버라이즌—미국 최대의 통신 회사이며 시가총액을 기준으로 하면 세계 최대이기도 하다[122]—의 경우 2014년 봄 《애드버타이징 에이지Advertising Age》의 한 기사를 통해 모바일 광고로의 방향 전환 계획이 보도되었는데, 이는 곧 감시 수익으로의 전향을 뜻했다. 버라이즌의 데이터 마케팅 담당 부사장은 기존의 광고가 "한 기기에서 다른 기기로 옮겨갈 때 소비자를 추적하는 어려움이 증가해 … 수신가능성addressability"의 한계가 있었다고 말했다. 한 마케팅 전문가도 "여러 모바일 애플리케이션과 모바일 브라우저에서 사용자를 추적할 수 있게 해주는 보편적 식별자가 없다"고 불평했다. 이 기사는 버라이즌이 "쿠키의 부재로 곤란해진 마케팅 공간을 위한 대안"을 개발했다고 설명했다. 버라이즌은 정밀 IDPrecision ID라는 각 사용자에게 보이지도 않고 삭제도 불가능한 추적 번호를 부여함으로써 광고주의 추적 요구를 해결하고자 했다.[123]

사실 버라이즌의 침입은 2년 전인 2012년에 착수되었지만 대중에게는 조심스럽게 숨기고 있었다. 아마도 그 ID가 버라이즌으로 하여금 스마트폰이나 태블릿에서 개인들이 보이는 습관을 확인하고 감시할 수 있게 해주고, 그러면서 고객이 알지 못하게 행동잉여를 발생시키기 때문이었을 것이다. 브라우저의 사생활 보호 모드나 다른 프라이버시 보호 도구 또는 제어 설정으로는 추적 장치를 끌 수도 피할 수도 없다. 가입자가 웹사이트를 방문하거나 모바일 앱을 이용할 때마다 버라이즌과 제휴 업체들이 이 숨겨진 ID로 행동 데이터를 끌어모아 패키징한다. 고객은 이 모든 과정을 전혀 알지 못한다.

지울 수 없는 추적 기능은 점점 심해지는 행동잉여 경쟁에서 버라이즌이 확실한 우위를 갖게 해주었다. 공원에서의 산책조차 '마케팅 공간'으로 재규정할 수 있기를 갈망하는 광고주들은 이제 버라이즌의 지울 수 없는 개인 식별자가 가진 힘으로 소비자의 휴대폰에 신뢰할 만한 표적형 광고를 송신할 수 있게 되었다. 버라이즌은 광고 테크놀로지 기업 턴Turn과 제휴도 맺었다. 턴은 '좀비 쿠키' 또는 '영구 쿠키'라고 불리는 비정상적인 쿠키를 발명해 이미 악명이 높았다. 이 쿠키는 광고 추적을 사용하지 않겠다고 설정하거나 추적 쿠키를 삭제해도 즉시 다시 생성된다. 턴이 버라이즌의 제휴사가 되면서 좀비 쿠키가 버라이즌의 비밀 추적 번호에 첨부되었고, 이를 찾아내지 못하게 하는 보호 장치도 훨씬 더 강화되었다. 턴의 최고 '프라이버시 책임자'는 "우리는 능력이 닿는 한 가장 안정적인 식별자를 이용하려고 애쓰고 있는 것"이라면서 이 방식을 옹호했다.[124]

2014년 가을, 전자 프런티어 재단과 기술 전문가 제이컵 호프먼-앤드루스Jacob Hoffman-Andrews는 버라이즌이 남모르게 새로운 공짜 원재료를 차지하고 있다는 사실을 폭로했다.《와이어드》의 한 기사가 호프먼-앤드루스의 버라이즌 감시 프로그램 분석과 AT&T도 유사한 추적 ID를 사용하고 있다는 추가적인 발견을 보도했다. 그 기사에 따르면 버라이즌 대변인도 "그것을 끌 방법은 없다"고 시인했다.[125] 호프먼-앤드루스는 고객이 표적형 광고에 대해 옵트아웃을 선택해도 버라이즌이 추적 금지Do Not Track 설정, 익명 모드Incognito와 같은 사생활 보호 모드, 쿠키 삭제 등 사용자가 의도한 모든 신호를 우회하거나 무시하고 추적 ID를 존속시킨다는 것을 확인했다. 그 ID는 "버라이즌 고객이 모바일 기기에서 방문한 모든 암호화되지 않은 웹사이트"에 뿌려진다. "그것은 제삼자인 광고주와 웹사이트가 방문자의 웹 브라우징 습관에 대한 심층적이고 영구적인 프로파일을 사용자 동의 없이 구축할 수 있게 해준다."[126] 새로운 경쟁자의 등장에 놀란 구글은 프라이버시 옹호자의 입장을 취하며 버라이즌의 정밀 ID 같은 "헤더 인젝션header injection"을 막는 새로운 인터넷 통신 규약internet protocol이 필요하다고 주장하기 시작했다.[127]

프라이버시 전문가이자 저널리스트인 줄리아 앵귄Julia Angwin은《프로퍼블리카Pro Publica》동료들과 함께 이런 종류의 추적 ID가 통신 업계 전체의 표준이 되어가고 있다고 보도했다. 이 기사에서 한 광고 담당 임원은 "우리를 흥분시키는 것은 집배원 수준의 ID"라면서 "인식 지점의 수준이 더 높아짐에 따라 추적의 확실성도 높아졌다"고 설명했다. 호프먼-앤드루스는 버라이즌의 전술을 "사용자의 프라이버시에 대한 초대형급 침해"라고 표현했다.[128] 이 말도 맞을지 모르지만, 버라이즌의 전술은 앞으로 훨씬 더 큰 규모의 전개가 벌어질 것임을 시사한다.

버라이즌이 이미 침입한 영토에서 후퇴할 리 없었다. 숨겨진 ID는 계속 존속했지만, 버라이즌은 고객들에게 "사이트와 광고회사가 고객의 프로파일 구축을 시도할 가능성은 낮다"고 장담했다.[129] 그러나 오래지 않아 전문가들은 트위터의 모바일 광고 부문이 이미 버라이즌 ID에 의존하여 트위터 사용자의 행동을 추적하고 있음을 발견했다.[130] 컴퓨터 과학자이자 법학자인 조너선 메이어Jonathan Mayer는 턴의 좀비 쿠키가 서른 개 이상의 업체와 데이터를 주고받는다는 사실을 밝혔다. 거기에는 구글, 페이스북, 야후, 트위터, 월마트, 웹MD가 포함되어 있었다. 메이어는 버라이즌과 턴의 옵트아웃 정책을 모두 조사했고, 둘 모두 기만적임을 밝혀냈다. 프라이버시와 추적 ID 보안에 관한 버라이즌의 공개 발언 하나하나가 모두 거짓이었다. 메이어의 말에 따르면, "간단히 말해, 일반 사용자는 방어할 방법이 없다."[131]

버라이즌이 실질적으로 감시 자본주의에 진입하기 위해서는 회사의 이해관계를 추출에의 요청에 일치시켜야 했다. 버라이즌이 수탈의 사이클을 발견하고 실행한 방법에서 이 점을 확인할 수 있다. 그들은 침입에서 조준변경에 이르는 일련의 전술적 단계를 빠르게 밟아갔다. 버라이즌의 초기 침입은 내부 실험과 발견을 위한 3년을 필요로 했다. 이 기간 동안 그들은 새로운 관행을 점진적으로 대중에게 습관화시키는 과정을 진행하면서 대중의 인식이라는 문턱을 넘었다. 전략이 공개된 다음에는 비판적인 언론과 프라이버시 전문가들의 집중 포화를 견뎌야 했지만, 그러는 동안 수익 창출 기회와 공급 경로 확장을 위한 시간을 벌었다. 침입에 대한 대중의 반응은 이 회사가 사이클의 다음 단계를 구상하게 만들었다.

대중의 압박은 2015년 초 '각색'으로의 이행을 촉발했다. 버라이즌의 불법 추적 실태에 대한 FCC 조사가 시작된 몇 달 후였다. 전자 프라이버시 정보 센터는 2015년 1월 FCC가 버라이즌에 제재를 가할 것을 요구하는 탄원서를 유포했다. 그달 말 상원 통상·과학·교통위원회는 버라이즌에 그들의 새로운 관행에 대해 '깊은 우려'를 표명하는 공개서한을 보냈다.[132] 위원회는 고의적으로 '보이는' '소비자 프라이버시 침해'와 '고객 선택 우회'에 대해 버라이즌과 턴을 징계했다.[133] 서한을 보낸 지 만 하루만에 버라이즌은 "우리는 옵트아웃을 확장하여 UIDHunique identifier header(고유 식별자 헤더)라고 불리는 식별자를 포함하도록 하는 작업을 시작했으며 곧 이용할 수 있게 될 것으로 기대한다"고 발표했다. 《뉴욕 타임스》는 버라이즌의 발표를 "모바일 광고 표적화 프로그램의 중대한 변화"라고 해석했다.[134]

《뉴욕 타임스》는 수탈의 사이클이 이미 조준변경 단계에 들어섰다는 사실을 알 수 없었다. 2015년 5월 버라이즌은 AOL을 44억 달러에 매수하는 데 합의했다. 많은 분석가가 곧바로 논평했듯이, AOL의 진정한 매력은 CEO 팀 암스트롱Tim Armstrong에게 있었다. 그는 구글 광고 판매 부문의 첫 수장으로, 매디슨가(미국 광고업계-옮긴이) 스타일의 광고에서 애드워즈라는 획기적인 발명품으로의 이행을 주도한 사람이다. 그는 AOL로 자리를 옮기기 전 구글 광고 판매 부문 미주 총책임자였으며, 그에 앞서 구글을 떠난 세릴 샌드버그처럼 애드워즈의 감시 DNA에 대한 깊은 이해와 감시 자본주의라는 유전자 치료법으로 AOL의 대차대조표를 구해내겠다는 결의를 품었다. 버라이즌의 운영 총괄 사장은 투자자들에게 이렇게 말했다. "우리의 일차적인 관심사는 팀 암스트롱과 그의 팀이 실로 엄청난 성과를 낸 광고 기술 플랫폼에 있다." 《포브스Forbes》는 암스트롱이 "구글과 페이스북의 복점 양상에 도전하기 위해" 버라이즌의 자원을 필요로 한다고 논평했다.[135]

두 감시 자본에 대해 진지하게 도전하려면 어쨌든 행동잉여 포획에서의 규모의 경제로부터 시작해야 한다. 그 목표를 위해 버라이즌은 곧바로 AOL 광고 플랫폼을 통해 공급 경로의 방향을 바꾸었다. AOL을 인수한 지 몇 달이 채 안 되어, 버라이즌은 새로운 개인 정보 처리 방침을 웹사이트에 조용히 공지했다. 1억 3,500만 명의 무선 인터넷 가입 고객 중 이것을 읽을 사람은 거의 없었다. 이 공지 마지막 단락에 슬며시 들어간 몇 줄이 정밀 ID가 다시 움직이고 있음을 말해주고 있었다. 버라이즌과 AOL의 협력으로 "더 개인화되고 더 유용한 서비스를 사용자에게 전달할 것이다. … 우리는 버라이즌의 기존 광고 프로그램을 … AOL 광고 네트워크에 결합할 것이다. 그 결합은 사용자가 다양한 기기와 서비스에서 더 가치 있는 광고를 보게 하는 데 기여할 것이다." 이 공지는 '고객의 프라이버시는 우리에게 중요하다'고 주장한다. 그러나 추출의 요청에 응답하는 일을 양보하거나 원재료 공급자가 그들의 수탈 프로그램에 이의를 제기하게 내버려둘 만큼 중요하지는 않을 것이다. 옵트아웃 절차가 있기는 했지만 대개 복잡하고 알아보기 힘들며 시간이 많이 걸렸다. 공지는 이렇게 글을 맺었다. "기기에서 쿠키를 삭제하거나 브라우저의 사용 기록을 삭제하는 등 브라우저의 제어 장치를 사용하는 것은 버라이즌이나 AOL 광고 프로그램의 효과적인 옵트아웃 방법이 아니다."[136]

FCC와 버라이즌의 합의는 작정한 감시 자본가의 속도와 자원에 공공기관이 밀린 또 한 번의 우울한 사례다. 버라이즌의 전술적인 방향전환이 발표되고 한참이 지난 2016년 3월, FCC는 숨겨진 ID로 프라이버시를 침해한 데 대해 버라이즌에 135만 달러의 벌금을 부과했다. 당시에 버라이즌은 쿠키를 옵트인 기반으로 바꾸는 데 동의했지만 이 합의가 AOL의 광고 네트워크에는 적용되지 않았는데, 프라이버시 침해 행위가 AOL 쪽으로 옮겨간 것이다. 급성장 중인 버라이즌의 새로운 공급 경로는 아무런 방해도 받지 않고 굳건하게 남아 있었다.[137] 그달 말, 암스트롱은 광고주들과 만나게 된다. 《월 스트리트 저널》은 이 만남을 "버라이즌 커뮤니케이션사에 매각된 후 갓 출항한 AOL이 페이스북 및 구글에 확실히 위협적인 존재라는 사실을 널리 알릴 최초의 진정한 기회"라고 해석했다.[138]

2016년 3월 31일, FCC는 ISP를 위한 프라이버시 지침을 수립하겠다는 규정 제안 공고를 발표했다. 해당 업체들은 보안과 서비스 효과를 향상시키기 위해 행동 데이터 수집을 지속할 수 있지만 '소비자 데이터'의 모든 다른 용도의 이용은 옵트인 방식의 사전동의에 의해서만 가능해졌다. FCC 위원장 톰 휠러Tom Wheeler는 "일단 어느 ISP에 가입하고 나면 마음을 바꾸거나 그 네트워크를 빠르게 피할 수 있는 유연성이 거의 없다"고 지적했다.[139] 그러나 이 제안은 FCC의 관할이라고 여겨지는 ISP만을 대상으로 했고, 연방거래위원회의 규제를 받는 인터넷 회사들은 포함하지 않았다.

주요 ISP 사이에서 이미 치열한 수탈 경쟁이 시작된 상황이었으므로, 이 제안이 곧바로 불꽃 튀는 정치적 쟁점이 되었다는 사실은 그다지 놀랍지 않다. ISP 회사, 로비스트, 정책보좌관, 정치적 동맹 단체들이 타 업계와의 경쟁에서 ISP만 불리하게 될 것이라고 주장하며 이 노력을 무산시키려고 앞다투어 나섰다. "통신 회사들은 이 제안에 반대한다. 이 제안이 그들을 사용자들의 데이터를 수집하는 다른 인터넷 기업들과 대등하지 않은 출발선에 서게 할 것이라고 보기 때문이다."[140] 2016년 10월 27일, FCC 위원들은 모처럼 인터넷에서 소비자를 보호하기 위한 이 기념비적인 규정안을 3대 2로 가결했다. 감시 자본주의의 짧은 역사에는 물론이고, 지금까지 한번도 그런 온라인 보호 규정을 통과시킨 적이 없던 FCC의 유서 깊은 역사에도 기록할 만한 날이었다.[141]

FCC의 제안이든 최종 투표 결과든 행동잉여에서의 규모의 경제를 향한 버라이즌의 열의를 식히지는 못했다. 이 마을에 법이 생기면 보안관 없는 다른 도시를 사면 된다. 2017년 6월, 버라이즌은 야후의 핵심 사업 부문 매입에 임박해 있었는데, 이는 과거의 인터넷 거물이 보유하고 있는 월간 실사용자 10억 명, 월간 모바일 실사용자 6억 명을 단 44억 8,000만 달러에 인수한다는 뜻이었다.[142] 1년 전 암스트롱이 언론에 "규모가 지상과제"라고 말한 적이 있다.[143] "올림픽에서 뛰고 싶다면 구글, 페이스북과 경쟁해야 한다."[144] 암스트롱은 사용자의 행동과 다운로드 활동을 24시간 내내 모두 볼 수 있고 사용자의 위치를 항상 추적할 수 있다는 점에 버라이즌의 강점이 있다고 보았다.

2017년, 버라이즌의 새로운 야망을 구성하는 요소들이 마침내 모두 준비되었다. 야후와 AOL이 암스트롱이 이끄는 새로운 인터넷 회사 오스Oath로 결합되면 월간 실사용자 수가 13억 명이 된다. 《뉴욕 타임스》는 이렇게 요약했다. "버라이즌은 구글 및 페이스북과 경쟁하는 가운데 다양한 콘텐츠와 새로운 광고 형태를 이용해 더 많은 사용자와 마케터를 끌어들일 수 있기를 희망한다."[145]

감시 자본주의 역사에서 이 장章은 2017년 3월 28일 새로 선출된 공화당 의회가 불과 몇 달 전 FCC가 힘겹게 만들어낸 광대역 통신망 프라이버시 규제를 뒤집는 결의안을 통과시키면서 끝난다. 이 규제는 케이블 및 전화 회사에게 광고와 프로파일링을 위해 개인 정보를 활용하기 전에 유의미한 동의를 얻도록 했는데, 해당 업체들이 동의의 원칙이 새로운 자본주의의 근본 메커니즘인 일방적 잉여 수탈의 적법성, 잉여에 대한 소유권, 잉여에 대한 의사 결정권, 이러한 활동을 기소할 법이 없는 공간을 가질 권리 등에 심각한 타격을 줄 것임을 알고 공화당 상원의원들을 설득한 것이다.[146] 따라서 결의안은 FCC가 앞으로도 유사한 보호책을 수립하려는 시도조차 하지 못하게 했다. 민주당 지명 FCC 위원 휠러는 《뉴욕 타임스》에 기고한 글에서 다음과 같이 문제의 핵심을 지적했다.

> 나를 포함해 민주당의 FCC 위원들은 소비자가 네트워크를 사용하면서 남긴 디지털 발자국은 소비자의 자산이라고 본다. 거기에는 개인의 선호, 건강 문제, 재정적인 사안 등 사적인 정보가 들어 있다. 공화당 위원들은 네트워크 사업자가 그 데이터를 팔아먹을 수 있어야 한다고 주장했다.[147]

이러한 반전은 휴대폰상의 프라이버시가 연방법에 의해 보호된다고 해도 같은 정보가 인터넷을 통해 전송되면 직접 ISP의 잉여 공급 사슬로 들어가게 됨을 뜻했다. 결국 '무료'의 신화가 끝났다는 신호였다. 전 세계 인터넷 사용자가 맺은 파우스트의 계약은 구글 검색이나 페이스북의 소셜 네트워크 같은 무료 서비스와 감시라는 쓰디쓴 대가를 맞바꾸었다. 이제는 그런 식의 속임수를 봐줄 수 없다. 매달 통신비를 내는 모든 소비자가 원격적이고 추상적이기는 하지만 우격다짐으로 이루어지는 디지털 알몸수색을 받을 특권도 함께 구매하기 때문이다.[148]

유통, 금융, 피트니스, 보험, 자동차, 여행, 호텔, 의료, 교육 등 모든 부문에서 기성 기업이건 신생 기업이건 너나할 것 없이 큰 성장과 이윤, 금융시장에서나 가능한 후한 보상을 약속하는 감시 수익의 자성에 이끌려 집단 이주 행렬에 합류하고 있다. 이 책에서도 이후에 여러 부문의 사례를 살펴볼 것이다.

또 하나의 경향으로, 행동잉여를 포획하고 판매하기 위한 감시 자체가 서비스가 되고 있다. 그런 회사들은 '소프트웨어 서비스software-as-a-service'라는 뜻으로 SaaS라고 불리지만 더 정확히 말하려면 "감시 서비스surveillance as a service"이므로 'SVaaS'라고 불러야 할 것이다. 예를 들어, 새로운 앱 기반 대출은 문자 메시지, 이메일, GPS 좌표, 소셜 미디어 게시물, 페이스북 프로필, 구매 기록, 통신 패턴 등 개인의 스마트폰이나 여타 온라인에서의 아주 세부적인 행동까지 살펴 즉석에서 신용도를 결정한다.[149] 데이터 소스에는 휴대전화 배터리를 얼마나 자주 충전하는지, 메시지가 얼마나 많이 오는지, 전화를 받지 못한 경우 다시 전화를 거는지, 건다면 언제 거는지, 전화기에 얼마나 많은 연락처가 저장되어 있는지, 온라인 양식을 어떻게 작성하는지, 매일 몇 마일을 이동하는지 등 매우 사적인 세부 정보도 포함될 수 있다. 이러한 행동 데이터는 대출 연체나 상환 가능성을 예측하는 미묘한 패턴을 생성하며, 지속적으로 알고리즘을 개발하고 다듬을 수 있게 한다. 이 접근을 연구한 두 경제학자는 이와 같은 잉여의 특성 덕분에 전통적인 신용 점수에 비견할 만한 예측 모델이 만들어질 수 있다는 사실을 발견했다. "이 방법은 전형적인 '연성soft' 정보에 해당하는 행동의 풍부한 측면들을 계량화하여 공식 기관에서 알아볼 수 있게 만든다."[150] 고객 당 1만 개의 신호를 분석하는 한 대부업체 CEO는 이렇게 설명했다. "당신은 이 고객들의 일상생활을 알 수 있고 진정으로 이해할 수 있다."[151]

이 방법은 원래 아프리카 시장에서 '은행 거래 경험이 없는unbanked', 따라서 기존의 신용정보가 없는 사람에게 대출 자격을 부여하기 위해 개발되었다. 한 비영리단체는 저소득 국가의 잠재적 고객들을 인터뷰하고 나서 빈곤층은 이미 궁지에 몰려 있어서 더 쉽게 이용당한다고 일갈했다. "대개 개인적인 정보를 제공하는 데 문제가 없다고 말했다. 대출을 받는 일이 훨씬 중요하기 때문이다." 그러나 이들 앱 기반 대출 스타트업들은 대개 실리콘밸리에서 창업하고 자금도 실리콘밸리에서 조달했다. 따라서 이 기법이 금융 위기와 신자유주의의 긴축 처방에 의해 경제적으로 공동화空洞化된 미국 가정들을 노리는 무리에 끼게 된 것은 어쩌면 당연했다.《월 스트리트 저널》의 보도에 따르면, 어펌Affirm, 렌드업LendUp, 제스트파이낸스ZestFinance 같은 신생 스타트업들은 "대출을 받기 힘들었던 수만 명의 미국 소비자의 신용도를 평가하기 위해 소셜 미디어, 온라인 행동, 데이터 브로커 등으로부터 얻은 데이터를 활용한다." 프라이버시와 그에 대한 의사 결정권은 이제 사치품이 되었다. 이를 누릴 수 없는 사람이 너무 많아진 것이다.[152]

서비스로서의 감시를 보여주는 또 다른 예는 고용주나 집주인에게 직원이나 세입자 후보의 심층 신원조회 결과를 판매하는 기업이다. 예를 들어, 이 서비스를 이용하기로 한 집주인은 예비 세입자에게 모든 소셜 미디어 계정에 완전한 접근 권한을 부여해달라고 요구한다. 이 서비스가 대화 내용 전체, 사적인 메시지 등 '당신의 웹 활동을 긁어모아' 자연언어 처리를 하거나 다른 분석 소프트웨어에 넣고 돌리면, 성격에서부터 '재정적 스트레트 수준'에 이르기까지, 임신 여부나 나이 같은 민감한 정보를 포함해 예비 세입자에 관한 모든 것을 정리한 보고서로 튀어나온다. 분석을 당한 사람에게는 정보를 보거나 이의를 제기할 기회가 없다. 디지털 대부업체의 경우와 마찬가지로, 예비 세입자는 이 서비스에 공식적으로 '옵트인'해야만 하는데, 돈이 없고, 그래서 선택의 여지가 적은 사람은 결국 사회의 일원이 되기 위해 프라이버시를 박탈당하는 파우스트의 거래에 발이 묶이게 된다. 이 서비스업체의 CEO는 "사람들은 그들이 원하는 무엇인가를 얻기 위해 프라이버시를 포기할 것"이라고 의기양양하게 말했다.[153]

또 다른 분야의 SVaaS 기업들은 데이터 과학과 기계학습을 이용한다. 그들은 인터넷을 샅샅이 뒤져서 찾아낸 개인들의 행동잉여를 그대로 팔기도 하고 분석해 돈이 되는 예측상품으로 만들기도 한다. 법률학자 프랭크 파스콸레는 이를 "개인 데이터를 매매하는 암시장"이라고 표현했다.[154] 예를 들어 hiQ는 기업 인사 담당자를 겨냥한 예측상품을 내놓는다. 이 회사는 웹에서 소셜 미디어, 공개되어 있는 데이터 등 고객사 직원에 관한 정보를 긁어모은다. 그러고 나서 '데이터 과학 엔진이 노이즈 속에서 누군가에게 퇴사 우려가 있다는 강력한 신호를 추출한다.' 기계학습 모델은 각 직원에게 위험 점수를 부여하여 고객사가 '가장 위험도가 높은 직원을 레이저처럼 정확하게 집어낼 수 있게 해준다.' hiQ는 자사의 '수정 구슬'이 관찰된 이직률에 '사실상 일치'하는 예측을 제공한다고 주장한다. 고객사들은 hiQ의 정보를 가지고 선제적인 예방 조치를 취할 수 있다. 특정 직원의 퇴사를 막기 위해 노력할 수도 있고, '퇴사 위험'이 있다고 예측되는 직원을 사전에 해고할 수도 있다.[155]

또 다른 예로 세이프그래프Safegraph를 들 수 있다. 이 회사는 당신의 행동을 추적하는 모든 앱과 제휴해 '대규모 인구의 휴대전화 백그라운드로부터' 데이터를 축적함으로써 '정확성을 높이고 거짓 양성이 나타날 확률을 낮춘다.' 《워싱턴 포스트》에 따르면, 세이프그래프는 1,000만 대의 스마트폰을 추적했고 2016년 11월 한 달 동안 수집한 위치 마커만 해도 17조 개에 이른다. 데이터 구매자 중에는 대학교 소속 연구자 두 명도 있었는데, 그들은 그해 추수감사절의 가족 행동 패턴에 정치가 미친 영향을 심층적으로 연구하는 데 이 데이터를 활용했다.[156] "익명으로 처리"했다거나 "신원을 식별하지 못하도록" 했다는 완곡한 표현을 사용했지만, 세이프그래프는 개인의 기기와 그 기기의 소유자가 하루종일 어떻게 이동하는지를 추적하며 개개인의 집 위치를 식별할 수 있을 만큼 조밀한 데이터를 생성한다.

감시 자본주의는 디지털로 태어났지만 이제는 디지털 분야의 기업에만 국한되지 않으며, 이에 관해서는 뒤에서 더 살펴볼 것이다. 원재료 공급이 자유롭고 법이 접근하지 못하는 한, 투자를 수익으로 전환시키는 감시 자본주의의 논리는 적응력도 높고 수익성도 이례적이라고 할 만큼 좋다. 감시 수익은 현재 빠르게 터전을 옮기는 중이다. 이는 20세기 말 수익원이 상품과 서비스에서 금융 자본주의의 예측 기반 주주 가치 극대화 전략으로 옮겨가던 상황을 상기시킨다. 당시를 돌아보면, 모든 회사가 똑같이 다음과 같은 계명을 따라야 했다. 인원을 감축하라. 제조 및 서비스 시설을 해외로 이전하라. 상품과 서비스의 품질을 위해 쓰는 지출을 줄여라. 직원이나 소비자를 위한 투자를 줄여라. 고객 인터페이스를 자동화하라. 이 모두가 기업의 시야와 사회적 역할이 점점 더 협소해지고 배타적으로 변해가는 가운데 기업의 주가만을 높이기 위해 설계된 급진적인 비용 절감 전략이었다.

감시 자산 경쟁이 가열되면서 새로운 운동 법칙이 나타나고, 이러한 운동 법칙은 결국 점점 인정사정 볼 것 없이 더 확실하고 자세하게 미래행동을 예측해야 한다는 절박한 과제를 부여하고, 우리가 '현실'이라고 부르는 것을 위해 프로젝트 전체를 가상 세계로부터 탈출시키라고 압박할 것이다. 2부에서 우리는 현실 세계로의 이러한 이동을 살펴볼 것이다. 이 과정에서 경쟁의 역학은 공급 운용의 확장을 강요하며, 점점 더 복잡한 추출 아키텍처가 인간 경험의 새로운 영역에 더 깊이, 더 멀리까지 침투하게 된다.

그러나 지금은 이 작업에 들어가기 전에 잠시 멈추어 우리의 위치를 점검할 때다. 앞에서 나는 프라이버시나 독점이라는 렌즈로는 감시 자본주의의 위험을 완전히 이해할 수 없다는 견해를 밝혔다. 5장에서 나는 위험에 대한 새로운 관점을 제시하려고 한다. 우리 시대의 감시 자본가들이 지식, 권한, 권력을 규정하는 핵심 질문들을 장악하면서 우리는 훨씬 더 근본적인 위협에 직면하게 된다. 그 질문들은 다음과 같다. 누가 아는가? 누가 결정하는가? 누가 결정하는지를 누가 결정하는가?

05

데이터 탈취

: 학습의 사회적 분업화

> 그들은 왜 그 열매를 금지했는지 궁금했다.
> 열매는 아무런 새로운 사실도 알려주지 않았다. 그들은 자존심을 감추었는데,
> 훈계를 귀 기울여 듣지도 않았다.
> 그들은 밖에 나가서 해야 할 일이 무엇인지 정확히 알고 있었다.
>
> — W. H. 오든, 《중국 소네트》 I

I. 구글 선언

1492년 12월 4일, 콜럼버스는 지금 우리가 쿠바라고 부르는 섬에서 그의 출항을 가로막던 강풍을 뚫고 빠져나왔다. 그는 하루만에 키스케야Quisqueya 또는 보이오Bohio라고 불리던 더 큰 섬 해안에 닻을 내리고, 역사가들이 '정복의 패턴'이라고 부르는 일에 착수했다. 그 계획은 세 단계로 펼쳐졌다. 첫째, 침략에 정당성의 허울을 부여하는 법을 만들었다. 둘째, 영토에 대한 권리를 선언했다. 셋째, 정복을 합리화하고 제도화하기 위해 도시를 세웠다.[1] 선원들은 상상도 못 했겠지만 그들의 행위는 정복 패턴의 초안과도 같아서, 그 힘과 천재성은 시공간을 가로질러 21세기 디지털 시대의

정복 패턴에서 반복되고 있다.

콜럼버스의 꿈과 스페인 군주들의 욕망을 이루려면 물질적으로 풍요로운 땅이 필요했다. 그는 보이오에서 마침내 그런 땅을 찾아냈다. 거기에는 금도 있었고, 돌이나 나무로 만든 정교한 공예품도 있었다. "의식을 치르는 공간 … 돌로 선을 표시한 운동장 … 돌로 만든 목걸이, 펜던트, 일정한 양식을 띠고 있는 조각상들, … 화려하게 조각된 목재 의자, … 저마다 하고 있는 정교한 장신구들 …" 그는 이 섬이 "풍요로운 환경으로 보나 솜씨 좋은 주민들로 보나 지금껏 본 중 최고"라고 확신하며 이사벨 여왕에게 "스페인 주둔군을 두어 그들에게 왕의 의지를 행동으로 옮기라고 명령하기만 하면 된다. … 그들은 당신의 휘하에 있으므로, 그들에게 필요한 일은 무엇이든 시키고, 마을을 건설하고, 옷을 입는 법을 가르치고 우리의 관습을 채택하도록" 할 수 있다고 말했다.[2]

언어철학자 존 설John Searle에 따르면 선언이란 허공에서 사실을 확립하는, 다시 말해 아무것도 없는 곳에서 새로운 실재를 창조하는 특별한 발언 또는 행위 방식을 말한다. 그 작동은 다음과 같이 이루어진다. 우리는 때에 따라 단순히 세계를 묘사하기도 하고("너의 눈은 갈색이다"), 세계를 바꾸기도 한다("문을 닫아라"). 선언은 이 두 가지를 결합한다. 원하는 변화가 마치 이미 일어난 것처럼 세계를 묘사함으로써 새로운 실재를 단언해버리는 것이다. "모든 인간은 평등하게 태어났다"라거나 "그들은 당신의 휘하에 있다"는 진술이 그 예다. 설의 말대로, "우리는 어떤 것이 사실이라고 말함으로써 그것을 사실로 만든다."[3]

선언은 말로만 이루어지지 않는다. 우리는 때에 따라 "어떤 실재가 이미 창조된 것으로 보여줌으로써 실재를 창조하는" 방식으로 어떤 상황을 묘사하거나, 언급하거나, 관련된 이야기를 하고, 또 때로는 그런 방식으로 생각하거나 행동할 뿐이지만 그것이 선언의 효과를 나타낼 수 있다. 예를 들어,

식당 종업원이 나와 내 친구에게 똑같은 수프 두 그릇을 가지고 와서 각자의 앞에 하나씩 두었다고 생각해보자. 그 순간 하나는 친구 것, 다른 하나는 내 것이 되었으므로 그는 아무 말도 하지 않았지만 두 수프가 다르다고 선언한 셈이다. 내가 내 수프를, 친구가 자기 수프를 떠먹으면 그가 선언한 사실이 더욱 강력해진다. 만약에 친구가 자기 수프를 다 먹고 나서도 배가 고프다며 내 수프를 한 숟갈 먹어도 되느냐고 허락을 구하면 그것이 나의 수프라는 사실이 더 확고해진다. 이 방식에서는 새로운 사실을 다른 사람들이 어느 정도로 수용하는가에 따라 선언의 효력이 가감된다. 설은 이렇게 결론짓는다. "모든 제도적 실재, 그리고 … 모든 인간 문명은 … 선언에 의해 창조된다."[4]

선언은 사회에 새로운 사실을 부과하므로 본질적으로 침입적이며, 선언자들은 다른 사람들이 그 사실에 동의하게 하는 방식을 고안한다. 콜럼버스의 선언은 '정복 패턴'을 반영한다. 역사가 매슈 레스톨Matthew Restall은 이를 다음과 같이 설명했다.

16세기 스페인 사람들은 정복 작전의 완성을 일찍부터 예견했고 그들이 자행한 일에 대해 정복의 연대기 전체가 불가피한 분위기에 기인한다고 일관되게 묘사했다. 스페인 사람들은 그들의 시도를 정복과 화해, 계약의 이행, 신의 의도, 기정사실로 묘사하고 싶어 했고, 그 때문에 '스페인 정복'이라는 구절과 그 모든 함의가 그렇게 전해 내려왔다.[5]

스페인의 정복자와 군주들은 특히 유럽인들 사이에서 합의를 얻어낼 한 가지 방법으로서 침략의 정당화를 열망했다. 그들은 "이미 인정받은 선례들을 인용하고 뒤따름으로써 법적 허울"을 부여하는 조치를 개발했다.[6] 이 목표를 위해 병사들은 마을을 공격하기 전에 원주민들에게 레키리미엔토

Requirimiento라는 1513년 칙령을 읽어주어어야 했다.[7] 칙령은 정복자들이 신과 교황, 군주의 권위를 구현하는 존재이며 원주민들은 그러한 권위에 복종해야 하는 종이라고 선언했다. "이 대륙의 카시크와 인디언들이여 … 오직 하나뿐인 신과 하나뿐인 교황, 그리고 우리의 주인인 오직 하나뿐인 카스티야 왕만이 존재함을 선언하고 너희에게 알린다. 지체 없이 스페인 국왕의 신민으로서 충성을 맹세하라."[8]

칙령은 계속해서 그들이 이를 따르지 않을 때 닥칠 고통을 열거했다. 이 전례 없는 엄청난 일에 맞닥뜨린 원주민들에게 그들이 상상할 수 없는 권위를 인식하고 저항 없이 항복할 것을 그들이 이해할 수 없는 언어로 요청하고, 충고하고, 경고한 것이다. 게다가 칙령은 너무 냉소적이고 잔인해서, 침략자들은 마을 사람들이 자신들을 덮칠까 두려워하며 한밤중에 울창한 초목 사이에 숨어서 대충 얼버무리며 긴 칙령을 읽는 의무를 해치웠다. "통보의 의무를 이행한 후에 유럽인들이 약탈과 노예화를 자행할 것은 분명했다." 스페인 침략자들의 잔학 행위를 증언한 바르톨로메 데 라스 카사스 Bartolomé de las Casas 수도사는 레키리미엔토에 원주민들에게 항복하면 공정하게 처우하겠다는 약속과 더불어 저항이 낳을 결과가 명시되어 있었다고 기록했다. 원주민의 모든 저항 행위를 '반역'으로 치부했으므로, 기괴한 방식으로 고문하거나 한밤중에 마을 전체를 불태우거나 모두가 보는 앞에서 여자를 교수형에 처하는 등 군사적인 규범을 넘어서는 잔혹한 보복도 정당화되었다. "나는 너희에게 주군이 그를 거스르거나 받들지 않는 종에게 할 수 있는 모든 벌과 위해를 가할 것이다. 그리고 그러한 일로 말미암은 죽음이나 피해는 너희의 잘못이며, 폐하나 나, 혹은 나와 함께 온 신사들의 잘못이 아님을 엄숙히 선언한다."[9]

선언에 의한 정복이라는 말이 익숙하게 느껴진다면, 구글이 허공에서 창조한, 여섯 차례에 걸친 결정적 선언의 힘에 의해 감시 자본주의라는 실제가 세계에 등장했기 때문일 것이다. 감시 자본주의의 창공에 새로 진입한 버라이즌 등의 업체들이 구사하는 수탈 전략을 보면 구글이 선언한 사실이 유효했음이 분명히 드러난다. 이 젊은 기업의 성취에 도취된 구글 창립자들과 그 팬들, 구글을 숭배하는 언론들은 이러한 주장에 감추어진 섬뜩한 침략과 정복의 전망을 침묵 속에 지나쳐버렸다.[10]

여섯 개의 선언은 더 광범위한 감시 자본주의 프로젝트와 수탈이라는 원죄의 토대를 마련했다. 이 선언들은 어떻게 해서든 사수해야 한다. 각각의 선언이 바로 그 앞의 선언에 기초해 이루어지기 때문이다. 하나가 무너지면 모두 무너진다.

- 인간의 경험은 우리가 무상으로 취할 수 있는 원재료다. 이에 기초하여, 우리는 개인의 권리, 이해관계, 인지, 이해에 대한 고려를 무시할 수 있다.
- 이에 기초해 우리는 행동 데이터로 변환하기 위해 개인의 경험을 취할 권리를 주장한다.
- 무상 원재료에 대한 주장에 기초해 개인의 경험을 취할 권리는 인간 경험에서 나오는 행동 데이터를 소유할 권리를 부여한다.
- 취하고 소유할 권리는 그 데이터가 무엇을 나타내는지를 알 권리를 부여한다.
- 취하고 소유하고 알 권리는 우리의 지식을 어떻게 쓸 것인지를 결정할 권리를 부여한다.
- 취하고 소유하고 알고 결정할 권리는 취하고 소유하고 알고 결정할 권리를 지킬 조건에 대한 권리를 부여한다.

감시 자본주의 시대를 정복의 시대로 규정하는 여섯 개의 선언과 함께 감시 자본주의 시대의 막이 열렸다. 감시 자본주의는 공격적인 선언으로 성공했고, 그 성공은 새로운 실재를 부과함으로써 정복하고자 하는 선언적 말과 행동이 침략적 성격을 띤다는 사실을 강력하게 보여준다. 이 21세기 침략자들도 허락을 구하지 않는다. 그들은 초토화된 땅을 거짓 정당화로 덮으며 밀고 나간다. 그들은 냉소적인 칙령 대신 냉소적인 서비스 이용약관을 제공한다. 조항들이 모호하고 해석불가능하다는 점도 똑같다. 그들은 요새를 건설해 점령한 영토를 맹렬히 방어하면서 다음 침입을 위해 힘을 비축했다. 결국 그들은 상업, 정치, 문화의 복잡한 생태계 속에 그들의 도시를 건설함으로써 그들이 성취한 모든 것의 정당성과 불가피성을 선언했다.

에릭 슈미트는 우리의 신뢰를 요청했지만 '선언'은 구글의 성공에 우리의 신뢰가 필요하지 않다는 점을 분명히 했다. 구글의 선언적 승리는 지식과 권력을 세계사적인 수준으로 집중시키는 수단이었다. 축적된 지식과 권력은 전진을 지속할 수 있게 하는 보루였다. 슈미트는 이따금 이 점을 드러냈는데, '현대 테크놀로지 플랫폼'에 관한 설명이 그 예다. "생물학적 바이러스 말고는 그 어떤 것도 이만큼 빠르고 효율적·공격적으로 규모를 늘릴 수 없으며, 이러한 특징은 플랫폼을 구축하고 통제하고 사용하는 사람들에게도 권력을 준다"[11]

지식과 권력의 전례 없는 집중에 힘입어, 감시 자본주의는 정보 문명에서 사회 질서의 기축 원리인 학습의 분업화the division of learning in society에서 지배적인 위치를 얻는다. 이러한 전개는 전례가 없는 일이어서 더 위험하다. 알려진 폐해로 한정할 수 없고, 따라서 알려진 전투 형태로 쉽게 굴복시킬 수도 없다. 새로운 사회 질서 원리는 무엇이며, 감시 자본가들은 그것을 어떻게 지휘하는가? 우리는 다음 절에서부터 이 질문들의 답을 찾을 것이다. 그 답은 우리가 무엇을 배웠는지 돌아보고 앞으로의 과제에 대비하는 데 도움이 될 것이다.

II. 누가 아는가?

이 책의 서두에서 나는 남부 소도시의 젊은 제지공장 경영자가 나에게 던진 긴급한 질문을 상기했다. "우리 모두가 똑똑한 기계를 위해 일하게 될까요, 아니면 똑똑한 사람들이 기계를 중심으로 모이게 될까요?" 그 비 오던 저녁 이후 몇 년 동안 나는 제지공장에서 노동의 디지털화를 면밀히 관찰했다. 《스마트 기계의 시대》에서 묘사했듯이, 정보 테크놀로지로의 이동은 펄프 공장을 '전자 텍스트'로 바꾸어 놓았고, 모든 노동자가 일차적으로 주목하는 것도 전자 텍스트였다. '일을 잘한다'는 말은 예전처럼 원재료와 설비를 다루는 실질적인 작업을 잘한다는 뜻이 아니라, 화면에 뜬 데이터를 확인할 줄 알며, 그 전자 텍스트를 이해하고, 그것으로부터 배우며, 그것을 통해 행위하는 기법을 잘 습득했음을 뜻하게 되었다. 오늘날이었다면 평범해 보일 일이지만 당시에는 신기한 일이었다.

나는 이 가시적 변화가 심층적이고 중대한 변동의 신호라고 주장했다. 작업장의 질서를 만드는 원칙이 노동의 분업화에서 학습의 분업화로 이동했다. 나는 그 책에서 새로운 지적 기법들을 정복하고 정보가 넘쳐나는 환경에서 살아남는 법을 배워 관리자를 놀라게 하고 스스로도 놀라워 한 여러 사람들의 예를 들었지만, 이 성취에 뒤따른 쓰라린 갈등, 요컨대 지식, 권한, 권력의 딜레마에 관해서도 기록했다.

학습의 분업화를 탐구하려면 세 개의 핵심적 질문으로 표현되는 이 딜레마를 풀어야 한다. 첫째, '누가 아는가?' 이것은 지식의 분배에 관한 질문으로, 학습 기회에서 누구를 포함하고 누구를 배제하는가를 뜻한다. 둘째, '누가 결정하는가?' 이것은 권한에 관한 질문이다. 누구를 학습에 포함시킬지, 그들이 무엇을 배울 수 있는지, 그들이 얼마나 자신의 지식에 기반하여 행동할 수 있게 할지를 어떤 사람, 어떤 기관, 어떤 절차가 결정하는가? 그 권한의 정당성은 어디에서 나오는가? 셋째, '누가 결정하는지를 누가 결정하는가?' 이것은 권력에 대한 질문이다. 지식을 공유하거나 공유하지 않을 권한을 뒷받침하는 권력의 원천은 무엇인가?

그 젊은 공장장은 답을 찾게 되지만 우리가 바라던 답이 아니었다. 제지 공장 노동자들은 투쟁하고 때로 승리했지만, 하이에크의 세계관이 최상위 정책을 장악했고, 월가에서는 젠슨의 주주 가치 극대화 규율을 열렬히 환영하며 재빨리 모든 공개기업에 이 규율을 부과했다. 그 결과는 월가의 청중을 의식한 비용 절감형 사업 모델로, 미국 노동자의 디지털 기술과 역량에 투자하기보다 일자리의 자동화 및 수출을 강조하는 것이었다. 누가 아는가? 이 질문의 답은 기계, 그리고 분석 도구를 휘두르며 정보로부터 가치를 파악하고 추출하는 소수의 엘리트다. 누가 결정하는가? 답은 협소한 시장 형태와 사업 모형이다. 끝으로 누가 결정하는지를 누가 결정하는가? 유의미한 운동이 없다면 주주 가치 극대화라는 규율에 묶인 금융자본이 부전승을 거두게 될 것이다.

그로부터 거의 40년이 지난 2017년, 브루킹스 연구소Brookings Institution 보고서가 "급속한 디지털화"로 인해 미국 노동자 수백만 명이 "중숙련middle-skill 일자리에서 배제"된다고 탄식하는 것은 놀랄 일도 못 된다. 이 보고서는 기업들에게 "디지털 기술 숙련도가 생산성을 높이는 핵심 통로이므로 재직자의 IT 숙련도 향상에 시급히 투자"하라고 촉구한다.[12] 미국 기업들이 기계뿐 아니라 사람에게도 투자했다면 우리 사회가 얼마나 달라졌을까?

대부분의 기업들은 똑똑한 사람들보다 똑똑한 기계를 선택했다. 많은 증거가 다양한 직업에서 인간의 몫을 기계와 그 알고리즘으로 대체하는 경향을 입증한다. 작업 현장과 관계없는 많은 일자리들도 여기에 포함된다.[13] 이러한 경향은 일부 고숙련 일자리와 나머지 저숙련 일자리만 남고, 과거 '중간에' 있던 일자리의 대부분은 자동화로 대체되는 현상을 야기한다. 경제학자들은 이것을 '일자리 양극화'라고 일컫는다.[14] 이 현상이 컴퓨터 기반 테크놀로지가 낳은 필수적이고 불가피한 귀결이라고 보는 재계 지도자들과 경제학자, 기술 전문가들도 있지만, 관련 연구들은 경제 영역에서의 학습 분업화가 그 사회에서 신자유주의 이데올로기, 정치, 문화, 제도적 패턴이 얼마나 강한지를 반영한다는 사실을 보여준다. 예를 들어, 이중 운동의 핵심 요소들이 어떤 형태로든 살아남아 있는 북유럽과 유럽 대륙의 국가들에서는 고품질의 혁신적 상품 및 서비스에 투자하는 만큼 더 포용적인 학습 분업화를 위해 직원 교육에도 상당한 투자를 함으로써 일자리 양극화를 완화한다.[15]

이 책의 논의에서 중요한 점은 우리가 역사적으로 이 갈등의 두 번째 단계에 와 있다는 것이다. 생산과 고용이라는 경제 영역에서도 학습 분업화가 중요하지만, 이는 더 넓게 보면 사회 전체에서의 학습 분업화를 둘러싸고 일어나는 새로운 투쟁의 시작일 뿐이다. 지식, 권한, 권력의 딜레마는 작업장의 장벽을 뚫고 나와 우리의 일상생활을 압도한다. 사람들, 각종 프로세스들, 사물들이 정보로 재탄생함에 따라, 학습의 분업화는 우리 시대 사회 질서를 지배하는 원리가 된다.

완전히 새로운 전자 텍스트가 이제는 공장이나 사무실을 넘어 멀리까지 확장된다. 이제는 컴퓨터, 신용카드, 전화, 카메라, 센서가 공공장소와 사적인 공간 여기저기에 퍼져 있으므로, 우리가 하는 거의 모든 일이 컴퓨터에 의해 매개되며, 컴퓨터는 몇 년 전까지만 해도 상상도 못했던 규모로 우리의 일상생활의 세세한 부분까지 기록하고 부호화한다. 이 새로운 전자 텍스트는 계속해서 늘어나, 이제는 누락되는 것이 거의 없는 상태에 이르렀다. 이 책의 뒷부분에서 우리는 새로운 전자 텍스트의 여러 사례를 검토할 것이다. 그것은 거대한 기름띠처럼 소리없이 그러나 끊임없이 퍼져나가며 당신이 아침 식탁에서 나눈 대화에서부터, 집 근처의 도로, 거실의 면적, 공원에서의 조깅에 이르기까지 모든 것을 집어삼킨다.

그 결과 세계도 당신의 삶도 구석구석까지 정보가 된다. 당신이 얼굴에 난 여드름 때문에 툴툴거리고, 페이스북에서 정치적 논쟁에 참여하고, 구글에서 레시피나 민감한 건강 정보를 검색하고, 세제를 주문하고, 아홉 살짜리 아이 사진을 찍고, 미소를 짓거나 화나는 생각을 하고, TV를 보고, 주차장에서 급출발을 하는 등의 모든 일이 빠르게 몸집을 늘려가고 있는 전자텍스트의 원재료다. 정보학자 마틴 힐버트Martin Hilbert와 그의 동료들에 따르면, "언어, 문화적 자산, 전통, 제도, 규칙, 법"을 포함해 문명의 기본 요소들조차도 "디지털화되고 있으며, 처음으로 눈에 보이는 코드로 작성되어" 빠르게 복잡해지는 상업, 정부, 사회의 넓은 범위를 아우르는 "지능형 알고리즘"의 필터로 걸러진 후 사회에 되돌려진다.[16] 우리는 여기서 다시 핵심 질문들을 던져야 한다. 누가 아는가? 누가 결정하는가? 누가 결정하는지를 누가 결정하는가?

III. 감시 자본과 이중 텍스트

현 시대와 19세기 말에서 20세기 초에 이르는 시기 사이에 중요한 공통점이 있다. 그 시기는 노동의 분업화가 산업사회 초기였던 유럽과 북아메리카에서 사회 조직의 첫 번째 원리로 처음 출현한 때다. 이 경험은 우리에게 지침을 제공할 수 있으며 어떤 위협이 도사리고 있는지를 경고해줄 수도 있다. 일례로, 청년 뒤르켐이 《사회분업론The Division of Labor in Society》을 썼을 때 그 제목 자체가 논란의 대상이었다. 그때까지 분업이란 작업의 전문화를 통해 노동 생산성을 달성하는 결정적 수단이라고만 이해되었기 때문이다. 애덤 스미스Adam Smith가 핀 공장의 묘사를 통해 새로운 산업 조직의 원리에 대한 인상적인 설명을 내놓은 후, 노동의 분업화는 19세기 내내 경제 담론과 논쟁의 주제였다. 뒤르켐은 노동 생산성이 산업 자본주의의 지상과제이며, 따라서 경제적인 영역에서 노동의 분업화가 가장 극단적으로 적용될 것임을 알아보았지만 그 점은 그의 마음을 사로잡지 못했다.

뒤르켐은 그보다 이미 그의 주위에서 벌어지고 있던 사회적 변화에 주목했다. 그는 '전문화'가 정치, 행정, 사법, 과학, 예술에서 '영향력'을 얻고 있음을 관찰했다. 그의 결론은 노동의 분업화가 더 이상 작업장에만 갇혀 있지 않고 공장 벽을 뚫고 나와 산업 사회를 조직하는 핵심 원리가 되었다는 것이었다. 생산 부문에서 시작된 자본주의의 원리가 결국 더 넓은 사회적·도덕적 환경을 형성한다는 것은 에디슨의 통찰이기도 했다. 뒤르켐은 "노동의 분업화에 대해 어떤 견해를 갖고 있든 상관없이, 노동 분업이 존재하고, 그것이 점점 더 사회 질서의 근본적인 바탕이 되고 있다는 사실은 누구나 알고 있다"고 썼다.[17]

생산 부문에서의 노동 분업이 경제적 필요성 때문에 일어났다는 점은 이해할 수 있다. 그런데 사회 전체에서 노동 분업화의 목적은 무엇이었을까? 이것이 뒤르켐에게 연구의 동기를 부여한 질문이었으며, 그의 결론은 한 세기가 지난 지금도 유의미하다. 그는 현대 산업 사회의 다양한 구성원들을 더 넓은 시각에서의 연대 속에서 연결시키는 상호의존성과 호혜 관계가 분업화로 설명된다고 논증했다. 호혜적인 관계는 서로를 필요로 하게 하고 서로의 일에 관여하게 하며 서로 존중하게 하는데, 이 모두는 새로운 질서 원리에 도덕성을 불어넣는다.

다시 말해, 20세기 초 1차 현대성 시대의 새로운 개인들이 급격한 환경 변화에 처하게 되면서 노동의 분업화가 사회 전체로 소환되었다. 새로운 '존재 조건'에 대한 본질적 응답이었던 것이다. 나의 증조부모 같은 사람들이 현대 세계로의 이주에 합류하면서 과거에 시공간을 가로질러 공동체를 묶어 주던 의미의 원천이 사라졌다. 씨족·친족 공동체의 규칙과 의례가 없다면 무엇이 사회를 하나로 묶어줄 수 있을 것인가? 뒤르켐의 답은 분업이었다. 일관성 있는 새로운 의미 원천과 구조에 대한 사람들의 욕구가 분업의 원인이었고, 분업의 결과는 건강한 현대적 공동체를 가능하게 하고 유지하는 질서의 원리였다. 이 젊은 사회학자는 다음과 같이 설명했다.

> 노동의 분업화가 가져온 가장 두드러진 결과는 산출량의 증가가 아니라 기능들 간의 연대성 창출이다. 그 역할은 … 단순히 기존의 사회를 꾸미거나 개선하는 것이 아니라 분업이 없었다면 존재하지 못했을 사회를 존재할 수 있게 하는 것이다. … 분업은 독특한 사회적·도덕적 질서를 확립한다는 면에서 순수한 경제적 이해관계를 훨씬 넘어선다.[18]

뒤르켐의 전망은 중립적이지도 않았지만 그렇다고 순진하지도 않았다. 그는 모든 일에 어두운 면이 있고, 부정적인 방향으로 진행되는 일이 자주 있다는 사실을 알았다. 그가 '비정상적'('병리적'이라고 번역되기도 한다) 분업이라고 부른 현상이 나타나면 호혜성과 상호의존성 대신 사회적 거리, 불평등, 불화가 야기될 수 있다. 이러한 맥락에서 뒤르켐은 사회적 불평등이 사회적 노동 분업에 미치는 파괴적 영향을 지적했다. 특히 그는 '싸울 권리를 인정하지 않음'으로써 '갈등 자체를 불가능하게' 만드는 권력의 극단적 비대칭을 가장 위험한 불평등 형태라고 보았다. 정치가 불평등하고 불법적인 권력에 대해 이의를 제기하고 이에 대적하여 승리할 국민의 권리를 보장해야만 이러한 병리적 현상이 치유될 수 있다. 노동 운동 및 다른 사회 운동은 단체 교섭, 공교육 같은 제도를 통해 사회적 평등을 주장하며 19세기 말, 그리고 20세기 내내 이러한 이의 제기를 주도했다.

이 시대에 우리가 목도하고 있는 변화는 이러한 역사적 관찰을 되풀이

한다. 과거에 노동 분업이 이동한 경로를 따라 학습의 분업화도 경제 부문에서 사회 전체로 이동한다. 학습의 분업화는 그것이 우리의 사회 질서와 도덕의 기초를 확립한다는 점에서 "순수하게 경제적인 이해관계를 훨씬 넘어선다."

학습의 분업화가 2차 현대성의 구성원인 우리에게 다가오는 의미는 노동의 분업화가 1차 현대성의 개척자였던 우리의 조부모, 증조부모에게 다가왔던 의미와 같다. 우리 시대에 학습의 분업은 경제 영역에서 새로운 사회 질서 원리로 출현하며, 효율적인 삶을 추구함에 있어서 학습, 정보, 지식이 가장 중요하다는 점을 반영한다. 또한 한 세기 전 뒤르켐이 그가 살던 사회에 경고했듯이, 오늘날 우리 사회도 감시 자본주의가 성취한 전례 없는 지식과 권력의 비대칭성에 의해 학습의 분업화가 병리적 현상과 불평등을 낳을 위험에 처해 있다.

감시 자본주의는 내가 이중 텍스트 문제라고 부르는 현상과 함께 학습의 사회적 분업을 명령하기 시작한다. 감시 자본주의의 특정 메커니즘 때문에 하나가 아닌 두 개의 '전자 텍스트'가 생산될 수밖에 없다. 1차 텍스트에서 우리는 저자이자 독자다. 우리는 이 공개된 텍스트에 익숙하며, 이 텍스트를 우리의 손끝에 정보의 우주를 가져다주는 존재로 찬미한다. 구글 검색은 월드와이드웹이라는 정보적 콘텐츠를 부호화한다. 페이스북의 뉴스피드는 네트워크를 형성한다. 공개된 텍스트 중 많은 수는 우리가 그 페이지에 올린 것들, 즉 게시물, 블로그, 동영상, 사진, 대화, 음악, 스토리, 관찰, '좋아요', 트윗 등 우리가 생활 속에서 주고받거나 포착한 온갖 것들로 구성된다.

그러나 감시 자본주의 체제에서 1차 텍스트는 홀로 서 있지 않고 바로 뒤에 그림자를 끌고 다닌다. 1차 텍스트가 우리에게 많은 것을 주는 것처럼 보이지만 실상은 2차 텍스트, 즉 그림자 텍스트를 위해 원재료를 공급하는 기능을 담당한다. 우리가 1차 텍스트에 입력하는 모든 것은 아무리 사소하고 순식간에 지나가는 것일지라도 잉여 추출의 표적이 된다. 그 잉여가 2차 텍스트의 페이지들을 채운다. 2차 텍스트는 우리가 볼 수 없도록 감추어져 있으며 오직 감시 자본가들만 읽을 수 있는 '읽기 전용' 텍스트다.[19] 이 텍스트에서 우리의 경험은 다른 사람들의 경제적 목적을 위한 수단, 그 목적을 위해 축적하고 분석해야 할 원재료로 전락한다. 그림자 텍스트에는 행동 잉여 및 그 분석 결과가 축적되며, 급속하게 몸집이 불어난다. 이 텍스트는 우리에 대해 우리 자신이 아는 바보다 더 많은 것을 말해준다. 더구나 그림자 텍스트에 기여하지 않을 방법이 거의 없어졌다. 우리가 사회 속에서 살아가기 위해 정상적이고 필수적인 일상 행위를 반복할 때 그림자 텍스트는 우리의 경험을 자동적으로 공급받는다. 감시 자본가들이 그들의 입맛에 맞는 공개 텍스트를 만들기 위해 독점적인 그림자 텍스트로부터 학습한 것을 적용하는 방식은 더 불가해하다. 구글과 페이스북이 우리가 보는 정보를 조작한다는 폭로는 무수히 많았다. 지금은 우선 잉여로부터 파생된 구글과 페이스북의 알고리즘이 각각 검색 결과와 뉴스피드 콘텐츠를 선별, 배열한다는 사실만 언급하겠다. 여러 연구자들은 두 기업이 각각의 상업적 목표에 따라 정보를 조작한다는 사실을 밝혀냈다. 법률학자 프랭크 파스콸레는 이렇게 설명한다. "구글플렉스Googleplex(구글 본사 단지-옮긴이)에서의 의사 결정은 닫힌 문 뒤에서 이루어진다. … 포함하고 배제하고 순위를 매기는 권력은 곧 대중에게 어떤 인상을 영구히 갖게 하고 어떤 인상은 흘러가버리게 만들지를 정하는 힘이다. … 스스로는 객관적이고 중립적이라고 주장하지만 그들은 끊임없이 가치 판단적인, 따라서 논쟁의 여지가 있는 의사 결정을 한다. 그들은 우리에게 세계를 '보여주기'만 한다고 주장하지만 사실은 세계를 창조하는 데 기여한다."[20] 한편 그림자 텍스트를 비밀에 부치게 하고 지속적으로 증식하게 하는 것은 감시 자본주의의 운동 법칙이다. 우리는 그 텍스트의 소재일 뿐, 쓰거나 읽는 주체가 아니다. 모든 보물이 흘러나오는 원천인 2차 텍스트는 우리에 관한 것이지만 우리를 위한 것이 아니다. 그것은 우리의 인식 바깥에서 다른 사람들의 이익을 위해 창조되고, 유지되고, 활용된다.

그 결과 학습의 분업화는 정보 문명 시대에 사회 질서를 지배하는 원리일 뿐만 아니라 감시 자본주의의 볼모가 되었다. 감시 자본주의가 텍스트를 지배하는 저자, 소유자, 보관자로서 특권적 지위를 갖기 때문이다. 감시 자본주의는 텍스트를 오염시키거나 통제할 수 있으며, 이 능력은 전례 없는 지식과 권력의 비대칭을 낳았고, 뒤르켐이 우려했던 바로 그 현상이 일어났다. 새로운 시장 형태가 상대적으로 제약을 덜 받고 여기서 일어나는 행위가 태생적으로 이해하기 어려운 속성을 지닌다는 점은 감시 자본주의에 학습의 분업화—이는 우리의 인식 바깥에서 일어나며 우리는 여기에 저항하여 싸울 수단조차 갖고 있지 못하다—를 실질적으로 통제할 수 있는 힘을 주었다.

세 가지 핵심 질문을 다시 생각해보자. 감시 자본은 힘을 모았고, 모든 답을 줄 권한을 주장했다. 그러나 권한만으로는 충분하지 않다. 오로지 감시 자본만이 학습의 사회적 분업을 지휘할 물질적 기반과 전문가의 지적 능력을 장악해야 한다.

IV. 새로운 사제들

과학자들은 우리 사회의 정보 생산량이 정보 처리 및 저장 능력을 사실상 넘어섰다고 경고한다. 우리 사회의 정보 저장량이 3년마다 약 두 배로 증가했다는 점을 생각해보자. 1986년에는 전 세계 정보의 단 1퍼센트, 2000년에는 25퍼센트가 디지털화되었다. 2013년, 디지털화와 데이터화(소프트웨어를 통해 컴퓨터 및 알고리즘이 원 데이터를 처리하고 분석할 수 있게 하는 과정)의 진보는 더 저렴한 신규 저장 기술과 결합되어 전 세계 정보의 98퍼센트를 디지털 형식으로 변환할 수 있게 해주었다.[21] 그런데 문제는 그 엄청난 양이 의미를 판별할 우리의 능력을 벗어난다는 점이다. 정보학자 마틴 힐버트는 "그 모든 데이터를 이해할 방법은 맞불 작전밖에 안 남았다."고 말한다. "인공지능 컴퓨터"로 "방대한 정보를 걸러내는 것이다. … 페이스북, 아마존, 구글은 이미 지능형 전산 분석을 통해 대량의 데이터에서 가치를 창출하겠다고 … 약속했다."[22] 그런데 감시 자본주의가 부상하면 힐버트의 조언은 위험한 제안이 될 수밖에 없다. 그런 뜻으로 말한 것은 아니었겠지만, 힐버트는 감시 자본가들의 특권적 지위와 그들에게 학습의 분업화를 자기들에게 유리하게 끌고 갈 수 있는 권력의 비대칭성만 확인해주었을 뿐이다.

구글이 가진 비대칭적 권력은 그들의 선언, 방어를 위한 요새화, 법의 활용, 감시 예외주의의 유산, 2차 현대성 시대의 개인에게 주어진 과제 등 우리가 지금까지 검토한 모든 사회적 자원들을 빨아들인다. 그러나 감시 수익이 막대한 물질적 인프라를 사들이지 않았다면 그 권력이 작동하지 못했을 것이다. '지구상에서 가장 큰 컴퓨터 네트워크'라고 할 수 있을 구글은 '하이퍼스케일hyperscale'의 선구자다.[23] 하이퍼스케일의 운영은 통신 회사나 글로벌 결제 회사처럼 대용량의 정보를 다루는 사업체들에서 발견된다. 그런 기업들의 데이터 센터에는 수백 대의 '가상 서버'가 있어서, 실제로 물리적 공간, 냉각장치, 전력을 늘리지 않고 기하급수적으로 전산 처리 능력을 높인다.[24] 구글의 가공할 만한 지배력의 심장부에 있는 기계 지능은 "80퍼센트 인프라"라고 불리는데, 이 시스템은 15개소에 설치한 창고 크기의 맞춤형 데이터 센터, 그리고 2016년 추정치에 따르면 4개 대륙에 있는 약 250만 대의 서버로 구성된다.[25]

투자자들은 구글이 인프라 규모와 과학을 모두 갖추고 있다는 점에서 구글을 따라잡는 업체가 나오기가 그 어느 때보다 힘들다고 본다. 구글은 "자체 클라우드에 탑재한 자체 제작 칩을 통해 자사의 알고리즘을 실행하며" 자체 데이터로 "이 알고리즘을 훈련시키는", 이른바 '풀스택 AI 회사'로 알려져 있다. 구글이 가장 많은 데이터를 보유하고 있다는 사실은 그들의 지배력을 더욱 강화한다. 기계학습에서 지능은 훈련에 사용되는 데이터의 양에 비례하기 때문이다.[26] 2013년에 구글은 당시 인공지능의 최첨단 영역이었던 '신경망' 개발에 주력하게 되면 전산 수요가 상당히 증가하고 데이터 센터도 두 배로 늘려야 한다는 사실을 깨달았다. 기술 인프라 부문 수석 부사장 우르스 휠츨Urs Hölzle은 "사실 네트워크를 훈련시키는 데만 해도 말도 안 되게 많은 양의 연산이 필요하다는 점"을 "[AI] 이면의 더러운 비밀"로 지적한 바도 있다. 그의 설명에 따르면 구글이 전통적인 CPU로 늘어가는 연산 업무를 다 처리하려고 했다면 "안드로이드 사용자 한 명당 하루에 3분, 아니 2분씩의 음성 인식만 수행하려고 해도 구글의 공간 전체, 즉 데이터 센터와 서버를 두 배로 늘려야 했을 것이다."[27]

구글은 데이터 센터 구축에 가장 큰 비중을 두고 그 가동에 가장 높은 운영비를 책정함으로써 인프라 위기를 돌파했다. 2016년에는 텐서 프로세싱 유닛TPU; Tensor Processing Unit이라고 불리는 새로운 '딥 러닝 추론' 칩을 개발했다고 발표했다. TPU는 전력을 기존 프로세서보다 현격히 적게 사용하며 자본 지출과 운영 예산 모두를 절감시키면서도 더 많은 것을 더 빨리 학습

하는 등, 구글의 기계 지능 역량을 극적으로 성장시킬 것으로 기대되었다.[28]

전 세계적으로 AI 상품 및 서비스 매출은 2016년 6억 4,400만 달러에서 2025년 360억 달러로 56배 증가할 것으로 예상된다.[29] 이 드넓은 기회를 활용하기 위해 요구되는 과학과 그것을 구현하기 위한 물질적 인프라는 테크 기업들 사이의 군비 경쟁을 촉발했다. 기계 지능 테크놀로지로 잡음 가득한 데이터의 땅에서 지식을 끌어낼 줄 아는 만여 명의 전문 인력을 두고 쟁탈전이 벌어진 것이다. 그중에서도 알파벳을 모기업으로 하는 구글 군단이 가장 공격적으로 AI 기술을 사들이고 인재를 영입했다. 그들은 2014~2016년 사이에 아홉 개의 AI 회사를 매입했다. 이는 가장 가까이에서 뒤따르는 경쟁자인 애플이 인수한 회사 수의 두 배에 해당한다.[30]

구글에 AI 전문 인력이 집중되었다는 사실은 더 광범위한 경향성을 반영한다. 2017년 미국 기업들은 6억 5,000만 달러 이상을 AI 인재 영입 경쟁에 할애한 것으로 추정된다. 전국의 최상위 기업들에서 10,000개 이상의 자리를 AI 전문 인력을 위해 열어두었다. 최상위 5대 테크 기업은 자본력으로 경쟁자들, 즉 스타트업, 대학, 지방자치단체, 타 업계의 기성 기업, 덜 부유한 국가 등을 밀어낼 수 있다.[31] 영국에서는 대학교 행정가들이 이미 데이터 과학 분야의 '잃어버린 세대missing generation'에 관해 이야기하고 있다. 테크 기업들의 막대한 연봉이 너무 많은 전문 인력을 끌어감에 따라 대학에 남아 차세대 후학을 가르치려는 사람이 아무도 없다는 것이다. 어느 학자는 "진짜 문제는 이 사람들이 사회 전체에 분산되어 있지 않다는 점"이라고 지적했다. "지적 능력과 전문성을 갖춘 인재들이 소수의 기업에 집중되어 있다."[32]

인재 유치를 위한 아낌없는 노력에 힘입어, 구글의 기계 지능 분야 과학자 수는 불과 몇 해 만에 세 배가 되었고, 최고 권위의 학술 저널에 가장 많은 논문—2016년 기준, 전 세계 평균의 네 배 내지 다섯 배—을 실었다. 감시 자본주의 체제하에서, 구글의 과학자들이 세계 기아 문제를 해결하거나 탄소 연료 사용을 감소시키라고 채용되었을 리 없다. 그들의 천재성은 인간의 경험을 급습해 그것을 데이터로 변형시키고, 이는 인간 행동의 예측, 변화, 통제를 통해 부를 창출하는 대어급 상품으로 전환시키는 데 발휘된다.

600년 전, 인쇄기는 글이 보통 사람들에게 다가갈 수 있게 했고, 사제들이 독점하던 기도문을 탈환하여 구도자가 직접 영적 교감의 기회를 가질 수 있게 했다. 우리는 인터넷이 그 어떠한 수단보다 정보를 널리 확산시킬 수 있고, 더 많은 사람이 더 많은 지식을 갖게 해줄 것임을 당연한 사실로 믿게 되었다. 우리는 인터넷이 수십억 개인들의 삶 속에서 구텐베르크 혁명을 실현하는 강력한 민주화의 힘이라고 여긴다. 그러나 이 위대한 성취는 또 다른 역사적 전개를 보지 못하게 한다. 우리의 손이 닿지 않음은 물론 시야 바깥에서 이루어지는 그 전개는 우리를 배제하고, 혼동스럽게 하고, 우리가 이해하기 어렵게 설계되었다. 이 숨겨진 움직임 속에서는 감시 수익을 다투는 경쟁의 장이 구텐베르크 이전의 질서로 되돌아간다. 사회 전체의 학습 분업화가 사적 부문에 고용된 소수의 21세기형 사제들, 즉 전산 전문가와 그들이 사적으로 소유한 기계, 그리고 그들의 경제적 이해관계에 의해 장악되면서 병리적 현상으로 변해가기 때문이다.

V. 사회적 학습 분업화의 사유화

학습의 사회적 분업은 감시 자본주의에 의해 탈취당했다. 민주적 제도와 시민 사회가 정보 자본주의를 시민의 이해관계에 불완전하게라도 묶어 둘 수 있게 하려면 강건한 이중 운동이 있어야 한다. 그러나 그러한 이중 운동이 존재하지 않는다면, 우리는 학습의 사회적 분업화를 둘러싼 이 가장 결정적인 싸움 속에서 다시 감시 자본가 기업들의 시장에 내던져지게 된다. 기계 지능 관련 분야의 전문가들은 이 점을 알고 있지만 더 넓은 함의까지는 대개 포착하지 못한다. 데이터 과학자 페드로 도밍고스Pedro Domingos는 "최고의 알고리즘과 가장 많은 데이터를 가진 자가 승리한다. … 남들보다 먼저 시작했고 시장점유율도 더 높은 구글이 당신이 무엇을 원하는지 더 잘 안다. … 가장 빨리 학습하는 자가 승리한다."《뉴욕 타임스》는 구글 CEO 순다르 피차이Sundar Pichai가 사옥의 한 층을 AI 연구실로 할당했는데 이것이 CEO들 사이의 추세라고 보도했다. 권력 집중을 가시적으로 보여주고 있는 것이다.[33]

30년 전, 법률학자 스피로스 시미티스Spiros Simitis는 정보 사회에서의 프라이버시에 관한 중요한 논문을 발표했다. 시미티스는 일찍이 프라이버시와 데이터 소유권이라는 협소한 개념을 뛰어넘어 공개 정보와 사적인 정보의 '정보 처리'에서 당시에 이미 가시화되고 있던 경향이 우리 사회에 위협적이라는 점을 포착했다. "개인 정보가 행동의 기준을 부과하는 데 이용되는 일이 점점 더 많아진다. 따라서 정보 처리는 교묘하게 개인 행위를 형성하고 조정하는 전략의 필수 요소로 진화하고 있다."[34] 시미티스는 이러한 경향이 프라이버시를 침해할 뿐 아니라 민주주의 자체와 양립불가능하다고 주장했다. 개인들이 자율적인 도덕적 판단과 자기결정 역량을 갖추고 있어야만 민주주의가 가능하기 때문이다.

시미티스의 연구에 기초해, 1989년 UC버클리의 폴 M. 슈워츠는 프라이버시에 관한 법률은 권리와 의무의 절묘한 균형에 의거하는데 컴퓨터화가 이 균형을 변형시킬 것이라고 경고했다. "오늘날 컴퓨터에서 사용되는 엄청난 양의 개인 데이터는 이전의 법적 보호 장치 중 상당 부분을 쓸모없게 만듦으로써 개인을 위협한다." 슈워츠는 계속해서 프라이버시의 위기가 발생하면 그것이 초래하는 위험이 법의 범위를 넘어서게 될 것이라고 예측한다. "컴퓨터는 인간의 자율성을 위태롭게 한다. 어떤 사람에 관해 많이 알면 알수록 그를 통제하기 쉬운 법이다. 민주주의의 자양분인 자유를 보장하려면 사회적으로 정보의 이용을 구조화하고 일정 정도는 정보의 은폐까지도 허용해야 한다."[35]

시미티스와 슈워츠 둘 다 학습의 분업화가 컴퓨터화 사회의 새로운 환경을 만드는 기축 원리로 떠오르고 있음을 감지했지만, 감시 자본주의의 부상과 그 결과는 예측하지 못했다. 정보 대륙의 폭발적 팽창은 사회 질서의 핵심적인 축을 20세기의 노동 분업에서 21세기의 학습 분업으로 이동시키지만, 이번에는 감시 자본가들이 전장을 지휘하면서 사회 전체에서 학습 분업 형태를 결정하는 권리의 불균형 지분을 일방적으로 주장한다.

감시 자본가들의 디지털 수탈 행위로 인해 개인과 집단, 사회 전체에 새로운 종류의 통제가 생겼다. 개인의 프라이버시가 이 통제의 피해자이며, 프라이버시를 방어하려면 프라이버시에 관한 담론과 법, 사업 추론의 틀을 다시 짜야 한다. '프라이버시 침해'가 사회 불평등으로 예측 가능한 차원이 된 것은 맞지만 그것이 다가 아니다. 프라이버시 침해는 감시 자본주의가 지식과 권한과 권력의 주체인 사회에서 '병리적' 학습 분화가 낳은 체계적 결과다. 감시 자본가들에게 프라이버시 보호를 요구하거나 인터넷에서 상업적 감시를 중단하라고 로비하는 일은 헨리 포드에게 모델 T를 손으로 만들어 달라고 하거나 기린에게 목을 짧게 줄이라고 요청하는 것과 같다. 그런 요구는 실존적 위협이며, 지식, 권력, 부가 이 시장 리바이어던에게 집중되게 하는 기본적 메커니즘과 운동 법칙의 위반이다.

따라서 문제는 감시 자본주의가 뼛속 깊이 반민주적이지만 그 괄목할 만한 힘이 국가에서 기원하지 않는다는 점이다. 감시 자본주의가 낳은 결과는 테크놀로지나 나쁜 사람들의 나쁜 의도로 환원되지도 그것들로 설명되지도 않는다. 그것은 내적 일관성을 갖춘 축적 논리가 성공적으로 가동됨에 따라 나타나는 일관되고 예측 가능한 귀결이다. 감시 자본주의는 상대적으로 무법성이 큰 국가인 미국에서 먼저 지배적인 위치를 얻은 후 유럽으로 확산되었고, 전 세계 곳곳을 잠식해가고 있다. 구글부터 시작해 감시 자본 기반의 기업들은 정보, 특히 인간 행동에 관한 정보의 축적 및 처리를 지배한다. 그들은 우리에 관해 많은 것을 알고 있지만 우리는 그 지식에 거의 접근할 수 없고, 새로운 사제들과 그들의 우두머리, 그리고 그들의 기계들만 그림자 텍스트에 감추어진 정보를 읽을 수 있다.

지식의 전례 없는 집중은 권력의 전례 없는 집중을 낳았다. 이 비대칭성은 사회 전체에서의 학습 분업화를 정당한 권한 없이 사유화하는 현상이라고 이해해야 한다. 이것은 한 세기 전 뒤르켐이 산업 자본의 강력한 힘에 의해 노동 분업화가 장악되는 일을 경고했듯이, 강력한 사적 이해관계가 우리 시대 사회 질서의 결정적 원리를 통제하게 됨을 뜻한다. 앎의 주체는 감시 자본 기업들이고, 결정하는 주체는 감시 자본주의적 형태의 시장이며, 누가 결정하는지를 결정하는 주체는 감시 자본가들 사이의 경쟁적 투쟁이다.

VI. 소결: 전례 없음의 힘

20세기에는 초대형 권력 투쟁이 산업 자본과 노동 사이에서 일어났지만, 21세기에는 감시 자본이 우리 사회 전체, 결국 구성원 개개인과 대립한다. 권력과 이윤을 두고 역사상 유례가 없을 만큼 격렬한 싸움이 벌어지고 있으며 이 전장에서 감시 수익 경쟁은 우리의 신체, 집, 도시를 향해 달려든다. 감시 자본주의가 공장이나 사무실 같은 '바깥 어딘가'에 있다고 상상하면 안 된다. 여기, 바로 우리가 감시 자본주의의 목표이자 결과다.

그리고 우리가 당한 것은 단순한 매복이나 사격이 아니었다. 느닷없이 땀에 젖은 지친 몽골의 침략자들이 나타나 스페인 국왕과 교황의 깃발을 흔들며 해변을 가로질러 터덜터덜 걸어올 때 의심할 줄 모르는 타이노족 추장이 그의 환영의 손짓이 불러올 유혈 사태를 상상할 수 없었듯이, 우리 역시 상상도 못 해본 방식의 침략과 수탈 행위에 기습당했다. 왜 우리는 이 새로운 자본주의의 한가운데 있으면서도 '단순 강도라는 원죄'를 금방 알 아차리지 못했던 것일까? 타이노족처럼 우리도 이제까지 경험하지 못한, 즉 전례 없는 상황에 직면했기 때문일 것이다. 그리고 타이노족이 그랬듯 이 우리도 과거의 경험을 렌즈 삼아 새로운 위협을 평가함으로써 재앙을 부른다.

'공급 측면'에서 감시 자본가들은 그들에게 디지털 세계라는 무방비의 미개척지에 대한 권한과 정당성이 있다고 선언했는데, 이 선언이 바로 그 들이 솜씨 좋게 활용한 무기였다. 감시 자본가들은 허락 없이 갈취하기 위 해 선언을 활용했다. 그들은 이해하기 어려운 기계 작동으로 그들의 목적 을 위장했고, 엄청난 속도로 움직였으며, 그들이 하는 일을 극비에 부쳐 은 닉했다. 감시 자본가들은 수사학적 왜곡에 능숙했고, 사용자들이 어찌할 도 리가 없다고 여기게 했고, 권한 부여, 참여, 발언권, 개인화, 협업 등 2차 현 대성에 관련된 문화적 기호와 상징을 고의적으로 오용했다. 그들은 심리적 갈망과 제도적 무관심 사이의 충돌 속에서 2차 현대성 시대 개인들의 좌절 에 노골적으로 호소했다.

이 과정에서 구글과 페이스북의 선구자적 감시 자본가들은 기업 지배의 규율을 회피하고 민주주의의 규율을 거부하며 경제적 영향력과 정치적 관 계로 그들의 주장을 보호했다. 마지막으로, 시대적 운도 따랐다. 그들이 탄 생한 시기에는 규제가 압제와 동일시되었고 9/11 테러 공격이 일어나면서 촉발된 예외 상태 개념이 감시 예외주의를 만들었다. 이러한 배경은 새로 운 시장이 뿌리를 내리고 번성할 수 있게 해주었다. 감시 자본주의의 목적

의식적 전략들과 우연히 얻은 기회가 낳은 시장 형태는 매력적이고 유혹적인 반면 무자비할 만큼 효율적으로 민주적 숙의, 사회적 논쟁, 개인의 자기 결정권, 투쟁권의 여지를 없애고 모든 탈출구를 빼앗았다.

'수요 측면'에서 자원에 목마른 2차 현대성 시대 인간들은 디지털 트럭 짐칸에서 던져진 쌀과 분유 포대에 도취되어 운전을 누가 하고 어디로 가는 트럭인지는 거의 신경 쓰지 않았다. 우리는 그 자원이 필요했고, 심지어 그것이 없으면 살 수 없다고 믿었다. 그러나 자세히 들여다보면, 간절히 기다렸던 트럭은 자동화된 침략·정복 운송 장치에 가까워서, 적십자보다는 매드 맥스Mad Max, 유람선보다는 해적선을 닮았다. 운전대를 잡은 자들은 우리의 행동을 정복자의 전리품이라고 뻔뻔하게 주장하며 긁어다가 비축하는 법을 익히며 언덕과 웅덩이를 지나 거침없이 질주한다.

이 새로운 축적 논리를 정확하게 파악하고 있지 못하다면 감시 자본가의 활동을 이해, 예측, 규제, 금지하기 위한 어떤 시도도 제대로 작동하지 않을 것이다. 우리 사회는 감시 자본주의의 대담한 행태를 통제하기 위해 일차적으로 '프라이버시권'과 '독점'이라는 프레임을 적용한다. 그러나 지금까지 프라이버시에 대한 규정과 전통적인 독점 제한 조치, 둘 중 어느 것도 공급 경로에서부터 미래행동시장에 이르는 핵심적인 축적 메커니즘을 중단시키지 못했다. 오히려 반대로 감시 자본가들은 수탈 사이클의 실행에 필요한 요건을 갖추고 정치적 요구에 부응하는 데 능숙해짐에 따라 그들의 추출 아키텍처를 모든 인간 영역으로 확장하고 정교화했다. 사회 전체에서의 학습 분업화를 무단으로 장악한 감시 자본주의의 성공은 정보 문명 시대에 사회 질서를 구축하는 가장 근본적인 원리들을 위협한다.

싸움이 필요하다면 자본주의를 상대로 하는 싸움이 되게 하자. 감시 자본주의가 사회에 위협인 만큼 자본주의 자체에도 위협이라고 주장하자. 이것은 기술적인 과제, 즉 고급 암호화나 데이터 익명성 개선, 데이터 소유권을 위한 프로그램이 아니다. 그런 전략은 상업적 감시의 불가피성을 인정하는 꼴밖에 안 된다. 즉 그런 식의 대응은 우리 삶에 대한 통제권을 우리의 행동을 집어삼키는 자들에게 넘겨주고 숨어버리는 셈이다. 감시 자본주의는 사회에 의존하므로 집단적인 사회 행동 속에서 그리고 그것을 통해서만 3차 현대성에 걸맞는 정보 자본주의의 더 큰 약속을 회복할 수 있다.

1부에서 우리는 구글이 어떻게 온라인 세계에 추출 아키텍처를 구축했는지 살펴보았다. 그런데 감시 수익을 위한 경쟁이 강화됨에 따라 우리가 '현실'이라고 부르는 또 다른 세계로 그 아키텍처를 확장하라는 두 번째 경제성 요청이 부상했다.

이제 감시 자본주의의 이야기는 새로운 방향으로 전개된다. 2부에서는 인간 행동의 예측에 의해 규정되는 이 두 번째 경제성 요청의 행적을 따라가면서 독자들이 잊고 살았던 경악이라는 감정을 다시 느낄 수 있게 할 것이다. 규모의 경제가 범위의 경제, 행위의 경제와 결합됨에 따라 예측에의 절박한 요청은 잉여 운용의 복잡성을 키운다. 이 새로운 규율들은 감시 자본주의가 매우 사적인 일상생활과 우리의 성격과 정서에까지 깊이 침투하게 하며, 궁극적으로 감시 수익을 위해 매우 독창적이면서도 철저히 비밀에 부칠 수 있는 수단을 새로 개발해 우리의 행동에 개입하고 수정하게 한다. 이는 우리의 미래 시제에 대한 기본권을 위협한다. 미래 시제에 대한 권리란 우리가 알지 못하는 사이에 우리의 행동에 영향을 미치거나 우리의 행동을 수정하거나 제약하는 불법적인 외부 세력의 영향을 받지 않고 자유롭게 행동할 권리를 말한다. 우리는 이렇게 우리의 삶에 침입하고 우리의 삶을 기형화하는 일에 점점 무감각해진다. 우리는 불가피한 일이라는 선전에 승복하지만, 불가피한 일이란 없다. 우리는 경악이라는 감정을 잃어버렸지만, 되살릴 수 있다.

2부
감시 자본주의의 전진

01

현실 비즈니스

: 현실 세계에서 작동하는 기계 기반 아키텍처*

*기능 면에서 본 컴퓨터의 구성방식

> 그녀를 알기 전에 진실을 향한 사랑에 빠졌던
> 그는 상상의 땅으로 홀로 말을 몰고가
> 고독과 단식으로 그녀에게 구애했고,
> 노동으로 그녀를 보필하는 사람들을 조롱했다.
>
> — W. H. 오든, 《중국 소네트》 VI

I. 예측의 절박성

스위스에서 열리는 다보스 세계경제포럼은 신자유주의자들—그리고 이제는 감시 자본가들—을 위한 겨울 운동회다. 에릭 슈미트가 웹의 미래에 대한 견해를 전하기에 이보다 더 알맞은 자리는 없을 것이다. 2015년 다보스 포럼의 한 세션에서 누군가가 슈미트에게 인터넷의 미래에 대한 견해를 말해 달라고 요청했다. 구글의 옛 동료 셰릴 샌드버그와 머리사 메이어Marissa Mayer 옆자리에 앉아 있던 그는 주저 없이 소신을 밝혔다. "인터넷은 사라질 것입니다. 기기와 센서, 착용형 장치, 상호작용하는 사물 ⋯ IP 주소가 너무 많아져서 ⋯ 인식조차 못하게 될 것입니다. 존재의 일부가 되어버리는 것이

지요. 당신이 어느 방에 들어가고 있다고 상상해보세요. 그 방은 역동적인 장소일 것입니다."[1] 청중들은 깜짝 놀라 숨을 몰아쉬었고, 곧 전 세계 언론이 충격 속에 인터넷의 종말이 임박했다는 구글 전 CEO의 선포를 받아 적었다.

사실 슈미트는 컴퓨터 과학자 마크 와이저Mark Weiser가 1991년에 쓴 〈21세기를 위한 컴퓨터The computer for the 21st century〉라는 중요한 논문—이 글은 거의 30년 동안 실리콘밸리의 테크놀로지에 목표를 제시했다—을 패러디했을 뿐이었다. 와이저는 이 논문에서 전설적인 다음 두 문장으로 "유비쿼터스 컴퓨팅"을 소개했다. "가장 심원한 테크놀로지는 사라진다. 일상생활의 얼개 자체에 함께 짜여 일상생활과 구별이 불가능해지는 것이다." 그는 새로운 사고방식이 "컴퓨터 자체가 배경 속으로 사라지게 한다"고 설명했다. "인간 환경에 꼭 맞게 설계된 기계는 인간을 기계적인 환경에 들어가도록 강요하는 대신에 컴퓨터를 사용하는 일을 숲속에서의 산책처럼 상쾌하게 만들 것이다."[2]

와이저는 가상 세계가 아무리 많은 데이터를 흡수한다고 해도 땅의 그림자 이상이 될 수 없음을 알고 있었다. "가상현실은 지도일 뿐, 영토가 아니다. 거기에는 책상도 사무실도 다른 사람들도 없고 … 날씨, 나무, 산책, 우연한 만남도 없다. 요컨대 우주의 무한한 풍요로움이 배제되어 있다." 그는 가상현실이 "이미 존재하는 세계를 보이지 않게 개선"하기보다는 세계를 "시뮬레이션"한다고 설명했다. 반면에 유비쿼터스 컴퓨팅은 현실 세계 속에 조용하고 "차분하며" 왕성하게 컴퓨팅하는 보편적 네트워크 장치를 들여보낸다. 와이저는 이 장치를 새로운 '컴퓨팅 환경'이라고 지칭하며 한계 없는 지식의 가능성을 기뻐한다. 예를 들면, "당신이 지난주에 한참 동안 바라본 양복이 어떤 제품인지"를 알 수 있다. "당신이 어디에 있었는지를 확인할 수 있고, 그에 따라—그 정보가 당시에는 당신의 관심사가 아니었다고 하더라도—그 위치에 매장이 있는 디자이너의 이름을 찾아낼 수 있기 때문이다."[3]

슈미트의 발언은 인터넷이 종말을 맞이한다는 뜻이 아니라 인터넷이 퍼스널컴퓨터나 스마트폰 같은 전용 기기로부터 풀려나온다는 뜻이었다. 그리고 감시 자본가들에게 이러한 전환은 선택의 여지가 없는 일이다. 감시 수익으로 인해 새롭게 등장한 미래행동시장에서 흘러나오는 수익을 두고 치열한 경쟁이 일어났다. 행동잉여를 정확하게 미래를 내다보는 상품으로 변환하는 가장 정교한 프로세스조차도 프로세싱을 위해 쓸 수 있는 원재료보다 더 높은 가치를 갖지 않는다. 따라서 감시 자본가들은 이렇게 질문해야 한다. 어떤 형태의 잉여가 가장 신뢰도 높은 미래 예측상품의 제조를 가능하게 하는가? 이 질문은 감시 자본주의가 시행착오를 겪으며 정교화되는 과정에서 결정적인 전환점을 보여준다. 그것은 예측의 절박함이 두 번째 경제성 요청임을 명확하게 하며, 감시 자본의 수익에 가해지는 강한 압력을 드러낸다.

예측상품의 첫 번째 물결은 표적형 온라인 광고를 가능케 했다. 이 상품들은 인터넷에서 대규모로 발생하는 잉여에 의존했다. 나는 대규모 잉여를 필요로 하게 만드는 경쟁적 힘을 '추출의 절박성'이라고 요약했다. 감시 수익을 둘러싼 경쟁은 결국 잉여의 양이 성공의 필요조건이기는 하지만 충분조건은 못 되는 지점에 이르렀다. 다음에 넘어야 할 산은 예측상품의 질이었다. 확실성을 더 높이기 위한 경쟁에서 최고의 예측이 되려면 관찰치에 아주 가까워야 한다는 점이 명확해졌다. 예측의 절박성이란 이러한 경쟁력 요소의 다른 표현이다. (190쪽 그림 3 참조)

현재 구글/알파벳, 페이스북, 마이크로소프트, 감시 수익을 추구하는 그 밖의 많은 회사가 인터넷의 '사라짐'에 대한 지분을 주장했다. 그럴 수밖에 없었다. 예측력을 높여야 한다는 압박 속에서 구글 같은 감시 자본가들은 새로운 잉여 원천 및 새로운 공급을 수용하기 위해 추출 아키텍처를 확장하고 다양화해야 한다는 사실을 알고 있었다. 규모의 경제도 물론 여전히 필수적이지만 이 단계에 들어서면서 범위의 경제와 행위의 경제를 수용하기 위해 공급의 운영이 더 확대·강화되었다. 그러면 어떤 일이 벌어질까?

범위의 경제로 변화하면 새로운 목표들이 주어진다. 행동잉여가 방대할 뿐 아니라 다양해야 한다. 다양성은 두 차원으로 전개된다. 첫째, 가상 세계에서만 일어나던 추출 작업이 우리가 실제로 삶을 살아가는 '현실' 세계로 확장extension된다. 감시 자본가들은 공급 경로를 실제 삶에까지 확장해 거리, 산책로, 도시 전체로 뻗어나가는 데 미래의 부가 달려 있음을 잘 알고 있다. 이제는 당신의 침대, 아침 식탁에서의 대화, 통근, 조깅, 냉장고, 주차장, 거실, 당신의 혈류까지도 추출의 대상이 된다.

규모의 경제가 진행되는 두 번째 차원은 깊이depth다. 규모의 경제는 깊이 차원에서 훨씬 더 대담하게 추진된다. 자아의 내밀한 패턴을 파고들어 가면 고도로 예측적인, 따라서 수익성이 높은 행동잉여가 나오지 않겠는가? 이러한 공급 작업은 성격, 기분, 정서, 거짓말, 약점을 겨냥한다. 친밀함의 정도가 서로 다른 여러 행동은 자동으로 포획된 후 모두 고르게 재단되어 공장 컨베이어 벨트로 빨려 들어가 확실성을 제조하는 데 이용되어야 한다.

앞서 예측의 품질을 높이기 위해 규모가 꼭 필요한 요소이기는 하지만 그것만으로 충분하지 않았던 것처럼, 새로운 미래행동시장에서 경쟁 우위를 유지하게 하는 최고 품질의 예측상품을 만들기 위해서는 범위의 경제 역시 필요조건이기는 하되 충분조건은 되지 못하리라는 점이 분명했다. 행동잉여가 방대하고 다양해야 하는 것은 맞지만, 행동을 예측하는 가장 확실한 방법은 그 원천에 개입해 그것을 직접 모양 짓는 것이다. 이 목표를 달성하기 위해 창안한 프로세스를 나는 행위의 경제economies of action라고 부르고자 한다. 행위의 경제를 달성하기 위해서는 기계 공정이 현실 세계에 실재하는 사람들, 사물들 사이의 실제 상황에 개입할 수 있게 설정되어야 한다. 이러한 개입은 확실성을 높일 수 있도록 설계된다. 즉, 페이스북 뉴스 피드에 특정 문구를 삽입하거나 휴대전화 화면에 구매하기 버튼이 때맞춰 나타나게 하거나, 보험료 납입이 연체되면 자동차 엔진을 정지시키는 등의 교묘한 방법으로 어떤 행동을 촉발시키거나 특정 방향으로 행동을 조정, 유도, 조작, 수정한다.

범위의 경제, 행동의 경제로 나타나는 이 새로운 수준의 경쟁 강도는 공급 운용의 침략적 성격을 점점 더 심화하며, 감시 산업은 새로운 국면을 맞이하게 된다. 나는 이를 현실 비즈니스reality business 시대라고 부르고자 한다. 규모의 경제는 온라인 세계에서 작동하는 기계 기반 추출 아키텍처로 구현되었다. 이제 현실 비즈니스는 현실 세계에서 작동하는 기계 기반 아키텍처를 요구한다. 드디어 자동화된 유비쿼터스 컴퓨팅 프로세스가 "일상생활의 얼개 자체에 함께 짜여 일상생활과 구별이 불가능해지는", 와이저의 꿈이 실현된다. 그러나 이 프로세스가 감시 자본가들의 이해관계에 의해 작동한다는 점에서, 왜곡된 형태로의 실현이다.

여러 신조어들은 이 프로세스의 실체와 목적을 감춘다. '생활환경 컴퓨팅ambient computing', '유비쿼터스 컴퓨팅', '사물 인터넷' 등이 그 예인데 그 외에도 많다. 여기서는 이 모두를 '유비쿼터스 장치'라고 부를 것이다. 각기 다른 이름으로 불릴지라도 꿈꾸는 세상은 동일하다. 그것은 모든 사물, 생물과 무생물, 자연, 인간, 생리, 화학, 기계, 행정, 운송, 재무 등 모든 영역에서의 프로세스에 대해 계측, 데이터화, 네트워크에의 연결, 통신, 연산이 상시적으로 어디에서나 일어나는 세상이다. 현실 세계, 즉 전화, 자동차, 거리, 집, 가게, 신체, 나무, 건물, 공항, 도시에서 일어나는 활동들은 끊임없이 추출되어 디지털 영역으로 옮겨지며, 거기에서 예측상품으로 변형되기 위해

데이터로서의 새 생명을 얻으며, 계속해서 늘어나는 그림자 텍스트의 페이지들을 채워나간다.[4]

예측에의 요청에 힘이 실릴수록 추출은 훨씬 더 야심 찬 프로젝트의 첫 번째 단계에 불과했다는 점이 점점 더 분명해진다. 행위의 경제란 현실 세계의 기계 아키텍처가 앎의 능력뿐 아니라 실행에 옮길 능력까지 갖추어야 한다는 뜻이다. 추출 아키텍처는 새로운 실행 아키텍처execution architecture와 결합되며, 이를 통해 방대하고 다양한 행동 영역에 숨겨진 경제적 목표가 부과된다.[5]

점차 추출에서 실행에 이르는 감시 자본주의의 요청과 물질적 인프라가 응집력 있는 완전체로 기능하기 시작하면서 21세기형 '행동수정수단'이 창출된다. 이 과업의 목표는 순응이나 복종 같은 행동 규범을 부과하는 데 있는 것이 아니라 신뢰할 수 있게, 확정적이고 확실하게 바람직한 상업적 결과를 가져오도록 행동하게 하는 데 있다. 기업 자문 및 연구 분야의 명망 있는 회사인 가트너Gartner 연구 책임자의 '사물 인터넷'에 능숙한가가 "'성능 수준을 보장'하는 데서 수익적인 '성과를 보장'하는 방향으로 비즈니스 모델을 변형하는 핵심 요인"이 될 것이라는 언급은 요점을 명확하게 말해주고 있다.[6]

이것은 파격적인 발언이다. 권력 없이는 그런 보장이 있을 수 없기 때문이다. 우리가 '행동수정수단'이라고 지칭하는 이 광범위한 복합체는 이 집적 권력을 구현한다. 성과를 보장받을 수 있는 가능성은 예측의 절박성을 상기시키며 감시 자본가들에게 더 정확한 예측을 위해 미래를 직접 만들라고 종용한다. 이 체제하에서 유비쿼터스 컴퓨팅은 단순히 앎의 기계가 아니라 실행하는 기계로, 우리에 관해, 그러나 그들을 위해 더 높은 확실성을 창출하도록 설계된다.

영리한데다 힘도 센 이 장치는 몸집을 점점 불리며 점진적으로 우리 주변을 에워싼다. 규모가 실제로 얼마나 큰지, 또 앞으로 얼마나 더 커질지는 아무도 모른다. 본래 이 영역에는 과장법이 난무하여, 예측이 실제 결과보다 너무 앞서나가는 때가 많다. 그러나 유비쿼터스 컴퓨팅의 꿈을 실현하기 위한 계획, 투자, 발명은 착착 진행되고 있다. 그 건축가들의 비전과 목표, 이미 마친 작업, 현재 개발 중인 프로그램이 모여 감시 자본주의의 진화 과정에서 일대 전환점이 된다.

끝으로 감시 자본주의 없이 '사물 인터넷' 같은 것을 상상하는 일은 가능할지는 몰라도, '사물 인터넷' 같은 것 없이 감시 자본주의를 상상하기란 불가능하다는 점을 강조하고 싶다. 예측의 절박성으로부터 나오는 모든 명령은 '알고 실행하는' 물질적 존재를 현실 세계 구석구석까지 퍼뜨릴 것을 요구한다. 새로운 장치는 예측의 절박성이 물질적으로 구현된 존재며, 확실성을 높이라는 경제적 압력에 의해 활성화되는 새로운 종류의 권력을 보여준다. 그리고 여기서 유비쿼터스 컴퓨팅 초기의 이상과 감시 자본주의의 경제성 요청이라는 두 개의 힘이 수렴된다. 이 수렴은 디지털 인프라의 탈바꿈, 즉 우리가 사물을 소유한다는 개념에서 사물이 우리를 소유한다는 개념으로의 변화를 예고한다.

공상적인 이야기로 들릴지도 모르지만, 개인과 집단의 모든 것이 자기가 알지 못하는 어떤 목적을 위해 끊임없이 추적당하고, 완전히 파악당하며, 이리저리 휘둘리는 세상에 대한 전망은 역사를 지닌다. 이 전망은 약 60년 전 갈라파고스 제도의 따뜻한 적도의 태양 아래에서 생명을 얻은 적이 있다. 그날 거대한 거북 한 마리가 잠에서 깨어나 즙이 많은 선인장 덩어리를 삼켰는데, 이 선인장에는 한 열정적인 과학자가 넣어둔 작은 기계가 들어 있었다.

당시에 과학자들은 자유롭게 돌아다니는 동물들에 대해 알기 위해서는 감시가 불가피하다는 결론에 이르렀다. 그런데 동물원에 가두면 과학자들이 연구하고 싶어 하는 행동이 사라질 터였다. 그렇다면 어떻게 감시할 수 있을까? 이때 엘크 무리, 바다거북, 거위를 연구하던 학자들이 고안한 해법은 감시 자본가들에 의해 재정비되어 21세기의 지구 생명체에게 나타났으며, 이는 불가피한 일이었다. 바뀐 것은 우리가 바로 그 동물이라는 점이다.

II. 자유분방한 동물을 상냥하게 정복하는 법

1964년에 실시된 갈라파고스 제도 국제 원정 탐험은 컴퓨터 데이터의 원격 전송에 근거한 첨단 기술인 텔레메트리를 탐구할 독특한 기회를 선사했다. 생물학, 물리학, 토목공학, 전자공학 등 여러 분야를 결합한 학제적 연구를 지향하는 새로운 유형의 과학자들이 이 신기술을 지지했으며, 그 수장인 R. 스튜어트 매케이R. Stuart MacKay는 물리학자이자 전기공학자, 생물학자, 외과의사로서 동료들 사이에서 전문가들의 전문가로 알려져 있었다.[7]

매케이는 텔레메트리가 동물 군집의 생태를 개선, 보호할 수단이 되리라고 보았다. 갈라파고스 원정 때 찍은 한 장의 사진에서 매케이는 그의 초소형 기계를 삼킨 거대한 거북과 함께 상냥한 자세를 취하고 있다. 또 다른 사진에서 그는 희귀 동물인 바다 이구아나를 부드럽게 받쳐 들고 있는데, 이구아나의 몸통에는 체온 측정 센서가 부착되어 있다. 그는 몸속으로 사라져 버려 동물이 알아채지 못하는 초소형 센서로 자연 서식지에서의 행동을 포착할 수 있다는 점이 텔레메트리를 다른 감시 형태와 차별화하는 핵심 요소라고 강조했다.

동물의 내부 혹은 피부에 장착한 전송장치에서 나오는 무선 신호를 통해 정보를 원격 수신장치로 보내 기록함으로써 이동의 유연성이 허용되고, 이 방법이 아니었더라면 접근할 수 없었을 신체 부위를 방해 없이 탐구할 수 있다. 그 동물은 측정이 이루어지고 있다는 것조차 느끼지 못한다. … 이 방법은 심리적, 생리적 상태를 거의 변화시키지 않으며 정상적인 활동을 방해하지도 않는다.[8]

매케이가 발표한 논문은 주로 연구의 기술적인 측면에 초점을 맞추고 있지만 곳곳에서 더 큰 목적을 엿볼 수 있다. 텔레메트리는 방대한 데이터 세트를 얻을 수 있는 가능성과 동물 군집 전체를 대상으로 하는 상관관계 연구의 기회를 창출했다. 그는 동일한 기법을 정적인 세계, 즉 임관林冠(산림 군락의 최상층부-옮긴이), 콘크리트 양생, 화학 반응 용기, 식품 가공 등에도 적용할 수 있을 것이라고 언급했다. 매케이는 데이터를 내보내는 개체들 전체의 집단을 상상했다. 1세대 '웨어러블 테크놀로지'라고 할 수 있는 그의 기술은 모든 '자유분방한 동물'을 연구할 수 있게 해주었으며, 그 모든 동물 종에는 인간도 포함된다. 그가 강조했듯이 생의학적 텔레메트리는 다른 방법으로는 '야생에서' 수집할 수 없을 정보를 수집 가능하게 만드는 데 독보적으로 적합하다. 핵심 원리는 그의 통신기술이 대상 동물의 인식 바깥에서 작동한다는 점이다. 이것은 '비협조적인 동물'이라서 측정이 어렵다거나 동물 무리가 '접근불가능한 지역'을 돌아다닐 때에도 데이터를 수집해야 하는 등의 문제 해결에 특히 유용하다. 다시 말해, 매케이의 발명은 동물들이 과거 미지의 땅이었던 곳에 침입이 일어난 것을 알지 못한 채 마음대로 돌아다니고 쉴 때조차 그 동물들을 정보로 만들 수 있게 해주었다.

매케이는 센서 데이터의 전송과 모니터링은 이 기법이 지닌 가능성의 일부일 뿐이라고 강조했다. 경로를 아는 것으로는 충분치 않고, 경로를 정해주는 역할까지 해야 한다. 그는 "실험의 주체와 대상 사이의 원격 대화"를 통해 원격 자극telestimulation이라는 "역逆 프로세스"를 일으킬 수 있고, 따라서 행동을 감시하기만 하는 것이 아니라 행동의 수정과 최적화 방법을

알려줄 수 있다고 주장했다.[9]

매케이의 넓은 비전은 디지털 시대에 결실을 맺는다. 위성 정밀도가 아주 작은 실리콘 조각에 들어가는 연산 능력의 폭발적인 성장, 고성능 센서, 인터넷 네트워크, '빅데이터' 예측 분석과 결합되면서 동물 군집 전체와 개체들 각각의 의미와 움직임을 밝히는 비범한 시스템이 창출되었다. 그리고 이 시스템은 언제 어디서나 작동한다. 동물의 몸에 장착되었던 착용형 기기들은 이제 기후, 지리, 생태 등 더 넓은 범위의 센서가 되어 "여러 종의 동물 집단에서 진화한 다양한 감각들을 이용함으로써 지구의 정족수 감지 quorum sensing(특정 생물군에서 일어나는 세포간 신호전달물질을 이용한 대화-옮긴이)"를 가능케하고, "전 지구적 동물 집단의 여섯 번째 감각"을 만들었다.[10] 이미 짐작했겠지만, 이러한 능력이 인간 외의 종에게서만 나타나리라고 가정할 이유가 없다.

사실 이 문턱은 이미 넘었다.[11] 2014년 쟁능 황Jenq-Neng Hwang이 이끄는 워싱턴 대학교의 한 연구진은 시 당국이 설치한 감시 카메라를 통한 "수퍼 GPS"로 "도로와 보도를 걷는 사람들의 실제 상황을 동적으로 시각화할 수 있다"고 발표했다. "그렇게 되면 결국 구글 어스 같은 플랫폼에서 도시 거리의 실시간 움직임을 볼 수 있다."[12] 이것이 소설이라면 매케이 선생의 눈부신 업적과 그를 뒤따른 여러 열정적인 과학자들의 노력이 이 소설의 복선이라고 할 수 있을 것이다.

그의 개척자적 전망이 낳은 동물 추적 과학은 감시 자본주의의 다음 단계로의 진화를 위한 본보기가 되었다. 이는 매케이가 예측하지 못한 탈바꿈이었다. 이제는 수익성 높은 새로운 축적 논리의 노예가 된 인간 행동에 텔레매틱스가 적용된다. 매케이의 작업에서도 이미 자명했던 예측의 요건이 경제성 요청과 합쳐졌다. 확장과 깊이 두 측면 모두에 있어서 범위 경제의 필요성은 집단에 대한 정보와 그 구성원 각각에 대한 세부 정보 모두를 겨냥한다는 점, 이전에는 접근할 수 없었던 오지 구석구석까지 아우른다는 점에서 그 기본적인 틀에 이미 반영되어 있었다. 오늘날의 오지는 당신의 자동차 앞 좌석, 당시의 부엌, 당신의 콩팥같은 곳이다. 원격 자극이라는 '역프로세스'는 자동적으로 행동을 촉발하는 행위의 경제에서 부활한다. 단, 예전처럼 인간이라는 종을 재앙에서 구해내기 위한 자극이 아니라 행동의 예측성을 높이기 위한 자극이다.

매케이는 발견을 갈망했으나, 우리의 삶을 추정치로 재해석하는 오늘날의 '실험'은 확실성을 갈망한다. 알려지지 않은 땅에서 은닉하고 돌아다녔던 매케이의 동물들은 제약받지 않았고 선천적으로 비협조적이었다. 오늘날 인간이 의식하지 않고 편안히 누리는 자유, 즉 아무도 모르는 오지나 내밀한 공간에서 느끼는 해방감은 감시 수익으로 가는 길에 마찰 요인일 뿐이다.

III. 인간 군집에의 적용

데이터 마이닝에서부터 웨어러블 테크놀로지에 이르기까지 감시 자본주의의 가장 가치 있는 역량과 응용 방법들을 제시한 MIT 미디어 랩 조지프 파라디소Joseph Paradiso 교수의 저술은 매케이의 유산을 우리 시대를 위해 재구성했다.

파라디소는 데이터 과학자, 엔지니어, 음악가, 시각예술가와 함께 구글 검색의 렌즈를 통해 세계를 다시 그린다. 그들은 웹을 장악한 규율, 즉 데이터화, 색인화, 브라우징, 검색을 현실에 그대로 적용했다. 그는 "유비쿼터스 감응 환경"이 없다면 "인지 엔진이 아무리 곳곳에 있다 한들 듣지도 말하지도 보지도 못하게 될 것이며, 그 엔진이 증강하려는 현실 세계의 사건들에 적절하게 응답할 수 없게 될 것"이라고 썼다.[13] 다시 말해, 컴퓨팅할 경험을 전달하는 유비쿼터스 감지가 없다면 유비쿼터스 컴퓨팅은 무의미하다.

파라디소의 제자들이 발명한 '리슨트리ListenTree'는 스트리밍 사운드를 내보낸다. 이 사운드는 "주의를 환기시키고 … 디지털 정보가 물리적 세계의 자연스러운 일부가 되는 미래를 암시한다." 파라디소와 그의 동료들은 250에이커(약 30만 평) 넓이의 습지에 수백 개의 센서를 설치해 기온, 습도, 수분, 빛의 움직임, 바람, 소리, 수액 흐름, 화학성분 정도를 측정, 기록했다. 그들은 복잡한 운동을 추적하고 컴퓨팅할 수 있는 '관성 센서inertial sensor'와 '완전히 새로운 기능적 기질'인 '유연성 감응 섬유'를 개발했다. 이 섬유는 "의료, 패션, 의류업에 영향을 미치며 … 신축성, 가단성可鍛性이 있는 모든 것에 전자공학을 도입할 수 있게 하는" 발명품이었다. 문신이나 화장을 하듯이 피부에 직접 입힐 수 있는 전자공학적 장치도 있고, 손톱과 손목이 컴퓨팅 인터페이스가 되어 손 전체가 움직이지 않더라도 손가락의 미세한 움직임을 읽을 수 있다. "접근 불가능한 곳이나 건축 자재"에 "센서 테이프"나 "스티커"를 부착해 "무선으로 정보를 얻을" 수도 있다.[14]

파라디소와 그의 동료들은 역설적인 상황과 씨름했다. 한편으로는 스마트폰에서부터 가정용 기기, 거리, 카메라, 자동차에 이르기까지 거의 모든 환경에서 센서 데이터가 급증하고 있는 반면, 다른 한편으로는 센서에서 생성된 데이터 흐름을 통합하고 의미 있는 분석 결과를 만들어내는 데 어려움이 있기 때문이었다. 그들의 답은 '도펠랩DoppelLab'이었다. 도펠랩은 센서 데이터를 조합하여 시각적으로 보여주는 디지털 플랫폼이다.[15] 이는 사무실 내부에서부터 도시 전체에 이르기까지 어떤 물리적 공간이든 수천 개, 혹은 수십억 개, 혹은 수조 개의 센서로부터 흘러나오는 데이터를 통해 그 공간에서 일어나는 모든 일을 보고 들을 수 있게 한다는, 즉 '브라우징할 수 있는 환경'으로 만든다는 구상이다. 넷스케이프Netscape 같은 브라우저가 우리에게 처음으로 "인터넷에 있는 대량의 데이터에 접근할 수 있는 길을 제공"했듯이 "소프트웨어 브라우저들은 홍수처럼 쏟아지는 센서 데이터를 이해할 수 있게 해줄 것"이다.[16]

여기서 목표는 모든 채널과 기기로부터 나오는 모든 종류의 센서 데이터를 대조, 융합해 "크롤러들이 지속적으로 데이터들을 가로지르는" "가상 센서 환경"으로 대통합하는 것이다. 가상 센서 환경은 사무실 내부에서 도시 전체에 이르기까지 모든 곳에서 수집된 "데이터로부터 한도를 추정하고 상태를 측정한다."

파라디소는 "이 인공 감각기관에 적절한 인터페이스가 적용되면 … 전지적인 존재가 되어" 웹 브라우저가 인터넷에 있는 데이터를 이용할 수 있도록 문을 열어 주었듯이 구석구석까지 모든 곳에서 현실 환경을 증강해 직관적으로 브라우징할 수 있게 해주리라고 확신한다. 그는 유비쿼터스 센서에 의한 정보와 컴퓨팅이 "다른 무엇인가'의 구현이 아니라 우리 스스로의 확장"이 될 것이라고 주장한다. "웨어러블 시대로 진입하면" 정보가 "직접 우리의 눈과 귀로" 흘러들어오게 될 것이고, "이러한 미래에는 개인의 경계가 흐릿해질 것이다."[17]

파라디소와 공동저자 거숀 듀블런Gershon Dublon에 따르면 또 하나의 큰 기술적 도전 과제는 '맥락 통합context aggregation'이다. 이것은 급속하게 늘어나는 센서 정보를 새로운 '애플리케이션'으로 모아내는 능력을 뜻한다. 모든 물리적 공간과 그 공간 안에서 일어나는 모든 행동의 자취들―벌들의 윙윙거림, 당신의 미소, 내 옷장 안의 온도 변동, 아침 식탁에서 그들이 나눈 대화, 나무가 바람에 흔들리는 소리―을 '정보화informate'한다(즉, 정보로 변환시킨다)는 개념이다. 공간은 검색 가능한 정보, 장면, 소리의 끊임없는 흐름으로 통합될 수 있다. 구글이 색인화와 검색을 위해 웹페이지들을 집적했던 것과 여러 측면에서 동일한 방식이다. "이러한 변화는 지구 전체를 아우르는, 이음새 없이 매끄러운 신경계를 창조할 것이다. 그리고 빠르게 진화하는 '전지적' 전자 감각기관을 어떻게 인간의 지각에 통합할 것인지가 현재 컴퓨팅 분야의 주요 도전 과제 중 하나다."[18]

그런데 이 창의성 넘치는 과학자들이 그 영민함에도 불구하고 모르고 있는 사실이 있다. 경제 질서가 그들의 성취를 감시 수익의 이름으로 징발하고 싶어 안달하고 있다는 점이다. 파라디소는 예측의 절박성이 이 새로운 흐름으로부터 걸러진 잉여를 요구하고 감시 자본가들이 디지털 기술의 전지적 능력을 가장 먼저 배워감에 따라 그가 전지적 기술로 만든 낙원이 감시 자본주의라는 현실정치로 전환될 수 있음을 생각하지 못했다.

IV. 감시 자본주의의 현실정치

'유비쿼터스 컴퓨팅'에 대한 정부의 주도와 투자가 시들해짐에 따라 테크놀로지 기업들이 기초 연구 및 응용을 이끌어 나가며 저마다 추출 및 실행을 위한 새로운 장치 분야와 아키텍처 분야에서 '구글'이 되려고 쟁탈전을 펴고 있다.[19] 감응 연산 장치가 편재적으로 연결되어 있는 세상에 대한 극단적 전망이 나오고, 그 때문에 "모든 것이 변화할 것"이라는 주장도 되풀이되었지만, 적어도 지금까지는 미국의 테크놀로지 기업들이 그 어떤 사회적 여론이나 규제의 방해도 받지 않은 채 무법성을 누려 왔다. 인텔 최고의 '사물 인터넷' 분야 전략가는 프라이버시에 대한 우려에 대해 이렇게 응답했다. "우리가 절대적으로 믿는 한 가지는 우리가 정책을 둘러싼 대화를 경청한다고 하더라도 정책이 테크놀로지 혁신의 길을 가로막기를 원하지는 않는다는 점이다."[20]

'정책'이나 '사회 계약'의 자리에 자본주의가 들어섰으며, 이제는 감시 자본주의가 어떠한 행위를 할지를 결정한다. 새로운 미래행동시장과 '표적형 애플리케이션'은 간절히 기다려지는 존재가 된다. 마이크로소프트에서 '사물 인터넷' 데이터의 통합 및 분석을 위한 기계 지능 플랫폼 부문을 총괄하는 책임자는 "모든 사람이, 그리고 그들의 경쟁자가 스마트 기기에 뛰어든 후에 일어나는 일은 멋지지만 멋진 만큼 소름끼친다"고 말한다. 그것은 "거대한 2차 데이터 시장 … 2차 수익원이다." 그는 이 시장이 표적형 광고에서의 "구글이나 페이스북 시장과 같다"고 설명한다.[21] IBM의 한 보고서도 같은 의견을 제시한다. "사물 인터넷 덕분에 물리적 자산이 실시간 글로벌 디지털 시장 참여자가 되고 있다. 우리 주변에 있는 수많은 유형의 자산이 온라인 상품처럼 쉽게 색인화, 검색, 거래될 것이다. … 우리는 이것을 '물리적 세계의 액상화liquification'라고 부르고자 한다."[22]

불길한 예감은 틀린 적이 없다. 수탈의 전주곡이었던 '데이터 배기가스'의 수사학처럼, 이 두 번째 단계의 몰수도 새로운 수사학을 요구한다. 이 수사학은 예측의 절박성에 의해 촉발되는 행위를 정당화하고 그와 동시에 시선을 분산시킬 것이다. 이 역할을 수행하는 새로운 완곡어법은 '암흑 데이터dark data'다. 예를 들어, IBM의 해리엇 그린Harriet Green은 '사물 인터넷'에 30억 달러를 투자할 것을 지시했다. 유비쿼터스 컴퓨팅 분야의 '구글'의 지위를 두고 다투는 경쟁에 진지하게 뛰어들겠다는 뜻이었다. 그린은 회사들이 수집한 데이터의 대부분이 '비정형unstructured 데이터'라는 사실이 '데이터화'와 코딩을 어렵게 함으로써 디지털 기술의 전지적 능력에 방해가 된다고 말한다.[23] IBM의 고객사들은 '우리 스스로를 더 효율적으로 만들거나 고객을 위해 최적화된 새로운 상품과 서비스를 개발하는 데에 이 [비정형] 데이터를 어떻게 활용할 수 있을까'를 고심한다.[24]

비정형 데이터는 자산이 액상화되어 사고팔리는 새로운 회로로 들어가 흐를 수 없다. 이 데이터는 마찰을 일으킨다. 그린은 이것을 암흑 데이터라고 선언한다. 이 용어는 이 현상을 문젯거리로 지칭하는 동시에 해법을 정당화한다. 온라인 세계에서 만들어진 "당신이 시스템 안에 있지 않다면 당신은 존재하지 않는 것이다"라는 메시지는 이 새로운 수탈 단계에 맞게 한번 더 다듬어진다. 모든 것은 서로 연결된 사물들로 이루어진 장치에 속해야 마땅하다. 따라서 이 안에 존재하지 않는 모든 인간 행동이나 사물은 위협적이고, 길들여지지 않았으며, 반역적이고, 제멋대로이며, 통제 불능이다. 한마디로 어둡다. 완강한 암흑 데이터 영역은 IBM 및 그 고객사들의 야망을 거스르는 적으로 간주된다. 자유분방한 동물과 접근 불가능한 지역의 비밀을 뚫고 들어가겠다는 매케이의 결심이 다시 떠오른다. 그것이 특정 행동으로 인식되고, 전자적 데이터 흐름으로 변환되고, 빛이 있는 곳으로 보내져 관찰 가능해지지 않는 한 그 어떤 것도 의미가 없다는 점에서 긴장이 발생한다. 모든 것이 조명이 비추는 범위 안에 들어와 있어야 한다. 그래야 셈에 넣을 수 있고 통제할 수도 있기 때문이다.

'암흑 데이터' 개념은 손쉽게 유비쿼터스 컴퓨팅의 '데이터 배기가스'로 치부된다. 그것은 강력한 기계 지능 시스템이 공개 의도가 없었던 행동과 상태를 포획하고 분석하는 데에 도덕적·기술적·상업적·법적 근거를 제공한다. 감시 수익을 추구하는 사람들에게 암흑 데이터는 감시 자본주의가 규모, 범위, 행위의 경제를 촉구함에 따라 구성되는 모든 동적 직소퍼즐에 꼭 필요하고 이득이 큰 조각이다. 따라서 테크놀로지 업계는 암흑 데이터를 '사물 인터넷'의 수익 전망을 위협하는, 참을 수 없는 미지의 영역으로 묘사한다.[25]

이제 그린이 기계 지능—그리고 특히 IBM의 의인화된 인공지능 시스템 '왓슨Watson'—을 쓰레기와 불가해성의 위협으로부터 구해줄 믿음직한 구원자로 묘사한 까닭을 이해할 수 있다. IBM에서는 기계 지능을 '인지 컴퓨팅cognitive computing'이라고 부르는데, 아마도 기계나 인공 같은 단어를 피한 것은 그런 용어가 이해할 수 없는 힘이라는 불편한 느낌을 주기 때문일 것이다.

IBM은 CEO 버지니아 로메티Ginni Rometty의 주도 아래 '왓슨'에 대규모 투자를 했다. IBM은 '왓슨'이 "'사물 인터넷'의 두뇌"가 될 것이라고 예고했다. 로메티는 IBM이 유비쿼터스 데이터를 지식 및 실행으로 번역하는 기계학습 기술에서 지배적인 위치를 점하게 되기를 바랐다. 그린은 "왓슨과 인지 컴퓨팅을 통해서만 제대로 다룰 수 있는 데이터를 얼마나 많이 가지고 있는지가 첫 번째 관건"이라고 말한다. "매일 창출되는 데이터의 양이 얼마나 많은지 알 것이다. 이 데이터를 활용하지 않는다면 그중 상당량은 쓸모없게 될 것이다. 이른바 암흑 데이터는 경이로운 기회를 표상한다. … 그것은 센서를 이용하여 콘택트렌즈든 병원 침대든 철도 선로든 이 세상의 모든 것을 본질적으로 일종의 컴퓨터로 기능하게 만드는 능력이다."[26] 이는 감시 자본주의의 새로운 도구들이 세계의 모든 행위와 상태를 행동의 흐름으로 변환할 것이라는 메시지다. 변환된 각각의 비트는 그 사회적 삶으로부터 해방된다. 즉 이제는 도덕적 추론moral reasoning, 정치, 사회 규범, 권리, 가치, 관계, 감정, 맥락, 상황이 걸리적거릴 일이 없다. 이 평탄한 흐름에서 데이터는 데이터, 행동은 행동이다. 신체는 단지 감각과 행동이 데이터로 번역되는 일군의 시공간적 좌표일 뿐이다. 이 혼합물에서 모든 생물과 무생물은 측정, 색인화, 브라우징, 검색이 가능한 객관적 '대상it'으로 재탄생되며, 동일한 실존적 지위를 갖는다.

감시 자본주의와 경제성 요청의 시각에서 보자면, 세계, 자아, 신체는 영구적인 객체object의 지위로 전락해 새롭고 거대한 시장 개념의 혈류 속으로 사라진다. 이제 그의 세탁기, 그녀의 자동차 액셀 페달, 당신의 장내 세균은 정보 자산이라는 일차원적 등가물에 불과하며, 언제 어디서나 분해, 복원, 색인화, 브라우징, 조작, 분석, 재결합, 예측, 상품화, 구매, 판매될 수 있다.

디지털 기술의 전지적 능력이 확실성을 높일 해법이 되어 확실한 수익을 가져다줄 것으로 기대하며 열렬히 환영하는 여러 전선에서 파라디소 같은 과학자들이나 그런 같은 경영자들이 정교화한 세계관이 급속히 실행에 옮겨졌다. 다음 절에서는 감시 자본주의의 선구자들과 거리가 멀어 보이는 사업 분야인 자동차 보험 업계에서 이 세계관이 어떻게 실행되고 있는지 들여다본다. 보험사와 컨설턴트들이 감시 수익을 모의할 때 거론되는 추출과 예측은 새로운 축적 논리가 가동된다는 징표다. 우리는 이 새로운 행위자들의 계획과 실행에서 범위의 경제와 행위의 경제를 제도화하겠다는 결심과, 가깝게 표적을 조준하는 자동화된 행동수정수단이 이윤을 향한 길로 이해되고 있음을 목격한다. 그들은 어두운 신세계를 향해 이동하고 있다.

V. 수익을 위한 확실성

1부 2장에서 우리는 구글의 할 배리언을 만났다. 그리고 지금 다시 한 번 그가 길을 밝혀 예측에의 요청이 가진 중요성과 그것이 구체적으로 무엇을 요구하고 있는지를 보여준다. 배리언이 제시한 컴퓨터 매개 거래의 네 가지 새로운 '용도'를 다시 생각해보자.[27] 우리는 그가 첫 번째 용도로 제시한 '데이터 추출과 분석'으로부터 감시 자본주의의 기본 메커니즘 중 하나가 추출에의 요청임을 추론했다. 배리언은 나머지 세 용도—'모니터링 개선을 통한 새로운 계약 형태', '개인화 및 맞춤형 서비스', '지속적인 실험'—가 첫 번째 용도보다 훨씬 더 중요해지는 때가 올 것이라고 말한다.[28] 그때가 왔다.

배리언은 "지금은 거래가 컴퓨터에 의해 매개되므로 우리가 예전에는 관찰할 수 없었던 행동을 관찰할 수 있고, 그에 기반해 계약할 수 있다"고 설명한다. "이것은 예전이라면 실현가능하지 않았던 거래를 가능하게 한다." 그는 '차량 모니터링 시스템'을 강력한 예시로 제시했다. 배리언에 따르면, 리스 차량 월부금이 입금되지 않으면 "차량 모니터링 시스템을 통해 시동이 걸리지 않게 한다거나 차량 환수를 위해 차가 있는 위치를 알아내는 일이 훨씬 쉬워졌다."[29] 보험사들도 이 모니터링 시스템을 통해 고객의 안전 운전을 확인하고, 그에 따라 보험 계약을 유지할 것인지, 보험료를 달리 적용할 것인지, 보험금을 지급할 것인지 등을 결정할 수 있다.

보험 영역에서 배리언이 말한 컴퓨터 매개 거래의 새로운 용도는 전적으로 정보 취득과 실행이 가능한 인터넷 기기에 의존한다. 사실 추출 및 실행 아키텍처라는 물질적 수단이 현실 세계에 뿌리를 뻗고 있지 않다면 이와 같은 활용은 상상할 수 없다. 그가 묘사한 차량 모니터링 시스템은 범위의 경제와 행위의 경제를 제공한다. 이 시스템은 데이터를 모니터링하고, 시동이 걸리지 않게 하라는 프로그램된 지시를 실행에 옮기며, 차량 회수 담당자가 문제의 자동차 위치를 확인해 문제의 운전자를 찾아내도록 한다. 즉, 차량 모니터링 시스템은 상황을 파악하고 거기에 개입한다.

예측의 절박성이 공급 운용을 현실 세계에 끌어들임에 따라, 실리콘밸리와 거리가 먼, 기존 분야에서 상품이나 서비스를 제공하는 기업들은 감시 수익을 얻을 가능성에 매료되었다. 예를 들어, 올스테이트보험Allstate Insurance CEO는 구글처럼 되고 싶다는 야망을 이렇게 피력했다. "요즘은 데이터를 수익화하는 사람들이 많다. 사람들은 공짜라고 생각하며 구글호에 승선하지만 사실은 공짜가 아니다. 사용자들은 구글에게 정보를 주고 구글은 그 정보를 판다. 우리는 운전자들로부터 얻은 정보를 다양한 사람들에게 팔아서 부가 수익원으로 삼을 수 있을까? 혹은 그래야 할까? … 이것은 장기전이다."[30] 특히 자동차보험사들이 배리언의 전망과 매케이의 텔레매틱스를 실행하고 싶어 하는 듯하다. 큰 회사든 작은 회사든 너나 할 것 없이 행동잉여를 추구하고 있으며, 당신의 자동차를 차지하려는 분투는 그러한 열망이 얼마나 큰지를 보여준다.

자동차보험사들은 오래전부터 운전자의 행동 및 성격이 사고율과 높은 상관관계를 가짐을 알고 있었지만 그동안은 그에 대응할 방법이 거의 없었다.[31] 이제는 원격 감응 모니터링 시스템을 통한 현대적 텔레매틱스로 위치, 목적지, 세부적인 운전 행태, 차량 상태에 관한 연속적인 데이터 스트림을 받을 수 있다. 앱 기반 텔레매틱스를 활용하면 차량 계기판과 스마트폰 정보를 종합하여 우리가 어떻게 느끼고 무슨 말을 하는지까지도 추정할 수 있다.

자동차보험사들은 감시 자본주의 전략이 상업적 성공의 새로운 장을 열어줄 것이라고 부추기는 컨설턴트와 테크놀로지 기업들에 둘러싸여 있다. 보험산업의 미래에 관한 맥킨지McKinsey의 한 보고서는 "불확실성이 확실히 줄어들 것"이라고 단언한다. "이것은 보험사의 탈상호회사화 demutualization(조합의 성격을 띠던 보험사에서 계약자와 주주가 분리되어 주식회사화되는 현상-옮긴이)를 유도하고 커뮤니티 전체가 아니라 개개인의 리스크를 예측, 관리하는 데 초점을 맞추게 한다."[32] 딜로이트 금융서비스센터Deloitte's Center for Financial Services가 발간한 한 보고서에서는 실시간으로 보험계약자의 행동을 모니터링하고 강제하는 이른바 '행동 심사behavioral underwriting' 접근법을 통해 '위험을 최소화'―이는 수익적 결과 보장의 완곡한 표현이다―할 것을 권고한다. 이 보고서는 "보험사는 운행 시간, 위치, 도로 상태, 급가속 여부, 과속, 급제동, 급회전, 방향 지시등 작동 여부를 기록함으로써 계약자의 행동을 직접 모니터링할 수 있다"고 조언한다.[33] 텔레매틱스는 중단 없는 데이터 흐름을 산출한다. 따라서 전통적인 '대리 요인proxy factor'인 인구학적 정보 대신 실시간 행동잉여를 이용해 위험을 계산할 수 있다. 이는 잉여의 양이 풍부하고(규모의 경제) 그 폭과 깊이가 다양해야(범위의 경제) 함을 의미한다.

딜로이트의 조언에 따르면 텔레매틱스에 대규모로 자본을 투입하기 힘든 작은 보험사도 스마트폰 앱을 활용하면 값비싼 하드웨어나 데이터 전송 비용 없이 이런 작업 대부분을 할 수 있다. "모바일 앱이 운전자가 지니고 있는 스마트폰에서 직접적으로 그들의 행동 데이터를 수집한다는 점도 이 보험사들이 취할 수 있는 이점이다. … 위험이 발생할 수 있는 상황에 대한 전방위적 시야를 확보할 수 있기 때문이다."[34]

이전에는 일상생활 중에 불가피하게 알 수 없는 상황이 벌어진다는 전제하에 보험료가 책정되었지만, 이제 계약자가 아픈 자녀를 돌보느라 분주했던 아침 출근길에 얼마나 과속을 했는지, 수퍼마켓 주차장에서 곡예하듯 운전을 하지는 않았는지 등을 정확하게 파악하고 있는 보험사는 불확실성을 확실성으로 대체하고 보험료를 천 분의 일 초마다 올리거나 내릴 수 있다. 어느 보험업계 텔레매틱스 전문가는 이렇게 말했다. "16세 운전자의 사고율이 매우 높은 것은 사실이지만 … 16세 운전자라고 해서 모두 다 운전 실력이 엉망인 것은 아니다." 그는 실제 행동에 근거해 사고율을 산출할 수 있다는 점이 "보험료를 적절하게 책정하게 하는 데 있어서 큰 이점"이라고 덧붙였다.[35] 보험 계약이란 위험을 완화하기 위해 설계된다. 그런데 이와 같은 확실성이 주어지면 사전에 설정된 행동 기준을 미세하게 위반하기만 해도 기계 프로세스에 의해 '거의 즉각적으로' 대응하고, 따라서 위험을 매우 감소시키거나 완전히 없앨 수 있게 된다.[36]

텔레매틱스는 단순히 알기 위한 것이 아니라 실행을 위한(행위의 경제) 것이다. 그것은 망치이고 완력이며 실행력이다. 행동 심사는 수익성을 최대화할 수 있게 행동을 수정하는 기계 프로세스에 의한 위험 감소를 보장한다. 행동잉여는 실시간 요율 인상, 과징금, 운행 시간 제한, 엔진 정지 같은 제재 조치나 요율 인하, 쿠폰, 혹은 나중에 혜택을 이용할 수 있는 별점 등의 보상에 이용된다. 컨설팅 회사 AT 커니AT Kearney는 "IoT가 고객과 '더 전면적으로' 연결될 수 있게 '관계를 더 강화'하여 '그들의 행동에 영향을 미치게'

될 것"으로 기대한다.[37]

할부금 체납 시 차량 모니터링 시스템에 시동이 켜지지 않게 하라고 지시하기가 "훨씬 더 쉬워졌다"는 배리언의 태평스러운 발언은 과장이 아니었다. 예를 들어 스스로를 "최대의 자동차 애프터마켓 텔레매틱스 회사"라고 소개하는 스피리온Spireon은 렌터카 회사, 보험사, 상용차 소유주 등을 위한 차량·운전자 추적 및 모니터링 전문 기업으로, 배리언의 이상에 흡사한 시스템을 공급한다.[38] 이 회사의 '론플러스 담보 관리 시스템'은 할부금이 연체되면 운전자에게 푸시 알림 메시지를 보내며, 연체가 정해진 기간을 넘으면 원격으로 차량 운행을 불가능하게 만들고 위치를 확인해 차량 회수 담당자에게 알려준다.

텔레매틱스는 행동 통제가 새로운 국면에 들어섰음을 알린다. 이제 보험사는 운전 행위를 파악할 수 있는 구체적인 매개변수들을 설정할 수 있다. 안전벨트 착용, 속도, 공회전 시간, 제동 및 코너링, 급가속, 급제동, 과다한 운전량, 다른 주에서의 운전, 제한 구역 진입 등이 그러한 변수가 될 수 있다.[39] 이 정보들은 특정 운전자를 지속적으로 모니터링하고, 평가하고, 점수를 매기는 알고리즘을 통해 실시간 요율 조정에 반영될 것이다. 스피리온의 최고 전략가가 보유한 한 특허에 따르면, 보험사들은 행동을 특정 방향으로 유도함으로써 불확실성을 제거할 수 있다.[40] 운전자가 보험사가 정한 행동 기준을 준수하는지를 모니터링해 그에 따라 보험요율을 상시적으로 최적화한다는 뜻이다. 운전자의 행동에 관한 지식을 근거로 그들에게 보상하거나 제재를 가할 수 있게 된다는 점에서, 이 시스템은 지식을 권력으로 전환시킨다. 잉여도 예측상품으로 전환되어 광고주들에게 팔린다. 시스템상에서 광고주들이 표적으로 삼을 만한 '행동적 특성'을 산출해 해당 운전자의 휴대폰에 직접 광고를 전송한다. 두 번째 특허는 훨씬 더 명료하게 징계 조치를 결정하는 방식을 보여준다.[41] 여기서는 여러 알고리즘이 제시되는데, '위반 알고리즘', '운행 제한 알고리즘', '모니터링 알고리즘', '규정 준수 알고리즘', '신용 알고리즘' 등은 시스템에서 설정한 기준이 위반되면 그에 따른 조치를 활성화하기 위한 것들이다.

컨설팅 회사들은 고객사인 보험사들에게 감시 게임에 참여할 것을 권한다. AT 커니는 '커넥티즈 카'가 앞으로 일어날 일에 대한 시험 무대임을 인정하며 "결국 IoT의 진정한 가치는 '사물'로부터의 피드백에 기초한 고객들의 행동 조정과 리스크 프로파일에 달려 있다"고 말한다.[42] 의료보험도 이러한 기술을 적용할 여지가 많은 분야다. "'착용형 가속도계'는 운동 처방의 "준수 여부 감독을 강화"할 수 있으며, "소화성digestible 센서(위산과 반응하면 활성화되는 센서-옮긴이)"는 식이요법 및 약 복용을 지시대로 하고 있는지를 추적할 수 있으므로, "월 1회 처방하는 식으로만 관리하는 것보다 더 정확하고 자세한 정보를 준다."[43]

딜로이트는 자체 설문조사 데이터에 의거해 대부분의 소비자가 프라이버시 침해를 우려하거나 그들의 행동을 모니터링하고자 하는 회사를 신뢰하지 못한다는 이유로 텔레매틱스를 거부한다는 점을 인정한다. 그러나 컨설턴트들은 "우려가 쉽게 가시지 않지만" 기꺼이 "[프라이버시와] 맞바꿀 만큼" 가격을 "현격하게" 인하해줌으로써 사람들이 이러한 거부감을 극복할 수 있다고 말한다. 만일 가격 유인이 효과를 나타내지 못하면, 운전자들에게 그들의 과거 행동 모니터링 기록이나 다른 보험계약자들의 수치와 비교하여 더 나은 결과가 나오면 보상을 얻을 수 있다는 점을 '재미', '인터랙티브', '경쟁', '즐거움'의 요소로 제시하라고 조언한다.[44] 이 접근 방식은 '게임화gamification'라고 알려져 있다. 운전자들은 이 게임에서 '성과 기반 경쟁'과 '인센티브 기반 도전 과제'에 참여하게 된다.[45]

이 모든 방법에 실패하면 고객들에게 불가피하며 달리 어찌할 방법이 없다는 느낌을 주라는 것이 딜로이트의 조언이다. 그들은 "운행을 모니터링하는 다른 여러 기술이 이미 작동하고 있으며 … 감시가 강화되고 위치를 확인하는 기능은 싫든 좋든 이미 우리가 살고 있는 세계의 일부"임을 강조하라고 조언한다.[46]

행동 심사는 자동차보험사들에게 비용 절감과 효율성을 가져다 준다. 그러나 이야기는 여기서 끝나지 않는다. 온라인 세계에서 표적형 광고를 만들어내기 위해 수행했던 분석은 현실 세계로 자리를 옮겨, 고객 행동 예측을 거래하는 신생 미래행동시장의 기반이 된다. 이것이 감시 수익을 얻으려는 진짜 목표다. 예를 들어, 클라우드 서비스 제공업체 코비신트의 한 임원은 고객사들에게 자동차 텔레매틱스로 돈을 벌려면 표적형 광고에서 '표적형 애플리케이션'으로 넘어가라고 조언한다. 표적형 애플리케이션은 표적형 광고와 동일한 기술로 형성되지만 스크린상의 광고에 머무는 것이 아니라 현실의 경험을 만들어내며, 사용자를 현실의 특정 장소로 유인함으로써 다른 사람이 수익을 얻도록 설계된다. 다시 말해, 운전자 데이터가 제삼자에게 팔리고, 그들은 당신이 어디에 있으며, 어디로 가며 무엇을 원하는지를 알아내게 된다는 뜻이다. "그들은 당신이 좋아하는 식당을 안다. 당신이 거기에 차를 몰고 가기 때문이다. 따라서 그들은 당신이 운전할 때 좋아할 만한 식당을 추천할 수 있고, [광고료는] 식당들이 지불할 것이다. …"[47]

행동잉여는 원재료로 간주되며, 이 원재료로 만든 제품을 통해 '견인, 수리, 세차, 음식점, 소매점 …' 등 다른 서비스들과의 '공동 마케팅'이 확립된다.[48] 맥킨지 컨설턴트들의 조언도 비슷하다. 그들은 보험사들에게 '사물 인터넷'이 '데이터 거래 시장' 같은 '완전히 새로운 영역'으로의 확장을 가능케 한다고 조언한다. 딜로이트는 건강에 관한 잉여 데이터를 "시의적절하게 병원을 추천"하는 데 활용함으로써 수익을 만들어낼 수 있다고 말한다. 그들은 고객들, 특히 텔레매틱스를 활용할 것 같지 않은 기업들에게 디지털 업계의 '선수들'과 제휴를 맺으라고 충고한다.[49] 2016년 IBM과 제너럴 모터스의 제휴로 자동차업계 '최초의 인지형 모빌리티 플랫폼'인 '온스타고OnStar Go'가 탄생한 것이 그 예다. 델Dell과 마이크로소프트는 보험업계의 '사물 인터넷' 도입에 중점을 둔 '액셀러레이터(스타트업을 발굴하고 멘토링, 교육 등을 지원해 성공을 돕는 기업 또는 기관-옮긴이)'를 출범시켰다. 델은 보험사들에게 "더 정확하게 위험을 예측하고 예방 조치를 취할 수 있게" 하는 하드웨어, 소프트웨어, 분석, 서비스를 제공하고 있고, 마이크로소프트는 홈 오토메이션을 겨냥한 스타트업 발굴을 위해 아메리칸 패밀리 인슈어런스American Family Insurance와 제휴를 맺었다.[50]

예전에는 데이터 회사들을 단순한 '공급자'로 여겼지만, 앞으로는 데이터 거대 기업이 자동차 회사들을 공급자로 삼게 될 것이다. 다임러Daimler의 CEO는 "구글이 사람들을 온종일 따라다니며 데이터를 생산하고 그 데이터로 경제적 이득을 얻으려고 한다"면서 "구글과의 갈등이 예정되어 있는 듯 보이는 지점"이라고 말한다.[51] 구글과 아마존 사이에서는 이미 차량 계기판을 두고 경쟁이 붙었다. 그들의 시스템은 계기판에서 모든 통신과 애플리케이션을 통제하게 될 것이다. 거기에서부터 원격 측정 및 관련 데이터로 향해 가는 행보가 시작된다. 구글은 이미 애플리케이션 개발자들에게 구글 지도 및 클라우드 기반의 "확장성 있는 지리적 위치 원격 측정 시스템"을 제공하고 있다. 2016년 구글 프랑스 법인은 "테크놀로지와 하드웨어를 보험과 결합한 패키지 상품을 개발하기 위해" 보험사들과 제휴하는 데 관심이 있다고 밝혔다. 같은 해에 나온 캡 제미니Cap Gemini의 컨설팅 보고서는 보험사 중 40퍼센트가 구글을 "잠재적 경쟁자이자 위협 요인"으로 보고 있다고 발표했다. 구글이 가진 "브랜드의 강력함과 고객 데이터를 다루는 능력"이 그 이유였다.[52]

VI. 비계약의 체결

이 사례들은 자동차보험이라는 평범한 세계에서 나왔지만 여기서 얻을 수 있는 몇 가지 교훈은 결코 평범하지 않다. 운전자들은 가격 인하라는 미끼로 설득, 유도, 유인, 강요당해 현실 세계에서 새로운 행동잉여 흐름을 겨냥하는 추출/실행 아키텍처의 확장에 기여한다(범위의 경제). 운전자의 경험으로부터 추출된 행동 데이터는 두 방향으로 활용된다. 첫째, 예측의 확실성, 곧 수익성을 높이기 위해 다시 운전자에게로 돌아가 그들의 행동을 간섭하고 형성하는 절차를 실행한다(행위의 경제). 둘째, 운전자의 행동을 분류하고 평가하는 예측상품은 신생 미래행동시장으로 흘러들어가며, 거기에서 제3자들은 운전자가 지금, 곧, 장차 무엇을 할지에 판돈을 건다. 그 사람은 높은 안전 등급을 유지할까? 저 사람은 우리의 규칙을 지킬까? 이 노신사는 젊은 여자처럼 운전할까? 이러한 베팅은 가격, 인센티브 구조, 모니터링 및 규정 준수 체계로 변환된다. 운전자의 경험에서 추출된 잉여가 용도 변경된다는 점은 두 가지 활용의 공통점이다. 잉여는 두 경우 모두 성과의 보장을 위해 운전자의 경험을 특정 방향으로 유도하고 압박하는 수단이 된다. 매케이가 조언했듯이, 이런 일들은 대개 운전자의 인지 바깥에서 일어나며, 운전자는 여전히 스스로가 자유롭다고 생각한다.

구글의 선언은 이 모든 행위를 보증한다. 배리언의 말을 다시 떠올려보자. "지금은 거래가 컴퓨터로 매개되므로 우리가 예전에는 관찰할 수 없었던 행동을 관찰할 수 있고, 그에 기반해 계약할 수 있다. 이것은 예전이라면 실현가능하지 않았던 거래를 가능하게 한다."[53] 배리언이 말하는 '우리'는 행동 데이터가 흘러들어가는 그림자 텍스트에 접근 가능한 소수를 가리킨다. 예전에 관찰할 수 없었던 우리의 행동은 그들이 자유롭게 취해 소유하고 어떻게 이용할지, 어떻게 거기에서 수익을 낼지 결정할 수 있는 대상으로 선언된다. 여기에는 감시 자본주의 고유의 수탈 선언만으로는 불가능했던 방식으로 우리를 강제하는 '새로운 계약 형태' 창출을 포함한다.

"차량 모니터링 시스템을 통해 시동이 걸리지 않게 한다거나 차량 환수를 위해 차가 있는 위치를 알아내는 일이 훨씬 쉬워졌다"던 배리언은 자동차 텔레매틱스라는 영역이 이 새로운 경제적 영토의 전형임을 인식하고 있었다.[54] 특별할 것 없는 이야기를 왜 또 하냐고? 아니, 이게 끝이 아니다. "훨씬 쉬워졌다"고 했는데 누구에게 그렇다는 말인가? 당연히 '우리'다. 예전, 즉 감시 자본주의가 도래하기 전에는 관찰할 수 없었던 것을 관찰하고, 감시 자본주의 시대가 되기 전에는 실현불가능했던 일을 실행에 옮기는 '우리.' 배리언의 느긋하고 단조로운 말투는 자장가 같이 들리고, 그의 묘사는 너무 진부하고 평범해서 논평할 여지조차 없어 보인다. 그러나 배리언의 각본에서 운전자에게는 무슨 일이 일어났을까? 차 안에 아이가 있다면? 눈보라가 치는 날이라면? 기차를 잡아타야 하는 상황이라면? 출근길에 아이를 어린이집에 맡기러 가야 한다면? 어머니가 몇 킬로미터 떨어진 병원에서 산소호흡기로 연명하고 있다면? 학교 수업이 끝난 아들이 학교 앞에서 기다리고 있다면?

불과 얼마 전까지만 해도 배리언이 묘사한 것 같은 이야기는 악몽의 소재였다. 초합리적인 천재 미래학자 허먼 칸Herman Kahn은 1967년에 저서 《서기 2000년The Year 2000》에서 이미 배리언이 묘사한 새로운 추출/실행 아키텍처의 여러 역량을 예견했다.[55] 칸은 조용한 사람이 아니었다. 스탠리 큐브릭Stanley Kubrick의 영화 〈닥터 스트레인지러브Dr. Strangelove〉에 나오는 스트레인지러브 박사가 그를 모델로 한 등장인물이라는 소문도 있었고, 핵전쟁에서 "이길 수 있고 생존할 수 있다"는 주장으로도 유명했다. 그러나 배리언의 차량 모니터링 시스템 같은 혁신이 일어나 "21세기의 악몽"이 될 것이라고 예측한 사람도 칸이었다. 테크놀로지와 관련된 그의 여러 통찰 가운데에는 고속 스캔 및 검색 기능을 탑재한 자동 컴퓨터 시스템으로 모든 차량 이동을 추적하면서 대화를 듣고 기록하는 일이 가능해질 것이라는 예언도 있었다. 그는 개인의 행동, 이를테면 평소보다 높은 목소리나 위협적인 어조 등을 감지하고 그에 반응하는 컴퓨터 시스템을 상상했다. "그런 컴퓨터라면 가설을 세우고 수사하면서 스스로 동기부여되는 셜록 홈스처럼 대량의 추론적 논리를 스스로에게 적용할 수 있을지도 모른다."[56] 그는 누구든 이런 종류의 지식을 지배하는 사람은 마치 파우스트처럼 "부도덕하다기보다는 도덕관념 자체가 없고 … 난폭하다기보다는 그의 앞을 가로막는 자의 운명에 무관심하다"고 결론지었다.[57]

당대의 비평가들은 하나같이 전산화된 감시라는 '악몽' 같은 시나리오에 주목했다. 그들은 SF에서나 볼 법한 통제 형태에 대해 "많은 사람이 격렬하게 두려워하고 분노할 것"이라고 생각했다.[58] 칸은 그의 저서에서 서기 2000년의 모습을 다양한 시나리오로 보여주었지만, 대중은 그의 "상상할 수 없는" 세계로의 항해를 무시무시한 "사회 통제의 악몽"이 가져올 "최악의 결과"에 대비하라는 뜻으로 읽었다.[59] 그런데 지금은 바로 그 악몽이 최근의 승리에 열광하는 감시 자본주의 경과보고서가 되었다. 배리언이 개작한 시나리오는 불과 수십 년 전에 예견했던 경악과 혐오감은커녕 자의식이나 논쟁의 기미 하나 없이 읽힌다. 어떻게 악몽이 진부한 이야기로 바뀐 것일까? 우리가 경악과 분노라는 감정을 잃어버린 것일까?

정치학자 랭던 위너Langdon Winner는 1977년에 출간한 중요한 저작《자율적 테크놀로지Autonomous Technology》에서 이 질문과 씨름했다. 그리고 "우리에게 결여된 것은 방향성"이라고 답했다. 위너는 "테크놀로지의 산물들"에 대한 우리의 경험이 어떻게 해서 "명철한 판단을 가능케 하는 비전과 기대, 능력"을 혼란스럽게 하는지를 공들여 묘사했다. "예전에는 너무도 명백했던 범주, 논거, 결론, 선택이 이제는 명백하지 않다."[60]

그렇다면 이제 방향을 정하자. 배리언이 찬미하고 있는 것은 새로운 계약 형태가 아니라 끊임없이 우리를 괴롭히는 불확실성에 대한 최종 해법이다. 이 불확실성은 '사적인 질서 유지'를 위한 '계약'의 존재 이유다. 사실 배리언의 공식에서 계약이라는 단어를 사용한 것은 '말 없는 마차' 증후군의 완벽한 예다. 배리언의 발명은 전례 없는 것이어서 단순히 새로운 종류의 계약으로 이해될 수 없다. 그것은 사실상 계약의 소멸annihilation이며, 비계약 uncontract이라고 부르는 편이 이해하기 쉬울 것이다.

비계약은 더 큰 복합체인 행동수정수단의 특징이며, 따라서 감시 자본주의의 핵심적 양상이다. 그것은 사유화된 행동잉여를 이용해 대안적 행동을 선취, 독점함으로써 행동의 경제에 기여하며, 결과적으로 사회적 프로세스의 불확정성을 프로그램된 기계 프로세스의 결정론으로 대체한다. 이것은 혹자들이 생각하듯 사회가 자동화되는 현상이 아니라 사회가 기계 작동으로 대체되는 현상이며, 이 기계의 작동은 경제성의 달성에 의해 좌우된다.

비계약은 계약 관계의 공간이 아니라 그런 관계를 불필요하게 만드는 일방적 집행이다. 비계약은 확실성을 제조하는 가운데 계약을 탈사회화한다. 약속, 대화, 의미 공유, 문제 해결, 분쟁의 해소, 신뢰 등은 '계약'이라는 관념으로 수천 년에 걸쳐 점진적으로 제도화된 유대감과 인간 행위 주체의 표출 형태인데, 확실성을 위해 이러한 요소들이 자동화된 절차로 대체되기 때문이다. 비계약은 강제 집행을 위해 사회적 활동을 모두 우회한다. 이는 더 수익성이 높은, 즉 관찰치에 거의 근접해 결과를 보장하는 예측상품을 얻기 위해서다.

이와 같이 사회적 활동을 기계의 작업으로 대체하는 일이 가능한 것은 구글의 선언이 성공적이었고 구글이 감시 자본가들의 학습의 분업화 장악을 위한 길을 닦은 덕분이다. 유리한 지위를 선점한 구글은 예전에 관찰불가능했던 것을 관찰할 수 있고, 예전에 알 수 없었던 것을 알 수 있다. 결과적으로, 구글은 예전에 할 수 없었던 일을 할 수 있다. 사회적 관계를 우회해 자동화된 기계 프로세스로 상업적 목표에 맞게 행동을 강요할 수 있게된 것이다. 우리가 배리언처럼 비계약을 찬미할 때, 우리는 이 새로운 가능성들을 낳는 지식과 권력의 비대칭성을 찬미하는 셈이다. 다음 절에서는그들이 정복한 인간 경험의 왕국에 '현실'이라는 영토를 합병시키려는 감시 자본주의의 점점 커지는 야욕을 더 선명한 그림으로 드러내려고 한다.이때 비계약은 우리의 방향성을 상기하게 하는 이정표가 되어줄 것이다.

VII. 불가피론

주위 사람들 모두 방향성을 잃은 상태에서 나 홀로 방향성을 유지하기란어려운 일이다. 유비쿼터스 컴퓨팅, 즉 파라디소의 표현대로 "어디에나 센서가 있는" 세상으로의 이행은 '점진적인 발전'이 아니라 월드와이드웹의탄생만큼이나 '혁명적인 국면 전환phase shift'이 될 것이다.[61] 설계자들은 이'국면 전환'을 불확실성에 대한 만능 해독제로 생각하며, 이를 절대적 확실성을 가지고 예상한다. 파라디소 혼자만의 생각이 아니다. 오히려 불가피성이라는 수사학 자체가 너무나 '유비쿼터스'해서, 테크놀로지 업계에서는 불가피론 이데올로기가 무르익었다고 할 정도다.

  파라디소의 이상에서와 같은 절대적 확신은 오래전부터 유토피아적 이상주의의 핵심적인 특징으로 인식되어 왔다. 프랭크 마누엘과 프리지 마누엘Frank and Fritzie Manuel은 유토피아 사상사의 결정판이라고 할 수 있는 그들의 저서에서 다음과 같이 설명했다. "18세기 말부터 예측적 유토피아가 상상적 사색의 주요 형태가 되었으며 일종의 과학적 예측 기법을 선점했다.… 현대의 유토피아는 … 과거, 현재, 미래를 운명처럼 하나로 묶는다. 그들이 묘사하는 세상은 사실상 신이나 역사에 의해 정해진 것이고, 천 년 동안 이어진 확실성의 결과물이다.[62]

다른 여러 역사가들처럼 마누엘 부부 역시 마르크스주의를 최후의 위대한 유토피아 사상으로 보았다.[63] 칼 마르크스의 저술에서 우리는 불가피론을 보여주는 수백 개의 구절을 만난다. 1848년에 출판된《공산당 선언The Communist Manifest》에는 첫 번째 절에서부터 "따라서 부르주아 계급은 자신의 무덤을 파는 자를 생산한 셈이다. 부르주아 계급의 몰락과 프롤레타리아 계급의 승리는 똑같이 불가피하다."라고 적혀 있다.[64]

현대적 유토피아가 부상하기 전, 이 장르는 대개 산꼭대기에 있는 이국적인 성이나 숨겨진 계곡, 먼 바다의 섬 등에서 고립되어 살고 있던 완전한 인류를 발견하는 판타지 서사였다. 마르크스주의 같은 현대적 유토피아는 그런 동화 같은 이야기에서 벗어나 '전 세계'를 아우르는 합리적·체계적 전망 아래 '인류 전체의 개혁'을 다룬다. 현대의 유토피아적 이상주의자들은 단지 꿈꾸는 데서 만족하지 않고 총체적이고 보편적인 이상, 즉 "인류가 불가피하게 향하게 되는 종착점"에 대한 예언으로 나아간다.[65]

이제 유비쿼터스 컴퓨팅 전도사들은 모든 사회가 새롭고 우월한 구조로 재정립되는 역사의 새로운 국면, 파라디소의 표현을 빌리면 "혁명적 국면 전환"을 상정하면서 마르크스를 비롯한 현대 유토피아적 이상주의자들의 대열에 합류한다. 불가피성은 정치나 역사에 상반되는 개념이지만, 유비쿼터스 장치의 주창자들은 그들의 주장에 진지한 외피를 씌우기 위해 반복적으로 역사적 은유를 전용轉用한다. 유비쿼터스 장치의 부상은 새로운 '시대', '물결', '국면', '단계'가 개시되었다고 표현된다. 이러한 종류의 역사적 인식 틀은 유비쿼터스 사회로 가는 행진이 절대적으로 불가피한 현상이므로 이에 반대해 봤자 부질없다는 함의를 전달한다.

실리콘밸리는 불가피론의 중심축이다. 첨단기술의 선두주자들, 전문가들과 그들의 저술에는, 가까운 미래에 모든 것이 연결되고, 알 수 있게 되고, 실행할 수 있게 될 것이라는 보편적 합의가 깔려 있는 것으로 보인다. 유비쿼터스 기술과 그것이 정보 전체에 미치는 영향은 마치 신앙 같다. 구글의 리더들도 당연히 열정적인 불가피론자들이다. 슈미트와 코언이 2013년에 쓴《새로운 디지털 시대The New Digital Age》첫 문장이 이 믿음을 보여주는 전형적인 예다. "곧 지구에 사는 모든 이는 연결될 것이다." 그들은 연결성 및 연산 능력의 기하급수적 성장이 필요하다는 이 새로운 철칙을 설명하려고 '무어의 법칙'이나 '포토닉스photonics' 법칙 같은 소위 예측 '법칙'을 끌어들인다.[66] 이어서 "인간의 지식과 창의성을 공유하는 데서 오는 집단적 혜택이 기하급수적으로 증가한다"고 주장한다. 그들은 "지금 전기가 어디에나 있는 것처럼 미래에는 정보 테크놀로지가 어디에나 존재하게 될 것이고, 따라서 당연히 주어져 있는 것으로 여겨질 것"이라고 예견한다.[67] 이 책에 비판이 제기되자 저자들은 페이퍼백 판 후기에서 이렇게 맞섰다. "그러나 테크놀로지 부문의 규모와 범위가 불가피하게 증가한다는 사실에 대한 개탄은 우리를 진정한 질문에서 벗어나게 한다. … 우리가 논의하는 변화 중 많은 것은 불가피하다. 그러한 변화들은 이미 다가오고 있다."

불가피론은 실리콘밸리에서나 데이터 과학자 및 테크놀로지 개발자들 전반의 문화에서나 널리 퍼져 있지만, 이에 대한 논의나 비판적 평가는 드물다. '디지털 전지성全知性'이라는 파라디소의 개념은 그것이 정치, 권력, 시장, 정부에 갖는 함의에 대한 논의 없이 당연한 사실로 간주된다. 유비쿼터스 장치에 대한 설명이 대개 그렇듯이, 개인의 자율성, 도덕적 추론, 프라이버시, 의사 결정권, 정치, 법에 대한 의문들은 정확한 프로토콜이나 다른 테크놀로지를 통해 사후 처방할 수 있는 문제로 취급된다. 만일 정보가 "직접 우리의 눈과 귀에" 흘러들어가 "개별 인간의 경계 자체가 매우 흐릿해"지는 때가 온다면, 그때 정보에 접근할 수 있는 사람은 누구일까? 내 삶이 당신의 감각기관에 흘러들러가지 않게 하려면 어떻게 해야 할까? 누가 아는가? 누가 결정하는가? 누가 결정하는지를 누가 결정하는가? 이 질문들에 대한 답은 계속해서 새로 조명되고 등록되고 늘어나며 관리, 판단되는 모든 것들 사이에 묻히고 만다.

파라디소가 내놓을 수 있는 최선의 제안은 "법을 통해 어떤 사람의 주변에서 생성된 데이터에 대한 소유권이나 통제권을 그 사람에게 부여하면 그 사람이 데이터를 암호화하거나 네트워크에 들어가지 못하게 제한할 수 있다"는 정도다.[68] 파라디소가 상상하는 사회에서 새로운 장치의 전지적 유비쿼터스 감응 연산 시스템으로부터 스스로를 보호하는 일은 각자의 몫으로 남겨진다. 그 이름은 낙원paradise을 연상시키지만, 그의 상상은 새로운 광기로 가득차 있는 것처럼 보인다. 그러나 이것이 바로 지금 우리 주위에서 건설되고 있는 세상이며, 이 광기는 설계도면에서 아름답게 그려져 있다.

나는 2012년과 2015년 사이에 19개 회사 소속 52명의 데이터 과학자 및 '사물 인터넷' 전문가를 인터뷰했다. 첨단 테크놀로지 기업 및 스타트업에서 그들이 쌓은 경력을 모두 합하면 586년에 달했고, 그 대부분은 실리콘밸리에서의 경력이었다. 나는 그들과 새로운 장치를 공급하는 사람들 사이에서 불가피성의 수사학이 지배적인 현상에 관해 이야기를 나누었고 모두에게 같은 질문을 던졌다. 왜 그렇게 많은 사람이 유비쿼터스 컴퓨팅이 불가피하다고 말하는가? 그들의 답변은 놀랍게도 거의 일치했다. 감시 자본주의라는 용어는 몰라도 거의 모두가 불가피성의 수사학을 강력한 경제적 필요에 의한 트로이 목마로 보고 있었던 것이다. 그들은 이에 관한 비판적 논의가 없음을 탄식했다.

스마트 기기용 소프트웨어를 판매하는 어느 실리콘밸리 기업의 마케팅 책임자는 이렇게 말했다. "저 바깥에 개간하지 않은 땅이 있습니다. 수익으로 전환시켜야겠죠. 모든 '사물 인터넷'은 풀 마케팅이 아닌 푸시 마케팅 방식으로 소비자에게 먼저 다가갑니다. 소비자 대부분은 이 장치가 필요하다고 느끼지 않지만, 공급자 측에서는 제멋대로 '기하급수적'이라거나 '불가피하다'고 말합니다. 핵심은 실리콘밸리가 이것을 기업들을 먹여 살릴 차세대 먹거리로 결정했다는 사실이에요."

'사물 인터넷'에 대규모로 투자하고 있는 한 대기업의 선임급 엔지니어는 다음과 같이 대답했다.

> 망치를 하나 가지고 있다고 상상해보세요. 기계학습이 바로 그 망치입니다. 망치가 있으면 험준한 산 정상에 오를 때 도움이 될 겁니다. 기계학습이 온라인 데이터를 지배하는 것과 같은 이치지요. 정상에는 상상도 못했던 값싼 못이 무더기로 쌓여 있어요. 그것이 바로 새로운 스마트 센서 기술입니다. 눈앞에 사람의 손이 닿지 않은 풍경이 끝 간데 없이 펼쳐져 있습니다. 주인 없는 땅이지요. 당신은 이제 기계학습이라는 망치로 판자에 못을 하나 박을 때마다 가치를 뽑아낼 수 있다는 사실을 알게 됩니다. 데이터를 수익화하는 거예요. 당신 같으면 이제 뭘 하겠습니까? 미친 듯이 망치질을 시작하지 않겠어요? 누가 말리지 않는 한 멈추지 않을 걸요? 게다가 거기에는 아무도 말릴 사람이 없습니다. 이게 바로 '만물이 인터넷에 연결되는 세상'이 불가피한 까닭입니다.

한 선임급 시스템 설계자가 말한 다음 설명은 그들이 하려는 일을 가장 선명하게 보여준다. "IoT는 불가피한 것은 마치 언젠가는 태평양에 다다를 수밖에 없는 것과 같습니다. 하늘이 내린 숙명manifest destiny이랄까요. 전 세계 사물의 98퍼센트는 아직 네트워크에 연결되어 있지 않습니다. 그래서 그것들을 연결하려는 것입니다. 땅 속에 있는 수분의 온도일 수도 있고, 당신 몸속의 간일 수도 있습니다. 그것이 당신의 IoT입니다. 다음 단계는 데이터로 무엇을 할 것인가입니다. 우리는 그것을 시각화하고, 이해하고, 수익화할 것이다. 그것이 우리의 IoT입니다."

VIII. 인간이 만든 괴물

불가피론자들이 끊임없이 퍼뜨리는 메시지는 새로운 유비쿼터스 장치가 마치 개별 인간 주체나 사회의 선택과 무관하게 테크놀로지 자체의 힘에 의해 만들어진 산물이며, 역사의 바깥에서 기원해 모호한 방식으로 지구와 인류의 완성을 추동하는 확고부동한 경향성인 것처럼 묘사한다. 테크놀로지에 자율적인 힘의 이미지를 부여하고, 따라서 그 작동이나 작동 결과를 피할 수 없다고 인식시키는 것은 테크놀로지에서 권력의 지문을 지워 권력을 가진 자가 책임을 벗어나기 위해 수 세기 동안 활용해온 방법이다. 빅터 프랑켄슈타인이 아니라 괴물이 한 짓이다! 그러나 죄수를 감시하는 것은 전자발찌가 아니라 형사사법 시스템이다.

　모든 불가피성의 교리는 도덕적 허무주의라는 바이러스를 무기로 지니고 있다. 이 무기는 인간 주체를 겨냥해 인간의 가능성이라는 텍스트에서 저항과 창의성을 지워버리도록 프로그램되어 있다. 불가피성의 수사학은 우리가 인간에게 무관심한 확고부동한 힘과 마주칠 때 수동적이고 무력한 존재가 되도록 설계된 교활한 사기다. 저들은 이 세상을 테크놀로지가 자체적인 의지로 움직이며 그 권력을 저항으로부터 굳건히 보호하는, 로봇화된 인터페이스의 세계로 묘사한다.

　이를 존 스타인벡John Steinbeck의 대표작《분노의 포도The Grapes of Wrath》첫 부분만큼 압축적으로, 그러면서도 깊은 통찰력을 가지고 보여준 사례는 찾기 힘들 것이다. 이 소설은 대공황과 더스트볼dustbowl(1930년대에 미국 남부 지역을 강타한 먼지 폭풍-옮긴이)의 시대에 고향 오클라호마에서 쫓겨나 캘리포니아가 있는 서쪽으로 향하는 농부들을 묘사한다. 그들은 가족이 대대로 일군 땅에서 밀려난다. 그들은 도움을 주기 힘들다는 말을 전하러 온 은행 대리인들에게 사정을 하소연한다. 그러나 은행 대리인은 이렇게 대답한다. "은행은 사람이 아니에요. 은행에서 일하는 사람들도 은행이 하는 일을 혐오하지만 은행은 상관하지 않죠. 은행은 인간 이상의 존재예요. 말하자면, 괴물입니다. 인간이 만들었지만 인간이 통제할 수 없게 된 괴물."[69]

기술 분야의 학자들 사이에서 테크놀로지의 자율성이라는 주제는 유서가 깊다. 여기서 랭던 위너가 다시 한 번 좋은 안내자가 되어준다. 그는 테크놀로지의 무조건적 수용이 현대적 삶의 특징이 되었다는 점을 상기시킨다. "진화하는 테크놀로지가 현대적 삶에 되풀이해 야기한 변화와 혼란을 주어진 것, 불가피한 것으로 받아들인 이유는 단순히 아무도 다른 가능성이 존재하는지 질문하는 수고를 감내하려 하지 않았다는 데 있다."[70]

위너는 우리가 스스로 "예상치 못한 결과들의 축적"이라고 규정된 테크놀로지 "추세"의 패턴에 "얽매여" 왔다고 논평했다. 우리는 사회가 번영하려면 테크놀로지가 방해받으면 안 된다는 생각에 수긍하며, 결과적으로 기술결정론에 굴복한다. 사회적 가치의 합리적 고려는 '시대역행적'이라고 간주된다. 위너의 표현을 빌리면 그런 고려는 "과학적인 테크놀로지가 문명에게 허락하는 티켓이 아니다. … 지금까지도, 어떤 식으로든 테크놀로지 혁신의 흐름을 제한하게 만드는 제안은 … 근본적인 금기 사항의 위반이다. … 우리는 그저 변화를 받아들이고, 나중에 호기심의 차원에서 우리가 한 일이 무엇인지 되돌아볼 뿐이다."[71] 나는 위너가 말한 '호기심'에 한 가지 주제를 덧붙이고 싶다. 그 주제는 회한이다.

감시 자본주의를 선도하는 사람들은 우리가 자연주의적 오류에 빠져 구글이 성공했다는―다시 말해 감시 자본주의가 성공했다는―이유로 그 규칙을 옳고 좋은 것으로 여길 것이라고 전제한다. 이는 은행 대리인들이 스타인벡의 소설 속 농부들에 대해 가진 생각과 같다. 은행 대리인들처럼 구글 역시 우리가 그들의 규칙을 단순히 자율적인 프로세스의 요건을 반영한 것, 즉 사람들이 통제할 수 없는 영역으로 여기기를 바란다. 그러나 감시 자본주의의 내적 논리를 이해하고 나면 그렇게 받아들일 수 없다. 감시 자본주의는 인간이 만들었고, 인간이 통제할 수 있다. 단지 그렇게 하지 않기로 했을 뿐이다.

불가피론은 유비쿼터스 장치를 진보로 여기며 이면에서 작동하는 감시 자본주의의 현실정치는 감추어둔다. 우리는 탄탄한 정보 자본주의로 가는 대안적인 길이 있을 수 있으며, 그 길을 택함으로써 3차 현대성을 위한 진정한 해법을 만들어낼 수 있음을 안다. 우리는 감시 자본주의가 역사 속에서 발견되었고, 연마되었으며, 참을성 없는 자본의 이해관계를 위해 인간이 만든 산물임을 살펴보았다. 지금 유비쿼터스 기술이 기술 발달 전반을 식민화해 감시 자본주의의 요청에 응답하고 성장을 도모하려는 데에도 동일한 논리가 적용된다. 불가피론은 응답을 위해 작동한다. 즉, 끊임없이 더 탐욕스럽게 우리의 행동을 취하는 일을 부득이한 현상으로 보이게 함으로써 감시 프로젝트로 확실성을 높이고자 하는 이면에 떠오르는 경제 질서에 대한 야망과 경쟁 불안이 있다는 사실을 감춘다.

불가피론은 선택과 자발적 참여를 불가능하게 한다. 인간의 의지가 미래를 주체적으로 써 나가는 저자가 될 여지를 남겨 두지 않는다. 그렇다면 이런 의문이 들 것이다. 유비쿼터스 기술에 의한 추출과 실행은 어느 지점에서 남용으로 변하는가? 불가피론의 유토피아 선언은 스스로 미래를 선택하고 싶은 갈망을 잠재울 수 없어 들썩이는 사람들을 진압하기 위해 새로운 형태의 강제력을 행사할 것인가?[72]

IX. 지상 작전

구글의 선언, 학습의 사회적 분업화에 대한 감시 자본주의의 지배 및 그 운동 법칙, 추출과 실행을 위한 유비쿼터스 아키텍처, 인간이 접근할 수 없는 곳을 포함해 제멋대로 돌아다니는 동물들을 그들이 인식하지 못하게 관찰하는 매케이의 방법, 비계약과 그로 인한 사회의 방출, 파라디소의 유비쿼터스 감응 환경, 암흑 데이터, 불가피론 전도사들. 이 모든 요소들을 사람들이 공유하는 공공장소로 집합시켜 그 장소를 감시 자본주의의 현실 비즈니스를 배양하는 실험용 페트리접시로 만드는 곳이 있다. 다름 아닌 도시다.

시스코Cisco는 전 세계에 120개의 '스마트 도시'를 만들었다. 그중 일부는 시스코 키네틱Cisco Kinetic이라는 플랫폼을 채택하고 있다. 시스코의 부사장이자 IoT 부문 총책임자인 자한기르 모하메드Jahangir Mohammed는 블로그 글을 통해 시스코 키네틱을 "고객들이 인터넷에 연결된 사물로부터 IoT 애플리케이션으로 데이터를 추출, 컴퓨팅, 이동시켜 더 나은 결과를 얻을 수 있게 돕는 클라우드 기반 플랫폼"이라고 정의한다. 그의 설명에 따르면 "시스코 키네틱은 적절한 시점에 적절한 데이터를 적절한 애플리케이션에 제공하면서도 … 데이터 소유권, 프라이버시, 보안, 심지어 데이터 주권법data sovereignty law까지 아우르는 정책을 실행한다."[73]

그러나 늘 그랬듯이 도시의 공공재를 파라디소의 습지 250에이커에 해당하는 감시 자본가의 등가물로 변형시키려는 가장 대담한 행보는 구글에게서 볼 수 있다. 구글은 '수익 창출 도시for-profit city'라는 개념을 도입하고 정당화했다. 매케이나 와이저의 개념에서와 마찬가지로, 컴퓨터는 어디에서나 작동할 수 있지만 아무데서도 탐지할 수 없으며 언제나 개인의 인식 너머에 존재한다.

2015년, 구글이 알파벳을 설립해 지주회사 체제로 재편한 지 얼마 안 되어, 사이드워크 랩스Sidewalk Labs가 알파벳이라는 우산 아래 아홉 번째 자회사 자리를 차지했다. CEO 댄 닥터로프Dan Doctoroff―그는 사모펀드 전문가였고, 블룸버그 CEO를 역임했으며 블룸버그가 뉴욕시 시장일 때 부시장이었다―가 '구글 시티'라고 지칭한 사업의 성공 여부와 관계없이, 사이드워크는 대중의 관심을 불러일으켰다. 사람들이 주로 모이던 장소를 상업적 논리가 작동하는 장소, 즉 공공의 자산과 기능이 새로운 시장을 위한 원재료로 재탄생하는 곳으로 바꾸어놓았기 때문이다. 매케이와 파라디소의 구상이 감시 자본주의의 찬조 아래 공급, 생산, 판매를 수직적으로 통합하는 대계획 속에서 드디어 결실을 맺은 것이다.

사이드워크 랩스의 첫 번째 공공사업은 표면상으로는 '디지털 불평등' 문제를 해결하기 위해 뉴욕시에 수백 대의 무료 인터넷 키오스크를 설치하는 일이었다. 구글 스트리트 뷰에서 보았듯이, 이 회사는 와이파이 네트워크에서 사람들에 관한 가치 있는 정보를 대량으로 빼돌릴 수 있다. 키오스크를 사용하지 않는 사람의 정보도 예외가 아니다.[74] 닥터로프는 사이드워크 랩스의 키오스크를 '데이터의 샘'이라고 일컬었다. 그는 또한 여기에 환경 센서를 장착해 "다른 데이터"를 수집할 것인데, "그 모든 데이터를 통해 매우 세분화된 지역 정보를 창출할 수 있다"고 설명했다.

2016년 미국 교통부는 "담당 공무원들에게 교통 데이터를 전송하기 위해" 사이드워크 랩스와 협력하기로 했다고 발표했다. 교통부는 미국의 도시들을 구글의 궤도에 올려놓고자, 보조금 4천만 달러를 두고 서로 경쟁하게 만들었다. 경쟁을 뚫고 '스마트 시티'로 선정된 도시는 사이드워크 랩스를 통해 시 행정에 테크놀로지를 도입하게 된다. 그러나 사이드워크 랩스가 최종 후보 도시들과 협력하고 싶어 했던 것은 자체 교통관리시스템인 플로Flow를 개발하기 위해서였다.[75] 플로는 구글 지도, 스트리트 뷰 차량, 기계 지능으로 운전자와 공공장소로부터 데이터를 포획하고 분석한다.[76] 이 분석을 통해 만들어진 "사람들이 어디에서 나오고 어디로 가는지에 대한 추정", 즉 예측상품은 교통 당국으로 하여금 '가상 실험을 실시'해 교통 흐름을 개선할 수 있게 해준다.[77]

닥터로프는 디지털 전지성이 지배하는 도시를 가정한다. "우리는 수십억 마일 떨어진 곳에 있는 익명의 스마트폰 데이터나 센서 데이터 등 모든 것을 플랫폼으로 가져온다."[78] 사이드워크는 그들의 첨단 서비스가 "접근성과 이동성을 확장시키는 새로운 초능력"이 될 것이라고 말한다. 중요한 행동이 규정된 행동 범위 안에서만 일어나도록 설계한 알고리즘이 이 데이터 흐름을 제어할 것이다. 닥터로프는 "소음이나 진동까지 모니터링할 수 있는 세상에서 이런 규범적인 건축 법규가 왜 필요한가?"라고 질문하며, 그 대안으로서 유비쿼터스 장치가 알고리즘을 매개로 관리하는 "수행 기반 구획화performance-based zoning"를 제안한다. 배리언의 차량 모니터링 시스템처럼 이 프로세스도 당신이 왜 그 행동을 하는지에는 관심이 없고, 단지 당신이 발생시킨 행동을 모니터하고 제어할 수만 있으면 된다. 닥터로프는 "소음 수준 같은 수행 기준을 벗어나지 않는 한 거기에 무엇을 가져다 놓든 상관없"으며, 오히려 더 좋다고 설명한다. 그렇게 하면 "소유물들이 자유롭게 흘러다니게" 되고 그것은 "여기에 적용된 테크놀로지가 논리적으로 확장된다는 뜻"이기 때문이다.[79] 알고리즘이 소음의 임계치를 넘어서지 않았다고 말하는데, 시민들이 왜 지역 사회에 대해서나 호화로운 고층빌딩, 호텔, 주거용 빌딩의 상업화가 임대료와 지역 업체들에 미치는 장기적인 영향에 대해 발언권을 가져야 하는가?

교통부 공모에서 최종 선정된 오하이오주 콜럼버스시는 사이드워크와의 3개년 시범사업을 시작했다. 여기에는 키오스크를 백 개 설치하고 플로 소프트웨어에 무상으로 접속할 수 있게 하는 등의 내용이 포함되었다.《가디언》이 입수한 협력 사업 관련 문건과 서신들은 '역동적 주차 체계', '주차 단속 최적화', '공유 모빌리티 시장' 같은 혁신안에 이 명칭에 어울리지 않는 골치 아픈 문제들이 있음을 드러냈다. 사이드워크는 데이터의 흐름을 이용해 공공재와 사유재를 한데 묶어 역동적인 실시간 가상 시장에서 판매함으로써 시민들에게서 최대한의 요금을 받아내고 지방자치단체가 사이드워크의 독점적 정보에 의존하게 만든다. 예를 들어, 온라인 시장에서 공공 주차장과 사설 주차장의 주차 공간을 통합해 실시간 변동 요금제에 따라 "온 디맨드on demand" 방식으로 임대하면 주차요금 수입이 상당히 늘어난다. 주차 단속 최적화 사업은 사이드워크의 알고리즘으로 "주차 단속 요원이 가장 많은 수익을 올릴 수 있는 경로를 계산"해 시 당국이 절실히 필요로 하던 수백만 달러의 부가 수입을 얻을 수 있게 하지만, 이 돈은 결국 시민들의 주머니에서 나오게 된다.

　도시들은 사이드워크의 테크놀로지 플랫폼에 상당한 시 예산을 투입하도록 요구받는다. 예를 들자면, 저렴한 공영 버스 서비스에 배정했던 자금을 우버Uber 같은 민영 라이드셰어링 회사에 의해 움직이는 '모빌리티 시장'에 풀어야 한다. 도시들이 "라이드셰어링 회사들과 대중교통 데이터를 공유하면 우버가 사람이 많이 몰린 버스정류장 쪽으로 차량을 보낼 것"이라고 사이드워크는 주장한다. 플로 트랜짓Flow Transit 시스템은 거의 모든 종류의 교통수단의 정보와 요금 결제를 구글 지도에 통합하고, 도시들은 의무적으로 '기존의 모든 운송 및 주차 서비스'를 사이드워크의 모바일 결제 시스템으로 '업그레이드'해야 한다. 사이드워크는 도시들이 대중교통에 관한 데이터뿐 아니라 모든 주차 및 탑승 정보도 실시간으로 자사와 공유해야 한다고 주장한다.[80] 닥터로프는 공익적 기능과 민간의 수익을 새로운 방식으로 혼합하고 있음을 강조하며, "우리의 사명은 테크놀로지를 이용해 도시의 변화를 꾀하고 … 중대한 도시 문제를 해결하는 일"이라면서

도 "이 사업으로 많은 돈을 벌 수 있을 것으로 기대한다"고 말했다.[81]

2016년 4월 맨해튼에 있는 예일 클럽(예일 대학교 동문과 교수들의 사교 클럽-옮긴이)에서 테크놀로지, 미디어, 금융 분야의 '선별된 리더들'이 모여 사이드워크 CEO 댄 닥터로프의 강연을 들었다. 강연의 제목은 〈구글 시티: 테크놀로지 업계의 크리슈나는 도시의 모습을 어떻게 재구상하고 있는가?—당신이 알아차리기 전에 일어날 일들〉이었다.[82] 그는 '구글 시티'를 예측의 절박성에 의해 형성되는 시장이라고 솔직하게 평가했다. 닥터로프는 구글의 온라인 세계를 현실의 도시 생활로 전환시키는 것이 사이드워크 랩스의 접근법임을 더할 나위 없이 직설적으로 밝혔다.

> 사실 우리가 하고 있는 일은 디지털 경험을 물리적 공간에다 복제하는 것입니다. … 우리는 아주 새로운 광고 모형을 통해 … 유비쿼터스 연결, 인공지능, 기계학습 등의 놀라운 연산 능력, 데이터 표시 능력, 카메라나 위치 확인 데이터, 혹은 그밖의 특수 센서를 이용한 감지 … 등에 투자합니다. 우리는 사람들이 특정 장소에 근접했을 때 표적형 광고를 송출할 수 있으며, 무선 송신이나 위치 확인 서비스, 인터넷 브라우징 행위를 통해 사람들을 확실히 추적할 수 있습니다.[83]

그해 말, 사이드워크는 다른 16개 도시와도 협력 사업을 추진한다고 발표하면서, 규모가 커지면 플로 소프트웨어의 성능이 더 향상될 수 있다는 점을 강조했다. 닥터로프는 이러한 협력이 "불가피하다"고 언급했다.[84]

이미 방대하고 다양한 지상전이 예측이라는 과업을 구체적인 활동으로 전환시키고 있다. 범위의 경제를 목표로 새로운 기계 공정이 추출을 위해 다듬어져 사람과 사물을 행동 데이터로 렌더링한다. 유비쿼터스 장치는 행동의 경제를 위해 개인적인 경험의 흐름에 끼어들어 스스로 권한을 부여한 상업적 행위자들과 그들이 참여하는 시장의 계획 및 이해관계에 따라 우리의 행동을 유도, 수정, 안내하는 방법을 학습한다. 제도화의 대리인들은 그들이 전혀 다른 여러 일을 벌이고 있을 때에도 거의 언제나 그것들이 모두 한 가지 활동인 척한다. 상업적 감시 운용의 현실정치는 무대 뒤에 감추어지는 반면, 우리는 스포트라이트를 받는 배우들의 노래와 춤에만 주목하게 되고 때로는 열광하기까지 한다. 그들이 무대 조명 아래에서 땀 흘리는 목적은 오로지 하나다. 우리가 다음 질문에 대한 답을 알아채지 못하게 하기 위해서, 아니 더 바람직하게는 아예 질문하는 것조차 잊게 만들기 위해서다. 누가 아는가? 누가 결정하는가? 누가 결정하는지를 누가 결정하는가?

그들의 이런 포부를 생각하면 닥터로프가 페이지처럼 법 없는 공간을 선호하는 것은 어쩌면 당연하다. 언론이 확인한 바에 따르면, 알파벳/구글은 새로운 도시를 위한 제안을 적극적으로 검토하고 있으며 백 명도 넘는 도시계획가, 연구자, 기술자, 건축 전문가, 경제학자, 컨설턴트들이 이 프로젝트에 관여하고 있다.[85] 《월 스트리트 저널》은 이런 대규모 사업에 드는 수백억 달러의 자금을 어떻게 조달할지는 분명치 않지만 "한 가지 확실한 것은 사이드워크가 여러 도시 규제로부터 벗어나 제약 없이 자율적으로 사업을 추진할 방법을 강구하리라는 점"이라고 보도했다.[86]

2017년 10월, 닥터로프가 에릭 슈미트 알파벳 회장, 쥐스탱 트뤼도Justin Trudeau 캐나다 총리와 함께 공식석상에 나타나 토론토의 개발 계획을 발표했다. 그들의 의도는 전 세계의 도시에 라이선싱할 수 있는 테크놀로지 조합을 개발하는 데 있다. 토론토에 본사를 둔 일간지 《글로브 앤드 메일Globe and Mail》은 "사이드워크 랩스의 구상은 '누군가 우리에게 도시를 주고 책임을 맡겨준다면 어떤 일을 할 수 있을지'를 생각하며 흥분했던 구글 창업자들에게서 기원한다"는 슈미트의 발언을 인용하며, "그는 그런 일이 일어나지 못할 수많은 이유가 있음을 알고 있다"라고 덧붙였다. 그런데 사이드워크가 토론토에서 기회를 확보한 것이다. 이 기사는 그 소식을 처음 들은 슈미트의 반응을 이렇게 전했다. "세상에! 우리가 선택받았군. 이제 우리 차례야."[87]

02

렌더링
: 경험에서 데이터로

거기서 사람들 사진을 찍으려고 하면 그들이 당신을 죽일 거야. 당신이 그들에게서 뭔가를 가져간다고 생각하거든. 당신만 너무 많이 가졌다고! 왜, 다른 사람들이 모두 가져가서 아무것도 안 남을까 봐?

— 로버트 갈런드 각본, 영화 〈일렉트릭 호스맨〉

사진을 찍는다는 것은 피사체를 전유하는 것이다. 그것은 자신을 세계와의 특정 관계 속에 집어넣는 것을 뜻한다. 그러면 지식을 가진 것처럼 느끼게 되고, 따라서 권력을 가진 것처럼 느끼게 된다.

— 수전 손택, 《사진에 관하여》

I. 렌더링과 투항

우리는 우리의 개인 정보를 축적하는 기업들에 관해 우려하며, 왜 그들이 수익을 얻어야 하는지 의아해한다. 우리는 묻는다. "그 데이터의 주인은 누구인가?" 그러나 데이터 보호 또는 데이터 소유권에 관한 모든 논의에서는 가장 중요한 다음 질문이 빠져 있다. 대체 왜 우리의 경험이 애당초에 행동 데이터로 변환되는가? 행동잉여가 생산되는 사건 사슬chain of events에서 이 중요한 단계는 너무 쉽게 간과되어 왔다. 2부 2장과 3장에서는 경험과 데이터 사이의 간극, 그리고 이 간극이 경험을 데이터로 변형시키는 사명을 위해 작동하게 되는 구체적인 양상에 주목할 것이다. 나는 이 작동을 렌더링이라고 부르려고 한다. 우리는 앞에서 인간 경험의 수탈이 감시 자본주의의 원죄임을 확인했다. 그런데 이 수탈은 단지 추상적인 개념이 아니다. 렌더링은 수탈이 달성되는 구체적인 실제 작동을 뜻한다. 이 작동을 통해 인간 경험이 데이터화의 원재료로 간주되며 제조에서 판매까지 이르게 된다. 이러한 중간과정에 초점을 맞추면 유비쿼터스 장치가 수동적인 일방 투시 거울에 그치지 않는다는 점이 드러난다. 유비쿼터스 장치는 이양을 통해 능동적으로 자체적인 지식을 만들어간다.

동사 렌더render는 매우 독특해서 그것이 뜻하는 두 가지 모순적 의미는 인간의 경험과 행동 데이터의 간극에서 일어나는 일을 완벽하게 포착한다. 첫 번째 의미는 원래의 어떤 것으로부터 다른 어떤 것이 만들어지는 과정을 가리킨다. 즉, 지방질에서 기름을 '추출한다'거나 라틴어 원문을 영어 텍스트로 '번역한다'는 뜻으로 렌더라는 동사를 씀으로써 어떤 것을 다른 것으로 바꾸는 인과적 행위를 지시한다. 디지털 테크놀로지 분야의 용어에서도 이 의미로 쓰인다. 예를 들어, '렌더링 엔진'은 HTML 문서의 코드를 변환해 화면이나 인쇄물에 나타낸다.

두 번째 의미로, 렌더는 변화의 대상이 스스로를 그 변화 과정에 넘겨주는 과정을 뜻한다. 그것은 스스로를 상대방에게 내주는 투항sur-render이다. 프랑스어의 동사 랑드르rendre는 10세기 문헌에서 처음 나타나는데, '설명을 내놓다rendering an account' 또는 '그 나무는 열매를 맺는다the tree renders its fruit'와 같이 '돌려주다, 주다, 수확을 주다'의 뜻으로 쓰였다. 14세기가 되면 이 단어에 양도, 전달, 종속이나 구속의 인정이라는 뜻이 포함된다. '시저에게 바쳐라Render unto Caesar'라는 문장이 그 예다. 이러한 의미들은 오늘날에도 유효하다. 우리는 '평결을 내리다rendering a verdict', '서비스를 제공하다rendering service', '재산을 넘겨주다rendering property'와 같은 용례에서 이 동사를 사용한다.

감시 자본주의에서는 이 두 가지 의미가 모두 작동한다. 우선 감시 자본주의의 테크놀로지들은 우리의 경험을 데이터로 만들기 위해 설계된다. 이것은 지방질에서 기름을 뽑아내는 것과 같다. 단, 이러한 일은 우리의 동의를 구하지 않음은 물론이고 우리가 인식조차 못한 상태에서 일어난다. 다른 한편, 우리는 디지털 인터페이스와 마주칠 때마다 우리 경험의 '데이터화'를 허락하는데, 이는 우리의 경험을 원재료 공급을 위한 십일조로 '감시 자본주의에 바치는' 셈이다.

이 양면성은 참신한 설정이다. 〈들어가며〉에서 살펴보았듯이, 감시 자본주의가 발명되기 꼭 1년 전 조지아 공과대학교가 개발한 어웨어 홈 프로젝트는 매우 상이한 가정 아래 상이한 행보를 보였다. (1) 어떤 경험을 데이터로 렌더링할지는 당사자 개인만이 결정할 수 있어야 한다. (2) 데이터는 개인의 삶을 풍요롭게 하기 위해서 이용되어야 한다. (3) 당사자 개인은 데이터의 공유 및 활용 방법의 유일한 결정권자다. 거의 20년이 지난 지금, 어웨어 홈은 우리가 가고 있는 길이 우리에게 더 권한이 주어지는 디지털 미래, 더 공정한 학습의 사회적 분업화가 아니라는 점을 되새기게 하는 고고학적 파편에 지나지 않는다. 이 길에서 알고, 결정하고 누가 결정하는지를 결정하는 것은 개인이 아니다. 우리는 목적이 아니라 다른 사람들의 목적을 위한 수단일 뿐이다. 어웨어 홈의 교훈은 감시 자본주의 없는 렌더링이 불가능하지 않다는 사실이다. 그러나 렌더링 없는 감시 자본주의란 불가능하다. 이 장과 다음 장에서 그 이유를 설명할 것이다.

네스트 온도조절기의 사례에서 보았듯이 모든 부문의 상품과 서비스가 감시 수익을 위한 경쟁에 합류하며, 예외는 없다. 예를 들어, 2017년 7월, 아이로봇iRobot의 자율 작동 진공청소기 룸바Roomba가 헤드라인을 장식했다. CEO 콜린 앵글Colin Angle이 로이터와의 인터뷰에서 스마트홈을 위한 데이터 기반 사업 전략에 관해 이야기했기 때문이었다. 특히 룸바에 새로 탑재된 지도 작성 기능으로 고객들의 집 평면도를 만들어, 이를 판매함으로써 새로운 수익 흐름을 이끌어낼 것이며, 향후 2년 안에 구글, 아마존, 애플 등에 지도를 판매할 수 있게 될 것이라고 했다. 감시 경쟁에 뛰어들 준비 단계로서, 룸바의 최고급 모델은 이미 카메라, 신종 센서들, 소프트웨어가 탑재되어, 위치를 스스로 추적해 평면도를 작성하는 등 새로운 역량을 갖추고 있다. 시장은 아이로봇의 성장 비전에 응답했다. 1년 전 35달러에 불과했던 주식 가격이 2017년 6월 102달러로 급상승했고, 시가총액은 25억 달러, 매출은 6억 6,000만 달러가 되었다.[1]

프라이버시 전문가들은 그런 데이터 스트림이 사실상 어떠한 보안 장치나 법의 보호도 받을 수 없음을 알고 이에 대해 경고했다. 그러나 앵글은 아이로봇은 고객의 허락 없이 데이터를 팔지 않을 것이라고 대중을 안심시키며, "대개는 스마트홈 기능을 이용하기 위해 동의해줄 것"이라는 확신을 내비쳤다.[2] 앵글은 왜 그렇게 자신만만했을까?

아이로봇의 프라이버시 정책에 따르면, "와이파이 비밀번호를 변경하는 등의 방법으로 앱의 와이파이나 블루투스 연결을 해제함으로써" 룸바 소유자가 사용 현황 데이터usage data 수집을 제어하거나 중단시킬 수 있는 것은 사실이다. 그러나 앵글은 2017년 7월 테크놀로지 전문 매체 《매셔블Mashable》을 통해 고객이 지도 작성 서비스를 사전동의(옵트인)하지 않더라도 지도와 사용 현황 데이터를 저장하며, 사용 현황 데이터만 "클라우드로 전송되어 모바일 기기에 표시될 수 있다"고 말했다.[3] 앵글이 말하지 않은 것은 고객이 자기 집 평면도 데이터를 아이로봇에 공유하기를 거부하면 전화로 청소를 시작하게 하거나 멈추게 하는 기능, 예약 청소, 청소 상태를 지도로 보여주는 '클린 맵', 소프트웨어 자동 업데이트, 특히 오염이 심한 구역을 집중적으로 청소하는 '스팟 클린' 등, 이 '자율 작동' 진공청소기가 가진 똑똑한 기능 대부분도 쓰지 못하게 된다는 점이다.[4]

앵글의 신뢰 강화 전략은 더 광범위한 렌더링 프로젝트의 핵심으로 나아간다. 감시 자본주의적 스마트홈 제품 공급자들은 이 프로젝트를 위해 독특한 접근법을 개발했다. 한편으로 그들은 고객이 데이터 공유를 옵트인 방식으로 사전동의할 수 있다는 점을 강조한다. 다른 한편으로 옵트인을 거부한 고객에게는 제품의 기능과 데이터 보안이 제한된다. 이것은 레키리미엔토식의 관계로, 정복자가 '무릎을 꿇지 않으면 우리가 너희를 파괴하겠노라'라고 선언하듯이 여기서는 '무릎을 꿇지 않으면 우리가 당신이 산 제품의 성능을 저하시키겠다'고 선포한다.

이 새로운 체제하에서는 매트리스 하나를 사는 것처럼 간단한 일을 할 때도 '폭력적 계약'이 아닌지 법적으로 세심하게 검토해야 하지만 거의 모든 사람들이 이 점을 간과한다. '스마트한 침대 테크놀로지와 수면 추적' 기능이 적용되어 있다고 하는 슬립 넘버Sleep Number사의 침대를 생각해보자.[5] 이 회사 웹사이트에 가면 아름다운 커플이 침대에 누운 채로 스마트폰으로 슬립IQ SleepIQ 앱 데이터를 즐기고 있는 모습을 볼 수 있다. 침대 하단부와 매트리스는 각도 조절 기능과 딱딱한 정도를 조정하는 센서로 사용자에 따라 최적화된다. 심장박동수와 호흡, 움직임을 측정하는 센서도 있다. "매일 아침 슬립IQ® 점수를 확인할 수 있습니다. 이 점수는 각자의 수면 시간과 질, 즉 얼마나 숙면을 취하고 얼마나 뒤척였으며, 침대를 벗어난 시간이 얼마나 되는지 등을 보여주며 … 어떻게 조정하면 좋을지를 알려줍니다." 슬립 넘버는 이 앱을 피트니스 트래커와 온도조절기에 연동해 운동과 침실 온도가 수면에 어떤 영향을 미치는지를 파악해보라고 권한다.

이 침대를 사면 열두 페이지나 되는 빽빽한 프라이버시 정책이 딸려온 다. 슬립 넘버는 고객의 정보 제공이 곧 프라이버시 정책에 따라 제삼자와 의 공유, 구글의 분석, 표적형 광고 등에 정보를 이용하는 데—대부분이 부 담스러운 조건이다—대한 동의를 뜻하게 된다고 설명한다. 고객이 앱을 최 대한으로 활용하기 위해 사용자 프로파일을 만들면 회사는 "자는 동안의 움직임이나 자세, 호흡 심장박동수 등 그 침대에서 잔 사람—그 사람이 고 객이든 고객의 자녀든 혹은 다른 어느 누구든—의 생체 데이터 및 수면 관 련 데이터"를 수집한다. 침실에서 나는 음성신호도 모두 수집한다. 이런 규 정에서 흔히 볼 수 있는 표현대로, 회사는 개인 정보를 '공유'하거나 '활용' 할 수 있다고 말한다. 게다가 "서비스나 슬립 넘버 계정 또는 사용자 프로파 일을 비활성화 혹은 삭제한 후"에도 그렇게 할 수 있다. 그리고 고객들에게 "어떠한 데이터 전송이나 저장에 대해서도 100퍼센트 안전을 보장하지는 못하며" "추적 금지" 설정을 적용받지 않는다고 경고한다. 끝으로, 8쪽에서 이 방침이 개인 정보의 사용에 관해 고객이 어떤 선택을 할 수 있는지를 다 룬다. "정보 제공 여부는 전적으로 고객에게 달려 있다. 정보를 제공하지 않 기로 결정한다면 우리는 일부 기능과 제품, 또는 서비스를 제공하지 못할 수 있다."[6]

알파벳의 또 다른 자회사 네스트가 판매하는 온도조절기의 법적 약정 문서들도 길고 빽빽하며 위 사례와 동일한 레키리미엔토의 변주를 보여준 다. 네스트의 서비스 이용약관과 최종사용자 사용권 계약은 민감한 정보가 분석의 목적으로, 그리하여 결국 미래행동시장에서의 거래를 목적으로 다 른 기기, 익명의 업체 직원, 제삼자에게 공유될 때 사용자를 압박하게 될 프 라이버시 및 보안 문제들을 노출하고 있다. 결과적으로 그러한 정보의 공 유는 더 많은 상품과 서비스 구매를 종용하려고 설계된 표적형 광고 및 메 시지의 형태로 사용자에게 되돌아온다. 하지만 법원은 대개 소비자에게 경제적으로 손해를 입혔다는 명백한 증거가 없다면 회사에게 책임이 없다는 그들의 주장을 지지한다.

네스트는 정보 보안에 대해 거의 아무런 책임도 지지 않으며, 더군다나 다른 회사가 그 정보를 어떻게 사용하는지에 대해서는 전혀 책임지지 않는다. 실제로 이 문서들을 검토한 런던 대학교 법대 교수 귀도 노토 라 디에가Guido Noto La Diega와 이언 월든Ian Walden은 사용자들이 이를 통해 서로 연결되어 있는 여러 기기와 앱으로 이루어진 네스트의 생태계로 진입하게 되며, 각각의 기기와 앱은 저마다 부담스러운 또 다른 약정들을 수반한다고 지적한다. 가정용 온도조절기 한 대를 구매하면서 천 개 가까이 되는 '계약서'를 검토해야 하는 셈이다.[7]

이 부조리한 현상은 '계약서' 중 단 하나라도 읽는 사람이 사실상 아무도 없는 현실에 의해 더 악화된다. 이와 관련해 귀중한 경험적 연구 하나를 소개하고자 한다. 이 연구는 감시와 프라이버시에 관한 법률적 쟁점을 잘 알고 있는 543명의 참여자를 대상으로 수행되었는데, 이들에게 어느 신규 온라인 서비스에 가입해달라고 요청하자 74퍼센트가 '빠른 가입' 절차를 선택해 서비스 이용약관과 프라이버시 정책을 읽지 않고 넘어갔다. 폭력적인 약정 내용을 스크롤한 사람들도 대부분은 곧장 '동의' 버튼을 눌렀다. 연구자들은 이 문서들을 제대로 읽으려면 최소한 45분이 걸릴 것이라고 계산했지만 실제로 문서를 본 사람들이 쓴 시간의 평균값은 14초였다.[8]

서비스 이용약관은 고객이 네스트가 제시한 조건에 동의하지 않는다면 온도조절기 자체의 성능과 보안이 심각하게 저하되며 신뢰성과 안전을 보장하는 필수 업데이트를 지원받을 수 없게 된다고 명시하고 있다. 이 때문에 초래될 수 있는 결과는 파이프 동결에서부터 화재 경보 미작동, 홈 시스템이 해킹에 취약해지는 문제에 이르기까지 광범위하다. 요컨대 다른 사람들의 이해관계가 제품의 효과와 안전을 인질 삼아 사용자의 렌더링, 즉 투항을 뻔뻔하게 요구하고 있는 것이다.

룸바 청소기나 슬립 넘버 침대, 네스트 온도조절기를 안 사면 그만이라고 생각할지 모르지만, 이것들은 유비쿼터스 장치 구축의 중요한 첫걸음인 거대한 렌더링 프로젝트의 상징일 뿐이다. 수천 가지 '사물 인터넷' 객체가 실용화되고 있다. 라 디에가와 월든이 결론 지었듯이, 이 새로운 상품 체제에서는 우리가 찾는 단순한 기능들이 어쩔 수 없이 소프트웨어, 서비스, 네트워크가 뒤얽혀 있는 복합체 속에 휘말려든다.[9]

상품과 서비스가 기능적이고 효과적이며 감당할 만한 가격이어야 한다는 것은 경제적 교환이 이루어지기 위한 기본적인 조건인데, 이러한 개념 자체가 무너지고 있다. 전혀 생각지 못했던 분야에서까지 모든 종류의 상품이 연결과 렌더링이라는 새로운 경제적 요건에 의해 각색된다. 저마다 '스마트'하다는 수식어를 달고 새로운 장치로 가는 관문으로 재탄생하는 가운데, 전통적인 제품들은 '멍청하다'고 매도당한다. 이 맥락에서 '스마트'는 렌더링을 완곡하게 표현한 말이라는 점을 인정해야 한다. 경험의 구석구석까지 행동 데이터로 렌더링하기 위해 설계된 것이 바로 그 스마트한 지능이다. 스마트한 사물은 모두 일종의 꼭두각시 인형으로, 그 '스마트함'에도 불구하고 꼭두각시 조종자가 남모르게 부과한 경제성의 과제를 수행하기 위해 원치 않는 춤을 추는 불행한 존재다. 상품, 서비스, 애플리케이션은 불가피론의 선동적인 북소리에 맞추어 감시 수익이 약속된 땅으로 행진한다. 그런데 감시 수익이란 우리가 '내 현실', '내 집', '내 삶', '내 신체'라고 부르는 공간—아직은 개간되지 않은 땅—을 해킹해서 얻는 수익이다. 모든 스마트 제품은 우리의 핵심 질문을 반복한다. 스마트 제품은 무엇을 알고 있으며, 누구에게 그것을 알려주는가? 결국, 누가 아는가? 누가 결정하는가? 누가 결정하는지를 누가 결정하는가?

스마트 보드카 병에서부터 인터넷에 연결되는 항문형 체온계, 그리고 문자 그대로 그 사이의 모든 것에 이르기까지, 행동 데이터를 렌더링하고, 모니터링하고, 기록하고, 전달하는 상품의 종류가 급증하고 있다.[10] 보드카 제조사에서 이 사업을 개발하고 있는 담당자는 '연결된 병connected bottle'에 관한 자신의 계획을 이렇게 설명한다. "우리가 소비자와 그들의 행동에 대해 많이 알수록 더 질 높은 서비스를 그들에게 연결해줄 수 있다."[11] 많은 브랜드가 "점점 인터랙티브가 강조되는 시장을 위해 포장용기에 음성 기능을 탑재하고자" 한다. 글로벌 주류 유통사인 디아지오Diageo는 병에 "스마트 센서를 장착"해 구매·판매 데이터를 추적하고, "소비자가 가지고 있는 스마트 기기와 커뮤니케이션하고, 병을 개봉하기 전에는 판촉을 위해 활용하지만, 개봉한 후에는 최상의 상태로 즐기는 방법에 대해 조언하는 기능을 발휘하게 할 것"이라고 밝혔다. 한 술집 설비 제조업자는 이러한 장치의 도입이 "업주가 이전에는 볼 수 없었던 것을 볼 수 있게 함으로써 수익을 극대화해줄 것"이라고 논평했다.[12] 오늘날 우리의 집은 감시 자본주의의 표적 정중앙에 놓여 있다. 2016년 68억 달러였던 스마트홈 기기 시장은 불과 1년 만에 147억 달러로 성장했고 2021년에는 1,010억 달러를 넘어설 것으로 추정된다.[13] 독자 중에는 스마트라는 이름으로 그 부조리함을 감춘 제품들을 이미 접해본 사람도 있을 것이다. 스마트 칫솔, 스마트 전구, 스마트 머그잔, 스마트 오븐, 스마트 착즙기를 본 적이 있는가? 당신의 소화 기능을 개선해준다는 스마트 조리도구는? 안면 인식 기능이 있는 가정용 보안 카메라, 침입이 일어나기에 앞서 비정상적인 진동을 감지하는 경보 시스템, 실내 GPS 위치추적기, 객체의 움직임이나 온도, 그 밖의 변수를 분석하기 위한 센서, 인터넷과 연결된 모든 가정용 기기, 소리를 감지하는 사이보그 바퀴벌레(살아 있는 바퀴벌레에 센서를 부착한 것으로, 사람이 접근하지 못하는 곳에 투입해 센서가 감지한 소리를 인명 구조에 활용하고자 개발했다—옮긴이) 등 더 암울한 사례도 많다. 이제 육아는 신선한 행동잉여를 공급해줄 원천과 다름 없다.[14]

이와 같이 우리는 감시 자본주의의 축적 논리가 행동을 유도하는 현상을 환영하곤 하는데, 이는 사물들의 네트워크가 이미 네트워크를 강요하는 형태로 진화하고 있음을 시사한다. 이러한 네트워크에서 일상적인 기능들은 행동잉여의 몸값으로 지불된다.[15] 2013년 12월 구글 재무 담당 이사가 미국 증권거래위원회의 기업금융부에 보낸 서한에서 이 현상을 생생하게 엿볼 수 있다. 이는 증권거래위원회가 구글에게 데스크탑 플랫폼과 모바일 플랫폼에서의 수익 분할에 대해 질의한 데 대한 답변으로서 작성된 서한이었다.[16] 구글은 사용자들이 "미래에는 점점 더 다양한 기기에서 우리의 광고를 보게 될 것"이므로 구글의 광고 시스템은 "기기의 종류와 무관한device agnostic" 설계를 지향하고 있어서, 수익의 분할은 적절하지 않고 현실적이지도 않다고 답했다. 또한 "수 년 내로 우리를 비롯해 여러 기업들이 냉장고, 자동차 계기판, 실내 온도조절기, 안경, 손목시계 등등에 광고나 다른 콘텐츠를 송출할 수 있게 될 것"이라고 언급했다.

결정적인 장면은 여기서부터다. '스마트홈'과 거기에서 작동하는 '사물인터넷'은 미래행동을 거래하는 신규 시장이 그들의 존재를 새겨 넣고 우리의 가장 사적인 공간에 대한 그들의 요구를 주장하는 배경이 된다. 이 이야기의 핵심은 이 모든 행위가 우리의 미래행동에 베팅하는 더 넓은 시장의 프로세스를 지지하는 쪽으로 추진된다는 데 있다. 그리고 우리는 그 프로세스에 대해 아무런 지식도 통제력도 가지고 있지 않다. 계속해서 끓어오르는 '스마트'한 사물들은 하나의 팀을 이루며, 이 팀 전체가 감시 수익으로의 이주 대열에 합류할 때 진공청소기, 침대 매트리스, 온도조절기 등 네트워크 안에 있는 각각의 노드는 거침없이 행동을 렌더링하는 것으로부터 시작해서 각자의 자리에서 맡은 역할을 수행해야 한다. 대안을 빼앗긴 우리는 우리가 결코 소유할 수 없는 상품들을 구매해야 한다. 내 돈을 내고 스스로 감시와 강제의 대상이 되는 셈이다. 설상가상으로 이러한 사물들에서 렌더링된 데이터는 보안 수준이 악명 높을 만큼 낮아서 쉽게 유출된다. 더구나 제조업체들에게는 데이터를 도둑맞거나 해킹당했을 때 기기 소유자에게 고지할 어떠한 법적 책임도 없다.

또 다른 이들은 개별 사물의 렌더링에 대해 훨씬 더 웅대한 야망을 가지고 있다. 퀄컴Qualcomm, 인텔, ARM 같은 회사들은 항상 켜져 있으며 낮은 전력으로 가동되는 초소형 컴퓨터 비전 모듈을 개발하고 있다. 이 모듈은 휴대폰, 냉장고 등 어떤 기기에든 그 표면에 부착할 수 있다. 퀄컴의 한 임원은 가정용 기기나 장난감이 집안에서 일어나고 있는 일을 알 수 있다고 말하며, "아이가 얼굴을 인형 쪽으로 향하면 인형이 아이의 얼굴을 감시할 수 있다"고 설명했다.[17]

'스마트 피부'를 생각해보자. 학계의 뛰어난 과학자들이 개발한 스마트 피부는 상업화를 목전에 두고 있다. 처음에는 파킨슨 병이나 수면장애 등 건강 상태를 모니터링하고 진단하는 능력으로 높은 가치를 인정받았는데, 지금은 유비쿼터스 장치를 거슬리지 않게 만들 수 있는 역량이라는 점에서 각광받고 있다. 조지아 공과대학교 연구자들은 주변의 전자파나 그 외 에너지원으로부터 에너지를 빨아들이는 '스마트 스킨'을 개발해, 배터리 필요성을 제거했다. 스마트 스킨은 "영구 무선 네트워크를 대량으로 구현할 수 있게 해줄 잠재성을 지닌 궁극의 감지 도구"[18]라고 일컬어지며, 단순한 무선주파수RFID 기술을 이용해 인식, 감지, 분석, 무선통신, '파라미터값 수정'을 할 수 있다.[19] 파라디소가 이용했던 '센서 테이프'의 경우처럼, 연구자들은 스마트 스킨이 '전사 스티커' 형태로 거슬리지 않게 "어디에나 적용해 … 우리 주변 세계를 모니터링하고 감지하며, 주변에 있는 사물들과 상호작용하는 데 이용함으로써 생활환경지능을 괄목할 만하게 향상시킬 수 있다"는 점을 강조한다. 그들은 예를 들어, 스마트 스킨을 수퍼마켓 선반에 적용하면 수익을 높일 수 있는 여러 길이 열릴 것이라고 제안하기도 했다.[20]

렌더링은 감시 자본주의 프로젝트가 되었다. 즉, 감시 자본주의의 요청에 맞게 형성되고, 감시 자본주의의 목표를 지향한다. 그림자 텍스트의 작성에서 렌더링은 처음부터 이 시장 프로젝트를 규정했던 '단순 강도라는 원죄'를 실제로 운용되게 하는 1단계 작업이다. 구글은 우리의 동의를 거치지 않고 우리의 항의를 견디며 거리와 주거지를 포함한 지구 전체를 렌더링했다. 페이스북은 미래행동시장을 위해 소셜 네트워크와 그 무한한 세부 사항들을 렌더링했다. 이제 유비쿼터스 장치는 인간 경험에 대한 유비쿼터스 렌더링 수단이다. 앞서 우리는 '마찰'의 제거가 공급 운용의 결정적인 성공 요인이므로, 감시 자본가들이 절박성을 가지고 마찰 요인들을 제거하려고 해왔음을 살펴보았다. 예측의 절박성은 경계와 장벽을 참을 수 없게 만들고, 감시 자본가들은 그것들을 제거하기 위해서라면 아마 무슨 일이든 할 것이다. 이 과정에서 '연결'은 절박한 상업적 과제가 되고, 개인의 자율성은 감시 수익에 대한 위협이 된다.

감시 자본주의의 렌더링은 '옵트인'과 '옵트아웃'에 관한 분별 있는 논의 모두를 압도하며 작동한다. 부끄러움을 가릴 무화과잎 따위는 필요 없다. 동의라는 완곡어법은 더 이상 적나라한 현실로부터 주의를 분산시키지 못한다. 감시 자본주의하에서의 렌더링은 대개 독단적이고 일방적이고 탐욕스러우며, 은밀하고 뻔뻔하다. 이 특징들은 감시 자본주의에서 '감시'를 가능케 하는 권력의 비대칭성을 요약해 보여준다. 또한 이제는 렌더링이 없는 곳이 없다는 가혹한 진실을 만천하에 드러낸다. 테크놀로지 부문을 훨씬 넘어서서 광범위한 산업 분야가 감시 수익에 매료됨에 따라 많은 기업이 인간의 경험을 사냥해 데이터로 렌더링하는 경주에 뛰어들었고, 이 맹렬한 경쟁은 렌더링을 글로벌 감시 자본 프로젝트로 만들었다.

우리는 이 장과 다음 장에 걸쳐 범위의 경제를 추구하는 렌더링 활동의 폭을 살펴볼 것이다. 우선 이 장에서는 규모의 첫 번째 차원인 확장에 집중할 것이다. 이는 렌더링의 작동이 현실 세계로 이동해 예상하지 못했던 신선한 인간 경험을 포획하게 됨을 뜻한다. 확장하려는 힘은 수탈로 가는 노정에 있는 모든 길모퉁이와 틈새, 거기에서 일어나는 모든 발화와 몸짓을 원한다. 촉촉하고 살아 있는 모든 것은 스스로를 넘겨주어야 한다. 그림자가 있을 수 없고, 어둠이 있을 수 없다. 무엇인가가 알려지지 않은 채 남아 있는 일은 참을 수 없다. 은둔은 금지된다. 2부 3장에서는 깊이depth 차원으로 넘어간다. 일상생활이라는 강에 넓게 던져지는 그물망도 있지만, 성격, 감정, 엔도르핀처럼 보기 드문 예측력을 지닌 귀한 잉여 원천을 새로 찾아내기 위해 가장 깊은 물속을 탐색하는 잠수함도 있다. 이 두 부분에서 나는 사례를 모두 제시하는 데 주력하기보다 감시 자본가들이 확실성을 높여 수익을 가져다줄 수 있는 인간 경험의 새로운 측면을 찾아나설 때 나타나는 진지한 목적의식과 집요함, 속임수를 잘 보여주는 데 초점을 맞출 것이다.

그렇게 하기 위해서는 특정 행위자, 상품, 기법을 명시할 수밖에 없지만, 개인이나 회사에 관련된 세부적인 사실들은 끊임없이 변화하고 있다. 기업들은 사고 팔리며, 사업이 망하기도 하고 성공하기도 한다. 인력들도 이리저리 자리를 옮긴다. 테크놀로지와 제품, 기법은 폐기되거나 다듬어지거나 더 나은 것으로 대체된다. 특정 테크놀로지나 제품이나 기법이 무너지더라도, 감시 자본주의의 번성이 가로막히지 않는 한 새로운 테크놀로지, 제품, 기법이 그 자리를 대신할 것이다. 감시 자본주의의 성공에서 속도와 변화는 결정적인 요인이지만, 끊임없는 움직임이 소용돌이치는 풍경을 지배하는 '운동 법칙'을 포착하겠다는 의지를 꺾도록 내버려둘 수는 없다. 우리가 포착하고자 하는 것은 패턴이며, 그 패턴이 달성하려는 목적이다.

II. 신체 렌더링

신체 렌더링은 당신이 들고 있는 휴대폰을 통해 간단히 시작된다. 당신이 살고 있는 도시가 '스마트'하지 않고, 구글이 소유하거나 운영하는 도시가 아니라고 해도, 당신의 행동에 관심이 있는 시장 행위자라면 당신의 신체가 어디에 있는지 찾아낼 수 있다.[21] 감시 자본가들은 현실을 잉여를 낳는 행동으로 렌더링하기 위해 여러 정교한 방법을 활용하지만, 가장 간단하면서도 근본적인 방법은 당신이 어디에 있는지를 항상 정확히 파악하는 능력에서 비롯된다. 당신의 신체는 추적, 계산해 색인화하고 검색할 수 있는 움직이는 객체로 다시 그려진다. 대부분의 스마트폰 앱은 서비스에 꼭 필요하지 않을 때에도 당신의 위치 정보에 대한 접근 권한을 요구한다. 오로지 그것이 가져다줄 수 있는 수익성 때문이다.

위치 데이터는 '지오태그geotag'로부터 추출할 수 있다. 지오태그는 스마트폰이 사진이나 동영상에 자동으로 당신의 ID와 위치를 심어 놓을 때 생성된다. 소매점 주인은 '지오펜싱geofencing'을 이용해 지리적인 구역의 경계를 표시하고 그 파라미터 내에 들어온 스마트폰에 "지금 바로 들어오세요!", "이 제품을 여기에서 구매할 수 있습니다!", "당신만을 위한 특별한 혜택!" 같은 알림 메시지를 보낸다.[22] 실제로 경험해보고 싶다면 지금 바로 스타벅스 앱을 다운로드하고 집 밖으로 나가보면 된다. 어느 마케팅 컨설턴트의 말을 빌리자면, "궁극의 지리적 표적화인 모바일 광고는 광고의 성배聖杯다."[23] 모바일 광고 전문 기업들은 위치 기반 마케팅 기법과 요령을 아낌없이 제공한다. "그것은 알림 기능으로 사람들의 본능을 자극해 충동구매를 조장할 수 있게 해주며 … 옐프나 페이스북의 후기를 통해 현재의 고객들에 대한 통찰력을 얻을 수 있게 해준다."[24]

또 다른 모바일 마케팅 기업은 군사정보 분야에서 나온 '생활 패턴 분석' 기법에 기반한 '생활 패턴 마케팅'을 추천한다. 이 기법은 미래행동 예측을 위해 전화, 위성, 차량, 센서에서 얻은 위치 및 기타 데이터를 수집해 마케팅 대상으로 정한 사람의 일상 행동 패턴에 대한 정보와 조합한다. 마케팅 담당자는 "브랜드 및 판촉 메시지를 사람들의 일상에 끼워넣기" 위해 "목표 청중target audience"의 "일상 패턴을 지도로 작성"하라고 권한다. 이 회사는 이렇게 강조한다. "유비쿼터스 기술에 대한 인지가 심리적으로 미치는 영향력은 엄청나다. 생활 패턴 마케팅은 소비자의 심리에 강력하게 각인된다."[25]

누구나 휴대전화의 GPS 위치 확인 기능을 끌 수 있지만 대개 그렇게 하지 않는다. 그 기능이 필요해서이기도 하지만 작동하고 있다는 사실 자체를 모르기 때문이기도 하다. 퓨 리서치에 따르면 2013년 미국 스마트폰 소유자 중 74퍼센트가 위치 데이터를 요구하는 앱을 사용했는데 2015년에는 그 비율이 90퍼센트로 상승했다. 이는 약 1억 5,300만 명에 해당하며, 휴대전화로 음악을 듣거나 동영상을 보는 사람의 숫자를 넘어선다.[26] 감시 자본주의가 비밀스러운 운용 방식에 의존하고 있다는 사실은 우리의 휴대폰이 어느 정도까지 기업의 감시를 위한 추적 장치로 기능하고 있는지를 우리 대부분이 알지 못하고 알 수도 없음을 뜻한다.

카네기 멜런 대학교 연구진의 연구가 효율적으로 이 점을 입증했다.[27] 그들은 23명의 참여자에게 3주 동안 그들의 위치 정보에 접근하는 앱의 숫자를 계속 알려주고, 일정 기간이 지날 때마다 위치 정보 접근이 총 몇 번 일어났는지도 알려주었다. 14일이 경과했을 때 접근 횟수는 4,182회, 5,398회, 356회 등으로 각자 달랐지만 참여자들 모두 그 엄청난 폭격만으로 아연실색했다. 광고주, 보험사, 소매점, 마케팅 회사, 대부업체 등 행동 시장에 판돈을 건 자는 누구든 폭격에 동참했다.[28] 어느 참여자는 한마디로 그 느낌을 정리했다. "마치 내 휴대폰에게 쫓기는 기분이었다. 무서웠다."[29] 참여자의 58퍼센트는 그 후 모바일 앱에서 설정한 위치 정보 접근 권한을 제한했다.

말할 것도 없이, 위치 기반 추적의 선봉에도 구글이 있다. 2016년 캘리포니아에서 수사 기관이 은행 강도를 검거하기 위해 수색 영장을 청구하면서 제출한 진술서는 구글의 위치 데이터가 왜 독보적인지를 명쾌하게 보여주었다. "구글은 안드로이드 모바일 기기에서 위치 데이터를 수집, 보유한다. 구글은 구글의 서비스 중 하나라도 활성화되거나 전화 통화, 문자 메시지 전송, 인터넷 접속, 이메일 접속 등 모바일 기기에서 어떤 작동이 일어날 때마다 위치 데이터를 수집한다." 이 사건의 관계자들은 구글에 위치 정보를 요청했다. 구글이 전화 회사보다 훨씬 더 자세한 정보를 제공할 수 있기 때문이다. 안드로이드의 위치 시스템은 기지국 데이터와 GPS, 와이파이 네트워크, 사진, 동영상 등 여러 원천에서 골라 모은 다른 정보들을 결합한다. "그 덕분에 안드로이드는 사용자가 어느 블록에 있는지를 넘어 어느 건물에 있는지까지 알아낼 수 있다."[30] 2017년 11월, 《쿼츠Quartz》 탐사 보도 기자들은 안드로이드폰이 2017년 초부터 가장 가까운 기지국들의 삼각측량을 통해 위치 정보를 수집해왔으며, 위치 서비스가 비활성화되어 있고 아무런 앱도 작동하고 있지 않으며 캐리어 SIM카드가 설치되어 있지 않을 때에도 위치 정보 수집이 계속되고 있음을 알아냈다. 그 정보는 구글이 '푸시' 알림과 메시지를 안드로이드폰 사용자에게 보내는 데 이용되었다. 구글은 "안드로이드폰을 가지고 있거나 구글 앱을 실행하고 있는 사람이 특정 가게에 들어서는지를 파악해 그 사람에게 표적형 광고를 보게 할 수 있다."[31]

구글의 위치 이력 시스템은 그들의 글로벌 지도 작성 작업에 의해 탄생했다. 이 기능은 10년 넘게 가동되었지만 2015년이 되어서야 '타임라인Your Timeline'이라는 이름으로 대중에게 공개되었다. 이 기능은 "사용자가 자신의 현실 세계에서의 일상을 시각적으로 볼 수 있게 해준다."[32] 구글은 타임라인에서 노출되는 추적의 양과 지속성이 어떠한 부정적 반응을 불러일으키더라도 사용자들이 타임라인 정보를 미세하게 조정하고, 관련 사진을 추가하고, 설명을 삽입하는 등 스스로 행동잉여 축적에 능동적으로 기여하게 된다는 점이 갖는 가치에 의해 상쇄될 것이라고 생각했다. 사용자들이 교통 상황이나 날씨 정보 업데이트, 알림, 추천 등의 적절성을 높이기 위해 자신의 이메일과 앱을 더 효과적으로 탐색해줄 구글 나우Google Now 같은 개인화 서비스를 이용하는 것을 보면 알 수 있다. 위치 데이터는 이런 서비스를 누리기 위한 대가다.

이 거래는 프라이버시와 통제권에 대한 통상적인 약속—"내 타임라인은 비공개 정보이며 나에게만 표시됩니다. 보관할 위치는 스스로 정할 수 있습니다"—에 의해 매끄럽게 성사된다. 그러나 구글은 사용자의 위치 데이터를 광고의 표적화에 이용한다. 사실 위치 데이터는 클릭률에 직접적인 영향을 미치므로 구글의 광고 시장에서 가장 중요한 잉여 중 하나다. 구글을 비롯한 감시 자본가들은 늘 행동잉여가 수많은 개인 사용자들로부터 집계된 후 메타데이터 상태로만 보관된다고 설명한다. 우리는 이 대규모 합금 덩어리에서 개인을 식별하기란 불가능하다고 들어왔다. 그러나 재식별 기법의 발전은 공개된 기록에서 쉽게 얻을 수 있는 세 가지 데이터—생일, 우편번호, 성별—만 가지고도 메타데이터를 '충격적일 만큼 쉽게' 탈익명화할 수 있음을 입증해왔다.[33] 이 연구를 요약하면서 법률학자 폴 옴Paul Ohm은 이렇게 말한다. "재식별화는 우리의 모든 비밀을 찾아내고 드러내는 일을 근본적으로 쉽게 만든다. 적들은 우리를 협박, 희롱, 중상, 비난, 차별할 소재를 찾기 쉬워졌음을 알게 될 것이다. … 이 실수는 거의 모든 정보 프라이버시 법에 침투한다." 옴은 익명성을 전제로 했던 대량의 행동잉여 캐시를 생각할 때, "데이터베이스가 폐허가 된 것"이라고 보았다.[34]

위치 데이터와 관련해서도, 상황은 똑같이 나쁘다. 2013년 MIT와 하버드의 컴퓨터 과학자들로 이루어진 연구진은 개인들이 고유의 이동성 서명을 갖는 경향이 있으므로 적절한 도구를 가진 분석가라면 누구든지 익명의 대규모 위치 메타데이터 세트 가운데서 쉽게 특정 개인의 이동 패턴을 추출할 수 있음을 입증했다. 또 다른 연구진은 가속도계, 자이로스코프, 자력계 등 "무해해" 보이는 스마트폰 내장 센서가 수집한 데이터가 "인간의 활동과 기분까지도 점점 더 광범위하게" 유추하는 데 이용될 수 있음을 입증했다. 이 연구는 이러한 센서 데이터가 "익명적인 데이터 세트로부터 특정 사용자들에 대한 민감한 정보를 획득하기 위해" 활용될 수 있다는 점도 보여주었다.[35]

기업들은 감시 역량을 가동하기 시작했다. 브로드컴Broadcom은 '글로벌 내비게이션 위성 시스템' 연결 칩을 개발했다. 이 시스템은 위성 통신과 휴대전화 내장 센서를 결합해 사용자가 네트워크에 접속되어 있지 않더라도 건물 내에서의 위치, 몇 층에서 어느 방향으로 몇 걸음을 걸었는지 등 사용자의 위치를 알아낼 수 있는 '위치 측정 엔진positioning engine'을 만든다. 브로드컴의 부사장은 이 모든 기능이 오직 한 가지 요인에 달려 있다고 설명한다. 그것은 "사용자가 손에 들고 있는 기기"다.[36] 프린스턴 대학교의 컴퓨터 과학자 아빈드 나라야난과 에드워드 펠튼Edward Felten은 이렇게 요약했다. "위치 데이터를 효과적으로 익명화하는 방법이나 유효한 익명화 달성 가능성의 증거는 알려진 바 없다."[37]

'탈익명화'가 없더라도, 위치 메타데이터를 확보하면 여러 민간 기업들 가운데 월등하게 지식의 집중화와 학습의 분업화에서도 단연 유리한 위치에 설 수 있다. 중국의 구글이라고 불리는 검색 엔진 회사 바이두Baidu는 2016년 자사의 '빅데이터 연구소'에서 사용자 6억 명의 위치 데이터를 이용해 중국 경제의 동학을 추적하고 예측하겠다고 발표했다. 바이두는 중국 경제의 '소비 지수'는 물론, '고용 지수'도 구축했다. 애플이 그해 2분기에 중국에서 거둘 실적과 같이 상당히 구체적인 예측이 가능하다고 선전하기도 했다. 바이두의 연구진은 "우리가 아는 한, 전례없이 큰 규모로 수집한 조밀한 시공간 데이터로 세계 2위 규모인 중국 경제를 평가하는 최초의 시도"라고 자랑했다.[38]

위치 데이터가 강력한 만큼, 웨어러블 테크놀로지와 그 애플리케이션 또한 신체 행위 렌더링의 중요한 시험대다.[39] 2017년에 발표된 한 보고서는 차세대 착용형 기기에 대해 "더 많은 센서와 더 스마트한 알고리즘으로 무장하고 있으며 … 생체 모니터링에 중점을 두며 … 신체 부위를 데이터 수집을 위한 도관으로 삼는다"고 설명하고 있다. 이 복잡한 센서들은 "환경적 맥락 … 냄새 … 감정 상태 …"를 감지할 수 있다.[40] 구글은 지구상의 모든 의류와 직물에 전도성 섬유를 적용하는 것이 목표라고 주장하며 인터넷에 연결되는 직물을 개발해왔다. 이 프로젝트를 이끌고 있는 이반 포피레프Ivan Poupyrev는 "센서를 섬유 소재로 직조할 수 있다면 전자제품과는 멀어지게 될 것"이라고 설명한다. "우리 주변 세계의 기본 소재 자체가 인터랙티브해지고 있다." 리바이스와의 협업은 이미 '인터랙티브 데님'을 탄생시켰고, 2017년 9월 재킷을 출시했다. 이 소재는 '진짜 상호작용'을 위해 '행동을 유추'할 수 있는 '데님'이라고 소개되었다.[41] 재킷에 장착된 센서는 직물을 관통해 작동하며, 손가락을 까딱거리는 것과 같은 미묘한 움직임도 감지, 해독할 수 있다.

착용형 기기에 관한 여러 문헌들은 매케이의 주제를 무감각하게 반복한다. 매케이가 원격측정 기기는 "자유롭게 돌아다니는 동물"의 "인식 바깥에서" 작동해야 한다고 주장했듯이, 오늘날의 개발자들도 착용형 기기가 다른 사람들의 경계심을 불러일으키지 않도록 "거슬리지 않는" 형태로 만들어져야 한다고 강조한다. '지속적'이고 '침투적'이며, 무엇보다 '저비용'이어야 범위의 경제를 달성할 수 있다.[42] 디지털 마케팅 회사 오범Ovum은 2020

년에 착용형 기기가 6억 5천만 대, 2016년의 두 배 가까이 사용될 것으로 예측했다. 오범의 연구는 이 성장이 대체로 감시 수익의 유혹에 의해 견인됨을 보여주었다. 모바일 광고주들은 착용형 기기를 "매우 세분화된 데이터 통찰력, 새로운 유형의 행동 및 사용 현황 데이터의 원천"으로 본다는 것이다. "미래의 착용형 기기는 사용자의 상황에 따른 활동, 건강, 감정 상태에 관련된 광범위한 데이터를 수집할 수 있게 될 것이다. 이 정보는 상품과 마케팅 메시지를 매우 높은 수준까지 향상시키고 맞춤형으로 다듬는 데 활용될 수 있다."[43]

헬스케어는 특히 활발하게 착용형 센서 테크놀로지가 실험되고 있는 분야로, 이 아이디어의 순진한 기원에 비해 특히 악용될 소지가 큰 분야이기도 하다. 원격측정 기법이 처음으로 매케이의 날짐승과 들짐승에서 인간이라는 종으로 옮겨왔을 때, 그 첫 응용 중 하나는 혼자 사는 노인을 위한 비상 버튼 목걸이와 같이 의료적으로 취약한 사람을 지켜보기 위한 수단이었다. 2002년, 아직 비밀에 부쳐져 있던 감시 자본주의가 첫 번째 도약을 달성한 그해, '무선 원격의료'에 대한 한 논평은 노인이나 오지를 위한 의료 서비스에서 가정 모니터링이 갖는 가치를 강조했다. 어웨어 홈의 경우와 마찬가지로, 그런 가정 모니터링 서비스를 위해 제안된 디지털 아키텍처의 개념도는 가정에 있는 환자, 병원 서버, 의사, 이 셋만으로 이루어진 폐쇄 회로 모양이다.[44] 어떤 구상에서도 그 외의 행위자는 없다. 당신의 행동을 포획하겠다는 회사도 없고, 그 어떤 테크놀로지 거물도 모든 것을 흡수해버리는 그들의 플랫폼과 그들이 독점하고 있는 서버가 당신의 삶에서 잉여를 착취해 당신이 곧 원하게 될 상품을 예측하고, 그리하여 고객사가 당신에게 그 상품을 가장 먼저 팔아먹게 하겠다고 밝히지 않는다.

감시 자본주의의 탄생과 확산 이전에, 신체의 디지털 재현은 환자와 그가 신뢰하는 의사, 엄마와 아이, 노부부와 성인 자녀 사이의 친밀한 관계를 더 비옥하게 만드는 방법이 될 것이라고 상상할 수 있었다. 그러나 감시 자본주의가 디지털 시대를 장악하면서 그러한 상상은 터무니없는 공상이 되었다. 어웨어 홈과 원격의료의 설계는 공히 여기서 발생하는 모든 행동 데이터가 이 설계의 주체인 인간을 위한 서비스에 재투자되어, 인간에게 평온, 신뢰, 존엄성을, 따라서 진정한 지식과 권한을 가질 기회를 제공한다고 가정한다.

건강 모니터링에 대한 여러 글은 여전히 노인을 위한 유용성을 강조하지만, 결정적으로 예전의 순수성을 잃어버렸다. 어떤 연구자들은 "스마트 시티"와 "m-헬스케어"가 융합되어 "스마트 헬스케어"가 탄생할 것이라고 예견한다. 스마트 헬스케어란 "상황인식context-aware 네트워크와 스마트 시티의 센서 인프라를 활용한 의료 서비스 제공"을 말한다.[45] 이제는 그 목적을 위해 점점 더 광범위한 생리적 프로세스—체온, 심장박동수, 뇌 활성도, 근육 운동, 혈압, 땀 분비량, 에너지 소비, 신체 움직임 등—를 행동 데이터로 렌더링하는 신뢰할 만한 센서들이 있다. 수술 후 환자의 회복과 재활 기간 동안 청각적, 시각적, 생리학적 데이터를 렌더링할 수 있는 센서도 있다. 호흡이나 손동작, 식도의 연하운동, 보행 행동 데이터를 감지해 렌더링할 수 있는 연성 섬유 패치도 개발되었다. '초소형 착용형 센서'는 걷거나 달릴 때 '정확한 생체역학분석'을 제공하며, '인체통신망body area network'은 '극한 조건'에서의 보행이나 달리기를 기록, 분석한다.[46]

우리가 지금 공격적으로 우리에게 접근하는 주머니 속 컴퓨터, 즉 휴대전화를 통해 건강 데이터와 조언에 접근한다는 사실은 기존의 헬스케어 체계가 2차 현대성 시대의 개인들의 요구에 부응하는 데 실패했다는 강력한 증거다. 기록적으로 많은 사람들이 건강관리에 도움을 받기 위해 피트니스 밴드나 다이어트 앱을 이용하기 시작하면서 m-헬스케어는 렌더링과 행동 잉여 포획의 폭발적 증가를 촉발했다.[47] 2016년 기준으로, 구글 안드로이드 및 애플 iOS 플랫폼에는 100,000개가 넘는 모바일 헬스케어 앱이 등록되어 있는데, 이는 2014년의 두 배에 해당하는 숫자다.[48] 이러한 풍성한 데이터가 환자와 의사 사이, 혹은 애플리케이션과 다이어트나 운동을 하는 사람 사이의 긴밀한 폐쇄 회로에 갇혀 있다고 생각하기 힘들어졌다. 과거에 꿈꾸었던 목가적인 전망은 보류되었다. 감시 자본가들에게 그런 전망은 빛바랜 은판사진에 불과하다.

미국에서 대부분의 의료 및 피트니스 관련 앱은 보건 정보에 관한 프라이버시 관련법을 적용받지 않으며, 기존의 법률은 새로운 디지털 기술이나 폭력적인 감시 자본주의 운용을 적절하게 고려하고 있지 못하다. 연방거래위원회 및 여타 정부기관은 가이드라인만 제시하고 기업들의 자율 규제를 유도하고 있다. 예를 들어, 연방거래위원회는 2016년 모바일 헬스케어 앱 개발자들을 위해 투명성, 프라이버시, 보안을 강화한 모범 사례 목록을 발표했다. 이러한 권고 사항 중에는 "앱이 필요하지 않은 소비자 정보에 접근하지 않도록 할 것", "표준 API(응용 프로그램 인터페이스-옮긴이)로 모든 종류의 사용자 연락처에 대해 접근 권한을 요청하지 말고, 소비자가 그 앱에서 사용할 연락처를 선택할 수 있게 할 것", 사용자에게 "프라이버시 보호 기본 설정을 선택할 수 있게 할 것" 등이 포함된다. 그해에 식품의약국도 "위험 수준이 낮으므로" 의료 및 피트니스 앱을 따로 규제하지 않을 것이라고 밝혔다. 대신, 소프트웨어 개발자를 위한 자율 규제 지침을 발표했다.[49]

이 지침은 좋은 뜻에서 마련되었지만 불편한 진실을 간과하고 있다. 일찍이 산업 자본가들에게 노동 환경 개선, 아동 노동 금지, 노동 시간 단축이 마찰 요인이었듯이, 투명성이나 프라이버시가 감시 자본가들에게는 마찰 요인이라는 점이다. 산업 자본주의 초창기에 노동 환경을 변화시킨 것은 권고가 아니라 법이었다. 그리고 지금, 자율규제를 간청하게 하는 문제를 과도함, 실수, 간과, 판단 착오라고 생각할 수 없다. 그것은 지배적인 축적 논리와 가차 없는 경제성 요청의 필요에 의해 생긴 문제다.

모바일 헬스케어 앱에 대한 한 법률 검토 논문은 그러한 앱 대부분이 "소비자의 허락 없이 사적인 정보와 데이터를 취하며 ··· 일반적으로 해당 사용자에게 이 정보가 광고 회사에 전송될 것이라는 점을 알리지 않는다"고 결론짓는다. 이 결론은 폭넓은 연구를 바탕으로 도출된 것이지만,[50] 여기서는 2016년 토론토 대학교 멍크 국제학 연구소Munk School of Global Affairs 소속 학자들이 디지털 프라이버시와 보안 문제를 중점적으로 다루는 비영리 기관인 오픈 이펙트Open Effect와 함께 실시한 심층 조사에 주목해보고자 한다. 이 연구는 9종의 피트니스 트래커에서 이루어지는 개인 활동의 수집, 처리, 이용을 검토했다.[51] 사용자 수가 가장 많은 앱 7종에 캐나다 기업이 만든 앱과 여성 건강에 특화된 앱을 각각 하나씩 포함했다. 9종 중 7종에서는 기록된 모든 피트니스 이력이 회사 서버에 전송되어, 백업, 친구와의 공유는 물론 '데이터 분석'과 제삼자에게의 배포도 가능했다. 어떤 트래커는 기기 식별 번호를 전송했고, 어떤 트래커는 패시브 모드로 사용자의 정확한 경도 및 위도 좌표를 계속해서 전송했다. 이러한 식별자들은 "피트니스 및 신상 데이터를 하나의 휴대전화 단말기 또는 하나의 착용형 피트니스 기기에 연결할 수 있게 한다." 트래커가 제대로 작동하는 데 기기 식별 번호나 사용자의 위치 같은 민감한 정보가 꼭 필요한 것은 아니었다. 하물며 프라이버시 정책은 불분명하고 데이터를 '제삼자와 거래'할 수 있게 되어 있었다. 앞에서 보았듯이, 사용자의 행동잉여가 일단 제삼자에게 넘어가면 또 다른 제삼자에게, 또 그 제삼자에게 계속해서 공유된다.

연구진은 트래커가 휴대전화 단말기 고유의 블루투스 미디어 액세스 제어기MAC 주소를 전송한다는 사실도 밝혀냈다. 이 주소가 공개적으로 검색 가능해지면 당신의 움직임에 관심이 있는 모든 제삼자, 예를 들어 당신이 쇼핑몰에서 무엇을 하는지 알고 싶어 하는 매장 주인이나 당신이 운동 계획을 잘 지키고 있는지 염려하는 보험사가 당신의 휴대전화를 '영구적으로' 추적할 수 있게 된다. 시간이 지나면서 기록된 여러 데이터세트가 결합되면 당신의 움직임을 정밀하게 그려낼 수 있고, 그러면 애플리케이션의 표적화를 통해 확실하게 보장된 성과를 가져다줄 가능성을 높일 수 있다. 앱이 정기적으로 무작위적인 새 MAC 주소를 생성해야만 진정한 보호가 이루어질 수 있는데, 9종의 트래커 중 그렇게 하는 것은 애플 워치뿐이었다.

이 보고서는 보안상의 부주의와 허위 데이터 생성이 비일비재하게 일어남을 확인했다. 연구자들은 소비자들이 오해하거나 혼동해 보안 조치의 수준은 과대평가하고 "피트니스 트래커 회사가 수집하는 개인 데이터의 광범위함"은 과소평가하는 경향이 있음을 관찰했다. 그들은 다음과 같이 결론을 내렸다. "우리는 심각한 보안 취약성을 발견했다. 최종 사용자에게 뚜렷한 혜택이 돌아가는 것도 아닌데 매우 민감한 지리적 위치가 전송되고 있으며, … 정책적으로 사용자들의 명시적 동의 없이 제삼자에게 사용자의 피트니스 데이터를 판매할 수 있게 문을 열어두고 있다."

피트니스 트래커는 장난감 같은 것 아니냐며 이 보고서를 무시하고 싶다면, 2016년《미국의학저널Journal of American Medicine》에 실린 안드로이드 기반 당뇨 관리 앱에 관한 예리한 분석에서 광적인 신체 렌더링에 대해 살펴보자. 연구자들은 FDA가 민감한 건강 데이터를 전송하는 여러 앱의 처방을 승인했지만 이 앱들의 이면에서 일어나는 실태에 대해서는 "연구가 부족했다"고 지적한다. 그들은 211종의 당뇨 관리 앱을 검토했고, 그중 무작위로 추출한 65종의 표본에 대해서는 데이터 전송 실태를 면밀히 분석했다.[52]

이 앱 가운데 일부는 단순히 소프트웨어를 다운로드하기만 해도 자동적으로 "민감한 정보의 수집 및 수정 권한이 부여되었다." 연구자들은 앱의 이면에서 사용자 정보를 수정 또는 삭제하거나(64퍼센트), 휴대전화 단말기의 상태와 식별 번호를 읽거나(31퍼센트), 위치 데이터를 수집하거나(27퍼센트), 와이파이 연결 상태를 보거나(12퍼센트), 카메라를 활성화해 사진과 동영상에 접근하는(11퍼센트) 등 많은 작업이 이루어지고 있음을 확인했다. 4~6퍼센트의 앱은 여기에서 더 나아가 휴대전화에 저장된 연락처에 접근하거나, 기기에서 발견된 전화번호로 전화를 걸거나, 사용자의 연락처를 수정하거나, 통화 기록을 읽거나, 마이크를 활성화해 음성을 녹음하는 것으로 나타났다.

마지막으로 연구진은 훨씬 더 어두운 비밀 하나를 찾아냈다. 프라이버시 정책이 무용지물이라는 점이었다. 211종의 앱 중 81퍼센트는 프라이버시 정책이 아예 없었지만, 있는 경우에도 "실제로 그 모두가 프라이버시를 보호하고 있지는 않았다." 프라이버시 정책이 없는 앱 중 76퍼센트가 민감한 정보를 제삼자와 공유했는데, 프라이버시 정책이 있는 앱 중에서도 79퍼센트가 데이터를 공유했고, 그중 절반만이 그 사실을 명시했다. 다시 말해, 프라이버시 정책이라기보다 감시 정책이라고 부르는 편이 적절하며, 이참에 그렇게 부를 것을 제안한다.

신체 렌더링이 이루어지는 새로운 영토는 장기, 혈액, 눈, 뇌파, 얼굴, 걸음걸이, 자세 등 다양하다. 이들 각각에서 동일한 패턴과 목적을 볼 수 있다. 감시 자본가들은 렌더링을 제한하려는 그 어떠한 시도에 대해서도 집요하게 싸운다. 난데없이 '렌더링할 권리'를 주장하는 그들의 맹렬함은 감시 수익을 얻기 위해 그것이 얼마나 중요한지를 보여주기에 충분한 증거다.

생체 정보 렌더링, 특히 안면 인식을 규제하는 그 어떠한 법률도 제정되지 못하게 하거나 폐지하거나 약화시키려는 감시 자본가들의 의지에서 그 맹렬함을 잘 엿볼 수 있다. 미국에 안면 인식을 규제하는 연방 차원의 법은 없으므로, 이 전투는 주 차원에서 벌어진다. 현재, 가장 포괄적인 법적 보호를 제공하고 있는 일리노이주의 생체인식 프라이버시 법은 기업이 개인의 생체 정보를 수집하려 할 때 사전 서면 동의를 구하도록 하며, 개인에게 무단으로 생체 정보를 렌더링한 기업을 제소할 권리를 부여한다.[53]

공공청렴센터Center for Public Integrity는 언론인, 프라이버시 옹호론자, 법률학자들과 함께 일리노이주의 이 법률, 그리고 다른 주의 유사 법안에 대한 감시 자본가들의 적극적인 반대를 기록했다. 안면 인식 기술에 있어서 독보적인 경쟁 우위를 점하고 있는 페이스북은 "일리노이주의 이같은 법이 다른 주에서도 제정되는 일을 막기 위해 열을 올리고 있으며", 여러 테크놀로지 기업 가운데서도 가장 강경하다.[54]

페이스북이 가진 정치적 영향력의 상당 부분은 불과 몇 해 동안에 구축되었다. 구글의 정치적·문화적 요새화 전략을 모방했기에 가능한 일이었다. 페이스북 창업자 마크 저커버그는 기존 규제의 제약을 뛰어넘고 새로운 법이 제정될 조짐만 있어도 격렬하게 반발하면서 무법 공간에서의 자유를 유지하려는 강력한 의지를 보여주었다. 2009년에서 2017년 사이에 페이스북은 로비 활동을 위한 지출을 50배로 늘려 '워싱턴 파워 브로커들로 이루어진 거대 로비 군단'을 조직했다. 2016년 선거 기간 동안 페이스북이 낸 정치 후원금 460만 달러도 2017년 로비 예산 1,150만 달러에 더해 고려해야 한다.[55]

페이스북은 생체 인식 분야에서 두드러진 강점을 보인다. 2017년 페이스북은 월간 활성 사용자수가 20억 명에 이르렀으며, 이들이 매일 3억 5천 장의 사진을 업로드한다고 자랑했으며, 자체 연구진은 이를 "사실상 무한대의" 공급이 이루어지는 셈이라고 표현했다.[56] 2018년 페이스북 연구진은 97.35퍼센트의 정확도로 "자연 상태의in the wild" 얼굴을 인식할 수 있게 되었으며, 이는 "인간의 얼굴 인식 정확도에 근접한 수준"이라고 발표했다. 이 보고서는 페이스북의 공급과 제조 방식, 특히 '대규모 훈련 데이터'에 기반한 '딥 러닝' 활용의 강점을 강조했다.[57] 페이스북은 안면 인식을 더 강력한 광고 표적화 수단으로 활용할 것이라고 밝혔지만, 그들을 더 흥분시킨 것은 수많은 사진이 기계를 훈련시킬 막대한 기회를 나타낸다는 점이었다. 당시 페이스북의 기계들은 이미 활동, 관심, 기분, 시선, 복장, 걸음걸이, 헤어스타일, 체형, 자세를 인식하는 법을 학습하고 있었다.[58] 이것은 마케팅의 무궁무진한 가능성을 가져다준다.

이러한 강점을 확보한 만큼, 페이스북이 더 수익성이 좋은 예측상품을 가져다줄 안면 인식 렌더링 시장을 조금이라도 양보하고 싶어할 리 만무하다. 이제까지 페이스북과 그 동료들의 노력은 몬태나주, 뉴햄프셔주, 코네티컷주, 알래스카주에서 입법 제안을 반려시키고 워싱턴주에서는 이미 통과된 법안을 현격하게 약화시키는 등 성공적이었다. 페이스북은 워싱턴주 법안의 약화된 조항에 대해서도 끝까지 반대했다.[59]

감시 자본주의는 렌더링이라는 원죄에 기초한다. 따라서 렌더링이 중단되면 감시 자본주의도 존재할 수 없다. 이 사실은 2015년 미국 상무부의 후원 아래 통신정보관리청NTIA; National Telecommunications and Information Association이 자발적 '프라이버시 다중 이해관계자' 절차를 통해 생체 정보 창출과 이용에 대한 공개 가이드라인을 만들고자 했으나 비운의 시도로 끝났던 일에서 충분히 확인되었다. 수 주 동안 협상했지만, 결국 소비자 옹호론자들은 테크놀로지 회사들과 그들을 위해 일하는 로비스트들이 '동의'라는 핵심 의제에 대해 보인 강경한 태도에 항의하며 자리를 박차고 나가버렸다.

기업들은 당사자 개인의 사전 동의 없이 '거리의 낯선 사람'을 식별하는 데 안면 인식 시스템을 활용할 권리를 주장했다. 이 협상에 참여했던 한 로비스트는 언론에 다음과 같이 말했다. "누구나 공공장소에서 사진을 찍을 권리를 가진다. … 그런데 그 사진에 안면 인식 기술을 적용하려면 정녕 사전 동의를 구해야 한다는 말인가?" 프라이버시 연구자들은 즉각 수정헌법 제1조는 물론, 그 어떠한 법에서도 그런 행위를 할 권리가 보장되어 있지 않다고 응답했다.[60] 예측의 절박함은 아렌트가 관찰했고 매케이가 야생 동물들을 대상으로 실험했던 것처럼 당사자 개인의 무지를 렌더링이 잘 작동할 수 있게 하는 조건으로 만들지만, 아무도 그러한 사실을 고려하지 않았다. 원죄는 어둠을 선호한다.

소비자 측이 없는 상태로 회의를 계속 진행한 NTIA는 2016년 '안면 인식 기술의 상업적 활용을 위한 프라이버시 베스트 프랙티스 권고안'을 발표했다. 단, 감시 자본가 입장에서만 '베스트'였고, 그 외의 모든 사람에게는 '워스트'였다. 이 지침은 감시 수익을 얻으려 하는 테크놀로지 기업, 소매 업체 등에게 안면 인식에 대해 '합리적인 선에서 소비자가 확인할 수 있도록' 프라이버시 정책을 제공할 것을 '권장'할 뿐이다. 특정 물리적 위치에서 안면 인식 기술을 가동할 때 기업들은 소비자들에게 '고지'하라고 '권장'한다.[61] 렌더링의 운용은 암묵적으로 합법성을 부여받아, 소비자의 동의를 구할 필요가 없는 움직일 수 없는 사실로 받아들여지고, 여기에 '베스트 프랙티스'라는 이 빠진 싸구려 화환이 드리워진다. 당시 회의를 박차고 나온 소비자 측 법률전문가 중 한 명이었던 조지타운 대학교 알바로 베도야Alvaro Bedoya 교수는 이 권고안이 "공정정보원칙Fair Information Practice Principles에 기초하고 있다고 주장하면서 오히려 이 원칙을 조롱하고 있으며", "개인을 위한 실질적인 보호가 없고", "진지하게 다룰 만한 것조차 못 된다"고 맹비난했다.[62]

감시 자본주의 체제 아래에서 개인들은 자신의 선택에 의해 경험을 렌더링하는 것도 아니고, 주어진 의무 때문에 그렇게 하는 것도 아니다. 경험의 렌더링은 당사자가 인지조차 하지 못하는 사이에, 다른 대안 없이 독재적으로 이루어진다. 유비쿼터스 장치는 강압과 잠행을 통해 작동한다. 우리가 삶을 살아가기만 해도 우리는 디지털화의 길로 인도되고, 알지 못하는 사이에 일어나는 렌더링은 피할 수 없는 사실이 되었다. 우리에게는 알 권리, 누가 알게 할 것인지를 결정할 권리, 누가 결정하는지를 결정할 권리가 거의 남아 있지 않다. 이 비정상적인 학습 분업화는 은밀한 지시에 의해 창출, 유지되고, 보이지 않는 방법으로 실행된다. 이 분업화를 지휘하는 것은 낯설고 새로운 형태의 시장의 경제성 요청에 응답하느라 열심인 기업들이다. 감시 자본가들은 무대 뒤에서 그들의 의지를 종용하며, 배우들은 무대 위에서 대중을 향해 공개와 합의에 대한 정형화된 자장가를 읊는다.

예측의 절박성은 우리가 소유한 사물들이 도리어 우리를 소유하게 만든다. 우리가 사는 세계, 우리의 집, 우리의 신체에서 비롯되는 다양하고 풍부한 정보를 움직이는 객체로 렌더링해 연산과 조작을 할 수 있게 하고, 그렇게 함으로써 이윤을 거둬들이기 위해서다. 그러나 렌더링의 연대기는 여기서 끝나지 않는다. 2막에서는 우리의 거실과 거리에서 출발해 수면 아래 있는 또 다른 세계, 내적 삶이 펼쳐지는 세계로 가는 여정을 요구한다.

03

저 깊은 곳으로부터의 렌더링
: 경험을 데이터로 변환하는 과정

> 느껴지지 않아서 만져보려 한 거야.
>
> — 레너드 코언, 〈할렐루야〉

I. 정복으로서의 개인화

마이크로소프트 CEO 사티아 나델라는 2016년 자사의 연례 이그나이트 컨퍼런스에서 '디지털 개인 비서' 코타나를 다음과 같이 소개했다.

> 이 디지털 개인 비서는 런타임이라는 새로운 인터페이스에 속한다. 문자로 입력할 수도 있고, 음성으로 입력할 수도 있다. 코타나는 사용자에 대해 깊이 알고 있다. 사용자가 어떤 상황에 있는지와, 가족이나 직장 일에 관해서도 안다. 코타나는 이 세상을 알고 있으며 한계가 없다. 다시 말해, 코타나는 어느 장치에 있는 것이 아니라 사용자에게 있다. 당신이 어디를 가든 함께 갈 것이다. 휴대전화의 기종이 무엇이든, 운영체제가 iOS, 안드로이드, 윈도 중 무엇이든 상관없다. 당신이 평생 사용할 그 어떤 기기에서든 작동할 것이다.[1]

이것은 행동잉여의 새로운 개척지다. 당신의 의도와 동기, 의미 부여와 욕구, 선호와 욕망, 기분과 감정, 성격과 기질, 진실과 기만 등등, 내밀한 삶이라는 어둠의 데이터 대륙이 다른 사람들의 수익을 위해 빛의 세계로 소환된다. 이 모든 것에 대한 요점은 이것이 해결책을 제시해주는 것이 아니라 이들을 무수히 많은 연산 가능한 행동 조각들로 렌더링해, 각각이 조립라인에서 제자리를 찾아들어가 원재료에서 제품 개발, 제조, 판매에 이를 수 있게 하는 것이다.

기계는 '개인화personalization'의 기치 아래 인간의 깊은 내면에까지 침투한다. 이 슬로건은 막대한 이익을 위해 2차 현대성의 욕구와 불안감을 이용하는 어두운 도전에 대한 냉소적인 말장난이다. 예측의 절박성이라는 관점에서, 개인화는 내밀한 곳에서 행동잉여가 지속적으로 흘러나오게 하기 위해 공급 운용을 '개별화individualizing'하는 수단이다. 이 프로세스가 성공적으로 달성되려면 우리가 인정과 존중, 그리고 무엇보다 지지를 끊임없이 갈망해야 한다.

구글 수석 경제학자 할 배리언을 다시 떠올려보자. 그는 이 과정을 도식화할 수 있게 해주었다. '개인화 및 맞춤형 서비스'는 컴퓨터 매개 거래의 '새로운 용도'다. 그는 사용자가 구글에게 질문하게 하지 말고, "사용자가 무엇을 원하는지 알아내서 질문하기 전에 말해주어야 한다"고 말한다. 구글의 첫 번째 디지털 비서인 구글 나우가 바로 이 임무를 맡았다. 배리언은 이 애플리케이션의 가치가 제대로 발휘되게 하려면 사람들이 스스로를 훨씬 더 많이 구글에게 내주어야 할 것이라고 말했다. "구글 나우가 이 서비스를 제공하려면 사용자와 사용자의 환경에 관해 많은 것을 알아야 한다. 어떤 사람들은 이 점을 우려한다." 그는 개인 정보를 구글에게 렌더링하는 것이 의사, 변호사, 회계사에게 내밀한 정보를 제공하는 것과 다르지 않다고 주장하면서 모든 우려를 불식시키려 한다. 그는 "왜 이 모든 사적인 정보를 기꺼이 공유하려고 하는가?"라고 반문한다. "대가가 있기 때문이다. … 이 디지털 비서는 누구나 갖고 싶어할 만큼 유용할 것이다." 배리언은 2차 현대성 시대의 개인들이 스트레스가 덜하고 효율성은 더 높은 삶에 대한 대가로서 개인 경험을 기꺼이 렌더링에 이양하며, 이를 위해 그 어떠한 저항도 극복할 것이라고 확신했다.[2]

사실 배리언의 개인화 개념은 그가 언급한 믿을 만한 전문가들과의 관계와 정반대다. 의사, 회계사, 변호사와의 관계는 전문적인 교육, 행동 강령, 평가 및 검토 절차 등 광범위한 제도화에 의한 상호 의존 및 호혜성으로 설명된다. 규칙을 위반하면 신분상의 제재와 법적인 처벌을 받을 수 있다. 구글을 비롯한 감시 자본가들에게는 그런 위험 부담이 없다.

배리언의 언급에서는 테크놀로지 미사여구의 안개가 모처럼 걷혀 사회적·경제적 불평등이 감시 자본주의의 더 큰 사명에 유용하다는 점이 드러난다. 배리언은 불평등이 유능한 삶을 위해 구글에게 거는 판돈을 올릴 기회를 제공한다는 논리를 전개한다. 그는 미래를 예측하는 방법은 부자들이 무엇을 소유하고 있는지 관찰하는 것이라고 조언한다. 중산층과 빈곤층이 원하는 바가 바로 그것이기 때문이다. '부자들은 가지고 있는데 우리는 갖지 못한 것이 무엇인가?' 바로 '개인 비서'다.

어떤 세대 또는 계급에게 사치품이었던 것이 다음 세대의 생활필수품이 되는 현상은 지난 오백 년 동안 자본주의 진화의 기초를 이루어왔다. 역사학자들은 '소비자 붐'이 18세기 후반 영국에서 최초의 산업 혁명을 불붙였다고 말한다. 당시 조사이어 웨지우드Josiah Wedgewood 같은 선지자들과 초기의 현대적 공장의 혁신 덕분에 신흥 중간 계급이 부자들만 누리던 도자기, 가구, 직물 제품을 구매하기 시작했다. 이 새로운 '소비 성향'은 '전례 없이 사회의 하층부 깊숙한 곳까지 침투'한 것으로 평가된다.[3] 1767년, 정치경제학자 너새니얼 포스터Nathaniel Forster는 "상류층의 사치품"이 "전염병"처럼 퍼지고 있음을 우려하며 "저마다 바로 위 계층으로 올라가려는 끝없는 야망으로 안달하고 있다"고 한탄했다.[4] 애덤 스미스는 이러한 사회 프로세스를 통찰력 있게 관찰해, 상류 계급의 사치품이 특정 시기에 '생활필수품'으로 재탄생할 수 있다는 점에 주목했다. '기존의 예의범절'에 엘리트 집단이 도입한 새로운 관습이 반영되면서 일어나는 이러한 변화는 가질 수 없었던 상품과 서비스를 가질 수 있게 만들어주는 저비용 생산 방식을 촉발한다.[5] 포드의 모델 T가 이러한 진보를 두드러지게 보여주는 20세기의 사례다.

배리언은 개인화 서비스를 이러한 역사적 동학의 21세기 등가물, 즉 정체된 임금, 불가피한 맞벌이, 무심한 기업, 긴축정책으로 인해 공동화된 공공기관 등의 무게로 고통받는 대중에게 새로운 '생활필수품'으로 제시한다. 배리언은 디지털 비서가 유능한 삶을 위한 투쟁에서 필수적인 자원이 되고, 따라서 평범한 사람들이 이를 위해 상당한 박탈까지도 감내하게 될 것이라고 보았다. 배리언은 불가피론자답게 "지니를 램프에 다시 집어넣을 수 없다"고 주장한다. "편리함, 안전성, 서비스에서 강점이 그만큼 크므로 누구나 으레 추적과 모니터링이 있을 것으로 생각할 것이다. … 지속적인 모니터링은 표준이 될 것이다."[6] 여기서 구글의 서비스 없이도 유능한 삶을 달성할 수 있고, 따라서 최악의 과잉 렌더링을 피할 수 있을 만큼 부유하거나 완강한 사람들은 예외다. 의사 결정권과 자기결정권이 부자들의 특권이 되면, 배리언은 그러한 권리를 주장하는 사람들에게 어떻게 대답할 것인가?

역사적으로 상품 및 서비스 원가의 획기적인 절감은 생산과 고용의 확대, 임금 상승, 다수의 생활 수준 향상을 가져왔다. 그러나 배리언은 그러한 호혜성을 염두에 두고 있지 않다. 오히려 2차 현대성의 불안감이라는 상처에 손가락을 찔러 넣고 감시 프로젝트의 목표를 위해 우리의 고통을 악용한다. 배리언에게 새로운 생활필수품에 대한 갈망은 수탈 기회로 간주된다. 그러한 갈망이 편리하게도 내밀한 깊은 곳까지의 수탈을 정당화하는 근거를 제공하기 때문이다.

이후 구글 나우는 다가올 일을 위해 길을 닦는 위장술이나 습관화를 겨냥한 것임이 드러나게 되었지만, 어쨌든 첫발을 뗐다. 구글 나우는 '예측 검색'이라는 이름으로 음성 검색과 신경망 분야에서의 성과, 십억 개의 '지식 그래프'를 비롯한 전 세계를 아우르는 지식, 타의 추종을 불허하는 기계 지능 등 이제까지 구글이 구축한 모든 시스템을 결합했다. 이 모든 화력은 검색, 이메일, 일정 관리 활동은 물론, 이동, 위치, 활동, 음성, 앱 등 전화기 데이터로부터 사용자의 콘텐츠, 상황, 행동을 학습하는 데 집중되었다. 이번에는 광고를 팔기 위해서만이 아니라 당신이 현실 세계를 살아가는 "특정 시점에 당신이 필요로 하는 정보를 추측하기 위해서"이기도 했다.[7]

홍보 영상은 이렇게 자랑한다. "구글 나우가 언제나 한걸음 앞서 나가므로 사용자는 더 자신감 있게 하루를 살아갈 수 있습니다. … 나우의 예측력을 가지면 어떤 정보든 필요로 하는 바로 그 순간 얻을 수 있습니다." 어떤 이는 이 새로운 서비스에 대해, "검색 엔진이 사용자에게 다가온다"고 묘사했다.[8] 이 앱은 항공편의 시간 변경 알림, 현재 날씨나 교통 상황, 인근 음식점이나 가게, 요즘 가고 싶어 했던 박물관 등 사용자가 필요로 하는 것을 예측해 휴대전화의 홈 스크린에 그에 대한 정보 카드를 쓱 밀어넣는다. 구글의 한 임원은 구글이 이미 사용자에 대해 이 모든 것을 알고 있으므로, 차라리 구글이 더 많은 정보에 접근하게 하고, 그 서비스의 혜택을 보는 편이 낫다고 설명한다. "구글은 내가 탈 항공편의 비행시간이나 내가 배송시킨 택배가 도착했는지, 내 아내가 어디에 있는지, 오늘 오후에 아내가 집에 도착하는 데 얼마나 걸릴지를 알게 될 것이다. … 물론 구글은 이미 알고 있다."[9] 구글 나우의 예측 기능은 우리가 지금껏 보아온 패턴을 따른다. 즉, 이 예측 역량은 가상 및 현실 세계 행동의 끊임없는 흐름을 다루도록 훈련된 기계 프로세스에서 나온다. 구글은 왜 그렇게 막대한 기계의 힘과 가치 있는 잉여를 당신을 온종일 친절하게 돕는 데 투입했을까? 그 이유는 구글 나우가 신종 예측상품을 선보였다는 점에 있었다.

구글의 획기적인 크롤러는 전광석화와 같은 월드와이드웹 색인화를, 유비쿼터스 장치는 현실을 크롤링하는 새로운 작업을 가능하게 했다. 그리고 이제 세 번째 단계에 들어와서는 우리의 삶을 크롤링하기 위해 차별화된 공급 방식이 필요해졌다. 구글 나우에서 이 새로운 공간으로의 첫 진입을 엿볼 수 있다. 여기서 정보를 찾아내는 웹 크롤러의 능력은 새로운 삶을 크롤링하는 작업과 결합되어 사용자의 행동을 렌더링하고, 예측하고, 궁극적으로 수정—이에 관해서는 뒤에서 살펴보게 될 것이다—한다. 당신이 주고받은 이메일 내용, 당신이 오늘 오후에 간 장소, 당신이 한 말, 당신이 한 일, 당신의 감정 등 온라인 및 오프라인 행동잉여들의 조합은 예측상품으로 제조되어 일상의 모든 측면을 다루는 신흥 시장에서 거래된다.

2015년에 메신저 애플리케이션의 일환으로 서비스를 시작한 페이스북의 'M'도 이 단계의 사례다. M은 "사용자를 위해 과업을 수행하고 정보를 찾아주는 … 디지털 개인 비서로, … 이를 작동시키는 인공지능은 사람들이 직접 훈련시키고 감독한다"고 소개되었다.[10] 페이스북의 메신저 상품 담당 부사장은 자사가 M을 통해 목표하는 바를 이렇게 설명했다. "우리는 사용자가 무슨 일을 하고 싶어할 때 관심사를 포착하기 시작한다. 관심사는 구매나 거래로 이어질 때가 많아서, 시간이 지남에 따라 우리에게 [돈을 벌] 기회가 된다." 그는 "M이 인간의 행동을 통해 학습한다"는 점이 가장 중요하다고 강조했다.[11] 페이스북의 기계들은 메신저 일일 사용자 7억 명의 잉여에 의해 훈련될 것이다. 그는 궁극적으로 M이 완전히 자동화되어 인간 트레이너를 필요로 하지 않게 되기를 바란다고 말했다.

2017년, 페이스북은 기계 지능의 야망을 축소하고 개인 비서의 핵심적인 임무인 상거래에 집중했다. 페이스북의 한 임원에 따르면 "지금은 메신저 내부에서 상업적 관심사를 활성화하는 방법을 찾고 있다."[12] "상거래 중심의 경험을 우선시해" 사용자들이 신용카드 정보를 입력하고, 페이지를 넘기고, 다른 앱을 여는 번거로움 없이 '신속히 구매할 수 있게' 하는 새로운 방법을 설계하려는 것이다. 시스템이 '구매 의향' 가능성을 감지할 때마다 친구와의 대화 중에 팝업 버튼을 띄운다. 사용자가 주문하기, 구매하기, 예약하기 등의 버튼만 누르면 나머지는 시스템이 알아서 할 것이다.[13]

이렇게 '디지털 개인 비서'는 시장의 아바타, 즉 사용자의 삶을 렌더링하고 수익화하려는 속내를 '비서'라는 베일과 '개인화'라는 미명 아래 감춘 트로이 목마로 밝혀진다. 그 친절한 추천과 조언, 사용자를 위한 열성적인 모습은 당신의 일상생활 구석구석을 맴도는 공격적인 신흥 시장 질서를 간신히 숨기고 있다. 이 시장에서 음식점, 은행, 배관공, 상인, 티켓 판매 업체, 항공사, 그 외에 당신이 지금, 곧, 향후에 할 행동에 대한 관심 때문에 모여든 이방인들이 끝없이 길게 줄지어 서 있게 될 것이다. 그들은 당신의 출근길, 십 대 자녀와 나누는 대화, 낡은 운동화를 이용해 돈을 벌기 위해 대기하고 있다. 디지털 비서의 성격은 당신의 성향과 선호가 좌우하는 것처럼 보이지만, 실상은 숨겨진 시장의 작동방식과 이 시장이 감추고 있는 경쟁에 의해 왜곡, 손상되며, 이러한 변형이 얼마나 심한지는 알 수 없다.

구글도 다른 테크놀로지 기업들의 움직임에 합류해 '대화'를 사람들이 유비쿼터스 장치에 참여하게 하는 매체로 확립하기로 했다. 언젠가는 음성에 집착하지 않고 다른 수단으로 대체되거나 다른 수단과 결합되어, 단순히 어떤 생각을 하거나 손가락을 까딱하기만 해도 특정 행위로 번역되거나 행위를 개시할 수 있게 될 것이다. 그러나 지금 많은 기업이 구어 인식 기술을 둘러싸고 경쟁을 벌이는 데에는 설득력 있는 이유가 있다. 첫 번째 이유는 명백하다. 신뢰할 만한 음성 인식 기술이 있다면 점점 더 많은 분야에서 발생하는 서비스 상호작용을 이론상 규모 및 범위가 무한한 저비용 자동화 프로세스로 번역할 수 있기 때문이다. 이는 최근 노동경제학자들도 주목하고 있는 사실이다.[14] 이러한 관점에서 보아야 '디지털 개인 비서'라는 새로운 작물을 둘러싼 경쟁을 잘 이해할 수 있다. 음성 인식 기술을 선도하는 원 보이스One Voice는 행동잉여 공급계의 거물이 될 가능성이 높고, 다른 기업들은 인간 경험을 대량으로 포획하는 데 있어서 원 보이스의 잠재적 경쟁 우위를 극복하기 힘들어질 것이다.

그 무엇도 '대화'만큼 원재료 공급에 대한 지배력을 보장해줄 수 없으므로, 원 보이스는 천문학적인 보상을 받게 될 것으로 생각되었다. 일상적인 대화는 '그것'—상업적 의도로 접근한 사람들로 꽉 찬 유비쿼터스 장치—과 우리 사이의 경계를 흐릿하게 만든다. 대화란 우정을 상상하게 만든다. 우리는 유비쿼터스 장치를 절친한 친구나 유모, 가정교사처럼, 말하자면 눈에 보이지 않는, 하지만 어디에나 있는 '미세스 다웃파이어Mrs. Doubtfire'처럼 대하게 될 것이며, 그럴수록 더 많은 경험의 렌더링을 허락해 공급이 더 풍요로워질 것이다. 대화는 인간의 첫 번째 기쁨이며, 대화 인터페이스는 말 한마디로 아무런 마찰 없이 행위, 특히 시장 행위를 일으킬 수 있다는 점에서 귀중하다. 하느님이 '빛이 있으라 하시매 빛이 있었'듯, '새 운동화 있으라' 하면 새 운동화가 배송될 것이다. 말만 하면 이루어지는 것보다 더 꿈같은 세상이 있을까? 아마존 최고 임원 중 한 명은 자사의 가정용 음성 인식 기기에 대해 "아마존 기기 사업의 멋진 점은 우리가 기기를 팔면 사람들이 청바지나 검은색 드레스, 신발도 더 많이 산다는 것"이라고 설명했다. 그의 결론은 '음성 쇼핑'이 비즈니스, 특히 예측 비즈니스에 기여한다는 것이었다.[15]

디지털 환경에서 이루어지는 대화는 가게에서보다 마찰이 일어날 가능성이 적고, 따라서 노력이 덜 들며, 어색함이나 조바심을 일으킬 일도 적고, 비교당할 일도 없다. 은행 계좌 잔고나 상품의 원산지에 대한 걱정도 덜 하게 되며, 의심이나 주저함도 줄어든다. 기억과 후회에도 둔감해진다. 이런 대화에서 화자는 자신이 매끄럽게 흐르는 우주의 중심에 있다고 느끼게 된다. 걸림돌들은 모두 무대 뒤에 숨겨진다. 무대 위에서 기계들은 비협조적인 행정, 유통·결제·배송 체계, 욕망과 그 충족의 흐름을 가로막는 경계와 장벽 등 여러 앱이나 행위자들 사이의 완강한 마찰과 맞서 싸운다. 어디에서나 쏟아져 나오는 즉흥적이고 유동적인 '대화' 속에서 신종 디지털 개인 비서는 당신의 삶과 그 삶이 거래되는 새로운 시장, 즉 당신의 경험과 그 경험의 경매를 매개하는 목소리가 된다. '런타임이라는 새로운 인터페이스'는 실제와 다르게 내가 현 상황을 지배하고 있다는 느낌을 창출한다.

이 꿈의 상거래 환경에서는 종전에 '닫힌 문 뒤'에 있다고 생각했던 말들을 열심히 잉여로 렌더링한다. 이 새로운 공급 운용이 당신의 대화를 잉여를 위한 행동으로 변환하는 방식은 두 가지다. 첫 번째 방식은 당신이 무엇을 말했는지에서, 두 번째 방식은 당신이 어떻게 말했는지에서 비롯된다. 아마존의 에코나 구글 홈 같은 스마트홈 기기들은 강물처럼 흐르는 일상적인 대화를 렌더링해 정교한 내용 분석으로 당신이 필요로 하는 것을 '한 발 앞서' 예측하는 능력을 향상시킨다. 구글은 2016년 개발자 컨퍼런스에서 구글 나우의 대화형 버전을 소개했다. 구글의 기기, 서비스, 도구, 애플리케이션을 통합한 이 서비스에는 '어시스턴트'라는 새 이름이 부여되었다. CEO 순다르 피차이는 이렇게 설명했다. "우리는 사용자들이 구글과 계속 대화를 나누기를 바란다. 우리는 사용자들을 위해 그들이 현실 세계에서 하는 일을 돕고 싶다." 예를 들어, 시카고의 한 조형물 앞에서 구글에게 이렇게 물어볼 수 있을 것이다. "누가 이걸 디자인했어?" '클라우드 게이트'라는 작품명이나 '더 빈'이라는 애칭도 말할 필요가 없다. 우리는 당신이 어떤 상황에 있는지 이미 알고 있으므로, 곧바로 애니시 커푸어Anish Kapoor라는 조각가 이름을 말해줄 것이다."[16]

구글 어시스턴트는 이미 구글의 새 메신저 앱 알로Allo와 통합되어 있어서 정보를 검색하거나 작업을 실행함은 물론 일상에서 자주 쓰이는 메시지를 사용자 대신 작성할 수도 있다. 이보다 더 중요한 것은 어시스턴트가 구글의 가정용 기기인 구글 홈을 작동시킬 수 있다는 점이다.[17] 이는 점차 대화, 전등, 검색, 일정, 이동, 여행 계획, 난방, 구매, 경비 시스템, 건강, 음악, 통신 등 이론상 무한한 범위의 가정 내 활동을 렌더링하겠다는 구상이다.

당신이 구글을 검색했던 때가 있었다. 그러나 이제는 구글이 당신을 검색한다. 구글 홈 광고는 다정한 가족이 바쁘고 복잡한 하루를 보내고 집으로 돌아와 이 전지전능하고 효율적인 보호자의 품에 안기는 모습을 보여준다. 이 2차 현대성의 꿈은 더 효율적인 삶의 약속을 위해 비정상적으로 높은 세금을 거두어간다. 피차이의 구상에서, 사용자가 각자의 구글을 가지려면, 구글이 개인들을 자기 것으로 만들어야 한다.[18]

이 보호자가 얼마나 효과적으로 당신을 도와줄 수 있는가는 전적으로 당신의 삶이 (당신이 알든 모르든) 보호자에게 이양되는, 즉 렌더링되는 정도에 달려 있다. 렌더링된 삶의 폭과 깊이는 어시스턴트가 촉발하고 중개하는 시장 행위의 규모를 좌우한다. 거대 테크놀로지 기업들이 제공하는 '개인화'와 '비서' 서비스는 제각기 다른 형태로 구현되지만, 기계를 훈련시켜서 삶의 매순간마다 시장 운용을 더 잘 표적화하는 것을 목표로 당신의 내면 상태, 현실 세계의 맥락, 구체적인 일상 활동 등 당신에 대한 총체적 지식을 향해 집단적으로 돌진하고 있는 상황과 비교하면 그들 사이의 차이는 미미하다.

사용자가 말한 것과 관련된 잠재적 시장 행위는 모두 음성 구동voice activation, 인식, 반응을 통해 실현될 수 있다. 다시 말해, 그러한 시장 행위는 전 세계 사람들의 발화를 대규모로 수집해 고도로 정교하게 훈련시킨 기계 시스템의 산물인 것이다. 기계가 발화된 말의 잉여로부터 구조적인 통찰력을 더 많이 얻을수록 말의 내용으로부터 더 많은 상거래가 발생한다. 이는 정확히 어떻게 그 말을 했는지를 학습할 수 있는 기계가 없다면 말의 내용에 담긴 가치가 실현될 수 없음을 뜻한다. 이 잉여 형태는 발화의 구조, 즉 어휘, 발음, 억양, 리듬, 어조, 방언 등에서 나온다.

대화라는 원재료 공급을 둘러싼 경쟁은 당신의 말을 이 두 번째 형태의 잉여로 바꾸며, 이를 위해 음성 기능을 개발, 완성하려는 기업들은 전 세계의 발화를 샅샅이 뒤진다. 《블룸버그 비즈니스위크》도 "아마존, 애플, 마이크로소프트, 중국의 바이두가 전 세계에서 테라바이트 규모의 발화를 사냥하기 시작했다"고 보도했다. "마이크로소프트는 전 세계 여러 도시에서 지원자들을 모집해 일반 가정처럼 꾸며놓은 아파트에 살게 하고, 여기서 발생하는 발화를 녹음하고 있다." 테크놀로지 기업들은 스마트 기기와 휴대전화에서 흘러나오는 대화를 녹음, 저장한다. 중국 검색 엔진 회사 바이두는 지역의 방언을 모두 수집한다. "그들은 그 모든 데이터를 가져다가 컴퓨터에게 명령과 질의를 분석, 이해하고 응답하는 법을 가르치는 데 사용한다."[19]

말의 조각들이 모이면 정기적으로 다른 회사로 보내 기계 텍스트와 원래 발화 사이의 일치 정도를 평가하고, 스마트폰, 메시지 앱, 디지털 비서의 녹음을 검토하는 '오디오 검토 프로세스'를 거친다. 아마존, 구글, 마이크로소프트 같은 회사들은 이 오디오 분석을 활용해 자사의 음성 시스템 알고리즘을 개선하기도 한다. 테크놀로지 기업들은 녹음이 익명으로 이루어지므로 아무런 정체성도 갖지 않는 소리에 불과하다고 주장한다. 마이크로소프트의 한 임원은 "협력사들에게는 음성 표본을 특정인에게 결부할 능력이 없다"라고 단언했다. 그러나 실제로 녹음 분석 업무를 체험해본 한 저널리

스트는 정반대의 결론을 내렸다. 그는 녹음 음성에서 슬픔이나 친밀함 등을 느낄 수 있었고 쉽게 신원을 알 수 있는 개인 정보도 많이 들어 있었다고 밝혔다.

> 녹음된 음성에서 사용자들은 기꺼이 개인 정보를 넘겨준다. 그것은 아주 구체적인 정보들이어서 검토 절차에서 특히 가치가 있다. 독특한 이름, 발음하기도 어려운 지명, 누구라도 어디인지 알 수 있는 특징 … 나는 사람들이 통화를 시작할 때 그들의 풀 네임을 말하거나 병원 진료를 예약하면서 상세한 주소를 제공하는 것을 들었다. … 녹음 파일에는 익명성과 상관없이 듣고자 하지 않았던 말까지 들어 있었다. … 거기에서 들은 내용을 유포하지 않도록 하는 장치는 별로 없었다.[20]

대화를 겨냥해 투자되는 자본도 상당한 규모다. 삼성 스마트 TV는 무대 뒤에서 일어나는 활동을 잘 보여준다. 업계 전망은 인터넷이 가능한 가전제품 시장의 강한 성장세를 거듭 예측해왔고, 삼성은 시장을 선도하는 소수의 기업군에 속해 있다. 삼성의 가전제품들은 안드로이드 운영체제 플랫폼을 이용하며 일찍이 알파벳의 또 다른 자회사인 네스트, 그리고 시스코와 제휴를 맺었다. 2014년 삼성의 고위직 임원 중 한 명은 "우리의 첫 번째 사명은 우리의 집을 인터넷에 연결된 우리의 삶 속에 가져다놓는 것"이라고 설명했다.[21] 2015년 프라이버시 옹호자들은 삼성의 스마트 TV가 실제로 지나치게 똑똑해 '소금 좀 건네 줄래?', '세탁 세제가 떨어졌네', '나 임신했어', '우리 차 바꾸자', '이제 우리 영화 보러 갈 거야', '나 희귀병에 걸렸대', '그 사람은 이혼하고 싶어해', '도시락 용기를 새로 사 달래', '당신 나 사랑해?' 등등 TV 근처에서 이루어진 모든 대화를 녹음해 또 다른 시장 선도 기업인 뉘앙스 커뮤니케이션즈Nuance Communications의 음성 인식 시스템으로

전송한다는 사실을 밝혀냈다.[22]

TV의 '감시 정책'—그렇다, 이제는 TV마저도 감시 정책을 갖고 있다—은 우리의 집 안에서 이루어지되 우리의 인식 바깥에서 작동하는 감시 활동과 상업적 관심의 층위들을 드러낸다. 삼성은 TV의 음성 인식 기능을 활용하기 위한 음성 명령을 제삼자에게 전송한다는 사실을 인정하며, 프라이버시 정책에 "음성 인식 기능을 사용할 때 대화 내용에 포함된 개인 정보나 그밖의 민감한 정보가 수집되어 제삼자에게 전송될 수 있다는 점에 유의하라"고 언급했다.[23] 대개의 감시 정책이 그렇듯, 삼성 역시 제삼자의 정책에 대한 책임을 부인하며, 실제로 고객이 아무런 의심도 하지 않는 사이에 그들의 대화를 수집하고 변환하는 회사도 그러한 제삼자 중 하나다. 삼성은 "사용자가 주의를 기울이고 제삼자의 웹사이트와 서비스에 적용되는 프라이버시 관련 조항을 검토해야 한다"고 조언한다.[24] 그 문서들을 자세히 살펴보기로 작정한 용감한 소비자는 뉘앙스의 프라이버시 정책에서 아무런 도움도 받을 수 없음을 알게 될 것이다. 이는 삼성을 비롯한 거의 모든 회사의 프라이버시 정책과 마찬가지로 틀에 박힌 내용만 가득하고 사용자의 대화를 사 가는 회사의 프라이버시 정책을 읽어보라는 말만 반복할 뿐이다. 이쯤 되면 미치거나 항복하거나 둘 중 하나다.[25]

캘리포니아 의회는 그래도 인터넷에 연결된 TV를 통해 "사용자에게 확실히 공지하지 않은 채" 음성 데이터를 수집하는 일을 금지하는 법안을 통과시켰고, 더 나아가 그런 데이터를 제삼자의 광고에 이용하는 일을 불법화했다.[26] 그러나 수탈의 사이클을 탐구하면서 알게 되었듯이, 감시 자본주의로 하여금 행동잉여를 포획하게 하는 경제성의 과제는 쉽게 단념할 수 있는 일이 아니다. 2016년이 되어서도 삼성은 스마트 TV 기반의 은밀한 렌더링과 행동잉여 공급 사슬 운용을 고수하며, 새로운 모델들을 새로운 '하나의 오픈 플랫폼에서' 선풍기, 전등, 온도조절기, 방범 카메라, 도어락

등 '수천 개의 기기를 지원해' 범용 리모컨 하나로 사용자의 모든 음성 명령을 캡처할 수 있는 '삼성 스마트싱스 스마트홈 생태계Samsung Smart Things Smart-home Ecosystem'의 허브로 포지셔닝했다.[27]

2017년 연방거래위원회는 뉴저지주 검찰이 비지오Vizio를 상대로 제기한 소송에 대해 합의금 220만 달러를 내라고 결정했다. 비지오는 인터넷이 가능한 스마트 텔레비전을 제조, 유통하는 세계 최대 기업 중 하나로, 그들은 삼성보다 훨씬 더 공격적으로 공급 운용을 추진하고 있는 것으로 보인다. 조사관들은 "비지오가 초 단위로 화면상에서 TV, 영화, 광고 콘텐츠 데이터베이스와 일치하는 픽셀을 선별, 수집"했음을 밝혔다. 비지오는 "케이블이나 광대역 서비스 제공자, 셋톱박스, 스트리밍 기기, DVD 플레이어, 공중파 방송으로부터" 추가적인 시청 데이터를 확인했다. 합의 과정에서 확인된 TV 1,100만 대에서만 매일 1,000억 개에 이르는 데이터가 수집되었다.[28] 비지오는 '스마트 인터랙티비티'라는 환경 뒤에 공급 운용을 숨겼다. 소비자들에게는 스마트 인터랙티비티가 실제로 무슨 일을 하는지 알리지 않고 '프로그램을 제공하거나 제안하는' 기능이라고 설명했다.

연방거래위원회는 블로그에서 비지오의 행동잉여 직접 판매를 이례적으로 생생하게 묘사했다. 비지오는 소비자의 시청 이력을 광고주 등에게 판매함으로써 그 산더미 같은 데이터를 현금화했다. 여기서 분명히 해두어야 할 것이 있다. 이는 국민들의 시청 동향에 대한 요약 정보가 아니다. 기소 내용에 따르면, 비지오는 개개인을 겨냥했다. 비지오로부터 소비자의 IP 주소를 제공받은 데이터 수집업체는 그 주소를 개인 소비자 또는 각 가정에 매치시켰다. 비지오는 제삼자와의 계약에서 소비자와 가정의 재식별을 금지했지만, 성별, 연령, 소득, 혼인 상태, 가족구성원 수, 학력, 주택 보유 여부 등 다른 세부적인 개인 정보 호스트는 허용했다. 또한 데이터 수집 업체들은 특정 사용자를 여러 기기에 걸쳐 추적하거나 표적화할 수 있었다.[29]

모린 K. 올하우젠Maureen K. Ohlhausen 연방거래위원회 위원장 대행은 비지오의 혐의에 대해서, 이 합의가 "개인화된 텔레비전 시청 활동이 민감한 정보에 포함"되므로 연방거래위원회가 보호해야 한다는 판단을 통해 새로운 지평을 열었다고 강조했다.[30]

제방에 뚫린 구멍에 손가락을 넣어 홍수를 막아보겠다는 이런 노력에도 불구하고 예측의 절박성이 일상 대화라는 미개척지를 사냥하라고 채찍질을 하는 상황에서 유사한 여러 물살의 습격을 모두 막지는 못할 것이다. 장난감처럼 가장 무해해 보이는 상품까지도 렌더링의 대상이 되고, 장난감은 '스파이'가 된다. '내 친구 카일라My Friend Cayla'라는 인형을 포함해, 신종 인터랙티브 인형과 장난감 로봇들은 어린 자녀와 그 부모의 스마트폰을 "그어떤 유효한 데이터 보호 기준도 없이 … 지속적인 감시" 대상으로 만드는 미성년자 행동잉여 공급 허브임이 밝혀졌다.[31]

제네시스 토이스Genesis Toys가 판매하는 인기 장난감들에는 모바일 애플리케이션이 딸려 있어서, 스마트폰에 다운로드받으면 '데이터 처리'를 통해 해당 장난감이 아이의 말을 인식하고 이해할 수 있게 해준다.[32] 그 과정에서 앱은 휴대폰의 기능 대부분에 접속하며, 여기에는 연락처, 카메라 등 장난감의 작동과 무관한 기능도 상당수 포함된다. 이 앱은 블루투스를 통해 장난감을 인터넷에 연결하며, 장난감이 적극적으로 아이를 대화에 참여시키면 앱이 그 대화 내용을 기록하고 업로드한다. 항의의 대상이 된 한 인형은 아이가 거주지 등 광범위한 개인 정보를 말하도록 체계적으로 유도했다.

아이들의 대화는 제삼자의 음성 인식 소프트웨어에 의해 텍스트로 옮겨진다. 그 제삼자는 다름 아닌 뉘앙스 커뮤니케이션즈다. 그리고 이 정보는 구글 검색이나 다른 웹 소스에서 아이들의 질문에 대한 답을 찾아내는 데 이용된다. 조사 결과, 아이들의 대화를 기록한 오디오 파일(뉘앙스는 이를 '대화 청크dialogue chunk'라고 부른다)은 뉘앙스의 서버에 업로드되고, 뉘앙스가 이를 분석, 저장하는 것으로 밝혀졌다.[33] 예상할 수 있듯이, 대화 청크들은 다른 행동잉여들처럼 여정을 이어가는데, 이는 삼성이 TV에서 캡처한 음성이 처리되는 방식과 상당 부분 동일하다. 즉, 제네시스 서비스 이용약관에 적혀 있듯이, 그것들은 '다른 서비스나 상품'을 위해 이리저리 팔려나간다.

같은 시기에 세계 최대의 완구 회사 중 하나인 마텔Mattel은 기술 혁신을 통해 인터넷이 가능한 대화형 기계 지능 완구 분야에서 입지를 다지고 있었다. 대화형 바비 인형과 바비 드림 하우스가 대표적인 제품이다.[34] 음성으로 활성화되는 스마트 완구인 바비 드림 하우스는 '엘리베이터를 내려보내'라거나 '미러볼을 켜줘' 등 백 개가 넘는 명령에 응답할 수 있는데, 이는 유비쿼터스 기술을 친밀한 공간에서의 평범한 일상으로 만드는 새로운 습관화 작업이다. 《와이어드》는 "바비 인형의 새로운 집이 스마트홈을 확실히 평정했다"라며 흥분을 전했다. "궁극의 바비 인형 집은 음성으로 제어되는 집이다. … 여러 가전제품의 앱들이 휴대전화 저장 공간을 다 차지하게 하는 대신 범용 음성 제어로 모두 평정하는 이 집이야말로 진정한 스마트홈이라면 응당 그래야 할 모습이다. … 미래는 준비되었다."[35]

이러한 미래에, 아이들은 원 보이스, 즉 런타임이라는 새로운 인터페이스 원리를 배운다. 사용자의 명령을 실행하고, 사용자가 원하는 것을 예측하고, 사용자에게 가능성을 열어주는 이 인터페이스는 어디에서나 이용할 수 있다. 원 보이스의 편재성과 까다로운 성미는 그 치마폭 아래 사용자의 경험을 거래하는 시장을 감춘 채로 많은 것을 변화시킨다. 우리가 익히 알고 있던 친밀한 영역이 온전히 유지되지 못한다. 고독 따위는 있을 수 없다. 아이들은 처음부터 자신과 시장 사이에 경계가 없다고 배운다. 이렇게 자란 아이들은 그 둘 사이에 어떻게 차이가 있을 수 있는지를 오히려 의아하게 여기게 될 것이다.

마텔이 2017년 1월에 구글에서 영업 및 광고 판매를 담당하던 미주 지역 총괄 책임자를 신임 CEO로 영입한 것은 놀랄 일이 아니다.[36] 애널리스트 대부분은 이 영입을 마텔이 인터넷이 가능한 장난감과 가상현실 분야 혁신에 집중할 것이라는 예고로 보았지만, 사실 이 영입은 소비자를 위한 훌륭한 제품을 만드는 데서 소비자에 대한 훌륭한 데이터를 수집하는 쪽으로의 초점 이동을 보여준 사건이다.

아이들의 무한한 상상력을 비추는 거울로 사랑받던 인형을 비롯한 모든 장난감 상자 속의 장난감들이―그리고 장난감 상자, 그 상자가 있는 방, 그 방이 있는 집도―렌더링, 연산, 네트워크에의 연결, 수익의 대상이 되었다. 단순한 사물이 아니라 대화 청크나 그 밖의 갖가지 귀한 원재료를 가져다주는 운반책으로 재탄생해 새로운 상업적 기회를 열어 주고 있는 것이다.

2017년, 독일 연방네트워크청Federal Network Agency은 카일라 인형을 불법 감시 기기로 규정해 판매 금지 조치를 취하고, 이미 구입한 부모들에게는 카일라 인형을 없애버리라고 권고했다. 하지만 미국의 연방거래위원회는 아직 카일라나 제네시스 토이스에게 아무 조치도 취하고 있지 않다. 우리의 아이, 가족 들은 네트워크에 연결되어 있는 인형의 집을 통해 연결된 방―마텔은 2017년 1월 스마트홈 프로젝트(어린이용 인공지능 스피커 아리스토텔레스-옮긴이)를 발표했는데 부모들과 프라이버시 옹호자들 사이에서 논란이 되자 9개월 만에 출시를 보류했다―에서의 삶을 예습하게 되고, 연결된 방은 연결된 집이 자리 잡을 수 있게 길을 닦아주며, 연결된 집을 공급하는 기업들은 우리를 연결되어 있다는 사실에 무감각해진 상태로 숙명적인manifest destiny 유비쿼터스 기술의 세계, 감시 수익이 펼쳐질 약속의 땅으로 여행하게 한다.[37]

경쟁 논리는 음성 잉여의 내용what과 말하는 방식how에서 가능한 한 많은 공급을 장악하라고 다그친다. 전체성에 대한 충동은 경쟁 압력을 심화해, 기업들은 저마다 자사의 런타임, 자사의 새로운 인터페이스를 우리가 유비쿼터스 장치에 접속해 그것을 이용하는 (즉, 그것이 우리를 이용하게 하는) 데 있어서 독점적이지는 않더라도 최소한 지배적인 매체가 되도록 하고자 한다. 원 보이스의 특권적 지위를 성취하기 위한 전제조건으로서 모든 대화를 장악하려는 이 경쟁의 승자는 온종일 모든 사람의 매순간을 예측하고 수익화하는 능력을 독식하게 된다. 전체성과 패권을 향한 메시아적 충동은 경주에 참가하는 주요 경쟁자들의 수사학과 전략에서 뚜렷이 드러난다. 구글, 마이크로소프트, 아마존, 삼성이 저마다 음성 캡처 분야를 지배하겠다는 포부를 가지고 있지만, 그중에서도 가장 강력한 사례는 아마존, 그리고 아마존이 개발한 기계학습 가상 비서인 알렉사Alexa, 그리고 그 확장 라인인 에코 허브와 닷 스피커다. 알렉사의 탄생은 아마존을 공격적인 자본가일 뿐 아니라 감시 자본가로 규정하게 하는 사건이다.[38]

아마존은 이 가상 비서가 레시피를 읽거나 피자를 주문하는 등 '기량'의 범위를 넓히기 위해 외부 개발자들에게 알렉사를 공개하는 공격적인 행보를 보였다. 조명 시스템에서부터 식기세척기에 이르기까지 스마트홈 기기 제조사들에게 플랫폼도 공개해, 알렉사를 스마트홈 시스템과 가전제품을 제어하는 단일 목소리로 만들고자 했다. 2015년에 아마존은 '아마존 렉스'라는 클라우드 서비스를 판매해 다른 어떤 기업이든 자기 회사 제품에 알렉사의 지능을 도입할 수 있도록 하겠다고 발표했다. 아마존 렉스는 "음성이나 텍스트를 사용하는 모든 애플리케이션에 대화 인터페이스를 구축할 수 있게 해주는 서비스"로, "기존의 제품을 완전히 새로운 범주로 규정할 수 있게 해줄 것"이라고 소개되었다.[39] 알렉사를 담당하는 수석 부사장은 "우리의 목표는 개방적이고 중립적인 알렉사 생태계를 창출해, … 가능한

한 널리 확산시키는 것"이라고 설명했다.[40]

2018년 아마존은 주택 건설업체와 계약을 맺고, 에코 스피커와 알렉사에 의해 구동되는 현관 잠금장치, 전등 스위치, 경비 시스템, 초인종, 온도조절기를 설치하고, 닷 스피커도 집 천장 곳곳에 직접 매설했다. 한 기사에서 언급했듯이, "아마존은 사람들의 생활 습관에 대한 한층 더 포괄적인 데이터를 얻을 수 있게 되었다." 아마존은 청소, 배관 수리, 음식 배달 같은 현실 세계의 서비스를 판매하고 싶어 한다. 그러나 그것이 전부가 아니다. 일부 내부 관계자에 따르면 그들은 더 멀리 내다보고 있다. 아마존은 사용자의 일거수일투족을 모두 알고 그들의 모든 행위를 예측하는, 전지전능한 단하나의 목소리가 되기를 원한다.[41] 그들은 이미 미래를 내다보고 어떤 기기에든 통합 가능하고 '구입했다', '싫어한다', '사랑한다'와 같은 강력한 단어가 들리면 그에 맞는 상품이나 서비스를 추천할 수 있는 '음성 탐지 알고리즘' 개발에 대해 특허를 확보했다.[42]

아마존은 행동잉여를 사냥하는 중이다.[43] 아마존이 포드, BMW와 제휴를 맺고 자동차 계기판을 둘러싼 애플, 구글과의 경쟁에 뛰어든 이유도 이것으로 설명된다. "운전을 하면서 쇼핑을 할 수 있다"는 것은 곧 당신의 운전석에서 미래행동시장이 열린다는 뜻이다. 알렉사는 식당을 추천하거나 타이어를 점검받을 정비소를 권할 수 있다. "가능한 한 널리 확산"시키고자 한다는 말은 아마존이 왜 에코/알렉사 기기에 집 전화기처럼 전화를 걸고 받는 기능을 넣고 싶어 했는지, 왜 라스베이거스 소재 윈Wynn 리조트의 5,000개에 육박하는 객실에 에코를 설치하는 계약을 맺었는지, 왜 실시간으로 들어오는 고객들의 전화나 문자 질문에 대답하는 프로세스를 자동화하고자 하는 콜 센터에 알렉사를 판매했는지를 설명해준다.[44] 이 모든 일은 알렉사의 영토를 확장시킴으로써 아마존 서버에 축적되는 음성 잉여의 양을 늘리고, 이는 다시 알렉사의 원료로 공급된다.

원 보이스의 대관식으로 가는 길은 쉽지 않으며, 여러 선수가 결승선을 향한 경쟁에서 각축을 벌이고 있다. 구글도 구글 홈이라는 '개인 비서'가 집 전화기 대신 쓰이기를 바란다. 삼성도 비브 랩스Viv Labs를 인수하면서 경쟁자로 재등장했다. 비브는 애플의 개인 비서 시리를 만든 원 개발자들이 애플에서의 제약에 실망해 회사를 나와 새롭게 설계한 강력한 음성 인식 시스템이다. 비브의 CEO는 "원하는 것이 있으면 사물들에 말을 건네기만 하면 된다. … 이 시장은 장차 거대해질 것이다"라고 설명했다.[45]

삶이 야생마라면, 디지털 비서는 렌더링을 통해 그 말을 길들인다. 제멋대로 날뛰던 삶은 이내 행동 데이터로 렌더링되고 브라우징, 검색, 앎, 수정의 대상으로 재탄생한다. 감시 자본주의가 웹을 시장이 행동잉여의 수집과 분석에 의해 연료를 공급받아 사용자를 맹공격하는 장으로 변모시켰듯이, 일상생활은 우리의 행동을 전문적으로 거래하는 시장의 질서가 폭발적으로 성장해 탈출구 없이 24시간 돌아가는 배경이 될 것이다.

II. 자아의 렌더링

"우리는 대면 상호작용에 익숙하다. 직접 얼굴을 맞대고 나누는 말은 곧바로 사라진다. … 나는 키보드를 통한 대화가 편지나 전화 통화와 비슷할 것이라고 생각했지만 지금은 그 말이 사라지지 않음을 안다. 전자적 통신이 눈에 보이지 않는다는 것은 신화다."[46] 이 말을 한 사람은 내가 1988년에 쓴 《스마트 기계의 시대》에서 '드러그 사社'라고 지칭한 대형 제약회사의 뛰어난 연구원이었다.[47] 나는 그가 속한 연구실을 몇 해 동안 방문하면서 그들의 일상 대화 중 상당 부분이 대면 회의에서 다이얼로그DIALOG라는 세계 최초의 '컴퓨터 회의' 시스템으로 옮겨간 과정을 관찰했다. 다이얼로그는 지금 우리가 '소셜 미디어'라고 부르는 테크놀로지의 전신이다. 다이얼로그 플랫폼은 드러그 사의 연구원들이 '인간관계, 정보 공유, 연구에 관한 토론, 농담'을 이어가고 심화하는 새로운 소통 공간을 창출했다. 그들은 다이얼로그를 무척 환영하며 받아들였지만, 끝은 좋지 않았다. "시간이 지남에 따라 그들은 연구원들 사이의 대화가 자기도 모르는 사이에 예전 같으면 감지할 수도 없고 손에 잡히지도 않는 측면까지 관찰당하게 되었음을 깨달았다. 몇 년에 걸친 연구원들과의 인터뷰는 암묵적이고 사적인 영역이었던 개인적 차원의 경험이 갑자기 예상하지 못한 방식으로 적나라하게 공개되자 그들이 깊이 탄식하며 새로운 위험요소가 생겼다는 사실을 점차 깨닫게 되었음을 보여주었다.

새로운 컴퓨터 매개 환경 덕분에 연구원들의 사적인 대화와 업무상의 대화가 모두 전자적 텍스트로 나타났는데, 이는 볼 수 있고, 알 수 있고, 전달될 수 있음을 뜻했다. 여러모로 업무에 도움이 되었지만 개인의 기질이나 가치관, 태도, 사회적 상호작용이 감찰 대상으로 재조명되면서 예기치 않은 취약성을 낳기도 했다. 몇 년에 걸쳐 벌어진 일련의 갈등 속에서 나는 드러그 사의 임원진과 관리자급 직원들이 새로운 매체에서 발생하는 대화 텍스트를 평가, 질책, 징계 수단으로 사용하고자 하는 충동을 억제하지 못하는 모습을 지켜보았다. 관리자급 직원이 다이얼로그 대화 내용을 인쇄해 바닥에 깔아 놓고 특정 주제에 대한 의견을 분석하는 모습도 여러 번 보았다. 직접 가위를 들고 대화들을 오려서 주제나 발언자에 따라 분류하는 경우도 있었다. 대개는 순수하게 사실을 수집하는 차원이었지만, 가끔은 지시를 따르거나 거역하는 사람들을 가려내고 싶어하기도 했다.

영구적인 증거 자료로 남은 그 텍스트는 관리자급 직원들이 "순간적으로 흘러가버리던 부하 직원들의 행동을 통제하거나 특정 방향으로 유도할 수 있게" 하는 매체가 되었다.[48] 처음의 흥분과 기대는 냉소주의와 우려에 잠식되었고, 연구원들은 점차 다이얼로그에서 빠져나가 통상적인 이메일 프로그램으로 돌아가거나 형식적이고 공적인 메시지만 주고받았다.

수십 년이 지난 지금, 그 연구원들의 자녀나 손자, 손녀들도 드러그 사의 쓰라린 교훈이 다시 되살아나고 있음을—게다가 완전히 새로운 수준의 렌더링이 일어나고 있음을—모른 채 우리들처럼 스마트폰과 소셜 미디어를 통해 자유롭게 대화를 나누고 있을 것이다. 연구원들은 비공식적인 대화가 활자화되어 사내 감찰 대상이 된다는 사실을 알고 당황했다. 지금은 우리의 내면적인 삶—단순하게 표현하자면 '인성'이나 '감정'—까지도 원재료로 재조명되어, 새로운 공급 사슬 부속품과 생산수단을 제조하거나 구입할 수만 있다면 누구라도 이 새로운 종류의 행동잉여를 분석해 수익성이 매우 높은 예측상품을 만드는 데 활용할 수 있게 되었다.

여기서 다시 한 번 '개인화'라는 완곡어법이 자아라는 원재료로 만들어지는 이 시대 예측상품들의 첨병 역할을 맡는다. 이러한 혁신은 웹 크롤링에서 삶의 크롤링으로 확장된 수탈의 논리를 자아의 크롤링에까지 넓혀나간다. 수탈의 논리가 반복될 때마다 당초에 수탈 대상을 밝게 비추고 더 풍부하게 만들고자 했던 통찰력과 기법들은 상업적 감시 프로젝트의 자기장 안으로 빠르게 사라지지만, 나중에 점점 더 교묘해지는 공급, 제조, 판매 방법으로 재등장한다.

20억 명을 넘어 계속 증가하고 있는 페이스북 사용자들은 바로 드러그 사 연구원들의 가슴 아픈 후손이다. 드러그 사의 첫 번째 실험 이후 몇 년 안 가서 직장 커뮤니케이션의 일상적 감찰이 만연화되었고, 많은 사람이 그러한 감찰로부터 탈출하기 위해 페이스북에 가입했다. 그들은 페이스북이 '우리의 공간'이라고 생각했다. 페이스북은 온순하고 당연한 것으로 여겨졌고, 사람들은 페이스북을 예전의 전화처럼 결사, 소통, 참여를 위한 필수 공공재로 여겼다. 하지만 페이스북은 심연에서부터 예측적 행동잉여를 끌어내는 가장 권위적이고 위협적인 원천 중 하나가 되었다. 그것은 새로운 조사 기법을 활용해 가장 내밀한 핵심에서 곧바로 '자아'를 약탈하는 법을 배웠다. 새로운 공급 운용은 사용자의 성격부터 시간 감각, 성적 지향, 지능 등 개인의 여러 특징을 모두 측정 가능한 행동으로 렌더링한다. 페이스북의 엄청난 기계 지능 역량은 이 데이터를 생생한 예측상품으로 전환시킨다.

이것이 바로 2010년 페이스북 프로필이 쉽게 약탈 대상이 될 수 있다고 밝혀진 배경이었다. 당시에 독일과 미국의 한 공동 연구는 많은 사람들의 추정과 달리 페이스북 프로필이 이상화된 자화상이 아니라는 예기치 않은 결론에 도달했다. 페이스북의 정보는 오히려 사용자의 실제 성격을 그대로 반영하고 있어서, 사용자가 묘사한 '이상적인 자아상'과 달리 검증된 성격 평가 방법인 다섯 가지 요인 성격 모형으로 평가한 결과와 일치했다.[49]

페이스북 환경의 독특한 역학관계가 결과적으로 이 '진짜 성격'의 그림을 복잡하게 만들었음을 시사하는 강력한 증거가 있으며, 이에 관해서는 3부 5장에서 더 깊이 살펴보겠지만, 이 발견은 2011년 세 명의 메릴랜드 대학교 연구자들로 하여금 다음의 논리적 단계로 나아가게 하는 동기가 되었다. 그들은 정교한 분석법과 기계 지능을 활용해 페이스북 프로필에 공개된 정보로부터 사용자의 성격을 정확하게 예측하는 방법을 개발했다.[50]

이 연구를 진행하면서 연구진은 행동잉여가 부리는 마술을 알아보게 되었다. 종교나 지지하는 정당 같은 매우 사적인 정보의 공개보다 우선 개인이 그런 정보를 공개하고자 했다는 사실이 확실한 성격 분석에 더 큰 영향을 미친다는 점을 밝힌 것도 그러한 예다. 연구진은 이러한 통찰을 통해 새로운 장르의 강력한 행동 측정법에 주의를 돌리게 되었다. 좋아하는 TV 프로그램, 활동, 음악 등 사용자가 작성한 프로필 내용을 분석하는 방법에 비해 공유한 정보의 양 같은 간략한 '메타데이터'가 훨씬 더 유용하고 원 데이터 내용보다 예측에도 더 도움이 된다는 사실을 알게 된 것이다. 연구자들은 이러한 행동 측정법에 힘입어 생성된 연산 결과를 자동화된 언어 분석 및 페이스북 내부 통계치들과 결합해 "성격 특성에 대해 사용자가 스스로 부여한 점수는 실제 값의 10분의 1을 약간 넘는 정도밖에 예측할 수 없다"는 결론에 이르렀다.[51] 메릴랜드 대학교 연구진은 내면 깊은 곳에서 추출한 데이터를 고도로 계획적인 조작 및 행동수정 프로그램을 위한 도구로 만드는 장기 프로젝트에 착수했다. 그들이 먼 미래까지 내다볼 수 있었던 것은 아니지만, 자신들의 발견이 감시 자본주의의 열렬한 청중에게 유용하리라고 기대했다.

사용자의 성격을 유추할 수 있는 능력을 갖춘 소셜 미디어 웹사이트, 전자상거래 업체, 애드 서버는 사용자의 성격 특성을 반영해 사용자가 가장 잘 받아들일 수 있게 맞춤형 정보를 제시할 수 있다. … 사용자의 성격에 따라 페이스북 광고 노출을 조정할 수 있다. … 해당 사용자와 성향을 지닌 사람이 쓴 제품 리뷰를 더 눈에 띄게 배치함으로써 신뢰도와 유용성을 높일 수도 있다.[52]

이 새로운 기법은 다른 소셜 미디어 메타데이터에서도 유효함이 입증되었다. 그해 말, 메릴랜드 대학교 연구진은 트위터의 공개 데이터를 이용해 다섯 가지 성격 차원 점수를 예측한 연구 결과를 발표했는데, 트위터의 메타데이터가 실제 점수의 11~18퍼센트를 설명할 수 있는 것으로 나타났다. 이런 연구 결과들은 페이스북 프로필을 내면 깊은 곳으로부터 새로운 잉여 캐시를 얻을 또 다른 행동으로 렌더링하는 작업을 진전시키는 데 있어서 중심적인 역할을 하게 될 것이다.[53]

케임브리지 대학교 미할 코신스키Michal Kosinski와 동 대학 심리측정 센터 Psychometrics Centre 부소장 데이비드 스틸웰David Stillwell 등이 참여한 영국의 한 연구팀이 이 연구 노선을 따랐다.[54] 스틸웰은 그전부터 이미 마이퍼스널리티myPersonality라는 데이터베이스를 보유하고 있었다. 마이퍼스낼리티는 사용자들이 다섯 가지 요인 모형과 유사한 심리측정 검사를 하고 결과를 받아볼 수 있는 페이스북용 '제삼자' 앱이다. 2007년에 출시되어 심리측정 센터가 운영하고 있는 이 앱은 2016년까지 6백만 명 이상의 성격 프로필을 축적했고, 그중 4백만 명에 대해서는 페이스북 프로필도 확보하고 있었다.

엉뚱하기는 해도 독창적인 심리학 데이터 정도로 여겨졌던 마이퍼스낼리티는 이제 관찰, 표준화, 유효성 검사를 위한 새로운 모형의 데이터베이스가 되었다. 마이퍼스낼리티는 점점 더 적은 수의 페이스북 데이터 및 메타데이터 표본만으로 성격 값을 예측할 수 있게 해준다. 마이퍼스낼리티는 이후에 케임브리지 애널리티카Cambridge Analytica라는 소규모 컨설팅 회사의 모델이 된다. 애널리티카는 새로운 행동잉여 캐시를 정치적 행동에 대한 마이크로타기팅 공격에 활용했다.

코신스키와 스틸웰은 2012년에 발표한 논문에서 "공개 데이터로부터 사용자의 성격을 쉽게, 그리고 효과적으로 유추할 수 있다"고 주장하며 소셜 미디어 사용자들이 위험스럽게도 자신이 별 생각 없이 방대한 개인 정보를 공개함으로써 야기되는 취약성을 인식하지 못한다고 경고했다. 그들은 특히 페이스북 CEO 마크 저커버그가 2010년 기존의 프라이버시 규범을 일방적으로 뒤집었다는 점을 언급했다. 저커버그는 페이스북 사용자들이 더 이상 프라이버시에 대한 기대를 갖지 않는다고 말한 것으로 유명하다. 그는 사용자의 개인 정보를 일방적으로 공개하기로 한 페이스북의 결정을 설명하면서, "우리는 그렇게 하는 것이 사회적 규범이라고 결론을 냈고, 단지 그 규범에 따르고자 하는 것"이라고 선언했다.[55]

그러나 그러한 염려가 무색하게도 코신스키와 스틸웰은 그들의 연구 결과가 '마케팅', '사용자 인터페이스 설계', 추천 시스템에 활용될 수 있으리라고 제안했다.[56] 2013년에 코신스키와 스틸웰이 마이크로소프트의 토러 그래플Thore Graepel과 함께 발표한 또 다른 논문은 페이스북의 '좋아요'가 성적 취향, 민족, 종교, 정치적 견해, 성격 특성, 지능, 행복도, 중독성 물질 사용, 부모의 이혼 여부, 연령, 성별 등 "사람들이 보통 개인의 사적인 영역으로 여기는 광범위한 속성들을 자동적으로 정확하게 추정할 수 있다"고 밝혔다.[57]

저자들은 그들의 연구가 내포한 사회적 함의에 대해 점점 더 모순적인 태도를 보였다. 한편으로 그들은 이러한 새로운 예측 역량이 "수많은 상품과 서비스를 개선하는 데" 활용될 수 있다고 공언했다. 그들은 온라인 업체들이 각 사용자의 성격에 따라 심리학적으로 적절하게 마케팅과 제품 추천을 할 수 있을 것이라고 전망했다. 그러나 다른 한편으로는 기업들이나 정부, 혹은 페이스북 스스로가 가동하는 자동화된 예측 엔진이 개인의 동의나 인지 없이 수백만 건의 프로필을 컴퓨팅하면서 "당사자가 공개를 의도하지 않은" 사실을 알게 될 수 있다고 경고했다. 연구자들은 "그런 예측에 틀림이 없다고 하더라도 개인의 안녕과 자유, 심지어 삶 전체를 위협하는 상황이 닥쳐올 수 있다"고 경고했다.[58]

이러한 윤리적 난관에도 불구하고 2015년 스탠퍼드 대학교로 (처음에는 컴퓨터과학과, 그 다음에는 경영대학원으로) 자리를 옮긴 코신스키는 짧은 시간 안에 마이크로소프트, 보잉, 구글, 국립과학재단, 방위고등연구계획국DARPA: Defense Advanced Research Projects Agency에서 연구비를 따냈다.[59] 코신스키, 그리고 스틸웰을 포함한 다양한 분야의 공동연구자들은 이전의 논문에서 입증했던 예측 역량을 정교화하고 확장해 또 다른 논문을 연이어 발표하면서, "최소한의 부담으로 신속하고 저렴하게 대규모 참여자들을 평가할 수 있도록" 절차를 다듬었다.[60]

2015년에 발표된 한 논문은 페이스북의 '좋아요'를 이용한 컴퓨터 예측의 정확성이 다섯 가지 요인 모형 성격 특성 평가와 '삶의 만족도', '약물 사용', '우울증' 같은 '삶의 결과life outcome' 예측 모두에서 인간의 판단에 필적하거나 인간을 뛰어넘었다고 발표함으로써 또 한 번 새로운 장을 열었다.[61] 이 연구는 페이스북 예측 연구가 이룬 진정한 도약이 행동의 가장 내밀한 심연을 탐구하는 일에 있어서 이전까지 '성격'이라고 알려져 있던 새로운 종류의 '객체'를 효과적으로 겨냥하는 "정확하고 저렴하며 자동화된 성격 평가 도구" 덕분에 경제성을 성취하게 된 것임을 분명히 했다.[62] 이러한 경제성을 마음대로 돌아다니는 생명체들의 의식 바깥에서 성취할 수 있다는 점은 그것을 훨씬 더 매력적으로 만든다. 어느 연구자들이 설명했듯이 "전통적인 성격 평가 방법은 시간과 노동력이 무척 많이 들고 당사자 모르게 고객의 성격 정보를 얻을 수도 없다."[63]

상업적 이점을 얻기 위한 성격 분석은 연구자들에 의해 다듬어지고 실험된, 이른바 메타데이터 또는 중간 레벨 메트릭이라고 불리는 행동잉여에 기초해 구축되며, 이때 자신이 소셜 미디어에서 노출하는 개인 정보의 '양'에 대한 통제권을 갖고 있다고 생각하던 사람들을 좌절하게 만든다. 예를 들어, 저렴한 자동차 보험이라는 이름으로 우리는 성실하고 수용적이며 개방적이라는 코드를 부여받는다. 우리는 분석을 위해 검색된 잉여가 무엇인지 알 수 없으므로, 이러한 분석을 쉽게 위조할 수 없다. 우리는 실체가 아닌 형식으로 취급된다. 가격은 당신이 무엇에 대해 썼는지가 아니라 어떤 방식으로 썼는지에 따라 매겨진다. 당신이 쓴 문장의 내용이 아니라 문장의 길이와 구조가, 무슨 목록을 작성했는지가 아니라 목록을 작성했다는 사실이 중요하며, 사진이 아니라 필터와 채도가, 무엇을 공개하는지가 아니라 어떻게 공개하는지가 관건이고, 친구를 어디에서 만날 계획인지가 아니라 그 약속을 어떤 방식으로 정하는지, 즉 그저 편하게 '나중에' 만나자고 하는지 아니면 구체적으로 시간과 장소를 정하는지가 관심의 대상이다. 느낌표와 특정 부사를 사용하는 일은 스스로를 드러냄으로써 잠재적으로 위험을 초래할 수 있는 신호가 된다.

'성격' 추정이 진부한 주제라는 이유로 이러한 추출 작업에 의해 가능해진 새로운 잉여 공급의 양과 깊이가 전례 없는 수준이며, 상상할 수조차 없던 일이 일어나고 있다는 사실을 간과해서는 안 된다.[64] 코신스키가 2015년에 한 인터뷰에서 말했듯이, '페이스북, 스냅챗, 마이크로소프트, 구글' 같은 기업들이 "과학자들은 수집할 수 없는 데이터에 접근한다"는 사실을 아는 사람은 거의 없다.[65] 데이터 과학자들은 트위터 프로필 사진(색상, 구도, 이미지 유형, 인구학적 정보, 얼굴 노출 여부, 표정 …), 셀카 사진(색상, 촬영 스타일, 시각적 질감 …), 인스타그램 사진(색상, 명도, 채도 …)에서 골라낸 잉여를 가지고 다섯 가지 요인 성격 모형에 입각한 성격 특성들을 성공적으로 예측했다. 어떤 연구자들은 대안적 알고리즘 모형과 성격 구조를 테스트했으며, 또 다른 연구팀은 페이스북 메시지로부터 '삶의 만족도'를 예측할 수 있음을 입증했다.[66] 이 새로운 세계에서는 관리자가 컴퓨터상의 대화 내용을 출력한 종이를 바닥에 깔아놓고 가위를 들고 기어다니며 주제에 따라 대화들을 오려낼 필요가 없다. 이제 탐색 대상은 사무실 바닥이 아니라 당신 자체다.

2015년 인터뷰에서 코신스키는 "우리의 상호작용은 모두 디지털 제품 및 서비스를 통해 매개되며, 이는 기본적으로 모든 것이 기록된다는 의미"라고 했다. 그는 자신의 연구가 "소름끼친다"고까지 말했다. "할 수 있는 일은 많지만, 그렇다고 해서 기업이나 정부가 사용자의 동의 없이 그 일을 해도 된다는 뜻은 절대 아니라는 점을 강조하고 싶다." 그는 심각하게 비대칭적인 학습 분업화를 인식하고 있었으며, 페이스북 및 다른 인터넷 기업들이 '일반 대중'과 데이터를 공유하기를 거부한 데 대해 탄식했다. 코신스키는 "그들이 사악해서가 아니라 일반 대중이 너무나 어리석기 때문"이라고 설명했다. "우리 사회는 데이터에 대한 방대한 예산과 방대한 접근 권한을 가지고 있는 대기업들에게 그 이점을 우리와 공유하라고 설득할 능력을 상실했다"는 것이다. "근본적으로 우리가 더 성장해 기어코 그들을 멈추어야 한다."[67]

그러나 자본주의하에서는 잠재 수요가 공급자와 공급을 부른다. 감시 자본주의도 다르지 않다. 예측의 절박성은 감시의 사냥개를 풀어 저 깊은 내면의 행동까지 추적하게 만들고, 좋은 의도를 가졌던 연구자들이 자기도 모르게 흘리고 간 값싼 날고기를 감시 자본가들은 쉽게 찾아 포식한다. 이렇게 되기까지 긴 시간이 걸리지도 않았다. 2015년 초, IBM은 기업용 왓슨 퍼스낼리티 서비스Watson Personality Service 출시를 발표했다.[68] 이 기계 지능 툴은 학계에서 이용된 대부분의 기계 지능보다 훨씬 더 복잡하고 침략적이다. IBM은 다섯 가지 요인 성격 모형에 더해 열두 개 '욕구' 범주, 즉 '흥분, 조화, 호기심, 이상, 친밀감, 자기표현, 자유, 사랑, 현실성, 안정성, 도전, 구조'에 대한 욕구로 성격을 평가한다. 그 다음에는 '개인의 의사 결정에 영향을 미치는 동기화 요인'인 '가치'를 '자기초월/이타성, 보수성/전통, 쾌락주의/인생을 즐김, 자기 고양/성공, 변화에의 개방성/흥분'의 '다섯 가지 차원에 걸쳐' 확인한다.[69]

IBM은 '한계가 없는' 새로운 잉여 공급 애플리케이션과 '개인 고객에 대한 더 심층적인 정보'를 약속한다. 우선은 이미 그물 안에 들어와 있는 직원들을 대상으로 시험해볼 수 있을 것이고, 그들은 일단 길들여지기만 하면 정제된 행동만 존재하는 사회의 말 잘 듣는 구성원이 될 것이다. 이제 성격과 마케팅 방식에 대한 반응 사이의 상관관계를 확인해 특정 고객의 실제 반응을 정확히 예측할 수 있다. 누가 쿠폰을 이용할까? 누가 어떤 제품을 구매할까? IBM은 "성격에서부터 행동에까지 이르는 매핑 규칙"을 가지고 "소셜 미디어에 올리는 콘텐츠와 소셜 미디어에서의 행동"을 "표적화된 수익 발생 기회를 실현"하는 데 이용할 수 있다고 말한다. 고객 서비스 대리점, 보험 설계사, 여행사, 부동산 중개업자, 투자 중개업자 등은 특정 고객과 만나는 바로 그 순간에 고객의 심리학적 데이터를 받아보고 어떤 메시지를 어떻게 전달할 것인지를 고객의 '성격에 맞게' 정할 수 있다.[70] 또한 IBM의 한 자체 연구는 성격 특성에서 '수용성'과 '성실성'이 드러나는 대리인이나 중개사가 눈에 띄게 높은 고객 만족도를 달성한다는 점을 입증했다. 결론만 보면 상식적인 이야기지만, 이제는 성과에 따라 직원들의 특정 행동에 대해 보상해주거나 특정 행동을 멈추게 할 목적으로 고객과의 상호작용에 대한 대규모 실시간 측정 및 모니터링이 시행된다는 점이 문제다.[71]

렌더링 덕분에 측정 가능한 몇 가지 개인적 특성—'사랑에 대한 욕구'도 측정 가능한 요인에 속한다!—만 가지고 '특정 브랜드를 선호'할 가능성을 예측할 수 있다.[72] IBM은 표적형 트위터 광고에 대한 사용자 반응을 분석했는데, 다섯 가지 요인 분석에서 '개방적 성향' 점수가 높고 '신경증적 성향' 점수가 낮은 사람을 겨냥하면 클릭률과 '팔로우' 비율을 현격하게 높일 수 있음을 발견했다. 또 다른 연구에서는 트위터 사용자 2,000명의 행동 데이터를 렌더링해, 응답률, 활동 수준, 트윗 빈도를 측정하고 트윗에 대한 정신언어학적 분석 및 다섯 가지 요인 성격 분석을 실시했다. IBM은 사용자 2,000명에게 위치 관련 질문 또는 제품 관련 질문을 던져 예측 모형을 '훈련시켰다'. 연구 결과는 성격에 대한 정보로 응답 가능성을 예측할 수 있다는 것이었다. 기계에 의해 도덕성, 신뢰, 친밀함, 외향성, 수용성이 높다고 분류된 사람들의 응답률은 높은 반면, 조심성과 불안감이 높은 사람들의 응답률은 낮았다. 우리가 아이들에게 가르치고 싶어하거나 우리 스스로의 행동에 대한 지향으로 삼는 여러 특성들은 보이지 않는 기계적 렌더링 프로세스에 투입할 재료 수탈의 광맥으로 간단히 용도 변경된다. 이 신세계에서는 편집증과 불안만이 이윤을 위한 기계의 침탈로부터 우리를 보호한다. 이제 우리의 아이들에게 항상 불안하고 의심하라고 가르쳐야 하는 것일까?

IBM뿐이겠는가? 성격이 혁신적인 돈벌이의 광맥임을 알아차린 사람들은 재빨리 새로운 공급 운용을 제도화하기 시작했다. 그들이 제도화를 통해 우선 정상적인 것으로 받아들이게 하고 점차 습관화함으로써 무감각하게 만드는 과정을 보면 우리가 얼마나 금방 방향감각을 상실하게 되는지를 알 수 있다. 이 과정의 첫 번째 단계는 사업 계획이나 마케팅 메시지, 신상품이나 새로 나온 서비스에 대한 소개, 언론 기사에서 마치 이런 일이 이미 되돌릴 수 없는 기정사실인 것처럼 다루는 것이다.[73] 광맥에 뛰어든 용병 중에는 케임브리지 애널리티카도 있었다. 애널리티카는 영국 컨설팅 회사로 그 소유주는 은둔형 억만장자이자 도널드 트럼프의 후원자인 로버트 머서Robert Mercer였다. 이 회사 CEO 알렉산더 닉스Alexander Nix는 2016년 브렉시트Brexit 투표와 미국 대통령 선거에서 유럽연합 탈퇴 지지자들과 트럼프 진영에 그들의 성격 기반 '행동의 초정밀 표적화'를 적용하여 결과를 예측하는 데 성공했다고 자랑했다.[74] 닉스는 "미국 내 모든 성인에 대해 각각 4, 5천 개의 데이터 포인트를 가질 만큼" 데이터를 "개인 수준으로" 쪼갤 수 있다고 주장했다.[75] 학자와 언론인 들이 이 주장의 진실성과 2016년에 일어난 의외의 두 투표 결과에서 이 기법이 수행한 역할을 규명하는 동안, 애널리티카의 신임 최고영업책임자CRO는 "선거 후에는 상업적인 사업에 매진할 것"이라며 선거에서만큼 화려하지는 않아도 수익성은 더 높아질 선거 이후 사업전략을 조용히 발표했다. 그는 미국 대선이 막 끝난 시점에 자동차 대리점을 위한 잡지에 기고한 글에서 새로운 분석 방법이 "고객이 원하는 판매 방식, 고객의 성격 유형, 가장 효과적인 설득 방법"을 알려준다고 설명했다. "이 방법은 사람들의 마음에 와닿도록 세심하게 설계한 메시지를 통해 사람들의 행동을 변화시킨다. … 마케팅 활동에서 고객 행동으로의 전환율conversion rate이 조금만 올라가도 극적인 매출 변화를 볼 수 있다."[76]

2018년《인터셉트Intercept》가 확보한 페이스북 내부 문서는 그들이 예측상품을 만들 때 내밀한 영역에서 끌어낸 데이터가 얼마나 중요한 역할을 하는지 보여주고, 페이스북의 가장 주된 지향점이 미래행동시장에 있음을 확인시켜주며, 논란을 일으킨 케임브리지 애널리티카의 행위가 페이스북에서는 이미 표준적이라고 여겨지는 작업 절차와 다르지 않음을 드러냈다.[77] 이 대외비 문서에 따르면 페이스북의 독보적인 "기계학습 전문성"은 기업 고객의 "가장 가려운 곳"을 긁어주는 것을 목표로 하고 있다. 이 목표를 위해 페이스북은 고도로 내밀한 영역에서 데이터를 축적하고 이용하는 독보적인 능력을 통해 개인들의 '미래행동을 예측하고', 그들이 지금, 곧, 장차 어떻게 행동하고, 구매하고, 생각할지에 기초해 개인들을 표적화한다. 이 문서는 예측과 개입, 수정이 어떻게 연결되는지를 보여준다. 예를 들어, '충성도 예측'이라고 불리는 페이스북의 서비스를 이용하면 그들의 행동잉여 분석 능력을 통해 브랜드 충성도를 변화시킬 '위험이 있는' 개인들을 사전에 가려낼 수 있다고 홍보한다. 이는 이러한 예측을 통해 광고주들이 즉각적으로 개입해 공격적인 메시지로 충성도를 안정시키고, 이와 같이 미래를 바꾸어 놓음으로써 확실한 수익을 보장받을 수 있게 한다는 구상이다.

페이스북의 '예측 엔진'은 새로운 기계 지능 플랫폼인 'FB러너 플로FBLearner Flow'에 기반한다. 페이스북은 이 플랫폼을 새로운 "AI 중추"이자 "개인화된 경험"에 "가장 관련성 높은 콘텐츠"를 전달할 수 있게 하는 열쇠라고 설명한다. 기계학습 시스템은 "매일 수조 개의 데이터 포인트를 빨아들여 오프라인에서 또는 실시간으로 수천 개의 모델을 훈련시킨 다음 실시간 예측을 위한 서버 군단에 배치한다." 페이스북은 "창사 이래 백만 개가 넘는 모델을 훈련시킨 우리의 예측 서비스는 초당 6백만 건 이상을 예측할 수 있을 만큼 성장했다"라고 설명한다.[78]

앞에서 살펴보았듯, '개인화'는 예측에서 비롯되고 예측은 점점 더 풍요로워지는 행동잉여의 원천과 점점 더 가차 없는 렌더링 운용에서 비롯된다. 이 기밀문서는 실제로 핵심적인 원재료들이 심층적인 예측상품의 대량

고속 제조 공정에 투입됨을 드러냈다. 그러한 원재료에는 위치, 와이파이 네트워크 세부정보, 기기 정보뿐 아니라 동영상 시청 데이터, 친밀도 분석, 친구관계, 친구와의 유사성도 포함되었다. 페이스북의 발표가 있었던 바로 그 시기에 케임브리지 애널리티카의 젊은 공동설립자 크리스토퍼 와일리 Christopher Wylie가 내부고발자가 되어 사람들의 투표 행위를 예측하고 특정 방향으로 유도하기 위해 애널리티카가 벌인 은밀한 작업에 대해 대량의 정보를 쏟아낸 것, 그리하여 전 세계의 이목이 순식간에 애널리티카라는 작은 정치 분석 기업과 페이스북이라는 거대한 데이터 원천에 집중되었던 것이 우연만은 아니었으리라. 케임브리지 애널리티카의 복잡한 속임수가 적법했는지, 실제로 정치적 영향력이 얼마나 있었는지, 페이스북과는 어떤 관계였는지 등에 대해서는 해소되지 않은 의문점이 많다. 그러나 여기서는 애널리티카의 음모를 통해 감시 자본주의 메커니즘이 가진 힘, 특히 내밀한 영역으로부터 나오는 데이터를 렌더링하려는 의지를 드러내는 데에만 집중하려고 한다.

코신스키와 스틸웰은 내밀한 영역에서 나오는 잉여가 행동 조작과 수정의 새로운 가능성을 열어준다는 사실을 깨닫고 그들이 고안한 방법이 가진 상업적 가치에 주의를 환기시켰다. 와일리는 이 가능성에 매료되었고, 그 후 여러 사건들의 복잡한 연쇄 끝에 케임브리지 애널리티카가 코신스키와 스틸웰의 데이터를 이용하면 소유주 로버트 머서의 정치적 목표에 더 가까워질 것이라고 제안하기까지 했다. 목적은 "행동의 초정밀 표적화로 … 인구통계학적 변인이 아니라 성격에 근거해 유권자들에게 영향력을 발휘하는 것"이었다.[79] 애널리티카는 코신스키, 스틸웰과의 협상이 결렬되자 케임브리지 연구원 알렉산드르 코건Aleksandr Kogan과 함께 마이퍼스낼리티와 유사한 앱을 개발해 페이스북에서 성격 데이터 캐시를 렌더링한다. 페이스북 내에서 코건은 이미 잘 알려져 있었다. 그는 2013년에 페이스북 데이터 과학자들과 공동연구를 수행했고, 이 때 페이스북은 연구를 위해 570억 건의 "친구 관계" 데이터를 제공했다. 이번에는 약 27만 명이 성격 진단 퀴즈에 응답했다. 이 퀴즈 앱은 당사자에게는 알리지 않은 채 코건이 퀴즈 응답자와 그 친구들—평균 160명—의 페이스북 프로필에 접근할 수 있게 했다. 이러한 침략은 "아무도 알지 못했고 의심할 여지도 없었다."[80] 코건은 대량 렌더링을 통해서 5,000만 명에서 8,700만 명 사이(와일리의 최초 폭로에서는 유출 규모를 약 5,000만 명으로 추정했으나 이후 페이스북이 직접 8,700만 명에 달할 수 있다고 발표했다—옮긴이)의 페이스북 사용자의 심리학적 프로파일을 생성하는 데 성공했고, 그 데이터를 케임브리지 애널리티카에 팔았다.[81] 페이스북이 그 앱에 관해 묻자 코건은 학술 연구에만 쓰일 것이라고 장담했다. 사실 양측의 상호 신뢰는 페이스북이 사내 심리학 연구팀에 코건과 일하던 연구원 한 명을 채용할 만큼 두터웠다.[82]

와일리는 페이스북을 이용해서 수백만 명의 프로필을 확보한 사실을 인정하며 "그들에 대해 알고 있는 정보를 활용하고 그들 안의 악마를 겨냥할 모델을 만들었다"고 털어놓았다. 케임브리지 애널리티카가 해낸 일에 대한 와일리의 요약은 감시 자본주의 프로젝트의 압축판이며 감시 자본가들이 내밀한 저 깊은 영역까지 렌더링하려는 이유를 보여준다. 이것이 바로 감시 자본주의가 무법의 공간에서 거의 20년에 걸쳐 힘을 키워온 결과물이다. 전 세계가 이 실상을 알고 격분했지만, 사실 그런 일은 페이스북이나 다른 감시 자본가 기업들이 감시 자본주의의 기법과 목표를 발전시키는 일상적인 방식이다. 케임브리지 애널리티카는 그저 감시 자본주의의 방식을 상업적 미래행동시장에서 정치권에서의 보장된 성과로 옮겨놓았을 뿐이다. 판도라의 상자를 처음 열어젖힌 사람은 와일리가 아니라 에릭 슈미트였다. 슈미트는 정보 당국과 구글 사이의 돈독한 관계—그것은 감시 예외주의를 낳았다—라는 자재로 감시 자본주의의 핵심 메커니즘을 투표 절차에 가져다 놓을 수 있게 길을 닦았다. 실제로 와일리는 일찍이 오바마의 '표적 광고 담당 국장'에게서 일을 배웠다.[83] 이제는 무기가 된 슈미트의 혁신은 모든 선거운동 진영이, 더 위험스럽게는 민주주의의 적들까지도 선망하는 대상이 되었다.[84]

케임브리지 애널리티카의 음울한 모험은 감시 자본주의의 근본 메커니즘—렌더링, 행동잉여, 기계 지능, 예측상품, 규모, 범위, 행위의 경제—을 채택했을 뿐만 아니라 감시 자본주의의 전술적 요구사항을 가장 잘 보여주는 예이기도 하다. 비밀주의를 고수하고 개인의 인지를 세심하게 회피함으로써 무지를 양산하는 것이 그들의 작전이었다. 와일리는 이것을 '정보전information warfare'이라고 부른다. 지식과 권력의 비대칭성이 행동수정 수단에 필수적임을 정확히 알고 있었다는 뜻이다.

나는 이것이 집단 괴롭힘보다 더 나쁘다고 생각한다. 대중이 무슨 일을 당하고 있는지조차 모를 수 있기 때문이다. 적어도 괴롭힘의 경우에는 피해자가 알고 있으므로, 피해자를 행위 주체로 인정한다. … 대중을 행위 주체로 존중하지 않는데, 무슨 일을 한들 민주주의에 도움이 되겠는가. 그리고 정보전은 근본적으로 민주주의에 도움이 안 된다.[85]

애널리티카의 '전쟁', 그리고 그 침략과 정복의 구조는 감시 자본주의의 표준작전 절차를 보여준다. 매일 수십억 명이 영문도 모른 채 이 작전에 예속되고, 렌더링 작전은 모든 경계를 허물며, 수정작전은 모두에 대한 지배권을 주장한다. 감시 자본주의는 렌더링의 경계선을 새로운 개척지로 계속 넓혀 나가면서 사람들에게 정보와 연결을 누리는 대가로 '행위 주체'이기를 포기하라고 요구한다. 그 과정에서 페이스북이나 구글 같은 기업은 많은 보병을 기용하는데, 여기에는 코건처럼 기꺼이 전심전력을 다해 회사가 최첨단 기법을 학습하고 완성해 다음 개척지를 정복할 수 있게 돕는 사회과학자도 포함된다. 이 현상에 대해서는 2부 4장에서 더 깊이 다룰 것이다.

케임브리지 애널리티카가 실제로 얼마나 그 일을 잘 해냈고 궁극적으로 얼마나 정치적 영향력을 발휘했는지와 관계없이, 그들의 야망 이면의 음모과 계획은 확실성을 위해 행동을 예측하고 수정하는 데 있어서 내밀한 영역에서의 렌더링이 중추적 역할을 담당함을 입증한다. 저커버그나 머서 같은 억만장자들은 렌더링 운용과 예언을 조준함으로써 자본력으로 학습의 사회적 분업화를 지배할 수 있음을 알게 되었다. 그들은 자신들이 가진 권력, 즉 지식을 가질 권력, 누가 지식을 가질 것인지를 결정하는 권력, 누가 결정할지를 결정하는 권력이 도전받지 않는 세상을 목표로 한다. '성격'의 렌더링은 이 과제에서 중요한 전환점, 중요한 개척지였다. 그러나 여기도 종착지는 아니었다.

III. 감정을 읽는 기계

2015년, 8년 된 스타트업 리얼아이즈Realeyes가 'SEWA: 자연 상태에서의 자동 감성 분석SEWA: Automatic Sentiment Analysis in the Wild'이라는 프로젝트로 유럽연합 집행위원회European Commission에서 360만 유로를 지원받았다. 이 프로젝트의 목표는 "콘텐츠를 보고 있는 사람의 감정을 읽어내는 자동화 테크놀로지를 개발하고 이 감정이 해당 콘텐츠에 대한 선호 정도와 어떻게 연관되는지를 규명하는 것"이었다. AOL 인터내셔널의 영상 부문 책임자는 이 프로젝트를 "영상 광고 기술의 큰 도약"이자 "영상 마케팅의 성배聖杯"라고 평했다.[86] 단 1년 만에 리얼아이즈는 '마케팅 전문가들이 광고의 효과를 분석하고 더 관련성 높은 광고를 만드는 데 기여하는 기계학습 기반 도구'를

개발한 성과를 인정받아 유럽연합 집행위원회 호라이즌 2020 혁신상을 수상했다.[87]

SEWA 프로젝트는 급성장하고 있는 렌더링 및 행동잉여 공급 운용의 새로운 영역을 들여다볼 수 있는 창문이다. 이 영역은 '효과적인 컴퓨팅', '감정 분석', '감성 분석' 등으로 알려져 있다. 개인화 프로젝트는 이 새로운 도구들을 갖추고 더 깊은 바닷속으로 내려가, 성격뿐 아니라 감정적인 상태까지 노릴 수 있는 렌더링의 새로운 개척지를 탐한다. 이 심연의 잉여 프로젝트가 성공하려면, 무의식─말로 표현되기에 앞서 애초에 감정이 형성되는 곳─도 기계로 렌더링하고 분석하기 위한, 그리하여 궁극적으로 더 정확하게 예측하기 위한 또 하나의 원재료 공급원으로 재탄생되어야 한다. 효과적인 컴퓨팅에 대한 한 시장조사 보고서의 표현을 빌리자면, "실시간으로 감정 상태를 알면 상품 판매에 도움이 되며, 따라서 수익을 증대시킨다."[88]

SEWA 같은 감정 분석 상품은 특화된 소프트웨어를 이용하여 얼굴, 음성, 몸짓, 신체, 두뇌를 탐색한다. 이 모든 것은 '생체 측정' 센서 또는 '심층' 센서라고 불리는 감지 장치에 의해 수집되며, 인지할 수 없을 만큼 작고 '눈에 거슬리지 않는' 카메라가 동원되기도 한다. 이러한 기계 지능 복합체는 무심코 눈을 깜빡인다거나 놀라서 입을 벌리는 단 일 초도 안 되는 행동에 이르기까지 가장 미묘하고 내밀한 행동까지도 하나하나 분리해 수집, 렌더링하도록 훈련된다. 센서와 소프트웨어가 결합되면 얼굴을 인식, 식별하고, 연령, 민족, 성별을 추정하고, 시선과 눈 깜빡임을 분석하고, 여러 안면특징점facial point의 차이로 '미세한 표정', 눈짓, 감정, 기분, 스트레스, 기만, 지루함, 혼란, 의도 등을 바로바로 해석할 수 있다.[89] SEWA 프로젝트의 설명은 다음과 같다.

인위성이 없는 상태에서 인간이 얼굴, 목소리, 언어로 하는 행동과 상호작용을 도처에 있는 디지털 기기의 웹캠으로 포착해 견고하고 정확하게 분석할 수 있는 테크놀로지는 기초과학과 산업 모두에 지대한 영향을 줄 것이다. 이러한 테크놀로지는 ⋯ 이제까지는 인간의 눈과 귀로 포착하기에 너무 미묘하고 순식간에 지나가버려 측정을 거부했던 행동 지표들을 측정한다.[90]

이 행동들은 당사자도 의식하지 못한다. 어느 젊은 여성이 영화의 한 장면을 보면서 단지 '아, 좋다'라는 말로밖에 표현하지 못할 때, 기계는 그 사람의 얼굴에서 혐오감에서 분노로 이어지다가 그 상황을 이해하게 되고, 마침내 환희로 끝나는 순간적인 감정의 변화를 읽어낸다. 리얼아이즈 백서에 따르면, 그것은 사람들이 집에서 영상을 볼 때 웹캠으로 녹화함으로써 "진짜 반응을 포착할 수 있다." 알고리즘은 표정에서 "실시간으로 감정을 간파하고, 이를 종합해 초 단위로 온라인으로 보고하며, ⋯ 이는 고객들이 더 나은 사업상의 결정을 할 수 있게 해준다." 리얼아이즈는 마케팅 담당자들이 '표적 청중을 특정'하고 '성과를 예측'하는 데 도움이 되는 '자체 개발 지표'를 강조한다.[91]

기계 지능의 핵심은 역시 질이 양의 함수라는 것이다. 리얼아이즈는 전 세계 7,000명 이상의 550만 개의 개별 어노테이션된 데이터 프레임을 확보하고 있다고 말한다. "우리는 세계 최대의 표정 및 행동 데이터세트를 구축하고자, 기존 범주의 데이터는 질을 높임과 동시에 양을 늘려가고 있으며 다른 표정이나 감정, 다른 행동 단서, 다른 강도 등 새로운 범주의 데이터세트도 창출하고 있다. ⋯ 이 과정을 자동화하면 규모를 키워 청중 전체의 감정을 동시에 추적할 수도 있다."[92] 리얼아이즈는 고객들에게 "청중의 감정을 최고조의 순간에 잡아 두어라"라고 조언한다.[93] 이 회사 웹사이트에서는 인간의 감정에 대한 연구사를 간략히 개괄한 글을 볼 수 있는데, 이 글의 결론은 "더 많이 느낄수록 더 많이 지출하며, … 무형의 '감정'은 구체적인 사회적 활동, 브랜드 인지도, 이윤으로 전환된다"는 것이다.[94]

SEWA의 산업자문위원회Industry Advisory Board 의장은 "신체 전체의 비언어적 표현"의 의미를 해독하고 "복합적인 감정적 반응을 해석하는 일이 … 홍보물에 대한 반응을 해석하는 굉장한 방법이 될 것"이라고 밝혔으며, "모든 홍보물 평가에 있어서 감정적 반응을 고려하지 않는 것은 어리석은 일"이라고 덧붙였다. 실제로 이런 '무의식 도구nonconscious tool'는 당신이 무엇을 살 것인지, 정확히 어느 순간에 자극에 가장 취약한지를 추정하기 위해 당신의 내면적 삶에서 질적으로 완전히 새로운 행동잉여를 추출한다. SEWA의 자문위원회 의장은 감정 분석이 "음표 하나하나를 읽는 일과 같다"고 말한다. 잠재 고객 한 명은 짧고 쉬운 노래 한 곡이다. "우리는 '좋아함', '지루함' 같은 인간의 반응으로 이루어진 화음을 들을 수 있을 것이다. … 우리는 궁극적으로 서로의 감정과 의도를 읽는 데 통달할 것이다."[95]

다른 사람들이 우리의 무의식을 그들의 목표를 위한 도구로 삼으려 한 일은 이전에도 있었다. 선전과 광고는 언제나 무의식적인 공포와 열망에 호소하도록 설계되었다. 그러나 지금까지는 과학보다 예술에 의존했고, 데이터 총계와 직업적인 직관만으로 매스커뮤니케이션에 접근했다.[96] 그러한 방법은 오늘날의 과학적 접근과 비교도 안 된다. 지금은 유사 이래 최고의 컴퓨팅 능력을 적용해 실제 감정을 거의 그대로 세밀하게 측정하고 연속적으로 렌더링할 수 있다. 새로운 도구를 개발한 사람들이 내면적인 삶을 탈취해가려는 것은 아니며, 단지 감시하고 이용하려고 할 뿐이다. 그들은 당신 자신이 스스로에 대해 아는 것보다 당신에 대해 더 많이 알고자 하는 것, 그뿐이다.

무의식이라는 보물은 지난 천 년 동안 영혼, 정신, 자아 등 시대에 따라 다르게 해석되었지만, 고대의 제사장과 현대의 임상심리학자는 자기발견,

극기, 통합, 회복, 초월을 통한 무의식의 원초적 치유력을 숭배한다는 점에서 일치했다. 이와 반대로, 감정이라는 개념을 관찰 가능한 행동 데이터로 보는 견해는 1960년대 중반 UC 샌프란시스코의 젊은 교수였던 폴 에크먼Paul Ekman의 연구에 뿌리를 둔다. 에크먼은 초기 논문들에서 "행위가 말보다 더 많은 것을 말해준다"라고 주장했다.[97] 에크먼은 누군가가 자신의 감정 커뮤니케이션을 스스로 검열하고 제어하려고 하더라도 몇 가지 비언어적 행동 유형이 "통제를 벗어나 실제 감정을 유출한다"고 주장했다.[98] 일찍이 그는 감정의 표현이 감정의 원인에 다시 영향을 주는 과정을 높은 신뢰도로 추적할 수 있게 해주는 '절대적인 틀'이 있다면 유용하리라고 생각했고,[99] 1978년에는 공동 연구자 월리스 프리즌Wallace Friesen과 기념비적인 안면 움직임 부호화 체계FACS; Facial Action Coding System를 발표해 그 틀을 제공했다.

FACS는 안면 근육의 기본적인 움직임을 구별해 스물일곱 가지 안면 '움직임 단위'로 세분화하며, 머리, 눈, 혀 등의 움직임에도 별도로 코드를 부여한다. 에크먼은 여섯 가지 '기본 감정'(분노, 공포, 슬픔, 즐거움, 혐오, 놀라움)에서 더 넓은 범위의 감정 표현이 파생된다는 결론에 이르렀다.[100] 다섯 가지 요인 모형이 성격 연구에서 지배적인 위치에 올랐듯이, FACS와 여섯 가지 감정 모형은 얼굴 표정과 감정 연구에서 가장 영향력 있는 패러다임이 되었다.

감정 렌더링 프로그램은 MIT 미디어 랩의 로절린드 피카드Rosalind Picard 교수, 그리고 피카드가 '감성 컴퓨팅affective computing'이라고 칭한 컴퓨터 과학의 신생 분야로부터 시작되었으며, 그 시작은 순수했다. 피카드는 컴퓨터 시스템으로 에크먼의 안면 형상 분석을 자동화하고 미세표정과 감정적 원인의 상관관계를 파악할 수 있으리라는 점을 최초로 알아본 사람 중 한 명이었다.[101] 피카드는 말소리의 억양이나 감정을 알려주는 다른 생리적 신호를 일종의 행동으로 간주해 측정하고, 이를 컴퓨팅해 얼굴 표정에 대한 정보와 결합하고자 했다. 1997년에 출판한 피카드의 저서 《감성 컴퓨팅》은 의식 수준에서 알 수 있고 '무섭다'라는 말을 내뱉을 때처럼 '인지적으로' 표현될 수 있는 감정이 있는 반면, 의식할 수는 없지만 식은땀을 흘린다거나 눈을 크게 뜬다거나 미세하게 어금니를 앙다무는 것처럼 물리적으로 표출되는 감정도 있다는 문제에 대해 실질적인 해법을 제시했다.

피카드는 감성 컴퓨팅의 열쇠가 의식적인 감정이든 무의식적인 감정이든 모두 관찰가능한 행동으로 렌더링해 부호화와 계산이 가능하도록 만드는 데 달려 있다고 주장했다. 피카드는 컴퓨터가 감정을 행동 정보로 렌더링할 수 있을 것이라고 생각했다. 감성 인식은 '패턴 인식에 관한 문제'고 '감성 표현'은 패턴을 종합함으로써 이루어진다. 피카드는 "컴퓨터도 3인칭 관찰자처럼 누군가의 감정을 인식할 수 있는 능력을 가지고 있다"고 가정한다.

피카드는 자신이 제시한 감성 분석 방법이 선량한, 혹은 적어도 온건한 방식으로 활용되리라고 상상했다. 피카드가 예로 든 응용 방식은 대체로 어웨어 홈의 논리에 부합한다. 즉, 생산된 모든 지식은 당사자에게 속하며 당사자가 성찰적 학습을 강화하는 데 사용된다. 피카드는 '감정을 보여주는 거울' 역할을 하면서 학생의 취업 면접이나 데이트 준비를 돕는 '컴퓨터 모의 면접관'이나 메시지를 쓴 후 '보내기'를 누르기 전에 적대적으로 보일 법한 말투가 있다면 자동으로 경고를 보내주는 기능을 상상했다. 또한 소프트웨어와 센서를 결합한 도구들이 자폐아의 정서 발달을 돕거나, 소프트웨어 개발자에게 사용자 불만 수준에 대한 피드백을 제공하거나, 비디오게임 사용자가 용기를 내거나 스트레스가 감소할 때 포인트를 부여해 보상해주거나, 호기심을 자극하고 불안을 최소화하는 학습 모듈을 만들거나, 교실에서의 감정 변화를 분석하는 등 다양한 상황에서 일상생활에 도움이 되리라고 기대했다. 피카드가 상상한 활용가능성 중에는 사용자의 선호도를 학습해 그 사람을 웃게 해줄 뉴스, 옷, 미술작품, 음악을 찾아내는 소프트웨어도 있었다.[102] 이러한 여러 예시들에서 공통적으로 나타나는 핵심 패턴이 하나 있다. SEWA 모형과 달리 피카드는 단지 당신에 관한 데이터를 이용하는 데 그치지 않고 당신을 위해 데이터가 쓰이는 세상을 그렸다.

다시 1997년으로 돌아가보면, 피카드는 프라이버시 보호가 필요하며 '정보에 대한 접근권을 누구에게 부여할 것인지를 당사자가 통제할 수 있어야 한다'는 점을 인정했다. 우리의 논점에서 보자면,《감성 컴퓨팅》마지막 대목에서 피카드가 내비친 우려를 주목할 필요가 있다. "우리의 감성 패턴을 온 세상에 알리면 안 되는 데에는 이유가 있다. … 친구들 앞에서 자기 기분을 있는 그대로 드러내는 사람이라도 기분에 따른 구매 습관을 이용하려는 영업사원들이나 새로 나온 탄산음료를 마시면 기분이 좋아질 것이라고 확신시키려는 광고주에게까지 자신의 기분을 알려주고 싶지는 않을 것이다." 피카드는 일터에서 사생활을 침해하는 감시가 일어날 가능성을 지적했으며, '악의적인' 공권력이 감성 컴퓨팅을 이용해 대중의 감정을 조작하고 통제하는 디스토피아적 미래가 도래할 가능성에 대해서도 의혹을 피력했다.[103]

이처럼 몇 단락에 걸쳐 우려되는 바를 지적했지만, 그 끝에 내린 피카드의 결론은 너무 뻔했다. 어떤 테크놀로지든 "찬반양론"을 수반하며 "안전장치가 개발될 수 있으므로" 상기한 우려들은 "극복불가능"하지 않다는 것이다. 피카드는 무슨 문제든 테크놀로지와 그 활용법을 통해 해결할 수 있다고 확신했으며, "오직 당사자를 위해서만 정보를 수집"하는 "착용형 컴퓨터"를 상상했다. 피카드는 확실하게 "사용자가 착용 기기에 대한 최종 통제권을 갖도록" 하는 것이 중요하며, "그래야만 그 기기가 우리에게 해를 끼치며 우리를 구속하는 것이 아니라 우리에게 힘을 실어주는 유용한 도구가 될 수 있다"고 강조했다.[104]

하지만 감시 자본주의가 퍼져나가는 속도에 비해 안전장치의 개발은 뒤처졌다. 이것은 너무나 익숙한 패턴이다. 페이스북은 2014년 초에 이미 피카드가 우려한 세상을 실현하기 위해 설계된 '감정 탐지emotion detection' 특허를 출원했다.[105] 이 특허는 "이미지 정보로부터 사용자의 감정, 표정 등의 특성을 탐지할 수 있는 소프트웨어 모듈"에 대한 것이었다. 언제나 그랬듯이 이번에도 페이스북은 야심만만했다. 그들이 탐지 가능한 감정 목록에는 '미소, 기쁨, 유머, 경탄, 흥분, 놀람, 찡그림, 슬픔, 실망, 혼란, 질투, 무관심, 지루함, 분노, 우울, 고통' 같은 감정 표현이 포함되어 있었으며, "단지 예시에 불과하며 이에 한정되지 않는다"고 덧붙였다. 또한 "일정 시간이 경과하면" 이 모듈이 "사용자가 표시된 콘텐츠에 얼마나 관심을 갖고 있는지"를 평가해 "감정 유형에 따른 커스터마이징"에 활용될 수 있을 것이라고 기대했다.[106]

피카드의 책이 출판된 지 정확히 20년이 지난 2017년, 한 선도적인 시장조사기관은 말, 몸짓, 표정을 인식하는 소프트웨어와 센터, 카메라, 저장장치, 처리장치를 포함하는 '감성 컴퓨팅 시장'이 2015년 93억 5천만 달러에서 2021년 539억 8천만 달러 규모로 성장할 것이라고 전망했다. 이는 연평균 성장률이 35퍼센트에 육박한다는 뜻이다. 대체 무엇이 이러한 폭발적 성장을 가져온다는 것일까? 이 보고서는 극적인 성장을 촉발하는 가장 중요한 "방아쇠"가 "인간 감정의 지형을 파악하는 데 대한 수요 증가"라고 설명하며, "특히 마케팅 및 광고 부문에서 이 수요가 크게 증가할 것"이라고 했다.[107] 예측의 절박성에 의해 만들어진 시장 수요는 감성 컴퓨팅을 감시 자본주의의 강력한 영향력 안으로 끌어들였고, 피카드가 상상했던 '선량한 의도'는 마치 자석 주위에 쏟아진 죄 없는 쇳가루 같은 신세가 되었다.

피카드는 MIT 미디어 랩 박사후연구원이자 피카드의 제자였던 라나 엘 칼리우비Rana el Kaliouby와 함께 어펙티바Affectiva를 설립함으로써 결국 이 새로운 수탈 산업에 뛰어든다. 어펙티바는 사회에 이로운 기술을 개발하려고 했지만 이내 감시 자본주의로 전향했다. 이 전향은 감정 분석이라는 분야 전체가 감시 수익을 위한 경쟁의 소용돌이로 급속히 빨려 들어갈 운명에 처해 있음을 상징한다.

피카드도 칼리우비도 처음에는 그들의 연구가 의료 및 치료에 적용될 수 있으리라는 기대를 품었다. 자폐아에 대한 연구는 그들의 발견에 꼭 알맞아 보였고, 그들은 배우에게 특정 감정적 반응이나 표정을 연기하게 해 마인드리더Mind-Reader라는 기계 시스템이 그것을 보고 감정을 인식하도록 훈련시켰다. 그런데 MIT 미디어 랩의 후원사인 펩시, 마이크로소프트, 뱅크오브아메리카, 노키아, 토요타, 프록터앤드갬블P&G, 질레트, 유니레버 등으로부터 고객의 감정적 반응을 측정하는 데 이 시스템을 활용할 수 있는지에 대해 질의가 밀려들어 왔다. 칼리우비는 기술을 '사회에 이롭게' 활용하려는 그들의 의지와 이 때문에 주저했던 일에 관해 설명한 적이 있다. 그 설명에 따르면 미디어 랩은 두 연구자에게 어펙티카라는 스타트업을 설립하는 '기업 분리'를 제안했고, 그것은 마치 '감정지능이 높은 기계를 다루는 꼬마 IBM'을 연상케 했다.[108]

이 신생 회사가 인간 내면의 자동 렌더링 및 분석에 목마른 광고 대행사, 마케팅 회사로부터 크게 주목받고 있음을 자각하게 되기까지는 오래 걸리지 않았다. 피카드는 한 기자에게 당시의 상황을 설명하면서 "CEO는 절대로 의료 공간에 만족해하지 않았다"고 말했다. 그 결과 피카드는 어펙티바를 설립한 지 3년 만에 회사에서 '밀려났다.' 어펙티바의 한 연구원은 이렇게 고백했다. "우리의 시작은 감정을 읽지 못해 어려움을 겪는 사람들을 돕는 강력한 도구를 만드는 것이었다. … 그런데 어느 순간부터 광고에 초점을 맞추어 누군가가 어떤 제품을 좋아할지를 예측하기 위해 얼굴만 강조하게 되었다. 처음에 우리가 품었던 사명감을 완전히 버린 것이다."[109]

'개인화된' 표적형 광고라는 새로운 세계에서 경쟁하고 있는 시장조사기
관 밀워드 브라운Millward Brown이나 광고계 거물 매캔 에릭슨McCann Erickson
같은 기업들은 이미 표면에 드러나지 않는 무의식적인 소비자 반응에 접근
할 수 있기를 갈망하고 있었다. 밀워드 브라운은 신경과학 팀을 조직하기까
지 했지만 자체적으로 규모를 키우기가 불가능함을 깨달았다. 특히 미묘하
게 불쾌감을 주는 한 광고에 대해 어펙티바가 내놓은 분석 결과는 밀워드
브라운 임원들을 압도했고, 결국 어펙티바의 정체성 자체가 바뀌는 결과를
낳았다. 밀워드 브라운의 임원 중 한 명은 "그 소프트웨어는 우리가 보지 못
하는 무엇인가를 말해주었다"고 설명했다. "사람들은 60초 안에 그런 미시
적인 요소를 구별해내지 못할 때가 많다."[110]

2016년 어펙티바의 CEO가 된 칼리우비는 자사의 사업을 "감정 AI"로
재정의하고, 이 분야가 "인공지능의 새로운 개척지"라고 천명했다.[111] 어펙
티바는 3,400만 달러의 벤처 자본을 유치했으며, 포춘 100대 기업 중 32개
회사, 전 세계 1,400여 개 브랜드가 이 회사의 고객이 되었다. 당시에 그들
은 75개국에서 확보한 480만 점의 얼굴 영상자료를 포함해 감정 데이터를
세계에서 가장 많이 보유하고 있다고 주장했는데, 이에 더해 온라인 시청,
비디오게임 참여, 운전, 대화 등 데이터 공급 경로를 계속 확대했다.[112]

칼리우비는 바로 이러한 상업적 맥락에서 '감정 칩emotion chip'이 새로운
'감정 경제'의 기본 운영 단위가 되리라고 보는 것이 지극히 합리적인 주장
이라고 느꼈다. 칼리우비는 모든 사물에 내장된 칩이 이면에서 늘 작동하
면서 사용자가 휴대폰을 확인할 때마다 '감정 파동'을 발생시키게 될 것이
라고 말한다. "미래에 우리는 모든 기기가 우리 감정을 읽는 법을 안다고 가
정하게 될 것이다."[113] 적어도 한 회사, 이모셰이프Emoshape는 칼리우비의 말
을 진지하게 받아들였다. '삶이 곧 가치'라는 모토를 표방하는 이 회사는 자
사가 생산하는 마이크로칩이 "고성능 기계 감정 인식"이 가능한 "업계 최초

의 감정 합성 엔진"이라고 말한다. 그들의 주장에 따르면 이모셰이프의 칩은 최대 98퍼센트의 정확도로 열두 가지 감정을 구분하므로, 이 칩을 내장한 "인공지능이나 로봇은 64조 가지의 감정 상태를 경험"할 수 있다.[114]

칼리우비는 '감정 스캐닝'이 두루 퍼지면 사용자의 컴퓨터에 설치된 '쿠키'가 그 사람의 온라인 브라우징을 추적하는 것만큼이나 자연스럽게 받아들여지게 될 것이라고 상상한다. 어쨌든 한때 격분을 일으켰던 쿠키가 지금은 온라인 어디를 가든 넘쳐나는 것이 사실이다. 칼리우비는 유튜브가 동영상을 보는 사람의 감정을 스캐닝하게 될 것이라고 예상한다. 예측의 절박성에서 비롯되는 수요 증대는 그러한 예상에 확신을 더해 준다. "핏빗 Fitbit에 카메라가 달려 있지 않다고? 상관없다. 카메라는 휴대전화에도 있고, 랩탑에도, TV에도 있을 테니까. 그 모든 데이터가 착용형 기기의 생체 측정정보와 결합되어 사용자의 감정 프로파일을 구축하게 된다." 아펙티바는 우선 '감정 서비스'라는 개념을 개척해, 온디맨드 방식으로 분석을 제공했다. 그들은 "사람들의 감정 표출 장면을 찍어 영상이나 사진을 보내기만 하면 강력한 감정 지표를 받아볼 수 있다"고 말한다.[115]

깊이 차원에서의 가능성은 무한해 보이며, 아마도 어펙티바와 그 고객들, 어펙티바와 같은 길을 가는 기업들은 마음대로 우리를 약탈할 수만 있다면 계속 더 깊은 곳으로 나아갈 것이다. 감정 관찰 서비스를 넘어 감정 수정 서비스에까지 확장하려는 훨씬 더 원대한 야망을 보여주는 지표가 있다. '행복 서비스'는 이미 손에 잡히는 데까지 다가와 있다. 칼리우비는 "우리가 당신의 감정적 경험에 대한 정보를 가지고 있다면 당신이 더 긍정적인 기분을 갖도록 도울 수 있다고 믿는다"고 말한다. 칼리우비는 행복하면 보상 포인트를 주는 감정-인식 시스템을 상상한다. 무엇보다도 행복한 고객이 더 활발하게 여러 활동을 하기 때문이다.[116]

Ⅳ. 그들이 나의 진실을 찾아올 때

이제 렌더링은 감시 자본의 글로벌 프로젝트이며 가장 치명적일 수 있는 깊은 내면의 세계에서 이루어진다. 성격이나 감정 같은 자아의 내밀한 영역이 관찰가능한 행동으로 취급되고, 사람들은 그곳의 풍부한 예측 잉여 매장량을 갈망한다. 자아의 영역을 새로운 돈벌이로 보고 달려든 기업들은 감시 수익을 위해 내면적인 삶을 분해하고 다시 포장하기로 작정했으며, 개인들의 내면적 삶을 보호하는 경계는 비즈니스의 적으로 규정된다. 그들의 전문성은 가용한 모든 수단―회원등급, 경품, 행복지수 포인트, 특별 할인, 성공률이 가장 높은 바로 그 순간에 휴대전화 화면에 뜨는 '구매' 버튼 등―을 동원해 '경계 허물기'를 감내하는 데 대해 보상해줌으로써 자율적인 개인이라는 바로 그 관념을 붕괴시킨다. 이는 우리가 새로운 시장의 질서를 뒷받침하는 기계의 추적과 수집 활동에 발가벗고 투항하게 되는 여건을 조성한다.

나는 '성격'이나 '감정', '의식'이나 '무의식'이 각각 정확히 무엇인지에 대해서는 더 자세히 다루지 않으려고 한다. 그런 까다로운 논의보다 침략 마지막 단계에서 드러낼 더 중요한 것이 있기 때문이다. 경험이란 나에게 주어지는 것이 아니라 내가 만들어나가는 것이다. 내가 하찮게 여기는 경험이 어떤 사람에게는 열정을 불러일으킬 수 있다. 경험은 자아라는 내면 공간에서 의미를 창출하며, 의미 창출은 개인의 자유라는 토대 위에서 이루어진다. 우리는 경험한 바를 이해하지 않고 살아갈 수 없다. 그래서 '토대'라고 한 것이다.

나에게서 아무리 많이 빼앗아가도 의미를 창출하는 이 내적 자유만큼은 나의 궁극적인 성역으로 남아 있다. 장폴 사르트르는 "자유는 우리 의지의 현존과 다름 없"고, "사실 자유가 있다고 해서 의지의 충분조건을 갖추게 되는 것은 아니지만 자유는 의지가 발휘되기 위한 필요조건이다"라고 설명한다.[117] 우리는 의지의 발휘라는 내적 행위를 통해 우리 스스로가 자신의 선택을 세계에 투사하고 문명의 필수적이며 최종적인 보루인 자기 결정적 도덕적 판단력을 발휘하는 자율적인 존재임을 확인한다. 이것은 사르트르의 또 다른 통찰 이면의 의미이기도 하다. "그 말은 방향키 없이 이름 없는 고뇌에 흔들리며 나아간다. … 위험 속에서 태어난 그 목소리는 자신을 잃어버릴 수도 있고, 1인칭 시점으로 말할 권리를 획득하게 될 수도 있다."[118]

예측의 절박성이 자아의 더 깊은 영역으로 들이닥치면서, 잉여의 가치는 거부할 수 없는 유혹이 되고, 잉여 수탈 운용의 장악이 심화된다. 예측의 절박성에 의해 끓어오르기 시작한 제도화의 광란이 내 생각 자체를 다른 사람들의 목적을 위한 수단으로 삼으려 하면서 내 한숨과 내 눈 깜빡임과 내가 뱉은 말을 장악하려 할 때, 1인칭 시점으로 말할 권리는 어떻게 되는 것일까? 감시 자본이 내가 검색하고, 구매하고, 브라우징하는 것들로부터 잉여를 짜낸다는 점은 이제 문제도 안 된다. 감시 자본은 내 신체의 시공간적 좌표 이상의 정보를 원한다. 이제는 기계와 그 알고리즘이 내 숨결, 내 눈동자, 내 턱 관절, 목소리 변화, 별 뜻 없이 쓴 느낌표의 의미를 결정한다. 이는 감시 자본이 내밀한 성역까지 침범한다는 뜻이다.

주위를 둘러싼 시장 질서가 나를 비추는 거울인 척 위장해 내가 무엇을 느꼈고 느끼고 있고 느낄 것인지—나를 무시하는 것으로 느꼈는지, 괴롭히는 것으로 느꼈는지, 혹은 꾸짖거나 응징하려는 것으로, 그도 아니면 응원하는 것으로 느꼈는지, 혹은 느끼고 있는지, 아니며 느낄 것인지—를 자기들의 결정에 따라 다른 모양으로 비춘다면, 내 의지 발휘에는 어떤 일이 일어나는 것일까? 감시 자본은 필연적으로 내 모든 것을 가능한 한 더 많이, 더 깊이까지 원할 수밖에 없다. '인간 분석'과 감성 컴퓨팅에 전문성을 가지고 있다고 주장하는 한 회사는 기업 고객들에게 이렇게 이야기한다. "진실에 더 가까이 다가서십시오. '왜' 그러한지를 이해하십시오." 그들이 내 '진실'에 초대 없이 찾아와 나의 자아를 헤집고 지나가면서 이런저런 파편들을 주워다가 자기들의 기계에 재료로 공급해 자기들의 목표를 이루는 데 이용한다니, 이게 무슨 일인가? 게다가 내 자아는 이 과정으로부터 탈출할 길이 없다.[119]

피카드도 이런 의문들로 괴로워했던 것 같다. 2016년 독일에서의 강연 〈제작자를 거부하는 기계에 대해Towards Machines That Deny Their Maker〉에서 피카드는 "안전장치가 개발될 수 있다"거나, 테크놀로지와 기법의 추가적인 개발로 어떤 문제든 해결할 수 있고, "착용형 컴퓨터"가 "위해를 가하는 지배 도구가 아닌 인간의 능력을 강화할 수 있게 도움을 주는 도구"로서 "오직 사용자 자신을 위해서만 정보를 수집"할 것이라는 1997년 저서에서의 순진한 주장[120]에 성찰의 여지가 있음을 밝혔다. 피카드는 이렇게 말한다. "어떤 조직들은 … 당사자 모르게, 혹은 당사자의 동의 없이 인간의 감정을 감지하고 싶어한다. 인간보다 훨씬 우월해 동종의 기계를 복제하는 것 이상의 능력을 가진 컴퓨터를 만들고 싶어 하는 과학자들도 있다. … 어떻게 하면 새로운 감성 테크놀로지가 인간의 삶을 더 낫게 만들도록 할 수 있을까?"[121]

피카드는 시장 세력이 감정의 렌더링을 영리 목적의 잉여로, 즉 다른 사람들의 목적을 위한 수단으로 변모시키리라고 예측하지 못했다. 피카드의 전망이 수천 가지 활동에서 입증되었다는 점에서 개가를 올렸다고 볼 수도 있지만 그러한 활동 중 다수가 현재 상업적인 감시 프로젝트에 매여 있다는 사실 때문에 온전치 못한 승리가 되고 말았다. 여러 분야에서의 방향성 수립 실패는 그때마다 습관화, 정상화, 궁극적으로 정당화에 기여한다. 감시 자본주의의 더 광범위한 목표에 종속되면서, 감성 프로젝트의 취지는 마치 놀이공원의 거울의 방에서 보는 거울상처럼 왜곡되었다.

이러한 사이클은 MIT 교수, 요제프 바이첸바움Joseph Weizenbaum의 말을 상기시킨다. 컴퓨터 과학자이자 휴머니스트였던 그는 컴퓨터 과학자들이 의도치 않게 끔찍한 무기 체계를 구축하는 데 결탁하게 된다는 점을 자주 경고했다. 바이첸바움이 오늘날 때로는 자기도 모르게, 또 때로는 의도적으로 자아에 침입하는 용병들을 보았다면 분명 그들을 향해 창을 휘둘렀을 것이므로, 그의 다음과 같은 주장은 이 장의 결어로 꼭 알맞다.

컴퓨터 과학이 원래 그렇게 완곡어법을 애용하는 학문인지, 아니면 그 하위 분과인 인공지능 분야가 그런 건지 도통 모르겠다. 우리는 컴퓨터 시스템이 이해한다, 본다, 결정한다, 판단한다는 표현을 너무도 쉽게, 너무나 유려하게 사용하지만 … 우리가 이 개념들을 얼마나 피상적이고 순진하게 받아들이고 있는지는 알지 못한다. 그리고 그런 식으로 말하는 가운데 … 컴퓨터 시스템의 최종 용도에 대해 인식하는 능력을 스스로 마비시킨다. 묻고 또 묻지 않으면 이 상태를 벗어날 수 없다. "내가 진짜 하고 있는 일이 무엇인가? 내 일의 산출물은 최종적으로 어떻게 쓰이게 되는가?" 그리고 궁극적으로, "나는 내가 한 일이 이런 용도에 기여하는 데 대해 만족스러운가? 부끄럽지는 않은가?"[122]

04

그들을 춤추게 하라

: 사람들의 행동을 예측 가능한 방향으로 변화시키는 일

> 하지만 아침이 밝은 후 부상병들이 흐느끼는 소리를 듣고서야 이유를 알았지
> 성곽과 영혼은 무너져 버렸고,
> 불온한 의지는 동력을 잃은 적이 없으며,
> 여전히 왕자들은 모두 고상한 거짓말밖에 할 수 없으니.
>
> — **W. H. 오든, 《중국 소네트》 XI**

I. 행위의 경제

내가 인터뷰했던 한 선임급 소프트웨어 엔지니어는 "행위가 새로운 권력"
이라고 했다. "사물 인터넷이 지능을 갖게 된다는 것은 감지 장치가 곧 작
동 장치일 수 있음을 뜻한다." '사물 인터넷' 분야의 한 주요 기업 소프트웨
어 엔지니어링 책임자인 그는 다음과 같이 덧붙였다. "이제는 단순히 유비
쿼터스 컴퓨팅이 문제가 아니다. 이제 진정한 목표는 편재적ubiquitous 개입,
행위, 통제이며, 이제 진정한 권력은 당신이 현실 세계에서 실시간으로 일
어나는 행위를 수정할 수 있다는 데서 나온다. 인터넷에 연결된 스마트 센
서들은 모든 종류의 행동을 기록·분석해 실제로 그 행동을 수정할 방법을

알아낼 수 있다. 실시간 분석은 실시간 행위로 전환된다." 인터뷰해본 바에 따르면 과학자들과 엔지니어들은 이 새로운 역량을 '액추에이션actuation'이라고 부르며, 유비쿼터스 장치 진화에서 매우 중요하면서도 논란의 여지가 거의 없는 전환점으로 본다.

액추에이션 역량은 예측의 절박성이 새로운 단계에 진입했음을 말해준다. 이 단계에서는 행위의 경제가 강조되며, 감시 자본주의의 '생산수단'이 더 복잡하고 더 반복적이며 더 강력한 운용 체계로 진화―이는 감시 자본주의에 결정적이며 필수적인 진화다―해 새로운 행동수정 수단을 완성한다. 보장된 성과를 향한 경쟁에서 이기기 위한 중요한 과정이다. 감시 자본주의하에서 자동화된 행동수정이라는 목표와 그 운용은 자사의 수익과 성장 목표를 달성하고자 하는 기업들에 의해 설계되고 제어된다. 한 선임급 엔지니어는 이렇게 설명했다.

센서를 이용하면 기기의 작동을 수정하듯 쉽게 사람들의 행동을 수정할 수 있다. 사물 인터넷으로 할 수 있는 굉장한 일들이 많다. 한 구역에 있는 모든 주택 난방 온도를 일괄적으로 낮추어 변압기 과부하를 막을 수도 있고, 공장 설비 가동을 최적화할 수도 있다. 그러나 이것을 개인적인 차원에서 보면 이 새로운 권력이 내가 하고 있는 일을 중단시키거나 심지어 내가 선택하지 않은 길로 가게 할 수 있음을 뜻한다.

과학자 및 엔지니어들과 인터뷰하면서 행위의 경제에 대한, 즉 행동수정을 위한 세 가지 핵심적인 접근 방식이 있음을 확인했다. 이 중 두 가지는 '조율tuning'과 '유도herding'라고 부르고자 한다. 세 번째 접근 방식은 행동심리학에서 말하는 '조건화conditioning'에 해당한다. 행위의 경제를 만들어내는 전략은 이 접근 방식들의 조합 방법 및 각각의 특징에 따라 달라진다.

'조율'은 여러 방식으로 나타난다. 잠재의식 차원의 신호를 통해 가장 효율적으로 영향을 줄 수 있는 정확한 시간과 장소에 행동이 일어나도록 하는 것도 조율이고, 행동경제학자 리처드 세일러Richard Thaler와 캐스 선스타인Cass Sunstein이 '넛지'라고 부르는, "선택 아키텍처의 어떤 측면을 통해 사람들의 행동을 예측 가능한 방향으로 변화시키는 일" 또한 조율이다.[1] 선택 아키텍처란 주의를 끌거나 특정 행위를 유도하도록 사전에 상황을 짜 놓는 방식을 뜻한다. 교실에서 모든 학생이 교사를 향하도록 좌석을 배치한다거나 온라인 비스니스 업체들이 사용자들에게 이해하기 힘든 여러 페이지를 확인해야만 추적 쿠키를 옵트아웃할 수 있게 하는 것 등이 특정 행동을 이끌어낼 의도로 이런 아키텍처가 설계되는 경우의 예다. 선택 아키텍처라는 용어는 사회적 상황이 행동을 조정하고자 하는 수많은 개입—대부분은 우리의 의식 바깥에서 작동한다—으로 언제나 이미 꽉 차 있다는 행동주의자들의 주장을 다르게 표현한 것이기도 하다.

행동경제학자들의 세계관은 인간의 정신작용이 허약하고 결함투성이라서 폭넓은 대안들의 구조 전체를 충분히 고려하지 못하고 불합리한 선택을 하게 된다는 관점에 기초해 있다. 세일러와 선스타인은 정부들도 적극적으로 넛지를 설계하라고 권했다. 전문가들이 인식하는 바에 따르면 넛지는 개인들의 선택을 적절하게 유도해 정부의 관심사에 부합하는 성과를 내게 할 것이다. 세일러와 선스타인이 즐겨 드는 대표적인 예로, 학교 구내식당에서 푸딩 앞에 과일 샐러드를 더 잘 보이게 진열하면 학생들이 더 건강한 음식을 선택하게 된다. 매년 연말 의료보험을 갱신해야 한다는 사실을 잊는 사람들을 위해 마련한 자동 갱신 제도도 넛지의 예다.

감시 자본가들은 매우 논쟁의 여지가 큰 행동경제학자들의 가정들을 그들이 일방적으로 상업적인 행동수정 프로그램을 실행하는 데 대한 정당화의 근거로 삼았다. 여기서 뜻밖의 전개는 넛지가 개인이 아닌 설계자에게 이득이 되도록 선택을 유도한다는 점이다. 그 결과 행위의 경제를 훈련받은 데이터 과학자들은 회사의 상업적 이익을 위해 '디지털 넛지'의 원리와 기법을 활용하는 일을 지극히 정상적인 일로 간주하게 된다. 예를 들어, 전국적인 드러그스토어 체인에서 일하는 수석 데이터 과학자는 그 회사가 교묘하게 회사가 원하는 특정 행동을 유도하기 위해 자동 디지털 넛지를 설계하는 방법을 다음과 같이 설명했다. "이 테크놀로지는 사람들에게 어떤 행동을 하게 만들 수 있다. 단지 5퍼센트만 그렇게 한다고 쳐도, 다른 상황이었다면 그렇게 하지 않았을 사람들이 특정 행위를 하게 만드는 것이고, 이는 어느 정도 사용자가 스스로 통제할 능력을 상실하게 만드는 일이다.

두 번째 접근법인 '유도'는 어떤 사람이 처한 직접적인 맥락에서 핵심 요소들을 제어하는 방법이다. 비계약(2부 1장 VI절 참조-옮긴이)은 유도 기법의 예다. 자동차 엔진을 정지시키는 일은 운전자의 직접적인 맥락을 불가역적으로 변화시켜 그 사람을 차 밖으로 몰아낸다. 유도 기법은 인간이 처한 상황을 원격에서 재편하며 대안적인 행위를 사전봉쇄하고 행동을 특정 방향으로 유인해 확률을 확실에 가까운 수준으로 높일 수 있게 한다. 한 '사물 인터넷' 소프트웨어 개발자는 "우리는 사람들을 춤추게 할 음악을 작곡하는 방법을 배우고 있다"라고 설명하며, 다음과 같이 덧붙였다.

우리는 특정 행동을 둘러싼 맥락을 엔지니어링함으로써 행동의 변화를 강제할 수 있다. 상황 인식context-aware 데이터는 우리가 사람들의 감정, 인지 기능, 활력징후vital sign 등을 한데 묶을 수 있게 해준다. 우리는 어떤 사람이 운전해서는 안 되는 상태임을 알 수 있고, 그러면 시동이 걸리지 않게 하기만 하면 된다. 냉장고에게 "이봐, 그 사람은 먹으면 안 되니까 문을 잠가"라고 말하거나, 원격으로 TV를 꺼서 TV 주인이 잠을 자도록 할 수도 있다. 너무 오래 앉아 있으면 안 되는 사람에게는 의자를 흔들어주고, 물을 더 마셔야 하는 사람에게는 수도꼭지를 틀어줄 수 있다.

'조건화'는 잘 알려진 행동 변화 유도 방법으로, 이 접근법과 관련해 가장 중요한 학자는 하버드 대학교의 유명한 행동주의 심리학자 B. F. 스키너다. 스키너는 행동수정이 진화 과정과 같아야 한다고 주장했다. 자연발생적으로 일어난 행동 가운데 환경 조건에 잘 맞는 행동이 '선택'되어야 한다는 뜻이다. 스키너는 왓슨이나 파블로프 같은 초기 행동주의자들의 단순한 자극/반응 모델에 '강화reinforcement'라는 세 번째 변인을 추가했다. 그는 쥐, 비둘기 실험을 통해 실험 동물에게서 자연적으로 일어나는 여러 행동을 관찰한 후 실험자가 원하는 특정 행동을 강화, 즉 '조작'해 그 행동을 다시 하게 하는 방법을 익혔다. 결국 그는 특정 행동을 정확히 반복하게 할 수 있는 복잡한 설계와 절차를 터득했다.

스키너는 강화를 통한 특정 행동의 형성을 '조작적 조건화'로 명명했으며, 그의 프로젝트는 '행동수정' 또는 '행동 엔지니어링'으로 불렸다. 이는 특정 행동을 증폭시키고 다른 행동은 줄이는 지속적인 과정이다. 예를 들어, 비둘기는 곡식 낟알 하나를 얻기 위해 버튼을 두 번 쪼는 법을 배운다. 쥐는 복잡한 미로를 왕복하는 법을 배운다. 스키너는 모든 사람들에게 이런 방법을 적용할 수 있는 광범위한 '행동 테크놀로지'를 상상했다.

실리콘밸리의 한 교육 전문 기업 수석 데이터 과학자의 말을 빌리면, "대규모 조건화는 인간 행동의 대량 엔지니어링이라는 새로운 과학에 필수적인 요소다." 그는 스마트폰, 착용형 기기, 더 크게는 항상 켜져 있는 네트워크 노드 집합을 통해 상당한 규모의 사용자 행동을 수정하고 관리할 수 있으리라고 믿는다. 디지털 신호가 한 사람의 일상 활동을 모니터링하고 추적하면, 회사는 시장을 지배하기 위해 필요한 사용자의 특정 행동을 어떻게 하면 안정적으로 만들어낼 수 있는지, 즉 그러한 선택적 행동을 낳는 보상, 인정, 칭찬 등 강화 절차를 점차 터득하게 된다.

우리가 하는 모든 일의 목표는 사람들의 실제 행동을 대규모로 변화시키는 것이다. 우리는 사람의 행동을 변화시키는 구조를 알아내고자 하며, 많은 사람들이 일상적인 의사 결정을 하는 방법을 바꾸고자 한다. 사람들이 우리의 앱을 사용할 때 우리는 그들의 행동을 수집해 좋은 행동과 나쁜 행동을 식별할 수 있다. 그러고 나면 좋은 행동을 선별하는 '처치법' 또는 '데이터 펠릿'을 개발한다. 그런 다음에는 우리가 찾은 단서의 실효성, 그리고 특정 행동이 우리에게 얼마나 수익을 가져다주는지를 시험할 수 있다.

감시 자본주의와 상관없는 자동화된 행동수정은 상상할 수 있지만, 행동수정과 그것을 자동화하는 기술적 수단의 결합 없이 감시 자본주의를 상상하기란 불가능하다. 이 결합은 행위의 경제에 필수적이다. 예를 들어, 운동을 더 자주 하고, 더 안전하게 운전하며, 더 건강한 식습관을 갖도록 하는 피트니스 트래커, 자동차, 냉장고를 상상해보자. 그 데이터에는 소유자만 접근할 수 있고, 작동을 제어할 수 있는 사람도 소유자뿐이다. 그러나 우리가 이미 너무나 여러 분야에서 목도했듯이, 감시 자본주의의 출현은 행동 가치 재투자 사이클에서 단순한 피드백을 위한 폐쇄회로의 특징을 없애버렸다. 따라서 피트니스 트래커나 자동차, 냉장고는 더 이상 단순한 기기가 아니라 막스 베버가 말한 '경제적 지향', 그리고 지금으로서는 감시 자본주의에 의해 결정되는 경제적 지향을 내재하고 있는 것으로 보아야 한다.

감시 수익의 유혹은 더욱 더 예측력이 강한 행동잉여를 끊임없이 축적하게 한다. 가장 예측력이 강한 원천은 보장된 성과를 위해 이미 수정된 행동이다. 새로운 디지털 수정수단과 새로운 경제적 목표가 융합되면서, 이 새로운 형태의 잉여를 창출하고 장악하기 위한 완전히 새로운 범위의 기법이 탄생한다. '전자 라이프스타일 활동 모니터에서 실행되는 행동 변화 기법Behavior Change Techniques Implemented in Electronic Lifestyle Activity Monitors'이라는 연구가 이 현상을 잘 보여준다. 텍사스 대학교와 플로리다 대학교의 연구자들은 열세 개의 애플리케이션을 연구한 끝에, 모니터링 기기들이 "치료목적의 행동 개입에서 이용되는 전형적인 행동 변화 기법을 광범위하게 포함하고 있음"을 확인했다. 그러한 기법들이 디지털 기기와 인터넷으로 옮겨 오면서 행동을 변화시키려는 활동이 급증하게 되었다는 것이다. 연구자들은 그러한 기기들이 소비자에 의해 만들어지고 다시 소비자를 위해 작동하는 단순 폐쇄회로의 특성을 가질 가능성이 절망적일 만큼 낮다고 지적하며, 행동 변화 앱은 "스스로를 다양한 유형의 감시에 내어주며", 안전하고 단순하게 데이터를 전송하는 "공식적인 방법"이 "이러한 앱들에 존재하는 것 같지 않다"고 말한다.[2]

구글의 경제학자 할 배리언이 유비쿼터스 컴퓨터 매개 전송에서 비롯되는 빅데이터의 '새로운 용도'를 찬미했던 일을 기억해보자. 그 새로운 용도 중에는 '지속적인 실험'의 기회를 제공한다는 점이 포함되어 있었다. 배리언은 구글의 엔지니어링 및 데이터 과학 팀이 레이아웃에서 버튼이나 폰트에 이르기까지 수백 가지 페이지 특성에 대한 사용자 반응을 시험하기 위해 무작위화와 통제에 기반한 수천 가지 'A/B' 실험(피실험자들을 한 가지 변수만 차이가 있는 두 집단으로 분할해 반응을 관찰하는 대조 실험-옮긴이)을 지속적으로 진행하고 있다고 언급했다. 배리언은 이 세상의 그 어떤 데이터도 "인과관계가 아닌 상관관계만을 드러낸다"는 점을 지적하며 이와 같은 실험의 역할—실험할 권한은 스스로 부여했다—을 지지하고 찬양했다.[3] 데이터는 무슨 일이 일어났는지를 말해주지만 왜 그런 일이 일어났는지는 말해주지 않는다. 인과관계에 대한 지식 없이는 과거로부터의 추정 이상의 예측을 할 수 없다.

이 난제는 결국 고품질, 즉 결과를 거의 보장하는 예측상품을 만들기 위한 마지막 결정적 요소가 인과관계에 대한 지식에 좌우되게 만든다. 배리언의 말처럼, "진정으로 인과관계를 이해하고 싶다면 실험을 해야 한다. 지속적으로 실험할 수 있다면 지속적으로 시스템을 개선할 수 있다."[4]

그 '시스템'은 예측을 위한 것이므로, '지속적으로 시스템을 개선한다'는 것은 확실성에 근접하기 위해 예측과 관찰 사이의 간극을 좁힌다는 뜻이다. 아날로그 세계에서 그런 야망은 비용이 너무 많이 들어 실현되기 어렵지만 인터넷 영역에서는 "실험을 완전히 자동화할 수 있다"는 것이 배리언의 시각이다.

배리언은 감시 자본가들에게 실험자 역할이라는 특권을 부여하며, 이것은 또 하나의 기정사실로 무심하게 비쳐진다. 하지만 사실 그것은 감시 자본가들이 새로운 권리를 스스로 모조리 차지해가는 과정의 마지막 결정적한 걸음이다. 예측의 절박성이 이 단계에 이르면, 감시 자본가들은 인간의 의식과 개인의 의사 결정권, 자율성이나 자기결정권 같은 용어로 요약되는 자율규제 프로세스 복합체 전체를 우회하면서 이윤을 위해 타인의 행동을 수정할 권리를 선언한다.

그 다음에는 '실험자'로서의 감시 자본가들이 써내려가는 두 가지 서사가 이어진다. 그들은 지식의 비대칭성을 이용해 의심 없는 피험자들, 즉 사용자들에게 자신의 의지를 강요한다. 실험에서 얻은 통찰력은 일방 투시 거울을 통해 축적된다. 각 기업이 영리 목적의 행동수정수단을 구축하고 섬세하게 조율하며 점검하려면 이 통찰력이 반드시 필요하다. 페이스북의 사용자 실험이나 (구글에서 구상하고 인큐베이팅한) 증강현실 게임인 포켓몬고에서 우리는 상업적 행동수정수단이 어떻게 진화하는지를 볼 수 있다. 둘 다 행위의 경제를 구성하는 요소들과 조율, 유도, 조건화와 같은 기법들을 결합하는데, 그 놀랍고도 새로운 결합 방식은 트로이 목마 뱃속 깊숙이 숨어 있던 그리스 전사, 즉 디지털의 베일 뒤에 가려져 있던 경제적 지향을 드러낸다.

II. 작곡하는 페이스북

2012년에 페이스북 연구자들이 과학 잡지 《네이처Nature》에 발표한 〈사회적 영향력과 정치적 동원에 관한 6,100만 명 규모의 실험A 61-Million-Person Experiment in Social Influence and Political Mobilization〉이라는 논문은 대중을 깜짝 놀라게 했다.[5] 2010년 미국 의회 중간선거 기간 동안 실시된 이 무작위 통제 실험에서 연구자들은 페이스북 사용자 6,100만 명의 뉴스피드에서 선거 관련 메시지 내용(정보성 메시지와 사회적 관계망 관련 메시지)을 실험 목적으로 조작했고, 통제집단도 구축했다.

한 집단에게는 뉴스피드 최상단에 투표를 독려하는 문구를 띄웠다. 여기에는 투표소 정보 링크 주소와 '투표했습니다'라는 버튼이 포함되었고, 투표했다는 버튼을 누른 페이스북 사용자 수가 나타났으며, 투표했다고 버튼을 누른 페이스북 친구 프로필 사진이 최대 여섯 명까지 게시되었다. 두 번째 집단에게도 동일한 정보를 제공하되 친구들의 사진은 게시하지 않았다. 세 번째 집단은 통제집단으로, 아무런 메시지도 띄우지 않았다.

그 결과 소셜 메시지를 받은 사용자가 정보성 메시지만 받은 사용자보다 약 2퍼센트 더 많이 '투표했습니다' 버튼을 클릭했고, 0.26퍼센트 더 많이 투표소 정보를 클릭한 것으로 나타났다. 페이스북 실험자들은 소셜 메시지가 "수백만 명의 정치적 자기표현, 정보 탐색, 현실 세계에서의 투표 행위에 직접적으로 영향을 주"므로 여러 사람의 행동을 한꺼번에 조율할 수 있는 효과적인 수단이며, "사용자에게 친숙한 얼굴을 보여주면 동원 메시지의 효과가 매우 커질 수 있다"고 결론을 내렸다.

연구진은 2010년 중간선거에서 조작된 소셜 메시지를 받은 60,000명, '사회적 전염' 효과의 결과로 28만 명, 총 34만 명의 유권자가 더 투표에 참여한 것으로 추산했다. 그들은 논문의 결론에서 다음과 같이 썼다. "행동을 변화시키는 데 있어서 사회적 관계가 갖는 영향력이 얼마나 중요한지 알 수 있다. ⋯ 이 결과는 온라인 메시지가 다양한 오프라인 행동에 영향을 미칠 수 있음을 시사하며, 온라인 소셜 미디어의 사회적 역할을 이해하는 데에도 도움이 된다."[6]

실험은 일종의 사회적 신호를 만드는 작업으로 이어졌다. 이 사회적 신호는 현실 세계에서의 행동을 조율해 '실험자'가 정한 특정 방향의 행위를 유도하는 방식으로 사용자에게 '제안'하거나 사용자의 행위를 '점화priming' 한다. 이 실험 과정에서 행위의 경제가 발견되고 다듬어지며, 궁극적으로 소프트웨어 프로그램과 그 알고리즘 형태—이것은 행위의 경제를 달성하기 위해 자동적, 지속적, 편재적, 침투적으로 기능한다—로 제도화된다. 페이스북의 잉여는 한 가지 문제 해결을 겨냥한다. 행동을 수정함으로써 지금, 곧, 장차 일어날 행위에 대한 예측력을 급격히 증가시키려면 일상생활이 진행되는 가운데 어떻게, 언제 개입해야 할 것인가? 감시 자본가들의 과제는 이 일을 효과적으로, 자동적으로, 결국 경제적으로 해낼 방법을 습득하는 것이다. 전 페이스북 제품 관리자는 다음과 같이 설명한다.

실험은 모든 사용자를 대상으로 하며, 사용자가 페이스북을 하는 동안의 어느 시점에 진행된다. 광고 카피 크기, 마케팅 메시지, 콜투액션call-to-action 버튼을 달리하거나 상이한 랭킹 알고리즘을 적용해 피드가 서로 다르게 생성되도록 하는 것이다. ⋯ 대개 페이스북 데이터를 다루는 사람들의 기본적인 의도는 사람들의 기분과 행동을 변화시키려는 데 있다. 그들은 항상 사용자가 더 많은 게시물에 '좋아요'를 누르고, 더 많은 광고를 클릭하며, 더 많은 시간을 페이스북에서 보내게 하려고 한다. 사실 이것은 모든 웹사이트가 작동하는 방식일 뿐이다. 즉, 누구나 페이스북이 그런 일을 한다는 사실을 알고, 모든 웹사이트가 그렇게 하고 있다는 사실도 알 것이다.[7]

페이스북의 연구가 발표되자 논쟁이 불붙었고, 결국 전문가들과 광범위한 대중 모두가 페이스북을 사람들에게 특정 행동을 권하거나 유도하거나 페이스북이 아니었다면 하지 않을 행동을 하게 할 수도 있는, 전례 없는 힘을 가진 존재로 여기기 시작했다. 인터넷 법 전문가인 하버드 대학교 조너선 지트레인Jonathan Zittrain 교수는 페이스북이 사용자들이 알 수도 통제할 수도 없는 방법으로 조용히 선거를 조작하는 일도 상상할 수 있게 되었다고 인정했다. 그는 페이스북의 실험이 "민주적 절차의 이점을 누릴 사람들의 권리를 총체적으로" 약화시킬 수 있다는 점에서 "집단적 권리"에 대한 도전이라고 표현했다.[8]

대중의 우려에도 불구하고 페이스북은 스스로 권한을 부여하고 대규모로 사람들의 행동을 수정하는 작업을 흔들림 없이 이어나갔다. 페이스북의 사회적 영향력 실험에 대한 논란이 이어지고 있던 2012년, 페이스북의 한 데이터 과학자는 이미 학계의 연구진들과 새로운 연구를 진행하고 있었는데, 2013년에 그 연구 결과를 최고 권위의 학술지 《미국 국립과학원 회보Proceedings of the National Academy of Sciences》에 '소셜 네트워크를 통한 대규모 감정 전염에 대한 실험적 증거Experimental Evidence of Massive-Scale Emotional Contagion Through Social Networks'라는 제목으로 제출했고, 2014년 6월 게재되었다. 담당 편집위원은 저명한 사회심리학자인 프린스턴 대학교 수전 피스크Susan Fiske 교수였다.

이번 실험에서는 "사람들(N=689,003)이 자신의 뉴스피드에서 감정 표현에 노출되는 정도를 조작했다."[9] 이 실험은 일종의 A/B 테스트처럼 설계되었다. 즉, 자신의 뉴스피드에서 한 집단은 긍정적인 메시지를, 다른 집단은 부정적인 메시지를 주로 보게 했다. 연구자들은 특정 감정의 내용에 노출된 사용자가 무의식적으로 그러한 내용에 따라 포스팅 행동을 변화시키게 되는지를 검증하고자 했고, 실제로 그렇게 된다는 점이 밝혀졌다. 사용자가 더 행복하다고 느끼거나 더 슬프다고 느끼는 것과는 무관하게, 노출된 감정 표현이 그들의 뉴스피드에 반영되었다.

실험 결과에는 의심의 여지가 없었다. 이번에도 페이스북이 신중하게 설계한, 사용자가 알아챌 수 없고 문제를 삼을 여지도 없는 무의식적 신호들은 스크린을 넘어 순진한 사용자 수백, 수천 명의 일상생활에 도달했으며, 예상대로 특정 종류의 감정 표현이 스튜어트 매케이가 갈라파고스 거북이나 캐나다 엘크를 추적했던 방법(2부 1장 참조)처럼 인간 표적의 의식 바깥에서 작동하는 프로세스를 통해 행동으로 옮겨졌다. 연구자들은 "감정 상태는 감정 전염을 통해 타인에게 옮겨질 수 있으며, 이는 사람들이 스스로 인식하지 못하는 사이에 동일한 감정을 경험하게 한다"라고 선언했다. "온라인 메시지는 우리의 감정 표현에 영향을 끼치고 결과적으로 다양한 오프라인 행동을 변화시킬 수 있다." 그들은 이와 같은 작업이 "네트워크를 통해 감정이 전파될 수 있다는 논쟁적인 주장을 처음으로 실험을 통해 입증한 증거에 속한다"고 자축했으며, 최소한의 조작만으로도 작지만 측정가능한 효과를 가져왔다는 사실을 다시 한 번 언급했다.[10]

이번 실험에서 페이스북 연구자들은 잠재의식에 전해지는 신호에 대한 사용자의 민감성이나 '전염' 효과의 크기가 대체로 그 사람의 공감 능력에 달려 있다는 사실을 인정하지 않았다. 공감 능력이란 타인의 정신적, 감정적 상태를 이해하고 공유하는 능력으로, 타인이 어떻게 느끼는지를 느끼는 '감성적' 공감과 타인의 입장에서 생각 수 있는 '인지적' 공감이 포함된다. 심리학자들은 자기 자신을 타인의 감정에 투사할 수 있고 타인의 관점을 취할 수 있는 사람일수록 최면 같은 잠재의식적 신호의 영향을 받을 가능성이 크다고 말한다. 공감 능력은 사람들이 타인을 향하도록 만든다. 공감 능력은 사람들이 감정적 경험에 몰입하거나 자기도 모르게 타인의 표정이나 몸짓을 흉내 내게 되는 등 타인의 경험에 공명할 수 있게 한다. 남이 웃

으면 따라서 웃게 되고, 남이 하품을 하면 따라서 하품을 하게 되는 것도 공감에 의한 공명의 예다.[11]

공감 능력은 사회적 유대와 정서적 애착에 반드시 필요한 요소로 여겨지지만, 범죄 피해자나 다른 이유로 괴로움을 겪고 있는 사람을 보고 '대리 불안vicarious anxiety'을 겪게 만들기도 한다. 어떤 심리학자들은 공감 능력을 '위험한 강점'이라고 말한다. 타인의 행복뿐 아니라 고통까지도 경험하게 하기 때문이다.[12] 페이스북의 실험에서 성공적인 조율이 이루어진 것은 사용자들이 본래부터 지닌 공감 능력을 효과적으로 활용한 결과다.

페이스북 연구자들은 연구 결과가 두 가지 추론을 가능케 한다고 주장했다. 첫째, 페이스북 사용자처럼 규모가 크고 활동적인 인구집단에서는 작은 효과도 "전체적으로는 큰 결과를 낳을 수 있다". 둘째, 저자들은 이 연구 결과가 '공중보건'을 위해 중요할 수 있다고 언급하면서, 독자들로 하여금 실험대상 인구를 더 늘리고 더 의미 있는 조작을 실행함으로써 어떠한 효과를 추구할 수 있을지를 상상해보라고 제안한다.

그러나 이번에도 대중은 거세게 반발했다.《가디언》은 "페이스북이 감정을 조작하고 투표를 하게 만들 수 있다면, 또 어떤 일을 벌일지 모르는 것 아닌가?"라고 반문했다.《애틀랜틱Atlantic》은 편집위원 수전 피스크의 말을 인용하며, 명백히 우려되는 지점을 알고 있었음에도 논문 게재를 결정했다고 지적했다.[13] 피스크는《애틀랜틱》과의 인터뷰에서 페이스북은 사기업이므로 대학이나 정부기관 소속 연구자들에게 요구되는 법적 실험 기준을 따르지 않아도 된다고 말했다.

이 법적 기준이란 이른바 '공통 규칙Common Rule'이라고 불리는 연구대상자 보호 규정을 말한다. 연방 기금을 지원받는 모든 연구는 실험자의 권력 남용을 방지하기 위해 설계된 이 규정을 준수해야 한다. 공통 규칙에 따르면 모든 연구기관은 피험자 사전 동의, 위해 방지, 사후 설명, 투명성을 위한 절차를 시행해야 하며, 과학자들로 구성된 '내부 검토 위원회'를 두어 이 위원회가 이러한 절차 시행을 관리하게 해야 한다. 피스크는 본인이 이 연구에서의 실험 조작이 사람들의 뉴스피드를 조작하는 페이스북의 일상적인 작업을 미미하게 확대한 것뿐이라는 페이스북의 주장에 설득당했음을 인정했다. 피스크는 이렇게 말했다. "그들이 … 페이스북은 언제나 사람들의 뉴스피드를 조작한다고 말했다. … 그들이 또 어떤 다른 연구를 하고 있는지 누가 알겠는가."[14] 다시 말해, 피스크는 이 실험이 단순히 페이스북의 일상적인 행동수정 작업의 연장에 불과하다고 인식했다. 행동수정이 이미 아무런 제재 없이 활발하게 이루어지고 있는 일이라고 본 것이다.

페이스북의 데이터 과학자이자 이 논문의 책임 연구원인 애덤 크레이머Adam Kramer에게 수백 건의 매체 인터뷰 요청이 쇄도하자, 그는 자신의 페이스북 페이지에 자사가 실험의 "감정적 여파"에 대해 진심으로 "신경을 쓰고 있다"라고 썼다. 논문의 공동저자 중 한 명인 코넬 대학교 제프리 행콕Jeffrey Hancock 교수는《뉴욕 타임스》와의 인터뷰에서 뉴스피드 조작이 일부 사람들에게 조금이라도 불쾌감을 주리라고는 생각하지 못했다고 말했다.[15] 《월 스트리트 저널》은 페이스북에 데이터 과학팀이 생긴 2007년부터 지금까지 "거의 아무런 제한 없이" 1,000건이 넘는 실험이 이루어졌으며 내부 검토 위원회도 두지 않았다고 보도했다. 심리학 교수 크리스 체임버스Chris Chambers는《가디언》에 기고한 글에서 "페이스북의 연구는 학계 연구자들이 점점 더 피험자에게 위험하거나 피해를 줄 수 있는 실험을 위해 민간 기업과의 공동연구를 통해 윤리적 제약에서 벗어나는 끔찍한 미래상을 보여준다"고 일갈했다.[16]

감정 전염 연구가 발표되고 한 달이 지났을 때《미국 국립과학원 회보》편집위원장 인더 M. 베르마Inder M. Verma는 페이스북 연구에 관한 '편집장의 우려 표명'을 발표했다. 베르마는 엄밀히 따지자면 페이스북은 "공통 규칙"의 적용 대상이 아니라는 방어적인 언급에 이어, "그럼에도 불구하고 페이스북의 데이터 수집 과정에서 사용자들에게 사전 동의를 얻고 실험 참여를 거부할 수 있게 해야 한다는 원칙에 완전히 일치하지 않는 관행이 개입되었을 수 있다는 점은 우려할 만한 일"이라고 덧붙였다.[17]

미국 학계에서는 메릴랜드 대학교 법학 교수 제임스 그리멜만James Grimmelmann이 이 주제를 가장 포괄적으로 다루면서 페이스북을 비롯한 소셜 미디어 회사에도 공통 규칙을 비롯한 실험 표준을 준수할 의무를 부과해야 한다고 주장했다. 기업의 연구는 학계의 연구보다 심각한 이해관계 충돌 때문에 윤리에 반하는 타협으로 실험 기준을 위태롭게 만들 가능성이 더 높으므로 개인의 윤리적 판단에 맡길 수 없다는 논지였다. 그리멜만은 학계가 "내부 검토 위원회 세탁"을 통해 "업계 파트너들과 긴밀히 협력해 일할 때마다 연구 윤리 규정을 피하게" 될 것을 우려하며, "예외를 인정하기 시작하면 그 예외들이 공통 규칙을 모조리 집어삼킬 것"이라고 경고했다.[18]

그리멜만의 이러한 주장은 확신에 차 있었다. 그러나 논문의 마지막 대목에서는 페이스북 같은 회사들이 이해하기 어렵고 이 때문에 논박하기도 어려운 수단을 사용해 사용자 집단의 행동을 일상적으로 조작하고 있다는 점에서, 공통 기준을 아무리 엄격하게 적용해도 이런 회사들의 막대한 힘을 억제하는 효과는 거의 없을 것이라는 점을 인정했다. 그리멜만도 피스크와 마찬가지로 행위의 경제라는 거대한 프로젝트가 기존의 법이나 사회규범이 아우를 수 있는 범위를 넘어섰음을 감지했다.

학술지 《네이처》는 강경한 문체로 페이스북의 실험을 옹호하는 공개서한을 실어 이목을 끌었다. 서른 두 명의 윤리학자를 대표해 생명윤리학자 미셸 마이어Michelle Meyer가 다섯 명의 공동저자와 함께 쓴 글이었다. 이 서한은 온라인 환경에 대해 새롭게 알게 된 지식을 체계적으로 정리할 필요가 있으므로 혹여 인간 피험자 연구에 대한 기존의 윤리적 지침을 따르지 않았거나 따를 수 없었다고 하더라도 실험이 정당화될 수 있다고 주장했다. 마이어의 변호는 "이 연구에 대한 극단적 반응이 … 그런 연구가 비밀리에 이루어지게 하는 결과를 낳을 수 있다. … 비판론자들이 보기에 이 연구의 감정적 내용 조작이 규제 대상이 되기에 충분히 우려스럽다면, 페이스북의 일상적인 관행에 대해서도 똑같이 우려해야 할 것이다"라는 예지력 있는 경고로 이어졌다.[19]

실험에 대해 반대자건 지지자건 동의하는 한 가지는, 규제당국이 개입하려고 하면 페이스북은 금방 악당으로 변해 모두 비밀에 부칠 것이라고 협박할 수 있다는 점이었다. 학계는 이미 알려진 사실에 비추어 그런 위협을 감지했다. 페이스북은 전례 없는 행동수정수단을 소유하고 있다. 그 수단은 동의, 경쟁, 통제와 같은 사회적·법적 기제 없이 은밀하게 대규모로 작동한다. '공통 규칙'을 아무리 엄격하게 적용해도 이러한 사실을 뒤바꿀 가능성은 희박하다.

학자들이 페이스북 연구에 의해 제기된 윤리적 쟁점을 심의하기 위한 협의 기구를 소집하기로 뜻을 모으자 페이스북은 자체적인 자율규제 개선안 발표로 대응했다. 이 회사 최고기술책임자 마이크 슈뢰퍼Mike Schroepfer는 감정 전염 연구에 대한 대중의 반응에 "준비되어 있지 않았다"고 고백하며, "우리가 다르게 했어야 하는 일들이 있다"고 인정했다. 페이스북의 '새로운 연구 프레임워크'에는 분명한 지침을 마련하고, 내부 검토 위원회를 설치하며, '부트 캠프'라는 이름으로 잘 알려진 오리엔테이션 및 신규 입사자 연수에 연구 활동에 대한 내용을 포함하고, 발표된 학술 연구 자료 코너를 웹사이트에 만드는 등의 방안이 포함되었다. 그러나 이와 같이 자체적으로 부과한 '규제'는 페이스북의 필수적 개발 환경이자 행위의 경제가 겨냥하는 표적인 온라인 커뮤니티의 기본적인 특징을 건드리지 않았다.

감정 전염 연구가 발표된 지 3년 후 호주의 언론사가 입수한 한 문건에서 결국 그들이 변하지 않았다는 사실이 드러났다. 2017년 5월,《오스트레일리언Australian》은 페이스북의 스물세 쪽짜리 대외비 문서에 대한 기사를 터뜨렸다. 같은 해에 페이스북 임원 두 명이 호주 및 뉴질랜드 광고주를 겨냥해 작성한 문서였다. 이 보고서에는 호주 및 뉴질랜드의 고등학교 및 직업전문학교 학생, 이미 직업 전선에 뛰어든 청소년 640만 명의 '심리에 대한 통찰'을 얻기 위해 그들이 가동하고 있는 시스템이 묘사되어 있었다. 페이스북의 문서는 자사가 기존에 확보하고 있는 행동잉여 데이터를 이용해 청소년들이 '자신감의 진작'을 필요로 하며 따라서 특정 신호와 넛지를 배치한 광고에 가장 취약한 순간을 정확하게 찾아내는 여러 방법을 상세하게 소개했다. "페이스북은 게시한 글, 사진, 인터랙션, 인터넷 활동을 모니터링함으로써 청소년들이 언제 '스트레스', '좌절감', '당혹감', '불안', '과민함'을 느끼는지, 스스로가 '어리석다', '바보 같다', '쓸모없다', '실패했다'고 느끼는지를 알아낼 수 있다"고 했다.[20]

이 보고서는 행위의 경제를 위해 감성 잉여를 이용하는 데 대한 페이스북의 관심을 폭로했다. 페이스북은 청소년들의 '기분 변화'에 대해 '페이스북 내부 데이터'에 기초한 상세한 정보를 보유하고 있다고 자랑했는데, 이 보고서는 페이스북의 예측상품이 '정서적 상태를 탐지'할 뿐만 아니라 요일에 따라 감정이 어떻게 다르게 전달되는지를 예측할 수 있으므로, 감정 상태에 따라 적절한 광고 메시지를 보여줌으로써 확실한 결과를 낳을 확률을 극대화할 수 있다고 주장했다. 분석 결과에 따르면 "주초에는 미래의 일에 대해 갖는 선행 감정이 더 많이 표출되는 반면, 주말에는 과거의 일에 대한 반성적 감정이 증가한다. 월요일부터 목요일까지는 자신감을 쌓아가는 경향이 있는 데 반해, 주말에는 성취한 바를 알리고자 한다."

페이스북은 이 내용을 공개적으로 부인했지만, 페이스북의 전 제품 관리자이자《카오스 멍키Chaos Monkeys》라는 책을 통해 실리콘밸리에 대한 홀

룽한 논평을 제공한 작가이기도 한 안토니오 가르시아 마르티네스Antonio Garcia-Martinez는《가디언》과의 인터뷰에서 페이스북이 일상적으로 어떤 일을 하고 있는지 설명하며 그들이 "말도 안 되는 거짓말"을 하고 있다고 일축했다. 그는 "대중적 논란이 최고조에 달해 가라앉힐 수 없을 만큼 시끄러워지지 않는 한, 페이스북이 결코 그런 식의 데이터 활용을 제한하지 않을 것이라는 점은 엄연한 현실"이라며 글을 맺었다.[21] 분명 감정 전염 연구에서처럼 페이스북이 사용자의 정서적 삶에 침입하는 자체에 대해 대중이 아무리 반발하고 자체적으로 규제 조치를 취하겠다고 약속했어도, 사용자의 감정에 대한 상업적 관심이나 고객사 대신, 혹은 고객사와 협력해 그러한 지식을 체계적으로 이용할 수밖에 없게 하는 시장의 압박은 누그러들지 않았다. 예측의 절박성이 압박해 오는 상황에서 회사의 수익이 행위의 경제에 달려 있으므로 불가피한 결과다.

페이스북의 고집스러운 행보는 우리에게 수탈의 사이클이 흔들림 없이 작동하고 있다는 점을 다시 한 번 상기시킨다. 페이스북은 행동수정과 감정 조작에 실험적인 침입을 했다는 명백한 사실을 공개적으로 인정하고 사과했으며, 그러한 관행을 억제 또는 완화하는 조치를 취하겠다고 약속했다. 그러는 한편 페이스북은 또 하나의 문턱을 넘어 내밀한 삶의 영역으로 진입했다. 페이스북이 감정 조작을 장악할 가능성까지 논할 수 있게 되었고, 습관화가 시작되면서 그러한 조작이 당연히 일어날 일로 여겨지기까지 한다. 프린스턴 대학교 피스크 교수에서부터 페이스북에 대해 비판적인 입장인 그리멜만이나 지지자인 마이어까지, 전문가들은 공히 새로운 규제의 강요가 페이스북이 자사의 활동을 비밀리에 실행하게 할 뿐이라고 생각했다. 호주에서 공개된 문서들은 이러한 은밀한 관행에 접근할 수 있는 문 하나를 열어주는 한편, 조준변경을 통해 사이클이 완결되고 있음을 암시했다. 여기서 조준변경이란 학자들이 예상한 대로 불투명성과 해독불가능성을 방어벽으로 삼는 비밀구역으로의 잠행을 뜻한다.

페이스북은 정치적 동원 실험을 통해 그들이 사회적 영향력에 대한 사용자의 취약성을 조작해 관련성 있는 점화 메시지("투표했습니다" 버튼)가 행위를 일으킬 확률을 높이는 동기부여 환경("내 친구처럼 되고 싶다")을 창출할 수 있다는 사실을 알아냈다. 감정 전염 연구도 사회적 영향력을 지향하려는 이 같은 성향을 이용했다. 이 사례에서 페이스북은 긍정적 또는 부정적인 감정 언어 형태로 잠재의식에 보내는 신호를 심어 놓았고, 이 신호는 사회적 비교—"내 친구처럼 되고 싶다"—로 촉발되는 동기부여 상태와 결합됨으로써 강도는 약하지만 측정 가능한 수준의 전염 효과를 낳았다. 마지막으로, 호주의 광고 표적화에 관한 문서는 이 효과를 강화하기 위해 세분화된 수준에서 동기부여 조건을 특정하는, 진지하고 복잡한 무대 뒤 작업을 보여준다. 이 문서는 페이스북이 수집하는 행동잉여의 규모 및 범위뿐 아니라 페이스북이 그 잉여를 활용해 사용자의 성향 변동을 정확하게 판단하고 이를 바탕으로 한 실시간 표적화 광고로 확실한 수익 가능성을 높이는 데 관심이 있다는 사실도 드러냈다.

페이스북의 실험 성공은 연상작용을 통한 조율이 대규모 원격 자극의 효과적인 형태가 될 수 있다는 사실을 입증한다. 매케이가 명시했듯이, 페이스북의 행동수정이 성공하려면 개인적으로나 집단적으로나 그러한 작업을 인식하지 못하게 하는 것이 매우 중요하다. 감정 전염에 대한 논문은 첫 단락에서부터 "감정 상태는 감정 전염을 통해 타인에게 옮겨질 수 있으며, 이는 사람들이 스스로 인식하지 못하는 사이에 동일한 감정을 경험하게 한다"면서 이 점을 강조하고 있다. 호주의 대도시 청소년들도 그들의 공포감이나 기분 좋은 상상이 측정의 대상이 되고, 그들이 가장 취약한 순간과 시간대에 상업적 성과를 얻어내려는 사람들에게 이용당하고 있는 줄은 꿈에도 몰랐다.

우연이나 실수가 아니었다. 이와 같이 사람들이 알아채지 못하게 하는 것은 감시 자본주의 프로젝트의 구조에서 핵심적인 요소다. 개인의 인식은 인지적, 실존적 자원 동원에 필수적인 조건이므로 원격 자극의 적이다. 인식 없이는 자율적인 판단도 없다. 인식할 수 없다면 동의할 것인지 동의하지 않을 것인지, 참여할 것인지 불참할 것인지, 저항할 것인지 협력할 것인지, 이러한 자율적인 선택이란 있을 수 없다.

인간의 보편적 욕구인 자기조절을 가능케 하는 선행 조건과 자기조절의 결과, 자기조절을 가로막는 요인을 조명하는 연구 문헌은 차고 넘친다. 자기결정 능력은 공감, 결단, 반성, 개인적 발전, 진정성, 진실성, 학습, 목표 달성, 충동 조절, 창의성, 친밀하고 지속적인 관계 유지 등 중요한 역량들과 관련된 여러 가지 행동의 필수적인 토대로 알려져 있다. 오하이오 주립 대학교 딜런 와그너Dylan Wagner 교수와 다트머스 대학교 토드 헤더튼Todd Heatherton 교수는 자기인식 및 자기결정의 중심성에 관한 글에서 "이 과정에서 함의하는 것은 목표와 기준을 세우고, 자신의 사고와 행동을 인식하고, 그것들을 변화시킬 수 있는 자아"라고 썼다. 이들에 따르면 "사실 일부 이론가들은 자기인식의 1차적 목적이 자기조절에 있다고 제안해왔다." 인간의 자율성에 대한 모든 위협은 우리의 인식을 공격해 "우리의 사고, 감정, 욕망 조절 역량을 약화시키는" 데서 시작된다.[22]

자기조절 실패를 막기 위해 자기인식이 중요하다는 점은 '설득에 대한 민감성' 척도를 개발한 두 명의 케임브리지 대학교 연구자들의 작업에서도 강조되었다. 이들은 설득에 저항하는 능력을 결정짓는 가장 중요한 하나의 변인이 '사전 모의 사고 능력the ability to premeditate'임을 밝혔다.[23] 이는 자기인식을 통해 자신의 행위가 가져올 결과를 미리 숙고하는 사람일수록 더 스스로 정한 길을 가려는 경향이 있으며 설득 기법에 훨씬 덜 취약하다는 뜻이다. 자기인식은 이 척도에서 두 번째로 중요한 요인인 충실함commitment에도 관련된다. 행위 과정이나 원칙들에 의식적으로 충실하게 임하는 사람들은 그러한 충실함을 깨뜨리는 무엇인가를 하라고 설득당할 가능성이 낮다.

우리는 민주주의가 감시 수익을 위협한다는 것을 이미 보았다. 페이스북의 행보는 또 한 가지 충격적인 결론을 암시한다. 그것은 인식이 행동수정이라는 더 큰 프로젝트를 위태롭게 하므로 인간의 의식 자체가 감시 수익을 위협하는 존재라는 점이다. 철학자들은 '자기조절', '자기결정', '자율성'을 '의지의 자유freedom of will'로 본다. 오토노미(자율성)라는 단어는 그리스어에서 유래하며, 본래 '스스로 규칙을 부여함'이라는 뜻이다. 이는 헤테로노미heteronomy(타율성)와 대조되는데, 이는 '다른 사람에 의해 규칙이 부여됨'을 뜻한다. 경쟁에서 살아남기 위해 행위의 경제를 필요로 한다는 것은 감시 자본가들이 모든 수단을 동원해 자율적 행위를 타율적 행위로 대체해야 한다는 뜻이다.

어떻게 보면 자본가들이 자본에 가장 유리한 방식으로 일하거나 소비하겠다는 사람들을 선호하는 것은 당연한 일이다. 2008년의 거대한 금융 위기를 촉발한 서브프라임 모기지 사태나 인간의 자율성이 항공사에서 보험사까지 수많은 기업의 손에 의해 일상적으로 유린당하고 있다는 점만 생각해 보아도 이 점은 분명하다.

그러나 오늘날의 감시 자본가들이 단지 그런 모습을 더 많이 보여줄 뿐이라는 생각은 위험하다. 행위의 경제에 대한 구조적 요구는 행동수정수단을 성장의 엔진으로 바꾸어놓는다. 역사적으로 다른 어떤 시기에도 지금처럼 전례 없는 부와 권력을 지닌 민간 기업들이 돈으로 살 수 있는 모든 첨단 과학의 노하우로 전 지구적인 유비쿼터스 컴퓨팅 지식 및 통제 아키텍처를 구축하고 유지하며, 이를 토대로 행위의 경제에 입각한 사업 활동을 이처럼 자유롭게 영위한 적은 없었다.

더욱 중요한 점은 페이스북의 실험 권한 선언이 타인의 미래행동이 나아갈 방향에 대한 감시 자본가의 특권을 주장한다는 것이다. 감시 자본주의는 수익을 얻기 위해 인간의 행동을 은밀히 수정할 권리를 선언하면서 우리의 행동으로부터 우리를 사실상 추방시키고, 미래 시제에 대한 통제 소재locus of control를 '나는 할 것이다'에서 '너는 할 것이다'로 이동시킨다. 우리는 저마다 각자의 길을 갈지도 모르지만, 행위의 경제 체제에서 그 길들은 이미 감시 자본주의의 경제성에 대한 절박한 요청에 의해 설계되어 있다. 사회적 권력과 통제권을 위한 투쟁이 상대해야 할 눈에 보이지 않는 적은 이제 계급이나 생산관계가 아니라 자동화된 행동수정이다.

III. 포켓몬고! 가자!

2016년 7월, 유독 녹초가 된 어느 오후였다. 데이비드는 먼지투성이의 뉴저지 법정에서 수 시간 동안 보험 분쟁 사건의 증인 심문을 진행했다. 전날 밤의 전력 수요 급증으로 법원 건물의 낡은 냉방 장치가 고장 나 있었다. 변덕스러운 금요일 퇴근길은 잠시 희망이 보이는 듯했지만 더위 때문에 고장으로 서 버린 차 한 대가 저주를 내렸다. 마침내 집에 도착해 차를 차고에 밀어넣고 곧바로 세탁실과 주방으로 통하는 옆문으로 향했다. 시원한 공기가 얼굴에 닿자 바닷물에 뛰어든 기분이었다. 그 날 들어 처음으로 깊게 심호흡을 했다. 탁자에 놓인 메모지에는 잠시 외출한다는 아내의 메시지가 적혀 있었다. 그는 물을 벌컥벌컥 마신 후 술 한 잔을 들고 위층으로 올라갔다. 긴 샤워를 하고 싶었다.

따뜻한 물이 아픈 허리에 닿자마자 초인종이 울렸다. 아내가 열쇠를 안 가지고 나갔나? 샤워를 멈췄다. 티셔츠와 반바지를 걸쳐 입고 뛰어내려갔다. 현관문을 열자 아이들 두 명이 그의 얼굴에 휴대전화를 들이밀었다. "아저씨, 아저씨 집 뒷마당에 포켓몬 한 마리가 있어요. 그거 저희 거예요! 가서 잡아도 돼요?"

"뭐가 한 마리 있다고?" 데이비드는 도무지 알아들을 수가 없었고, 아이들한테서 한참 설명을 들어야 했다.

그날 저녁에만 초인종이 네 번 더 울렸다. 생판 모르는 사람들이 뒷마당에 가고 싶어 했고 안 된다고 하자 뽀로통해져서 발길을 돌렸다. 그 후로도 며칠 동안 포켓몬 사냥꾼들이 밤낮으로 들이닥쳤는데, 그중에는 어린 아이들도 있었지만 어리다고 봐줄 만한 나이를 한참 지난 사람들도 있었다. 그들은 휴대전화를 들고 '증강현실' 생명체를 찾으러 집과 정원 곳곳을 돌아다니며 손가락질을 하고 소리를 질러댔다. 휴대전화를 통해 세계의 이 작은 단편을 보는 그들의 눈에는 포켓몬이라는 사냥감 외에 다른 것이 하나도 안 보였다. 그들에게는 한 가족의 집도, 그곳에 사는 두 사람만의 성역을 위해 지켜야 할 예의범절도 안중에 없었다. 게임이 그 집과 집을 둘러싼 세계를 점령했고, 그 모두를 GPS 좌표의 방대한 등가물들로 재해석했다. 이것은 새로운 종류의 상업적 주장으로, 현실을 다른 사람들을 부유하게 하기 위해 착취할 빈 공간의 무한한 확장으로 재탄생시키는 영리 목적의 수용권 선언이었다. 데이비드는 궁금해졌다. 언제 끝날까? 무엇이 그들에게 권리를 부여한 것일까? 이 상황을 끝내려면 누구에게 전화해야 할까?

그는 자기도 모르게 샤워실에서 끌려 나와 2009년 구글 스트리트 뷰 촬영 차량의 침입에 항의하며 거리로 뛰쳐나온 영국 브로턴 주민들의 동지가 되었다. 그들처럼 데이비드도 느닷없이 감시 자본주의의 경제적 절박성과의 싸움에 휘말리게 되었고, 브로턴 사람들이 그랬듯이 데이비드도 곧 전화할 곳이 아무 데도 없음을 알게 될 터였다. 그의 잔디밭에서 누가 끔찍한 잘못을 저질렀다고 긴급신고를 할 만한 관계당국 따위는 없었다.

1부 4장에서 보았던 2009년의 상황으로 되돌아가 보자. 구글 지도 담당 부사장이자 스트리트 뷰 총책임자였던 존 행키는 브로턴의 시위대를 무시했고, 브로턴뿐 아니라 모두를 위해 무엇이 최선인지는 자신과 구글만이 안다고 주장했다. 지금 여기, 감시 자본주의의 다음 개척지에 행키가 돌아왔다. 이번에는 포켓몬고를 만든 회사, 나이앤틱 랩스의 창립자로 나타난 것이다. 기억하겠지만, 행키는 지도로 세계를 소유하겠다는 확고한 의지를 품고 있었다. 그는 CIA의 투자를 받아 인공위성 지도 작성 스타트업인 키홀을 창립했고, 이 회사는 구글에 인수되어 구글 어스라는 새 이름을 갖게 되었다. 구글에서 행키는 구글 지도 부사장이자 스트리트 뷰에 공공장소는 물론 사적인 공간까지 가져다 놓으려는 논쟁적인 프로젝트를 이끈 주역이었다.

행키는 포켓몬고가 구글 지도로부터 탄생했다고 말한다. 이 게임을 개발한 팀원 대부분도 구글 지도 팀 출신이었다.[24] 스트리트 뷰의 미궁의 엔지니어 매리어스 밀너도 이 새로운 침입 단계로 가는 길에 행키와 동행했다. 2010년, 행키는 구글이라는 모선 안에 새로운 프로젝트를 쏘아올릴 발사대, 나이앤틱 랩스를 만들었다. 그의 목표는 '평행 현실' 게임을 개발해 스트리트 뷰가 대담하게 주장했던 바로 그 영역에서 사람들을 추적하고 이동하게 하는 것이었다. 포켓몬고가 개발된 지 상당 기간이 지났으며 알파벳 기업 구조가 수립된 직후였던 2015년, 나이앤틱 랩스는 구글, 닌텐도(1990년대 후반 '게임 보이'라는 게임기에서 처음으로 포켓몬 게임을 선보인 일본 기업), 포켓몬 컴퍼니의 투자를 받아 3,000만 달러 규모의 회사로 독립했다.[25]

행키는 오랫동안 게임 포맷이 가진 힘을 행위의 경제를 달성하게 해줄 수단으로 인식해왔다. 구글에 있을 때 그는 한 인터뷰에서 "모바일 기기를 가진 사람들 중 80퍼센트 이상이 게임을 한다. … 게임은 모바일 기기로 가장 자주, 또는 두 번째로 자주 하는 활동인 경우가 많다. … 따라서 운영체제인 안드로이드뿐 아니라 구글의 입장에서도 … 앞으로 모바일 게임 분야에서 혁신을 이루고 이 분야의 선두주자가 되는 것이 중요하다고 생각한다."[26]

행키가 탐욕 때문에 파국을 맞이한 19세기 상선의 이름을 따서 회사 이름을 지었다는 점은 눈여겨 볼 만하다. 나이앤틱호號는 1849년 샌프란시스코와 북태평양 포경 구역을 오가던 배였는데, 더 높은 수익을 올리는 포경 사업으로 용도 변경되어 팔렸다. 선장은 예정에 없던 파나마에 정박해 캘리포니아 골드러시를 향하는 사람들 수백 명을 승선시켰다. 그들은 웃돈을 주고서라도 비좁고 냄새나는 선실에 오르고 싶어 했다. 승객들이 금광을 향한 열병을 선원들에게 전염시켰을 때 비로소 선장의 탐욕이 그 배의 비극적 운명을 불러왔다는 사실이 드러났다. 샌프란시스코에 도착하자 선원들은 부두에 선장과 선박을 내버려 둔 채 금을 찾아 떠났다. 항해를 계속할 수 없게 된 선장은 배를 헐값에 팔아야 했고, 클레이가街와 몽고메리가街가 끝나는 해안에 묶어 두었다. 2016년에 행키는 반항하는 선원을 찾아나서기로 했다. 그의 나이앤틱호는 21세기의 골드러시를 향했다. 그곳은 예측의 절박한 요청이 새롭게 정복할 개척지, 곧 행위의 경제였다.

행키의 포켓몬고는 2016년 7월에 출시되었다. 그것은 감시 자본주의 프로젝트를 만드는 엔지니어나 과학자들이 맞닥뜨린 '어떻게 하면 인간의 행동을 빨리, 그리고 대규모로 액추에이션해 보장된 성과를 낳게 할 수 있을까?'라는 질문에 대한 새로운 답이었다. 포켓몬고는 그해 여름이 가기 전 절정에 올랐다. 감시 자본가들에게 이것은 꿈의 실현이었다. 규모, 범위, 액추에이션이 융합되었고 행동잉여가 끊임없이 흘러나왔으며, 실내든 실외든, 공공장소든 사적인 장소든 할 것 없이 모든 곳의 지도를 정교화할 수 있는 신선한 데이터가 공급되었다. 그것이 대규모 원격 자극을 위한 살아 있는 실험실을 제공한다는 점이 가장 중요했다. 게임 참여자들은 집합적 행동을 자동으로 훈련하고 실행하는 방법을 배웠고, 그것을 실시간 미래행동시장으로 향하게 했으며, 이 모든 일은 개인의 의식 바깥에서 이루어졌다. 행키는 게임의 역학을 통해 행위의 경제를 달성하는 접근 방식을 택한 것이다.

　나이앤틱은 이 새로운 게임을 스크린상에서가 아니라 현실 세계에서 작동하도록 디자인했다. 게임 플레이어가 도시, 마을, 교외의 열린 공간에서 '걸어다니며 모험을 즐기기' 위해 '밖으로 나가야' 한다는 뜻이다.[27] 포켓몬고는 '증강현실'을 기반으로 하며, 보물찾기 같은 구조를 취한다. 나이앤틱에서 앱을 다운받고 나서 GPS와 스마트폰 카메라를 이용해 포켓몬이라고 불리는 가상 생명체를 찾아내면 된다. 포켓몬은 스마트폰 화면에서 당신 바로 옆, 아무것도 모르는 이웃 아저씨 집 뒷마당이나 도시의 거리, 피자집, 공원, 드러그스토어 같은 실제 생활공간에 있는 것처럼 나타난다. 포켓몬을 잡으면 게임 화폐, 사탕, 별의 모래로 보상을 받으며 다른 유저와의 배틀에 내보낼 수 있다. 최종 목표는 포켓몬 151마리를 모두 잡는 것이지만 '경험치'를 얻는 방법에 따라 레벨도 올라간다. 5레벨이 되면 '체육관'이라는 곳에서 세 팀 중 하나의 일원이 되어 포켓몬 배틀에 참가할 수 있다.

　나이앤틱의 구상은 이미 수 년 전 현실 세계에서 즐기도록 설계된 이 회사의 첫 번째 모바일 게임인 인그레스Ingress로부터 시작되었다. 2012년에 발표된 인그레스는 포켓몬고의 전신이자 포켓몬고가 발휘할 수 있는 역량과 운용방법을 시험하기 위한 테스트베드였다. 인그레스는 사용자들이 도시 곳곳을 돌아다니며 지정된 '포탈(거점)'을 찾아내 점령하고 '영토'를 차지하게 했다. 게임 마스터는 GPS로 사용자들의 이동을 추적하면서 그들의 영토를 지도로 작성한다.

　행키와 그가 이끈 개발팀은 인그레스에서 배운 것들을 되짚어 보았다. 나이앤틱 팀이 '플레이어의 행동이 변화하는' 정도를 보고 '깜짝 놀랐다'는 점이 가장 중요했다.[28] 행키는 이 게임의 규칙과 사용자들 간 관계의 역학에 행동수정의 씨앗이 있음을 포착했다. "세계를 게임 공간으로 만들고 싶다면 사람들의 인터랙션이 일어나기를 기대하는 곳이 일정한 조건을 갖추어야 한다. … 플레이어가 거기에 갈 이유가 있어야 한다는 뜻이다. … 이 게임에서는 그런 인터랙션이 가능하며, 인터랙션을 하게 만든다."[29] 닉네임이 '스포티스우드'인 인그레스 유저는 다음과 같은 사례를 들려주었다. "자전거로 집에 돌아가는 길에 일전에 정찰했던 적이 있는 위치 근처에 멈춘다. 세력이 약한 적군 포탈이 있는 곳이다. 나는 모아두었던 XM("외계물질exotic matter")을 이용한 공격으로 적의 인프라를 파괴한다. … 인그레스 기본 제공 채팅창에서 이가슈라는 플레이어가 내 기술을 칭찬한다. '스포티스우드 님, 멋져요.' 나는 자랑스러운 기분으로 또 다른 적군 포탈 공격을 계획하며 이동한다."[30] 행키에 따르면 포켓몬고 개발팀은 인그레스에서 플레이어들의 행동 변화를 유도하는 핵심적인 동기 부여 원천으로 나타난 것을 활용하기로 했다. 그것은 현실 세계 행위에 기반한 소셜 게임 커뮤니티였다.[31]

모든 게임은 규칙을 통해 행동을 제한하고, 특정 형태의 행위에 대해 보상이나 제재를 가한다. 나이앤틱은 플레이어의 행동을 변화시키기 위해 게임의 구조를 활용한 최초의 사례가 아니다. 사실 '게임화'는 행동공학 기법 중 하나로서 뜨거운 관심을 받고 있는 주제이며, 이와 관련된 학술 논문이나 대중적인 글도 많다.[32] 와튼 스쿨의 케빈 워바크Kevin Werbach 교수에 따르면 게임에는 세 층위의 행위가 있다. 가장 높은 수준에는 게임의 동기 부여 에너지를 이끌어내는 '동역학dynamics'이 있다. 경쟁이나 좌절이 불러일으키는 감정, 흥미를 끄는 내러티브, 더 높은 목표를 향해 발전해 나가는 경험을 할 수 있는 진행 구조, 연대감이나 호전성 같은 정서를 부추기는 다른 유저들과의 관계 등이 이에 속한다. 두 번째는 '기계역학mechanics'이다. 이는 행동을 이끌어내고 참여를 형성하는 절차적 구성 요소들을 말한다. 예를 들어, 경쟁 구조를 취하는 게임도 있고 혼자 과제를 해결하는 게임도 있다. 돌아가면서 자기 역할을 해 협력하게 할 수도 있고, 거래를 통해 승자가 모든 것을 가져가는 구조일 수도 있으며, 팀 스포츠일 수도 있고 개인전일 수도 있다. 끝으로, 이러한 절차를 운용할 수 있게 하는 게임의 '구성 요소'가 있다. 진척도를 보여주는 점수, 사전에 정해져 있는 퀘스트, 성과를 보여주는 '배지', 모든 참여자들의 진행 상황을 볼 수 있게 하는 '순위표', 한 레벨의 정점에 도달했음을 알게 해주는 '최종보스전' 등 게임에서 가장 가시적인 측면이다.[33]

게임에 대한 연구는 대개 이러한 구조들이 행위를 이끌어내는 데 효과적일 수 있다고 설명하며, 많은 연구자들이 개인의 행동을 변화시키기 위한 방법으로 게임이 점점 더 많이 활용될 것이라고 예측한다.[34] 이는 행동을 바꿀 수 있는 게임의 힘이 노골적으로 도구화된다는 뜻이다. 실제로 기업들은 고객이나 직원의 행동을 조율, 유도, 조건화하고 싶어하는 수천 가지 상황에 게임화 방식을 도입하고 있다. 회사의 즉각적인 이해관계에 도움이 되는 행동을 유도하기 위해 고객 충성도 관리나 내부 판매 경쟁에 보상 포인트나 레벨 같은 요소를 도입하는 것이 전형적인 예다. 한 분석가는 90개 이상의 '게임화 사례'의 투자자본수익률 통계치를 조사하기도 했다.[35] 인터랙티브 컴퓨팅과 디지털 문화 전문가인 조지아 공과대학교 이언 보고스트 Ian Bogost 교수는 그런 기업들의 목표가 오직 행동의 조작과 수정에 있으므로, 이러한 시스템을 게임이 아니라 '착취도구 exploitationware'라고 불러야 한다고 주장했다.[36]

포켓몬고는 게임 플레이어들을 현실 세계로 불러내면서 행동을 조작하고 수정하는 능력을 완전히 새로운 방향으로 활용한다. 게임 플레이어들이 자기가 하고 있다고 생각하는 게임은 본연의 목적이 아니다. 행키의 특별한 천재성은 게임의 행동수정 작업이 겨냥하는 표적을 플레이어의 의식의 한계를 넘어 미개척 지대를 점령하는 데 둔다는 점에 있다. 포켓몬고의 행동수정은 감시 자본주의라는 훨씬 더 큰 게임을 위해 이루어진다.

포켓몬고 프로젝트는 2015년 9월 《월 스트리트 저널》에 처음 공개되었다. 나이앤틱이 구글에서 독립한 직후였다. 나이앤틱은 이 게임에 광고를 싣지 않을 것이라고 말했다. 대신 '소액거래microtransaction'로 수익을 낼 것이라는 설명이었는데, 다들 게임 내에서 가상 아이템을 팔겠다는 뜻이리라고 생각했지만 사실 정확히 무엇을 판매할지는 말해주지 않았다. 나이앤틱은 포켓몬이 있는 곳에 가까워지면 진동과 불빛으로 알려주는 위치 추적 팔찌를 출시할 것이라고도 했다. 적어도 포켓몬고가 신선한 잉여 원천이 되어 게임의 핵심적인 요소인 지도를 개선하고 확장하게 되리라는 점은 분명했다.[37]

2016년 7월 6일 미국, 호주, 뉴질랜드에서 출시된 포켓몬고는 단 한 주 만에 미국 최다 다운로드, 최대 매출 앱에 등극했고, 금방 트위터만큼 많은 안드로이드 사용자를 확보했다. 매일 이용하는 사람이 60퍼센트가 넘었고, 7월 8일까지 사용자당 하루 평균 이용 시간이 약 43.5분에 달했다.[38] 나이앤틱 서버 과부하 때문에 유럽 출시는 7월 13일로 미루어졌다. 그러나 이미 나이앤틱은 행위의 경제에 대한 그들의 접근법이 보장된 성과를 향한 고통스러운 마지막 단계를 뚫고나가는 데 전례 없이 효과적임을 보여줌으로써 그 가치를 증명했다.

그 전례 없는 패턴은 게임 출시 후 며칠이 안 되어 희미하게 드러났다. 버지니아주의 한 술집은 포켓몬고의 특정 팀 플레이어에게 술값을 할인해준다고 광고했고, 샌프란시스코의 차 전문점에서는 포켓몬고 플레이어를 위한 원 플러스 원 행사를 진행했다.[39] 뉴욕 퀸스에 있는 한 피자집 주인은 약 10달러를 주고 포켓몬을 특정 위치로 데려올 수 있게 해주는 '루어 모듈'이라는 가상 아이템을 구입해 매장 안과 화장실에 가상 생명체를 들이는 데 성공했다. 그렇게 하고 나서 처음 맞은 주말 매상이 30퍼센트 수직상승했고, 그 후에는 70퍼센트 이상 올라갔다고 한다. 블룸버그 기자들은 이 게임이 위치 추적을 이용해 발길을 잡고 싶어 하던 소매업자들의 이루기 힘든 꿈을 실현했다는 논평을 쏟아냈다. "게임 세계 안의 광고 공간을 지역 상인들에게 판매하는 일은 쉽게 상상할 수 있다. 플레이어들의 공략 장소로 지정되는 권한을 가게나 음식점들에게 경매로 팔 수도 있을 것이다."[40]

행키는 《뉴욕 타임스》와의 인터뷰에서 이 현실 세계의 실시간 시장을 오래전부터 계획해왔음을 내비쳤다. 이 기사는 "나이앤틱이 인그레스에서 이미 활용했던 방식"임을 언급하며, "장래에는 포켓몬고에 스폰서 장소 sponsored location(특정 장소에 사용자 트래픽을 유도하고 그 대가를 받는 광고 방식-옮긴이)를 도입할 것"이라는 행키의 말을 전했다.[41]

그 '장래'는 금방 도래했다. 일주일도 안 되어 감시 자본주의의 축적 논리를 구성하는 기본 요소가 준비되었고, 이 소식은 매우 멋지게 전해졌다. 행키가 설명했듯이, "포켓몬고는 증강현실을 구현하기 위해 많은 최신식 휴대전화와 데이터 테크놀로지에 의존하지만 이 게임에서 발생하는 트래픽이 현실 세계를 변화시키기도 한다."[42] 7월 12일, 《파이낸셜 타임스》는 "이 게임이 앞으로 소매업체 등 사람들을 불러모으고 싶어 하는 사업자들에게 캐시카우로서 갖게 될 영향력을 둘러싸고 여러 추측이 일어나고 있다"며 흥분 섞인 기사를 냈다. 닌텐도의 주가는 52퍼센트나 뛰었고, 이에 따라 시가총액이 102억 달러 상승했다.[43]

광고를 내보내지 않겠다는 처음의 약속은 주의깊은 해석이 필요한 교묘한 발언이었음이 밝혀졌다. 실제로 감시 기반의 온라인 광고 논리는 사라지지 않았다. 단, 사이드워크 랩스의 댄 닥터로프가 '구글 시티'에서 상상했던 것처럼 물리적 세계의 거울상으로 형태만 바뀌었으며, 온라인 세계에서 연마된 방법과 목적을 그대로 확장하되, 예측의 절박성이 가하는 압박 때문에 '현실성'이 더 증폭되었다(2부 1장 참조).

7월 13일, 행키는 《파이낸셜 타임스》와의 인터뷰에서 나이앤틱의 사업 모델에는 "앱 내 결제in-app payment"에 의한 게임 아이템 판매 외에 "두 번째 요소가 있는데, 그것은 스폰서 장소라는 개념이다"라고 시인했다. 그는 이 새로운 수익 흐름이 늘 계획해왔던 것이라고 했다. 그의 설명에 따르면 업체들은 "가상의 게임 세계 속 장소가 되기 위해 우리에게 돈을 낼 것"인데, "전제는 그것이 방문자를 끌어들일 유인책이라는 점"이라고 설명했다. 구글 검색 광고에서의 '클릭당 요금cost per click'처럼, 포켓몬고의 스폰서들에게는 '방문당 요금cost per visit'이 부과된다.[44]

"스폰서 장소"란 미래행동시장에 대한 나이앤틱의 완곡어법이며, 행키가 뛰어든 새로운 골드러시의 폭발 지점ground zero이다. 증강현실 테크놀로지와 결합된 게임의 구성 요소들과 동학은 게임 플레이어들로 하여금 실질적인 고객들—성과를 보장해준다는 약속에 매료되어 현실 세계의 게임에 참가하려고 돈을 내는 기업들—이 만들어 놓은 검문소, 즉 현실 세계의 수익화로 들어가는 입구로 유인한다.

한동안은 모두가 돈을 벌고 있는 듯했다. 나이앤틱은 일본의 30,000개 매장에 게임 사용자들을 유인해주겠다며 맥도날드와 제휴를 맺었다. 영국의 한 쇼핑몰 소유주는 게임 사용자들을 위해 휴대용 충전기를 가지고 돌아다니는 '충전 팀'을 쇼핑몰에 배치했다. 스타벅스는 미국 내 12,000개 매장을 공식적인 '포켓스탑' 또는 '체육관'으로 변신시키고 "돌아다니는 포켓몬 트레이너들에게 완벽한 음료수"가 되어줄 신상품 "포켓몬고 프라푸치노"를 출시해 "즐거움에 동참"하겠다고 발표했다. 또 다른 제휴사 스프린트Sprint는 10,500개 매장과 서비스 센터를 포켓몬고 허브로 만들기로 했다. 음악 스트리밍 회사 스포티파이Spotify는 포켓몬 관련 음원 판매가 세 배 늘었다고 발표했다. 영국의 한 보험사는 "사고 때문에 다 잡지 못하는 일은 없어야 합니다"라며 휴대전화를 위한 특별 상품을 내놓았다. 디즈니는 "물리적 세계와 디지털 세계를 혼합해 인터넷을 통한 새로운 종류의 놀이 경험을 만들고자 한" 이제까지의 자사 전략이 실망스러운 결과를 낳았음을 인정하며, 거대한 완구 사업 부문을 "포켓몬고 같은 방향으로" 전환할 것이라

고 밝혔다.[45]

포켓몬고 열풍은 점차 사그러들었지만, 행키의 성취가 가져다 준 충격은 가시지 않았다. 행키는 팬들을 향해 "우리는 단지 표면만 건드렸을 뿐이다"라고 말했다.[46] 이 게임은 전 지구적인 규모로 행위의 경제를 달성하면서 동시에 개인의 특정 행위가 정확히 그가 활동하는 지역의 시장을 향하도록 하고, 그 시장에서 최고 입찰자일수록 더 확실한 결과를 보장받을 수 있게 하는 일이 가능함을 입증했다.

나이앤틱의 차별화된 성취는 게임화 기법을 실질적인 고객, 즉 나이앤틱이 만들고 주관하는 미래행동시장에 참여하는 업체에게 확실한 결과를 보장해줄 수 있게 활용했다는 점이다. 행키의 게임은 독점적인 지식을 이용해서(규모와 범위) 사람들이 앞으로 할 행동을 더 정확하게 예측하기 위해 사람들의 현재 행동을 변화시키면서(행위) 감시 자본주의가 가상 세계에서만큼 현실 세계에서도 작동할 수 있음을 증명해냈다. 논리적으로 추론해보자면, 구글이 잉여를 특정 개인들에게 온라인 광고를 표적화하는 수단으로 사용하는 법을 배웠듯이, 나이앤틱과 같은 회사가 사람과 위치를 연관시키는 능력을 키우면 그 능력에 비례해 현실 세계 수익이 증가할 것이다.

이는 나이앤틱이 넓은 범위를 포괄하는 대규모 잉여 공급 체인을 확립하기 위한 방향으로 게임을 운용해나갈 것임을 시사한다. 실제로 이 회사의 '감시 정책'을 보면 게임의 효과적인 운용을 위해 필요한 정도를 넘어서서 행동 데이터를 요구하고 있음을 알 수 있다. 2016년 7월, 게임이 출시된 지 불과 6일 후, 《버즈피드BuzzFeed》의 조지프 번스틴Joseph Bernstein 기자는 포켓몬고 사용자들에게 그 게임 앱이 휴대전화로부터 얼마나 많은 데이터를 수집하고 있는지 확인해보라고 조언했다. 그의 분석에 따르면 "GPS를 기반으로 작동하는 대부분의 스마트폰 앱이 그렇듯이 포켓몬고 역시 게임을 하면서 일어나는 움직임에 기초해 당신이 어디로 갔는지, 거기에 언제 어떻게 갔는지, 얼마나 머물렀는지, 누구와 있었는지 등 당신에 관해 많은 것을 알 수 있다. 그리고 그런 앱을 구축하는 많은 다른 개발업체들이 그렇듯이, 나이앤틱 역시 그 정보를 보관하고 있다." 번스틴은 다른 위치 기반 앱들도 유사한 데이터를 수집할 수 있지만, "포켓몬고의 믿기지 않을 만큼 세부적인, 블록 단위까지 다루는 지도 데이터와 치솟는 인기가 결합되면 곧 이제까지 나온 위치 기반 사회 관계 그래프social graph 중 가장 상세한 버전이 만들어질 것이다"라고 결론지었다.[47]

IT업계 뉴스 전문 웹사이트《테크크런치TechCrunch》도 포켓몬고 "앱이 요구하는 긴 권한 승인 요청 목록"에 의문을 제기하며 그들의 데이터 수집 활동에 관해 비슷한 우려를 표했다. 그 승인 요청에 카메라가 포함되어 있는 것은 이해하겠지만, '연락처 목록 읽기'나 '기기에서 계정 찾기' 권한은 왜 요구하는 것일까? 나이앤틱의 '감시 정책'에 따르면, 포켓몬고 앱은 "다른 사용자들의 정보와 함께 집계한 결과치 또는 개인을 식별할 수 없는 정보를 연구 및 분석, 인구통계학적 프로파일링, 기타 유사한 목적을 위해 제삼자와" 공유할 수 있다.《테크크런치》는 포켓몬고가 "정밀한 위치 추적"을 할 수 있고 카메라 및 마이크에의 접근 권한으로 "오디오 핑거프린팅"을 실행할 수도 있다는 점을 강조하며, "당신의 위치 데이터의 일부가 구글의 손에 들어가리라는 예상도 가능하다"고 경고했다.[48] 전자 프라이버시 정보 센터는 연방거래위원회에 보낸 항의 서한에서 나이앤틱이 사용자의 전화와 구글 프로파일로부터 일상적으로 수집하는 정보의 '범위'에 대해 설득력 있는 이유를 제시하지 않았다고 지적했다. 위치 데이터를 보유, 사용, 공유하는 기간도 한정하지 않았다. 이 서한의 결론은 다음과 같았다. "나이앤틱의 위치 데이터 수집 및 보유가 게임의 작동에 반드시 필요하거나 그런 활동이 발생시키는 프라이버시와 안전성 위험을 넘어서는 이점을 소비자에게 가져다준다는 그 어떠한 증거도 없다."[49]

2016년 7월 중순에 나이앤틱은 앨 프랭컨AI Franken 미국 상원의원으로 부터 회사의 프라이버시 처리 방식에 관한 자료 제출을 요구받았다.[50] 8월 말에서야 보낸 나이앤틱의 답변서는 상대방을 가르치려는 태도로 쓰여졌으며, 경탄스러울 만큼 교묘하게 초점을 흐리고 비밀주의를 고수하며 게임의 역학을 장황하게 설명했다. 사업 모델이나 그 이면의 축적 논리 전체에 대해서는 아무것도 밝히지 않았다. "포켓몬고는 이미 전 세계의 보건 담당 공무원, 교사, 정신 건강 분야 종사자, 부모, 공원 관계자, 그리고 평범한 시민들로부터 건강한 놀이와 새로운 발견을 촉진하는 앱으로 칭송받고 있습니다." 나이앤틱은 게임을 하기 위해 사용자들이 반드시 허용해야 하는 데이터 수집 범위가 위치 서비스, 사진, 미디어, 파일, 카메라, 연락처, 네트워크 제공자 데이터 등을 포함한다는 점을 인정하면서도 그러한 데이터가 서비스를 "제공하고 개선하는 데" 사용된다고 주장한다. 그러나 플레이어에게 제공되는 게임 서비스와 고객사들에게 제공되는 예측 서비스라는 두 차원의 서비스가 있다는 점은 인정하지 않는다. 나이앤틱은 "데이터 수집 및 분석"을 위해 구글을 포함해 제삼자 서비스를 이용한다는 사실을 인정하지만 그 분석 목적에 대해서는 세심하게 피해 갔다.[51]

7쪽 분량의 이 서한에 '스폰서 장소'는 단 한 번, 스폰서 업체가 방문과 게임 행위에 대한 보고서를 받는다는 대목에서밖에 언급되지 않았다. '방문당 요금'이 부과된다거나, 구글의 '클릭당 요금'이 온라인 활동으로부터 나오는 행동잉여에 기반하듯이 계량을 위해 잉여가 요구된다는 등의 설명은 전혀 없었다. 행위의 경제 설계와 발전, 즉 현실 세계에서 실시간으로 일어나는 사용자 행동을 나이앤틱의 미래행동시장으로 향하게 만드는 것이 그들의 목표라는 점은 세심하게 감추고 있었다.

포켓몬고의 천재성은 우리가 아는 게임을 감시 자본주의라는 더 높은 차원의 게임, 즉 게임에 대한 게임으로 변모시켰다는 점에 있다. 도시를 게임판으로 삼은 플레이어들은 공원과 피자집을 돌아다니며 자기도 모르게 이 두 번째 게임을 위한 게임판을 구축했다. 이것은 이제까지와는 완전히 다른 종류의 게임으로 이 게임 판에서는 실제 인간이 게임 말이 된다. 이 현실 게임의 플레이어들은 데이비드의 잔디밭에서 휴대전화를 들이미는 게임광들 중에 있지 않다. 현실 게임에서 예측상품은 짜여진 절차다. 즉, 원격 자극을 통해 현실 세계의 사람들을 쿡쿡 찔러 나이앤틱의 미래행동시장에 들어온 현실 세계의 상업시설로 가서 현실 세계의 돈을 쓰게 만든다.

나이앤틱 자체가 구글의 엄청난 지도 작성 능력, 잉여 흐름, 생산수단, 방대한 서버팜server farm으로부터 나온 가느다란 탐침처럼, 감시 자본주의가 소유하고 작동시키는 글로벌 행동수정수단 시제품을 구축하고 테스트한다. 나이앤틱은 사람들이 경쟁적인 소셜 게임에 몰두하다 보면 '자연선택 natural selection'의 조건을 정하는 게임 프로토콜이 개별적인 마찰을 저절로 잠재우게 되리라는 점을 깨달았다. 그리하여 포켓몬고는 사용자들로부터 나이앤틱의 미래행동시장 큰손들이 원하는 행동을 자동화된 방법으로 유도하고 증식시킨다. 이 두 번째 게임, 즉 현실 게임의 플레이어들은 첫 번째 게임의 플레이어들이 웃고 즐기는 사이에 그들이 가져다 줄 현금의 향연에 가까이 가려고 경쟁한다.

결국 포켓몬고라는 탐침은 행동수정수단이라는 새로운 개척지 탐색을 위해 설계되었다는 뜻이다. 게임에 대한 게임은 사실 감시 자본주의가 그린 미래 설계도를 검증하기 위한 실험용 견본이다. 그 논리적 귀결은 결국 예측이라는 절박한 요청이며, 여기서 대규모로 광범위하게 수집된 우리에 대한 데이터는 우리의 행동을 새로운 시장 질서에 맞게 변화시키는 액추에이션 메커니즘과 결합된다. 모든 장소, 모든 사물, 모든 신체, 모든 웃음과 눈물에서 나온 잉여의 흐름들은 결국 모두 확실한 결과, 그리고 그러한 확실성에서 비롯될 수익을 향하고 있다.

IV. 행동수정수단의 역사

페이스북이나 나이앤틱에서 구축되고 있는 새로운 글로벌 행동수정수단은 우리가 자율적 자본과 타율적 개인으로 이루어진 퇴행적 시대에 살고 있음을 보여준다. 이러한 시대에는 민주주의의 번영과 인류의 성취 자체가 바로 그 퇴행에 달려 있다. 이 전례 없는 국면은 공통 규칙에 대한 논쟁을 넘어서며, 민주 사회에 대한 이상을 무너뜨릴 도전 방법에 대한 충분한 지식을 가지고 그 이상을 향한 우리 신념의 심장을 공격한다.

여기서 한 가지 잊은 것이 있다. 공통 규칙 역시 개인의 자율성과 민주주의 원칙에 대한 시험대에서 야기된 산물이었다는 점이다. 공통 규칙은 민주주의 의식이 강한 공무원들이 행동수정을 정부 권력의 한 형태로 설계, 개발, 배치하려는 데 반발해 사회운동가, 학자, 법조인과 합세해 치열하게 투쟁한 결과물이었다. 미국 사회에서 행동수정수단에 반발하고, 규제하고, 통제하려는 움직임이 일어난 것은 그리 오래지 않은 일이며, 우리는 지금 우리가 서 있는 방향을 다시 확인하고 우리의 의식을 일깨우기 위해 이 역사를 돌아볼 필요가 있다.

1971년 미국 상원에서는 '인간 행동을 예측, 통제, 수정하기 위해 고안된 다양한 프로그램'을 조사하기 위해 헌법적 권리 소위원회가 소집되었다. 의장은 샘 어빈Sam Ervin 노스캐롤라이나주 상원의원이었고, 에드워드 케네디Edward Kennedy, 버치 베이Birch Bayh, 로버트 버드Robert Byrd, 스트롬 서먼드Strom Thurmond 등 정치적 성향을 떠나 권위 있는 의원들이 위원회에 포함되었다. 이 조사는 다년간 이어졌다. 어빈은 보수적 민주당원이자 헌법 전문가로 워터게이트 사건 동안 상원 워터게이트 위원회 의장으로서 민주주의의 수호를 위해 싸움으로써 시민 자유권을 수호하는 영웅이 된 인물이다. 헌법적 권리 소위원회는 행동수정의 원리와 실행을 처음으로 강력한 헌법적 조사 대상으로 삼았다. 그들은 행동수정을 국가 권력의 확대로서 사용하는 데 대해 의문을 제기했고, 궁극적으로 이를 거부했다.

상원 조사가 이루어진 것은 심리학적 행동 통제 기법 확산에 대한 대중적 불안이 커졌기 때문이었다. 여러 기원이 있었지만, 그 중에서도 냉전, 그리고 냉전이 낳은 심리학적 행동수정 기법 및 프로그램의 범위의 영향력이 가장 큰 요인이었다. 한국전쟁은 공산당의 '세뇌' 기법을 만천하에 알렸고, 당시 새로 부임한 CIA 앨런 덜레스Allen Dulles 국장은 미국 전쟁 포로들이 세뇌를 당해 수동적인 로봇 상태가 되었다고 했다. 덜레스에 따르면 세뇌를 당한 사람의 뇌는 "스스로 제어할 수 없고 다른 사람이 꽂은 레코드판만 재생하는 축음기가 된다."[52] 적국들은 미국 군부가 알지 못하는 심리학 · 약리학적 '정신 통제mind control' 기술과 원리를 정복하려는 것 같았다. 중국과 소비에트 연방이 피실험자의 정신적 능력을 원격 개조하고 '자유의지'를 제거하는 실험에 성공했다는 정보가 입수되었다.[53] 덜레스는 인간의 "탈패턴화de-patterning"나 "회로 재배선rewiring"으로부터 국민 전체의 태도와 행동을 변화시키는 데 이르기까지 "정신 통제" 기법을 신속히 연구 개발할 것을 주문했다.[54]

이로써 종종 기괴하기까지 하지만 병적인 흥미를 자극하는 미국 첩보 수법 역사의 한 장章이 시작되었다.[55] 이 새로운 작업의 상당 부분은 MK울트라MKUltra라는 CIA 극비 프로젝트의 일환으로 이루어졌다. MK울트라는 "인간 행동을 통제하기 위한 비밀공작에 활용할 수 있는 화학물질, 생물학적 물질, 방사능 물질을 연구 개발하는" 임무를 띤 프로젝트였다. 1975년 상원의 CIA 대외 · 군사 정보 비밀공작 조사에서 증언된 바에 따르면, CIA 감찰관실(당시 감찰관은 CIA 국장이 임명했으므로 실질적인 감찰 역할보다 CIA의 활동을 비호하는 기능을 담당했다고 의심된다—옮긴이)의 1963년 보고서가 이 프로그램을 비밀에 부쳐야 할 몇 가지 이유를 언급했는데 그중 가장 중요한 이유가 행동수정에 위법의 소지가 있다는 점이었다. 그 보고서는 다음과 같이 시작되었다. "인간 행동 조작은 의료계와 다른 관련 분야의 여러 권위자들에 의해 직업적으로 비윤리적인 연구 주제로 간주되므로 MK울트라 계획에 참여하는 연구진의 평판에 손상을 입힐 수 있다." 그 활동 중 다수가 불법적이고 국민의 권익을 침해하며 여론을 멀어지게 할 것이라는 지적도 있었다.[56]

우리가 가장 관심을 갖는 대목은 행동수정이 정치권력의 확장 수단으로 육성, 정교화되었다는 점이다. CIA는 이 목표를 위해 학계의 심리학자들에게 점점 더 대담한 연구와 임상실험을 요청할 '필요'를 느꼈다. 의학 및 심리학 분야 과학자들은 중국 세뇌 기법을 분석해 행동수정에 대한 기존의 이론틀로 재해석하는 작업에 착수했다.

그들은 결론적으로 '정신적 통제'를 B. F. 스키너가 발견한 조작적 조건화와 이론상 일치하는 일종의 복잡한 조건화 시스템으로 이해할 수 있다고 보았다. 이 시스템에서의 조건화는 예측불가능한 강화 스케줄에 기초한다. 하버드 대학교의 역사학자 레베카 레모브Rebecca Lemov 교수에 따르면, '정신적 통제' 연구자들은 CIA와 군부의 여러 부문에 강력한 영향을 주었다. "인간을 구성하는 재료를 바꿀 수 있다"—누군가의 성격, 정체성, 의식, 행동을 스스로 결정하는 능력이 파괴, 제거되고 외부의 통제로 대체될 수 있다—는 생각은 우리의 취약성에 대한 새로운 자각과 공포감을 유발했다. "정말로 세계에 물리적으로 인간을 위협하는 요인만큼 인간의 내면을 위협하는 요인도 많다면, 그 분야 전문가가 점점 더 많이 필요해질 것이다. 많은 훌륭하고 선한 교수들—스스로 인간의 개조를 연구하고 있다고 말하거나 그렇게 말하지는 않지만 사실상 그렇게 하고 있는 인간공학자들—이 사람들의 정신과 행동을 장기간에 걸쳐 또는 단시간 안에 변화시키기 위한 CIA의 프로젝트에 참여했다."[57]

상원 헌법적 권리 소위원회가 소집된 1971년 무렵에는 행동수정 기법이 국방 영역에서 민간 부문으로 순조롭게 이전되고 있었다. 행동수정 기법은 CIA를 비롯해 정부 자금으로 운영되는 심리학 연구실과 군사적 심리 작전 영역을 넘어 다양한 분야로 퍼졌다. 교도소, 정신병동, 교실, 지적장애인 시설, 자폐아 학교, 공장 등 '총체적인 통제' 또는 그와 유사한 환경에서 거기에 수용되어 있는 개인들의 인격적 결함을 개조할 목적으로 이 기법을 활용하고자 한 것이다. 이러한 행동수정 프로그램의 확산에 대한 대중의 우려가 커져 분노 수준으로 끓어오르자 소위원회가 힘을 얻었다. 심리학의 역사를 연구해온 알렉산드라 러더퍼드Alexandra Rutherford에 따르면 스키너의 행동수정 방법은 1960년대와 1970년대에 급속히 확대되었는데, '괄목할 만한 성공'을 거두기도 했지만 적대적인 여론도 생겨났다. 언론에서는 행동수정 기법을 활용하는 데 대한 열광에 경종을 울리며 그 기법들이 대상자의 인격을 존중하지 않고 윤리적 고려사항을 위반하고 있으며 기본적인 시민적 자유를 침해한다는 논평이 쏟아졌다.[58]

또 한 가지 요인은 1971년에 출간된 B. F. 스키너의 《자유와 존엄을 넘어서Beyond Freedom & Dignity》였다. 스키너는 행동 통제에 기초해 작동하는 미래상을 제시하며 자유라는 개념 자체를 부정하고, 따라서 자유 사회에 대한 신념도 거부했다. 그는 인간의 존엄성이란 이기적인 나르시시즘이 낳은 우발적 산물이라고 치부하며, 인류 전체에 행동수정 방법을 적용할 수 있을 만큼 '행동에 관한 테크놀로지'가 구석구석까지 퍼져나가는 날을 상상했다.

격렬한 논란은 《자유와 존엄을 넘어서》를 국제적인 베스트셀러로 만들었다. 노암 촘스키Noam Chomsky가 쓴 이 책의 리뷰도 널리 읽혔다. 촘스키는 "인간 행동에 대한 스키너의 얼빠진 이론이 파시스트뿐 아니라 자유주의자에게도 먹히고 있다"고 썼다. 촘스키는 "예를 들어 감옥이나 … 강제수용소 … 에서 환경 조성을 통해 행동을 예측할 수 있으므로 '자율적인 인간'의 자유와 존엄을 고려할 필요가 없다는 주장은 터무니없다고까지는 할 수 없다

해도 분명 기이하다"고 주장한다.[59] (나는 스키너가 하버드 교수로 재직 중이던 1970년 대 중반에 하버드 대학교 대학원에 다녔는데, 많은 학생들이 그 책을 《예속과 모욕을 향해서Toward Slavery and Humiliation》라고 불렀다.)

감시 자본주의에 포획당한 21세기 사람이 샘 어빈 상원의원이 쓴 1974년 소위원회 보고서 서문 첫 문장을 읽으면, 그 후 미국 사회가 단지 수십 년이 흘렀기 때문이라고 보기에는 너무 심한 불연속을 경험했다는 점을 알 수 있을 것이다. 어빈이 소위원회 활동을 통해 자유와 존엄이라는 자유주의적 이상을 지키겠다고 맹세하며 이 계몽 프로젝트의 심장을 겨눌 때 품었던 열정을 이해하려면 그가 쓴 글을 직접 읽어볼 필요가 있다.

건국의 아버지들은 우리의 헌법 체계를 수립할 때 개인의 신성함에 대한 근본적인 신념에 기초했다. … 그들은 자기결정권이 개인의 근원이고, 개인이 자유를 지탱하는 기둥임을 잘 알고 있었다. 그런데 최근 개인의 행위뿐 아니라 성격과 사고방식 자체까지 바꿀 수 있는 새로운 행동 통제 테크놀로지가 개발되기 시작했다. … 오늘날 미국에서 개발되고 있는 행동 테크놀로지는 가장 기본적인 개인의 근원, 개인적 자유의 핵심을 건드리며 … 가장 심각한 위협은 이 테크놀로지가 누군가에게 타인의 정신에 자신의 시각과 가치를 주입할 권력을 줄 수 있다는 점이다. … 자유, 프라이버시, 자기결정권 개념은 물리적 자유뿐 아니라 자유로운 사고의 원천을 통제하기 위해 설계된 프로그램들과 태생적으로 충돌한다. … 오늘날처럼 엄격한 통제 없이 이런 프로그램이 실행되면 문제는 훨씬 더 커진다. 행동수정은 이론 수준에서도 불안감을 야기하는바, 행동 통제의 실행 테크놀로지가 억제 없이 성장하고 있다는 사실은 훨씬 더 큰 우려를 낳는다.[60]

행동수정에 대한 이 보고서의 비판은 우리 시대에도 꼭 들어맞는다. 보고서는 이렇게 묻는다. "그들이 어떻게 교묘히 빠져나갔는가?" 우리도 이 질문을 해야 한다. 그들의 답은 당시의 '예외주의'를 환기시킨다. 감시 자본주의가 그 초기에 이른바 '테러와의 전쟁'과 그것이 불러일으킨 확실성에 대한 강박의 비호 아래 뿌리를 내리고 번성할 수 있었듯이, 20세기 중반에는 실험실에 있던 행동수정수단이 냉전시대의 불안을 틈타 세계로 나왔다. 이후 1960년대 및 1970년대에는 수 년 동안 이어진 도심 폭동, 정치적 시위, 범죄와 '비행' 증가로 두려움에 사로잡힌 미국 사회가 행동변화 전문가들을 민간 영역으로 소환했다. 상원의원들은 "법과 질서"의 요청이 "폭력이나 다른 반사회적 행동을 당장 효율적으로 억제할 수 있는 수단"을 찾게 만들었으며, "폭력을 통제해야 한다는 생각이 더 시간을 들여 폭력의 근원을 파악하려는 시도를 대체했다"고 해석했다.

주 교도소와 정신질환자 시설에 수용된 사람들에게 그들의 의사와 무관하게 행동수정 프로그램이 빈번히 실행되고 있다는 사실을 파악한 상원의원들은 행동수정수단이 엄연한 국가 권력 형태로 작동하고 있음을 알게 되었다. 그리고 정부가 시민의 행동과 정신을 '통제'할 헌법적 권리를 가지고 있는지 의문을 제기했다. 소위원회는 공공기관 조사를 통해 "광범위하고 다양한 행동수정 기법이 … 연방정부의 후원 아래 이용되고 있음을 확인"하고, "행동수정 기법이 급속하게 확산되는 가운데 개인의 자유나, … 개인의 권리와 행동 테크놀로지 사이의 근본적인 충돌과 같은 기본적인 문제를 고려하려는 실질적인 조치가 거의 없다는 점이 더욱 우려스럽다고 보았다."[61]

그러나 상원의원들은 가장 극단적이고 치명적인 두 가지 행동수정 기법을 위해 가장 강력한 힐난의 표현은 아껴둬야만 했다. 가장 극단적이고 치명적인 두 가지 행동수정 기법에 대해 설명할 일이 남아 있었기 때문이다. 그 하나는 정신외과적 수술, 다른 하나는 '기계 장치를 이용해 인간 행동의 다양한 측면을 통제하는 방법'으로 정의되는 '전기생리학'적 기법이었다.

보고서는 "컴퓨터를 통해 지속적으로 행동을 감시·통제"하고 "의심스러운 행동을 방지"하기 위해 대상자가 착용하도록 고안된 '장치'를 가장 공포스러운 예로 제시했다.

소위원회는 수정헌법 제1조가 "스스로 생각할 개인의 권리"도 "동등하게 보호해야 한다"라고 주장했다. 프라이버시에 대한 권리는 시민의 생각, 행동, 성격, 정체성이 침입당하지 않도록 보호해 이 개념들이 "무의미해지는" 일을 막는 장치로 작동해야 한다. 스키너의 행동공학이 비판적 검토 대상으로 지목된 것은 이 같은 맥락에서였다. "새롭게 등장한 행동 통제 테크놀로지의 주된 요소는 조건화와 관련되어 있다. 다양한 설득 형태가 특정 유형의 행동을 자극하고 다른 행동은 억제하는 데 활용되는데 이때 조건화가 작동한다."[62]

소위원회 보고서는 미래에 게임화 기법이 행동수정수단으로 등장할 것을 예견이라도 하듯, "별점 제도"에서부터 정교한 보상 시스템에 이르기까지 "긍정적 강화"에 의존하는 더 "온건한" 접근 방식이 "인위적인 성격 개조 기법"으로 나타날 수 있다는 점에 대해서도 우려했다. 폭력을 억제해야 한다는 일반화된 강박은 "정당한 절차, 프라이버시, 개인적 자유에 대한 심오한 의문을 제기"하는 "행동 예측" 방법들을 탄생시켰다. 한 심리학자는 1974년 미국심리학회에서 발간하는 학술지 《모니터Moniter》에 기고한 논문에서 '행동을 통제하는' 능력을 자랑하는 동료 학자들에게 그들이 "혐오까지는 아니더라도 점점 더 의혹의 대상이 되고 있으며, 그 능력을 제한해야 한다는 주장이 대두되고 있다"고 경고했다. "즉 행동 통제에 대한 사회적 통제를 작동시켜야 한다는 움직임이 있다"는 주장이었다.[63]

소위원회의 여파는 길었다. 교도소 수감자나 환자의 인권을 옹호하는 단체들이 각 시설에서 수용자들의 행동에 가해지는 억압을 종식시키기 위한 활동의 동력을 얻었을 뿐만 아니라 심리학자들도 분명한 윤리 기준, 인증 절차, 훈련 프로그램, 승급 제도를 마련해 이 학문분과를 전문화할 필요성을 논의하기 시작했다.[64] 1974년에 통과된 국가연구법은 각 기관에 공식적인 검토위원회를 둘 것을 명시했으며, 인간 피험자에 대한 윤리적 대우를 위해 공통 규칙—나중에 페이스북이 면책을 주장해 유명해진—을 마련하고 제도화하기 위한 기반을 조성했다. 같은 해에 의회는 생명의학 및 행동연구에서의 인간 피험자 보호를 위한 국가위원회National Commission for the Protection of Human Subjects of Biomedical and Behavioral Research를 창설했다. 위원회는 5년 후 〈벨몬트 보고서Belmont Report〉를 발표했고, 이는 연방정부의 자금이 투입되는 미국의 모든 인간 피험자 대상 연구에 대해 윤리적 지침을 적용하는 기준이 되었다.[65]

1970년대의 한껏 높아진 권리의식은 행동수정을 시민의 삶에서 몰아냈거나 적어도 희미하게 만들었다. 연방교정국Federal Bureau of Prisons의 한 관계자는 관련 프로그램을 이끄는 책임자들에게 "우리가 주입하고자 하는 행동 유형에 대한 긍정적 보상과 강화라고만 말하고 '행동수정'이라는 용어는 쓰지 말라"고 권고했다. "늘 하던 일을 그대로 하고 있지만 그것을 '행동수정'이라고 지칭하면 일이 복잡해진다"고 말한 사람도 있었다.[66] 스키너는 《자유와 존엄을 넘어서》에 대한 일부 냉혹한 반응이 대중의 오해를 불러일으켰다고 믿으며 1976년 일종의 '도화선'으로서 《행동주의에 관하여About Behaviorism》를 출판했으나 이 책은 대중의 이목을 끄는 데 실패했다. 스키너의 전기를 쓴 작가에 따르면 "전투는 이미 클라이맥스를 지났다." 대중이 《자유와 존엄을 넘어서》를 베스트셀러로 만든 것은 사실이지만, "개인의 자유를 지키고 확장하는 것보다 더 중요한 문화적인 문제가 있다는 스키너의 주장은 확실히 거부했다."[67]

가장 흥미로웠던 점은 불안과 논쟁으로 가득했던 이 시기 내내 정부 외의 영역에서는 행동수정수단을 상상조차 할 수 없었다는 것이다. 즉 국가 권력이 행동수정을 독점했다. 1966년《하버드 로 리뷰Harvard Law Review》에 실린 한 논문은 전자적 추적, 감시, 행동 통제 등의 쟁점을 다루면서 "행동을 변화시키려는 정부의 시도를 염두에 두겠다"고 전제했는데, "민간에서 보다 더 일어날 가능성이 높기 때문"이라고 했다.[68] 정보기관 과잉, 닉슨 행정부 시기에 있었던 정보기관의 범죄 활동 지원, 국가 기관에서의 교정 목적의 통제를 위한 행동수정수단 이용 등으로 억눌렸던 미국사회의 민주적 욕구는 행동수정에까지 손길을 뻗치는 정부 권력을 거부하게 만들었다.

행동공학의 반민주적 침입에 맞섰던 상원의원, 학자, 인권운동가, 법조인, 그 밖의 많은 시민들은 알지 못했지만, 이 방법들은 사라지지 않았다. 행동수정 프로젝트는 전혀 예상하지 못했던 모습을 띠고 시장의 창조물로서 다시 수면 위로 떠올라, 디지털 테크놀로지를 통해 얻은 전례 없는 역량, 규모와 범위를 누리며 감시 자본주의의 깃발 아래 번창하게 될 것이다. 미국의 민주주의 세력이 국가 권력 형태로서의 행동수정에 저항하기 위해 결집했던 바로 그 시기 동안, 자본주의의 반란 진압 작전 또한 이미 수행되고 있었다. 기업은 개인과 같은 권리를 누리면서도 민주적 의무나 법적 제약, 도덕적 숙고, 사회적 고려로부터 자유로워야 했다. 확실히 미국의 경우, 국가의 힘이 약화되었고 선출직 공직자들은 선거 기간마다 기업의 부에 의존한다. 정부는 자율적 개인이라는 도덕적 명령을 수호하기는커녕 행동수정에 관한 시장 프로젝트에 이의를 제기하려는 마음조차 거의 없어 보인다.

가장 최근에는 행동수정이 글로벌 디지털 시장 구조의 모습으로 태어났다. 이 형태의 행동수정은 지리적 한계가 없고, 헌법적 제약으로부터 독립적이며, 자유, 존엄, 또는 어빈의 소위원회가 지키고자 했던 자유 질서의 유지에 위험을 야기하더라도 공식적으로 개의치 않는다. 20세기 중반의 행동수정수단이 적군 포로, 교도소 수감자, 벽으로 둘러싸인 또 다른 훈육 체계에 수용되어 있는 사람들, 즉 우리와 상관없는 '그들'을 겨냥했다는 사실에 비추어 보면 현 상황은 훨씬 더 고통스럽다.

오늘날 행동수정수단은 거리낌 없이 '우리'를 향한다. 이 신규 시장의 저인망에 모두가 휩쓸려 들어간다. 불안감을 품고 주말을 맞이하는 평범하고 순진한 호주의 열네 살 소년도 예외가 아니다. 네트워크에 연결되는 모든 길은 행동을 수집해 수익을 내려는 기업 권력의 욕구를 북돋운다. 휴대폰, 디지털 비서, 페이스북 로그인 같은 것들이 위협이 되는 이 시대에 민주주의의 망치는 대체 어디에 있나? 페이스북은 우리의 본능적 공감을 이용하고, 우리의 의식을 피하며, 우리의 자기결정 가능성을 우회하도록 세심하고 정교하게, 그리고 많은 비용을 들여 행위의 경제를 구축해 나가고 있으며, 우리가 감히 그러한 행위의 경제를 방해하는 마찰을 일으키면 그림자 속으로 숨어버리겠다고 협박한다. 이런 시대에 누가 자유를 옹호할 것인가? 우리가 지금 알아차리지 못한다면, 페이스북을 비롯한 모든 침입에 무감각해지기까지 얼마나 걸릴까? 얼마나 시간이 지나면 우리가 아무것도 못 느끼게 될까? 얼마나 시간이 지나면 그들이 우리를 소유하기 전에 우리가 누구였는지를 완전히 잊어버린 우리가 어깨에 숄을 두르고 돋보기를 손에 쥔 채 희미한 빛 속에서 자기결정권이라는 오래된 텍스트를 고대 상형문자를 해독하듯 탐구하게 될까?

우리는 2부를 지나오면서 결국 학습 분업화를 규정하는 본질적 질문들로 돌아왔다. 누가 아는가? 누가 결정하는가? 누가 결정하는지를 누가 결정하는가? '누가 아는가'라는 질문에 대해, 우리는 인구 전체를 아우르는 방대한 패턴으로부터 개인의 내밀한 삶의 세밀한 구석구석에 이르기까지 그림자 텍스트에 담긴 인간 행동에 관한 거대한 지식 응집을 살펴보았다. 이 새로운 정보 영역은 사적이고 독점적인 영토로서, 기계와 그 기계를 다룰 수 있는 데이터 사제들, 그리고 이 새로운 게임에 판돈을 낸 시장 참여자에게만 알려져 있다. 우리를 위한 지식이 아니라서 우리가 배제된다는 것은 어쩌면 당연한 일이지만, 이 배제에는 그보다 더 심원한 구조적 이유가 결부되어 있음이 드러났다. 이제 우리는 감시 자본가들이 우리의 의식을 피해가는 능력이 지식 생산을 위한 필수적인 조건임을 안다. 우리 자체가 그림자 텍스트의 정교화와 이를 통한 감시 자본주의의 지식 지배를 방해하는 마찰 요인이기 때문에 우리를 배제시킬 수밖에 없는 것이다.

'누가 결정하는가'에 대해서, 학습의 분업화는 감시 자본의 사적 소유자가 선언하고 침입함에 따라 결정되어 왔다. 이것은 또 하나의 필수적 축적 조건으로, 국가가 사기업의 은밀한 영역에 대한 민주적 감독 역할을 거부했기 때문에 가능해진 일이다. 끝으로, '누가 결정하는지를 누가 결정하는가'에 대해서는, 적어도 지금까지는, 법의 규제를 벗어난 감시 자본의 비대칭적 권력이 그 답이다.

감시 자본주의 환경에서 이루어지는 행동의 상품화는 우리의 미래 사회에서 학습의 배제적 분업화가 비밀주의, 해독불가능성, 전문성으로 보호되도록 할 것이다. 당신의 행동에서 나온 지식이 1차 텍스트에서 참여에 대한 대가로 당신에게 다시 돌아올 때조차도, 그와 동시에 은밀하게 작동하는 그림자 텍스트는 다른 시장―즉 당신을 위한 시장이 아닌 당신에 관한 시장―에 내놓을 예측상품 제조를 위해 잉여를 수집하고 있을 것이다. 이 시장이 당신에게 의존하는 지점은 처음에는 잉여를 추출하는 원재료 공급원으로서, 그 다음에는 보장된 성과를 위한 표적으로서 뿐이다. 우리는 시장 행위에 핵심적인 존재가 아니므로, 공식적인 통제권도 갖지 못한다. 이러한 미래에 우리는 우리 자신의 행동으로부터 추방당하며, 우리의 경험에서 나온 지식에 접근할 수도 없고 그러한 지식을 통제할 수도 없다. 지식, 권한, 권력은 감시 자본에 달려 있으며, 우리는 '인간이라는 천연 자원'에 불과하다.

05

미래 시제에 대한 권리
: 개인의 존엄성을 위한 의지에 대한 자유

그러나 그는 이 청년들을 위해 그런 미래를 계획했던 것
지금의 임무는 강요임에 틀림없으니,
진정으로 진리를 사랑할 때가 오리라
그리고 그때가 되면 감사하리라. 그의 독수리는 떨어졌다.

— W. H. 오든, 《중국 소네트》 IX

I. 미래에 대한 나의 의지

나는 일찍 일어난다. 하루의 시작은 눈을 뜨기 전부터다. 정신이 먼저 작동한다. 꿈속에서 단어와 문장이 흘러나와 어제 풀다 만 문제를 해결한다. 오늘의 첫 번째 할 일은 퍼즐을 풀 단어들을 찾는 것이다. 이제 비로소 감각들을 깨울 차례가 된다. 나는 마치 교향곡처럼 어우러져 들리는 창밖의 새소리 가운데서 각각 어느 새가 내는 소리인지 구별해본다. 딱새, 개똥지빠귀, 어치, 딱따구리, 참새, 찌르레기, 박새 … 호수 위로 날아오르는 기러기떼 울음소리가 그 위로 날아오른다. 나는 따뜻한 물로 얼굴을 적시고, 찬물을 마셔 몸을 각성시킨 다음, 개와 교감한다. 집은 아직 고요하다. 나는 커피를 한

잔 내려 서재로 가서 책상 의자에 자리를 잡고 컴퓨터를 켜고 작업을 시작한다. 생각하고, 글을 쓰고, 글을 읽을 독자를 상상한다. 이것이 내가 수년 동안 매일같이 하는 일이다. 그리고 앞으로도 1~2년 동안은 계속 똑같을 것이다.

나는 책상 위 창문을 통해 계절을 본다. 초록빛이던 풍경은 붉게 물들었다가 황금빛이 되고, 그 다음에는 하얗게 변하며, 다시 초록빛으로 돌아온다. 친구들이 집에 오면 서재를 들여다보곤 한다. 서재는 온통, 심지어 바닥까지도 책과 종이로 뒤덮여 있다. 나는 그들이 이 광경을 보고 숨막혀한다는 것을 안다. 어떤 친구는 이게 다 내가 할 일이고 나의 일과가 이 일들 때문에 제약당하고 있다는 생각에 말없이 동정하는 눈빛을 보내기도 한다. 그들은 아마 내가 얼마나 자유로운지 모를 것이다. 사실 나는 그 어느 때보다도 자유롭다고 느낀다. 어떻게 그럴 수 있느냐고?

나는 이 책을 완성하겠다고 약속했다. 그럼으로써 나는 미래 시제에 깃발을 꽂았다. 내가 약속을 저버린다면 존재할 수 없을 미래를 구축하겠다는 의지 표명이다. 나는 미래의 사실을 먼저 상상하고 나서 그 사실을 존재하게 할 수 있다. 그 능력이 없다면 이러한 미래는 존재하지 않을 것이다. 나는 의지와 목적을 가지고 현재와 미래 사이를 꿈틀대며 이동하는 자벌레다. 내가 가로지르는 영토가 조금 넓어질 때마다 알려진 세계에 그만큼이 더해진다. 이는 나의 노력으로 불확실성이 사실로 바뀌는 과정이다. 내가 약속을 어긴다고 해도 세계가 무너지지는 않는다. 출판사는 나와의 계약 하나쯤 파기되어도 큰 문제가 되지 않을 것이고, 독자는 다른 책을 찾아 읽으면 그만이다. 나 또한 다른 프로젝트를 하면 된다.

하지만 약속이라는 닻이 변덕이나 유혹에 굴하지 않도록 나를 붙잡아준다. 약속은 하겠다는 의지의 산물이며, 그렇게 되기를 바라지만 아직 실현되지 않은 미래를 향해 나를 인도하는 나침반이다. 나의 의지 바깥의 에너지원에서 발생한 사건들이 내가 예측하거나 통제할 수 없는 방식으로 나의 진로를 갑자기 바꿀 수도 있다. 실제로 이 책을 쓰는 중에도 여러 일이 있었다. 그러나 불확실성이 존재한다는 확실한 사실에도 불구하고 내가 자유롭다는 사실에는 의심의 여지가 없다. 나는 특정한 미래를 만들어내기로 약속할 수 있으며, 그 약속을 지킬 수 있기 때문이다. 내가 상상한 책이 미래에 존재하기로 되어 있다면 그것은 틀림없이 미래에 존재하게 될 것이다. 내가 그렇게 하겠다는 의지를 가지고 있기 때문이다. 나는 나만 상상하거나 의도할 수 있는 미래가 이미 포함되어 있는 광활한 풍경 속에서 살고 있다. 나의 세계에서 이 책은 이미 존재한다. 약속을 지킴으로써 그것을 가시화할 뿐이다. 이러한 의지 발휘가 바로 미래 시제에 대한 권리 주장이다.

약속을 한다는 것은 미래를 예측하는 일이며, 약속을 지키는 것은 의지를 행사해 예측을 사실로 바꾸는 일이다. 우리의 심장은 혈액을 순환시키고 신장은 혈액을 걸러내듯이, 우리의 의지는 끈질기게 새로운 문장 또는 발을 내딛을 곳을 하나하나 찾아내면서 미래를 창조한다. 이것이 우리가 우리 미래의 저자로서 1인칭 주어로 말할 권리를 주장하는 방법이다. 철학자 한나 아렌트는 의지를 탐구하는 데에만 책 한 권을 할애했다. 아렌트에 따르면 기억이 과거를 위한 정신기관mental organ이듯이 의지는 "미래를 위한 정신기관"이다. 의지가 가진 힘은 그것이 "보이는 것이든 보이지 않는 것이든, 한 번도 존재한 적이 없는" 것들을 다루는 독특한 능력에 있다. "과거가 우리의 정신에 언제나 확실한 사실인 척 재현되듯이 미래는 어떤 일이 일어날 확률이 아무리 높게 예측되더라도 기본적으로 불확실하다는 특징을 갖는다." 우리는 과거에 관해 이야기할 때 오로지 이미 있는 객체object만 보지만 미래에 대해서는 아직 존재하지 않는 것을 '투사project(여기서 아렌트는 하이데거의 '기투企投' 개념을 원용하여 'project'라는 용어를 사용했다—옮긴이)'한다. 자유로운 의지를 지닌 우리의 행위는 투사한 바를 실현하겠다는 우리의 결심에 전적으로 좌우된다. 즉 그것은 '하지 않았을 수도' 있는 일이다. 아렌트는 "자유롭지 않은 의지"란 "그 자체로 모순적인 용어"라고 말한다.[1]

의지는 미래를 존재케 하는 정신적 기관이다. 의지를 '미래를 위한 정신 기관'이라고 표현한 아렌트의 은유는 그것이 우리 안에 내재하며, 따라서 유기체적이고 생래적이며 빼앗을 수 없음을 암시한다. 도덕철학자들은 이 것을 '자유의지'라고 불러왔는데, 그것이 불확실성에 대한 공포 때문에 행위 자체가 억압되는 데 대해 인간이 맞설 수 있는 대척점이기 때문이다. 아렌트는 약속이 "불확실성의 바다"에 있는 "예측가능성의 섬"이자 "신뢰가능성의 이정표"와 같다고 설명한다. 약속은 "자기 자신과 타인에 대한 지배"에 의존하는 체제를 벗어날 수 있게 해주는 유일한 대안이다.[2]

자유의지 개념에 대한 논쟁이 수 세기 동안 이어졌지만 논쟁의 결과가 오히려 우리 자신의 의지 선언을 침묵시킨 경우가 너무 많았다. 인간이 지닌 가장 근본적인 특성이 주장하기 껄끄러운 주제가 된 것이다. 나는 내가 직접 경험한 자유를 신성한 진실로 인식한다. 그것은 생명을 우발적이고 무작위적인 존재, 나의 지식이나 영향력을 넘어서는 외부 자극에 의해 변화되며, 비합리적이고 신뢰할 수 없지만 분별하거나 피할 수도 없는 정신적 프로세스가 난무하는 존재로 보는 행동주의자들의 공식으로 환원될 수없다.[3]

'자유의지'를 연구한 미국 철학자 존 설—1부 5장에서 그의 '선언'에 관한 논의를 살펴본 바 있다—도 비슷한 결론에 도달했다. 그는 우리가 어떤 행위를 하는 이유와 그들의 실제 행위 사이의 '인과적 간극causal gap'에 관해 설명한다. 무엇인가를 할 만한 충분한 이유가 있다고 해서 꼭 그렇게 하는 것은 아니라는 뜻이다. "철학에서는 전통적으로 이 간극을 '의지에 대한 자유'라고 부른다." 이 개념의 "어두운 역사"에 대한 응답에서 그는 "혹여 간극이 환상일지라도 그것은 떨쳐낼 수 없는 환상이다. … 약속을 한다, 약속을 지킨다는 관념은 그 간극을 전제로 한다. … 이는 약속을 하거나 지키는 주체 쪽에서 자유를 의식하고 감지할 것을 요구한다."[4]

의지에 대한 자유는 모든 약속의 실존적 뼈대이며, 이 뼈 위에 도덕이라는 살이 붙어 있다. 디지털 이전 시대의 인간이 진정한 인간이었다며 자의적으로 특권을 부여하거나 향수에 젖어서 진실성을 강조하는 것은 아니다. 이것이 엔트로피나 관성의 무게와 관계없이, 시간을 무너뜨려 현재만 지속되는 영원한 섀도복싱의 세계로 밀어넣으려는 압력이나 협박에도 개의치 않고, 우리가 우리 자신에게 보장할 수 있는 유일한 종류의 자유다. 이 뼈대는 우리의 문명이 개인의 존엄성을 지지하고 인간 고유의 대화와 문제 해결 능력을 존중하는 '도덕적 환경'일 수 있게 하는 필수 조건이다. 이 뼈대를 부러뜨리거나 이 살을 찢는 사람, 사상, 행위는 우리가 써 나가야 할 미래를 우리에게서 빼앗는 것이다.

할 배리언 같은 사람들은 고색창연한 장신구처럼 취급하지만 이 원칙은 수천 년에 걸친 인류의 투쟁과 희생으로 어렵게 얻은 성취다. 우리 자신의 의지로 꾸준히 약속하기와 약속 지키기 사이의 간극을 좁혀야만 우리의 자유가 꽃을 피울 수 있다. 여기에는 나의 의지로 미래에 영향을 줄 수 있다―물론 미래 전체가 아니라 내 몫의 미래에 대한 권한이다―는 뜻도 포함되어 있다. 이와 같이 의지에 대한 자유의 주장은 미래 시제에 대한 권리의 주장이며, 이 권리는 인간으로서의 완전한 삶을 가능케 하는 조건이다.

그렇다면 미래 시제에 대한 권리 주장처럼 기초적인 요소를 왜 인권의 문제로 다루어야 하는 것일까? 짧게 답하자면, 그럴 필요가 생겼다. 위태로워졌기 때문이다. 존 설은 '인간 생명체의 특징'에서 비롯되는 기초적인 권리조차도 그것이 체계적 위협을 받는 역사상의 순간에 이르러서야 공식적인 인권으로 결정화된다고 주장한다. 예를 들어, 발화 능력은 기초적인 특징이지만, 발언의 자유가 위태로워질 만큼 사회의 정치적 복잡성이 진화하고 나서야 비로소 공식적인 권리로서의 '발언의 자유' 개념이 나타났다. 존 설의 설명에 따르면 발화는 호흡이나 몸의 움직임만큼 인간의 삶에 기초적인 요소가 아니다. 아무도 '숨 쉴 권리'나 '몸을 움직일 권리'를 선언하지 않는다. 이 기초적 권리는 공격받은 적이 없고, 따라서 공식적인 보호를 필요로 하지 않기 때문이다. 설은 무엇이 기본권으로 인정받게 되는지는 "역사적 조건에 의해historically contingent", "실용적인" 이유로 정해진다고 주장한다.⁵

나는 우리가 지금 역사적으로 범발적panvasive(크리스토퍼 슬로보진Christopher Slobogin이 현대 정부가 대개 아무런 잘못도 저지르지 않은 수많은 시민을 일상적, 무작위적으로 감시하는 현상을 기술하기 위해 제안한 용어로, 본서에서는 '병이 몸의 특정 부위에만 일어나는 것이 아니라 모든 기관과 부위에 널리 발생함'을 뜻하는 범발汎發이라는 단어를 차용했다-옮긴이) 디지털 행동수정 아키텍처에 의해 미래 시제에 대한 권리라는 기초적인 권리가 위협받는 순간에 와 있다고 본다. 이 아키텍처는 감시 자본에 의해 소유, 운용되고, 경제성의 요청에 의해 필수적인 존재가 되며, 운동 법칙에 의해 추동된다. 이 모두가 보장된 성과를 위한 일이다.

II. 미래에 대한 우리의 의지

아주 단순하게 표현하자면, 불확실성 없이는 자유도 없다. 불확실성이란 인간의 의지를 약속의 형태로 표현하게 하는 매개체다. 당연히 우리는 우리 자신에게뿐 아니라 다른 사람과도 서로 약속한다. 우리가 우리의 의지와 약속을 서로 합치면 공동의 미래를 향한 집단행동의 가능성, 즉 이 세계에 우리의 미래상을 실현시키겠다는 결의를 가지고 함께 나아갈 가능성이 창출된다. 이것이 바로 고대 로마에서 우리가 '계약'이라고 부르는 제도가 발

생한 기원이다.[6]

계약은 인간 공동체에서 불확실성을 덜어내기 위해 만든 공동의 '예측 가능성의 섬'으로 시작되었으며, 여전히 이 의미를 지니고 있다. 한 저명한 학자는 "계약법의 핵심을 가장 간단히 설명하자면, 약속과 합의를 이루고 지키는 사회적 행위를 보조하고 그 형태를 정하기 위한 법"이라고 요약했다. 또 다른 학자는 "계약법의 초점은 협력의 문제에 있다"라고 했다. "계약법은 … 모든 사람을 동등하게 존중한다는 도덕적 이상을 반영한다. 이러한 사실은 왜 계약법이 진정한 법률적 의무를 낳을 수 있으며, 단지 강요만 하는 체계가 아닌지를 설명한다"라고 본 학자도 있다.[7]

비계약의 파괴성이 가장 분명하게 노출되는 것이 바로 이러한 맥락에서다. 배리언의 주장을 다시 떠올려보자. 그는 누군가가 차량 렌트 할부금을 내지 않았을 때 "차량 모니터링 시스템을 통해 시동이 걸리지 않게 한다거나 차량 환수를 위해 차가 있는 위치를 알아내는 일이 훨씬 쉬워졌다"라고 했다. 배리언은 이 새로운 기능을 '새로운 계약 형태'라고 부르지만, 실상 그것은 법적인 구속력이 있는 약속으로 이루어진 인간 세계를 버리고 자동화된 기계 프로세스라는 실증주의적 계산식으로 대체하므로 계약이 아닌 비계약이다.[8] 배리언의 비계약은 잘 지내라는 말 한 마디나 손 인사 하나 없이 서구 문명이 수천 년 간의 진화를 통해 이룬 공동 의지, 즉 계약을 폐기한다.

레키리미엔토나 '노예 계약'에서 볼 수 있듯이, 어느 시대에나 기득권 세력은 불평등을 강요해 상호 약속의 의미, 사실상 그 가능성 자체를 제거하려 했고, 이에 따라 계약 제도가 왜곡되거나 남용되었던 것은 엄연한 사실이다.[9] 예를 들어, 막스 베버는 계약의 자유라는 위대한 성취가 재산이 "타인에 대한 권력 획득" 수단으로 이용되는 기회를 창출했다고 경고했다.[10]

그러나 오늘날의 비계약은 일방적인 권력을 행사하는 데 있어서 전례 없는 능력을 발휘한다. 비계약은 널리 확산된 모니터링과 원격 액추에이션을 결합하는 장치를 이용해 인터넷에서 비롯된 '새로운 경제'가 인간의 약속이나 사회 참여를 우회할 수 있게 만든다.[11] 비계약은 그 대신 경제학자 올리버 윌리엄슨Oliver Williamson이 말한 "계약 유토피아"—완벽한 정보를 가진 완벽하게 합리적인 사람들이 언제나 정확히 약속한 바를 수행하는 상태—를 목표로 한다.[12] 그런데 윌리엄슨도 지적했듯이 문제는 "모든 복잡한 계약은 불가피하게 불완전하다"는 점이다. "계약 당사자들은 계약이 처음부터 갖고 있던 허점, 오류, 누락에서 기인하는 예기치 않은 교란에 적응해야 한다."[13]

건축 계획에 따라 집을 짓는 모습을 본 적이 있다면 윌리엄슨이 말하려고 하는 바를 쉽게 이해할 수 있을 것이다. 도면과 시방서의 내용을 실제로 구현하는 데 필요한 모든 세부사항을 충분히 보여주는 청사진이란 존재하지 않는다. 일어날 수 있는 모든 문제를 미리 알려주는 건축 계획은 없으며, 대개는 그 근처에도 못 미친다. 예상하지 못했지만 불가피한 문제가 발생했을 때 협력을 통해 그것을 해결해 나가면서 도면에서 의도된 바를 충족할 수 있는 조치를 찾아내는 것이 시공자의 역량이다. 그들은 불확실성을 지닌 계획에서 현실을 구현해내기 위해 협력한다.

계약을 통해 서로 합의하는 사람들도 주택 시공자들처럼 서로 공조한다. 그것은 이미 합의된 종착점을 찾아가는 미로에서의 길 찾기가 아니라 예상치 못한 장애물에 부딪히며 계속해서 목표와 수단을 다듬고 명료하게 하는 일이다. 이 같은 계약의 사회적 성격은 갈등이나 불만을 초래할 수도 있고 이 때문에 의기소침해지거나 화가 날 수도 있지만 신뢰와 협동심, 응집력, 적응력을 낳기도 하며 이러한 덕목들은 인간이 미지의 미래를 뚫고 나가기 위한 수단이 되기도 한다.

윌리엄슨은 "계약 유토피아"가 존재한다면, "계획"이라는 말로 표현할 수 있을 것이라고 말한다. 다른 유토피아와 마찬가지로 이 역시 "집단적인 목적을 향한 깊은 헌신"과 "개인의 복종"을 요구한다. 여기서 복종이란 계획에 대한 복종을 말한다. 윌리엄슨의 표현대로라면 완벽한 합리성을 전제로 한 계약이란 "계획에 의해 작동하는 세계"다. 그런 계획은 사회주의 경제 체제에서 기본적인 제도였다. 사회주의 체제에서는 "높은 인지 능력 수준"을 지니고 있는 '새로운 인간'을 이상적인 인간상으로 보았고, 따라서 고도로 효과적인 계획을 설계할 수 있을 것이라고 기대했다.[14] 배리언은 사회주의의 "새로운 인간"을 재빨리 감시 자본주의적 경제성이 규정하는 시장으로 치환했다. 이 시장은 유비쿼터스 컴퓨팅 아키텍처, 데이터를 지속적으로 공급받는 기계 지능, 패턴을 식별해내는 분석 기법, 그 패턴을 규칙으로 전환하는 알고리즘을 통해 표현된다. 이것이 비계약의 핵심이다. 비계약은 계약에 내재한 인적·법적·경제적 위험 요소들을 민간 기업이 구축하고 모니터링하고 유지하는 계획으로 대체해 보장된 성과를 추구한다. 계약 유토피아가 아닌 비계약 디스토피아다.

2016년 11월 일리노이주의 소도시 벨빌Belleville에서 세 사람이 겪은 일은 비계약의 디스토피아가 우리를 지배하도록 내버려 두었을 때 우리가 무엇을 잃게 되는지를 보여주었다. 키핑 부부는 1998년식 뷰익 차량을 구입하느라 신용조합에서 350달러를 융자받았다. 그들은 이번 달에도 할부금 95달러를 내지 못했다. 신용조합은 지역 협력업체의 짐 포드에게 차량 견인을 요청했다.

포드는 벨빌에 있는 키핑의 집을 찾아갔다. 그런데 막상 약을 사야 할지 할부금을 내야할지를 두고 고민하는 노부부를 보자 혼란스러워졌다. 포드는 우선 차량 회수 수수료를 받지 않겠다고 했다. 키핑 부부는 무척 고마워했고, 차를 대접하며 돈을 내지 못한 사연을 들려주었다. 포드가 불확실한 현실과 계약 조건 사이의 다리를 건너가기로 결심한 것은 바로 그때였다.

그는 인간적인 일을 하고 말았다. 신용조합에 전화해서 부부의 빚을 대신 갚겠다고 말한 것이다.

신용조합 담당자는 포드가 '절차'를 따라야 한다고 주장했다. 포드는 정의라고 생각되는 무엇인가를 향해 미로에서 길을 찾는 심정으로 끈질기게 고대로부터 내려오는 계약의 사회적 원칙을 들먹였다. 결국 담당자는 부부와 '협력'해 해결 방법을 찾아보는 데 동의했다. 이야기는 여기서 끝나지 않는다. 온라인 모금을 시작하자 24시간도 안 되어 차량대금을 모두 갚고, 차량을 정비하고, 노부부의 추수감사절 식탁을 위한 칠면조를 사고, 그러고도 1,000달러를 선물할 수 있을 만큼 후원금이 들어왔다.

그 다음에는 더 흥미로운 일이 일어났다. 지역 신문에 이 이야기가 실리자 웹과 전통적인 매체를 통해 빠르게 퍼져나가 수백만 명의 사람들이 이 드라마 같은 이야기에 반응한 것이다. 아마도 소중하고 필요하지만 이제는 사라질 위기에 처한 무엇인가에 대한 기억을 자극했기 때문일 것이다. 짐 포드는 문명화된 삶에서 가장 소중하게 여겨야 하는 것이 무엇인지를 상기시켰다. 그것은 바로 우리의 미래 시제에 대한 권리를 함께 주장하고, 대화, 문제 해결, 공감에 대한 우리의 상호 약속 의지를 합해 우리의 미래를 표현하는 것이다. 그는 이 점을 힘주어 말했다. "사람들에게 친절하십시오. 그렇게 어려운 일이 아닙니다. 이게 미친 짓으로 보인다는 사실이 슬픕니다. 이런 일이 일상적이고 평범하게 보여야 마땅합니다."[15]

비계약의 디스토피아에서 이런 인간적인 일은 결코 일상적이거나 평범할 수 없다. 키펑에게 차량 대금을 융자해준 신용조합이 스피리온(2부 1장 V절 참조-옮긴이)의 텔레매틱스를 이용해 원격 차량 모니터링 시스템으로 운행하지 못하게 했다면 어떻게 되었을까? 그랬다면 대출 담당자가 개입할 여지 자체가 없었을 것이고, 성가시고 예측불가능하고 신뢰할 수 없는 인간 의지의 발동을 제거할 의무를 띤 알고리즘이 낡은 뷰익을 압류해 버렸을 것이다. 키핑 부부와의 티타임도, 그들의 이야기를 들어줄 사람도 없었을 것이다. 만일 그랬다면, 미로에서 대안적인 길을 찾아 볼 기회도, 신뢰를 구축할 기회도, 집단행동을 일으킬 일도, 명절의 가슴 뭉클한 미담도, 인간이 만든 최고의 제도가 보존되고 강화되는 미래를 그려 볼 희망도, 불확실성에 대한 공동의 저항도, 공동의 자유도 없었을 것이다.

비계약의 디스토피아에서는 이전에 사회적 신뢰를 쌓거나 회복하기 위해 했던 모든 인간 활동이 보장된 성과를 향한 행진을 방해하는 불필요한 마찰로 재해석되고, 그런 활동이 점유했던 공간을 확실성에 대한 감시 자본주의의 요구가 대신 채운다. 불확실성의 제거는 인간의 교활하고 기회주의적인 본성에 대한 승리로 추앙받는다. 이제 중요한 것은 어떤 행위를 할 이유를 실제 행위로 변환하는 규칙, 객관적으로 행동을 측정할 방법, 그리고 둘 사이를 일치시키는 일뿐이다. 사회적 신뢰는 결국 꼬리뼈나 사랑니처럼 자취만 남기고 퇴화되어, 진화의 흔적을 찾아볼 수는 있지만 그것을 작동하게 하는 맥락과 목적이 사라져 더 이상 제 기능을 하지 못하는 존재가 되고 만다.[16]

비계약, 그리고 그것이 목적을 달성해나가는, 즉 수익을 창출하기 위한 행동수정 회로는 사회를 불신이 당연하게 여겨지는 혹독한 황무지로 해석한다. 더불어 거기에 사는 우리의 삶도 이미 실패했다고 본다. 따라서 확실성을 위한 강제적인 개입이 정당화된다. 자동화된 계획과 계획자들이 점차 정상적인 것으로 여겨진다. 이 같은 정황에서 차량 회수 담당자 한 사람의 인간적인 반응은 감시 자본주의가 반드시 절멸시켜야 할 대상이 무엇인지를 정확하게 보여준다.

불확실한 미래를 선택해나가는 과정에서 실패와 승리가 주는 인간적인 활기는 순종하기만 하면 되는 단조로움에 자리를 내주었다. 신뢰trust라는 단어는 남아 있지만 그 단어가 지칭하는 대상은 시장의 논리라는 새로운 지배자가 나타나면서 인간의 경험에서 사라진 지 오래다. 이제는 기억조차 희미해진 추억담, 꿈속의 꿈에 대한 해묵은 주해가 되어 버렸다. 그 꿈이 죽으면서 경악의 감정과 저항감도 죽는다. 우리는 마비되어간다. 우리가 무감각해질수록 그들이 우리에게 더 큰 순종을 강요할 수 있는 길이 열린다. 지식과 권력의 전례 없는 비대칭성이 구축한 학습의 병리적 분업화는 우리를 새로운 불평등에 고착화시킨다. 이제 세계는 조율하는 자와 조율되는 자, 모는 자와 몰아지는 자, 광부와 그들이 캐는 원재료, 실험자와 실험당하고 있다는 사실을 모르는 피실험자, 미래에 대한 의지를 피력하는 자와 다른 사람들의 보장된 성과를 위해 묵살당하는 자로 나뉜다.

그러니 이제 방향을 정하자. 불확실성은 카오스가 아니다. 오히려 현재 시제의 필연적 서식지다. 우리는 지배 권력이나 계획에 의한 확실한 독재 대신 오류투성이더라도 공동의 약속, 공동의 문제 해결 쪽을 택하고자 한다. 오류들은 의지를 가질 자유를 위해 지불해야 하는 대가이기 때문이며, 그러한 자유가 미래 시제에 대한 권리를 낳기 때문이다. 자유가 없다면 미래는 단순한 행동만 존재하는 무한한 현재로 전락한다. 거기에는 주체subject도 투사project도 없다. 단지 객체object만 있을 뿐이다.

감시 자본주의가 우리를 위해 준비한 미래는 나의 의지와 당신의 의지를 감시 수익의 흐름을 위협하는 존재로 여긴다. 우리를 파괴하려는 것은 아니다. 단지 우리의 저자가 되고자 할 뿐이며, 저작권자로서 수익을 얻으려 할 뿐이다. 과거에는 상상해보기만 했던 일이 이제 실현가능해졌다. 과거에는 거부당했던 일이지만 이제는 뿌리를 내릴 수 있게 허용되었다. 우리는 부지불식간에 퇴각, 저항, 엄호와 같은 의미 있는 대안들을 빼앗긴 채 덫에 걸려들었다.

약속에의 약속, 의지에의 의지는 이러한 기형화보다 더 강하다. 그 약속과 의지는 우리에게 우리 인간이 공동의 약속이라는 배를 타고 불확실성의 바다를 항해하며 알려진 것과 알려지지 않은 것 사이의 균열을 치유했던 장소를 상기시킨다. 인간이 개척해나가는 현실 세계에 완벽한 정보나 완벽한 합리성은 존재하지 않는다. 삶은 우리가 미래를 알 수 없을 때에도 행동을 취하거나 약속을 하게 만든다. 아이를 낳아 보았거나 사랑에 마음을 빼앗겨 본 사람이라면 알 것이다.

신은 미래를 알지만 우리는 미래는커녕 현재에 대해서도 모든 것을 알 수 없다. 그래도 우리는 앞으로 나아가며 위험을 감수하고 다른 사람들과 약속을 한다. 이것이 우리가 가진 자유의 핵심이며, 이는 미래 시제에 대한 권리로 표현된다. 그런데 이 권리의 운명이 위기에 처했다. 감시 자본가들이 행동수정수단을 구축하고 소유하면서 벌어지고 있는 일이다. 이 권리는 절멸된 것이 아니라 찬탈당했다. 감시 자본이 독점권을 주장하며 우리의 미래 시제를 빼앗아 축적하고 있는 것이다.

III. 그들은 어떻게 빠져나갔나?

나는 앞서 10개 장을 할애해 감시 자본주의란 새로운 경제성 요청에 의해 만들어진 전례 없는 축적 논리를 말하며, 기존의 모델과 가정으로는 그 메커니즘과 영향을 포착할 수 없음을 설명했다. 이전의 절박성, 즉 생산수단 강화, 성장, 경쟁을 통해 이윤을 극대화해야 한다는 압박이 사라졌다는 뜻은 아니다. 그러나 이제는 이전의 이윤 극대화 전략도 감시 자본주의의 새로운 목표 및 메커니즘을 통해 작동해야 한다. 나는 앞에서 다룬 논의의 요약이자 '그들은 어떻게 빠져나갔나?'라는 질문에 대한 전주곡으로서, 새롭게 압박해오는 절박한 과제에 관해 간략히 정리해보면서 이 절을 시작하고자 한다.

감시 자본주의 이야기는 행동잉여로부터 시작된다. 행동잉여는 온라인 환경에 이미 존재했지만, 구글이 서버를 꽉 메운 '데이터 배기가스'를 자사의 강력한 분석 능력과 결합하면 사용자 행동을 예측할 수 있다는 사실을 깨달았던 것이다. 예측상품은 이례적으로 수익성이 높은 판매 프로세스의 기초가 되었고, 이는 미래행동시장이라는 신규 시장에 불을 붙였다.

데이터의 양이 늘어날수록 구글의 '기계 지능'이 향상되고, 그러면 더 나은 예측상품이 생산된다. 이 동학은 추출의 절박성을 확립한다. 잉여 축적에 규모의 경제가 필수적이라는 점을 나타내는 추출의 절박성은 더 많은 행동잉여를 가차 없이 추적, 사냥, 유도하는 자동화된 시스템에 의존한다. 구글은 정복의 논리를 이용해 인간의 경험을 무상으로 취할 수 있고 데이터로 렌더링할 수 있으며 감시 자산으로 소유할 수 있다고 규정한다. 구글은 수사학적, 정치적, 기술적 전략을 두루 활용해 이 프로세스와 함의를 난독화하는 법을 배웠다.

규모를 키워야 한다는 압박은 행동잉여를 대규모로 공급받을 수 있는 새로운 경로를 집요하게 찾아다니게 만들었고, 원재료 공급을 장악하고 이 예기치 않은, 그리고 잘 알려져 있지도 않은 수탈 행위를 추진할 무법 지대를 찾아내려는 기업들 사이의 경쟁적 역학관계를 낳았다. 그러는 동안 감시 자본가들은 부단히, 그러나 은밀하게 우리를 길들였다. 그 과정에서 우리 생활에 꼭 필요한 정보와 서비스에 대한 접근권이 인질로 잡혔고, 우리의 사회 참여 수단이 그들의 이해관계와 얽혀버렸다.

수익성이 좋은 예측상품은 행동잉여에 의존하며 경쟁은 새로운 층위의 공급 문제를 유발했다. 이것이 바로 예측의 절박성이다. 더 강력한 예측상품은 규모의 경제에 더해 범위의 경제를 요구한다. 행동잉여의 양뿐 아니라 다양성도 중요해졌다는 뜻이다. 다양성은 두 차원에서 달성될 수 있다. 첫째, 활동 범위를 더 넓게 확장할 수 있고, 둘째, 각 활동 내에서 더 세부적인 사항으로 예측의 깊이를 심화할 수 있다.

경쟁적 강도가 심화되는 이 새로운 단계에서, 감시 자본가들은 가상 세계에서 현실 세계로 떠밀려 나온다. 이 이동은 인간 경험의 모든 측면을 행동 데이터로 렌더링하는 새로운 기계 공정을 요구한다. 이제 전 세계를 아우르며 빠르게 진화해가는 유비쿼터스 컴퓨팅 아키텍처, 그리고 이에 따른 유비쿼터스 공급 기회라는 맥락 속에서 경쟁이 일어나며, 확실성에 더 가까이 다가가 미래에 일어날 행동을 확실하게 보장하리라는 예측상품에 대한 기대가 점점 더 커진다.

경쟁적 강도가 심화되는 세 번째 단계에 이르면, 감시 자본가들은 행위의 경제가 필요하다고 깨닫는다. 행위의 경제는 현실에서 행동이 일어나고 있는 상태에 실시간으로 개입해 원천에서부터 적극적으로 행위를 변화시키기 위해 행동의 추적, 수집, 분석, 예측을 넘어서는 새로운 방법에 기반한다. 그 결과 정교한 행동수정수단이 등장하고 생산수단이 이에 종속된다. 행동수정수단은 개인, 집단, 인구 전체의 행동을 의도한 대로 주조해 보장된 성과에의 근접성을 계속 높이기 위해 다양한 기계 공정, 기법, 전술(조율, 유도, 조건화)을 활용한다. 산업 자본주의가 끊임없이 생산수단을 강화해야 했듯이, 감시 자본가들도 행동수정수단을 끊임없이 강화해야만 하는 순환 구조에 갇혔다.

초기에 감시 자본가들의 관심은 자동화된 기계 프로세스를 이용해 사람들의 행동을 알고자 하는 데에 있었지만, 이제는 관심사가 기계 프로세스를 이용해 사람들이 원하는 행동을 만들어내는 쪽으로 옮겨갔다. 다르게 표현하자면, 이 15년 동안의 궤적이 우리를 사용자에 대한 정보 자동화 automating information에서 사용자 자동화automating you로 데려간 것이다. 유비쿼터스 테크놀로지가 나날이 확산되고 있다는 점을 볼 때 이 대담하고 무자비한 거미줄을 벗어나기란 거의 불가능해졌다.

앞에서 나는 방향을 다시 정하려면 경악과 분노의 감정을 되찾으라고 호소했다. 그들이 구글 선언의 토대 위에 세워진 행동수정수단에 항복할 것을 요구할 때, 우리는 그 수탈에 우리를 끌어들이려는 파우스트의 계약을 거부해야 한다. 나도 '그들은 어떻게 빠져나갔나?'라고 질문할 때 고려해야 할 여러 납득할 만한 이유가 있으며, 그 이유들이 서로 얽혀 있다는 점은 염두에 두고 있다. 이 질문에 대한 답은 단순한 인과관계가 아니라 역사, 우연, 위기, 강압 등으로 이루어진 넓은 지형을 구성한다.

프라이버시 침해를 비롯한 감시 자본가들의 관행에 대한 대중의 태도를 파악하기 위한 대부분의 설문조사에서 현 상태에 만족한다는 응답이 거의 없다는 사실을 생각하면 우리의 질문에 답하기가 더 까다로워진다. 2008년에서 2017년 사이에 실시된 설문조사 48건 중 46건에서 프라이버시와 개인 데이터에 대한 사용자의 통제권을 강화하기 위한 조치를 지지한다는 응답이 다수를 차지했다. (관련 조치를 지지한다는 의견이 확연히 우세하게 나타나지 않은 경우는 초기에 이루어진 두 번의 설문조사뿐이었는데, 당시에는 많은 응답자가 개인 정보가 어떻게 수집되고 어떤 정보가 수집되는지 알지 못했다.) 실제로 2008년 무렵에는 '인터넷 프라이버시 취급 방식'에 관해 더 많은 지식을 가진 사람일수록 프라이버시에 관해 더 우려하는 경향이 확실했다.[17]

설문조사의 초점이나 질문 내용은 서로 달랐지만, 십 년 간 이루어진 여러 설문조사의 응답이 대체로 일관된 경향을 보였다는 점은 주목할 만하다. 예를 들어 2009년의 한 조사에서는 기업들이 표적형 온라인 광고를 위해 데이터를 수집하는 방법을 알려주면 미국인의 73~86퍼센트가 그런 광고를 거부하는 것으로 나타났다. 2015년의 한 조사는 응답자의 91퍼센트가 가격을 할인해주는 대신 '나에게 알리지 않고' 개인 정보를 수집하는 일이 공정한 거래라는 데 동의하지 않음을 밝혔다. 55퍼센트는 서비스 개선을 위해서라도 그런 정보 수집은 공정하지 않다고 응답했다. 2016년 퓨 리서치의 조사에서는 응답자 중 단 9퍼센트만이 그들의 데이터를 다루는 데 있어서 소셜 미디어 사이트를 매우 신뢰하며, 기업 일반에 대해서도 14퍼센트만이 신뢰하는 것으로 나타났다. 60퍼센트 이상이 프라이버시를 보호하기 위한 조치를 더 취하고 싶다거나, 프라이버시를 보호하기 위한 규제가 더 강력해져야 한다고 응답했다.[18]

감시 자본주의 기업들은 사용자 수와 수익의 엄청난 성장을 들먹이며 이런 조사 결과들을 묵살하는 경향을 보여 왔다. 이러한 온도차는 연구자들과 공공 정책 입안자들을 당혹스럽게 만들었다. 그렇게 많은 사람들이 감시 자본주의의 관행을 거부하는데, 심지어 우리 대부분이 그런 관행에 대해 거의 제대로 알고 있지 못한데, 대체 어떻게 이 시장 형태가 성공한 것일까? 이유는 많다.

1. **전례 없음** : 우리 대부분은 구글, 페이스북 등 감시 자본가들의 침입 초기에 저항하지 않았다. 그들의 작동 방식이 이전에 있었던 그 어떤 것과도 달라서 인식조차 불가능했기 때문이다. 기본적인 작동 메커니즘과 비즈니스 방식은 너무나 새롭고 낯설고 독특해서 우리에게는 떠들썩하게 등장한 말 없는 마차들이 '혁신적으로' 보일 뿐이었다. 우리가 익히 알려진 위협, 즉 국가 권력과 결부된 감시나 통제에 대해서만 불안해하고 경계했다는 점이 가장 큰 문제였다. 대규모 행동수정의 시도도 초기에는 공권력 차원에서 이루어지는 일로만 보였고, 우리는 민간 기업들의 급습에 대비하지 못했다.

2. **선언을 통한 침략** : 전례의 결여는 우리를 무장해제시키고 마법을 걸었다. 그러는 동안 구글은 선언이라는 침략 기술을 습득했다. 그것은 원하는 바를 가져가면서 다짜고짜 자기 것이라고 말해버리는 방식이었다. 구글은 우리의 의식을 피해 나갈 권리, 우리의 경험을 가져가 데이터로 변환할 권

리, 그 데이터의 소유권과 데이터 활용에 대한 결정권, 그들이 하는 일을 우리가 알 수 없게 하는 전략과 전술을 수립할 권리, 이 과정에 필요한 무법적 환경을 요구할 권리를 주장했다. 감시 자본주의는 이 선언들에 의해 시장 형태로 제도화되었다.

3. 역사적 맥락 : 감시 자본주의는 정부의 기업 규제를 압제로 규정하는 신자유주의 시대정신에서 은신처를 찾았다. 이 '피해망상 양상paranoid style(리처드 호프스태터Richard Hofstadter가 극단적인 불신과 의심으로 정치적 혼란의 책임을 외부 세력에게 돌리는 미국 정치의 특징을 가리킨 표현-옮긴이)'은 기업의 활동에 거의 아무런 제한도 두지 않는 자율규제 체제를 지지했다. 정부의 시선이 프라이버시에 대한 입법에서 멀어진 데에는 '테러와의 전쟁'도 한몫 했다. 빠른 속도로 발전하고 있는 구글이나 다른 신흥 감시 자본가들의 기술과 숙련도가 테러에 맞설 수 있는 무기가 될 수 있을 것 같았기 때문이다. 이러한 '선택적 친화성'은 감시 예외주의를 주류적 흐름으로 만들었고, 신생 시장은 그 덕분에 면밀한 시찰을 피해 커나갈 수 있었다.

4. 요새화 : 구글은 선거 프로세스에서의 유용성 확립, 선출직 및 임명직 공직자와의 강력한 유대관계, 워싱턴과 실리콘밸리 사이의 회전문 인사, 아낌없는 로비 자금 지출, 문화의 영향력과 장악력을 높이기 위해 꾸준히 펴온 '소프트파워soft-power(내가 원하는 것을 남도 원하게 하는 힘이라는 뜻으로, 미국 정치학자 조지프 나이Joseph Nye가 제안한 개념-옮긴이)' 작전 등을 통해 공격적으로 자사의 활동을 수호했다.

5. 수탈의 사이클 : 구글을 시작으로, 페이스북이나 그 외의 감시 자본주의의 선두주자들도 차례로 수탈의 리듬과 단계들을 마스터했다. 처음에는

무작정 뻔뻔하게 침입한다. 그러다 저항이 일어나면 정교한 홍보 기법에서부터 법정 다툼에 이르기까지 다양한 전술을 활용한다. 이 모두가 시간을 벌기 위한 수법이다. 그러는 동안 사람들은 처음에는 말도 안 된다고 느꼈던 일에 점차 길들여진다. 세 번째 단계에서는 대중을 향해 운영 방식을 개조할 수 있고, 심지어 후퇴할 수도 있음을 보여준다. 그러나 최종 단계에 이르면 새로운 수사학과 전술로 위장한 채 동일한 목표를 달성하기 위해 조준을 변경하고 그에 따라 자원을 재배치한다.

6. 의존성 : 구글, 페이스북 등이 제공하는 무료 서비스는 2차 현대성 시대의 개인들이 가진 잠재적 욕구에 호소했다. 이 새로운 유형의 개인은 점점 더 적대적으로 변해가는 제도적 환경 속에서 효율적인 삶을 영위할 수 있게 해줄 자원을 모색하고 있다. 한 입 베어물고 난 이상, 이제 와서 사과를 거부하기란 불가능했다. 감시 자본주의가 인터넷 전체에 확산됨에 따라 사회 활동에 참여하기 위한 수단은 행동수정수단과 동일한 활동 범위를 갖게 coextensive 되었다. 애초부터 감시 자본주의란 2차 현대성의 욕구를 이용함으로써 가능했고, 이제는 그러한 이용이 거의 모든 사회 참여 경로에 스며들었다. 이제는 사람들 대부분이 이 유용한 도구를 끊기가 어렵다고 느끼며, 그런 인터넷 서비스 없이 사는 게 가능하기는 하냐고 되묻는 사람도 많다.

7. 각자의 이해타산 : 미래행동시장이 생기면서 절박한 예측에의 요청에 응답해야 수익을 얻을 수 있는 테크놀로지 기업들, 그들의 협력사와 관련 기관들, 고객들의 네트워크가 만들어졌다. 이와 관련된 제도적 사실들도 급증했다. 포켓몬고 지도상의 피자집 주인, 매장에 비콘을 설치해 손님을 끌어들이는 상인, 행동 데이터를 두고 경쟁하는 보험사들이 힘을 합쳐 보장된 성과와 감시 수익을 향한 경주에 임한다.

8. 소속 욕구 : 누군가가 페이스북에 나타나지 않으면 실제로 사라졌다고 느끼는 사람이 많다. 포켓몬고가 등장하자 전 세계 사람들이 달려들었다. 너무나 많은 에너지와 성공, 자본이 감시 자본주의 영역으로 흘러들어가고 있다 보니, 감시 자본주의에 맞서는 것은 말할 것도 없고 그 바깥에 있는 것조차 외롭고 위험한 일로 느껴질 수 있다.

9. 동일시 : 감시 자본가들은 스스로를 영웅적인 기업가로 포장해 공격적으로 선전했다. 많은 사람들이 감시 자본가들의 금전적 성공과 대중성을 동경하고, 스스로를 동일시하며, 그들을 역할모델로 삼았다.

10. 권위 : 또한 많은 사람들이 감시 자본주의 기업과 그 수장들을 미래에 대한 권위자로, 즉 그들에게 다른 사람들보다 더 멀리 내다보는 재능이 있다고 여긴다. 우리는 그 회사들이 성공했다는 이유로 그들이 옳다고 생각하는 자연주의적 오류의 희생양이 되기 쉽다. 그 결과 많은 사람들이 감시 자본주의 선도자들을 전문가로 인정하며 미래를 내다보는 그들의 혁신에 동참하고 싶어 한다.

11. 사회적 설득 : 앞에서 여러 차례에 걸쳐 살펴보았듯이, 표적형 광고, 개인화, 디지털 비서 같은 감시 자본주의의 혁신에 의구심을 가진 사람들을 겨냥해 그들을 설득하려는 매혹적인 수사법이 끊임없이 쏟아진다. 그밖에, 행위의 경제를 통해 우리가 앞다투어 미리 정해진 방향으로 행동하도록 의도적으로 설계하기도 한다.

12. 차압당한 대안 : 이른바 '대안 없는 독재dictatorship of no alternatives(로베르토 웅거Roberto Unger가 《좌파의 대안The Left Alternative》에서 현대사회를 진단한 표현-옮긴이)'가

본격화되는 대목이다. 우리는 행동 가치 재투자 사이클이 점차 드물어지고 있음을 확인했다. 어웨어 홈은 구글 홈에 자리를 내주었다. 인터넷 전체로 확산된 감시 자본주의는 범위의 경제와 행위의 경제를 향한 압력으로 인해 현실 세계로 밀려나왔다. 앱, 기기, 이제는 원 보이스까지 우리를 둘러싸고 있는 오늘날, 진정한 대안은 고사하고 탈출할 길을 식별하기도 힘들어졌다.

13. 불가피론 : 컴퓨터 매개 트로이 목마―기기, 앱, 연결―가 불가피론 수사학의 폭우 속에서 무대에 등장해 우리의 시선을 성공적으로 빼앗는다. 우리는 목마 안에 고도로 의도적이고 역사적으로 조건지워진historically contingent 감시 자본주의가 들어 있는 것을 알지 못한다. 새로운 제도적 사실들이 양산되면서 새로운 운영방식을 안정화시킨다. 우리는 체념과 무력감에 빠진다.

14. 인간의 나약함이라는 이데올로기 : 감시 자본주의는 불가피론에 이어 또 한 가지 무기를 열심히 갈고닦았다. 그것은 행동 경제학이 전제하는 인간의 나약함이라는 이데올로기였다. 이 이데올로기는 인간의 정신작용이 한심할 만큼 불합리하며 반복되는 실패에도 그 규칙성을 알아차리지 못한다고 보는 세계관을 말한다. 감시 자본주의는 이 이데올로기를 활용해 행동수정수단―당사자 모르게 개인과 집단을 조율, 유도, 조건화하는―을 정당화했다.

15. 무지 : 가장 중요한 이유가 남아 있다. 감시 자본가들은 은밀한 무대 뒤에 의도와 행위를 숨긴 채 비정상적인 학습 분업화를 지배한다. 즉, 그들은 우리가 알 수 없는 것들을 안다. 애초부터 비밀리에 만들고 근본적으로

해독 불가능하게 설계한 무엇인가를 이해하기란 불가능하다. 이 시스템들은 학습의 비대칭적 분업화에 의해 발생하고 시간이나 자원, 도움을 얻을 방도가 부족하다는 점 때문에 증폭되는 우리의 약점을 의도적으로 공략한다.

16. 속도: 감시 자본주의가 탄생에서 지배적인 위상을 차지하기까지 걸린 시간은 기록적이다. 이는 자본을 끌어들이는 능력과 그 자체의 운동 법칙 덕분이기도 하지만 특정 전략이 반영된 결과이기도 하다. 감시 자본주의는 의식적으로 속도를 높이는 전략을 구사함으로써 우리가 원하는 바를 바로바로 충족시켜 우리의 주의를 분산시키면서 우리의 의식을 마비시키고 저항이 작동을 멈추게 했다. 감시 자본주의의 속도는 민주주의를 앞지르며, 우리의 사고 역량도 앞지른다. 우리는 무슨 일이 일어나고 있는지 이해하거나 그 결과에 관해 생각해볼 겨를도 없다. 이것은 속도를 폭력의 한 형태로 활용하는 오래된 정치적·군사적 접근 방법—최근에는 '충격과 공포'로 알려졌다—의 유산에서 차용해온 전략이다.[19]

이 열여섯 가지 답을 통해 감시 자본주의가 발명된 후 약 20년 동안 주로 프라이버시와 반독점에 초점이 맞추어진 기존의 법이 그 성장을 막기에 불충분했다는 점을 짐작할 수 있다. 우리는 감시 자본주의의 선언을 근본적으로 불법화하고 그들의 가장 기본적인 작동을 저지하는 법을 필요로 한다. 그러한 법을 통해 인간 경험을 행동 데이터로 변칙적으로 렌더링하는 일, 행동잉여를 공짜 원재료로 이용하는 일, 새로운 생산수단의 극단적 집중, 예측상품 제조, 미래행동 거래, 예측상품을 행동을 수정하거나 일으키거나 통제하는 등의 3차 운용에 이용하는 일, 지식을 사적으로 독점해 집중적으로 축적하는 일(그림자 텍스트), 그러한 지식 집중을 통한 권력 획득을 막아야 한다.

상기한 감시 자본주의 제도들, 그리고 그 기초를 닦은 선언들의 폐기는 감시 자본주의의 목표와 수단에 대한 사회적 합의를 철회한다는 뜻이 될 것이다. 이는 과거 원초적 형태의 산업 자본주의의 반사회적이고 반자본주의적이었던 관행에 대해 합의를 철회하고, 노동자의 단체교섭권 인정과 아동 노동, 위험한 노동 환경, 과도한 노동 시간 등의 불법화를 통해 고용주와 노동자 간 힘의 균형을 바로잡았던 것과 같은 방식이다.

합의의 철회에는 크게 두 가지 형태가 있다. 이 두 가지를 살펴보면 3부로 넘어가는 데 도움이 될 것이다. 첫 번째 형태는 역선언counter-declaration 이다. 이는 암호화 등 프라이버시 보호 도구를 사용하거나 '데이터 소유권'을 주장하는 방어적인 조치를 말한다. 개별 상황에서는 이런 조치가 효과적일 수 있다. 그러나 상대하고 있는 사실들을 그대로 남겨 두는 방법이어서 그 존속을 인정하는 셈이 되고 그럼으로써 역설적으로 저들의 정당성 확보에 기여하게 된다. 예를 들어 추적에 대해 '옵트아웃'하면 나는 빠져나올 수 있지만 문제가 되는 관행에 도전하거나 그것을 바꾸지는 못한다. 합의 철회의 두 번째 형태는 대안적 선언synthetic declaration이다. 선언이 '체크'라면 역선언은 '체크메이트'라고 할 수 있는데(체스에서 왕을 직접 위협하는 수를 둔 경우를 '체크', 왕이 이 공격을 피할 방법이 없는 상태를 '체크메이트'라고 한다−옮긴이), 대안적 선언은 게임 자체를 바꾸는 방법이다. 이 선언은 문제가 되는 사실들을 변형시키는 다른 틀을 주장한다. 우리가 역선언으로 시간을 보내며 견디면 삶은 참을 만해질지도 모른다. 그러나 큰 틀에서의 대안만이 감시 자본주의를 근본적으로 변화시켜 디지털 미래를 우리가 집이라고 부를 만한 곳으로 만들 수 있다.

나는 합의 철회의 두 가지 형태를 설명하기 위해 베를린 장벽의 역사를 돌아보려 한다. 1961년부터 1980년대 초반까지 용감한 동베를린 사람들은 도시 지하의 모래흙을 파내 71개의 터널을 만들었고, 이를 통해 수백 명이 서베를린으로 탈출할 수 있었다.[20] 터널은 역선언의 필요성을 보여주는 증거다. 그러나 그들은 장벽을 무너뜨리지도, 그 장벽을 지탱하는 권력을 무너뜨리지도 못했다.

대안적 선언은 수십 년에 걸쳐 세력을 결집했지만, 1989년 11월 9일 자정에 임박해서야 비로소 완전히 표출되었다. 그때 보른홀머가街 검문소 당직 장교였던 하랄트 예거Harald Jäger가 문을 열라는 명령을 내렸고, 2만 명이 벽을 넘어 파도처럼 서베를린으로 밀려들었다. 한 역사가는 그 사건을 이렇게 묘사한다. "11월 9일 밤, 사람들이 베를린 장벽에 나타나 국경수비대에게 '우리를 통과시켜줄 건가요?'라고 물었을 때, 그 답이 '그렇게 하겠다'일 것이라는 데 대해 모여든 사람들은 확신에 차있었고 군인들은 확신이 없었다."[21]

IV. 예언

약 70년 전, 경제사학자 칼 폴라니는 그대로 방치한다면 산업 자본주의 시장의 동학이 그 시장에서 거래하려고 했던 것들을 스스로 파괴해버릴 것이라고 주장했다. "상품 허구는 땅과 인간의 운명을 시장에 내맡긴다면 그것들을 전멸시키는 것과 다름없다는 사실을 무시했다."[22] 대안적 선언이 없는 한 폴라니의 예언은 충족되어가고 있는 것으로 보이며 이 사실 하나만으로도 우리로 하여금 경계 태세를 취하게 한다. 폴라니의 예언이 우리 시대에 암시하는 바가 무엇일까?

산업 자본주의는 자본의 이해관계에 따라 자연nature을 겨냥하고 정복하면서 자체적인 충격과 공포 전법을 써 왔다. 지금 감시 자본주의는 인간의 본성human nature을 노린다. 두 세기 넘게 산업 자본주의가 유지한 지배 방법은 문명의 가장 기본적인 계율을 위반하면서 지구상의 생명을 지탱하는 조건들을 근본적으로 교란시켰지만, 우리는 그 사실을 뒤늦게 서서히 깨달았다. 산업 자본주의는 우리에게 여러 혜택을 안겨주었고 엄청나게 많은 것을 이루었지만, 다른 한편으로는 우리를 이스터섬 사람들—그들은 그들의 삶을 가능케 하는 근간을 파괴해 놓고는 결코 오지 않을 구원자를 기다리며 수평선을 바라보는 석상을 세웠다—의 운명을 되풀이할 절체절명의 위기에 처하게 만들었다. 산업 자본주의가 자멸의 위험을 무릅쓰고 자연을 파괴했다면, 감시 자본주의는 인간의 본성에 어떤 재앙을 가져올까?

이 질문에 답하려면 절박한 요청에 관한 논의로 돌아가야 한다. 산업 자본주의는 우리를 서사의 위기 국면에 데려다 놓았다. 파괴적이거나 폭주하는 테크놀로지를 향한 사악한 욕망이 낳은 결과가 아니라 산업 자본주의 자체의 내적 축적 논리가 필연적으로 낳은 귀결이었다. 이윤 극대화, 경쟁, 생산 테크놀로지 고도화를 통해 노동 생산성을 제고하려는 끊임없는 압박, 잉여의 지속적인 재투자에 의한 성장은 산업 자본주의의 축적 논리가 요구하는 지상과제였다.[23] 문제는 베버가 말한 '경제적 지향'이며, 어떻게 그 지향이 당대의 특정 자본주의 형태와 결합해 각 시대를 지배하게 되는지다.

산업 자본주의의 논리는 기업들을 파괴적인 결과에 대한 책임으로부터 면제시켜 줌으로써 기후 시스템의 불안정을 일으키고 그로 인해 생태계 전체에 대혼란을 야기했다. 폴라니는 날것으로서의 자본주의가 그 자체만으로 요리될 수 없음을 알고 있었다. 그는 사회가 생명과 자연의 보존과 유지가 가능하도록 자본주의 프로젝트를 사회적 프로젝트에 종속시키는 조치를 요구하고 그럼으로써 자본주의에 의무를 부과해야 한다고 주장했다.

이와 유사하게, 폴라니의 예언이 우리에게 주는 의미는 이제 감시 자본주의의 경제성 요청이라는 렌즈를 통해서만 포착될 수 있다. 그 요청들이 인간의 경험에 대한 소유권을 주장하게 하는 기본적인 틀을 제공하기 때문이다. 경악의 감정을 되살려야 한다면 이렇게 생각해보자. 자연을 대가로 번창한 산업 문명이 이제 지구 전체를 내놓으라고 위협하고 있다면, 감시 자본주의가 만든 정보 문명은 인간의 본성을 대가로 자라나 인간성humanity 까지 가져가겠다고 협박하게 되지 않겠는가. 폴라니의 예언은 우리의 대안 적 선언으로 이 운명을 피해갈 가능성이 아직 남아 있는지 물음을 던져보 라고 요구한다.

우리는 1부와 2부를 감시 자본주의의 기원을 파악한 후, 그 기본 메커니 즘과 그것이 절박하게 요청하는 경제성을 확인하고, 이름을 붙이고, 그 내 용을 들여다보는 데 할애했다. 처음부터 이름을 지어주는 일과 길들이는 일은 불가분의 관계에 있다는 생각이었다. 참신하고 신중한 이름짓기는 수 탈 메커니즘을 가로막고, 그들의 행위를 역전시키고, 긴급히 필요한 저항을 생산하고, 병리적인 학습 분업화에 도전하며, 궁극적으로 효율적인 삶에 대 한 우리의 욕구를 진정으로 충족시킬 수 있는 새로운 형태의 정보 자본주 의를 만들어낼 수 있는 준비 과정이다. 사회 활동에 참여하거나 개인적인 효율을 얻기 위해 미래 시제에 대한 우리의 권리를 희생시켜서는 안 된다. 미래 시제에 대한 권리에는 미래에 대한 우리의 의지, 우리의 자율성, 우리 의 의사 결정권, 우리의 프라이버시, 그리고 우리의 인간으로서의 본성까지 도 담겨 있다.

감시 자본주의가 오로지 경제적 행위의 프리즘을 통해서만 파악될 수 있다거나 우리 앞에 놓인 과제가 그 기본적인 메커니즘을 포착해 억제하거 나 변형시키는 일에 제한된다고 생각하면 안 된다. 이 새로운 축적 논리가 낳은 결과는 이미 상업적 활동의 영역을 넘어서는 사회적 관계로 새어나왔 고 계속해서 번져나가고 있으며, 그리하여 우리 자신과의 관계 또는 서로 간의 관계를 변형시키고 있다. 이러한 변형이 감시 자본주의가 번성해온 토양을 제공한다. 감시 자본주의는 그 자신의 식량 공급 경로를 스스로 창출하는 침입종으로, 우리를 변형시켜 그 영양분의 힘으로 전진한다.

과거를 되돌아보면 이 전개 과정을 더 쉽게 알 수 있을 것이다. 산업 자본주의와 산업 문명은 다르다. 경제 부문의 작동과 그것이 낳은 사회의 차이라고 보면 된다. 19세기 말부터 20세기 초까지를 지배했던 산업 자본주의 형태는 따로 이름을 붙이지 않더라도 직감적으로 알 수 있는 당대 특유의 도덕적 환경을 발생시켰다.

산업 자본주의를 대표하는 특징은 전문화된 노동 분화지만, 수공예적 작업에서 표준화·합리화·부품호환성에 기반한 대량생산으로의 전환, 이동식 조립 라인, 대규모 생산, 임금노동자 인구의 증가와 그들의 공장 지대로의 집중, 전문화된 행정 계층, 경영 권한, 기능 전문화, 화이트칼라와 블루칼라 업무 구분 등은 각각 역사적으로 특정 시기에 나타났다.

물론 위에 언급하지 않은 다른 특징도 많지만, 산업 문명이 산업 팽창을 향한 경제적 요청의 시대적 표현 형태임을 상기하기에는 충분하리라고 본다. 노동 분업은 문화, 심리, 사회적 경험에 영향을 미쳤다. 수공업에서 시간당 임금제 노동으로의 이행이 창출한 새로운 인구집단으로서 임금노동자와 소비자, 남성과 여성은 사기업이 소유하고 운용하는 생산수단에 전적으로 의존하게 되었다.

대중 사회, 위계적 권위, 공권력과 사적 권력의 중앙집중화된 관료제적 형태가 뒤섞였고, 이 모두에 순응, 복종, 인간의 표준화라는 망령이 따라붙었다. 삶은 학교나 병원 등 산업 조직을 꼭 닮은 제도들에 의해 규정되었다. 심지어 가족이나 가정생활에도 영향을 미쳤다. 각 영역에서 연령이나 단계가 마치 훈련에서 은퇴에 이르는 산업 시스템에서의 기능처럼 다루어졌다.

감시 자본주의가 어느 순간 정보 자본주의의 지배적인 형태로 출현했다면 우리는 이렇게 질문해야 한다. 그것은 어떤 종류의 문명을 예고하는가? 3부에서 나는 이 긴급한 논의를 끌어낼 화두를 던지고자 한다. 앞에서 나는

'보장된 성과'를 약속하려면 그렇게 만들 수 있는 권력이 있어야 한다고 말했다. 이 새로운 권력의 본질은 무엇인가? 그것은 어떻게 우리 사회를 변형시킬 것인가? 그것은 3차 현대성을 위해 어떤 해법을 제안하는가? 우리의 앞날에 어떤 새로운 투쟁들이 도사리고 있을 것이며, 그 투쟁들은 우리가 집이라고 부를 만한 디지털 미래에 대해 무엇을 예고하는가? 이 질문들이 우리를 3부로 인도한다.

01

두 권력
: 도구주의 권력과 전체주의 권력

> 그렇게 한 시대가 끝나고 마지막 배달원이 죽었다
> 침대에서 게으르고 불행하게 자랄, 그들은 안전하다
> 갑자기 거대한 송아지 그림자가 나타나더라도
> 이제는 해 질 녘 그들의 풀밭을 가로질러 떨어지지 않을 것이다.
>
> — W. H. 오든, 《중국 소네트》 X

I. 다시, 전례 없음

감시 자본주의하에서 '생산수단'은 '행동수정수단'에 종속된다. 확실성이 신뢰를 대체할 수 있도록 기계 공정으로 인간관계를 대체한다. 방대한 디지털 장치, 세계사적인 첨단 컴퓨팅 지식 및 기술 집중, 막대한 부가 이 새로운 어셈블리를 뒷받침한다. 대규모 행동수정에는 유비쿼터스 방식의 추출과 렌더링, 액추에이션(조율, 유도, 조건화), 행동잉여 공급망, 기계 지능 기반 제조 공정, 예측상품 제조, 역동적 미래행동시장, '표적화'—이것은 조율, 유도, 조건화, 그리고 비계약의 강요로 이어지는 순환 과정을 새로 시작하게 한다—등 우리가 앞에서 살펴본 여러 운용 방식이 통합된다.

이 어셈블리는 시장 프로젝트다. 즉 그 목적은 예측상품을 제조하는 데 있으며, 확실성에 근접할수록 그 가치가 높아진다. 최고의 예측은 데이터의 완전성에 달려 있으며, 완전성에의 접근에 힘입어 감시 자본가들이 사회 전체에서의 학습 분업화 주도권을 가로챘다. 그들은 사회 질서의 절대적인 최상부에 서서 지식을 지휘하며 그곳에서 확실성의 원본인 그림자 텍스트를 키우고 보호한다. 이것이 우리가 걸려든 시장의 그물이다.

1부와 2부에서 우리는 어떠한 조건과 메커니즘, 작동 방식이 이 사유 지식 왕국을 건설하고 수익성 좋은 예측상품을 만들어냈는지 검토했다. 시장 참여자들에게 그들이 추구하는 결과를 보장해주기 위해 예측이 진화해온 과정도 살펴봤다. 2부 1장에서 썼듯이, 결과의 보장이 가능하려면 그렇게 만드는 권력이 있어야 한다. 이것이 감시 자본주의의 어두운 실체다. 이 새로운 유형의 상거래는 고유의 권력을 렌즈 삼아 우리를 재해석하며, 행동수정수단이 이 상거래를 매개한다. 이 권력은 무엇이며, 어떻게 인간의 본성을 개조해 확실성을, 그리하여 수익을 확보하는가?

나는 이 신종 권력을 도구주의 권력이라고 명명하고자 한다. 이 권력이 수정, 예측, 현금화, 통제할 목적으로 행동에 계측도구를 장착하거나 행동 자체를 계측도구화하기 때문이다. 이 정의에서 '도구화'란 꼭두각시로 만든다는 의미로, 감응 연산을 위한 물질적 아키텍처를 편재적으로 연결해놓음으로써 곳곳에서 인간의 경험을 렌더링, 해석, 액추에이션함을 뜻한다. '도구화'란 감시 자본이 기계를 활용해 우리를 다른 사람들의 시장 목표를 위한 수단으로 변형시켰듯이 꼭두각시 조종자들로 하여금 인간의 경험을 향하도록 하는 사회적 관계를 뜻한다. 감시 자본주의는 우리에게 전례 없는 자본주의 형태를 인정하라고 강요했다. 감시 자본주의 프로젝트를 유지, 확장하는 도구주의 권력은 이제 전례 없는 것과의 두 번째 대치 상황을 만든다.

학자, 시민 사회 지도자, 언론인, 유명 인사, 그리고 사실상 우리 대부분도 이 새로운 권력에 반대한다고 용감하게 외칠 때면 한결같이 조지 오웰의 빅 브라더, 더 일반적으로는 전체주의의 망령이라는 렌즈로 오늘날의 위협을 해석한다. 구글, 페이스북, 또는 상업적 감시의 장 전체를 '디지털 전체주의'로 묘사하는 일도 빈번하다.[1] 나는 상업적 감시의 침입에 맞서온 그들을 존경하지만 도구주의 권력과 전체주의의 동일시는 우리의 이해를 방해하고, 그 힘을 저지하고 상쇄하며 궁극적으로 물리칠 우리의 능력도 저하시킨다고 본다. 도구주의의 역사적 선례는 없다. 그러나 전례 없는 신종 권력을 맞닥뜨린 일이라면 생생한 사례가 있다.

전체주의가 명명되거나 정식으로 분석되기 전, 비판론자들은 제국주의가 새로운 권력의 살인적인 위협을 설명하고 그에 저항하기 위해 사용할 유일한 분석 틀이라고 보았다. 오늘날 감시 자본주의는 생경하고 그래서 이해할 수 없는 위험이 가득한, 기이하고 어두운 바다에 우리를 내던졌다. 과거의 학자들이나 일반 시민들처럼 우리 역시 떠내려오는 나무토막을 붙잡듯 권력을 일컫는 20세기의 익숙한 용어에 손을 뻗고 있다.

말 없는 마차 증후군의 재발이다. 우리는 그런 식으로 얻은 결론은 틀릴 수밖에 없다는 사실을 알지 못한 채 새롭게 지각된 위험을 오래되어 익숙한 사실에 연결시킨다. 우리는 명백히 21세기가 불러낸 이 권력의 내적 논리를 포착해야 한다. 과거는 적절한 나침반을 제공해주지 못한다. 전체주의는 대량학살과 '영혼의 엔지니어링'이라는 이중 메커니즘을 통해 인류를 재건하는 데 열중했다. 그러나 도구주의 권력은 우리를 전혀 다른 방향으로 데려간다. 감시 자본가들은 우리를 살해하거나 우리의 영혼을 개조하는 데 관심이 없다. 그들도 여러 면에서 전체주의 지도자들만큼 야심찬 목표를 가졌지만 그 내용은 완전히 차별화된다. 따라서 인류의 경험에서 전례가 없는 이 낯선 권력 형태에 이름을 붙이는 일부터 새로 시작해야만 저들에게 효과적으로 저항할 수 있고 우리가 주체적으로 미래를 만들어갈 힘을 얻을 수 있다.

이 장의 나머지 부분은 그 준비 작업에 할애될 것이다. 가장 먼저, 도구주의 권력을 무엇과 혼동해서는 안 되는지를 확실히 이해해야 한다. 그래서 다음 절에서는 20세기 전체주의의 핵심 요소들을 간략히 검토할 것이다. 도구주의 권력처럼 전체주의도 전례 없는 현상이었다는 사실이 가장 중요하다. 그 때문에 전체주의는 그야말로 인간의 이해를 거부했다. 학자, 언론인, 시민들은 가늠할 수도 저항할 수도 없는 힘에 압도당하고 말았지만, 우리는 그들의 투쟁과 헛발질에서 많은 것을 배울 수 있다. 이 질문들과 씨름하다 보면 도구주의 권력이 지적 탐구의 장에서 어떤 뿌리를 갖고 있는지를 파고들어가 보고 싶어질 것이다. 그 기원에는 B. F. 스키너와 그가 꿈꾼 '행동 테크놀로지'로 대표되는 이른바 '극단적 행동주의'가 있다. 3부 2장에서는 이러한 통찰력을 바탕으로 도구주의 권력의 독특한 목표와 전략을 검토할 것이다.

II. 전체주의 권력의 등장

'전체주의'라는 단어는 20세기 초 이탈리아 철학자 조반니 젠틸레Giovanni Gentile의 글에서 처음 등장했고 1932년 무솔리니와 젠틸레―이 즈음에 젠틸레는 이탈리아 최고의 파시즘 철학자가 되어 있었다―의 공저 《파시즘 강령The Doctrine of Fascism》이후 널리 쓰였다.[2] 20세기가 도래했을 때 이탈리아는 이류 국가였다. 세계무대에서 무시당하면서 패배감과 모욕감에 사로잡혀 있었으며, 자국민을 먹여 살릴 수도 없어서 수백만 명이 더 나은 삶을 찾아 다른 나라로 떠났다. 20세기의 첫 10년 동안 젊은 지식인들과 전위적인 미래주의자들이 '새로운 이탈리아'의 꿈을 키우기 시작했다.

젠틸레도 그의 철학적 재능을 이 민족주의적 열정의 부흥에 쏟아 부었다. 젠틸레의 정치 철학 핵심에는 '전체성'이라는 개념이 있었다.[3] 국가는 개별 삶을 초월해 그 모두를 포괄하는 유기적 단일체로 간주돼야 한다. 모든 분리와 차이는 높은 차원의 전체성을 위해 국가에 귀속된다. 1932년에 무솔리니는 후에 파시즘 세계관의 정의가 될 사회 및 정치 원리에 관한 저서를 준비하면서 젠틸레에게 철학적 배경에 관한 집필을 맡겼다.[4] 《파시즘 강령》은 파시스트의 태도 중 가장 중요한 것이 인간 개개인의 가장 내밀한 보루에 침투하는 '영적 태도'라고 선언하면서 시작된다.

> 국민에 대해 알려면 인간에 대한 이해가 필요하다. … 파시즘은 전체주의이
> 며, 파시즘 국가―모든 가치를 포괄하는 종합이자 단일 단위―는 국민의 삶 전
> 체를 해석하고 발전시키며 지배한다. … [파시즘은] 내면화된 행동 지침이자 기
> 준이며 전인적 규율이고, 인성에 깊이 스며들어 지성뿐 아니라 의지에도 영향을
> 미치며, 행동가와 사상가, 예술가와 과학자의 심장에 깃드는, 영혼의 영혼이다.
> … 그것은 영혼에 들어가 절대적인 지배력을 행사하면서 삶의 형식뿐 아니라
> 내용―성격과 믿음 등 인간 자체―까지도 개조하고자 한다.[5]

같은 해, 샴페인에 취한 모스크바의 어느 화려한 저녁, 전체주의를 향한 충동의 상징인 영혼의 엔지니어링은 스탈린에 의해 영원히 역사에 기억될 장면으로 남았다. 무대는 이탈리아 망명으로부터 돌아온 막심 고리키Maxim Gorky의 귀국을 환영하며 스탈린이 대저택에서 존경받는 작가를 위해 베푼 문인들의 축하 연회 자리였다. 스탈린이 건배를 제안하기 위해 앞에 나오자 연회장이 조용해졌다. "아무리 탱크가 있어도 그것을 조종할 정신이 죽어 있다면 아무 소용이 없습니다. … 이것이 내가 영혼의 생산이 탱크의 생

산보다 더 중요하다고 말하는 이유입니다. … 인간은 삶 자체에 의해 개조되며, 여기 모인 여러분은 인간의 영혼을 개조하는 데 기여해야 합니다. 중요한 것은 인간의 영혼을 생산하는 일입니다. 그리고 그것이 내가 여기 모인 작가들과 건배하려는 이유입니다. 여러분은 영혼의 엔지니어입니다."[6] 그날 저녁 스탈린 주위에 모인 작가들은 잔을 들었다. 아마도 적응력이 떨어졌던 동료들에 대한 기억 때문이었으리라. 많은 동료가 추방되거나 처형당했고, 1929년에는 솔로베츠키 제도에 있는 그 이름도 적절한 참수교회에서 고문과 살해의 희생양이 된 예술가와 작가들도 있었다.[7]

1933년 무렵에는 전체주의라는 용어가 독일 전역에 퍼지기 시작한다. 선전부장관 요제프 괴벨스Joseph Goebbels가 이 용어를 채택했고, 독일 지식인들도 '전체주의로의 전환'을 선언했다. 나치즘의 강령에도 중요한 변화가 일어나, 독일 전체주의의 정신적 중심이 '상태'가 아닌 '운동'에 있음을 주장했다. 상태와 운동의 관계는 히틀러가 수상으로 재임한 첫 해 동안 내세웠던 '운동이 상태에 질서를 부여한다'는 국가사회주의의 대중적인 구호로 요약되었다.[8]

전체주의 권력이 새롭게 나타난 종이었다는 사실은 처음부터 그 분석을 혼란에 빠트렸고, 그러는 동안 러시아와 독일 양국에서 그 이형태들이 사회 전체를 휩쓸면서 서구 문명의 기반을 흔들었다. 전체주의 체제가 뿌리내리기 시작한 시기는 제2차 세계대전 발발 전 몇 해 동안—먼저 스탈린이 권력을 장악한 1929년에 러시아에서, 그 다음에는 히틀러가 수상으로 취임한 1933년 독일에서—이었지만 전쟁이 끝날 때까지도 체계적인 연구가 이루어지지 않았다. 비밀경찰이 수행하는 비밀 업무, 침묵의 공모와 은밀한 잔혹행위, 수시로 일어나는 위계 변화, 선전·오보·완곡어법·허위사실의 홍수 속에 의도적으로 사실을 왜곡하는 일 등 알 수 없는 일이 너무 많이 일어나고 끊임없이 상황이 변한다는 점 때문에 분석이 지연된 면도 있다. 권위주의적인 지도자, 프랑스 철학자 클로드 르포르Claude Lefort의 용어로 '에고크라트egocrat'는 법와 상식의 지배를 배격하고 정당한지 부당한지, 진실인지 거짓인지를 그때그때 돈키호테식으로 판정했다.[9]

얼마나 엄청난 일이 일어나고 있는지 정말 알 수 없었던 서방세계, 특히 미국의 대중은 말 그대로 흠칫했다. 이 지적 마비 상태는 당대의 문화적 아이콘이었던 잡지《룩Look》에 기록되었다. 1939년 8월 15일에 발간된 이 잡지에는 〈러시아에서 무슨 일이 벌어지고 있는가?What's going on in Russia?〉라는 특집 기사가 실렸다.《뉴욕 타임스》의 전 모스크바 지국장이자 퓰리처상 수상자 월터 듀런티Walter Duranty가 기고한 글이었다.[10] '대학살great terror'이 끝난 지 몇 달 지나지 않은 시점이었다. 스탈린은 1937년부터 1938년까지 시인에서부터 외교관, 장군, 당 내부 인사에 이르기까지 소비에트 내 모든 집단에 걸쳐 처형을 명령했다. 소비에트 역사 전문가 로버트 컨퀘스트Robert Conquest에 따르면 2년 동안 7백만 명이 체포되어 백만 명이 사형당했으며, 2백만 명은 노동수용소에서 사망했고, 백만 명은 수감되었으며, 1938년 말 기준으로 수용소에 7백만 명이 더 남아 있었다.[11]

파멸적인 악을 눈앞에서 보고도 듀런티는 USSR의 헌법이 "세계에서 가장 민주적인" 헌법에 속하며 "민주주의의 미래에 기반이 될 것"이라고 썼다. 붉은 군대Red Army, 무상교육과 무상의료, 공동주택, 성 평등은 자세히 묘사했지만 '대숙청great purge'은 "공산당의 주기적인 청산 활동 중 하나"로 가볍게 치부하면서 호의적으로 논평했다. 듀런티는 이 "청산"이 "이제 끝났다"면서, 마치 심한 겨울 폭풍이 지나갔다는 듯한 어조로 사람들이 "피해를 복구"하고 있다고 전했다. 실상은 폭력, 투옥, 추방, 처형이라는 스탈린의 패턴이 발트해 연안과 폴란드 동부로 자리를 옮겼을 뿐, 여전히 빠르고 끔찍한 만행이 자행되고 있었다. 1939년부터 1941년 사이에도 많은 잔학 행위가 일어났으며, 폴란드인 수십만 명이 북부의 노동수용소로 끌려갔고,[12]

폴란드 공산당원 수만 명이 살해당했다.[13] 듀런티의 기사가 나오고 나서 꼭 일주일이 지났을 때, 스탈린은 히틀러와 불가침조약을 맺었고, 9월에 폴란드를 공격했으며, 11월에는 붉은 군대가 핀란드를 침공했다.[14] 1940년에 스탈린은 1939년 침공 때 전쟁포로로 끌려간 폴란드 민족주의자 15,000명의 학살을 명령했다.[15]

듀런티의 글에서 가장 경악스러운 점은 스탈린에 대한 묘사다. 신작 영화 〈오즈의 마법사The Wizard of Oz〉 개봉 소식과 이름난 복화술사가 만든 찰리 매카시Charlie McCarthy 인형이 나무로 만든 입에 담배를 물고 있는 식의 당황스러운 명사 사진들 사이에 멋스럽게 미소 짓고 있는 이오시프 스탈린 사진이 끼어 있었다. 그리고 사진 아래에는 다음과 같은 설명이 붙어 있었다. "공산당 서기장 스탈린은 … 레닌처럼 강압적이지 않다. 스탈린은 결정을 내리기 전에 동료들의 의견을 듣는 것을 좋아한다.[16] 1939년 잡지《룩》이 스탈린을 마치 참여형 지도자의 모범 사례라도 되는 듯이 명사 대접을 해준 데 이어, 몇 달 후에는《타임》에서도 스탈린을 '올해의 인물'로 선정해 표지에 싣기에 이른다. 스탈린은 1930년부터 그가 사망한 1953년까지《타임》표지에 10번이나 등장했다. 나중에 여러 학자들은 전체주의가 역사상 문명에 가장 큰 위협이었다고 결론을 내렸지만, 상기한 일화들은 전체주의가 응집력 있는 새로운 권력 형태라고 확인되고 분석되기 훨씬 전에 전체주의의 정교화와 제도화가 이루어졌음을 시사한다.[17]

몇 가지 중요한 예외가 있기는 하지만, 이름을 붙이려는 시도가 본격화된 것은 나치가 패전한 후에 이르러서였다. 컨퀘스트는 "공식적으로 드러난 그림에 일치하지 않는 정보는 넘쳐났다"고 말한다. 그는 왜 '언론인, 사회학자, 그 외의 방문자들'이 소비에트 체제의 거짓말에 속아 넘어갔는지 질문한다. 한 가지 설명은 소비에트 정부가 거짓된 그림을 보여주기 위해 무척 애썼다는 점이다. 고문과 사망 등의 거대한 국가 기계의 흔적을 찾아

볼 수 없는 '모범 감옥'을 만든 것이 그 예다. 또 한 가지 이유는 관찰자 자신이 너무 쉽게 믿었다는 데 있다. 관찰자들 중에 듀런티처럼 사회주의 국가라는 구상에 대한 이념적 충성에 눈이 머는 경우가 있었다.[18]

가장 설득력 있는 이유는 실제로 일어난 사실들이 도대체가 '있을 법하지 않아서' 전문가들조차 진실을 포착하기 힘들었고, 이 때문에 언론인, 학자, 서방세계 정부들이 전체주의의 괴물 같은 성취가 얼마나 중대한 일인지를 완전히 이해하는 데 어려움을 겪었다는 점이다. 컨퀘스트에 따르면 "스탈린 시대는 있을 법하지 않은 일이어서 분석 대상으로 삼기에 부적합하다고 생각되는 현상으로 가득하다."[19] 그들이 전체주의를 이해하는 데 실패했다는 사실은 감시 자본주의와 새로운 도구주의 권력을 어떻게 해석해야 할지를 고민하는 우리에게 직접적인 교훈을 준다.

시대의 섬뜩한 진실을 감추던 베일을 걷어내기로 작심한 최초의 학자들이 보여준 가슴 아픈 이야기 속에서 전체주의의 불가능성과의 대적이 어떤 것이었는지 짐작할 수 있다. 전쟁 직후 이 주제에 관심을 가진 지식인 대부분이 그 갑작스러움에 깜짝 놀랐다고 말한다. 하버드 대학교 정치학과 교수 칼 프리드리히Carl Friedrich에 따르면, "전체주의는 … 예기치 않게, 예고 없이 인류에게 들이닥쳤다."[20] 그 현현은 너무나 생경하고 뜻밖이고 충격적인 데다가 빠르고 비교할 만한 대상도 없어서, 그것을 표현할 언어를 찾을 수 없었으며 모든 전통, 규범, 가치, 합법적인 행위 형식에 도전했다. 20세기 최고의 지성들조차 폭력과 공모가 체계적으로 증식하면서 극한의 속도로 인구 전체를 집어삼키는 모습에 당혹스러워하다 못해 정신적 마비 상태에 빠졌다.

프리드리히는 이 있을 수 없는 일을 규명하고자 한 최초의 전체주의 학자 중 한 명으로, 1954년에 이렇게 썼다. "1914년 이후 서구 문명에서 전개된 일을 그 전에 예견한 사람은 사실상 아무도 없다. … 걸출한 역사학자,

법학자, 사회과학자들 중 아무도 앞으로 벌어질 일—그 끝에는 전체주의가 있었다—을 알아차리지 못했다. 예견에 실패한 까닭은 이해하기 어렵다는 점에 있었다."[21] 초기 산업사회 해석에서 가장 선견지명이 있었던 뒤르켐이나 베버 같은 사상가도 이렇게 끔찍한 국면은 예상하지 못했다. 독일 태생 철학자 아렌트는 나치 독일의 패배를 "여전히 고통과 슬픔 속에 있으므로 … 비탄조의 경향은 있겠지만 이제는 말문을 막는 분노와 무기력한 공포에서 벗어나 무슨 일이 벌어졌는지를 이야기하고 이해해볼 최초의 기회"라고 보았다.[22]

결국 용감하고 뛰어난 지식인 집단은 이 현상을 이해하기 위해 진화한다. 서로 다른 이론적 모형과 사상적 유파, 저마다의 주안점과 통찰력을 지녔지만 거대한 악에 이름을 붙여야 한다는 공통 목적이 있었다. 제2차 세계대전 후 6년 동안 전체주의 권력을 연구한 끝에 1951년 그 탁월한 성과물을《전체주의의 기원The Origins of Totalitarianism》이라는 제목으로 출간한 아렌트는 "전체주의는 인간을 내면에서부터 지배하고 탄압하는 수단을 발견했다"라고 썼다.[23]

아렌트의 저서는 당대에 벌어진 일에 대한 상세한 폭로이자 이론화를 위한 선구적 시도였다. 아렌트는 '이해comprehension'가 전체주의에 의해 드러난 '악의 진정한 본질'에 맞서기 위해 반드시 필요한 대응 방법이라고 했다. "이해란 시대가 우리에게 부과한 짐에 대해 그 존재를 부정하거나 어쩔 수 없이 그 무게를 받아들이는 것이 아니라, 적극적으로 그 짐을 검토하고 능동적으로 받아들임을 뜻한다." 전체주의는 '인간성'과 '인간의 본질'을 '파괴'하고자 했으며, 아렌트는 "이 시대의 파괴적 세력들에 대해 등을 돌리는 것만으로는 아무런 소용도 없다"고 주장했다.[24] 전체주의의 핵심은 '전체주의 운동'을 제외한 모든 유대관계와 의미의 원천을 제거하는 데 있었다. "완전히 고립된 인간으로부터만 총체적 충성—지배를 위한 심리적 기반—이 기대될 수 있다. 가족, 친구, 동료, 심지어 단순한 지인과도 아무런 유대관계가 없는 사람은 오로지 어떤 운동에 속함으로써, 즉 당원으로서만 이 세상에서의 존재감을 얻는다."[25]

프리드리히, 아도르노, 구리안Gurian, 브레진스키Brzezinski, 아롱Aron 등 20세기 중반에 이 주제를 다룬 여러 학자들은 전체주의가 인간 영혼의 지배에 집착했음을 인식하고 있었다.[26] 사람들의 영혼에 곧바로 명령을 전달하려면 상상을 넘어서는 분투가 요구된다. 양 소매를 걷어붙이고 공포와 비탄과 고통 속에 악취와 땀에 절어 울부짖는, 살아 있는 사람들의 혈액과 분변에 양손을 담글 만큼 충성스러운 심복이, 그 심복의 심복이, 또 그의 심복이 필요하다. 이는 전체주의가 우리의 상상을 벗어나는 이유 중 하나다.[27] 전체주의는 역사학자 리처드 쇼튼Richard Shorten이 '인간성 개조 실험'이라고 부른 집단 학살적 목표를 이루기 위해 내면의 깊은 곳까지 침투해 무의식적인 갈망을 굴복시키고 지휘한다.[28]

스탈린은 소비에트연방에서 '계급'의 이름으로, 히틀러는 독일에서 '인종'의 이름으로 사회의 파괴와 재건, 인류의 정화를 추진했다. 각 체제는 제거 대상인 '외집단out-group'—독일과 동유럽에서는 유대인, 집시, 동성애자, 혁명론자, 스탈린 치하 러시아에서는 모든 인구 집단—을 지어냈고, '내집단in-group'으로 하여금 체제에 육체와 영혼을 바칠 것을 요구했다.[29] 전체주의 체제는 이 방식으로 '일체화된 국민People-as-one'이라는 비현실적 목표를 달성할 수 있었다. 클로드 르포르는 이런 사회에서의 '사회적 합일'이란 '국민의 적을 향한 증오로 확보되는 내부적 합일'이라고 설명한다.[30]

전체주의 권력은 원격 통제로 성공할 수 없다. 단순한 순응만으로는 불충분하다. 범죄를 저지르지 않아도 처벌당할 수 있다는 끊임없는 위협으로 개개인의 내면적 삶까지 장악하고 변형시켜야 한다. 대량학살이 집단수용소, 처형장, 굴라크gulag(구소련 정치범 강제 노동수용소-옮긴이)에서 규모의 경제를 보장하는 대량생산이라면 그 바깥의 사람들에게서 내밀한 영역에서부터 개인의 모든 면면—마음, 정신, 섹슈얼리티, 성격, 영혼—을 개조하는 일은 수공업적 작업이다. 이 작업에는 고립, 불안, 공포, 설득, 환상, 갈망, 감화, 고문, 두려움, 감시의 섬세한 조직화가 요구된다. 아렌트는 끊임없는 '원자화'와 융합 과정에 관해 설명했다. 공포감은 법, 규범, 신뢰, 애정으로 이루어진 평범한 인간적 유대를 파괴하는데, 그러한 인간적 유대는 '개인이 자유를 영위할 수 있는 살아 있는 공간을 제공'하던 요소다. 공포가 만든 '철띠'가 '무자비하게 인간들을 압박해 … 서로 등진 채 꽁꽁 묶어버리면, 자유롭게 행동할 수 있는 공간이 … 사라진다.' 공포가 '모든 인간을 하나로 뭉쳐버리는' 것이다.[31]

III. 반대편의 지평선

전체주의와 도구주의 권력은 다르다. 도구주의 권력이 향하는 지평선은 반대편에 있다. 전체주의는 폭력 수단을 통해 작동했지만, 도구주의 권력은 행동수정수단을 통해 작동한다. 바로 여기가 우리가 초점을 옮겨야 하는 지점이다. 도구주의 권력은 우리의 영혼에 관심이 없으며 영혼에 어떤 지시를 내릴 만한 원칙도 없다. 영적 구원을 위한 훈련이나 변형을 요구하지도 않고, 우리의 행위를 판단할 이념도 없다. 그것은 각자의 내면을 소유하려고 하지 않는다. 순수한 헌신이라는 명분으로 우리의 몸과 마음을 말살시키거나 망가뜨리는 데에는 관심이 없다. 우리의 혈액과 분변에 관한 행동 데이터는 환영하지만, 그것들로 제 손을 더럽히려고 하지는 않는다. 우리의 슬픔과 고통과 공포는 탐하지 않는다. 다만 우리의 괴로움에서 비어

저 나온 행동잉여는 열렬히 환영한다. 우리의 의미부여나 동기에는 일말의 관심도 없다. 측정 가능한 행위에 대해서만 훈련받은 이 권력은 우리가 하는 모든 일에 계속해서 진화해가는 렌더링, 계산, 수정, 수익화, 통제 메커니즘이 접근 가능하게 만드는 데에만 신경 쓸 뿐이다.

살의가 있어 보이지는 않는다. 그러나 도구주의도 전체주의가 그 목격자와 피해자들에게 비쳤던 것만큼 경악스럽고 이해할 수 없으며 인류사적으로 생소하다. 게다가 이 권력은 은밀하게 형성되고 테크놀로지와 복잡한 기법으로 위장되며 미혹적인 수사학으로 난독화되었다. 우리에게는 전례 없는 권력과 마주쳤던 경험이 있기에, 새로운 종의 강압을 이해하고 여기에 이름을 붙이는 일이 왜 어려운지를 설명할 수 있다. 전체주의는 사회를 장악하기 위해 경제 부문을 접합시킨 정치 프로젝트였다. 도구주의는 독자적인 사회 지배 양식을 확립하기 위해 디지털 테크놀로지를 결합시킨 시장 프로젝트다.

이렇게 볼 때 도구주의의 독특한 '관찰 관점'이 '극단적 행동주의'라고 알려진 논쟁적인 이론, 그리고 그 선조격인 20세기 초 이론물리학에서 주조된 것은 어쩌면 자연스러운 일이다. 이 장의 나머지 부분에서는 전체주의의 살인이나 폭행과는 거리가 먼 이 지점으로 거슬러 올라가 감시 자본주의 시대 권력의 기원을 탐색할 것이다. 이 탐색은 우리를 실험실과 강의실로, 자유를 무지의 동의어로, 인간을 개미, 벌, 혹은 스튜어트 매케이의 엘크 무리처럼 그들 자신의 이해나 통제를 뛰어넘는 행동 패턴에 갇힌 동물들과 동일하게 취급했던 학자들에게로 데려갈 것이다.

IV. 다른-개체

《타임》은 1971년 한 표지기사에서 스키너를 "하버드를 대표하는 인물이자 … 미국에서 가장 영향력 있는 현존 심리학자이며 이 시대 인간 행동 과학 분야에서 가장 논란이 되는 인물로, 구세주로 숭배되는 동시에 위험한 존재로 배척된다"라고 묘사했다.[32] 스키너는 경력의 대부분을 하버드 대학교 심리학과에서 보냈으며, 내가 대학원생일 때도 그 학교에 있었다. 그와 치열한 논쟁을 벌였던 시간은 나의 대학원 시절 기억 중 가장 생생하게 남아 있다. 그 대화들이 각자의 관점을 거의 변화시키지 못했다는 점은 인정하지만, 그가 인간의 삶을 이해하는 방식은 무척 흥미로워 나에게 깊은 인상을 남겼다. 그 방식은 나와는 근본적으로 다른 것이었으며, 그 점은 지금도 마찬가지다.

심리학자로서 스키너는 제자들과 함께 발전시킨 행동 형성에 관한 통찰력뿐 아니라 동물 행동 연구를 위해 발명한 기발한 도구와 기법으로도 유명했다. 그는 초기에는 오래되고 어두컴컴한 메모리얼 홀에, 나중에는 새로 지은 윌리엄 제임스 홀 7층에 비둘기와 레버, 비둘기와 사료펠릿, 뜨거운 철판 위 비둘기, 미로에 갇힌 쥐 등의 실험 장치를 설치했다. 그의 초기 연구는 여러 가지 '강화 스케줄'을 적용해 동물의 본래 행동의 레퍼토리에 맞지 않는 미시 행동 패턴을 발생시키는, '조작적 조건화'를 다뤘으며, 이를 통해 새로운 지평을 열었다.

스키너는 제2차 세계대전 기간에 비둘기의 조건 반사 훈련을 유도탄에 활용하는 실험—결실을 보지는 못했다—을 하면서 고무되어 행동 공학의 새로운 여정을 시작했다. 그는 1947년 한 심포지엄에서 이렇게 말했다. "이것은 세계를 실험실로 데리고 들어오는 문제가 아니라 실험과학을 드넓은 세계로 확장하는 일이다. 하고자 하기만 하면 언제든 바로 할 수 있다."[33]

스키너는 나중에 자서전에서 미사일 프로젝트가 그의 실험이 가진 의미를 '새로운 각도에서' 보게 해주었다고 회고했다. "이제는 분석만을 위한 실험의 범주를 벗어나 테크놀로지를 탄생시켰다."[34]

스키너는 그가 실험실에서 얻은 통찰력을 이 세계의 병폐에 응용할 수 있기를 열망했지만, 그러한 추론의 근거는 매우 빈약했다. 그는 대중적인 지식인으로서 평생 동안 대중에게 자신의 극단적 행동주의에 기반한 사회 조직 원리가 문명을 격변으로부터 방어하는 방법이 될 수 있다고 설파했다. 그는 1948년 작 '유토피아' 소설《월든 투Walden Two》와 1971년 작 사회 철학서《자유와 존엄을 넘어서》등의 저서를 통해 궁지에 몰린 동물 행동으로부터 사회적 행동과 인간 진화에 관한 거대이론에 이르기까지 거침없이 자신의 주장을 펼쳐나갔다. 1974년에 스키너는《행동주의에 관하여》를 펴냈다. 이 또한 극단적 행동주의 프로젝트에 대한 설명을 담고 있었는데 이번에는 일반 독자를 겨냥했다.《자유와 존엄을 넘어서》에서 전개한 독특한—그리고 많은 사람에게 불쾌감을 준—주장 이후 훨씬 더 맹렬해진 그의 시각에 대한 비판에 반박하려는 의도였다. 스키너는 그런 비판을 '이상한 오해'의 결과라고 여기며, 지칠 줄 모르고 여론을 뒤집기 위해 분투했다. 그는 사람들이 자신이 말하려는 바를 정확히 이해한다면 분명히 동의할 것이라고 믿었다.

스키너는《행동주의에 관하여》의 첫머리에서부터《자유와 존엄을 넘어서》가 일으킨 분노를 묵살하고 곧바로 행동주의의 뿌리와 최초의 이론가 및 실천가들에 대한 이야기로 넘어간다. 그는 행동주의에 대한 반감의 상당 부분이 그 창시자로 알려진 존 B. 왓슨John B. Watson으로부터 비롯되었다고 주장한다.[35] 1913년 행동주의의 관점에 대한 왓슨의 다음과 같은 선언은 유명하다. "행동주의자의 관점에서, 심리학은 순수하게 객관적인 실험에 의해 이루어지는 자연과학의 한 분과다. 그 이론적 목표는 행동을 예측하고 통제하는 데 있다. 자기성찰은 그 방법에서 중요하지 않다. … 행동주의자는 … 인간과 짐승 사이의 구분을 … 인정하지 않는다."[36] 그러나 왓슨은 과학자로서의 성향 못지않게 쇼맨십 기질도 다분했던 것으로 밝혀졌고, 스키너는 왓슨이 충분한 증거 없이 과격한 주장을 하는 바람에 극단적 행동주의에 대한 의심이 끊이지 않게 되었다며 신랄하게 비판한다. 이와 같이 왓슨을 문제를 일으킨 주범으로 지목한 스키너는 잘 알려지지 않은 독일 출신의 20세기 초 실험심리학자 막스 마이어Max Meyer의 연구를 해결의 열쇠로 꼽았다. 마이어는 경력의 대부분을 미주리 대학교에서 보냈지만 박사학위 과정을 밟은 곳은 베를린 대학교였고, 그의 지도교수는 역사상 가장 유명한 물리학자 중 한 명이 될 막스 플랑크Max Planck였다. 플랑크는 물리적 세계는 모두 하나로 통합되며, 이를 설명하는 자연 법칙 모두를 밝힐 수 있다고 주장했다. 오직 수학적 분석을 통해서만 자연 법칙의 비밀을 풀 수 있는데, 인간 행동 법칙도 이에 포함된다.[37] 플랑크에 따르면 "외부 세계는 인간으로부터 독립된, 절대적인 그 무엇이며, … 이 절대적인 것에 적용되는 법칙을 탐구하는 일은 … 인생에서 가장 숭고한 과학적 추구가 될 것"이었다.[38] 마이어는 플랑크의 가르침에 따라 인간 행동의 원리를 탐구했고, 이는 결국 인간 행동 연구를 진정한 과학적 지위로 격상시키게 된다.

스키너에 따르면 마이어는 물리학, 화학, 생물학 옆자리를 심리학이 당당히 차지하는 위업을 달성했다.[39] 스키너는 왜 당대에도 무시당했던 그의 연구를 극찬했을까? 스키너는 1921년에 나온 의미심장한 제목의 심리학 교재,《다른-개체의 심리학Psychology of the Other-One》에 특히 찬사를 보냈다. 이 책은 출판 당시 거의 주목받지 못했고—마이어 자신도 강의 교재로 쓸 용도 정도로만 생각했다—그 후 완전히 잊혔다.[40] 하지만 스키너는 이 책이 '누군가의 행동에서 선행하는 환경적 이력과 객관적으로 관찰할 수 있는 사실만 고려하라'는 현대 행동주의의 인식론적, 방법론적 토대를 확립했다고 칭송했다.[41] 마이어의 저서는 스키너가 이론을 정립해 나가는 가운데 절대성을 확보하기 위해 과감히 심리학과 물리학을 결합하게 되는 전환점이었고, 이로써 '다른-개체의 피부 아래 세계는 우선적인 지위를 상실한다'는 행동주의 관점의 핵심이 확고해졌다.[42]

새로운 과학적 관점을 포착한 용어는 '다른-개체'였다. 심리학자들이 인간을 개체로 보는 법을 배워야만 인간 행동이 과학적 연구의 대상이 될 수 있다. 외부로 표출되는 행동과 내면의 경험을 혼동하지 않고 '인간 행동에 대한 객관적 과학'을 달성하는 데에는 이 '관찰 관점'이 절대적인 전제였다.[43] 이 새로운 관점의 중심에는 유기체로서의 인간이라는 관념이 있다. 인간은 '그것', '개체', 즉 단지 복잡성의 정도에 따라서만 상추나 엘크, 자벌레와 구별되는 '유기체들 가운데 하나'로 재해석된다.[44] 과학적 심리학은 그 관심을 '유기체들 가운데 하나'의 사회적 행동, 즉 눈에 보이는 행동에 제한할 것이며, 그 자신에게가 아니라 사회적으로 의미 있는 '다른-개체의 삶'을 연구할 것이다. … 다른-개체에 대한 연구가 우리 자신에 대한 연구에 우선한다.[45]

새로운 관점을 취하자니 논리적으로 '자유'나 '의지' 같은 고차원적 인간 경험도 재해석해야만 했다. 마이어는 플랑크의 노선을 따라 "동물 세계에서 행동의 자유는 물리학 세계에서의 '우연'과 같은 의미를 지닌다"는 입장을 취했다.[46] 우연이란 그에 대한 정보나 이해가 불충분함을 뜻할 뿐이다. 자유도 마찬가지다. 과학적 지식, 특히 심리학 영역의 지식이 늘어날수록 자유에 대한 자유주의적인 사상은 퇴보한다. 지식과 자유는 적일 수밖에 없다. 마이어는 이렇게 설명했다. "어떤 개체의 행위가 제멋대로 자유롭고 원인이 따로 없다고 말할 수도 있겠지만, 그것은 질병의 발생이나 전쟁 결과, 날씨, 작물 수확량에 대해 '제멋대로'라든가 '원인 모를' 결과라고 말할 때의 그 의미에서일 뿐이다. 즉, 그 결과를 가져온 구체적인 원인을 인간이

알고 있지 못하다는 뜻에 불과하다."⁴⁷

이 세계관은 수십 년 후 논란을 불러일으킨 《자유와 존엄을 넘어서》에서 그 사회 철학의 핵심을 규정하게 된다. 이 책에서 스키너는 지식이 우리를 자유롭게 만드는 것이 아니라 우리를 자유에 대한 환상에서 깨어나게 한다고 주장했다. 실제로 그는 자유와 무지가 동의어라고 썼다. 지식의 획득은 우리를 무지로부터 구출해준다는 점에서 영웅적인 일이지만, 필연적으로 자유의 불가능성을 드러내므로 비극적이기도 하다.

마이어와 스키너가 보기에 자유, 의지, 자율성, 목적, 주체성 같은 관념에 대한 우리의 애착은 인간의 무지라는 불편한 사실로부터 우리를 보호하는 방어기제다. 《크리스마스 캐럴》에서 죽은 동료 제이컵 말리가 쇠사슬을 끌며 불쌍한 모습으로 처음 나타났을 때 스크루지가 혼령의 존재를 부정하며 "소화가 덜 된 쇠고기 한 점이나 머스터드소스라든가, 치즈 조각, 아니면 설익은 감자 부스러기 때문에 헛것이 보이는 게지"라고 중얼거리던 장면을 생각해보자. 자유도 어쩌면 우리가 가진 두려움이나 부정하고자 하는 마음이 미처 다 소화되지 않아서 생긴 환영일 뿐이어서 신진대사를 제대로 거치고 나면 사라질지 모른다. 모든 행동은 주어진 환경에 의해 결정되지만 우리는 그 과정을 정확히 알지 못할 때 무지로 인한 공백을 자유라는 환상으로 대신 채운다.

마이어는 인간의 자기성찰—'영혼', '자아', '정신', '의식'—이 지니는 중요성은 개인의 주관적인 삶에 국한됨을 열성적으로 주장했다. 관찰하거나 측정할 수 없으므로 과학적인 가치는 갖지 못한다. "우리는 영혼을 부정하지 않는다. 하지만 우리의 시간을 거기에 쏟지는 않을 것이다. 육체에도 연구할 것이 차고 넘친다." 영혼은 '각자 알아서 할 몫'이며, 내밀한 경험이자 분석할 수 없는 수수께끼라서 과학적 탐구로부터 공식적으로 면제된다. "따라서 인간 사회를 자연법칙에 의해 발생한 현상, 즉 영혼의 집단이 아니라 유기체의 집단으로 이해할 수 있다."[48]

마이어는 영혼에서 육체로, 내면에서 외연으로, 주관적 경험에서 관찰 가능한 행동으로의 전환에 사회과학의 미래, 그리고 문명 자체의 미래가 달려 있다고 주장했다. 인간성의 타자화otherization는 새로운 종류의 정치적 해방으로 가는 길이 될 것으로 기대됐다. 역사적으로 종교권력이나 정치권력을 위한 억압, 고문, 학살, 노예화, 인종 말살이 인간의 영혼을 지배한다는 명분 아래 추진되었다. 제1차 세계대전 후 몇 년간의 상황을 돌이켜본 1921년 미주리 대학교의 마이어에게는 효율적이고 합리적인 현대성을 위한 그의 해법이 생사를 가르는 문제처럼 느껴졌을 것이다.

> 관심의 초점이 영혼에 있는 그는 다른 사람들에게 그의 기도문을 읊고, 그의 교리를 낭독하고, 그의 제단 앞에 무릎을 꿇으라고 강요했을 때 자신이 그 사람들의 영혼을 구원한 것이라고 생각할 뿐 신체를 강제하고 있었다는 사실은 인정하지 못한다. … 정치적 테러리즘도 타인의 존재에 대해 과학적 탐구에 열려 있는 육체로서가 아니라 마법으로, 만일 (사실 당연하지만) 그게 안 되면 고문과 죽음으로 지배해야 할 수수께끼 같은 존재, 즉 영혼으로 생각하려는 인간의 경향을 그 주된, 그리고 무한한 원천으로 삼는다. … 17세기 스페인 종교재판이나 마녀재판 등에서의 … 끔찍한 고문을 생각해보라. … 재판관은 독심술사이고 피고는 그에게 읽히는 하나의 영혼이라고 보기 때문에 이런 잔학 행위가 가능했다.[49]

마이어는 '영혼으로서의 인간'에서 '유기체로서의 인간'으로의 관점 전환이 '역사가 민주주의의 방향으로 전개되는 경향성의 이유'를 설명한다고 봤다. 과학은 문명을 추월하므로, 마이어는 동료 유기체 간에 강력한 유사성이 있다는 기본적인 사실이 평등과 민주적 우애에 대한 새로운 보편적 인식을 낳았다고 추정했다. 계급, 부, 자유, 인종 등에 따른 구분이 사회, 정치, 경제에 계속 영향을 미친다는 것 자체가 우스꽝스럽게 여겨질 것이다. "진정한 세계 시민적 삶이 실현되면 서로의 유사성이 개인 간의 차이를 완전히 집어삼킨다. 인간 사회가 유기체들의 집단이라는 과학적 시각을 수용한 사람에게 … 계급 분화는 … 터무니없는 생각이다."[50]

마이어는 심리학은 물론이고 사회학, 경제학, 범죄학, 역사학, 종교심리학 등 진정한 과학의 지위를 염원하는 모든 사회과학이 '다른-개체'라는 관점을 수용할 것이라고 믿었다. "그리스도가 동료 인간들 가운데 있듯이, 하나의 유기체는 다른 유기체들 가운데 있다."[51] 타자화는 합리적인 미래를 위한 길을 닦아주겠지만, 인류가 지식을 얻는 대가로 자유의 박탈을 감수해야 한다는 점에서 쓸쓸함을 남길 것이다.

V. 자유는 환상이다

스키너는 다른-개체라는 관점을 흔들림 없이 고수했다. 우리는 도구주의 권력의 핵심을 포착하기 위해 이 관점을 정교하게 발전시킨 그의 논지를 출발점으로 삼을 수 있다. 스키너는 1938년에 출간한 그의 첫 번째 저서 《유기체의 행동The Behavior of Organisms》 첫 페이지에서부터 자유는 정복되기를 기다리는 무지에 불과하다는 마이어의 (그리고 플랑크의) 경고를 반복한다. '원초적 행동 체계'는 그 인과관계를 '인간을 넘어서는 존재'에 맡긴다. '발전된 행동 체계'도 '자아'나 '자유의지' 같은 모호한 허구에 통제권을 맡긴다는 점에서 여전히 무력하다. "'자유의지'에서의 자유란 유기체의 내면을 더 이상 규명하기 불가능할 때 일컫는 말인지도 모른다."[52]

스키너는 자신의 이론을 '극단적 행동주의'라고 칭했는데, 그의 주장에 따르면 주관적 속성이 없는 행위를 관찰하는 것만이 유일하게 의미 있는 행동 연구 대상이 될 수 있으며 이 점에서 극단적이다. 그는 첫 번째 저서 첫머리에서 "행동이란 어떤 유기체가 하고 있는 것, 혹은 더 정확하게는, 어떤 유기체가 하고 있다고 다른 유기체에 의해 관찰된 것"이라고 선언했다. '조작' 행동은 이 능동적이고 관찰 가능한 '함doing'을 가리키기 위한 용어다. 조작 행동을 묘사할 때에는 그 표현에서 자기성찰의 함의를 제거해야 한다. 예를 들어, 어떤 유기체가 'A를 본다'고 말해서는 안 되며, 그 대신 '시선이 A를 향하고 있다'고 해야 한다. 이와 같이 객관적으로 기술해야만 행동을 측정 가능한 사실로 만들 수 있으며, 그럼으로써 패턴을 파악하고, 궁극적으로는 환경과 행동 간의 인과관계들을 정리해낼 수 있다.[53]

스키너는 1951년에 출간한 《과학과 인간 행동》에서 모든 관찰은 다른-개체의 관점으로 행해야 한다는 전제를 밝혔다. 자신의 행동을 관찰하는 경우도 예외가 될 수 없다. 이 원칙은 '선택', '문제 해결' 같은 추론된 행동을 포함해 거의 모든 것을 행동 분석 대상으로 삼을 수 있게 해주며, 이후 행동경제학이라는 새로운 학문분과에서 널리 활용된다.

> 어떤 사람이 스스로를 통제하거나, 행동 방침을 정하거나, 문제 해결 방법을 생각해내거나, 자기 지식을 늘리려고 노력하고 있다면, 그는 행동하고 있는 것이다. 그는 다른 사람의 행동을 통제할 때와 똑같은 방식으로, 즉 행동에 영향을 미치는 변수 조작을 통해 스스로를 통제한다. 이렇게 하는 그의 행동은 분석 대상으로 적합하며, 결국 자신의 바깥에 있는 변수들로 설명돼야 한다.[54]

거의 모든 책과 논문에서 스키너는 프랑크가 마이어에게 가르치고 마이어가 그의 학생들에게 전한 진리, 다른-개체의 관점을 통해 포착할 수 있는 단 하나의 진리로서, 자유는 무지라고 선언했다. 자유의지를 느낀 경험은 실제로 행동을 좌우하는 결정인자에 대한 정보가 없어서 나타난, 소화되지 않은 한 조각의 거부반응일 뿐이다. 앞서 마이어나 플랑크가 그랬듯이 스키너도 자유를 '우연'으로 간주했다. '우연'이란 그 개념 자체가 환각이며, 스냅 사진 같은 시간의 단편은 지식 발전에 의해 메워지고 결국 법칙적이고 예측 가능한 패턴의 표현으로 변모되기를 기다리는 빈틈을 드러낸다. 우리가 자유로 착각했던 이 무지의 빈틈들은 언젠가 미래에 깨어나 치료받을 수 있으리라는 희망으로 자신의 몸을 냉동보존시키는 사람처럼 설명을 기다리며 이 행동주의자의 응시 아래 늘어서 있다.

스키너가 가장 과감하게 주장을 편 저술은 1971년에 나온《자유와 존엄을 넘어서》다. 그는 이 철학적 에세이에서 "우연의 우발적 본질에는 아무런 미덕도 없다"고 다시 한 번 주장한다.[55] 이 책은 전체적으로 사회 진보를 저해하는 주된 장애물을 겨냥하고 있다. 그것은 자유와 존엄이라는 신성한 예복 안에 우리의 가장 깊은 무지를 숨기는 개념적 혼동이다. 스키너는 이 고귀한 관념들에 대한 우리의 충절이 '행동과 환경 사이의 뜻밖의 통제 관계', 즉 우리의 행동이 전적으로 환경에 좌우된다는 냉엄한 진실로부터 우리 스스로를 보호하는 방법일 뿐이라고 주장했다.[56] 말하자면 자유와 존엄은 심리적 '탈출구'인데, '인간 행동을 예측할 수 있다는 새로운 증거들이 밝혀짐에 따라' 서서히 닫히고 있다. "과학적 분석 절차가 발전하면서 … 완전한 결정론으로부터의 개인적 예외가 폐지되고, … 온전히 사람의 노력으로만 돌릴 수 있는 성취가 전무해진다. … 따라서 우리가 경탄하는 행동은 우리가 아직 설명할 수 없는 행동이다."[57]

극단적 행동주의의 또 다른 권위자 리처드 헌스타인Richard Herrnstein ─ 스키너의 가장 뛰어난 제자 중 한 명으로 이후 하버드 대학교 심리학과 교수로 함께 재직했다 ─ 에게서 우리가 자유의지의 표현으로 간주하는 행위가 사실은 그것을 발생시킨 '자극의 소용돌이the vortex of stimuli'를 아직 명확히 적시할 수 없는 행위를 말한다는 설명을 들은 적이 있다. 우리에게 관찰하고 계산할 수단이 없을 뿐이라는 것이었다. 23살의 학생이었던 나에게는 새롭고 놀라운 말이었다. 그 대화는 잊히지 않았다. 행동주의자가 바라보는 신의 개념을 한마디로 정리해준 것 같았기 때문이리라. 실제로 스키너의 실험실이 있는 심리학과 건물 7층에서 엘리베이터 문이 열리면 '신은 VI번 이다'라는 문구가 가장 먼저 보였던 때가 있었다. VI Variable Interval는 자극의 소용돌이로부터 건져낸 변동·간격 강화계획을 일컬었다.

이 관점에서 보면, 측정과 계산 능력이 발달해 자극의 소용돌이에 관해 더 많은 정보가 제공될수록 '자유'나 '우연'은 움츠러든다. 우리는 점차 더 똑똑한 수단과 방법을 발명해 여러 인간 행동 각각을 형성하는 자극의 소용돌이를 해독하고 통제할 수 있게 될 것이고, 그러면 인간 행동에 대한 무지는 행성의 기온 상승으로 녹아가는 빙하처럼 결국 뜨거운 열에 굴복할 수밖에 없을 것이다. 수십 년 전의 마이어처럼 스키너 역시 무지에서 법칙으로의 전환을 보여주는 상징적인 예로 일기예보를 들었다.

> 주제의 복잡성에 기인하는 문제들은 각각 해결돼야 한다. 희망이 없어 보여도 결국 때가 오면 풀릴 때가 많다. 날씨에 대한 법칙을 말할 수 있게 된 것은 최근의 일이다. … 자기결정권은 복잡성에서 나오는 것이 아니다. … 이렇게 이야기하면 그 어떤 증명도 불가능해질지 모르지만, 파리의 비행 궤적을 계산하기 힘들다고 해서 그 힘듦이 불규칙성을 증명하지는 못한다.[58]

VI. 인간 행동 테크놀로지

스키너는 60년 동안 학술서와 대중서에서 '더 깊은 탐구'가 언제나 가능하다고 주장하곤 했다. 《자유와 존엄을 넘어서》의 첫머리에서 그는 테크놀로지로 무지를 해결할 것을 요청한다. "우리는 인간 행동의 방대한 변화를 필요로 하며, 물리학이나 생물학만으로는 아무리 노력해도 이 일을 달성할 수 없다. … 우리에게 필요한 것은 행동을 다루는 테크놀로지로 … 힘과 정밀도에서 물리학적·생물학적 테크놀로지에 견줄 만한 것이라야 한다."[59]

스키너는 다른-개체라는 관점을 광범위한 분야에서 제도화해 행동을 관찰하고 계산·분석하며 자동적으로 강화함으로써 그가 필요하다고 믿는 '방대한 변화'를 달성시켜줄 테크놀로지를 구상했다. 그렇게 되면 물리학이나 생물학에 세계를 변화시키는 힘을 가져다준 테크놀로지처럼 이 테크놀로지도 인간 행위를 설명하는 법칙을 실험실에서 끌어내 효과적인 행동 예측과 행동 변화를 가능케 할 것이라고 생각했다. "차이가 있다면 그들이 사용하는 도구와 방법이 대상에 상응하는 복잡성을 띤다는 점이다. 인간 행동이라는 영역에 그만큼 강력한 도구와 방법이 없다는 사실은 변명이 되지 못한다. 그것은 단지 우리가 찾아야 할 퍼즐 조각일 뿐이다."[60]

스키너는 자유와 존엄에 대한 문헌들이 "인간의 성취가 나아갈 길을 가로막고 있다"고 단언한다.[61] 그는 행동 테크놀로지를 위해서는 시급히 '도구와 방법'을 개발해야 하는데, 잃어버린 퍼즐 조각이 이를 저지하고 있으며, 바로 사람들 사이에 있는 이 해묵은 관념에 대한 충직한 믿음이 바로 그 지점이라고 보았다. 사람들이 그러한 믿음을 고집하는 이유는 자신의 행위에 대해 '마땅히 받아야 할 공로의 인정'을 포기하지 않으려 하는 데 있다. '자율적인 인간'에 대한 신념은 합리적인 미래에 대한 퇴행적 저항의 원천이며, '행동에 대한 다른 설명'은 사회 진보를 방해한다.

스키너는 인류에게 새로운 계획이 절실하게 필요하다고 믿었고, 사회의 모든 영역에서 행동을 엔지니어링할 수 있는 강력한 도구를 새롭게 구상했다. 일찍이 1953년에 그는 디지털 테크놀로지로 작동하는 오늘날의 카지노 환경을 예견했는데, 겜블러의 행동을 정확하게 유도하는 이 시스템은 국가

안보당국과 감시 자본가를 위한 시험장이나 다름없다.[62] "그러나 각 분야의 기존 실행을 토대로 적절한 도구를 활용해 개선할 수 있어야 한다. 예를 들어, 카지노에서라면 게임 속도가 이례적으로 빠를 때에 한해 돈을 따는 빈도를 바꾸는 장치를 도입해 기계를 '개선'―카지노 소유주 입장에서―할 수 있다.[63]

행동 공학 테크놀로지가 '기기'에만 적용되란 법은 없다. 특정 목적에 따라 행동을 유도하는 조직 체계나 절차를 설계할 때도 이 테크놀로지를 활용할 수 있을 것이다. 스키너는 1953년에 이미 주주 가치 극대화를 위해 설계된 마이클 젠슨의 인센티브 체계나 원하는 경로로 행동을 '넛지'하기 위한 행동경제학의 '선택 아키텍처' 같은 혁신을 예상했다. "공장 노동자나 판매직, 전문직 종사자의 급여 지급 스케줄, 상여금 활용, 인센티브 등도 생산성 극대화라는 관점에서 개선될 수 있을 것이다."[64]

스키너는 행동공학에 개인감정과 사회규범에 위배될 위험이 있고, 특히 프라이버시에 대한 우려가 있음을 알고 있었다. 그런 불안감을 누그러뜨리려면 거슬리지 않게 관찰해야 하며, 해당 유기체의 의식 바깥에서 이루어지는 것이 이상적이라고 충고했다. "피험자와 과학자 사이의 최소한의 상호작용으로도 행동을 관찰할 수 있고, 그래서 관찰을 자연스럽게 시작해야 한다."[65] 그러나 풀어야 할 숙제도 있다. 새로운 행동 테크놀로지가 행동 예측 및 통제에 관련된 모든 데이터에 접근하려면 계속해서 공적인 영역과 사적인 영역 사이의 구분을 넘나들어야 할 것이다. 이 지점에서 그는 오늘날 렌더링이 성격과 감정에까지 깊이 파고들어가는 새로운 탐지 시스템을 통해 새롭게 개척하고 있는 영역을 예견했다. "그러나 우리는 여전히 사적인 차원에서 일어나며, 도구적 확장이 일어나지 않는 그 자체로서의 유기체에게 중요한 의미를 지니는 사건들에 부딪힌다. 언젠가 그 사건들이 모두에게 접근 가능해질 날이 올지도 모르지만, 그때가 와도 해당 유기체가 그 사건에 어떻게 반응하는지는 중요한 질문으로 남아 있을 것이다."[66]

스키너는 지식이 진전되면 프라이버시 규범이 점차 후퇴해 그 자리를 지식이 차지하게 되고, 그럼으로써 앞서 말한 충돌이 해결될 것이라고 보았다. "공적인 것과 사적인 것 사이의 경계선은 고정되어 있지 않"기 때문이다. 오늘날의 감시 자본가들처럼 스키너도 시냇물처럼 시작된 기술적 발명이 서서히, 그러나 마침내 큰 물살이 되어 프라이버시를 인간 경험의 극한에까지 밀어붙이고, '자유'를 비롯한 성가신 환상들도 휩쓸어가 버릴 것이라고 확신했다. 이 모든 것들은 새로운 도구와 방법으로 현현한 다른-개체 관점으로 대체될 것이다. "사적 사건을 공적으로 만들기 위한 기법이 발견될 때마다 경계가 바뀐다. … 그리하여 프라이버시 문제가 기술적 진보에 의해 마침내 해소될 수도 있다."[67]

프라이버시 옹호론자를 비롯해 감시 자본주의를 비판하는 사람들은 새롭게 등장한 위협의 의미와 그것을 담아내는 은유를 오웰의 언어에서 재빨리 빌려온다. 그러나 감시 자본의 도구주의 권력은 오웰의 빅 브라더와 정반대 개념으로 이해하는 편이 더 정확하다. 이제부터 유토피아 개념에서 가장 생생하게 표현된 그 극명한 대조를 살펴볼 것이다. 두 유토피아는 각기 다른 권력에 연관되어 있다.

VII. 두 유토피아

제2차 세계대전의 피비린내가 다 가시기 전, 이해할 수 없는 대규모 폭력에 의해 현대성에 대한 기대가 사그라든 가운데, 스키너와 저널리스트이자 소설가였던 조지 오웰은 각각 소설 속 '유토피아'를 통해 치유를 시도했다. 멀리서 보면 스키너가 1948년에 출간한 《월든 투》와 그 이듬해에 나온 오웰의 《1984》는 공통점이 많다. 둘 다 뚜렷한 권력의 논리를 완성도 높게 개념화했고, 둘 다 그 권력이 전성기에 이른 사회를 그렸으며, 두 소설 속 사회 모두 거기에서 그려진 권력의 관점에서 볼 때 유토피아다.[68] 그러나 대중의 반응은 극명하게 갈렸다. 《월든 투》는 디스토피아적 악몽으로 일축되고 10년 넘게 대부분의 대중에게 외면당했다.[69] 오웰의 《1984》는 출간 즉시 디스토피아 소설의 대표작 반열에 올랐고 20세기 최악의 악몽으로 꼽혔다.

한편, 두 소설의 내용이나 의도를 혼동하는 사람들도 종종 있었다. 스키너를 다룬 《타임》 1971년 표지 기사는 《월든 투》가 "《1984》에서 묘사된 사회의 망령이 실현될지 모른다"는 생각을 불러일으킨다고 썼다(사실 《타임》 지 기사에서 이 구절은 《월든 투》가 아니라 《자유와 존엄을 넘어서》에 대한 논평이었는데, 저자가 착각한 듯하다—옮긴이). 위대한 역사학자이자 문학평론가 루이스 멈퍼드Lewis Mumford는 《월든 투》를 가리켜 "전체주의적 유토피아"이며 "지옥"을 묘사했다고 말한 적이 있는데,[70] 이 역시 두 유토피아를 혼동한 발언이다. 지속적으로 되풀이돼온 이러한 혼동은 위험하다. 두 책 모두 전체주의를 묘사한 것으로 알려져 있지만 두 권력 형태는 완전히 다르며, 대부분의 측면에서 정확히 반대된다.

현대성에 대한 마이어의 처방은 인간의 경험을 과학적 탐구 대상으로 삼는 것, 그리고 그것을 관찰 가능하고 측정 가능한 행동으로 환원하는 것에 기초했다. 이를 기준으로 삼는다면, 오웰의 유토피아는 '비포', 스키너의 유토피아는 '애프터'라고 할 수 있을 것이다. 오웰의 유토피아는 영혼을 지배하고자 하는 전前과학적 충동이 만든 악몽이므로 마이어가 제시한 전제에 선행한다. 스키너의 유토피아는 위대한 물리학자 플랑크를 거쳐 나타난 마이어의 현대성 재구상의 다음 단계다. 《월든 투》의 공동체는 마이어의 과학적 관찰 관점, 즉 다른-개체 관점에 입각해 세워졌으며, 유기체들 전체의 조화를 과학적으로 유도한다는 마이어의 꿈이 만개한 모습을 보여준다.

여기서 자유는 지식에 몰수당한다. 오웰은 질병을 드러냈고, 스키너는 해독제를 주장했다.

《1984》에서 보여주는 전체주의 권력은 20세기가 경험한 산업주의와 절망의 충돌이 만들어낸, 인류의 역사에서 전례를 찾아볼 수 없는 새로운 권력 형태였다. 오웰은 단순히 전체주의 프로젝트를 상상해 소설화한 것 이상의 영향을 미쳤다. 그는 과거의 독일과 당시에도 지속되고 있던 소비에트에서부터 그가 그린 미래를 연결시켰다. 그것은 상상된 미래였지만 실현될 가능성이 충분해 보였다. 그가 그렇게 한 것은 그 결과의 무서움에 대해 우리에게 경고하기 위해서였다. 그의 천재성은 개별 인간 각각에 대한 무자비하고 완전하며 집요한, 행동에 의해서만 알 수 있는 원거리의 타자로부터가 아니라 내면으로부터의 장악이라는 전체주의의 핵심을 소설로 구현했다는 점에 있었다.

빅 브라더의 감시는 대륙의 군대나 정부에만 향하고 있지도 않고 눈에 보이는 개별 육체나 군중의 움직임에 제한되지도 않는다. 빅 브라더는 범발적으로 작동하는 의식으로, 개개인의 영혼을 감염시키고 소유하며, 낭만적 사랑이나 좋은 친구관계에서 형성되었던 모든 애착을 제거한다. 그 작동의 핵심은 단순히 모든 생각과 감정을 안다는 것이 아니라 허용되지 않는 내면 경험을 제거하고 대체하려는 무자비한 집념에 있다. 교활한 핵심당원 오브라이언은 반체제 성향을 보이는 윈스턴에게 이렇게 말한다. "우리는 뜨뜻미지근한 복종에도, 그렇다고 아주 비굴한 항복에도 만족하지 못해."

우리는 너를 돌이킬 수 없는 지경까지 파멸시킬거야. … 결국 우리에게 굴복하게 된다면 너의 자유의지에 의해서라야 해. 우리는 우리에게 반항한다는 이유로 이단자를 처형하지 않아. 반항하는 한 절대 처형하지 않지. 우리는 그 사람을 전향시키고, 속마음을 장악하고, 개조해. … 우리 편으로 만드는 거야. 겉뿐만 아니라 진정으로, 심장과 영혼까지. 그 사람을 죽이기 전에 우리 일원으로 만드는 거지.[71]

알다시피, 결국 윈스턴의 완강했던 영혼은 성공적으로 '조작된다 engineered.' 이 책의 오싹한 마지막 구절은 무솔리니가 '맹렬한 전체주의 의지'라고 불렀던 것, 그리고 그것이 희생시킨 영혼에 대한 영원한 증거이며, 20세기 초에 탄생한 전체주의의 생애주기 완성이라 할 수 있다. 20세기에 들어서면서 이탈리아의 척박한 토양에 심겨진 메마른 씨앗이 전쟁, 빈곤, 굴욕이라는 자양분으로 자라나 나치 독일의 악몽과 스탈린 체제 러시아의 재앙으로 꽃피고, 마침내 오웰의 상상에서 결실을 맺은 것이다. 윈스턴은 평온한 기쁨을 누린다. "그의 영혼은 흰눈처럼 깨끗해졌다. … 그는 자신과의 싸움에서 승리했다. 그는 빅 브라더를 사랑했다."[72]

반면, 《월든 투》가 의도한 바는 전체주의에 대한 경고가 아닌 해독제, 더 넓게는 전후 서구 사회 재건이라는 과제를 위한 현실적인 처방전이었다. 스키너는 그의 유토피아가 영혼을 무너뜨리는 악몽에 대한 방법론적 치료법이 될 수 있다고 봤으며, 종래의 어떤 정치적·경제적·영적 치유책보다 우월하다고 주장했다. 그는 '민주주의'가 해법을 갖고 있다는 생각을 비웃었다. 민주주의는 과학의 지배를 방해하고 자유라는 환상을 영속시키는 정치 체계일 뿐이라고 생각했기 때문이다. 그는 '자유시장'에 대한 기대도 전후 사회를 위한 치료제로서는 공허한 꿈이라고 믿었다. 자유시장은 사람들, 계급들 사이의 파괴적 경쟁을 전제로 하기 때문이다. 스키너는 실존주의의 새로운 인본주의도 수동성을 키운다며 거부했다. 종교는 무지를 소중히 받들고 과학 발전의 발목을 붙잡기 때문에 최악의 치유법이다.

스키너의 치료 방법은 독특했다. 그것은 사회적 평등과 공평무사한 조화가 구현되는 유토피아로, 사람을 다른-개체, 즉 '행동 공학'의 대상인 '유기체들 가운데 하나의 유기체'로 보는 관점에 기초해 만들어진 기법이 미래를 약속했다. 소설 속 월든 투의 설립자이자 지도자이고 스키너의 명백한 분신인 프레이저는 이상적인 공동체란 "최강의 축구팀처럼 효율적이면서 매끄럽게 형성되고 통제될 수 있는 '초유기체superorganism'"라고 설명했는데, 이는 마이어가 꿈꾼 미래이기도 했다.[73]

스키너의 유토피아는 무력을 행사할 필요도, 인간의 영혼을 지배할 필요도 없는 사회 질서의 가능성을 설명하기 위한 것이었다. 월든 투 공동체는 민주적 정치와 대의제 정부도 무시했다. 이 공동체의 법률은 다른-개체라는 이상에 기반해 인간 행동을 다루는 과학, 특히 스키너 자신의 극단적 행동주의에서 나온다. 스키너는 핵 위협, 공해, 인구 조절, 도시 성장, 경제적 불평등, 범죄, 교육, 보건, 개인의 발전, 효과적인 여가 등 현대적 삶의 모든 영역에서 개선을 이루려면 꼭 필요한 행동적 해법을 보여주고 싶어 했는데, 유토피아는 이 야망을 전달하는 매개체이기도 했다. '좋은 삶'이 이 공동체의 목표였고, 이는 자유 사회의 이상—자유, 자율성, 프라이버시, 국민의 자치권 등—을 포기해야 이룰 수 있는 것이었다.

《월든 투》는 허구의 형식을 취함으로써 스키너가 마이어의 타자성 otherness이라는 방법론적 원칙과 동물 행동에 대한 그 자신의 연구로부터 통제 대상을 인간의 정신spirit에서 행동으로 대체하는 유토피아 공동체로 나아가기 위해 필요로 한 일종의 위장술을 제공했다. 프레이저는 사람들이 외부의 힘 때문이라기보다는 '그들의 피부 아래에 이식된 신념 체계' 때문에 '그 자리에 머물렀다'며 탄식한다. "영혼에 씌워진 멍에를 벗기기란 가망이 없어 보일 만큼 어려운 일이지만, 하려면 할 수도 있지. … 그 무엇도 결국은 강요할 수는 없어. 우리는 강제력을 사용하지 않아! 우리에게 필요한 건 적절한 행동공학뿐이야."[74]

두 유토피아는 서로 다른 두 권력을 각각 반영하며, 20세기의 악몽으로부터 미래를 구원하고자 했다. 오웰은 그가 막 지나온 과거를 묘사했지만, 스키너는 그가 살아 있지 않을 먼 미래를 상상했다. 만일 감시 자본주의와 도구주의 권력이 계속 커진다면《월든 투》의 꿈이 실현된 모습을 스키너 대신 우리가 보게 될지도 모른다. 스키너는 자유가 다른 사람들의 지식에 양도되는 데까지 이야기했지만, 오늘날 일어나고 있는 일에 비추어보면 그것은 다른 사람들의 부와 권력을 위해 봉사하는 지식이다.

스키너의 전망은 경제성의 요청을 달성하기 위한 감시 자본주의의 집요한 노력과 감시 자본주의가 창조해 새로운 목표에 활용하는 유비쿼터스 디지털 장치 속에서 부활한다. 도구주의 권력은 새로운 디지털 장치—중단 없는 작동, 자율성, 편재성, 감응 기능, 컴퓨터 연산, 액추에이션, 네트워킹, 인터넷 연결 등이 그 특징이다—를 감시 자본주의 프로젝트에 활용하면서 마침내 '힘과 정밀도에서 물리학적, 생물학적 테크놀로지에 견줄 만한 … 행동 테크놀로지'의 '도구와 방법'이라는 스키너의 바람을 충족시키고 있다. 그 결과로 나타난 것이 범발적 행동수정수단으로, 이는 감시 수익 극대화를 위한 행위의 경제를 가능케 한다.

감시 자본주의가 출현하기 전에는 도구주의 권력의 전망이 희미한 꿈이나 망상으로 폄하되었다. 이 새로운 종류의 권력은 플랑크, 마이어, 스키너의 논리에 따라 지식을 위한 자유의 몰수를 요구한다. 그러나 그들은 이 굴복이 실제로 어떤 조건을 수반하는지 알지 못했다. 지금 우리의 자유를 쫓아내는 지식은 소수의 감시 자본가들에게 독점되어 있다. 지식은 그들의 것인데, 잃어버린 자유는 우리 것이다.

기원에 대한 이 이야기를 기억하며, 3부 2장에서는 인류 사회에 심각한 불균형을 새롭게 새겨 넣고 있는 도구주의 권력을 면밀히 검토할 것이다. 우리는 우리의 이익이 아니라 감시 자본주의의 상업적 이익을 늘리기 위해 구축되는 지식을 위해 우리의 자유를 희생시킨다. 이것은 기법적 기원인 매케이의 원격측정 원리로부터의 엄연한 이탈이다. 매케이의 원격측정도 과학적 지식을 위해 동물의 자유를 침해했지만, 그때의 지식은 동물을 위한 것이었다. 그런데 감시 자본주의의 행동 시장 체제는 결국 우리의 내밀한 영역—우리의 내면은 이미 자본의 글로벌 실험실이 되었다—까지 포함해 다양한 일상생활 영역에서 스키너의 행동 테크놀로지를 적용하게 하는 도구와 방법을 수중에 넣는다.

02

빅 아더와 도구주의 권력의 부상
: 비인격적인 평가 방법

> 그는 그들의 하인이었다(어떤 이들은 그가 앞을 보지 못한다고 했다).
> 그들의 얼굴과 그들의 물건 사이를 돌아다니는
> 그들의 감정이 바람처럼 그에게 모여들어
> 노래했다. 그들은 외쳤다. "이것은 신의 노래다."
>
> — W. H. 오든, 《중국 소네트》 VII

I. 도구주의 권력의 등장

감시 자본주의는 유비쿼터스 디지털 장치라는 매체를 통해 그 의지를 강요하는 꼭두각시 조종자다. 나는 이제 이 장치에 '빅 아더'라는 이름을 붙인다. 이것은 감응과 연산 기능이 있고 네트워크에 연결돼 있는 꼭두각시 인형으로 인간의 행동을 렌더링, 모니터링, 연산, 수정한다. 빅 아더는 지식과 실행 기능을 결합함으로써 전례 없는 행동수정수단을 만연시킨다. 감시 자본주의의 경제적 논리는 빅 아더의 막대한 능력을 통해 도구주의 권력을 생산하고, 그럼으로써 영혼의 엔지니어링을 행동의 엔지니어링으로 대체한다.

도구주의 권력은 독특한 '앎의 방식'을 발전시키는데, 그것은 신자유주의 세계관의 '형식적 무관심'을 극단적 행동주의의 관찰자적 관점과 결합한다(536쪽 표1 참조). 도구주의 권력은 빅 아더의 능력에 힘입어 인간 경험을 측정·관찰 가능한 행동으로 환원하며, 이때 경험의 의미에는 관심이 없다. 나는 이 새로운 방식의 앎을 극단적 무관심radical indifference이라고 부르고자 한다. 이것은 목격자 없는 관찰의 한 형태로, 은밀하고 폭력적인 정치종교 political religion와 정반대되는 지점에서 완전히 다른 종류의 대재앙을 낳을 것이다. 불가해할 만큼 복잡한 시스템과 그 시스템에 권한을 부여하는 이익은 원격적이고 추상화된 시선으로 사람들을 다른 사람들의 목표를 향한 급류에 내던진다. 이제 사회적 관계나 경제적 교환으로 여겨지던 일들은 이 로봇화된 추상화의 베일 저편에서 일어난다.

도구주의의 극단적 무관심은 빅 아더의 비인격적 평가 방법으로 조작화된다. 이 평가 방법은 평등의 가치가 빠진 공허한 동등성을 산출한다. 이 방법은 개인들을 동일성의 최저공통분모, 여러 유기체들 가운데 하나의 유기체로 환원한다. 우리는 여러 면에서 절대로 같지 않다. 그러나 빅 아더의 관점에서 우리는 오로지 다른-개체, 행동하는 유기체일 뿐이다. 빅 아더는 다른-개체 관점을 총체적 존재로 늘려놓은 것이다. 크건 작건, 악하건 선하건, 여기 브라더는 없다. 화목한 가족이건 지겨운 가족이건, 가족의 인연 따위는 없다. B. F. 스키너의 '과학자와 피험자'가 서로 아무 관계도 아니듯, 빅 아더와 타자화된 대상들 사이에도 아무런 관계가 없다. 공포감을 조성해 모든 친밀감과 애착을 쫓아냄으로써 영혼을 지배하는 일도 없다. 오히려 인간관계가 풍성해지는 편이 훨씬 좋다. 빅 아더는 그 수억, 수조 개의 눈과 귀―감지, 작동, 연산 장치―가 시끌벅적한 거대 통신망에서 발생한 막대한 양의 행동잉여를 관찰, 렌더링, 데이터화, 도구화할 수 있기만 하다면, 우리가 무슨 생각을 하고 어떻게 느끼며 무엇을 하든 상관하지 않는다.

이 새로운 체제에서 사는 한, 객체화가 미덕이다. 아마존 알렉사의 유쾌한 서비스, 구글 가상 비서의 일정 알림이나 끝없이 제공하는 정보 등 지칠 줄 모르고 충직하게 일하는 원 보이스를 경험하다보면 빅 아더가 친밀하게 느껴질지도 모르지만, 이 부드러운 목소리가 당신의 욕구를 이용하고 있을 뿐임을 잊으면 안 된다. 코끼리가 떠오른다. 빅 아더는 우리의 의미가 들어 있는 우리의 몸, 우리의 뇌, 아직 뛰고 있는 우리의 심장을 내버리고, 잉여를 착취하기 위해 우리의 행동만 가로챈다. 이는 상아를 얻으려고 포유류 중 가장 위풍당당한 동물을 끔찍하게 도살하는 일과 다르지 않다. "무엇인가가 공짜라면, 당신이 곧 상품이라는 뜻이다"라는 말도 이제는 진부한 클리셰가 되었다. 당신은 상품이 아니다. 버려진 사체일 뿐이다. '상품'은 당신의 삶에서 뜯어낸 잉여에서 나온다.

빅 아더는 마침내 모든 행동에 적용되는 행동 테크놀로지로 하여금 스키너, 스튜어트 매케이, 마크 와이저, 조 파라디소가 저마다 주장했듯이 우리의 의식을 의도적으로 우회하면서 조용히 그리고 끈질기게 그 목표를 달성하고 모든 사물의 뒤편으로 유유히 사라지게 한다. 알파벳/구글의 에릭 슈미트가 논란을 일으켰던 2015년을 상기해보자. 그는 웹의 미래에 대한 질문에 답하면서 이렇게 말했다. "인터넷은 사라질 것입니다." 사실 그 말은 '인터넷은 빅 아더 속으로 사라질 것'이라는 뜻이었다.

도구주의 권력은 빅 아더의 능력에 힘입어 '보장된 성과'라는 형태로 공포 없는 확실성certainty without terror을 달성할 수 있는 조건을 마련하고자 한다. 고통과 살인으로 우리의 육체를 탄압하는 기괴한 정권이 아니라는 이유로 그 영향을 과소평가하거나 경계를 늦추기 쉽다. 도구주의는 죽음, 고문, 재교육, 전향 같은 방식을 취하는 대신 우리를 우리의 행동으로부터 추방시킨다. 그것은 우리의 외연과 내면을 분리하며, 관찰할 수 있는 행위만 남기고 우리의 주관과 내적 요소들을 도려내버린다. 이로써 인간 이성의 취약함에 대한 행동경제학자들의 가설에 신빙성이 더해지며, 타자화된 행동은 독자적인 생명력을 가지고 우리 미래를 감시 자본주의의 목표와 이해관계에 내준다.

도구주의 유토피아에서 빅 아더는 자극의 소용돌이를 모방해, '자연선택'을 변종과 강화를 통한 '인위적 선택unnatural selection'으로 변형시킨다. 이 새로운 선택의 창조주는 시장 행위자들과 감시 수익 경쟁이다. 빅 아더와 소용돌이를 일으키는 행동주의 신은 때로 혼동된다. 그러나 그것은 빅 아더가 디지털 커튼 뒤의 마법사인 감시 자본의 음모를 잘 감추고 있기 때문일 뿐이다. 우리는 베일 저편에서 들려오는 고혹적인 음성—넌 누구냐, 혹시 구글?—에 이끌려가면서 최대한의 행동잉여와 확실성에의 근사치를 토해내게 된다. 네트워크의 가장자리에 다다르면 아편 섞인 안개 속에서 잠들지 않도록 조심해라. 그 세련된 음성 뒤에는 우리가 한때 벗어나고 싶어 했던 바로 그 장소의 목표와 규칙이 있으며, 전 세기에 전체주의를 낳았던 경쟁과 괄시, 굴욕감의 상업화된 버전이 있다. 한 발짝만 잘못 디뎌 마찰 없이 매끄러운 예측가능성의 길에서 조금이라도 일탈하면 그 음성은 당장 "차량 모니터링 시스템에게 자동차 시동이 걸리지 않게 하라"고 지시할 때처럼 매섭게 바뀔 것이다.

도구주의 권력 체제하에서, 우리의 경험은 단지 자극-반응-강화 과정에서 나타나는 유기체의 움직임으로 자동 집계되고, 주체적인 정신 작용이나 미래 시제에 대한 소유권은 이 새로운 자동 프로세스 아래에 서서히 매몰된다. 우리가 순응하든 말든, 도구주의의 성공과는 상관이 없다. 사회적 규범에 대한 대중의 복종이 필요하지 않으며, 공포감이나 강제성으로 집단을 위해 자아를 포기시키지도 않고, 집단 구성원으로 받아들이거나 지위를 주지도 않는다. 사물과 신체 안에서 꽂핀 디지털 질서가 그 모든 것들을 대체해, 의지를 강화 작용으로, 행위를 조건화된 반응으로 변형시킨다.

도구주의 권력은 이와 같이 감시 자본가들에게 한없이 지식을 대주고 우리의 자유는 한없이 오그라뜨리면서 학습의 사회적 분업화에 대한 감시 자본주의의 지배를 영속화한다. 허위의식false consciousness을 낳는 숨은 실체는 이제 계급과 생산관계가 아니라 '누가 아는가? 누가 결정하는가? 누가 결정하는지를 누가 결정하는가?'라는 핵심 질문들에 답할 권리를 찬탈하는, 즉 학습의 사회적 분업화에 대한 도구주의 권력의 지휘권이다. 과거에는 생산수단 소유가 곧 권력이었지만, 이제는 행동수정수단 소유가 권력이며, 따라서 빅 아더가 권력을 쥔다.

II. 총체적 확실성을 위한 시장 프로젝트

빅 아더와 그에 힘입은 도구주의 권력은 스키너가 그린 인류의 미래를 실현한다. 스키너는 일찍이 《월든 투》에서 새로운 측정 및 계산 능력을 갈망했다. 그 능력은 자극의 소용돌이라는 수수께끼를 풀어냄으로써 우리가 어리석게 자유의지라며 소중하게 여기지만 사실은 그에 대해 알지 못할 뿐인 행위들에 관해 알려줄 것이기 때문이었다. 《월든 투》의 주인공 프레이저는 이렇게 말한다. "행동을 언제나 예측할 수 있다고 말하지는 않았습니다. 날씨를 항상 예측할 수 없는 것과 마찬가지죠. ⋯ 고려해야 할 요인이 너무 많으니까요. 우리는 그걸 모두 다 정확하게 측정할 수 없고, 측정치가 있다고 해도 예측에 필요한 수학적 계산이 불가능할 수 있습니다."[1]

스키너는 그의 전망을 실현시켜줄 도구가 아직 존재하지 않던 때에 도구주의 권력의 가능성과 빅 아더에서의 도구주의 권력 작동을 예견했던 것이다. 그것은 스키너에게 주어진 부동의 운명이었다. 동물 행동 조건화를 위한 미로와 상자들, 측정 도구, 기록 장치로 가득했던 그의 실험실은 그의 행동 실험을 위한 공학적 혁신이 이루어지는 판타지 세계였다. 행동을 전적으로 조작할 수 있는 기술은 스키너가 평생 이루지 못한 꿈이자, 마지막 순간까지 모든 논문과 강의에서 뚜렷하게 드러난 좌절감의 원천이었다.

그는 과학 발전이 결국 행동 테크놀로지라는 실천적 과제의 어려움을 극복할 것이라고 확신했지만, 더 큰 문제는 인간을 다루는 과학이 다른-개체 관점에 입각해 행동을 예측하고 통제한다는 데 대한 문화적 장벽이었다. 그는 사람들이 18세기 철학자들로부터 이어받은 자유의 가치와 이상에 집착하는 데서 비롯되는 저항을 원망했고, 2차 현대성 시대의 갈망의 핵심에 진정성, 자유의지, 자율적 행위를 심어준 전후 실존주의 철학도 똑같이 경멸했다.

스키너는 사망하기 3년 전에 쓴 에세이에서 행동 예측을 통해 과학적 확실성을 토대로 새로운 사회를 건설할 수 있으리라는 기대가 꺾인 데 대해 애도했다. "사람을 단순히 어떤 일이 일어난 장소로 보는 관점은 우리가 무엇을 했는지가 아니라 무엇을 할 것 같은지에 대한 질문을 제기할 때 훨씬 더 위협적으로 느껴진다."[2] 말년의 그는 사람들이 그의 관점에 대해 보이는 반발과 자유의지에 대한 그들의 집착에 대해 체념한 듯했고, 어조도 20년 전 《자유와 존엄을 넘어서》에서보다 덜 공격적이고 덜 과격했다. 그의 분노와 경멸은 마지막 회고에서 피로와 절망으로 바뀌어 있었다.

이런 생각에 대해 인간 행동을 너무 비관적으로 보고 있다거나 우리의 운명이 우리 손에 달려 있다는 믿음을 지킨다면 미래를 위해 무엇인가를 할 수 있을 것이라고 말할지도 모르겠다. 수 세기 동안 유지된 이 믿음을 바탕으로 괄목할 만한 성과를 이룬 것도 사실이다. 하지만 그 성과는 즉각적인 결과일 뿐이다. 우리는 그 후 뒤따라올 다른 결과가 우리의 미래를 위협할 것임을 알게 되었다. 비록 주어진 운명에 따랐을 뿐이지만, 이로 말미암은 결과는 우리가 세상에 남기고 싶어 하는 증언이 아닐 수 있다.[3]

우리가 살고 있는 감시 예외주의 시대에는 경악의 감정이 무기력과 체념에 굴복한다. 스키너가 안타까워했던 저항은 수그러든 듯 보인다. 극적인 반전이 일어나, 우리가 스스로 운명을 선택할 수 있다는 믿음은 포위되었고, 스키너를 대중의 조롱거리로 만들었던 행동 예측 및 통제 테크놀로지를 향한 꿈은 명백한 현실이 되었다. 그 꿈이 이제는 막대한 자본, 인재, 과학 발전, 정부의 보호, 각종 제도로 이루어지는 생태계, 예나 지금이나 모든 권력에 뒤따르는 화려함을 끌어들이고 있다.

아렌트의 개념을 빌리자면, 도구주의의 등장은 '이제까지 감추어져 있던 과거의 시작'을 '조명하는 사건'에 해당한다.[4] 원격에서 조종되고 은밀히 움직이는 것은 도구주의 권력 본연의 속성이다. 이 권력은 공포감의 조성이나 살인, 민주적 제도의 유보, 대량학살, 추방을 통해 성장하지 않는다. 그 대신, 선언이나 자가권한부여self-authorization, 수사학적 오도, 완곡어법, 그리고 사람들의 의식을 피해 이루어지는 조용하지만 과감한 무대 뒤 움직임을 통해 성장하는 가운데, 개인의 자유를 거두어가고 그 자리를 다른 사람들의 지식으로 채우며 사회가 있던 자리에는 확실성만 남긴다. 도구주의 권력은 민주주의에 맞서는 대신, 민주적 삶을 유지하는 데 필요한 인간의 능력과 자기이해를 조금씩 갉아먹으며 내부로부터 민주주의를 허물어뜨린다.

페이스북의 실험적 전술이 만들어낸 내러티브들, 미래행동시장이 지배하는 사회의 원형인 포켓몬고, 디지털 혁신이 감시라는 교리에 짓밟혀 찌그러져버린 수많은 사례들은 우리에게 역사를 재조명하게 하는 변화가 일어났다고 공언할 수 있을 정도로 우리가 알던 삶을 돌이킬 수 없게 변화시킨다. 폭력은 없다. 그러나 우리가 알던 삶이란 자기결정권이라는 형태로 구현되고 1인칭 화자의 목소리로 표출되며 사적인 삶이 가능하고 공적인 자유를 보장받는 일종의 성역에서 길러진 의지, 즉 미래에 대한 의지를 가질 수 있는 삶을 말하는데 서서히 이 의지가 퇴출당하고 있는 것이다.

도구주의 권력은 괴테의 파우스트처럼 도덕적 불가지론의 입장을 취한다. 유일한 도덕적 의무는 희미한 유토피아적 관점으로 증류된다. 죄가 있다면 자율성이 죄다. 자율성이란 예측가능성을 향해 모두를 몰고 가는 흐름에 감히 거역하는 것을 뜻하기 때문이다. 저항이 유일한 악이다. 법, 행위, 수사학을 방해하는 일은 반역이다. 어떤 지체도 용납하지 않는 기술적 불가피성의 철칙을 따르는 것이 여기서의 규범이다. 1차 텍스트 뒤에 숨어 그 그림자는 철저히 무시하면서 새로운 편리함과 조화를 누리는 것만이 유일하게 합리적인 태도라고 간주된다.

전체주의란 국가가 총체적 소유 프로젝트로 바뀌는 것이며, 도구주의와 빅 아더는 시장이 총체적 확실성을 위한 프로젝트로 변모함을 뜻한다. 그것은 디지털 환경 밖에서도 물론 상상할 수 없지만 감시 자본주의의 축적 논리 밖에서도 상상할 수 없는 프로젝트다. 이 새로운 권력은 빅 아더가 지닌 감시와 액추에이션 능력에 행동잉여 발견과 수익화가 더해진, 전례 없는 융합의 산물이다. 이 융합의 맥락을 염두에 둬야만 인간 경험을 도구화하고 통제함으로써 다른 사람들의 수익을 위해 행동을 체계적이고 예측 가능하게 변화시키는 경제 원리를 상상할 수 있다.

도구주의 권력은 다른-개체 관점을 취함으로써 인격체로서의 인간에게서 반성적 의미 작용을 빼앗아 동물적 존재로 격하시킨다. 인간은 새로운 자본 법칙—이제는 모든 행동에 이 법칙이 적용된다—을 따르는 유기체로밖에 안 보인다. 아렌트는 수십 년 전에 행동주의의 파괴적 잠재력을 예견했다. '사상'의 개념을 '뇌'에 의해 달성되는 어떤 것, 따라서 '전자적 도구'로 전송될 수 있는 무언가로 간주하는 데 대해 개탄했다.

노동하는 사회, 즉 사람들이 직업을 갖는 사회의 마지막 단계가 오면 구성원들에게 순전히 자동적인 기능만 요구될 것이다. 그때 개인의 삶은 마치 종 전체의 생명 프로세스 안에 매몰돼버린 듯하고, 유일하게 개인에게 요구되는 능동적 결정이라고는 개별성을, 즉 여전히 개별적으로 지각되는 삶의 고통과 골칫거리들을 포기하고 명하고 '평온한' 기능적 행동 유형을 받아들이겠다는 결정밖에 없는 듯 여겨질 것이다.

현대 행동주의 이론의 문제는 그들이 틀렸다는 점이 아니라, 지금은 아니더라도 언젠가 그들이 옳을 수 있다는 점에 있다. 실제로 행동주의는 현대 사회에서 분명하게 나타나는 특정 경향성을 매우 그럴 듯하게 개념화했다. 현대라는 시대—인간 활동이 전례 없이 야심을 폭발시키면서 시작된—는 유사 이래 가장 지루하고 재미없고 수동적인 모습으로 끝날 가능성이 다분하다.[5]

다른 사람들에게 보장된 성과를 가져다주기 위해 사회가 자동화되고, 사회의 자동화를 위한 필수 조건으로 자아가 자동화되는 세상, 이것이 우리가 살게 될 집(미래)의 모습인 것일까?

III. 금세기의 저주

이 질문에 대한 답을 구하기 위해 아렌트의 《전체주의의 기원》 초판 맺음말에서부터 시작할 수 있을 것 같다. 오래전 이 책을 처음 읽었을 때부터 뇌리에 깊이 박힌 대목이다. 당시 유럽에서는 전체주의가 무너졌지만 스탈린 정권하의 USSR이 남아 있었다. 전 세계 여러 국가가 전체주의를 이해하고 기록할 긴급한 필요성에 대해 한 목소리를 냈는데, 단지 증거를 남기기 위해서만이 아니라 미래에 일어날 수 있는 위협에 대한 예방을 위해서이기도

했다.

아렌트의 성찰은 전체주의의 '무용성'과 '허황됨'만이 아니라 '전체주의 체제와 현대의 중대한 사회 문제와의 걱정스러운 관련성'에 대해서도 함께 개괄한다. 아렌트는 전체주의를 우발적 비극으로 치부할 수 없으며 '금세기 위기에 깊이 관련되어 있다'는 점을 인식해야 한다고 경고했다. "전체주의는 우리 시대의 중대한 문제들을 너무도 끔찍한 방식으로 다룸으로써 금세기의 저주가 되었다. 이를 인정하지 않고서는 이 시대적 문제들을 해결은커녕 이해조차 할 수 없는 것이 사실이다."[6]

그로부터 수십 년이 지난 지금, 또 한 명의 사상가가 도구주의 권력의 '걱정스러운 관련성'에 대해 숙고하고 있다고 상상해보자. 그러면 이렇게 말할 것이다. "도구주의는 우리 시대의 중대한 문제들을 너무도 끔찍한 방식으로 다룸으로써 금세기의 저주가 되었다. 이를 인정하지 않고서는 이 시대적 문제들을 해결은커녕 이해조차 할 수 없다."

무슨 문제들이냐고? 나는 감시 자본주의와 그 도구주의 권력이 내가 '충돌'이라고 표현한 불안정한 '존재 조건'을 자양분으로 삼는다고 주장해왔다. 감시 자본주의는 개인에게 사회적 연결, 정보에의 접근, 시간을 절약해주는 편의 등의 형태로 여러 문제 해결 방법을 제공한다. 너무나 자주, '내 편'이라는 환상도 선물한다. 이것들이 1차 텍스트를 가능케 하는 자원이다. 더 중요하게는, 기관들에게도 전지적 앎, 통제, 확실성이라는 형태로 문제 해결 방법을 제공한다. 이 경우에는 불안—사회적 신뢰의 약화, 호혜적 유대관계 파괴, 위험할 만큼 극단적인 불평등, 배제 체계 등—을 해소하기 위해서가 아니라 불안한 상황이 초래하는 취약성을 이용하기 위해서다.

항상 인터넷에 연결되어 있다는 점이 주는 사회적 장점을 많은 사람들이 떠벌렸지만 감시 자본주의가 번성한 바로 그 시기 동안 미국에서 대인 신뢰도가 오히려 급락했다는 점에 주목할 필요가 있다. 미국 일반사회조사

US General Social Survey에서 '대인신뢰 태도' 변화를 시계열적으로 측정한 결과에 따르면, 1972년에서 1985년 사이에는 '사람들 대부분을 믿을 수 있다'고 생각하는 미국인 비율에 큰 변화가 없었다. 다소 오르내리기는 했지만, 1972년에 대인신뢰가 '상'으로 평가된 비율이 46퍼센트였고, 1985년에도 50퍼센트에 근접했다. 신자유주의 질서가 영향을 끼치기 시작하면서 그 비율은 점차 줄어들어 1995년에 34퍼센트로 떨어졌는데, 이때가 바로 공공 인터넷이 출현한 시기다. 1990년대 후반부터는 명확하게 하락세이기는 해도 그 속도가 완만해 2014년까지 30퍼센트대가 유지되었다.[7]

대인신뢰도가 낮은 사회는 합법적 권위에 대한 신뢰도도 낮은 경향을 보인다. 실제로 미국에서 정부에 대한 신뢰도 역시 상당히 낮아졌으며, 인터넷과 감시 자본주의가 확산된 약 15년 동안 그 하락세가 두드러졌다. 1958년에는 미국인의 75퍼센트 이상이 정부를 전반적으로 신뢰한다고 말했지만 1985년에는 약 45퍼센트만 그렇게 응답했고, 이 비율이 2015년에는 20퍼센트 가까이, 2017년에는 18퍼센트로 떨어졌다.[8] 사회적 신뢰는 평화로운 집단적 의사 결정이나 시민 참여와 높은 상관관계가 있다. 사회적 신뢰가 없으면 공동의 가치와 상호 의무의 권위가 사라진다. 이 때문에 생기는 공백은 곧 그 사회의 취약성이다. 혼란, 불확실성, 불신을 틈타 권력이 사회적 공백을 메운다. 이 권력은 공백을 메워준다는 이유만으로 환영받기까지 한다.

감시 자본주의 시대에는 도구주의 권력이 그 공백을 메운다. 이 권력은 사회적 관계들을 점차 기계로 대체해 결국 사회가 있던 자리에 확실성만 남는다. 이 새로운 상상된 공동체에서의 삶이란 자유를 다른 사람들의 지식에 내주어야 함을 뜻한다. 그림자 텍스트에 공급할 재료가 필요하기 때문이다.

집단적 삶과 개인적 경험의 야심찬 개혁을 주도한 것은 민간 기업들이었지만 공공 부문의 뒷받침도 꼭 필요한 요소였으며, 특히 '테러와의 전쟁' 선포가 큰 역할을 했다. 테러를 막는다는 명분은 기계로 확실성을 확보하는 방법이 사회의 불확실성에 대한 궁극적 해결책이라고 여기는 경향을 정당화했다. 이러한 상호 친화성은 도구주의 권력에게 의붓자식이 아닌 동등한 파트너의 지위를 보장했으며, 국가가 '총체적 앎'을 추구하는 일이 점차 일상화되면 이를 위해 의존할 수밖에 없는 도구주의 권력이 오히려 영주나 주인의 지위에 오를 수도 있다.

국가가 도구주의 권력이 움직여줄 것을 요청하는 방식을 보면 이 권력이 불확실한 사회 환경에 대한 확실한 해결책으로 간주된다는 점을 알 수 있다. 이 상호작용이 낳은 다양하고 복잡한 제도적 패턴은 여러 학술 연구나 민주적 토론에서 핵심 쟁점으로 다뤄지고 있다. 그러나 지금 여기서는 단지 국가가 사회 붕괴, 불신, 불확실성에 대한 해결책으로서 감시 자본주의의 도구주의 권력 생산 강화를 지속적으로 요구하고 있으며, 이것이 빅 아더의 성장과 정교화로 나타나고 있음을 보여주는 몇 가지 사례만 언급하고자 한다. 그런 예가 끝없이 이어지다 보니 무감각해지기는 했지만, 이 난국을 헤쳐나가려는 국가와 시장이 공히 보장된 성과를 향한 가차 없는 진격에 매진하고 있다는 점을 놓치면 안 된다. 그들의 상호 친화성은 어떤 문제 때문에 도구주의 권력이 우리 시대의 저주가 될 것이라는 위협이 되고 있는지를 밝히는 데 도움이 된다.

테러 위협이 발생할 때마다 도구주의 권력이─유일하지는 않더라도 해결책 중 하나로─투입되는 일은 이제 놀랍지 않다. 테러 행위는 문명화된 규범의 권위를 배격하고 상호 신뢰 없는 사회의 무능을 드러낸다. 정부는 사회에 불확실성을 가져오는 이 새로운 원천에 대한 해결책으로 도구주의 권력에 손을 뻗는다. 기계가 보장하는 확실성, 즉 탐지와 예측은 물론이고 대책을 자동으로 실행하기까지 하는 믿음직한 직접적 수단을 얻고자 하기 때문이다.

부시와 오바마가 집권한 16년 동안, '정보 테크놀로지의 진보'는 위협에 대한 '가장 효과적인 대응'으로 여겨졌다. 피터 스와이어에 따르면 "민간 부문이 여러 데이터 수집 및 처리 기법을 새로 개발하고 있으며, 그 데이터를 의사 결정을 위한 기초자료로 이용하고 있다는 사실"을 공직자들도 알게 되었고, 그 결과 이러한 시장의 역량을 이용하기 위한 "정보 강화 전략으로의 대규모 전환"이 공공 부문에서 진행된다.[9]

그런데 2013년 에드워드 스노든Edward Snowden이 정보 당국과 테크놀로지 기업들 사이의 은밀한 공모를 폭로하면서 그러한 전환이 가로막혔다. 이로 인한 반발 여론은 감시 자본가들에게 새로운 과제를 안겼다. 그들이 민간 부문의 힘과 국가의 안보 필요성 사이의 동맹을 불편하게 여기고 있으며 더 나아가 내키지 않아 한다는 이미지를 퍼뜨려야 했던 것이다. 그럼에도 불구하고 테러 위협이 등장하면 정부는 언제나 빅 아더, 그리고 그것이 표상하는 도구주의 권력의 강화와 활용 쪽으로 고개를 돌린다. 하지만 이 엄청난 권력에 접근할 수 있는 역량에는 항상 긴장이 존재한다. 이유는 간단하다. 그들이 지휘권을 쥘 수 없기 때문이다. 당국이 원하는 일을 하려면 최소한 부분적으로라도 감시 자본가들을 통할 수밖에 없다.

예를 들어, 2015년 12월 파리 테러 후 오바마 대통령, 미국 상하원의원들, 전 세계 공직자들이 테크놀로지 기업, 특히 구글, 페이스북, 트위터를 향해 테러 관련 정보를 식별해 삭제할 것을 요청했다. 기업들은 '정부의 도구'가 되거나, 그렇게 보일까봐 주저했다고 전해진다.[10] 언론에 따르면 당국 관계자들은 기업들의 대중적 평판에 새로운 부담을 주지 않고 도구주의 권력에 접근하기 위한 '차선책'을 개발했다. 예를 들어, 한 정부는 문제 있는 온라인 콘텐츠가 해당 인터넷 기업의 서비스 이용약관을 위반하고 있음을 확인시켜 '사법적 명령에 수반되는 서류 더미 없이' 회사가 자체적으로 그 콘텐츠를 신속히 삭제하게 할 수 있었다. 이와 유사하게, 구글은 정부 기관이 문제가 있는 콘텐츠를 확인해 즉각적인 조치를 요청할 수 있도록 자사의 '신뢰할 수 있는 신고자trusted flagger' 프로그램을 확대했다.[11]

기업들은 저마다 대응책을 마련했다. 에릭 슈미트는 테러리스트의 계정을 식별해 제거하고, 문제 있는 콘텐츠가 퍼져나가기 전에 삭제하며, 대응 메시지의 확산을 가속화하기 위해 '증오에 대한 검열'을 포함한 새로운 수단이 필요하다고 제안했다.[12] 오바마 행정부의 고위 당국자들은 2016년 1월 업계 선두주자들과의 '대테러 회담'을 위해 실리콘밸리를 방문해 이 입장에 힘을 실었다. 회의 의제에는 어떻게 하면 인터넷상에서 테러 활동을 막고, 대응 콘텐츠를 확대하며, 안보 당국이 공격을 방지할 수 있을지에 관한 논의가 포함되었다.[13] 백악관의 브리핑 자료에는 '급진주의 알고리즘'을 촉구하는 내용이 들어 있었다. 이는 소셜 미디어 및 다른 잉여 원천을 분석해 마치 신용 점수를 평가하듯이 온라인 콘텐츠의 '급진성'을 평가하는 알고리즘을 뜻했다.[14]

불확실성에 대한 해법으로 정부가 도구주의 권력에 손을 뻗는 일이 미국에서만 일어난 것은 아니다. 테러는 독일, 프랑스, UK 등 전 세계에서 유사한 반응을 일으킨다. 2016년 베를린 크리스마스 시장 테러 이후 독일 당국은 극단주의자로 의심되는 사람들을 지속적으로 추적하기 위해 전자 태그를 착용하게 하는 계획을 발표했다.[15] 2017년 페이스북, 마이크로소프트, 구글, 트위터 등 감시 자본가들은 대 테러 글로벌 인터넷 포럼Global Internet Forum to Counter Terrorism을 창설했다. 그 목적은 '공통 콘텐츠 분류 기법', '선제적 대응', 테러리스트 계정 식별을 가속화하기 위해 폭력적인 테러리스트 이미지의 '고유 디지털 지문' 데이터베이스 공유 등 관련 문제의 해법을 위해 협력함으로써 도구주의 권력의 그물망을 촘촘하게 만드는 것이었다.[16] 2017년 호주, 캐나다, 뉴질랜드, 영국, 미국, 5개국이 공동 발표한 보고서에는 네 개의 핵심 약속이 들어 있었는데, 그중 첫 번째 약속이 바로 인터넷 기업과 협력해 온라인 테러 활동을 막고 구글 및 페이스북이 주도하는 업계 포럼을 지원한다는 것이었다.[17] 그해에 유럽 이사회European Council는 '업계'가 책임감을 가지고 "테러 행위 선동 콘텐츠를 자동으로 탐지하고 삭제하는 기능을 개선하기 위해 새로운 테크놀로지와 도구를 개발"할 것을 기대한다고 발표했다.[18] G20 국가들은 2017년 함부르크 회의에서 콘텐츠를 더 잘 필터링, 탐지, 삭제할 수 있는 수단이 필요함을 주장하며 인터넷 기업들과 협력할 것을 다짐하고, 온라인 테러 활동을 탐지, 제거하는 데 관련된 테크놀로지와 인재 개발에의 투자를 '장려'했다.[19]

도구주의 권력과 국가 권력이 만나는 지점은 또 있다. 예를 들어, 2016년 의회에서 전 미국 국가정보국장US Director of National Intelligence 제임스 클래퍼James Clapper는 정보기관이 "신원 확인, 감시, 모니터링, 위치 추적, 채용 대상자 정보 수집을 위해, 또는 네트워크 접근권이나 사용자 자격증명을 얻기 위해 … 사물 인터넷"을 이용할 수 있을 것이라고 발언했다.[20] 실제로 하버드 대학교 내 인터넷과 사회를 위한 버크먼 클라인 센터Berkman Klein Center for Internet & Society에서 나온 한 연구 보고서는 '스마트' 기기 및 제품, 네트워크에 연결된 센서, '사물 인터넷' 등 감시 자본주의의 물결이 '정부 기관들이 실시간으로든 기록된 형태로든 통신 내역에 접근할 수 있는 여러 길'을 열어줄 것이라고 예견했다.[21]

'스마트한 네트워크에 연결'되어 있다는 점이 기업뿐 아니라 정부에게도 새로운 감시 채널을 의미한다는 사실은 단순한 추측이 아니며 연방 정보기관에만 해당되는 이야기도 아니다. 2015년에 일어난 한 살인사건에서 경찰은 '스마트' 계량기, 아이폰 6s 플러스에서 얻은 데이터와 아마존 에코가 녹음한 오디오 파일을 이용해 용의자 신원을 확인했다.[22] 2014년에는 핏빗fitbit 손목밴드가 신체적 상해 사건 조사에 이용되었고, 2017년에는 경찰

이 방화 및 보험사기 용의자를 기소하기 위해 인공심박동기 데이터를 이용하기도 했다.[23]

지방 사법 당국들도 도구주의 권력을 이용하려는 이들의 대열에 합류했다. '감시 서비스'(1부 4장 참조) 회사들은 지방 경찰청을 상대로 열심히 영업한다. 그들 역시 확실성으로 가는 지름길을 찾고자 하기 때문이다. 지오피디아Geofeedia라는 신생 회사는 그린피스 회원이나 노동조합 조직가 등 활동가나 시위대의 세부 위치를 추적하고 소셜 미디어로부터 얻은 데이터를 이용해 '개별 위험도 점수'를 산출하는 데 특화되어 있다. 사법 당국은 지오피디아의 가장 중요한 고객군 중 하나다.[24] 보스턴 경찰청은 2016년 이러한 기술을 활용하는 데 대한 관심을 표명했으며, 경찰청장은《보스턴 글로브 Boston Globe》와의 인터뷰에서 기계의 확실성이 사회 붕괴를 막을 해독제라는 자신의 믿음을 다음과 같이 표현했다. "왜 지방 사법 당국이 테러나 다른 폭력을 사전에 차단하기 위해 가능한 한 모든 수단을 동원해야 하는지는 최근에 오하이오 주립대학교 교정에서 일어난 흉기 난동 사건만 봐도 알 수 있다."[25] 미국시민자유연맹ACLU의 한 변호사는 정부가 테크놀로지 기업들을 이용해 헌법에 보장된 표현을 했을 뿐인 '시민들에 대한 방대한 자료'를 구축하고 있다고 반박했다.[26] 더 유명한 감시 서비스 회사로《블룸버그 비즈니스위크》가 한때 '테러와의 전쟁을 위한 비밀 무기'라고 칭송했던 팰런티어Palantir를 들 수 있다. 팰런티어는 뉴올리언스 경찰청과 비밀리에 협력해 '예측 치안' 테크놀로지를 검증하고 있는 것으로 드러났다. 팰런티어의 소프트웨어는 범죄조직 조직원의 신원을 확인함은 물론, '다른 조직원과의 관계를 추적하고, 범죄 전력을 개괄하며, 소셜 미디어를 분석하고, 폭력 행위를 저지르거나 피해자가 될 가능성을 예측'하기까지 했다.[27]

IV. 중국 신드롬

중국 정부가 포괄적인 '사회적 신용' 시스템—중국의 한 학자는 이를 인터넷과 관련해 중국이 주목하고 있는 '핵심' 의제라고 말했다—을 개발하고 있다는 사실은 확실성으로 대체되는 사회의 현 추세가 낳을 수 있는 논리적 결말 한 가지를 상상하게 한다. 이 시스템의 목표는 '개인에 관한 데이터의 폭발적인 증가를 활용해 국민의 행동을 개선'하는 데 있다. "행동의 여러 측면—어디에 가며, 무엇을 사며, 누구를 아는지—을 고려해 개인과 기업을 점수로 평가하며, 이 점수가 총괄 데이터베이스에 통합된다. 데이터베이스는 정부의 정보뿐 아니라 민간 기업이 수집한 데이터와도 연결된다."[28]

시스템은 여러 경제적 활동과 사회적 활동에서 '좋은' 행동과 '나쁜' 행동을 추적해 자동으로 징계와 보상을 부과함으로써 경제적·사회적·정치적 삶에서 '성실성을 구축'하는 방향으로 행동을 확실하게 변화시킨다. "목표는 모든 중국 국민을 공적·사적 원천에서 뽑아낸 데이터가 컴파일링된 개별 파일로 추적하고 … 지문이나 여타 생체 속성으로 검색 가능하게 만드는 것이다."[29]

너 나 할 것 없이 중국의 사회적 신용이라는 구상을 '디지털 전체주의'라고 논평했고 《1984》에서 오웰이 그린 세계에 비유하는 경우도 많았지만, 이경우에는 '도구주의 권력의 극치'가 더 정확한 표현이다. 이 권력은 공적·사적 원천에서 데이터를 공급받으며, 통제권은 권위주의 정부에게 있다. 이시범사업은 감시 자본주의에서의 행위의 경제와 엄청난 규모의 복잡한 행동수정수단 구축을 보여주는 강력한 사례다. 목표는 사람들이 국가가 바람직하다고 판단하는 사전 선택된 행동을 하도록 조율, 유도, 조건화함으로써 어느 전략연구가의 표현대로 '불안정성을 미연에 방지'하고 사회를 자동화하는 것이다.[30] 다시 말해, 여기서 도구주의 행동수정수단을 활용해 달성하고자 하는 보장된 성과는 시장에서의 수익이 아니라 사회적 결과다. 이를 위해 고안된 시스템에서 우리는 도구주의 권력과 국가 권력이 총체적으로 융합되었을 때 어떤 미래가 만들어질지를 엿볼 수 있다.

중국은 사회 해체의 위협에 대한 고유의 해법으로 이 시스템을 구상했다. 저널리스트 에이미 호킨스Amy Hawkins는《포린 폴리시Foreign Policy》에 기고한 글에서 중국 사회에 만연한 불신이라는 유행병이 사회적 신용 시스템을 치료제로 내놓게 했다고 설명한다. "오늘날 중국인으로 산다는 것은 불신의 사회에 살아야 함을 뜻한다. 모든 기회는 사기의 가능성을 내포하고 있으며, 모든 친절은 이용당할 위험을 담고 있다."[31] 현대 중국 사회의 사회적 신뢰에 대한 한 흥미로운 경험적 연구에 따르면 '내집단in-group' 신뢰는 높은 수준을 보였지만 이 신뢰도가 높을수록 건강 상태가 낮아지는 경향이 나타났다. 이 연구의 결론은 많은 중국인이 잘 아는 사람만 신뢰하며 다른 사회적 관계는 모두 의심스럽고 불안하게 여긴다는 것, 그리고 이것이 사회적 신뢰뿐 아니라 웰빙에도 명백한 영향을 미친다는 것이었다.[32] 대개 그 뿌리를 급속한 근대화와 유사자본주의 경제로의 전환이 입힌 정신적 외상에서 찾지만, 이러한 불신 풍조는 중국 전체주의의 유산이기도 하다. 중국 공산당은 가족, 종교, 시민 사회, 지적 담론, 정치적 자유 등 소속, 정체성, 사회적 의미 체계와 관련된 전통 영역들을 해체했다. 아렌트의 용어로 말하자면 '원자화'가 신뢰로 이어진 결속을 끊어버린 것이다.[33] 호킨스는 이렇게 말한다. "그러나 중국 정부는 불신의 골을 줄이기 위해 전통적인 도덕성의 자연스러운 회복을 촉진하기보다 테크놀로지를 통한 해결에 에너지를 쏟았으며 … 달리 대안이 없어서이기도 하지만 … 누구를 믿어야 할지 모르는 상태에 진저리가 난 대중도 이를 환영한다."[34] 중국 정부는 망가진 사회를 확실한 결과로 대체하기 위해 도구주의 권력에 손을 뻗으려 한 것이다.

2015년 중국 중앙은행이 발표한 시범사업을 통해 최대 전자상거래 기업들은 개인 신용 점수를 내기 위한 데이터 통합과 관련 소프트웨어 개발 분야를 개척했다. 알리바바Alibaba의 앤트 파이낸셜Ant Financial과 그 '개인 신용 점수' 제도인 '즈마芝麻(참깨) 신용'이 가장 큰 프로젝트 중 하나였다. 즈마 신용 시스템은 청구서 대금이나 대출금을 제때 납부하는 것을 뛰어넘어 학습 알고리즘을 통해 '인격 전반'에 대한 등급을 매긴다. 알고리즘은 구매 내역(비디오 게임을 샀는지 아동용 도서를 샀는지), 학력, 친구의 수와 '질'을 평가하고 등급화한다. 즈마 신용을 경험해본 한 기자는 자신이 누구와 접촉하는지, 자신이 어떤 차량을 운전하는지, 직업이 무엇이고 어느 학교에 다니는지 등 '양질의 신용과 상관관계가 있다'고 여겨지는 그밖의 여러 불특정 행동 변수들이 신용 점수로 평가된다는 점에서 이 알고리즘이 '흑마술'로 바뀔 수 있다고 경고했다. 그림자 텍스트에는 범접할 수 없으며, 사용자들은 신용 점수가 낮은 친구를 떨쳐 내고 점수가 높은 지인—그들이 자신의 등급을 높여줄 수 있다고 믿는 사람도 있다—을 늘린다거나 해서 점수를 높일 수 있지 않을까 추측만 할 뿐이다.[35]

앤트 파이낸셜의 CEO는 점수 시스템이 "나쁜 사람들은 갈 곳을 잃게 하고, 좋은 사람들은 장애물 없이 자유롭게 움직일 수 있게 해줄 것"이라고 자랑한다. 점수가 높은 사람들은 즈마 신용의 미래행동시장 고객사들로부터 우대와 보상을 받는다. 그들은 보증금 없이 렌터카를 이용할 수 있고, 좋은 조건의 대출이나 아파트 임대가 가능하며, 비자를 약식 절차만으로 발급받을 수 있고, 데이트 애플리케이션 첫 화면에 소개되거나 그 밖의 여러 특전을 누릴 수 있다. 단, 높은 개인 신용 점수에 따른 특권이 대학교 시험에서의 부정행위와 같은, 소비 행동과 무관한 이유로 일순간에 날아가버릴 수도 있다.[36]

2017년 중국 중앙은행은 민간 부문의 개인 신용 제도 지원을 철회했다. 아마도 지나치게 성공적이어서 지식과 권력이 너무 집중되었기 때문일 것이다. 즈마 신용은 단 2년 만에 4억 명이 넘는 이용자를 확보해 그들의 삶을 거의 모든 측면에서 장악했다.[37] 앤트 파이낸셜에 대한 책을 쓴 한 언론인은 정부가 시스템 전체에 대한 통제권 행사를 준비 중인 것으로 추측한다. "정부는 국민의 신용이라는 매우 중요한 기반 시스템을 한 대기업의 손에 맡기고 싶어 하지 않는다." 중국 정부는 보장된 성과가 행동 기준을 설정하는 행동수정수단 소유자에 의해 좌우되며, 따라서 행동수정수단의 소유자에게 권력이 생긴다는 점을 잘 알고 있는 듯하다. 이에 두 권력의 융합이 진전을 보인다.

도구주의 권력과 국가 권력의 융합이 낳을 수 있는 사회의 모습은 '판결 불이행자 명단'에서부터 감지되기 시작한다. 《이코노미스트》는 이 명단이 사회적 신용 시스템의 핵심이며 이 시스템이 담고 있는 더 큰 야망을 가장 잘 보여주는 지표라고 논평했다. 이 명단에는 채무자를 비롯해 법원 명령에 불복한 모든 사람이 포함된다.

> 명단에 있는 사람들은 항공편, 고속철도를 이용할 수 없으며 일반 열차라도 일등석이나 비즈니스 등급 승차권을 살 수 없다. 주택을 매매하거나 건축할 수 없고, 자녀를 수업료가 비싼 학교에 입학시킬 수도 없다. 당이나 군대에 들어가거나 거기서 높은 자리에 오르거나 훈장, 학위를 받는 데에도 제한이 따른다. 불이행자가 회사인 경우, 주식이나 채권을 발행할 수 없고, 외국인 투자를 받거나 정부 사업에 참여할 수도 없다.[38]

《차이나 데일리China Daily》 보도에 따르면, 2013년 블랙리스트가 처음 만들어진 이래로 채무 불이행자가 자동으로 비행기 탑승을 거부당하는 일이 615만 번이나 있었다. 법원 판결에 불응해 명단에 오른 사람들은 고속철도 승차권 구입을 222만 번 거부당했다. 채무자 71,000명은 부채 때문에 기업

임원 자리를 놓쳤다. 중국상공은행은 명단에 오른 채무자들에게 거절한 대출금이 69억 7천만 위안(10억 1천만 달러)이 넘는다고 밝혔다.[39] 재교육 수용소에 보내진 사람은 아무도 없다. 그러나 그들은 사치품 구입을 금지당할 수 있다. 중국 상무부 국제무역경제합작연구원Institute of the Chinese Academy of International Trade and Economic Cooperation 원장은 "이런 불편함 때문에 명단에 오른 채무자들 중 10퍼센트가 자발적으로 부채를 상환하기 시작했다. 시스템이 효과를 발휘하기 시작했다는 뜻이다."[40] 행위의 경제가 구현되고 있는 것이다.

4억 명의 즈마 신용 사용자에게 도구주의 권력과 국가 권력의 융합은 가혹하다. 블랙리스트에 이름이 올라보면 신용 시스템이 자신의 점수를 하염없이 깎아내리기만 하도록 설계돼 있다는 사실을 알게 된다. "당신의 점수가 떨어졌다고 생각해보자. 블랙리스트에 올랐다는 사실을 친구들이 알게 된다. 그러면 친구들은 자신의 점수에 영향이 올까봐 두려워서 말없이 연락처 목록에서 당신 이름을 지운다. 알고리즘이 이 사실을 알게 되면 당신의 점수는 곤두박질친다."[41]

중국 정부의 바람은 비현실적인 야망일 수 있다. 그들은 끊임없이 흘러들어오는 사적인 데이터와 공개된 데이터를 알고리즘을 통해 걸러내고, 그 알고리즘이 총체적 감시와 완벽한 확실성을 매개하게 한다는 원대한 꿈을 꾸고 있다. 그 세계에서는 온라인, 오프라인을 불문하고 삶의 모든 영역에서의 경험이 수집되고, 그 결과가 다시 15억 인구 각자의 삶에 반영된다. 사회적 행동은 자동으로 작동하는 기계의 움직임과 같아져, 버스 승차권 하나를 사는 행동까지도 알고리즘이 좌우하고, 알고리즘의 보상, 제재 대상이 된다. 지금까지는 이 구상이 테크놀로지 기업이나 지방정부 차원에서 잘게 쪼개져 실험되었으므로, 중국 정부가 생각하는 규모로 실질적인 검증이 이루어진 적이 없다. 많은 전문가는 그만큼 크고 복잡한 단일 시스템 구축이 불가능하거나 가능하더라도 몹시 힘들 것이라고 본다.

사회적 신용 시스템이 우리의 논의에 적절한 예인지 의심할 만한 이유는 또 있다. 모두가 알고 있듯 중국은 민주주의 국가가 아니며 문화적으로도 서구와 뼛속 깊이 다르다. 시러큐스 대학교 양 왕Yang Wang 연구원은 중국 문화가 서구 문화보다 프라이버시에 가치를 덜 부여하며 중국인 대부분이 온라인에서 이루어지는 정부의 감시와 검열에 대해 어느 정도 알고 있으며, 이에 적응하고 있다고 말한다. 프라이버시를 뜻하는 중국어 표현 중 가장 많이 쓰는 단어는 인시隐私인데, 1990년대 중반이 돼서야 대중적인 중국어 사전에 등장한다.[42] 중국 국민들은 생체 정보 칩, '출산 허가' 정보, 이제는 사회적 신용 등급도 내장되어 있는 국가신분증을 받아들였다. 그 사회가 이미 수십 년 동안 감시와 프로파일링으로 가득 차 있었기 때문에 가능한 일이었다. 예를 들어 '당안檔案'은 광범위한 신상 정보를 담은 개인별 서류철로, 수억 명의 도시 거주자에 대한 정보가 담긴 당안은 어릴 때부터 평생 동안 그들을 따라다닌다. '삶의 가장 내밀하고 상세한 부분까지 기록하기 위한' 이 '마오 시대 시스템'은 교사, 공산당 간부, 고용주들에 의해 업데이트된다. 일반인은 그 내용에 이의를 제기하기는커녕 열람권도 없다.

이 서류철은 장기간에 걸쳐 행정적으로 제도화되고 일상생활 구석구석까지 퍼져 있는, 그리하여 누군가에게는 명예를 주고 또 다른 누군가에게는 제재를 부여하는 행동 통제 및 감시 시스템의 여러 얼굴 중 하나일 뿐이다. 인터넷의 성장과 함께 사회 통제 프로그램도 확장되었다. 광범위한 온라인 감시 시스템인 '황금방패'가 그 예다. 누군가가 '티벳 독립'이나 '톈안먼 광장 사건' 등 민감한 어구를 포함한 메시지를 보내면 중국의 사이버 검열 시스템이 인터넷을 끊거나 소셜 미디어 계정을 차단할 수 있다.[43]

사회적 신용 제도라는 새로운 증거는 중국의 정치와 문화가 가진 특징만큼이나 감시 자본주의의 논리와 그것이 낳은 도구주의 권력도 더 뚜렷하게 드러낸다. 즈마 신용은 감시 자본주의 작동의 모든 측면을 한 단계 더 밀고 나간다. 자동화된 행동수정 기계와 끓어오르는 미래행동시장은 성과를 보장받기 위한 대가로 포켓몬에 나오는 별의 모래와 같은 특전과 우대 조건을 뿌려대고, 수억 명이 그 속에 사로잡히는 것이다.

중국 사용자들은 디지털 기기와 접촉할 때마다 예측을 위해 렌더링되고, 분류되고, 대기열을 이룬다. 우리도 다를 바 없다. 우리도 우버나 이베이, 페이스북 등 온갖 상업적 인터넷 서비스에서 등급이 매겨지며, 그나마 우리가 등급화되고 있음을 인지하는 경우는 극히 일부일지도 모른다. 중국 정부가 사용자의 '인격'에 점수를 부여한다면, 미국 정부는 테크놀로지 기업들에게 '급진성' 점수를 매길 수 있게 알고리즘을 학습시키라고 다그친다. 사실 그림자 텍스트가 하는 일이 바로 우리의 행동을 평가하고 범주화하고 예측하는 것이며, 우리는 그 수백만 가지 작업 방식을 알 길이 없고, 따라서 그에 맞서 싸울 수도 없다. 이것이 바로 우리의 디지털 서류철이다. 신용 점수만 보더라도, 미국과 영국의 은행과 금융 서비스 기업들이 이미 소셜 미디어 데이터를 수집, 분석해 신용 점수를 내는 사업 모델을 내놓은 적이 있다. 페이스북은 자체적으로 특허 출원까지 하며 관심을 내비쳤다.[44] 이러한 시도가 사그라든 것은 단지 연방거래위원회가 규제적 개입 조치를 취하겠다고 엄포를 놓았기 때문이다.[45]

사회적 신용 시스템에 관한 초기 문건들을 번역해 소개했던 옥스퍼드 대학교의 중국학자 로히어르 크레이머르스Rogier Creemers는 "사회공학과 '넛지'를 통해 개인들이 '더 나은' 행동을 하도록 하려는 경향은 테크놀로지의 파괴적인 힘(기존의 업계 판도를 완전히 바꾸는 신기술을 지칭하기 위해 하버드 비즈니스 스쿨 클레이턴 크리스텐슨이 제안한 파괴적 테크놀로지disruptive technology 개념을 염두에 둔 표현으로, '와해적'이라고 번역하기도 한다—옮긴이)이 인간이 겪고 있는 문제를 단번에 해결할 수 있다고 보는 실리콘밸리식 접근 방식이기도 하다"고 말한다. "그런 의미에서, 아마도 이 이야기에서 가장 충격적인 지점은 중국 정부의 의제가 아니라 여기서 테크놀로지가 가고 있는 길이 이미 다른 데서 많이 본 경로와 흡사하다는 사실일 것이다."[46]

2017년 중국 선전에서 사물 인터넷 박람회, 즉 감시 테크놀로지 박람회가 열렸다. 전시장은 최신 제품, 특히 인공지능과 안면 인식 기능을 갖춘 카메라를 팔려는 미국 업체들로 가득했다. 군중 가운데에는 영국의 감시 장비 판매업체인 CCTV 다이렉트 전무이사도 있었다. 그는 중국 감시 인프라의 기술력과 활기에 비해 "서구 국가들이 너무 뒤처져 있다"고 한탄하며, 스스로 위안하듯 "중국에서 탄생한 기술도 결국 종착역은 미국의 가정과 공항, 사업장이 될 것"이라고 덧붙였다.[47]

서구 감시 자본주의와 중국에 등장한 사회적 신용 시스템의 차이는 도구주의 권력과 국가 권력 사이의 관계와 결합 양상에서 기인한다. 여기에는 구조적 차이가 존재한다. 앞에서 보았듯이 서구에서는 그 패턴이 여러 형태를 띤다. 처음에는 국가가 도구주의 권력에게 아늑한 품과 은신처를 제공했고, 그 다음에는 도구주의 권력의 열성적인 제자이자 그 재능을 시기하는 사촌뻘이 되었다. 감시 자본주의와 그 계측도구들은 이제 성년을 맞이했고, 변덕스럽지만 꼭 필요한 동반자가 되었다. 도구주의 권력의 핵심 역량은 거대한 감시 자본주의 기업들이 쥐고 있으므로 국가는 이 기업들과 동행하거나 이 기업들을 통해야만 원하는 힘을 얻을 수 있다.

중국에서는 국가가 이 쇼를 제작하고 상연하는 주체이며, 쇼의 장르도 시장 프로젝트가 아니라 정치 프로젝트다. 중국 정부는 기계를 통해 행동을 자동으로 조작하는 새로운 세계를 창조해 정치적·사회적 측면에서의 보장된 성과, 공포를 수반하지 않는 확실성을 얻고자 한다. 모든 공급 경로의 모든 파이프는 새롭게 나타난 이 복잡한 행동수정수단에 행동잉여를 흘려보낸다. 국가는 행동주의의 신 역할을 맡아 그림자 텍스트를 독점하고 강화 스케줄과 그에 따른 행동 루틴을 정할 것이다. 자유가 지식에 몰수된다는 점은 여기서도 마찬가지지만, 단 그 지식은 국가의 지식일 것이고, 수익이 아니라 정권 존속을 위해 행사될 것이다.

V. 두 갈래 길

전체주의의 민낯을 파헤치려 했던 칼 프리드리히의 언급을 상기해보자. "1914년 이후 서구 문명에서 전개된 일을 그 전에 예견한 사람은 사실상 아무도 없다. … 예견에 실패한 까닭은 이해하기 어렵다는 점에 있었다."[48] '조' 스탈린(스탈린의 애칭이 '엉클 조'였다-옮긴이)이 반들거리는 지면의 할리우드 스타들 사이에서 확신에 찬 얼굴로 환하게 웃고 있던 1939년 잡지《룩》화보도 다시 떠올려보자. 우리도 빅 아더의 힘 자체 혹은 그 힘에서 비롯되는 무한한 메아리로 인해 무력해지거나 우리의 필요로 인해 핵심을 놓친다거나 그 속도, 비밀주의, 성공 때문에 혼란스러워져서, 전체주의의 출현을 이해할 수 없었던 당시 사람들처럼 앞날을 내다보지 못하게 될까?

경악의 감정은 반드시 필요한 사전 경보다. 그러나 경악스러움 때문에 불신으로 얼어붙어서도 안 된다. 빅 아더의 숙명성을 한결같이 강요하는 선전, 그 숨을 멎게 만드는 속도, 그 목표와 목적의 모호함 뒤에는 우리를 무장해제시키고, 방향감각을 잃게 만들며, 혼란에 빠지게 하려는 의도가 숨어 있다. 감시 자본주의와 도구주의 권력을 자연, 즉 인간이 지은 건축물보다 강이나 빙하에 가까운 어떤 것, 따라서 받아들이거나 적어도 감내하는 수밖에 없는 존재로 여기게 하기 위해 불가피론 이데올로기가 작동한다. 그럴수록 우리는 더 질문해야 한다. 언젠가 때가 되면 '차량 모니터링 시스템을 통해 시동이 걸리지 않게' 하겠다는 식의 오늘날의 선언도 그 평범성

banality(아렌트의 '악의 평범성' 개념을 염두에 둔 표현이다─옮긴이) 안에 우리 세기 최악의 악몽의 씨앗이 들어 있었음을 스스로 드러내게 될까? 도구주의 프로젝트의 선두주자들은 어떻게 될까? 21세기 버전《룩》에서 반들거리는 픽셀의 이미지로 IT 거물들의 확신에 찬 미소 짓는 얼굴을 다시 마주친다면, 우리는 그 모습을 어떻게 바라보게 될까? 중국 선전에서 미국이나 유럽의 공항에 이르는 길을 따라가면 룸바 진공청소기가 거실 지도를 그리고 있는 집에서 알렉사와 아침식사를 하게 될 것이다. 그 길은 감시 자본주의가 확실성을 생산하고, 도구주의 권력이 그 확실성을 우리에게 강요하는 세상으로 가는 길이다. 그 여정은 그리 오래 걸리지 않을 것이다.

두 갈래 길이 있다.

한쪽 길에는 민주적 제도를 강화하고 우리 시대의 이중 운동을 창조해 이를 바탕으로 3차 현대성을 위한 대안적 선언을 할 기회가 있다. 이 길에서 우리는 디지털 테크놀로지를 활용해 수요와 공급의 관계를 재설정할 것이며, 이는 진정한 생산성으로 효율적 삶을 가져다주는 동시에 민주적 사회 질서도 성장할 수 있는, 새로운 정보 자본주의 형태가 될 것이다. 그 첫 걸음은 우리를 둘러싼 현상들에 이름을 붙이고, 우리가 가야 할 방향을 정하며, 경악의 감정을 다시 일깨우고, 의로운 분노를 공유하는 것이다.

중국 선전의 박람회장에 연결된 다른 길을 따라간다면, 우리는 도구주의 권력이 만든 반민주적인 3차 현대성을 향해 가게 될 것이다. 그것이 감시 자본주의가 그리는 미래상이다. 그것은 폭력 없이 이룩한 확실성의 세계다. 폭력으로 확실성을 얻고자 했던 때에는 그 대가로 우리의 신체를 요구했던 반면, 이 시대에는 우리의 자유를 요구한다. 아직은 이런 세계가 존재하지 않는다. 그러나 스크루지의 크리스마스 악몽처럼 그런 세계를 만들 만한 재료는 이미 충분하며 조립만 하면 되는 상태다. 전례 없는 자본주의로부터 출발해 전례 없는 권력을 거쳐온 우리의 여정은 이제 다음 장에서 전례 없는 사회라는 다음 중간 기착지에 도달한다. 여기서 우리는 새로운 세계를 이론화하고 정당화하는 사상가, 연구자, 실천가들의 지적 생태계가 급격히 커지고 있음을 보게 될 것이다. 그들이 우리에게 집으로 삼으라고 하는 곳은 대체 어떤 장소인가?

두 권력

비교 요소	전체주의	도구주의
중심 은유	빅 브라더	빅 아더
지향하는 총체성	총체적 소유	총체적 확실성
궁극의 목적	계급이나 인종에 의해 정의 되는 사회/인류의 완전성	보장된 성과의 확실성을 얻기 위한 시장/사회 자동화
권력의 근원지	폭력수단으로 통제	학습의 사회적 분업화로 통제
권력수단	위계조직을 통한 공포정치	행동수정수단 소유
기반 메커니즘	자의적인 공포 조장·살인	연산, 통제, 예측을 위한 행동잉여 수탈
이론과 실행	이론이 실행을 정당화	실행이 이론을 은폐
이데올로기 양식	정치종교(Political Religion)	극단적 무관심
사회적 관계에 대한 전략	원자화와 분열 철저한 신봉자와 절대적인 적으로 구분	예측가능한 유기체로 타자화
핵심적인 사회적 프로세스	순응과 복종을 위한 내집단/ 외집단 구분	벌집형 사고 사회적 합일과 예측가능성 달성을 위한 상호 비교 조장
사회적 생산단위	(정치적) 대중	(통계적) 인구집단
사회적 영향력의 방향	'재교육'을 통한 통제권 행사 (정신 → 육체)	행동수정을 통한 통제권 행사 (육체 → 정신)
사회적 패턴화	극단적 고립	극단적 연결
개인에 대한 요구	국가/인종에의 예속을 통해 절대적 충성을 요구	보장된 성과에의 예속을 통해 절대적 투명성을 요구
개인이 권력에 집착하게 하는 주된 원천	좌절된 정체성	좌절된 효율성
개인이 권력에 집착하는 주된 양상	정체성 확인	의존성

표 1

03

확실성의 유토피아
: 감시 자본가들이 꿈꾸는 세상

> 몇 해 동안 그렇게 선물이 쏟아졌다
> 모두 생존에 필요한 것을 하나씩 움켜쥐었다
> 벌은 벌집에 알맞은 정치를,
> 송어는 송어다운 지느러미를, 복숭아는 복숭아 모양을,
> 그리고 다들 한 번에 성공했다.
>
> **— W. H. 오든, 《중국 소네트》 I**

I. 다른-개체로서의 사회

유비쿼터스 컴퓨팅—그는 이 용어를 몰랐지만—의 선지자 마크 와이저는 도구주의 권력이 사회 전체를 아우르는 프로젝트가 될 만큼 커지리라고 예견했다. 그는 이전에 전혀 없었던 현상이 될 것이라는 점뿐 아니라 이전에 있던 현상과 혼동을 야기할 위험성도 시사했다. "방마다 가까이에 있는 사람들을 감지할 수 있고 고속 인터넷에 연결된 수백 대의 컴퓨터가 있는 셈이며, 그렇게 되면 전체주의가 오히려 가장 완전한 무정부 상태처럼 보일 수 있다."[1] 실제로 모든 컴퓨터가 이 극단적인 디지털 전체주의의 수단인 것은 아니다. 그러나 전례 없는 권력이 전례 없는 방식으로 사회를 재편할

수 있게 하는 기반이며, 와이저도 이 점을 알고 있었으리라고 생각한다. 만일 도구주의 권력이 전체주의를 무정부상태처럼 보이게 할 수 있는 것이 사실이라면 우리 앞에 또 어떤 일이 기다리고 있는 것일까?

70년 전 스키너가 상상한 도구주의 행동 유토피아 《월든 투》는 혐오감을 주었다. 그러나 오늘날 《월든 투》는 감시 자본주의 수사학에 영감을 주는 소재가 되었고, 테크놀로지의 선두주자들은 노교수의 상상에 생명을―정확히는 우리의 삶을―불어넣을 도구와 비전을 발전시켰다. 정상화와 습관화 프로세스가 시작되었다. 앞에서 확인했듯이, 감시 자본주의가 추구하는 확실성, 예측에의 요청에 응답하려면 정보 전체에 끊임없이 더 가까이 다가가 기계 지능의 이상적인 조건을 충족해야 한다. 총체성을 확보하기 위해 감시 자본가들은 가상에서 현실로 범위를 넓혔다. 현실 비즈니스는 모든 사람·사물·과정을 연산 대상으로 렌더링하고, 평등이라는 가치 없이 공허한 동등성만 남은 이 모든 개체들은 끝없는 행렬을 이룬다. 이제 현실 비즈니스가 강화되면 총체성을 확대하라는 압력이 렌더링, 계산, 수정, 예측의 미개척지인 '사회', '사회적 관계', 인간관계의 프로세스에까지 손을 뻗칠 수밖에 없게 된다.

빅 아더의 편재성이 불가피한 현상으로 받아들여지고 있지만 이야기는 아직 끝나지 않았다. 이 새로운 단계에서 목표는 규모, 범위, 행위의 경제에 알맞게 인간관계의 프로세스 전체를 가시화해 조정, 합류, 통제, 조화의 대상으로 만드는 것이다. 도구주의와 전체주의는 본질적으로 다른 종이지만 둘 다 총체성을 갈망한다. 단, 그 방식은 매우 다르다. 전체주의는 정치적 조건으로서 총체성을 추구하며 그 길을 닦기 위해 폭력에 의존한다. 도구주의는 시장 지배 조건으로서 총체성을 추구하며, 학습의 사회적 분업화에 대한 통제에 의존해 그 목표를 달성한다. 이 통제를 가능하게 하는 주체는 빅 아더이며, 통제를 집행하는 주체 또한 빅 아더다. 결과적으로 도구주의 권력은 시장 목표를 달성하는 방향으로 사회를 최적화한다. 확실성의 유토피아를 만드는 것이다.

중국 정치 엘리트들의 도구주의적 사회상과 여러 측면에서 유사해 보이지만, 감시 자본가들에게는 그들만의 뚜렷한 목표가 있다. 그들이 보기에 도구주의 사회는 시장 기회다. 그들이 부과하는 모든 규범과 가치는 시장 목표 충족을 위해 설계된다. 인간의 경험처럼, 사회 역시 시장의 역학을 따르게 되고, 수익성이 가장 좋은 행동잉여 공급을 위해 감시 자본주의의 규모, 범위, 행위의 경제에 활용될 수 있도록 객관적이고 연산 가능한 행동 측정치들로 재탄생된다. 이 목표를 이루기 위해 감시 자본가들은 섬뜩한 비전을 구상했다. 그들은 기계학습을 본떠 새로운 사회를 창조하고자 한다. 산업사회가 공장 생산에서 규율과 방법을 사회 전체에 적용한 것과 상당히 비슷한 방식이다. 감시 자본가들이 꿈꾸는 세상에서는 도구주의 권력이 사회적 신뢰를 대체하고, 빅 아더가 인간관계의 자리에 확실성을 가져다놓으며, 우리가 알던 사회는 서서히 구시대의 유물이 된다.

II. 총체성이 사회를 포위하다

장군이 자기가 이끈 군대의 활약상을 전하듯이, 감시 자본가들도 그들의 힘이 얼마나 대단한지를 우군들에게 확신시키는 데 신경을 많이 쓴다. 전형적인 예로, 미개척지로 향하는 길목마다 모든 것을 렌더링해 더 큰 총체성을 확보할 태세를 갖춘 병력을 얼마나 많이 집결시켜 놓았는지를 과시하곤 한다. 그 자랑을 듣다 보면 총체성의 추구가 단순히 사회에 어떤 영향을 주기만 하는 것이 아니라 사회 전체를 포위하고 있다는 사실이 점점 명확해진다.

2017년 봄, 마이크로소프트 CEO 사티아 나델라는 자사의 연례 개발자 컨퍼런스 기조연설을 위해 무대 위로 뛰어올랐다. 그의 트레이드마크인 폴로셔츠, 블랙 진, 운동화까지 검은색 일색이어서 갸름한 옆얼굴이 더 두드러졌다. 나델라는 마이크로소프트의 병력을 하나하나 호명하면서 순식간에 청중을 압도했다. 윈도 10으로 작동하는 기기가 5억 대, MS오피스 사용자가 월 1억 명, 디지털 비서 코타나 사용자가 월 1억 4,000만 명이며, 1,200만 개가 넘는 조직이 마이크로소프트의 클라우드 서비스를 사용하는데 그중 90퍼센트가《포천》선정 500대 기업이라고도 했다.

나델라는 감시 자본주의가 디지털 서비스를 장악한 이래 몇 년 동안 도구주의 프로젝트가 충격과 공포 속에 전개돼온 무시무시한 속도를 상기시키는 것도 잊지 않았다. 1992년 일일 전송량이 100기가바이트였던 인터넷 트래픽은 1,750만 배 증가했고, 2017년 전송 데이터의 90퍼센트는 생성된 지 2년도 안 된 것이다. 앞으로는 자율주행차량 한 대가 생성하는 데이터만 해도 초당 100기가바이트가 될 것이며, 2020년까지 지능형 기기의 수가 250억 대까지 늘어날 것으로 추정된다. "그 진보가 우리 사회 및 경제에 얼마나 깊이, 얼마나 넓게 확산되고 있으며, 디지털 테크놀로지가 얼마나 구석구석까지 침투해 있는지를 보면 경이롭다. … 광범위한 영향력을 지닌 이 테크놀로지로 무엇을 할 수 있는지가 관건이다." 그는 연설 마지막에 개발자들에게 "세상을 바꾸십시오!"라고 충고했고, 우레와 같은 박수가 터져 나왔다.[2]

2017년 자사 개발자들과 함께 구글의 야망을 공표한 순다르 피차이도 나델라와 비슷했다. 그는 구글이 사회적 삶의 전 영역을 아우를 만한 병력을 보유하고 있음을 자랑하며, 스키너가 보았다면 흐뭇해 할 만큼 열정적으로 자사의 도구주의 권력이 얼마나 넓고 깊은지를 입증해 보였다. 피차이는 구글의 핵심 '제품과 플랫폼'인 지메일, 안드로이드, 크롬, 지도, 검색,

유튜브, 구글 플레이스토어의 월간 실사용자 수가 10억 명이며, 안드로이드 기기의 수가 20억 대, 구글 드라이브 월간 실사용자 수가 8억 명, 매주 구글 드라이브에 업로드되는 파일이 30억 개, 구글 포토 사용자 5억 명이 올리는 사진 수가 매일 12억 매, 구글 어시스턴트를 사용하는 기기가 1억 대에 이른다고 했다. 피차이에 따르면 어떤 기기든 어시스턴트 매체로 삼을 수 있으므로, '온종일, 집에서나 집밖에서나' 모든 종류의 업무와 사회 활동에 어시스턴트를 이용할 수 있게 될 것이다. 피차이는 여기에 만족하지 않고, 개발자들에게 "우리는 더 깊이 들어가야 합니다"라고 강조했다. 어시스턴트는 '사람들이 도움을 청하고 싶은' 곳이라면 어디든 있어야 한다. 구글의 다른 임원들도 뜻을 같이 한다. 에릭 슈미트는 "테크놀로지는 우리를 마법의 시대로 이끌고 있으며 … 우리 스스로 풀 수 없던 문제를 해결해 줄 것"이라고 말한다.[3] 그는 기계학습이 실명의 치료에서 멸종 위기에 처한 동물을 구하는 일에 이르기까지 모든 일을 할 수 있을 것이라고 단언한다. 그러나 오래전부터 사회의 모습을 변화시키는 것을 목표로 삼은 사람으로, 창업자 래리 페이지를 빼놓을 수 없다.

페이지는 2016년 《파이낸셜 타임스》와의 인터뷰에서 "사회적 목표가 우리의 가장 큰 목표"라고 말했다.[4] 같은 해에 또 다른 지면에서는 "우리에게는 점진적인 변화가 아닌 혁명적인 변화가 필요하다"라고 말하기도 했다. 그는 "우리는 인간으로서 겪고 있는 여러 문제를 해결하게 될 것"이라고 전망한다.[5] 페이지가 꿈꾸는 미래상의 상당 부분은 수천 년 동안 반복되어 진부해진 유토피아적 상상으로 드러났다. 페이지는 기계 지능이 인류를 노역과 분투로부터 건져내 여유와 충족감이 가득한 에덴동산에 되돌려놓을 것이라고 기대한다. 그는 예를 들어 모든 것이 '넘치도록 풍요로운' 미래 사회에서 고용이란 단지 먼 기억 속의 '미친 짓'으로 여겨질 것이라고 내다본다.[6]

가장 특이한 점은 구글의 전체주의적인 야망을 이상적인 사회의 완성에 수반되는 논리적 귀결로 묘사한다는 점이다. 페이지의 관점에서 우리는 빅 아더에 기댈 수 있음에 감사하며 모든 지식과 결정권을 구글의 계획에 기꺼이 헌납해야 마땅하다. 즉, 그 계획을 위해 사회 전체, 즉 사람, 사물, 과정 모두를 공급 사슬에 밀어 넣어야 한다. 그것을 재료로 해서 기계가 알고리즘을 돌리고, 그러면 빅 아더가 작동해 우리의 나약함을 관리하고 완화시켜줄 것이다.

사람들은 우리가 놀라운 제품을 구현하기를 바란다. ⋯ 그러려면 우리는 앱을 이해하는 것을 넘어서서 사람들이 살 법한 물건에 관해서도, 항공편에 관해서도 알아야 한다. 우리는 사용자들이 검색할 만한 모든 것에 관해 알아야 한다. 그리고 사람은 중요한 검색 대상이다. ⋯ 사람은 검색에서 일급객체first class object로 다루어질 것이다. ⋯ 사람들이 필요로 하는 정보를 잘 찾아주려면 그것들에 관해 알고 있음은 물론, 상당히 깊이 이해하고 있어야 한다.[7]

총체적 지식은 '선제적' 서비스를 가능케 하는 요건이므로, 그러한 서비스를 제공하려는 기업에게 판매된다. 그것은 AI에 의해 가동되는, 전지전능한 '구글 어시스턴트'가 솔루션을 제공할 수 있게 해주는, 솔루션의 솔루션이다.

그것은 전 세계의 모든 것을 이해해보려고 했다. ⋯ 실제로 장소에 관한 검색이 많았고, 따라서 우리는 장소에 관해 이해해야 했다. ⋯ 우리가 찾을 수 없는 내용에 관한 검색이 많았다. 책 내용에 관한 검색이 그랬다. ⋯ 그래서 우리는 점차 범위를 넓혔다. ⋯ 어쩌면 사람들은 질문조차 하고 싶어 하지 않을지도 모른다. 어쩌면 질문하기 전에 답을 주기를 원할 수도 있다. 그 편이 아무래도 더 좋을 것이다.[8]

구글은 전 세계 정보를 최적의 상태로 조직화하겠다는 생각에서 비롯되었지만 래리 페이지는 구글이 사회 자체를 최적화하기를 원한다. 그는 2013년에 이렇게 말했다. "나의 장기적인 세계관 속에서 … 우리의 소프트웨어는 우리가 잘 아는 것이 무엇이고 잘 알지 못하는 것은 무엇인지, 가장 중요한 문제들을 해결하기 위해 세계를 어떻게 조직화할 수 있는지를 심층적으로 이해하는 도구다."[9]

페이스북 CEO 마크 저커버그도 전체주의적인 포부를 가지고 있으며, 페이스북이 개인뿐 아니라 그 개인들이 속한 '사회'까지 품으려 한다는 점을 점점 더 노골적으로 드러내고 있다. '페이스북의 3대 목표'는 '모든 사람을 서로 연결하고, 전 세계를 이해하며, 지식 경제를 구축하는 것'이며, '그리하여 모든 사용자가 '더 많은 도구'를 활용해 '서로 다른 종류의 콘텐츠'를 공유할 수 있게 하는 것'이다.[10] 2차 현대성의 불안정성—그리고 가장 강렬한 특징들 중 하나인 지지와 연결에 대한 열망—에 대한 예리한 통찰이 저커버그로 하여금 구글의 경제학자 할 배리언과 같은 확신을 갖게 만들었다. 페이스북은 한 사람이 구입한 모든 책과 영화와 노래를 알 수 있게 될 것이다. 당신이 낯선 도시에 가게 된다면 페이스북은 예측 모델을 이용해 '당신에게 어느 술집에 갈지 알려줄' 것이다. 술집에 도착하면 바텐더가 당신이 좋아하는 술을 준비해놓고 기다리며, 주위를 둘러보면 비슷한 부류의 사람들이 앉아 있음을 알게 될 것이다.

저커버그는 행동잉여의 흐름이 '기하급수적으로 증가'한다고 설명했다. "그렇다면 미래를 상상해보자. … 앞으로 2년이 지나면 두 배, 4년이 지나면 여덟 배의 정보가 공유된다는 뜻이다." 그는 총체성을 위한 경쟁 압박이 이미 시작되었다는 데 동의하며, 앞으로는 웹을 항해할 때 페이스북의 사회관계 그래프가 '종래의 링크 구조보다 더 나은 지도'가 되리라고 전망했다.[11] 저커버그는 이 목표를 위해 투자자들에게 '전 세계 모든 사람에게' 인터넷에 접속할 수 있게 해서 모든 사용자가 '더 많은 도구'로 '서로 다른 종류의 콘텐츠'를 공유할 수 있게 할 것이라고 말한 것이다.[12] 그는 인간에게 '스스로를 표현하고자 하는 깊은 욕망'이 있는 한 그 어떤 것도 사회적 관계를 향해 가는 페이스북의 앞길을 가로막지 않을 것이라고 단언했다.[13]

2017년 저커버그는 사회적 야망을 훨씬 더 분명하게 드러냈는데, 이번에는 2차 현대성 시대의 불안의 심장부를 직접 겨냥했다. "사람들은 불안감을 느낀다. 과거에 안정감을 주던 많은 것이 사라졌기 때문이다." 저커버그는 그 자신과 그의 회사가 '만인을 위한' 미래를 만들어줄 수 있다고 믿는다. 그 미래는 '목적과 희망', '도덕적 정당화', '혼자가 아니라는 위로'에 대한 '개인적, 감정적, 정신적 요구'를 충족시켜줄 것이다. "이제는 도시나 국가를 넘어 인류 전체가 협력해야만 진보할 수 있다." 저커버그는 '글로벌 커뮤니티'를 이루어야 한다고 촉구하며 "우리가 페이스북에서 할 수 있는 가장 중요한 일은 … 글로벌 커뮤니티를 건설하기 위한 사회적 인프라 개발"이라고 주장한다. 저커버그는 에이브러햄 링컨Abraham Lincoln을 인용하며 페이스북의 사명을 부족에서 도시로, 그 다음에는 국가로 스스로를 조직화해온 인류 문명 진화의 연대표에 적어 넣는다. 사회 진화의 다음 단계는 '글로벌 공동체'이며, 페이스북이 수단을 마련하고 목표 지점을 확인하면서 그 길을 이끌 것이다.[14]

2017년 개발자 컨퍼런스 연설에서 저커버그는 페이스북이 '글로벌 커뮤니티' 확립이라는 역사적 사명을 띠고 있다는 그의 주장을 전형적인 현대적 유토피아 신화에 연결시키며 추종자들에게 이렇게 설파했다. "미래의 테크놀로지는 … 우리를 해방시키고, 즐기고, 서로 교류하고, 새로운 방식으로 자신을 표현하는 등 우리 모두가 좋아하는 일에 더 많은 시간을 쓸 수 있게 해 줄 것이다. … 현재 우리가 예술이라고 여기는 것을 훨씬 더 많은 사람이 하게 될 것이고, 많은 커뮤니티가 예술에 기초해서 형성될 것이다."[15]

나델라를 비롯한 감시 자본가들은 유토피아 같은 전망을 내세우지만 그들이 상상하는 마법의 시대를 맞이하는 데 대가가 따른다는 말은 하지 않는다. 빅 아더는 경제성에의 요청에 응답하기 위해 모든 경계를 지워버리고 저항의 모든 원천을 제압해 총체성을 확장해야만 한다. 모든 권력은 총체성을 갈망하며 이를 가로막는 것은 권위뿐이다. 여기서 권위란 민주적 제도, 법, 규제, 권리와 의무, 민간 부문의 지배 구조 규칙과 계약, 소비자와 경쟁업체, 소비자가 행사하는 정상적인 시장 제약, 시민 사회, 국민의 정치적 권한, 각자의 방향성을 지닌 인간 개개인의 도덕적 권위 등을 말한다.

이 점은 괴테가 쓴 마법사의 제자 이야기에 잘 드러나 있다. 지도하고 감독하는 권위자가 없는 틈에 풋내기 제자는 빗자루를 완전히 불가항력적인 악마의 힘으로 바꾸어 놓는다.

> 아, 주문이 뭐지, 저놈의 빗자루를
> 다시 빗자루로 되돌려 놓아야 하는데!
> 아니, 저것이 빨리도 내달려서 물을 퍼 나르는구나!
> 이제 제발 빗자루로 돌아가!
> 점점 물이 점점 늘어나
> 수백 개의 물살이 내 머리 위로 쏟아지네![16]

III. 응용 유토피아학

풋내기 마법사의 빗자루처럼 도구주의 권력도 그 행위를 감독할 권위자의 부재를 틈타 번창했고, 그 성공과 더불어 감시 자본가들의 총체성에 대한 욕구가 부풀어 올랐다. 마법의 시대를 꿈꾸게 하는 유토피아적 수사학은 이 과정에서 결정적인 역할을 했다. 빅 아더가 인류의 모든 문제를 해결해주고 개개인에게도 힘을 실어줄 것이라는 생각을 '기술 유토피아주의techno utopianism'라고 일축하기 쉽다. 그러나 어떤 의도로 이런 수사학을 구사하는지를 살펴보지 않고 그저 무시해버린다면 중요한 점을 놓치게 된다. 이 유토피아 담론은 단순한 헛소리가 아니다. 그것은 마치 보병들의 앞에서 갈 길을 터주는 지뢰제거반이자 적을 무장해제시키고 평화로운 항복의 길을 닦도록 미리 파견한 영리한 외교관과도 같다. 마법의 시대를 가져다주겠다는 약속은 중요한 전략적 역할을 담당한다. 그 약속은 감시 자본주의의 전체주의적 야망을 정당화하는 동시에 우리로 하여금 그 야망에 주목하지 않게 만든다. 이 전략이 결정적으로 중요한 것은 감시 자본주의의 야망을 달성하려면 '일급 객체'인 '사람들'을 반드시 포함시켜야 하기 때문이다.

선도적인 감시 자본가들이 명확하게 드러내는 '사회적 목표'는 18세기 후반에 시작되어 19세기 전체에 걸쳐 유토피아 사상을 지배했고 마르크스에 이르러 절정에 이른 무한한 기술 진보라는 관념과 딱 들어맞았다. 유토피아 사상의 거장이었던 프랭크 마누엘과 프리지 마누엘이 가장 야심만만한 현대 유토피아 사상가들에게서 공통적으로 나타나는 고전적인 특징 여섯 가지를 꼽았는데, 나델라, 페이지, 저커버그 같은 감시 자본가들은 실제로 그중 다섯 가지를 충족한다. 그들은 (1) 고도로 집중된 터널과 같은 시야로 유토피아 건설이라는 과제를 단순화하는 경향이 있고, (2) '새로운 존재 상태new state of being'를 동시대의 다른 사람들보다 더 일찍, 더 예리하게 포착하며, (3) 고정된 한 가지 관념을 강박적으로 추구하고 비호한다. 또한 (4) 자신의 생각이 필연적으로 실현되리라는 흔들림 없는 믿음을 가지고 있으며, (5) 인류와 전 세계 시스템 차원의 총체적 개혁을 촉구한다.[17]

마누엘 부부는 미래지향적인 현대적 선지자의 여섯 번째 특징을 다음과 같이 관찰했는데, 여기서 우리의 논의 대상인 사람들이나 기업들과 확연히 갈라진다. "유토피아주의자는 종종 테크놀로지의 배아에서 그것이 향후에 진화할 모습이나 그것이 초래할 결과를 내다본다. 미래에 민감하게 반응하는 더듬이를 가졌는지도 모른다. *그러나 그들이 당대의 기계가 가진 잠재력을 뛰어넘는 도구를 갖기는 힘들다. 완전히 새로운 무엇인가를 발명하려고 애써 본들 무에서 세계를 창조할 수는 없다.*"[18] 하지만 우리 시대의 감시 자본가들은 완전히 새로운 세계를 창조할 수 있고 실제로 그렇게 한다. 이 점에서라면 진정으로 역사적인 일탈이다.

감시 자본가들이 개인적으로 혹은 집단적으로 장악하고 있는 지식과 권력과 부를 생각하면, 현대 국가뿐 아니라 고대 통치자들도 탐낼 만하다. 2017년의 대차대조표에 따르면 마이크로소프트가 1,260억 달러, 구글이 920억 달러, 페이스북이 300억 달러의 현금과 유가증권을 보유하고 있으며, 금융시장은 끝없이 팽창하는 도구주의 체제에 2017년 중반 기준으로 시가총액 1조 6천억 원 이상을 안겨주었다. 그들은 보기 드물게 피비린내 없이 상상을 현실로 만드는 유토피아주의자들이다.[19]

선도적인 감시 자본가들이 유토피아주의자들과 구별되는 지점이 바로 여기다. 마르크스는 정교한 이론으로 세계를 설명했다. 그러나 사상이 가진 힘만 가지고서는 이상을 실행에 옮길 수 없었다. 마르크스의 이론이 세상에 나온 지 한참 지난 후에야 레닌, 스탈린, 마오 같은 사람들이 현실에 적용했다. 실제로 마누엘은 레닌을 '응용 유토피아학' 전문가라고 일컬었다.[20] 이와 대조적으로 감시 자본가들은 이론이 아닌 실천으로 세계를 장악한다. 그들의 이론, 적어도 대중에게 알려진 사상은 빈약하다. 그러나 그들이 가진 힘은 강력하며, 기념비적이고 거의 아무런 방해도 받지 않는다.

어떤 행위가 일어나기 전에 이론적인 점검과 질문, 숙의가 선행하는 것이 이론과 실천의 관계에서 통상적인 순서다. 이렇게 해야 그 이론에 실행 가치가 있는지 판단하고, 예상하지 못한 결과에 관해 숙고하고, 실행 방법이 그 모태인 이론을 충실하게 반영하고 있는지를 평가해볼 수 있다. 이론과 실천 사이의 불가피한 간극은 비판적 탐구의 공간을 창출한다. 예를 들어, 우리가 법이나 정부의 실행이 국가의 헌법, 권리장전, 통치원칙에 일치하는지 질문할 수 있는 것은 그 문서들을 조사, 해석, 숙의할 수 있기 때문이다. 그 간극이 너무 크다면 시민들은 법이나 실행에 문제를 제기함으로써 간극을 줄이고자 한다.

감시 자본가들은 이론과 실천의 이 정상적인 순서를 뒤집는다. 그들의 실행은 시비를 다툴 수 있는 명확한 이론이 부재한 틈을 타 빠른 속도로 앞질러나간다. 그들은 도구주의 특유의 충격과 공포 전법으로 구경꾼들을 멍하고 혼란스러운 무기력 상태로 만드는 데 전문가들이다. 명확한 이론이 없다면 실천이 가져올 결과를 숙고하는 것은 온전히 우리의 몫이다. 자동차의 엔진을 정지시키는 차량 모니터링 시스템, 목적지를 입력하면 경로를 알려주는 디지털 기기, 엔도르핀이 최고에 도달한 순간 당신의 휴대폰에 나타나는 구매 제안 메시지, 당신의 위치, 행동, 기분까지 아우르는 빅 아더의 끊임없는 추적, 도시 거주자들을 감시 자본가들의 고객사에게 이끄는 열성적인 손님 끌기, 이런 것들의 의미는 무엇일까?

아무리 그 이론이 척박하고 비밀스러워도 감시 자본가들은 도구주의 권력을 행사해 꿈을 실현하거나, 꿈을 완전히 이루지는 못하더라도 최소한 회오리바람을 일으킬 수 있다. 그들의 실행 속에서 진전된 이론을 알아내려면 역공학적으로 그 작동을 해체하고 의미를 탐구하는 수밖에 없다.

행동잉여 추출의 전선은 전통적으로 사회적이라 여겨졌던 영역으로 이동하고 있다. 이 전선은 민간 기관과 정부 지도자들의 결합 아래 분명해지며, 페이스북, 구글, 마이크로소프트의 응용 유토피아학도 그에 따라 변화한다. 페이스북의 사명이 '글로벌 공동체 건설'에 있다는 저커버그의 2017년 선언은 응용 유토피아학이 새로운 단계에 들어섰음을 알려준다. "우리 공동체의 거버넌스는 그 구성원들의 복잡성과 요구에 따라 확장되어야 한다. 전 세계를 아우르는 투표 시스템을 구축해야 한다고 해도, 우리는 모두에게 발언권과 통제권을 부여하기 위해 더 나은 방법을 찾아 나아갈 것이다. 우리의 바람은 이 모델을 통해 글로벌 공동체의 여러 측면에서 집단적 의사 결정이 어떻게 작동할 수 있는지 예시를 제공하는 것이다."[21] 그해 말, 저커버그는 개발자 컨퍼런스에서 "우리는 모임과 공동체 형성, 더 많은 정보를 지닌 사회, 더 안전한 공동체에 기여할 제품 로드맵을 가지고 있으며, 우리가 여기서 할 일은 훨씬 더 많다"[22]고 말했다.

2017년 봄, 마이크로소프트의 나델라가 개발자들을 독려했던 말을 돌이켜보자. "정밀 의료, 정밀 농업, 디지털 매체, 산업 인터넷에 이르기까지 우리 개발자들은 처음으로 사회의 모든 영역, 모든 경제 부문에 광범위하면서도 심층적으로 영향을 미칠 기회를 얻었다."[23] 이날 나델라가 공개한 비전은 감시 자본주의의 틀이 우리 삶의 더 많은 영역을 좌우하게 되는 세상을 예상하게 한다. 그들은 우리를 어디로 데려가려는 것일까?

IV. 합류형 기계 관계

도구주의 사회의 실체를 파악하기 위해서는 '마법의 시대'라는 현혹에 말려들지 말고 응용 유토피아학이 실제로 어떻게 작동되는지, 그리고 거기에 어떤 사회상이 내포되어 있는지에 초점을 맞출 필요가 있다. 나델라는 일련의 실제 응용 예시들을 밝힘으로써 우리에게 귀중한 기회를 제공했다. 그러한 예시들 속에 새로운 시대의 사회관계가 기계 관계machine relation로 대체되는 데 대한 전면적인 비전이 담겨 있기 때문이다. 그는 150년 된 스웨덴 고도정밀 금속절삭장비 제조업체가 마이크로소프트와의 협업을 통해 그들의 장비를 21세기형으로 재창조한 사례를 설명했다. 나델라에 따르면 이 프로젝트는 "앱의 패러다임이 근본적으로 변화했음을 보여주는 최신 사례다. … 이제까지 우리가 모바일 퍼스트, 클라우드 퍼스트의 세계를 지향했다면, 이제는 지능형 클라우드와 지능형 엣지로 이루어진 새로운 세계가 도래한다." 그는 인공지능은 "주어진 정보를 통해 학습하고 물리적 세계와 상호작용"함으로써 행위의 경제에 꼭 필요한 역량을 보여준다[24]고 말했다.

나델라는 새로운 공장의 모습부터 묘사한다. 기계들은 원격 측정 장치에 연결되어 있으며, 여기서 데이터를 '클라우드'의 'IoT 허브'로 전송하면, 마이크로소프트의 분석 장치가 기계에 문제를 일으킬 수 있는 이상 징후를 찾아낸다. 데이터 스트림을 통해 각 이상 징후의 원인이 역추적되고, 허브의 기계 지능은 인과관계의 패턴 식별을 학습해 잠재적으로 손상을 일으킬 수 있는 사건을 미연에 방지하기 위해 약 2초 안에 해당 장비를 정지시킬 수 있다.

나델라의 설명은 컴퓨터 작동 센서를 기계에 직접 내장해 예방적 정지 조치에 이르는 시간을 크게 단축시킬 수 있는 '획기적인 기술'에 대한 소개로 이어진다. "이제는 이 과정이 국지적으로 이루어지므로 클라우드 루프를 거치지 않는다." 이상 징후를 일으킬 수 있는 사건이 일어나면 곧바로 '엣지'가 이를 감지하고 10분의 1초 안에 장비를 정지시킨다. '20배의 개선'이 이루어진 것이다. 나델라는 '클라우드 작업이 지능형 엣지와 조화를 이룸으로써' 정상으로부터의 이탈을 '사전에' 예상하고 방지할 수 있게 되었음을 자부한다.[25]

기계학습의 힘은 기기들이 서로의 경험으로부터 학습하면서 기하급수적으로 발전한다. 학습의 결과는 허브의 지능에 반영되고 기계는 다시 그 지능을 활용한다. 이러한 시나리오에서는 전체가 부분의 합보다 큰 것이 아니라 부분이 아예 존재하지 않는다. 즉 각 기계에 내장된 각 기기 어디에서나 전체가 온전히 구현된다. 나델라는 이것이 '공장이든 집이든, 다른 어떤 곳이든' 주변에 여러 기기만 있으면 '즉석 데이터 센터'가 창출된다는 뜻이라고 설명했다. "어떤 장소건 안전한 AI 구동 장소로 바꿀 수 있다."[26]

이 설명에서 '안전하다'는 말이 '자동으로 이상 징후를 없앤다'는 뜻임이 마침내 분명해진다. 나델라의 공장에서 무지의 공백은 발생 즉시 기계의 지식으로 채워지며, 모든 기계의 움직임은 이미 수립되어 있는 규칙에 따라 이루어진다. 모든 기계가 똑같은 노래에 맞추어 똑같이 행진한다는 것은 자칫 기계학습이 궤도를 벗어나면 오히려 위험이 가중되거나 실패가 전염된다는 뜻일 수 있다. 그러나 나델라는 그런 우려에 앞서 일정한 결과를 얻을 수 있다는 점, 그 동시성과 보편성을 찬양한다.

꼭 한 세기 전에 대량생산의 논리와 그 하향식 관리 방식이 산업사회 및 더 광범위한 문명 전반의 원리를 수립하는 틀을 제공했듯이, 나델라의 새로운 공장도 새로운 집단적 행위 형태를 통해 도구주의 사회의 미래상—즉 감시 자본주의의 미래상—에 바탕을 제공하고 있다. 이 공장에서는 기계학습이 집단적 사고—벌집형 사고—로 변환되어, 각 요소가 다른 모든 요소와 협력해 학습하고 작동한다. 이 집단적 행위 모형에서는 하나의 네트워크로 연결된 시스템 안에 있는 모든 기계가 막힘없이 하나의 흐름을 이루며, 모두가 한 몸처럼 동일하게 이해하고 작동해 최대의 효율로 동일한 결과를 달성한다. 합류 행위confluent action란 각 개별 기계의 '자유'가 그들이 공유하는 지식에 굴복함을 뜻한다. 플랑크, 마이어, 스키너 등 행동 이론가들이 예견했듯이, 이렇게 자유를 조금씩 제물로 바쳐 결국 우연이나 실수, 무작위성 전반에 대한 전면전에 이른다.

나델라는 이 새로운 기계 관계의 틀이 더 복잡한—그러나 여전히 '경제 영역'에서의—인간과 기계 시스템에 적용된 모습을 보여준다. 이번 사례는 인간의 행동과 기계의 행동이 상부에서 결정하는 소위 '정책'이라는 기준에 맞추어 조율되는 건설 현장이다. 알고리즘적 비계약이 규칙을 정하며, 감독, 협상, 의사소통, 문제 해결 같은 사회적 기능을 대체한다. 개인과 개별 기계는 건설 현장 전체에 깔려 있는 AI 기기들을 통해 그 '시스템'이 '인식 가능한' 동등한 객체들 중 하나다.

예를 들어, 각 개인의 훈련 이수 내역, 자격증, 고용 이력, 그 밖의 배경 정보가 바로바로 시스템에 나타나면서 '자격증이 있는 직원만 드릴을 사용할 수 있다'는 '정책'을 고지할 수 있다. 사용이 허용되지 않는 직원이 드릴에 접근해 위반이 임박하면 장비에서 경보가 울리면서 자동으로 작동 불가 상태로 전환된다.

정책에 동원되는 것이 현장에 있는 사물들의 일관된 작동만이 아니라는 점이 중요하다. 이상 징후의 예방 작업에서 사회적 영향 프로세스가 촉발된다는 점에서 인간의 합류 행위도 동원된다. 드릴의 사례에서, 현장에 있는 사람들은 '신속한 문제 해결'을 위해 AI가 예상한 이상 행동이 일어난 위치로 모여야 한다. "지능형 엣지는 컴퓨터와 현실 세계 사이의 인터페이스로 … 현실 세계에서 사람이나 사물, 또는 특정 행위를 찾아내 그 대상에 정책을 적용할 수 있다. …"[27]

일단 사람들과 인간관계들이 타자화되어 동등한 '클라우드 객체 중 하나'가 되고 나면, 250억 개의 컴퓨터 작동 기기를 동원해 안전하고 조화로운 '정책' 기준에 맞게 행동을 변화시킬 수 있다. 나델라는 "이제 사람들, 그리고 그들이 다른 사람들과 맺는 관계가 클라우드의 일급 객체가 되었다"는 점이 가장 '근본적인 변화'라고 설명했다. "사람들뿐 아니라 그들의 관계, 작업물이나 일정, 작업계획, 기록들과의 관계, 이 모두가 마이크로소프트 그래프에 등재된다." 나델라는 이러한 총체적 정보의 흐름이 '생산성의 미래'를 밝힐 열쇠라고 자부했다.[28]

마이크로소프트가 그리는 도구주의 사회에서 공장과 작업장은 스키너의 실험실, 기계는 스키너의 실험용 비둘기나 쥐와 같다. 이 실험 환경은 《월든 투》에서 기계 관계를 사회관계의 모델로 삼았듯이, 그 디지털 시대 버전에서 도구주의 권력의 아키텍처와 속도를 사회 전체에 적용하기 위한 준비 작업이 이루어지는 곳이다. 나델라가 묘사한 건설 현장은 기계와 인간이 클라우드 객체로 단일화되는 거대한 합류를 보여준다. 여기에서는 기계든 인간이든 모두 '정책'이라는 교향곡을 연주하는 악기다. '시스템'은 보장되어야 할 결과를 자동으로 부과하고 모니터링하고 유지하는데, 바로 이 보장된 성과로 구현된다는 점이 '정책'이 지닌 장엄함이다. 정책은 빅 아더의 작동, 즉 갈등과 협상, 약속과 타협, 합의와 가치 공유, 민주적 경쟁, 정당화, 권위 등 사적, 공적 지배와 관련된 그 어떤 사회적 프로세스와도 분리된 비계약의 무한성으로 발전한다.

그 결과 '정책'은 계획의 기능적 등가물이 된다. 빅 아더가 사람과 기계의 행위를 지시하기 때문이다. 빅 아더는 출입문을 잠그거나 열고, 자동차 시동을 끄거나 켜고, 드릴이 비명같은 경보음을 울리며 스스로 전원을 끄게 하며, 노동자가 규범을 지키게 하고, 공장 사람들이 이상 징후를 물리치러 몰려가게 한다. 각 유기체가 다른 모든 유기체와 조화되는 화음을 연주한다면, 그리하여 아무런 마찰 없이 완벽하게 하나가 되어 이리저리 흘러 다니며, 행동수정수단에 의해 제어—그것은 우리의 의식 바깥에서 작동하므로 애석해하거나 저항할 수 없다—되는 (사회가 아니라) 군집이 된다면 우리 모두 안전할 것이다.

20세기에 노동의 분업화가 경제 영역에서 사회 영역으로 이동했듯이, 나델라의 건설 현장은 새롭게 등장한 학습의 분업화가 돌연변이를 일으켜 사회 전체로 확산될 태세를 갖추는 배양 접시다. 20세기에는 효율성, 생산성, 표준화, 교환가능성, 노동의 세분화, 규율, 일정관리, 복종, 위계적 관리,

지식과 실행의 분리 등 산업 자본주의의 결정적인 성공 요소들이 작업장에서 발견, 발명된 후 사회로 옮겨져 학교, 병원, 가정, 그리고 사람들의 성격에 자리 잡았다. 여러 세대에 걸쳐 학자들이 기록했듯이 사회가 공장을 닮아갔으므로 가정이든 일터든 그 집단에서 가장 어린 구성원들은 대량생산 질서가 새롭게 요구하는 조건에 맞게 훈련되거나 사회화되었다.

우리는 다시 이 사이클의 시작점에 와 있다. 이번에는 다른 사람들에게 확실성을 보장해주기 위해 21세기 사회를 기계 벌집 모양의 '일급 객체'로 개조하는 것이 그 목표다. 예전에 우리는 각자의 생명 유지나 효율적인 삶을 위해 상호 연결을 추구했다. 그러나 지금 연결성은 새로운 종류의 권력과 사회적 합류—이는 성과의 보장으로 전환된다—의 매체다.

V. 합류형 사회

마이크로소프트의 과학자들은 수년 전부터 네트워크의 엣지에서 이루어지는 선제적 자동 통제와 동일한 논리를 사회적 관계에 옮겨놓을 방법을 연구했다. 2017년에 나델라가 주목했듯이, '우리'가 이러한 작업을 '물리적 장소'에서 할 수 있다는 것은 곧 '어디서든' 할 수 있음을 뜻한다. 그는 응용 유토피아주의자들이라고 할 수 있는 청중들에게 이렇게 충고했다. "여러분은 그 장소에 있는 사람들, 사람들 간의 관계, 사물들에 관한 추론을 시작할 수 있습니다."[29]

이 새로운 구상이 상상하고 있는 범위는 마이크로소프트가 2013년에 출원 신청하고 2016년에 갱신한 '컴퓨터 기기에서의 사용자 행동 모니터링'이라는 제목의 특허에 드러나 있다.[30] 누가 보더라도 빈약한 이론을 풍부한 실례로 보완한 이 장치는 '정상적이고 수용 가능한 행동에서 벗어나 사용자의 정신적 상태에 영향을 줄 가능성이 높은 행동'을 선제적으로 추적하기 위해 사용자 행동을 모니터링하도록 설계되었으며, '정신 상태의 특징에 해당하는 예측 모델이 현재의 사용자 행동에 기초한 특징과 비교될 수 있다.'

특허를 낸 과학자들은 애플리케이션을 운영체제, 서버, 브라우저, 휴대폰, 착용형 기기에 내장해 다른 사람이나 컴퓨터와의 상호작용, 소셜 미디어 게시물, 검색 쿼리, 온라인 활동 등의 사용자 행동 데이터를 지속적으로 모니터링할 수 있다고 제안한다. 이 애플리케이션은 '사용자의 전화 통화를 살펴 그 음성 특징을 예측 모델과 비교함으로써 사용자가 고함을 치거나 하면' 센서를 활성화해 음성과 대화, 동영상과 이미지, 움직임을 기록할 수 있다.

이 모든 행동 데이터는 저장된다. 향후에 예측 모델을 개선하기 위한 이력 분석에 활용해야 하기 때문이다. 만일 그 사용자가 보통 때 일정 수준 이하의 성량을 유지하는 사람이었다면 갑자기 커진 목소리가 '심리적 사건'을 가리키는 지표일 수 있다. 아니면, '인구집단의 평균적인 구성원이 보여주는 정상적 혹은 수용 가능한 행동 특징 분포'에 견주어 행동을 평가할 수도 있다. 이때 '행동 기준에서 통계적으로 유의미한 정도의 편차는 심리적 사건이 발생했을 가능성이 높음을 가리킨다.' 첫 단계의 제안은 이상 징후가 포착되었을 때 이 장치가 가족, 의사, 간병인 등 '믿을 만한 개인'에게 이를 알려준다는 것이었다. 그러나 특허 명세서를 읽어 내려갈수록 그 범위가 넓어짐을 알 수 있다. 과학자들은 의료 서비스 제공자, 보험사, 사법 당국 관계자의 활용 가능성에도 주목한다. 이것은 고객이 원하는 어떤 행동이든 선제적으로 조치할 수 있도록 설계된 새로운 감시 서비스다.

마이크로소프트의 특허는 우리를 플랑크, 마이어, 스키너와 다른-개체 관점으로 돌려보낸다. 물리학에 기반하여 인간 행동을 설명한 그들에게 이상 행동이란 '우연'의 산물이며, 사람들은 그것을 자유라고 부르지만 사실은 무지에 불과하다. 다시 말해, 아직 설명할 수 없는 현상일 뿐이다. 플랑크, 마이어, 스키너는 이 자유의 박탈이 이례적인 사건이 벌어지지 않는 '안전하고' '조화로운' 사회, 공공의 더 큰 이익을 위해 모든 프로세스가 최적화되는 사회를 누리기 위해 반드시 치러야 하는 대가라고 믿었다. 스키너는 정확한 행동 테크놀로지로서 지식이 이상 행동을 사전에 차단할 수 있고, 모든 행동을 사회적 규범과 목표에 부합하도록 유도할 수 있으리라고 상상했다. 《월든 투》에서 스키너의 목소리를 대변하는 프레이저는 이렇게 자신했다. "우리의 구성원들이 … 월든 투에서의 삶을 선택한다면 우리가 안전하고 생산적인 사회 구조에 도달했다는 최고의 증거가 되겠지."[31]

이러한 사회관계의 틀에서 행동수정은 인간 의식의 바로 바깥에서 작동해 행동이 정책에 정확히 일치하도록 유도, 보상, 자극, 제재, 강화한다. 페이스북은 이 방법으로 투표 패턴, 감정 상태, 그 외의 어떤 것에 대해서든 사회의 다이얼을 돌려 예측 가능하게 만들 수 있다는 사실을 학습한다. 나이앤틱 랩스와 구글은 맥도날드를 비롯한 고객사 매출을 예측 가능하게 늘릴 수 있음을 알게 된다. 어느 경우에든 기업의 목표가 '정책'을 좌우하며 행동들은 하나의 흐름으로 합류해 그 정책을 향해 흘러간다.

기계 벌집―기계학습에 의해 창출되는 합류적 사고―은 성과의 보장에 혼란을 초래하는 요소를 완전히 제거하는 물질적 수단이다. 에릭 슈미트와 세바스찬 스런Sebastian Thrun―기계 지능 전문가로 구글 X 랩의 책임자였고, 구글 스트리트 뷰와 자율주행 차량 개발에 참여했다―은 알파벳의 자율주행 차량을 옹호하면서 이 점을 강조한다. 그리고 "인공지능에 겁먹지 말자"고 말한다.

슈미트와 스런은 AI의 학습 방법을 인간의 학습 방법과 다르게 만드는 결정적인 통찰력을 강조한다.[32] 그들은 남들처럼 기계를 더 인간에 가깝게, 따라서 덜 위협적인 존재로 만들 수 있다고 장담하지 않는다. 그들의 주장은 정반대다. 사람이 더 기계에 가까워질 필요가 있다는 것이다. 기계 지능은 집단적 행위의 결정체로 등극한다. 기계 지능에서는 네트워크로 연결된 한 시스템 내의 모든 기계가 매끄럽게 하나로 합류되며 모든 기계가 동일한 이해에 기반해 하나처럼 작동하므로 최고의 효율성으로 동일한 결과를 산출할 수 있다. 예컨대, 드릴은 각각 독자적으로 상황을 판단하는 것이 아니라 각자 학습한 것을 서로 공유한다. '정책'을 실행함에 있어 하나처럼 사고하므로, 무자격자가 접근할 때의 반응도 똑같다. 이 기계들은 운명을 같이하며 옳건 그르건 함께 움직인다. 이것이 인간의 지능과 다른 점이다. 슈미트와 스런은 인간의 학습이 가진 한계를 다음과 같이 한탄했다.

사람들은 운전할 때 대개 자신의 실수를 통해 학습한다. 다른 사람들의 실수를 통해 배우는 일은 거의 없다. 사람들은 집단적으로 동일한 실수를 거듭한다. 그 결과 매년 전 세계에서 수십만 명의 사람들이 교통사고로 사망한다. AI는 다르다. 자율주행 차량 중 하나가 실수를 하면 다른 모든 자율주행 차량이 그 실수를 통해 학습한다. 실제로 자율주행 차량은 처음부터 부모 형제가 가진 모든 기량을 이미 가지고 '태어난다.' 따라서 전체로 볼 때 사람보다 더 빨리 학습할 수 있다. 이러한 통찰력이 있었기에 자율주행 차량은 서로의 실수를 계속해서 학습하면서 단시일 안에 인간 운전자들에 섞여 안전하게 우리의 도로를 달리게 되었다. … 정교한 AI 기반 도구는 우리가 다른 사람들의 경험으로부터 더 잘 배울 수 있게 할 것이다. … 자율주행 차량이 주는 교훈은 우리가 집단적인 방식을 취하면 더 많이 배우고 더 많은 일을 할 수 있다는 점이다.[33]

도구주의 사회에서 사회적 관계가 기계의 틀에 의해 형성되는 모습을 보여주고 있는 윗글의 진술은 간결하지만 예사롭지 않다. 핵심은 첫째, *기계는 개별로 존재하지 않으며*, 둘째, *우리는 더 기계 같아져야 한다*는 것이다. 기계가 서로를 모방하듯이 우리도 그래야 한다. 기계는 여러 갈래로 나뉘지 않고 하나의 큰 강으로 합류해 움직이며, 우리도 그래야 한다. 각각의 기계가 동일한 목표를 위한 동일한 추론 과정과 흐름으로 구조화되듯, 우리의 구조화도 그래야 한다.

　도구주의가 꿈꾸는 미래는 이러한 공생 관계에 대한 이상을 '종' 안에서, 그리고 여러 '종' 사이에서 통합한다. 그곳에서 인간은 스마트한 기계의 우월한 학습 프로세스를 흉내 내고, 그럼으로써 기계 세계와 사회 세계가 조화롭게 작동한다. 테일러주의의 대량생산이나 기계적 질서가 집어삼킨 채플린의 무력한 노동자로 회귀하려고 기계를 흉내 내는 것이 아니다. 공생이라는 처방이 가는 길은 다르다. 자율주행 차량과 정책 숭배형 드릴처럼 개인들이 서로 모방함으로써 생각하고 행동하는 법을 배운다는 점에서 인간의 상호작용에 스마트 기계들 사이의 관계가 반영된다.

　이렇게 해서 기계 벌집이 인간 벌집의 역할 모델이 된다. 우리는 실수나 우연, 무작위적으로 일어나는 혼란이 없는 세계를 건설하기 위해 동일하고 '정확한' 이해를 바탕으로 같은 방향을 향해 하나의 무리를 이루어 평화롭게 행진한다. 이 세계에서는 '정확한' 결과를 미리 알 수 있고, 실제로 확실히 그렇게 된다. 기계 시스템을 규정하는 유비쿼터스 도구와 투명성이 사회 시스템도 같은 방식으로 규정한다. 결국 이것이 도구주의 사회의 실체다.

　이 인간 벌집에서, 개인의 자유는 집단의 지식과 행위에 몰수된다. 조화롭지 않은 요소들은 조율, 유도, 조건화 전술의 선제적 집중 포화의 대상이 되며, 사회적 설득과 영향력이라는 매력적인 방법도 이러한 전술에 포함된다. 우리는 스마트한 기계들처럼 확실성을 향해 행진한다. 우리는 다른 사람들에게 보장된 성과를 안겨주기 위해 그들이 부과한 집단적 지식에 우리의 자유를 희생시키는 법을 배운다. 이것은 감시 자본이 효율적인 삶에 대한 우리의 바람에 답으로 내놓은 3차 현대성의 특징이다.

04

도구주의 사회

: 인간의 행동에 장치를 적용해 측정하는 일

> 그렇게 한 시대가 끝나고 마지막 배달원이 죽었다
> 침대에서 게으르고 불행하게 자랄, 그들은 안전하다
> 갑자기 거대한 송아지 그림자가 나타나더라도
> 이제는 해 질 녘 그들의 풀밭을 가로질러 떨어지지 않을 것이다.
>
> **— W. H. 오든, 《중국 소네트》 X**

I. 도구주의 권력의 사제들

페이지, 나델라, 저커버그 같은 응용 유토피아학계의 중역들은 그들의 이론에 관해 많은 이야기를 하지 않는다. 우리는 기껏해야 단편적이고 피상적인 정보밖에 얻을 수 없다. 그러나 데이터 과학자들과 컴퓨테이션 사회를 연구하는 과학자들이 도구주의 권력의 모멘텀에 관한 세부적인 실험과 이론적 설명으로 이 공백에 뛰어들어 도구주의 사회의 사회적 원리에 관해 귀한 통찰력을 제공했다.

눈에 띄는 사례 중 하나가 MIT 미디어 랩에서 인간역학연구실을 이끌고 있는 알렉스 펜틀런드Alex Pentland의 연구다. 펜틀런드는 ─ 그의 동료, 제자들과 함께―다수의 테크닉 혁신, 그 실용적 응용 연구와 병행해 정력적으로 도구주의 사회 이론을 발전시키고 탐구하고 확산시켜온 보기 드문 응용 유토피아학자다. 피카드의 감성 컴퓨팅이나 파라디소의 디지털 전지성全知性이 그랬듯이, 펜틀런드 연구팀이 수행한 연구 역시 데이터 과학자들 사이에서 점점 더 당연하게 받아들여지는 세계관의 현재 모습, 즉 현재 데이터 과학자들의 계산 이론과 혁신 역시 감시 자본주의 발전과의 역동적인 상호작용 속에 존재한다는 점을 보여준다. 그러나 펜틀런드의 통찰력과 확신이 들어 있는 그 연구가 사회적으로 어떤 파장을 가져왔는지를 생각하는 사람은 거의 없는데, 이는 우리에게 도구주의 사회를 규정하는 지배 구조 독점, 사회 원리, 사회적 프로세스를 비판적으로 검토해볼 귀중한 기회를 제공한다. 나는 감시 자본가들이 '사회'까지 렌더링, 연산, 수정, 수익화, 통제의 '일급 객체'로 삼는 과정에서, 실천 이면에서 어떤 이론이 작동하고 있는지 추리해보고자 한다.

펜틀런드는 수백 편의 논문과 연구보고서를 다작한 데이터 과학자이며 세계경제포럼World Economic Forum, 데이터팝 얼라이언스Data-Pop Alliance, 구글, 닛산Nissan, 텔레포니카Telefonica, 국제연합 사무총장실 등에 자문을 제공하는 저명한 제도적 행위자institutional actor다. 펜틀런드의 연구실은 구글, 시스코, IBM, 딜로이트, 트위터, 버라이즌, 유럽위원회, 미국 정부, 중국 정부 등 이름난 글로벌 기업과 자문회사, 정부, 그 외에 '왜 우리가 세계에서 일어나고 있는 일을 알지 못하는지에 관심이 있는 다양한 기관'으로부터 연구비를 지원받는다.[1]

펜틀런드가 이 분야의 유일한 인물은 아니지만, 독점적인 사제 집단 가운데서도 수장급인 것만큼은 확실하다. 할 배리언과 달리 펜틀런드는 구글을 '우리'라고 칭하지 않지만, 그의 연구는 감시 자본가들의 세계에서 공개되고 거기에 도구주의 구현을 위한 활동을 정당화하기 위한 물질적·

지적 기반을 제공한다. 펜틀런드는 구글 첨단기술 프로젝트 그룹Advanced Technology and Projects Group 자문단에 속해 있으며, 펜틀런드의 지도를 받아 박사학위를 받은 구글 최고위급 임원인 브래들리 호로위츠Bradley Horowitz는 한 발표 석상에서 그의 스승을 '영감을 주는 교육자'이며 여러 학문분과에 걸친 식견을 갖추고 있고 그의 여러 제자가 현재 컴퓨터 과학의 이론과 실무에서 선도적인 역할을 하고 있다고 소개한 적이 있다.[2]

펜틀런드는 종종 착용형 기기, 특히 구글 글래스의 '대부'라고 일컬어진다. 1998년에 그는 착용형 기기가 "감각을 확장하고, 기억을 향상시키며, 사용자의 사회적 삶, 더 나아가 고요하게 침착함을 유지하는 데에도 도움을 줄 수 있을 것"이라고 예견했다.[3] 또 다른 박사과정 지도학생이었던 새드 스타너Thad Starner는 MIT 재학 중에 초기단계의 '착용형' 기기를 개발했으며 2010년 세르게이 브린에 의해 발탁되어 구글에서 연구를 이어갔는데, 그 결과물이 바로 구글 글래스였다. 펜틀런드의 박사과정 제자 중 50명 이상이 유수의 대학과 기업 연구부서, 그리고 펜틀런드가 설립, 후원, 자문에 참여한 서른 개 회사로 진출해 도구주의적 전망을 확산시켰다. 그들은 저마다 해당 조직과 도시의 사람들에게 펜틀런드의 이론, 분석기법, 발명의 일부를 실제로 적용한다.[4]

펜틀런드의 다양한 학문적 배경과 유창한 언변은 수십 년 전만 해도 지식인과 공직자, 일반 대중에게 혐오감과 불안감을 주었던 사회상을 정당화하는 데 도움이 된다. 가장 주목할 만한 점은 펜틀런드가 스키너의 사상을 '완성'하고 있다는 사실이다. 그는 빅데이터, 유비쿼터스 디지털 도구, 최신의 수학적 지식, 포괄적인 이론, 다수의 저명한 공동저자, 제도적 정당성, 넉넉한 연구비, 높은 자리에 있는 업계 친구들에 힘입어, 한때 하버드 대학교의 거침없는 행동주의자에게 퍼부어졌던 국제적인 반발이나 도덕적 반감, 노골적인 독설을 유발하지 않고 그의 사회상을 구현한다. 이 사실 하나만으로도 우리가 빠진 정신적 마비의 정도와 집단적 방향 상실을 알 수 있다.

스키너와 마찬가지로 펜틀런드 역시 유토피아의 설계자이자 동물에게서 나타난 현상을 인류 전체에 곧바로 일반화하는 대단한 사상가다. 또한 도구주의의 아키텍처와 연산 과제를 직접 다루는 건축가이기도 하다. 펜틀런드는 자신의 사회 이론을 사회물리학이라고 부르는데, 이것은 그가 플랑크, 마이어, 매케이를 잇는 금세기의 B. F. 스키너임을 확인시켜주는 개념이다.[5] 펜틀런드는 한 번도 스키너를 언급하지 않았지만, 그의 책《사회물리학 Social Physics》(국역본의 제목은《창조적인 사람들은 어떻게 행동하는가: 빅데이터와 사회물리학》이다-옮긴이)은 스키너가 구상한 사회의 모습을 21세기로 소환하며, 스키너 시대에는 가질 수 없었던 도구를 가지고 그 이상을 실현한다. 도구주의를 향한 충동을 정당화하기 위해 펜틀런드가 동원하는 연구와 이론은 스키너의 도덕적 추론과 인식론, 즉 다른-개체 관점에 기반하고 있음을 확연히 드러낸다.

스키너처럼 펜틀런드의 지적 여정도 동물 행동 연구에서 시작됐다. 스키너는 개별 생명체의 행동 하나하나를 논리적으로 해명하는 방법을 연마한 반면, 펜틀런드는 동물 군집의 행동 전체에 관심을 쏟았다. 그는 학부 때 NASA 환경연구소Environmental Research Institute의 파트타임 연구원으로 일하면서 우주에서 비버가 만든 연못의 수를 헤아림으로써 캐나다의 비버 수를 파악하는 방법을 고안해냈다. 그는 '생활양식을 관찰하면 간접적인 척도를 얻을 수 있음'을 알게 됐다.[6]

이 경험으로 펜틀런드는 멀리서 응시하는 시선에 매료되었고, 그는 나중에 이 시선을 '신의 관점'으로 받아들이게 된다. 비행기가 도시 위로 떠오를 때 창가 자리에서 모든 기쁨과 슬픔이 소리 없이 바쁜 개미 떼의 움직임으로 바뀌는 모습을 보며 신의 시야를 느껴본 적이 있는가? 그 위에서는 '우리'라는 의식이 다른-개체 관점으로 빠르게 녹아든다. 펜틀런드는 매케이의 원격 관찰과 원격 자극 원리를 인간에게 적용하는 법을 익히면서 바로 이러한 시각을 바탕으로 그의 과학을 발전시켰다. "방 건너편에서 대화를 나누고 있는 사람들을 상상해보자. 여러 가지를 이야기할 수 있을 것이다. … 우주 바깥에서 비버를 보거나, 제인 구달Jane Goodall이 고릴라를 보는 것과 마찬가지로, 멀리 떨어져서 관찰하는 것이다."[7] (이것은 물론 구달을 모욕하는 발언이다. 그녀는 고릴라를 '다른-개체'가 아닌 '우리 중 하나'로 이해하는 독보적인 재능을 가지고 있었다.)

신의 관점은 이후에 도구주의 사회에서 핵심적인 개념이 되지만, 전체적인 그림은 수 년 동안의 단편적인 실험들을 거쳐 서서히 나타났다. 다음 절에서 우리는 펜틀런드와 그의 제자들이 사회적 행동을 렌더링, 측정, 계산하는 법을 익혀나간 여정을 되짚어보고, 그것을 바탕으로 펜틀런드의 《사회물리학》에 눈을 돌릴 것이다. 사회를 도구주의적 벌집형 사고로 재창조하고자 한다는 점에서는 나델라와 비슷하지만, 펜틀런드는 광범위한 이론화를 시도하며 스키너의 공식, 가치, 세계관, 인류의 미래상을 환기시킨다는 점에서 차별화된다.

II. 빅 아더가 사회를 먹어 치울 때
: 사회적 관계의 렌더링

스키너는 인간 행동을 연구할 때 물리학에서처럼 풍부한 '도구와 방법론'을 활용할 수 없다는 점을 몹시 안타까워했다. 펜틀런드와 그의 제자들은 이에 응답이라도 하듯 지난 20년을 모든 인간 행동, 특히 그중에서도 사회적 행동을 고도의 예측 수학으로 변환하는 도구와 방법론을 창안하는 데 바쳤다. 중요한 초기 성과 중 하나는 2002년에 당시 박사과정 학생이었던 탄짐 추두리Tanzeem Choudhury와 공동으로 수행한 연구였다. 그들은 이렇게 지적했다. "우리가 아는 한 자동으로 대면 상호작용을 모델링하는 방법론은 현대에 존재하지 않는다. 아마도 현실 세계에서 특정 커뮤니티 내의 상호작용으로부터 신뢰할 수 있는 측정치를 얻는다는 것이 어렵기 때문일 것이다. … 우리는 사람들 사이의 물리적인 상호작용을 감지하고 모델링할 수만 있다면 앞으로 귀한 자원이 될 것이라고 믿는다."[8] 다른 말로 하면, 데이터와 컴퓨터가 아무리 흔해졌어도, '사회적'인 현상은 여전히 파악하기 힘든 영역으로 남아 있었다.

그들의 해법은 '사회성 측정 장치sociometer'의 도입이었다. 그것은 마이크, 가속도계, 블루투스 접속, 분석 소프트웨어와 인간 집단의 '구조와 동적 관계'를 추론할 수 있도록 설계된 기계학습 기법을 결합한 착용형 센서였다.[9] (추두리는 이후 코넬 대학교에서 사용자 인식 컴퓨팅 연구팀을 이끌게 된다.) 이 시점부터 펜틀런드 연구팀은 포괄적 행동수정수단에 기반한 전체주의적 사회의 비전이라는 명목하에 사회 프로세스에 계측도구를 장착하거나 그 자체를 계측도구화하기 위해 노력해왔다.

펜틀런드는 2005년 박사과정 학생 네이선 이글Nathan Eagle과 함께 인간 사회의 불충분한 데이터 문제를 다시 다루면서 인간 행동에 대한 사회과학의 이해에 '편향, 데이터의 희소성, 연속성 부족' 등의 문제가 있다고 지적했다. 그 결과 "조밀하고 연속적인 데이터가 없어 기계학습 및 행위자 기반 모델링 분야에서 인간 역학에 대한 더 포괄적인 예측 모델을 구축할 수 없다"는 것이다.[10] 펜틀런드는 사회적 행동에 대한 예리하고 폭넓은 이해를 위해서는 대화나 대면 상호작용에서 '실제로 일어나는 행위'를 포착하는 일이 필수적인데, 비교적 최근에 나온 '데이터 마이닝data mining' 분야조차도 그렇게 하지 못한다고 주장했다.[11] 그러나 그는 특히 휴대전화가 늘어나면서 거래, 대화 등의 인간 행동이 컴퓨터에 의해 매개되는 비율의 급격한 증가를 인지하고 있었다.

펜틀런드 연구팀은 점점 더 확산되는 휴대전화의 '유비쿼터스 인프라'를 활용해 그 데이터를 착용형 행동 모니터링 장치로부터 얻은 새로운 정보 흐름과 결합할 수 있으리라고 봤다. 그 결과로 나온 것이 펜틀런드와 이글이 '현실 마이닝reality mining'이라고 부르는 급진적인 해법이었다. 이들은 휴대전화의 데이터를 '개인과 조직의 행동에서 일정하게 나타나는 규칙과 구조를 밝히는 데' 어떻게 이용할 수 있는지 입증했으며, 이를 통해 행동잉여 수집 및 분석 프로세스를 더욱 발전시키고 행동 수탈의 범위를 가상의 경험에서 실제 경험, 더 나아가 사회적 경험으로 확장하는 길을 보여주었다.[12] 펜틀런드와 이글은 '현실'도 이제 잉여 포획, 검색, 추출, 렌더링, 데이터화, 분석, 예측, 개입을 위해 다투는 공정하고 실현 가능한 게임의 장이 되었음을 공표한 것이다. 이는 테크놀로지뿐만 아니라 문화적으로도 새로운 단계로 진입했음을 알리는 표지석이며, 이 길을 따라가면 결국 '현실 비즈니스'에 도달하게 될 것이다.

펜틀런드와 이글은 한 프로젝트—이 프로젝트는 나중에 이글의 박사학위 논문으로 발전한다—에서 미디어 랩을 중심으로 MIT 학생과 교수 100명에게 특별한 소프트웨어가 탑재된 노키아 휴대전화 한 대씩을 지급했다. 두 연구자는 연속적으로 거둬들인 행동 데이터의 예측력을 밝혀냈고, 이를 설문조사를 통해 각 참가자에게서 직접 수집한 정보와 대조해 검증했다. 이 분석은 개인과 집단의 삶을 세부적인 부분까지 묘사해주었고, 그들은 이것을 '사회 체계'라고 일컬었다. 그들은 규칙적으로 나타나는 위치, 활동, 통신수단 이용의 시공간적 패턴을 구체적으로 파악할 수 있었고, 이를 종합해 누군가가 그 시간에 어디에서 무엇을 할지를 90퍼센트의 정확도로 예측할 수 있었다. 또한 동료, 친한 친구, 그 외에 관계를 맺고 있는 사람들에 관해서도 상당히 정확하게 예측할 수 있었다. 연구진은 집단 내부의 의

사소통과 상호작용 패턴과 더불어 미디어 랩 전체의 '조직 리듬과 네트워크 역학'도 파악했다. (이글은 모바일 광고 회사 자나Jana의 CEO가 되었는데, 이 회사의 사업 모델은 행동잉여를 대가로 신흥 시장에 무료 인터넷을 제공하는 것이다.)

펜틀런드의 연구실, 그들의 연구 프로젝트, 이론화 작업에서 현실 마이닝의 이론과 실천은 계속 진화했고, 이에 따라《MIT 테크놀로지 리뷰》는 '현실 마이닝'을 2008년 '10대 혁신 테크놀로지'로 선정했다. 펜틀랜드는 이 성과를 다음과 같이 설명한다. "나와 내 제자들은 이 새로운 과학의 발전 속도를 높여 줄 두 가지 행동 측정 플랫폼을 개발했다. 현재 전 세계의 수백 개 연구팀이 우리의 플랫폼을 기반으로 방대한 양의 정량적 데이터를 생산하고 있다."[13]

속도에 대한 이야기가 무심코 나온 말이 아니라는 점은 눈치 챘을 것이다. 응용 유토피아학의 기술과 과학에서 속도에 대한 충절은 핵심 요소다. 펜틀런드는 빅 아더와 도구주의 권력의 빠른 잠식을 전 세계 곳곳에 있는 수백만 명이 '몇 분 안에' 가상의 군중을 이룰 수 있을 만큼 '빛의 속도'로 움직이는 '초연결 세계'로 이해한다. 그는 MIT 미디어 랩 연구자들을 광속의 뛰어난 개척자로 이미 극한의 속도에 동기화되어 있는 사람들, 그리하여 사회의 나머지 사람들에게 모델이 되는 전위 조직이라고 본다. 펜틀런드는 그곳의 학생과 동료 연구자들을 떠올리며 이렇게 말했다. "나는 창의적인 문화가 MIT 같은 초연결, 초고속 세계—세계의 나머지 부분은 이제야 그러한 세계로 진입하고 있다—에서 커나가려면 어떻게 변해야 하는지를 목격했다."[14] 펜틀런드는 MIT의 세계에 처음 들어온 사람들이 그 속도에 적응했던 과정이 우리 인류에게 닥쳐올 일을 미리 보여준다고 생각한다.

2008년 '현실 마이닝'에 바친《MIT 테크놀로지 리뷰》의 열광적인 헌사는 당시만 해도 새롭고 충격적이었던 행동잉여에 관한 사실을 다음과 같이 언급했다. "어떤 사람들은 자기가 흘리고 간 디지털 빵가루를 누군가 뒤적거리고 있다는 사실에 불안해한다. 그러나 샌디 펜틀런드는 그것을 즐긴다.” 펜틀런드는 휴대폰이 사용자들에 대한 ‘훨씬 더 많은 정보’를 수집하는 모습을 보고 싶어 할 것이다. “그것은 흥미로운 신의 관점이다.”[15] 실제로 펜틀런드는 여러 논문에서 ‘디지털 빵가루의 예측력’을 칭송한다. 그는 이런 완곡어법으로 논지를 흐리는 일을 즐기는데, 이것은 감시 자본가들이 인간 경험의 수탈을 평범한 일로 보이게 만드는 흔한 수법이기도 하다. 예를 들면 다음과 같은 식이다.

> 우리는 일상생활을 하는 가운데 가상의 빵가루를 흘리고 지나간다. 우리가 누구에게 전화를 하고, 어디에 가며, 무엇을 먹고, 어떤 제품을 사는지 등의 디지털 기록을 남긴다는 뜻이다. 이 빵가루는 우리가 스스로 노출하는 그 어떤 것보다 더 정확하게 우리 삶을 보여준다. … 디지털 빵가루는 실제로 일어난 그대로 우리의 행동을 기록하기 때문이다.[16]

펜틀런드는 행동잉여가 상업적으로 활용될 가능성을 가장 먼저 인식한 사람 중 하나다. 드러내놓고 이야기하지는 않았지만, 그는 감시 자본주의가 지배하는 현실정치를 도구주의 사회의 필수 조건으로 받아들이는 것으로 보인다. 펜틀런드는 회사 설립에 관여하면서 그의 응용 유토피아학을 확장했다. 다시 말해 그의 회사들은 도구주의 기법과 렌더링, 모니터링, 수정의 습관화를 구현하는 성능 시험장이다.

펜틀런드는 애초부터 현실 마이닝을 새로운 상업적 기회의 세계로 들어가는 관문으로 여겼다. 2004년에 그는 이미 ‘컴퓨팅 능력’을 지닌 휴대전화나 그 밖의 착용형 기기가 현실 마이닝을 ‘흥미진진한 신규 기업용 애플리케이션’으로 만드는 ‘토대’가 될 것이라고 주장했다. 언제나 전제는 기업들이 사업적 목표를 최대한 달성하기 위해 ‘현실’에 대한 특권을 이용해 사람들의 행동을 변화시킬 수 있다는 것이다. 그는 음성 인식 테크놀로지로 '사용하는 어휘에 따른 개인 프로파일'을 생성하는 새로운 실험 연구를 소개하면서 이를 통해 기업의 관리자들이 "직원들의 사회적 행동과 숙련도가 조화를 이루도록 팀을 구성"할 수 있을 것이라고 설명했다.[17]

펜틀런드와 이글은 2006년 논문에서도 그들의 데이터가 "기업 내에서 상당히 가치 있을 것"이라고 설명했으며, 두 사람이 공동으로 출원한 '대인 통신을 위한 단거리 무선 네트워크와 휴대전화 네트워크 결합'도 기업이 현실 마이닝에 이용할 수 있는 도구를 추가했다.[18] 이글은 그해에《와이어드》와 가진 인터뷰에서 현실 마이닝 연구가 '전례 없는 연속적 인간 행동 데이터세트'를 뜻하며, 이는 집단 연구에 혁명을 일으키고 새로운 상업적 활용 가능성을 창출할 것이라고 말했다. 보도에 따르면 당시에 이글은 이미 그의 도구와 방법론을 활용하고 싶어 하는 대기업과 '협의 중'이었다.[19] 펜틀런드는 사회성 측정 장치—눈에 잘 띄지 않는 착용형 센서로 대화, 어조, 몸짓을 측정하는 장치—가 수집하는 정보가 "누가 누구와 함께 일하고 동료 간 관계가 어떠한지를 파악하려는 관리자에게 도움이 될 수 있"으며, "서로 잘 맞는 사람을 찾는 효율적인 방법"이 될 것이라고 주장했다.[20]

펜틀런드는 2009년 몇 명의 대학원생들과 함께 사회성 측정 배지 sociometric badge와 기계 분석기법에 근거해 '착용형 컴퓨팅 플랫폼'을 설계, 구축한 결과를 발표했다. 목표는 '사회적 커뮤니케이션을 모니터링하고 실시간으로 개입할 수 있는' 기계를 만드는 것이었다. 이를 위해 22명의 사무직 직원들에게 한 달 동안 배지를 착용하게 했다. "자동으로 개인 및 집단의 행동 패턴을 측정하고, 무의식적인 사회적 신호로부터 인간 행동을 예측하며, 같은 팀에서 일하는 사람들 사이의 친밀도를 확인하고, 시스템 사용자에게 피드백을 제공함으로써 사회적 상호작용을 강화"하기 위한 장치였다. 연구는 신뢰할 만한 결과를 제공했고, 커뮤니케이션과 행동의 패턴이 드러났다. 연구자들은 "사회성 측정 배지 같은 장치를 사용하지 않았다면 가능하지 않았을 것"이라고 자평하며, "이러한 결과는 … 사회 체계를 이해하기 위해 자동 감지 데이터 수집 방법을 사용할 것을 강력하게 권고한다"고 주장했다. 그들은 '인간 행동을 모니터링하고 의미 있는 정보를 추출하고, 관리자에게 팀 성과 지표를 제공하고, 직원들에게는 자기 성과 평가와 권고안을 제공할 수 있는 … 수백, 수천 개의 무선 환경 또는 착용형 센서'를 활용해야만 '진정한 분별력'을 가질 수 있을 것이라고 경고했다.[21]

2002년에 탄생한 발명품은 점차 정교해진 끝에 마침내 연구실을 벗어나 시장으로 진출했다. 2010년 펜틀런드는 2009년에 함께 사회성 측정 배지 실험을 했던 제자들과 소시오메트릭 솔루션스Sociometric Solutions라는 회사를 설립했다. 스키너가 그렇게 갈망했던 '도구와 방법론'을 시장에 내놓기로 한 것이다. 펜틀런드는 회사에 억류돼 있는 사무직 노동자들에게 사회물리학을 엄준하게 적용하기 위해 이후에도 여러 회사를 설립한다.[22] 펜틀런드의 박사과정 학생이었던 소시오메트릭 솔루션스의 CEO 벤 웨이버Ben Waber는 이 회사가 하는 일을 '피플 애널리틱스people analytics'라고 부르며 동명의 저서(국내에는《구글은 빅데이터를 어떻게 활용했는가: 기업의 창의성을 이끌어내는 사물 인터넷과 알고리즘의 비밀》이라는 제목으로 소개됐다-옮긴이)에서 '연결, 협업, 데이터'의 미래를 예견한다. 그는 '전 세계 여러 나라의 서로 다른 기업에서 일하는 사람들 수백만 명이 단 몇 분 동안이 아니라 몇 년 혹은 수십 년 동안' 사회성 측정 배지 같은 장치를 달고 다닌다면 '협업의 효과를 높이는 데 도움이 되는 많은 정보를 얻을 수 있을 것'이라고 말한다.[23]

펜틀런드와 그의 연구진들은 계속해서 사회성 측정 장치와 그 응용 프로그램들을 개발했고, 2013년까지 수십 개의 연구 기관과 기업이 이 장치를 사용했다. 그중에는《포천》선정 1,000대 기업에 드는 회사도 있었다. 웨이버는 하버드 대학교와 노스이스턴 대학교 연구원들과 함께 2014년에 수행한 한 연구에서 성별에 따른 상호작용 패턴 차이를 계량화했다. 그들은 이 분석의 성공에 힘입어 "사회적 상호작용의 다양한 차원에 대해 세부적인 데이터를 수집하기 위해 인간 행동을 적극적으로 계측하는 일이 가능해 졌다"고 선언했다. 연구자들은 동물 무리를 효과적으로 모니터링하려면 거슬리지 않게 감시해야 한다는 매케이의 기본 원칙을 채택한 듯했다. 그들은 인간 의식의 경계 바깥에서 작동해야만 페이스북에서 보았던 것처럼 반발 가능성을 차단하고 인간 행동 데이터를 지속적으로 구석구석에서 수집할 수 있음을 인정했다. 연구자들은 "전자 센서로 인간 관찰자를 보조하거나 대체할 수 있으며, 감시당하고 있음을 희미하게 알 수는 있겠지만, 센서가 더 작아질수록 감시당하는 느낌이 줄어들어 덜 거슬리게 될 것"이라고 열변을 토했다. 그들은 '가장 덜 침입적인 방법으로 인간 행동을 계측'할 때 '자연스러운 조건'에서의 포괄적 데이터 수집이 가능해질 것이라고 봤다.

2015년에 이 회사는 브랜드 이미지 쇄신의 방법으로 완곡어법을 채택했다. 사명을 휴머나이즈Humanyze로 변경한 것이다. 휴머나이즈는 자사의 테크놀로지를 '스마트 직원 배지'를 이용해 '직원 행동 데이터를 수집하는' 플랫폼으로서 '특정 지표를 사업성과 개선이라는 목표에 연계'한다고 소개했다.[24] 웨이버는 이 일을 어떤 조직이든 구성원들이 하루 종일 어떻게 움직이는지, 누구와 상호작용하는지, 말할 때 어조는 어떠한지, 이야기를 들으려고 몸을 기울이는지, 사무실에서 일어날 수 있는 여러 상황에서 직원들 간 관계망의 어느 위치에 있는지 등의 측정치에 근거해 그들을 스포츠팀처럼 관리할 수 있게 해주는 일종의 '머니볼'이라고 설명한다. 이 모든 측정치는 40개의 또 다른 수치로 변환되어 '비즈니스 지표 대시보드'에 통합된다. 휴머나이즈는 고객사 명단을 공개하지 않지만, 뱅크오브아메리카 고객서비스센터 직원 10,000명과 함께 일하고 있다거나 컨설팅회사 딜로이트와 협력 관계를 맺고 있다고 밝혔다.[25] 펜틀런드는《사이언티픽 아메리칸

Scientific American》에 기고한 글에서 사회성 측정 데이터가 가진 힘을 설명하면서 이렇게 말했다. "나는 뱅크오브아메리카 상담센터 관리자에게 일괄적으로 휴식시간을 갖게 하라고 설득했다. 직원들 사이의 교류를 촉진하기 위해서였다. 이 한 가지 변화가 연간 1,500만 달러에 해당하는 생산성 증가를 가져왔다."[26]

펜틀런드의 경력에 나열되어 있는 19개의 영리 벤처 회사 중 다수는 감시 서비스 회사다. 예를 들어, 펜틀런드는 엔도르Endor의 공동설립자인데, 이 회사는 고객사에게 자사를 소개할 때 예측 솔루션 회사라고 말한다. 웹사이트의 설명에 따르면, 엔도르는 사회물리학이라는 '혁명적인 새로운 과학'에 기원하며, 여기에 자사의 '독점적인 테크놀로지'를 결합해 '모든 종류의 인간 행동을 설명, 예측할 수 있는 강력한 엔진'을 생산한다. 그들은 통화, 신용카드 결제, 택시 탑승, 웹에서의 활동 등 모든 인간 활동에는 일군의 수학적 패턴이 숨겨져 있다고 말한다. 엔도르는 자사의 분석이 지닌 강점이 '다른 어떤 기법으로도' 아직 관찰할 수 없는 '새로운 행동 패턴'을 감지할 수 있는 것이라고 자부하며, "우리는 세계 최고의 소비자 브랜드들과 협력해 가장 까다로운 데이터 문제들을 해결해나가고 있다"고 말한다.[27]

2014년에 또 다른 펜틀런드의 회사인 센스 네트웍스Sense Networks가 YP에 인수되었다. 예전에는 YP라고 하면 '옐로 페이지'를 뜻했지만 이제는 '소비자들을 지역 업체들에 연결해주는 북미 최대의 지역 정보 검색, 미디어 및 광고 회사' 이름이 되었다. YP는 2014년 센스 네트웍스 인수를 발표하면서 그 회사를 '다수의 모바일 사용자를 모아서 제공하기 위한 정교한 위치 데이터 처리 플랫폼'이라고 설명했다. 행동잉여의 몰수가 일어나는 익숙한 장면이다. 그들은 이렇게 덧붙였다. "센스 네트웍스의 소매업체용 리타깃팅 솔루션은 상위 소매업체의 고객과 잠재 고객을 확인해 그들이 … 집이든 직장이든 … 매장 가까이에 있을 때 관련 모바일 광고를 보낼 수 있다."[28]

펜틀런드는 직장 환경에서의 그의 실험과 개입을 도구주의 사회에서의 사회관계라는 더 광범위한 과제의 한 전형으로 이해한다. 여기서 우리는 다시 한 번 경제 영역에서 사회 영역으로 가는 예정된 경로를 엿볼 수 있다. 계측의 대상이 된 사무직 노동자들은 더 넓은 사회에 도구주의적 관계를 적용하기에 앞서 살아 있는 실험실 역할을 한 것이다. 펜틀런드는 2016년 싱귤래리티 대학교Singularity University가 개최한 한 컨퍼런스에 나타났다. 싱귤래리티 대학교는 래리 페이지 등이 투자해 설립한 실리콘밸리의 도구주의 이데올로기 허브다. 이날 펜틀런드를 취재한 한 기자는 인터뷰 기사를 이렇게 썼다. "사람들은 조직의 가장 귀중한 자산에 속하지만, 많은 회사가 여전히 20세기 사고방식으로 인적자원을 관리한다. … 펜틀런드는 언제나 일을 엉망으로 만드는 요인이 바로 사람들이라고 생각했다."[29] 나델라처럼 펜틀런드 역시 기계 시스템과 동일한 방식으로 작동하며 행동 데이터 흐름을 이용해 행동 패턴의 '적절성'을 판단하고 필요하다면 '그릇된' 행위에 개입해 '올바른' 행위로 바꾸는 시스템을 개발하려 했다. 펜틀런드는 "사람들이 올바르게 상호작용하지 않고 정보가 적절하게 확산되지 않으면, 그릇된 의사 결정을 하게 된다"고 경고한다. 그는 "우리가 만들고자 하는 인간-기계 공생체에서는 컴퓨터 덕분에 인간이 네트워크의 상호작용에 관해 더 잘 이해할 수 있고, 컴퓨터는 인간이 어떻게 작동하는지 더 잘 알 수 있다"고 말한다. 기사에 따르면 "펜틀런드는 조직이 구성원들의 '고장 난 행동'을 수선하는 데 이 [사회성 측정 배지로 수집한] 데이터가 큰 도움이 된다는 점을 알아냈다."[30]

펜틀런드의 계측장치가 발전함에 따라 도구주의 사회에 대한 그의 구상도 함께 성장했다. 그의 실험실에서 탄생한 새로운 도구와 방법론이 컴퓨터의 매개로 이루어지는 일이 폭발적으로 늘어나는 시대적 상황과 합쳐지면서 그의 꿈이 더욱 야심차진 것이다. 결국 이 길의 종착지는 빅 아더의 전 세계적 편재성이 될 것이다. 펜틀런드는 2011년에서 2014년 사이에 발표한 여러 논문에서 이 새로운 환경의 역량과 목표에 대한 그의 구상을 밝혔는데, 그 중에서도 2011년에 발표한 논문, 〈사회의 신경계: 효과적인 정부, 에너지, 공공 보건 시스템 구축Society's Nervous System: Building Effective Government, Energy, and Public Health Systems〉이 특히 눈에 띈다.[31]

펜틀런드는 그의 연구가 얼마나 많은 기관들에서 쓰이고 있는지를 언급하면서 이 글을 시작한다. "이 글은 주요 IT, 무선, 하드웨어, 의료, 금융 기업의 수장들, 미국, 유럽연합 등의 여러 규제당국, 여러 NGO[펜틀런드의 주석에 따르면 세계경제포럼 등]의 수뇌부와 다년간 독특한 협업을 수행해 온 경험에 비추어 향후 10년 동안 모바일 감지 및 연산이 사회 구석구석에 확산되면 어떤 일이 가능해질지 … 설명하고자 한다." 그는 이 지점에서 곧바로 논리적 비약을 감행해 도구주의 권력이 건설, 유지, 지휘하는 전체주의 사회를 위한 결정적 근거를 제시한다. 최초의 전제는 충분히 타당하다. 한때는 산업시대 테크놀로지가 물, 음식, 쓰레기, 에너지, 교통, 치안, 의료, 교육 등을 위한 안정적인 시스템으로 세계에 혁명적인 변화를 일으켰지만, 이 '중앙집중적' 시스템들은 이제 '낡고' '쓸모없고' '지속가능하지 않게' 되었다는 것이다.

이 시대는 새로운 디지털 시스템을 요구한다. 그 시스템은 '통합적'이고 '총체적'이며, '민감하게 반응하고', '역동적이고', '자율규제적'이어야 한다. "사회 시스템에 대한 근본적인 재고가 필요하다. 우리는 전 세계에 걸쳐 사회 시스템의 안정성을 유지하도록 해줄 인류 전체의 신경계를 만들어내야 한다." 펜틀런드는 복잡한 기계 프로세스와 정보 흐름을 제어할 수 있는 유비쿼터스 컴퓨터 감지 장치의 진보를 언급하면서 이러한 신경계에 필요한 '감지' 테크놀로지가 "이미 준비되어 있다"고 말한다. 그는 2011년에 이미 빅 아더가 기본적인 윤곽을 드러내고 가동 중임을 알고 있었으며, 그것을

'전 세계 규모의 살아 있는 유기체'로 묘사했다. 그것은 "무선 교통 시스템, 보안 센서, 특히 모바일 전화 네트워크가 결합된 지능형 반응 시스템으로, 수많은 센서가 이 유기체의 눈과 귀다. … 계속 진화해 속도가 높아질 것이고 … 각 장치에 점점 더 많은 센서가 달리게 될 것이다."[32]

그런데 펜틀런드는 한 가지 문제가 있음을 발견했다. 유비쿼터스 테크놀로지가 전 지구적 신경계를 만드는 기술적 과제를 거의 해결했다고 해도 전 지구적 단위로 인간 행동을 이해하는 단계에 이르기 전까지는 빅 아더가 완성되지 않는다. 아직은 '안전성, 안정성, 효율성'을 보장하는 아키텍처에 '요구와 반응에 대한 동적 모델'이 빠져 있다. "이 시스템의 핵심에 인간이 있는 한, 인간의 요구과 반응에 대한 모델들이 필요하며, … 인간 행동의 관찰이 필수적이다."[33]

펜틀런드가 위험한 공백이라고 생각한 이 지점은 2017년에 나델라가 마이크로소프트의 개발자들에게 "이제 사람들, 그리고 그들이 다른 사람들과 맺는 관계가 클라우드의 일급 객체가 되었다"면서 말한 '근본적인 변화'의 전조였다. '그릇된' 행동의 희생양이 되지 않으려면 '사람들'이 빅 아더의 영역에 들어가야 한다. 사회의 안전성, 안정성, 효율성은 아직 위태롭다. 펜틀런드는 현실 마이닝을 위해 행동잉여를 채굴할 도구와 방법론이 이 문제를 해결해줄 것임을 알려준다.

역사상 처음으로 인류 대다수가 연결되었다. … 그 결과로 우리의 모바일 무선 인프라는 … 우리의 환경을 모니터링하고 우리 사회 발전을 계획하기 위한 … '현실 마이닝'의 대상이 되는 게 가능해졌다. … 우리가 일상생활을 하는 가운데 흘린 '디지털 빵가루'를 가지고 현실 마이닝을 할 수 있다는 점은 긴 시간에 걸쳐 초 단위로 적용되는 집단 동학 및 반응 모델을 창출할 잠재력을 갖게 되었음을 뜻한다. … 요컨대 우리는 예전 같으면 상상조차 못했을 폭과 깊이로 사람

들에 대한 데이터를 수집하고 분석할 역량을 얻었다.[34]

'낡은 법'을 거부했던 래리 페이지처럼, 펜틀런드도 계몽주의와 정치경제학으로부터 물려받은 여러 개념과 인식틀에 비판적이다. 펜틀런드는 그가 바꾸어야 한다고 주장하는 에너지, 음식, 물을 공급하는 시스템만큼이나 계층, 계급, 교육 수준, 인종, 성별, 세대 같은 '낡은' 사회 범주들도 무의미하고 쓸모없어졌다고 주장한다. 이 범주들은 역사, 권력, 정치의 렌즈로 사회를 설명하지만 펜틀런드는 사회보다 '모집단', 의미보다 '통계', 법보다 '컴퓨터 연산'을 선호한다. 그는 인종, 소득, 직업, 성별이 아니라 '행동 하위집단'을 낳는 '행동 패턴'과 기존의 지표보다 '5~10배 정확하게' 질병, 재정적 위험, 소비자 선호, 정치적 견해를 예측할 수 있는 새로운 '행동 인구학'에 따라 '모집단을 계층화stratification'해야 한다고 본다.[35]

시급한 응답을 요구하는 최종 질문은 '이 시스템에 속한 사람들을 계획에 참여하도록 할 방법은 무엇인가?'이다. 펜틀런드의 답은 설득이나 교육이 아니라 행동수정에 있다. 그는 '인간의 의사 결정에 대한 새로운 예측 이론'과 '인센티브 메커니즘 설계'—이것은 스키너의 '강화 스케줄'에 견줄 만한 구상이다—가 필요하다고 말한다. 사람들이 계획에 따르도록 할 방법과 관련해 펜틀런드는 수백만 명의 사람들을 안전성, 안정성, 효율성이라는 보장된 성과로 몰아갈 수 있는 설계 메커니즘을 '사회적 영향social influence'의 원리로 설명한다. 그는 이전에 자신이 수행했던 연구 결과를 바탕으로 '산업과 정부의 문제' 대부분을 정보 전송 패턴, 특히 사람들이 서로에게 영향을 주고 서로를 모방하는 방식을 통해 설명할 수 있다고 주장한다.

이 사회적 영향 개념은 앞으로 다가올 일을 예측하는 펜틀런드의 퍼즐에서 중요한 조각이다. 펜틀런드는 빅 아더가 단순히 사물들을 모니터링하고 제어하는 아키텍처에 그치지 않음을 알고 있다. 빅 아더의 계측도구와 데이터 흐름으로 인해 사람들도 서로에게 노출된다. 누군가의 오늘 아침 식단에서부터 도시로의 인구 유입에 이르기까지 여러 정보가 가시화되는 셈이다. 일찍이 2011년에 펜틀런드는 "혁명적으로 새로운 ⋯ 인프라가 우리에게 우리 스스로를 볼 수 있는 신의 시야를 갖게 해준다"며 흥분했다.[36] 그가 목표로 삼는 컴퓨터 매개 사회란 우리가 상호 가시적인 환경 속에서 서로서로 맞춰가는, 즉 기계 벌집의 논리처럼 모방에 근거해 단일 흐름의 사회적 패턴으로 합류되는 사회다.

펜틀런드가 인센티브와 관련해 개괄한 '사회적 효율성social efficiency'의 원리는 참여가 개인에게뿐 아니라 시스템 전체에도 이득이 되어야 한다는 것이다.[37] 그는 사람들이 이러한 총체성을 위해서 모든 것이 측정되는 도구주의적 삶의 질서에 기꺼이 굴복하리라고 믿는다. 2차 현대성으로 인한 스트레스에 노골적으로 호소하는 펜틀런드의 주장은 구글의 선제적이고 전지적인 마술에 대한 에릭 슈미트와 래리 페이지의 번지르르한 약속을 연상시킨다. 그는 우리가 효율적인 기업과 정부라는 사회적 보상과 마법 같은 개인적 보상으로 채울 수 있는 것 이상을 잃을 위기에 처해 있다고 본다.

사회적으로는, 개인의 행동에 대한 이 새로운 심층적 이해를 이용해 산업과 정부의 효율성이나 민감도를 높일 수 있으리라고 기대된다. 개인적으로 매력적인 점은 만물이 나의 편의대로 배치되어, 아프기 직전에 마법처럼 건강검진 일정이 잡힌다거나, 버스정류장에 도착하자마자 버스가 오고, 관공서에서 줄 설일이 전혀 없는 세상이 될 가능성이다. 이러한 새로운 능력들이 더 정교한 통계모형이나 센서 성능에 의해 강화되면, 우리는 인간의 조직과 인간 사회에 대한 계량적이고 예측적인 과학이 창조한 결과물들을 더 잘 볼 수 있게 될 것이다.[38]

III. 도구주의 사회의 원리

펜틀런드의 도구주의 사회 이론은 2014년에 나온 《사회물리학》에서 만개했다. 이 책에서는 컴퓨터 연산이 지배하고 데이터에 의해 주도되는 도구주의 사회에서 우리가 맞게 될 더 광범위한 미래상에 그의 도구와 방법론이 통합되었다. 펜틀런드는 스키너의 낡고 기묘한 유토피아를 뭔가 더 정교하고 마법적이면서도 그럴듯하게 바꾸어놓았다. 그렇게 보이는 이유는 우리의 삶에 매일같이 응용 유토피아학의 물결이 밀려오기 때문일 것이다. 펜틀런드는 스키너의 구상을 완성했다. 그러나 그 결과물은 행동주의 유토피아의 업데이트에 그치지 않았다. 그는 완전히 발달된 도구주의 사회라면 어떠한 원리로 작동해야 하는지를 개괄한다. 도구주의 사회는 인간의 행동에 장치를 적용해 측정하는 일에 기초하며, 그렇게 하는 목적은 인간 행동을 수정, 통제하고, 네트워크로 연결된 영역에 대한 감시 자본주의의 상업적 지배라는 측면에서 볼 때 결국은 인간 행동으로부터 수익을 얻는 데 있다.

펜틀런드는 "사실 사회적 현상이란 … 개인들 사이에서 일어나는 수십억 건의 작은 교류들의 총합에 불과하다"고 주장한다. 이것은 매우 중요한 지점이다. 이는 사회물리학으로 종래의 사고방식을 대체하려면 이 수십억 개의 작은 사실에 관한 총체적 지식을 가져야 한다는 뜻이기 때문이다. "빅데이터는 사람들 사이에서 각종 교환이 이루어지는 수백만 개의 네트워크를 통해 사회의 복잡성을 있는 그대로 볼 수 있는 기회를 제공한다. 우리에게 모든 것을 볼 수 있는 '신의 눈'이 있다면 우리는 사회가 어떻게 작동하는지를 진정으로 이해하는 단계에 도달할 수 있을 것이고, 그러면 그 다음 단계로서 우리의 문제를 해결해나갈 수 있을 것이다."[39]

펜틀런드는 총체적인 지식을 손에 넣을 수 있다는 확신에 차 있었다. "우리는 몇 년 안에 사실상 인류 전체의 행동에 관해 믿기 힘들만큼 풍부한, 게

다가 연속적인 데이터를 갖게 될 것이다. 그리고 그 대부분은 이미 존재한다."[40] 미래 시제에 대한 권리—또한 그 권리로부터 비롯되는 사회적 신뢰와 권위, 정치—는 빅 아더와 탁월한 연산 시스템에 내주었으며, 그 시스템이 펜틀런드가 '우리'라고 부르는 집단의 감독 아래 사회를 통치한다. '우리'라는 말에는 우리와 그들의 구별, 그림자 텍스트와 일방 투시 거울에서 볼 수 있었던 배타적인 특성이 담겨 있다. 그런데 그는 이 '우리'가 누구인지 명확히 규정하지 않는다. 그것이 바로 그의 글에서 누락된 부분이다. '우리'란 펜틀런드 같은 데이터 과학자들을 말하는 것일까? 아니면 행동수정수단을 가진 자들과 한 편이 되어 일하는 데이터 사제들?

그 이론은 물리적 법칙에 견줄 만한 사회적 행동 법칙을 세우는 것을 목표로 하며, 펜틀런드는 모든 '사회 유기체'의 성공을 좌우하는 두 가지 요인을 제시한다. 첫째는 '아이디어 흐름'의 질로, 여기서 관건은 새로운 아이디어를 찾아내기 위한 '탐험exploration'과 최고의 아이디어를 중심으로 행동을 조정하는 '참여engagement'다. 두 번째 요인은 '사회적 학습'으로 새로운 아이디어가 집단 전체에 습관으로 정착할 때까지 구성원들이 서로를 모방하는 과정을 말한다. (사회적 학습이란 '한 행위 주체의 상태가 다른 행위 주체의 상태와 영향을 주고받는 정도'로부터 유도되는 수학적 관계라고 정의된다.) 펜틀런드는 사회적 학습이 "통계물리학과 기계학습에 기원"한다고 설명한다.[41] 사회적 벌집은 기계 벌집을 그대로 재현해야 하며, 펜틀런드는 이를 위해 사회적 압력으로 사회적 학습을 촉진하거나 변화시키는 방법을 주장한다.[42]

펜틀런드가 구상한 사회물리학의 과학적 목표 달성은 견고하게 통합된 일군의 새로운 사회 규범과 개인의 적응에 달려 있다. 여기서는 도구주의 사회의 사회적 관계를 설명하는 데 있어서 가장 중요한 다섯 가지 원리를 간단히 소개하고자 한다. 이 원리들은 행동으로 통제되는 사회에 관한 스키너의 사회 이론을 닮았으며, 여기서도 지식이 자유를 대체한다. 다섯 가지 원리를 하나하나 검토하면서 나는 펜틀런드의 진술을 같은 주제에 대한 스키너의 공식과 비교할 것이다. 앞으로 보게 되겠지만, 한때 매도당했던 스키너의 생각이 이제는 도구주의 권력이 새롭게 개척할 땅을 규정한다.

1. 더 큰 이익을 위한 행동

스키너는 집단의 관점과 가치로의 시급한 변화가 필요하다고 강조했다. 《자유와 존엄을 넘어서》에서 그는 "인간이라는 종이 계속 발전하고자 한다면 문화의 의도적 설계와 그것이 함의하는 인간 행동의 통제가 반드시 필요하다"라고 썼다.[43] 인간의 행동이 집단의 더 큰 이익을 향하도록 해야 한다는 요청은 《월든 투》에서 이미 분명히 드러나 있었다. 월든 투의 주창자 프레이저는 "사실 우리는 인간 행동을 통제할 수 있을 뿐만 아니라 통제해야만 합니다"라고 주장했다.[44] 그는 이 문제를 결국 공학적으로 풀어야 할 숙제로 생각했다. 그래서 이렇게 질문한다. "어떤 기법, 어떤 공학적 방법을 이용해야 집단 구성원들의 행동을 변화시켜 그들의 행동이 자연스럽게 모두의 이익을 위해 기능하게 만들 수 있을까요?"[45] 스키너는 프레이저의 입을 빌려 "지성이 개인의 이익보다 사회의 이익을 위해 … 올바른 궤도를 유지하게 하며 … 그러면서도 사회의 복지를 위해 개인의 몫이 잊히지 않게 하는" 데 '계획된 사회'의 미덕이 있다고 주장했다.[46]

펜틀런드는 도구주의 사회의 도래를 인쇄술이나 인터넷 발명에 비견할 만한 역사적 전환점으로 여긴다. 이는 우리가 인류 역사상 최초로 '우리 자신에 대해 진정으로 알고, 사회가 어떻게 진화해나가는지를 이해하는 데 필요한 데이터를 갖게 될 것'이라는 의미다.[47] 펜틀런드는 '인간 행동 데이터가 연속적으로 전송된다는 것'이 교통, 에너지 사용, 질병, 노상 범죄에 이르기까지 모든 것을 정확히 예측할 수 있고, '전쟁이나 금융 위기가 없고, 질병의 전염을 신속하게 감지해 중단시킬 수 있으며, 에너지와 물, 여타의 자원이 낭비되지 않고, 정부가 문제의 근원이 아니라 문제를 해결해주는 존재가 될 수 있는 세상'이 가능함을 뜻한다고 말한다.[48] 이 새로운 '집단적 지능'은 더 큰 이익을 위해 작동하며, 그에 따라 우리는 '사회적 보편성'에 근거해 '협력적으로' 행위하는 법을 배우게 된다.

펜틀런드는 "보건, 교통, 에너지, 안전 문제에서의 대도약이 가능하다"고 보는 한편, 이러한 성취를 가로막는 장애물이 있음을 애석해한다. "가장 큰 장벽은 프라이버시에 대한 우려, 그리고 우리가 아직 개인적 가치와 사회적 가치 사이의 맞바꿈에 대해 합의에 이르지 못했다는 사실이다." 스키너처럼 펜틀런드도 불완전한 지식의 시대에 대한 이러한 집착이 완벽하게 설계대로 조작할 수 있는 미래 사회의 전망을 위태롭게 한다고 힘주어 말한다. "그런 신경계가 가져다줄 수 있는 더 큰 이익을 무시해서는 안 된다."[49] 펜틀런드는 더 큰 이익이 '누구의' 이익인지 말하지 않는다. 감시 자본주의가 기계와 행동수정수단을 소유하고 있다면 더 큰 이익이 어떻게 정해지겠는가? 이미 그 방향은 행동수정수단 소유자들, 그리고 보장된 성과를 원하는 고객들의 이익 쪽으로 정해져 있다. 누군가에게는 더 큰 이익이 되겠지만 우리는 그 누군가가 아닐 수 있다.

2. 정치를 대체하는 계획

스키너는 행동을 완벽하게 예측하고 제어할 수 있는 계산 능력을 갖게 되기를, 그리하여 완벽한 지식에 근거한 집단적 의사 결정 수단이 정치를 대체할 수 있게 되기를 갈망했다. 디지털 테크놀로지가 없던 시대적 한계에도 불구하고 스키너는 새로운 '공동체적 과학communal science'이 인류를 구원하는 데 필요한 요건이라고 서슴없이 주장했다. 프레이저가 설명하듯이, "우리는 집단이 가진 특별한 역량에 관해 거의 아무것도 알지 못하지만 … 아무리 뛰어난 사람이라고 해도 개인은 … 전체를 폭넓게 생각할 수 없다."[50]

'공동체적 과학'은 원활하게 작동하기만 하면 불합리하거나 의도하지 않은 결과가 초래될 여지가 없다는 논리인데, 스키너는 정치적 갈등, 특히 민주주의 정치에서 나타나는 창조적이지만 정돈되지 않은 형태의 갈등을 공동체의 합리적 효율성, 즉 고성능 단일 '초유기체'로서의 공동체를 위협하는 마찰의 원천으로 보았다. 그는 '정치적 조치'로 뭔가를 바꾸려는 경향을 안타까워하며 민주주의에 대한 믿음이 전반적으로 상실되었다고 본다. 《월든 투》에서 프레이저는 "무지의 횡포는 싫습니다. 방조, 무책임의 횡포가 싫어요. 우연의 횡포도 마찬가지지요. 그래서 나는 민주주의의 횡포가 싫습니다!"라고 주장한다.[51]

자본주의나 사회주의나 경제 성장만 강조하다가 과소비와 오염을 야기한다. 스키너는 중국의 체제를 흥미롭게 여겼지만, 서구 사람들을 변화시키려는 그 어떤 노력도 유혈 혁명을 수반할 것이라는 점에서 결국 거부했다. 《월든 투》 서문에서 스키너는 "다행히 우리에게는 또 하나의 가능성이 있다"라고 결론을 내렸다. 이 가능성이란 '정치적 조치를 피할' 방법을 제공하는 스키너 버전의 행동주의 사회를 말한다. 《월든 투》에서는 '계획'이 정치를 대체한다. 이 계획을 관장하는 것은 서로 '경쟁 관계에 있지 않은' '계획가' 집단으로, 그들은 강화 스케줄을 냉정하게 관리해 더 큰 이익을 도모하기 위해 권력을 멀리한다.[52] 계획가들은 사회에 대한 독특한 통제권을 행사하지만 그렇게 하는 것은 '오직 그러한 통제가 공동체가 바르게 기능하는 데 필요하기 때문이다.'[53]

스키너처럼 펜틀런드도 도구주의적 통치가 정치가 아닌 계산적 진리 computational truth에 기초해야 한다고 주장한다. 확실성 기계가 종래의 통치 형태를 대체할 것이라는 그의 신념을 마주하면 사람들과 인간관계들을 '클라우드 객체'로서 대환영하는 나델라가 떠오른다. 펜틀런드는 "우리에게 개인들 간의 차이나 인간관계까지 고려해 사회를 수학적으로 해석하고 예측하는 과학이 있다면, 그것은 곧 정부의 관료, 기업 경영자, 시민들이 생각하고 행동하는 방식을 극적으로 변화시킬 수 있다는 뜻"이라고 말한다.[54]

펜틀런드는 '시장', '계급' 같은 정치경제적 구성물이 18, 19세기의 낡고 느린 세계에서 태어난 산물이라는 점을 지적한다. 당시의 사회에서는 이성적 숙고와 대면 상호작용을 통한 협상과 타협이 일상적으로 일어났지만 새로운 '빛의 속도로 움직이는 초연결 세계'는 그럴 시간을 주지 않는다. "이제 우리는 각자가 개별적으로 신중하게 숙고를 거친 의사 결정에 도달할 수 있다고 생각하지 않는다. 우리는 개인의 의사 결정에 영향을 미치고 경제적 거품이나 정치 혁명, 인터넷 경제를 추동하는 역동적인 사회적 요인들을 고려해야 한다."[55]

도구주의 사회의 속도는 우리가 방향을 잡을 시간을 허락하지 않으며, 여기서 그 빠른 속도는 개인이 가진 행위 주체로서의 권리를 자동화된 시스템에 넘겨주라는 도덕적 명령으로 용도 변경된다. 그런 시스템이어야 더 빠르게 올바른 답을 찾아 문제 상황을 해결함으로써 페이스를 유지할 수 있기 때문이다. 정치란 방향을 정하고 그 방향으로 나아가는 일을 뜻하므로, 도구주의 사회에는 정치가 개입할 여지가 없다. 개인의 도덕적·정치적 방향 설정은 마찰의 원천이어서 귀한 시간을 낭비하고 사람들의 행동이 하나의 흐름으로 수렴되지 못하게 만든다.

펜틀런드는 정치, 시장, 계급 등을 배제하고 사회를 사회물리학—이는 스키너의 '공동체적 과학'의 환생이다—의 법칙으로 환원한다. 펜틀런드는 그의 작업을 새로운 '행동 계산 이론'의 실천적 기초라고 본다. 행동 계산 이론은 '사회구조에 관한 인과적 이론'을 낳을 수 있다. '사회가 어떤 현상에 반응하는 방식의 원인과, 사회의 특정 반응이 인류의 문제를 해결하거나 해결하지 못하는 연유를 수학적으로 설명'할 수 있다는 뜻이다. 이 새로운 수학적 분석은 심층적인 '사회적 상호작용 메커니즘'—이는 스키너가 말한

'집단이 가진 특별한 역량'에 해당한다—을 규명하며, 그것을 '우리가 새롭게 갖게 된 대량의 행동 데이터'와 결합하면 '더 나은 사회 시스템을 구축하기 위한' 인과관계 패턴을 찾아낼 수 있다. 이 모두가 '전례 없는 계측도구' 덕분이다.[56]

이처럼 계산은 통치의 기초였던 공동체의 정치적 삶을 대체한다. 펜틀런드에 따르면 계측의 폭과 깊이가 아이디어 흐름, 사회연결망 구조, 사람들 사이에서 사회적 영향을 주고받는 정도, 그리고 더 나아가 '새로운 아이디어에 대한 개인의 민감도'까지도 계산할 수 있게 해준다. 가장 중요한 점은 계측도구가 있기 때문에 신의 관점을 가진 사람들이 다른 사람들의 행동을 수정할 수 있다는 것이다. 데이터는 '어떤 변수를 어떻게 변화시키면 네트워크 내의 모든 사람의 수행능력을 높일 수 있는지에 대한 신뢰할 만한 예측'을 가능케 하며, 따라서 스키너가 이루고 싶어 했던 초유기체의 최고의 성과를 실현한다. 펜틀런드에게 아이디어 흐름을 다루는 수학은 누구의 행동을 어떻게 변화시키라고 지시하는 '계획'의 기초다. 나델라가 묘사한 건설 현장에서 항상 자동적으로 모든 행동이 정책의 기준에 맞도록 유도되었듯이, 펜틀런드가 그린 세상에서 인간 행동은 계획의 울타리를 벗어나면 안 된다. 펜틀런드는 이를 '네트워크 조율'이라고 칭한다.

펜틀런드의 구상에서 '우리'의 역할을 채우는 것은 '조율사'다. 예를 들어, 도시를 '아이디어 엔진'이라고 본다면, "우리는 사회물리학의 방정식들을 이용해 그 엔진이 성능을 더 잘 발휘하도록 조율할 수 있다."[57] 스키너의 논의에서 계획가들이 그랬듯이, 펜틀런드의 조율사는 무지를 자유로 착각하던 구세계의 흔적인 성가신 변칙들은 감독한다. 조율사들은 빅 아더의 작동을 조정해 사전에 그런 오도된 행동들을 조화로운 단일 흐름과 최적 수행의 우리 안에 다시 가둔다. 이는 아이디어 흐름의 수학이 구현된 그 기계의 소유주에게 더 큰 이익을 가져다주기 위한 일이다. 기계를 가진 자가 조율사를 고용해 기준을 판독하고 집행하게 하기 때문이다. 펜틀런드는 그의 '살아 있는 실험실' 중 하나에서 그 예시를 보여준다.

> 아이디어 흐름이라는 수학적 개념은 우리로 하여금 더 나은 의사 결정과 더 나은 결과를 위해 사회관계망을 '조율'할 수 있게 해준다. … 우리는 이토로eToro라는 디지털 금융 세계 안에서 작은 인센티브나 넛지를 제공함으로써 사람들 사이의 아이디어 흐름을 변경할 수 있다는 사실을 알아냈다. 즉, 독자적으로만 행동하던 투자자는 다른 투자자들과 더 많이 교류하게 만들고, 상호연결성이 지나치게 강한 투자자는 교류를 줄이도록 만들 수 있었다. 고립된 거래자는 다른 사람들과 더 많이 교류하게 만들고, 상호연결성이 지나치게 강한 거래자는 교류에 덜 참여하게 만들 수 있다는 뜻이다.[58]

3. 조화를 향한 사회적 압력

《월든 투》의 공동체에서는 협동을 위협하는 감정을 제거하기 위해 정밀하게 강화 장치를 배치한다. 그곳에서는 '기쁨, 사랑처럼 생산적이고 활력을 주는 감정'만 허용된다. '슬픔이나 증오, 노여움, 두려움, 격분 같은 고도의 흥분'은 '현대적인 삶'을 위협하는 '소모적이고 위험한' 감정으로 간주된다. 모든 형태의 개인차는 전체의 조화와 집단의 목적을 위한 역량 집중을 약화시킨다. 프레이저도 사람들에게 적절한 행동을 강제할 수 없다는 점은 인정한다. 그러나 이 문제는 과학적으로 설계된 강화 스케줄에 의해 매우 교묘하고 노련하게 해결된다. "행동 프로세스를 설정해 개인들이 스스로 '좋은' 행동을 설계하도록 해야 합니다. … 우리는 이런 일을 '자기 통제'라고 부릅니다. 그러나 오해하지 마십시오. 그 통제에 대한 최종 분석은 사회의 손에 달려 있으니까요."[59]

펜틀런드의 구상도 비슷하다. '모든 사람이 협동하게 하기 위한 사회물리학의 접근법'은 '사회연결망적 동기 부여'다. 즉 사회연결망적 동기 부여가 바로 펜틀런드 버전의 '강화'다. 그는 이 방법을 통해 "사람들이 제각기 자신의 행동을 바꾸도록 하기보다는 사람들 사이의 연결을 변화시키는 데 초점을 맞추며 … 우리는 사람들 사이의 교류를 이용해 변화를 향한 사회적 압력을 발생시킬 수 있다"고 설명한다.[60] 펜틀런드는 소셜 미디어가 이러한 조율 능력을 확보하는 데 결정적인 역할을 한다고 설명한다. 사회적 압력의 제어, 방향설정, 조작, 확장이 가장 잘 이루어질 수 있는 환경을 제공하기 때문이다.[61]

펜틀런드에 따르면 페이스북은 이미 이 동학의 전형적인 예를 보여주었다. 감정 전염 실험은 페이스북이 점화나 제안 같은 조율 기법으로 인간의 감정과 애착을 조작하는 방법을 완전히 터득했음을 보여준다. 펜틀런드는 페이스북의 '전염' 실험들에서 특히 큰 깨우침을 얻었다. 그 실험의 복잡성이 실제 상황에서 나타날 수 있는 여러 면면에 관한 식견을 제공했기 때문이다. 예를 들어, 6,100만 명을 대상으로 한 페이스북의 투표 실험을 보고 사회연결망에서, 특히 '강한 연결' 집단에게 사회적 압력이 효과적으로 작동할 수 있음을 확신할 수 있었다. "현실 세계의 친구가 이미 투표를 했다는 정보는 사람들을 투표하러 가게 하기에 충분한 사회적 압력을 발생시켰다."[62] 여기에 펜틀런드가 말하는 '우리', 즉 조율사들까지 가세하면 확실하게 '올바른 방향 동기'를 활성화할 수 있을 것이다.

"'우리'가 변화를 향한 사회적 압력을 발생시킬 수 있다"는 펜틀런드의 발언은 초유기체에 대한 그의 생각을 반영한다. 신의 관점을 갖게 된 그는 인간의 행위도 비버 개체수를 헤아리듯이 가늠할 수 있다고 믿는다. "우리는 원숭이나 꿀벌을 관찰할 때와 똑같은 방식으로 인간을 관찰해 행동, 반응, 학습 법칙을 도출할 수 있다."[63] 어느 경우에나 집단은 개별 유기체들이 함께 이동하고, 무리 속에 머물도록 압력을 행사한다. 벌들을 벌집으로 돌아가게 하거나 무리지어 비행하게 하는 것도 집단의 힘이다. 아이디어 흐름은 기계 벌집의 패턴을 모방하고, 가장자리는 중심에 합류되며, 정체성은 동시성으로 대체되고, 부분은 전체에 흡수된다.

나는 무리에 속한 모든 인간이 주어진 물리적·사회적 환경에 가장 잘 맞는 행동 습관과 선호 패턴을 함께 찾아내기 위해 서로의 경험을 통해 학습하며, 그리하여 시간이 지남에 따라 각각의 아이디어 흐름이 무리, 즉 집단의 지능이 될 수 있다고 믿는다. 이것은 현대 서구인 대부분이 알고 있는 스스로의 모습, 즉 자신이 원하는 바를 알고 목표를 달성하기 위해 어떤 행동을 취해야 할지를 스스로 결정하는 이성적인 개인이라는 인간상에 위배된다.[64]

사회에서 무리로, 개인에서 개체로의 이러한 변화는 도구주의 사회라는 건축물의 주춧돌이다. 펜틀런드는 모방 과정에서 공감이 담당하는 역할을 무시한다. 컴퓨터 연산에 필요한 것은 관찰가능한 계량적 지표인데, 공감은 감정적인 경험이라 그렇게 될 수 없기 때문이다. 그는 호모 이미탄스Homo imitans(모방하는 인간)라는 표현에 동의하며 인간이라는 존재를 규정하는 것은 모방이지 공감이 아니며 정치는 더더욱 아니라고 말한다. 호모 이미탄스는 영아의 학습에 관한 연구에서 나온 용어지만 펜틀런드가 보기에는 나이를 불문하고 모든 인간의 행동을 적절하게 설명해주는 표현이었다. 그는 '새로운 행동을 채택하게 하는 가장 큰 단일 요인'이 '또래집단의 행동'이라고 말하는데, 이는 펜틀런드도 스키너처럼 통제권은 언제나 사회에 있다고 보고 있음을 함의한다.[65]

펜틀런드는 우리가 태어날 때부터 서로를 모방하는 성향을 갖기 때문에 사회적 압력이라는 효율적인 행동수정수단으로 종 전체를 변화시킬 수 있다고 주장한다. 이러한 모델은 인간의 학습을 원숭이나 꿀벌의 습성으로

격하시키면서 동시에 기계 벌집으로 나아가게 한다. 기계는 공감을 통해 학습하지 않는다. 기계에게 학습이란 발맞추어 행진하는 집단적 지능의 대열 안에서 이루어지는 자동화된 업데이트 과정이다.

4. 응용 유토피아학

스키너와 펜틀런드 모두 유토피아주의자들에게 계획을 실행할 권한이 있다고 믿는다. 도구주의 사회는 행동수정수단의 총체적 통제권을 통해 만들어지는 계획 사회다. 스키너의 '계획가'든 펜틀런드의 조율사든 권력을 행사해 초유기체의 모습을 결정할 책임을 기꺼이 떠맡는다.

스키너는《월든 투》의 사회상에 대한 신념을 결코 잃지 않았다. 그는 유토피아를 집단의 목표를 위해 모든 부분이 조화롭게 작동하는 '총체적 사회 환경'이라고 봤다.

> 가정이 학교나 거리와 충돌하는 일이 없고, 종교가 정부와 충돌하지도 않는다. … 계획 경제, 선의의 독재benevolent dictatorship, 완벽주의 사회 등 유토피아를 지향한 여러 시도가 실패로 돌아갔지만, 계획이나 강제성이 없고 불완전성을 방치하는 사회들도 역시 실패했음을 기억해야 한다. 실패가 언제나 실수인 것은 아니다. 실패가 주어진 상황 아래에서 할 수 있는 최선인 경우도 있다. 진짜 실수는 시도를 멈추는 일이다.[66]

펜틀런드도 자신의 사회물리학을 포괄적이고 필수적인 이론으로 여긴다. 인간의 모든 행동을 총체적으로 렌더링하고 제어할 수 있게 된다는 점은 우리를 미래의 초연결 사회로 데려다줄 것이다. 집단적 운명을 위해 인간이 활동하는 전 영역을 컴퓨터가 지배해야 한다는 그의 주장에는 그 어떤 주저함의 흔적도 없다. 그 운명의 정치나 경제 원리—말하자면, 그 운명을 확립하고 유지하는 권위와 권력—는 긴 설명을 필요로 하지 않는다. 기계와 수학은 인간 사회의 옛 질서를 초월하기 때문이다. 이제는 컴퓨터 연산이 데이터에 숨은 진실을 밝히고 그리하여 무엇이 '올바른지'를 판단한다. 조율사라는 신흥 사회계급은 한시도 경계 태세를 늦추지 않고 가장 효율적으로 행동하도록 인구집단을 조율, 유도, 조건화해 인간의 본질적 취약성을 치료한다. '새로운 행동 규범을 확립하고자 할 때' 필요한 것은 '사회연결망적 동기 부여라는 도구'뿐이다. 이제는 "규제적 제재 조치나 시장 경쟁에 의존할 필요가 없어졌다. … 익히 알고 있는 인간의 본질적 결점에 비추어볼 때, 사회적 효율성은 인간이 갈망할 수밖에 없는 목표다. … 우리는 올바른 결정을 내리고 유용한 행동 규범을 개발하는 데 필요한 아이디어 흐름 형성에 집중해야 한다. …"[67] 끝으로 펜틀런드도 스키너와 마찬가지로 자신이 구상한 '데이터 주도 사회data-driven society'가 단순히 공상적 유토피아라고 보지 않으며, 실용적이고 실현가능할 뿐만 아니라 그것이 집단에게 다른 모든 고려사항을 압도할 만한 이익을 가져다준다는 점에서 우리가 반드시 이루어야 할 도덕적 의무라고 주장한다.

5. 개인의 죽음

개인은 도구주의 사회에 위협이 된다. 성가신 마찰을 일으켜 '협동', '조화', '통합'을 위해 써야 할 에너지를 소진시키기 때문이다. 펜틀런드는 〈개인의 죽음The Death of Individuality〉이라는 제목의 글에서 이렇게 주장했다. "우리 사회는 개인의 합리성이 아니라 아이디어와 사례들의 흐름에서 나오는 집단적 지능에 의해 통치되는 것으로 보인다. 이제는 개인이라는 허상을 버리고 개인이란 합리성을 이루는 구성단위에 불과함을 인정하며 우리의 합리성이 우리를 둘러싸고 있는 사회 구조에 의해 결정된다는 사실을 인식해야 할 때다."[68]

여기서 일찍이 다른-개체를 승격시키고 자율적 자아를 파면하는 가운데 최초로 가장 분명하게 이 메시지를 전했던 하버드의 행동주의자가 다시 떠오른다. 스키너는 《자유와 존엄을 넘어서》에서 사르트르 시대의 가장 초월적인 인간상, 즉 1인칭 시점으로 말하고 행동하려는 개인의 의지에 대한 경멸을 거침없이 표출했다. 스키너는 인간과 다른 종의 차이가 대단히 과장되어 있다고 주장했다. 스키너라면 컴퓨터가 매개하는 원격 관찰을 위해 개인을 배제해야 한다는 펜틀런드의 주장도 전적으로 정당하다고 봤을 것이다. 비버든 사람이든 개별적인 자율성이라는 파멸적 허상에서 벗어나기만 하면 변이의 존재는 거의 문제가 되지 않는다. 개인이 계획가의 손에 넘어가면서 열린 길은 지식을 위한 자유의 박탈을 바탕으로 건설된 안전하고 풍요로운 미래를 향한다. 스키너는 이 점에 관해 단호했다.

> 지금 폐기하려는 것은 자율적 인간, 다시 말해 영혼, 인간이 만든 인간, 인간을 사로잡고 있는 악마이며, 자유와 존엄을 주장하는 문헌들이 말하는 인간으로, 벌써 오래전에 폐기됐어야 했다. … 그러한 인간상은 우리의 무지가 만들어낸 산물이므로, 우리의 앎이 늘어갈수록 그 창조물의 재료는 사라질 것이며 … 인류의 멸망을 막으려면 그렇게 해야만 한다. 인간을 자임하는 그 인간을 미련 없이 떨쳐 버려야 한다. 그를 추방해야만 우리는 … 추론에서 관찰로, 기적에서 자연으로, 접근 불가능한 대상에서 조작가능한 대상으로 옮겨갈 수 있다.[69]

오래전에 이뤄졌어야 할 개인의 죽음이 이제야 도래해, 마침내 자유와 존엄이라는 관념에 집착하게 하면서 우리의 시야를 흐리던 허구를 몰아낸다. 하버드의 20세기 행동주의자와 MIT의 21세기 데이터 과학자는 자유의지라는 관념이 암흑의 시대가 낳은 당혹스런 잔재에 불과하다는 데 의견을 같이한다. 암흑의 시대란 과학이 아직 우리 삶이 (스키너가 말했듯이) '수많은 사람들이 구축한 … 사회 환경'에 지배받고 있다는 사실을 증명하지 못했던 때를 말한다. 그 완고한 행동주의자는 "인간이 세계에 영향을 주는 것이 아니라 세계가 인간에게 영향을 준다"고 선포한다.[70]

21세기의 디지털 전문가인 펜틀런드는 구글 마운틴 뷰 사옥에서 열린 한 강연에서 개인의 쇠퇴가 불가피한 숙명임을 기꺼이 받아들일 것임을 암시함으로써 청중의 열렬한 박수갈채를 받았다. 그는 청중에게 물었다. "자유의지가 뭘까요? … 여러분은 생각해본 적이 없었을지도 모르지만, 이것은 고전적인 질문 중 하나입니다." 펜틀런드는 이어서 정치적 견해에서부터 돈을 쓸지 말지를 결정하거나 들을 음악을 고르는 일에 이르기까지 인간 행동 대부분을 '타인의 어떤 행동에 노출되는지', '어떻게 하는 게 좋아 보이는지' 등에 따라 예측할 수 있다고 설명했다. 그는 많은 사람이 이 사실을 거부하는데, '그것이 우리 사회의 수사법rhetoric이 아니기 때문'이라고 지적하며, 구글러들에게 "여러분은 전 세계 최고의 실력과 두뇌를 가진 분들이므로, 그러지 않으리라고 믿는다"고 말했다. 펜틀런드는 개인의 죽음이 이미 철지난 뉴스라고 말하는 것 같았다.

이성적인 개인이라는 말을 들어보셨을 겁니다. 모두들 '이성적'이라는 부분을 공격하는데, 제 생각은 다릅니다. 저는 '개인'이 문제라고 봅니다. 우리가 개별자들이라고 생각하지 않기 때문입니다. 우리가 어떤 일을 하고 싶은지, 그 일을 하기 위해 어떤 방법을 택할지, 무엇에 가치를 부여할지는 합의의 문제이며 … 개인적인 동기란 1700년대에 나타난 개념입니다. … 행위는 개인의 머릿속이 아니라 사회적 관계 네트워크 안에 존재합니다. … 우리는 사회적인 동물입니다.[71]

스키너의 미래상이 펜틀런드에게서 반복된다. 단, 펜틀런드의 미래상은 빅데이터와 빅데이터 수학Big Math으로 무장한 빅 아더의 어깨에 놓여 있다. 빅데이터와 빅데이터 수학은 스마트 기계가 '올바른' 답을 알아내는 데 필요한 자원이다. 펜틀런드가 스키너의 이름을 언급한 적은 한 번도 없지만, 자신의 책 후반부의 한 장의 제목을 '사회물리학 대 자유의지와 존엄'이라고 정한 데서도 스키너의 사회이론과 펜틀런드의 공명을 확인할 수 있다.

우리가 실존적 실재, 철학적 관념, 정치적 이상으로서의 개인을 폐기하고 매장하고자 한다면, 이 죽음은 고대 그리스의 장례식 이상으로 엄숙하게 다뤄져야 할 것이다. 무엇보다도 개인이라는 존재는 수천 년에 걸친 인간의 고통과 희생으로 이룩한 성취다. 그러나 펜틀런드는 인류라는 컴퓨터 코드에서 오류를 수정하고 구식 소프트웨어에서 필수 업그레이드를 실행하듯이 긴 인간의 역사에서 개인을 지워버린다.

그러나 펜틀런드는 스키너와 달리 광장으로 나가기를 조심스러워한다. 아마도 촘스키 같은 사람들의 비판으로 위축되는 일을 피하고 싶어서일 것이다. (2부 4장에서 썼듯이, 촘스키가 〈B. F. 스키너에 대한 반박〉이라는 글에서 스키너의 논의를 '과학성이 결여되었으며 … 얼빠진' 이론이라고 비난한 일은 잘 알려져 있다. 그는 스키너의 연구가 오해로 가득 차 있어서 '실패할 수밖에 없다'고 평가했다.)[72] 펜틀런드는 스키너의 한탄 섞인 주장이 일으킨 반발을 피하기 위해 한층 온건한 태도를 취한다. "어떤 사람들은 사회물리학이라는 용어 자체에 부정적인 반응을 보인다. 그 말이 인간을 주어진 사회적 역할과 별개로 움직이는, 자유의지나 능력이 없는 기계로 간주하는 것처럼 느껴지기 때문이다."[73] 마이어와 마찬가지로 펜틀런드도 인간이 '독립적 사고 능력'을 가지고 있음을 인정하지만, 사회물리학이 '그 점을 고려하려고 애쓸 필요는 없다'고 주장한다. 펜틀런드가 보기에 문제는 '독립적 사고'가 그림에서 빠져 있다는 사실이 아니라 '때때로 나타나는 … 내면적이고 관찰 불가능한' 사고 과정이 '최적의 사회물리학 모형'을 그르치는 장애물이라는 점이다. 다행히 '데이터는 우리에게 사회적 관계의 규칙적 패턴으로부터의 일탈이 매우 적은 비율로만 발생한다고 말해주므로' 사회물리학 모형들이 총체적 위기에 처하지는 않는다.[74] 자율적인 개인은 통계적인 비정상 데이터, 즉 일치된 행위와 누군가의 더 큰 이익을 향한 일사불란한 행진 속에서 쉽게 무시될 수 있는 일탈에 불과하다.

같은 맥락에서 펜틀런드는 프라이버시나 사회적 신뢰 같은 쟁점도 무시하지 않으며 이 문제들에 대한 해법을 적극적으로 주장하지만, 그가 추구하는 해법은 이미 '데이터가 주도하는' 도구주의 사회를 강화하는 데 초점이 맞춰져 있다. 펜틀런드의 접근 방식은 그가 박사학위 논문을 지도했던 로절린드 피카드를 상기시킨다. 피카드는 우리가 사회 문제들을 극복할 수 있다고, 새로운 기술적 해법들이 어떤 문제든 해결하게 될 것이며 '안전장치가 개발될 수 있다'고 확신했다. 피카드는 20년 후 비관적으로 바뀌었지만 펜틀런드에게서는 의심의 기색을 찾아보기 힘들다. 예를 들어, 펜틀런드는 한편으로 세계경제포럼같이 영향력 있는 기구와 함께 개인 정보에 대한 개인의 '소유권'을 보호하는 '데이터 뉴딜' 정책을 제안하면서도 개인 정보에 대한 유비쿼터스 렌더링을 문제 삼지는 않는다.[75] 그는 데이터 소유권이 시장 지향 도구주의 사회에서 참여를 이끌어내는 금전적인 동기를 창출할 것이라고 믿는다. 스키너처럼 펜틀런드도 동기 부여와 유비쿼터스 연결, 모니터링, 조율이 압도적인 영향력을 행사하게 되면 결국 프라이버시에 대한 관심 같은 더 오래된 감수성은 무뎌질 것이라고 본다. "뉴딜은 고객들에게 데이터 경제에서의 지분을 확보해준다. 사람들이 데이터 공유를 편하게 느끼게 될수록 고객사들은 우선 안정성을, 그 다음에는 결국 막대한 수익성을 얻게 되기 때문이다."[76]

데이터 소유권에 대한 펜틀런드의 관점으로 보자면, 복잡한 암호화와 알고리즘으로 분산형 위변조 방지 데이터베이스를 창출하는 블록체인은 사회적 신뢰를 필요로 하지 않는 확실성 기계다. 그는 "어디에나 존재하지만 또한 어디에도 존재하지 않는 시스템이 수많은 사람의 데이터를 보호하고 처리하며, 인터넷에 연결된 수많은 컴퓨터를 실행하도록" 해야 한다고 주장한다.[77] 블록체인에 기반한 암호화폐인 비트코인에 대한 한 중요한 연구는 그런 기계 솔루션이 사회 구조 일반의 침식을 보여주며 동시에 그러한 침식에 기여함을 시사한다. 이 침식은 도구주의에 걸맞는 방식으로 이루어지며, 더 나아가 도구주의의 성공을 위한 발판을 마련한다. 정보학자 프리마베라 드 필리피Primavera De Filippi와 벤저민 러블럭Benjamin Loveluck은 비트코인이 대중적인 믿음과 달리 "익명적이지도, 프라이버시 친화적이지도 않다"고 주장한다. "블록체인의 사본을 가진 사람은 누구나 모든 비트코인 거래 이력을 볼 수 있으며 … 비트코인 네트워크에서 이루어진 모든 거래를 맨 처음부터 추적할 수 있다"는 것이다. 이런 시스템은 '완전한 정보'에 의존하며, '근본적으로 시장 중심적인 접근'은 개방적인 민주 사회를 건설하는 '사회적 신뢰', '충성' 같은 협력 프로세스를 제거한다.[78] 배리언이 그랬듯이 펜틀런드도 시스템이 내포하는 사회적·정치적 의미를 인정하지 않는다. 그런 의미들은 민주주의 및 사회적 신뢰가 확실성 기계와 그 사제들, 그 소유주들로 대체되는 미래의 도구주의 사회와는 상관없는 얘기다.

펜틀런드가 '뉴딜'을 주창한 몇 해 동안 그의 이론적·상업적 혁신에 힘입어 감시 자본주의가 지배적인 위치로 성장했다. 앞에서 보았듯이, 피카드의 '감성 컴퓨팅'이 감시의 전형적인 사례로 전락한 것도 같은 시기의 일이다. 감시 자본가들이 지식, 권리, 권력을 독점하고 그림자 텍스트로 일방적인 통제권을 행사하며, 학습의 사회적 분업화에서 지배적인 위치를 차지하게 되었다. 그럼에도 불구하고 펜틀런드는 시장 세력들이 감시 자본주의를 쉽게 밀어낼 수 있다고 낙관한다. 그는 "창조적인 사업가라면 사용자의 데이터를 도용하는 현재의 패러다임보다 나은 가치 제안value proposition을 제시하기 위해 소비자의 의지를 활용해야 할 것"이라고 주장하며 "우리는 끝까지 밀고 나가야 한다"고 말한다.[79] 권력, 정치, 법은 그의 방정식에 산입되지 않는다. 그런 구시대의 유물들은 지금 건설 중인 사회의 미래상에 어울리지 않기 때문이다.

IV. 벌집의 3차 현대성

자본주의가 사회적 관계의 모양새를 좌우한다는 사실은 놀랄 일이 아니다. 한 세기 전 대중 사회의 이미지를 만든 것은 새로운 대량생산 수단이었다. 오늘날에는 감시 자본주의가 우리의 미래를 형성할 새로운 틀을 제공한다. 그 틀이란 다른 사람들의 수익을 위해 완전한 지식을 관장하는 기계 벌집을 말하며, 여기서 우리는 완전한 지식에 자유를 몰수당한다. 이것은 소리 없이 닥쳐온 사회 혁명으로, 그 포착이 어려운 까닭은 그것이 선도적인 감시 자본가들, 그리고 개발자에서부터 데이터 과학자에 이르는 여러 실천가 집단이 만들어낸 유토피아 수사학과 초고속 응용 유토피아학의 안개 속에 휩싸여 있다는 데 있다.

감시 자본가들은 도구주의 권력으로 우리가 의식하지 못하게 우리의 행동을 변화시키는 기량을 닦는 한편, 의도는 노출시키지 않으려고 애쓴다. 바로 이 때문에 구글은 우리를 검색 대상으로 만드는 작업을 은폐하고, 페이스북은 우리로 하여금 우리가 애정으로 맺고 있는 인간관계들이 네트워크 편재성과 총체적 지식을 수익과 권력으로 전환시키는 데 반드시 필요한 요소라는 사실을 주목하지 못하게 만든다.

펜틀런드의 실험적 연구와 이론적 분석은 도구주의 사회가 나아가는 전술적·개념적 경로를 보여줌으로써 이 안개를 꿰뚫어보는 데 도움을 준다는 점에서 정치적·사회적 의의가 있다. 펜틀런드가 구상하는 도구주의 사회 체계의 중심에는 행동수정수단이 있다. 이 사회 체계는 집단의 행동에 대한 과학적·기술적 통제를 토대로 하며, 전문가 계급에 의해 관리된다. 중국에서는 국가가 이 복합체를 '소유'하려는 것으로 보이지만 서구에서는 대개 감시 자본이 그 소유와 운영의 주체다.

도구주의 사회는 병리적인 학습 분업화를 궁극적으로 어떻게 제도화할지를 규정한다. 누가 아는가? 누가 결정하는가? 누가 결정하는지를 누가 결정하는가? 여기서도 중국과의 비교는 유용하다. 학습의 비정상적인 분업화는 중국과 서구 모두에서 나타난다. 중국에서는 국가가 통제권을 두고 감시 자본가들과 경쟁한다. 미국과 유럽에서는 국가가 목적 달성을 위해 감시 자본가들과 협력하거나 그들을 통해서 일한다. 고지를 점령하기 위해 암벽을 오른 것은 민간기업들이다. 그들은 학습의 분업화라는 봉우리를 차지하고 앉아서 행동의 수탈을 통해 전례 없는 부와 정보, 전문성을 독점적으로 축적해왔다. 그들은 꿈을 실현시키고 있다. 스키너조차도 상상할 수 없었던 상황이다.

도구주의의 3차 현대성 사회 원리는 자유주의 질서의 유산이나 이상과의 극명한 결별을 보여준다. 도구주의 사회는 온통 뒤죽박죽인 놀이공원의 거울의 방과 같아서, 여기서는 우리가 소중히 여기던 모든 것이 거꾸로 뒤집힌다. 펜틀런드는 행동경제학의 편협함에 주목한다. 그가 보기에 인간의 나약함이라는 이데올로기는 단순히 무시할 문제가 아니라 개인의 죽음을 정당화하는 근거다. 일반적으로 문명의 방어벽으로 간주되던 자기결정권이나 자율적인 도덕적 판단은 집단의 안녕을 위협하는 존재다. 이제까지 심리학자들에게 복종과 순응이 낳은 위험한 결과로 간주되었던 사회적 압력은 최고선最高善으로 격상된다. 자율적 사고나 도덕적 판단이 가져올 수 있는 예측 불가능한 영향을 차단하는 수단이기 때문이다.

사람들 각자의 내면은 개인의 자율성과 도덕적 판단, 1인칭 시점의 목소리, 미래에 대한 의지, 미래 시제에 대한 양도 불가능한 권리의식의 원천인데, 새로운 아키텍처는 우리의 동류의식을 연료로 삼아 이 개별적인 내면을 착취하고 궁극적으로 질식시킨다. 우리는 삶의 질을 높이기 위해 저마다 느끼는 진동을 서로 주고받는다고 생각해왔지만 3차 현대성은 공진동의 파장을 극한으로 증폭시키며, 모든 것이 계측되는 환경에서는 서로의 존재에 공명한다기보다 헤어 나올 수 없는 늪에 함께 빠진다.

도구주의는 사회를 확실한 결과를 위해 모니터링하고 조율해야 할 벌집으로 재편한다. 그런데 구성원들의 실제 경험에 관해서는 아무것도 말해주지 않는다. 벌집에서 계측도구와 방법을 부과하는 감시 자본가, 설계자, 조율사는 개별 구성원을 '개체'로 인식한다. 그런 벌집에서 사는 것은 어떤 결과를 낳을까? 우리는 언제 어떻게 우리 스스로에게나 서로에게 단지 하나의 유기체가 되는 것이며, 그 결과는 무엇일까? 이 질문들에 대한 답을 추측에만 의존해야 하는 것은 아니다. 우선 우리 아이들에게 물어볼 수 있을 것이다. 우리는 의도치 않게 우리 중 가장 덜 성숙하고 취약한 아이들을 벌집 정찰병으로 내보내 황무지 개간의 임무를 떠맡겼다. 그리고 이제 변경지대로부터 아이들의 메시지가 들어오기 시작했다.

05

벌집에서의 삶
: 타인에 대한 심리적 의존성

> 모든 것이 너무 빨리 자라고, 그의 삶도 너무 커져,
>
> 결국 이 모든 것이 왜 만들어졌는지를 잊은 그는,
>
> 군중 속으로 들어갔지만 혼자였다.
>
> — W. H. 오든, 《중국 소네트》 VIII

I. 탄광 갱도로 들여보낸 카나리아

"외로웠어요. … 다른 아이들과 뭔가를 공유하거나 이야기를 나누지 않으면 잠을 잘 못 자거든요." 한 중국 소녀의 회상이다. 아르헨티나의 한 소년은 신음하듯 내뱉었다. "텅 빈 느낌에 사로잡혔어요." 우간다의 한 청소년은 "나에게 문제가 있는 것 같았다"고 중얼거렸고, 미국인 대학생은 울먹이며 "완전히 공황 상태에 빠졌다"고 했다. 이 탄식들은 5대륙 10개국에 걸쳐 1,000명의 학생을 대상으로 수행한 미디어 사용에 관한 국제적인 연구에서 발췌한 극히 일부의 사례에 불과하다. 학생들은 단 24시간 동안 모든 디지털 미디어를 끊도록 요청받았는데, 그 경험은 세계 어느 곳에서나 이를 악물고 살을 찢는 고통으로 표출되어 연구 책임자들마저 불안해할 정도였다.[1]

슬로바키아의 한 대학생은 실험 참가자들의 반응을 정리하며, "다른 사람들이 무슨 말을 하고, 어떻게 느끼고, 어디에 있는지, 무슨 일이 일어나고 있는지 모른다는 사실을 못 견뎌 한다는 건 건강한 상태는 아닌 것 같다"라고 논평했다.

이 학생들의 말은 우리에게 전해진 병 속의 편지와 같다. 그들은 행동 통제, 사회적 압력, 비대칭적 권력의 아키텍처로 이루어진 도구주의 사회에서 우리 삶을 둘러싼 정신적·정서적 환경이 어떠한지를 말해준다. 무엇보다, 벌집에서의 삶에 몰입한 우리 아이들은 다른-개체 관점을 취하기 위해 치러야 하는 정서적 대가를 미리 알려준다. 벌집에서의 삶에서 타인은 나에게 '그것it'에 불과하고, 나 자신 역시 다른 사람들에게 '그것'으로 비쳐질 뿐이다. 아이들이 전해준 메시지는 마치 디킨스의 크리스마스 유령이 보여주는 장면처럼 도구주의 사회의 면모를 미리 엿볼 수 있게 한다. 스크루지는 혹독한 운명을 미리 엿보고 겁에 질려 운명을 바꾸는 데 여생을 바쳤다. 우리는 어떻게 할 것인가?

이 장에서 우리는 이 질문에 대한 답을 찾아 나선다. 펜틀런드는 페이스북을 효과적인 사회적 압력과 조율을 위한 완벽한 환경으로 칭송한다. 페이스북의 메커니즘이 대체 어떻길래 펜틀런드가 그렇게 감탄한 것일까? 아이들이 접속을 끊고 그렇게 힘들어 한 까닭이 무엇일까? 아이들의 애착, 더 나아가 우리 모두의 애착은 어떤 결과를 낳을까? 페이스북은 아이들의 심리를 자극하는 법을 익혀 나가는 가운데 아이들이 개별 정체성과 자율성을 구축해나가는 발달 과정에서 새로운 도전 과제들을 창출했다. 아이들에게 소셜 미디어 때문에 지불해야 하는 정서적 대가가 어떤 것인지를 기록한 여러 연구들에서 그 도전의 결과가 이미 명백하게 나타났다. 빅 아더의 벌집과 더 광범위한 아키텍처는 우리를 '출구 없는' 세계의 고통으로 몰아넣었다.

앞에서 언급한 국제적인 '언플러그unplug' 연구가 우리의 출발점이 될 것이다. 이 연구는 접속으로부터의 단절이 낳는 여러 종류의 정서적 고통을 밝혔는데, 이는 중독, 접속 끊기 실패, 지루함, 혼란, 괴로움, 고립감의 여섯 개 범주로 요약된다. 네트워크로부터의 갑작스러운 단절이 낳은 갈망, 우울감, 불안감은 전형적인 중독 증상이다. 실험이 이루어진 모든 나라에서 대부분의 실험 참가자들이 접속을 끊고 하루를 채 버틸 수 없었음을 인정했다. 그들은 일상적으로 필요로 하는 물자의 조달이나 의사소통, 정보 취득의 대부분을 네트워크에 연결된 기기들에 의존하고 있음을 깨닫고 우리가 너무나 잘 알고 있는 파우스트의 계약에 발을 들여놓는데, 이 점 때문에 불안감이 가중된다. "친구와 만나기가 어렵거나 불가능해졌고, 온라인 지도도 없고 인터넷에 접속도 못한 채 목적지를 찾아가는 일도 문제고, 집에서 모임을 갖기도 쉽지 않아졌다." 더 큰 문제는 소셜 미디어, 특히 페이스북을 배제한 사회적 참여를 상상하기 힘들다는 점이다. "사회적인 삶을 원하는 청소년이라면 페이스북에서 활동하지 않을 수 없다. 페이스북에서 활동한다는 것은 거기서 삶을 살아간다는 뜻이다."

경영 및 테크놀로지 분석가들은 페이스북이 소셜 미디어를 장악 가능하게 만든 구조적 원천으로 '네트워크 효과'를 꼽지만, 이 효과는 청소년과 성인 진입기 청년들의 욕구에서 기인한다. 여기에는 그들의 연령대에서 흔히 나타나는 또래집단 지향적인 성향peer orientation이 반영된다. 사실 페이스북이 초기에 보인 강점의 상당 부분은 설립자들과 최초의 디자이너들 스스로가 10대 후반에서 20대 초반이었다는 단순한 사실에서 비롯되었다. 그들은 청소년과 대학생 사용자들만 존재하는 가상의 세계를 만들었고, 그 세계의 질서를 다른 사람들에게까지 확장해 제도화했다. 이 세계에서 사회는 (실제로 친구인지 여부와 관계없는) '친구'와 '좋아요'의 집계로 환원되며, 페이스북의 연속적인 티커테이프ticker tape (과거에 증권시장에서 주가를 알려주던 종이 테이프-옮긴이)는 해당 사용자가 대인관계 시장에서 얼마나 가치 있는 사람인지를 끊임 없이 알려주어 미성숙한 청소년들의 불안을 부추기고 그들을 벌집의 매혹적인 사회적 규율로 불러들인다.[2]

국제적인 연구에 참여한 연구진들은 청소년들이 소셜 미디어로부터 단절되자 '커튼이 찢겨 나가면서' 그들을 압도하고 있는 외로움과 극심한 방향상실이 드러났다고 해석했다. 그것은 단순히 그들이 스스로 무엇을 해야 할지 모른다는 데 그치지 않고, '접속할 수 없다면 자신이 어떻게 느끼며, 심지어는 자신이 누구인지조차 분명하게 설명하기 힘들다'는 뜻이다. 학생들은 '자신의 일부를 잃은 것 같다'고 느꼈다.[3]

이러한 방향상실과 고립의 느낌은 '타인'에 대한 심리적 의존성을 암시한다. 다른 여러 연구에서도 네다섯 개의 플랫폼을 수시로 들락거리는 'Z세대'—1996년 이후에 태어난 인구집단으로, 최초의 디지털 네이티브이며 감시 자본주의가 탄생하기 전의 삶에 대한 기억이 없다—가 심리적 안정을 위해 이들 소셜 미디어에 얼마나 의존하고 있는지를 거듭 확인할 수 있다. 그 윗세대를 먼저 생각해보자. 2012년에 실시된 한 조사에 따르면 이제 막 성인이 된 세대가 다른 어떤 일상 활동보다 미디어를 사용하는 데 더 많은 시간을 할애하는 것으로 나타났다. 그들은 매일 약 12시간을 미디어와 함께 보내고 있었다.[4] 2018년에 퓨 리서치는 18~29세 인구의 약 40퍼센트, 30~49세 인구의 약 36퍼센트가 '거의 항상' 온라인상에 있다고 보고했다. 이러한 추세는 나이가 어릴수록 심해져서, Z세대의 95퍼센트가 스마트폰을 사용하고, 45퍼센트가 '거의 항상' 온라인상에 있다고 한다.[5] 아이들이 이처럼 온종일 접속해 있는 것이 사실이라면 10대 청소년 응답자의 42퍼센트가 '소셜 미디어가 사람들이 자신을 어떻게 보는지에 영향을 미친다'고 응답했다는 2016년의 연구 결과는 자연스러운 논리적 귀결이다. 아이들은 스스로를 표현하는 방법으로 연구자들이 '바깥에서 들여다보기outsidelooking-in'라고 부르는 방식을 취한다. 그들의 의존성은 스스로에 대해 어떻게 느끼며(42퍼센트), 얼마나 행복하다고 느끼는지(37퍼센트)에 영향을 미치는 등 심리적 안녕감에 깊이 침투한다.[6]

2017년 영국에서 이루어진 한 조사는 '바깥에서 들여다보기' 방식으로 스스로를 바라보는 일이 야기하는 심리적 결과를 명확히 보여줬다. 조사 대상이었던 11~21세 여성의 35퍼센트는 온라인에서 가장 걱정되는 일이 다른 사람들과 자신 및 자신의 삶을 비교하는 것이라고 말했다. "다른 사람들의 삶이나 신체는 이상적인 모습인 경우가 많아서 끊임없이 자신과 비교하게 된다"는 것이다.[7] 이 조사 결과를 통해 펜틀런드가 열정적으로 발전시키고 선도적인 감시 자본가들이 지지한 도구주의 사회의 사회적 원리가 효과적으로 작동하고 있다는 점도 감지할 수 있다.[8]

이 프로젝트의 책임자 중 한 명은 조사 대상 중 가장 어린아이들도 자기 대상화의 궁극적 형태인 '퍼스널 브랜드'를 만들어야 한다는 압박감을 느끼며 '좋아요'와 '공유하기'라는 형태로 그 결과를 확인받고 싶어 한다는 것을 확인했다. 《가디언》은 이 조사 결과에 대해 같은 연령대의 아이들이 어떻게 생각하는지 취재했는데, 그들의 답은 여러 개체 중 하나로 살아가는 일이 얼마나 힘든지를 드러냈다. 한 아이는 "나는 항상 나 자신을 남과 비교하며 완벽해져야 한다고 느낀다"고 했고, 또 다른 아이는 "다른 사람들이 어떻게 사는지, 뭘 하는지를 보면 … 그 사람들의 '완벽한' 삶을 보면 내 삶이 만족스럽지 않게 느껴진다"라고 했다.[9]

이러한 조사 결과와 관련해, 영국의 한 의료계 종사자는 자신에게 상담받으러 오는 아이들에 관해 이렇게 말했다. "아이들은 점점 더 인플루언서가 되고 싶어 하며, 그렇게 남들을 따라하는 일이 주된 일과가 되었다. … 부모들은 아이들이 느끼는 압박감을 충분히 인식하지 못하고 있는 것 같다."[10] 실제로 2017년 조사에서 자신이 느끼는 압박을 부모가 알고 있다고 답한 응답자는 12퍼센트에 불과했다. 이러한 조사 결과들은 사회적 압력이 온라인에서 사회적 영향력을 행사하는 수단으로 자리 잡고 있다는 점을 확인시켜준다. 그러나 '계급' 분화가 사라질 것이라는 펜틀런드의 믿음과 달리 벌집에서의 삶은 새로운 균열과 계층화 형태를 낳는다. 여기에는 조율하는 자와 조율당하는 자, 더 나아가 압박하는 사람과 압박당하는 사람이 있다.

아이들이 벌집에서 어떤 삶을 살아가고 있는지는 페이스북 북미 지역 마케팅 총괄 책임자 미셸 클라인Michelle Klein이 어느 누구보다 훌륭하게 요약한 바 있다. 클라인은 2016년에 열린 한 컨퍼런스에서 성인이 일평균 30회 휴대폰을 확인하는 데 반해 밀레니얼 세대가 전화를 확인하는 횟수는 하루에 157회에 달한다고 강조했다. 분명 Z세대는 그보다 더 심할 것이다. 그녀는 "굳이 고개 한 번 돌리지 않고서도 다른 사람들과 연결되는 감각적인 커뮤니케이션 경험"을 제공하는 것이 페이스북이 이룬 공학적 위업이라고 설명하고, 이러한 환경이 마케터들에게 요긴하게 쓰일 것이라며 흡족해했다. 또한 서사적, 즉각적, 표현적, 역동적이고 몰입도와 적응성이 높은 실감나는 디자인에서 페이스북의 매혹적인 효과가 나온다는 점을 강조했다.[11]

서른 살이 넘은 독자라면 클라인의 설명이 본인 이야기가 아님을 알 것이다. 우리 부모 세대나 조부모 세대의 청소년 시절 이야기도 당연히 아니다. 벌집에 사는 청소년과 성인 진입기emerging adulthood의 청년들은 행동 공학이라는 과학에 의해 세심하게 만들어지고, 방대하고 복잡한 컴퓨터 매개 행동수정수단 아키텍처 안에서 제도화되며, 빅 아더의 감독을 받고, 규모, 범위, 행위의 경제를 통한 행동잉여 포획의 목표가 되며, 전례 없이 집중적인 지식과 권력의 산물인 감시 자본이 투입되는 최초의 인간형이다. 감시 자본주의의 유토피아 실현을 꿈꾸는 사람들이 소유하고 운용하는 벌집 안에서 우리 아이들은 어른이 되기 위해 노력한다. 점점 커지는 도구주의 권력의 위력은 이 벌집을 지속적으로 모니터링하고 벌집의 모양을 결정한다. 우리 사회에서 가장 개방적이고 유연하며 열의 넘치고 자의식적이고 장래가 촉망되는 구성원들이 이런 삶을 살아야 하는 것일까?

II. 손에 꼭 맞는 장갑

소셜 미디어가 발휘하는 자석 같은 힘은 청소년들을 더 자동적이고 덜 자발적인 행동으로 끌어당긴다. 너무나 많은 아이들이 자기 자신을 소셜 미디어에 어떠한 의지도 없이 내맡겨버리려는 충동에 휩싸인다. 우리 사회의 가장 어린 구성원들을 매혹하는 것이 대체 무엇이길래 그곳에서 기다리는 스트레스와 걱정거리에도 불구하고 컴퓨터가 매개하는 세계로 몰려가게 만드는 것일까?

그 답은 행동 과학과 과감한 디자인의 결합에 있다. 페이스북의 디자인은 특정 연령대에서 흔히 나타나는 욕구를 정확히 낚아채는 정밀한 도구, 말하자면 행동과학의 손에 꼭 맞는 장갑이다. 소셜 미디어는 나이와 상관없이 모든 사람을 끌어들이고 붙잡아두고자 하지만, 특히 청소년과 성인 진입기 청년들의 심리 구조에 꼭 알맞게 설계된다. 그 시기에는 본능적으로 '타인'을 지향하며, 특히 집단의 인정과 수용, 집단에의 진입과 소속감이라는 보상을 받고 싶어 한다. 이 주도면밀한 맞춤 설계는 사회 참여 자체의 의존적 성격과 결합되며, 이로써 소셜 미디어는 많은 사람에게 중독적인 환경이 된다. 이 환경은 심한 심리적 대가를 요구할 뿐만 아니라 아이들의 발달 과정을 위협한다. 크리스마스 유령 덕분에 스크루지가 미래를 엿보았듯이, 우리는 오늘날의 아이들을 보며 그 다음 세대의 아이들이 어떻게 성장할지도 가늠할 수 있다.

페이스북이 손에 꼭 맞는 장갑과 같은 테크놀로지 중독 전략을 처음 만들어낸 것은 아니다. 이 전략은 도박 산업에서 먼저 개척되었고 시험 가동을 거쳐 괄목할 만한 성공을 거두며 완성됐다. 중독이 무한한 수익을 가져다줄 수 있는 원천이라는 점이 공식적으로 인정받게 된 것이 바로 도박 산업이다. 스키너는 자신이 개발한 방법이 카지노에서 쓰일 수 있으리라고 예견했고, 카지노 운영자와 설계자들은 생생한 실례를 만들어냈다. 그들은 행동공학의 놀라운 힘과 사람들의 성향을 이용하는 능력을 발휘해 카지노를 집착과 강박의 폐쇄 회로로 변모시켰다.

MIT의 사회인류학자 나타샤 도우 슐Natasha Dow Schüll은 라스베이거스 슬롯머신에 대한 흥미진진한 분석을 보여준 《설계된 중독Addiction by Design》에서 카지노 세계의 지형을 더없이 명쾌하게 통찰했다. 우리에게 가장 흥미로운 대목은 사용자들의 심리를 조작하기 위해 새로운 슬롯머신들에 적용된 공생적 설계 원리다. 슬롯머신 앞에 앉은 사람들은 처음에는 고개를 돌릴 필요가 없어서 편하다고 느끼지만, 나중에는 고개를 돌리는 일이 불가능해진다. 슐은 슬롯머신 중독자들이 원하는 것이 여흥도, 꿈같은 잭팟도 아님을 알게 됐다. 하버드 의대의 중독 전문가 하워드 샤퍼Howard Shaffer의 표현에 따르면 그들이 추구하는 것은 '약물이나 도박의 힘을 빌린 주관적 경험의 변화', 즉 슐이 '머신 존'이라고 부르는 경험 상태로, '기계에 의해 조종되고 있다'고 느끼는 저항이 불가능한 순간, 그래서 자기 자신을 잊게 되는 상태를 말한다.[12] 머신 존에 다다랐을 때의 완전한 몰입의 느낌은 클라인이 말한 페이스북의 디자인 원칙—몰입성, 실감, 즉각성—을 상기시키며, 사용자는 거스를 수 없는 충동이 범람하는 가운데 자의식을 상실하고 자동적으로 특정 행동을 하게 되며 정해진 리듬에 흡수된다. 결국 슬롯머신의 설계는 모든 측면에서 주관적 변화에의 갈망을 공명하고 증폭시키고 강화하며, 그 작동은 언제나 당사자가 알지 못하는 사이에 이루어진다.

슐에 따르면 카지노 사업가들은 새로운 컴퓨터 기반 슬롯머신이 머신 존에 다다르고 싶은 충동을 촉발하고 증폭하며, 더 나아가 머신 존에서 보내는 시간을 늘릴 수 있다는 점을 수십 년에 걸쳐 점차 인정하게 되었다. 이러한 혁신은 기계 한 대 한 대를 '개인화된 보상 장치'로 변모시키고, 늘어난 게임 시간은 곧 수익으로 이어진다.[13] 여기서 '개인화'란 사람과 기계의 융합에 방해가 되거나 주의를 분산시키는 그 어떤 것도 접근할 수 없게 한다는 뜻을 내포한다. 그들은 기계를 '사용자의 자연스러운 자세에 꼭 맞게' 설계해 사용자의 신체와 터치스크린 사이의 거리감을 제거한다. "수학적 구조, 시각적 그래픽, 음향의 강약, 좌석과 스크린의 인체공학 등 슬롯머신의 모든 면면이 도박꾼의 '게임 시간'을 늘리고 '나가떨어질 때까지 게임을 계속하도록' 부추긴다."[14] 목표는 강박, 자아 상실, 자동화된 자극으로 이루어진, 마치 광란의 기계 섹스와도 같은 폐쇄 회로형 아키텍처다. 어느 카지노 업계 관계자가 친숙한 언어로 표현했듯이, 핵심은 "가능한 한 보이지 않게 (1부 4장에서 말한 '저절로 일어나는 마법') 테크놀로지를 고객의 구미에 맞추어 활용하는 방법을 알아내는" 데 있다.[15]

손에 꼭 맞는 장갑의 심리적 위력은 카지노를 넘어 퍼져나갔고, 페이스북이 성공하는 원초적인 힘이 되었다. 페이스북은 이 기생적 공생에 도박 산업이 범접하지 못할 만한 자본과 정보, 과학적 지식을 끌어들인다. 감시 수익이라는 이름 아래 추구된 그 성과는 도구주의 사회의 원형과 사회 원리를 만들어냈으며, 특히 우리 사회의 가장 어린 구성원들을 겨냥했다. 우리의 아이들은 자본의 힘이 충동을 생산하는 데 투입되는 이 새로운 사회 환경 속에서 성인으로 자랄 운명에 처해 있으며, 우리는 이 아이들이 겪고 있는 어려움을 통해 벌집에서의 삶에 관해 많은 점을 알 수 있다. 페이스북 마케팅 책임자는 자사의 정밀한 도구로 사용자가 '고개 한 번 돌릴 필요 없는' 매체를 만들었다며 노골적으로 자랑하지만, 페이스북이 그 디자인을 통해 훨씬 더 용의주도하게 노린 것은 결국 사람들, 특히 청소년 사용자가 고개를 돌릴 수 없게 만드는 환경이었다.

그러나 전혀 틈이 없는 갑옷은 없는 법이다. 예를 들어, 냅스터 공동설립 자이며 한때 페이스북 사장이었던 션 파커Sean Parker는 2017년에 페이스북 이 사용자의 시간과 의식을 가능한 한 많이 빼앗도록 설계되었다는 사실을 솔직하게 인정한 바 있다. 페이스북은 '좋아요'나 '댓글' 같은 '다양한 강화' 형태로 '소량의 도파민이 방출되게' 한다. 목표는 사용자들이 도파민이 주 는 희열을 느끼기 위해 벌집에 달라붙어 있게 만들고, 그러는 동안 원재료 들을 흘리고 가게 하는 것이다.[16]

중독 전문가 샤퍼는 사용 빈도, 행동 지속 시간, 효력, 경로, 사용자 속성 이라는 다섯 가지 요소를 이러한 강박 상태의 특징으로 제시했다. 이 경우 앞의 두 요소, 즉 청소년들이 소셜 미디어를 얼마나 자주, 얼마나 오래 사용 하는지에 관해서는 익히 알려져 있지만, 나머지 세 가지, 즉 (1) 그들을 소 셜 미디어로 향하게 하는 심리적 속성이 무엇이며(손), (2) 채울 수 없는 욕 구로 향하게 하기 위해 그 효력을 점점 더 증가시키는 디자인이 어떤 것인 지(장갑), (3) 청소년들이 자기들만의 영역을 찾아 그물 안으로 들어오게 만 드는 페이스북의 기법—점점 더 정교해지고 있는—이 어떠한 정신적·감 정적 결과를 가져오는지에 관해서는 더 살펴보아야 한다.

2017년 '좋아요, lol, 갈망의 시대에 성장한다는 것'이라는《워싱턴 포스 트》연재 기사에서 묘사한 어느 13세 소녀의 하루를 생각해보자. 생일을 맞 은 이 소녀의 행복은 이 질문 하나에 달려 있었다. '친구들이 내 생일을 축 하하기 위해 각자의 페이지에 내 사진을 올릴 만큼 나를 좋아할까?' 이 기 사는 이렇게 끝난다. "그녀는 스크롤하고, 기다린다. 알림 메시지가 뜨기 를."[17] 나이와 관계없이, 누구든 같은 고민을 했던 어린 시절을 떠올렸을 것 이다. 소셜 미디어가 있건 없건, 청소년기란 언제나 '다른 사람들'에게 받아들여지고 인정받는 일이 생사가 걸린 문제로 느껴지는 시기였다. 오늘날의 청소년기가 정말 다른 시대의 청소년기와 달라진 것일까? 굳이 답을 하자면, 그렇기도 하고 아니기도 하다.

청소년기는 1904년 미국의 G. 스탠리 홀G. Stanley Hall에 의해 공식적으로 '발견'되었다. 홀은 당시에 청소년기 아이들이 겪는 문제를 '이전 시대의 모든 것을 곰게 만드는 도시화된 온실 속 삶'이라는 급변하는 환경과 관련지어 설명한 미국 최초의 정신과 의사였다.[18] 그는 1904년 당시의 10대 아이들을 보면서 청소년기란 극단적으로 또래 집단을 지향하는 시기라고 설명했다. "어떤 아이들은 스스로를 부족하다고 생각해 자신의 행복을 다른 친구들에게 비참하게 의존하는 것처럼 보인다."[19] 그는 또래 집단 안에서 잔인성—현대 심리학자들이 '관계적 공격'이라고 부르는 현상—이 나타날 수 있다는 점도 지적했다. 수십 년 후 20세기 청소년 연구에 크게 기여한 발달심리학자 에릭 에릭슨은 청소년기에 아이들이 겪는 가장 큰 문제를 '정체성 형성'이라고 규정했다. 에릭슨은 청소년들이 일관된 정체성을 확립하기 위해 또래 집단 속에서의 상호 '일체성joinedness'을 달성하고자 분투한다는 점을 강조했다. 그는 청소년기에 '옳고 그름'에 관한 근본적인 질문에 부딪혀 '자기성찰'이나 '개인 실험' 등 자신의 내적 자원을 동원해야 하는 정체성의 위기가 발생한다고 설명했다. 이 시기에 자아와 타인 사이의 갈등을 건강하게 해결하면 안정적인 정체성을 갖게 된다.[20]

오늘날 심리학자 대부분은 수명 연장과 정보 집약적 사회의 특성이 맞물려 아동기와 성인기 사이의 기간이 더 연장되었다는 데 동의한다. 많은 이들이 18세에서 20대 후반까지를 '성인 진입기'라는 새로운 단계로 규정한다. 21세기의 성인 진입기는 20세기의 청소년기에 해당한다.[21] 연구자들의 방법론과 패러다임은 다양하지만 대개 성인 진입기에 겪는 핵심적인 문제가 '자아'와 '타인'의 구별이라는 데 동의한다.[22]

인간의 수명이 길어지면서 저마다 일생 동안 정체성에 대한 문제를 여러 번 겪지만, 성인 진입기에 심리적 성공을 경험하려면 이 시기에 정체성 문제를 어느 정도 해결해야만 한다. 이 해결이 완전한 성인기로 들어서는 기초이기 때문이다. 어느 학자에 따르면 "성인 진입기의 주요 과제는 자기 삶의 저자가 되는 일"이다.[23] 시대와 관계없이 성인이 되기 위해 이러한 과제에 직면한다는 사실을 부정할 사람이 누가 있겠는가? 이것은 영원한 실존적 과제이며, 세대를 이어주는 연속성의 원천이다. 다만 오늘날의 젊은이들이 이 과제를 마주하게 되는 환경이 과거와 달라졌을 뿐이다.

III. 삶을 검증받기 위해

노트르담 대학교 심리학과의 다니엘 랩슬리Daniel Lapsley와 라이언 우드버리Ryan Woodbury는 성인 진입기를 성인기로의 이행에 대비해 '관계적 자율성 relational autonomy'을 달성하려는 분투의 '폭발 지점ground zero'이라고 설명한다.[24] 그들은 '관계적 자율성'이라는 용어를 통해 자율성이 단순히 애착이나 공감 같은 부담을 벗어던지고자 하는 '개인주의'의 다른 이름이 아니라 내적 자원의 함양과 친밀함이나 관계를 형성하는 역량 사이의 균형을 필요로 하는 것임을 강조한다. 성인 진입기는 타인들로부터 분리된 자아를 확립하면서 동시에 타인들과의 연결도 유지하는 '힘든 협상'을 요구하며, 내면에서 이루어지는 이러한 협상은 '기대와 긴박감'을 주어 성인기로의 성공적인 이행을 돕는다.[25]

그러나 한 세기 전에 G. 스탠리 홀이 적절하게 묘사했듯이 '스스로를 부족하다고 생각하는' 청소년들의 경험을 완전히 이해하기란 여전히 어렵다. 아마도 가장 이해하기 어려운 특징은 힘든 협상을 거치기 전까지 내적 자아감inner sense of self이 아직 존재하지 않는다는 점일 것이다. 이 시기에 '타인들'이 나에 대해 생각하는 바가 곧 '나'이고, '나의 감정'은 '타인들'이 나를 어떻게 대하는가에 달려 있다. 안정된 자아감 대신에 사회라는 거울에 따라 자신의 모습을 변화시키는 카멜레온만이 존재한다. 이러한 상황에서 '타인들'은 개별자들이 아니라 나의 연기를 보는 관객이다. '내가 누구인가'는 관객에게 달려 있다. 이와 같은 거울 속 존재는 순전히 '용융fusion' 상태이며, 열세 살 소녀가 불안해하며 스마트폰 알림이 뜨기를 기다리는 이유다. 그 알림은 자신의 존재와 가치를 나타내는 신호인 것이다. 내적 공간을 완성하지 못한 이 소녀의 자아는 오직 다른-개체의 관점에 의해서만 존재한다. '타인들'이 없다면 불이 꺼진 것과 같다. 화를 낼 수도 없다. 타인들은 자신의 거울이며, 따라서 자기 삶의 증거이므로, 감히 그들을 배제하기란 불가능하다.

이 소녀의 소셜 미디어에 대한 강박은 본질적으로 생존을 위한 필사적인 매달림이라고 보는 편이 정확한 진실에 가깝다. 상처를 입는 한이 있어도 그것이 자신의 유일한 생존 방식이기 때문에 타인의 시선 속에서 살아남아야 하는 것이다. 발달심리학자 로버트 케건Robert Kegan은 페이스북이 출현하기 한참 전에 청소년기의 경험을 이렇게 묘사했다. "'다른 사람들이 좋아한다'는 맥락으로부터 독립적인 자아란 존재하지 않는다."[26] 이것은 도덕적으로나 정서적으로 결함이 있어서가 아니라 발달 단계에 따른 현상이며, 여기에는 예측 가능한 특정 결과가 뒤따른다. 예를 들어, 이 시기의 아이들은 사회적 비교에 근거해 행동하려는 경향을 보인다. 그런데 사회적 압력이나 다른 형태의 사회적 영향력에 대해 방어할 수단이 거의 없어서, 조작의 희생양이 되기 쉽다. 기존 집단의 고정된 신념 체계가 너무 쉽게 내면의 공백을 차지하고, 여러 외부의 자원을 공급받은 정체성을 대체해 자아형성을 지배하게 될 수 있다.[27]

'용융' 상태를 벗어난다는 것은 관계 자체가 자아인 상태에서 관계를 맺는 주체로서의 자아로 전환됨을 뜻한다. 이는 우리가 우리의 경험을 이해하는 방식의 전면적인 재구성을 수반한다. 케건의 언어로 말하자면 '상호성 문화'로부터 탈피해 더 복잡한 '정체성, 주체적인 삶, 개인적 자율성의 문화'로 이동한다는 의미다. 이러한 이동이 일어나려면 사람들과의 만남, 삶의 경험을 통해 거울상 이상의 무엇인가가 필요함을 느껴야 한다. 우리가 1인칭 목소리를, 즉 이 세상에 대한 저마다의 반응을 개척해나가도록 요구하는 사람이나 상황이 있어야 하는 것이다.

정당한 진리와 도덕적 권위에 대한 내적 감각을 형성하기 시작하면 이것은 렌더링이나 데이터화를 피하는 내면적 행위가 된다. 이것은 우리가 "나는 이렇게 생각한다", "나는 이렇게 느낀다", "나는 이렇게 믿는다"라고 말할 수 있게 해주는 기준점이다. 점차 '나'는 자신이 경험의 저자이자 소유자라는 사실을 깨닫게 된다. 이제 '나'는 스스로를 성찰하고 이해하며 자신의 의지대로 선택하고 목적의식적으로 행위함으로써 스스로를 조절할 수 있다. 연구 결과에 따르면 구조화된 성찰, 갈등, 불화, 위기, 실패 같은 경험은 자아 구축 과정에서 이러한 큰 도약이 일어나도록 자극한다. 이 새로운 내면적 연결을 촉발하는 데 기여하는 사람들은 우리의 거울로 행위하기를 거부한다. 그들은 융용을 거절하고 진정한 호혜적 관계를 지향한다. 케건은 "어떤 사람이 자신의 삶에 들어오는지가 미래의 삶에 영향을 미치는 가장 중요한 단일 요인일 수 있다"고 본다.[28]

내면과 외부, 즉 자아와 관계 사이의 건강한 균형을 이루지 못하면 어떤 결과가 야기될까? 임상 연구에서 이러한 발달 정체와 연관된 특정 패턴들이 확인됐다. 고독을 견디는 능력의 결여, 타인들과 자신을 구별하지 못하는 현상, 불안정한 자아감, 그리고 심지어는 거울을 계속 가까이 두기 위해 타인들을 통제하려는 과도한 욕구까지 나타났다. 이 경우 거울의 상실은 자신이 사라져버리는 것과 같다.[29]

따라서 친밀함과 관계를 구축하는 능력을 갖추려면 내적 자원 함양이 필수적인데, 현대 사회가 진화해가면서 내적 자원을 키우는 데 점점 더 긴 시간이 소요된다. 청소년들이 자아 형성이라는 실존적 과제를 떠안고 있는 것은 예나 지금이나 같지만, 지금 이 과제는 결정적인 세 가지 방식으로 역사, 즉 우리 시대 특유의 존재 조건과 합해진다.

첫째, 전통사회가 쇠퇴하고 사회의 복잡성이 진전되면서 개인화 과정이 가속화되었다. 인류 역사상 그 어느 때보다 자아 형성과 내적 자원에 대한 의존도가 더 커졌으며, 그 좌절은 사회로부터 탈구되어 고립된 느낌으로 쓰라리게 다가온다.

둘째, 디지털 테크놀로지가 사회 참여에 필수적인 수단이 되었다. 사회 제도가 전반적으로 새로운 개인 중심 사회의 요구에 부응하지 못했다는 점도 그 원인 중 하나다. 사회 인프라를 컴퓨터가 매개하게 되면서 사람들 사이의 커뮤니케이션도 바꿔 놓았다. 개인이나 집단의 행동은 트윗, 좋아요, 클릭, 이동 패턴, 검색, 게시물, 그 밖에 온라인상에서 이루어지는 수많은 일상적 행위의 출렁이는 파도가 보여주는 대로 읽힌다.

셋째, 감시 자본주의가 디지털 테크놀로지에 의해 이루어지는 사람들 사이의 연결을 지배하고 계측도구로 만든다. 10대 청소년들의 사회적 삶을 연구하고 있는 다나 보이드Danah Boyd는 '사회적 연결과 자율성에 대한 10대 아이들의 욕구는 언제나 존재했지만, 이제는 그러한 욕구가 네트워크화된 공공networked publics 속에서 표출된다'는 점이 '소셜 미디어로 인한 변화'라고 설명했다.[30] 연결에의 추구가 정체성에 관한 고민을 집단 전체에 가시화하는 것은 사실이다. 그러나 '네트워크화된 공공'이라는 개념은 역설적이다. 네트워크화된 공간의 공공성뿐 아니라 그 공간이 사유화되어 있다는 사실 또한 우리의 가시성을 확대, 강요하기 때문이다. 오늘날 청소년들의 삶은 사적 자본의 공간에서 전개되며, 그 공간은 감시 자본가가 소유, 운영하고 그들의 '경제적 지향'으로 조정되며, 감시 수익 극대화를 위해 설계된 방식으로 작동된다. 이 사적 공간들은 일종의 매체로서, 감시 수익이라는 이름 아래 사람들의 행동을 조율, 유도, 조작하기 위해 사회적 압력, 사회적 비교, 모델링, 무의식적 점화 등 모든 종류의 사회적 영향력이 그곳으로 소환된다. 이제는 성인들도 이곳으로 모여들 것이다.

카지노 경영자와 슬롯머신 개발자들이 '설계된 중독'의 성과를 더 자랑하지 못해 안달인 데 반해, 감시 자본주의 프로젝트는 비밀주의에 기초한다. 이에 따라 처음에는 사용자들로 하여금 고개를 돌리지 않아도 되게 하고 그 다음에는 그럴 수 없게 만드는 은밀한 설계를 해독하는 데 관심이 집중되었다. 사람들은 페이스북의 실체를 알아내고 싶어 했고, 이에 따라 인터넷에 여러 채팅 그룹과 끝없이 이어지는 질의, 응답이 생겨났다. 여러 언론 매체와《디자인의 죄악Evil by Design》(한국에서는 《사악한 디자인》이라는 제목으로 번역 출간되었다—옮긴이),《훅Hooked》,《멈추지 못하는 사람들Irresistible》등의 책에서 관련된 설계 방법이 논의되었는데, 그 모든 논의는 오히려 그러한 방법을 정상적인 것으로 받아들이게 하는 데 기여했다. 예를 들어《디자인의 죄악》의 저자이며 사용자경험UX 컨설턴트인 크리스 노더Chris Nodder는 사악한 디자인이 인간의 약점을 이용하고 있다고 설명한다. "사용자들의 감성을 이용해 그들 자신보다 디자이너에게 유리하게 행동하게 하는" 인터페이스를 설계한다는 것이다. 그는 정신적 마비 상태에 빠진 독자들에게 그러한 행태가 이미 표준이 되었다는 사실을 받아들이고, (독자가 소비자이건 디자이너이건 간에) "그러한 현재의 관행을 자신에게 유리하게 바꾸는" 방법을 찾으라고 권고한다.[31]

우리 시대의 성년을 규정하고자 한다면, 특정 설계 방식들이 사회적 참여를 장갑으로, 단순히 손을 감싸는 장갑이 아니라 경제성의 요청에 응답하기 위해 손의 감각을 마비시키는 장갑으로 변화시킨다는 점을 알아야 할 것이다. 페이스북은 고유의 방식을 활용해 '바깥에서 들여다봄'으로써 자기 자신을 파악하려는 사람들, 특히 청소년들의 성향을 부추긴다. 그런데 이 과정에서 '다른 사람들'의 욕구가 충족될수록 당사자가 자아 구축 과정에 개입할 수 없게 된다는 점이 가장 큰 문제다. 내적 삶과 대외적 삶 사이의 긍정적인 균형을 달성하는 데 실패하면 치명적이다. 랩슬리와 우드버리에 따르면 대개 성인 인격 장애의 중심에는 바로 이 문제가 내재해 있다.[32]

예를 들어, 노더는 페이스북이 일찍부터 '사회적 증거social proof'를 능숙하게 활용해왔음을 강조한다. "우리는 행동할 때 대개 그렇게 하는 것이 맞겠다는 느낌에 의존한다. … 그 느낌은 다른 사람들의 행동을 관찰하면서 생긴 것이다. … 이와 같이 행동에 영향을 미치는 외부 요인을 사회적 증거라고 부른다.[33] 페이스북은 청소년들의 성향을 이용해 '친구'의 행동을 전달하는 메시지를 통해 상품이나 서비스, 활동을 '더 사적이고 감성적인' 것으로 느끼게 한다. 펜틀런드가 칭송한 이 유비쿼터스 전술은 페이스북의 투표 실험에서도 활용되었다. 그것은 다른 사람들처럼 행동함으로써 비난을 피하고 남들에게 인정받고 싶어 하는 젊은 세대의 욕구를 부채질한다.

페이스북이 이룬 가장 중대한 행동 공학적 혁신은 2009년에 채택되자마자 보편적으로 쓰이게 된 '좋아요' 버튼이다. 오랫동안 페이스북 임원으로 일한 앤드루 보스워스Andrew Bosworth가 당시 블로그에 올린 글에 따르면 저커버그가 '좋아요' 버튼의 도입을 최종 결정하기 전에 사내에서 1년 반 넘게 논쟁이 이어졌다고 한다. 그는 여러 번 반대 의사를 밝혔는데, 논란이 많던 비콘 프로그램을 비롯해 수익을 올리기 위한 다른 기능들의 효과를 떨어뜨릴 것이라고 봤기 때문이었다. 저커버그는 '좋아요' 버튼이 페이스북 뉴스피드의 흡인력을 높여 행동잉여의 강력한 원천이 될 것이라는 점을 댓글 수 증가라는 데이터로 확인하고 나서야 받아들였다.[34]

페이스북 경영진은 그 버튼이 페이스북 플랫폼을 수동적으로 읽기만 하는 한 권의 책에서 서로를 비추는 수많은 거울들이 넘실대는 능동적인 공간으로 변모시켜 사용자들을 그들의 뉴스피드에 달라붙어 있게 한다는 사실을 서서히 깨달은 것으로 보인다. 공급 측면에서 '좋아요' 버튼은 전 세계를 아우르는 일방 투시 거울로, 원재료 공급을 기하급수적으로 증가시킬 수 있는 수단이었다. 사용자가 더 많은 것을 '좋아할'수록 페이스북은 그 사람의 '손'이 어떻게 생겼는지 더 정확히 알 수 있고, 따라서 장갑을 점점 더 딱 맞게 만들어 사용자가 보내는 신호의 예측도를 더 높일 수 있다.

페이스북의 또 다른 서비스인 인스타그램의 프로토콜도 이 과정을 보여주는 좋은 예시다. 인스타그램에서 우리는 강박이 더 많은 잉여를 낳고, 잉여가 더 큰 강박을 부르는 긴밀한 연쇄반응을 볼 수 있다. 인스타그램은 사진으로 사용자들을 사로잡는다. 그들은 수많은 사진 가운데 어떻게 흥미를 끌 만한 사진을 고르는 것일까? 당연히 사용자가 좋아하는 사진을 분석해 같은 종류의 사진을 더 많이 보여줄 것 같지만 실상은 그렇지 않다. 인스타그램의 분석은 행동잉여, 즉 그림자 텍스트로부터 나온다. 인스타그램의 한 관리자는 "예측의 근거도 행위이고, 행위가 모든 일의 중심"이라고 말한다. 여기서 행위란 현재 또는 과거에 발생한, 누군가를 팔로잉하거나, '좋아요'를 누르거나, 게시물을 공유하는 등의 신호를 말한다. 이 신호에서 시작해 점차 원이 넓어진다. 과거에는 누구와 공유했는가? 누구를 팔로우하고, 무엇을 좋아하며, 이것을 누구와 공유하는가? '인스타그램은 사용자의 다층적인 사회 관계망을 파헤친다.' 이 작업은 일정 기간 동안의 관찰 가능하고 측정 가능한 행동에 근거하는데, 이때 행동이란 공개 텍스트에 나타나는 콘텐츠가 아니라 페이스북과 자체 고속 기억 장치로부터 얻은 그림자 텍스트의 동적 잉여다.[35] 결국 사용자가 보게 되는 사진들은 그의 삶에 묘하게 들어맞게 되고, 행동이 많아질수록 더 많은 행동이 뒤따른다.

수요 측면에서, 페이스북의 '좋아요'는 빠르게 갈망의 대상이 되며, 보편적인 보상 시스템으로 변한다. 어느 젊은 애플리케이션 개발자의 표현을 빌리면 '우리 세대의 마약'이다. '좋아요'는 도파민 투여와 같아서, 사용자들이 '사진, 웹 링크, 상태 업데이트를 공유하면 할수록' 더 집착하게 만든다. 게시물이 '좋아요'를 하나도 받지 못하면 그것을 올린 당사자는 남몰래 속 앓이할 뿐 아니라 공개적으로 망신당하는 것처럼 느낀다.[36] 실제로 사용자 대부분은 망신에 대한 두려움보다 보상에 대한 갈망이 더 컸다. '좋아요' 버튼은 페이스북의 상징을 넘어 디지털 세계 전체에 확산되면서 사용자들을 새로운 종류의 상호의존성 세계 속에 녹여버렸고, 이 상호의존성은 서로에게 마약을 투여해주는 난상파티의 모습으로 표출되었다.

'좋아요' 버튼은 역사적으로 새로운 사회적 세계가 건설되는 과정의 시작일 뿐이다. 많은 사용자, 특히 청소년들에게 이 새로운 세계는 사회적 거울에의 융용에 의해 규정된다. 도박꾼이 기계와의 융용 상태를 추구하듯이, 상호성의 문화 속에서 자라나는 청소년들은 사회적 거울과의 융용 상태를 추구한다. '좋아요' 버튼은 자아와 타인 사이에서 균형을 잡기 위해 분투하는 청소년들을 끊임없이 퇴행시킨다.

페이스북 뉴스피드의 짧은 역사 또한 강력한—그리고 이것은 점점 더 강화되었다—피드백 회로가 이 융용 상태의 형성과 유지에 효과적임을 알 수 있다. 이전의 페이스북에서는 친구의 새 소식을 보려면 친구의 페이지를 방문해야 했지만, 2006년 뉴스피드 서비스가 등장하면서부터는 친구들의 새로운 소식이 있을 때마다 사용자 자신의 페이지에 자동으로 전달됐다. 페이스북 사용자 수십만 명은 회사의 일방적인 사생활 침해에 집단적으로 반발했다. IT 전문 매체 《테크크런치》는 2016년 뉴스피드 10주년을 기념하는 기사에서 독자들에게 '자신의 콘텐츠를 더 많은 사람들에게 노출시키는 방법', '눈에 잘 띄게' 하는 방법, '독자'와 공감대를 형성하는 방법 등

'궁극의 뉴스피드 사용법'을 제시하면서 10년 전에는 "아무도 자신의 온라인 활동이 갑자기 대량소비의 대상이 되는 데 대해 준비되어 있지 않았다"고 회고했다.[37]《테크런치》는 10년 전에도 "뉴스피드 기능을 거부하는 사람들도 곧 관심의 흐름에서 도태되고 있음을 깨닫고 돌아올 것"이라고 예측했다.[38]

페이스북 사용자가 9,500만 명이었던 (그리고 소속 대학의 이메일 주소가 있어야 가입할 수 있었던) 2006년에는 보이지 않게 되거나 버림받는 데 대한 두려움이 작동했지만, 그 후 페이스북이 20억 명이 넘는 사용자를 끌어들이면서 사람들은 뉴스피드의 어떤 변화도 받아들이게 되었다. 2015년《타임》이 언급했듯이, 뉴스피드는 페이스북의 신규 상장 후 3년 만에 그 수익적 성공의 '진원지'이자 '지구상에서 가장 가치 있는 광고판'으로 성장했다.[39]

뉴스피드는 사회적 거울의 받침대이기도 했다. 반감이 숭배로 바뀌는 몇 해 동안, 뉴스피드는 페이스북에서 가장 면밀하게 데이터 과학적으로 검토되었고 광범위한 조직적 혁신을 일으켰다. 이 모든 일들의 정교함과 여기에 투입된 자본은 마치 세계 기아 문제나 암 치료, 또는 기후 파괴 문제라도 다루는 듯한 수준이었다.

현재의 뉴스피드는 이전에 표적형 광고를 위해 개발한 복잡한 연산 장치에 더해 세계에서 가장 비밀스러운 예측 알고리즘에 의해 작동된다. 이 알고리즘은《슬레이트》의 기고가 윌 오리머스Will Oremus가 썼듯이, "당신의 친구들이 지난주에 올린 모든 게시물, 당신이 팔로우하는 모든 사용자, 당신이 속한 모든 그룹, 당신이 '좋아요'를 누른 모든 페이스북 페이지를 훑어보고 수집해" 전지적 신처럼 10만 개가 넘는 행동잉여의 요소들을 한눈에 보면서 끊임없는 연산 작업으로 수천 개의 게시물에 '개인적 관련성' 점수를 매긴다. "피드 맨 위에 올라온 게시물은 당신이 그것을 보고 웃거나 울거나 미소 짓거나 클릭하거나 '좋아요'를 누르거나 공유하거나 댓글을 쓸

가능성이 가장 높기 때문에 다른 수천 개의 게시물을 제치고 선택된 것이다."[40] 장갑은 신의 시야 덕분에 가능한 폐쇄형 피드백 회로로 손을 꽉 조인다. 이전에 당신과 상호작용했던 사람이 올린 게시물, 다른 사람의 반응이 많았던 게시물, 예전에 당신이 반응을 보였던 것과 유사한 게시물일수록 더 소중하게 다뤄진다.[41]

2015년에는 뉴스피드에 대한 사용자의 개인적인 우선순위를 요청해 그 사람의 사회적 거울에 직접 데이터를 반영하기 위해 '먼저 보기'라는 '큐레이션 툴'을 추가했다. 페이스북의 최고제품책임자는 "친구나 가족, 혹은 다른 누군가가 어느 매체에든 올린 … 지구상에서 일어난 모든 일" 중에서 오늘 특정 사용자에게 '가장 의미 있는' 콘텐츠를 공급하려는 것이라고 말했다.[42] 또한 이제는 뉴스피드에 나열되는 각각의 게시물에 대해 '더 알아보기', '더 이상 보지 않기' 등 어떤 피드백을 할 수 있는지도 명시적으로 알려준다. 이와 같은 직접 잉여 공급선은 장갑을 손에 더 꼭 들어맞게 해주므로, 용융이 일어나는 지점을 넓히는 혁신에 중요한 원천이 된다. 2016년에 페이스북 제품 관리자가 이렇게 잉여를 직접 공급하는 방법이 "사이트에서 보내는 전체 시간과 참여도를 증가시킨다"고 말한 적도 있다.[43]

개인 사용자들은 집단에 용융되려고 하고, 그래서 개인 정보를 필요 이상으로 공유하려는 경향이 있다. 페이스북의 과학과 디자인은 이러한 개인 사용자의 성향을 이용하고 강화하며 증폭시키는 폐쇄형 루프를 목표로 한다. 청소년들 사이에서 이 취약성이 가장 심하게 나타나기는 하지만 과잉 공유 성향은 다른 세대에게서도 볼 수 있다. 사적인 생각, 감정, 개인 정보의 공유를 스스로 절제하기가 힘들다는 점은 학계에서 충분히 입증되었고, 2015년에 카네기 멜런 대학교의 알레산드로 아퀴스티Alessandro Acquisti, 라우라 브란디마르테Laura Brandimarte, 조지 로웬스타인George Loewenstein이 그 문헌들을 검토, 요약했다. 그들은 사용자들이 여러 심리적 · 맥락적 요인 때문에 "자신이 무슨 정보를 공유하고 있으며 그 정보가 어떻게 이용될 수 있는지를 인지하지 못하는 경우가 많으며, 공유가 낳을 결과를 잘 알고 있는 드문 경우조차도 자기가 환경설정을 어떻게 해놓았는지 잘 모른다"는 결론에 이르렀다. 연구자들은 "어떤 정보를 얼마나 많이 공개할 것인지에 있어서 다른 사람들에 의해 영향 받기 쉽다"는 점을 경고했다. "더구나 자신이 공유하는 것이 다시 자신의 감정과 생각, 행동에 영향을 미치는 용도로 사용될 수 있다." 그 결과 "데이터를 보유하고 있는 사람들과 데이터 주인 사이의 권력 균형"이 뒤바뀐다.⁴⁴

페이스북에게는 펜틀런드가 강조했던 신의 관점이 있다. 융융을 향한 본능적 갈구를 탈출구 없는 공간으로 구현하려면 신의 관점만큼 유용한 자원도 없다. 과학과 자본이 이 장기 프로젝트에서 통합되었다. 어제는 '좋아요' 버튼, 오늘은 증강현실, 내일은 또 다른 혁신이 기능 목록에 추가될 것이다. 페이스북의 사용자 참여와 잉여 수집, 수익 규모가 커졌다는 것은 이러한 혁신들이 성과를 거둔 증거다.

청소년들은 벌집을 갈망하고 페이스북은 그들에게 벌집을 제공한다. 그런데 이 벌집은 감시 자본에 의해 소유, 운영되고, 계속해서 융융을 진전시키도록 과학적으로 설계된다. 이제는 샤퍼가 제시한 중독적 강박 상태의 다섯 가지 기준이 모두 충족된다. 아이들에게는 궁극적으로 자아가 서 있어야 할 곳의 공백을 메우기 위해 집단의 인정을 갈구하는 경향이 잠재되어 있는데, 이러한 사용자 속성에 맞게 페이스북이라는 약물의 효능이 설계된다.

20억 명 모두가 이 한 가지 동기로 페이스북에 모여든 것은 아니겠지만, 이 갈망은 페이스북이 유인책을 설계하는 근거를 잘 설명해준다. 자아-타인의 균형이라는 산을 오르는 일은 각자가 헤쳐나가야 하는 모험이다. 그것은 위험과 갈등, 불확실성을 뚫고 짜릿한 발견에 이르는 여정이다. 그런

데 감시 자본의 힘이 그 산을 산맥으로 바꾸어놓는다면 어떻게 될까? 우리를 봐! 그래, 너는 살아 있어! 고개 돌리지 마! 대체 왜 그러는데? 어떻게 그럴 수 있지? 오늘 우리가 너를 '좋아할' 수 있는데 말이야!

IV. 인간 본성의 미래

점점 더 많은 증거가 벌집에서의 삶을 위해 어떤 정신적 대가를 치러야 하는지를 보여주고 있다. 그 벌집에서 감시 자본의 행동 공학은 수 세기에 걸쳐 만들어진 인간의 자아 구축 욕구와 충돌한다. 연구자들은 이미 다음 두 가지 질문에 대한 답을 내놓고 있다. 벌집을 지배하는 심리적 프로세스는 무엇인가? 이 프로세스는 개인과 사회에 어떠한 영향을 미치는가? 소셜 미디어 사용과 정신 건강의 관계를 다룬 302편의 가장 중요한 연구들—대부분은 2013년 이후에 발표되었다—에 따르면, 페이스북 경험을 가장 잘 설명하는 심리적 프로세스는 '사회적 비교social comparison'다.[45] 우리는 사회, 공동체, 소속 집단, 가족, 친구들 가운데서 암묵적으로 평가 기준을 내면화하게 되는데, 이처럼 사회적 비교는 '사회적 환경에 의해 개인에게 실질적으로 강요되며', 대개 의식 바깥에서 자연스럽게, 거의 자동적으로 이루어지는 과정으로 여겨진다.[46] "비교 대상과 마주치는 순간, 거의 곧바로 대상과 나 사이의 유사성에 대한 전면적인 초기 평가가 이루어진다."[47] 우리는 늘 다른 사람들과 부딪히며 살아가므로, 시시때때로 자연스럽게 나와 다른 사람 사이의 닮은 점과 다른 점을 비교하게 된다. 나는 너와 비슷해. 나는 너와 달라. 그리고 그 비교는 부지불식간에 우열에 대한 판단으로 바뀐다. 내가 너보다 나아. 네가 나보다 나아.

연구자들은 이 자동적인 프로세스가 역사적으로 각각의 시대적 조건과 결합되는 방식을 인식하게 됐다. 대부분의 시대에 사람들은 좁은 거주지 안에서 대개 매우 비슷한 사람들에 둘러싸여 살았다. 약간의 차이에 대한 사회적 비교는 그렇게 큰 심리적 문제를 초래하지 않았을 것이다. 이는 20세기 후반의 텔레비전 보급이 사회적 비교의 강도와 부정적인 영향을 극적으로 증가시켰음을 시사한다. 텔레비전은 나와는 극명하게 다른 다양한 삶, 나보다 풍족하게 사는 사람들의 모습을 생생하게 보여줬다. 텔레비전의 확산이 소비재에 대한 인식과 욕망을 일깨워 절도 범죄 발생 빈도를 증가시켰다는 연구 결과도 있다. 부유한 삶을 묘사하는 텔레비전 프로그램에 자주 노출되면 '타인의 부를 과대평가하고 자신의 삶에 대해 더 큰 불만을 갖게 된다'는 점도 지적됐다.[48]

소셜 미디어는 사회적 비교가 일어나는 강도, 밀도, 범위에 있어서 새로운 시대를 열었다. 그리고 이 변화는 우리 사회의 가장 어린 구성원들에게서 가장 크게 나타난다. 그들은 자신의 정체성, 목소리, 도덕적 행위 능력을 갖추어가는 시기를 '거의 온라인상에서' 보내기 때문이다. 실제로 사람들은 소셜 미디어에서의 경험이 촉발한 사회적 비교의 심리적 쓰나미가 전례 없는 현상이라고 본다. 텔레비전은 삶에 대한 불만을 증가시켰다고 했다. 그렇다면 소셜 미디어라는 무한한 공간에서는 어떤 일이 일어날까?

우리는 다른 사람의 삶을 마주치면서 상대방의 내면을 들여다보기도 하고 자신의 내면을 상대방과 공유하기도 하는데, 이는 연대의 실마리가 된다. 그런데 텔레비전과 소셜 미디어는 우리에게서 다른 사람의 실제 삶과 접촉할 기회를 빼앗는다. 단, 텔레비전과 달리 소셜 미디어에는 적극적인 자기표현이 수반된다. 이른바 '프로필 인플레이션'이다. 사용자들은 자신의 인기와 자긍심, 행복도를 높여줄 것으로 기대하며 늘 더 멋진 신상 정보, 사진, 업데이트 소식을 게시한다.[49] 프로필 인플레이션은 자신과 남을 비교하게 만들어 더 부정적인 자기 평가를 유발하고, 이는 더 심한 프로필 인플레이션을 낳는다. 더 많은 '먼 친구'를 포함하는 더 큰 네트워크일수록 이 현상이 더욱 두드러진다. 한 연구에 따르면 '페이스북에서 먼 친구를 추가함으로써 이루어지는 소셜 네트워크 확장이 사용자의 부정적인 감정을 자극한다는 점'에서 유해할 수 있다.[50]

이와 같이 사회적 비교의 밀도가 높아지고 이에 따라 부정적 피드백이 거듭되다 보면 포모FOMO; Fear Of Missing Out(뒤처지는 데 대한 두려움)라고 불리는 심리 상태가 야기된다. 포모란 사회불안의 한 형태로, '같은 또래 사람들이 하고 있거나 잘 알거나 자기보다 더 많이 혹은 더 좋은 것을 소유하고 있다는 점 때문에 불안해하고 때로 그 때문에 온통 정신을 빼앗기는 현상'이라고 정의된다.[51] 청소년들은 이 두려움 때문에 부정적인 감정을 갖게 되고 삶에 대한 만족도가 떨어진다. 학자들에 따르면 강박적인 페이스북 사용이 바로 포모증후군에 해당한다. 포모증후군으로 고통받는 사람들은 페이스북 피드 확인에 집착해, 식사를 하거나 운전하는 동안에도 확인하고, 아침에 눈을 뜨면서부터 밤에 잠들기 전까지 확인한다. 이러한 강박적인 행동은 사회적 확신social reassurance을 통해 안도감을 얻으려는 의도에서 비롯되지만 오히려 더 심한 불안과 갈증을 낳는다.[52]

사회적 비교는 다른 상황에서였다면 하지 않을 행동을 하게 한다. 페이스북의 실험과 포켓몬고의 증강현실은 각각 상호 가시성과 그에 따른 불가피한 사회적 비교를 이용해 사용자들의 행동을 성공적으로 조율하고 유도한다. 페이스북과 포켓몬고 모두 자연스럽게 일어나던 심리적 프로세스를 용도 변경해 대규모 행동수정에 이용한다. 펜틀런드가 칭송했던 '사회적 압력'의 효과를 높이기 위해서다. 남과 다르게 되거나 그들로부터 배제되면 사회적 비교에서 열등한 위치에 놓이게 될 것이라는 위기감 속에서 사람들은 '너처럼 되고 싶다'고 느끼며, 바로 이 느낌이 사회적 압력으로 작동한다.

페이스북 사용자, 특히 청소년들을 옭아매는 사회적 비교가 그들의 정신 건강에 어떤 영향을 미치는지 우리는 얼마나 알고 있는가? 사용자 경험의 인과관계에 대한 심층적인 이해를 목표로 하는 대부분의 연구가 대학생 연령대를 대상으로 실행되었는데, 주요 논문 몇 편만 잠깐 훑어보면, 청소년과 이제 막 성인이 된 청년들이 삶의 증거를 찾아 디지털 테크놀로지에 의해 매개된 이 사회적 영토를 맨몸으로 뛰어다니는 암울한 이야기를 엿볼 수 있다. 2011년의 한 연구는 다른 사용자들의 '아름다운' 프로필 사진에 노출된 소셜 미디어 사용자가 덜 매력적인 프로필 사진을 본 사용자보다 부정적인 자아상을 가지게 됨을 밝혀냈다. 높은 지위에 오른 남자들의 프로필을 본 남성 사용자는 덜 성공한 남자들의 프로필을 본 사용자에 비해 자신의 직업을 더 부정적으로 평가했다.[53] 2013년에 연구자들은 페이스북의 사용이 젊은 사용자들이 매 순간 느끼는 감정뿐 아니라 삶에 대한 전체적인 만족도에도 부정적인 변화를 일으킬 수 있다는 사실을 알아냈다.[54] 같은 해에 독일의 연구자들은 페이스북에서 볼 수 있는 '다른 사람들에 대한 … 놀랄 만큼 풍부한 정보'가 '사회적 비교와 부러움의 근거'를 '전례 없는 규모로' 발생시킨다는 점을 밝혀냈다. 그들의 연구는 페이스북에서의 '수동적 추종'이 질투의 감정을 악화시키고 삶의 만족도를 떨어뜨린다는 사실을 입증했다. 대학생들을 대상으로 조사한 이 연구에서 최근의 질투 경험 중 20퍼센트 이상이 페이스북에서 본 콘텐츠에 의해 유발되었다는 사실이 드러났다.[55]

2014년의 한 조사는 감정의 부정적 변화에 세 단계가 있음을 밝혔다. 다른 사람들의 페이스북 프로필을 둘러보는 데 많은 시간을 소요하고 나면 곧바로 부정적인 기분이 든다. 그런데 다시 생각해보면 시간을 낭비했다는 생각에 더 기분이 나빠진다. 사용자들은 대개 그 상황에서 빠져나오지 않고 기분이 나아지기를 기대하며 더 긴 시간 동안 페이스북을 돌아다닌다.

별안간 마법처럼 운명의 반전이 일어나 이전의 고통을 정당화해주리라는 꿈을 좇는 것이다. 이 사이클은 사회적 비교와 부러움을 가중시킬 뿐만 아니라 우울증으로 이어질 수도 있다.[56]

사회적 비교가 야기하는 자아의 객체화는 다른 심리적 문제도 일으킨다. 우리는 자신을 검사 가능한 데이터 객체로 보기 시작하며, 그 다음에는 자신이 다른 사람들에게 '그것'으로 간주된다고 느낀다. 2014년의 한 연구는 이 연쇄 작용이 신체 의식body consciousness에 미치는 유해성을 입증했다. 6년 이상 페이스북을 사용하고 있는 남녀 대학생을 분석한 결과, 성별과 상관없이 페이스북을 더 많이 사용할수록 신체 감시body surveillance가 심해졌음이 드러났다. 자아존중감은 자신의 외모가 어떠한지, 성적 대상으로 인식되는지에 대한 생각에 따라 달라졌다. 신체 수치심body shame은 모르는 사람이 대다수인 '팔로워'가 보게 될 자신의 모습을 끊임없이 꾸며내게 만든다.[57]

벌집에서의 삶은 자신의 생각, 감정, 가치, 자아정체성보다 외적 요인에 더 민감하게 반응하는 성향의 사람들에게 유리하다.[58] 자아와 타인 사이의 균형이라는 면에서 생각하면, 긍정적인 사회적 비교 역시 부정적인 사회적 비교만큼이나 치명적이다. 집단에 융용되어 버리는 것이 아니라 다른 사람들과 호혜적 관계를 맺을 수 있는 자아 형성에는 '힘든 협상'의 과정이 필요한데, 사회적 비교는 그것이 긍정적이건 부정적이건 이 힘든 협상을 대체한다. 사회적 비교는 일종의 플라이휠로, 그 바늘이 위로 올라가든 아래로 내려가든 사회적 거울을 따라가려는 경향과 그 경향의 강화로 이루어지는 폐쇄 루프를 작동시킨다. 자아 만족ego gratification과 자아 손상ego injury 둘 다 더 많은 외부적 신호를 뒤쫓게 한다.

시간이 갈수록 학자들은 소셜 미디어에서의 사회적 비교가 우울증 증상이나 사회적 고립감을 야기하는 근본적인 메커니즘을 파악하려고 하며, 이에 따라 연구가 점점 더 복잡해진다.[59] 그중에서도 3년에 걸쳐 진행되어

2017년에 발표된 한 연구는 주목할 만하다. 이 연구에서는 5천 명이 넘는 페이스북 사용자의 페이스북 데이터와 그들이 '현실 세계에서의 사회관계망'에 관한 설문에 응답한 자료를 함께 분석했다. 이러한 접근 방식은 건강한 삶을 구성하는 네 영역, 즉 신체적 건강, 정신 건강, 삶의 만족도, 체질량 지수와 현실 세계에서의 대인관계, 페이스북 이용의 관련성을 지속적으로 직접 비교할 수 있게 했다. 연구자들은 "다른 사람들의 콘텐츠에 '좋아요'를 누르거나 친구가 올린 게시물 링크를 클릭하는 행위"가 "일관되게 전반적인 건강 악화와 관련된 것으로 나타나고, 상태 업데이트 숫자는 특히 약해진 정신 건강과 관련이 있다"고 요약했다. 그 관련성의 강도 또한 높아서, 그 사람의 초기 건강 상태 변인을 통제하더라도 "'좋아요' 또는 링크를 클릭한 횟수, 상태 업데이트가 1 표준편차 증가하면 본인이 응답한 정신 건강 상태가 표준편차의 5~8퍼센트 하락했다." 연구자들은 최종적으로 "페이스북 사용은 건강에 도움을 주지 않는다. … 소셜 미디어 사용자들은 그 사용을 줄이고 대신 현실 세계의 관계에 초점을 맞추는 편이 나을 것이다"라고 결론지었다.[60]

V. 무리로의 회귀 본능

이것은 리허설이 아니다. 쇼는 이미 시작됐다. 페이스북은 아직 오지 않은 시대에 대한 예언이 아니라 이미 도래한 도구주의 사회의 원형이다. 그것은 우리 사회의 새로운 영토 중 첫 번째 개척지이며, 우리 중 가장 어린 사람들이 제일 먼저 그곳을 탐색하러 떠난 첨병이다. 그들은 거기서 다른-개체 관점이라는 전염병에 맞닥뜨린다. 그곳에서는 '바깥에서 들여다보는' 시선을 통해 실제 삶이 가차 없이 증폭되고, 그에 따라 각자의 인격이 초객체화hyper-objectification된다. 그 결과 디지털과 단절되면 심각한 불안과 방향 상실이 초래된다. 그러나 연결되어 있어도 또 다른 불안에 사로잡힌다. 연결이 오히려 역설적으로 고립되거나 쇠약해진 느낌, 혹은 우울감을 초래하는 경우가 많기 때문이다. 어느 시대에나 청소년기의 경험은 고통스러웠으며, 오늘날의 청소년은 디지털 테크놀로지에 의해 연결되고 조명되는 환경에서 자아형성이라는 과제를 맞이하게 될 운명이었을 뿐이라고 말하고 싶을지도 모르겠다. 더구나 이 새로운 환경은 청소년들에게 목소리를 내고 공동체를 형성하고, 정보를 얻고, 더 많은 영역을 탐구할 수 있는 엄청난 기회도 제공하고 있지 않은가? 다른 세대들이 저마다의 시공간에서 청소년기의 시련을 이겨내고 살아남았듯이 그들도 극복하지 않겠는가?

그러나 이번에는 등교하는 아이에게 점심 도시락을 들려 보내면서 짓궂은 패거리들 사이에서 잘 살아남으라고 행운을 빌어준다거나 대학에 들어가는 자녀를 보면서 비틀거리거나 넘어질지도 모르지만 결국 자아를 찾고 열정과 동료도 얻게 되리라고 믿는 문제가 아니다. 지금 우리는 아이들을 감시 자본주의라는 악당의 소굴에 들여보냈다. 이 악당은 다른 사람들에게 확실한 수익을 보장해주기 위해 행동을 수탈해 수정하고 이를 통해 부와 권력을 축적한다.

1904년에 홀이 봤던 10대 아이들처럼, 우리의 아이들도 벌집을 갖고 싶어 하지만, 그들이 맞닥뜨리는 벌집은 순수하게 아이들의 또래 집단 지향적인 본성과 문화에서 나온 산물이 아니다. 그것은 감시 자본이 만든 비대칭적 권력의 영역으로, 그 작동은 비밀에 부쳐져 있어 대립에 부딪히지도, 책임을 지지도 않는다. 이 벌집은 감시 자본에게 더 큰 이익을 가져다주도록 설계된 인공물이다. 벌집에 들어간 청소년들은 감시의 사제들, 즉 세계 최고의 데이터 과학자, 프로그래머, 기계학습 전문가, 테크놀로지 디자이너들과 친해진다. 그들은 감시 자본의 경제성 요청과 그 '운동 법칙'이 부여한 장갑을 꽉 조이는 임무에만 몰두해 있다.

　순수하게 어울려 놀거나 대화를 나누는 일은 전 지구적인 범위에 걸친 야심찬 행동공학 프로젝트의 일환이 된다. 이 프로젝트는 빅 아더의 유비쿼터스 모니터링, 분석, 통제 아키텍처로 제도화된다. 자신과 타인 사이의 균형이라는 문제에 부딪힌 10대 아이들은 이미 기울어져 있는 경기장에 들어선다. 여기서 감시 자본은 아이들을 사회적 거울에 들이밀고, 거기에 비친 상에 고정시킨다. 모든 것은 아이들 각각을 효과적으로, 그리고 정확하게 유인해 가두는 알고리즘 작동에 달려 있다. 재능과 돈은 모두 사용자, 특히 어린 사용자들을 자동차 앞유리에 들러붙은 벌레들처럼 사회적 거울에 찰싹 붙어 있게 한다는 이 한 가지 목표를 위해 투입된다.

　우리가 검토한 연구들과 당사자들의 진술들은 펜틀런드 같은 도구주의자가 칭송해 마지않는 '합류'의 이면에 있는 강압적인 측면을 폭로한다. '합류'란 참여자들의 정신 건강을 희생시킴으로써 조화를 달성하는 것이다. 이것이 펜틀런드가 말하는 '사회적 학습'의 세계다. 그의 '조율' 이론은 포함과 배제를 통한 보상 및 제재의 체계적 조작일 뿐이다. 이 조작은 심리적 고통을 피하려는 인간의 본능을 통해 성공적으로 작동한다. 도박 산업의 행동 테크놀로지가 평범한 소비자를 도박 중독자로 만들 수 있듯이, 평범한 심리를 지닌 청소년들도 전례 없는 소셜 미디어 정보의 소용돌이에 휘말리며, 이 소용돌이가 자동적으로 촉발하는 사회적 비교 역시 전례 없는 규모로 이루어진다. 이 정신적·정서적 환경은 불안과 걱정의 바이러스를 낳는 것으로 보인다. 이 바이러스에 전염된 청소년들은 자신의 가치를 인정받았다는 신호를 갈망하며 그로부터 위안을 얻고자 할수록 점점 강박이 고조되는 폐쇄 회로에 깊이 빠져든다.

　이 사이클은 자연스러운 집단 지향성을 부자연스럽게 심화, 강화한다. 집단 지향성은 정도의 차이가 있을 뿐 누구에게나 존재한다. 그러나 청소년기와 성인 진입기라고 부르는 시기에 가장 확연하게 나타난다. 동물 행동학자들은 이 성향을 '무리로의 회귀' 본능이라고 부른다. 이는 정해진 장소가 아니라 무리로 돌아가려는 경향으로, 여행비둘기passenger pigeon나 청어 같은 특정 종에게서 나타나는 적응 방법이다. 그런데 이 본능은 인간 포식자와 만났을 때 치명적인 위험을 초래하는 것으로 밝혀졌다.

예를 들어, 생물학자 베른트 하인리히Bernd Heinrich는 여행비둘기의 "강한 사회성이 멀리서부터 새로운 포식자, 테크놀로지로 무장한 인간을 끌어들였다"고 설명한다. 무리 본능 덕분에 "쉽게 표적이 될 뿐 아니라 쉽게 속일 수 있기 때문이다." 상업적 포획자들은 비둘기들의 이동과 서식 패턴을 파악해 거대한 그물로 한 번에 수천 마리씩 잡을 수 있었고, 해마다 수백만 마리를 세인트루이스에서 보스턴까지 각지의 시장에 철도로 실어 날랐다. 포획자들은 새들 사이의 비범한 공감 능력을 이용하는 특수한 기법을 고안했는데, 여기서 나온 '후림비둘기stool pigeon'라는 말은 지금까지도 앞잡이, 경찰 끄나풀이라는 뜻으로 쓰인다. 비둘기 몇 마리를 먼저 잡아서 눈을 꿰맨 채 횃대에 묶어 둔다. 이 새들이 공포에 질려 푸드덕거리면 비둘기 떼가 '동료를 살피러' 내려온다. 포획자들이 한 번에 수천 마리씩 손쉽게 '잡아서 도살할' 수 있게 되는 것이다. 마지막까지 남았던 여행비둘기는 1914년 신시내티 동물원에서 죽었다. "여행비둘기는 서식지의 경계가 없었고 오직 동종의 무리만을 지향했으므로 어디에나 있을 수 있었고, 최후까지도 그랬다. … 여행비둘기가 아는 유일한 '집'은 무리였는데, 바로 그 무리 때문에 희생됐다. … 인간 포식자의 영토적 경계가 없어지면서 비둘기들이 생존을 위해 적응했던 방법이 파멸의 길로 뒤바뀌었다."[61]

페이스북을 비롯한 소셜 미디어는 인간, 특히 나이 어린 인간 무리에서 이러한 회귀 현상을 유발하고 강화하기 위해 설계한 환경이다. 우리는 사회적 비교, 사회적 압력, 사회적 영향력이라는 어둠의 매력에 사로잡혀 사회적 거울로 이끌린다. 그 결과 '온종일' 온라인상에 있게 된다. 우리가 무리에 정신이 팔려 있을 때 테크놀로지로 무장한 상업적 포획자들은 소리 없이 다가와 우리를 포위하고 그물을 던진다. 집단 지향성의 인위적 강화는 자아와 타인 사이에서 균형을 이루기 위한, 그렇지 않아도 힘든 심리적 협상을 더 복잡하게 만들고, 지연시키고, 방해할 뿐이다. 우리가 이 효과를 수억 배로 증식시켜 전 세계를 뒤덮으면 인간과 사회의 미래에 어떤 일이 일어날까?

페이스북은 이 새로운 암흑의 과학을 담금질하는 호된 시험대로, 끊임없이 사회적 비교라는 자극을 작동시키는 방식을 완성하기 위해 만들어졌다. 그 사회적 비교 속에서 자연스러운 공감이 조작되고 도구화된다. 다른 사람들의 목표에 맞게 행동을 수정하기 위해서다. 이 인공 벌집은 청소년들에게 악마의 계약이다. 순전히 일상의 효율—연락, 배송, 거래, 통신 등—이라는 측면에서 볼 때, 그것을 외면하면 길을 잃을 것이다. 특정한 연령대에 자기 삶을 검증해주는 혼합액을 갈망하는 것이라면, 외면이 곧 삶의 소멸을 뜻하게 될 것이다.

타인이 응시하는 환경에서 산다는 것, 수백 혹은 수천 개의 눈이 따라다니고 센서, 광선, 전파 등 빅 아더의 장치들의 렌더링, 기록, 액추에이팅으로 증폭되는 삶을 산다는 것은 새로운 현상이다. 응시의 지속성과 밀도, 부피는 클릭할 때마다 끊임없이 평점을 매겨 내 사회적 가치의 오르내림을 알려준다. 중국에서는 이 등급이 공공 영역에 속해 있어서, 그 어떤 문도 열리게 하는 금빛 훈장 또는 모든 문을 닫히게 만드는 주홍글자가 된다. 서구에서는 '좋아요', '친구', '팔로워', 그 외 수백 가지의 은밀한 등급이 알지 못하는 사이에 우리 삶을 패턴화한다.

빅 아더의 폭과 깊이에 의해 우리 삶의 모든 지점이 속속들이 데이터 포인트가 되지만 각자의 내면에 잠재된 요소들은 예외다. 이유는 간단하다.

관찰될 수도, 측정될 수도 없기 때문이다. 이것은 다른 누군가가 돌아봐줌으로써 점화되기를 기다리는 잠재적 자아다. 불씨에 산소가 닿으면 비로소 잠재태가 인지되고 이해되며 현실태가 된다. 이것이 진짜 삶이다. 뼈대만 있는 것이 아니라 그 위에 살이 붙어 있고, 물렁물렁하고 불확실하며, 침묵과 위험으로 가득 차 있지만 운이 좋다면 진정한 친밀함을 느낄 수도 있다.

페이스북은 낡은 제도적 한계를 우회하는 새로운 세계를 열어줬고, 이로써 우리는 마음먹은 대로 연결하고 표현할 자유를 얻게 됐다. 페이스북이 감시 수익에 의존하지 않는 경로를 택했다면 어떻게 되었을지는 알 수 없지만, 어쨌든 우리는 갑작스럽게 부상한 도구주의 권력과 마주하게 됐다. 이 권력은 우리 사회를 예기치 않은 방향으로 데려가고 있다. 페이스북의 응용 유토피아학은 사람들을 도구주의의 강요된 조화에 집단적으로 길들이는 행동공학의 솜씨를 시연하며 도구주의가 지배하는 미래가 어떤 모습일지를 미리 보여준다. 페이스북의 운영 방식은 공감하고, 소속되고, 집단에 받아들여지기를 바라는 인간 본연의 성향을 이용하도록 설계된다. 페이스북의 시스템은 사회적 압력에 의한 보상과 제재로써 우리 행동을 조율하며, 인간의 마음을 하나의 흐름에 합쳐지도록 유도해 다른 사람들의 상업적 목표 달성 수단으로 삼는다.

이러한 관점에서 보면 페이스북 작동의 전 범위가 방대한 행동공학 실험을 구성하고 있음을 알 수 있다. 그 조율 메커니즘을 그들이 공식적으로 밝힌 '대규모 실험'처럼 특정 분야에 국한시키지 않고 가능한 한 넓은 사회적·심리적 캔버스에서 실험하고 있는 것이다. 무엇보다 사회적 압력에 기반한 응용 유토피아학과 사회적 비교라는 플라이휠, 그리고 개별 사용자들을 집단 체계에 묶어두는 폐쇄 회로는 펜틀런드의 이론적 렌더링을 생생하게 확인시켜 준다. 여기서 도구주의적인 사회 원리가 가설이 아닌 실제임이 분명해진다. 이 원리는 실제로 지금 우리 아이들이 '성장하는' 공간을 구성하고 있다.

우리는 여기서 감시 수익을 위한 도구주의 권력의 사회화와 정상화에 죽자 사자 매달리고 있음을 목격하게 된다. 펜틀런드가 명시한 대로, 이 폐쇄 회로는 정치와 개인적 결단의 영역 바깥에서 부과된다. 이 회로는 그 효과를 자동적인 심리 반응처럼 보이게 하면서 은밀하게 작동해 자아와 타인 사이의 균형을 슬쩍 건드려 벌집형 사고라는 가짜 조화pseudo-harmony쪽으로 기울인다. 이 과정에서 자율적으로 행위하고 도덕적인 판단을 하는 데 반드시 필요한 원천인 내면성이 손상되고 억압된다. 이는 펜틀런드가 주장한 개인의 죽음으로 가는 준비 단계들이다.

개인의 죽음은 수 세기 동안 이어진 개인의 시대를 한 번에 집어삼킨다. (1) 18세기에 정치적 개인의 이상은 양도 불가능한 존엄성, 권리, 의무의 저장소였고, (2) 20세기 초반 역사의 부름을 받은 개인화된 인간은 마차도Machado의 길에 들어섰다. 그래야만 했기 때문이다. 그들은 사회의 복잡성이 점차 심화되고 전통은 쇠퇴해가는 세계 속에서 '자신의 삶'을 스스로 창조해야 하는 숙명을 지고 태어났다. (3) 20세기 후반에는 심리적으로 자율적인 개인이 등장했다. 그들은 도덕적 판단을 위한 내적 자원과 역량으로 스스로 주체로서의 권위를 확보하라는 역사적 과제를 해결해나가며, 이러한 자원과 역량은 권력의 약탈에 대적하는 방호벽으로 기능한다. 우리 시대 청소년들의 자기 권위를 위한 분투는 이 역사를 진전시키며 개별 인간의 신성함과 주권에 대한 각 시대의 주장을 강화하고, 보호하고, 다시 생기를 불어넣는다.

우리가 페이스북에서 목도한 것은 도구주의가 제시하고, 새로운 집단주의에 의해 규정되며, 감시 자본이 소유, 운용하는 3차 현대성의 생생한 예시다. 신의 관점이 계산을 이끌고, 계산은 조율을 가능케 한다. 조율은 사적인 지배 구조와 공적 정치를 대체하며, 그 모두를 잃은 개인은 과거의 흔적에 불과해진다. 또한 비계약이 사회적 불신을 치유하기보다 피해가는 것처럼, 벌집을 유지하는 탈정치적 사회 프로세스는 사회적 비교와 사회적 압력에 의해 내구성과 확실한 예측력을 확보하므로, 신뢰의 필요성은 제거된다. 미래 시제에 대한 권리, 미래에 대한 의지로 나타나는 그 권리의 표현, 약속에서의 그 권리의 신성화는 감시 자본의 요새 안으로 빨려 들어간다. 이러한 몰수에 힘입어, 조율사들은 더 압박해 들어오고 시스템은 번성한다.

산업 자본주의는 자연의 착취와 통제에 의존했고, 그 의존이 낳은 재앙을 우리는 지금에서야 깨닫는다. 감시 자본주의는 인간의 본성을 착취하고 통제하는 데 의존한다. 시장은 우리를 우리의 행동으로 환원해 또 하나의 허구 상품으로 만든 후 포장해서 다른 소비자에게 판다. 도구주의 사회의 사회 원리—그것은 이미 우리 아이들의 경험에서 생명을 얻었다—를 보면 이 새로운 자본주의가 그 성공을 위해 우리의 본성을 어떻게 바꿔놓으려 하는지를 더 분명하게 알 수 있다. 도구주의 사회에서 우리는 모니터링과 원격 자극의 대상이다. 매케이의 동물 군집이나 펜틀런드의 비버와 벌, 나델라의 기계와 마찬가지다. 도구주의 사회에서 우리가 살 곳은 벌집이다. 삶이란 자연히 힘들고 때로 고통스럽기 마련이다. 청소년이라면 누구나 공감할 것이다. 그러나 벌집의 삶이 우리에게 주는 힘듦과 고통은 자연스러운 것이 아니다. 인간이, 감시 자본가들이 만든 것이다.

이 청소년들은 크리스마스의 유령처럼 우리의 미래를 보여준다. 그들은 개인, 민주주의, 도덕적 판단의 주체로서의 인간 같은 구시대적 개념을 떠안은 채로 새로운 권력이 인류의 종착지로 선언한 변경 지대로 먼저 떠났다. 하지만 우리가 스크루지와 같은 결단으로 혼란과 체념, 정신적 마비 상태로부터 깨어난다면 그것은 아직 피할 수 있는 미래다.

VI. 출구 없는 방

철학자 제러미 벤담Jeremy Bentham의 동생인 새뮤얼 벤담Samuel Bentham은 시골 곳곳의 러시아 정교회 사원 건축으로부터 영감을 얻어 18세기 후반 포템킨 왕자의 영지에서 제멋대로 굴던 노예들을 감시하는 수단으로 최초의 파놉티콘panopticon을 설계했다. 사원은 대개 중앙의 돔을 둘러싼 형태로 지어졌다. 돔에는 전지전능한 "크리스트 판토크라토르Christ Pantokrator"의 초상화가 있어서 신도들을, 더 넓은 의미로는 전 인류를 내려다보고 있다. 그 시선을 벗어날 수 있는 출구는 존재하지 않는다. 손에 꼭 맞는 장갑과 같은 의미다. 폐쇄 회로와 꼭 맞는 장갑은 출구 없는 세계를 창조한다. 과거에 그것은 신의 총체적 지식과 권력으로부터의 출구 없음을 뜻했다. 오늘날 그것은 타인들, 빅 아더, 결정의 주체인 감시 자본가들로부터의 출구 없음이다. 이 출구 없는 세계는 슬리퍼를 신고 살금살금 우리에게 다가온다. 우선은 고개를 돌릴 필요가 없어지고, 그 다음에는 고개를 돌릴 수 없게 된다.

장폴 사르트르의 실존주의 희곡 《출구 없는 방No Exit》의 마지막 대목에서 등장인물 중 한 사람인 가르생은 '지옥은 타인이다'라는 그 유명한 깨달음에 도달한다. 이는 인간에 대한 혐오를 뜻하는 말이 아니라, '타인들'이 끊임없이 '지켜보고' 있는 한, 자신과 타인 사이의 적절한 균형에 결코 도달할 수 없다는 인식이다. 20세기 중반에 활동한 사회심리학자 어빙 고프먼Erving Goffman은 불멸의 명저 《자아 연출의 사회학The Presentation of Self in Everyday Life》에서 이 주제를 다뤘다. 고프먼은 자아가 사회적 삶이 요구하는 연기에서 벗어나는 영역을 '무대 뒤'라는 개념으로 설명했다.

극장에서 영감을 받은 무대 뒤라는 용어는 온전히 '우리 자신'일 수 있는 퇴각 장소에 대한 우리의 보편적 욕구를 뜻하는 은유가 되었다. 무대 뒤는 '무대 위에서 형성된 인상을 의도적으로 벗어던지는' 곳이며, '환상과 인상'을 만들어내는 곳이다. 여기서는 전화기 같은 소품을 '사적으로' 사용할 수 있으며, '긴장을 풀고' '진실하게' 대화한다. 무대 뒤는 '결정적인 비밀'이 가시화되는 곳이다. 고프먼은 일상생활에서처럼 일터에서도 '무대 뒤에서의 통제권'이 개인들에게 '그들을 둘러싼 완강한 요구로부터의 완충 지대'를 제공함을 관찰했다. 무대 뒤에서는 직위와 관계없이 대등해지고, 익숙하고 친밀한 언어를 사용하며, 농담도 주고받는다. 무대 뒤가 확보해주는 격리 덕분에 우리는 잠을 자거나 용변을 보거나 성 행위를 할 때 '무방비 상태로' 있을 수 있고, 거기서는 '휘파람을 불거나 씹는담배를 질겅거리거나 군것질을 하거나 트림을 하거나 방귀를 뀔 수 있다.' 무엇보다, '훌륭한' 사람일 필요가 없는 '퇴행'의 기회다. "뚱하게 입을 닫고 혼자 있어도 괜찮다는 느낌이 오히려 무대 뒤에서의 연대 의식을 알려주는 가장 확실한 신호다." '진짜' 자아가 배양되고 성장할 그런 휴지기가 허용되지 않는 상황이 아마도 사르트르가 말하는 지옥일 것이다.[62]

어느 대학교 강의실에서 학생들에게 페이스북에서 자신이 구사하는 자아연출 전략에 관해 이야기해보라고 한 적이 있다. 이는 학자들이 '냉각 효과chilling effect'라고 부르는 현상으로, 존재 가치의 시장에서 자신의 값어치를 나타내는 '좋아요'를 최대한 많이 받기 위해 끊임없이 사진, 댓글, 프로필을 '큐레이션', 즉 삭제하고 추가하며 수정하는 것이다.[63] 나는 학생들에게 질문했다. 이 21세기형 자아연출이 과연 고프먼이 묘사한 것과 크게 다를까? 단지 우리의 페르소나를 구축하고 상연하는 무대를 현실 세계에서 가상 세계로 바꾼 것 아닐까? 잠시 정적이 흐르다가 한 여학생이 이렇게 말했다.

고프먼은 내가 진짜 나일 수 있는 무대 뒤를 상정했다는 점이 다릅니다. 우리에게 무대 뒤는 점점 줄어들고 있으니까요. 내가 진정한 나일 수 있는 장소가 이제는 거의 없죠. 혼자 길을 걸을 때 무대 뒤에 있다고 생각할 수 있겠지만, 무슨 일이든 일어나면, 말하자면 휴대전화에 광고가 뜨거나 누가 사진을 찍으면 곧 내가 무대 위에 있음을 깨닫게 되고 모든 게 바뀌니까요.[64]

여기서 '모든 것'이 바뀐다는 것은 빅 아더에게 한계가 없음을 갑자기 인식하게—비로소 알게 된 것일 수도, 잊고 있다가 다시 생각난 것일 수도 있다—된다는 뜻이다. 이제 경험의 렌더링은 한때 뚜렷했던 가상 세계와 현실 세계 사이의 경계를 막힘없이 넘나든다. 그렇게 렌더링된 경험이 '맥도날드에 오신 것을 환영합니다!'라거나 '이 재킷을 사세요!'라는 메시지를 통해 감시 자본에게 즉각적인 이익을 가져다주기도 하지만, 게시물을 올리든 사진을 찍든 모든 곳에서 일어나는 모든 경험은 벌집에도 똑같이 전달된다. 유비쿼터스 연결이란 아무도 멀리 있지 않다는 뜻이며, 이로써 벌집의 모든 압력이 세계에, 그리고 신체에 가해진다.

최근의 연구는 이 엄중한 사실에 주목하기 시작했다. 영국의 한 연구팀은 이를 '확장된 냉각 효과'라고 부른다.[65] 이제는 사람들—주로 젊은 사람들—이 인터넷 대중의 일반적인 시선, 그리고 자신의 온라인 네트워크까지 고려해 현실 세계에서의 행동을 스스로 검열하고 큐레이션한다는 뜻이다. 연구자들은 소셜 미디어 활동이 "우리의 오프라인 활동에 관한 정보가 온라인으로 전파될 수 있다는 인식에 깊이 관련되어 있으며, '상상 속의 청중'을 불쾌하게 할 수 있다는 생각 때문에 현실의 삶에서 행동을 바꾸게 될 수 있다"고 말한다.

나는 소셜 미디어에서의 관계 때문에 고민하고 그 연결의 상실을 두려워하는 학생들을 응원하고 싶다고 느끼며, 사회심리학자 스탠리 밀그램Stanley Milgram이 '당면한 상황이 감정이나 행동에 미치는 힘'을 입증한 실험과 관련해 겪었던 개인적인 일화 속에서 '출구 없음'의 의미를 다시 생각해봤다.[66]

밀그램은 수업에서 사회 규범이 행동을 통제하는 힘을 다루고 있었다.

그는 학생들에게 지하철에서 누군가에게 다가가 이유도 대지 않고 빤히 눈을 보며 자리를 양보해달라고 하게 해서 실제 상황에서 일어나는 현상을 알아보기로 했다. 어느 날 오후, 밀그램은 자신이 직접 실험해보기 위해 지하철을 탔다. 수 년 동안 인간 행동의 불안정한 패턴을 관찰하고 이론화해온 그였지만, 그는 자신이 실제로 다른 사람과 대치하는 순간에는 대비되어 있지 않음을 느꼈다. 처음에는 '쉬운' 일탈 행위라고 생각하며 한 승객에게 다가갔고, 이제 '마법의 문구'를 내뱉기만 하면 됐다. 그런데 말이 목구멍에 걸린 것처럼 입 밖으로 나오지 않았다. 그는 얼어붙었고, 물러섰다. … 그를 마비시키는 듯한 억제력에 압도됐다. 밀그램은 마음을 다잡고 재차 시도했다. 마침내 한 승객에게 다가가 '기어들어가는 목소리로' 자리를 요청했을 때 일어난 일을 이렇게 전했다.

"실례합니다만, 제가 그 자리에 앉아도 될까요?" 한순간 혼란스러운 공황 상태가 나를 경직시켰다. 그러나 상대방은 곧바로 일어나 자리를 내주었다. … 그 자리에 앉은 나는 나의 요청을 정당화할 수 있게 행동해야 한다는 생각에 사로잡혔다. 고개가 푹 수그러졌고, 얼굴이 달아올랐다. 역할 놀이가 아니었다. 실제로 내가 무너져 내리는 느낌이었다.

잠시 후 열차가 다음 역에 도착했고, 밀그램은 퇴장했다. 열차에서 내리자마자 놀랍게도 '긴장이 한꺼번에 사라졌다'. '타인들'과 보조를 맞춰야 하는 지하철에서 벗어남과 동시에 그 퇴장이 그에게 '자아'를 돌려준 것이다.

밀그램은 그와 학생들의 지하철 실험을 통해 세 가지 핵심 주제를 찾아냈다. 첫째, '사회적 규범을 위반하지 못하도록 하는 강력한 억제 불안'이 작동한다. 둘째, '위반자'는 개인의 성격과 관계없이 '사회적 관계의 논리에 따라 강요된 방식으로' 반응한다. 밀그램과 학생들이 사회적 규범과 맞설 때

느낀 극심한 '불안'은 '강력한 장벽을 형성'하며, 사회적 규범을 위반하려면 그것이 "권위에 불복종하는 중대한 행위이건 지하철에서 자리를 양보해달라고 하는 사소한 행위이건 이 장벽을 넘어야만 한다. … 사소해 보이는 규범일지라도 그것을 위반할지 모른다는 두려움과 당혹감이 우리를 매우 곤란한 지경에 빠트릴 때가 많다. … 이 힘은 사회적인 삶에서 결코 무시할 수 없는 기본적인 규제 장치다."

끝으로, 밀그램은 사회적 규범에 맞서기 위한 결정적 조건이 탈출 가능성에 있다는 점을 알게 되었다. 그날 지하철에 탄 사람은 청소년이 아니었다. 밀그램은 학식 있는 성인이자 인간 행동, 특히 권위에 대한 복종, 사회적 영향력, 순응 메커니즘의 전문가였다. 지하철은 평범한 삶의 한 단면일 뿐, 자본집약적인 감시와 행동수정 아키텍처도, '개인화된 보상 장치'도 아니었다. 그럼에도 불구하고 밀그램은 그 상황이 주는 불안감을 떨쳐낼 수 없었다. 유일하게 그 상황을 참을 수 있게 해준 요인은 그 무대에서 퇴장할 수 있다는 점이었다.

밀그램과 달리 우리는 견딜 수 없는 상황에 직면해 있다. 슬롯머신에 갇힌 도박꾼처럼, 우리는 시스템에 용융되어 아무 것도 남지 않게 될 때까지 게임을 지속해야 한다. 그리고 이 게임에서는 돈이 다 사라지는 것이 아니라 우리의 자아가 모두 사라진다. 사라짐은 이미 설계돼 있는 특징이며, 출구 없는 환경이라는 형태로 구현된다. 조율사의 목표는 '당면한 상황의 힘' 안에 우리를 가둬두는 것이다. 벌집을 지배하는 '사회적 관계의 논리'는 우리를 그곳에서의 사회적 압력에 굴복하게 만들며, 계산된 패턴에 따라 행사되는 사회적 압력은 우리의 자연스러운 공감을 이용한다. 끊임없이 조여 오는 피드백 회로는 퇴로를 막아버리고, 견딜 수 없는 수준의 불안을 조성해 하나의 흐름에 합류할 수밖에 없게 만든다. 지하철 좌석을 요청하거나 부당한 권력에 맞설 수 있게 하는 주체적 권위, 도덕적 판단의 원천은 자율적인 자아다. 또한 자율적인 자아를 다듬어가는 작업은 고되지만 흥미진진한 작업이다. 그러나 벌집에서 자율성을 향한 내적 충동은 제거 대상이다.

벌집 안에 있으면 모든 출구가 곧 입구라는 사실을 잊기 쉽다. 벌집에서의 퇴장은 그 너머에 있는 또 다른 영토로의 입장을 뜻한다. 그곳에 가면 인위적으로 조율된 다른 사람들의 사회적 압력으로부터 피신할 수 있는 곳을 찾을 수 있을지도 모른다. 그곳에 가면 우리는 다른-개체 관점을 버리고 마침내 우리 자신의 시선이 내면에 자리 잡게 될 만한 장소에 들어갈 수 있다. 퇴장이란 자아가 태어나고 커 나갈 장소로의 입장을 뜻한다. 역사는 그런 장소를 성역sanctuary이라고 부른다.

06

성역을 가질 권리
: 사생활을 지킬 필요성

> 피난과 전망은 반대되는 개념이다. 피난이 좁고 어둡다면 전망은 드넓고 밝
> 다. … 우리는 둘 다 필요로 하며, 둘을 함께 필요로 한다.
>
> **— 그랜트 힐데브란트, 《건축적 쾌락의 기원》 중 〈좋은 집을 찾아서〉**

I. 사회를 앞지르는 빅 아더

낙뢰로 집이 무너진 그 여름 밤, 우리 부부는 비바람 속에서 박공지붕과 현
관이 화염에 휩싸여 폭발하는 모습을 지켜봤다. 집이 있던 땅은 몇 시간 사
이에 검은 재와 연기로 뒤덮였다. 그 후 몇 달, 몇 년이 지나면서 그 집에 대
한 나의 기억은 희한하게도 방이나 물건이 아니라 그림자, 빛, 냄새로 채워
졌다. 어머니가 아끼던 스카프가 가득한 서랍을 열었을 때 풍겨 나오던 냄
새를 선명하고 생생하게 소환할 수 있었고, 눈을 감으면 늦은 오후의 햇살
이 벨벳처럼 부드러운 공기를 뚫고 침실 벽난로 주위를 비추는 모습을 볼
수 있었다. 벽난로 위에는 우리의 보물들이 진열되어 있었다. 아버지와 내
가 함께 찍은 사진 속에서 우린 서로 머리를 맞대고 있어서 두 사람의 검은

곱슬머리가 한 사람의 것처럼 보였다. 그림이 그려져 있는 미니어처 에나멜 상자들은 오래전, 누군가의 엄마가 된다는 생각도 하지 않았을 때 파리 벼룩시장에서 발견한 것이었는데, 그 후 우리 아이들의 젖니 보관함이 되었다. 상자를 열면 그 작은 치아들이 마치 작은 진주알들처럼 옹기종기 모여 있었다. 그 슬픔과 그리움을 말로 설명하기란 불가능했다. 우리 자신과 우리 가족의 삶이 우리가 집이라고 부르는 장소와 함께 진화해온 과정을 어떻게 다 설명하겠는가? 우리의 애착은 하나의 건물일 뿐이던 집을 사랑과 의미와 기념으로 가득한 신성한 장소로 바꿔놓았다.

나는 한때 우체부였고, 물리학자를 거쳐 철학자가 되었으며, 소르본느의 철학 교수로 생을 마친 비범한 사상가 가스통 바슐라르Gaston Bachelard에게서 이 난제를 풀 실마리를 발견했다.

> 과거의 울림을 들을 줄 아는 사람들에게 오래된 집은 메아리로 가득 찬 기하학적 구조물이리라. 큰 방과 작은 침실은 서로 다른 소리를 낸다. … 머릿속에 그릴 수 있는 기하학적 구조를 뛰어넘는 아득한 기억이라면, 빛의 색조를 다시 포착해야 한다. 그러면 빈방을 떠도는 감미로운 잔향이 느껴질 것이다.[1]

바슐라르의 저술 중에서 특히 《공간의 시학The Poetics of Space》은 빅 아더—그리고 커튼 뒤 빅 아더의 권력 브로커—가 지배하는 출구 없는 그늘에서 산다는 것이 어떤 것일지를 예상하는 데 도움이 된다. 이 책에서 바슐라르는 그의 '장소분석topoanalysis' 개념을 설명한다. 장소분석이란 우리가 내적 자아와 외부 세계의 가장 심층적인 관계가 장소, 특히 우리가 '집'이라고 부르는 장소에 대한 경험에서 어떻게 형성되는지에 관한 연구를 말한다.

집은 몽상을 지켜준다. 집은 몽상가를 지켜준다. 집은 평화롭게 꿈꿀 수 있게 해준다. ⋯ 집은 인간의 사고나 기억, 꿈을 하나로 통합하는 가장 위대한 힘 중 하나다. ⋯ 집은 육체이자 영혼이다. 그것은 인간이 접하는 최초의 세계다. ⋯ 인간은 ⋯ '세계에 내던져지기' 전에 집이라는 요람에 놓인다. ⋯ 삶은 집의 품 안에 숨겨져 따뜻한 보호를 받으며 행복하게 시작된다.[2]

집은 친밀함의 학교다. 우리는 우리가 인간임을 집에서 처음 배운다. 구석구석은 달콤한 고독을 숨겨주고, 방은 관계의 경험에 틀을 제공한다. 집의 보호, 집이 주는 안정감과 안전은 우리 고유의 내적 자아감을 응집시키는데, 이 정체성에 백일몽 혹은 진짜 꿈이 영원히 담긴다. 집 안의 은신처—옷장, 장롱, 자물쇠와 열쇠—는 신비함과 독자성을 향한 우리의 욕구를 충족시킨다. 잠겨 있거나 닫혀 있거나 반만 닫혀 있거나 활짝 열려 있는 방문들은 각각 호기심, 안전함, 가능성, 모험의 느낌을 불러일으킨다. 바슐라르는 인간의 집뿐 아니라 새 둥지나 조개껍데기도 전적으로 '원초적'인 '안전한 은신처'를 향한 욕구를 해소하기 위한 집의 '원시적 이미지'로 본다. "안락함은 우리를 원초적 은신으로 되돌아가게 한다. 은신처의 느낌을 타고난 생명체들은 몸을 웅크리고, 스스로의 안으로 파고들고, 숨고, 은둔하고, 감춘다. ⋯ 인간은 '구석으로 숨어 들어가기'를 좋아한다. ⋯ 그것은 육체적 쾌락을 준다."[3]

집이라는 피신처는 우리 고유의 공간적 생활 방식으로, 바슐라르는 집이 '집'과 '밖'의 실존적 대립뿐 아니라 집과 세계, 은신처와 바깥세상, 내부와 외부, 구체와 추상, 존재와 비존재, 이것과 저것, 이곳과 다른 곳, 좁고 넓음, 심원함과 광대함, 사적인 것과 공적인 것, 친밀함과 소원함, 자기와 타인 등 경험을 이해하는 데 있어서 가장 근본적인 여러 대립쌍을 형성한다는 점을 발견한다.

우리 가족은 새로 지을 집을 상상하면서 본능적으로 이 주제를 고민했다. 마침내 집을 지을 수 있게 됐을 때, 우리는 오래된 석재나 오랜 풍파의 흔적이 있는 목재 빔 등 내구성 있는 천연 자재를 찾아 헤맸다. 우리는 다른 사람들의 집에서 여러 삶을 거친 고가구에 매료되었다. 새 집의 벽체 두께는 거의 1피트에 달하고 단열재로 채워졌다. 그 결과 우리가 바라던 대로 멋지고 평화로운 고요함을 얻었다. 우리는 이 세상의 그 무엇도 안전함과 확실성을 보장해주지 않는다는 점을 알지만 집이 주는 평온함과 켜켜이 쌓인 정적으로 위안받는다.

이제 이 두터운 벽의 품 안에서 세월이 흐르며 우리의 영혼이 다시 뿌리를 내리고 번성한다. 이렇게 해서 하나의 건물이었던 집이 진정한 삶의 터전이 되고 성역이 되는 것이다. 밤에 침대로 파고들 때 이런 느낌이 가장 강렬하게 다가온다. 나는 침대 옆에서 자고 있는 사랑하는 반려견이 꿈속에서 신나게 달리기라도 하는 듯 내는 작은 한숨 소리 사이에, 엇박자로 남편의 숨소리가 들리기를 기다린다. 나는 우리의 침실을 둘러싼 견고한 벽의 존재를 느끼며 그들의 은밀한 자장가를 듣는다.

빅 아더의 아키텍처에 따르면 이 벽은 허물어야 한다. 은신처란 있을 수 없다. 과거의 케케묵은 인류가 남긴 다른 여러 폐기물들처럼 새 둥지와 조개껍질을 향한 원초적 열망도 내팽개쳐진다. 빅 아더의 시대에 세계는 우리의 벽 안에 자리 잡는다. 벽은 더 이상 성역의 파수꾼이 아니다. 오늘날 벽은 '스마트한' 온도조절기, 방범 카메라, 스피커, 전등 스위치의 좌표에 불과하다. 빅 아더는 우리에게서 특정 행동을 유발하기 위해 그 좌표를 통해 우리의 경험을 추출하고 렌더링한다.

우리의 벽이 견고하고 두껍다는 사실은 이제 중요하지 않다. 집에서의 경험을 규정하는 경계 자체가 지워져야 하기 때문이다. 그 안에 웅크리고 고독한 내면의 쾌락을 맛볼 만한 구석진 곳 자체가 존재할 수 없다. 비밀이 있을 수 없으므로 은밀하게 숨을 장소도 있을 수 없다. 빅 아더는 은신처 전체를, 그리고 집과 세계, 심원함과 광대함 같은 기본적인 대립 관계에서 비롯되는 이해의 범주들을 집어삼킨다. 우리는 그 영원한 대립 속에서 자아를 발견하고 정교화해왔다. 그런데 그 대립이 제거되고 있는 것이다. 광대함이 냉장고 안에 들어오고, 세계가 내 칫솔 안에서 재잘거리며, 어딘가에서는 내 혈류를 지켜보고, 앞뜰에서 산들바람에 버들가지 사이로 종이가 흔들리는 모습은 지구 맞은편 방송에서 볼 수 있다. 자물쇠는 사라졌고, 문은 열려 있다.

빅 아더를 작동시켜 제도적 이익을 얻으려는 자들이 줄지어 진격해오는 가운데 가장 먼저 함락될 요새는 가장 오래된 것, 바로 성역의 원칙이다. 성역의 특권은 인류의 역사가 시작되었을 때부터 권력에 대한 해독제였다. 폭정이 만연했던 고대 사회에서도 성역을 가질 권리는 지켜졌다. 전권적 권력으로부터 빠져나갈 출구가 있어서, 도시나 공동체, 혹은 신전 형태의 성역으로 숨을 수 있었다.[4] 고대 그리스 전역에 건설된 망명자와 종교적 희생자를 위한 성지가 그 시대의 성역에 해당했다. 그리스어 아실론asylon은 '침탈할 수 없는'이라는 뜻이며, 불가침의 장소라는 의미를 갖게 됐다.[5] 망명할 권리는 성지, 교회, 수도원과 관련해 유럽 여러 지역에서 18세기까지 존속되었다. 성역의 특권이 사멸한 것은 거부반응 때문이 아니라 사회 진화와 법 지배의 확립이 반영된 결과였다. 한 역사학자는 이 변화를 '성역으로서의 정의'라고 요약했다.[6]

망명에 관한 법에 속해 있던 신성성, 불가침성, 외경의 개념은 현대에 이르러 헌법상의 보호와 양도 불가능한 권리 선언에서 재출현했다. 영국 보통법은 불가침의 요새로서의 성castle 개념을 유지했으며, 이를 '집'이라는 개념으로 확장했다. 보통법에서 집은 임의의 침입으로부터 자유로운, 즉 침탈 불가능한 성역이다. 성역 특권의 긴 생명력은 미국의 법률 이론에서 다시 모습을 드러냈다. 1995년, 법학자 린다 매클레인Linda McClain은 집을 성역으로 여겨야 하는 근거에 있어서 재산권의 신성성보다 '사생활'을 지켜야 한다는 점이 더 중요하다고 주장했다. 그녀는 "내부 공간의 보호가 중요하다는 사회적 차원의 인식뿐 아니라 전반적으로 그 세계를 접근 불가능하고 비밀이 지켜져야 마땅한 영역이라고 보는 강력한 견해가 있다"고 주장했다.[7]

심리학적 관점에서도 동일한 주제가 나타난다. 성역을 없애려는 사람들은 "무엇을 숨기려고 하는가?"라며 우리의 죄책감을 유발해 우리의 빗장을 푸는 공세를 펼친다. 그러나 앞에서 봐왔듯이, 우리는 인생의 특정 시기에 자신과 타인 사이의 균형이라는 중요한 과제에 부딪히며, '연결되지 않은' 신성한 시공간에서 내적 인식을 성숙시키고 스스로 자신을 돌아보는 성찰 과정을 거치지 않고서는 그 협상을 제대로 이루어낼 수 없다. 저들의 질문은 잘못됐다. 오히려 이렇게 말해야 한다. "내면에 숨기고 있는 것이 전혀 없다면 당신은 아무것도 아닌 것이다."

한 경험적 연구가 이 점을 분명히 밝혔다. 〈프라이버시의 심리적 기능Psychological Functions of Privacy〉이라는 논문에서 달 피더슨Darhl Pedersen은 프라이버시를 '상호작용을 제한하거나 추구하기' 위해 의사 결정권을 작동시키는 '경계 통제 과정'이라고 정의했다.[8] 피더슨의 연구는 프라이버시 관련 행동을 고독, 분리, 익명성, 유보, 친구와의 친밀성, 가족과의 친밀성이라는 여섯 개 범주로 구분한다. 심리적 건강과 성공적인 인격 발달을 위해서는 사색, 자율성, 원기 회복, 신뢰, 자유, 창의성, 회복, 카타르시스, 은신 등 복잡한 심리적 '프라이버시 기능'이 필요한데, 상기한 여섯 범주의 다양한 행동들이 바로 이러한 기능들을 풍성하게 만들어준다는 것이다. 그런 경험이 없다면 우리는 가족, 공동체, 사회 속에서 잘 지낼 수도, 집단에 유용한 기여를 할 수도 없다.

디지털 시대가 심화되고 감시 자본주의가 확산되면 '성역으로서의 정의'라는 구시대적 해법은 버텨내지 못한다. 빅 아더는 사회나 법보다 앞서

나가면서 충격과 공포 전법을 능수능란하게 구사해 정의에 대한 숙고를 압도해버리고, 스스로 부여한 권위로 성역을 지닐 권리를 파괴한다. 감시 자본주의가 학습 분업화를 지배하고, 수탈의 사이클이 뻔뻔하게 추진되며, 행동수정수단이 제도화되고, 그 수단이 사회 참여의 요건과 결합되고, 미래행동시장에서 거래할 예측상품이 제조되고 있는 현실은 새로운 환경을, 그리고 이 환경이 법으로 길들여지지 않았음을 말해주는 실질적인 증거들이다. 이 장에서는 그 함의를 탐구한다. 이 환경을 길들이려면 무엇이 필요할까? 길들이기에 결국 실패한다면 우리는 어떤 삶을 살게 되는 것일까?

II. 권력의 새로운 개척지에서 정의의 의미

성역을 지키려면 대안적 선언이 필요하다. 인류의 미래로 향해 가는 대체경로를 제시해야 한다. 우리가 주목해야 할 것은 터널이 아닌 벽이다. 지금까지 미국의 프라이버시 법은 도구주의의 행진을 따라잡지 못했다. 법학자 애니타 앨런Anita Allen에 따르면 '프라이버시 침해'에 대한 분석은 '쉽게 파악할 수 있는 몇 개의 범주'로 나뉜다. 앨런은 '물리적 프라이버시'('장소적 프라이버시'라고 불리기도 한다)와 '정보적 프라이버시'를 구별한다. 그녀는 "다른 사람들과 떨어져 있고자 하거나 스스로를 감추고자 하는 노력이 좌절될 때" 그 사람의 물리적 프라이버시가 침해된다고 본다. 정보적 프라이버시 침해는 '비밀로 하거나 익명화하고 싶은 데이터, 사실, 대화가 다른 사람에 의해 획득되거나 공개되는 경우'를 말한다.[9]

그러나 빅 아더의 시대에는 이 범주들이 구부러지고 깨진다. 우리가 일상 속에서 하는 행동들이 렌더링되고 행동잉여는 몰수당하면서, 집을 포함한 물리적 장소들은 점점 더 정보적 침해로 위협받는다. 어떤 경우에는 우리가 우리 자신의 프라이버시를 침해하기도 한다. 무대 뒤에서의 작동을 알지 못하거나, 그 함의를 충분히 이해하고 있지 못하기 때문이다. 은밀한 렌더링을 위해 프로그램된 말하는 인형이나 음성 인식 TV, 수백 가지 애플리케이션의 경우처럼, 많은 프라이버시 침해가 우리에게 간단히 부과된다. 우리는 감시 자본이 스마트, 감지 기능, 자동 활성화, 인터넷 연결 등의 이름을 붙인 많은 제품과 프로세스를 살펴봤다. 이 책이 읽히는 때에는 더 많은 사례가 나오게 될 것이고, 앞으로는 그보다 더 많아질 것이다. 마치 마법사의 제자처럼 모든 것에 대한 끝없는 권리 주장으로 계속 채워지고 또 채워지는 저주에 걸린 것이다.

미국의 학자들과 법률 전문가들은 디지털 기술이 기존 법률에 제기하는 문제를 평가할 때 개인과 국가 간의 관계에서 그 한계를 규정한 수정헌법 제4조에 중점을 둔다. 현재의 데이터 생산 방식을 반영해 우리의 정보를 검색하거나 강탈해가지 못하도록 보호함으로써 수정헌법 제4조의 보호 규정을 21세기에 발맞추도록 하는 것은 물론 중요하다.[10] 문제는 아무리 국가로부터의 보호를 확대한들 그것이 도구주의 권력이 유발하고 감시 자본주의의 경제성 요청에 의해 활성화되는, 성역에 대한 공격을 막아주지 못한다는 데 있다.[11] 지금과 같은 수정헌법 제4조 해석은 우리에게 도움이 되지 않는다. 괴테의 말을 빌리자면, 지금 우리 시야에는 감시 자본가들에게 "빗자루여, 구석으로 돌아가 운명을 받아들이거라"라고 명령할 마법사가 보이지 않는다.

법학계는 이제야 막 이러한 현실을 고려하기 시작했다. 수정헌법 제4조를 연구하고 있는 앤드루 거스리 퍼거슨Andrew Guthrie Ferguson은 '사물 인터넷'을 다룬 2016년의 한 논문에서 "개인 정보로 가득 찬 수십억 개의 센서가 수정헌법 제4조의 보호 범위 바깥에서 작동하면, 이는 곧 헌법의 구속을 받지 않는 대규모 감시 네트워크가 존재하게 되는 것"이라고 경고한다.[12]

그리고 앞에서 보았듯이, 실제로 그렇게 되고 있다. 네덜란드의 학자들도 자국 법률이 빅 아더에 뒤처져 더 이상 집의 신성함을 기업이나 국가의 침입 행위로부터 효과적으로 지켜줄 수 없게 된 사례를 들어, "침범당하지 않는 사생활을 추구함에 있어서, 벽은 더 이상 개인을 외부로부터 효과적으로 보호해주지 못한다"고 지적한다.[13]

오늘날 많은 이들은 2018년 5월부터 시행된 유럽연합 일반 정보 보호 규정GDPR; General Data Protection Regulation에 희망을 걸고 있다. 유럽연합은 미국과 근본적으로 다른 접근 방식을 취한다. GDPR의 규제 프레임워크에서는 기업들이 그들의 정보 관련 활동을 정당화해야 한다. 이 법은 몇 가지 핵심적인 절차적, 실체적 특징을 새롭게 도입한다. 개인 정보 유출 시 당사자에게 고지하는 것을 의무화했고, '동의'의 의미를 엄격하게 정의해 기업이 개인 정보 활용을 승인받고자 동의 절차를 이용하는 데 제한을 두었으며, 개인 정보 공개를 기본 설정으로 삼는 일을 금지했다. 또한 시스템 구축 시 프라이버시 중심 설계privacy by design 방식 채택을 의무화했고, 데이터 삭제권을 강화했으며, 당사자의 삶에 '중대한' 영향을 미칠 수 있는 자동화된 시스템의 의사 결정으로부터 더 강력하게 보호받을 수 있게 했다.[14] 새로운 규제 체계는 위반에 대한 벌금을 해당 기업의 전 세계 연간 매출액의 4퍼센트까지 부과할 수 있으며, 사용자들이 프라이버시와 데이터 보호에 대한 권리를 주장하기 위해 연대해 집단소송을 제기할 수 있게 한다.[15]

이것들은 매우 중요하고 반드시 필요했던 성취이며, 이 책에서 다루고 있는 주제에서 볼 때 가장 중요한 질문은 다음과 같다. 이 새로운 규제 체계가 감시 자본주의의 정당성에 도전하고, 궁극적으로 도구주의 권력을 물리치기 위한 도약대가 될 수 있을까? GDPR이 빅 아더에게서 벗어나 민주주의 사회의 가치와 열망에 부합하는 학습 분업화를 재천명하게 해줄지는 시간이 지나야 알 수 있을 것이다. 그런 승리가 가능하려면 우리 사회가 수탈한 인간 경험을 수단 삼아 타인의 이익을 위해 인간 행동을 예측하고 통제하는 시장을 거부해야 한다.

전면적인 새 규제안의 함의를 두고 여러 학자, 전문가들이 논쟁을 벌이고 있다. 그중에는 결정적인 변화가 불가피하다고 주장하는 사람도 있고 극적인 반전이 일어나기보다는 점진적으로 변화할 가능성이 더 높다고 주장하는 사람도 있다.[16] 그러나 우리가 알고 있는 몇 가지 사실이 있다. 저마다 자신의 데이터 보호를 위해 엄청난 복잡성과 씨름하고 있는 개인들은 감시 자본주의가 압도적으로 장악하고 있는 지식과 권력에 대적할 길이 없다. 지난 20년의 시간이 우리에게 가르쳐준 것이 있다면, 권력의 최전선에서 벌어지는 이 싸움을 개인 혼자 감당할 수 없다는 것이다.

이 주제는 벨기에의 수학자이자 데이터 보호 운동가인 폴올리비에 드에 Paul-Olivier Dehaye의 투쟁기에 묘사됐다. 그는 2016년 12월 페이스북의 맞춤 타깃Custom Audiences과 추적 픽셀 기능을 통해 수집된 개인 정보를 요청하기 시작했다. 그러면 페이스북이 그를 어느 웹페이지에서 추적하고 있는지가 드러날 터였다. 케임브리지 애널리티카Cambridge Analytica의 실무자와 주모자를 제외하면 그들의 기만적 데이터 운용에 관해 드에만큼 잘 아는 사람도 없었을 것이다. 그의 목표는 귀납적인 접근 방식을 통해 불법적으로 특정 정치 행위를 유도하는 행동수정수단의 비밀을 벗기는 데 있었다.

첫 번째 단계는 페이스북이 그에 관해 무엇을 알고 있는지, 특히 선거라는 맥락과 연관될 만한 종류의 데이터, 그리하여 데이터의 주인을 케임브리지 애널리티카의 은밀한 술책에 취약하게 만들 어떤 데이터를 가지고 있는지 규명하는 것이었다. 은밀한 온라인 정치 조작의 폭로가 전 세계적인 분노를 일으켰다는 점에서 볼 때, 많은 사람이 케임브리지 애널리티카가 한 일을 매우 '중대한' 위협으로 보고 있음에 틀림없었다. 그렇다면 한 사람의 시민이 그런 일을 가능케 한 데이터가 무엇인지 확인할 방법은 무엇일까? 그는 페이스북의 관행의 범위와 정치적 취약성을 이해하려는 언론인과 시민, 커뮤니티에게 유용하기를 바라며, 자신이 경험한 우여곡절을 꼼꼼히 기록했다.

개인 자격으로 페이스북 같은 기업과 대화하기란 당연히 매우 어렵다. 그래서 2017년 4월에 나는 이 사안을 아일랜드 정보보호위원회에 가져갔다. 여러 차례 재촉한 끝에 2017년 10월, 드디어 아일랜드 정보보호위원회가 나의 청원에 대한 첫 번째 절차로 페이스북에 의견을 요청하는 데 동의했다. 2017년 12월까지는 분명 페이스북으로부터 답을 받을 수 있을 것 같았는데, 거듭 확인해보아도 2018년 3월 현재까지 여전히 '사정 중'이라고만 한다. 집행 절차에 문제가 있다고밖에 볼 수 없다.[17]

최초의 자료 요청 후 15개월이 지난 2018년 3월, 드에는 마침내 페이스북 개인정보관리팀으로부터 이메일 한 통을 받았다. 그가 찾는 정보를 "페이스북의 셀프서비스 도구를 통해서는 이용할 수 없"고 '하이브Hive(페이스북에서 개발한 솔루션의 명칭으로, '벌집'이라는 뜻이다-옮긴이)'에 저장돼 있다고 했다. 하이브란 페이스북이 '데이터 분석'을 위해 설정해두는 '로그 저장 영역'으로 '페이스북 사이트를 가동하는 데이터베이스'와 분리되어 관리된다는 설명도 덧붙여져 있었다. 페이스북 측은 데이터에 접근하려면 '엄청난 기술적 난제'를 풀어야 한다고 주장했다. 그들은 "이 데이터는 사용자들이 경험하는 실제 페이스북 웹사이트 서비스에 직접 사용되지도 않는다"고 했다.[18]

우리 식대로 표현하자면, 드에가 찾는 정보를 얻으려면 '그림자 텍스트'에 접근해야 했고, 무엇보다 페이스북에서 그에게 어떤 광고를 노출할지를 정하는 표적화 분석의 세부사항이 필요했다. 회사 측 답변은 하이브의 데이터가 독점적 '2차 텍스트'의 일부임을 말해준다. 하이브에 저장된 행동잉여는 예측상품으로 제조되기를 기다리는 원재료다.[19] 이 프로세스는 '사용자들이 경험하는' '1차 텍스트'와 완전히 분리되어 있다.

페이스북은 사용자들이 페이스북이 보유하고 있는 자신의 데이터에 접근할 수 있도록 하는 셀프서비스 다운로드 도구를 자랑하지만, 그림자 텍스트까지는 사용자들에게 공개할 수 없다는 점을 분명히 밝히고 있다. 실제로 감시 자본주의의 경쟁 역학은 그림자 텍스트를 매우 중요한 독점적 이익 원천으로 삼는다. 그 내용을 침범하려는 모든 시도는 실존적 위협으로 느껴질 것이며, 그 어떤 감시 자본가도 그림자 텍스트의 데이터를 자발적으로 내놓으려 하지 않을 것이다. 오직 법만이 병리적 학습 분업화에 맞설 수 있다.

2018년 3월에 일어난 케임브리지 애널리티카 스캔들의 여파로 페이스북은 사용자가 다운로드할 수 있는 개인 데이터의 범위를 확대한다고 발표했지만, 여전히 그 범위는 1차 텍스트로 한정됐고, 친구, 사진, 동영상, 클릭한 광고, 콕 찔러보기, 글 게시, 위치 등 대개 사용자 자신이 (삭제한 정보를 포함해) 제공한 정보였다. 행동잉여나 예측상품, 행동수정에 이용되고 거래의 대상이 될 그 예측의 운명은 다운로드 가능한 데이터 범위에 속하지 않는다. 자신의 '개인 정보'를 다운로드할 때 사용자가 접근하는 곳 역시 여전히 무대일 뿐이며, 무대 뒤는 여전히 접근할 수 없다. 그 뒤에서 일어나는 마술의 비밀은 알지 못한 채 커튼만 보고 있는 것이다.[20]

드에에게 보낸 페이스북의 답변은 지식의 극단적 비대칭성이 작동할 때 야기될 수 있는 또 한 가지 결과를 보여준다. 페이스북은 드에가 요청한 데이터에 접근하려면 '엄청난 기술적 난제'를 풀어야 한다고 주장했다. 행동잉여의 여러 흐름이 기계학습 기반 제조 공정으로 한데 모이면 입력 데이터의 엄청난 양과 분석 방법은 인간의 이해 범위를 넘어서게 된다. 인스타그램이 어떤 사용자에게 무슨 사진을 보여줄지를 고르는 것 같은 사소한 기계 작동을 생각해보자. 그 계산은 사용자에게서 나온 다양한 행동잉여 흐름, 사용자의 네트워크에 속한 친구들의 행동잉여 흐름, 해당 사용자와 팔로우하는 계정이 동일한 사람들의 활동, 사용자의 페이스북 활동에서 뽑아낸 데이터와 링크들 등등에 기초한다. 마침내 그 사용자가 보고 싶어 할 이미지를 예측하기 위해 랭킹 로직을 적용할 때, 그 분석에는 해당 사용자의 과거 행동 데이터도 포함되어야 한다. 인스타그램은 기계에게 이러한 '학습'을 시킨다. 인간이 할 수 없는 일이기 때문이다.[21] 더 '중대한' 분석이라면 그 과정은 이보다 간단할 리 없으며 훨씬 더 복잡할 가능성이 높다.

이는 페이스북의 '예측 엔진'인 FB러너 플로(2부 3장 참조)에 관한 논의를 상기시킨다. FB러너 플로에서는 기계들에게 행동잉여로부터 추출된 수만 개의 데이터 포인트가 제공되며, 이에 따라 '자동화된 의사 결정'에 문제를 제기할 권리 개념 자체가 약화된다. 그 알고리즘에 유의미한 문제 제기를 하려면 대항력 있는 새로운 권위와 권력이 필요할 것이며, 그들에 상응하는 기계 자원과 전문성을 확보해 기계 지능의 요체로 뚫고 들어가 조사하고, 논쟁하고, 맞서 싸울 새로운 접근 방식을 구축해야 할 것이다. 실제로 한 전문가가 복잡한 알고리즘의 개발, 유포, 판매, 사용을 감독하는 정부기관—'알고리즘을 위한 FDA'—을 만들 것을 제안한 적도 있다. 그는 기존의 법률이 "알고리즘이 제기하는 난해한 규제 퍼즐을 감당할 수 없음을 알게 될 것"이라고 주장했다.[22]

드에의 경험은 병리적 학습 분업화의 자족적 본질과 그 부당함에 도전하려는 개인이 짊어져야 할 감당하기 힘든 무게의 짐을 보여주는 한 가지 예일 뿐이다. 드에는 운동가이므로, 그의 목표는 단지 데이터에 접근하려는 것이 아니라 데이터에 접근하려는 시도가 얼마나 고되고 부조리하기까지 한 일인지를 기록하려는 것이었다. 그는 이러한 현실에 부딪히고 나서 데이터 보호에 관한 규제를 정보공개법에 비교할 수 있다고 주장한다. 정보 공개법에 의해 정보를 요청하고 받는 절차는 불완전하고 성가시며 그래서 보통 법률 전문가들의 손에 맡겨지지만, 그럼에도 불구하고 민주적 자유에 필수적이다.[23] 대적을 위해서는 결의에 찬 개인들도 있어야 하지만, 개인이 정의 수호의 과업을 모두 짊어질 수는 없다. 20세기 초에 한 명의 노동자가 공정한 임금과 노동 조건을 위한 투쟁을 감당할 수 없었던 것과 마찬가지다. 20세기의 과업에 집단행동이 필요했듯이, 지금도 그렇다.[24]

인류학자 로라 네이더Laura Nader는 '법의 생명력'에 관한 논의를 통해 법은 '민주적인 힘의 가능성'을 투사하지만 오직 시민들이 법을 더 고귀한 목적을 위한 수단으로 사용해 부당함에 능동적으로 맞설 때에만 그 가능성이 실제로 생명을 갖게 된다는 점을 상기시킨다. 네이더는 "법의 생명력은 원고에게 있다"고 말한다. 우리는 잊힐 권리를 주장한 스페인 시민들의 행동에서 그 살아 있는 사례를 보았다. "법은 부당함에 맞서는 수단으로, 원고와 그 법정대리인들은 역사가 만들어지는 과정에서 법이 어디에 설 것인지를 정할 수 있다."[25] 원고는 혼자가 아니다. 그들은 집단적 부당함에 대항하는 도구가 되어 함께 결속해 있는 시민 전체를 대변한다. 이제 GDPR과 그 효과에 대한 질문으로 돌아가보자. 가능한 답은 이것 하나뿐이다. 모든 것은 유럽연합에 속한 국가들이 의회와 법정에서 새로운 규제 체계를 어떻게 해석하느냐에 달려 있다. 규정상의 문구가 아니라 현지의 대중 운동이 해석을 좌우할 것이다. 한 세기 전에 노동자들은 집단행동을 위해 조직화하고 결국 권력의 저울을 기울였다. 오늘날의 '사용자들'은 우리 고유의 21세기 '존재 조건'을 반영하는 새로운 방식으로 결집해야 할 것이다. 우리에게는 대안적 선언이 필요하다. 지식과 권력의 비대칭성에 도전하는 민주적 권력과 전문지식, 논쟁의 새로운 중심지들에서 이 선언이 제도화되어야 한다. 그런 새로운 집단행동을 통해서만이 저들의 무법성을 법으로 대체하고, 그리하여 인간으로 제대로 살기 위해 반드시 필요한 권리들, 즉 성역을 지닐 권리와 미래 시제에 대한 권리를 법으로 지킬 수 있을 것이다.

집단행동에 힘을 실어줘야 한다는 각성이 적어도 프라이버시 영역에서는 이미 나타나고 있다. 일례로 프라이버시 활동가 막스 슈렘스Max Schrems가 이끄는 비영리단체 넌 오브 유어 비즈니스NOYB; None of Your Business를 들 수 있다. 슈렘스는 2015년, 수년간의 법적 다툼 끝에 역사를 새로 썼다. 그는 페이스북의 데이터 수집 및 데이터 보존 행태가 유럽연합 프라이버시법에 위반된다고 주장했는데, 그의 문제 제기가 유럽연합 사법재판소로 하여금 미국과 유럽연합 간 데이터 이전에 관한 세이프 하버 협정을 무효화하도록 이끈 것이다. 슈렘스는 2018년 '전문적인 프라이버시 법 집행 요구'를 위해 NOYB를 설립했다. 그 목적은 규제당국을 압박해 기업이 실무적 절차를 바꾸지 않으면 상당한 규모의 벌금을 물 수 있다는 위기감을 조성하고, 그럼으로써 문서에 규정되어 있는 규제와 기업의 실제 프라이버시 관련 관행 사이의 간극을 좁히려는 것이었다. NOYB는 연대를 구축하고 '프라이버시권에 대한' 영향력을 극대화하기 위해 명확한 목표 대상을 겨냥해 전략적으로 소송을 진행함으로써 유럽 내 여러 사용자 집단을 통합하고 그들의 소송 절차 진행을 돕는 '안정적인 법 집행 플랫폼'이 되고자 한다.[26] 얼마나 성과를 거뒀는지와 관계없이 NOYB의 활동은 우리 사회에 공백이 있음을 일깨워준다. 법의 생명력이 감시 자본주의에 대한 저항의 방향으로 발휘되게 하려면, 우리는 이 공백을 독창적이고 새로운 형태의 집단행동으로 채워야 한다.

탈법적인 미래행동시장, 그 시장을 가동하기 위한 데이터 운용, 그러한 데이터 운용이 지향하는 도구주의 사회를 설득하고 길들이려면 우리의 전투가 새로운 단계에 진입해야 한다. GDPR이 새로운 단계의 촉매가 될 것인지는 오직 시간만이 말해줄 것이다. 새로운 대안적 선언이 없다면 우리는 비타협적인 현상유지 편향에 낙담하게 될지도 모른다. 과거가 미래를 예고하는 서막이라면, 프라이버시, 데이터 보호, 반독점법만으로 감시 자본주의를 막을 수 없을 것이다. 우리가 앞에서 "그들은 어떻게 빠져나갔나?"라는 질문의 답을 찾아가면서(2부 5장 Ⅲ절 참조) 알게 된 사실은 감시 자본주의와 그것이 절박하게 요청하는 과제의 방대하고 복잡한 구조 때문에 더 직접적인 문제 제기가 필요하다는 점이다.

지난 10년을 돌이켜보면 적어도 한 가지 결론을 얻을 수 있다. 유럽연합은 미국에 비해 훨씬 더 엄격한 프라이버시 및 데이터 보호 관련 법률을 시행하고 강력한 반독점 조치도 취하고 있지만, 페이스북과 구글은 여전히 유럽에서 번성하고 있다. 예를 들어, 2010년에서 2017년 사이에 미국 및 캐나다의 페이스북 일간 활성 사용자의 연평균 성장률은 9퍼센트였는데, 유럽은 15퍼센트에 달했다.[27] 같은 기간 페이스북의 수익은 두 지역에서 공히 연평균 성장률 50퍼센트를 기록했다.[28] 2009년에서 2018년 1분기 사이에 구글의 검색 시장점유율은 미국에서 9퍼센트 상승한 반면, 유럽에서는 2퍼센트 하락했다. (그렇다고 해도 구글의 유럽 시장점유율은 2018년 기준으로 91.5퍼센트에 달하며, 미국에서의 88퍼센트보다 높다.) 그러나 안드로이드 휴대전화의 경우, 구글의 유럽 시장점유율은 69퍼센트 상승했는데, 이는 미국에서의 44퍼센트보다 훨씬 높은 수준이다. 구글 크롬 브라우저의 시장점유율은 미국에서 51퍼센트, 유럽에서 55퍼센트 높아졌다.[29]

'그들이 빠져나갈' 수 있게 한, 2부 5장에서 열거한 요인들을 보면 알 수 있듯이, 이와 같은 성공은 단지 운이 좋아서 얻어진 것이 아니다. 유럽연합 데이터보호 감독관 조반니 부타렐리Giovanni Buttarelli가 《뉴욕 타임스》와의 인터뷰에서 GDPR의 영향력은 규제당국의 손에 달려 있는데, 그들이 "로비스트와 법조인으로 구성된, 기업의 든든한 재정적 지원을 받는 전담팀을 상대해야 할 것"이라고 말한 것은 이런 사실을 알고 있었기 때문일 터이다.[30] 실제로 기업에 고용된 변호사들은 이미 기존의 사업 방식을 유지하기 위한 저마다의 전략을 연마하며 결전의 장을 준비하고 있었다. 예를 들어, 한 유명한 국제 로펌이 발행한 백서는 '적법한 이익'이라는 법률적 개념을 잘 활용하면 새로운 규제 장애물을 피해갈 수 있다고 주장하며 기업들이 결집해 데이터 처리를 위한 바리케이드를 구축해야 한다고 말한다.

적법한 이익은 여러 맥락에서 프로세싱을 위한 가장 그럴듯한 근거가 될 수 있을 것이다. 그것은 프로세싱이 조직과 개인과 사회에 가져올 수 있는 위험과 편익을 평가하고 균형을 맞추는 것을 뜻하기 때문이다. 규제기관이나 제3자의 적법한 이익에는 다른 권리나 자유도 포함될 수 있다. 때로는 균형의 평가에 표현의 자유, 경제 활동에 참여할 권리, 지적재산권을 보장받을 권리 등도 포함될 것이다. 개인의 프라이버시권과 관련해서도 상기한 권리들을 고려해야 한다.[31]

2018년 4월 말, 감시 자본주의의 경제성 요청은 5월부터 시행될 GDPR에 대비해 이미 움직이고 있었다. 4월 초에 페이스북 CEO는 GDPR의 '취지'를 전 세계에 적용하겠다고 발표했다. 그러나 실제로는 GDPR이 자사의 운영에 거의 아무런 영향도 미치지 못하도록 조치를 취하고 있었다. 그때까지 아프리카, 아시아, 호주, 중남미 등의 페이스북 사용자 15억 명은 아일랜드에 있는 페이스북 국제사업본부의 서비스 약관을 적용받고 있었다. 이는 유럽연합의 규제 대상이라는 뜻이다. 페이스북이 조용히 새로운 서비스 약관을 발표한 것은 4월 말로, 이 새로운 약관은 15억 명의 사용자를 미국 프라이버시법의 관할로 이관해 아일랜드 법원에 소송을 제기할 수 없게 했다.[32]

III. 유니콘이 있다면 언제나 그 뒤를 쫓는 사냥꾼이 있다

길들이기에 실패하면 우리 삶은 어떻게 될까? 감시 자본주의와 그들이 원하는 대로 행동하게 하고 그들이 원하는 사회를 만들 도구주의 권력을 막아줄 보호막이 없으면 우리는 '출구 없는' 상태에 갇힌다. 그곳의 벽은 모두 투명한 유리벽이다. 은신하고자 하는 인간 본연의 욕구는 제거돼야 하고, 낡은 성역 따위는 사라져야 한다.

'출구 없음'은 빅 아더가 번성하기 위한 필수 조건이고, 빅 아더의 번성은 또 다른 일들을 위한 필수 조건이다. 즉, 빅 아더가 번성해야만

- 행동잉여가 흐를 수 있고, 그 흐름이 수익으로 전환될 수 있다.
- 모든 시장 행위자들에게 결과를 보장해줄 확실성이 확보된다.
- 신뢰에 기대지 않고 비계약의 극단적 무관심을 추구할 수 있다.
- 괴로워하는 2차 현대적 개인들의 욕구를 이용해 애쓰지 않아도 서로 연결되는 연결의 천국을 만들어서 그들의 삶을 타인의 목표를 위한 수단으로 삼을 수 있다.
- 자아를 약탈하고, 마찰 없는 통제를 위해 자율적인 도덕적 판단을 중단시킬 수 있다.
- 미래에 대한 의지를 조용히 고갈시키도록 행동을 유발하거나 수정할 수 있다.
- 타인의 계획을 위해 1인칭의 목소리를 박탈할 수 있다.
- 민주적 통치를 위한 합법적 권위, 자기결정권을 가진 시민이라는 낡고 더딘, 충족된 적도 없는 정치적 이상과 사회적 관계들을 파괴할 수 있다.

우리의 이상이 충족된 적 없다는 말은 맞다. 그러나 우리가 꿈꾼 유니콘들은 제각기 인류가 성취한 최고의 성과에 영감을 줬다. 유니콘이 있으면 유니콘을 쫓는 사냥꾼이 있기 마련이며, 자유주의 질서를 키운 이상도 예외가 아니다. 그 뒤를 쫓는 사냥꾼을 위해서라면 문이나 자물쇠, 장애물, 그리고 친밀함과 소원함, 집과 세계의 대립은 있을 수 없다. 이제 '장소분석' 따위는 필요치 않다. 모든 공간이 무너지고 빅 아더라는 하나의 공간만 남았기 때문이다. 그 조개껍질 안에서 꽃잎처럼 부드럽고 무지갯빛으로 빛나는 구석 자리를 찾지 말라. 그 어두운 구석에 웅크리고 있을 이유가 없다. 껍질은 단지 또 하나의 연결 노드일 뿐이며, 당신의 백일몽을 들어줄 청중은 이미 시끄러운 유리벽 안의 삶에 포섭되었다.

인류에게 미래로 가는 길을 확보해줄 대안적 선언이 없는 상황에서 유리벽 속의 삶을 견딜 수 없는 우리는 기계와 기계 주인의 탈법적 횡포를 잠시라도 유예시키고 우리 자신의 삶을 숨길 방법—그것은 점점 더 복잡해진다—을 찾아내기 위한 역선언의 군비 경쟁에 휘말린다. 우리는 성역에 대한 식지 않는 열망을 만족시키기 위해서 기꺼이 그 군비 경쟁에 가담하며, 그것은 벌집의 도구주의적 규율, '확장된 냉각 효과', 빅 아더의 끝없는 탐욕을 거부하는 저항 행위이기도 하다. 정부의 감시를 피해 '숨는' 행위는 '프라이버시 시위privacy protest'라고 일컬어지며, 잘 알려져 있듯이 사법 당국의 의혹을 불러일으킨다.[33] 이제는 빅 아더나 그 소유주들도 '숨김'을 유발한다. 저들은 더 멀리, 더 깊이 손을 뻗어 우리의 벽, 우리의 몸, 우리가 다니는 거리 속으로 들어와서 우리의 얼굴 생김새와 감정, 배제에 대한 두려움까지도 읽어낸다.

나는 가장 뛰어나고 영리한 젊은이들이 그들의 재능을 클릭스트림click-stream을 늘리는 데 소진하고 있다고 주장해왔다. 젊은 운동가, 예술가, 발명가들이 숨김의 예술, 숨김의 과학을 창조해야 할 소명을 느낀다는 점도 마찬가지로 가슴 아프다.[34] 우리 시대의 젊은 예술가들은 작품을 통해 우리에게 공격적으로 방향감각을 찾아 나서라고 말하지만, 그와 동시에 견디기 힘든 유리벽 속 삶은 그들에게 인간을 보이지 않게 만들 가능성을 탐구하는 데 재능을 바치라고 종용한다. 그들의 도발은 신호를 차단하는 휴대전화 케이스, 지문이 '자기 삶으로 들어오는 열쇠'로 이용당하지 않게 해주는 가짜 지문 골무, 안면 인식 카메라를 방해하는 LED 프라이버시 얼굴 가리개, 전파와 추적 장치를 차단하는 누비 코트, 보호되지 않은 웹사이트나 네트워크가 자신의 기기에서 탐지될 때 금속성 냄새를 뿜어내는 디퓨저, '반복적인 일상을 유지해 동선을 예측할 수 있는 사람'을 겨냥한 감시를 방해하기 위해 항상 조금씩 다른 경로를 제안해주는 '세렌디피터 앱serendipitor app', 안면 인식 소프트웨어를 혼동시키기 위해 유명인사의 얼굴을 프린트한 티셔츠가 대표 상품인 '글래모플라쥬' 의류 라인, 디지털 테크놀로지에 의한 뇌파 침입을 막기 위한 뇌영상 감시 방지 헤드기어, 방어막을 만들어 침입 신호를 차단하는 감시 방지 코트 등 이미 여러 형태로 나타났다. 시카고의 예술가 레오 셸바지오Leo Selvaggio는 안면 인식 장치에 혼란을 주기 위해 3D 이미지를 인쇄한 고무 마스크를 제작한다. 그는 자신이 하는 일을 '조직적인 예술적 개입'이라고 부른다.[35]

아마도 가장 가슴이 찢어지는 예는 백슬래시 툴킷Backslash Tool Kit일 것이다. 이것은 '미래의 시위와 폭동을 위해 설계된 기능형 기기 세트'로, 비밀 메시지나 공개 키를 담을 수 있는 스마트 반다나smart bandana, 독립적으로 네트워크에 연결되는 착용형 기기, 법 집행의 남용을 기록하기 위한 개인용 블랙박스 장치, 오프그리드 통신을 위한 고속 배치 라우터로 구성된다.[36] 백슬래시는 뉴욕 대학교 석사논문 프로젝트의 일환으로 만들어졌으며, 이 세대가 직면하고 있는 3차 현대성 문제를 완벽하게 반영한다. 백슬래시를 만든 디자이너는 디지털 시대에 태어난 젊은 세대에게 '연결성은 인간의 기본권'인데, 만연해진 감시 때문에 '저항을 위한 테크놀로지의 미래가 어두워 보인다'고 탄식한다. 그는 이 툴킷을 통해 '저항과 테크놀로지 사이의 긴장 관계를 탐색하고 연구하기 위한 공간이자 표현의 자유, 폭동, 파괴적 테크놀로지에 관한 대화를 촉진하는 공간'을 창출하고자 했다. 이와 관련된 또 하나의 사례로, 워싱턴 대학교 학생들은 '신체와 상용 기기 사이의 데이터 전송'을 위한 시제품을 개발했다. 이 기기는 손쉽게 이용할 수 있으며 '신체에 닿아 있는 무선 수신 장치에만 정보를 전송할 수 있게 해' 탐지가 쉬운 일반적인 와이파이 전송을 이용하지 않고 안전하고 사적인 통신을 할 수 있도록 고안되었다.[37]

맨해튼 신현대미술관New Museum for Contemporary Art 기념품점을 구경하다 보면 그곳의 베스트셀러인 탁상용 거울이 진열된 것을 볼 수 있다. 그 거울의 전면에는 밝은 주황색 글씨로 '오늘의 셀피는 내일의 생체인식 프로필이다'라고 쓰여 있다. 이 '프라이버시를 생각하라' 셀피 거울은 베를린에서 활동하는 애덤 하비Adam Harvey의 프로젝트로, 그의 작업은 감시 문제를 겨냥하며 감시 주체의 권력을 저지시키는 것을 목표로 한다. 하비의 작업은 '컴퓨터 비전 알고리즘에 대한 역공학'으로부터 시작해 위장술이나 다른 은폐 방법을 통해 그들의 취약성을 탐지하고 이용하고자 한다. 가장 잘 알려진 프로젝트는 '스텔스 웨어Stealth Wear'일 것이다. 이것은 착용형 패션 아이템으로, 드론에 의한 감시, 더 넓게는 안면인식 소프트웨어를 혼란스럽게 하거나 회피할 수 있게 한다. 표면에 은을 입힌 섬유는 열 감지를 막아 '그 옷을 입은 사람이 공중에서 체온 감지를 통해 이루어지는 감시를 피할 수 있게 해준다.' 하비는 '옷으로 인간과 신을 분리시킬 수 있다'는 관념을 표현한 이슬람 전통 의상에서 영감을 받았다. 지금 그는 인간의 경험을 감시 권력으로부터 분리하기 위해 그 디자인을 차용한다.[38] 하비의 또 다른 프로젝트는 안면 인식 소프트웨어나 다른 형태의 컴퓨터 비전을 방해하는 메이크업과 헤어스타일링의 미학을 창조했다. 이마를 모두 가리도록 검은색 앞머리를 내리고 여기에 푸른색 깃털을 단다거나 레게머리를 코 아래까지 내려뜨린다. 광대뼈 부위에 검은색과 흰색 페인트를 두껍게 바르거나, 문어발 같은 긴 머리카락으로 얼굴과 목을 휘감는 스타일도 있다.

하비뿐 아니라 주로 젊은 층을 중심으로 감시와 저항이라는 주제를 다루는 예술가가 점점 늘어나고 있다. 벤저민 그로서Benjamin Grosser가 만든 '수치제거기demetricator'는 페이스북 및 트위터에서 각종 수치를 삭제하는 소프트웨어 인터페이스다. "'좋아요', '친구', 팔로워, 리트윗 … 등의 숫자가 모두 사라진다." 그는 우리에게 묻는다. 우리의 친구 숫자를 전면에 내세우는 인터페이스가 우리의 친구 개념을 어떻게 변화시키고 있는가? "숫자를 지우면 알게 될 것이다." 그로서의 또 다른 프로젝트 '고 랜도Go Rando'는 '좋아요'를 클릭할 때 이모티콘이 무작위로 선택되게 함으로써 '페이스북에서의 감정 표현을 난독화'하는 웹브라우저 기능 확장 프로그램으로, 이 프로그램의 사용은 사용자의 성격과 감정 프로필을 계산하는 페이스북의 잉여 분석 역량을 약화시킨다.[39] 트레버 패글렌Trevor Paglen은 음악, 사진, 위성 영상, 인공지능을 다채롭게 결합한 퍼포먼스를 통해 빅 아더의 전지적 지식과 실행을 폭로한다. 그는 자신의 작품에 대해 이렇게 설명했다. "AI를 구동하는 소프트웨어의 내부, … 상이한 컴퓨터 비전 시스템들의 아키텍처를 들여다봄으로써 그들이 무엇을 보고 있는지 알아내고자 했다." 중국 작가 아이 웨이웨이Ai Weiwei의 설치미술 〈헨젤과 그레텔Hansel & Gretel〉은 사람들이 순수한 의도로 찍는 사진, 인스타그램 활동, 트위터, 문자메시지, 태그, 게시물에 어떠한 감시적 함의가 있는지를 피부로 느끼게 함으로써 참여자들에게 강렬한 경험을 창출했다.[40]

우리의 아이들과 마찬가지로, 우리의 예술가들도 탄광의 카나리아다. 자신을 보이지 않게 하고자 하는 욕구가 뛰어난 예술적 선구자들의 주제가 되었다는 사실은 그들이 비탄과 충격으로 가득한 최전선에서 병에 담아 띄워 보내고 있는 또 하나의 메시지다. 유리벽 안에서의 삶도 견디기 힘들지만, 법의 테두리를 벗어나 어디서나 작동하는 유비쿼터스 테크놀로지를 좌절시키기 위해 저항의 가면과 옷으로 자신을 감추고 사는 것도 그에 못지않게 견디기 힘들다. 모든 역선언이 그렇듯, 위험을 숨기고 사는 삶에도 익숙해질 수 있다. 바로 그 지점에서 분노를 결집시켜야 한다. 이렇게 살 수는 없다. 장벽 아래의 터널로는 만족할 수 없다. 벽을 허물어야 한다.

가장 위험한 일은 우리가 유리벽 안의 삶을 편안하게 느끼거나 숨을 수 있다고 생각하게 되는 것이다. 두 대안 모두 성역이 낳는 내면성—그것은 우리 삶의 유지에 필수적이며, 우리를 최종적으로 기계와 구별시켜 준다—을 빼앗아간다. 내면성은 우리가 약속과 사랑의 능력을 긷는 우물이어서, 그것이 없다면 친밀한 사적 유대나 사회의 공적 연대는 모두 시들어 죽게 된다. 우리가 항로를 바꾸지 않는다면 다음 세대에게 엄청난 과업을 남기게 되는 셈이다. 산업 자본주의는 자연을 착취함으로써 다음 세대에게 폭염으로 신음하는 지구라는 짐을 지웠다. 여기에 인간 본성에 대한 감시 자본주의의 침략과 정복이라는 짐을 더 얹을 것인가? 저들이 부와 권력을 위해 성역과 미래 시제에 대한 권리를 내놓으라고 요구하며 슬며시 벌집에서의 삶을 부과하는 것을 가만히 지켜보기만 할 것인가?

파라디소는 그것을 혁명이라고 부르고 펜틀런드는 개인의 죽음이라고 명명한다. 나델라와 슈미트는 기계 벌집과 거기에서 이루어지는 강제적 합류, 조화에 우위를 두는 방식을 롤 모델로 삼아야 한다고 주장한다. 페이지와 저커버그는 사회 변화를 그들이 상업적 목표를 이루기 위한 수단으로 삼는다. 물론 우리 가운데에는 그들의 시각에 반대하는 사람들도 있다. 그러나 아직까지는 벽이 없는 삶에 대한 그들의 선언이 대중적인 합의 철회를 촉발하지 못했다. 부분적으로는 우리의 의존성이 낳은 결과이고, 부분적으로는 '혁명'에 수반될 결과는커녕 설계자들이 아우르려고 하는 폭과 깊이조차 우리가 아직 제대로 파악하지 못했다는 데서 기인한다.

빅 아더의 면면이 개발되고, 시험되고, 정교화되고, 정상화될수록 우리의 감수성은 점차 그 기형성에 무뎌진다. 우리의 귀는 벽이 불러주는 자장가를 더 이상 듣지 못하게 된다. 기계와 기계 주인으로부터 숨는 일이 지금은 어린 첨병들의 강박적 실천이지만 이대로라면 사회적 담론, 그리고 결국 저녁 식탁 대화에서의 평범한 주제가 될 것이다. 그리고 그 각 단계는 알지 못하는 사이에 일어나 전장의 안개 속에서처럼 산산조각 난 파편, 우발적인 사건들처럼 산발적으로 불쑥 나타나거나 심지어 조용히 묻힐 때도 많을 것이다. 우리는 그 기원과 의미는 말할 것도 없고 패턴조차 인식할 새가 없겠지만, 성역이 하나씩 사라질 때마다 나타나는 공백은 도구주의 권력이 지배하는 새로운 환경에 의해 아무도 모르게 채워질 것이다.

결론

위로부터의 쿠데타
: 우리는 그들이 무엇을 아는지 모른다

> 그는 한 번도 본 적 없는 것들에 대한 혐오감으로 떨었고,
> 그러다 그것으로부터 사랑을 갈망했다.
> 그리고 전에 없이 억압당했다.
>
> — **W. H. 오든, 《중국 소네트》 III**

감시 자본주의는 세 가지 놀라운 방식으로 시장 자본주의 역사와 결별한다. 첫째, 감시 자본주의는 제한 없이 자유와 지식을 누릴 특권을 요구한다. 둘째, 감시 자본주의는 민중과의 오랜 유기적 호혜 관계를 폐기한다. 셋째, 벌집에서의 삶이 주는 불안이 극단적 무관심과 빅 아더라는 물질적 구현으로 유지되는 집단주의적 사회상을 드러낸다. 이 장에서는 역사적 기준에 따라 이 세 가지 결별을 살펴볼 것이다. 그러고 나면 이 질문에 맞닥뜨리게 될 것이다. 감시 자본주의는 단지 '자본주의'의 한 형태일 뿐일까?

I. 자유와 지식

어떠한 제약도 받지 않는 자유를 요구한다는 점은 감시 자본가들도 다른 자본가들과 다를 바 없다. 그들은 법과 규제로부터의 자유가 필요하다고 공격적으로 주장하면서 동시에 어떤 운용 방식이든 도입할 수 있는 자유도 함께 주장한다. 이 고전적인 패턴은 이론가들이 제시한 자본주의에 대한 기본적인 가정 두 가지를 반영한다. 첫째, 시장은 본질적으로 알 수 없다. 둘째, 이 같은 앎의 결여가 만든 무지는 시장 행위자들의 광범위한 자유를 요구한다.

무지와 자유가 자본주의의 핵심적인 특징이라는 관념은 현대적인 교통·통신 체계가 출현하기 전의 생활환경에 그 뿌리를 둔다. 당시에는 글로벌 디지털 네트워크나 인터넷, 유비쿼터스 테크놀로지에 의한 계산, 감지, 그리고 액추에이팅 아키텍처로 이루어진 빅 아더가 없었음은 물론이다. 대부분의 인류 역사에서 삶은 지역에 묶여 있었고 '부분'을 사는 우리에게 '전체'는 비가시적일 수밖에 없었다.

애덤 스미스의 유명한 은유인 '보이지 않는 손'은 인간의 삶이 처한 이 오래된 현실 속에서 나온 것이다. 스미스는 개인들이 각자의 영역에서 각자의 자본을 동원해 당면한 안락과 필요한 재화를 얻는다고 본다. 각자는 '자신의 안위와 … 자신의 이익'만을 신경 쓰지만 '보이지 않는 손에 이끌려 자신이 뜻하지 않았던 목표 달성을 촉진하게 된다.' 그 목표는 더 넓은 시장에서 자본을 효율적으로 사용하는 것, 다시 말해 국가의 부다. 효율적인 시장을 만들어내는 개인의 행위는 믿을 수 없을 만큼 복잡한 패턴을 이룬다. 그것을 어느 개인이나 기관이 지시할 수 없음은 물론, 어느 누구도 그 미스터리를 알거나 이해할 엄두조차 내지 못한다. "정치가라면 자본을 어떻게 써야 하는지를 사람들에게 안내해야 하는데 … 어떤 개개인뿐만 아니라 의

회나 상원에도 안심하고 믿을 만한 권한이 없다고 가정할 것이다."[1]

신자유주의 경제학자 프리드리히 하이에크—우리는 지난 반세기 동안 이어져온 시장 특권적 경제 정책의 기초로서 그의 이론을 1부 1장에서 간략히 논의한 바 있다—가 자신의 이론에서 가장 기본적인 원리로 삼은 전제는 전체와 부분에 관한 스미스의 가정에서 도출한 것이었다. 하이에크는 이렇게 썼다. "애덤 스미스는 우리가 개인적인 지식과 인지의 한계를 넘어서는 경제적 협력 질서 형성 방법을 우연히 발견했다는 사실을 최초로 인식했다. 그의 '보이지 않는 손'을 보이지 않는 혹은 파악할 수 없는 패턴이라고 표현하면 더 잘 이해할 수 있을 것이다."[2]

플랑크, 마이어, 스키너처럼 하이에크와 스미스도 분명하게 자유와 무지를 연관 짓는다. 하이에크의 이론적 틀에서 시장의 미스터리는 많은 사람이 전체를 알지 못하는데도 효과적으로 행동할 수 있다는 점이다. 개인들은 각자가 원하는 바를 자유롭게 선택할 수 있을 뿐만 아니라 자유롭게 선택해야만 한다. 다른 방법이 없기 때문이다. 그들을 안내해줄 총체적 지식의 원천도 없고 의도적 통제도 없다. 하이에크는 '인간의 구상'은 불가능하다고 말한다. 관련된 정보의 흐름이 '어느 한 사람이 의식적으로 통제할 수 있는 범위를 벗어나기' 때문이다. 시장의 역학은 사람들이 무지 속에서도, '아무도 어떻게 하라고 말해주지 않아도' 행위할 수 있게 해준다.[3]

하이에크는 민주주의 대신 시장을 선택했다. 시장 시스템이 노동의 분업화뿐 아니라 '동등하게 배분된 지식에 근거한 자원의 조화로운 활용'도 가능케 하기 때문이다. 시장은 유일하게 자유와 양립 가능한 시스템이다. 하이에크에 따르면, 어쩌면 인간이 흰개미 '국가' 같은 다른 종류의 문명을 고안할 수 있었을지도 모르지만, 그것은 인간의 자유와 양립 불가능하다.[4]

뭔가 이상하다. 감시 자본가를 포함해 많은 자본가가 그들의 자본 운용에 대한 여러 형태의 공적 개입—규제적, 입법적, 사법적, 사회적 개입—을 거부하며 그들의 자유를 지키기 위해 수 세기에 걸쳐 확립된 정당화의 논리를 적극적으로 동원하고 있는 것은 사실이다. 그러나 빅 아더와 도구주의 권력에 의한 그 안정적 가동은 무지에 대한 보상으로서의 자유라는 고전적 관념과 어긋난다.

감시 자본주의의 운용에 관한 한, '시장'은 더 이상 보이지 않는 존재가 아니다. 적어도 애덤 스미스나 하이에크가 생각한 시장과는 확실히 다르다. 감시 자본가들 사이의 치열한 경쟁은 총체성에 대한 강박을 낳는다. 총체적 정보가 확실성, 즉 보장된 성과를 얻는 데 이바지하기 때문이다. 이는 미래행동시장의 공급과 수요가 점점 더, 무한히 세밀해지리라는 것을 의미한다. 그리하여 감시 자본주의는 종래의 '파악할 수 없는 패턴'을 렌더링, 행동수정, 예측으로 대체함으로써 미스터리를 확실성으로 바꾸어놓는다. 본질적으로 알 수 없다고 간주되었던 고전적인 '시장' 개념을 근본적으로 반전시킨 것이다.

페이스북이 누군가가 구매한 책과 영화, 노래를 모두 알게 되고, 당신이 낯선 도시에 가게 되면 페이스북의 예측 모델이 적당한 술집으로 안내해주고, 그 술집에 가면 바텐더가 당신이 가장 좋아하는 술을 준비해놓을 것이라던 마크 저커버그의 자랑을 기억해보라.[5] 페이스북의 데이터 과학팀 팀장도 이렇게 말한 적이 있다. "세계는 이만한 규모와 질의 인간 커뮤니케이션 데이터를 처음으로 목도하게 되었다. … 우리는 이 현미경으로 … 이전에는 결코 볼 수 없었던 아주 미시적인 수준까지 사회적 행동을 들여다볼 수 있게 됐다."[6] 페이스북 수석 엔지니어는 더 간결하게 요약했다. "우리는 세계의 모든 것과 그 상호관계를 도식화하려고 한다."[7]

다른 선도적인 감시 자본가 기업들도 같은 목표를 향한다. 구글의 에릭 슈미트는 2010년에 이렇게 말했다. "사용자가 자신과 친구에 관한 정보를 더 많이 제공할수록 구글 검색의 질이 개선된다. 타이핑할 필요도 없게 될 것이다. 우리는 당신이 어디에 있는지, 어디에 있었는지 안다. 무슨 생각을 하고 있는지도 어느 정도는 알 수 있다."[8] 마이크로소프트의 사티아 나델라는 모든 물리적·제도적 공간, 사람, 사회적 관계를 기계 추론, 패턴 인식, 예측, 선점, 차단, 수정을 위해 색인화하고 검색 가능하게 할 수 있다고 본다.[9]

감시 자본주의는 기존의 자본주의와 다르며, 감시 자본가는 애덤 스미스나 하이에크가 말한 자본가와 다르다. 이 체제에서 자유와 무지는 쌍둥이가 아니며, 미스터리로 불리는 동전의 양면도 아니다. 감시 자본주의는 오히려 자유와 지식의 전례 없는 수렴에 의해 정의된다. 그 수렴의 정도는 도구주의 권력의 범위에 정확히 상응한다. 아무런 방해 없이 축적된 이 권력은 효과적으로 학습의 사회적 분업화를 가로채 감시 수익을 얻기 위한 포함과 배제의 역학관계를 확립한다. 감시 자본가들은 지식을 통제할 자유를 주장하고, 다시 그 지식의 우위를 활용해 자유를 방어하고 확장한다.

경쟁적인 시장에서 감시 자본주의가 어떤 식으로든 지식의 우위를 점하려고 한다는 것은 이상한 일이 아니지만, 감시 자본가들은 무지를 지식으로 전환시키는 데 있어서 전례 없는 능력을 갖고 있다. 이 전례 없는 능력은 그들이 이용하는 한 가지 자원에서 비롯되며, 바로 이 점 때문에 그들이 전통적인 유토피아주의자들로부터 차별화된다. 그것은 실제로 세계를 변화시킬 수 있게 하는 금융·지식 자본으로, 끊임없이 확장되는 빅 아더의 아키텍처로 구체화된다. 더 놀라운 것은 감시 자본이 일방적이고 보편적인 렌더링 프로그램을 통해 수탈한 인간 경험에서 나온다는 점이다. 감시 자본가들은 우리의 삶을 긁어내서 판매한 수익을 자신들이 자유를 누리고 우리를 정복하기 위해, 또한 그들은 지식을 축적하고 우리는 그들이 무엇을 아는지를 모르게 하기 위해 투입한다.

이 새로운 조건은 이중 운동이 제거되고 날것 그대로의 자본주의, 즉 자유시장, 자유시장의 행위자들, 자율규제 기업들이 승리해야 할 이유에 대한 신자유주의적 정당화를 해체한다. 이는 감시 자본가들이 자본주의 세계관의 가장 기본적인 가정을 무너뜨리는 새로운 축적 논리를 추구하면서, 다른 한편으로는 신자유주의 이데올로기의 방어 수단인 수사학과 정치적 재능을 터득했음을 시사한다. 단지 카드만 다시 섞은 것이 아니라, 게임의 규칙이 바뀐 것이다. 바뀐 규칙은 전례가 없을 뿐만 아니라 디지털 환경이나 새로운 응용 유토피아주의자들이 테이블에 가져다놓은 엄청난 부와 고도의 과학적 역량이라는 자원을 떠나서는 상상할 수도 없는 방식이다.

우리는 지금까지 감시 자본주의에서 새롭게 나타나는 기본적인 메커니즘과 경제성 요청, 집결력, 그것이 목표로 하는 사회가 무엇인지 세심하게 검토해왔다. 탐구의 결론 중 하나는 감시 자본주의의 사회적 학습 분업화에 대한 지휘 통제가 보이지 않는 손과 그 자격에 대한 낡은 정당화 논리와 결별하게 만드는 대표적인 특징이라는 것이다. 지식과 자유의 결합은 감시 자본가들과 그들이 속한 사회 사이의 권력의 비대칭성을 심화한다. 이 사이클을 끊기 위해서는 우리 시민이, 우리 사회가, 우리 문명이 자유를 누리기에는 감시 자본가들이 아는 것이 너무 많다는 것을 인정해야만 한다.

II. 호혜성 이후

감시 자본가들을 종래의 자본주의와 결별하게 하는 또 하나의 결정적 요소는 민중과의 유기적 호혜 관계를 폐기한다는 점이다. 이 호혜 관계는 오랫동안 자본주의의 내구성과 적응력을 나타내는 표시였다. 일찍이 애덤 스미스는 기업이 노동자이자 고객인 민중에게 의존하는 자본주의의 생산적 사회관계의 가치를 알아봤고, 20세기는 그 통찰에 귀 기울였다. 포드의 '5달러의 날'이 바로 그 호혜성을 상징한다. 스미스는 가격이 인상되면 그에 상응하는 임금 인상이 뒤따라야 한다고 주장했다. "그래야 노동자가 필요한 만큼의 물품을 구매할 수 있고 노동 수요가 충족될 수 있다."[10] 주주 가치 운동과 세계화는 호혜성을 형식적 무관심으로 대체함으로써 자본주의와 지역 사회 사이의 오래된 사회적 계약을 파괴해왔다. 감시 자본주의는 한발 더 나아갔다. 애덤 스미스를 버렸을 뿐만 아니라 얼마간 남아 있던 호혜성마저도 공식적으로 폐기했다.

첫째, 감시 자본가들은 소비자로서의 민중에게 더 이상 의존하지 않는다. 대신 공급과 수요의 축은 감시 자본주의 기업이 인구, 집단, 개인의 행동을 예측하는 사업을 지향하게 한다. 우리가 이미 살펴본 바와 같이, 그 결과 '사용자들'은 디지털 시대 생산 프로세스에 원재료를 공급하는 원천이 되고, 여기서 생산되는 상품은 새로운 상용 고객을 겨냥한다. 감시 자본주의 사회에서도 개인 소비자들이 여전히 존재한다. 몇 가지 예를 들어보자면, 룸바 진공청소기, 스파이 인형, 스마트 보드카 병, 행동 기반 보험 등이 개인 소비자를 대상으로 하는 상품들이다. 그러나 사회적 관계는 더 이상 상호 교환에 기초하지 않는다. 여러 사례를 통해 볼 때, 제품과 서비스는 단지 감시 자본주의의 기생적 운용을 위한 숙주일 뿐이다.

둘째, 역사적 기준으로 볼 때 감시 자본가들이 고용하는 인원은 그들의 전례 없이 방대한 연산 자원에 비해 매우 적다. 고도로 훈련된 적은 노동력으로 자본집약적 대규모 인프라의 힘을 이용하는 이 패턴은 '하이퍼스케일'이라고 불린다. 70년 동안의 GM 고용 수준과 시가총액을 구글과 페이스북의 신규 상장 이후 데이터와 비교해보면 하이퍼스케일에 의한 사업 운용이 기존의 방식과 질적으로 다르다는 점이 명백해진다. (비교 대상을 구글과 페이스북에 국한한 것은 이 두 회사가 기업 공개 이전에도 순전한 감시 자본주의 기업이었기 때문이다.)

기업 공개 후 2016년까지 구글과 페이스북은 꾸준히 시가총액 최고치를 경신했고, 2016년 말 두 회사의 시가총액은 각각 5,320억 달러와 3,320억 달러에 이른다. 그러나 두 회사가 고용한 직원의 수는 각각 75,000명, 18,000명을 넘긴 적이 없다. 제너럴 모터스는 1965년 시가총액 최고치인 2,251억 5천만 달러에 도달하는 데 40년이 걸렸으며, 당시 735,000명의 직원을 고용하고 있었다.[11] 가장 놀랄 만한 것은 대공황이 극에 달했을 때의 GM 종사자 수가 구글이나 페이스북이 최고의 시가총액에 이르렀을 때보다 더 많았다는 사실이다.

GM은 세계화, 신자유주의, 주주 가치 운동, 금권정치가 공기업과 제도화된 이중 운동을 해체하기 전, 20세기 미국의 상징이다. 제도화된 이중 운동은 세계화 현상이 나타나기 전까지의 20세기 동안 안정적인 호혜 관계를 상징하는 공정한 노동 관행과 노조 설립, 단체교섭 등을 실현함으로써 GM의 합리적 고용정책을 이끌었다. 예를 들어, 1950년대에는 성인의 80퍼센트가 '대기업'이 국가에게 좋은 것이라고 보았고 66퍼센트는 기업의 변화 필요성이 거의 또는 전혀 없다고 했다. "대기업의 이윤이 소비자에게 더 나은 제품 및 서비스를 제공할 수 있게 한다"는 데 동의한 사람도 60퍼센트나 됐다.[12]

GM이 1980년대 후반 글로벌 경쟁에 적응하지 못하게 한 요인—결국 이 실패는 2009년의 파산으로 이어졌다—이 바로 이 호혜적 관계에 있었다고 비난하는 사람들도 있다. 그러나 분석에 따르면 GM의 그 엄청난 쇠락을 야기한 가장 큰 문제는 만성적인 경영상의 안일과 실패할 수밖에 없었던 금융 전략에 있었다고 밝혀졌고, 그 결론은 21세기 독일 자동차 산업의 성공에 의해 더 확실해졌다. 독일 자동차 회사에서는 강력한 노동단체가 공식적으로 의사 결정에 참여하고 있기 때문이다.[13]

하이퍼스케일 기업들은 현대 디지털 자본주의의 상징이다. 그것은 자본주의가 낳은 또 하나의 발명품으로서 고용과 임금에 미치는 영향, 산업 집중, 독점 등 중대한 사회·경제적 과제를 제기한다.[14] 2017년에 24개의 하이퍼스케일 기업은 데이터 센터 320개를 운영했으며, 각 데이터 센터에는 수천에서 수백만 대의 서버가 있었다. 구글과 페이스북은 그중에서도 가장 큰 규모에 속한다.[15]

모든 하이퍼스케일 기업이 감시 자본가인 것은 아니지만, 여기서 우리는 그 두 영역의 수렴에만 집중하려고 한다. 하이퍼스케일 방식으로 사업을 영위하거나 하이퍼스케일 운용을 아웃소싱하는 감시 자본가들은 노동력의 원천인 사회에 대한 의존도를 극적으로 낮출 수 있다. 그들이 경쟁적으로 확보해야 하는 소수의 전문가들은 데이터 과학 분야에서도 가장 희소한 소수로부터 나온다.

소비자이자 노동자인 사람들과의 유기적 호혜 관계가 없어졌다는 것은 역사적으로 시장 자본주의와 민주주의가 맺어온 관계의 측면에서 볼 때 무척 중요한 문제다. 사실 미국에서나 영국에서나 민주주의의 기원에는 바로 이 호혜성이 있었다. 미국에서는 소비자와의 호혜성 위반이 자유를 향한 멈출 수 없는 행진을 일깨웠고, 경제적 권력을 정치적 권력으로 전환시켰다. 반세기 후 영국에서는 자본과 노동의 상호의존성을 실용적이고 이기적인 이유로 마지못해 인정한 가운데 그것이 새로운 패턴의 정치권력으로 전환됐고, 선거권의 점진적 확대와 더 포괄적인 민주 제도로의 비폭력적 이동으로 표출됐다. 이처럼 세계를 바꾼 역사를 잠시만 들여다봐도 감시 자본주의가 종래의 자본주의와 얼마나 다른지를 파악하는 데 도움이 된다.

미국 독립 혁명American Revolution은 소비의 호혜성이 어떻게 민주주의 발흥에 기여했는지를 보여주는 두드러진 예다. 역사가 T. H. 브린T. H. Breen은 그의 선구적인 연구를 담은 《혁명 시장The Marketplace of Revolution》에서 바로 이 호혜성의 위반이 여러 지역에서 온 낯설고 이질적인 사람들을 새로운 급진적 애국 세력으로 통합함으로써 독립 혁명을 일으킨 힘이 되었다고 주장한다. 브린은 북아메리카 식민지 주민들이 영국에서 수입된 '상품의 제국'에 의존하게 됐으며, 이 의존성에 의해 호혜적 사회 계약에 대한 감각을 갖게 됐다고 설명한다. '영국인들의 소비재 시장을 직접 경험해본 서민들'은 영국과 '진정한 동반자 관계'에 있다고 믿게 됐다.[16] 그런데 잘 알려진 것처럼 영국 의회는 이 동반자 관계의 권리와 의무를 잘못 판단했고, 일련의 세금을 부과해 옷과 차 같은 영국산 제품을 '제국 압제의 상징'으로 만들었다. 브린은 공통의 소비 경험과 생산자와 소비자 사이에 반드시 필요한 상호의존성을 위반한 데 대한 분노, '상품으로 하여금 권력에게 말을 걸게' 하겠다는 결의가 낳은 정치적 운동의 독창성을 묘사한다.

소비자의 기대에서 민주주의 혁명으로의 전환은 세 개의 물결로 일어났다. 우선 1765년 인지세 조례는 대중 시위와 폭동을 촉발했고, 조직화된 저항은 오늘날의 소비자 불매 운동에 해당하는 '수입품 거부 운동'으로 표출됐다. 인지세 조례의 세부 내용보다는 영국이 그들을 정치적·경제적으로 동등한 존재로 인정하지 않고 그들의 관계를 서로 이익을 주고받는 호혜적 관계로 인정하지 않는다는 식민지 주민들의 각성이 더 중요했다. 브린에 따르면, 영국 의회는 '물질적 행복을 추구하는 데' 비싼 가격을 매겨 "원하는 상품을 살 수 있는 능력을 위태롭게 했는데, 여기서 식민지 주민을 이등 국민 취급하려는 의중이 드러났다."[17] 식민지 주민들은 인지세 조례를 그들의 제국의 국민으로서의 권리, 그리고 이에 더해 제국의 소비자로서의 권리에 대한 침해로 느꼈다. 그것은 소비자의 경제적 권력이 정치적 권력으로 전환된 최초의 사건이었으며, 가장 평범한 식민지 사회 구성원들이 '완전히 새로운 정치 형태'를 통해 '짜릿한 권한 확대'를 경험했다.[18] 의회는 수입품 거부 운동이 식민지 전역에 실질적으로 퍼지기 전에 인지세 조례를 철회했으며, '대표 없이는 과세도 없다'는 원칙이 승리한 것으로 보였다.

그러나 불과 2년 만인 1767년 수입품에 광범위하게 세금을 부과하는 톤젠드 조례Townshend 條例가 통과되자, 모든 식민지(현재의 미국 영토에 있던 13개의 영국 식민지 지역을 뜻함-옮긴이)에서 새로운 분노의 물결이 일어났다. 상세한 수입 거부 협약은 소비자의 희생을 요구했고, 이는 정치적 저항의 최전선이 됐다. 기대를 배반당한 공통의 경험은 지역, 종교, 문화적 차이를 가로질러 새로운 사회적 연대의 기반이 되었다.[19] 1770년, 톤젠드 조례도 폐지되었고, 이번에도 전면적인 저항은 피한 것으로 보였다.

1773년 홍차 조례Tea Act는 식민지들의 저항을 새로운 단계로 몰아넣었다. 정치적 초점이 수입 거부에서 소비 거부로 이동한 것이다. 수입 거부는 상인들의 저지로 달성할 수 있었지만 소비 거부는 '고객'이라는 공통의 지위로 뭉친 독특한 연대 아래 모든 개인이 참여해야 하는 일이었다. 새뮤얼 애덤스Samuel Adams(매사추세츠 식민지의 정치인으로, 미국 건국의 아버지 중 한 사람-옮긴이)가 미국인의 자유가 "'영국의 싸구려 제품들'로부터 스스로 해방될 역량에 달려 있다"고 선언한 것은 이러한 맥락에서였다.[20]

영국의 상품은 철저히 의존과 억압의 상징이 되어 있었다. 매사추세츠의 하버드라는 작고 가난한 마을 주민들이 차 상자들을 싣고 보스턴 항에 도착할 상선에 관해 논의하기 위해 모였을 때 "마을과 지역뿐 아니라 아메리카 전체에, 그리고 다가올 시대와 세대에게 미칠 영향을 생각할 때 우리가 지금까지 주민 회의에서 다룬 그 어느 사안보다 관심이 가는 중요한 문제다"라고 말할 정도였다.[21]

이듬해인 1774년, 필라델피아에서 열린 제1차 대륙회의에서 영국과의 무역을 폐지하기 위한 '원대한 계획'이 수립됐다. 브린은 이 계획이 "정치적 억압에 대한 소비자 저항의 훌륭하고 독창적인 전략 한 가지를 낳았다"고 평가한다. 그것은 "미국인들이 독립에 관한 의식을 갖기 전이었음에도 불구하고 스스로를 미국인으로 생각하게 만들었다는 점"이다.[22]

대런 애스모글루Daron Acemoglu와 제임스 A. 로빈슨James A. Robinson이 제시했듯이, 19세기 초 영국의 민주주의 발전은 '대중'에 대한 산업 자본주의의 의존성과 뗄 수 없는 관계에 있었다. 새로운 생산 조직이 제대로 작동하려면 대중이 부의 창출에 기여해야만 했다.[23] 대량생산과 임금노동자 집단의 부상은 영국 노동자들의 경제적 권력을 확립했고, 노동자들의 정치적 정당성과 권력에 대한 인식을 높였다. 이는 서민과 엘리트 사이의 상호의존성을 새롭게 인식하게 했다.

애스모글루와 로빈슨은 '포용적 경제 제도'(예를 들어, 노사 간의 호혜성을 준수하는 기업)와 정치 제도 사이에 활발하게 일어난 '긍정적 피드백'이 영국의 견고하고 비폭력적인 민주 개혁에 결정적이었다고 본다. 그들은 포용적 경제 제도가 '경기장을 평평하게 하며', 특히 권력 투쟁에서 이 점이 더 두드러진다고 주장한다. 엘리트가 대중의 요구를 묵살하고 '대중을 짓밟는' 일을 어렵게 만들기 때문이다. 노사 관계에서의 호혜성은 정치에서의 호혜성을 생산하고 유지했다. "민중의 요구를 탄압하고 포용적 정치 제도에 맞서 쿠데타를 일으킨다면 (경제적) 이익이 … 무너질 것이고, 민주화와 포용성 확대에 반대하는 엘리트는 이 붕괴 때문에 자신의 부까지 잃게 될지도 모를 일이었다."[24] 영국의 초기 산업 자본주의의 실용주의적 양보와 정반대로, 감시 자본가들이 민중과의 관계에서 취하는 극단적인 구조적 독립성은 포용이 아닌 배제를 야기하고 그럼으로써 우리가 '극단적 무관심'이라고 부른 독특한 접근(법)을 위한 토대를 마련한다.

III. 새로운 집단주의와 극단적으로 무관심한 선장

자유과 지식의 축적은 민중과의 유기적 호혜성 결여와 결합되어 감시 자본주의의 세 번째 특징인 집단주의적인 방향성을 형성한다. 이는 시장 자본주의와 시장 민주주의라는 오래된 가치들로부터 이탈하는 것이며, 감시 자본주의의 기원인 신자유주의적 세계관과도 분명하게 단절되는 특징이다. 감시 자본주의는 그 자체의 상업적 성공을 위해 우리를 벌집 집단에 던져 넣는다. 이 사유화된 도구주의 사회 질서는 국가가 아니라 시장이 그 영역 안에 지식과 자유를 집중시킨다는 점에서 새로운 형태의 집단주의다.

감시 자본주의가 신자유주의 강령에 기원한다는 점에 비추어보면 이 집단주의 경향은 뜻밖의 전개다. 신자유주의는 60년 전에 20세기 중반의 집단주의적 전체주의의 악몽에 대한 반작용으로 나온 산물이기 때문이다. 이후 파시즘과 사회주의의 위협이 소멸하자, 신자유주의 이데올로기는 현대 민주주의 국가를 무슨 수단이든 동원해서 저항해야 할 집단주의의 새로운 근원으로 교묘하게 재규정했다. 실제로 이중 운동의 적출을 추진한 명분이 바로 '과도한 민주주의'라는 집단주의의 잠재적 위험을 물리친다는 것이었다.[25] 그런데 지금 벌집은 민주주의를 경멸하는 하이에크조차 인간의 자유와 양립 불가능하다고 비웃었던 '흰개미 국가'를 모방한다.

자유와 지식이 수렴되면서 감시 자본가들은 스스로 사회의 선장 자리에 앉는다. 학습 분업화의 꼭대기에서 특권적 사제인 '조율사'가 네트워크에 연결된 벌집을 지배하며 그 벌집을 멈추지 않는 원재료 공급원으로 키운다. 20세기 초 관리자들이 한때 '행정가적 관점'이 새로운 대규모 기업의 복잡한 위계질서를 위해 요구되는 지식의 양식이라고 배웠던 것처럼, 오늘날의 고위 사제들은 근본적으로 반사회적인 지식 양식인 극단적 무관심의 응용 기술을 실천한다. 같은 행위가 상황에 따라 전혀 다른 의미를 가질 수 있다는 명백한 사실에도 불구하고 극단적 무관심을 적용하면 콘텐츠는 '익명적' 등가성을 지닌 클릭, '좋아요', 체류 시간으로 측정한 잉여의 양, 범위, 깊이로 평가된다.

극단적 무관심은 경제성에의 요청에 대한 응답이며, 그것이 경영 방침으로 엄격하게 적용되고 있는 모습을 적나라하게 볼 수 있는 기회는 흔치 않다. 《버즈피드》가 2018년에 입수한 페이스북의 2016년 내부 메모가 그런 사례 중 하나다. 페이스북에서 오래 일했으며 가장 영향력 있는 임원 중 한 명인 앤드루 보스워스가 쓴 이 메모를 통해 실제로 적용되고 있는 극단적 무관심을 엿볼 수 있다. 이 글은 이렇게 시작된다. "우리는 우리 일의 좋은 점과 나쁜 점에 관해 자주 이야기를 나눈다. 나는 추악한 면에 관해 이야기하고 싶다." 그러면서 보스워스는 '유기체들 가운데 한 개체'라는 세계관—이 세계관은 총체성으로의 행진에, 그리하여 감시 수익의 증대에 필수적이다—에서 왜 등가성이 평등보다 우위에 서는지 설명한다.

우리는 사람들을 연결합니다. 그들이 이 연결을 긍정적으로 이용한다면 이는 좋은 일일 수 있습니다. 어쩌면 누군가는 사랑을 찾을 수도 있겠지요. 어쩌면 자살 직전에 있는 사람의 생명을 구할 수 있을지도 모릅니다. 그래서 우리는 더 많은 사람을 연결합니다. 그러나 그들이 연결을 부정적으로 이용한다면 나쁜 일이 될 수도 있습니다. 어쩌면 누군가를 괴롭힘에 노출시킴으로써 생명을 빼앗을 수도 있습니다. 어쩌면 우리의 도구를 활용한 테러 때문에 누군가가 죽을 수도 있습니다. 그래도 우리는 사람들을 연결합니다. 추악한 진실은 … 더 많은 사람을 더 자주 연결할 수 있게 해주는 일이라면 그것이 무엇이든 사실상 좋은 일로 간주된다는 것입니다. 우리가 아는 한, 그것만이 측정 지표들이 진실을 말하는 유일한 영역일 것입니다. … 그것이 우리가 성장을 위해 하는 모든 일이 정당화되는 이유입니다. 의심스러운 모든 연락처를 불러온다거나, 친구들이 검색할 수 있도록 미묘한 말로 사람들을 온라인상에 머무르게 하고, 커뮤니케이션을 더 많이 하도록 우리가 하는 모든 일 말입니다. … 최고의 제품이 승리하는 것이 아니라 모두가 사용하는 제품이 승리합니다. … 실수하지 마십시오. 성장 전략이 우

리를 여기까지 오게 한 것입니다.[26]

보스워스가 분명히 보여주듯이, 극단적 무관심의 관점에서는 긍정적인 연결이든 부정적인 연결이든, 그 도덕적 의미와 인간적인 결과의 차이에도 불구하고 등가물로 간주된다. 이 관점에서 유일하게 합리적인 목표는 '최고의 제품'이 아니라 '모두'를 꾀어들이는 제품을 만드는 것뿐이다.

극단적 무관심을 체계적으로 적용할 때 나타날 수 있는 심각한 결과 중 하나는 대중에게 공개되는 '1차 텍스트'가 거짓말, 의도적인 허위정보, 사기, 폭력, 혐오 발언 등 통상적으로 불쾌하다고 여겨지는 콘텐츠로 오염되기 쉬워진다는 점이다. 콘텐츠가 '성장 전략'에 기여하는 한, 페이스북은 '승리한다'. 이 취약성은 수요 측면, 즉 사용자의 측면에서 보면 심각한 문제일 수 있지만, 그것이 잉여가 2차 '그림자' 텍스트로 흘러들어가는 것을 방해할 위험이 있을 때에만 극단적 무관심이라는 방어막을 뚫을 것이며, 그 역시 우리를 위해서가 아니라 그들을 위해서일 것이다. 정보의 오염이 사용자의 이탈을 유발한다거나 규제당국의 조사를 받게 할 수 있다거나 해서 공급 운용—즉 보스워스가 말하는 연결이라는 지상 과제—에 실존적 위협을 가하지 않는 한 문제로 분류하지 않는다는 것이 여기서의 규범이다. 이것은 '콘텐츠 조정content moderation'을 위한 모든 노력이 공적 책임을 다하기 위한 행위가 아니라 방어 수단임을 의미한다.

지금까지 극단적 무관심의 최대의 시험대는 인터넷 전문 언론을 대체하겠다는 페이스북과 구글의 과도한 야망이었다. 두 회사는 그들을 언론사와 대중의 사이에 끼워 넣어, 언론사의 '콘텐츠'를 감시 자본주의의 다른 지형을 지배하는 콘텐츠와 동일 범주에 넣고 등가물로 취급했다. 형식적인 의미에서 전문 언론은 극단적 무관심과 완전히 반대다. 원론적으로 언론인의 과업은 보도와 분석을 통해 거짓으로부터 진실을 분리하는 일이다. 이와 같은 등가성의 거부가 언론의 존재 이유며 그것을 바탕으로 독자와의 유기적 호혜 관계가 이루어진다. 그러나 감시 자본주의하에서는 이 호혜 관계가 제거된다. 그 결과 페이스북은 뉴스피드에 노출되는 콘텐츠의 모양을 표준화하기로 했고, 《워싱턴 포스트》의 탐사보도든, 《뉴욕 포스트New York Post》의 가십이든, 사이비 신문인 《덴버 가디언Denver Guardian》의 새빨간 거짓말이든, … 모든 기사가 거의 똑같아 보이게' 됐다.[27] 평등이 아닌 이런 기계적 등가성은 페이스북의 1차 텍스트를 이른바 '가짜 뉴스'의 오염에 유독 취약하게 만들었다.

바로 이런 상황 때문에 2016년 말 미국 대선과 그해 상반기에 있었던 영국의 브렉시트 투표에서 조직적인 허위정보 유포와 수익을 목적으로 날조된 '가짜 뉴스'가 발견되었을 때 페이스북과 구글이 국제적인 주목을 받게 된 것이다. 당시의 현상을 자세히 연구한 경제학자 헌트 올콧Hunt Allcott과 매슈 젠츠코Matthew Gentzkow는 '가짜 뉴스'를 '진실과 무관한 왜곡된 신호'로 정의하며, '세계의 실제 상태를 추론하기 … 더 어렵게 해 개인적·사회적 비용'을 발생시킨다고 지적한다. 그들은 2016년 미국 대선에 앞서 온라인 사용자가 의도적으로 조작된 허위정보를 읽은 사례가 7억 6천만 건에 달했으며, 이는 미국 성인 1인당 약 3건에 해당함을 밝혔다.[28]

그러나 극단적 무관심이 암시하듯, '가짜 뉴스'나 다른 형태의 정보 오염은 예전부터 구글, 페이스북 같은 온라인 환경이 가지고 있던 특징이다. 경제성이라는 요청을 충족시킨다는 이유로 가짜 뉴스가 살아남고 심지어 성공적으로 확산되기까지 한 사례는 무수히 많다. 2007년 한 저명한 금융 분석가는 서브프라임 모기지 사태가 구글의 고수익 광고 사업에 피해를 줄 수 있다고 우려했다. 이상하게 들릴지도 모르지만, 구글이 대침체Great Recession 전 수 년 동안 그늘진 곳에서 활동하는 서브프라임 대부업체들을 열심히 미래행동시장으로 끌어들였다는 사실을 알고 나면 납득할 수 있을 것이다. 당시 모기지 대부업체들은 2억 달러를 온라인 광고에 지출하고 있었고, 구글이 이 돈을 잡는다면 월 수익 중 가장 큰 비중이 될 터였다.[29] 2011년 소비자 단체인 컨슈머 워치독은 대침체 직전 및 대침체 기간 동안의 구글 광고에 관한 보고서를 발간했다. 이 보고서는 "구글이 국가적 주택 대출 및 압류 위기의 주요 수혜자"였다고 분석한다. 구글이 '부주의한 소비자들에게 모기지와 신용 문제를 해결해줄 수 있다고 거짓으로 약속하는 사기성 대부업체의 기만적 광고'를 받아들였기 때문이다. 이러한 사실이 계속해서 더 드러났지만 구글은 2011년까지도 사기성 기업 고객들에게 계속 서비스를 제공했다. 마침내 미국 재무부는 구글에게 '85종의 온라인 모기지 사기 기법 및 관련 광고와 관련된 500개 이상의 인터넷 광고주'에게 광고 서비스 제공을 중단할 것을 요구했다.[30]

불과 몇 달 전, 법무부는 구글이 '거듭 경고하였음에도 불구하고 캐나다 제약업 온라인 광고를 게재해 미국 사용자들이 불법으로 금지된 의약품을 구입하도록 부추긴 데 대해' 5억 달러의 벌금을 부과했다. 이는 '역사상 최대의 재정 몰수형 제재 조치 중 하나'였다. 미국 법무차관은 언론을 통해 "법무부는 앞으로도 자사의 이익을 위해 연방법을 위반하고 미국 소비자의 건강과 안전을 위협하는 기업에게 책임을 물을 것"이라고 밝혔다.[31]

정보 오염은 페이스북에서도 오래 지속되어온 문제다. 2016년 페이스북에서 미국 및 영국의 정치적 사안에 관한 허위정보가 유포된 일은 일대 혼란을 일으켰고, 이후 인도네시아, 필리핀, 콜롬비아, 독일, 스페인, 이탈리아, 차드, 우간다, 핀란드, 스웨덴, 네덜란드, 에스토니아, 우크라이나의 선거와 사회적 담론을 훼손했다. 학자와 정치분석가들은 몇 년 넘게 온라인 허위정보의 유해성에 주목해야 한다고 주장해왔다.[32] 2017년 필리핀의 한 정치분석가는 문제를 바로잡기에 너무 늦었을지도 모른다고 우려했다. "우리는 이미 수 년 전에 경고 신호를 보았다. … 어두운 곳에 잠복해 있던 목소리들이 이제는 공론장의 중심에 서 있다."[33]

페이스북은 1차 텍스트의 왜곡 제한을 위해 은밀하게 저임금 노동력을 가동하고 있는데, 이때 극단적 무관심의 지침이 반영된다. 감시 자본주의가 학습의 사회적 분업화에 미치는 엄청난 영향력이 '콘텐츠 조정'이라는 이 추방 작업에서만큼 더 구체적으로 드러나는 곳은 없으며, 경제성의 절박함과 학습 분업화의 결합이 이 합리화된 반복적 작업의 따분함에서보다 더 생생하게 노출되는 곳도 없을 것이다. 여기에서 전 세계의 공포와 증오는 그 엄청난 양과 속도 속에서 엄지손가락을 들거나 내리는 한순간에 살아남을지 추방당할지가 정해진다. 극비리에 이루어지는 이 절차를 흘끗이라도 볼 수 있는 것은 오로지 소수의 탐사보도 전문 기자들과 연구자들의 결의에 찬 노력 덕분이다. 이제 이 작업 방식은 전 세계 콜센터, 부티크 회사, '미시노동micro-labor' 현장에 두루 퍼져 있다. "트위터, 레딧, 구글에 뒤이어 페이스북과 핀터레스트도 과거 또는 현재의 내부 조정 정책 및 지침 사본 제공을 거부"한다.[34]

페이스북의 운영 방식을 조사한 기사들이 공통적으로 말하는 바가 있다. 이 은밀한 노동력—몇몇 추정에 따르면 최소 10만 명의 '콘텐츠 조정자'가 있다고 전해지며, 이보다 훨씬 더 많게 추산하는 사람들도 있다—이 기업의 핵심 기능과 멀리 떨어진 곳에서 가동되며, 인간의 판단과 기계학습 도구가 함께 이용된다는 사실이다.[35] 때로 '청소부'라고 불리는 콘텐츠 조정자들은 사용자가 문제가 있다고 신고한 콘텐츠들을 차례로 검토한다. 포르노그래피나 아동학대 이미지를 제거하는 등 광범위하게 적용되는 일반적인 규칙도 있지만, 세부 규정집은 해당 지역에서 사용자가 허용하는 최소 임계치를 적용함으로써 거부 반응을 일으키는 콘텐츠를 가능한 한 줄이도록 지시한다. 이 일의 더 큰 목적은 막대한 콘텐츠 가운데 사용자와 그들의 잉여를 해당 사이트로 끌어오는 요소와 그들을 떠나게 하는 위험 요소가 균형을 이루는 지점을 찾아내는 것이다. 이것은 극단적 무관심에 의한 계산으로, 콘텐츠의 진실성을 따진다거나 사용자와의 호혜성 원칙을 지키는 일과는 하등의 관계가 없다.[36] 이 팽팽한 긴장 상태는 허위정보를 걸러내는 일이 왜 우선시 되는 사항이 아닌지를 설명하는 데 도움이 된다. 한 탐사보도 기사는 페이스북 내부자의 말을 이렇게 전했다. "그들은 틀림없이 가짜 뉴스를 차단할 도구를 가지고 있다."[37]

극단적 무관심이 평등 없는 등가성을 낳는다는 점은 표적형 광고를 다루는 첨단 과학에도 영향을 미친다. 예를 들어, 《프로퍼블리카》의 저널리스트 줄리아 앵귄과 동료들은 페이스북이 '광고주들에게 '유대인 혐오자', '유대인을 불태우는 법', '유대인이 세계를 망친다고 보는 역사적 이유' 같은 주제에 관심을 보인 사용자 약 2,300명의 뉴스피드에 직접 광고를 노출시킬 수 있도록' 해주었음을 발견했다.[38] 이 기사가 설명한 대로, "페이스북은 오랫동안 광고 사업에서 불간섭주의적 태도를 취해왔다. … 페이스북은 사용자들이 직접 공개한 관심사와 그들의 온라인 활동을 통해 파악할 수 있는 관심사에 근거해 광고 카테고리를 자동으로 생성한다." 이와 유사하게 《버즈피드》의 기자들은 구글이 광고주들에게 검색창에 인종차별주의자임을 알 수 있는 용어를 입력한 사람들을 겨냥해 표적형 광고를 할 수 있게 했으며, 심지어 '사악한 유대인'이나 '유대인의 은행 장악'을 검색하면 광고가 노출되도록 하는 방법도 제시했음을 발견했다.[39]

미국의 대선, 영국의 브렉시트 투표가 끝난 후 2017년이 되자 '가짜 뉴스'가 대대적으로 조명됐고, 언론인들은 예측상품들에 의해 버라이즌, AT&T, 월마트 같은 합법적 브랜드의 광고가 허위정보 사이트, 혐오 발언, 극단적인 정치 콘텐츠, 테러리즘이나 인종주의, 반유대주의의 내용을 담은 글과 영상 등 악성 콘텐츠 옆에 나란히 노출된 수백 가지 사례를 밝혀냈다.[40]

가장 흥미로운 점은 감시 자본주의의 고객들 사이에서 나타난 분노와 불신이다. 이미 오래전에 그들의 영혼을 극단적 무관심에 팔아넘기기로 결심한 광고 대행사들과 그 고객들은 구글과 페이스북이 온라인 광고 시장을 복점duopoly하게 만들었고, 감시 자본주의의 막대한 확장을 견인했다.[41] 구글이 광고주의 브랜드 가치를 반영하는 콘텐츠로 광고를 배치하는 이전의 접근 방식을 폐기하고 그 대신 클릭률이라는 등가성 측정지표에 따라 광고를 배치하는 공식을 만든 지 거의 20년이 지났다. 구글은 사용자들이 알지 못하는 사이에 그들로부터 수집한 독점적인 행동잉여로 비밀 알고리즘을 훈련시켰고, 고객사들은 이 알고리즘에 의해 '저절로 일어나는 듯한 마법'의 혜택을 누리기 위해 기존의 호혜성을 박탈했다. 사실 애초에 온라인에서 극단론과 선정주의가 표출되게 한 것이 바로 클릭 측정지표의 극단적 무관심이었다. 예측상품들은 사람들을 유인하기 쉬운 콘텐츠를 선호하기 때문이다.

선거 스캔들은 이미 정착되어 전 세계 사람들에게 익숙해진 관행이 새삼스레 혹독한 공격을 받게 했다. 논쟁의 열기 속에서 많은 톱 브랜드들은 구글과 페이스북이 악성 콘텐츠를 제거하고 사회적으로 용인되는 광고 위치를 보증할 때까지 두 회사에 광고를 중단하는 쇼를 연출했다. 유럽과 미국의 정치인들은 구글과 페이스북이 혐오의 감정을 이용해 이윤을 취하고 오염된 정보로 민주주의를 약화시킨다고 비난했다. 처음에 두 회사는 소란이 금세 잦아들 것이라고 생각하는 것 같았다. 마크 저커버그는 가짜 뉴스가 선거에 영향을 준다는 것은 '미친' 소리라고 말했다.[42] 구글은 광고 고객사들에게 모호하고 상투적인 대답으로 일관했고, 변화라고 할 만한 것은 거의 없었다.

주요 감시 자본가들이 대중과 언론에 의해 책임을 추궁당한 일은 이번이 처음이 아니었다.[43] 스트리트 뷰, 비콘, 지메일, 구글 글래스, 뉴스피드 등다른 형태의 침입들도 분노의 사이클을 작동시켰고, 2013년에는 테크놀로지 기업들이 국가 정보기관과 결탁하고 있다는 에드워드 스노든의 폭로로 감시 자본가들을 향한 혐오감이 전 세계에서 폭발적으로 일어났다. 구글과 페이스북은 '수탈의 사이클'로 이 폭풍을 헤쳐 나가는 법을 익혔고, 이 새로운 위기를 면밀히 관찰해 새로운 사이클이 전속력으로 돌아가고 있음을 알 수 있었다. 규제당국의 감독이 위협을 가해오자 사이클의 각색 단계가 맹렬히 가동되기 시작했다. 공개적으로 사과하고 달래보기도 하고, 미국과 유럽연합 의회 석상에도 나타났다.[44] 저커버그는 그의 '오만한' 태도를 '후회'한다면서 '속죄의 날'을 뜻하는 유대교 최대의 명절 욤 키푸르Yom Kippour에 용서를 빌었다.[45] 셰릴 샌드버그는 《프로퍼블리카》와의 인터뷰에서 "이 기능이 이런 식으로 쓰이는 것은 절대 우리가 의도하거나 예상한 바가 아니다"라고 말했다.[46] 페이스북은 온라인 극단론자와 싸울 수단을 더 가지고 있음을 시인했다.[47] 구글의 유럽 지역 사장은 고객사들에게 "사과한다. 그런 일은 모두 우리가 원했던 일이 아니며 우리가 책임질 일이다"라고 말했다.[48]

《블룸버그 비즈니스위크》의 관찰에 따르면 구글은 '전면적 변화 없이 가짜 뉴스와 싸우고자' 했으며,[49] 이는 사이클에서 각색 단계가 겨냥하는 목표에 부합한다. 구글과 페이스북 모두 허위정보로 수익을 얻을 수 있는 여지를 줄이기 위해 운영 방식을 약간 변경하고 사용자들에게 오염 가능성을 주지시키는 경고 시스템도 도입했지만, 저커버그는 초의결권을 이용해 페이스북의 허위정보 관리 현황과 그들의 관행이 사회에 미친 결과에 관해 보고할 것을 요구하는 주주 제안을 거부했고 구글 경영진도 같은 해에 유사한 주주 제안을 물리치는 데 성공했다.[50] 사용자와 고객사들이 재정적 타격을 가함으로써 이 두 회사를 심판할 것인지, 그 심판이 얼마나 지속될 것인지는 시간이 말해줄 것이다.

2018년 초, 페이스북은 각색 단계에서 조준변경 단계로 조용히 넘어갈 태세를 갖추었다. 위기를 기회로 바꾸기 위해서였다. 저커버그는 투자자들에게 이렇게 말했다. "큰 도전에 직면했지만, … 우리는 사람들의 연결을 돕고, 공동체를 강화하고, 세계를 서로 가깝게 만들 새로운 도구들을 계속해서 만들어야 합니다."[51] 뉴스피드 부문 책임자는 앞으로 뉴스피드가 친구나 가족이 올린 게시물, '특히 사람들 사이의 대화와 의미 있는 상호작용을 이끌어내는' 게시물을 우선시하게 될 것이라고 선언했다. "우리는 사용자가 어떤 게시물에 관해 친구들과 소통하고 싶어 하는지 예측할 것이다. … 활발한 토론을 고무하는 게시물은 … 조언을 구하려는 친구의 게시물일 수도 있고 … 논쟁적인 뉴스 기사나 보도 영상일 수도 있다. … 페이스북 라이브 영상은 시청자들 사이의 토론으로 이어지는 경우가 많은데, 그 상호작용의 양이 일반 동영상에 비해 여섯 배나 많다."[52]

극단적 무관심이란 파이프라인 가득 흐르기만 한다면 그 내용물이 무엇이든 상관없다는 뜻이다. 그들은 정보 오염에 관해 한발 물러서는 척하면서 행동잉여가 더 풍부하게 발생하는 다른 활동들, 특히 저커버그가 오랫동안 갈망해온 라이브 영상에 몰두했다. 《뉴욕 타임스》의 한 기사에 따르면 광고주들은 새로운 규칙들이 페이스북의 '동영상에 관한 오랜 꿈'에 불을 지필 것이라는 점, 그리고 페이스북이 회사의 미래가 동영상과 동영상 광고에 달려 있다는 믿음을 드러내고 있다는 점을 금세 간파했다. 한 광고 회사 중역은 동영상 콘텐츠가 '가장 많이 공유되고, 가장 많은 댓글이 달리는 웹 콘텐츠'에 속한다는 점을 언급했다.[53]

감시 자본주의 온라인 환경에서 허위정보가 일으키는 가장 뿌리 깊고 타협할 수 없는 재앙은 극단적 무관심이 1차 텍스트를 영속적인 오염에 빠트린다는 점이다. 극단적 무관심은 그림자 텍스트의 양과 범위를 위해 공개된 지식의 진실성을 몰수함으로써 학습의 병리적 분업화를 지탱한다. 극단적 무관심은 한때 호혜성이 번성했던 자리에 공허함을 남긴다. 감시 자본가들은 그들이 가진 무한한 자유와 지식에도 불구하고 이 하나의 공백만은 채우지 않을 것이다. 이 공백을 채우는 일은 그들의 축적 논리에 어긋나기 때문이다. 허위정보를 유포하는 세력들은 페이스북이나 구글의 진짜 사용자나 고객들보다 이 사실을 더 잘 알고 있음에 틀림없다. 그 세력들은 극단적 무관심의 맹목성을 이용해 열린사회open society에서 학습의 왜곡을 확대하는 법을 배운다.

IV. 다시, 감시 자본주의란 무엇인가?

감시 자본주의는 자유와 지식을 독식하고, 민중으로부터의 구조적 독립성을 확보하며, 집단주의의 야망을 품는다. 또한 극단적 무관심의 태도—이 세 가지 모두를 필요로 하며, 이 세 가지에 의해 가능하며, 이 세 가지 때문에 유지되는—를 취한다. 이러한 감시 자본주의의 특징들은 우리를 새로운 사회로 몰고 간다. 이 사회에서 자본주의는 포용적인 경제 제도나 정치 제도를 위한 수단이 아니다. 오히려 감시 자본주의는 철저히 반민주적인 사회 세력으로 간주되어야 한다. 이것은 나만의 생각이 아니다. 이것은 토머스 페인Thomas Paine이 《인간의 권리The Rights of Man》—에드먼드 버크Edmund Burke가 《프랑스 혁명에 관한 성찰Reflections on the Revolution in France》에서 주장한 군주제 옹호론을 논박한 논쟁적 명저—에서 민주주의에 대한 전망을 완강하게 방어한 논리이기도 하다. 페인은 평민의 역량을 옹호하고 귀족의 특권에 반대했다. 그가 귀족정aristocratic rule에 반대한 이유 중 하나는 귀족들에게 민중의 요구에 대한 책임감이 부족하다는 점이었다. "누구를 위해서도 책임지려 하지 않는 사람은 그 누구의 신임도 받을 수 없다."[54]

감시 자본주의라는 반민주적이고 반평등적인 절대권력의 횡포는 시장 주도적 쿠데타라고 할 수 있을 것이다. 고전적인 의미에서의 쿠데타coup d'état(직역하면 '정부에 대한 일격'이다-옮긴이)라기보다는 민중을 향한 쿠데타coup de gens('민중에 대한 일격'-옮긴이)다. 그것은 테크놀로지의 트로이 목마—실은 빅 아더—에 감춰진 민중 타도다. 이 쿠데타는 인간 경험이라는 영토를 차지한 데 힘입어 지식과 권력을 독점하고, 이를 통해 학습의 사회적 분업화에 대한 특권적 영향력을 유지한다. 다시 말해 21세기 사회 질서의 중심 원칙을 사유화하는 것이다. 정복자들과 레키리미엔토에 담긴 그들의 암묵적 주문처럼, 감시 자본주의도 선언적 형태로 작동하며 현대 이전, 절대주의적 권위가 작동하던 시대의 사회적 관계를 강요한다. 그것은 민중이 있기에 존재하지만 민중의 것이 아닌, 일종의 참주정tyranny이다. 이 쿠데타가 '개인화'라는 이름으로 칭송받는다는 것은 기이한 역설이다. 그것은 우리들의 모든 개인적인 것을 모독하고, 무시하고, 짓밟고, 쫓아내기 때문이다.

'참주정'은 가볍게 선택한 단어가 아니다. 참주정은 정치를 말살하는 것이며, 도구주의 벌집이 바로 그렇게 하기 때문이다. 벌집은 극단적 무관심을 스스로 압박하는 가운데 만들어진다. 다른-개체 관점의 등가성 원칙 안에서 참주를 제외한 모든 사람은 유기체들 가운데 한 개체로 간주된다. 아렌트는 참주정을 평등주의의 왜곡이라고 보았다. 다른 모든 사람을 똑같이 하찮게 다루기 때문이다. "참주는 그 자신의 의지와 이해관계에 준해 지배한다. … 참주는 모두를 지배하는 한 명의 통치자이며 그가 억압하는 '모두'는 평등하다. 다시 말해 평등하게 무력하다." 아렌트는 고전적 정치 이론이 참주를 '인간의 탈을 쓴 늑대'로 간주하며 '인류 바깥의 존재'로 치부해버렸다고 지적한다.[55]

감시 자본주의는 도구주의 권력으로 통치하며 이 권력은 빅 아더로 구체화된다. 빅 아더는 고대의 참주처럼 인류 바깥에 존재하지만 역설적으로 인간의 모습을 가장한다. 감시 자본주의의 참주정은 전체주의의 집단수용소와 굴라크를 필요로 하지 않듯이 폭군의 채찍도 필요로 하지 않는다. 대신 이런 것들이 필요하다. 당신을 안심시켜 주는 빅 아더의 메시지와 이모티콘, 타인들의 압박—그것은 공포가 아니라 합류하라는 뿌리칠 수 없는 유혹이다—, 센서가 빼곡하게 달린 셔츠, 질문하면 답해주는 상냥한 목소리, 당신의 말을 알아듣는 TV, 당신을 알아보는 집, 당신의 속삭임을 환영하는 침대, 당신'을' 읽는 책, … 상업적 성공을 위해 반드시 인간 행동을 수정해야만 하는 기업들이 전례 없이 결집하고 있으며, 빅 아더는 그들을 대행한다. 그것은 합법적 계약, 법치, 정치, 사회적 신뢰를 새로운 형태의 주권과 민간이 관리하는 강화 체제로 대체한다.

감시 자본주의는 경계가 없는 형태를 취하므로 시장과 사회, 시장과 세계, 시장과 사람 등의 오래된 구별은 무시된다. 그것은 생산이 추출에 종속되는 이윤 추구 형태로, 감시 자본가들은 민간 기업이나 시장이라는 종래의 제도적 지형을 훨씬 뛰어넘어 인간 종의 영토, 사회적 영토, 정치적 영토에 대한 통제권을 일방적으로 주장한다. 칼 폴라니의 렌즈를 통해 보자면, 감시 자본주의가 인간 경험을 시장의 역학에 합병시킴으로써 행동으로 재탄생시킨다. 이것이 네 번째 '허구 상품'이다. 앞서 발명된 세 가지 허구 상품인 토지, 노동, 화폐는 법의 지배를 받았다. 비록 법이 완벽하지는 않더라도 노동법, 환경법, 은행법 등의 제도는 날것 그대로의 자본주의가 가진 파괴적 힘으로부터 사회를 (또한 자연과 생명, 공정한 거래를) 지키기 위한 규제의 틀을 제공한다. 감시 자본주의는 그런 장애물에 전혀 부딪히지 않고 인간의 경험을 몰수하고 있다.

이 민중을 향한 쿠데타의 성공은 2차 현대성의 욕구가 좌절됐다는 씁쓸한 증거다. 그 충족되지 않은 욕구는 감시 자본주의를 번성케 한 요인이었으며, 여전히 추출하고 착취할 것이 가장 많이 남아 있는 노다지다. 이러한 맥락을 생각하면 페이스북의 마크 저커버그가 왜 그의 소셜 네트워크를 3차 현대성의 최적 솔루션으로 제시하는지를 이해하기는 어렵지 않다. 그는 총체적인 도구주의 질서―그는 이것을 전 세계를 아우르는 새로운 '교회'라고 부른다―를 구상한다. 이 질서가 전 세계 사람들을 '우리들보다 위대한 무엇인가'에 연결해줄 것이기 때문이다. 저커버그는 페이스북이 '전 인류를 하나로 묶어주는 장기적인 인프라'를 구축하고 '우리 사회에서 일어나고 있는 일'을 신속하게 이해하는 '인공지능'을 통해 사람들을 안전하게 지켜줌으로써 인류의 문제들을 해결할 것이라고 말한다.[56] 펜틀런드처럼 저커버그도 '아무도 신고하지 않은 위험을 식별'할 수 있는 기계 지능을 상상한다. 사설 채널을 이용한 테러 계획이나 피해자가 보복이 두려워 신고하지 못하고 있는 괴롭힘, 그 외에 여러 국지적 또는 세계적인 쟁점이 그 대상이 될 수 있을 것이다.[57] CNN과의 인터뷰에서는 주주들에 대한 책임에 관해 묻자 "그것이 바로 내가 회사의 통제권을 쥐고 있는 이유"라고 대답하기도 했다.[58]

산업 문명은 300년이 넘는 시간 동안 더 나은 인류의 삶을 위해 자연에 대해 통제력을 행사하려고 해왔다. 기계는 우리의 생물학적 신체의 한계를 확장하고 극복하는 수단이었으며, 그리하여 우리는 자연에 대한 지배라는 목표를 달성할 수 있었다. 지구, 한때 바다와 하늘을 정의하던 그 섬세한 물리적 시스템이 통제를 벗어나 요동치면서 지구는 위험에 빠졌다. 이 결과를 우리는 한참 지나서야 어렴풋이 깨닫기 시작했다.

바로 지금 우리는 정보 문명이라는 새로운 시대를 시작하면서 위험한 오만을 반복하고 있다. 지금의 목표는 자연을 지배하는 것이 아니라 인간의 본성을 지배하는 것이다. 초점은 육체의 한계를 극복하는 기계에서 시장의 목표를 위해 인간, 집단, 인구의 행동을 수정하는 기계로 이동했다. 전 세계적인 규모로 등장한 도구주의 권력은 미래에 대한 의지의 원천이자 1인칭 주체로서의 목소리에 생명을 불어넣는 인간의 내면성을 압도하고 그 자리를 대신 차지함으로써 민주주의의 뿌리를 무력화한다.

도구주의 권력이 의도하는 바는 물론 무혈 쿠데타다. 우리의 신체에 직접적으로 가하는 폭력 대신, 도구주의적 3차 현대성은 조련에 가깝게 작동한다. 효과적인 삶에 대한 빗발치는 요구를 충족시키려면 예측가능성, 자동적 규칙성, 투명성, 합류, 설득, 화해를 위해 혼란, 불확실성, 갈등, 이상 징후, 불일치를 점진적으로 제거해야만 한다. 우리는 권한을 포기하고, 걱정을 내려놓고, 우리의 목소리를 줄이고, 흐름을 따라가며, 우월한 판단력—그들의 부와 권력이 이를 보증한다—을 지닌 테크놀로지 선지자들에게 복종해야 한다. 우리는 개인적인 통제력이 저하되고 무력함은 심화되는 미래를 받아들일 것이다. 불평등의 새로운 원천이 사람들을 분열시켜 진압할 것이다. 우리 중 일부는 주체, 나머지 다수는 객체가 될 것이다. 전자가 자극이라면 후자는 반응이다.

이 새로운 미래상의 압박은 인류가 수천 년에 걸쳐 이룩한 섬세한 시스템들을 위협하며, 무엇보다 사회적·심리적 시스템의 위기를 초래한다. 나는 이 지점에서 인간이 고통과 갈등 속에서 힘들게 얻은 결실을 생각한다. 우리는 그 결실을 민주주의의 가능성, 그리고 자율적 도덕 판단의 원천인 개인의 확립이라고 부른다. 우리가 주문처럼 외운 테크놀로지의 '불가피성'은 체념을, 영혼의 질식을 유도하게끔 처방된 실존적 마약이다.

공룡의 멸종 이래로 그 어느 때보다 빠르게 척추동물 종들이 사라지고 있음을 목도하면서, 우리는 '제6의 멸종'(인류의 멸종을 말함-옮긴이)에 대한 경각심을 갖게 되었다. 이 대재앙은 무모하고 편의주의적인 방법이 낳은 의도치 않은 결과이며, 이 또한 불가피한 것으로 여겨졌다. 산업주의가 그런 방법으로 자연계에 개입할 수 있었던 것은 그 시장 형태가 그에 대한 책임을 묻지 않았기 때문이다. 지금 감시 자본주의의 대표적인 표출 형태인 도구주의 권력의 부상은 또 다른 종류의 멸종을 예고한다. 이 '제7의 멸종'은 자연이 아닌 인간 본성의 가장 소중한 부분을 겨냥한다. 그것은 미래에 대한 의지, 개인의 신성함, 친밀한 유대, 약속으로써 우리를 서로 묶어주는 사회성, 그리고 상기한 것들이 키우는 신뢰다. 인간의 자연 소멸 역시 아무도 의도하지 않은 결과일 것이다.

V. 감시 자본주의와 민주주의

도구주의 권력은 인류의 외부에서, 그리고 민주주의의 바깥에서 동력을 얻었다. 전례 없는 현상으로부터 우리를 보호해줄 법이란 존재할 수 없으며, 순수한 타이노족族의 세계가 그랬듯이 민주적 사회도 전례 없는 권력에 취약하다. 최근 여러 정치과학자들은 심상치 않은 전 세계적 추세가 민주주의 자체를 반드시 필요하고 침범할 수 없는 것으로 보는 대중의 태도를 약화시키고 있다고 말한다. 감시 자본주의를 그 추세의 일부로 볼 수도 있을 것이다.

많은 학자가 전 지구적인 '민주주의 퇴조' 혹은 오랫동안 반자본주의적 위협에 휘둘리지 않을 것으로 여겨졌던 서구 민주주의의 '탈공고화' 현상을 지적한다.[59] 이 위협의 심각성과 정확한 본질이 무엇인지에 관해서는 논란이 있지만, '내 아이들은 내가 살아온 삶을 알 수 없을 것'이라는 많은 사람들의 탄식에서 볼 수 있듯이 급속한 사회 변화가 쓸쓸한 상실감saudade과 미래에 대한 두려움을 낳았다고 본다.[60] 2017년 38개국을 대상으로 실시한 퓨 리서치의 조사에 따르면 전 세계적으로 많은 사람이 이런 소외감과 불안감을 호소한다. 이는 민주주의의 이상이 성숙한 민주사회의 시민에게조차 더 이상 신성한 의무가 아니라는 점을 암시한다. 응답자의 78퍼센트는 대의 민주주의가 '좋다'고 말했지만, '전문가에 의한 통치'가 좋다고 한 응답자도 49퍼센트나 되었고 26퍼센트는 '(입법부와 사법부의 견제를 받지 않고) 힘으

로 통치하는 지도자'를 지지했으며 24퍼센트는 '군부 통치'도 좋다고 응답했다.[61]

미국과 여러 유럽 국가에서 민주주의에 대한 믿음의 약화는 심각한 걱정거리다.[62] 상기한 조사에서 미국인 중 단 40퍼센트만이 다른 정치 형태는 모두 거부하고 민주주의만 지지했다. 46퍼센트는 민주주의와 비민주주의 모두 수용 가능하다고 답했으며 7퍼센트는 비민주주의 형태만 선호했다. 이 결과에 따르면 미국은 민주주의에 대한 믿음의 깊이가 스웨덴, 독일, 네덜란드, 그리스, 캐나다보다 낮다. 그러나 민주주의만을 지지한 응답자 비율이 38개국의 중간값인 37퍼센트 이하인 나라에는 이탈리아, 영국, 프랑스, 스페인 같은 주요 서구 민주국가도 폴란드, 헝가리와 함께 포함돼 있다.

시장과 민주주의의 결합이 수천 년 동안의 무지, 빈곤, 고통으로부터 수많은 인간을 구출함으로써 인류에 기여했음은 사실이지만, 많은 사상가는 이러한 동요 속에서 시장 민주주의가 더 이상 존속할 수 없다는 결론에 도달했다. 그중에는 시장이 사라져야 한다고 보는 사람도 있고, 민주주의가 수명을 다했다고 보는 이들도 있다. 근 40년 동안의 신자유주의적 정책과 실천이 낳은 사회의 퇴보와 기후 혼돈에 지친 여러 분야의 주요 학자들과 운동가들은 자본주의의 시대가 끝났다고 주장한다. 일부는 더 인도적인 경제적 대안을 제안하고,[63] 일부는 쇠퇴가 장기화될 것으로 예상하며,[64] 사회의 복잡성에 신물이 난 사람들은 중국의 권위주의 시스템처럼 엘리트 권력과 권위주의 정치를 혼합한 체제를 선호한다.[65]

이러한 전개는 우리에게 더 깊은 진실을 일깨워준다. 자본주의를 날것 그대로 먹을 수 없듯이 사람들은 집으로 돌아갈 희망 없이 살 수 없다. 아렌트는 60년도 더 전에 이 분야를 탐구했다. 그녀의《전체주의의 기원》은 좌절된 개인에서 전체주의 이데올로기로의 여정을 추적한다. 전체주의적 테러에 불을 지핀 것은 하찮은 소모품이 된 느낌, 정치적 고립, 외로움 같은 개인의 경험이었다. 아렌트는 그런 이데올로기가 '아무도 믿을 수 없고 어떤 것도 의지할 수 없는 이 세상에서 마지막으로 기댈 지지대'로서 나타났다고 본다.[66] 몇 년 후, 사회이론가 테오도어 아도르노는 1966년에 〈아우슈비츠 이후의 교육Education after Auschwitz〉이라는 감동적인 에세이에서 독일 파시즘이 성공할 수 있었던 이유를 효과적인 삶에 대한 탐색이 너무 많은 사람들에게 과도한 부담이 되었다는 점에서 찾았다. "파시즘, 그리고 그것이 야기한 테러가 … 낡은 기존 권위는 부패하고 몰락한 반면 사람들은 심리적으로 스스로 모든 것을 결정할 준비가 되어 있지 않다는 사실과 관련이 있음을 받아들여야 한다. 그들 손에 쥐어진 자유를 감당할 수 없음이 밝혀진 것이다."[67]

우리가 자기결정권을 위한 투쟁에 지쳐 빅 아더의 유혹에 굴복한다면 집으로 돌아갈 가능성을 나도 모르게 정제된 참주정이라는 삭막한 전망과 맞바꾸게 될 것이다. 우리가 안고 있는 문제를 해결하기 위해 인간의 미래를 대가로 치르고 얻은 3차 현대성은 자본주의와 자본주의 휘하의 디지털 역량이 잔인하게 변형된 산물이다. 그것은 민주주의에 대한 용납할 수 없는 모욕이기도 하다. 나는 피케티의 경고를 반복하고자 한다. "… 시장 경제는 … 그대로 내버려두면 … 강력한 양극화의 힘을 가지고 있어서 민주주의 사회와 그 기반인 사회 정의라는 가치에 잠재적 위협이 될 수 있다."[68] 우리가 감시 자본주의 때문에 마주하게 될 회오리바람이 바로 이것이다. 감시 자본주의는 전례가 없는 날것 그대로의 자본주의로, 사람들을 상냥한 목소리로 회유해 민주주의의 가능성에 대한 믿음을 약화시키고 있다. 그것은 많은 것을 주지만 훨씬 더 많은 것을 가져간다.

감시 자본주의가 전장에 도착했을 때 민주주의는 이미 궁지에 몰려 있었고, 신자유주의는 민중의 삶으로부터 멀리 벗어난 곳에 감시 자본주의를 데려가 자유라는 이름으로 피난시켜주고 먹여주었다. 민주주의의 의미와 세력을 공동화하려는 모멘텀을 이용하는 법은 금세 배울 수 있었다. 말로는 그럴듯하게 민주주의를 약속하고 우수한 역량도 갖추고 있었지만, 감시 자본주의는 결국 과거에는 상상조차 할 수 없었던 새로운 형태의 경제적 배타성, 그리고 조율사와 조율 대상을 분리하는 사회적 불평등의 새로운 원천의 원인이 되었다. 그 결과는 극단적인 경제적 불평등을 특징으로 하는 도금시대의 새로운 형태였다. 인간 경험의 무단 강탈, 학습의 사회적 분업화에 대한 탈취, 민중으로부터의 구조적 독립, 은밀하게 이루어지는 집단적 벌집 생활의 강요, 도구주의 권력의 부상과 그 추출 논리를 유지하게 하는 극단적 무관심, 행동수정수단을 구축하고 소유하고 운용하는 빅 아더, 미래 시제에 대한 기본권과 성역을 가질 기본권의 폐지, 민주적인 삶의 지지대인 스스로 결정하는 개인의 자격 박탈, 위법의 대가로서 내놓는 정신적 마비, 이 모든 것들이 바로 민중을 향한 쿠데타가 민주주의와 민주적 제도에 가한 모욕이다. 우리는 이제 자유와 지식 모두에 대한 권리를 주장하는 감시 자본주의의 방향 전환이 신자유주의의 소스코드가 예측했던 것보다 훨씬 큰 규모로 이루어지고 있음을 알 수 있다. 그 목표는 사회의 총체성을 구현하는 집단주의적 미래에 있다. 하이에크, 심지어 애덤 스미스의 주장과 비슷한 면도 있지만, 감시 자본주의의 반민주적 집단주의의 야망은 거기서 더 나아가 늙어가는 아버지를 집어삼키는 탐욕스러운 아이의 모습을 드러낸다.

냉소주의는 매력적이지만 우리로 하여금 민주주의가 우리가 개혁을 이룰 수 있게 해주는 유일한 통로라는 영원한 진실을 보지 못하게 한다. 민중의 자치권이라는 양도 불가능한 권리는 긴 인간 억압의 역사에서 나온 단 하나의 해답이다. 민주주의가 포위될 수 있을지언정 우리는 민주주의로부터 입은 많은 상처 때문에 우리의 신념을 거둬가게 놔둘 수 없다. 피케티가 아무리 '비정상적' 축적 역학이더라도 내구성 있고 효과적인 대응책을 만들어내는 민주적 제도에 의해 완화되어왔다고, 그리고 더 완화될 수 있다고 주장하면서 패배를 인정하지 않은 것은 바로 이 딜레마를 알고 있었기 때문이다. "자본에 대한 통제권을 되찾고자 한다면, 민주주의에 모든 것을 걸어야 한다."[69]

민주주의는 전례 없는 현상에 취약하다. 그러나 민주적 제도의 힘은 그 취약성을 얼마나 지속시키고 언제 타파할지를 결정하는 시계다. 민주주의 사회에서 여전히 건재한 기관들이 토론과 논쟁을 벌이고 있는 한, 예기치 않은 억압과 불의의 원천에 맞서 여론의 흐름을 바꿀 수 있으며 결국 법의 제정과 집행을 이끌어낼 수 있다.

VI. 저항하자

이 약속은 시카고 대학교의 어느 세미나실 뒤편 구석에서 밀턴 프리드먼 교수의 박사과정 강의—이 강의를 수강하던 칠레인 학생들은 그 후 프리드먼과 하이에크의 기치 아래 자국을 대재앙에 빠뜨렸다—를 듣기 위해 애쓰던 열아홉 살 학부생이 얻은 오래된 교훈을 반영한다. 프리드먼은 낙관론자였고 지칠 줄 모르는 교육자였다. 그는 입법과 사법 행위란 예외 없이 20년 또는 30년 전의 여론을 반영한다고 믿었다. 그는 '소울메이트이자 적수'라고 불리는 하이에크와 함께 이 통찰력을 체계적 전략과 전술로 가공하고 다듬었다.[70] 하이에크는 1978년에 한 대담에서 로버트 보크Robert Bork에게 이렇게 말했다. "나는 여론을 만들고 있습니다. 여론이 변하기 전에는 법이 변해도 좋을 게 없습니다. … 가장 먼저 해야 하는 일은 … 여론을 변화시키는 것입니다."[71] 프리드먼의 확신은 그를 기나긴 게임으로 향하게 했다. 꾸준히 대중적인 글과 책을 내고, 텔레비전 프로그램에 출연하는 등 신자유주의 전도라는 전혀 학문적이지 않은 프로젝트에 투신한 것이다. 그는 학교 교과서에서부터 풀뿌리 정치 캠페인에 이르기까지 지역 사회에서의 직접적인 경험이 가진 영향력에 늘 민감했다.

여론이 결정적 역할을 한다는 점은 아무리 파괴적인 '시대'도 영구히 지속될 수 없는 이유다. 나는 여기서 한 세기 전에 에디슨이 한 말을 떠올린다. 자본주의는 "모든 것이 잘못되었다. 통제를 벗어나 버린 것이다." 당시의 시대적 불안정성은 산업 문명이 약속했던 모든 것을 위협했다. 그는 산업 문명이 자본주의와 그에 속한 사람들을 다시 하나로 묶어줄 새로운 구성물로 대체되어야 한다고 주장했다. 에디슨이 옳았다. 자본주의는 장기지속longue durée의 시간대를 버텨냈는데, 그것은 특정 역량 때문이라기보다는 유연성 덕분이었다. 자본주의는 새로운 욕구를 충족시킴으로써 새로운 부를 발생시키는 새로운 방식을 찾아 사회적인 요인들 속에 주기적으로 새롭게 뿌리를 내려 살아남고 번성한다. 그 진화 과정에서 사유재산, 이윤 동기, 성장이라는 기본 원리들이 하나로 수렴된다는 점은 변하지 않았지만 그 수렴의 형태와 규범, 실행 방식은 시대마다 달랐다.[72] 이것은 정확히 포드의 발견이 남긴 교훈이자 자본주의가 수 세기 동안 활력을 잃지 않은 이면의 논리다. 피케티는 이렇게 썼다. "유일한 종류의 자본주의나 생산조직이라는 것은 존재하지 않는다. … 미래에도 이 사실에는 변함이 없을 것이며, 새로운 조직과 소유 형태들이 그 어느 때보다 다양하게 발명될 수 있을 것이다."[73] 하버드의 철학자 로베르토 웅거는 여기서 더 나아가 각각의 시장 형태가 얼마든지 서로 다른 법·제도적 방향성을 취할 수 있으며, 그리하여 "사회적 삶의 모든 측면을 극적으로 달라지게 할 수 있고 … 인류의 미래에 엄청난 영향을 줄 수 있다"고 주장한다.[74]

내 아이들이나 젊은 청중에게 이야기할 기회가 생기면 나는 감시 자본주의가 정신적 마비를 일으키려는 움직임을 보이기 전의 평범한 가치와 기대에 주의를 환기시킴으로써 '우리를 장악한 괴물'이 역사적으로 우연하게 나타난 현상일 뿐이라는 점을 알려주려고 한다. 나는 그들에게 이렇게 말한다. "스스로의 삶 속에 숨어야 한다는 것은 결코 그럴 수 있는 일이 아니다. 그것은 정상이 아니다.' 다섯 개의 추적장치가 차단되었습니다. 네 개의 추적장치가 차단되었습니다. 쉰아홉 개의 추적장치가 차단되었습니다. 얼굴의 특징을 바꾸고 목소리를 변조했습니다. …' "이런 메시지에 우리의 시간을 빼앗기며 귀한 점심시간을 스스로를 위장하거나 원치 않는 지속적 침입으로부터 보호해줄 소프트웨어를 비교하는 데 써버리는 일을 그럴 수 있는 일로 받아들이지 말라."

나는 그들에게 '검색search'이라는 단어가 본래는 이미 있는 답을 얻기 위해 손가락을 까딱하는 것이 아니라 용감한 실존적 여정을 뜻하는 것이었으며, '친구'는 오직 얼굴과 얼굴, 마음과 마음이 만나야 만들어질 수 있는 미스터리의 체현이고, '인식'이란 '안면 인식'이 아니라 우리가 집으로 돌아와 사랑하는 사람의 얼굴을 보며 느끼는 안도감이라고 이야기한다. 나는 저들이 우리가 가진 최고의 본능인 연결, 공감, 정보에의 욕구를 이용해 이를 만족시키는 상품을 볼모로 잡고 우리 삶에 시도 때도 없는 알몸수색이라는 가혹한 대가를 부과하는 것이 결코 그럴 수 있는 일이 아니라고 말한다. 모든 움직임, 감정, 발화, 욕망을 목록화하고 조작하고 그리하여 우리에게서 미래 시제를 빼앗고 우리를 다른 누군가의 이익을 위해 움직이도록 하는 데 은밀하게 이용하는 것은 결코 그럴 수 있는 일이 아니다. 나는 아이들에게 말한다. "이것들은 매우 새롭다. 전례가 없는 현상들이다. 그럴 수 있다고 볼 일이 아니므로 당연하게 받아들여서는 안 된다."

향후 수십 년 안에 민주주의가 회복되려면 우리가 빼앗긴 것에 대한 분노와 상실의 감각을 되살려야 하며, 그것은 우리에게 달려 있다. 여기서 우리가 빼앗긴 것은 '개인 정보'만이 아니다. 인간이라면 기대할, 자신의 삶에 대한 주권과 자신의 경험에 대한 권한이 위기에 처해 있다. 미래에 대한 의지를 형성하게 하는 내면의 경험, 그리고 이 의지에 입각해 행위할 공적 영역이 위기에 처했다. 그렇다면 위기에 처한 것은 정보 문명에서 사회의 질서를 확립하는 지배적 원리, 핵심 질문들—누가 아는가? 누가 결정하는가? 누가 결정하는지를 누가 결정하는가?—에 답할 우리 개인, 우리 사회의 권리가 아닌가? 감시 자본주의가 이 영역에서 너무 많은 권리를 찬탈했다는 사실은 디지털 테크놀로지의 역량과 그 역량으로 지식을 민주화하고 효율적인 삶에 대한 좌절된 욕구를 충족시켜주겠다던 한때의 거창한 약속에 대한 수치다. 디지털 미래가 있을지어다. 그러나 그보다 먼저 인간의 미래가 있을지어다.

나는 불가피성을 거부한다. 우리가 이 여정을 함께 걸어온 만큼, 이 책을 읽는 독자도 나와 같기를 바란다. 우리가 서 있는 곳은 이 이야기의 결말이 아닌 시작점이다. 지금이라도 가장 오래된 질문의 답을 찾아 나선다면, 다시 고삐를 쥐고 우리가 집이라고 부를 수 있는 인간의 미래를 창조하기 위해 조치를 취할 시간은 아직 남아 있다. 토머스 페인에게로 다시 돌아가보자. 그는 각 세대에게 부당한 힘이 미래를 가로채 우리가 선택하지 않은 운명에 내던져진다면 자신의 의지를 행사하라고 요청한 바 있다. "사회 속에서 인간이 갖는 권리는 누가 꾸며낼 수도, 양도할 수도, 절멸시킬 수도 없다. 오직 전승될 수 있을 뿐이다. 그것을 가로채 더 이상 전승될 수 없게 하는 것은 특정 세대의 힘으로 할 수 있는 일이 아니다. 만일 현재의 세대 또는 다른 그 어느 세대가 노예로 전락하더라도 다음 세대의 자유로울 권리는 줄어들지 않는다. 과오는 합법적으로 전승되지 않기 때문이다."[75]

과오가 무엇이든 간에 그것을 바로잡을 책임은 세대가 바뀔 때마다 갱신된다. 우리의 요구를 존중하지 않거나 우리의 진정한 이익을 위해 봉사하지 않는 힘센 기업들과 악성 자본주의가 우리의 미래를 박탈해간다면,

우리와 우리 다음 세대를 불쌍히 여길 일이다. 더 나쁜 상황은 우리가 목소리를 내지 못하고 벨벳 장갑을 낀 권력의 불가피성이라는 메시지에 굴복하는 일일 것이다. 아렌트는 전체주의의 기원을 다룬 자신의 저작에 관해 이렇게 말했다. "그런 조건에 대한 자연스러운 인간의 반응은 분노와 의분 중 하나다. 그 조건이 인간의 존엄성에 반하는 것이기 때문이다. 분노라는 감정의 개입 없이 이러한 상황을 묘사한다면, 나는 이 특정 현상을 인간 사회라는 맥락 바깥으로 들어 올려 그 현상의 본질 일부를 강탈하고 그 중요한 내재적 특징 중 하나를 박탈하는 셈이 될 것이다."[76]

나도 마찬가지다. 이 책을 읽는 독자도 아마 마찬가지일 것이다. 감시 자본주의의 발가벗은 진실은 필연적으로 나의 분노를 일으킨다. 인간의 존엄성을 떨어뜨리기 때문이다. 이 서사의 미래는 전선에서 일어나고 있는 일을 보고 분노하는 시민, 언론인, 학자들, 자신의 권위가 민주적 공동체의 근본 가치에서 비롯된다는 사실을 알고 있기에 분노하는 선출직 공직자들과 정책 입안자들, 그리고 특히 행동하는 청년들에게 달려 있다. 그들은 자율성 없는 효율성이란 결국 효율적이지 않고, 의존성에 의한 순응은 사회 계약이 아니며, 출구 없는 벌집은 집이 될 수 없고, 성역 없는 경험이란 그림자에 불과하다는 것, 또한 은닉을 요구하는 삶은 진정한 삶이 아니고, 느낌 없는 접촉은 거짓이며, 불확실성으로부터의 자유는 자유가 아님을 알기에 분노한다.

여기서 조지 오웰에게로 돌아가보자. 흔히 떠올리는 빅 브라더 이야기는 아니다. 그는 1946년 제임스 버넘James Burnham의 베스트셀러《경영자 혁명The Managerial Revolution》에 대한 분노에 찬 서평에서 권력에 대한 버넘의 비겁한 애착을 정조준했다. 1940년에 출간된 이 책의 논지는 자본주의, 민주주의, 사회주의가 제2차 세계대전에서 살아남지 못하리라는 것이었다. 버넘은 그 모든 것이 전체주의에 입각해 설계된 새로운 중앙집권적 계획 사회로 대체될 것이라고 봤다. 그 사회에서는 기업의 경영진과 기술전문가, 정부관료, 군인으로 구성된 새로운 '경영자' 계급이 모든 권력과 특권을 자신의 손에 집중시킨다. 그들은 재능을 명분으로 반‡노예제 사회에서 귀족의 자리를 차지하는 것이다. 버넘은 이 책 전체에서 일관적으로 이러한 미래의 '불가피성'을 주장하며, 독일과 러시아 정치지도자의 경영자적 역량을 격찬했다. 버넘은 1940년에 제2차 세계대전에서 독일이 승리하고 그에 뒤이어 '경영' 사회가 등장할 것이라고 예언했다. 이후 전쟁이 맹렬히 지속되고 러시아의 붉은 군대가 여러 중요한 전투에서 승리를 거두자 버넘은 이 책에 일련의 주해를 덧붙여 이번에는 러시아가 세계를 지배할 것이라고 또 한 번 확신에 차 주장한다.

오웰은 혐오감을 분명히 드러냈다. "버넘은 항상 그 시기에 일어나고 있는 일이 앞으로도 지속될 것이라고 예측하고 있다. 이 성향은 단순히 부정확성이나 과장 같은 나쁜 습관—그런 것들은 조금만 생각해보면 바로잡을 수 있다—이 아니다. 그것은 중대한 정신질환이며, 부분적으로는 비겁함, 부분적으로는 권력에의 숭앙—비겁함과 완전히 분리될 수 없는—에서 기인한다." 버넘의 '경이로운' 자가당착은 자신이 권력의 노예이며 인류역사의 창조적 원리를 전혀 알아보지 못했음을 드러낸다. 오웰은 천명한다. "그는 동일한 본능을 따르고 있다. 그것은 그 순간의 정복자 앞에 고개 숙이려는 본능이요, 기존의 추세를 바꿀 수 없는 것으로 받아들이려는 본능이다."[77]

오웰은 버넘이 방향감각을 완전히 상실한 데서 '도덕적 노력'에 완전히 실패했음을 볼 수 있다고 비난했다. 이런 조건 아래서는 '그 순간의 지배계급이 의도하는 대로, 그야말로 무엇이든 옳거나 그른 것이 될 수 있다.' 버넘이 나치즘에 관해 "어느 정도 존경할 만한, 어쩌면 오랫동안 잘 작동할 사회질서를 구축할 수 있는 이념이며, 아마도 그렇게 될 것"이라고 생각할 수 있

었던 것은 바로 그 방향감각 상실 때문이었다.[78]

버넘의 비겁함은 우리에게 경각심을 준다. 우리는 감시 자본주의와 그 도구주의 권력을 아무도 꺾을 수 없을 것으로 보이는 시대를 살고 있다. 오웰은 우리에게 위법적인 권력에 우리의 미래를 양도할 것을 거부하라고 요구한다. 그는 우리에게 매혹, 무력감, 체념, 마비의 주문을 끊어낼 용기를 요구한다. 그의 부름에 답하려면 우리는 강압적 합류의 매끄러운 흐름을 거부하고 마찰을 일으켜야 한다. 오웰의 용기는 우리로 하여금 모든 인간 경험을 하찮게 취급하며 가차 없이 밀려드는 수탈의 물결에 맞서게 한다. 저항, 용기, 방향설정은 우리가 대안적 선언이라는 공동 작업을 시작하기 위해 필요한 자원이다. 이 선언은 디지털 미래가 인간의 장소라고 주장하고, 디지털 자본주의가 그 주인인 민중에게 속한 포용적 힘으로서 작동할 것을 요구하며, 학습의 사회적 분업화를 진정한 민주주의 개혁의 원천으로서 지지한다.

아렌트도 오웰과 마찬가지로 이미 눈에 보이는 권력 배치에서 벗어나 새롭게 시작할 가능성을 주장한다. 그녀는 우리에게 기존의 틀을 깨트리는 모든 시도는 그 틀의 시각에서 보면 기적적인 일임을 상기시킨다. 그런 기적을 행할 능력은 인간에게만 있다. 인간이 모든 자유의 원천이기 때문이다. "문명이 석회화되고 파국이 예고된 시대에도 대개 온전하게 남아 있는 것은 자유 자체의 기능, 시작할 수 있는 순수한 능력이다. 그것은 모든 인간 활동을 활성화하고 고무하며, 모든 위대하고 아름다운 일의 … 숨은 원천이다."[79]

경제적 불평등이 심화되고 막대한 부가 집중되던 도금시대는 사람들에게 그들이 원했던 삶이 그것이 아니었음을 알려줬다. 지식은 그들에게 진보적 입법과 뉴딜이라는 무기로 도금시대에 종말을 고할 수 있게 해줬다. 아직까지도 우리는 19세기 말의 으스대는 악덕 자본가를 떠올리며 '강도

남작'이라고 부른다.

분명 감시 자본주의 시대도 우리가 그렇게 살길 원치 않았음을 우리에게 알려주며 같은 운명을 맞게 될 것이다. 감시 자본주의는 우리의 가장 위대한 도덕적·정치적 성취를 파괴하겠다고 위협하면서 그 대체 불가능한 가치를 알려줄 것이다. 또한 서로 신뢰하는 것만이 불확실성으로부터 우리를 보호할 방법임을 상기시켜줄 것이다. 감시 자본주의는 민주주의로 길들이지 않은 권력이란 추방과 절망을 낳을 뿐임을 보여준다. 프리드먼이 말한 여론과 내구성 있는 법의 순환적 관계를 우리에게 적용해보자. 우리의 지식을 활용해 다시 방향을 설정하고 다른 사람들도 그렇게 하도록 독려하고 새로운 출발점을 만드는 것, 이 모든 일이 우리에게 달려 있다.

산업 자본주의에게 정복당한 자연은 말을 할 수 없었다. 그러나 인간의 본성을 정복하려는 자들은 그들이 노리는 희생양에게 우렁찬 목소리가 있음을 깨닫게 될 것이다. 우리는 그 위험에 이름을 붙이고 그것을 격퇴할 준비가 되어 있다. 내가 이 책을 쓴 이유가 바로 이 집단적 노력에 기여하고자 함이다.

베를린 장벽이 무너진 데에는 여러 이유가 있었지만 가장 강력한 요인은 "이제 그만!"이라는 동베를린 사람들의 외침이었다. 우리도 디지털 미래를 인류의 집으로 되찾기 위한 '위대하고 아름다운' 일의 주체이자, 저자가 될 수 있다. 이제 그만! 이것이 우리의 선언이다.

이 작업을 시작할 때 가장 많은 도움을 준 두 사람이 이제는 내 곁에 없다. 이제서야 그들에게 아낌없이 감사를 표한다. 2009년 낙뢰가 우리 집을 무너뜨린 그날, 수천 권의 책, 내 모든 학문적 발자취, 집필 중이었던 글이 단 몇 시간 만에 사라졌다. 나는 다시 글을 쓸 수 없으리라고 생각했지만 사랑하는, 그리고 훌륭한 나의 남편 짐 맥스민은 시간이 흐르면 회복될 거라고 했다. 그가 옳았다. 짐은 30년 가까이 나의 첫 번째 독자이자 마지막 독자이자 가장 중요한 독자, 그리고 토론의 상대였다. 그는 인내심을 가지고 이 책의 초고를 숙독해주었고, 우리는 새로운 아이디어에 관해 격렬하게 논쟁했다. 이 오랜 작업의 결실을 그와 함께 나눌 수 없다는 것이 믿기지 않는다. 짐의 위대한 사랑과 무한한 열정은 일에 있어서나 삶에 있어서나 나에게 먼 길을 올 수 있는 힘을 주었다. 그의 영혼은 이 책의 구석구석마다 상상할 수 없을 만큼 다양한 방식으로 살아 숨 쉬고 있다.

독일의 용기 있는 지성이자 《프랑크푸르터 알게마이네 차이퉁》(이하 FAZ) 발행인인 프랑크 쉬르마허는 내가 감시 자본주의와 도구주의 권력에 관한 이론의 얼개를 엮어나가기 시작할 때 특별한 지지를 보내주었고 영감의 원천이기도 했다. 프랑크는 나의 고지식한 스타일대로라면 몇 달 혹은 몇 년까지도 품고만 있었을 내용을 《FAZ》에 기고하라고 설득했다. 나는 그와의 긴 토론을 통해 많은 것을 배웠다. 이 책을 마치기 훨씬 전에 빅 아더와 감시 자본주의에 관한 내 작업이 대중에게 유용한 이론적 틀로 제안될 수 있었던 것도 프랑크 덕분이다. 그가 우리 곁을 떠난 지 4년이 지났지만, 나는 아직도 그와 새로운 생각을 공유하고 싶을 때 전화기를 들고 그의 이름을 부르고 싶어진다. 《FAZ》의 전·현직 동료들에게도 고맙다. 특히 에도 렌츠와 요르단 메히아스는 내 글이 결실을 맺는 데 많은 도움을 주었다.

가장 깊이 감사해야 할 사람은 내가 파악한 감시 자본주의와 그 메커니즘 및 이 새로운 자본주의의 강력한 요청들을 꿰어 맞추어가는 과정에서 수년에 걸친 인터뷰에 아낌없이 시간과 지식, 의견을 내어준 테크놀로지 전문가, 데이터 과학자들이다. 통찰력과 더불어 선생님으로서의 뛰어난 재능을 발휘해준 그들을 한 사람 한 사람 거명해 고마움을 표하고 싶지만 비밀 유지와 익명 보장을 약속했기에 그렇게 하지 못해 아쉬울 뿐이다. 대침체, 그중에서도 가장 심각했던 몇 년 사이에 나의 인터뷰에 응해준 영국과 스페인의 두 가족에게도 고마움을 미처 다 전하지 못했다. 그들 덕분에 '충돌'에 관해, 그리고 그것이 어떻게 감시 자본주의가 번성할 수 있는 장을 마련했는지에 관해 많은 것을 알 수 있었다. 1부 1장에서 다룬 '몬테스' 가족, 포켓몬고 일화에 나오는 변호사 '데이비드'에게, 그들의 경험담을 자세히 다룰 수 있게 허락해준 데 대해 특히 고맙다. 물론 익명성을 위해 이름과 세부사항은 바꿨다.

이 작업에 귀중한 공헌을 한 동료들도 있다. 아이디어를 모으기 위해 만나면 그들은 저마다 진정한 학자의 사심 없는 너그러움을 보여줬다. 그들의 선물을 나는 절대 잊지 못할 것이다. 프라이버시 보호 활동가 마크 로텐버그는 원고를 읽고 논평해주었으며, 내가 프라이버시 법과 관련된 주요 쟁점의 이해를 심화시키는 데 도움을 준 특별한 동료다. 버클리 캘리포니아 대학교의 법학 교수 크리스 제이 후프네이글은 감사하게도 결정적인 단계에서 원고 전체를 읽어 주었다. 그의 아낌없는 논평은 큰 도움이 되었다. 프랭크 파스콸레는 초고 단계에서 몇 부분을 읽고 그의 해박한 지식과 열정으로 현명한 조언과 통찰력을 제공해주었다. 데이비드 리드스키도 편집자로서의 훌륭한 역량으로 이 책의 원고를 다듬어줬다. 그는 동료의식과 개념 파악 능력, 비할 데 없는 숙련된 솜씨로 이 책의 최종적인 구조를 정하는 데 도움을 줬다. 지난 5년 동안 여러 시점에 각 장의 초고를 읽고 통찰력 있는 논평을 제공해준 동료들, 폴 슈워츠, 아르테미 랄로, 미켈 플뤼베르봄, 데이비드 라이언, 마티아스 되프너, 카린 알렌, 페터 판 덴 회블에게도 깊은 감사를 표한다. 크리스 소기언과 브루스 슈나이어는 감시 자본주의의 기저 메커니즘을 이해하는 과정에서 생긴 암호화와 데이터 처리에 관한 내 의문들에 참을성 있게 답해주었다.

사고와 글쓰기는 고독한 작업이다. 여러 학자들, 학생들과 아이디어를 공유할 기회를 만들어준 동료들에게 감사하다. 조너선 지트레인은 내 생각을 발전시키는 데 있어서 중요한 시기에 하버드 로스쿨 내 '인터넷과 사회를 위한 버크먼 클라인 센터' 겸임교수로 나를 불러줬다. 데이비드 라이언과 데이비드 무라카미 우드는 이 프로젝트가 끝날 무렵 퀸스 대학교에 나를 초대해주었고, 거기서 교수, 대학원생, 학부생과 했던 토론은 작업의 마지막 단계에 활력을 불어넣어주었다. 통찰력 있는 논평을 제공한 퀸스 대학교 학부생 헬렌 코시츠와 치엔리 첸에게 특히 감사하다. 다른 많은 멋진 초청이 있었는데, 책의 출간 일정에 쫓겨 모두 수락할 수 없었다. 이 작업에 관심을 보인 전 세계의 여러 동료들에게도 깊은 감사를 전한다. 본인은 알지 못했겠지만, 그들의 열정이 나를 계속 나아가게 해줬다.

초기에 그들의 식견으로 도움을 준 런던 정치경제대학교의 레슬리 윌콕스, 옥스퍼드 대학교의 크리스 사우어에게 감사하다. 두 사람은《저널 오브 인포메이션 테크놀로지》의 '빅데이터' 특집 공동 편집자로서 감시 자본주의에 관한 나의 첫 학술논문이었던 〈빅 아더: 감시 자본주의와 정보 문명의 전망〉을 적극적으로 채택했고, 빠르게 출판에 이를 수 있도록 도와줬다. 세계경영정보학술대회ICIS의 수석학자들에게 특별한 감사를 표하고 싶다. 그들은 〈빅 아더〉를 ICIS의 2016년 최우수논문상으로 선정했는데, 이는 내가 그 논의를 확장하는 데 큰 힘이 되었다.

저작권 대리인 웨인 카바크는 처음부터 이 프로젝트에 공감하며 지치지 않고 격려와 지지를 보냈다. 나는 그의 우정과 현명한 조언을 소중히 간직하고 있다. 편집자 존 마헤이니는 이 과업의 열정적인 지지자로서, 오랜 경험에서 나온 지혜로 나의 초고들을 다듬어줌으로써 내가 그 다음 단계로 진행하는 데에만 집중할 수 있게 도와줬다. 크리스티나 파차랄로, 제이미 라이퍼, 콜린 트레이시, 스테파니 서머헤이스 등 이 프로젝트를 맡은 퍼블릭어페어스의 모든 팀원에게도 그 지속적인 헌신과 지원에 감사한다.

이 프로젝트의 팀원들이 없었다면 이 책을 쓰겠다는 포부가 실현되지 못했을 것이다. 인용을 담당한 윌리엄 디키는 2014년에 처음 합류할 당시만 해도 무슨 일을 하게 될지 전혀 알지 못했지만, 점점 커지는 이 프로젝트를 버리고 도망치는 대신 이 분야의 전문가가 되겠다는 각오로 소매를 걷어붙이고 인용 절차를 익혔다. 그가 묵묵하고 성실하게 책임을 다하면서 보여준 인내심과 따뜻한 마음, 사려 깊은 일 처리, 우정에 깊이 감사한다. 2015년 초에 이 프로젝트에 합류한 연구조교 조던 키넌은 오자마자 전문적인 심층 분석 기법을 연마하면서 뛰어난 성과를 보여줬다. 나는 그에게 의지해 이 지적 여정의 우여곡절을 헤쳐나갈 수 있었고, 그가 새로운 연구 영역에 관해 반짝거리는 지적 역량을 연마하면서 새로운 도전 과제에 부딪힐 때마다 늘 침착하면서도 열정적으로 능력을 발휘하는 것을 지켜봤다. 이에 더해 흔들림 없는 에너지, 여유로운 유머, 말 없는 배려까지 갖춘 그는 더없이 귀중한 동반자였다.

내 아이들은 수년에 걸친 이 책 작업을 전폭적으로 지지했다. 그들은 너무도 큰 사랑과 인내심, 믿음으로 내 아이디어를 경청하고 내가 좌절하지 않도록 격려하고 내가 이룬 성과를 축하해줬다. 갈림길에서 긴급한 결정을 필요로 할 때에는 바로 달려와 도와줬다. 나의 딸 클로이 맥스민은 단호하고 현명한 조언자로서, 각 장의 초고를 모두 읽고 솔직하고 날카롭게 논평해줬다. 모든 저자가 그런 피드백을 받고 싶어 하지만 그럴 기회를 거의 갖지 못한다. 나는 클로이가 됐다고 해야 각 장이 완성됐다고 느꼈다. 이 책 작업은 나의 아들 제이크 맥스민이 대학에 들어갈 때부터 졸업할 때까지 계속됐고, 지금 그 아이는 대학원생이 되었다. 제이크는 나의 열렬한 지원군으로, 내가 힘든 구간이나 한계에 직면할 때마다 문자 메시지와 전화통화로 "할 수 있어, 엄마!"라며 응원하고, 최종 편집을 돕기 위해 발 벗고 나서기도 했다. 클로이와 제이크의 명민한 조언과 자극은 내가 고비를 넘기는 데 언제나 도움이 됐다. 나의 사랑이자 생명인 그들이 없었다면 여기까지 오지 못했을 것이다.

연구 자료가 모든 탁자와 의자, 방바닥을 뒤덮은 가운데 갈피를 못 잡고 있을 때 명절과 기념일을 함께해준 친구들, 민다 골드, 베서리 가족, 리사 캐츠, 사이델 가족, 메리 디 초트 그랜트와 개릿 그랜트, 캐시 리먼, 케리 알티에로에게 사랑과 감사를 보낸다. 캐시 리먼은 원고의 최종 수정 전에 원고 전체를 읽었다. 마지막 1년 동안 그녀의 통찰력과 열정으로부터 엄청난 도움을 얻었다. 비르지니아 알리시아 하젠발크코라비아누는 파리에서 응원을 보내고 내 아이들을 초청했으며 감시 자본주의에 관한 나의 강의 중 하나를 불어로 번역하는 힘든 일을 해줬다. 수전 트로스는 무조건적으로 한없는 사랑과 지지를 보내줬다.

친구이자 아들 같은 캐니언 우드워드는 언제나 내 영혼과 내 이야기에 활기를 불어넣어 주는 믿음직한 지지자였다. 끝으로, 나의 충직하고 사랑스러운 반려견 파치 맥스민을 언급하지 않고서는 모든 감사를 전했다고 할 수 없을 것이다.

마지막에는 결국 혼자 남는다. 모든 저자는 이 말에 동의할 것이다. 이것이 사실이기 때문이다. 이 책에 기대에 미치지 못하는 점이 있다면 그것은 전적으로 나의 책임이다.

실리콘 제국에 고하는 포고문

송호근, 포스텍 대학교 교수

에릭 슈미트를 만나다

2010년 봄, 나는 에릭 슈미트를 만났다. 샌프란시스코 근교에 위치한 구글 Google 캠퍼스였다. 당시 구글 캠퍼스는 ICT와 디지털 전문가들에게는 꿈의 장소였다. 직원들이 강아지를 데리고 산책을 즐겼고, 잔디밭에서 회의 겸 모임을 갖는 사람들이 목격됐다. 내부도 그러했다. 칸막이가 거의 없는 자유로운 공간에 밝은 표정으로 분주하게 움직이는 직원, 과학자, 그리고 엔지니어 들. 에릭 슈미트가 나타났다. 청바지와 셔츠 차림이었다. 대동한 비서도 없었다. 세계적 기업 CEO인데 이렇게 자유분방해도 되나, 싶었다. 한 시간 가량 대담을 머릿속에 꼼꼼히 기록했는데, 가장 인상적인 말은 이것이었다.

> "모든 사람의 모든 것을 기록하고 알아내고 접근할 수 있게 되었을 때 세상은 어떻게 될까, 사회는 이것을 이해하지 못한다!"

그는 그 말을 이렇게 마무리했다.

"인터넷에서 프라이버시를 지키고 싶다면 이름을 바꿔야 할 것이다."

구글이 2004년 주식 상장을 마무리하고 성공 가도를 질주할 때였으니 그런 자신감도 무리가 아닐 거라 생각했다. 그 막연한 생각은 사실 디지털 테크놀로지에 대한 내 무지의 소산이었다. 구글의 검색 엔진이 세상 어떤 기계도 손대지 못한 광활한 원시림을 개척하는 강력한 무기라는 생각을 어렴풋이 하고는 있었다. 그 전 12년, 그 후 10년 동안 구글의 검색 엔진은 세상의 모든 것을 빨아들이고, 연관 짓고, 추출하고, 측정해서 비밀 코드로 부호화한 인간과 인간 현상을 북미 대륙 수십 개 서버에 계속 비축했다. 그것이 인류 역사상 누구도 사용하지 않은 사금砂金이자 원재료임을 이제는 안다. 그 원재료는 세계인이 하루 종일 접속하는 앱서비스 기획 상품이 되어 속속 팔렸고 지금도 그러하다. 그런데 그 기획 상품 속에는 코드화된 내가, 내 성격, 경험, 말, 친구, 가족 등 내 모든 것이 디지털 테크에 의해 변형된 조각으로 들어 있다면?

10년 전 그가 한 말, 모든 것이 기록되어 접근 가능할 때 세상은 어떻게 바뀔까? 이 책의 저자 쇼샤나 주보프의 비판적 지성을 자극한 질문이 이것이다. 너무나 친숙하지만 감춰진 디지털 테크놀로지의 세계, 경이로운 글로벌 디지털 자본의 성장 이면에 은닉된 탈脫인간화의 세계로 그를 이끈 질문이 이것이다. 사람들은 인터넷에, 스마트폰에 환호했다. 4차 산업 혁명이 인간에게 더욱 편리하고 풍요한 21세기 문명을 일궈줄 것을 믿어 의심치 않았다. 언제나 원하는 것을 디지털 기기에서 찾아내고, 원거리 친구와 실시간 소통하고, 구매와 소비가 즉각 이뤄지는 환경에 찬사를 보냈다. 디지털 기업은 그런 소비자들의 환호를 업고 급성장했다. 디지털 기업은 유토피아의 개척자로 등극했다. 행복을 선물하는 하늘의 전령이었다. 그러나 주보프는 의구심을 거둘 수 없었다. 과연 그런가? 일반 서민들이 쉽사리 진입하지 못하는 연산의 세계, 딥러닝, AI컴퓨팅 내부 회로에서 무슨 일이 일어나고 있는가? 엔지니어와 과학자들은 무엇을 꾀하고 있는가? 왜 그들 연봉은 다른 직종의 수십 배에 달하는가? 그럴 만큼 가치를 생산하는가? 내부로 진입해야 했다.

내부는 음모의 제국이었다. 주보프는 그곳에서 인간 행동을 조각내 인간의 본성을 재조합하는 디지털 아키텍처의 음모를 목격했고, 공짜로 추출한 말과 행동, 감성과 정서를 감응 컴퓨팅과 연산 과정을 통해 잘게 빻고 짓이겨 행동예측상품을 제조하는 모습에 경악을 금치 못했다. 그것은 디지털 자본이 선전하는 달콤한 유토피아가 아니라 실은 인간성과 주체성을 탈각시킨 디스토피아의 악몽이었다. 감시 자본주의! 주보프는 디지털 자본의 운동 법칙을 이렇게 작명했지만, 현대 문명의 근본을 뒤흔드는 충격과 파장은 이 개념으로도 다 담지 못할 만큼 거대하고 위험하다는 것이 이 책에서 주보프가 입증하려는 명제다. 거대한 위험, 헝가리 경제사학자 칼 폴라니K. Polanyi가 대공황 이후 요동치는 세계 질서를 '거대한 변혁great transformation'이라 했는데, 감시 자본주의는 '거대한 위험', 내지 '인간성의 멸절great dying of humanities'을 몰고 온다 해도 과언이 아니다.

슈미트가 말한 두 구절을 합하면 이런 뜻이 된다.

"이름을 바꾸면 프라이버시를 지킬지 몰라도 인터넷을 피할 수는 없다. 디지털화된 세계에서 우리의 검색 엔진망網에 포착되지 않으면 그는 존재하지 않는 인물이다. 실존 인간이 아니다. 세상은 어떻게 될까?"

2015년 슈미트는 웹의 미래에 대한 질문에 이렇게 짧게 말했다. "인터넷은 사라질 것입니다." 이 말은 인터넷이 4차 산업 혁명의 총아인 사물 인터넷, 웨어러블 컴퓨터, 기타 착용형 기기에 내장되어 생체의 일부가 된다는 뜻이다. 인간의 모든 행위와 언어, 감성과 생각은 생체화된 인터넷 기기를 통해 디지털 테크 기업으로 전송·저장된 후 행동예측상품 제조 공정에 투입된다. 그러기에 슈미트의 우려 섞인 질문 "세상은 어떻게 될까?"에 대한 주보프의 답은 이러하다.

"우리는 디지털 자본이 제조하고 조작하는 행동시장의 객체로 전락한다. 우리가 남긴 디지털 발자국과 디지털 빵부스러기들은 요새화된 디지털 테크에 의해 행동예측상품으로 둔갑한다. 그 행동에서 파생된 지식에 대한 접근권도, 통제권도 거부당한다. 디지털 수탈이다. 우리는 우리 경험의 지도를 스스로 그릴 권리를 박탈당한, '인간이라는 천연자원'에 불과하게 된다."

끔찍하지 않은가? 산업 혁명이 자연과 노동력을 수탈했다면, 디지털 자본은 인간의 행동, 인간의 본성을 수탈한다. 산업 자본주의에서 착취는 가시적인 것이었지만, 감시 자본주의의 수탈은 디지털 네트워크에 발을 들여놓은 사용자들 누구도 모르게 은밀히 이뤄진다. 이것이 주보프가 경악해마지 않는, 그리하여 끝내 그 운동 법칙을 파헤쳐 세상에 알려야 했던 감시 자본주의의 비밀 코드다.

실리콘 제국

일반 독자들은 주보프의 말을 쉽게 수긍하지 못할 것이다. 너무 급진적인가? 왜 그런 결론에 이르렀는지 그 통찰 과정을 면밀히 추적하기 전에는

'하늘의 천사', '해방의 전사' 이미지를 뒤집어놓은 주보프의 명제가 선뜻 납득되지 않는다. 그러나 독자들이 그럴지도 모르겠다는 의구심의 문을 일단 연 것만으로도 이 책은 성공적이다. '감시 자본주의' 개념에 내포된 감옥 이미지, 그 속에 포획된 '나'와 평범한 유저들의 일상적 활용과 만족감의 뒤켠에 번득이는 '인간성 멸절'의 칼날을 상정해보는 것만으로도 이 책은 일단 성공적이다. 나는 사실 슈미트가 "사회는 이걸 이해하지 못한다!"고 말할 때 어떤 표정을 지었는지 기억하지 못한다. 웃었던가, 아니면 심각했던가? 그가 이미 세계인을 꼼짝 못하게 만드는 '디지털 사제'로 등극했다는 사실과, 구글 창업자인 래리 페이지와 세르게이 브린이 쳐놓은 기업 소유권 이중 잠금장치(이중의결권 제도)에 의해 기껏해야 그들의 대리인 신세라는 생각이 겹쳐 묘한 표정을 지었을지 모른다.

글로벌 IT기업이 운집한 실리콘밸리는 그야말로 제국이다. 전 세계 500여 개 굴지 기업이 벌이는 각축전의 열기는 뜨겁다. 5대 기업인 구글, 아마존, 마이크로소프트, 애플, 페이스북에 접속하는 유저들은 전 세계 인구 규모를 능가한다. 구글의 안드로이드, 애플의 iOS, 마이크로소프트의 윈도우가 디지털기기 운영 체제를 삼분한 상황에서 그것을 기반으로 유명 디지털 기업이 출시한 디지털 상품이 수만 개에 이른 시장 현실을 고려하면 그야말로 실리콘밸리는 인구 집단을 조정하는 '실리콘 제국Silicon Empire'이다. 실리콘 제국은 현실 세계의 법과 규제로부터 자유롭다. 이 점이 디지털 자본의 단기 폭증과 직결된다. 국가와 시민 사회가 마련한 수많은 규제 조항과 법규가 땅에서 작동하는 것이라면, 실리콘 제국의 구동은 땅 위 공간에서 펼쳐진다. 무선랜 송출에 실린 기획 상품들은 실정법망을 쉽게 벗어난다. 실정법이 따라가기도 힘들다. 실리콘 제국은 무법 지대를 장악했고(개척했고), 디지털 자본(주보프 용어로 감시 자본)은 무법 지대의 원시림에 그들만의 법망을 설치했다. 영토는 5대륙, 5대양을 포괄한 지구촌, 거기에 서식하는 식물과 동물은 물론 인류 전체를 고객으로 끌어들였다. 주보프식으로 말하면, '살아 있는 모든 유기체를 고객이자 실험용 객체로 포획했고, 전 지구촌을 미래행동시장의 상품 공급과 빠른 소비를 위한 디지털 원형 감옥으로 만들었다.' 아직 이 책의 첫 장에 진입하지 않은 독자들은 이 말도 생소하고 급진적이라 생각하겠지만, 〈들어가며〉의 독서를 끝내자마자 디지털 환경을 즐기는 우리의 현실이 정상 궤도를 많이 벗어났음을 곧 인지하게 될 것이다.

실리콘 제국의 IT기업들이 어느 정도 영토를 확대했는가? 2020년 7월, 뉴욕증시가 'IT 빅4(애플, 아마존, 구글, 페이스북)'의 매출액과 시가총액을 발표했는데, 코로나 사태에도 불구하고 2분기 매출액은 30~50퍼센트 늘었고 주가도 뛰었다. 신장세에 힘입어 4개 기업의 전체 시가총액이 240조 원 늘었다는 것이다. 2020년도 'IT 빅4'의 시가총액은 5조 1천억 달러에 달해 일본의 국내총생산GDP 5조 1500억 달러와 맞먹는 규모다. 매출액으로 보자면, 실리콘 제국 상위 20개 기업 총 매출액은 우리나라 국민총생산 1800조 원을 두어 배 뛰어넘는다.

2016년 3월 서울에서 벌어진 알파고와 이세돌 9단의 바둑 대결은 세계를 놀라게 했다. 구글 자회사인 딥마인드사社가 보여준 머신러닝의 세기적 쇼였다. 인간 바둑의 최강 이세돌 9단이 4패를 당하자 한국인들은 급기야 AI의 중요성을 알아챘다. 분함과 당혹감을 감추지 못한 한국인들은 이세돌에게 신승辛勝을 가져온 신神의 한수에 위안을 얻고자 했지만 대국장에 있었던 에릭 슈미트는 머신러닝과 알고리즘이 강화할 디지털 제국의 요새화와 그것에 포획될 인류 문명의 미래에 대해 구상하고 있었을 것이다. 머신러닝은 인간의 뇌가 포착하지 못하는 미지의 영역을 개척한다. 우리는 그것을 뇌의 한계라고 인지하지만, 디지털 테크는 무지無知로 읽는다. 연산과 알고리즘을 통해 인간 경험을 수없이 주입하고 익히면 무지의 영역은 결국 밝혀지고 인간의 능력으로는 생산하지 못하는 지식 체계를 만들어낼 수 있다. 인지 영역을 무한히 넓힌다는 의미에서 그것은 해방, 주체성의 확장이라 치장되지만, 디지털 자본의 욕심에 의해 '용도 변경'이 일어나면 곧 통제 권력이 된다. 국가도 시민 사회도 용도 변경을 잘 눈치채지 못한다. 1년 더 진화한 알파고는 중국의 커제 9단에게 대국을 요청했는데 커제 9단은 결국 무릎을 꿇었다. 이제 바둑계 고수들은 알파고를 종주로 모신 수련원에서 갈고 닦아야 한다. 소림사 도제들은 언젠가 사부를 이길 희망을 불태우기라도 하지만, 알파고 수련원에서 알파고를 이길 승산은 소멸했다.

디지털 상품도 마찬가지다. 웹사이트, 앱서비스, 각종 디지털 기기에는 문명의 한계를 뚫는 진보의 힘과 함께 인간 행동을 통제하고 규율하는 권력이 동시에 숨어 있다. 디지털 자본의 용도 변경을 실시간 감시할 대항 권력은 한없이 취약하다. 일반 시민들은 쓰레기 더미와 같은 빅데이터로부터 유의미한 행동 법칙을 발견해내는 연산과 딥러닝, 알고리즘의 세계를 이해하지 못한다. '사회는 세상이 어떻게 될는지 이해하지 못한다'고 한 슈미트의 질책은 지식, 권력, 권한을 독점한 디지털 사제의 운명적 독백이다. 일반 소비자 대중은 디지털 요새 내부에서 일어나는 일을 알 수가 없다. 다만 디지털 앱과 사물 인터넷, 웹 기반 메뉴를 쓰면 쓸수록 나의 정보와 활동 기록이 테크 기업의 손에 들어가고 어느 날 느닷없이 자신의 선택과 행동을 규율하는 메시지가 스크린에 자주 뜨는 것을 불편하게 이해할 뿐이다.

행동예측상품과 감시 모델의 작동

2020년 7월 31일자 디지털 신문에 "MBTI로 인재를 뽑는다"는 기사가 났다. 인간의 성격을 16개 유형으로 분류한 지표인데 특정 유형이 취업 스펙

이 된다는 내용이다. 비판 댓글이 수없이 달렸다. 사람의 성격을 16개로 유형화할 수 있는가? 할 수 있다. 그보다 더 세분할 수도 있다. MBTIMyers-Briggs Type Indicator는 칼 융K. Jung의 심리유형론을 발전시켜 개발한 지표다. 포털사는 이 댓글마저 자료에 첨가해서 네티즌의 성격 유형을 더 정밀하게 분석하는 데에 활용할 수도 있다. 페이스북은 '좋아요'를 클릭하는 기사, 사진, 메시지와 사용자를 매칭해서 유형화한 다음 특정 광고와 연결하는 수완을 일찍부터 발휘했다. 2014년에는 MIT 미디어 랩의 피카드R. Picard 교수가 개발한 감성 컴퓨팅을 인수해 '감정탐지emotion detection' 특허를 출원했다. 클릭에 묻은 감정까지 코드화하는 기술이다. 아마존은 음성과 말하는 방식을 데이터화한 기계학습 가상비서인 알렉사Alexa를 출시했고, 2015년 IBM은 성격 모형을 5개 기본 유형×12개, 동기화 요인×5개 가치 차원으로 분류한 '기업용 왓슨 퍼스널리티 서비스'를 출시했다. 300개 카테고리를 가진 왓슨에 비하면 MBTI는 초보에 불과하다. 이를 사용자에 적용하는 데에 물론 사전 허락은 없었다. 페이스북을 위시해 디지털 기업이 사전 허락을 받았다는 공식적 기록을 갖고는 있다. 길고 긴, 읽기에 짜증날 정도로 전문적이고 세밀한 계약 문서다. 인스타그램, 페이스북, 트위터에 가입 신청을 하는 순간 모든 권리를 이미 이양했다는 사실을 잊어버린다. '동의' 버튼을 누르지 않으면 계정이 만들어지지 않는다. 네티즌들은 '동의' 혹은 '좋아요' 버튼과 함께 얼마나 많은 주체적 권리와 권한이 포털사로 넘어갔는지를 알지 못한다. 이 과정에서 자아정체성, 자율권한이 어디로 증발했는지 따지다 보면 정신분열증에 걸리기 십상이다. 그냥 서비스를 즐기는 보상대가로 치면 되고, 그렇게 넘어가는 네티즌들이 대다수다.

즐거움을 주는 앱서비스는 그런대로 괜찮은데, 그 경계를 넘어 용도 변경이 일어나면 감시 자본의 지배욕망에 포획된다. 주보프의 경계 의식이 발동하는 지점이다. 사용자를 포획해 우리에 가두고 그들의 일거수일투족을 행동 엔지니어링을 통해 기획 상품으로 제조하는 욕망, 거기에 포박될 수밖에 없는 사용자들의 운명이 문제다. 그것은 곧 인류의 미래 운명이기도 하다. 이 책에 그런 사례들이 그득하다. '사례'라는 가벼운 용어로 기술하기에는 너무나 무겁고 본질적인 통제가 일상생활 내외부에 넘쳐흐른다. 사용자의 운명은 곧 포털의 가입자 규모로 확대되어 인류 운명, 전 지구적 운명이 된다. 디지털 테크에 무의식적으로 갖다 바친 셀 수도 없는 클릭 행위, 클릭과 함께 남겨놓은 메시지, 클릭에 연관된 사진과 기사, 친구 집단의 프로필이 테크 기업이 노리는 디지털 빵부스러기, 디지털 배기가스다. 이 디지털 발자국과 손동작은 인간행동연구의 무상자원이다.

실리콘 제국에는 구글의 자율주행차인 웨이모Waymo가 하루 종일 돌아다닌다. 약 40여개의 센서를 장착하고 모든 경우의 수를 수집하며, 특정 시간대에 어떤 행인들이 어느 거리에 몰리는지, 어디에서 트래픽이 걸리는지를 분석한다. 지형지물의 모양과 유형은 물론이다. 이것을 구글 어스와 결합하면 지구촌 구석구석의 현황을 실시간 지도에 재현할 수 있다. 물론 여기에 인공위성도 한몫하지만, 골목길, 골목 안에 있는 맛집 사정까지 들여다보지는 못한다. 구글은 이 난제를 포켓몬으로 간단히 해결했다. 구글의 자회사인 나이앤틱이 개발한 포켓몬고는 가상괴물을 도처에 만들어 포획하도록 하는 게임이다. 네티즌들은 나이앤틱이 제시한 각종 혜택과 프라푸치노를 얻기 위해 골목골목 뛰어다녔다. 말하자면 지도 완성을 위한 무급 실행원이었다. 앱에 숨겨져 있는 위치 추적 캐시가 골목 내부의 구조와 포켓몬이 출현한 맛집 상태를 실시간으로 기록했다. 구글 어스는 맛집에서 쇄도하는 광고 요청으로 돈을 벌었고, 블록 단위의 세부적 지리 정보를 획득해 행동데이터 엔지니어링을 강화했다.

웨이모가 완성되면 자율주행차가 선을 보일 것이다. 달리는 집무실, 달리는 놀이방, 꿈의 자동차다. 그런데 계기판에 깊숙이 내장된 각종 디지털 기기들이 차 운행과 관련한 모든 정보를 송출하고 테크 기업이 데이터화한다면 그 다음에는 무슨 일이 벌어질까. 그 데이터가 보험사와 연결되면, 보험연체료, 신용불량, 운전습관 불량, 또는 범죄 유발 가능성을 따져 시동이 걸리지 않게 할 수 있다. 각종 센서가 송출하는 개인 정보는 국가 내지 기업이 원하는 통제 자료다. 위치추적 앱은 2015년 기준 사용자의 90퍼센트가 쓰고 있는데 구글의 굿어스, MS사의 타임라인Your Timeline이 사용자의 일상을 실시간·시각적으로 볼 수 있게 해준다. 그러니 어디로 가겠는가? 디지털 지문을 지울 수도 없고, 뛰어내릴 수도 없다. 뛰어내린들, 사용자의 위치 데이터에 연동된 표적 광고가 따라오지 않으리란 보장은 없다(글을 쓰는 이 시간 실험 삼아 지도 앱을 눌러봤다. 산촌의 지리 정보와 내 위치가 정확히 포착됐다. 그렇다면 이메일, 통화, 구동한 앱, 읽은 기사, 따라서 본 다른 기사 클릭 동작 등이 모조리 코드로 변환돼 데이터로 축적되었을 터이다).

더 끔찍한 일은 국가가 이 정보를 활용하는 경우다. 경우라고 하기엔 이일은 거의 일반화되어 있다. 개별 위치 데이터와 행동 데이터가 익명화된다는 디지털 자본의 홍보와는 달리 생일, 우편번호, 성별만 갖고도 누가, 언제, 무슨 일을 했는지를 식별해낼 수 있다. 중국인은 생체정보와 주거지, 가족관계, 신용등급이 내장된 국가신분증을 받아들였다. 15억 인구를 일목요연하게 통제하는 힘이 여기에서 나온다. 신상정보는 물론, 친구관계, 과거 경력, 법 위반행적, 범죄와 처벌 이력이 디지털 서류화된 나라에서 익명적 이탈은 꿈도 꾸지 못한다. 온라인 감시 시스템인 '황금방패'가 세계 최고의 사회통제 효율성을 자랑하는 이유도 이것이다. 2015년 알리바바와 즈마芝麻 신용이 합작한 개별 신용 데이터는 아예 디지털 통제의 모범을 보였다. 신용불량자로 찍힌 사람은 공적 서비스에서 제외되며, 아파트 매매나 임대가 불가능하고, 비자도 받지 못하며, 렌터카도 빌리지 못한다. 주보프의 표현을 빌리면, 디지털 테크로 긁어모은 행동조각들이 감시 자본의 은밀한 알고리즘 뭉치인 '행동수정수단'을 거쳐 사회구성원을 규율하는 '미래행동시장'의 표본으로 변형된다. 우리가 제공한 행동 파편들이 인간을 옥죄는 쇠우리가 되어 돌아온다는 말이다. 이것이 행동 엔지니어링의 본질이다. 주보프는 말한다. 히틀러의 나치즘, 스탈린의 전체주의가 '영혼 엔지니어링'을 인간에게 적용했다면, 감시 자본은 행동 엔지니어링을 통해 인간을 길들인다. 그것도 무상으로 제공한 행동 원재료를 활용해 천문학적 자본을 축적하는 것은 물론, 지식, 권한, 권리를 독점한다. 감시 모델의 개발은 감시 자본이 지향하는 최종 목적지다.

구글 본사에 들어서면 'Proejct X'가 방문객을 맞는다. 과거와는 차원이 다른 문명을 실현한다는 의지를 집약했다. 세 가지 원칙이 적혀 있다. 인구 10억 명 이상이 관련된 사안, 급진적 해결radical solution, 테크놀로지 혁신이 그것이다. 세계 오지에 열기구 인터넷망을 띄운다는 '프로젝트 룬Loon'이 그랬다. 사방 50킬로미터를 커버하는 인터넷 장비를 열기구에 달아 띄워 주민들에게 디지털 소통 기회를 제공한다는 취지였다. 남미 산악지대, 아프리카, 시베리아, 동남아 섬 지역에 금시 적용할 수 있는 기발한 발상이었다. 2018년 봄 구글 본사에서 그것을 봤을 때는 스케일과 도전적 자세에 경탄을 금치 못했으나 지금은 생각이 달라졌다. 오지 탐험은 곧 행동 엔지니어링의 정보 유형을 다양화하고 미래행동시장에서 점유율을 높이려는 야심 찬 기획이다. 오지 원주민들에게 도시형 예측상품을 강요한다면 무슨 일이 벌어질까. 문명 사회에도 행동조각이 널려 있는 원시림은 여전히 광활한데 오지에까지 웹사이트와 앱서비스를 적용하는 것은 미지未地를 결코 남겨두지 않으려 했던 알렉산더 대왕의 정복욕과 무엇이 다른가. 주보프가 비유하듯, 스페인 정복자들이 남미 원주민에게 강요했던 1513년 칙령 '레키리미엔토Requirimiento' 낭독도 생략한 채 말이다. 해안에 정박한 스페인 병사들과 선원들을 마치 신神처럼 대하던 인디안 원주민에게 읽어줬던 칙령은 이러했다. "이 대륙의 카시크와 인디언들이여 … 지체없이 스페인 국왕의 신민으로서 충성을 맹세하라." 무슨 뜻인지 몰랐던 원주민들은 약탈과 노예화의 대상이 됐다. 주보프는 말한다. 디지털 자본은 감시 모델을 만들면서 시민들에게 깨알같이 적힌 계약서를 들이밀었지만 그것을 눈여겨본 사람은 극히 소수라고. 동의하지 않으면 디지털 세계에서 제외된다는 사실만을 알고 있을 뿐이라고. 감시 모델은 누구도 이해하지 못하는 현대판 레키리미엔토를 앞세워 제조된다. 그것은 칙령이기에 실정법을 뛰어넘는다.

자유는 무지라는 명제

주보프 교수는 1970년대 하버드 대학교 대학원을 다녔고 1981년에 교수로 재직했다. 윌리엄 제임스 홀William James Hall에 사회심리학과 사회학부가 입주해 있었는데, 나와 시기가 겹친다. 나는 사회학과 대학원생으로 5층에 연구실이 있었고, 신임 주보프 교수는 7층에 있었다. 심리학부가 그곳이었으니까 엘리베이터에서 혹시 마주쳤을지도 모르지만 기억에는 없다. 그와 동시기에 같은 건물에 있었다는 우연, 이 책의 논지가 행동과학의 맹렬한 열기에 거역하고 싶은 젊은 시절의 학문적 시선과 겹친다는 일종의 동지애가 주보프의《감시 자본주의 시대》를 꼼꼼히 읽게 만들었다. 사회심리학부에는 행동심리학의 거장 스키너B.F. Skinner 교수가 있었고, 사회학부에는 사회행위론의 거장 파슨스T. Parsons 교수가 쓰던 연구실이 남아 있었다. 그 연구실 문에 붙어 있던 '파슨스 교수를 기념하며'라는 헌사가 기억난다.

  스키너와 파슨스의 공통점은 많지만 간략하다. '모든 인간 행위는 인과관계로 설명이 가능하며 단위행동으로 환원된다. 설명되지 않는 행위는 없다.' 인간 행위가 복잡하다고 말하는 것은 무식함을 드러내는 것과 같다. 행복, 공포, 불안, 환상, 갈망, 시기, 질투와 같은 고차원적 경험과 감성도 설명할 수 있는 원인과 행동 조각이 존재한다. 그것을 몰라서 그렇지 발견해서 들이대면 감성 촉발의 과정과 결과를 알게 된다. 인간이든, 동물이든 행동의 인과관계는 주로 랩Lab에서 실험을 통해 수집된다. 독일 전통의 정신과학적 측면에서 본다면 허튼 소리임에 틀림없는 이 행동공학적 강령은 1960년대에 맹위를 떨쳐서 '인간은 유기체'라는 신념이 확고하게 자리 잡았다. 유기체, 즉 생물이다. 파슨스는 일찍이 생물학을 전공했고, 스키너는 물리학에 심취했다. 이들에게 영혼, 자아, 정신과 같은 추상적 관념체는 과학적 연구대상이 아니다. 파슨스 역시 사회를 단위행동으로 쪼갤 수 있다고 믿었다. 사회는 크게 적응adaptation, 목적 달성goal attainment, 통합integrity, 잠재성latency이라는 하위 체계로 분해되고, 그것들 간 균형 상태를 유지하는 항상성homeostasis이 작동한다. 사회적 행위는 6개 유형의 상이한 단위행동으로 구성되는데, 복잡한 사회 현상은 이들 간의 상호결합, 혼종, 혼류의 결과다. 다시 말해, 행동, 행위가 행동주의 과학의 출발이자 종착역이다. 사회는 유기체일뿐 그 이상도 이하도 아니다. 스키너는 행동심리학을 '사회물리학', 파슨스는 사회학을 '사회생물학'으로 명명했다. 행동주의 과학자들에게 영혼은 관심 사항이 아니다. 행동 분석, 단위행동의 발견과 인과법칙의 규명이 최대 목표였다. '인간 행위는 사회 체계의 유지를 위한 기능적 등가물과 같다. 기능적 등가물은 목적에 따라 교체할 수 있다.' 이것이 스키너로 하여금 동물 실험에, 파슨스를 체계 변혁의 요건 분석에 매달리게 한 학문적 신념이었다. 1960년대 당시 근대성modernity 연구가 그렇게 시작되었고, 후진국에 대한 근대성 이식 작업이 한창 이뤄졌다. 근대적 행위모델을 전파하려는 목적이었다.

인간 행위가 기능적 등가물이며 목적에 따라 교체 가능하다는 행동공학 강령은 한동안 세를 잃었다가 1990년대 컴퓨터 시대와 함께 부활했다.

컴퓨터 코드와 암호화 논리는 단위행동과 맞아 떨어졌다. 인터넷과 더불어 행동공학이 부활했고, 디지털 시대에 접어들면서 행동 엔지니어링으로 발전했다.

행동 엔지니어링이란 현실세계에 출현하는 각종 행동들을 조각으로 분해해서 코드화하고 이것을 측정가능한 단위로 변화하는 일련의 과정을 뜻한다. 기계언어, 머신러닝을 할 수 있는 부호화된 단위 행위가 원재료다. 이 과정에서 렌더링rendering이 작동한다. 렌더링은 경험을 데이터로 변환하는 과정인데 행동에서 무엇인가를 추출하고 계측해서 행동수정을 위한 제조공정으로 넘겨주는 것이다. 주체와는 상관없이 분해하고(이양), 코드화된 자료를 감시 자본에 넘겨주는(투항) 일련의 과정에서 인간은 '고고학적 파편'이 된다. 생체 데이터, 수면 데이터가 렌더링되면 감시 자본의 디지털 제조창에서 표적형 광고가 만들어진다. 센서가 달린 스마트홈 기기들로부터 무허가로 송출한 코드들이 행동예측상품으로 재탄생하는 것이다. 스마트라는 명칭이 붙은 헬스케어가 대체로 그러한데, 사실은 사용자의 사적 정보를 몰래 수집해 만든 것이다. 렌더링 기능은 생체뿐만 아니라 감정과 감성, 목소리와 방언까지도 원재료로 검색해 비축한다.

감성 스캐닝을 통해 감정 수정 서비스를 제공하는 기업 '어펙티바Affectiva'는 궁극적으로 행복 서비스를 지향한다고 공언했다. 영국의 '애널리티카'는 사용자의 모든 정보를 종합해 유럽연합 탈퇴 투표 성향을 정확히 예측했고, 리얼아이즈Realeyes는 감정 스캐닝과 생체 리듬을 측정해 감성분석상품을 내놓았다. 감성 수정에 꼭 맞는 광고가 따라붙었음은 물론이다. 스마트홈에 비치된 TV, 청소기, 랩탑, 휴대전화, CCTV로 전송된 표정과 말투, 감성적 표현을 코드화해 만든 서비스상품으로 대부분 MIT 미디어 랩 피카드 교수와 파라디소J. Paradiso 교수의 제자 군단이다. 피카드와 파라디소는 스키너의 명제를 한층 더 밀고 나가 모든 인간 행위를 행동수정

수단에 밀어 넣었다. 행동주의 과학자에게 자유, 의지 같은 추상적 개념은 없다. 다만 아직 설명되지 않은, 아직 행위 코드로 정복되지 않은 빈 공간이자 무지일 뿐이다. 인간에게 두려움과 활기를 주는 불확실성 역시 정복되지 않은 신천지, 디지털 테크가 주조하는 미래행동시장이 넓혀야 할 개척지다. 자유는 지식에 몰수당한다.

유토피아인가? 주보프 교수는 뒤집힌 현실에 주목한다. "당신이 구글을 검색할 때가 있었다. 그러나 이제는 구글이 당신을 검색한다." 구글은 사용자 행동을 렌더링, 모니터링, 연산, 수정해 당신에게 행동예측상품으로 되돌려준다. 디지털 테크에 포획된 당신은 당신의 파편으로 만들어진 행동시장의 고객이다. 영혼을 가진 인격체가 아니라 '행동하는 유기체' '미래행동시장'의 상품 자료일 뿐이다. 디지털 테크 기업이 구동하는 유비쿼터스 디지털 장치와 일련의 요새화된 기술을 주보프는 '빅 아더Big Other'라 명명한다. 당신을 영혼 없는 하나의 개체로 간주해 분해와 측정 과정을 거쳐 제조 공정에 투입하는 무심하고 냉혹한 디지털 테크의 총체, 빅 브라더다. 감시 자본의 충직한 집행인인 셈이다. 그렇다면 우리는 빅 아더의 먹잇감, 행동 잉여를 제공하는 원천, '버려진 사체'라는 것이 주보프의 결론이다. 감시 자본주의의 본질이다.

망명할 권리를 찾아서

이 책은 21세기 《자본론》이다. 마르크스의 《자본론》(1867)은 상품 분석으로부터 자본주의의 비밀을 파헤친다. 상품은 무엇인가? 그 속에 내장된 노동은 무엇인가? 왜 자본이 상품에 투입되고 시장을 돌아 나오면 수익profit이 발생하는가? 수익의 본질은 무엇인가? 마르크스의 자본론을 출발시킨 질문이다. 수익은 잉여가치의 수탈이었다. 잉여가치는 죽은 노동, 삶의 조건을 뜯어가 발생한 착취의 총량이다. 당시의 국민경제학을 꼼짝 못하게 만든 잉여가치의 발견은 자본주의적 모순과 증폭으로 인한 자본주의의 내적 붕괴라는 논리로 이어졌다. 자본주의는 착취를 내재화하고 있기에 소멸될 수밖에 없는 체제로 규정되었다. 그런데 자본주의는 다행히 내부 모순을 치유하는 힘을 장착하고 있다. 칼 폴라니가 지칭한 이중 운동double movement, 모순을 치유하는 힘이 자라나 붕괴를 막고 진전을 가능하게 하는 인간의 창조적 작업이 그것이다.

이 책은 감시 자본주의의 내적 동학과 디지털 자본의 은밀한 수탈 과정을 규명했다는 의미에서 21세기《자본론》이다. 디지털 자본의 행동수탈에 포획된 인간 행위와 경제 구조, 그것에서 수익을 창출하는 디지털 자본의 사이클을 적확히 밝혔다. 주보프가 드러낸 디지털 자본의 운동 법칙에 대한 동의 여부는 독자들 몫이다. 마르크스의 상품분석이 'm-c-m'으로 요약된다면, 주보프의 행동상품 사이클은 'm-b-M'일 것이다. m은 자본, b는 행동잉여와 수탈된 행위 조각들로 만들어진 행동예측상품, M은 산업자본보다 수익이 훨씬 큰 디지털 자본이다 (제조업의 평균수익률은 5퍼센트 내외, 디지털 자본의 평균수익률은 30~50퍼센트에 이른다). 무엇보다 디지털 자본은 현실 마이닝 reality mining을 통해 인간을 천연자원화하고 급기야는 인간성 멸절을 초래한다는 이 엄청난 가설을 입증하는 데에 성공했다. 그렇다면 21세기 문명은 디지털 기업의 달콤한 약속과는 정반대로 대재앙에 처해 있는 셈이다. 주보프가 묻는다. 빅 아더의 수탈 아키텍처에서 도망칠 수 있는가? 우리에게 망명할 권리는 아직 살아 있는가? 당연히 있다. 21세기 문명의 인간화를 위해서 그렇게 해야 한다. 그런데 어떻게?

감시를 피하고 송출 코드를 교란시키는 스텔스 웨어stealth wear를 입어야 할까? 인터넷 기기와 디지털 장치에서 모든 수치를 제거하는 수치제거기demetricator를 사야 할까? 쿠키와 캐시를 제거하는 특별장치를 설치할까? 디지털 기기와 유비쿼터스 컴퓨터가 우리의 진짜 행복 증진에 종사하도록 만들려면 어떻게 해야 하는가? 마르크스가 착취 구조를 일찌감치 중단시키는 불가피한 선택으로 혁명을 외쳤듯이, 주보프는 분노와 불신을 제기하라고 이른다. '민중을 향한 감시 자본의 쿠테타'를 저지하는 힘은 민중에게서 나온다. 민중, 죄 없는 사용자, 인간들이다. 궁색하지만 불가피한 저항이다.

"우리가 빼앗긴 것에 대한 분노와 상실의 감각을 되살려야 하며, 그것은 우리에게 달려 있다. 빼앗긴 것은 '개인 정보'만이 아니다. 인간이라면 기대할, 자신의 삶에 대한 주권과 자신의 경험에 대한 권한이 위기에 처해 있다."

'위기에 처해 있다'는 다소 진부한 수사로는 도저히 닿을 수 없는 미궁에 우리는 이미 빠졌다. 주보프에게 해법을 계속 주문하는 것은 불공평하다. 그의 역할은 감시 자본의 본질을 규명하는 것으로 완료된다. 망명할 권리, 분노할 권리는 우리가 찾아내야 한다.

새로운 권력의 탄생

김대식, KAIST 교수

《감시 자본주의 시대 The Age of Surveillance Capitalism》는 놀라운 통찰력을 보여주는 중요한 책이다. 매우 시의 적절한 이 책의 저자 하버드 경영대학교 명예교수 쇼샤나 주보프 Shoshana Zuboff는 "자본주의란 도대체 무엇일까?"라고 질문한다. 다양한 해석이 가능하겠지만, 헝가리 경제역사학자 칼 폴라니 Karl Polanyi의 이론을 빌리자면, 거래 대상이 가능한 새로운 가치 영역의 확장을 의미한다. 사냥과 채집 시절, 인간은 본인과 가족만을 위해 일했기에 부동산이라는 개념이 무의미했다. 하지만 도시가 만들어지고 농업을 시작하며 노동력과 땅에 대한 소유와 거래가 가능해지면서 부동산을 비롯해 '돈' 역시 거래를 위한 도구를 넘어서게 됐다. 그리고 이제 부동산과 돈에 쥐어졌던 힘은 '정보'라는 새로운 경제적 가치창출로 진화했다.

주보프 교수는 이것을 '감시 자본주의(Sur-veil-lance Cap-i-tal-ism)'라는 새로운 용어로 정의한다. 그에 따르면 감시 자본주의란 "인간의 경험을 공짜로 가져다가 추출, 예측, 판매로 이어지는 숨은 상업적 행위에 원재료로 이용하려는 새로운 경제 질서"를 뜻한다. 이것은 "인류 역사상 전례 없는 부, 지식, 권력의 집중을 특징으로 하는 자본주의의 악성 돌연변이"로, "19세기, 20세기에 산업 자본주의가 자연에 가한 위협에 견줄 만한 인간의 본성에 대한 위협"이며, "사회를 지배하려 들고 시장 민주주의에 갑작스러운 도전을 제기하는 도구주의 권력"으로 "중대한 인권 박탈, 즉 국민주권의 전복"을 의미한다.

그는 실리콘밸리 기업들이 장악하고 있는 인터넷 비즈니스가 단순히 새로운 비즈니스 모델만은 아니라고 주장한다. 성공적인 인터넷 비즈니스는 대부분 노동력, 땅, 자본, 아이디어를 넘어 인간의 선호도 그 자체를 거래 가능하게 하는 진화된 미래 자본주의의 모습을 보여준다는 가설이다. 그게 무슨 말일까? 인간은 다양한 선호도를 가지고 있다. 그리고 지금까지 인간의 선호도와 생각은 언제나 지극히 사적인 영역이었다. 그 누구도 들여다볼 수 없는 내면적 세상에서 벌어지는 현상들이니 말이다. 하지만 이제 인터넷 데이터 감시 기술들은 인간의 내면적 가치 '채굴'과 소비자 선택 예측을 가능하게 한다. 아마존과 넷플릭스가 나 자신보다 더 정확히 내가 선호하는 책과 영화를 추천해주듯 말이다. 그뿐만 아니라 소비자 데이터 채굴을 하는 기업들이 동시에 뉴스와 정보를 제공한다면, 소비자 성향 그 자체를 기업이 선호하는 방향으로 바꾸어놓을 수도 있지 않을까? 마치 서커스 동물들을 채찍과 당근으로 훈련시키듯, 미래 인터넷 기업들은 소비자를 강화학습시킬 수도 있을 거라는 말이다.

소비자 성향을 바꾸고 예측한다는 것은 동시에 새로운 권력의 탄생을 의미한다. 미래에 대한 확신을 주는 정보를 가진 자는 언제나 미래에 대한 불확실성으로 가득한 이의 판단과 행동을 좌우할 수 있다. 결국 권력의 핵심이 정보라면, 정보의 미래는 동시에 권력의 미래라는 말이다.

더 이상 노동력과 자본이 아닌 인간의 경험과 미래 계획 그 자체가 거래되고 경매될 수도 있는 새로운 형태의 '감시 자본주의'가 바로 자본주의의 미래라고 주보프 교수는 이 책에서 경고한다. 정확한 미래 예측은 물론 불가능하다. 하지만 감시 자본주의의 가능성은 분명히 우리 모두 진지하게 걱정하고 고민해야 할 문제인 것만큼은 확실하다. 그의 날카로운 비판을 통해 우리는 매일 접속하는 불투명한 세상을 꿰뚫는 안목을 키울 수 있다. 마지막으로 쇼샤나 주보프의 말을 빌려 글을 마무리짓고자 한다.

"산업 자본주의는 자연을 착취함으로써 다음 세대에게 폭염으로 신음하는 지구라는 짐을 지웠다. 여기에 인간 본성에 대한 감시 자본주의의 침략과 정복이라는 짐을 더 얹을 것인가? 저들이 부와 권력을 위해 성역과 미래 시제에 대한 권리를 내놓으라고 요구하며 슬며시 벌집에서의 삶을 부과하는 것을 가만히 지켜보기만 할 것인가?"

'빅 브라더'에서 '빅 아더'로

노동욱, 삼육대학교 교수

영화 〈신세계〉에서 폭력 조직의 보스 정청은 이자성에게 "우리 브라더는 이 행님만 믿으면 되야"라고 말하며 "어이, 브라더"를 단숨에 유행어 반열에 올려놓았다. 단순히 영화의 유행어처럼 보이는 이 '브라더brother'는 사실 폭력적인 집단이 가진 특성의 일면을 잘 보여준다. 이는 폭력 조직의 메커니즘에서 '보스-부하'라는 엄격한 위계 서열 못지않게, 혈연에 가까운 끈끈한 공동체 의식 또한 필요하다는 것을 보여준다. 다시 말해, 위계 구조와 구성원들 간의 끈끈한 동지 의식은 폭력 조직을 지탱하는 두 기둥이라 할 수 있다. 영화 〈비열한 거리〉에서 병두가 자신을 따르는 조직원들에게 "식구食口가 뭐여? 식구란 말이여, 같이 밥 먹는 입구녕이여"라고 말하는 것도 이와 같은 맥락에 있다. 다시 말해, 폭력 조직 내에서도 힘의 논리로 억누르는 위계 구조만이 존재하는 것이 아니라, 혈연 공동체('브라더')나 밥상 공동체('식구')와 같은 끈끈한 공동체 의식이 뒷받침되어야 함을 의미한다.

이는 조지 오웰George Orwell의 기념비적인 소설 《1984》의 논리에도 적용된다. 그가 《1984》에서 그려내는 전체주의 사회에서는 '빅 브라더Big Brother'

라는 이름이 상징하듯 편재하는ubiquitous 감시 및 세뇌 체제를 동원해 모든 이의 사고방식을 획일화시켜 그 구성원들을 빅 브라더의 일원으로 만드는 것이 지상 과제다. 폭력 조직이 그 어떤 다른 인연이나 인간관계보다도 조직에 충성할 것을 최우선으로 하듯이,《1984》의 전체주의 사회 또한 여타의 애착 관계를 끊어내고 빅 브라더의 충실한 일원이, 즉 '브라더'가 되는 것이 최우선이다. 폭력 조직 내에서 인간은 '조직의 일원'이 되고, 빅 브라더 내에서 인간은 큰 기계 속 톱니바퀴와도 같은 '빅 브라더의 일원'이 된다. 이것이 빅 브라더의 운용 원리다. '빅 브라더'라는 전체주의 사회는 앞서 정청이 말한 '브라더'나 병두가 말한 '식구'의 논리처럼 누군가를 '자기 편'으로 끌어들이려는 무지막지한 폭력적 논리가 '공동체 의식'이라는 이름으로 자리하고 있는 공간이다.

쇼샤나 주보프의 《감시 자본주의 시대》라는 제목을 접하면 누구라도 《1984》의 빅 브라더와 같은 형태의 폭력적인 감시 체제를 떠올릴 것이다. 그러나 주보프는 이 책에서 감시 자본주의를 빅 브라더 체제의 정반대에 서 있는 체제로 통찰한다. 주보프는 작금의 시대를 '감시 자본주의 시대'라고 명명하는데, 구글이나 페이스북으로 대표되는 감시 자본주의의 작동 원리를 요약해보면 다음과 같다. 우리는 매일 몇 번씩, 아니 어쩌면 셀 수 없을 만큼 자주 구글이나 페이스북에 접속한다. 우리는 그곳에서 필요한 정보를 검색하고, 맛집에서 찍은 사진을 업로드하기도 하며, 소통과 교류를 통해 인간관계를 펼쳐나간다. 그러나 우리가 모르는 사이에 구글과 페이스북은 개인 정보 같은 민감한 정보를 포함한 우리의 정보를, 자신들의 목적에 맞게 이용하거나 제삼자에게 팔아넘긴다. 기업들은 경쟁하듯 구글이나 페이스북에 엄청난 비용을 지불하며 우리의 정보를 빼내간다.

그러나 감시 자본주의 체제의 문제는 이 정도로 단순하지 않다. 감시 자본주의 체제는 단순히 우리의 정보를 빼내서 팔아먹는 데 그치지 않고, 우리의 정보를 통해 우리의 행동을 수집하고, 분석하고, 범주화하고, 예측하여 상업적으로 이용함과 동시에, 우리의 행동을 유도하고, 통제하고, 조종하고, 조건화하는 데까지 나아간다. 우리는 우리도 모르는 사이에 고객이 아니라, 우리의 정보가 원재료가 되는 감시 자본주의 사이클의 예측 가능한 유기체에 불과한 존재가 되고 만다. 우리가 구글을 검색할 때 우리가 구글의 검색 대상이 되는 역설이 발생하는 것이다. 즉, 감시 자본주의 체제하의 우리는 자유의지를 가진 존엄한 인간이 아니라, 수집 당하고 분석 당하는 데이터이자, 타인의 이익을 위한 감시 자본이며, 감시 자본주의 체제에 종속된 꼭두각시 같은 존재로 전락하고 마는 것이다. 이것이 주보프가 말하는 유비쿼터스ubiquitous 테크놀로지의 역설이다.

이러한 감시 자본주의 사이클의 메커니즘이 주보프가 이 책에서 보여주는 통찰인데, 감시 자본주의 체제가 《1984》의 빅 브라더 체제의 반대편에 서 있는 이유는 주보프가 지적하는 바, "극단적 무관심radical indifference" 때문이다. 이러한 맥락에서 주보프는 감시 자본주의 체제를 일컬어 '빅 브라더'가 아닌 '빅 아더Big Other'라고 칭한다. 즉, '극단적 관심'을 통해 타인을 세뇌하고, 훈육하고, 강제하여 '자기 편'으로, 자기 '브라더'로 흡수시키려는 빅 브라더 체제와는 반대로, 감시 자본주의 체제는 '극단적 무관심'의 논리를 내세워 인간을 '타자화otherize'하기 때문이다. '빅 브라더'가 극단적 뜨거움이라면, '빅 아더'는 극단적 차가움인 것이다. 감시 자본주의 체제의 사이클 안에서 우리는 여러 유기체 가운데 하나의 유기체로 환원된다. "우리는 여러 면에서 절대로 같지 않다. 그러나 빅 아더의 관점에서 우리는 오로지 다른-개체, 행동하는 유기체일 뿐이다. … 크건 작건, 악하건 선하건, 여기 브라더는 없다. 화목한 가족이건, 지겨운 가족이건, 가족의 인연 따위는 없다." 감시 자본주의 체제와 우리 인간 사이의 관계는 '브라더'도, '식구'도, '가족'도, '친구'도, '동료'도, '조직원'도 아니다. 다시 말해, 감시 자본주의 체제는 인간을 부단히 '타자화'시키고, 빅 아더와 타자화된 대상인 인간 사이에는 아무런 관계성도 성립하지 않는다. 우리는 그저 매일 우리가 할 일(개인 정보 입력, 회원 가입, 로그인, 검색, '좋아요' 누르기, 사진 업로드, 일상 업데이트 등)을 할 뿐이고, 구글과 페이스북은 그저 그것들을 관찰하고, 데이터화하고, 도구화하여 수익을 창출해낼 수만 있다면 우리가 무슨 생각을 하고 어떻게 느끼며 무엇을 하든 상관하지 않는다. 감시 자본주의 체제에게는 인간 자체보다 오로지 데이터화할 수 있는 인간의 행동 패턴이 중요한데, 주보프는 인간을 마치 상아만 빼앗기고 죽임을 당해 버려지는 코끼리에 비유한다.

이렇듯 주보프는 섬뜩하리만치 차갑고 냉정한 감시 자본주의 체제의 논리를 통찰한다. 오웰이《1984》에서 빅 브라더를 통해 경고하던 디스토피아 사회에서 한발 더 나아가 새로운 차원의 디스토피아 사회의 출현을 통찰한다는 점에서, 이 책은 디스토피아 감시 사회와 관련하여 기념비적인 책이라 할 수 있다. 감시 자본주의 체제하의 우리는 이제 단순히 '감시당하는 인간'이 아니라, 예측 가능한 데이터나 다름없는 한낱 '유기체'에 불과한 존재로 전락한다는 점에서, 감시 자본주의 체제의 문제는 인간의 권리와 존엄성이라는 훨씬 더 근본적인 문제와 결부되어 있다. 주보프가 통찰한 감시 자본주의 체제의 폐해는 바로 여기에 있는 것이다.

그나저나 이 책을 감수하면서 주보프가 경고하는 구글과 페이스북으로 대표되는 감시 자본주의 체제의 파워가 정말 막강하다는 사실을 다시금 실감했다. 구글과 페이스북에 대한 강한 경고를 담은 이 책을 감수하면서도, 필요한 정보를 습관적으로 '구글링Googling'하고, 이 책이 출간되면 '페이스북'으로 홍보할 생각부터 했으니 말이다. 아, 나 또한 주보프가 말하는 감시 자본주의 체제의 덫에 걸린 한낱 유기체일 뿐이란 말인가?

이 책이 던지는 문제의식은 바로 여기에 있다. 이 책은 구글과 페이스북으로 대표되는 감시 자본주의 체제에 대해 강한 비판의 화살을 겨누면서도, 그 화살은 궁극적으로 우리에게로 향하고 있다. 주보프는 이 책에서 우리에게 "누가 아는가? 누가 결정하는가? 누가 결정하는지를 누가 결정하는가?"라는 주체적인 문제의식을 결코 놓치지 말라고 촉구한다. 이 책은 우리에게 말한다. 깨어 있으라고.

90년대 초, 대학생이 된 지 얼마 안 된 어느 날 나는 내가 숫자가 되었다고 느꼈다. 학교에 들어서면 학번, 은행에 가면 계좌번호, 지하철역에서는 정액승차권 잔액이었다. 이제는 그보다 훨씬 다양한, 헤아리기 힘든 자릿수의 코드가 나의 정체성뿐 아니라 내 모든 것, 내 행동과 생김새와 지문을 번역한다. 90년대 말, 대학원생이던 나는 과학기술사회학을 공부하며 내가 사이보그라고 여겼다. 인터넷과 정보통신기기의 급속한 보급은 내 감각과 기능이 기계로 확장되는 경험이었고, 그 경험을 얼기설기 엮어 논문의 틀에 맞추어 넣으면서는 고대 의료적 보장구에서부터의 연속성에 천착해 인간과 기계의 융합이 결코 새로운 현상이 아니라는 데 방점을 찍었다. 이제 그 생각은 틀렸다. 인간과 기계의 관계 자체가 질적으로 변했기 때문이다. 내가 기계를 이용하는 동안—어쩌면 이용하지 않는 동안에도—기계는 나를 더 많이 이용한다.

  적어도 그때는 자본가, 노동자, 소비자 모두가 숫자와 기계를 이용하는 주체였다. 모두가 물질문명과 산업 자본주의가 준 혜택으로 더 많은 편익을 얻기 위해 기꺼이 숫자가 되고 사이보그가 되었으나, 계급적 위치에 따라 그 양상은 다를지언정 우리는 여전히 의지를 지닌 주체였고 데이터와 기계장치는 어디까지나 우리가 이용하는 대상이었다. 물론 지금도 우리는 그것들을 이용한다. 지금 우리는 훨씬 더 많은 데이터와 기계장치를 누리며 더 유능해졌다고 느낀다. 그러나 쇼샤나 주보프는 그 양적 발전 이면에서 일어나고 있는 질적 변화, 새로운 자본주의 등장을 진단한다.

그 질적 변화는 바로 우리 인간을 겨냥하고 있다. 인간의 행동과 내면이 예측상품이라는 새로운 상품의 원재료가 되었다는 것이다. 그리고 그 원리와 작동은 이 시대의 성직자인 소수 전문가들의 요새에 감춰져 있어 우리가 절대로 알 수 없다. 산업 자본주의의 자연 착취가 기후변화라는 위협으로 되돌아왔고 과학자들은 이 위협이 티핑 포인트를 넘어섰다고 경고하지만, 그래도 이에 대해서는 우리의 의지가 아직 작동하는 한 뭔가 할 수 있으리라는 희망이 있다. 그런데 감시 자본주의 시대의 도구주의 권력과 빅 아더는 인간의 본성 자체를 파괴하고 우리의 자유의지를 찬탈하려 한다. 자유의지란 예측불가능성을 낳는 걸림돌이기 때문이다.

이 새로운 자본주의의 진전은 곧 그것을 막을 주체의 소멸을 뜻하며, 이는 불확실성의 세계를 보완해주는 약속과 계약의 주체가 사라지고 불확실성이 사라지므로 그런 주체 자체가 필요 없어지는 세상을 뜻한다. 이는 민주주의의 토대가 무너진다는 뜻이다. 여기까지는 더없이 비관적이다. 그러나 주보프는 단호하게 희망을 말한다. 산업 자본주의의 희생양은 말 못하는 자연이었지만 감시 자본주의가 표적으로 삼는 인간은 아직 목소리를 낼 수 있기 때문이다. 그러나 바로 지금 "이제 그만!"이라고 외치지 않으면 그 목소리마저 빼앗길지 모른다.

카카오톡이 검열 대상이라면 텔레그램으로 망명을 가면 되는, 그런 문제가 아니다. 저자는 몇 해 전 집에 벼락이 떨어지던 날 곧 화염 속에 사라질 집인 줄도 모르고 그을음이나 막자고 침실 문을 닫고 있었던 자신의 모습을 떠올린다. 우리 앞에 놓인 전례 없는 현상에 판단력을 상실해 기존의 틀로 해석하는 일은 도움이 안 될 뿐만 아니라 위험하다.

주보프의 어조에서 느껴지는 비장함은 이 때문이다. 그 긴급함은 역자에게도 하루라도 더 빨리 이 메시지를 독자들에게 전하고 싶은 마음으로

이어졌다. 그러나 한편으로는 주보프의 해박한 식견을 제대로 전달하려면 바슐라르, 폴라니, 아렌트, 고프먼, 피케티 등의 사상과 데이터 과학에 관한 공부가 더 필요함을 절감했기에 두 마음 사이에서 갈등했다. 그러나 이제 더는 늦출 수 없기에 이 갈등을 마치기로 한다. 끝으로, 이 시대적 역작을 우리나라 독자에게 소개하는 일에 참여할 수 있어 영광스럽게 생각한다.

김보영

〈들어가며〉

1 Martin Hilbert, "Technological Information Inequality as an Incessantly Moving Target: The Redistribution of Information and Communication Capacities Between 1986 and 2010," *Journal of the American Society for Information Science and Technology* 65, no. 4 (2013): 82135, https://doi.org/10.1002/asi.23020.

2 월드와이드웹이 발명된 지 약 20년이 지난 2014년, 퓨 리서치(Pew Research)가 실시한 한 광범위한 설문조사에 따르면 미국인 중 87퍼센트가 인터넷을 사용하고 있다. 76퍼센트는 인터넷이 '사회에 좋은 것', 90퍼센트는 '나에게 좋은 것'이라고 여긴다. 페이스북이 다운되었다며 911로 신고하는 세상이다. 모자이크 브라우저가 대중에게 공개되어 일반인이 월드와이드웹에 쉽게 접속할 수 있게 된 지 20년이 채 안 된 2010년, BBC 여론조사에 따르면 26개국에서 인구의 79퍼센트가 인터넷 접속이 기본적인 인권이라고 간주하게 되었다. 그로부터 6년 후, 국제연합은 인터넷에서의 인권에 관한 결의안을 채택했다. "모든 사람은 자유롭게 의견을 내고 표현할 권리를 지닌다. 이 권리는 간섭을 받지 않고 자신의 의견을 가질 자유, 또한 어떠한 매체를 통하든, 국경과 상관없이 정보와 사상을 구하고, 얻고, 전할 자유를 포함한다." Susannah Fox and Lee Rainie, "The web at 25 in the U.S.," *PewResearchCenter*, February 27, 2014, http://www.pewinternet.org/2014/02/27/the-web-at-25-in-the-u-s; "911 Calls About Facebook Outage Angers L.A. County Sheriff's Officials," *Los Angeles Times*, August 1, 2014, http://www.latimes.com/local/lanow/la-me-ln-911-calls-about-facebook-outage-angers-la-sheriffs-officials-20140801-htmlstory.html; "Internet Access 'a Human Right,'" BBC News, March 8, 2010, http://news.bbc.co.uk/2/hi/8548190.stm; "The Promotion, Protection and Enjoyment of Human Rights on the Internet," United Nations Human Rights Council, June 27, 2016, https://www.article19.org/data/files/Internet_Statement_Adopted.pdf를 참조하라.

3 João Leal, *The Making of Saudade: National Identity and Ethnic Psychology in Portugal* (Amsterdam: Het Spinhuis, 2000), https://run.unl.pt/handle/10362/4386.

4 Cory D. Kidd et al., "The Aware Home: A Living Laboratory for Ubiquitous Computing Research," in *Proceedings of the Second International Workshop on Cooperative Buildings, Integrating Information, Organization, and Architecture*, CoBuild '99 (London: Springer-

Verlag, 1999), 19198, http://dl.acm.org/citation.cfm?id=645969.674887.

5   "Global Smart Homes Market 2018 by Evolving Technology, Projections & Estimations, Business Competitors, Cost Structure, Key Companies and Forecast to 2023," *Reuters*, February 19, 2018, https://www.reuters.com/brandfeatures/venture-capital/article?id=28096.

6   Ron Amadeo, "Nest Is Done as a Standalone Alphabet Company, Merges with Google," *Ars Technica*, February 7, 2018, https://arstechnica.com/gadgets/2018/02/nest-is-done-as-a-standalone-alphabet-company-merges-with-google; Leo Kelion, "Google-Nest Merger Raises Privacy Issues," *BBC News*, February 8, 2018, http://www.bbc.com/news/technology-42989073.

7   Kelion, "Google-Nest Merger Raises Privacy Issues."

8   Rick Osterloh and Marwan Fawaz, "Nest to Join Forces with Google's Hardware Team," Google, February 7, 2018, https://www.blog.google/inside-google/company-annoucements/nest-join-forces-googles-hardware-team.

9   Grant Hernandez, Orlando Arias, Daniel Buentello, and Yier Jin, "Smart Nest Thermostat: A Smart Spy in Your Home," *Black Hat USA*, 2014, https://www.blackhat.com/docs/us-14/materials/us-14-Jin-Smart-Nest-Thermostat-A-Smart-Spy-In-Your-Home-WP.pdf.

10   Guido Noto La Diega, "Contracting for the 'Internet of Things': Looking into the Nest" (research paper, Queen Mary University of London, School of Law, 2016); Robin Kar and Margaret Radin, "Pseudo-Contract & Shared Meaning Analysis" (legal studies research paper, University of Illinois College of Law, November 16, 2017), https://papers.ssrn.com/abstract=3083129.

11   Hernandez, Arias, Buentello, and Jin, "Smart Nest Thermostat."

12   일찍이 이 쟁점을 다룬 선견지명 있는 저술로, Langdon Winner, "A Victory for Computer Populism," *Technology Review* 94, no. 4 (1991): 66을 참조하라. 그 밖에 다음의 문헌들도 참고할 수 있다. Chris Jay Hoofnagle, Jennifer M. Urban, and Su Li, "Privacy and Modern Advertising: Most US Internet Users Want 'Do Not Track' to Stop Collection of Data About Their Online Activities" (BCLT Research Paper, Rochester, NY: Social Science Research Network, October 8, 2012), https://papers.ssrn.com/abstract=2152135; Joseph Turow et al., "Americans Reject Tailored Advertising and Three Activities That Enable It," Annenberg School for Communication, September 29, 2009, http://papers.ssrn.com/abstract=1478214; Chris Jay Hoofnagle and Jan Whittington, "Free: Accounting for the Costs of the Internet's Most Popular Price," *UCLA Law Review* 61 (February 28, 2014): 606; Jan Whittington and Chris Hoofnagle, "Unpacking Privacy's Price," *North Carolina Law Review* 90 (January 1, 2011): 1327; Chris Jay Hoofnagle, Jennifer King, Su Li, and Joseph Turow, "How Different Are Young Adults from Older Adults When It Comes to Information Privacy Attitudes & Policies?" April 14, 2010, http://repository.upenn.edu/asc_papers/399.

13 이 구절은 Roberto Mangabeira Unger, "The Dictatorship of No Alternatives," in *What Should the Left Propose?* (London: Verso, 2006), 1-11에서 따왔다.

14 Jared Newman, "Google's Schmidt Roasted for Privacy Comments," *PCWorld*, December 11, 2009, http://www.pcworld.com/article/184446/googles_schmidt_roasted_for_privacy_comments.html.

15 Max Weber, *Economy and Society: An Outline of Interpretive Sociology* (Berkeley, CA: University of California Press, 1978), 1:67.

- 1부 -

01 ───────────────────────────────────

1 Roben Farzad, "Apple's Earnings Power Befuddles Wall Street," *Bloomberg Businessweek*, August 7, 2011, https://www.bloomberg.com/news/articles/2011-07-28/apple-s-earnings-power-befuddles-wall-street.

2 "iTunes Music Store Sells Over One Million Songs in First Week," *Apple Newsroom*, March 9, 2018, https://www.apple.com/newsroom/2003/05/05iTunes-Music-Store-Sells-Over-One-Million-Songs-in-First-Week.

3 Jeff ommer, "The Best Investment Since 1926? Apple," *New York Times*, September 22, 2017, https://www.nytimes.com/2017/09/22/business/apple-investment.html.

4 Shoshana Zuboff and James Maxmin, *The Support Economy: How Corporations Are Failing Individuals and the Next Episode of Capitalism* (New York: Penguin, 2002), 230를 참조하라.

5 Henry Ford, "Mass Production," *Encyclopedia Britannica* (New York: Encyclopedia Britannica, 1926), 821, http://memory.loc.gov/cgi-bin/query/h?ammem/coolbib:@field(NUMBER+@band(amrlg+lg48)).

6 Lizabeth Cohen, *A Consumers' Republic: The Politics of Mass Consumption in Postwar America* (New York: Knopf, 2003); Martin J. Sklar, *The Corporate Reconstruction of American Capitalism: 1890-1916: The Market, the Law, and Politics* (New York: Cambridge University Press, 1988).

7 Emile Durkheim, *The Division of Labor in Society* (New York: Free Press, 1964), 275 (강조는 저자).

8 Durkheim, *The Division of Labor in Society*, 266.

9 Ulrich Beck and Mark Ritter, *Risk Society: Towards a New Modernity* (Thousand Oaks, CA: Sage, 1992).

10 이 현상의 대두에 관한 더 상세한 분석에 관심 있는 독자를 위하여 Zuboff and Maxmin, *The Support Economy*에서의 확장된 논의를 추천한다. Ulrich Beck and Elisabeth Beck-

Gernsheim, *Individualization: Institutionalized Individualism and Its Social and Political Consequences* (London: Sage, 2002); Ulrich Beck, "Why 'Class' Is Too Soft a Category to Capture the Explosiveness of Social Inequality at the Beginning of the Twenty-First Century," *British Journal of Sociology* 64, no.1 (2013): 63-74; Ulrich Beck and Edgar Grande, "Varieties of Second Modernity: The Cosmopolitan Turn in Social and Political Theory and Research," *British Journal of Sociology* 61, no. 3 (2010): 409-43도 참조하라.

11 Beck and Ritter, *Risk Society*.

12 Talcott Parsons, *Social Structure and Personality* (New York: Free Press, 1964).

13 Beck a nd Beck-Gernsheim, *Individualization*.

14 Erik Erikson, *Childhood and Society* (New York: W. W. Norton, 1993), 279.

15 Ronald Inglehart, *Culture Shift in Advanced Industrial Society* (Princeton, NJ: Princeton University Press, 1990); Ronald F. Inglehart, "Changing Values Among Western Publics from 1970 to 2006," *West European Politics* 31, nos. 1-2 (2008): 130-46; Ronald Inglehart and Christian Welzel, "How We Got Here: How Development Leads to Democracy," *Foreign Affairs* 88, no. 2 (2012): 48-50; Ronald Inglehart and Wayne E. Baker, "Modernization, Cultural Change, and the Persistence of Traditional Values," *American Sociological Review* 65, no. 1 (2000): 19; Mette Halskov Hansen, *iChina: The Rise of the Individual in Modern Chinese Society*, ed. Rune Svarverud (Copenhagen: Nordic Institute of Asian Studies, 2010); Yunxiang Yan, *The Individualization of Chinese Society* (Oxford: Bloomsbury Academic, 2009); Arthur Kleinman et al., *Deep China: The Moral Life of the Person* (Berkeley: University of California Press, 2011); Chang Kyung-Sup and Song Min-Young, "The Stranded Individual Under Compressed Modernity: South Korean Women in Individualization Without Individualism," *British Journal of Sociology* 61, no. 3 (2010); Chang Kyung-Sup, "The Second Modern Condition? Compressed Modernity as Internalized Reflexive Cosmopolitization," *British Journal of Sociology* 61, no. 3 (2010); Munenori Suzuki et al., "Individualizing Japan: Searching for Its Origin in First Modernity," *British Journal of Sociology* 61, no. 3 (2010); Anthony Elliott, Masataka Katagiri, and Atsushi Sawai, "The New Individualism and Contemporary Japan: Theoretical Avenues and the Japanese New Individualist Path," *Journal for the Theory of Social Behavior* 42, no. 4 (2012); Mitsunori Ishida et al., "The Individualization of Relationships in Japan," *Soziale Welt* 61 (2010): 217-35; David Tyfield and John Urry, "Cosmopolitan China?" *Soziale Welt* 61 (2010): 277-93.

16 Beck and Beck-Gernsheim, *Individualization*; Ulrich Beck, *A God of One's Own: Religion's Capacity for Peace and Potential for Violence*, trans. Rodney Livingstone (Cambridge, UK: Polity, 2010).

17 Thomas M. Franck, *The Empowered Self: Law and Society in an Age of Individualism* (Oxford: Oxford University Press, 2000).

18 Beck and Beck-Gernsheim, *Individualization*, xxii.

19 Daniel Stedman Jones, *Masters of the Universe: Hayek, Friedman, and the Birth of Neoliberal Politics* (Princeton, NJ: Princeton University Press, 2012); T. Flew, "Michel Foucault's *The Birth of Biopolitics* and Contemporary Neo-Liberalism Debates," *Thesis Eleven* 108, no. 1 (2012): 44–65, https://doi.org/10.1177/0725513611421481; Philip Mirowski, *Never Let a Serious Crisis Go to Waste: How Neoliberalism Survived the Financial Meltdown* (London: Verso, 2013); Gérard Duménil and Dominique Lévy, The Crisis of Neoliberalism (Cambridge, MA: Harvard University Press, 2013); Pierre Dardot and Christian Laval, *The New Way of the World: On Neoliberal Society* (Brooklyn: Verso, 2013); António Ferreira, "The Politics of Austerity as Politics of Law," *Oñati Socio-Legal Series* 6, no. 3 (2016): 496–519; David M. Kotz, *The Rise and Fall of Neoliberal Capitalism* (Cambridge, MA: Harvard University Press, 2017); Philip Mirowski and Dieter Plehwe, eds., *The Road from Mont Pelerin: The Making of the Neoliberal Thought Collective* (Cambridge, MA: Harvard University Press, 2009); Wendy Brown, *Undoing the Demos: Neoliberalism's Stealth Revolution* (New York: Zone, 2015); David Jacobs and Lindsey Myers, "Union Strength, Neoliberalism, and Inequality: Contingent Political Analyses of US Income Differences Since 1950," *American Sociological Review* 79 (2014): 752–74; Angus Burgin, *The Great Persuasion: Reinventing Free Markets Since the Depression* (Cambridge, MA: Harvard University Press, 2012); Greta R. Krippner, *Capitalizing on Crisis: The Political Origins of the Rise of Finance* (Cambridge, MA: Harvard University Press, 2011).

20 Jones, *Masters of the Universe*, 215. Krippner, *Capitalizing on Crisis*도 참조하라.

21 Mirowski, Dardot and Laval, 그리고 Jones의 전게서에 이러한 상황 전개가 자세히 설명되어 있다.

22 Friedrich August von Hayek, *The Fatal Conceit: The Errors of Socialism*, ed. William Warren Bartley, vol. 1, *The Collected Works of Friedrich August Hayek* (Chicago: University of Chicago Press, 1988), 14–15.

23 Mirowski, *Never Let a Serious Crisis Go to Waste*, 53–67.

24 Michael C. Jensen and William H. Meckling, "Theory of the Firm: Managerial Behavior, Agency Costs and Ownership Structure," *Journal of Financial Economics* 3, no. 4 (1976): 12.

25 Krippner, *Capitalizing on Crisis*.

26 Karl Polanyi, *The Great Transformation: The Political and Economic Origins of Our Time* (Boston: Beacon, 2001), 79.

27 Martin J. Sklar, *The United States as a Developing Country: Studies in U.S. History in the Progressive Era and the 1920s* (Cambridge: Cambridge University Press, 1992); Sanford M. Jacoby, Modern Manors: Welfare Capitalism Since the New Deal (Princeton, NJ: Princeton University Press, 1998); Michael Alan *Bernstein, The Great Depression: Delayed Recovery and Economic Change in America, 1929-1939*, Studies in Economic History and Policy (Cambridge, MA: Cambridge University Press, 1987); C. Goldin and R. A. Margo,

"The Great Compression: The Wage Structure in the United States at Mid-century," *Quarterly Journal of Economics* 107, no. 1 (1992): 1-34; Edwin Amenta, "Redefining the New Deal," in *The Politics of Social Policy in the United States*, ed. Theda Skocpol, Margaret Weir, and Ann Shola Orloff (rinceton, NJ: Princeton University Press, 1988), 81-122.

28 Ian Gough, Anis Ahmad Dani, and Harjan de Haan, "European Welfare States: Explanations and Lessons for Developing Countries," in *Inclusive States: Social Policies and Structural Inequalities* (Washington, DC: World Bank, 2008); Peter Baldwin, *The Politics of Social Solidarity: Class Bases of the European Welfare State, 1875-1975* (Cambridge: Cambridge University Press, 1990); John Kenneth Galbraith, Sean Wilentz, and James K. Galbraith, *The New Industrial State* (Princeton, NJ: Princeton University Press, 1967); Gerald Davis, "The Twilight of the Berle and Means Corporation," *Seattle University Law Review* 34, no. 4 (2011): 1121-38; Alfred Dupont Chandler, *Essential Alfred Chandler: Essays Toward a Historical Theory of Big Business*, ed. Thomas K. McCraw (Boston: Harvard Business School Press, 1988).

29 Jones, *Masters of the Universe*, 217.

30 예를 들면 다음과 같은 문헌들이 있다. Vivien A. Schmidt and Mark Thatcher, eds., *Resilient Liberalism in Europe's Political Economy* (Cambridge: Cambridge University Press, 2013); Kathleen Thelen, *Varieties of Liberalization and the New Politics of Social Solidarity* (Cambridge: Cambridge University Press, 2014); Peter Kingstone, *The Political Economy of Latin America: Reflections on Neoliberalism and Development* (New York: Routledge, 2010); Jeffry Frieden, Manuel Pastor, Jr., and Michael Tomz, *Modern Political Economy and Latin America: Theory and Policy* (Boulder, CO: Routledge, 2000); Giuliano Bonoli and David Natali, *The Politics of the New Welfare State* (Oxford: Oxford University Press, 2012); Richard Münch, *Inclusion and Exclusion in the Liberal Competition State: The Cult of the Individual* (New York: Routledge, 2012), http://site.ebrary.com/id/10589064; Kyung-Sup Chang, *Developmental Politics in Transition: The Neoliberal Era and Beyond* (Basingstoke, UK: Palgrave Macmillan, 2012); Zsuzsa Ferge, "The Changed Welfare Paradigm: The Individualization of the Social," *Social Policy & Administration* 31, no. 1 (1997): 20-44.

31 Gerald F. Davis, *Managed by the Markets: How Finance Re-shaped America* (Oxford: Oxford University Press, 2011); Davis, "The Twilight of the Berle and Means Corporation"; Özgür Orhangazi, "Financialisation and Capital Accumulation in the Non-financial Corporate Sector: A Theoretical and Empirical Investigation on the US Economy: 1973-2003," *Cambridge Journal of Economics* 32, no. 6 (2008): 863-86; William Lazonick, "The Financialization of the U.S. Corporation: What Has Been Lost, and How It Can Be Regained," in *The Future of Financial and Securities Markets* (Fourth Annual Symposium of the Adolf A. Berle, Jr. Center for Corporations, Law and Society of the Seattle School of Law, London, 2012); Yuri Biondi, "The Governance and Disclosure of the Firm as an Enterprise Entity," *Seattle University Law Review* 36, no. 2 (2013): 391-416; Robert

Reich, "Obama's Transition Economic Advisory Board: The Full List," *US News & World Report*, November 7, 2008, http://www.usnews.com/news/campaign-2008/articles/2008/11/07/obamas-transition-economic-advisory-board-the-full-listn; Robert B. Reich, *Beyond Outrage: What Has Gone Wrong with Our Economy and Our Democracy, and How to Fix It*, rev. ed. (New York: Vintage, 2012).

32　Michael Jensen, "Eclipse of the Public Corporation," *Harvard Business Review*, September-October, 1989.

33　Michael C. Jensen, "Value Maximization, Stakeholder Theory, and the Corporate Objective Function," *Business Ethics Quarterly* 12, no. 2 (2002): 235-56.

34　Thomas I. Palley, "Financialization: What It Is and Why It Matters" (white paper, Levy Economics Institute of Bard College, 2007), http://www.levyinstitute.org/pubs/wp_525.pdf; Jon Hanson and Ronald Chen, "The Illusion of Law: The Legitimating Schemas of Modern Policy and Corporate Law," *Michigan Law Review* 103, no. 1 (2004): 1-149; Henry Hansmann and Reinier Kraakman, "The End of History for Corporate Law" (working paper, Discussion Paper Series, Harvard Law School's John M. Olin Center for Law, Economics and Business, 2000), http://lsr.nellco.org/cgi/viewcontent.cgi?article=1068&context=harvard_olin.

35　Davis, "The Twilight of the Berle and Means Corporation," 1131.

36　Gerald F. Davis, "After the Corporation," *Politics & Society* 41, no. 2 (2013): 41.

37　Juta Kawalerowicz and Michael Biggs, "Anarchy in the UK: Economic Deprivation, Social Disorganization, and Political Grievances in the London Riot of 2011," *Social Forces* 94, no. 2 (2015): 673-98, https://doi.org/10.1093/sf/sov052.

38　Paul Lewis et al., "Reading the Riots: Investigating England's Summer of Disorder," *London School of Economics and Political Science*, 2011, 17, http://eprints.lse.ac.uk/46297.

39　Saskia Sassen, "Why Riot Now? Malaise Among Britain's Urban Poor Is Nothing New. So Why Did It Finally Tip into Widespread, Terrifying Violence?" *Daily Beast*, August 15, 2011, http://www.donestech.net/ca/why_riot_now_by_saskia_sassen_newsweek.

40　Lewis et al., "Reading the Riots," 25.

41　Lewis et al., "Reading the Riots" 외에 다음 문헌들도 참조하라. Kawalerowicz and Biggs, "Anarchy in the UK"; James Treadwell et al., "Shopocalypse Now: Consumer Culture and the English Riots of 2011," *British Journal of Criminology* 53, no. 1 (2013): 1-17, https://doi.org/10.1093/bjc/azs054; Tom Slater, "From 'Criminality' to Marginality: Rioting Against a Broken State," *Human Geography* 4, no. 3 (2011): 106-15.

42　Thomas Piketty, *Capital in the Twenty-First Century* (Cambridge, MA: Belknap Press, 2014). 피케티는 장기간의 소득 자료를 종합하여 미국과 영국의 소득불평등이 19세기 이래로 가장 심각한 수준에 이르렀다고 결론지었다. 미국 임금노동자 중 상위 십분위 소득이 국민소득에서 차지하는 비율은 1980년대 35퍼센트에서 꾸준히 증가하여 2010년 46퍼센트를 넘어섰다. 이 증가의 대부분은 상위 1퍼센트에 의한 것이었다. 상위 1퍼센

트의 비중은 9퍼센트에서 20퍼센트로 증가했고, 그중 절반은 상위 0.1퍼센트의 몫이었다. 피케티는 소득 기준 상위 0.1퍼센트에 속하는 사람들 중 60~70퍼센트가 새로 도입된 가치 극대화 인센티브 구조 덕분에 '역사적으로 전례 없는' 보수를 받는 데 성공한 관리자금으로 구성된다고 추정했다.

43 경제적 결과를 완화하는 데 있어서 민주적인 사회, 정치, 경제제도의 중요성이라는 일반적 주제를 검토하려면, Daron Acemoglu and James Robinson의 기념비적인 저작, *Why Nations Fail: The Origins of Power, Prosperity, and Poverty* (New York: Crown Business, 2012)를 참조하라. 로버트 라이시의 불평등 및 누감적(regressive) 경제정책에 관한 연구도 이 주제에 초점을 맞추고 있다. Robert B. Reich, *Aftershock: The Next Economy and America's Future* (New York: Vintage, 2011). 그 밖에 Michael Stolleis, *History of Social Law in Germany* (Heidelberg: Springer, 2014), www.springer.com/us/book/9783642384530; Mark Hendrickson, *American Labor and Economic Citizenship: New Capitalism from World War I to the Great Depression* (Cambridge: Cambridge University Press, 2013); Swank, "The Political Sources of Labor Market Dualism in Postindustrial Democracies, 1975-2011"; Emin Dinlersoz and Jeremy Greenwood, "The Rise and Fall of Unions in the U.S." (NBER working paper, US Census Bureau, 2012), http://www.nber.org/papers/w18079; Basak Kus, "Financialization and Income Inequality in OECD Nations: 1995-2007," *Economic and Social Review* 43, no. 4 (2012): 477-95; Viki Nellas and Elisabetta Olivieri, "The Change of Job Opportunities: The Role of Computerization and Institutions" (Quaderni DSE working paper, University of Bologna & Bank of Italy, 2012), http://papers.ssrn.com/sol3/papers.cfm?abstract_id=1983214; Gough, Dani, and de Haan, "European Welfare States"; Landon R. Y. Storrs, *Civilizing Capitalism: The National Consumers' League, Women's Activism, and Labor Standards in the New Deal Era*, rev. ed. (Chapel Hill: University of North Carolina Press, 2000); Ferge, "The Changed Welfare Paradigm"; Jacoby, *Modern Manors; Sklar, The United States as a Developing Country*; J. Bradford De Long and Barry Eichengreen, "The Marshall Plan: History's Most Successful Structural Adjustment Program," in *Post-World War II Economic Reconstruction and Its Lessons for Eastern Europe Today*, ed. Rudiger Dornbusch (Cambridge, MA: MIT Press, 1991); Baldwin, *The Politics of Social Solidarity*; Amenta, "Redefining the New Deal"; Robert H. Wiebe, *The Search for Order: 1877-1920* (New York: Hill and Wang, 1967); John Maynard Keynes, "Economic Possibilities for Our Grandchildren," in *Essays in Persuasion* (New York: W. W. Norton, 1930)도 참조하라.

2014년에 스탠더드 앤드 푸어스의 보고서는 소득불평등이 경제성장을 저해하고 사회구조를 불안정하게 만든다고 썼다. 헨리 포드는 5달러의 날을 선언할 때 이미 이 사실을 알고 있었다. "How Increasing Income Inequality Is Dampening US Economic Growth, and Possible Ways to Change the Tide," *S&P Capital IQ*, Global Credit Portal Report, August 5, 2014, https://www.globalcreditportal.com/ratingsdirect/renderArticle.do?articleId=1351366&SctArtId=255732&from=CM&nsl_code=LIME&sourceObjectId=874103

3&sourceRevId=1&fee_ind=N&exp_date=20240804-19:41:13를 참조하라.

44 Tcherneva, "Reorienting Fiscal Policy: A Bottom-Up Approach," 57. 다음의 문헌들도 참조하라. Francisco Rodriguez and Arjun Jayadev, "The Declining Labor Share of Income," *Journal of Globalization and Development* 3, no. 2 (2013): 1-18; Oliver Giovannoni, "What Do We Know About the Labor Share and the Profit Share? Part III: Measures and Structural Factors" (working paper, Levy Economics Institute at Bard College, 2014), http://www.levyinstitute.org/publications/what-do-we-know-about-the-labor-share-and-the-profit-share-part-3-measures-and-structural-factors; Dirk Antonczyk, Thomas DeLeire, and Bernd Fitzenberger, "Polarization and Rising Wage Inequality: Comparing the U.S. and Germany" (IZA discussion papers, Institute for the Study of Labor, March 2010), https://ideas.repec.org/p/iza/izadps/dp4842.html; Duane Swank, "The Political Sources of Labor Market Dualism in Postindustrial Democracies, 1975-2001," conference paper presented at the American Political Science Association Annual Meeting, Chicago, 2013; David Jacobs and Lindsey Myers, "Union Strength, Neoliberalism, and Inequality: Contingent Political Analyses of US Income Differences Since 1950," *American Sociological Review* 79 (2014): 752-74; Viki Nellas and Elisabetta Olivieri, "The Change of Job Opportunities: The Role of Computerization and Institutions" (Quaderni DSE working paper, University of Bologna & Bank of Italy, 2012), http://papers.ssrn.com/sol3/papers.cfm?abstract_id=1983214; Gough, Dani, and de Haan, "European Welfare States: Explanations and Lessons for Developing Countries."

45 Jonathan D. Ostry, "Neoliberalism: Oversold?" *Finance & Development* 53, no. 2 (2016): 38-41; 미국의 또 다른 경제학자는 다음과 같은 결론에 이르렀다. "2008년의 대침체가 결국 경제 팽창에 관한 환상을 벗겨내고, 금융 자본주의가 성취한 것의 실체를 드러냈다. 1970년대 중반 이후 극소수에게만 엄청난 부가 집중되고 다수는 소득 정체를 겪었던 것이다." Josh Bivens, "In 2013, Workers' Share of Income in the Corporate Sector Fell to Its Lowest Point Since 1950," *Economic Policy Institute* (blog), September 4, 2014, http://www.epi.org/publication/2013-workers-share-income-corporate-sector를 참조하라. 금융 심화—금융 자유화, 금융자본화—에 관한 여러 연구는 국가의 경제적 수준이 어떠하든 간에 금융 심화가 파산, 은행 도산, 심한 자산 변동성, 실물 부문에서의 불황 등 새로운 불안정성에 연관되어 있음을 보여준다. 예를 들어 Malcolm Sawyer, "Financial Development, Financialisation and Economic Growth" (working paper, Financialisation, Economy, Society & Sustainable Development Project, 2014), http://fessud.eu/wpcontent/uploads/2013/04/Financialisation-and-growth-Sawyer-working-paper-21.pdf를 보라. 그 밖에 다음의 문헌들도 참조할 수 있다. William A. Galston, "The New Challenge to Market Democracies: The Political and Social Costs of Economic Stagnation" (research report, Brookings Institution, 2014), http://www.brookings.edu/research/reports2/2014/10/new-challenge-market-democracies; Joseph E. Stiglitz, *The Price of Inequality: How Today's Divided Society Endangers Our Future* (New York: W.

W. Norton, 2012); James K. Galbraith, *Inequality and Instability: A Study of the World Economy Just Before the Great Crisis* (New York: Oxford University Press, 2012); Ronald Dore, "Financialization of the Global Economy," *Industrial and Corporate Change* 17, no. 6 (2008): 1097-1112; Philip Arestis and Howard Stein, "An Institutional Perspective to Finance and Development as an Alternative to Financial Liberalisation," *International Review of Applied Economics* 19, no. 4 (2005): 381-98; Asil Demirguc-Kunt and Enrica Detragiache, "The Determinants of Banking Crises in Developing and Developed Countries," *Staff Papers-International Monetary Fund 45*, no. 1 (1998): 81-109.

46 Emanuele Ferragina, Mark Tomlinson, and Robert Walker, "Poverty, Participation and Choice," *JRF*, May 28, 2013, https://www.jrf.org.uk/report/poverty-participation-and-choice.

47 Helen Kersley et al., "Raising the Benchmark: The Role of Public Services in Tackling the Squeeze on Pay," *New Economics Foundation*, https://www.unison.org.uk/content/uploads/2013/12/On-line-Catalogue219732.pdf.

48 Sally Gainsbury and Sarah Neville, "Austerity's £18bn Impact on Local Services," *Financial Times*, July 19, 2015, http://www.ft.com/intl/cms/s/2/5fcbd0c4-2948-11e5-8db8-c033edba8a6e.html?ftcamp=crm/email/2015719/nbe/InTodaysFT/product#axzz3gRAfXkt4.

49 Carmen DeNavas-Walt and Bernadette D. Proctor, "Income and Poverty in the United States: 2014," US Census Bureau, September 2015, http://www.census.gov/content/dam/Census/library/publications/2014/demo/p60-249.pdf; Thomas Gabe, "Poverty in the United States: 2013," *Congressional Research Service*, September 25, 2014, http://digitalcommons.ilr.cornell.edu/key_workplace/1329.

50 Alisha Coleman-Jensen, Mark Nord, and Anita Singh, "Household Food Security in the United States in 2012" (economic research report, US Department of Agriculture, September 2013), https://www.ers.usda.gov/webdocs/publications/45129/39937_err-155.pdf?v=42199.

51 Piketty, *Capital in the Twenty-First Century*, 334-35. Theda Skocpol and Vanessa Williamson, *The Tea Party and the Remaking of Republican Conservatism*, rev. ed. (New York: Oxford University Press, 2016); Naomi Oreskes and Erik M. Conway, *Merchants of Doubt: How a Handful of Scientists Obscured the Truth on Issues from Tobacco Smoke to Global Warming* (London: Bloomsbury, 2010)도 참조하라.

52 Nicholas Confessore, "The Families Funding the 2016 Presidential Election," *New York Times*, October 10, 2015, https://www.nytimes.com/interactive/2015/10/11/us/politics/2016-presidential-election-super-pac-donors.html.

53 역사학자 낸시 맥린과 언론인 제인 메이어는 극우 이데올로그들과 그들을 후원하는 억만장자들의 은밀한 움직임을 기록한다. 그들은 정치적인 여론 조작 목적으로 무제한 적으로 자금을 활용하며, 싱크탱크, 후원자 조직, 언론 매체로 이루어진 비밀스러운 네

트워크를 통해 시민들의 불안을 교묘하게 이용하고 극단적인 관점을 갖도록 유인한다. Nancy MacLean, *Democracy in Chains: The Deep History of the Radical Right's Stealth Plan for America* (New York: Viking, 2017); Jane Mayer, *Dark Money: The Hidden History of the Billionaires Behind the Rise of the Radical Right* (New York: Anchor, 2017).

54 Piketty, *Capital in the Twenty-First Century*, 571.

55 Milan Zafirovski, "'Neo-Feudalism' in America? Conservatism in Relation to European Feudalism," *International Review of Sociology* 17, no. 3 (2007): 393-427, https://doi.org/10.1080/03906700701574323; Alain Supiot, "The Public-Private Relation in the Context of Today's Refeudalization," *International Journal of Constitutional Law* 11, no. 1 (2013): 129-45, https://doi.org/10.1093/icon/mos050; Daniel J. H. Greenwood, "Neofeudalism: The Surprising Foundations of Corporate Constitutional Rights," *University of Illinois Law Review* 163 (2017).

56 Piketty, *Capital in the Twenty-First Century*, 237-70.

57 이 주제에 관한 신랄하고 강력한 탐구를 다음 글에서 볼 수 있다. Carol Graham, *Happiness for All? Unequal Hopes and Lives in Pursuit of the American Dream* (Princeton, NJ: Princeton University Press, 2017); David G. Blanchflower and Andrew Oswald, "Unhappiness and Pain in Modern America: A Review Essay, and Further Evidence, on Carol Graham's 'Happiness for All?'" (NBER working paper, November 2017).

58 Tim Newburn et al., "David Cameron, the Queen and the Rioters' Sense of Injustice," *Guardian,* December 5, 2011, http://www.theguardian.com/uk/2011/dec/05/cameron-queen-injustice-english-rioters를 참조하라.

59 Slater, "From 'Criminality' to Marginality."

60 Todd Gitlin, *Occupy Nation: The Roots, the Spirit, and the Promise of Occupy Wall Street* (New York: Harper Collins, 2012); Zeynep Tufekci, *Twitter and Tear Gas*: The Power and Fragility of Networked Protest (New Haven, CT: Yale University Press, 2017). Andrew Gavin Marshall, "World of Resistance Report: Davos Class Jittery amid Growing Warnings of Global Unrest," *Occupy.com*, July 4, 2014, http://www.occupy.com/article/world-resistance-report-davos-class-jittery-amid-growing-warnings-global-unrest도 참조하라.

61 Todd Gitlin, "Occupy's Predicament: The Moment and the Prospects for the Movement," *British Journal of Sociology* 64, no. 1 (2013): 3-25, https://doi.org/10.1111/1468-4446.12001.

62 Anthony Barnett, "The Long and Quick of Revolution," *Open Democracy*, February 2, 2015, https://www.opendemocracy.net/anthony-barnett/long-and-quick-of-revolution.

63 Peter Wells and Paul Nieuwenhuis, "Transition Failure: Understanding Continuity in the Automotive Industry," *Technological Forecasting and Social Change* 79, no. 9 (2012): 1681-92, https://doi.org/10.1016/j.techfore.2012.06.008.

64 Steven Levy, *In the Plex: How Google Thinks, Works, and Shapes Our Lives* (New York: Simon & Schuster, 2011), 172–73.

65 Bobbie Johnson, "Privacy No Longer a Social Norm, Says Facebook Founder," *Guardian*, January 10, 2010, https://www.theguardian.com/technology/2010/jan/11/facebook-privacy.

66 Charlene Li, "Close Encounter with Facebook Beacon," *Forrester*, November 23, 2007, https://web.archive.org/web/20071123023712/http://blogs.forrester.com/charleneli/2007/11/close-encounter.html을 참조하라.

67 Peter Linzer, "Contract as Evil," *Hastings Law Journal* 66 (2015): 971; Paul M. Schwartz, "Internet Privacy and the State," *Connecticut Law Review* 32 (1999): 815–59; Daniel J. Solove, "Privacy Self-Management and the Consent Dilemma," *Harvard Law Review* 126, no. 7 (2013): 1880–1904.

68 Yannis Bakos, Florencia Marotta-Wurgler, and David R. Trossen, "Does Anyone Read the Fine Print? Consumer Attention to Standard-Form Contracts," *Journal of Legal Studies* 43, no. 1 (2014): 1–35, https://doi.org/10.1086/674424; Tess Wilkinson-Ryan, "A Psychological Account of Consent to Fine Print," *Iowa Law Review* 99 (2014): 1745; Thomas J. Maronick, "Do Consumers Read Terms of Service Agreements When Installing Software? A Two-Study Empirical Analysis," *International Journal of Business and Social Research* 4, no. 6 (2014): 137–45; Mark A. Lemley, "Terms of Use," Minnesota Law Review 91 (2006), https://papers.ssrn.com/abstract=917926; Nili Steinfeld, "'I Agree to the Terms and Conditions': (How) Do Users Read Privacy Policies Online? An Eye-Tracking Experiment," *Computers in Human Behavior* 55 (2016): 992–1000, https://doi.org/10.1016/j.chb.2015.09.038; Victoria C. Plaut and Robert P. Bartlett, "Blind Consent? A Social Psychological Investigation of Non-readership of Click-Through Agreements," *Law and Human Behavior*, June 16, 2011, 1–23, https://doi.org/10.1007/s10979-011-9288-y.

69 Ewa Luger, Stuart Moran, and Tom Rodden, "Consent for All: Revealing the Hidden Complexity of Terms and Conditions," in *Proceedings of the SIGCHI Conference on Human Factors in Computing Systems*, CHI '13 (New York: ACM, 2013), 2687–96, https://doi.org/10.1145/2470654.2481371.

70 Debra Cassens Weiss, "Chief Justice Roberts Admits He Doesn't Read the Computer Fine Print," *ABA Journal*, October 20, 2010, http://www.abajournal.com/news/article/chief_justice_roberts_admits_he_doesnt_read_the_computer_fine_print.

71 Margaret Jane Radin, *Boilerplate: The Fine Print, Vanishing Rights, and the Rule of Law* (Princeton, NJ: Princeton University Press, 2012), 14.

72 Radin, *Boilerplate*, 16–17.

73 Nancy S. Kim, *Wrap Contracts: Foundations and Ramifications* (Oxford: Oxford University Press, 2013), 50–69.

74 Jon Leibowitz, "Introductory Remarks at the FTC Privacy Roundtable," FTC, December 7, 2009, http://www.ftc.gov/speeches/leibowitz/091207.pdf.

75 Aleecia M. McDonald and Lorrie Faith Cranor, "The Cost of Reading Privacy Policies," *Journal of Policy for the Information Society*, 4, no. 3 (2008), http://hdl.handle.net/1811/72839.

76 Kim, *Wrap Contracts*, 70-72.

77 "창조적 파괴"가 이런 방식으로 쓰인 예를 보려면 Tom Hayes, "America Needs a Department of 'Creative Destruction,'" *Huffington Post*, October 27, 2011, https://www.huffingtonpost.com/tom-hayes/america-needs-a-departmen_b_1033573.html을 참조하라.

78 Joseph A. Schumpeter, *Capitalism, Socialism, and Democracy* (New York: Harper Perennial Modern Classics, 2008), 68.

79 Schumpeter, *Capitalism*, 83.

80 Joseph A. Schumpeter, *The Economics and Sociology of Capitalism*, ed. Richard Swedberg (Princeton, NJ: Princeton University Press, 1991), 412 (강조는 저자).

81 Schumpeter, *Capitalism*, 83.

82 Yochai Benkler, *The Wealth of Networks: How Social Production Transforms Markets and Freedom* (New Haven, CT: Yale University Press, 2006).

83 Tom Worden, "Spain's Economic Woes Force a Change in Traditional Holiday Habits," *Guardian*, August 8, 2011, http://www.theguardian.com/world/2011/aug/08/spain-debt-crisis-economy-august-economy.

84 Suzanne Daley, "On Its Own, Europe Backs Web Privacy Fights," *New York Times*, August 9, 2011, http://www.nytimes.com/2011/08/10/world/europe/10spain.html.

85 Ankit Singla et al., "The Internet at the Speed of Light" (ACM Press, 2014), https://doi.org/10.1145/2670518.2673876; Taylor Hatmaker, "There Could Soon Be Wi-Fi That Moves at the Speed of Light," *Daily Dot*, July 14, 2014, https://www.dailydot.com/debug/sisoft-li-fi-vlc-10gbps.

86 "Google Spain SL v. Agencia Española de Protección de Datos (Case C-131/12, May 13, 2014)," *Harvard Law Review* 128, no. 2 (2014): 735.

87 Google Spain, 2014 E.C.R. 317, 80-81.

88 Paul M. Schwartz and Karl-Nikolaus Peifer, "Transatlantic Data Privacy," *Georgetown Law Journal* 106, no. 115 (2017): 131, https://papers.ssrn.com/abstract=3066971. 잊힐 권리에 대해서는 여러 훌륭한 분석이 있으며 아래 열거하는 저술들을 포함한다. Dawn Nunziato, "Forget About It? Harmonizing European and American Protections for Privacy, Free Speech, and Due Process" (GWU Law School Public Law Research Paper, George Washington University, January 1, 2015), http://scholarship.law.gwu.edu/faculty_publications/1295; Jeffrey Rosen, "The Right to Be Forgotten," *Stanford Law Review Online* 64 (2012): 88; "The Right to Be Forgotten (Google v. Spain)," *EPIC.org*, October

30, 2016, https://epic.org/privacy/right-to-be-forgotten; Ambrose Jones, Meg Leta, and Jef Ausloos, "The Right to Be Forgotten Across the Pond," *Journal of Information Policy* 3 (2012): 1 – 23; Hans Graux, Jef Ausloos, and Peggy Valcke, "The Right to Be Forgotten in the Internet Era," Interdisciplinary Centre for Law and ICT, November 12, 2012, http://www.researchgate.net/publication/256039959_The_Right_to_Be_Forgotten_in_the_Internet_Era; Franz Werro, "The Right to Inform v. the Right to Be Forgotten: A Transatlantic Clash," *Liability in the Third Millennium*, May 2009, 285 – 300; "Google Spain SL v. Agencia Española de Protección de Datos." 포괄적인 검토를 위해서는 Anita L. Allen and Marc Rotenberg, *Privacy Law and Society*, 3rd ed. (St. Paul: West, 2016), 1520-52를 참조하라.

89 "Judgement in Case C-131/12: Google Spain SL, Google Inc. v Agencia Española de Protección de Datos, Mario Costeja González" (Court of Justice of the European Union, May 13, 2014), https://curia.europa.eu/jcms/upload/docs/application/pdf/2014-05/cp140070en.pdf.

90 Federico Fabbrini, "The EU Charter of Fundamental Rights and the Rights to Data Privacy: The EU Court of Justice as a Human Rights Court," in *The EU Charter of Fundamental Rights as a Binding Instrument: Five Years Old and Growing*, ed. Sybe de Vries, Ulf Burnitz, and Stephen Weatherill (Oxford: Hart, 2015), 21-22.

91 다음 글은 인터넷 관련 법률에 있어서의 '표현의 자유'와 수정헌법 제1조에 관해 훌륭한 배경 설명을 제공한다. Anupam Chander and Uyên Lê, "The Free Speech Foundations of Cyberlaw" (UC Davis Legal Studies Research Paper 351, September 2013, School of Law, University of California, Davis).

92 Henry Blodget, "Hey, Europe, Forget the 'Right to Be Forgotten' – Your New Google Ruling Is Nuts!" *Business Insider*, May 14, 2014, http://www.businessinsider.com/europe-google-ruling-2014-5.

93 Greg Sterling, "Google Co-Founder Sergey Brin: I Wish I Could Forget the 'Right to Be Forgotten,'" *Search Engine Land*, May 28, 2014, http://searchengineland.com/google-co-founder-brin-wish-forget-right-forgotten-192648.

94 Richard Waters, "Google's Larry Page Resists Secrecy but Accepts Privacy Concerns," *Financial Times*, May 30, 2014, https://www.ft.com/content/f3b127ea-e708-11e3-88be-00144feabdc0.

95 James Vincent, "Google Chief Eric Schmidt Says 'Right to Be Forgotten' Ruling Has Got the Balance 'Wrong,'" *Independent*, May 15, 2014, http://www.independent.co.uk/life-style/gadgets-and-tech/google-chief-eric-schmidt-says-right-to-be-forgotten-ruling-has-got-the-balance-wrong-9377231.html.

96 Pete Brodnitz et al., "Beyond the Beltway February 26 – 27 Voter Poll," *Beyond the Beltway Insights Initiative*, February 27, 2015, http://web.archive.org/web/20160326035834/http://beltway.bsgco.com/about; Mary Madden and Lee Rainie, "Americans' Attitudes

About Privacy, Security and Surveillance," *PewResearchCenter* (blog), May 20, 2015, http://www.pewinternet.org/2015/05/20/americans-attitudes-about-privacy-security-and-surveillance. 소프트웨어 어드바이스(Software Advice)가 실시한 전국 여론조사에 따르면 미국인의 61퍼센트가 잊힐 권리의 필요성을 믿고, 39퍼센트는 유럽식의 전면적인 잊힐 권리를 원했으며, 절반가량이 개인의 명예를 훼손할 수 있는 '부적절한' 검색 결과를 우려했다. 유고브(YouGov)의 조사에서는 미국인의 55퍼센트가 유럽연합의 잊힐 권리와 유사한 입법을 지지하겠다고 응답하였으며, 지지하지 않는다는 응답은 14퍼센트에 불과했다. EU 판결이 있은 지 약 1년 후에 발표된 베넨슨 전략 그룹(Benenson Strategy Group)과 SKD니커보커(SKDKnickerbocker)의 조사에서는 응답자의 88퍼센트가 얼마간(36퍼센트) 또는 강력하게(52퍼센트) 구글, 야후, 빙과 같은 회사들에게 검색 결과에서 드러나는 특정 개인 정보의 삭제를 신청할 수 있게 하는 입법을 지지하는 것으로 나타났다. 아래 문헌들도 참조하라. Daniel Humphries, "U.S. Attitudes Toward the 'Right to Be Forgotten,'" *Software Advice*, September 5, 2014, https://www.softwareadvice.com/security/industryview/right-to-be-forgotten-2014; Jake Gammon, "Americans Would Support 'Right to Be Forgotten,'" *YouGov*, December 6, 2017, https://today.yougov.com/news/2014/06/02/americans-would-support-right-be-forgotten; Mario Trujillo, "Public Wants 'Right to Be Forgotten' Online," Hill, March 19, 2015, http://thehill.com/policy/technology/236246-poll-public-wants-right-to-be-forgotten-online.

97 Francis Collins, "Vaccine Research: New Tactics for Tackling HIV," *NIH Director's Blog*, June 30, 2015, https://directorsblog.nih.gov/2015/06/30/vaccine-research-new-tactics-for-tackling-hiv;Liz Szabo, "Scientists Making Progress on AIDS Vaccine, but Slowly," *USAToday.com*, August 8, 2012, http://www.usatoday.com/news/health/story/2012-07-25/aids-vaccine/56485460/1.

98 Collins, "Vaccine Research."

99 Szabo, "Scientists Making Progress on AIDS Vaccine."

100 Mary Madden and Lee Rainie, "Americans' Attitudes About Privacy, Security and Surveillance," *PewResearchCenter* (blog), May 20, 2015, http://www.pewinternet.org/2015/05/20/americans-attitudes-about-privacy-security-and-surveillance를 참조하라.

02 ———————————————————————

1 David A. Hounshell, From the American *System to Mass Production, 1800–1932: The Development of Manufacturing Technology in the United States*, 7th ed., Studies in Industry and Society 4 (Baltimore: Johns Hopkins University Press, 1997)의 논의를 참조하라.

2 Reinhard Bendix, *Work and Authority in Industry: Ideologies of Management in the Course of Industrialization* (Berkeley: University of California Press, 1974)를 참조하라.

3 David Farber, Sloan Rules: Alfred P. *Sloan and the Triumph of General Motors* (Chicago: University of Chicago Press, 2005); Henry Ford, *My Life and Work* (Garden City, NY: Ayer, 1922).

4 Chris Jay Hoofnagle, "Beyond Google and Evil: How Policy-Makers, Journalists, and Consumers Should Talk Differently About Google and Privacy," *First Monday*, April 6, 2009.

5 Reed Albergotti et al., "Employee Lawsuit Accuses Google of 'Spying Program,'" Information, December 20, 2016, https://www.theinformation.com/employee-lawsuit-accuses-google-of-spying-program.

6 Steven Levy, *In the Plex: How Google Thinks, Works, and Shapes Our Lives* (New York: Simon & Schuster, 2011), 116; Hal R. Varian, "Biography of Hal R. Varian," UC Berkeley School of Information Management & Systems, October 3, 2017, http://people.ischool.berkeley.edu/~hal/people/hal/biography.html; "Economics According to Google," *Wall Street Journal*, July 19, 2007, http://blogs.wsj.com/economics/2007/07/19/economics-according-to-google; Steven Levy, "Secret of Googlenomics: Data-Fueled Recipe Brews Profitability," *Wired*, May 22, 2009, http://archive.wired.com/culture/culturereviews/magazine/17-06/nep_googlenomics; Hal R. Varian, "Beyond Big Data," *Business Economics* 49, no. 1 (2014): 27-31을 참조하라.

할 배리언이 구글 경영진은 아니었다는 점을 기억할 필요가 있지만, 공개된 많은 기록은 그가 구글의 경영진이 그들의 상업적 논리를 확장하고 정교화하는 방안뿐 아니라 그 논리가 어떻게 작동하고 그 함의가 무엇인지를 이해하는 데 주도적으로 도움을 주었다는 점을 시사한다. 배리언의 통찰력은 포드 자동차의 제임스 쿠젠스에 견줄 만하다. 쿠젠스는 포드의 총지배인으로, 투자자이자 기업가였고 나중에는 미국 상원의원이 되기도 했다. 그는 대량생산이라는 새로운 논리와 그 경제학적 중요성을 명료하게 포착함으로써 포드의 극적인 성공을 이끌어내는 데 이바지했다. 그는 배리언 같은 이론가가 아니었고 배리언처럼 많은 글을 쓰지도 않았지만 그가 쓴 서신이나 글은 비범한 통찰로 빛났으며, 아직까지도 대량생산을 연구하는 학자들에게 중요한 자료다.

배리언은 2007년 수석 경제학자가 되기 전에도 수년 동안 구글의 자문위원이었고, 그의 이력에 따르면, "2002년부터 광고 경매 설계, 계량 경제 분석, 금융, 기업 전략, 공공 정책 등 구글의 여러 측면에 관여했다." 2007년《월 스트리트 저널》은 배리언이 구글에서 갖게 된 새로운 직함을 알리며, '경제학자, 통계학자, 분석가들의 팀'을 구성하여 "'마케팅, 인적자원, 전략, 정책 관련 사안'에 관해 조력하는" 자리라고 소개했다. 스티븐 레비는 구글에 관한 그의 책에서 구글이 어떻게 새로운 '클릭 경제'를 활용하는 법을 배웠는지 회고하며, 에릭 슈미트의 다음 말을 인용했다. "우리에게는 할 배리언이 있고, 물리학자들도 있다." 레비가 2009년《와이어드》에 기고한 '구글노믹스'에 관한 기사에서, 슈미트는 배리언에게 구글의 초기 광고 경매에 대한 검토를 맡겼을 때가 바로 구글의 진정한 본질이 명료해지는 유레카의 순간이었다고 말했다. "우리가 경매업에 종사하고 있다는 사실을 갑자기 깨달았다."

배리언은 학술 논문에서 자신의 주장을 전개하기 위해 구글의 사례를 자주 활용하며, 다음 문장에서처럼 빈번히 1인칭 복수 주어를 사용한다. "구글은 우리의 실험에서 매우 성공적이었고, 이에 따라 우리는 두 프로그램에서 광고주 및 퍼블리셔 모두가 이용할 수 있게 했다." 따라서 배리언의 관점이 이 새로운 시장 형태를 규정하는 전제와 목표에 대한 중요한 통찰을 제공한다고 간주해도 될 것이다.

7 Hal R. Varian, "Computer Mediated Transactions," *American Economic Review* 100, no. 2 (2010): 1-10, https://doi.org/10.1257/aer.100.2.1; Varian, "Beyond Big Data." 2010년에 발표된 첫 번째 논문은 배리언의 일리 강연(Richard T. Ely lecture) 원고다. 두 번째 논문도 컴퓨터 매개 거래를 다루고 있으며 일리 강연 원고와 상당 부분 겹친다.

8 Varian, "Beyond Big Data," 27.

9 "Machine Intelligence," *Research at Google*, 2018, https://web.archive.org/web/20180427114330/https://research.google.com/pubs/MachineIntelligence.html.

10 Ellen Meiksins Wood, *The Origin of Capitalism: A Longer View* (London: Verso, 2002), 125.

11 Wood, *The Origin of Capitalism*, 76, 93.

12 Levy, *In the Plex*, 46; Jennifer Lee, "Postcards from Planet Google," *New York Times*, November 28, 2002, http://www.nytimes.com/2002/11/28/technology/circuits/28goog.html.

13 Kenneth Cukier, "Data, Data Everywhere," *Economist*, February 25, 2010, http://www.economist.com/node/15557443.

14 Levy, *In the Plex*, 46-48.

15 "Google Receives $25 Million in Equity Funding," *Google News*, July 7, 1999, http://googlepress.blogspot.com/1999/06/google-receives-25-million-in-equity.html.

16 Hal R. Varian, "Big Data: New Tricks for Econometrics," *Journal of Economic Perspectives* 28, no. 2 (2014): 113.

17 Sergey Brin and Lawrence Page, "The Anatomy of a Large-Scale Hypertextual Web Search Engine," *Computer Networks and ISDN Systems* 30, nos. 1-7 (1998): 18, https://doi.org/10.1016/S0169-7552(98)00110-X.

18 "NEC Selects Google to Provide Search Services on Japan's Leading BIGLOBE Portal Site," *Google Press*, December 18, 2000, http://googlepress.blogspot.com/2000/12/nec-selects-google-to-provide-search.html; "Yahoo! Selects Google as Its Default Search Engine Provider," Google Press, June 26, 2000, http://googlepress.blogspot.com/2000/06/yahoo-selects-google-as-its-default.html.

19 Wood, *The Origin of Capitalism*, 125. 이때 이미 사용자 기반을 확대하는 데 대한 구글의 관심은 포탈의 요구와 부딪혔다.

20 Scarlet Pruitt, "Search Engines Sued Over 'Pay-for-Placement,'" *CNN.com*, February 4, 2002, http://edition.cnn.com/2002/TECH/internet/02/04/search.engine.lawsuit.idg/index.html.

21 Saul Hansell, "Google's Toughest Search Is for a Business Model," *New York Times*, April 8, 2002, http://www.nytimes.com/2002/04/08/business/google-s-toughest-search-is-for-a-business-model.html.

22 Elliot Zaret, "Can Google's Search Engine Find Profits?" *ZDNet*, June 14, 1999, http://www.zdnet.com/article/can-googles-search-engine-find-profits.

23 John Greenwald, "Doom Stalks the Dotcoms," *Time*, April 17, 2000.

24 Alex Berenson and Patrick McGeehan, "Amid the Stock Market's Losses, a Sense the Game Has Changed," *New York Times*, April 16, 2000, http://www.nytimes.com/2000/04/16/business/amid-the-stock-market-s-losses-a-sense-the-game-has-changed.html; Laura Holson and Saul Hansell, "The Maniac Markets: The Making of a Market Bubble," *New York Times*, April 23, 2000.

25 Ken Auletta, *Googled: The End of the World as We Know It* (New York: Penguin, 2010).

26 Levy, *In the Plex*, 83.

27 Michel Ferrary and Mark Granovetter, "The Role of Venture Capital Firms in Silicon Valley's Complex Innovation Network," *Economy and Society* 38, no. 2 (2009): 347–48, https://doi.org/10.1080/03085140902786827.

28 Dave Valliere and Rein Peterson, "Inflating the Bubble: Examining Dot-Com Investor Behaviour," *Venture Capital* 6, no. 1 (2004): 1–22, https://doi.org/10.1080/1369106032000152452.

29 Valliere and Peterson, "Inflating the Bubble," 17–18. 다음의 문헌들도 참조하라. Udayan Gupta, ed., *Done Deals: Venture Capitalists Tell Their Stories* (Boston: Harvard Business School Press, 2000), 170–71, 190. Junfu Zhang, "Access to Venture Capital and the Performance of Venture-Backed Startups in Silicon Valley," *Economic Development Quarterly* 21, no. 2 (2007): 124–47.

30 벤처캐피털의 투자를 받은 1세대 인터넷 스타트업 중 2001년 말까지 IPO를 완료한 회사의 비율이 실리콘밸리에서는 12.5퍼센트, 실리콘밸리를 제외한 미국 전역에서는 7.3퍼센트였다. 그러나 실리콘밸리에서 수익성을 확보한 회사는 4.2퍼센트에 불과한데, 이는 타 지역보다 현격하게 낮은 비율이다.

31 Zhang, 124–47.

32 Patricia Leigh Brown, "Teaching Johnny Values Where Money Is King," *New York Times*, March 10, 2000, http://www.nytimes.com/2000/03/10/us/teaching-johnny-values-where-money-is-king.html.

33 Kara Swisher, "Dot-Com Bubble Has Burst; Will Things Worsen in 2001?" *Wall Street Journal*, December 19, 2000, http://www.wsj.com/articles/SB97709118336535099.

34 S. Humphreys, "Legalizing Lawlessness: On Giorgio Agamben's State of Exception," *European Journal of International Law* 17, no. 3 (2006): 677–87, https://doi.org/10.1093/ejil/chl020.

35 Levy, *In the Plex*, 83–85.

36 Levy, 86-87 (강조는 저자).

37 Lee, "Postcards."를 참조하라.

38 Lee.

39 Lee.

40 Auletta, *Googled*.

41 John Markoff and G. Pascal Zachary, "In Searching the Web, Google Finds Riches," *New York Times*, April 13, 2003, http://www.nytimes.com/2003/04/13/business/in-searching-the-web-google-finds-riches.htm.

42 Peter Coy, "The Secret to Google's Success," *Bloomberg.com*, March 6, 2006, http://www.bloomberg.com/news/articles/2006-03-05/the-secret-to-googles-success (강조는 저자)

43 이 기간 동안 구글이 출원한 특허의 대표적인 사례는 다음과 같다. Krishna Bharat, Stephen Lawrence, and Mehran Sahami, Generating user information for use in targeted advertising, US9235849 B2, 2003년 12월 31일 출원, 2016년 1월 12일 등록, http://www.google.com/patents/US9235849; Jacob Samuels Burnim, System and method for targeting advertisements or other information using user geographical information, US7949714 B1, 2005년 12월 5일 출원, 2011년 5월 24일 등록, http://www.google.com/patents/US7949714; Alexander P. Carobus et al., Content-targeted advertising using collected user behavior data, US20140337128 A1, 2014년 7월 25일 출원, 2014년 11월 13일 등록, http://www.google.com/patents/US20140337128; Jeffrey Dean, Georges Harik, and Paul Buchheit, Methods and apparatus for serving relevant advertisements, US20040059708 A1, 2002년 12월 6일 출원, 2004년 3월 25일 등록, http://www.google.com/patents/US20040059708; Jeffrey Dean, Georges Harik, and Paul Buchheit, Serving advertisements using information associated with e-mail, US20040059712 A1, 2003년 6월 2일 출원, 2004년 3월 25일 등록, http://www.google.com/patents/US20040059712; Andrew Fikes, Ross Koningstein, and John Bauer, System and method for automatically targeting web-based advertisements, US8041601 B2, 2011년 10월 18일 등록, http://www.google.com/patents/US8041601; Georges R. Harik, Generating information for online advertisements from internet data and traditional media data, US8438154 B2, 2003년 9월 29일 출원, 2013년 5월 7일 등록, http://www.google.com/patents/US8438154; Georges R. Harik, Serving advertisements using a search of advertiser web information, US7647299 B2, 2003년 6월 30일 출원, 2010년 1월 12일 등록, http://www.google.com/patents/US7647299; Rob Kniaz, Abhinay Sharma, and Kai Chen, Syndicated trackable ad content, US7996777 B2, 2011년 8월 9일 등록, http://www.google.com/patents/US7996777; Method of delivery, targeting, and measuring advertising over networks, USRE44724 E1, 2000년 5월 24일 출원, 2014년 1월 21일 등록, http://www.google.com/patents/USRE44724.

44 탁월한 컴퓨터 과학자인 크리쉬나 바라트, 스티븐 로렌스, 메란 사하미 세 사람이 이 특허 출원서(표적형 광고에 사용하기 위한 사용자 정보 생성)에 기술된 테크놀로지와 기

법을 발명했다.

45 Bharat, Lawrence, and Sahami, Generating user information.

46 Bharat, Lawrence, and Sahami, 11.

47 Bharat, Lawrence, and Sahami, 11 - 12.

48 Bharat, Lawrence, and Sahami, 15 (강조는 저자).

49 Bharat, Lawrence, and Sahami, 15.

50 Bharat, Lawrence, and Sahami, 18.

51 Bharat, Lawrence, and Sahami, 12.

52 Bharat, Lawrence, and Sahami, 12 (강조는 저자).

53 사용자의 프라이버시 평가에서 결정권이 최우선시되어야 한다는 경험적 연구도 있다. Laura Brandimarte, Alessandro Acquisti, and George Loewenstein, "Misplaced Confidences: Privacy and the Control Paradox," *Social Psychological and Personality Science* 4, no. 3 (2010): 340-47을 참조하라.

54 Bharat, Lawrence, and Sahami, Generating user information, 17 (강조는 저자).

55 Bharat, Lawrence, and Sahami, 16-17. 속성의 목록에는 사용자가 방문한 적이 있는 (또는 특정 기간에 방문한) 웹사이트의 내용(단어나 앵커텍스트 등), 인구통계학적 정보, 지리적 정보, 사이코그래픽 정보, 이전에 사용자가 검색했던 쿼리(또는 관련된 정보), 사용자에게 노출되었거나 사용자가 선택했거나 사용자가 본 후에 구매한 이전의 광고, 사용자가 조회했거나 요청했거나 편집한 문서(예를 들어 워드 프로세서 파일) 관련 정보, 사용자의 관심사, 검색, 이전의 구매 행위가 포함된다.

56 Bharat, Lawrence, and Sahami, Generating user information, 13.

57 Douglas Edwards, *I'm Feeling Lucky* (Boston: Houghton Mifflin Harcourt, 2011), 268.

58 Levy, *In the Plex*, 101.

59 에릭 슈미트와 그의 동료이자 공동저자인 조너선 로젠버그의 인터뷰에서 이 용어에 대한 설명을 들을 수 있다. Eric Schmidt and Jonathan Rosenberg, "How Google Works," interview by Computer History Museum, October 15, 2014, https://youtu.be/3tNpYpcU5s4?t=3287.를 참조하라.

60 예를 들어, Edwards, *I'm Feeling Lucky*, 264-70을 참조하라.

61 다음의 문헌들도 참조하라. Levy, In the Plex, 13, 32, 35, 105-6(quotation from 13); John Battelle, *The Search: How Google and Its Rivals Rewrote the Rules of Business and Transformed Our Culture* (New York: Portfolio, 2006), 65-66, 74, 82; Auletta, Googled.

62 Levy, *In the Plex*, 94를 참조하라.

63 Humphreys, "Legalizing Lawlessness."

64 Michael Moritz, "Much Ventured, Much Gained," interview, *Foreign Affairs*, February 2015, https://www.foreignaffairs.com/interviews/2014-12-15/much-ventured-much-gained.

65 Hounshell, From the *American System*, 247-48.

66 Hounshell, 10.

67 Richard S. Tedlow, *Giants of Enterprise: Seven Business Innovators and the Empires They Built* (New York: HarperBusiness, 2003), 159–60; Donald Finlay Davis, *Conspicuous Production: Automobiles and Elites in Detroit 1899–1933* (Philadelphia, PA: Temple University Press, 1989), 122.

68 David M. Kristol, "HTTP Cookies: Standards, Privacy, and Politics," *ArXiv:Cs/0105018*, May 9, 2001, http://arxiv.org/abs/cs/0105018.

69 Richard M. Smith, "The Web Bug FAQ," *Electronic Frontier Foundation*, November 11, 1999, https://w2.eff.org/Privacy/Marketing/web_bug.html.

70 Kristol, "HTTP Cookies," 9–16; Richard Thieme, "Uncompromising Position: An Interview About Privacy with Richard Smith," *Thiemeworks*, January 2, 2000, http://www.thiemeworks.com/an-interview-with-richard-smith.

71 Kristol, "HTTP Cookies," 13–15.

72 "Amendment No. 9 to Form S-1 Registration Statement Under the Securities Act of 1933 for Google Inc.," Securities and Exchange Commission, August 18, 2004, https://www.sec.gov/Archives/edgar/data/1288776/000119312512025336/d260164d10k.htm.

73 Henry Ford, "Mass Production," *Encyclopedia Britannica* (New York: Encyclopedia Britannica, 1926), 821, http://memory.loc.gov/cgi-bin/query/h?ammem/coolbib:@field(NUMBER+@band(amrlg+lg48).

74 Levy, *In the Plex*, 69를 참조하라.

75 Edwards, *I'm Feeling Lucky*, 340–45.

76 Battelle, *The Search*.

77 Levy, *In the Plex*, 69.

78 Hansell, "Google's Toughest Search"를 참조하라.

79 Markoff and Zachary, "In Searching the Web"을 참조하라.

80 William O. Douglas, "Dissenting Statement of Justice Douglas, Regarding Warden v. Hayden, 387 U.S. 294" (US Supreme Court, April 12, 1967), https://www.law.cornell.edu/supremecourt/text/387/294; Nita A. Farahany, "Searching Secrets," *University of Pennsylvania Law Review* 160, no. 5 (2012): 1271.

81 George Orwell, *Politics and the English Language* (Peterborough: Broadview, 2006).

82 《이코노미스트》의 다음과 같은 서술이 전형적인 예다. "구글은 사용자 상호작용의 부산물, 즉 데이터 배기가스에 해당하는 정보를 활용한다. 그러한 정보는 서비스 개선을 위해 자동으로 재활용되거나 완전히 새로운 상품으로 만들어진다." "Clicking for Gold," *Economist*, February 25, 2010, http://www.economist.com/node/15557431.

83 Valliere and Peterson, "Inflating the Bubble," 1–22.

84 Lev Grossman, "Exclusive: Inside Facebook's Plan to Wire the World," *Time.com* (blog), December 2015, http://time.com/facebook-world-plan을 참조하라.

85 David Kirkpatrick, *The Facebook Effect: The Inside Story of the Company That Is Connecting the World* (New York: Simon & Schuster, 2011), 257.

86 Kirkpatrick, *The Facebook Effect*, 80; Auletta, Googled.

87 Auletta, *Googled*를 참조하라.

88 Kirkpatrick, *The Facebook Effect*, 266.

89 "Selected Financial Data for Alphabet Inc.," Form 10-K, Commission File, United States Securities and Exchange Commission, December 31, 2016, https://www.sec.gov/Archives/ edgar/data/1652044/000165204417000008/goog10-kq42016.htm#s58C60B74D56A6 30AD6EA2B64F53BD90C. 2016년 알파벳이 발표한 수익은 90,272,000,000달러였다. 여기에는 '전년 대비 20퍼센트 증가한 구글 부문 수익 895억 달러, 전년 대비 82퍼센트 증가한 기타 부문 수익 8억 달러'가 포함된다. 구글 부문의 광고 수익은 79,383,000,000 달러로, 구글 부문 전체 수익의 88.73퍼센트를 차지했다.

90 "Google Search Statistics-Internet Live Stats," Internet Live Stats, September 20, 2017, http://www.internetlivestats.com/google-search-statistics; Greg Sterling, "Data: Google Monthly Search Volume Dwarfs Rivals Because of Mobile Advantage," *Search Engine Land*, February 9, 2017, http://searchengineland.com/data-google-monthly-search-volume-dwarfs-rivals-mobile-advantage-269120. 이 수치는 미국 전역에서의 데스크탑 검색 중 76퍼센트, 모바일 검색의 96퍼센트에 해당하며, 전 세계적으로는 데스크탑 검색의 87 퍼센트, 모바일 검색의 95퍼센트로 추정된다.

91 Roben Farzad, "Google at $400 Billion: A New No. 2 in Market Cap," *BusinessWeek*, February 12, 2014, http://www.businessweek.com/articles/2014-02-12/ google-at-400-billion-a-new-no-dot-2-in-market-cap.

92 "Largest Companies by Market Cap Today," *Dogs of the Dow*, 2017, https://web.archive. org/web/20180701094340/http://dogsofthedow.com/largest-companies-by-market-cap.htm.

93 Jean-Charles Rochet and Jean Tirole, "Two-Sided Markets: A Progress Report," *RAND Journal of Economics* 37, no. 3 (2006): 645-67.

94 이에 관한 논의와 온라인 표적 광고에 이 점이 어떻게 연관되는지를 살펴보려면 Katherine J. Strandburg, "Free Fall: The Online Market's Consumer Preference Disconnect" (working paper, New York University Law and Economics, October 1, 2013)를 참조하라.

95 Kevin Kelly, "The Th ee Breakthroughs That Have Finally Unleashed AI on the World," *Wired*, October 27, 2014, https://www.wired.com/2014/10/future-of-artificial-intelligence.

96 Xiaoliang Ling et al., "Model Ensemble for Click Prediction in Bing Search Ads," in *Proceedings of the 26th International Conference on World Wide Web Companio*n, 689-98, https://doi.org/10.1145/3041021.3054192.

97 Ruoxi Wang et al., "Deep & Cross Network for Ad Click Predictions," ArXiv:1708.05123 *[Computer Science. Learning]*, August 16, 2017, http://arxiv.org/abs/1708.05123.

1 Steven Levy, "Secret of Googlenomics: Data-Fueled Recipe Brews Profitability," *Wired*, May 22, 2009, http://archive.wired.com/culture/culturereviews/magazine/17-06/nep_googlenomics를 참조하라.

2 Douglas Edwards, *I'm Feeling Lucky* (Boston: Houghton Mifflin Harcourt, 2011), 291.

3 Karl Polanyi, *The Great Transformation: The Political and Economic Origins of Our Time*, 2nd ed. (Boston: Beacon, 2001), 75-76.

4 Karl Marx, *Capital*, trans. David Fernbach, 3rd ed. (Penguin, 1992), Chapter 6.

5 Hannah Arendt, *The Origins of Totalitarianism* (New York: Schocken, 2004), 198.

6 Michael J. Sandel, *What Money Can't Buy: The Moral Limits of Markets* (New York: Farrar, Straus and Giroux, 2013).

7 David Harvey, *The New Imperialism* (New York: Oxford University Press, 2005), 153.

8 Sergey Brin, "2004 Founders' IPO Letter," Google, https://abc.xyz/investor/founders-letters/2004.

9 Cato Institute, *Eric Schmidt Google/Cato Interview*, YouTube, 2014, https://www.youtube.com/watch?v=BH3vjTz8OII.

10 Nick Summers, "Why Google Is Issuing a New Kind of Toothless Stock," *Bloomberg.com*, April 3, 2014, https://www.bloomberg.com/news/articles/2014-04-03/why-google-is-issuing-c-shares-a-new-kind-of-powerless-stock. 주주들이 연례 주주총회에서 이 시스템에 반대하며 의결권 동등화안에 1억 8천만 표를 행사했지만, 창업자들은 그들이 가진 5억 5100만 표로 이를 제압했다.

11 Eric Lam, "New Google Share Classes Issued as Founders Cement Grip," *Bloomberg.com*, April 3, 2014, https://www.bloomberg.com/news/articles/2014-04-03/new-google-shares-hit-market-as-founders-cement-grip-with-split.

12 Tess Townsend, "Alphabet Shareholders Want More Voting Rights but Larry and Sergey Don't Want It That Way," *Recode*, June 13, 2017, https://www.recode.net/2017/6/13/15788892/alphabet-shareholder-proposals-fair-shares-counted-equally-no-supervote.

13 Ronald W. Masulis, Cong Wang, and Fei Xie, "Agency Problems at Dual-Class Companies," *Journal of Finance* 64, no. 4 (2009): 1697-1727, https://doi.org/10.1111/j.1540-6261.2009.01477.x; Randall Smith, "One Share, One Vote?" *Wall Street Journal*, October 28, 2011, https://www.wsj.com/articles/SB10001424052970203911804576653591322367506. 2017년 스냅(Snap)의 IPO는 무의결권 주식만 공모하여, 의결권의 70퍼센트를 창업자가 장악하고, 나머지는 IPO 이전의 투자자들에게 돌아가도록 했다. Maureen Farrell, "In Snap IPO, New Investors to Get Zero Votes, While Founders Keep Control," *Wall Street Journal*, January 17, 2017, http://www.wsj.com/articles/in-snap-ipo-new-investors-to-get-zero-votes-while-founders-keep-control-1484568034

를 참조하라. 어떤 IPO 기업들은 보통주보다 30배에서 많게는 1만 배의 의결권이 부여되는 수퍼의결권 주식을 선보이기도 했다. Alfred Lee, "Where Supervoting Rights Go to the Extreme," *Information*, March 22, 2016을 참조하라.

14 "Power Play: How Zuckerberg Wrested Control of Facebook from His Shareholders," *VentureBeat* (blog), February 2, 2012, https://venturebeat.com/2012/02/01/zuck‑power‑play.

15 Spencer Feldman, "IPOs in 2016 Increasingly Include Dual‑Class Shareholder Voting Rights," *Securities Regulation & Law Report*, 47 SRLR 1342, July 4, 2016; R. C. Anderson, E. Ottolenghi, and D. M. Reeb, "The Extreme Control Choice," paper presented at the Research Workshop on Family Business, Lehigh University, 2017.

16 Adam Hayes, "Facebook's Most Important Acquisitions," *Investopedia*, February 11, 2015, http://www.investopedia.com/articles/investing/021115/facebooks‑most‑important‑acquisitions.asp; Rani Molla, "Google Parent Company Alphabet Has Made the Most AI Acquisitions," *Recode*, May 19, 2017, https://www.recode.net/2017/5/19/15657758/google‑artificial‑intelligence‑ai‑investments; "The Race for AI: Google, Baidu, Intel, Apple in a Rush to Grab Artificial Intelligence Startups," CB Insights Research, July 21, 2017, http://www.cbinsights.com/research/top‑acquirers‑ai‑startups‑ma‑timeline.

17 "Schmidt: We Paid $1 Billion Premium for YouTube," *CNET*, March 27, 2018, https://www.cnet.com/news/schmidt‑we‑paid‑1‑billion‑premium‑for‑youtube.

18 Adrian Covert, "Facebook Buys WhatsApp for $19 Billion," *CNNMoney*, February 19, 2014, http://money.cnn.com/2014/02/19/technology/social /facebook‑whatsapp/index.html.

19 Tim Fernholz, "How Mark Zuckerberg's Control of Facebook Lets Him Print Money," *Quartz* (blog), March 27, 2014, https://qz.com/192779/how‑mark‑zuckerbergs‑control‑of‑facebook‑lets‑him‑print‑money.

20 Duncan Robinson, "Facebook Faces EU Fine Over WhatsApp Data‑Sharing," *Financial Times*, December 20, 2016, https://www.ft.com/content/f652746c‑c6a4‑11e6‑9043‑7e34c07b46ef; Tim Adams, "Margrethe Vestager: 'We Are Doing This Because People Are Angry,'" Observer, September 17, 2017, http://www.theguardian.com/world/2017/sep/17/margrethe‑vestager‑people‑feel‑angry‑about‑tax‑avoidance‑european‑competition‑commissioner; "WhatsApp FAQ 'How Do I Choose Not to Share My Account Information with Facebook to Improve My Facebook Ads and Products Experiences?" *WhatsApp.com*, August 28, 2016, https://www.whatsapp.com/faq/general/26000016.

21 Eric Schmidt and Jared Cohen, *The New Digital Age: Transforming Nations, Businesses, and Our Lives* (New York: Vintage, 2014).

22 Arendt, *The Origins of Totalitarianism*, 183.

23 Vinod Khosla, "Fireside Chat with Google Co‑Founders, Larry Page and Sergey Brin,"

Khosla Ventures, July 3, 2014, http://www.khoslaventures.com/fireside-chat-with-google-co-founders-larry-page-and-sergey-brin.

24 Holman W. Jenkins, "Google and the Search for the Future," *Wall Street Journal*, August 14, 2010, http://www.wsj.com/articles/SB10001424052748704901104575423294099527212.

25 Lillian Cunningham, "Google's Eric Schmidt Expounds on His Senate Testimony," *Washington Post*, September 30, 2011, http://www.washingtonpost.com/national/on-leadership/googles-eric-schmidt-expounds-on-his-senate-testimony/2011/09/30/gIQAPyVgCL_story.html.

26 Pascal-Emmanuel Gobry, "Eric Schmidt to World Leaders at EG8: Don't Regulate Us, or Else," *Business Insider*, May 24, 2011, http://www.businessinsider.com/eric-schmidt-google-eg8-2011-5.

27 Jay Yarow, "Google CEO Larry Page Wants a Totally Separate World Where Tech Companies Can Conduct Experiments on People," *Business Insider*, May 16, 2013, http://www.businessinsider.com/google-ceo-larry-page-wants-a-place-for-experiments-2013-5를 참조하라.

28 Conor Dougherty, "Tech Companies Take Their Legislative Concerns to the States," *New York Times*, May 27, 2016, http://www.nytimes.com/2016/05/28/technology/tech-companies-take-their-legislative-concerns-to-the-states.html; Tim Bradshaw, "Google Hits Out at Self-Driving Car Rules," *Financial Times*, December 18, 2015, http://www.ft.com/intl/cms/s/0/d4afee02-a517-11e5-97e1-a754d5d9538c.html?ftcamp=crm/email/20151217/nbe/InTodaysFT/product#axzz3ufyqWRo2; Jon Brodkin, "Google and Facebook Lobbyists Try to Stop New Online Privacy Protections," *Ars Technica*, May 24, 2017, https://arstechnica.com/tech-policy/2017/05/google-and-facebook-lobbyists-try-to-stop-new-online-privacy-protections.

29 Robert H. Wiebe, *The Search for Order: 1877-1920* (New York: Hill and Wang, 1967), 135-37. 위브는 산업 자본에 가해지는 선거의 위협을 물리치기 위하여 협력하는 가운데 백만장자들이 펼친 세계관을 요약한다. 실리콘밸리 거물들의 자기합리화와 모든 '파괴적'이고 '기업가적'인 것에 대한 칭송에 관해 읽은 적이 있다면 위브의 요약이 친숙하게 느껴질 것이다. 19세기의 교리문답에 따르면 오로지 "최상위 인종만이 토지와 노동, 자본을 결합하는 더 효과적인 방법을 발견했고, 나머지 인종을 그들 뒤에 재편함으로써 사회를 높은 수준으로 끌어올렸다." '평범한 재능'을 가진 대다수는 자본의 요건 뒤에 남을 사람들과 '단순히 사라질 최약체들'로 나뉘었다. 그 결과, "경쟁을 통해 열등한 사람들이 걸러져 인종이 점점 더 개량될 것"이다. 이 '자연법'을 위반하면 '가장 부적절한 개체의 생존'이 일어나 인종의 진화가 역전될 것이다.

30 David Nasaw, "Gilded Age Gospels," in *Ruling America: A History of Wealth and Power in a Democracy*, ed. Steve Fraser and Gary Gerstle (Cambridge, MA: Harvard University Press, 2005), 124-25.

31 Nasaw, "Gilded Age," 132.

32 Nasaw, 146.

33 Lawrence M. Friedman, *American Law in the 20th Century* (New Haven, CT: Yale University Press, 2004), 15-28.

34 Nasaw, "Gilded Age," 148.

35 다음 두 문헌이 이에 관한 탁월한 논의를 제공한다. Chris Jay Hoofnagle, *Federal Trade Commission: Privacy Law and Policy* (New York: Cambridge University Press, 2016); Julie E. Cohen, "The Regulatory State in the Information Age," *Theoretical Inquiries in Law* 17, no. 2 (2016), http://www7.tau.ac.il/ojs/index.php/til/article/view/1425.

36 Jodi L. Short, "The Paranoid Style in Regulatory Reform," *Hastings Law Journal* 63 (January 12, 2011): 633.

37 Steve Fraser and Gary Gerstle, eds., *The Rise and Fall of the New Deal Order 1930-1980* (Princeton, NJ: Princeton University Press, 1989)에서 이 주제에 대한 훌륭한 글들을 볼 수 있다.

38 Alan Brinkley, *Liberalism and Its Discontents* (Cambridge, MA: Harvard University Press, 2000).

39 Short, "The Paranoid Style," 44-46.

40 Short, 52-53. 경제사학자 필립 미로우스키(Philip Mirowski)는 1980년대 이래로 신자유주의가 그 비정형성, 다면성, 이론과 실제에서 나타나는 모순에도 불구하고 느슨한 '패러다임'으로 뿌리내리는 데 기여한 '메타테제들'을 요약한다. 그중 몇 가지는 감시 자본주의의 대담한 행보와 비밀스러운 작동, 수사학적 왜곡에 보호막을 제공했다. (1) 국가를 안정적인 시장 사회의 행위자로서 적극적으로 재편하기 위해서라면 민주주의가 제한될 수 있다. (2) 기업가와 회사는 시민권이 아닌 '법인격(corporate personhood)'으로서, 일체화된 법의 보호 대상으로 보아야 한다. (3) 자유는 소극적으로 정의된다. 즉 자유란 경쟁의 자연법칙에 대한 간섭'으로부터의 자유'이며, 시장의 통제 외의 모든 통제는 강압적이다. (4) 부와 권리의 불평등은 성공적인 시장 체계의 필수적인 특징이자 진보의 동력이므로 수용될 수 있을 뿐만 아니라 칭송되기까지 한다. 이후에 감시 자본주의의 성공, 그 공격적인 수사학, 법정과 여론 재판에서 그 어떠한 도전에도 맞서 싸우겠다는 감시 자본주의 선도자들의 의지는 미국 정치, 경제 정책, 규제 방침에서 이 기본 원칙이 더 공고히 자리잡게 했다. Philip Mirowski, *Never Let a Serious Crisis Go to Waste: How Neoliberalism Survived the Financial Meltdown* (London: Verso, 2013)를 참조하라. Wendy Brown, *Undoing the Demos: Neoliberalism's Stealth Revolution* (New York: Zone Books, 2015); David M. Kotz, *The Rise and Fall of Neoliberal Capitalism* (Cambridge, MA: Harvard University Press, 2015), 166-75로 참조할 수 있다.

41 Frank A. Pasquale, "Privacy, Antitrust, and Power," *George Mason Law Review* 20, no. 4 (2013): 1009-24.

42 학계에서는 규제에 대한 방어 목적으로 수정헌법 제1조를 주장하는 인터넷 기업들을 광범위하게 다루어왔다. 여러 중요한 문헌이 있으나 그중에서 몇 편만 소개하자면 다

음과 같다. Andrew Tutt, "The New Speech," *Hastings Constitutional Law Quarterly*, 41 (July 17, 2013): 235; Richard Hasen, "Cheap Speech and What It Has Done (to American Democracy)," *First Amendment Law Review* 16 (January 1, 2017), http://scholarship. law.uci.edu/faculty_scholarship/660; Dawn Nunziato, "With Great Power Comes Great Responsibility: Proposed Principles of Digital Due Process for ICT Companies" (GWU Law School Public Law research paper, George Washington University, January 1, 2013), http://scholarship.law.gwu.edu/faculty_publications/1293; Tim Wu, "Machine Speech," *University of Pennsylvania Law Review* 161, no. 6 (2013): 1495; Dawn Nunziato, "Forget About It? Harmonizing European and American Protections for Privacy, Free Speech, and Due Process" (GWU Law School Public Law research paper, George Washington University, January 1, 2015), http://scholarship.law.gwu.edu/faculty_publications/1295; Marvin Ammori, "The 'New' *New York Times*: Free Speech Lawyering in the Age of Google and Twitter," *Harvard Law Review* 127 (June 20, 2014): 2259–95; Jon Hanson and Ronald Chen, "The Illusion of Law: The Legitimating Schemas of Modern Policy and Corporate Law," *Legitimating Schemas of Modern Policy and Corporate Law* 103, no. 1 (2004): 1–149.

43 Steven J. Heyman, "The Third Annual C. Edwin Baker Lecture for Liberty, Equality, and Democracy: The Conservative–Libertarian Turn in First Amendment Jurisprudence" (SSRN Scholarly Paper, Rochester, NY: Social Science Research Network, October 8, 2014), 300, https://papers.ssrn.com/abstract=2497190.

44 Heyman, "The Third Annual C. Edwin Baker Lecture," 277; Andrew Tutt, "The New Speech."

45 Daniel J. H. Greenwood, "Neofederalism: The Surprising Foundations of Corporate Constitutional Rights," *University of Illinois Law Review* 163 (2017): 166, 221.

46 Frank A. Pasquale, "The Automated Public Sphere" (Legal Studies research paper, University of Maryland, November 10, 2017).

47 Ammori, "The 'New' *New York Times*," 2259–60.

48 Adam Winkler, *We the Corporations* (New York: W. W. Norton, 2018), xxi.

49 "Section 230 of the Communications Decency Act," Electronic Frontier Foundation, n.d., https://www.eff.org/issues/cda230.

50 Christopher Zara, "The Most Important Law in Tech Has a Problem," *Wired*, January 3, 2017.

51 David S. Ardia, "Free Speech Savior or Shield for Scoundrels: An Empirical Study of Intermediary Immunity Under Section 230 of the Communications Decency Act" (SSRN Scholarly Paper, Rochester, NY: Social Science Research Network, June 16, 2010), https://papers.ssrn.com/abstract=1625820.

52 Paul Ehrlich, "Communications Decency Act 230," *Berkeley Technology Law Journal* 17 (2002): 404.

53 Ardia, "Free Speech Savior or Shield for Scoundrels."

54 Zara, "The Most Important Law in Tech"를 참조하라.

55 Zara.

56 David Lyon, *Surveillance After September* 11, Themes for the 21st Century(Malden, MA: Polity, 2003), 7; Jennifer Evans, "Hijacking Civil Liberties: The USA Patriot Act of 2001," *Loyola University Chicago Law Journal* 33, no. 4 (2002): 933; Paul T. Jaeger, John Carlo Bertot, and Charles R. McClure, "The Impact of the USA Patriot Act on Collection and Analysis of Personal Information Under the Foreign Intelligence Surveillance Act," *Government Information Quarterly* 20, no. 3 (2003): 295-314, https://doi.org/10.1016/S0740-624X(03)00057-1.

57 미국에서 처음 소비자 중심의 프라이버시 입법의 물결이 인 것은 1970년의 공정신용보고법(Fair Credit Reporting Act), 1973년의 공정정보규정(Fair Information Practices Principles) 등 미국 의회에서 역사적으로 중요한 법안들이 만들어진 1970년대부터였다. OECD는 1980년에 강력한 개인 정보 보호 지침을 채택했고, EU 최초의 데이터 보호 지침은 1998년 발효했다. Peter Swire, "The Second Wave of Global Privacy Protection: Symposium Introduction," *Ohio State Law Journal* 74, no. 6 (2013): 842-43; Peter P. Swire, "Privacy and Information Sharing in the War on Terrorism," *Villanova Law Review* 51, no. 4 (2006): 951; Ibrahim Altaweel, Nathaniel Good, and Chris Jay Hoofnagle, "Web Privacy Census," *Technology Science*, December 15, 2015, https://techscience.org/a/2015121502를 참조하라.

58 Swire, "Privacy and Information Sharing," 951; Swire, "The Second Wave"; Hoofnagle, *Federal Trade Commission*; Brody Mullins, Rolfe Winkler, and Brent Kendall, "FTC Staff Wanted to Sue Google," *Wall Street Journal*, March 20, 2015; Daniel J. Solove and Woodrow Hartzog, "The FTC and the New Common Law of Privacy," *Columbia Law Review* 114, no. 3 (2014): 583-676; Brian Fung, "The FTC Was Built 100 Years Ago to Fight Monopolists. Now, I's Washington's Most Powerful Technology Cop," *Washington Post*, September 25, 2014, https://www.washingtonpost.com/blogs/the-switch/wp/2014/09/25/the-ftc-was-built-100-years-ago-to-fight-monopolists-now-its-washingtons-most -powerful-technology-cop; Stephen Labaton, "The Regulatory Signals Shift; F.T.C. Serves as Case Study of Differences Under Bush," *New York Times*, June 12, 2001, http://www.nytimes.com/2001/06/12/business/the-regulatory-signals-shift-ftc-serves-as-case-study-of-differences-under-bush.html; Tanzina Vega and Edward Wyatt, "U.S. Agency Seeks Tougher Consumer Privacy Rules," *New York Times*, March 26, 2012, http://www.nytimes.com/2012/03/27/business/ftc-seeks-privacy-legislation.html.

59 Robert Pitofsky et al., "Privacy Online: Fair Information Practices in the Electronic Marketplace: A Federal Trade Commission Report to Congress," Federal Trade Commission, May 1, 2000, 35, https://www.ftc.gov/reports/privacy-online-fairinformation‑practices‑electronic‑marketplace‑federal‑trade‑commission.

60 Pitofsky et al., "Privacy Online," 36‑37. 제안된 입법은 소비자를 대상으로 하는 상업적 웹사이트의 모든 방문자를 위해 프라이버시 보호의 기본적인 수준을 설정했는데, 여기에는 기존의 아동 온라인 프라이버시 보호법(COPPA)이 포함하고 있지 않은 내용까지 포함되었다. 이러한 입법은 온라인 정보 수집 관리의 최저 기준을 마련하고, 집행기관에 그 기준을 시행할 권한과 행정절차법에 따른 더 세부적인 기준을 공포할 권한을 부여하게 된다. 온라인에서 소비자로부터의, 혹은 소비자에 관한 개인 식별 정보를 수집하는 모든 소비자 대상의 상업적 웹사이트는 다음과 같이 광범위하게 적용되는 네 가지 공정 정보 취급 방침을 준수해야 하며, 이는 COPPA가 다루지 않는 범위도 포함한다.

(1) 통지. 웹사이트는 소비자에게 어떤 정보를 수집하고, 어떻게 수집하며(예를 들어, 직접 수집하는지 혹은 쿠키처럼 눈에 보이지 않는 수단을 통해 수집하는지), 어떻게 사용하고, 소비자에게 선택, 접근, 보안을 어떻게 제공하는지, 타인에게 수집된 정보를 공개하는지, 타인이 해당 웹사이트를 통해 정보를 수집하는지를 포함하여, 소비자의 정보 처리 방식에 관해 명확하고 눈에 잘 띄게 통지해야 한다.

(2) 선택권. 웹사이트는 소비자에게 그들의 개인 식별 정보가 소비자가 정보를 제공하는 이유(예를 들어 거래의 완료)를 넘어서서 사용되는 방식의 선택권을 주어야 한다. 이 선택권은 내부적인 2차 사용(예를 들어 소비자 마케팅)과 외부적인 2차 사용(예를 들어 다른 업체와의 데이터 공유) 모두를 아우른다.

(3) 접근권. 웹사이트는 소비자에게 그들의 개인 정보를 검토하고 부정확한 정보를 수정하거나 정보를 삭제할 합리적인 기회를 포함하여, 웹사이트가 수집한 소비자에 관한 정보에 대한 합리적인 접근권을 제공해야 한다.

(4) 보안. 웹사이트는 소비자로부터 수집한 정보의 보안을 유지하기 위해 합리적인 조치를 취해야 한다.

61 Swire, "The Second Wave," 845.

62 Paul M. Schwartz, "Systematic Government Access to Private‑Sector Data in Germany," *International Data Privacy Law* 2, no. 4 (2012): 289, 296; Ian Brown, "Government Access to Private‑Sector Data in the United Kingdom," *International Data Privacy Law* 2, no. 4 (2012): 230, 235; W. Gregory Voss, "After Google Spain and Charlie Hebdo: The Continuing Evolution of European Union Data Privacy Law in a Time of Change," *Business Lawyer* 71, no. 1 (2015): 281; Mark Scott, "Europe, Shaken by Paris Attacks, Weighs Security with Privacy Rights," *New York Times*‑Bits Blog, September 18, 2015; Frank A. Pasquale, "Privacy, Antitrust, and Power," *George Mason Law Review* 20, no. 4 (2013): 1009‑24; Alissa J. Rubin, "Lawmakers in France Move to Vastly Expand Surveillance," *New York Times*, May 5, 2015, http://www.nytimes.com/2015/05/06/world/europe/french‑legislators‑approve‑sweeping‑intelligence‑bill.html; Georgina Prodham and Michael Nienaber, "Merkel Urges Germans to Put Aside Fear of Big Data," *Reuters*, June 9, 2015, https://www.reuters.com/article/us‑germany‑technology‑merkel/ merkel‑urges‑germans‑to‑put‑aside‑fear‑of‑big‑data‑idUSKBN0OP2EM

20150609.

63 Richard A. Clarke et al., *The NSA Report: Liberty and Security in a Changing World* (Princeton, NJ: Princeton University Press, 2014), 27, 29; Declan McCullagh, "How 9/11 Attacks Reshaped U.S. Privacy Debate," *CNET*, September 9, 2011, http://www.cnet. com/news/how-911-attacks-reshaped-u-s-privacy-debate. 2013년 대통령 자문위원회가 편찬한 〈NSA 보고서(The NSA Report)〉는 이를 가능케 한 정보기관의 권한을 다음과 같이 설명한다. "9월 11일의 공격은 잠재적 테러리스트의 활동에 관한 상세한 정보가 필요함을 생생하게 입증했다. … 유용할 수 있는 정보가 수집되지 않은 경우도 있었고, 테러 공격을 막는 데 도움이 될 수 있었을 정보가 부처 사이에 공유되지 않은 경우도 있었다. … 한 가지 사실만큼은 분명해 보였다. 정부가 테러 공격을 탐지하고 막기 위한 일을 할 때 지나치게 조심스러우면, 국가에 참담한 결과를 가져올 수 있다."

64 Hoofnagle, *Federal Trade Commission*, 158.

65 Andrea Peterson, "Former NSA and CIA Director Says Terrorists Love Using Gmail," *Washington Post,* September 15, 2013, https://www.washingtonpost.com/news/the-switch/wp/2013/09/15/former-nsa-and-cia-director-says-terrorists-love-using-gmail을 참조하라.

66 Marc Rotenberg, "Security and Liberty: Protecting Privacy, Preventing Terrorism," testimony before the National Commission on Terrorist Attacks upon the United States, 2003.

67 Swire, "The Second Wave," 846.

68 Hoofnagle, Federal Trade Commission, Chapter 6.

69 Lyon, *Surveillance After September* 11, 15.

70 Richard Herbert Howe, "Max Weber's Elective Affinities: Sociology Within the Bounds of Pure Reason," *American Journal of Sociology* 84, no. 2 (1978): 366-85.

71 Joe Feuerherd, "'Total Information Awareness' Imperils Civil Rights, Critics Say," *National Catholic Reporter*, November 29, 2002, http://natcath.org/NCR_Online/archives2/2002d/112902/112902d.htm을 참조하라.

72 Matt Marshall, "Spying on Startups," *Mercury News*, November 17, 2002를 참조하라.

73 Marshall, "Spying on Startups."

74 Mark Williams Pontin, "The Total Information Awareness Project Lives On," MIT *Technology Review*, April 26, 2006, https://www.technologyreview.com/s/405707/the-total-information-awareness-project-lives-on.

75 John Markoff, "Taking Spying to Higher Level, Agencies Look for More Ways to Mine Data," *New York Times*, February 25, 2006, http://www.nytimes.com/2006/02/25/technology/25data.html.

76 Inside Google, "Lost in the Cloud: Google and the US Government," Consumer Watchdog, January 2011, insidegoogle.com/wp-content/uploads/2011/01/GOOGGovfinal012411.pdf.

77 Nafeez Ahmed, "How the CIA Made Google," *Medium* (blog), January 22, 2015, https://medium.com/insurge-intelligence/how-the-cia-made-google-e836451a959e.

78 Verne Kopytoff, "Google Has Lots to Do with Intelligence," *SFGate*, March 30, 2008, http://www.sfgate.com/business/article/Google-has-lots-to-do-with-intelligence-3221500.php.

79 Noah Shachtman, "Exclusive: Google, CIA Invest in 'Future' of Web Monitoring," *Wired*, July 28, 2010, http://www.wired.com/2010/07/exclusive-google-cia.

80 Ryan Gallagher, "The Surveillance Engine: How the NSA Built Its Own Secret Google," *Intercept* (blog), August 25, 2014, https://firstlook.org/theintercept/2014/08/25/icreach-nsa-cia-secret-google-crisscross-proton.

81 Robyn Winder and Charlie Speight, "Untangling the Web: An Introduction to Internet Research," National Security Agency Center for Digital Content, March 2013, http://www.governmentattic.org/8docs/UntanglingTheWeb-NSA_2007.pdf.

82 Richard O'Neill, *Seminar on Intelligence, Command, and Control* (Cambridge, MA: Highlands Forums Press, 2001), http://www.pirp.harvard.edu/pubs_pdf/o'neill/o'neill-i01-3.pdf; Richard P. O'Neill, "The Highlands Forum Process," interview by Oettinger, April 5, 2001.

83 Mary Anne Franks, "Democratic Surveillance" (SSRN Scholarly Paper, Rochester, NY: Social Science Research Network, November 2, 2016), https://papers.ssrn.com/abstract=2863343.

84 Ahmed, "How the CIA Made Google."

85 Stephanie A. DeVos, "The Google-NSA Alliance: Developing Cybersecurity Policy at Internet Speed," *Fordham Intellectual Property, Media and Entertainment Law Journal* 21, no. 1 (2011): 173-227.

86 정부와 구글, 더 넓게는 상업적인 감시 프로젝트를 연결시킨 선택적 친화성은 9/11 이후의 십 년 동안 뚜렷하게 나타났다. NSA는 다양한 영역에서 보여준 구글의 역량을 분석, 통합하는 등 구글처럼 되려고 애썼다. 더 자세한 내용을 위해서는 다음의 문헌들을 참조하라. "Lost in the Cloud: Google and the US Government," *Inside Google*, January 2011, insidegoogle.com/wp-content/uploads/2011/01/GOOGGovfinal012411.pdf; Ahmed, "How the CIA Made Google"; Verne Kopytoff, "Google Has Lots to Do with Intelligence," *SFGate*, March 30, 2008, http://www.sfgate.com/business/article/Google-has-lots-to-do-with-intelligence-3221500.php; "Google Acquires Keyhole Corp-News Announcements," *Google Press*, October 27, 2004, http://googlepress.blogspot.com/2004/10/google-acquires-keyhole-corp.html; Josh G. Lerner et al., "In-Q-Tel: Case 804-146," *Harvard Business School Publishing*, February 2004, 1-20; Winder and Speight, "Untangling the Web"; Gallagher, "The Surveillance Engine"; Ellen Nakashima, "Google to Enlist NSA to Help It Ward Off Cyberattacks," *Washington Post*, February 4, 2010, http://www.washingtonpost.com/wp-dyn/content/article/2010/02/03/

AR2010020304057.html; Mike Scarcella, "DOJ Asks Court to Keep Secret Any Partnership Between Google, NSA," *BLT: Blog of Legal Times*, March 9, 2012, 202, http://legaltimes.typepad.com/blt/2012/03/doj-asks-court-to-keep-secret-any-partnership-between-google-nsa.html; Shane Harris, *@WAR: The Rise of the Military-Internet Complex* (Boston: Houghton Mifflin arcourt, 2014), 175.

87 Jack Balkin, "The Constitution in the National Surveillance State," *Minnesota Law Review* 93, no. 1 (2008), http://digitalcommons.law.yale.edu/fss_papers/225.

88 Jon D. Michaels, "All the President's Spies: Private-Public Intelligence Partnerships in the War on Terror," *California Law Review* 96, no. 4 (2008): 901-66.

89 Michaels, "All the President's Spies," 908; Chris Hoofnagle, "Big Brother's Little Helpers: How ChoicePoint and Other Commercial Data Brokers Collect and Package Your Data for Law Enforcement," *North Carolina Journal of International Law and Commercial Regulation* 29 (January 1, 2003): 595; Junichi P. Semitsu, "From Facebook to Mug Shot: How the Dearth of Social Networking Privacy Rights Revolutionized Online Government Surveillance," *Pace Law Review* 31, no. 1 (2011).

90 Mike McConnell, "Mike McConnell on How to Win the Cyber-War We're Losing," *Washington Post*, February 28, 2010, http://www.washingtonpost.com/wp-dyn/content/story/2010/02/25/ST2010022502680.html.

91 Davey Alba, "Pentagon Taps Eric Schmidt to Make Itself More Google-ish," *Wired*, March 2, 2016, https://www.wired.com/2016/03/ex-google-ceo-eric-schmidt-head-pentagon-innovation-board; Lee Fang, "The CIA Is Investing in Firms That Mine Your Tweets and Instagram Photos," *Intercept*, April 14, 2016, https://theintercept.com/2016/04/14/in-undisclosed-cia-investments-social-media-mining-looms-large.

92 Fred H. Cate and James X. Dempsey, eds., *Bulk Collection: Systematic Government Access to Private-Sector Data* (New York: Oxford University Press, 2017), xxv-xxvi.

93 Michael Alan Bernstein, *The Great Depression: Delayed Recovery and Economic Change in America*, 1929-1939, Studies in Economic History and Policy (Cambridge, MA: Cambridge University Press, 1987), chapters 1, 8.

94 http://bits.blogs.nytimes.com/2008/11/07/how-obamas-internet-campaign-changed-politics/?_r=0.

95 Sasha Issenberg, "The Romney Campaign's Data Strategy," *Slate*, July 17, 2012, http://www.slate.com/articles/news_and_politics/victory_lab/2012/07/the_romney_campaign_s_data_strategy_they_re_outsourcing_.single.html. 다음 글도 참조하라. Joe Lertola and Bryan Christie Design, "A Short History of the Next Campaign," *Politico*, February 27, 2014, http://www.politico.com/magazine/story/2014/02/a-short-history-of-the-next-campaign-103672.html.

96 Daniel Kreiss and Philip N. Howard, "New Challenges to Political Privacy: Lessons from the First U.S. Presidential Race in the Web 2.0 Era," *International Journal of Communication* 4 (2010): 1032-50.

97 Sasha Issenberg, *The Victory Lab: The Secret Science of Winning Campaigns* (New York: Crown, 2012), 271.

98 언론에서 슈미트는 "이것은 개인적인 활동"이며, "구글은 공식적으로 중립적"이라고 밝혔다. 그가 처음 오바마와 함께 나타난 것은 플로리다 유세 현장에서 경제 문제에 관한 토론을 주재했을 때였다. 슈미트는 《월 스트리트 저널》과의 인터뷰에서 자신의 오바마 지지가 비공식 조언자로서의 역할이 '자연스럽게 진화'한 결과라고 말했다. 다음의 기사들을 참조하라. Monica Langley and Jessica E. Vascellaro, "Google CEO Backs Obama," *Wall Street Journal*, October 20, 2008, http://www.wsj.com/articles/SB122446734650049199; and Jeff Zeleny and Elisabeth Bumiller, "Candidates Face Off ver Economic Plans," *New York Times*, October 21, 2008, http://www.nytimes.com/2008/10/22/us/politics/22campaign.html.

99 Robert Reich, "Obama's Transition Economic Advisory Board: The Full List," *US News & World Report*, November 7, 2008, http://www.usnews.com/news/campaign-2008/articles/2008/11/07/obamas-transition-economic-advisory-board-the-full-listn.

100 Eamon Javers, "Obama–Google Connection Scares Competitors," *Politico*, November 10, 2008, http://www.politico.com/news/stories/1108/15487.html.

101 "Diary of a Love Affair: Obama and Google (Obama@Google)," *Fortune,* November 14, 2007, http://archive.fortune.com/galleries/2009/fortune/0910/gallery.obama_google.fortune/2.html.

102 Brody Mullins, "Google Makes Most of Close Ties with White House," *Wall Street Journal*, March 24, 2015, https://www.wsj.com/articles/google-makes-most-of-close-ties-to-white-house-1427242076.

103 Jim Rutenberg, "Data You Can Believe In: The Obama Campaign's Digital Masterminds Cash In," *New York Times*, June 20, 2013, https://www.nytimes.com/2013/06/23/magazine/the-obama-campaigns-digital-masterminds-cash-in.html.

104 Rutenberg, "Data You Can Believe In."

105 Lillian Cunningham, "Google's Eric Schmidt Expounds on His Senate Testimony," *Washington Post*, September 30, 2011, http://www.washingtonpost.com/national/on-leadership/googles-eric-schmidt-expounds-on-his-senate-testimony/2011/09/30/gIQAPyVgCL_story.html.

106 "Google's Revolving Door Explorer (US)," *Google Transparency Project*, April 15, 2016, http://www.googletransparencyproject.org/googles-revolving-door-explorer-us; Tess VandenDolder, "Is Google the New Revolving Door?" *DC Inno*, September 9, 2014, http://dcinno.streetwise.co/2014/09/09/is-google-the-new-revolving-door; "Revolving Door | OpenSecrets-Employer Search: Google Inc.," *OpenSecrets.org*, February 23, 2017, https://www.opensecrets.org/revolving/search_result.php?priv=Google+Inc;

Yasha Levine, "The Revolving Door Between Google and the Department of Defense," *PandoDaily* (blog), April 23, 2014, http://pando.com/2014/04/23/the-revolving-door-between-google-and-the-department-of-defense; Cecilia Kang and Juliet Eilperin, "Why Silicon Valley Is the New Revolving Door for Obama Staffers," *Washington Post*, February 27, 2015, http://www.washingtonpost.com/business/economy/as-obama-nears-close-of-his-tenure-commitment-to-silicon-valley-is-clear/2015/02/27/3b ee8088-bc8e-11e4-bdfa-b8e8f594e6ee_story.html.

107 Eric Schmidt and Jonathan Rosenberg, *How Google Works* (New York: Grand Central, 2014), 255.

108 Deborah D'Souza, "Big Tech Spent Record Amounts on Lobbying Under Trump," *Investopedia*, July 11, 2017, https://www.investopedia.com/tech/what-are-tech-giants-lobbying-trump-era; Brodkin, "Google and Facebook Lobbyists"; Natasha Lomas, "Google Among Top Lobbyists of Senior EC Officials," *TechCrunch* (blog), June 24, 2015, http://social.techcrunch.com/2015/06/24/google-among-top-lobbyists-of-senior-ec-officials; "Google's European Revolving Door," *Google Transparency Project*, September 25, 2017, http://googletransparencyproject.org/articles/googles-european-revolving-door.

109 "Google Enlisted Obama Officials to Lobby States on Driverless Cars," *Google Transparency Project*, March 29, 2018, https://googletransparencyproject.org/articles/google-enlisted-obama-officials-lobby-states-driverless-cars.

110 "Tech Companies Are Pushing Back Against Biometric Privacy Laws," *Bloomberg.com,* July 20, 2017, https://www.bloomberg.com/news/articles/2017-07-20/tech-companies-are-pushing-back-against-biometric-privacy-laws; "Biometric Privacy Laws: Illinois and the Fight Against Intrusive Tech," March 29, 2018, https://news.law.fordham.edu/jcfl/2018/03/20/biometric-privacy-laws-illinois-and-the-fight- against-intrusive-tech; April Glaser, "Facebook Is Using an 'NRA Approach' to Defend Its Creepy Facial Recognition Programs," *Slate*, August 4, 2017, http://www.slate.com/blogs/future_tense/2017/08/04/facebook_is_fighting_biometric_facial_recognition_privacy_laws.html; Conor Dougherty, "Tech Companies Take Their Legislative Concerns to the States," *New York Times*, May 27, 2016, http://www.nytimes.com/2016/05/28/technology/tech-companies-take-their-legislative-concerns-to-the-states.html.

111 슈미트는 1999년에 뉴 아메리카 재단의 이사회에 합류했다. 2013년에 이사회 의장이었던 그의 재정적 기여도에 견줄 만한 후원자는 미국 국무부, 루미나 재단(Lumina Foundation), 빌 앤드 멀린다 게이츠 재단(Bill and Melinda Gates Foundation), 이 셋밖에 없었다. 그 다음 수준의 후원자 그룹에는 구글이 포함되었다. http://newamerica.net/about/funding을 참조하라. 이 재단은 워싱턴 정책 담론의 중심축이며, 이사회 구성원들은 정책 수립에서 핵심적인 역할을 담당한다. http://newamerica.net/about/board를 참조하라.

112 Tom Hamburger and Matea Gold, "Google, Once Disdainful of Lobbying, Now a Master of Washington Influence," *Washington Post*, April 12, 2014, http://www.washingtonpost.com/politics/how-google-is-transforming-power-and-politicsgoogle-once-disdainful-of-lobbying-now-a-master-of-washington-influence/2014/04/12/51648b92-b4d3-11e3-8cb6-284052554d74_story.html.

113 다음의 글에서도 관련 정보를 제공한다. David Dayen, "Google's Insidious Shadow Lobbying: How the Internet Giant Is Bankrolling Friendly Academics-and Skirting Federal Investigations," *Salon.com*, November 24, 2015, https://www.salon.com/2015/11/24/googles_insidious_shadow_lobbying_how_the_internet_giant_is_bankrolling_friendly_academics_and_skirting_federal_investigations.

114 Nick Surgey, "The Googlization of the Far Right: Why Is Google Funding Grover Norquist, Heritage Action and ALEC?" *PR Watch*, November 27, 2013, http://www.prwatch.org/news/2013/11/12319/google-funding-grover-norquist-heritage-action-alec-and-more.《PR 워치》는 미디어 · 민주주의 센터의 간행물로, 상기한 글에서 구글이 후원하는 반정부 단체 목록 전체와 그들의 입장 및 연구 의제 분석을 살펴보길 권한다.

115 Mike McIntire, "ALEC, a Tax-Exempt Group, Mixes Legislators and Lobbyists," *New York Times*, April 21, 2012, https://www.nytimes.com/2012/04/22/us/alec-a-tax-exempt-group-mixes-legislators-and-lobbyists.html; Nick Surgey, "The Googlization of the Far Right: Why Is Google Funding Grover Norquist, Heritage Action and ALEC?" *PR Watch*, November 27, 2013, http://www.prwatch.org/news/2013/11/12319/google-funding-grover-norquist-heritage-action-alec-and-more; "What I s ALEC?—ALEC Exposed," Center for Media and Democracy, February 22, 2017, http://www.alecexposed.org/wiki/What_is_ALEC%3F; Katie Rucke, "Why Are Tech Companies Partnering with ALEC?" *Mint Press News* (blog), December 13, 2013, http://www.mintpressnews.com/tech-companies-partnering-alec/175074.

116 "2014 Fellows-Policy Fellowship-Google," https://www.google.com/policyfellowship/2014fellows.html.

117 Brody Mullins and Jack Nicas, "Paying Professors: Inside Google's Academic Influence Campaign," *Wall Street Journal*, July 14, 2017, https://www.wsj.com/articles/paying-professors-inside-googles-academic-influence-campaign-1499785286.

118 Kenneth P. Vogel, "Google Critic Ousted from Think Tank Funded by the Tech Giant," *New York Times*, August 30, 2017, https://www.nytimes.com/2017/08/30/us/politics/eric-schmidt-google-new-america.html; Hope Reese, "The Latest Google Controversy Shows How Corporate Funding Stifles Citicism," *Vox*, September 5, 2017, https://www.vox.com/conversations/2017/9/5/16254910/google-controversy-new-america-barry-lynn.

1 "Google Management Discusses Q3 2011 Results-Earnings Call Transcript About Alphabet Inc. (GOOG)," *Seeking Alpha*, October 14, 2011, http://seekingalpha.com/article/299518-google-management-discusses-q3-2011-results-earnings-call-transcript (강조는 저자).

2 Ken Auletta, *Googled: The End of the World as We Know It* (New York: Penguin, 2010)을 참조하라.

3 에덜먼의 논문과 그 밖의 저술 몇 가지를 아래에 소개한다. Benjamin Edelman, "Bias in Search Results? Diagnosis and Response," *Indian Journal of Law and Technology* 7 (2011): 16-32; Benjamin Edelman and Zhenyu Lai, "Design of Search Engine Services: Channel Interdependence in Search Engine Results" (working paper, Working Knowledge, Harvard Business School, March 9, 2015), *Journal of Marketing Reseach* 53, no. 6 (2016): 881-900; Benjamin Edelman, "Leveraging Market Power Through Tying and Bundling: Does Google Behave Anti-competitively?" (working paper, no. 14-112, Harvard, May 28, 2014), http://www.benedelman.org/publications/google-tying-2014-05-12.pdf; Benjamin Edelman et al., *Exclusive Preferential Placement as Search Diversion: Evidence from Flight Search* (Social Science Research Network, 2013); Benjamin Edelman, "Google Tying Google Plus and Many More," Benedelman.org, January 12, 2012, http://www.benedelman.org/news/011212-1.html; Benjamin Edelman, "Hard-Coding Bias in Google 'Algorithmic' Search Results," Benedelman.org, November 15, 2010, http://www.benedelman.org/hardcoding.

4 Ashkan Soltani, Andrea Peterson, and Barton Gellman, "NSA Uses Google Cookies to Pinpoint Targets for Hacking," *Washington Post*, December 10, 2013, https://www.washingtonpost.com/news/the-switch/wp/2013/12/10/nsa-uses-google-cookies-to-pinpoint-targets-for-hacking.

5 Michael Luca et al., "Does Google Content Degrade Google Search? Experimental Evidence" (working paper, NOM Unit, Harvard Business School, August 2016), http://papers.ssrn.com/abstract=2667143.

6 Alistair Barr, "How Google Aims to Delve Deeper into Users' Lives," *Wall Street Journal*, May 28, 2015, http://www.wsj.com/articles/how-google-aims-to-delve-deeper-into-users-lives-1432856623.

7 Erick Schonfeld, "Schmidt: 'Android Adoption Is About to Explode,'" *TechCrunch* (blog), October 15, 2009, http://social.techcrunch.com/2009/10/15/schmidt-android-adoption-is-about-to-explode를 참조하라.

8 Bill Gurley, "The Freight Train That Is Android," *Above the Crowd*, March 25, 2011, http://abovethecrowd.com/2011/03/24/freight-train-that-is-android.

9 Steve Kovach, "Eric Schmidt: We'll Have 2 Billion People Using Android Thanks to Cheap

Phones," *Business Insider*, April 16, 2013, http://www.businessinsider.com/eric-schmidt-on-global-android-growth-2013-4 (강조는 저자); Ina Fried, "Eric Schmidt on the Future of Android, Motorola, Cars and Humanity (Video)," AllThingsD (blog), May 8, 2013, http://allthingsd.com/20130508/eric-schmidt-on-the-future-of-android-motorola-cars-and-humanity-video.

10 Ameet Sachdev, "Skyhook Sues Google After Motorola Stops Using Its Location-Based Software," *Chicago Tribune*, August 19, 2011, http://articles.chicagotribune.com/2011-08-19/business/ct-biz-0819-chicago-law-20110819_1_google-s-android-google-risks-google-spokesperson을 참조하라. 750쪽이 넘는 미공개 법원 서류를 심층 분석한 2011년 5월의 한 기사도 참조하라. Nilay Patel, "How Google Controls Android: Digging Deep into the Skyhook Filings," *Verge*, May 12, 2011, http://www.theverge.com/2011/05/12/google-android-skyhook-lawsuit-motorola-samsung.

11 "Complaint of Disconnect, Inc.-Regarding Google's Infringement of Article 102 TFEU Through Bundling into the Android Platform and the Related Exclusion of Competing Privacy and Security Technology, No. COMP/40099," June 2015, https://assets.documentcloud.org/documents/2109044/disconnect-google-antitrust-complaint.pdf.

12 여러 주목할 만한 연구가 있다. 그중 하버드의 연구원 진얀 장 등은 2015년 연구에서 안드로이드(구글)와 iOS(애플) 환경에서 가장 인기 있는 110개의 무료 앱을 테스트했다. 연구자들은 iOS 앱 중에서는 16퍼센트만이 개인 식별 정보(PII)를 제삼자와 공유하고 있는 데 비해 안드로이드 앱의 73퍼센트가 PII를 제삼자와 공유하고 있음을 밝혔다. 또한 많은 모바일 앱이 제삼자와 민감한 사용자 정보를 공유하고 있으며, "*그 데이터에 접속하고자 할 때 가시적인 권한 요청이 필요하지 않다*"는 점도 발견했다(강조는 저자). Jinyan Zang et al., "Who Knows What About Me? A Survey of Behind the Scenes Personal Data Sharing to Third Parties by Mobile Apps," *Journal of Technology Science*, October 30, 2015, http://techscience.org/a/2015103001을 참조하라.

루이지 비네리와 그의 유레컴 동료들의 2015년 연구는 구글 플레이스토어에서 가장 인기 있는 최신 애플리케이션 5,000개를 면밀히 검토했다. 연구자들은 이 앱 중 500개가 500개 이상의 서로 다른 URL에 연결되어 있으며, 25개는 1,000개 이상의 URL에 연결되어 있음을 밝혔다. 여러 개의 URL이 동일한 '도메인'에 연결되어 있을 수 있다. 따라서 연구자들은 가장 빈번하게 연결되어 있는 도메인들도 살폈다. 은밀하게 연결되어 있는 최상위 20개 도메인 가운데 9개가 구글이 운영하는 웹서비스였다. 나머지 11개 중 3개는 구글이 소유하고 있거나 구글과 제휴하고 있었다. 다른 8개는 미래행동시장에서 구글과 경쟁하고 있는 페이스북, 삼성, 스코어카드 리서치—잉여 행동을 고객에게 판매하는 데이터 브로커—등이었다.

연구자들은 한발 더 나아가 이 앱들에 의해 방문이 이루어지는 URL들을 '광고 관련' URL과 '사용자 추적 관련' URL로 구분했는데, 대상 앱의 66퍼센트가 평균 40개의 광고 관련 URL과 연결되어 있었고, 그중에는 1,000개 이상의 광고 관련 URL에 연결된 경우도 있었다. 광고 관련 URL로 연결된 최상위 5개의 도메인 중 3개가 구글 소유였다. 추적 관련 URL의 경우, 행동잉여를 차지하기 위한 경쟁이 훨씬 더 치열함을 시사한다. 대상 앱 중에서 73퍼센트는 추적 사이트에 연결되어 있지 않았지만, 16퍼센트는 100개 이상의 추적 사이트에 연결되어 있었다. 구글은 여기서도 지배적이어서, 추적 관련 도메인의 44퍼센트를 차지했다. 그 다음은 AT 인터넷으로 32퍼센트를 점유했다. AT 인터넷은 '행동 분석'에 특화된 민간 '디지털 정보' 기업이다. 구글 플레이에서 추적 관련 URL이 가장 집중되어 있는 10개의 앱 중 4개는 구글의 "최고 개발자 배지"를 받았다. Luigi Vigneri et al., "Taming the Android AppStore: Lightweight Characterization of Android Applications," ArXiv:1504.06093 *[Computer Science]*, April 23, 2015, http://arxiv.org/abs/1504.06093을 참조하라.

애덤 러너와 애나 심프슨이 이끄는 워싱턴 대학교의 한 연구팀은 1996년부터 2016년까지의 웹 추적 분야 성장을 연구했다. 우리의 관점에서 보자면 놀라운 일은 아니지만, 제삼자 연결과 마찬가지로 웹 추적 역시 감시 자본주의의 부상 및 제도화와 함께 증가했다. 연구자들은 초창기의 웹 트래커들이 제품의 안정성을 위해 통상적으로 발생하는 데이터를 기록한 데 반해, 최근에는 개인 정보를 캡처하고 분석하는 트래커가 부상하고 있음을 주목했다. 2000년에는 5개 이상의 제삼자에 연결된 사이트가 약 5퍼센트에 불과했지만, 2016년에는 40퍼센트의 사이트가 제삼자에게 데이터를 전송했다. '여러 사이트에 걸쳐 사용자 행동의 프로파일을 캡처할 수 있는 강력한' 트래커 중에서도 google-analytics.com은 '독보적'이어서, 다른 어느 사례보다 더 많은 사이트로부터 더 많은 데이터를 수집한다. 연구자들은 최근 프라이버시에 관한 우려에 많은 관심이 쏠리고 있음에도 불구하고 추적이 '규모와 복잡성' 측면에서 분명한 상승 곡선을 그리면서 실질적으로 확대되었다고 결론지었다. 다시 말해 시민과 정부가 개인의 프라이버시를 보호하기 위해 노력하고 있는 지금, 다른 쪽에서는 인터넷이 탄생한 이래로 그 어느 때보다 많은 추적이 이루어지고 있다. Adam Lerner et al., "Internet Jones and the Raiders of the Lost Trackers: An Archeological Study of Web Tracking from 1996-2016," in *Proceedings of the Workshop on End-to-End, Sense-and-Respond Systems, Applications, and Services: (EESR '05), June 5, 2005, Seattle* (Berkeley, CA: USENIX Association, 2005), http://portal.acm.org/toc.cfm?id=1072530을 참조하라.

13 Ibrahim Altaweel, Nathan Good, and Chris Jay Hoofnagle, "Web Privacy Census" (SSRN scholarly paper, Social Science Research Network, December 15, 2015), https://papers.ssrn.com/abstract=2703814.

14 Timothy Libert, "Exposing the Invisible Web: An Analysis of Third-Party HTTP Requests on 1 Million Websites," *International Journal of Communication* 9 (October 28, 2015): 18.

15 Altaweel, Good, and Hoofnagle, "Web Privacy Census."

16 Mengwei Xu et al., "AppHolmes: Detecting and Characterizing App Collusion Among Third-Party Android Markets," *Association for Computing Machinery*, 2017, https://www.microsoft.com/en-us/research/publication/appholmes-detecting-characterizing-app-collusion-among-third-party-android-markets.

17 "Press | Yale Privacy Lab," https://privacylab.yale.edu/press.html과 "Exodus Privacy,"

Exodus-Privacy, https://exodus-privacy.eu.org/를 참조하라. Yael Grauer, "Staggering Variety of Clandestine Trackers Found In Popular Android Apps," *Intercept*, November 24, 2017, https://theintercept.com/2017/11/24/staggering-variety-of-clandestine-trackers-found-in-popular-android-apps/도 도움이 될 것이다.

18 "Complaint of Disconnect, Inc.," 2.

19 "Complaint of Disconnect, Inc.," 3.

20 Vigneri et al., "Taming the Android AppStore"; "Antitrust/Cartel Cases—40099 Google Android," European Union Commission on Competition, April 15, 2015, http://ec.europa.eu/competition/elojade/isef/case_details.cfm?proc_code=1_40099.

21 "European Commission-Press Release-Antitrust: Commission Sends Statement of Objections to Google on Android Operating System and Applications," European Commission, April 20, 2016, http://europa.eu/rapid/press-release_IP-16-1492_en.htm.

22 "Complaint of Disconnect, Inc.," 40.

23 Marc Rotenberg, 저자와의 2014년 6월 전화 인터뷰

24 Jennifer Howard, "Publishers Settle Long-Running Lawsuit Over Google's Book-Scanning Project," *Chronicle of Higher Education*, October 4, 2012, https://chronicle.com/article/Publishers-Settle-Long-Running/134854; "Google Books Settlement and Privacy," *EPIC.org*, October 30, 2016, https://epic.org/privacy/googlebooks; Juan Carlos Perez, "Google Books Settlement Proposal Rejected," *PCWorld*, March 22, 2011, http://www.pcworld.com/article/222882/article.html; Eliot Van Buskirk, "Justice Dept. to Google Books: Close, but No Cigar," *Wired*, February 5, 2010, http://www.wired.com/2010/02/justice-dept-to-google-books-close-but-no-cigar; Miguel Helft, "Opposition to Google Books Settlement Jells," *New York Times*-Bits Blog, April 17, 2009, https://bits.blogs.nytimes.com/2009/04/17/opposition-to-google-books-settlement; Brandon Butler, "The Google Books Settlement: Who Is Filing and What Are They Saying?" *Association of Research Libraries* 28 (2009): 9; Ian Chant, "Authors Guild Appeals Dismissal of Google Books Lawsuit," *Library Journal*, April 16, 2014, http://lj.libraryjournal.com/2014/04 /litigation/authors-guild-appeals-dismissal-of-google-books-lawsuit.

25 "Investigations of Google Street View," *EPIC.org*, 2014, https://epic.org/privacy/streetview; David Kravets, "An Intentional Mistake: The Anatomy of Google's Wi-Fi Sniffing Debacle," *Wired*, May 2, 2012, https://www.wired.com/2012/05 /google-wifi-fcc-investigation; Clint Boulton, "Google WiFi Privacy Breach Challenged by 38 States," *eWeek*, July 21, 2010, http://www.eweek.com/c/a/Search-Engines/Google-WiFi-Privacy-Breach-Challenged-by-38-States-196191; Alastair Jamieson, "Google Will Carry On with Camera Cars Despite Privacy Complaints Over Street Views," *Telegraph*, April 9, 2009, http://www.telegraph.co.uk/technology/google/5130068/Google-will-carry-on-with-camera-cars-despite-privacy-complaints-over-streetviews.html; Gareth Corfield, "'At Least I Can Walk Away with My Dignity' –Streetmap Founder After Google Lawsuit Loss," *Register*, February 20, 2017, https://www.theregister. co.uk/2017/02/20/streetmap_founder_kate_sutton_google_lawsuit.

26 Joseph Menn, Daniel Schäfer, and Tim Bradshaw, "Google Set for Probes on Data Harvesting," *Financial Times*, May 17, 2010, http://www.ft.com/intl/cms/s/2/254ff5b6-61e2-11df-998c-00144feab49a.html#axzz3JjXPNno5.

27 Julia Angwin, "Google in New Privacy Probes," *Wall Street Journal*, March 16, 2012, http://online.wsj.com/articles/SB10001424052702304692804577283821586827892 ; Julia Angwin, "Google, FTC Near Settlement on Privacy," *Wall Street Journal*, July 10, 2012, http://www.wsj.com/articles/SB10001424052702303567704577517081178553 046; Jonathan Owen, "Google in Court Again Over 'Right to Be Above British Law' on Alleged Secret Monitoring," *Independent*, December 8, 2014, http://www.independent. co.uk/news/uk/crime/google-challenges-high-court-decision-on-alleged-secret-monitoring-9911411.html.

28 "Testimony of Benjamin Edelman Presented Before the United States House of Representatives Committee on the Judiciary Task Force on Competition Policy and Antitrust Laws," June 27, 2008; Brody Mullins, Rolfe Winkler, and Brent Kendall, "Inside the U.S. Antitrust Probe of Google," *Wall Street Journal*, March 19, 2015, http://www.wsj. com/articles/inside-the-u-s-antitrust-probe-of-google-1426793274.

29 Nate Anderson, "Why Google Keeps Your Data Forever, Tracks You with Ads," *Ars Technica*, March 8, 2010, http://arstechnica.com/tech-policy/news/2010/03/google-keeps-your-data-to-learn-from-good-guys-fight-off-bad-guys.ars; Kevin J. O'Brien and Thomas Crampton, "E.U. Probes Google Over Data Retention Policy," *New York Times*, May 26, 2007, http://www.nytimes.com/2007/05/26/business/26google.html; Mark Bergen, "Google Manipulates Search Results, According to Study from Yelp and Legal Star Tim Wu," *Recode*, June 29, 2015, http://www.recode.net/2015/6/29/11563936/yelp-teams-with-legal-star-tim-wu-to-trounce-google-in-new-study.

30 David Snelling, "Google Maps Is Tracking You! How Your Smartphone Knows Your Every Move," *Express*, August 18, 2014, http://www.express.co.uk/life-style/science-technology/500811/Google-Maps-is-tracking-your-every-move; Jason Mick, "ACLU Fights for Answers on Police Phone Location Data Tracking," *Daily Tech*, August 4, 2011, http://www.dailytech.com/ACLU+Fights+for+Answers+on+Police+Phone+Location+Data+Tracking/article22352.htm.

31 "Google Glass and Privacy," *EPIC.org*, October 6, 2017, https://epic.org/privacy/google/glass.

32 Benjamin Herold, "Google Under Fire for Data-Mining Student Email Messages," *Education Week*, March 26, 2014, http://www.edweek.org/ew/articles/2014/03/13/26google.h33. html; Quinten Plummer, "Google Email Tip-Off Draws Privacy Concerns," *Tech Times*,

August 5, 2014, http://www .techtimes.com/articles/12194/20140805/google-email-tip-off-draws-privacy-concerns.htm.

33 Grant Gross, "French Fine Google Over Change in Privacy Policy," *PCWorld*, January8,2014,http://www.pcworld.com/article/2085920/french-fine-google-over-change-in-privacy-policy.html; Dheepthika Laurent, "Facebook, Twitter and Google Targeted in French Lawsuit," *CNN.com*, March 26, 2014, http://www.cnn.com/2014/03/25/world/europe/france-social-media-lawsuit/index.html; Mark Milian, "Google to Merge User Data Across Its Services," *CNN.com*, January 25, 2012, http://www.cnn.com/2012/01/24/tech/web/google-privacy-policy/index.html; Martin Gijzemijter, "Google's Privacy Policy Merger 'Against Dutch Law,'" *ZDNet*, November 29, 2013, http://www.zdnet.com /article/googles-privacy-policy-merger-against-dutch-law; Zack Whittaker, "Google Faces EU State Fines Over Privacy Policy Merger," *ZDNet*, April 2, 2013, http://www.zdnet.com/article/google-faces-eu-state-fines-over-privacy-policy-merger.

34 Peter Fleischer, "Street View and Privacy," *Google Lat Long*, September 24, 2007, https://maps.googleblog.com/2007/09/street-view-and-privacy.html.

35 Stephen Hutcheon, "We're Not Stalking You or Helping Terrorists, Says Google Earth Boss," *Sydney Morning Herald*, January 30, 2009, http://www.smh.com.au/news/technology/biztech/were-not-stalking-you-or-helping-terrorists-says-google-earthb oss/2009/01/30/1232818692103.html을 참조하라.

36 Jamieson, "Google Will Carry On with Camera Cars"를 참조하라.

37 Kevin J. O'Brien and Claire Cain Miller, "Germany's Complicated Relationship with Google Street View," *New York Times-Bits Blog*, April 23, 2013, http://bits.blogs.nytimes.com/2013/04/23/germanys-complicated-relationship-with-google-street-view.

38 Peter Fleischer, "Data Collected by Google Cars," *Google Europe*, April 27, 2010, https://europe.googleblog.com/2010/04/data-collected-by-google-cars.html.

39 "In the Matter of Google, Inc.: Notice of Apparent Liability for Forfeiture, File No.: EB-10-IH-4055, NAL/Acct. No.: 201232080020, FRNs: 0010119691, 0014720239," Federal Communications Commission, April 13, 2012, 12-13.

40 Kevin J. O'Brien, "Google's Data Collection Angers European Officials," *New York Times*, May 15, 2010, http://www.nytimes.com/2010/05/16/technology/16google.html; "Commissioner's Findings-PIPEDA Report of Findings #2011-001: Report of Findings: Google Inc. WiFi Data Collection-Office of the Privacy Commissioner of Canada," June 6, 2011, https://www.priv.gc.ca/en/opc-actions-and-decisions/investigations/investigations-into-businesses/2011/pipeda-2011-001; CNIL, "Délibération de La Commission Nationale de l'Informatique et Des Libertés Decision No. 2011-035 of the Restricted Committee Imposing a Financial Penalty on the Company Google Inc.," 2011-035 § (2011), https://www.legifrance.gouv.fr/affichCnil.

do?&id=CNILTEXT000023733987; "Final Findings, Dutch Data Protection Authority Investigation into the Collection of Wifi Data by Google Using Street View Cars—Z2010-00582—DDPA Decision," December 7, 2010, https://web.archive.org/web/20130508060039/http://www.dutchdpa.nl/downloads_overig /en_pb_20110811_google_final_findings.pdf; "Investigations of Google Street View"; Kevin J. O'Brien, "Europe Pushes Google to Turn Over Wi-Fi Data," *New York Times*, June 27, 2010, http://www.nytimes.com/2010/06/28/technology/28google.html.

41 "In the Matter of Google, Inc.: Notice of Apparent Liability for Forfeiture"; O'Brien, "Google's Data Collection."

42 EPIC는 웹사이트에 미국과 해외에서 일어난 스트리트 뷰 관련 사건 및 법적 문제제기 결과를 시계열적으로 기록하고 있다. 다음 문헌들을 참조하라. "Investigations of Google Street View"; "Ben Joffe v. Google," *EPIC.org*, 2017, https://epic.org/amicus/google-street-view; "FCC Investigation of Google Street View," *EPIC.org*, 2017, https://www.epic.org/privacy/google/fcc_investigation_of_google_st.html; Mark A. Chavez and Marc Rotenberg, "Brief for Amicus Curiae: Electronic Privacy Information Center in Support of Plaintiffs—In Re Google Street View Electronic Communications Litigation, Case No. 5:10-Md-02184-JW," US District Court for Northern District of California San Jose Division, April 11, 2011, https://epic.org/privacy/streetview /EPICStreetviewAmicus.pdf.

43 Maija Palmer and Lionel Barber, "Google to Hand Over Intercepted Data," *Financial Times*, June 3, 2010, http://www.ft.com/cms/s/2/db664044-6f43-11df-9f43-00144feabdc0.html을 참조하라.

44 "In the Matter of Google, Inc.: Notice of Apparent Liability for Forfeiture."

45 Denis Howe, "Wardriving," *Dictionary.com*, http://www.dictionary.com/browse/wardriving.

46 "In the Matter of Google, Inc.: Notice of Apparent Liability for Forfeiture," 11.

47 "In the Matter of Google, Inc.: Notice of Apparent Liability for Forfeiture," 11-12.

48 David Streitfeld, "Google Concedes That Drive-By Prying Violated Privacy," *New York Times*, March 13, 2013, http://bits.blogs.nytimes.com/2013/03/13/daily-report-google-concedes-that-drive-by-prying-violated-privacy.

49 David Streitfeld, "Google Admits Street View Project Violated Privacy," *New York Times*, March 12, 2013, http://www.nytimes.com/2013/03/13/technology/google-pays-fine-over-street-view-privacy-breach.html.

50 "In the Matter of Google, Inc.: Notice of Apparent Liability for Forfeiture," 11; "Google to Give Governments Street View Data," *New York Times*, June 3, 2010, https://www.nytimes.com/2010/06/04/business/global/04google.html.

51 Alan Eustace, "Creating Stronger Privacy Controls Inside Google," *Google Public Policy Blog*, October 22, 2010, https://publicpolicy.googleblog.com/2010/10/creating-stronger-privacy-controls.html.

52 "Measures (Guidance) Concerning Protection of 'Secrecy of Communication' to Google Inc.," Ministry of Internal Affairs and Communications, November 11, 2011, http://www.soumu.go.jp/menu_news/s-news/01kiban08_02000056.html; "Navigating Controversy: Google Launches Street View Germany," *Spiegel Online*, November 18, 2010, http://www.spiegel.de/international/business/navigating-controversy-google-launches-street-view-germany-a-729793.html; Matt McGee, "Google Street View Debuts in Germany, Blurry Houses Included," *Search Engine Land*, November 1, 2010, http://searchengineland.com/google-street-view-germany-blurry-houses-included-54632.

53 Arne Gerhards, "Fine Imposed upon Google," Hamburg Commissioner for Data Protection and Freedom of Information, April 22, 2013, https://www.datenschutz-hamburg.de/fileadmin/user_upload/documents/PressRelease_2013-04-22_Google-Wifi-Scanning.pdf.

54 Matt McGee, "Google Has Stopped Street View Photography in Germany," *Search Engine Land*, April 10, 2011, http://searchengineland.com/google-has-stopped-street-view-photography-germany-72368.

55 Peter Fleischer, "Street View in Switzerland," *Google Europe*, November 13, 2009, https://europe.googleblog.com/2009/11/street-view-in-switzerland.html; Scott Capper, "Google Faces Court Action Over Street View," *Swissinfo.ch*, November 16, 2009, http://www.swissinfo.ch/eng/business/google-faces-court-action-over-street-view/7656246; Anita Greil and Katharina Bart, "Swiss Court to Rule on Google Street View," *Wall Street Journal*, February 24, 2011, http://www.wsj.com/articles/SB10001424052748703408604576163770758984178; Frank Jordans, "Google Threatens to Shut Down Swiss Street View," *Phys.org*, May 11, 2011, http://phys.org/news/2011-05-google-appeals-street-view-switzerland.html; Kevin J. O'Brien and David Streitfeld, "Swiss Court Orders Modifications to Google Street View," *New York Times*, June 8, 2012, http://www.nytimes.com/2012/06/09/technology/09iht-google09.html; "Google Beefs Up Restricted Swiss Street View," *swissinfo.ch*, May 19, 2015, http://www.swissinfo.ch/eng/society/eagle-eye_google-beefs-up-restricted-swiss-street-view/41439290.

56 그러나 인도는 여전히 스트리트 뷰의 운영을 막고 있고, 오스트리아와 독일의 경우 금지는 해제되었지만 구글 입장에서 볼 때 부과된 요건을 준수하는 데 너무 많은 비용이 들었다. 주요 국가들에서의 금지 내용에 관해서는 다음의 문헌들을 참조하라. "New Developments Regarding Google Street View," Austrian Data Protection Agency, April 4, 2016, http://web.archive.org/web/20160404072538/https://www.dsb.gv.at/site/6733/default.aspx; Helena Smith Athens, "Google Street View Banned from Greece," *Guardian*, May 12, 2009, https://www.theguardian.com/technology/2009/may/12/google-street-view-banned-greece; John Ribeiro, "Google Street View in India Faces Challenges," *PCWorld*, May 26, 2011, http://www.pcworld.com/article/228713/article.html; Danuta Pavilenene, "Google Street View Banned from Lithuanian Streets," *Baltic Course*, May 23,

2012, http://www.baltic-course.com/eng/Technology/?doc=57649.

57 Liz Gannes, "Ten Years of Google Maps, from Slashdot to Ground Truth," *Recode*, February 8, 2015, http://www.recode.net/2015/2/8/11558788/ten-years-of-google-maps-from-slashdot-to-ground-truth.

58 Kashmir Hill, "Google's Privacy Director Is Stepping Down," *Forbes*, April 1, 2013, http://www.forbes.com/sites/kashmirhill/2013/04/01/googles-privacy-director-is-stepping-down/print; ScroogledTruth, *Scroogled-Dr. Alma Whitten (Google's Privacy Engineering Lead) Before Congress*, 2013, https://www.youtube.com/watch?v=vTLEJsunCfI.

59 Steve Lohr and David Streitfeld, "Engineer in Google's Street View Is Identified," *New York Times*, April 30, 2012, http://www.nytimes.com/2012/05/01/technology/engineer-in-googles-street-view-is-identified.html; Farhad Manjoo, "Is It Time to Stop Trusting Google?" *Slate*, May 1, 2012, http://www.slate.com/articles/technology/technology/2012/05/marius_milner_google_wi_fi_snooping_assessing_the_disturbing_fcc_report_on_the_company_s_street_view_program_.html; John V. Hanke et al., A system and method for transporting virtual objects in a parallel reality game, United States US8968099 B1, filed November 1, 2012, and issued March 3, 2015, https://patents.google.com/patent/US8968099B1/en.

60 Alexis C. Madrigal, "How Google Builds Its Maps-and What It Means for the Future of Everything," *Atlantic*, September 6, 2012, http://www.theatlantic.com/technology/archive/2012/09/how-google-builds-its-maps-and-what-it-means-for-the-future-of-everything/261913을 참조하라.

61 Brian McClendon, "Building a Better Map of Europe," *Google Maps*, December 5, 2012, https://maps.googleblog.com/2012/12/building-better-map-of-europe.html.

62 "TIGER Geodatabases," US Census Bureau, 2016, https://www.census.gov/geo/maps-data/data/tiger-geodatabases.html.

63 Madrigal, "How Google Builds Its Maps" (강조는 저자).

64 Gannes, "Ten Years of Google Maps"를 참조하라.

65 Soufi Esmaeilzadeh, "'See Inside' with Google Maps Business View," *Google Lat Long*, December 17, 2014, https://maps.googleblog.com/2014/12/see-inside-with-google-maps-business.html; "Google Street View-What It Takes to Be Trusted," Google Street View, November 10, 2016, https://www.google.com/streetview/earn; "About-Google Maps," Google Maps, November 10, 2016, https://www.google.com/maps/about/partners.

66 James Vincent, "Skybox: Google Maps Goes Real-Time-but Would You Want a Spy in the Sky Staring into Your Letter Box?" *Independent*, June 21, 2014, http://www.independent.co.uk/life-style/gadgets-and-tech/news/skybox-google-maps-goes-real-time-but-would-you-want-a-spy-in-the-sky-staring-into-your-letter-box-9553934.html; "DigitalGlobe Hosts U.S. Secretary of Commerce Pritzker for a

Discussion on Commerce in Colorado | Seeing a Better World™," *DigitalGlobe Blog*, June 25, 2014, http://blog.digitalglobe.com/2014/06/25/digitalglobehostsussecretarypritzk er; Ellen Huet, "Google Buys Skybox Imaging—Not Just for Its Satellites," *Forbes*, June 10, 2014, http://www.forbes.com/sites/ellenhuet/2014/06/10/google-buys-skybox- imaging-not-just-for-its-satellites.

67 Tom Warren, "Google Just Showed Me the Future of Indoor Navigation," *Verge*, February 23, 2016, http://www.theverge.com/2016/2/23/11094020/google-lenovo-project- tango-indoor-navigation.

68 Sophia Lin, "Making of Maps: The Cornerstones," *Google Maps*, September 4, 2014, https://maps.googleblog.com/2014/09/making-of-maps-cornerstones.html.

69 Alistair Barr, "Google Maps Guesses Where You're Headed Now," *Wall Street Journal* (blog), January 13, 2016, http://blogs.wsj.com/digits/2016/01/13/google-maps-guesses- where-youre-headed-now.

70 Akshay Kannan, "Introducing Nearby: A New Way to Discover the Things Around You," *Official Android Blog*, June 9, 2016, https://android.googleblog.com/2016/06/ introducing-nearby-new-way-to-discover.html.

71 Kieren McCarthy, "Delete Google Maps? Go Ahead, Says Google, We'll Still Track You," *Register*, September 12, 2016, http://www.theregister.co.uk/2016/09/12/turn_off_ location_services_go_ahead_says_google_well_still_track_you.

72 John B. Harley, *The New Nature of Maps: Essays in the History of Cartography*, ed. Paul Laxton (Baltimore, MD: Johns Hopkins University Press, 2001), 58-59.

73 Stephen Graves, "Niantic Labs' John Hanke on Alternate Reality Games and the Future of Storytelling," *PC & Tech Authority*, October 13, 2014를 참조하라.

74 David DiSalvo, "The Banning of Google Glass Begins (and They Aren't Even Available Yet)," *Forbes*, March 10, 2013, http://www.forbes.com/sites/daviddisalvo/2013/03/10/ the-ban-on-google-glass-begins-and-they-arent-even-available-yet; David Streitfeld, "Google Glass Picks Up Early Signal: Keep Out," *New York Times*, May 6, 2013, http://www.nytimes.com/2013/05/07/technology/personaltech/google-glass-picks- up-early-signal-keep-out.html.

75 Aaron Smith, "U.S. Views of Technology and the Future," *Pew Research Center: Internet, Science & Tech* (blog), April 17, 2014, http://www.pewinternet.org/2014/04/17/us- views-of-technology-and-the-future.

76 Drew FitzGerald, "Now Google Glass Can Turn You into a Live Broadcast," *Wall Street Journal*, June 24, 2014, http://www.wsj.com/articles/now-google-glass-can-turn-you- into-a-live-broadcast-1403653079.

77 Amir Efrati, "Google Glass Privacy Worries Lawmakers," *Wall Street Journal*, May 17, 2013, http://www.wsj.com/articles/SB1000142412788732476700457848766114348360 72.

78 "We're Graduating from Google[x] Labs," Google, January 15, 2015, https://plus.google. com/app/basic/stream/z124trxirsruxvcdp23otv4qerfwghdhv04.

79 Alistair Barr, "Google Glass Gets a New Name and Hires from Amazon," *Wall Street Journal*, September 16, 2015.

80 Fred O'Connor, "Google is Making Glass 'Ready for Users,' Says Schmidt," *PCWorld*, March 23, 2015, http://www.pcworld.com/article/2900632/google-is-making-glass-ready-for-users-says-schmidt.html; "Looking Ahead for *WhatsApp*," WhatsApp (blog), August 25, 2016, https://blog.whatsapp.com/10000627/Looking-ahead-for-WhatsApp.

81 Alistair Barr, "Google's Tough Search for New Platforms on Display at I/O," *Wall Street Journal*, May 27, 2015, http://www.wsj.com/articles/googles-tough-search-for-new-platforms-on-display-at-i-o-1432748457.

82 Jay Kothari, "A New Chapter for Glass," *Team at X* (blog), July 18, 2017, https://blog. x.company/a-new-chapter-for-glass-c7875d40bf24.

83 아래에 열거하는 기사들이 그 예다. Darrell Etherington, "Google Glass Is Back with Hardware Focused on the Enterprise," *TechCrunch* (blog), July 18, 2017, http://social. techcrunch.com/2017/07/18/google-glass-is-back-with-hardware-focused-on-the-enterprise; Hayley Tsukayama, "Google Will Stop Selling Glass to the General Public, but Google Says the Device Is Not Dead Yet," *Washington Post*, January 15, 2015, https://www. washingtonpost.com/news/the-switch/wp/2015/01/15/google-will-stop-selling-glass-to-the-general-public-but -google-says-the-device-is-not-dead-yet; Brid-Aine Parnell, "NYPD Dons Google Tech Specs: Part Man. Part Machine. All Glasshole," *Register*, February 10, 2014, http://www.theregister.co.uk/2014/02/10/nypd_tests_google_glass.

84 Arnold Roosendaal, "Facebook Tracks and Traces Everyone: Like This!" (SSRN Scholarly Paper, Rochester, NY: Social Science Research Network, November 30, 2010), https:// papers.ssrn.com/abstract=1717563.

85 Jose Antonio Vargas, "The Face of Facebook," *New Yorker*, September 13, 2010, https:// www.newyorker.com/magazine/2010/09/20/the-face-of-facebook.

86 Cynthia Ghazali, "Facebook Keeps Tabs on Users Even After They Sign Off: Report," *NY Daily News*, November 18, 2011, http://www.nydailynews.com/news/money/facebook-tabs-users-sign-report-article-1.979848.

87 Amir Efrati, "'Like' Button Follows Web Users," *Wall Street Journal*, May 18, 2011, https:// www.wsj.com/articles/SB10001424052748704281504576329441432995616. 다음의 문헌들도 참조하라. Emil Protalinski, "Facebook Denies Cookie Tracking Allegations," *ZDNet*, October 3, 2011, https://www.zdnet.com/article/facebook-denies-cookie-tracking-allegations/; Riva Richmond, "As 'Like' Buttons Spread, So Do Facebook's Tentacles," *New York Times*-Bits Blog, September 27, 2011, https://bits.blogs.nytimes.

com/2011/09/27/as-like-buttons-spread-so-do-facebooks-tentacles/; Julia Angwin, "It's Complicated: Facebook's History of Tracking You," *ProPublica*, June 17, 2014, https://www.propublica.org/article/its-complicated-facebooks-history-of-tracking-you; Rainey Reitman, "Facebook's Hotel California: Cross-Site Tracking and the Potential Impact on Digital Privacy Legislation," Electronic Frontier Foundation, October 10, 2011, https://www.eff.org/deeplinks/2011/10/facebook%E2%80%99s-hotel-california-cross-site-tracking-and-potential-impact-digital-privacy.

88 Asher Moses, "Facebook's Privacy Lie: Aussie Exposes 'Tracking' as New Patent Uncovered," *The Sydney Morning Herald*, October 4, 2011, https://www.smh.com.au/technology/facebooks-privacy-lie-aussie-exposes-tracking-as-new-patent-uncovered-20111004-1l61i.html.

89 Moses; Emil Protalinski, "Facebook Denies Cookie Tracking Allegations;" Emil Protalinski, "Facebook Fixes Cookie Behavior After Logging Out," *ZDNet*, September 27, 2011, https://www.zdnet.com/article/facebook-fixes-cookie-behavior-after-logging-out/; Nik Cubrilovic, "Facebook Fixes Logout Issue, Explains Cookies," *New Web Order*, September 27, 2011, https://web.archive.org/web/20140701103652/https://www.nikcub.com/posts/face book-fixes-logout-issue-explains-cookies-2/.

90 Kent Matthew Schoen, Gregory Luc Dingle, and Timothy Kendall, "Communicating information in a social network system about activities from another domain," WO2011097624 A3, 2011년 2월 8일 출원, 2011년 9월 22일 등록, http://www.google.com/patents/WO2011097624A3.

91 Emil Protalinski, "Facebook Denies Patent Is Used for Tracking Logged-out Users," *ZDNet*, October 3, 2011, https://www.zdnet.com/article/facebook-denies-patent-is-used-for-tracking-logged-out-users/. Michael Arrington, "Facebook: Brutal Dishonesty," *Uncrunched (blog)*, October 2, 2011, https://uncrunched.com/2011/10/01/brutal-dishonesty/도 참조하라.

92 쿠브릴로빅이 블로그에 폭로의 글을 올린 지 하루만에 《힐(Hill)》은 페이스북이 정치행동위원회(선거 지원과 로비를 위한 민간단체-옮긴이) 발족 서류를 제출했다고 밝혔다. 우리와 "혁신의 가치를 고취하며 더 개방적이고 서로 연결된" 세계를 만들고자 하는 "목표를 공유하는" 후보를 지지하기 위해서였다. Gautham Nagesh, "Facebook to Form Its Own PAC to Back Political Candidates," *Hill*, September 26, 2011, http://thehill.com/policy/technology/183951-facebook-forming-own-pac-to-back-candidates.

93 "Facebook Settles FTC Charges That It Deceived Consumers by Failing to Keep Privacy Promises," Federal Trade Commission, November 29, 2011, https://www.ftc.gov/news-events/press-releases/2011/11/facebook-settles-ftc-charges-it-deceived-consumers-failing-keep.

94 "FTC Facebook Settlement," Electronic Privacy Information Center, December 2009, https://epic.org/privacy/ftc/facebook/.

95 "Facebook Settles FTC Charges That It Deceived Consumers." Emily Steel and April Dembosky, "Facebook Raises Fears with Ad Tracking," *Financial Times*, September 23, 2012, https://www.ft.com/content/6cc4cf0a-0584-11e2-9ebd-00144feabdc0도 참조하라.

96 "Facebook Custom Audiences: Target Facebook Ads by Email List," *Jon Loomer Digital*, September 24, 2012, https://www.jonloomer.com/2012/09/24/facebook-custom-audiences/.

97 Tom Simonite, "Facebook Will Now Target Ads Based on What Its Like Buttons Saw You Do," *MIT Technology Review*, September 16, 2015, https://www.technologyreview.com/s/541351/facebooks-like-buttons-will-soon-track-your-web-browsing-to-target-ads; Cotton Delo, "Facebook to Use Web Browsing History for Ad Targeting," *AdAge*, June 12, 2014, http://adage.com/article/digital/facebook-web-browsing-history-ad-targeting/293656; Violet Blue, "Facebook Turns User Tracking 'Bug' into Data Mining 'Feature' for Advertisers," *ZDNet*, https://www.zdnet.com/article/facebook-turns-user-tracking-bug-into-data-mining-feature-for-advertisers/.

98 Julia Angwin, "Google Has Quietly Dropped Ban on Personally Identifiable Web Tracking," *ProPublica*, October 21, 2016, https://www.propublica.org/article/google-has-quietly-dropped-ban-on-personally-identifiable-web-tracking; Jack Nicas, "Privacy Groups Seek Regulatory Review of Google Privacy Policy," *Wall Street Journal*, December 19, 2016, http://www.wsj.com/articles/privacy-groups-seek-regulatory-review-of-google-privacy-policy-1482190366.

99 Ross Hunter, Farhad Zaman, and Kennedy Liu, "Global Top 100 Companies by Market Capitalisation," IPO Center, Price Waterhouse Coopers, March 31, 2017, http://www.pwc.com/gx/en/audit-services/assets/pdf/global-top-100-companies-2017-final.pdf; Deborah Crawford et al., "Facebook, Inc.(FB)-Fourth Quarter and Full Year 2016 Results Conference Call," February 1, 2017, https://s21.q4cdn.com/399680738/files/doc_financials/2016/Q4/Q4'16-Earnings-Transcript.pdf.

100 Julia Kollewe, "Google and Facebook Bring in One-Fifth of Global Ad Revenue," Guardian, May 1, 2017, http://www.theguardian.com/media/2017/may/02/google-and-facebook-bring-in-one-fifth-of-global-ad-revenue; Paul Murphy, "It Seems Google and Facebook Really Are Taking ALL the Growth in Ad Revenue," *Financial Times*, April 26, 2017, http://ftalphaville.ft.com/2017/04/26/2187891/it-seems-google-and-facebook-really-are-taking-all-the-growth-in-ad-revenue; Mathew Ingram, "Google and Facebook Have Taken Over the Digital Ad Industry," *Fortune*, January 4, 2017, http://fortune.com/2017/01/04/google-facebook-ad-industry.

101 Kara Swisher, "Microsoft's Point Man on Search-Satya Nadella—Speaks: 'It's a Game of Scale,'" *AllThingsD* (blog), August 4, 2009, http://allthingsd.com/20090804/microsofts-point-man-on-search-satya-nadella-speaks-its-a-game-of-scale.

102 Julie Bort, "Satya Nadella Just Launched Microsoft into a New $1.6 Trillion Market," *Business Insider*, April 15, 2014, http://www.businessinsider.com/microsoft-launches-iot-cloud-2014-4.

103 Satya Nadella, "A Data Culture for Everyone," *Official Microsoft Blog*, April 15, 2014, https://blogs.microsoft.com/blog/2014/04/15/a-data-culture-for-everyone.

104 Richard Qian, "Understand Your World with Bing," *Bing Blogs*, March 21, 2013, http://blogs.bing.com/search/2013/03/21/understand-your-world-with-bing.

105 Dan Farber, "Microsoft's Bing Seeks Enlightenment with Satori," *CNET*, July 30, 2013, https://www.cnet.com/news/microsofts-bing-seeks-enlightenment-with-satori를 참조하라.

106 Greg Sterling, "Milestone: Bing Now Profitable as Windows 10 Success Boosts Usage," *Search Engine Land*, October 23, 2015, http://searchengineland.com/milestone-bing-now-profitable-as-windows-10-success-boosts-usage-234285.

107 Ginny Marvin, "After a Year of Transition, Microsoft xecs Say, 'We're All in on Search,'" *Search Engine Land*, November 23, 2015, http://searchengineland.com/microsoft-execs-all-in-on-search-bing-ads-next-236746.

108 "Cortana and Privacy," Microsoft, November 11, 2016, https://privacy.microsoft.com/en-US/windows-10-cortana-and-privacy.

109 Dan Kedmey, "Here's What Really Makes Microsoft's Cortana So Amazing," *Time*, July 20, 2015, http://time.com/3960670/windows-10-cortana를 참조하라.

110 "Artificial Intelligence: A Virtual Assistant for Life," *Financial Times*, February 23, 2017, https://www.ft.com/content/4f2f97ea-b8ec-11e4-b8e6-00144feab7de.

111 "Microsoft Outlines Intelligence Vision and Announces New Innovations for Windows 10," *Microsoft News Center* (blog), March 30, 2016, https://news.microsoft.com/2016/03/30/microsoft outlines-intelligence-vision-and-announces-new-innovations-for-windows-10.

112 Chris Messina, "Conversational Commerce: Messaging Apps Bring the Point of Sale to You," *Medium*, January 16, 2015, https://medium.com/chris-messina/conversational-commerce-92e0bccfc3ff#.sdpy3xp3b.

113 Shish Shridhar, "We Don't Need Yet Another App, Conversations Are the New App," *Microsoft Developer Blogs*-the ShiSh List, May 21, 2016, https://blogs.msdn.microsoft.com/shishirs/2016/05/21/we-dont-need-yet-another-app-conversations-are-the-new-app.

114 Terry Myerson, "Hello World: Windows 10 Available on July 29," *Windows Experience Blog*, June 1, 2015, https://blogs.windows.com/windowsexperience/2015/06/01/hello-world-windows-10-available-on-july-29.

115 David Auerbach, "Broken Windows Theory," *Slate*, August 3, 2015, http://www.slate.com/articles/technology/bitwise/2015/08/windows_10_privacy_problems_here_s_how_ bad_they_are_and_how_to_plug_them.html.

116 Peter Bright, "Even When Told Not to, Windows 10 Just Can't Stop Talking to Microsoft," *Ars Technica*, August 13, 2015, https://arstechnica.com/information-technology/2015/08/even-when-told-not-to-windows-10-just-cant-stop-talking-to-microsoft.

117 Amul Kalia, "With Windows 10, Microsoft Blatantly Disregards User Choice and Privacy: A Deep Dive," *Electronic Frontier Foundation*, August 17, 2016, https://www.eff.org/deeplinks/2016/08/windows-10-microsoft-blatantly-disregards-user-choice-and-privacy-deep-dive; Conner Forrest, "Windows 10 Violates Your Privacy by Default, Here's How You Can Protect Yourself," *TechRepublic*, August 4, 2015, http://www.techrepublic.com/article/windows-10-violates-your-privacy-by-default-heres-how-you-can-protect-yourself; Alec Meer, "Windows 10 Is Spying on You: Here's How to Stop It," *Rock, Paper, Shotgun* (blog), July 30, 2015, https://www.rockpapershotgun.com/2015/07/30/windows-10-privacy-settings.

118 "About Us—LinkedIn," LinkedIn, November 11, 2016, https://press.linkedin.com/about-linkedin; Satya Nadella et al., "Slides from Microsoft Investors Call Announcing LinkedIn Acquisition—World's Leading Professional Cloud + Network—Microsoft's and LinkedIn's Vision for the Opportunity Ahead," June 13, 2016, https://ncmedia.azureedge.net/ncmedia/2016/06/msft_announce_160613.pdf.

119 Nadella et al., "Slides from Microsoft"

120 Supantha Mukherjee, "Microsoft's Market Value Tops $500 Billion Again After 17 Years," *Reuters*, January 27, 2015, https://www.reuters.com/article/us-microsoft-results-research/microsofts-market-value-tops-500-billion-again-after-17-years-idUSKBN15B1L6.

121 Brian Fung, "Internet Providers Want to Know More About You Than Google Does, Privacy Groups Say," *Washington Post*, January 20, 2016, https://www.washingtonpost.com/news/the-switch/wp/2016/01/20/your-internet-provider-is-turning-into-a-data-hungry-tech-company-consumer-groups-warn.

122 Melissa Parietti, "The World's Top 10 Telecommunications Companies," *Investopedia*, March 2, 2016, http://www.investopedia.com/articles/markets/030216/worlds-top-10-telecommunications-companies.asp; Eric Griffith, "The Fastest ISPs of 2016," *PCMAG*, August 31, 2016, http://www.pcmag.com/article/346232/the-fastest-isps-of-2016.

123 Mark Bergen and Alex Kantrowitz, "Verizon Looks to Target Its Mobile Subscribers with Ads," *Advertising Age*, May 21, 2014, http://adage.com/article/digital/verizon-target-mobile-subscribers-ads/293356을 참조하라.

124 Julia Angwin and Mike Tigas, "How This Company Is Using Zombie Cookies to Track Verizon Customers," *ProPublica*, January 14, 2015, https://www.propublica.org/article/zombie-cookie-the-tracking-cookie-that-you-cant-kill을 참조하라.

125 Robert McMillan, "Verizon's 'Perma-Cookie' Is a Privacy-Killing Machine," *Wired*, October 2014, http://www.wired.com/2014/10/verizons-perma-cookie.

126 Jacob Hoffman-Andrews, "Verizon Injecting Perma-Cookies to Track Mobile Customers, Bypassing Privacy Controls," *Electronic Frontier Foundation*, November 3, 2014, https://www.eff.org/deeplinks/2014/11/verizon-x-uidh.

127 Julia Angwin and Jeff Larson, "Somebody's Already Using Verizon's ID to Track Users," *ProPublica*, October 30, 2014, http://www.propublica.org/article/somebodys-already-using-verizons-id-to-track-users.

128 Jacob Hoffman-Andrews, "How Verizon and Turn Defeat Browser Privacy Protections," *Electronic Frontier Foundation*, January 14, 2015, https://www.eff.org/deeplinks/2015/01/verizon-and-turn-break-browser-privacy-protections.

129 Julia Angwin, "AT&T Stops Using Undeletable Phone Tracking IDs," *ProPublica*, November 14, 2014, http://www.propublica.org/article/att-stops-using-undeletable-phone-tracking-ids; Angwin and Tigas, "How This Company Is Using Zombie Cookies."

130 Angwin and Larson, "Somebody's Already Using Verizon's ID."

131 Jonathan Mayer, "The Turn-Verizon Zombie Cookie," *Web Policy* (blog), January 14, 2015, http://webpolicy.org/2015/01/14/turn-verizon-zombie-cookie; Allison Schiff, "Can You Identify Me Now? A Deep Dive on Verizon's Data Practices," *AdExchanger*, October 9, 2014, http://adexchanger.com/data-exchanges/can-you-identify-me-now-a-deep-dive-on-verizons-data-practices.

132 Jacob Hoffman-Andrews, "Under Senate Pressure, Verizon Plans Supercookie Opt-Out," *Electronic Frontier Foundation*, February 2, 2015, https://www.eff.org/deeplinks/2015/02/under-senate-pressure-verizon-improves-its-supercookie-opt-out.

133 Bill Nelson et al., "Letter to Mr. Lowell C. McAdam, Chairman and CEO of Verizon Communications from United States Senate Committee on Commerce, Science, and Transportation," January 29, 2015, http://thehill.com/sites/default/files/nelson-blumenthal-schatz-markey_letter_to_verizon_re_supercookies.pdf.

134 Brian X. Chen and Natasha Singer, "Verizon Wireless to Allow Complete Opt Out of Mobile 'Supercookies,'" *New York Times-Bits Blog*, January 30, 2015, http://bits.blogs.nytimes.com/2015/01/30/verizon-wireless-to-allow-complete-opt-out-of-mobile-supercookies.

135 다음의 두 글을 참조하라. Edmund Ingham, "Verizon Had One Thing on Its Mind When It Agreed to Buy AOL: CEO Tim Armstrong," *Forbes*, May 13, 2015, http://www.forbes.com/sites/edmundingham/2015/05/13/verizon-had-one-thing-on-its-mind-when-it-agreed-to-buy-aol-ceo-tim-armstrong; Alexander Nazaryan, "How Tim Armstrong Bested Marissa Mayer," *Newsweek*, July 25, 2016, http://www.newsweek.com/marissa-mayer-tim-armstrong-nerd-prom-483539.

136 "Advertising Programs Privacy Notice—October 2015," Verizon, December 7, 2015, http://www.verizon.com/about/privacy/advertising-programs-privacy-notice; Julia Angwin and Jeff Larson, "Verizon's Zombie Cookie Gets New Life," *ProPublica*, October 6, 2015, https://www.propublica.org/article/verizons-zombie-cookie-gets-new-life.

137 Julia Angwin, "Verizon to Pay $1.35 Million to Settle Zombie Cookie Privacy Charges," *ProPublica*, March 7, 2016, https://www.propublica.org/article/verizon-to-pay-1.35-million-to-settle-zombie-cookie-privacy-charges.

138 Mike Shields and Ryan Knutson, "AOL's Tim Armstrong Aims to Build Digital-Ad Empire at Verizon," *Wall Street Journal*, March 30, 2016, http://www.wsj.com/articles/aols-tim-armstrong-aims-to-build-digital-ad-empire-at-verizon-1459330200.

139 Tom Wheeler, "Statement of Chairman Tom Wheeler in Reply to WC Docket No. 16-106—Protecting the Privacy of Customers of Broadband and Other Telecommunications Services," Federal Communications Commission, 2016.

140 Alina Selyukh, "FCC Votes to Propose New Privacy Rules for Internet Service Providers," *NPR.org*, March 31, 2016, http://www.npr.org/sections/thetwo-way/2016/03/31/472528382/fcc-votes-to-propose-new-privacy-rules-for-internet-service-providers.

141 "FCC Adopts Privacy Rules to Give Broadband Consumers Increased Choice, Transparency and Security for Their Personal Data," Federal Communications Commission, October 27, 2016, https://www.fcc.gov/document/fcc-adopts-broadband-consumer-privacy-rules; Wendy Davis, "Broadband Providers Push Back Against Tough Privacy Proposal," *MediaPost*, March 10, 2016, http://www.mediapost.com/publications/article/270983/broadband-providers-push-back-against-tough-privac.html; Brian Fung and Craig Timberg, "The FCC Just Passed Sweeping New Rules to Protect Your Online Privacy," *Washington Post*, October 27, 2016, https://www.washingtonpost.com/news/the-switch/wp/2016/10/27/the-fcc-just-passed-sweeping-new-rules-to-protect-your-online-privacy.

142 Michelle Castillo, "AOL's Tim Armstrong: Yahoo Helps Verizon Compete Against Facebook, Google," *CNBC*, July 25, 2016, http://www.cnbc.com/2016/07/25/aol-ceo-tim-armstrong-yahoo-deal-helps-verizon-against-facebook-google.html.

143 Kara Swisher, "AOL's Tim Armstrong Says 'Scale Is Imperative' in the Verizon-Yahoo Deal," *Recode*, July 25, 2016, http://www.recode.net/2016/7/25/12269980/aol-tim-armstrong-scale-imperative-yahoo-deal을 참조하라.

144 Ingrid Lunden, "AOL CEO on Yahoo Deal: 'We Want to Get to 2B Users,'" *TechCrunch* (blog), July 25, 2016, http://social.techcrunch.com/2016/07/25/aol-ceo-armstrongs-yahoo-memo-well-work-closely-with-marissa.

145 Tom Wheeler, "How the Republicans Sold Your Privacy to Internet Providers," *New York Times,* March 29, 2017, https://www.nytimes.com/2017/03/29/opinion/how-the-republicans-sold-your-privacy-to-internet-providers.html; "Republicans

Attack Internet Privacy," *New York Times*, March 29, 2017, https://www.nytimes.com/2017/03/29/opinion/republicans-attack-internet-privacy.html; Cecilia Kang, "Congress Moves to Overturn Obama-Era Online Privacy Rules," *New York Times*, March 28, 2017, https://www.nytimes.com/2017/03/28/technology/congress-votes-to-overturn-obama-era-online-privacy-rules.html; "The House Just Voted to Wipe Out the FCC's Landmark Internet Privacy Protections," *Washington Post*, March 28, 2017, https://www.washingtonpost.com/news/the-switch/wp/2017/03/28/the-house-just-voted-to-wipe-out-the-fccs-landmark-internet-privacy-protections.

146 Brian Fung, "It's Begun: Internet Providers Are Pushing to Repeal Obama-Era Privacy Rules," *Washington Post*, January 4, 2017, https://www.washingtonpost.com/news/the-switch/wp/2017/01/04/its-begun-cable-companies-are-pushing-to-repeal-obama-era-internet-privacy-rules.

147 Wheeler, "How the Republicans Sold Your Privacy."

148 Jack Marshall, "With Washington's Blessing, Telecom Giants Can Mine Your Web History," *Wall Street Journal*, March 30, 2017, https://www.wsj.com/articles/with-washingtons-blessing-telecom-giants-can-mine-your-web-history-1490869801; Olivia Solon, "What to Know Before Lawmakers Decide if ISPs Can Sell Your Browsing History," *Guardian*, March 28, 2017, https://www.theguardian.com/technology/2017/mar/28/internet-service-providers-sell-browsing-history-house-vote; Bruce Schneier, "Snoops May Soon Be Able to Buy Your Browsing History. Thank the US Congress," *Guardian*, March 30, 2017, http://www.theguardian.com/commentisfree/2017/mar/30/snoops-buy-your-browsing-history-us-congress; Jeremy Gillula, "Five Creepy Things Your ISP Could Do if Congress Repeals the FCC's Privacy Protections," *Electronic Frontier Foundation*, March 19, 2017, https://www.eff.org/deeplinks/2017/03/five-creepy-things-your-isp-could-do-if-congress-repeals-fccs-privacy-protections.

149 Elizabeth Dwoskin, "Lending Startups Look at Borrowers' Phone Usage to Assess Creditworthiness," *Wall Street Journal*, December 1, 2015, http://www.wsj.com/articles/lending-startups-look-at-borrowers-phone-usage-to-assess-creditworthiness-1448933308.

150 Daniel Bjorkegren and Darrell Grissen, "Behavior Revealed in Mobile Phone Usage Predicts Loan Repayment" (SSRN scholarly paper, Social Science Research Network, July 13, 2015), https://papers.ssrn.com/abstract=2611775.

151 Dwoskin, "Lending Startups Look at Borrowers' Phone Usage"를 참조하라.

152 Dwoskin.

153 Caitlin Dewey, "Creepy Startup Will Help Landlords, Employers and Online Dates Strip-Mine Intimate Data from Your Facebook Page," *Washington Post*, June 9, 2016, https://www.washingtonpost.com/news/the-intersect/wp/2016/06/09/creepy-startup-will-help-landlords-employers-and-online-dates-strip-mine-intimate-data-from-your-facebook-page.

154 Frank Pasquale, "The Dark Market for Personal Data," *New York Times*, October 16, 2014, http://www.nytimes.com/2014/10/17/opinion/the-dark-market-for-personal-data. html.

155 "hiQ Labs-Home," hiQ Labs, August 26, 2017, https://www.hiqlabs.com.

156 Christopher Ingraham, "Analysis: Politics Really Is Ruining Thanksgiving, According to Data from 10 Million Cellphones," *Washington Post*, November 15, 2017, https:// www.washingtonpost.com/news/wonk/wp/2017/11/15/politics-really-is-ruining-thanksgiving-according-to-data-from-10-million-cellphones. 여기에 인용된 연구에 관해서는 다음을 참조하라. M. Keith Chen and Ryne Rohla, "Politics Gets Personal: Effects of Political Partisanship and Advertising on Family Ties," *ArXiv:1711.10602 [Economics]*, November 28, 2017, http://arxiv.org/abs/1711.10602.

05 ───

1 Matthew Restall, *Seven Myths of the Spanish Conquest* (Oxford: Oxford University Press, 2004), 19.

2 Felipe Fernández-Armesto, *1492: The Year the World Began* (New York: HarperOne, 2010), 196을 참조하라.

3 John R. Searle, *Making the Social World: The Structure of Human Civilization* (Oxford: Oxford University Press, 2010), 85-86.

4 Searle, *Making the Social World*, 13.

5 Restall, *Seven Myths*, 65.

6 Restall, 19.

7 다음의 글에서 레키리미엔토에 대한 매력적인 분석을 읽을 수 있다. Paja Faudree, "How to Say Things with Wars: Performativity and Discursive Rupture in the *Requerimiento* of the Spanish Conquest," *Journal of Linguistic Anthropology* 22, no. 3 (2012): 182-200.

8 Bartolomé de las Casas, *A Brief Account of the Destruction of the Indies* (Penguin Classics), Kindle 334-38.

9 de las Casas, *A Brief Account*, 329-33.

10 David Hart, "On the Origins of Google," National Science Foundation, August 17, 2004, http://www.nsf.gov/discoveries/disc_summ.jsp?cntn_id=100660&org=NSF.

11 Eric Schmidt and Jared Cohen, *The New Digital Age: Transforming Nations, Businesses, and Our Lives* (New York: Vintage, 2014), 9-10.

12 Mark Muro et al., "Digitalization and the American Workforce," Metropolitan Policy Program, Brookings Institution, November 15, 2017, https://www.brookings.edu/research/digitalization-and-the-american-workforce. 이 보고서에 따르면, 2002년 디

지털화 점수가 1점 상승할 때 동일한 학력을 요구하는 일자리의 연평균 실질 임금이 166.20달러(2016년 물가 기준) 상승한다고 추정했다. 2016년에는 이러한 임금 프리미엄이 292.80달러로 거의 두 배가 되었다. 요컨대 더 높은 수준의 디지털 기술을 보유한 노동자는 학력이 비슷하지만 디지털 기술을 덜 지닌 노동자보다 (다른 모든 것이 동등하다고 전제할 때) 점점 더 높은 임금을 받는다. … 중숙련 일자리 중 다수가 이제는 기본적인 IT 기술, 표준 안전 점검 기술, 전산 수치 제어 장비, 기본 경영관리 소프트웨어, 세일즈포스(Salesforce)나 SAP 등 고객 관계 관리 소프트웨어, 마이크로소프트 엑셀 같은 스프레드시트 프로그램 활용 능력을 요구한다. … 요약하면, 학사 학위 없는 노동자들에게 최고의 경제적 기회 균등을 제공하는 수천만 개의 일자리가 기본적인 디지털 기술을 갖지 못한 노동자들을 점점 더 배제하는 것으로 나타났다. (23-24, 33)

13 Philipp Brandes, Roger Wattenhofer, and Stefan Schmid, "Which Tasks of a Job Are Susceptible to Computerization?" *Bulletin of EATCS 3*, no. 120 (2016), http://bulletin.eatcs.org/index.php/beatcs/article/view/467; Carl Benedikt Frey and Michael Osborne, "The Future of Employment: How Susceptible Are Jobs to Computerisation?" *Technological Forecasting and Social Change* 114 (September 17, 2013): 254-80; Seth G. Benzell et al., "Robots Are Us: Some Economics of Human Replacement" (National Bureau of Economic Research, 2015), http://www.nber.org/papers/w20941; Carl Benedikt Frey, "Doing Capitalism in the Digital Age," *Financial Times*, October 1, 2014, https://www.ft.com/content/293780fc-4245-11e4-9818-00144feabdc0.

14 Frey and Osborne, "The Future of Employment"; Martin Krzywdzinski, "Automation, Skill Requirements and Labour-Use Strategies: High-Wage and Low-Wage Approaches to High-Tech Manufacturing in the Automotive Industry," *New Technology, Work and Employment* 32, no. 3 (2017): 247-67, https://doi.org/10.1111/ntwe.12100; Frey, "Doing Capitalism"; William Lazonick, "Labor in the Twenty-First Century: The Top 0.1% and the Disappearing Middle-Class" (working paper, Institute for New Economic Thinking, February 2015), https://www.ineteconomics.org/research/research-papers/labor-in-the-twenty-first-century-the-top-0-1-and-the-disappearing-middle-class; Dirk Antonczyk, Thomas DeLeire, and Bernd Fitzenberger, "Polarization and Rising Wage Inequality: Comparing the U.S. and Germany" (IZA Discussion Paper, Institute for the Study of Labor, March 2010), https://ideas.repec.org/p/iza/izadps/dp4842.html; Erik Brynjolfsson and Andrew McAfee, *The Second Machine Age: Work, Progress, and Prosperity in a Time of Brilliant Technologies* (New York: W. W. Norton, 2016); Daron Acemoglu and David Autor, "What Does Human Capital Do? A Review of Goldin and Katz's 'The Race Between Education and Technology,'" *Journal of Economic Literature* 50, no. 2 (2012): 426-63; Sang Yoon Lee and Yongseok Shin, "Horizontal and Vertical Polarization: Task-Specific Technological Change in a Multi-Sector Economy" (SSRN Scholarly Paper, Rochester, NY: Social Science Research Network, March 1, 2017), https://papers.ssrn.com/abstract=2941261.

15 Kathleen Thelen, *Varieties of Liberalization and the New Politics of Social Solidarity* (Cambridge: Cambridge University Press, 2014); Olivier Giovannoni, "What Do We Know About the Labor Share and the Profit Share? Part III: Measures and Structural Factors" (working paper, Levy Economics Institute at Bard College, 2014), http://www.levyinstitute.org/publications/what-do-we-know-about-the-labor-share-and-the-profit-share-part-3-measures-and-structural-factors; Francisco Rodriguez and Arjun Jayadev, "The Declining Labor Share of Income," *Journal of Globalization and Development* 3, no. 2 (2013): 1–18; Antonczyk, DeLeire, and Fitzenberger, "Polarization and Rising Wage Inequality"; Duane Swank, "The Political Sources of Labor Market Dualism in Postindustrial Democracies, 1975–2011" (American Political Science Association Annual Meeting, Chicago: Social Science Research Network, 2013), https://papers.ssrn.com/sol3/papers.cfm?abstract_id=2299566; David Jacobs and Lindsey Myers, "Union Strength, Neoliberalism, and Inequality: Contingent Political Analyses of US Income Differences Since 1950," *American Sociological Review* 79 (2014): 752–74; Viki Nellas and Elisabetta Olivieri, "The Change of Job Opportunities: The Role of Computerization and Institutions" (Quaderni DSE Working Paper, University of Bologna & Bank of Italy, 2012), http://papers.ssrn.com/sol3/papers.cfm?abstract_id=1983214; Ian Gough, Anis Ahmad Dani, and Harjan de Haan, "European Welfare States: Explanations and Lessons for Developing Countries," in *Inclusive States: Social Policies and Structural Inequalities* (Washington, DC: World Bank, 2008).

16 Martin R. Gillings, Martin Hilbert, and Darrell J. Kemp, "Information in the Biosphere: Biological and Digital Worlds," *Trends in Ecology and Evolution* 31, no. 3 (2016).

17 Emile Durkheim, *The Division of Labor in Society* (New York: Free Press, 1964), 41.

18 Durkheim, *The Division of Labor*, 60–61.

19 하버드 대학교 법학 교수 존 폴프리(John Palfrey)는 2008년 한 훌륭한 에세이를 통해 전자 감시가 '읽기 전용'이라는 속성을 지닌다고 설명했다. "The Public and the Private at the United States Border with Cyberspace," *Mississippi Law Journal* 78 (2008): 241–94, 특히 249.

20 Frank Pasquale, *The Black Box Society* (Cambridge, MA: Harvard University Press, 2015), 60–61.

21 Martin Hilbert, "Toward a Synthesis of Cognitive Biases: How Noisy Information Processing Can Bias Human Decision Making," *Psychological Bulletin* 138, no. 2 (2012): 211–37, https://doi.org/10.1037/a0025940; Martin Hilbert, "Big Data for Development: From Information-to Knowledge Societies" (United Nations ECLAC Report, Social Science Research Network, 2013), 4, http://papers.ssrn.com/sol3/papers.cfm?abstract_id=2205145; Viktor Mayer-Schönberger and Kenneth Cukier, *Big Data: A Revolution That Will Transform How We Live, Work, and Think* (Boston: Houghton Mifflin arcourt, 2013), 9.

22 Hilbert, "Toward a Synthesis of Cognitive Biases."

23 Paul Borker, "What Is Hyperscale?" *Digital Realty*, February 2, 2018, https://www. digitalrealty.com/blog/what-is-hyperscale; Paul McNamara, "What Is Hyperscale and Why Is It so Important to Enterprises?" http://cloudblog.ericsson.com/digital-services/ what-is-hyperscale-and-why-is-it-so-important-to-enterprises; James Manyika and Michael Chui, "Digital Era Brings Hyperscale Challenges," *Financial Times*, August 13, 2014, http://www.ft.com/intl/cms/s/0/f30051b2-1e36-11e4-bb68-00144feabdc0. html?siteedition=intl#axzz3JjXPNno5; Cade Metz, "Building an AI Chip Saved Google from Building a Dozen New Data Centers," *Wired*, April 5, 2017, https://www.wired. com/2017/04/building-ai-chip-saved-google-building-dozen-new-data-centers.

24 하이퍼스케일 시설이 없는 더 작은 업체들은 클라우드 컴퓨팅 서비스를 활용하여 이 방법을 얼마간 활용한다.

25 Catherine Dong, "The Evolution of Machine Learning," *TechCrunch*, August 8, 2017, http://social.techcrunch.com/2017/08/08/the-evolution-of-machine-learning; Metz, "Building an AI Chip"; "Google Data Center FAQ," *Data Center Knowledge*, March 16, 2017, http://www.datacenterknowledge.com/archives/2017/03/16/google-data-center-faq.

26 ARK Investment Management, "Google: The Full Stack AI Company," *Seeking Alpha*, May 25, 2017, https://seekingalpha.com/article/4076671-google-full-stack-ai-company; Alon Halevy, Peter Norvig, and Fernando Pereira, "The Unreasonable Effectiveness of Data," *Intelligent Systems*, IEEE 24 (2009): 8-12, https://doi.org/10.1109/MIS.2009.36.

27 Tom Krazit, "Google's Urs Hölzle Still Thinks Its Cloud Revenue Will Catch Its Ad Revenue, but Maybe Not by 2020," *GeekWire*, November 15, 2017, https://www. geekwire.com/2017/googles-urs-holzle-still-thinks-cloud-revenue-will-catch-ad-revenue-maybe-not-2020.

28 Norm Jouppi, "Google Supercharges Machine Learning Tasks with TPU Custom Chip," *Google Cloud Platform Blog*, May 18, 2016, https://cloudplatform.googleblog. com/2016/05/Google-supercharges-machine-learning-tasks-with-custom-chip. html; Jeff Dean and Urs Hölzle, "Build and Train Machine Learning Models on Our New Google Cloud TPUs," Google, May 17, 2017, https://blog.google/topics/google-cloud/google-cloud-offer-tpus-machine-learning; Yevgeniy Sverdlik, "Google Ramped Up Data Center Spend in 2016," *Data Center Knowledge*, February 1, 2017, http:// www.datacenterknowledge.com/archives/2017/02/01/google-ramped-data-center-spend-2016; Courtney Flatt, "Google's All-Renewable Energy Plan to Include Data Center in Oregon," *Oregon Public Broadcasting*, December 6, 2016, http://www.opb.org/ news/article/google-says-it-will-consume-only-renewable-energy.

29 Michael Feldman, "Market for Artificial Intelligence Projected to Hit $36 Billion by 2025," *Top500*, August 30, 2016, https://www.top500.org /news/market-for-artificial-intelligence-projected-to-hit-36-billion-by-2025.

30 Kevin McLaughlin and Mike Sullivan, "Google's Relentless AI Appetite," *Information*, January 10, 2017, https://www.theinformation.com/googles-relentless-ai-appetite.

31 Cade Metz, "Tech Giants Are Paying Huge Salaries for Scarce A.I. Talent," *New York Times*, October 22, 2017, https://www.nytimes.com/2017/10/22/technology/artificial-intelligence-experts-salaries.html; "Artificial Intelligence Is the New Black," *Paysa Blog*, April 18, 2017, https://www.paysa.com/blog/2017/04/17/artificial-intelligence-is-the-new-black.

32 Ian Sample, "Big Tech Firms' AI Hiring Frenzy Leads to Brain Drain at UK Universities," *Guardian*, November 2, 2017, http://www.theguardian.com /science/2017/nov/02/big-tech-firms-google-ai-hiring-frenzy-brain-drain-uk-universities.

33 Pedro Domingos, *The Master Algorithm: How the Quest for the Ultimate Learning Machine Will Remake Our World* (New York: Basic, 2015), 12-13; Cade Metz, "Why A.I. Researchers at Google Got Desks Next to the Boss," *New York Times*, February 19, 2018, https://www.nytimes.com/2018/02/19 /technology/ai-researchers-desks-boss.html.

34 Spiros Simitis, "Reviewing Privacy in an Information Society," *University of Pennsylvania Law Review* 135, no. 3 (1987): 710, https://doi.org/10.2307/3312079.

35 Paul M. Schwartz, "The Computer in German and American Constitutional Law: Towards an American Right of Informational Self-Determination," *American Journal of Comparative Law* 37 (1989): 676.

- 2부 -

01

1 Chris Matyszczyk, "The Internet Will Vanish, Says Google's Eric Schmidt," *CNET*, January 22, 2015, http://www.cnet.com/news/the-internet-will-vanish-says-googles-schmidt.

2 Mark Weiser, "The Computer for the 21st Century," *Scientific American*, September 1991.

3 Mark Weiser and John Seely Brown, "The Coming Age of Calm Technology," in *Beyond Calculation* (New York: Springer, 1997), 75-85, https://doi.org/10.1007/978-1-4612-0685-9_6; Weiser, "The Computer for the 21st Century."

4 Janina Bartje, "IoT Analytics the Top 10 IoT Application Areas-Based on Real IoT Projects," *IOT Analytics*, August 16, 2016, https://iot-analytics.com/top-10-iot-project-application-areas-q3-2016.

5 Kevin D. Werbach and Nicolas Cornell, "Contracts Ex Machina" (SSRN Scholarly Paper, Rochester, NY: Social Science Research Network, March 18, 2017), https://papers.ssrn.

com/abstract=2936294.

6   Christy Pettey, "Treating Information as an Asset," *Smarter with Gartner*, February 17, 2016, www.gartner.com/smarterwithgartner/treating-information-as-an-asset (강조는 저자).

7   R. Stuart MacKay, "Bio-medical Telemetry: Sensing and Transmitting Biological Information from Animals and Man," *Quarterly Review of Biology* 44, no. 4 (1969): 18-23.

8   MacKay, "Bio-medical Telemetry."

9   MacKay.

10 Roland Kays et al., "Terrestrial Animal Tracking as an Eye on Life and Planet," *Science* 348, no. 6240 (2015), https://doi.org/10.1126/science.aaa2478.

11 P. Ramesh Kumar, Ch. Srikanth, and K. L. Sailaja, "Location Identification of the Individual Based on Image Metadata," *Procedia Computer Science* 85 (2016): 451-54, https://doi.org/10.1016/j.procs.2016.05.191; Anuradha Vishwakarma et al., "GPS and RFID Based Intelligent Bus Tracking and Management System," *International Research Journal of Engineering and Technology* 3, no. 3 (2016); Nirali Panchal, "GPS Based Vehicle Tracking System and Using Analytics to Improve the Performance," *ResearchGate*, June 2016, https://www.researchgate.net/publication/304129283_GPS_Based_Vehicle_Tracking_System_and_Using_Analytics_to_Improve_The_Performance.

12 Mark Prigg, "Software That Can Track People as They Walk from Camera to Camera," *Mail Online*, November 18, 2014, http://www.dailymail.co.uk/sciencetech/article-2838633/Software-track-people-walk-camera-camera-say-tracked-Boston-bombers-hours.html.

13 Joseph A. Paradiso, "Our Extended Sensoria: How Humans Will Connect with the Internet of Things," *MIT Technology Review*, August 1, 2017, https://www.technologyreview.com/s/608566/our-extended-sensoria-how-humans-will-connect-with-the-internet-of-things.

14 Gershon Dublon and Edwina Portocarrerro, "ListenTree: Audio-Haptic Display in the Natural Environment," 2014, https://smartech.gatech.edu/handle/1853/52083. 15Gershon Dublon et al., "DoppelLab: Tools for Exploring and Harnessing Multimodal Sensor Network Data," in *IEEE* Sensors Proceedings, 2011, 1612-15, http://dspace.mit.edu/handle/1721.1/80402.

16 Gershon Dublon and Joseph A. Paradiso, "Extra Sensory Perception," *Scientific American*, June 17, 2014.

17 Paradiso, "Our Extended Sensoria" (강조는 저자).

18 Dublon and Paradiso, "Extra Sensory Perception."

19 일찍이 무선 통신이 가능한 마이크로칩과 물리적 상품의 결합을 시도하여 '사물 인터넷'이라는 용어를 탄생시키고 MIT 미디어 랩에서 RFID 혁신에 일조했던 전 프록터 앤드

갬블(Procter and Gamble, 피앤지) 브랜드 매니저 케빈 애슈턴(Kevin Ashton)은 미국 정부가 '사물 인터넷'에 대한 포괄적인 전망을 갖고 있지 못하며 민간 기업이 이 분야를 주도하고 있음을 비판했다. Kevin Ashton, "America Last?" *Politico*, June 29, 2015, http://www.politico.com/agenda/story/2015/06/kevin-ashton-internet-of-things-in-the-us-000102를 참조하라.

20 Nick Statt, "What the Volkswagen Scandal Means for the Future of Connected Devices," *Verge*, October 21, 2015, http://www.theverge.com/2015/10/21/9556153/internet-of-things-privacy-paranoia-data-volkswagen-scandal을 참조하라.

21 Matt Weinberger, "Companies Stand to Make a Lot of Money Selling Data from Smart Devices, Says Microsoft," *Business Insider*, December 6, 2015, http://www.businessinsider.com/microsoft azure-internet-of-things-boss-sam-george -interview-2015-12; "Live on a Screen Near You: IoT Slam, a New Virtual Conference for All Things IoT," *Microsoft IoT Blog*, December 9, 2015, https://blogs.microsoft.com/iot/2015/12/09/live-on-a-screen-near-you-iot-slam-a-new-virtual-conference-for-all-things-iot.

22 "The Economy of Things: Extracting New Value from the Internet of Things," *IBM Institute for Business Value*, 2014, http://www-935.ibm.com/services/us/gbs/thoughtleadership/economyofthings.

23 비정형 데이터와 일상생활에서의 그 뿌리에 관한 주목할 만한 논의로, Ioanna D. Constantiou and Jannis Kallinikos, "New Games, New Rules: Big Data and the Changing Context of Strategy," *Journal of Information Technology*, September 9, 2014, 1-14를 참조하라.

24 Bryan Glick, "Executive Interview: Harriet Green, IBM's Internet of Things Chief," *ComputerWeekly*, April 7, 2016, http://www.computerweekly.com/news/450280673/Executive-interview-Harriet-Green-IBMs-internet-of-things-chief.

25 "Dark Data," *Gartner IT Glossary*, May 7, 2013, http://www.gartner.com/it-glossary/dark-data; Isaac Sacolick, "Dark Data-a Business Definition," *Social, Agile, and Transformation*, April 10, 2013, http://blogs.starcio.com/2013/04/dark-data-business-definition.html; Heather Johnson, "Digging Up Dark Data: What Puts IBM at the Forefront of Insight Economy," *SiliconANGLE*, October 30, 2015, https://siliconangle.com/blog/2015/10/30/ibm-is-at-the-forefront-of-insight-economy-ibminsight; Ed Tittel, "The Dangers of Dark Data and How to Minimize Your Exposure," *CIO*, September 24, 2014, https://www.cio.com/article/2686755/data-analytics/the-dangers-of-dark-data-and-how-to-minimize-your-exposure.html; Derek Gascon, "Thwart 'Dark Data' Risk with Data Classification Tools," *SearchCompliance*, July 2014, http://searchcompliance.techtarget.com/answer/Thwart-dark-data-risk-with-data-classification-tools.

26 Glick, "Executive Interview."

27 Hal R. Varian, "Computer Mediated Transactions," *American Economic Review* 100, no. 2

(2010): 1-10, https://doi.org/10.1257/aer.100.2.1.

28 Hal R. Varian, "Beyond Big Data," *Business Economics* 49, no. 1 (2014): 27-31.

29 Varian, "Beyond Big Data," 30.

30 Dan Kraut, "Allstate Mulls Selling Driver Data," *Bloomberg.com*, May 28, 2015, http://www.bloomberg.com/news/articles/2015-05-28/allstate-seeks-to-follow-google-as-ceo-mulls-selling-driver-data를 참조하라.

31 Rachel Ward and Rebecca Lancaster, "The Contribution of Individual Factors to Driving Behaviour: Implications for Managing Work-Related Road Safety" (research report, Doherty Innovation Centre, Midlothian, UK, 2002), http://www.hse.gov.uk/research/rrhtm/rr020.htm.

32 "Insurers Need to Plug into the Internet of Things-or Risk Falling Behind," McKinsey, January 8, 2017, http://www.mckinsey.com/industries/financial-services/our-insights/insurers-need-to-plug-into-the-internet-of-things-or-risk-falling-behind.

33 "Overcoming Speed Bumps on the Road to Telematics," Deloitte University Press, April 21, 2014, https://dupress.deloitte.com/dup-us-en/industry/insurance/telematics-in-auto-insurance.html.

34 "Overcoming Speed Bumps on the Road to Telematics."

35 Leslie Scism, "State Farm Is There: As You Drive," *Wall Street Journal*, August 5, 2013.

36 "Insurers Need to Plug into the Internet of Things."

37 Joseph Reifel, Alyssa Pei, Neeti Bhardwaj, and Shamik Lala, "The Internet of Things: Opportunity for Insurers," ATKearney, 2014, https://www.atkearney.co.uk/documents/10192/5320720/internet+of+Things+-+Opportunity+for+Insurers.pdf/4654e400-958a-40d5-bb65-1cc7ae64bc72.

38 Steve Johansson, "Spireon Reaches 2.4 Million Subscribers, Becoming Industry's Largest Aftermarket Vehicle Telematics Company," *BusinessWire*, August 17, 2015, http://www.businesswire.com/news/home/20150817005365/en/Spireon-Reaches-2.4-Million-Subscribers-Industry%E2%80%99s-Largest.

39 Rebecca Kates, "Geotab Launches a World Leading Driver Safety Telematics Solution That Speaks to the Driver Inside the Vehicle," Geotab, September 10, 2015, https://www.geotab.com/press-release/geotab-launches-driver-safety-telematics-solution-that-speaks-to-the-driver-inside-the-vehicle.

40 Brad Jarvis et al., Insurance rate optimization through driver behavior monitoring, US20150006207 A1, published January 2015, https://patents.google.com/patent/US20150006207A1/en.

41 Brad Jarvis et al., Operator benefits and rewards through sensory tracking of a vehicle, US20150019270 A1, published January 2015, 2015, http://www.google.com/patents/US20150019270.

42 Joao Lima, "Insurers Look Beyond Connected Cars for IOT Driven Business Boom,"

Computer Business Review, December 9, 2015, http://www.cbronline.com/news/internet-of-things/insurers-look-beyond-connected-cars-for-iot-driven-business-boom-4748866.

43 Sam Ramji, "Looking Beyond the Internet of Things Hype: Here's What's in Store," *VentureBeat*, March 28, 2014, http://venturebeat.com/2014/03/28/looking-beyond-the-internet-of-things-hype-heres-whats-in-store.

44 "Overcoming Speed Bumps on the Road to Telematics."

45 Corin Nat, "Think Outside the Box—Motivate Drivers Through Gamification," Spireon, August 11, 2015, https://web.archive.org/web/20150811014300/spireon.com/motivate-drivers-through-gamification; "Triad Isotopes," 2017, http://www.triadisotopes.com.

46 "Overcoming Speed Bumps on the Road to Telematics."

47 Byron Pope, "Experts Examine Auto Telematics' Pitfalls, Potential," *Ward's Auto*, June 20, 2013, http://wardsauto.com/technology/experts-examine-auto-telematics-pitfalls-potential을 참조하라.

48 "Analytics Trends 2016, the Next Evolution," Deloitte, 2016, https://www2.deloitte.com/us/en/pages/deloitte-analytics/articles/analytics-trends.html.

49 "Insurers Need to Plug into the Internet of Things"; "Navigating the Challenges and Opportunities in Financial Services," Deloitte Touche, 2015, https://www2.deloitte.com/content/dam/Deloitte/au/Documents/financial-services/deloitte-au-fs-fsi-outlook-focus-2015-090215.pdf.

50 "Dell Services Have Launched a New Internet of Things Insurance Accelerator," Dell, November 17, 2015, http://www.dell.com/learn/al/en/alcorp1/press-releases/2015-11-17-dell-services-launch-of-internet-of-things; "Microsoft and American Family Insurance Launch Startup Accelerator Focused on Home Automation," *Microsoft News Center*, June 17, 2014, https://news.microsoft.com/2014/06/17/microsoft-and-american-family-insurance-launch-startup-accelerator-focused-on-home-automation.

51 Gabe Nelson, "Who Owns the Dashboard? Apple, Google or the Automakers?" *Advertising Age*, December 15, 2014, http://adage.com/article/digital/owns-dashboard-apple-google-automakers/296200.

52 "Google Looks to Partner with Insurance Companies in France," *Fortune*, September 13, 2016, http://fortune.com/2016/09/13/google-france-insurance-partners.

53 Varian, "Beyond Big Data," 30 (강조는 저자).

54 Varian.

55 Herman Kahn and Anthony J. Wiener, *The Year 2000* (New York: Macmillan, 1967).

56 Kahn and Wiener, *The Year 2000*, 97-98.

57 Kahn and Wiener, 410-11.

58 Paul T. David and William R. Ewald, "The Study of the Future," *Public Administration*

Review 28, no. 2 (1968): 187-93, https://doi.org/10.2307/974089.

59 Neil P. Hurley, "The Future and the Nearsighted Faust," *Review of Politics* 30, no.4 (1968): 521-23.

60 Langdon Winner, *Autonomous Technology: Technics-out-of-Control as a Theme in Political Thought* (Cambridge, MA: MIT Press, 1978), 7-8.

61 Dublon and Paradiso, "Extra Sensory Perception," 37-44.

62 Frank E. Manuel and Fritzie P. Manuel, *Utopian Thought in the Western World* (Cambridge, MA: Belknap Press, 1979), 6.

63 Krishan Kumar, *Utopia and Anti-utopia in Modern Times* (Oxford: Blackwell, 1991); Andrzej Walicki, *Marxism and the Leap to the Kingdom of Freedom: The Rise and Fall of the Communist Utopia* (Stanford, CA: Stanford University Press, 1997); Gregory Claeys, *Searching for Utopia: The History of an Idea* (New York: Thames & Hudson, 2011); Roland Schaer, Gregory Claeys, and Lyman Tower Sargent, *Utopia: The Search for Ideal Society in the Western World* (New York: Oxford University Press, 2000); Perry Anderson, *Arguments Within English Marxism*, 2nd ed. (London: Verso, 1980).

64 1867년《자본론(Capital)》초판 서문에서 마르크스는 자본주의적 생산의 자연법칙이 낳은 사회적 적대감의 정도가 문제가 아니라 이 법칙 자체가 본질적인 문제라고 말한다. 즉 불가피한 결과를 향해 혹독하게 작동하는 경향성이 문제다. 산업이 더 발전된 국가는 단지 덜 발전된 국가들에게 그들의 미래를 보여줄 뿐이다. Karl Marx and Ernest Mandel, *Capital*, vol. 1, trans. Ben Fowkes (New York: Penguin, 1990), 91을 참조하라.

65 Manuel and Manuel, *Utopian Thought*, 3-4.

66 Eric Schmidt and Jared Cohen, T*he New Digital Age: Transforming Nations, Businesses, and Our Lives* (New York: Vintage, 2014), 5.

67 Schmidt and Cohen, *The New Digital Age*, 253-54.

68 Dublon and Paradiso, "Extra Sensory Perception."

69 John Steinbeck, *The Grapes of Wrath* (New York: Viking, 1939).

70 Winner, *Autonomous Technology*, 6.

71 Langdon Winner, "Do Artifacts Have Politics?" *Daedalus* 109, no. 1 (1980): 99.

72 이와 관련된 훌륭한 논의를 다음 글에서 볼 수 있다. Alasdair Morrison, "Uses of Utopia," in *Utopias*, ed. Peter Alexander and Roger Gill (La Salle, IL: Open Court, 1983), 149-50.

73 "Digital Transformation Map," Cisco, August 3, 2018, https://www.cisco.com/c/m/en_us/solutions/industries/smart-connected-communities/digital -transformation-map.html; and Anil Menon, "Announcing Cisco Kinetic for Cities," *Cisco Blogs*, October 4, 2017, https://blogs.cisco.com/news/announcing-kinetic-for-cities (강조는 저자).

74 "Titan and Control Group Become Intersection," *PR Newswire*, September 16, 2015, http://www.prnewswire.com/news-releases/titan-and-control-group-become-intersection-300144002.html. 사이드워크는 키오스크 개발 및 관리를 위해 인터섹션 (Intersection)을 인수했다. 인터섹션은 도시를 위한 테크놀로지 전문 기업인 컨트롤

(Control)과 광고 미디어 기업 타이탄(Titan)의 합병으로 만들어진 회사다. 인터섹션은 스스로를 "현대 사회의 문제를 해결하려는 도시와 협력해 도시에서의 경험을 재창조하고, 더 연결성이 높고 살기 좋으며 번창하는 도시를 창조하는 테크놀로지 및 미디어 회사"라고 소개하며, "컨트롤 그룹의 탁월한 엔지니어링 및 디자인 역량을 활용할 것이다. 그들은 도시 환경에서 디지털 테크놀로지를 현실 세계 사용자 경험과 병합하는 일을 십년 넘게 해왔다. 또한 타이탄은 미국 최대의 지방자치단체 및 운송수단용 미디어 회사 중 하나이자 디지털 옥외광고업계의 선두주자다."

75 Conor Dougherty, "Cities to Untangle Traffic Snarls, with Help from Alphabet Unit," *New York Times*, March 17, 2016, http://www.nytimes.com/2016/03/18/technology/cities-to-untangle-traffic-snarls-with-help-from-alphabet-unit.html.

76 "Sidewalk Labs | Team—Alphabet," Sidewalk Labs, October 2, 2017, https://www.sidewalklabs.com/team.

77 Dougherty, "Cities to Untangle."

78 Dougherty를 참조하라.

79 Diana Budds, "How Google Is Turning Cities into R&D Labs," *Co.Design*, February 22, 2016, https://www.fastcodesign.com/3056964/design-moves/how-google-is-turning-cities-into-rd-labs를 참조하라.

80 Mark Harris, "Secretive Alphabet Division Aims to Fix Public Transit in US by Shifting Control to Google," *Guardian,* June 27, 2016, http://www.theguardian.com/technology/2016/jun/27/google-flow-sidewalk-labs-columbus-ohio-parking-transit.

81 *Google City: How the Tech Juggernaut Is Reimagining Cities—Faster Than You Realize*, 2016, https://www.youtube.com/watch?v=JXN9QHHD8eA.

82 *Google City.*

83 *Google City.*

84 Budds, "How Google Is Turning Cities into R&D Labs"를 참조하라.

85 Jessica E. Lessin, "Alphabet's Sidewalk Preps Proposal for Digital District," *Information*, April 14, 2016, https://www.theinformation.com/sidewalk-labs-preps-proposal-for-digital-district.

86 Eliot Brown, "Alphabet's Next Big Thing: Building a 'Smart' City," *Wall Street Journal*, April 27, 2016, http://www.wsj.com/articles/alphabets-next-big-thing-building-a-smart-city-1461688156.

87 Shane Dingman, "With Toronto, Alphabet Looks to Revolutionize City-Building," *Globe and Mail*, October 17, 2017, https://beta.theglobeandmail.com/report-on-business/with-toronto-alphabet-looks-to-revolutionize-city-build ing/article36634779.

1 Jan Wolfe, "Roomba Vacuum Maker iRobot Betting Big on the 'Smart' Home," *Reuters*, July 28, 2017, https://www.reuters.com/article/irobot-strategy/roomba-vacuum-maker-irobot-betting-big-on-the-smart-home-idUSL1N1KJ1BA; Melissa Wen, "iRobot Shares Surge on Strong Sales of Roomba Vacuum Cleaners," *Reuters*, July 26, 2017, https://www.reuters.com/article/us-irobot-stocks/irobot-shares-surge-on-strong-sales-of-roomba-vacuum-cleaners-idUSKBN1AB2QW.

2 Wolfe, "Roomba Vacuum Maker iRobot Betting Big."

3 Lance Ulanoff, "iRobot CEO Says the Company Won't Share Your Roomba Home Mapping Data Without Your OK," *Mashable*, July 25, 2017, http://mashable.com/2017/07/25/irobot-wants-to-sell-home-mapping-data.

4 "iRobot HOME," Google Play Store, August 12, 2018, https://play.google.com/store/apps/details?id=com.irobot.home&hl=en. Alex Hern, "Roomba Maker May Share Maps of Users' Homes with Google, Amazon or Apple," *Guardian*, July 25, 2017, http://www.theguardian.com/technology/2017/jul/25/roomba-maker-could-share-maps-users-homes-google-amazon-apple-irobot-robot-vacuum도 참조하라.

5 "How It Works | Smart Bed Technology & Sleep Tracking | It Bed," SleepNumber.com, October 6, 2017, https://itbed.sleepnumber.com/how-it-works.

6 "Sleep Number Privacy Policy," SleepNumber.com, September 18, 2017, https://www.sleepnumber.com/sn/en/privacy-policy.

7 Guido Noto La Diega and Ian Walden, "Contracting for the 'Internet of Things': Looking into the Nest" (research paper, Queen Mary University of London, School of Law, 2016).

8 Jonathan A. Obar and Anne Oeldorf-Hirsch, "The Biggest Lie on the Internet: Ignoring the Privacy Policies and Terms of Service Policies of Social Networking Services," in *Facebook/Social Media* 2 (TPRC 44: The 44th Research Conference on Communication, Information and Internet Policy, Arlington, VA: Social Science Research Network, 2016), https://papers.ssrn.com/abstract=2757465.

9 이 주제를 디지털 상품에 적용한 더 광범위한 논의를 살펴보려면, Aaron Perzanowski and Chris Hoofnagle, "What We Buy When We 'Buy Now'" (SSRN scholarly paper, Social Science Research Network, May 13, 2016), https://papers.ssrn.com/abstract=2778072를 참조하라.

10 Michelle Locke, "Ready for Liquor Bottles Smart Enough to Talk Smart Phones?" *Phys.org*, May 21, 2015, http://phys.org/news/2015-05-ready-liquor-bottles-smart.html; Joseph Cox, "This Rectal Thermometer Is the Logical Conclusion of the Internet of Things," *Motherboard*, January 14, 2016, http://motherboard.vice.com/read/this-rectal-thermometer-is-the-logical-conclusion-of-the-internet-of-things.

11 Shona Ghosh, "How Absolut Vodka Will Use the Internet of Things to Sell More Than 'Static

Pieces of Glass,'" *Campaign US*, August 6, 2015, http://www.campaignlive.com/article/absolut-vodka-will-use-internet-things-sell-static-pieces-glass/1359074.

12 Locke, "Ready for Liquor Bottles Smart Enough to Talk?"를 참조하라.

13 "Global Smart Homes Market 2018 by Evolving Technology, Projections & Estimations, Business Competitors, Cost Structure, Key Companies and Forecast to 2023," *Reuters*, February 19, 2018, https://www.reuters.com/brandfeatures/venture-capital/article?id=28096.

14 "Sproutling Wearable Baby Monitor," Mattel, December 8, 2017, http://fisher-price.mattel.com/shop/en-us/fp/sproutling-sleep-wearable-fnf59.

15 Perzanowski and Hoofnagle, "What We Buy"를 참조하라.

16 Amie Thuener, "Letter to SEC from Google Finance Director Re: Google Inc," Securities and Exchange Commission, January 29, 2013, https://www.sec.gov/Archives/edgar/data/1288776/000128877613000074/filename1.htm.

17 Stacey Higginbotham, "Qualcomm Has Devised New Technology That Can Help Unlock Your Smartphone Using Iris Scans," *MIT Technology Review*, March 29, 2017, https://www.technologyreview.com/s/603964/qualcomm-wants-your-smartphone-to-have-energy-efficiet-eyes를 참조하라.

18 Ben S. Cook et al., "Only Skin Deep," *IEEE Microwave Magazine*, May 2013. 이러한 스마트 스킨은 "원거리 작동이 가능하고 전체에 인쇄 작업을 할 수 있으며 칩이 없고 유연하며 저비용이어서, 스마트 스킨과 사물 인터넷에서의 유비쿼터스 애플리케이션을 위한 1세대 무선 센서 출현의 기초를 닦을 만한" 혁신이다.

19 J. G. D. Hester and M. M. Tentzeris, "Inkjet-Printed Van-Atta Reflectarray Sensors: A New Paradigm for Long-Range Chipless Low Cost Ubiquitous Smart Skin Sensors of the Internet of Things," in *2016 IEEE MTT-S International Microwave Symposium (IMS)*, 2016, 1-4, https://doi.org/10.1109/MWSYM.2016.7540412.

20 Cook et al., "Only Skin Deep."

21 Michael Galvin, "Attract Customers with Beacons, Geotagging & Geofencing," *New Perspective*, March 21, 2016, http://www.npws.net/blog/attract-customers-with-beacons-geotagging-geofencing.

22 Joseph Turow, *The Aisles Have Eyes: How Retailers Track Your Shopping, Strip Your Privacy, and Define Your Power* (New Haven, CT: Yale University Press, 2017)는 현재 소매업에서 활용되고 있는 여러 감시 프로세스에 대해 가장 포괄적인 설명을 제공한다.

23 Jimm Fox, "Life-Pattern Marketing and Geo Targeting," *One Market Media*, March 26, 2009, http://onemarketmedia.com/2009/03/26/life-pattern-marketing-and-geo-targetting.

24 Galvin, "Attract Customers with Beacons."

25 Monte Zweben, "Life-Pattern Marketing: Intercept People in Their Daily Routines," *SeeSaw Networks*, March 2009.

26 Monica Anderson, "6 Facts About Americans and Their Smartphones," *PewResearchCenter*, April 1, 2015, http://www.pewresearch.org/fact-tank/2015/04/01/6-facts-about-americans-and-their-smartphones; "Most Smartphone Owners Use Location-Based Services—EMarketer," *eMarketer*, April 22, 2016, https://www.emarketer.com/Article/Most-Smartphone-Owners-Use-Location-Based-Services/1013863; Chris Smith, "Why Location Data Is One of the Most Coveted Details Apps Collect About You," *BGR*, March 25, 2015, http://bgr.com/2015/03/25/smartphone-app-location-data.

27 Hazim Almuhimedi et al., "Your Location Has Been Shared 5,398 Times! A Field Study on Mobile App Privacy Nudging," in *Proceedings of the 33rd Annual ACM Conference on Human Factors in Computing Systems*, CHI '15 (New York: ACM, 2015), 787-96, https://doi.org/10.1145/2702123.2702210.

28 Tim Moynihan, "Apps Snoop on Your Location Way More Than You Think," *Wired*, March 25, 2015, https://www.wired.com/2015/03/apps-snoop-location-way-think.

29 Byron Spice, "Study Shows People Act to Protect Privacy When Told How Often Phone Apps Share Personal Information," *Carnegie Mellon University News*, March 23, 2015, https://www.cmu.edu/news/stories/archives/2015/march/privacy-nudge.html.

30 Russell Brandom, "Police Are Filing Warrants for Android's Vast Store of Location Data," *Verge*, June 1, 2016, http://www.theverge.com/2016/6/1/11824118/google-android-location-data-police-warrants.

31 Keith Collins, "Google Collects Android Users' Locations Even When Location Services Are Disabled," *Quartz*, November 21, 2017, https://qz.com/1131515/google-collects-android-users-locations-even-when-location-services-are-disabled.

32 Gerard Sans, "Your Timeline: Revisiting the World That You've Explored," *Google Lat Long*, July 21, 2015, https://maps.googleblog.com/2015/07/your-timeline-revisiting-world-that.html; Nathan Ingraham, "Google Knows Where You've Been, and Your Timeline for Maps Shows You," *Verge*, July 21, 2015, http://www.theverge.com/2015/7/21/9012035/google-your-timeline-location-history.

33 여기에 탈익명화에 관한 몇몇 문헌을 소개한다. 1997년 데이터 프라이버시를 연구하는 라타냐 스위니(Latanya Sweeney) 교수는 공개되어 있는 인구 등록 자료(예를 들면 유권자 명단)를 이용해 이름, 주소, 사회보장번호 등 명시적인 식별 정보가 삭제된 의료 정보에서 매사추세츠 윌리엄 웰드 주지사의 의료기록을 식별해낼 수 있음을 입증한 것으로 잘 알려져 있다. Latanya Sweeney, "Statement of Latanya Sweeney, PhD Before the Privacy and Integrity Advisory Committee of the Department of Homeland Security-'Privacy Technologies for Homeland Security,'" US Department of Homeland Security, June 15, 2005, https://www.dhs.gov/xlibrary/assets/privacy/privacy_advcom_06-2005_testimony_sweeney.pdf; Latanya Sweeney, "Only You, Your Doctor, and Many Others May Know," *Technology Science*, September 29, 2015, https://techscience.org/a/2015092903; Latanya Sweeney, "Matching a Person to a Social Security Number," *Data Privacy Lab*,

October 13, 2017, https://dataprivacylab.org/dataprivacy/projects/ssnwatch/index.html; Sean Hooley and Latanya Sweeney, "Survey of Publicly Available State Health Databases—Data Privacy Lab, IQSS," Harvard University, 2013; Yves-Alexandre de Montjoye et al., "Unique in the Shopping Mall: On the Reidentifiability of Credit Card Metadata," *Science* 347, no. 6221 (2015): 536-39, https://doi.org/10.1126/science.1256297; Jessica Su, Ansh Shukla, Sharad Goel, and Arvind Narayanan, "De-Anonymizing Web Browsing Data with Social Networks," in *26th International Conference on World Wide Web Pages* (Perth, Australia: ACM, 2017), 1261-69, https://doi.org/10.1145/3038912.3052714를 참조하라.

34 Paul Ohm, "Broken Promises of Privacy: Responding to the Surprising Failure of Anonymization," *UCLA Law Review* 57 (August 2010): 1701.

35 de Montjoye et al., "Unique in the Shopping Mall." 다음의 문헌들도 참조하라. Yves-Alexandre de Montjoye, "Computational Privacy: Towards Privacy-Conscientious Uses of Metadata," Massachusetts Institute of Technology, 2015, http://dspace.mit.edu/handle/1721.1/101850; Nicholas D. Lane et al., "On the Feasibility of User De-Anonymization from Shared Mobile Sensor Data," in *Proceedings of the Third International Workshop on Sensing Applications on Mobile Phones: PhoneSense '12*, 2012, http://dl.acm.org/citation.cfm?id=2389148.

36 Christina DesMarais, "This Smartphone Tracking Tech Will Give You the Creeps," *PCWorld*, May 22, 2012, http://www.pcworld.com/article/255802/new_ways_to_track_you_via_your_mobile_devices_big_brother_or_good_business_.html. "Smartphones—Diagram of Sensors," *Broadcom.com*, February 22, 2018, https://www.broadcom.com/applications/wireless/smart-phones도 참조하라.

37 Arvind Narayanan and Edward W. Felten, "No Silver Bullet: De-identification Still Doesn't Work," July 9, 2014, http://randomwalker.info/publications/no-silver-bullet-de-identification.pdf.

38 Hal Hodson, "Baidu Uses Millions of Users' Location Data to Make Predictions," *New Scientist*, July 20, 2016, https://www.newscientist.com/article/2098206-baidu-uses-millions-of-users-location-data-to-make-predictions.

39 2015년, 미국 성인 2,950만 명이 착용형 기기—대개는 언더 아머(Under Armour) 등의 피트니스 트래커와 스마트워치—를 사용했는데, 이는 2014년에 비해 57.7퍼센트 증가한 것이다. 다음의 문헌들을 참조하라. Mary Ellen Berglund, Julia Duvall, and Lucy E. Dunne, "A Survey of the Historical Scope and Current Trends of Wearable Technology Applications," in *Proceedings of the 2016 ACM International Symposium on Wearable Computers*, ISWC '16 (New York: ACM, 2016), 40-43, https://doi.org/10.1145/2971763.2971796; Kate Kaye, "FTC: Fitness Apps Can Help You Shred Calories—and Privacy," *Advertising Age*, May 7, 2014, http://adage.com/article/privacy-and-regulation/ftc-signals-focus-health-fitness-data-privacy/293080.

40 Michelle De Mooy and Shelten Yuen, "Towards Privacy-Aware Research and Development in Wearable Health," *Hawaii International Conference on System Sciences 2017 (HICSS-50)*, January 4, 2017, http://aisel.aisnet.org/hicss-50/hc/security_for_healthcare/4.

41 Sarah Perez, "Google and Levi's 'Connected' Jacket That Lets You Answer Calls, Use Maps and More Is Going on Sale," *TechCrunch*, September 25, 2017, http://social.techcrunch.com/2017/09/25/google-and-levis-connected-jacket-that-lets-you-answer-calls-use-maps-and-more-goes-on-sale.

42 최신 문헌을 몇 가지만 소개하자면 다음과 같다. Ya-Li Zheng et al., "Unobtrusive Sensing and Wearable Devices for Health Informatics," *IEEE Transactions on Biomedical Engineering* 61, no. 5 (2014): 1538-54, https://doi.org/10.1109/TBME.2014.2309951; Claire Furino et al., "Synthetic Skin-Like Sensing in Wearable Garments," *Rutgers Governor's School of Engineering and Technology Research Journal*, July 16, 2016, http://www.soe.rutgers.edu/sites/default/files/imce/pdfs/gset-2016/synth%20skin.pdf; Preeti Kumari, Lini Mathew, and Poonam Syal, "Increasing Trend of Wearables and Multimodal Interface for Human Activity Monitoring: A Review," *Biosensors and Bioelectronics* 90, Supplement C (April 15, 2017): 298-307, https://doi.org/10.1016/j.bios.2016.12.001; Arpan Pal, Arijit Mukherjee, and Swarnava Dey, "Future of Healthcare-Sensor Data-Driven Prognosis," in *Wireless World in 2050 and Beyond: A Window into the Future!* Springer Series in Wireless Technology (Cham, Switzerland: Springer, 2016), 93-109, https://doi.org/10.1007/978-3-319-42141-4_9.

43 "Ovum Report: The Future of E-Commerce—the Road to 2026," *Criteo*, 2015, http://www.criteo.com/resources/ovum-future-ecommerce.

44 C. S. Pattichis et al., "Wireless Telemedicine Systems: An Overview," *IEEE Antennas and Propagation Magazine* 44, no. 2 (2002): 143-53.

45 A. Solanas et al., "Smart Health: A Context-Aware Health Paradigm Within Smart Cities" *IEEE Communications Magazine* 52, no. 8 (2014): 74-81, https://doi.org/10.1109/MCOM.2014.6871673.

46 Subhas Chandra Mukhopadhyay, "Wearable Sensors for Human Activity Monitoring: A Review," *IEEE Sensors Journal* 15, no. 3 (2015): 1321-30, https://doi.org/10.1109/JSEN.2014.2370945; Stephen S. Intille, Jonathan Lester, James F. Sallis, and Glen Duncan, "New Horizons in Sensor Development," *Medicine & Science* in *Sports & Exercise* 44 (January 2012): S24-31, https://doi.org/10.1249/MSS.0b013e3182399c7d; P. Castillejo, J. F. Martínez, J. Rodríguez-Molina, and A. Cuerva, "Integration of Wearable Devices in a Wireless Sensor Network for an E-health Application," *IEEE Wireless Communications* 20, no. 4 (2013): 38-49; J. Cheng, O. Amft, G. Bahle, and P. Lukowicz, "Designing Sensitive Wearable Capacitive Sensors for Activity Recognition," *IEEE Sensors Journal* 13, no. 10 (2013): 3935-47; D. De Rossi and P. Veltink, "Wearable Technology for Biomechanics: E-Textile or Micromechanical Sensors?" *IEEE Engineering in Medicine* *and Biology Magazine*, May 20, 2010, 37-43.

47 2012년 퓨 리서치의 조사에 따르면 미국인의 53퍼센트가 스마트폰을 소유하고 있으며, 그중 20퍼센트가 적어도 하나 이상의 건강 관련 앱을 다운로드했다. 2015년 조사에서는 미국인의 71퍼센트가 스마트폰이나 다른 무선 기기를 소유하고 있으며, 그중 32퍼센트가 하나 이상의 건강 관련 앱을 다운로드한 것으로 나타났다. 이러한 앱은 "언제 어디서나' 모니터링, 진단, 처방 받기를 원하는 대중의 욕구'를 충족시킨다. 이에 관해 Susannah Fox and Maeve Duggan, "Mobile Health 2012," *Pew Research Center: Internet, Science & Tech*, November 8, 2012, http://www.pewinternet.org/2012/11/08/mobile-health-2012; Mark Brohan, "Mobile Will Be a Top Health Industry Trend in 2016," *MobileStrategies360*, December 11, 2015, https://web-beta.archive.org/web/20160403231014/https://www.mobilestrategies360.com/2015/12/11/mobile-will-be-top-health-industry-trend-2016을 참조하라. 《포브스》는 이 조사 결과를 접한 업계의 흥분을 다음과 같이 보도했다. "대규모 제약회사들은 수백 개의 모바일 앱을 출시하고 있으며 … 기업들은 직원 의료보험에 드는 비용을 절감하는 데 모바일을 활용한다." Jennifer Elias, "In 2016, Users Will Trust Health Apps More Than Their Doctors," *Forbes*, December 31, 2015, http://www.forbes.com/sites/jenniferelias/2015/12/31/in-2016-users-will-trust-health-apps-more-than-their-doctors를 참조하라.

48 Gabrielle Addonizio, "The Privacy Risks Surrounding Consumer Health and Fitness Apps with HIPAA's Limitations and the FTC's Guidance," *Health Law Outlook* 9, no. 1 (2016), http://scholarship.shu.edu/health-law-outlook/vol9/iss1/1.

49 "Mobile Health App Developers: FTC Best Practices," Federal Trade Commission, April 2016, https://www.ftc.gov/tips-advice/business-center/guidance/mobile-health-app-developers-ftc-best-practices; "Mobile Privacy Disclosures: Building Trust Though Transparency," Federal Trade Commission, February 2013, https://www.ftc.gov/sites/default/files/documents/reports/mobile-privacy-disclosures-building-trust-through-transparency-federal-trade-commission-staff-report/130201mobileprivacyreport.pdf; Harrison Kaminsky, "FDA States It Will Not Regulate Fitness Trackers and Wellness Apps," *Digital Trends,* July 31, 2016, http://www.digitaltrends.com/health-fitness/fda-will-not-regulate-fitness-wellness-apps.

50 Tobias Dehling et al., "Exploring the Far Side of Mobile Health: Information Security and Privacy of Mobile Health Apps on iOS and Android," *JMIR MHealth and UHealth* 3, no. 1 (2015): 1-26, https://doi.org/10.2196/mhealth.3672. 2013년 프라이버시 권리 정보센터(Privacy Rights Clearinghouse)는 개인 정보 수집, 그 정보의 민감성, 유포 범위 등 프라이버시 위험 수준에 따라 여러 의료 및 피트니스 앱을 평가했다. 다음의 문헌들을 참조하라. "Mobile Health and Fitness Apps: What Are the Privacy Risks?" *Privacy Rights Clearinghouse*, July 1, 2013, https://www.privacyrights.org/consumer-guides/mobile-health-and-fitness-apps-what-are-privacy-risks; Bruno M. Silva et al., "A Data Encryption Solution for Mobile Health Apps in Cooperation Environments,"

Journal of Medical Internet Research 15, no. 4 (2013): e66, https://doi.org/10.2196/jmir.2498; Miloslava Plachkinova, Steven Andres, and Samir Chatterjee, "A Taxonomy of MHealth Apps—Security and Privacy Concerns," 48th Hawaii International Conference on System Sciences, 2015, 3187–96, https://doi.org/10.1109/HICSS.2015.385; Soumitra S. Bhuyan et al., "Privacy and Security Issues in Mobile Health: Current Research and Future Directions," *Health Policy and Technology*, January 2017, https://doi.org/10.1016/j.hlpt.2017.01.004; Borja Martínez-Pérez, Isabel de la Torre-Díez, and Miguel López-Coronado, "Privacy and Security in Mobile Health Apps: A Review and Recommendations," *Journal of Medical Systems* 39, no. 1 (2015), https://doi.org/10.1007/s10916-014-0181-3.

51 Andrew Hilts, Christopher Parsons, and Jeffrey Knockel, "Every Step You Fake: A Comparative Analysis of Fitness Tracker Privacy and Security," *Open Effect*, 2016, https://openeffect.ca/fitness-trackers.

52 Sarah R. Blenner et al., "Privacy Policies of Android Diabetes Apps and Sharing of Health Information," *JAMA* 315, no. 10 (2016): 1051–52, https://doi.org/10.1001/jama.2015.19426 (강조는 저자).

53 Erin Marine, "Biometric Privacy Laws: Illinois and the Fight Against Intrusive Tech," Fordham Law School, March 29, 2018, https://news.law.fordham.edu/jcfl/2018/03/20/biometric-privacy-laws-illinois-and-the-fight-against-intrusive-tech.

54 Jared Bennett, "Saving Face: Facebook Wants Access Without Limits," *Center for Public Integrity*, July 31, 2017, https://www.publicintegrity.org/2017/07/31/21027/saving-face-facebook-wants-access-without-limits.

55 Allan Holmes and Jared Bennett, "Why Mark Zuckerberg's Senate Hearing Could Mean Little for Facebook's Privacy Reform," *Center for Public Integrity*, April 10, 2018, https://www.publicintegrity.org/2018/04/10/21665/why-mark-zuckerbergs-senate-hearing-could-mean-little-facebooks-privacy-reform.

56 Bennett, "Saving Face."

57 Yaniv Taigman et al., "DeepFace: Closing the Gap to Human-Level Performance in Face Verification," *Facebook Research*, April 14, 2018, https://research.fb.com/publications/deepface-closing-the-gap-to-human-level-performance-in-face-verification.

58 Aviva Rutkin, "Facebook Can Recognise You in Photos Even If You're Not Looking," *New Scientist*, April 14, 2018, https://www.newscientist.com/article/dn27761-facebook-can-recognise-you-in-photos-even-if-youre-not-looking.

59 Bennett, "Saving Face," 13; April Glaser, "Facebook Is Using an 'NRA Approach' to Defend Its Creepy Facial Recognition Programs," *Slate*, August 4, 2017, http://www.slate.com/blogs/future_tense/2017/08/04/facebook_is_fighting_biometric_facial_recognition_privacy_laws.html; Kartikay Mehrotra, "Tech Companies Are Pushing Back Against Biometric Privacy Laws," *Bloomberg.com*, July 20, 2017, https://www.bloomberg.

com/news/articles/2017-07-20/tech-companies-are-pushing-back-against-biometric-privacy-laws; Ally Marotti, "Proposed Changes to Illinois' Biometric Law Concern Privacy Advocates," *Chicago Tribune*, April 13, 2018, http://www.chicagotribune. com/business/ct-biz-illinois-biometrics-bills-20180409-story.html.

60 Kashmir Hill, "You're Being Secretly Tracked with Facial Recognition, Even in Church," *Splinter*, April 14, 2018, https://splinternews.com/youre-being-secretly-tracked-with-facial-recognition-e-1793848585; Robinson Meyer, "Who Owns Your Face?" *Atlantic*, July 2, 2015.

61 "Privacy Best Practice Recommendations for Commercial Facial Recognition Use," NTIA, https://www.ntia.doc.gov/files/ntia/publications/privacy_best_practices_ recommendations_for_commercial_use_of_facial_recogntion.pdf.

62 Alvaro Bedoya et al., "Statement on NTIA Privacy Best Practice Recommendations for Commercial Facial Recognition Use," Consumer Federation of America, April 14, 2018, https://consumerfed.org/press_release/statement-ntia-privacy-best-practice-recommendations-commercial-facial-recognition-use.

03

1 Satya Nadella et al., "Satya Nadella: Microsoft gnite 2016," September 26, 2016, https:// news.microsoft.com/speeches/satya-nadella-microsoft-ignite-2016.

2 Hal R. Varian, "Beyond Big Data," *Business Economics* 49, no. 1 (2014): 28-29.

3 Neil McKendrick, "The Consumer Revolution of Eighteenth-Century England," in *Birth of a Consumer Society: The Commercialization of Eighteenth-Century England*, ed. John Brewer and J. H. Plumb (Bloomington: Indiana University Press, 1982), 11.

4 Nathaniel Forster, *An Enquiry into the Causes of the Present High Price of Provisions* (London: J. Fletcher, 1767), 41.

5 Adam Smith, *The Wealth of Nations*, ed. Edwin Cannan (New York: Modern Library, 1994).

6 Lee Rainie and Janna Anderson, "The Future of Privacy: Above-and-Beyond Responses: Part 1," Pew Research Center: Internet, Science & Tech, December 18, 2014, http://www. pewinternet.org/2014/12/18/above-and-beyond-responses-part-1-2/.

7 Tom Simonite, "Google's Answer to Siri Thinks Ahead," *MIT Technology Review*, September 28, 2012, https://www.technologyreview.com/s/429345/googles-answer-to-siri-thinks-ahead; Dieter Bohn, "Google Now: Behind the Predictive Future of Search," *Verge*, October 29, 2012, http://www.theverge.com/2012/10/29/3569684/google-now-android-4-2-knowledge-graph-neural-networks.

8 *Introducing Google Now,* 2012, https://www.youtube.com/watch?v=pPqliPzHYyc;

Simonite, "Google's Answer to Siri."

9 Bohn, "Google Now."

10 Drew Olanoff and Josh Constine, "Facebook Is Adding a Personal Assistant Called 'M' to Your Messenger App," *TechCrunch*, August 26, 2015, http://social.techcrunch.com/2015/08/26/facebook-is-adding-a-personal-assistant-called-m-to-your-messenger-app; Amir Efrati, "Facebook Preps 'Moneypenny' Assistant," *Information*, July 13, 2015, https://www.theinformation.com/coming-soon-to-facebook-messenger-moneypenny-assistant.

11 Jessi Hempel, "Facebook Launches M, Its Bold Answer to Siri and Cortana," *Wired*, August 2015, https://www.wired.com/2015/08/facebook-launches-m-new-kind-virtual-assistant.

12 Andrew Orlowski, "Facebook Scales Back AI Flagship after Chatbots Hit 70% F-AI-Lure Rate," *Register*, February 22, 2017, https://www.theregister.co.uk/2017/02/22/facebook_ai_fail/.

13 Cory Weinberg, "How Messenger and 'M' Are Shifting Gears," *Information*, February 22, 2017, https://www.theinformation.com/how-messenger-and-m-are-shifting-gears.

14 예를 들어 캔사스시티 연방준비은행의 2004년 백서는 '음성 인식'이 장차 고용률에 심각한 위협이 될 것이라고 지적했다. "음성 인식 기술, 전문가 시스템, 인공지능이 발전하면 결국 컴퓨터가 여러 고객 서비스 업무, 그리고 어쩌면 통상적인 엑스레이 검색 같은 일을 처리할 수 있게 될 것이다." C. Alan Garner, "Off horing in the Service Sector: Economic Impact and Policy Issues," *Economic Review* 89, no. 3 (2004): 5-37을 참조하라. 기술적 실업(technological unemployment)과 관련해 자주 인용되는 프레이와 오즈번의 2013년 논문도 같은 주제를 다룬다. "더구나, 스마트액션(SmartAction)이라는 회사는 기계학습 및 고급 음성 인식 기술을 활용해 전통적인 대화형 음성 응답 시스템을 개선한 통화 전산화 솔루션을 제공하고 있는데, 이것은 인간의 노동력에 의존하는 외주 콜센터에 비해 60~80퍼센트의 비용을 절감해준다." Carl Benedikt Frey and Michael Osborne, "The Future of Employment: How Susceptible Are Jobs to Computerisation?" *Technological Forecasting and Social Change* 114 (2013): 254-80을 참조하라. 그 후속 연구인 Philipp Brandes, Roger Wattenhofer, and Stefan Schmid, "Which Tasks of a Job Are Susceptible to Computerization?" *Bulletin of EATCS* 3, no. 120 (2016), http://bulletin.eatcs.org/index.php/beatcs/article/view/467도 참조할 수 있다.

15 "Dave Limp, Exec Behind Amazon's Alexa: Full Transcript of Interview," *Fortune*, July 14, 2016, http://fortune.com/2016/07/14/amazon-alexa-david-limp-transcript.

16 Matthew Lynley, "Google Unveils Google Assistant, a Virtual Assistant That's a Big Upgrade to Google Now," *TechCrunch*, May 18, 2016, http://social.techcrunch.com/2016/05/18/google-unveils-google-assistant-a-big-upgrade-to-google-now를 참조하라. Minda Smiley, "Google I/O Conference: Three Takeaways for Marketers," *Drum*, May 19, 2016, http://www.thedrum.com/news/2016/05/19/google-ioconference-three-takeaways-marketers도 참고할 수 있을 것이다. 피차이의 연설 내용은 Sundar Pichai, "Google I/O 2016 Keynote," *Singju Post*, May 20, 2016, http://singjupost. com/google-io-2016-keynote-full-transcript에서 볼 수 있다.

17 Pichai, "Google I/O 2016 Keynote."

18 Pichai.

19 Jing Cao and Dina Bass, "Why Google, Microsoft and Amazon Love the Sound of Your Voice," *Bloomberg Businessweek*, December 13, 2016, https://www.bloomberg.com/news/ articles/2016-12-13/why-google-microsoft-and-amazon-love-the-sound-of-your-voice.

20 A. J. Dellinger, "I Took a Job Listening to Your Siri Conversations," *Daily Dot*, March 2, 2015, https://www.dailydot.com/debug/siri-google-now-cortana-conversations.

21 "Global Smart Appliances Market 2016-2020," *Technavio*, April 10, 2017, https://www. technavio.com/report/global-home-kitchen-and-large-appliances-global-smart-appliances-market-2016-2020; Adi Narayan, "Samsung Wants to Put Your Home on a Remote," *BusinessWeek: Technology*, December 11, 2014.

22 Alex Hern, "Samsung Rejects Concern over 'Orwellian' Privacy Policy," Guardian, February 9, 2015, http://www.theguardian.com/technology/2015/feb/09/samsung-rejects-concern-over-orwellian-privacy-policy.

23 Hern, "Samsung Rejects Concern."

24 Electronic Privacy Information Center, "EPIC—Samsung 'SmartTV' Complaint," *EPIC. org*, May 9, 2017, https://epic.org/privacy/internet/ftc/samsung/.

25 "EPIC—Samsung 'SmartTV' Complaint," *EPIC.org*, May 9, 2017, https://epic.org/ privacy/internet/ftc/samsung; "Samsung Privacy Policy," Samsung, February 10, 2015, http://www.samsung.com/us/common/privacy.html; "Nuance Communications, Inc. Privacy Policy General Information," Nuance, December 2015, https://www.nuance.com/ about-us/company-policies/privacy-policies.html.

26 Committee on Privacy and Consumer Protection, "Connected Televisions," Pub. L. No. 1116, § 35, 22948.20-2298.25, 2015, https://leginfo.legislature.ca.gov/faces/ billTextClient.xhtml?bill_id=201520160AB1116.

27 Megan Wollerton, "Voice Control Comes to the Forefront of the Smart Home," *CNET*, December 1, 2014, https://www.cnet.com/news/voice-control-roundup; David Katzmaier, "Think Smart TV Is Dumb? Samsung Aims to Change Your Mind by Controlling Your Gear," *CNET*, April 14, 2016, https://www.cnet.com/news/ think-smart-tv-is-dumb-samsung-aims-to-change-your-mind-by-controlling-your-gear; David Pierce, "Soon, You'll Be Able to Control Every Corner of Your Smart Home with a Single Universal Remote," *Wired*, January 7, 2016, https://www.wired. com/2016/01/smart-home-universal-remote.

28 "VIZIO to Pay $2.2 Million to FTC, State of New Jersey to Settle Charges It Collected

Viewing Histories on 11 Million Smart Televisions Without Users' Consent," Federal Trade Commission, February 6, 2017, https://www.ftc.gov/news-events/press-releases/2017/02/vizio-pay-22-million-ftc-state-new-jersey-settle-charges-it; Nick Visser, "Vizio to Pay Millions After Secretly Spying on Customers, Selling Viewer Data," *Huffington Post*, February 7, 2017, https://www.huffingtonpost.com/entry/vizio-settlement_us_589962dee4b0c1284f27e534.

29 Lesley Fair, "What Vizio Was Doing Behind the TV Screen," Federal Trade Commission, February 6, 2017, https://www.ftc.gov/news-events/blogs/business-blog/2017/02/what-vizio-was-doing-behind-tv-screen.

30 Maureen K. Ohlhausen, "Concurring Statement of Acting Chairman Maureen K. Ohlhausen-In the Matter of Vizio, Inc.-Matter No. 1623024," Federal Trade Commission, February 6, 2017, https://www.ftc.gov/system/files/documents/public_statements/1070773/vizio_concurring_statement_of_chairman_ohlhausen_2-6-17.pdf.

31 EPIC.org, "Federal Trade Commission-In the Matter of Genesis Toys and Nuance Communications-Complaint and Request for Investigation, Injunction and Other Relief," December 6, 2016, https://epic.org/privacy/kids/EPIC-IPR-FTC-Genesis-Complaint.pdf; Kate Cox, "These Toys Don't Just Listen to Your Kid; They Send What They Hear to a Defense Contractor," *Consumerist*, December 6, 2016, https://consumerist.com/2016/12/06/these-toys-dont-just-listen-to-your-kid-they-send-what-they-hear-to-a-defense-contractor.

32 "Federal Trade Commission-In the Matter of Genesis Toys."

33 "Federal Trade Commission-In the Matter of Genesis Toys." 다음의 특허 문서도 참조하라. Jiri Havelka and Raimo Bakis, Systems and methods for facilitating communication using an interactive communication system, US20170013124 A1, 2015년 7월 6일 출원, 2017년 1월 12일 등록, http://www.google.com/patents /US20170013124.

34 James Vlahos, "Barbie Wants to Get to Know Your Child," *New York Times*, September 16, 2015, http://www.nytimes.com/2015/09/20/magazine/barbie-wants-to-get-to-know-your-child.html?action=click&pgtype=Homepage&module=photo-spot-region&region=top-news&WT.nav=top-news; Evie Nagy, "After the Fracas Over Hello Barbie, ToyTalk Responds to Its Critics," *Fast Company*, May 23, 2015, https://www.fastcompany.com/3045676/after-the-fracas-over-hello-barbie-toytalk-responds-to-its-critics; Mike Krieger, "Big Barbie Is Watching You: Meet the WiFi-Connected Doll That Talks to Your Kids & Records Them," *Zero Hedge*, January 7, 2013, http://www.zerohedge.com/news/2015-02-23/big-barbie-watching-you-meet-wifi-connected-doll-talks-your-kids-records-them; Issie Lapowsky, "Pixar Vets Reinvent Speech Recognition So It Works for Kids," *Wired*, September 25, 2014, https://www.wired.com/2014/09/toytalk; Tim Moynihan, "Barbie Has a New Super-Dope Dreamhouse That's Voice-Activated and Connected to the Internet," *Wired*, September 15, 2016, https://www.wired.com/2016/09/barbies-new-smart-home-crushing-hard; Irina D. Manta and David S. Olson, "Hello Barbie: First They Will Monitor You, Then They Will Discriminate Against You. Perfectly," *Alabama Law Review* 135, no. 67 (2015), http://papers.ssrn.com/sol3/papers.cfm?abstract_id=2578815. "ToyTalk | Legal | Hello Barbie/Barbie Hello Dreamhouse Privacy Policy," *ToyTalk*, March 30, 2017, https://www.toytalk.com/hellobarbie/privacy도 참조하라.

35 Moynihan, "Barbie Has a New Super-Dope Dreamhouse."

36 Paul Ziobro and Joann S. Lublin, "Mattel Finds Its New CEO at Google," *Wall Street Journal*, January 18, 2017.

37 James Vincent, "German Watchdog Tells Parents to Destroy Wi-Fi-Connected Doll Over Surveillance Fears," *Verge*, February 17, 2017, http://www.theverge.com/2017/2/17/14647280/talking-doll-hack-cayla-german-government-ban; Thomas Claburn, "Smash Up Your Kid's Bluetooth-Connected Cayla 'Surveillance' Doll, Germany Urges Parents," *Register*, February 17, 2017, https://www.theregister.co.uk/2017/02/17/cayla_doll_banned_in_germany; Hayley Tsukayama, "Mattel Has Canceled Plans for a Kid-Focused AI Device That Drew Privacy Concerns," *Washington Post*, October 4, 2017, https://www.washingtonpost.com/news/the-switch/wp/2017/10/04/mattel-has-an-ai-device-to-soothe-babies-experts-are-begging-them-not-to-sell-it.

38 Frank Pasquale, "Will Amazon Take Over the World?" *Boston Review*, July 20, 2017, https://bostonreview.net/class-inequality/frank-pasquale-will-amazon-take-over-world; Lina M. Khan, "Amazon's Antitrust Paradox," April 16, 2018, https://www.yalelawjournal.org/note/amazons-antitrust-paradox.

39 Kevin McLaughlin et al., "Bezos Ordered Alexa App Push," *Information*, November 16, 2016, https://www.theinformation.com/bezos-ordered-alexa-app-push; "The Real Reasons That Amazon's Alexa May Become the Go-To AI for the Home," *Fast Company*, April 8, 2016, https://www.fastcompany.com/3058721/app-economy/the-real-reasons-that-amazons-alexa-may-become-the-go-to-ai-for-the-home; "Amazon Lex—Build Conversation Bots," Amazon Web Services, February 24, 2017, https//aws.amazon.com/lex.

40 "Dave Limp, Exec Behind Amazon's Alexa."

41 Aaron Tilley and Priya Anand, "Apple Loses Ground to Amazon in Smart Home Deals with Builders," *Information*, April 16, 2018, https://www.theinformation.com/articles/apple-loses-ground-to-amazon-in-smart-home-deals-with-builders.

42 Sapna Maheshwari, "Hey, Alexa, What Can You Hear? And What Will You Do with It?" *New York Times*, March 31, 2018, https://www.nytimes.com/2018/03/31/business/media/amazon-google-privacy-digital-assistants.html.

43 Alex Hern, "Amazon to Release Alexa-Powered Smartglasses, Reports Say," *Guardian*,

September 20, 2017, http://www.theguardian.com/technology/2017/sep/20/amazon-alexa-smartglasses-google-glass-snapchat-spectacles-voice-assistant; Scott Gillum, "Why Amazon Is the New Google for Buying," *MediaInsider*, September 14, 2017, https://www.mediapost.com/publications/article/307348/why-amazon-is-the-new-google-for-buying.html; Mike Shields, "Amazon Looms Quietly in Digital Ad Landscape," *Wall Street Journal*, October 6, 2016, http://www.wsj.com/articles/amazon-looms-quietly-in-digital-ad-landscape-1475782113;

44 Keith Naughton and Spencer Soper, "Alexa, Take the Wheel: Ford Models to Put Amazon in Driver Seat," *Bloomberg.com*, January 5, 2017, https://www.bloomberg.com/news/articles/2017-01-05/steering-wheel-shopping-arrives-as-alexa-hitches-ride-with-ford; Ryan Knutson and Laura Stevens, "Amazon and Google Consider Turning Smart Speakers into Home Phones," *Wall Street Journal*, February 15, 2017, https://www.wsj.com/articles/amazon-google-dial-up-plans-to-turn-smart-speakers-into-home-phones-1487154781; Kevin McLaughlin, "AWS Takes Aim at Call Center Industry," *Information*, February 28, 2017, https://www.theinformation.com/aws-takes-aim-at-call-center-industry.

45 Lucas Matney, "Siri-Creator Shows Off First Public Demo of Viv, 'The Intelligent Interface for Everything,'" *TechCrunch,* http://social.techcrunch.com/2016/05/09/siri-creator-shows-off-first-public-demo-of-viv-the-intelligent-interface-for-everything.

46 Shoshana Zuboff, *In the Age of the Smart Machine: The Future of Work and Power* (New York: Basic, 1988), 381.

47 Zuboff, *In the Age of the Smart Machine*, 362-86.

48 Zuboff, 383.

49 다섯 가지 요인 모형은 컴퓨터 분석의 용이함 때문에 1980년대부터 표준적인 성격 평가 모델로 사용되고 있다. 이 모형은 외향성(extraversion), 수용성(agreeableness), 성실성(conscientiousness), 신경성(neuroticism), 경험에 대한 개방성(openness to experience)이라는 다섯 가지 차원의 성격 특성 분류에 기초한다. 외향성은 다른 사람들과 함께 있을 때 받는 자극을 추구하며 사교적이고 활력이 넘치는 경향, 수용성은 온화함과 동정심, 협동심, 성실성은 자기규율적이고, 계획성이 있으며, 성취지향적인 경향, 신경성은 불쾌한 감정에 대한 민감성, 경험에 대한 개방성은 지적으로 호기심이 많고 창의적이며 감정에 개방적인 경향을 뜻한다.

50 Jennifer Golbeck, Cristina Robles, and Karen Turner, "Predicting Personality with Social Media," in *CHI '11 Extended Abstracts on Human Factors in Computing Systems*, CHI EA '11 (New York: ACM, 2011), 253-62, https://doi.org/10.1145/1979742.1979614.

51 Jennifer Golbeck, Cristina Robles, Michon Edmondson, and Karen Turner, "Predicting Personality from Twitter," in *2011 IEEE Third International Conference on Privacy, Security, Risk and Trust and 2011 IEEE Third International Conference on Social Computing (PASSAT-*

SocialCom 2011), ed. Institute of Electrical and Electronics Engineers and Computer Society (Boston: IEEE, 2011).

52 Golbeck, Robles, and Turner, "Predicting Personality with Social Media."

53 Daniele Quercia et al., "Our Twitter Profiles, Our Selves: Predicting Personality with Twitter," IEEE, 2011, 180-85, https://doi.org/10.1109/PASSAT/SocialCom.2011.26.

54 심리측정 센터는 2010년부터 케임브리지 대학교 내 '전략적 연구 네트워크' 역할을 담당하며 여러 학문분과를 가로지르는 학제적 연구를 수행했다. 점차 더 많은 연구가 감시 자본주의의 공급 운용과 관련됨에 따라 심리측정 센터는 동 대학 저지 비즈니스 스쿨(Judge School of Business)로 자리를 옮기게 된다. 저지 스쿨이 심리측정 센터를 불러들인 것은 분명 그들이 지닌 상업적 장래성, 무엇보다 내면 깊숙한 곳에서의 잉여와 성격 예측이 감시 자본주의의 예측에 대한 요구에 적용될 수 있다는 점 때문이었을 것이다. 예를 들어 심리측정 센터를 저지 스쿨의 캠퍼스와 연구 사업에 통합한다고 발표하면서 책임자는 이렇게 말했다. "현재 우리가 디지털 세계에 남기는 자취들은 기계들이 우리의 온라인 활동을 일종의 '테스트'로 취급할 수 있게 해준다. 우리가 페이스북에 남기는 '좋아요', 트위터나 이메일에서 쓰는 단어들, 인터넷에 업로드하는 사진들은 모두 기계의 학습 '항목'이 되며, 기계는 이를 통해 우리가 누구인지, 무엇이 우리를 움직이게 하며 우리에게 동기를 부여하는지, 우리가 어떻게 서로 다른지를 알게 된다. 심리측정학은 생활환경지능과 사물 인터넷 개발의 최전방에서 네트워크에 연결된 환경이 우리의 요구에 민감하게 반응할 수 있게 동력을 공급한다." 저지 스쿨의 사업 개발 책임자는 훨씬 더 노골적으로 개인의 피드백만을 위해 만들었던 데이터가 즉각적으로 상업적인 효용을 발휘할 수 있다고 설명한다. "심리측정센터가 가진 평가, 측정, 예측에 관한 전문성은 케임브리지 저지 비즈니스 스쿨의 역량을 강화해 전 세계 고객 네트워크를 상대로 가치 창출 범위를 넓히는 데 기여할 것이다. 우리는 … 현대적 상거래에서의 매혹적인 도전 과제들을 헤쳐 나가고자 하는 이들에게 세계 최고의 지원을 제공할 것이다." 다음 기사들을 참조하라. "Psychometrics Centre Moves to Cambridge Judge Business School—the Psychometrics Centre", University of Cambridge, July 19, 2016, http://www.psychometrics.cam.ac.uk/news/Move_to_JBS; "Dr David Stillwell, Deputy Director—the Psychometrics Centre," March 9, 2017, http://www.psychometrics.cam.ac.uk/about-us/directory/david-stillwell.

55 Bobbie Johnson, "Privacy No Longer a Social Norm, Says Facebook Founder," *Guardian*, January 10, 2010, https://www.theguardian.com/technology/2010/jan/11/facebook-privacy.

56 Yoram Bachrach et al., "Personality and Patterns of Facebook Usage," *Microsoft Research*, January 1, 2012, https://www.microsoft.com/en-us/research/publication/personality-and-patterns-of-facebook-usage.

57 Michal Kosinski, David Stillwell, and Thore Graepel, "Private Traits and Attributes Are Predictable from Digital Records of Human Behavior," *Proceedings of the National Academy of Sciences of the United States of America* 110, no. 15 (2013): 5802-5.

58 G. Park et al., "Automatic Personality Assessment Th ough Social Media Language," *Journal of Personality and Social Psychology* 108, no. 6 (2015): 934-52.

59 Michal Kosinski et al., "Mining Big Data to Extract Patterns and Predict Real-Life Outcomes," *Stanford Graduate School of Business* 21, no. 4 (2016): 1; Michal Kosinski, "Dr Michal Kosinski," February 28, 2018, http://www.michalkosinski.com.

60 Park et al., "Automatic Personality Assessment." 그 외에 다음의 문헌들도 참조하라. Peter J. Rentfrow et al., "Divided We Stand: Three Psychological Regions of the United States and Their Political, Economic, Social, and Health Correlates," *Journal of Personality and Social Psychology* 105, no. 6 (2013): 996-1012; Dejan Markovikj, Sonja Gievska, Michal Kosinski, and David Stillwell, "Mining Facebook Data for Predictive Personality Modeling," *Association for the Advancement of Artificial Intelligence*, 2013, https://www.gsb.stanford.edu/sites/gsb/files/conf-presentations/miningfacebook.pdf; H. Andrew Schwartz et al., "Predicting Individual Well-Being Through the Language of Social Media," in *Biocomputing 2016: Proceedings of the Pacific Symposium*, 2016, 516-27, https://doi.org/10.1142/9789814749411_0047; H. Andrew Schwartz et al., "Extracting Human Temporal Orientation from Facebook Language," *Proceedings of the 2015 Conference of the North American Chapter of the Association for Computational Linguistics: Human Language Technologies*, 2015, http://www.academia.edu/15692796/Extracting_Human_Temporal_Orientation_from_Facebook_Language; David M. Greenberg et al., "The Song Is You: Preferences for Musical Attribute Dimensions Reflect Personality," *Social Psychological and Personality Science* 7, no. 6 (2016): 597-605, https://doi.org/10.1177/1948550616641473; Michal Kosinski, David Stillwell, and Thore Graepel, "Private Traits and Attributes Are Predictable from Digital Records of Human Behavior," *Proceedings of the National Academy of Sciences of the United States of America* 110, no. 15 (2013): 5802-5.

61 Wu Youyou, Michal Kosinski, and David Stillwell, "Computer-Based Personality Judgments Are More Accurate Than Those Made by Humans," *Proceedings of the National Academy of Sciences* 112, no. 4 (2015): 1036-40, https://doi.org/10.1073/pnas.1418680112.

62 Youyou, Kosinski, and Stillwell, "Computer-Based Personality Judgments Are More Accurate Than Those Made by Humans"

63 Tsung-Yi Chen, Meng-Che Tsai, and Yuh-Min Chen, "A User's Personality Prediction Approach by Mining Network Interaction Behaviors on Facebook," *Online Information Review* 40, no. 7 (2016): 913-37.

64 다섯 가지 요인 모형이 인기 있는 이유 중 하나는 단순한 평가 절차에 있다. 이 모형에서 설명되는 성격 특성들은 안면타당도(face validity)를 확보하고 있다. 즉 상식적이고 쉽게 관찰된다. 예를 들어 계획성 있게 사는 사람은 성실성 점수가 높을 것이고, 친구들과 함께 다니기 좋아하는 사람은 대개 외향성 점수가 높을 것이다. 코신스키와 그의 동료

들도 페이스북의 '좋아요'와 다섯 가지 성격 차원 사이에 긴밀한 관련성이 있다고 말한다. 예를 들어 "경험에 대한 개방성이 높은 참여자는 살바도르 달리, 명상, TED 강연에 '좋아요'를 클릭하는 경향이 있다." 상관관계가 분명하므로 점수화, 프로그래밍, 규모 확대가 쉽다. 인간의 판단은 규모 면에서 경쟁이 안 되지만 범위에 있어서는 기계를 능가한다. 코신스키와 그의 동료들도 인간의 인식은 '유연'해서 "기계로는 접근할 수 없는 여러 잠재의식적 신호를 포착할 수 있다"는 점을 인정한다. Youyou, Kosinski, and Stillwell, "Computer-Based Personality Judgments Are More Accurate"를 참조하라.

65 CaPPr, *Interview with Michal Kosinski on Personality and Facebook Likes*, May 20, 2015, https://www.youtube.com/watch?v=pJGuWKqwYRk.

66 Leqi Liu et al., "Analyzing Personality Through Social Media Profile Picture Choice," *Association for the Advancement of Artificial Intelligence*, 2016, https://sites.sas.upenn.edu/ sites/default/files/danielpr/files/persimages16icwsm.pdf; Sharath Chandra Guntuku et al., "Do Others Perceive You as You Want Them To? Modeling Personality Based on Selfies" in *Proceedings of the 1st International Workshop on Affect & Sentiment in Multimedia, ASM '15* (New York: ACM, 2015), 21-26, https://doi.org/10.1145/2813524.2813528; Bruce Ferwerda, Markus Schedl, and Marko Tkalcic, "Using Instagram Picture Features to Predict Users' Personality," in *MultiMedia Modeling* (Cham, Switzerland: Springer, 2016), 850-61, https://doi.org/10.1007/978-3-319-27671-7_71; Golbeck, Robles, and Turner, "Predicting Personality with Social Media"; Chen, Tsai, and Chen, "A User's Personality Prediction Approach"; Schwartz et al., "Predicting Individual Well-Being."

67 CaPPr, *Interview with Michal Kosinski.*

68 "IBM Cloud Makes Hybrid a Reality for the Enterprise," IBM, February 23, 2015, https:// www-03.ibm.com/press/us/en/pressrelease/46136.wss.

69 "IBM Watson Personality Insights," IBM Watson Developer Cloud, October 14, 2017, https://personality-insights-livedemo.mybluemix.net; "IBM Personality Insights— Needs," IBM Watson Developer Cloud, October 14, 2017, https://console.bluemix.net/ docs/services/personality-insights/needs.html#needs; "IBM Personality Insights—Values," IBM Watson Developer Cloud, October 14, 2017, https://console.bluemix.net/docs/ services/personality-insights/values.html#values.

70 "IBM Personality Insights—Use Cases," IBM Cloud Docs, November 8, 2017, https:// console.bluemix.net/docs/services/personality-insights/usecases.html#usecases.

71 Vibha Sinha, "Personality of Your Agent Matters—an Empirical Study on Twitter Conversations-Watson Dev," *Watson*, November 3, 2016, https://developer.ibm.com/ watson/blog/2016/11/03/personality-of-your-agent-matters-an-empirical-study-on-twitter-conversations를 참조하라. IBM과 또 다른 거대 기업인 액시엄(Acxiom)이라는 데이터 브로커와 함께 액시엄이 축적한 표준적인 인구학적 정보보다 IBM의 성격 진단이 더 정확하게 소비 선호를 예측하는지를 평가했다. 결과는 긍정적이었다. 미국인 785,000명을 대상으로 133가지 소비 선호 항목을 검토한 결과, 성격 데이터를 추가

하자 115개 항목에서 예측의 정확도가 향상되었다(86.5퍼센트). 성격 데이터만 단독으로 사용해도 23개 항목에서 인구학적 데이터보다 높은 예측 정확도를 나타냈다. 연구자들은 '캠핑/하이킹' 같은 특정 선호 범주의 경우, "사용자로부터 데이터를 수집하지 않고도" 사례의 61퍼센트 이상에서 선호 여부를 정확하게 예측할 수 있다고 자랑했다. 그들은 개인의 소득이 소비에 대한 강력한 예측 변수라는 점은 인정하지만 소득에 관한 정보는 "소셜 미디어 프로필에서 직접 끌어낼 수 있는" 성격 데이터에 비해 "매우 민감하고 수집하기 어렵다"고 주장한다. IBM-Acxiom, "Improving Consumer Consumption Preference Prediction Accuracy with Personality Insights," March 2016, https://www.ibm. com/watson/developercloud/doc/personality-insights/applied.shtml을 참조하라.

72 IBM-Acxiom, "Improving Consumer Consumption Preference Prediction Accuracy."

73 "Social Media Analytics," Xerox Research Center Europe, April 3, 2017, http://www. xrce.xerox.com/Our-Research/Natural-Language-Processing/Social-Media-Analytics; Amy Webb, "8 Tech Trends to Watch in 2016," *Harvard Business Review*, December 8, 2015, https://hbr.org/2015/12/8-tech-trends-to-watch-in-2016; Christina Crowell, "Machines That Talk to Us May Soon Sense Our Feelings, Too," *Scientific American*, June 24, 2016, https://www.scientificamerican.com/article/machines-that-talk-to-us-may-soon-sense-our-feelings-too; R. G. Conlee, "How Automation and Analytics Are Changing Customer Care," *Conduent Blog*, July 18, 2016, https://www.blogs.conduent. com/2016/07/18/how-automation-and-analytics-are-changing-customer-care; Ryan Knutson, "Call Centers May Know a Surprising Amount About You," *Wall Street Journal*, January 6, 2017, http://www.wsj.com/articles/that-anonymous-voice-at-the-call-center-they-may-know-a-lot-about-you-1483698608.

74 Nicholas Confessore and Danny Hakim, "Bold Promises Fade to Doubts for a Trump-Linked Data Firm," *New York Times*, March 6, 2017, https://www.nytimes. com/2017/03/06/us/politics/cambridge-analytica.html; Mary-Ann Russon, "Political Revolution: How Big Data Won the US Presidency for Donald Trump," *International Business Times* UK, January 20, 2017, http://www.ibtimes.co.uk/political-revolution-how-big-data-won-us-presidency-donald-trump-1602269; Grassegger and Krogerus, "The Data That Turned the World Upside Down"; Carole Cadwalladr, "Revealed: How US Billionaire Helped to Back Brexit," *Guardian*, February 25, 2017, https://www. theguardian.com/politics/2017/feb/26/us-billionaire-mercer-helped-back-brexit; Paul-Olivier Dehaye, "The (Dis)Information Mercenaries Now Controlling Trump's Databases," *Medium*, January 3, 2017, https://medium.com/personaldata-io/the-dis-information-mercenaries-now-controlling-trumps-databases-4f6a20d4f3e7; Harry Davies, "Ted Cruz Using Firm That Harvested Data on Millions of Unwitting Facebook Users," *Guardian*, December 11, 2015, https://www.theguardian.com/us-news/2015/ dec/11/senator-ted-cruz-president-campaign-facebook-user-data.

75 Concordia, *The Power of Big Data and Psychographics*, 2016, https://www.youtube.com/

watch?v=n8Dd5aVXLCc.

76 "Speak the Customer's Language with Behavioral Microtargeting," *Dealer Marketing*, December 1, 2016, http://www.dealermarketing.com/speak-the-customers-language-with-behavioral-microtargeting.를 참조하라.

77 Sam Biddle, "Facebook Uses Artificial Intelligence to Predict Your Future Actions for Advertisers, Says Confidential Document," *Intercept*, April 13, 2018, https://theintercept.com/2018/04/13/facebook-advertising-data-artificial-intelligence-ai.

78 "Introducing FBLearner Flow: Facebook's AI Backbone," Facebook Code, April 16, 2018, https://code.facebook.com/posts/1072626246134461/introducing-fblearner-flow-facebook-s-ai-backbone.

79 Andy Kroll, "Cloak and Data: The Real Story Behind Cambridge Analytica's Rise and Fall," *Mother Jones*, March 24, 2018, https://www.motherjones.com/politics/2018/03/cloak-and-data-cambridge-analytica-robert-mercer.

80 Carole Cadwalladr, "'I Made Steve Bannon's Psychological Warfare Tool': Meet the Data War Whistleblower," *Guardian*, March 18, 2018, http://www.theguardian.com/news/2018/mar/17/data-war-whistleblower-christopher-wylie-faceook-nix-bannon-trump; Kroll, "Cloak and Data."

81 Matthew Rosenberg, Nicholas Confessore, and Carole Cadwalladr, "How Trump Consultants Exploited the Facebook Data of Millions," *New York Times*, March 17, 2018, https://www.nytimes.com/2018/03/17/us/politics/cambridge-analytica-trump-campaign.html; Emma Graham-Harrison and Carole Cadwalladr, "Revealed: 50 Million Facebook Profiles Harvested for Cambridge Analytica in Major Data Breach," *Guardian*, March 17, 2018, http://www.theguardian.com/news/2018/mar/17/cambridge-analytica-facebook-influence-us-election; Julia Carrie Wong and Paul Lewis, "Facebook Gave Data About 57bn Friendships to Academic," *Guardian*, March 22, 2018, http://www.theguardian.com/news/2018/mar/22/facebook-gave-data-about-57bn-friendships-to-academic-aleksandr-kogan; Olivia Solon, "Facebook Says Cambridge Analytica May Have Gained 37m More Users' Data," *Guardian*, April 4, 2018, http://www.theguardian.com/technology/2018/apr/04/facebook-cambridge-analytica-user-data-latest-more-than-thought.

82 Paul Lewis and Julia Carrie Wong, "Facebook Employs Psychologist Whose Firm Sold Data to Cambridge Analytica," *Guardian*, March 18, 2018, http://www.theguardian.com/news/2018/mar/18/facebook-cambridge-analytica-joseph-chancellor-gsr.

83 Kroll, "Cloak and Data."

84 Frederik Zuiderveen Borgesius et al., "Online Political Microtargeting: Promises and Threats for Democracy" (SSRN Scholarly Paper, Rochester, NY: Social Science Research Network, February 9, 2018), https://papers.ssrn.com/abstract=3128787.

85 Cadwalladr, "'I Made Steve Bannon's Psychological Warfare Tool'"을 참조하라.

86 Charlotte McEleny, "European Commission Issues €3.6m Grant for Tech That Measures Content 'Likeability,'" *CampaignLive.co.uk*, April 20, 2015, http://www.campaignlive. co.uk/article/european‐commission‐issues‐€36m‐grant‐tech‐measures‐content‐ likeability/1343366.

87 "2016 Innovation Radar Prize Winners," *Digital Single Market*, September 26, 2016, https://ec.europa.eu/digital‐single‐market/en/news/2016‐innovation‐radar‐prize‐ winners.

88 "Affective Computing Market—Global Industry Analysis, Size, Share, Growth, Trends and Forecast 2015‐2023," *Transparency Market Research*, 2017, http://www. transparencymarketresearch.com/affective‐computing‐market.html.

89 Patrick Mannion, "Facial‐Recognition Sensors Adapt to Track Emotions, Mood, and Stress," *EDN*, March 3, 2016, http://www.edn.com/electronics‐blogs/sensor‐ee‐ perception/4441565/Facial‐recognition‐sensors‐adapt‐to‐track‐emotions—mood— and‐stress; "Marketers, Welcome to the World of Emotional Analytics," *MarTech Today*, January 12, 2016, https://martechtoday.com/marketers‐welcome‐to‐the‐world‐ of‐emotional‐analytics‐159152; Ben Virdee‐Chapman, "5 Companies Using Facial Recognition to Change the World," *Kairos*, May 26, 2016, https://www.kairos.com/ blog/5‐companies‐using‐facial‐recognition‐to‐change‐the‐world; "Affectiva Announces New Facial Coding Solution for Qualitative Research," Affectiva, May 7, 2014, https://web‐beta.archive.org/web/20160625173829/http://www.affectiva.com/ news/affectiva‐announces‐new‐facial‐coding‐solution‐for‐qualitative‐research; Ahmad Jalal, Shaharyar Kamal, and Daijin Kim, "Human Depth Sensors‐Based Activity Recognition Using Spatiotemporal Features and Hidden Markov Model for Smart Environments," *Journal of Computer Networks and Communications* (2016), https://doi. org/10.1155/2016/8087545; M. Kakarla and G. R. M. Reddy, "A Real Time Facial Emotion Recognition Using Depth Sensor and Interfacing with Second Life Based Virtual 3D Avatar," in *International Conference on Recent Advances and Innovations in Engineering (ICRAIE-2014)*, 2014, 1‐7, https://doi.org/10.1109/ICRAIE.2014.6909153.

90 "Sewa Project: Automatic Sentiment Analysis in the Wild," SEWA, April 25, 2017, https:// sewaproject.eu/description.

91 Mihkel Jäätma, "Realeyes‐Emotion Measurement," Realeyes Data Services, 2016, https:// www.realeyesit.com/Media/Default/Whitepaper/Realeyes_Whitepaper.pdf.

92 Mihkel Jäätma, "Realeyes‐Emotion Measurement."

93 Alex Browne, "Realeyes‐Play Your Audience Emotions to Stay on Top of the Game," Realeyes, February 21, 2017, https://www.realeyesit.com/blog/play‐your‐audience‐ emotions.

94 "Realeyes‐Emotions," Realeyes, April 2, 2017, https://www.realeyesit.com/emotions.

95 "See What Industrial Advisors Think About SEWA," SEWA, April 24, 2017, https://

sewaproject.eu/qa#ElissaMoses.

96 Roland Marchand, *Advertising the American Dream: Making Way for Modernity*, 1920–1940 (Berkeley: University of California Press, 1985).

97 이 분야의 초기 연구 중 중요한 몇 가지 문헌을 소개하자면 다음과 같다. Paul Ekman and Wallace V. Friesen, "The Repertoire of Nonverbal Behavior: Categories, Origins, Usage and Coding," *Semiotica* 1, no. 1 (1969): 49–98; Paul Ekman and Wallace V. Friesen, "Constants Across Cultures in the Face and Emotion," *Journal of Personality and Social Psychology* 17, no. 2 (1971): 124–29; P. Ekman and W. V. Friesen, "Nonverbal Leakage and Clues to Deception," *Psychiatry* 32, no. 1 (1969): 88–106; Paul Ekman, E. Richard Sorenson, and Wallace V. Friesen, "Pan-Cultural Elements in Facial Displays of Emotion," *Science* 164, no. 3875 (1969): 86–88, https://doi.org/10.1126/science.164.3875.86; Paul Ekman, Wallace V. Friesen, and Silvan S. Tomkins, "Facial Affect Scoring Technique: A First Validity Study," *Semiotica* 3, no. 1 (1971), https://doi.org/10.1515/semi.1971.3.1.37.

98 Ekman and Friesen, "Nonverbal Leakage."

99 Ekman and Friesen, "The Repertoire of Nonverbal Behavior."

100 Paul Ekman, "An Argument for Basic Emotions," *Cognition and Emotion* 6, nos. 3–4 (1992): 169–200, https://doi.org/10.1080/02699939208411068.

101 에크먼과 동료들은 1997년 '자동 얼굴 표정 측정'에 대한 그들의 접근 방식을 설명하는 논문을 발표했으며, 로절린드 W. 피카드도 같은 해에 《감성 컴퓨팅(Affective Computing)》(Cambridge, MA: MIT Press, 2000)을 출간했다.

102 Rosalind W. Picard, *Affective Computing*, Chapter 3.

103 Picard, *Affective Computing*, 244.

104 Picard, Chapter 4, 특히 123–24, 136–37.

105 Barak Reuven Naveh, Techniques for emotion detection and content delivery, US20150242679 A1, 2014년 2월 25일 출원, 2015년 8월 27일 등록, http://www.google.com/patents/US20150242679.

106 Naveh, Techniques for emotion detection and content delivery, 32항.

107 "Affective Computing Market by Technology (Touch-Based and Touchless), Software (Speech Recognition, Gesture Recognition, Facial Feature Extraction, Analytics Software, & Enterprise Software), Hardware, Vertical, and Region-Forecast to 2021," *MarketsandMarkets*, March 2017, http://www.marketsandmarkets.com/Market-Reports/affective-computing-market-130730395.html.

108 Raffi Khatchadourian, "We Know How You Feel," *New Yorker*, January 19, 2015, http://www.newyorker.com/magazine/2015/01/19/know-feel.

109 Khatchadourian, "We Know How You Feel."

110 Khatchadourian.

111 "Affectiva," *Crunchbase*, October 22, 2017, https://www.crunchbase.com/organization/affectiva.

112 Lora Kolodny, "Affectiva Raises $14 Million to Bring Apps, Robots Emotional Intelligence," *TechCrunch*, May 25, 2016, http://social.techcrunch.com/2016/05/25/affectiva-raises-14-million-to-bring-apps-robots-emotional-intelligence; Rana el Kaliouby, "Emotion Technology Year in Review: Affectiva in 2016," Affectiva, December 29, 2016, http://blog.affectiva.com/emotion-technology-year-in-review-affectiva-in-2016.

113 Matthew Hutson, "Our Bots, Ourselves," *Atlantic*, March 2017, https://www.theatlantic.com/magazine/archive/2017/03/our-bots-ourselves/513839.

114 Patrick Levy-Rosenthal, "Emoshape Announces Production of the Emotions Processing Unit II," *Emoshape | Emotions Synthesis*, January 18, 2016, http://emoshape.com/emoshape-announces-production-of-the-emotions-processing-unit-ii.

115 Tom Foster, "Ready or Not, Companies Will Soon Be Tracking Your Emotions," *Inc.com*, June 21, 2016, https://www.inc.com/magazine/201607/tom-foster/lightwave-monitor-customer-emotions.html; "Emotion as a Service," Affectiva, March 30, 2017, http://www.affectiva.com/product/emotion-as-a-service; "Affectiva Announces Availability of Emotion as a Service, a New Data Solution, and Version 2.0 of Its Emotion-Sensing SDK," *PR Newswire*, September 8, 2015, http://www.prnewswire.com/news-releases/affectiva-announces-availability-of-emotion-as-a-service-a-new-data-solution-and-version-20-of-its-emotion-sensing-sdk-300139001.html.

116 Khatchadourian, "We Know How You Feel"을 참조하라.

117 Jean-Paul Sartre, *Being and Nothingness*, trans. Hazel E. Barnes (New York: Washington Square, 1993), 573.

118 Jean-Paul Sartre, *Situations* (New York: George Braziller, 1965), 333.

119 "Kairos for Market Researchers," Kairos, March 9, 2017, https://www.kairos.com/human-analytics/market-researchers.

120 Picard, *Affective Computing*, 119, 123, 244, 123-24, 136-37. Chapter 4도 참조하라.

121 Rosalind Picard, "Towards Machines That Deny Their Maker-Lecture with Rosalind Picard," *VBG*, April 22, 2016, http://www.vbg.net/ueber-uns/agenda/termin/3075.html.

122 Joseph Weizenbaum, "Not Without Us," *SIGCAS Computers and Society* 16, nos. 2-3 (1986): 2-7, https://doi.org/10.1145/15483.15484.

04 ———————————————————————————

1 Richard H. Thaler and Cass R. Sunstein, *Nudge: Improving Decisions About Health, Wealth, and Happiness*, rev. ed. (New York: Penguin, 2009).

2 Elizabeth J. Lyons et al., "Behavior Change Techniques Implemented in Electronic Lifestyle Activity Monitors: A Systematic Content Analysis," *Journal of Medical Internet Research* 16,

no. 8 (2014), e192, https://doi.org/10.2196/jmir.3469.

상업적 행동수정의 이론과 실제는 모든 것이 네트워크에 연결되어 있고 디지털 도구가 충분히 보급되어 있는 환경을 가정한다. 영국의 한 연구자 집단은 "전문가들이 일반적으로 동의하는 행동 변화 개입 기법들의 위계적으로 구조화된 분류"를 정리하기 위해 55명의 행동 전문가들을 대상으로 조사했다. 이 조사에서 93개의 행동 변화 기법이 확인되었으며, 이를 '예정된 후속자극', '보상과 위협', '반복과 대체', '선행자극', '연합', '피드백과 모니터링', '목표와 계획', '사회적 지원', '행동 비교', '자연적 후속자극의 커뮤니케이션', '자기신념', '성과 비교', '지식 형성', '규제', '정체성', '내적 학습'의 16개 방법론적 군집으로 묶을 수 있었다.

연구자들은 행동수정이 '급격히 변화하는 분야'라고 경고한다. 일례로, 불과 4년 전만 해도 22개의 기법만이 확인되었으며, 그중 다수가 개인 지향적이고 대면 상호작용 및 관계 구축을 요구했다고 지적한다. 반면 최근에 나타난 기법들은 '커뮤니티 및 집단 수준의 개입'을 겨냥한다. 이는 행동 변화 기법이 인터넷 도구의 새로운 능력(맥락의 통제, 자동화된 디지털 넛지, 대규모로 이루어지는 조작적 조건화)으로 옮겨가고 있음을 말해준다. 행위의 경제도 바로 이 인터넷에 연결된 도구들에 의존한다. Susan Michie et al., "The Behavior Change Technique Taxonomy (v1) of 93 Hierarchically Clustered Techniques: Building an International Consensus for the Reporting of Behavior Change Interventions," *Annals of Behavioral Medicine* 46, no. 1 (2013): 81-95, https://doi.org/10.1007/s12160-013-9486-6도 참조하라.

3 Hal R. Varian, "Beyond Big Data," *Business Economics* 49, no. 1 (2014): 6.

4 Varian, "Beyond Big Data," 7.

5 Robert M. Bond et al., "A 61-Million-Person Experiment in Social Influence and Political Mobilization," *Nature* 489, no. 7415 (2012): 295-98, https://doi.org/10.1038/nature11421.

6 Bond et al., "A 61-Million-Person Experiment."

7 Andrew Ledvina, "10 Ways Facebook Is Actually the Devil," AndrewLedvina.com, July 4, 2017, http://andrewledvina.com/code/2014/07/04/10-ways-facebook-is-the-devil.html.

8 Jonathan Zittrain, "Facebook Could Decide an Election Without Anyone Ever Finding Out," *New Republic*, June 1, 2014, http://www.newrepublic.com/article/117878/information-fiduciary-solution-facebook-digital-gerrymandering; Jonathan Zittrain, "Engineering an Election," *Harvard Law Review* 127 (June 20, 2014): 335; Reed Albergotti, "Facebook Experiments Had Few Limits," *Wall Street Journal*, July 2, 2014, http://www.wsj.com/articles/facebook-experiments -had-few-limits-1404344378; Charles Arthur, "If Facebook Can Tweak Our Emotions and Make Us Vote, What Else Can It Do?" *Guardian*, June 30, 2014, https://www.theguardian.com/technology/2014/jun/30/if-facebook-can-tweak-our-emotions-and-make-us-vote-what-else-can-it-do; Sam Byford, "Facebook Offers Explanation for Controversial News Feed Psychology

Experiment," *Verge*, June 29, 2014, https://www.theverge.com/2014/6/29/5855710/facebook-responds-to-psychology-research-controversy; Chris Chambers, "Facebook Fiasco: Was Cornell's Study of 'Emotional Contagion' an Ethics Breach?" *Guardian*, July 1, 2014, https://www.theguardian.com/science/head-quarters/2014/jul/01/facebook-cornell-study-emotional-contagion-ethics-breach.

9 Adam D. I. Kramer, Jamie E. Guillory, and Jeffrey T. Hancock, "Experimental Evidence of Massive-Scale Emotional Contagion Through Social Networks," *Proceedings of the National Academy of Sciences* 111, no. 24 (2014): 8788–90, https://doi.org/10.1073/pnas.1320040111.

10 Kramer, Guillory, and Hancock, "Experimental Evidence of Massive-Scale Emotional Contagion."

11 Matthew R. Jordan, Dorsa Amir, and Paul Bloom, "Are Empathy and Concern Psychologically Distinct?" *Emotion* 16, no. 8 (2016): 1107–16, https://doi.org/10.1037/emo0000228; Marianne Sonnby-Borgström, "Automatic Mimicry Reactions as Related to Differences in Emotional Empathy," *Scandinavian Journal of Psychology* 43, no. 5 (2002): 433–43, https://doi.org/10.1111/1467-9450.00312; Rami Tolmacz, "Concern and Empathy: Two Concepts or One?" *American Journal of Psychoanalysis* 68, no. 3 (2008): 257–75, https://doi.org/10.1057/ajp.2008.22; Ian E. Wickramasekera and Janet P. Szlyk, "Could Empathy Be a Predictor of Hypnotic Ability?" *International Journal of Clinical and Experimental Hypnosis* 51, no. 4 (2003): 390–99, https://doi.org/10.1076 /iceh.51.4.390.16413; E. B. Tone and E. C. Tully, "Empathy as a 'Risky Strength': A Multilevel Examination of Empathy and Risk for Internalizing Disorders," *Development and Psychopathology* 26, no. 4 (2014): 1547–65, https://doi.org/10.1017/S0954579414001199; Ulf Dimberg and Monika Thunberg, "Empathy, Emotional Contagion, and Rapid Facial Reactions to Angry and Happy Facial Expressions: Empathy and Rapid Facial Reactions," *PsyCh Journal* 1, no. 2 (2012): 118–27, https://doi.org/10.1002/pchj.4; Tania Singer and Claus Lamm, "The Social Neuroscience of Empathy," *Annals of the New York Academy of Sciences* 1156 (April 1, 2009): 81–96, https://doi.org/10.1111/j.1749-6632.2009.04418.x; Douglas F. Watt, "Social Bonds and the Nature of Empathy," *Journal of Consciousness Studies* 12, nos. 8–9 (2005): 185–209.

12 Jocelyn Shu et al., "The Role of Empathy in Experiencing Vicarious Anxiety," *Journal of Experimental Psychology: General* 146, no. 8 (2017): 1164–88, https://doi.org/10.1037/xge0000335; Tone and Tully, "Empathy as a 'Risky Strength.'"

13 Chambers, "Facebook Fiasco"; Adrienne LaFrance, "Even the Editor of Facebook's Mood Study Thought It Was Creepy," *Atlantic*, June 28, 2014, https://www.theatlantic.com/technology/archive/2014/06/even-the-editor-of-facebooks-mood-study-thought-it-was-creepy/373649.

14 LaFrance, "Even the Editor"를 참조하라.

15 Vindu Goel, "Facebook Tinkers with Users' Emotions in News Feed Experiment, Stirring Outcry," *New York Times*, June 29, 2014, https://www.nytimes.com/2014/06/30/technology/facebook-tinkers-with-users-emotions-in-news-feed-experiment-stirring-outcry.html.

16 Albergotti, "Facebook Experiments Had Few Limits"; Chambers, "Facebook Fiasco."

17 Inder M. Verma, "Editorial Expression of Concern and Correction Regarding 'Experimental Evidence of Massive-Scale Emotional Contagion Through Social Networks,'" *Proceedings of the National Academy of Sciences* 111, no. 29 (2014): 8788-90.

18 James Grimmelmann, "Law and Ethics of Experiments on Social Media Users," *Colorado Technology Law Journal* 13 (January 1, 2015): 255.

19 Michelle N. Meyer et al., "Misjudgements Will Drive Social Trials Underground," *Nature* 511 (July 11, 2014): 265; Michelle Meyer, "Two Cheers for Corporate Experimentation," *Colorado Technology Law Journal* 13 (May 7, 2015): 273.

20 Darren Davidson, "Facebook Targets 'Insecure' to Sell Ads," *Australian*, May 1, 2017.

21 Antonio Garcia-Martinez, "I'm an Ex-Facebook Exec: Don't Believe What They Tell You About Ads," *Guardian*, May 2, 2017, https://www.theguardian.com/technology/2017/may/02/facebook-executive-advertising-data-comment.

22 Dylan D. Wagner and Todd F. Heatherton, "Self-Regulation and Its Failure: The Seven Deadly Threats to Self-Regulation," in *APA Handbook of Personality and Social Psychology* (Washington, DC: American Psychological Association, 2015), 805-42, https://pdfs.semanticscholar.org/2e62/15047e3a296184c3698f3553255ffabd46c7.pdf (강조는 저자); William M. Kelley, Dylan D. Wagner, and Todd F. Heatherton, "In Search of a Human Self-Regulation System," *Annual Review of Neuroscience* 38, no. 1 (2015): 389-411, https://doi.org/10.1146/annurev-neuro-071013-014243.

23 David Modic and Ross J. Anderson, "We Will Make You Like Our Research: The Development of a Susceptibility-to-Persuasion Scale" (SSRN scholarly paper, Social Science Research Network, April 28, 2014), https://papers.ssrn.com/abstract=2446971. Mahesh Gopinath and Prashanth U. Nyer, "The Influence of Public Commitment on the Attitude Change Process: The Effects of Attitude Certainty, PFC and SNI" (SSRN scholarly paper, Social Science Research Network, August 29, 2007), https://papers.ssrn.com/abstract=1010562도 참조하라.

24 Dyani Sabin, "The Secret History of 'Pokémon Go' as Told by the Game's Creator," *Inverse*, February 28, 2017, https://www.inverse.com/article/28485-pokemon-go-secret-history-google-maps-ingress-john-hanke-updates를 참조하라.

25 Tim Bradshaw, "The Man Who Put 'Pokémon Go' on the Map," *Financial Times*, July 27, 2016, https://www.ft.com/content/7209d7ca-49d3-11e6-8d68-72e9211e86ab.

26 Sebastian Weber and John Hanke, "Reality as a Virtual Playground," *Making Games*,

January 22, 2015, http://www.makinggames.biz/feature/reality-as-a-virtual-playground,7286.html.

27 "John Hanke at SXSW 2017: We'll Announce Some New Products at the Next Event!" Pokemon GO Hub, March 10, 2017, http://web.archive.org/web/20170330220737/https://pokemongohub.net/john-hanke-sxsw-2017-well-announce-new-products-next-event.

28 Sabin, "The Secret History of 'Pokémon Go.'"

29 Weber and Hanke, "Reality as a Virtual Playground."

30 Hal Hodson, "Why Google's Ingress Game Is a Data Gold Mine," *New Scientist*, September 28, 2012, https://www.newscientist.com/article/mg21628936-200-why-googles-ingress-game-is-a-data-gold-mine을 참조하라.

31 Sabin, "The Secret History of 'Pokémon Go.'"

32 Ryan Wynia, "Behavior Design Bootcamp with Stanford's Dr. BJ Fogg," *Technori*, October 19, 2012, http://technori.com/2012/10/2612-behavior-design-bootcamp; Ryan Wynia, "BJ Fogg's Behavior Design Bootcamp: Day 2," *Technori*, October 22, 2012, http://technori.com/2012/10/2613-behavior-design-bootcamp-day-2. 스탠퍼드 대학교의 B. J. 포그(B. J. Fogg) 교수는 2003년에 낸 그의 책《설득 테크놀로지(Persuasive Technology)》에서 컴퓨터 게임 디자이너들이 스키너식의 조건화를 통해 사람들의 행동을 변화시키려고 하며, 따라서 "효과적인 조작적 조건화가 좋은 게임 경험을 낳는다"고 썼다.

33 Kevin Werbach, "(Re)Defining Gamification: A Process Approach," in *Persuasive Technology*, Lecture Notes in Computer Science, International Conference on Persuasive Technology (Cham, Switzerland: Springer, 2014), 266-72, https://doi.org/10.1007/978-3-319-07127-5_23; Kevin Werbach and Dan Hunter, *For the Win: How Game Thinking Can Revolutionize Your Business* (Philadelphia: Wharton Digital Press, 2012).

34 Michael Sailer et al., "How Gamification Motivates: An Experimental Study of the Effects of Specific Game Design Elements on Psychological Need Satisfaction," *Computers in Human Behavior* 69 (April 2017): 371-80, https://doi.org/10.1016/j.chb.2016.12.033; J. Hamari, J. Koivisto, and H. Sarsa, "Does Gamification Work?-a Literature Review of Empirical Studies on Gamification," in *47th Hawaii International Conference on System Science*s, 2014, 3025-34, https://doi.org/10.1109/HICSS.2014.377; Carina Soledad González and Alberto Mora Carreño, "Methodological Proposal for Gamification in the Computer Engineering Teaching," *2014 International Symposium on Computers in Education* (SIIE), 1-34; Dick Schoech et al., "Gamification for Behavior Change: Lessons from Developing a Social, Multiuser, Web-Tablet Based Prevention Game for Youths," *Journal of Technology in Human Services* 31, no. 3 (2013): 197-217, https://doi.org/10.108 0/15228835.2013.812512.

35 Yu-kai Chou, "A Comprehensive List of 90+ Gamification Cases with ROI Stats," *Yu-*

Kai Chou: Gamification & Behavioral Design, January 23, 2017, http://yukaichou.com/gamification-examples/gamification-stats-figures.

36 Ian Bogost, "Persuasive Games: Exploitationware," *Gamasutra*, May 3, 2011, http://www.gamasutra.com/view/feature/134735/persuasive_games_exploitationware.php; Adam Alter, *Irresistible: The Rise of Addictive Technology and the Business of Keeping Us Hooked* (New York: Penguin, 2017).

37 Jessica Conditt, "The Pokémon Go Plus Bracelet Is Great for Grinding," *Engadget*, September 17, 2016, https://www.engadget.com/2016/09/17/pokemon-go-plus-hands-on; Sarah E. Needleman, "'Pokémon Go' Wants to Take Monster Battles to the Street," *Wall Street Journal*, September 10, 2015, https://blogs.wsj.com/digits/2015/09/10/pokemon-go-wants-to-take-monster-battles-to-the-street; Patience Haggin, "Alphabet Spinout Scores Funding for Augmented Reality Pokémon Game," *Wall Street Journal*, February 26, 2016, https://blogs.wsj.com/venturecapital/2016/02/26/alphabet-spinout-scores-funding-for-augmented-reality-pokemon-game.

38 Joseph Schwartz, "5 Charts That Show Pokémon GO's Growth in the US," *Similarweb Blog*, July 10, 2016, https://www.similarweb.com/blog/pokemon-go.

39 Nick Wingfield and Mike Isaac, "Pokémon Go Brings Augmented Reality to a Mass Audience," *New York Times*, July 11, 2016, https://www.nytimes.com/2016/07/12/technology/pokemon-go-brings-augmented-reality-to-a-mass-audience.html.

40 Polly Mosendz and Luke Kawa, "Pokémon Go Brings Real Money to Random Bars and Pizzerias," *Bloomberg.com*, July 11, 2016, https://www.bloomberg.com/news/articles/2016-07-11/pok-mon-go-brings-real-money-to-random-bars-and-pizzerias; Abigail Gepner, Jazmin Rosa, and Sophia Rosenbaum, "There's a Pokémon in My Restaurant, and Business Is Booming," *New York Post*, July 12, 2016, http://nypost.com/2016/07/12/pokemania-runs-wild-through-city-causing-crime-accidents; Jake Whittenberg, "Pokemon GO Saves Struggling Wash. Ice Cream Shop," *KSDK*, August 9, 2016, http://www.ksdk.com/news /pokemon-go-saves-struggling-business/292596081.

41 Wingfield and Isaac, "Pokémon Go Brings Augmented Reality."

42 Sabin, "The Secret History of 'Pokémon Go.'"

43 Tim Bradshaw and Leo Lewis, "Advertisers Set for a Piece of 'Pokémon Go' Action," *Financial Times*, July 13, 2016; Jacky Wong, "Pokémon Mania Makes Mint for Bank of Kyoto," *Wall Street Journal*, July 12, 2016, https://blogs.wsj.com/moneybeat/2016/07/12/pokemon-mania-makes-mint-for-bank-of-kyoto.

44 Bradshaw and Lewis, "Advertisers Set for a Piece" (강조는 저자)를 참조하라.

45 Jon Russell, "Pokémon Go Will Launch in Japan Tomorrow with Game's First Sponsored Location," *TechCrunch*, July 19, 2016, http://social.techcrunch.com/2016/07/19/pokemon-go-is-finally-launching-in-japan-tomorrow; Takashi Mochizuki,

주 • 827

"McDonald's Unit to Sponsor 'Pokémon Go' in Japan," *Wall Street Journal*, July 19, 2016, http://www.wsj.com/articles/mcdonalds-unit-to-sponsor-pokemon-go-in-japan-1468936459; Stephen Wilmot, "An Alternative Way to Monetize Pokémon Go," *Wall Street Journal*, July 29, 2016, https://blogs.wsj.com/moneybeat/2016/07/29/an-alternative-way-to-monetize-pokemon-go; "Pokémon GO Frappuccino at Starbucks," *Starbucks Newsroom*, December 8, 2016, https://news.starbucks.com/news/starbucks-pokemon-go; Megan Farokhmanesh, "Pokémon Go Is Adding 10.5K Gym and Pokéstop Locations at Sprint Stores," *Verge*, December 7, 2016, http://www.theverge.com/2016/12/7/13868086/pokemon-go-sprint-store-new-gyms-pokestops; Mike Ayers, "Pokémon Tracks Get a Pokémon Go Bump on Spotify," *Wall Street Journal*, July 12, 2016, https://blogs.wsj.com/speakeasy/2016/07/12/pokemon-tracks-get-a-pokemon-go-bump-on-spotify; Josie Cox, "Insurer Offers Pokémon Go Protection (But It's Really Just Coverage for Your Phone)," *Wall Street Journal* (blog), July 22, 2016, https://blogs.wsj.com/moneybeat/2016/07/22/insurer-offers-pokemon-go-protection-but-its-really-just-coverage-for-your-phone; Ben Fritz, "Disney Looks to Tech Behind Pokemon Go," *Wall Street Journal*, August 5, 2016.

46 Adam Sherrill, "Niantic Believes Pokémon GO Has 'Only Just Scratched the Surface' of AR Gameplay Mechanics," *Gamnesia*, May 5, 2017, https://www.gamnesia.com/news/niantic-believes-pokemon-go-has-only-just-scrat ched-the-surface-of-ar을 참조하라.

47 Joseph Bernstein, "You Should Probably Check Your Pokémon Go Privacy Settings," *BuzzFeed*, July 11, 2016, https://www.buzzfeed.com/josephbernstein/heres-all-the-data-pokemon-go-is-collecting-from-your-phone.

48 Natasha Lomas, "Pokémon Go Wants to Catch (Almost) All Your App Permissions," *TechCrunch*, July 16, 2016, http://social.techcrunch.com/2016/07/11/pokemon-go-wants-to-catch-almost-all-your-permissions.

49 Marc Rotenberg, Claire Gartland, and Natashi Amlani, "EPIC Letter to FTC Chair Edith Ramirez," July 22, 2016, 4, https://epic.org/privacy/ftc/FTC-letter-Pokemon-GO-07-22-2016.pdf.

50 Al Franken, "Letter to John Hanke, CEO of Niantic, Inc. from U.S. Senator Al Franken," July 12, 2016, http://www.businessinsider.com/us-senator-al-franken-writes-to-pokmon-go-developers-niantic-privacy-full-letter2016-7.

51 Courtney Greene Power, "Letter to U.S. Senator Al Franken from General Counsel for Niantic, Inc. Courtney Greene Power," August 26, 2016.

52 Rebecca Lemov, *World as Laboratory: Experiments with Mice, Mazes, and Men* (New York: Hill and Wang, 2005), 189.

53 H. Keith Melton and Robert Wallace, *The Official CIA Manual of Trickery and Deception* (New York: William Morrow, 2010), 4.

54 Lemov, *World as Laboratory*, 189; Ellen Herman, T*he Romance of American Psychology:*

Political Culture in the Age of Experts (Berkeley: University of California Press, 1995), 129.

55 Melton and Wallace, *The Official CIA Manual of Trickery and Deception*.

56 "Church Committee: Book I—Foreign and Military Intelligence", Mary Ferrell Foundation, 1975, 390, https://www.maryferrell.org/php/showlist.php?docset=1014.

57 Lemov, *World as Laboratory*, 200.

58 Alexandra Rutherford, "The Social Control of Behavior Control: Behavior Modification, Individual Rights, and Research Ethics in America, 1971-1979," *Journal of the History of the Behavioral Sciences* 42, no. 3 (2006): 206, https://doi.org/10.1002/jhbs.20169.

59 Noam Chomsky, "The Case Against B. F. Skinner," *New York Review of Books*, December 30, 1971.

60 John L. McClellan et al., "Individual Rights and the Federal Role in Behavior Modification; A Study Prepared by the Staff of the Subcommittee on Constitutional Rights of the Committee on the Judiciary, United States Senate, Ninety-Third Congress, Second Session," November 1974, iii-iv, https://eric.ed.gov/?id=ED103726.

61 McClellan et al., "Individual Rights," IV, 21.

62 McClellan et al., 13-14.

63 P. London, "Behavior Technology and Social Control-Turning the Tables," *APA Monitor* (April 1974): 2 (강조는 저자); Rutherford, "The Social Control of Behavior Control."

64 Rutherford, "The Social Control of Behavior Control," 213.

65 "The Belmont Repor-Office of the Secretary-Ethical Principles and Guidelines for the Protection of Human Subjects of Research-the National Commission for the Protection of Human Subjects of Biomedical and Behavioral Research," Regulations & Policy, Office or Human Research Protections, US Department of Health, Education and Welfare, January 28, 2010, https://www.hhs.gov/ohrp/regulations-and-policy/belmont-report/index.html; Rutherford, "The Social Control of Behavior Control," 215.

66 Rutherford, "The Social Control of Behavior Control," 217을 참조하라.

67 Daniel W. Bjork, *B. F. Skinner: A Life* (New York: Basic, 1993), 220.

68 "Anthropotelemetry: Dr. Schwitzgebel's Machine." *Harvard Law Review* 80, no. 2 (1966): 403-21, https://doi.org/10.2307/1339322 (강조는 저자).

05 ───

1 Hannah Arendt, *The Life of the Mind*, vol. 2, *Willing* (New York: Harcourt Brace Jovanovich, 1978), 13-14.

2 Hannah Arendt, *The Human Condition* (Chicago: University of Chicago Press, 1998), 244.

3 John R. Searle, *Making the Social World: The Structure of Human Civilization* (Oxford: Oxford University Press, 2010), 133의 논의도 참조하라.

4 Searle, *Making the Social World,* 133, 136.

5 Searle, 194-95. 하버드 대학교 법학 대학 앨런 더쇼비츠(Alan Dershowitz)도 이 책의 분석에 적용할 수 있는 인권에 대한 실용주의 이론을 제시했다. 그는 "권리란 경험과 역사─특히 큰 부당함에 대한─를 통한 근본적인 선택으로, 매우 중요해서 시민들이 그것들을 확실하게 고착시켜 다수파가 바뀌더라도 쉽게 변하지 않도록 설득해야 한다"라고 주장한다. 이와 같이 권리란 그름에서 비롯된다. 그는 '상향식' 접근법을 채택한다. 대체로 완벽한 정의를 위한 조건에 대해서보다는 끔찍한 부당함을 구성하는 조건에 대해 훨씬 더 큰 합의가 이루어지기 때문이다. Alan M. Dershowitz, *Rights from Wrongs: A Secular Theory of the Origins of Rights* (New York: Basic, 2004), 81-96.

6 Sir Henry Maine, *Ancient Law* (New York: E. P. Dutton & Co. Inc., 1861).

7 Liam B. Murphy, "The Practice of Promise and Contract" (working paper, New York University Public Law and Legal Theory, 2014), 2069; Avery W. Katz, "Contract Authority—Who Needs It?" *University of Chicago Law Review* 81, no. 4 (2014): 27; Robin Bradley Kar, "Contract as Empowerment," *University of Chicago Law Review* 83, no. 2 (2016): 1.

8 Hal Varian, "Beyond Big Data," *Business and Economics* 49, no. 1 (January 2014).

9 클릭랩이나 그밖의 표준 문안과 관련해 이 문제를 심도 있게 검토한 Robin Kar and Margaret Radin, "Pseudo-contract & Shared Meaning Analysis" (Legal Studies Research Paper, University of Illinois College of Law, November 16, 2017), https://papers.ssrn.com/abstract=3083129를 참조하라.

10 베버는 '사적 계약에 의한 질서'로 표현되는 '법 제정의 탈중심화'가 꼭 '강압의 감소'를 낳는 것은 아니라고 주장했다. 그는 법적 질서가 '의무적, 금지적 규범'을 거의 부과하지 않고 "너무 많은 '자유'와 '권한'을 부여하는 때에도 … 일반적인 강압 전반이 심화될 수 있고, 특히 권위주의적 강압의 양적, 질적 증가를 촉진할 수 있다"라고 경고했다. 이것이 바로 20세기 초 산업 자본가들이 자유롭게 계약할 수 있는 권리를 이용해 아동 노동력을 고용하고, 열두 시간 노동을 요구하며, 위험한 노동 환경을 부과한 방법이며, 우리에게 변칙적이고 뻔뻔한 클릭랩 방식 동의를 떠안긴 방식이다. 20세기 초 공장주들처럼 우리에게 클릭랩을 강요하는 사람들도 비난의 초점이 되면 계약의 자유를 들먹인다. Max Weber, *Economy and Society: An Outline of Interpretive Sociology*, vol. 2 (Berkeley: University of California Press, 1978), 668-81을 참조하라.

11 Hal R. Varian, "Economic Scene; If There Was a New Economy, Why Wasn't There a New Economics?" *New York Times*, January 17, 2002, http://www.nytimes.com/2002/01/17/business/economic-scene-if-there-was-a-new-economy-why-wasn-t-there-a-new-economics.html.

12 Williamson, *The Economic Institutions of Capitalism.*

13 Oliver E. Williamson, "The Theory of the Firm as Governance Structure: From Choice to Contract," *Journal of Economic Perspectives* 16, no. 3 (2002): 174.

14 Williamson, *The Economic Institutions of Capitalism*, 30-31, 52. 통찰력 있는 평론가인

예브게니 모로조프(Evgeny Morozov)는 2014년 사회주의 계획가들의 야망에서 '빅 데이터' 분석의 기원을 찾는 선견지명 있는 견해를 제시했다. Evgeny Morozov, "The Planning Machine", *The New Yorker*, October 6, 2014, https://www.newyorker.com/ magazine/2014/10/13/planning-machine.

15 "Repo Man Helps Pay Off ill for Elderly Couple's Car," *ABC News*, November 23, 2016, http://abcnews.go.com/US/repo-man-helps-pays-off-bill-elderly-couples/ story?id=43738753; Sarah Larimer, "A Repo Man Didn't Want to Seize an Elderly Couple's Car, So He Helped Pay It Off or Them Instead," *Washington Post*, November 24, 2016, https://www.washingtonpost.com/news/inspired-life/wp/2016/11/24/a-repo-man-didnt-want-to-seize-an-elderly-couples-car-so-he-helped-pay-it-off for-them-instead/?utm_term=.5ab21c4510ab.

16 Timothy D. Smith, Jeffrey T. Laitman, and Kunwar P. Bhatnagar, "The Shrinking Anthropoid Nose, the Human Vomeronasal Organ, and the Language of Anatomical Reduction," *Anatomical Record* 297, no. 11 (2014): 2196-2204, https://doi.org/10.1002/ ar.23035.

17 Chris Jay Hoofnagle and Jennifer King, "Research Report: What Californians Understand About Privacy Offline" (SSRN Scholarly Paper, Rochester, NY: Social Science Research Network, May 15, 2008), http://papers.ssrn.com/abstract=1133075.

18 Joseph Turow et al., "Americans Reject Tailored Advertising and Three Activities That Enable It," Annenberg School for Communication, September 29, 2009, http://papers. ssrn.com/abstract=1478214; Joseph Turow, Michael Hennessy, and Nora Draper, "The Tradeoff Fallacy: How Marketers Are Misrepresenting American Consumers and Opening Them Up to Exploitation," Annenberg School for Communication, June 2015, https:// www.asc.upenn.edu/news-events/publications/tradeoff-fallacy-how-marketers-are-misrepresenting-american-consumers-and; Lee Rainie, "Americans' Complicated Feelings About Social Media in an Era of Privacy Concerns," *Pew Research Center*, March 27, 2018, http://www.pewresearch.org/fact-tank/2018/03/27/americans-complicated-feelings-about-social-media-in-an-era-of-privacy-concerns.

19 Filippo Tommaso Marinetti, *The Futurist Manifesto* (Paris, France: Le Figaro, 1909); F. T. Marinetti and R. W. Flint, *Marinetti: Selected Writings* (New York: Farrar, Straus and Giroux, 1972); Harlan K. Ullman and James P. Wade, *Shock and Awe: Achieving Rapid Dominance* (Forgotten Books, 2008).

20 Greg Mitchell, *The Tunnels: Escapes Under the Berlin Wall and the Historic Films the JFK White House Tried to Kill* (New York: Crown, 2016); Kristen Greishaber, "Secret Tunnels That Brought Freedom from Berlin's Wall," *Independent*, October 18, 2009, http://www. independent.co.uk/news/world/europe/secret-tunnels-that-brought-freedom-from-berlins-wall-1804765.html.

21 Mary Elise Sarotte, *The Collapse: The Accidental Opening of the Berlin Wall* (New York:

Basic, 2014), 181.

22 Karl Polanyi, *The Great Transformation: The Political and Economic Origins of Our Time*, 2nd ed. (Boston: Beacon, 2001), 137.

23 Ellen Meiksins Wood, *The Origin of Capitalism: A Longer View* (London: Verso, 2002).

- 3부 -

01 ————————————————————————————————

1 Peter S. Menell, "2014: Brand Totalitarianism" (UC Berkeley Public Law Research Paper, University of California, September 4, 2013), http://papers.ssrn.com/abstract=2318492; "Move Over, Big Brother," *Economist*, December 2, 2004, http://www.economist. com/node/3422918; Wojciech Borowicz, "Privacy in the Internet of Things Era," *Next Web*, October 18, 2014, http://thenextweb.com/dd/2014/10/18/privacy-internet-things-era-will-nsa-know-whats-fridge; Tom Sorell and Heather Draper, "Telecare, Surveillance, and the Welfare State," *American Journal of Bioethics* 12, no. 9 (2012): 36–44, https://doi.org/10.1080/15265161.2012.699137; Christina DesMarais, "This Smartphone Tracking Tech Will Give You the Creeps," *PCWorld*, May 22, 2012, http://www.pcworld.com/article/255802/new_ways_to_track_you_via_your_mobile_devices_big_brother_Rhys Blakely, "'We Thought Google Was the Future but It's Becoming Big Brother,'" *Times*, September 19, 2014, http://www.thetimes.co.uk/tto/technology/internet/article4271776.ece; CPDP Conferences, *Technological Totalitarianism, Politics and Democracy*, 2016, http://www.internethistory.info/media-library/mediaitem/2389-technological-totalitarianism-politics-anddemocracy.html; Julian Assange, "The Banality of 'Don't Be Evil,'" *New York Times*, June 1, 2013, https://www.nytimes.com/2013/06/02/opinion/sunday/the-banality-of-googles-dont-be-evil.html; Julian Assange, "Julian Assange on Living in a Surveillance Society," *New York Times*, December 4, 2014, https://www.nytimes.com/2014/12/04/opinion/julian-assange-on-living-in-a-surveillancesociety.html; Michael Hirsh, "We Are All Big Brother Now," *Politico*, July 23, 2015, https://www.politico.com/magazine/story/2015/07/big-brother-technology-trial-120477.html; "Apple CEO Tim Cook: Apple Pay Is Number One," *CBS News*, October 28, 2014, http://www.cbsnews.com/news/apple-ceo-tim-cook-apple-pay-is-number-one; Mathias Döpfner, "An Open Letter to Eric Schmidt: Why We Fear Google," *FAZ.net*, April 17, 2014, http://www.faz.net/1.2900860; Sigmar Gabriel, "Sigmar Gabriel: Political Consequences of the Google Debate," *Frankfurter Allgemeine Zeitung*, May 20, 2014, http://www.faz.net/aktuell/feuilleton/debatten/the-digital-debate/

sigmar-gabriel-consequences-of-the-google-debate-12948701-p6.html; Cory Doctorow, "Unchecked Surveillance Technology Is Leading Us Towards Totalitarianism," *International Business Times*, May 5, 2017, http://www.ibtimes.com/unchecked-surveillance-technology-leading-us-towards-totalitarianismopinion-2535230; Martin Schulz, "Transcript of Keynote Speech at Cpdp2016 on Technological, Totalitarianism, Politics and Democracy," *Scribd*, 2016, https://www.scribd.com/document/305093114/Keynote-Speech-at-Cpdp2016-on-Technological-Totalitarianism-Politics-and-Democracy.

2 무솔리니가 처음 권력을 잡은 1922년, 그는 젠틸레를 내각에 불러들여 공교육 장관으로 임명하면서 자신의 '스승'이라고 칭했다. A. James Gregor, *Giovanni Gentile: Philosopher of Fascism* (New Brunswick, NJ: Routledge, 2004), 60을 참조하라.

3 Gregor, *Giovanni Gentile*, 30.

4 Gregor, 62-63.

5 Benito Mussolini, *The Doctrine of Fascism* (Hawaii: Haole Church Library, 2015), 4.

6 Frank Westerman, *Engineers of the Soul: The Grandiose Propaganda of Stalin's Russia, trans. Sam Garrett* (New York: Overlook, 2012), 32-34 (강조는 저자); Robert Conquest, *Stalin: Breaker of Nations* (New York: Penguin, 1992).

7 Westerman, *Engineers of the Soul*, 22-29.

8 Waldemar Gurian, "Totalitarianism as Political Religion," in *Totalitarianism*, ed. Carl J. Friedrich (New York: Grosset & Dunlap, 1964), 120. 어쩌면 아이로니컬한 점이라고 할 수 있겠는데, 많은 학자들은 가톨릭교회 같은 제도가 단절되지 않았고 대량학살이 없었다는 점을 들어 이탈리아가 사실상 진정한 전체주의 국가를 이루지 못했다고 설명한다. 어떤 학자들은 전체주의의 이론과 실제가 독일에서 더 완벽하게 다듬어졌으며, 소비에트의 엘리트들은 파시즘과 동일시될까 봐 그 용어를 거부했지만 범위와 기간의 측면에서 보면 소비에트연방에서 훨씬 더 큰 발전을 이루었다고 주장한다.

9 Claude Lefort, "The Concept of Totalitarianism," *Democratiya* 9 (2007): 183-84.

10 소비에트를 옹호한 듀런티의 행적에 관해서는 Westerman, *Engineers of the Soul*, 188; Robert Conquest, *The Great Terror: A Reassessment* (Oxford: Oxford University Press, 2007), 468을 참조하라.

11 Conquest, *The Great Terror*, 485.

12 Conquest, 447.

13 Conquest, 405.

14 Conquest, *Stalin*, 222, 228.

15 Conquest, 229.

16 Walter Duranty, "What's Going On in Russia?" *Look*, August 15, 1939, 21.

17 듀런티는《뉴욕 타임스》모스크바 특파원이던 1931년에 쓴 기사로 1932년 퓰리처상을 수상했다. 이후 듀런티는 스탈린 반대파에게 스탈린의 선전 도구라는 공격을 받았다. 퓰리처상 선정위원회는 6개월간 혐의를 조사했고 결국 수상을 철회하지는 않겠다고 결정

했다. 몇 년이 지난 후,《뉴욕 타임스》는 듀런티의 기사를 역대 최악의 보도로 꼽게 된다. 그러나《룩》이나 다른 간행물들은 소비에트연방에서의 삶에 대한 듀런티의 설명에 의존하지 않을 수 없었고, 이는 분명 전체주의 권력의 독특한 속성을 대중이 한발 늦게 알아차리게 된 데 일조했다.

18 Conquest, *The Great Terror*, 467-68.

19 Conquest, 486.

20 Carl J. Friedrich, "The Problem of Totalitarianism—an Introduction," in *Totalitarianism*, ed. Carl J. Friedrich (New York: Grosset & Dunlap, 1964), 1.

21 Friedrich, "The Problem of Totalitarianism," 1-2. 프리드리히는 독일에서 나고 자랐으며, 1946년부터 1949년까지 독일 주둔 미군 총독의 보좌관으로 일했다.

22 Hannah Arendt, *The Origins of Totalitarianism* (New York: Schocken, 2004), 387.

23 Arendt, *The Origins*, 431.

24 Arendt, xxvii.

25 Arendt, 429.

26 Carl J. Friedrich, ed., *Totalitarianism* (New York: Grosset & Dunlap, 1954); Carl J. Friedrich and Zbigniew Brzezinski, *Totalitarian Dictatorship and Autocracy* (Cambridge, MA: Harvard University Press, 1956); Theodor Adorno, "Education After Auschwitz," in *Critical Models: Interventions and Catchwords* (New York: Columbia University Press, 1966); Theodor W. Adorno, "The Schema of Mass Culture," in *Culture Industry: Selected Essays on Mass Culture* (New York: Routledge, 1991); Theodor W. Adorno, "On the Question: 'What Is German?'" *New German Critique* no. 36 (Autumn, 1985): 121-31; Gurian, "Totalitarianism as Political Religion"; Raymond Aron, *Democracy and Totalitarianism*, Nature of Human Society Series (London: Weidenfeld & Nicolson, 1968).

27 유럽 유대인 말살에 대한 라울 힐베르크(Raul Hilberg)의 기념비적인 저서,《The Destruction of the European Jews》(New York: Holmes & Meier, 1985)를 참조하라. 이 책은 운송 및 생산 시스템, 군사작전, 각료조직의 위계, 조직적인 비밀 유지, 친구와 이웃을 통한 탄압과 살해 등 나치의 대중 동원이 지닌 복잡성을 보여준다. 다음의 문헌들도 참조하라. Daniel Jonah Goldhagen, *Hitler's Willing Executioners: Ordinary Germans and the Holocaust* (New York: Vintage, 1997); Jan T. Gross, *Neighbors: The Destruction of the Jewish Community in Jedwabne, Poland* (New York: Penguin, 2002); Christopher R. Browning, *Ordinary Men: Reserve Police Battalion 101 and the Final Solution in Poland* (New York: Harper Perennial, 1998); Norman M. Naimark, *Stalin's Genocides (Human Rights and Crimes Against Humanity)* (Princeton, NJ: Princeton University Press, 2012). 러시아의 경우 솔제니친의 강제수용소 묘사에서 끊임없는 탄압에 희생양을 '공급하기' 위해 당 간부와 일반 시민까지 그 대상이 되어야 했음을 보여준다. Aleksandr Solzhenitsyn, *The Gulag Archipelago* (New York: Harper & Row, 1973)를 참조하라.

28 Richard Shorten, *Modernism and Totalitarianism-Rethinking the Intellectual Sources of Nazism and Stalinism, 1945 to the Present* (New York: Palgrave Macmillan, 2012), 50.

29 Shorten, *Modernism*, Chapter 1.

30 Claude Lefort, *The Political Forms of Modern Society: Bureaucracy, Democracy, Totalitarianism*, ed. John B. Thompson (Cambridge, MA: MIT Press, 1986), 297-98.

31 Hannah Arendt, *Essays in Understanding* (New York: Schocken, 1994), 343.

32 "Behavior: Skinner's Utopia: Panacea, or Path to Hell?" *Time*, September 20, 1971, http://content.time.com/time/magazine/article/0,9171,909994,00.html.

33 B. F. Skinner, "Current Trends in Experimental Psychology," in *Cumulative Record*, 319, www.bfskinner.org (강조는 저자).

34 Ludy T. Benjamin Jr. and Elizabeth Nielsen-Gammon, "B. F. Skinner and Psychotechnology: The Case of the Heir Conditioner," *Review of General Psychology* 3, no. 3 (1999): 155-67, https://doi.org/10.1037/1089-2680.3.3.155를 참조하라.

35 B. F. Skinner, *About Behaviorism* (New York: Vintage, 1976), 1-9.

36 John B. Watson, "Psychology as the Behaviorist Views It," *Psychological Review* 20 (1913): 158-77.

37 Lefort, *The Political Forms of Modern Society*; "Max Planck," *Complete Dictionary of Scientific Biography* (Detroit, MI: Scribner's, 2008), http://www.encyclopedia.com/people/science-and-technology/physics-biographies/max-planck.

38 "Max Karl Ernst Ludwig Planck," Nobel-winners.com, December 16, 2017, http://www.nobel-winners.com/Physics/max_karl_ernst_ludwig_planck.html. 막스 플랑크 전기를 쓴 작가는 이렇게 썼다. "플랑크는 '인간의 추론 법칙이 우리 주변 세계로부터 받은 일련의 인상을 지배하는 법칙과 일치하며, 따라서 순수한 추론만으로 이 (세계의) 메커니즘에 대한 통찰력을 얻을 수 있다는 것을 알게 된 것이 과학에 일생을 바치리라고 결심한 계기였다'라고 회상했다. 다시 말해 그는 이론물리학이 온전히 하나의 학문분과로 인정받기 전에 이미 의식적으로 이론물리학자가 되겠다고 결심했다. 또한 그는 한걸음 더 나아가, 그러한 물리법칙이 존재함은 '외부세계가 인간으로부터 독립된, 절대적인 그 무엇'임을 뜻하며, '이 절대적인 것에 적용되는 법칙을 탐구하는 일은 … 인생에서 가장 숭고한 과학적 추구가 될 것'이라는 결론에 도달했다."

39 어윈 에스퍼(Erwin Esper)는 미국 심리학계에서 마이어를 소외시키고, 그럼으로써 그의 여러 연구를 제대로 인정하지 않게 만든 요인을 분석했다. Erwin A. Esper, 'Max Meyer in America,' *Journal of the History of the Behavioral Sciences* 3, no. 2 (1967): 107-31, https://doi.org/10.1002/1520-6696(196704)3:2⟨107::AID-JHBS2300030202⟩3.0.CO;2-F 를 참조하라.

40 Esper, 'Max Meyer.'

41 Skinner, *About Behaviorism*, 14.

42 스키너는 극단적 행동주의의 관점에 있어서 마이어의 중요성을 여러 차례 강조했다. 예를 들어, 1967년에 있었던 철학자 브랜드 블랜샤드(Brand Blanshard)와의 논쟁에서 그는 다음과 같이 언급했다. "우주의 일부가 우리 각자의 피부 안에 둘러싸여 있다는 피할 수 없는 사실은 한 가지 특별한 문제를 일으킨다. 그것은 우주의 나머지 부분과 다를 바

없지만 우리가 그것에 매우 가깝게, 배타적으로 접촉하기 때문에 특별한 고려 대상이 된다. 우리는 그것을 특별한 방식으로 깨닫게 되지만 주어진 바를 곧바로 수용하게 된다. 그것은 인간이 알게 되는 가장 최초의 것이자 인간이 진정으로 이해하게 되는 유일한 것이다. 데카르트를 위시한 철학자들은 정신을 분석할 때 이 지점에서 시작한다. 또한 대부분의 사람들이 자신의 행동을 설명할 때도 여기서 시작한다. 그러나 다른 출발점이 있을 수 있다. 그것은 막스 마이어가 말하는 다른-개체(Other-One)의 행동이다. 과학적 분석이 발달하면서 우리는 더 이상 행동을 내면에서 일어나는 사건으로 설명하지 않는다. 다른-개체의 피부 아래 세계는 우선적인 지위를 상실한다." Brand Blanshard, "The Problem of Consciousness: A Debate with B. F. Skinner," *Philosophy and Phenomenological Research* 27, no. 3 (1967): 317-37을 참조하라.

43 Max Meyer, "The Present Status of the Problem of the Relation Between Mind and Body," *Journal of Philosophy, Psychology and Scientific Methods* 9, no. 14 (1912): 371, https://doi.org/10.2307/2013335.

44 Esper, 'Max Meyer,' 114. 마이어가 보기에 '유기체'로의 이러한 환원은 사람들 사이의, 심지어 다른 동물 종들 사이의 공통성을 강조한다는 점에서 본질적으로 인도주의적이다. 우리 모두가 잠을 자고 먹고 마시며 춤을 추고 웃고 울고 번식하고 죽는다.

45 Max Planck, 'Phantom Problems in Science,' in *Scientific Autobiography and Other Papers* (New York: Philosophical Library, 1949), 52-79, 75를 참조하라. 플랑크는 '정신-육체 문제', '자유의지 문제' 등 과학에서의 '팬텀 문제'를 다룬 1946년의 글에서 과학 및 과학적 추론의 단일성에 대한 그의 오랜 지론을 요약했다. 플랑크는 철학과 과학에서의 모든 다른 팬텀 문제와 마찬가지로 정신-육체 논쟁도 '관찰의 관점'을 특정해 일관되게 그 관점을 지키지 못한 데 기인한다고 봤다(강조는 저자). 그는 '내부적' 또는 '심리학적' 관점과 '외부적' 또는 '생리학적' 관점이 혼동되는 경우가 너무 빈번하다고 주장했다. "무엇을 느끼고, 생각하고, 원하는지는 오직 당사자만 직접적으로 알 수 있다. 다른 사람들은 당사자의 말이나 행위, 행동, 습관으로부터 간접적으로 판단할 수밖에 없다. 그런 물리적 징후가 전무하다면, 그 사람이 그 순간 어떤 정신 상태에 있는지를 판단할 근거가 없다." 따라서 외부적 관점만이 유일하게 '의지적 과정(volitional process)의 과학적 관찰 근거'가 될 자격이 있다. 인간 행동에 대한 과학적 연구의 근거로서 '외부적 관점'이 확립되는 이 지점은 우리의 논의에서도 매우 중요하며, 플랑크의 논문에서 그의 견해가 마이어에게 준 영향력(그리고 플랑크가 마이어의 1921년 저서를 읽었을 가능성)을 짐작할 수 있다. 어쨌든 플랑크의 주장과 마이어의 주장 사이에 공명이 있음은 분명하다.

46 Max Friedrich Meyer, *Psychology of the Other-One* (Missouri Book Company, 1921), 146, http://archive.org/details/cu31924031214442.

47 Meyer, *Psychology*, 147.

48 Meyer, 402, 406.

49 Meyer, 411-12, 420.

50 Meyer, 402.

51 Meyer, 404.

52 B. F. Skinner, *The Behavior of Organisms: An Experimental Analysis* (Acton, MA: Copley, 1991), 3.

53 Skinner, *The Behavior of Organisms*, 4-6.

54 B. F. Skinner, *Science and Human Behavior*, (Kindle Edition: Free Press, 2012), 228-29.

55 B. F. Skinner, *Beyond Freedom & Dignity* (Indianapolis: Hackett, 2002), 163.

56 Skinner, *Beyond Freedom & Dignity*, 19-20.

57 Skinner, 21, 44, 58.

58 Skinner, *Science and Human Behavior*, 20.

59 Skinner, *Beyond Freedom & Dignity*, 4-5.

60 Skinner, 5-6 (강조는 저자).

61 Skinner, 59.

62 "Gambling Is a Feature of Capitalism—Not a Bug," *Prospect*, April 2017, http://www.prospectmagazine.co.uk/magazine/gambling-is-a-feature-of-capitalism-not-a-bug; Natasha Dow Schüll, *Addiction by Design: Machine Gambling in Las Vegas* (Princeton, NJ: Princeton University Press, 2014); Howard J. Shaffer, "Internet Gambling & Addiction," Harvard Medical School: Division on Addictions, Cambridge Health Alliance, January 16, 2004; Michael Kaplan, "How Vegas Security Drives Surveillance Tech Everywhere," *Popular Mechanics*, January 1, 2010, http://www.popularmechanics.com/technology/how-to/computer-security/4341499; Adam Tanner, *What Stays in Vegas: The World of Personal Data-Lifeblood of Big Business-and the End of Privacy as We Know It* (New York: PublicAffairs, 2014); Chris Nodder, *Evil by Design: Interaction Design to Lead Us into Temptation* (Indianapolis: Wiley, 2013); Julian Morgans, "Your Addiction to Social Media Is No Accident," *Vice*, May 18, 2017, https://www.vice.com/en_us/article/vv5jkb/the-secret-ways-social-media-is-built-for-addiction; "Reasons for Playing Slot Machines Rather Than Table Games in the U.S.," *Statista*, 2017, https://www.statista.com/statistics/188761/reasons-for-playing-slot-machines-more-than-tablegames-in-the-us.

63 Skinner, *Science and Human Behavior*, 105-6, 282 (강조는 저자). 카지노에서 활용되는 행동 테크놀로지에 대한 애덤 태너의 통찰도 참고하라. Tanner, *What Stays in Vegas*.

64 Skinner, *Science and Human Behavior*, 105-6.

65 Skinner, 21.

66 Skinner, 282.

67 Skinner, 282.

68 놀랄지 모르지만, 조지 오웰 스스로가 친구 앤서니 파월(Anthony Powell)에게 《1984》를 '유토피아를 그린 소설'이라고 소개했다. Robert McCrum, "1984: The Masterpiece That Killed George Orwell," *Guardian*, May 9, 2009, http://www.theguardian.com/books/2009/may/10/1984-georgeorwell을 참조하라. B. F. 스키너는 《월든 투》를 '유토피아 공동체에 관한 소설'이라고 밝혔다. B. F. Skinner, *Walden Two* (Indianapolis:

Hackett, 2005), vi.

69 스키너가 《월든 투》 1976년 판에 붙인 서문을 참조하라. B. F. Skinner, *Walden Two* (New York: Macmillan, 1976).

70 멈퍼드의 이 논평은 영국 다큐멘터리 감독 애덤 커티스(Adam Curtis)의 1968년 작 BBC 다큐멘터리 〈내일을 향하여: 어느 유토피아(Toward Tomorrow: A Utopia)〉에 나온다. http://www.bbc.co.uk/programmes/p0295vz8

71 George Orwell, *1984* (Boston: Houghton Mifflin Harcourt, 2017), 548, 551.

72 Orwell, 1984, 637 – 38.

73 Skinner, *Walden Two*, 275 – 76.

74 Skinner, 137, 149.

02

1 B. F. Skinner, *Walden Two* (Indianapolis: Hackett, 2005), 242-43.

2 B. F. Skinner, "To Know the Future," *Behavior Analyst* 13, no. 2 (1990): 104.

3 Skinner, "To Know the Future," 106.

4 Hannah Arendt, *Essays in Understanding* (New York: Schocken, 1994), 319.

5 Hannah Arendt, *The Human Condition* (Chicago: University of Chicago Press, 1998), 322.

6 Hannah Arendt, *The Origins of Totalitarianism* (New York: Schocken, 2004), 620.

7 "Trust," *Our World in Data,* August 3, 2017, https://ourworldindata.org/trust.

8 "Public Trust in Government: 1958-2017," *Pew Research Center for the People and the Press*, May 3, 2017, http://www.people-press.org/2017/05/03/public-trust-in-government-1958-2017.

9 Peter P. Swire, "Privacy and Information Sharing in the War on Terrorism," *Villanova Law Review* 51, no. 4 (2006): 951. Kristen E. Eichensehr, "Public-Private Cybersecurity," *Texas Law Review* 95, no. 3 (2017), https://texaslawreview.org/public-private-cybersecurity도 참조하라.

10 Joseph Menn, "Facebook, Twitter, Google Quietly Step Up Fight Against Terrorist Propaganda," *Sydney Morning Herald*, December 7, 2015, http://www.smh.com.au/technology/technologynews/facebook-twitter-google-quietly-step-up-fight-against-terrorist-propaganda-20151206-glgvj2.html.

11 Menn, "Facebook, Twitter, Google." 다음의 기사들도 참조하라. Jim Kerstetter, "Daily Report: Tech Companies Pressured on Terrorist Content," *Bits Blog*, December 8, 2015, https://bits.blogs.nytimes.com/2015/12/08/daily-report-tech-companies-pressured-on-terrorist-content; Mark Hosenbell and Patricia Zengerle, "Social Media Terrorist Activity Bill Returning to Senate," *Reuters*, December 7, 2015, http://www.reuters.com/article/us-usa-congress-socialmediaidUSKBN0TQ2E520151207.

12 Dave Lee, "'Spell-Check for Hate' Needed, Says Google's Schmidt," *BBC News*, December 7, 2015, http://www.bbc.com/news/technology-35035087.

13 Danny Yadron, "Agenda for White House Summit with Silicon Valley," *Guardian*, January 7, 2016, https://www.theguardian.com/technology/2016/jan/07/white-house-summit-silicon-valley-tech-summit-agenda-terrorism; Danny Yadron, "Revealed: White House Seeks to Enlist Silicon Valley to 'Disrupt Radicalization,'" *Guardian*, January 8, 2016, http://www.theguardian.com/technology/2016/jan/07/white-house-social-media-terrorism-meeting-facebook-apple-youtube.

14 Kashmir Hill, "The Government Wants Silicon Valley to Build Terrorist-Spotting Algorithms. But Is It Possible?" *Fusion*, January 14, 2016, http://fusion.net/story/255180/terrorist-spotting-algorithm.

15 Stefan Wagstyl, "Germany to Tighten Security in Wake of Berlin Terror Attack," *Financial Times*, January 11, 2017, https://www.ft.com/content/bf7972f4-d759-11e6-944b-e7eb37a6aa8e.

16 John Mannes, "Facebook, Microsoft, YouTube and Twitter Form Global Internet Forum to Counter Terrorism," *TechCrunch*, June 26, 2017, http://social.techcrunch.com/2017/06/26/facebook-microsoft-youtube-and-twitter-form-global-internet-forum-to-counter-terrorism; "Partnering to Help Curb the Spread of Terrorist Content Online," Google, December 5, 2016, http://www.blog.google:443/topics/google-europe/partnering-help-curb-spread-terrorist-contentonline.

17 "Five Country Ministerial 2017: Joint Communiqué," June 28, 2017, https:// www.publicsafety.gc.ca/cnt/rsrcs/pblctns/fv-cntry-mnstrl-2017/index-en.aspx.

18 "European Council Conclusions on Security and Defence, 22/06/2017," June 22, 2017, http://www.consilium.europa.eu/en/press/press-releases/2017/06/22/euco-security-defence.

19 "G20 Leaders' Statement on Countering Terrorism—European Commission Press Release," July 7, 2017, http://europa.eu/rapid/press-release_STATEMENT-17-1955_en.htm; Jamie Bartlett, "Terrorism Adds the Backdrop to the Fight for Internet Control," *Financial Times*, June 6, 2017, https://www.ft.com/content/e47782fa-4ac0-11e7-919a-1e14ce4af89b.

20 Spencer Ackerman and Sam Thielman, "US Intelligence Chief: We Might Use the Internet of Things to Spy on You," *Guardian*, February 9, 2016, http://www.theguardian.com/technology/2016/feb/09/internet-of-things-smart-home-devices-government-surveillance-james-clapper.

21 Matt Olsen, Bruce Schneier, and Jonathan Zittrain, "Don't Panic: Making Progress on the 'Going Dark' Debate," Berkman Klein Center for Internet & Society at Harvard, February 1, 2016, 13.

22 Haley Sweetland Edwards, "Alexa Takes the Stand," *Time*, May 15, 2017; Tom Dotan and

Reed Albergotti, "Amazon Echo and the Hot Tub Murder," *Information*, December 27, 2016, https://www.theinformation.com/amazon-echo-and-the-hot-tub-murder.

23 Parmy Olson, "Fitbit Data Now Being Used in the Courtroom," *Forbes*, November 16, 2014, http://www.forbes.com/sites/parmyolson/2014/11/16/fitbit-data-court-room-personal-injury-claim; Kate Crawford, "When Fitbit Is the Expert Witness," *Atlantic*, November 19, 2014, http://www.theatlantic.com/technology/archive/2014/11/when-fitbit-is-the-expert-witness/382936; Ms. Smith, "Cops Use Pacemaker Data to Charge Man with Arson, Insurance Fraud," CSO, January 30, 2017, http://www.csoonline.com/article/3162740/security/cops-use-pacemaker-data-asevidence-to-charge-homeowner-with-arson-insurance-fraud.html

24 Jonah Engel Bromwich, Mike Isaac, and Daniel Victor, "Police Use Surveillance Tool to Scan Social Media, A.C.L.U. Says," *New York Times*, October 11, 2016, http://www.nytimes.com/2016/10/12/technology/aclu-facebook-twitter-instagram-geofeedia.html.

25 Jennifer Levitz and Zusha Elinson, "Boston Plan to Track Web Draws Fire," *Wall Street Journal*, December 5, 2016.

26 Lee Fang, "The CIA Is Investing in Firms That Mine Your Tweets and Instagram Photos," *Intercept*, April 14, 2016, https://theintercept.com/2016/04/14/in-undisclosed-cia-investments-social-media-mining-looms-large.

27 Ashley Vance and Brad Stone, "Palantir, the War on Terror's Secret Weapon," *Bloomberg.com*, September 22, 2011, http://www.bloomberg.com/news/articles/2011-11-22/palantir-the-war-on-terrors-secret-weapon; Ali Winston, "Palantir Has Secretly Been Using New Orleans to Test Its Predictive Policing Technology," *Verge*, February 27, 2018.

28 Rogier Creemers, "China's Chilling Plan to Use Social Credit Ratings to Keep Score on Its Citizens," *CNN.com*, October 27, 2015, https://www.cnn.com/2015/10/27/opinions/china-social-credit-score-creemers/index.html.

29 Mara Hvistendahl, "Inside China's Vast New Experiment in Social Ranking," *Wired*, December 14, 2017, https://www.wired.com/story/age-of-social-credit.

30 Hvistendahl, "Inside China's Vast New Experiment."

31 Amy Hawkins, "Chinese Citizens Want the Government to Rank Them," *Foreign Policy*, May 24, 2017, https://foreignpolicy.com/2017/05/24/chinese-citizens-want-the-government-to-rank-them.

32 Zhixin Feng et al., "Social Trust, Interpersonal Trust and Self-Rated Health in China: A Multi-level Study," *International Journal for Equity in Health* 15 (November 8, 2016), https://doi.org/10.1186/s12939-016-0469-7.

33 Arthur Kleinman et al., *Deep China: The Moral Life of the Person* (Berkeley: University of California Press, 2011); Mette Halskov Hansen, *iChina: The Rise of the Individual in Modern Chinese Society*, ed. Rune Svarverud (Copenhagen: Nordic Institute of Asian

Studies, 2010); Yunxiang Yan, *The Individualization of Chinese Society* (Oxford: Bloomsbury Academic, 2009).

34 Hawkins, "Chinese Citizens Want the Government to Rank Them."

35 Hvistendahl, "Inside China's Vast New Experiment."

36 Hvistendahl.

37 Masha Borak, "China's Social Credit System: AI-Driven Panopticon or Fragmented Foundation for a Sincerity Culture?" *TechNode*, August 23, 2017, https://technode.com/2017/08/23/chinas-social-credit-system-ai-driven-panopticon-or-fragmented-foundation-for-a-sincerity-culture.

38 "China Invents the Digital Totalitarian State," *Economist*, December 17, 2016, http://www.economist.com/news/briefing/21711902-worrying-implications-its-social-creditproject-china-invents-digital-totalitarian.

39 Shi Xiaofeng and Cao Yin, "Court Blacklist Prevents Millions from Flying, Taking High-Speed Trains," *Chinadaily.com*, February 14, 2017, http://www.chinadaily.com.cn/china/2017-02/14/content_28195359.htm.

40 "China Moving Toward Fully Developed Credit Systems," *Global Times*, June 6, 2017, http://www.globaltimes.cn/content/1052634.shtml.

41 Hvistendahl, "Inside China's Vast New Experiment."

42 Yaxing Yao, Davide Lo Re, and Yang Wang, "Folk Models of Online Behavioral Advertising," in *Proceedings of the 2017 ACM Conference on Computer Supported Cooperative Work and Social Computing*, CSCW '17 (New York: ACM, 2017), 1957-69, https://doi.org/10.1145/2998181.2998316.

43 "China Invents the Digital Totalitarian State."

44 Christopher Lunt, United States Patent: 9100400—Authorization and authentication based on an individual's social network, 2015년 8월 4일 등록, http://patft.uspto.gov/netacgi/nph-Parser?Sect1=PTO1&Sect2=HITOFF&d=PALL&p=1&u=%2Fnetahtml%2FPTO%2Fsrchnum.htm&r=1&f=G&l=50&s1=9100400.PN.&OS=PN/9100400&RS=PN/9100400. 이 특허에서 핵심적인 부분은 다음과 같다. "본 발명의 제4 실시예에서, 서비스 제공자는 대출기관이다. 개인이 대출을 신청할 때 대출기관은 권한을 승인받은 노드를 통해 해당 개인에게 연결된 소셜 네트워크 구성원들의 신용 등급을 검토한다. 이 구성원들의 평균 신용등급이 하한선 이상이면 대출 신청 절차가 계속 진행되고, 그렇지 않으면 대출 신청이 거부된다.

45 Christer Holloman, "Your Facebook Updates Now Determine Your Credit Score," *Guardian*, August 28, 2014, http://www.theguardian.com/media-network/media-network-blog/2014/aug/28/social-media-facebook-credit-score-banks; Telis Demos and Deepa Seetharaman, "Facebook Isn't So Good at Judging Your Credit After All," *Wall Street Journal*, February 24, 2016, http://www.wsj.com/articles/lenders-drop-plans-to-judge-you-by-your-facebook -friends-1456309801; Yanhao Wei et al., "Credit

Scoring with Social Network Data" (SSRN Scholarly Paper, Rochester, NY: Social Science Research Network, July 1, 2014), https://papers.ssrn.com/abstract=2475265; Daniel Bjorkegren and Darrell Grissen, "Behavior Revealed in Mobile Phone Usage Predicts Loan Repayment" (SSRN Scholarly Paper, Rochester, NY: Social Science Research Network, July 13, 2015), https://papers.ssrn.com/abstract=2611775.

46 Creemers, "China's Chilling Plan."

47 Dan Strumpf and Wenxin Fan, "Who Wants to Supply China's Surveillance State? The West," *Wall Street Journal*, November 1, 2017, https://www.wsj.com/articles/who-wants-to-supply-chinas-surveillance-state-the-west-1509540111.

48 Carl J. Friedrich, "The Problem of Totalitarianism—an Introduction," in *Totalitarianism*, ed. Carl J. Friedrich (New York: Grosset & Dunlap, 1964), 1–2.

03

1 Mark Weiser, "The Computer for the 21st Century," *Scientific American*, July 1999, 89.

2 Satya Nadella, "Build 2017," Build Conference 2017, Seattle, May 10, 2017, https://ncmedia.azureedge.net/ncmedia/2017/05/Build-2017-Satya-Nadella-transcript.pdf.

3 Eric Schmidt, "Alphabet's Eric Schmidt: We Should Embrace Machine Learning—Not Fear It," *Newsweek*, January 10, 2017, http://www.newsweek.com/2017/01/20/google-eric-schmidt-embrace-machine-learning-not-fear-it-540369.html.

4 Richard Waters, "FT Interview with Google Co-founder and CEO Larry Page," *Financial Times*, October 31, 2014, http://www.ft.com/intl/cms/s/2/3173f19e-5fbc-11e4-8c27-00144feabdc0.html#axzz3JjXPNno5.

5 Marcus Wohlsen, "Larry Page Lays Out His Plan for Your Future," *Wired*, March 2014, https://www.wired.com/2014/03/larry-page-using-google-build-future-well-living.

6 Waters, "FT Interview with Google Co-founder"; Vinod Khosla, "Fireside Chat with Google Co-founders, Larry Page and Sergey Brin," Khosla Ventures, July 3, 2014, http://www.khoslaventures.com/fireside-chat-with-google-co-founders-larry-page-and-sergey-brin.

7 Miguel Helft, "Fortune Exclusive: Larry Page on Google," *Fortune,* December 11, 2012, http://fortune.com/2012/12/11/fortune-exclusive-larry-page-on-google.

8 Khosla, "Fireside Chat."

9 Larry Page, "2013 Google I/O Keynote," Google I/O, May 15, 2013, http://www.pcworld.com/article/2038841/hello-larry-googles-page-on-negativity-laws-and-competitors.html.

10 "Facebook's (FB) CEO Mark Zuckerberg on Q4 2014 Results—Earnings Call Transcript," *Seeking Alpha*, January 29, 2015, https://seekingalpha.com/article/2860966-

facebooks-fb-ceo-mark-zuckerberg-on-q4-2014-results-earnings-call-transcript.

11 Ashlee Vance, "Facebook: The Making of 1 Billion Users," *Bloomberg.com*, October 4, 2012, http://www.bloomberg.com/news/articles/2012-10-04/facebook-the-making-of-1-billion-users를 참조하라.

12 "Facebook's (FB) CEO Mark Zuckerberg on Q4 2014 Results."

13 "Facebook (FB) Mark Elliot Zuckerberg on Q1 2016 Results—Earnings Call Transcript," *Seeking Alpha*, April 28, 2016, https://seekingalpha.com/article/3968783-facebook-fb-mark-elliot-zuckerberg-q1-2016-results-earnings-call-transcript.

14 Mark Zuckerberg, "Building Global Community," Facebook, February 16, 2017, https://www.facebook.com/notes/mark-zuckerberg/building-global-community/10154544292806634.

15 Mark Zuckerberg, "Facebook CEO Mark Zuckerberg's Keynote at F8 2017 Conference (Full Transcript)," April 19, 2017, https://singjupost.com/facebook-ceo-mark-zuckerbergs-keynote-at-f8-2017-conference-full-transcript.

16 Johann Wolfgang von Goethe, *"The Sorcerer's Apprentice," German Stories at Virginia Commonwealth University*, 1797, *http://germanstories.vcu.edu/goethe/zauber_e4.html*.

17 Frank E. Manuel and Fritzie P. Manuel, *Utopian Thought in the Western World* (Cambridge, MA: Belknap Press, 1979), 20.

18 Manuel and Manuel, *Utopian Thought*, 23 (강조는 저자).

19 Todd Bishop and Nat Levy, "With $256 Billion, Apple Has More Cash Than Amazon, Microsoft and Google Combined," *GeekWire*, May 2, 2017, https://www.geekwire.com/2017/256-billion-apple-cash-amazon-microsoft-google-combined.

20 Manuel and Manuel, *Utopian Thought in the Western World*, 9.

21 Zuckerberg, "Building Global Community."

22 "Facebook CEO Mark Zuckerberg's Keynote at F8 2017 Conference."

23 Nadella, "Build 2017."

24 Satya Nadella, Chen Qiufan, and Ken Liu, "The Partnership of the Future," *Slate*, June 28, 2016, http://www.slate.com/articles/technology/future_tense/2016/06/microsoft_ceo_satya_nadella_humans_and_a_i_can_work_together_to_solve_society.html.

25 Nadella, "Build 2017."

26 Nadella.

27 Nadella (강조는 저자).

28 Nadella (강조는 저자).

29 Nadella.

30 Elad Yom-Tov et al., User behavior monitoring on a computerized device, US9427185 B2, 2013년 6월 20일 출원, 2016년 8월 30일 등록, http://www.google.com/patents/US9427185.

31 B. F. Skinner, *Walden Two* (Indianapolis: Hackett, 2005), 195-96.

32 Eric Schmidt and Sebastian Thrun, "Let's Stop Freaking Out About Artificial Intelligence," *Fortune*, June 28, 2016, http://fortune.com/2016/06/28/artificial-intelligence-potential.

33 Schmidt and Thrun, "Let's Stop Freaking Out."

04 ——————————————————————————————————

1 Alex Pentland, "Alex Pentland Homepage—Honest Signals, Reality Mining, and Sensible Organizations," February 2, 2016, http://web.media.mit.edu/~sandy; "Alex Pentland—Bio," World Economic Forum, February 28, 2018, https://www.weforum.org/agenda/authors/alex-pentland; *Edge Video*, "The Human Strategy: A Conversation with Alex 'Sandy' Pentland," October 30, 2017, https://www.edge.org/conversation/alex_sandy_pentland-the-human-strategy.

2 Talks at Google, Sandy Pentland: "Social Physics: How Good Ideas Spread," YouTube.com, March 7, 2014, https://www.youtube.com/watch?v=HMB10ttu-Ow.

3 Maria Konnikova, "Meet the Godfather of Wearables," *Verge*, May 6, 2014, http://www.theverge.com/2014/5/6/5661318/the-wizard-alex-pentland-father-of-the-wearable-computer.

4 "Alex Pentland," *Wikipedia*, July 22, 2017, https://en.wikipedia.org/w/index.php?title=Alex_Pentland&oldid=791778066; Konnikova, "Meet the Godfather"; Dave Feinleib, "3 Big Data Insights from the Grandfather of Google Glass," *Forbes*, October 17, 2012, http://www.forbes.com/sites/davefeinleib/2012/10/17/3-big-data-insights-from-the-grandfather-of-google-glass.

5 사회물리학이라는 용어는 오귀스트 콩트(Auguste Comte)의 실증주의 철학에서 유래한다. 콩트는 플랑크에 앞서 자연과학만큼 정밀성을 갖춘 과학적 사회 연구를 방침으로 삼았다. 그는 1830년에 다음과 같이 썼다. "지금까지 인간의 정신은 천체의 물리학과 지상의 물리학, … 그리고 유기체의 물리학을 확립했다. … 이제는 사회의 물리학만 세우면 관찰 과학의 전체 체계가 완성된다." Auguste Comte, *Introduction to Positive Philosophy*, ed. Frederick Ferré (Indianapolis: Hackett, 1988), 13을 참조하라.
거의 200년이 지나, 펜틀런드의 사회물리학 이론과 연구는《뉴욕 타임스》,《하버드 비즈니스 리뷰》,《뉴요커》가 그를 주목하게 만들었고, 그를 UN과 세계경제포럼, 여러 기업과 국제 컨퍼런스에 이르기까지 전 세계를 순회하는 저명한 강연자로 만들었다. 마이크로소프트와 구글에서 그는 '빅데이터 혁명'을 주도한 천재로 각인됐으며, 그의 연구는 '획기적인 실험'과 '괄목할 만한 발견'을 통해 '완전히 새로운 과학의 한 영역을 개척할 기반'이 되었다. 펜틀런드는 2014년《사회물리학》출간과 더불어 대중적인 디지털-삶-설계 컨퍼런스에서 소개됐다. 그를 소개한 사람은 널리 알려진 미디어 분석가 클레이 셔키(Clay Shirky)로, 펜틀런드의 인간역학연구실이 "지난 10년 동안 전 세계의 다른 누구보다 집단 내에서의 인간 행동을 설명하는 데 있어서 더 많은 일을 해냈다"고 평가했다.

6 Konnikova, "Meet the Godfather."

7 Konnikova.

8 Tanzeem Choudhury and Alex Pentland, "The Sociometer: A Wearable Device for Understanding Human Networks" (white paper, Computer Supported Cooperative Work—Workshop on Ad Hoc Communications and Collaboration in Ubiquitous Computing Environments), November 2, 2002.

9 Choudhury and Pentland.

10 Nathan Eagle and Alex Pentland, "Reality Mining: Sensing Complex Social Systems," *Personal and Ubiquitous Computing* 10, no. 4 (2006): 255, https://doi.org/10.1007/s00779-005-0046-3.

11 Alex Pentland, "'Reality Mining' the Organization," *MIT Technology Review*, March 31, 2004, https://www.technologyreview.com/s/402609/reality-mining-the-organization.

12 Eagle and Pentland, "Reality Mining."

13 Kate Greene, "TR10: Reality Mining", MIT Technology Review, February 19, 2008, http://www2.technologyreview.com/news/409598/tr10-reality-mining; Alex Pentland, *Social Physics: How Good Ideas Spread—the Lessons from a New Science* (Brunswick, NJ: Scribe, 2014), 217-18.

14 Pentland, *Social Physics*, 2-3.

15 Greene, "TR10."

16 Alex Pentland, "The Data-Driven Society," *Scientific American* 309 (October 2013): 78-83, https://doi.org/doi:10.1038/scientificamerican1013-78.

17 Pentland, "'Reality Mining' the Organization."

18 Nathan Eagle and Alex Pentland, Combined short range radio network and cellular telephone network for interpersonal communications, MIT ID: 10705T, US US7877082B2, 2004년 5월 6일 출원, 2014년 9월 19일 등록, https://patents.google.com/patent/US7877082B2/en.

19 Ryan Singel, "When Cell Phones Become Oracles," *Wired*, July 25, 2005, https://www.wired.com/2005/07/when-cell-phones-become-oracles를 참조하라.

20 Pentland, "'Reality Mining' the Organization."

21 D. O. Olguin et al., "Sensible Organizations: Technology and Methodology for Automatically Measuring Organizational Behavior," *IEEE Transactions on Systems, Man, and Cybernetics, Part B* (Cybernetics) 39, no. 1 (2009): 43-55, https://doi.org/10.1109/TSMCB.2008.2006638.

22 Taylor Soper, "MIT Spinoff enacity Raises $1.5M to Improve Workplace Productivity with 'Social Physics,'" *GeekWire*, February 10, 2016, https://www.geekwire.com/2016/tenacity-raises-1-5m; Ron Miller, "Endor Emerges from MIT Research with Unique Predictive Analytics Tech," *TechCrunch*, March 8, 2017, http://social.techcrunch.com/2017/03/08/endor-emerges-from-mit-research-with-unique-predictive-

analytics-tech; Rob Matheson, "Watch Your Tone," *MIT News*, January 20, 2016, http://
news.mit.edu/2016/startup-cogito-voice-analytics-call-centers-ptsd-0120.

23 Ben Waber, *People Analytics: How Social Sensing Technology Will Transform Business and What It Tells Us About the Future of Work* (Upper Saddle River, NJ: FT Press, 2013).

24 Ron Miller, "New Firm Combines Wearables and Data to Improve Decision Making," *TechCrunch*, February 24, 2015, http://social.techcrunch.com/2015/02/24/new-firm-combines-wearables-and-data-to-improve-decision-making.

25 Miller, "New Firm"; Alexandra Bosanac, "How 'People Analytics' Is Transforming Human Resources," *Canadian Business*, October 26, 2015, http://www.canadianbusiness.com/innovation/how-people-analytics-is-transforming-human-resources.

26 Pentland, "The Data-Driven Society."

27 "Alex Pentland Homepage"; Endor.com, December 23, 2017; "Endor—Careers," http://www.endor.com/careers; "Endor—Social Physics," http://www.endor.com/social-physics.

28 "Yellow Pages Acquires Sense Networks," Yellow Pages, January 6, 2014, http://corporate.yp.com/yp-acquires-sense-networks. lison E. Berman, "MIT's Sandy Pentland: Big Data Can Be a Profoundly Humanizing Force in Industry," *Singularity Hub*, May 16, 2016, https://singularityhub.com/2016/05/16/mits-sandy-pentland-big-data-can-be-a-profoundly-humanizing-force-in-industry.

30 Berman, "MIT's Sandy Pentland."

31 Alex Pentland, "Society's Nervous System: Building Effective Government, Energy, and Public Health Systems," *MIT Open Access Articles*, October 2011, http://dspace.mit.edu/handle/1721.1/66256.

32 Pentland, "Society's Nervous System," 3.

33 Pentland, 6.

34 Pentland, 2-4.

35 Pentland, 3.

36 Pentland, 10.

37 Pentland, 8 (강조는 저자).

38 Pentland.

39 Pentland, *Social Physics*, 10-11.

40 Pentland, 12 (강조는 저자).

41 Pentland, 245.

42 Pentland, 7 (강조는 저자).

43 B. F. Skinner, *Beyond Freedom & Dignity* (Indianapolis: Hackett, 2002), 175.

44 B. F. Skinner, *Walden Two* (Indianapolis: Hackett, 2005), 241.

45 Skinner, *Walden Two*, 162.

46 Skinner, 239.

47 Pentland, *Social Physics*, 19.

48 Pentland, 143, 18.

49 Pentland, 153.

50 Skinner, *Walden Two*, 275.

51 Skinner, 252.

52 Skinner, 255 – 56.

53 Skinner, 218 – 19.

54 Pentland, *Social Physics*, 191.

55 Pentland, 2 – 3.

56 Pentland, 6 – 7.

57 Pentland, 172 (강조는 저자).

58 Pentland, 38.

59 Skinner, *Walden Two*, 92 – 93 (강조는 저자).

60 Pentland, *Social Physics*, 69.

61 Pentland, 184.

62 Pentland, 152.

63 Pentland, 190.

64 Pentland, 46.

65 Alex Pentland, "The Death of Individuality: What Really Governs Your Actions?" *New Scientist* 222, no. 2963 (2014): 30 – 31, https://doi.org/10.1016/S0262-4079(14)60684-9.

66 Skinner, *Beyond Freedom*, 155 – 56.

67 Pentland, *Social Physics*, 191, 203 – 4.

68 Pentland, "The Death of Individuality."

69 Skinner, *Beyond Freedom*, 200, 205.

70 Skinner, 211.

71 Talks at Google, *Sandy Pentland: "Social Physics: How Good Ideas Spread."*

72 Noam Chomsky, "The Case Against B. F. Skinner," *New York Review of Books*, December 30, 1971.

73 Pentland, Social Physics, 189.

74 Pentland, 190.

75 Alex Pentland, "Reality Mining of Mobile Communications: Toward a New Deal on Data," in *Global Information Technology Report, World Economic Forum & INSEAD* (World Economic Forum, 2009), 75 – 80.

76 Harvard Business Review Staff, "With Big Data Comes Big Responsibility," *Harvard Business Review*, November 1, 2014, https://hbr.org/2014/11/with-big-data-comes-big-responsibility.

77 "Who Should We Trust to Manage Our Data?" World Economic Forum, accessed August

9, 2018, https://www.weforum.org/agenda/2015/10/who-should-we-trust-manage-our-data/.

78 Primavera De Filippi and Benjamin Loveluck, "The Invisible Politics of Bitcoin: Governance Crisis of a Decentralized Infrastructure," *Internet Policy Review* 5, no. 3 (September 30, 2016).

79 Staff, "With Big Data Comes Big Responsibility."

05 ───────────────────────────────────

1 "The World UNPLUGGED," *The World UNPLUGGED*, https://theworldunplugged.wordpress.com.

2 Katherine Losse, The Boy Kings: A Journey into the Heart of the Social Network (New York: Free Press, 2012)에서 이와 관련한 통찰력 있는 설명을 볼 수 있다.

3 "Confusion," *The World UNPLUGGED*, February 26, 2011, https://theworldunplugged.wordpress.com/emotion/confusion.

4 "College Students Spend 12 Hours/Day with Media, Gadgets," *Marketing Charts*, November 30, 2009, https://www.marketingcharts.com/television-11195.

5 Andrew Perrin and Jingjing Jiang, "About a Quarter of U.S. Adults Say They Are 'Almost Constantly' Online," *Pew Research Center*, March 14, 2018, http://www.pewresearch.org/fact-tank/2018/03/14/about-a-quarter-of-americans-report-going-online-almost-constantly; Monica Anderson and Jingjing Jiang, "Teens, Social Media & Technology 2018," *Pew Research Center,* May 31, 2018, http://www.pewinternet.org/2018/05/31/teens-social-media-technology-2018/.

6 Jason Dorsey, "Gen Z—Tech Disruption: 2016 National Study on Technology and the Generation After Millennials," *Center for Generational Kinetics*, 2016, http://3pur2814p18t46fuop22hvvu.wpengine.netdna-cdn.com/wp-content/uploads/2017/01/Research-White-Paper-Gen-Z-Tech-Disruption-c-2016-Center-for-Generational-Kinetics.pdf.

7 Sarah Marsh, "Girls Suffer Under Pressure of Online 'Perfection,' Poll Finds," *Guardian*, August 22, 2017, http://www.theguardian.com/society/2017/aug/23/girls-suffer-under-pressure-of-online-perfection-poll-finds.

8 이보다 먼저 인터넷을 인간의 대상화가 이루어지는 영역으로 이론화한 통찰력 있는 연구로 Julie E. Cohen, "Examined Lives: Informational Privacy and the Subject as Object" (SSRN Scholarly Paper, Rochester, NY: Social Science Research Network, August 15, 2000), https://papers.ssrn.com/abstract=233597을 참조할 수 있다.

9 Sarah Marsh and Guardian readers, "Girls and Social Media: 'You Are Expected to Live Up to an Impossible Standard,'" *Guardian*, August 22, 2017, http://www.theguardian.com/society/2017/aug/23/girls-and-social-media-you-are-expected-to-live-up-to-an-impossible-standard.

10 Marsh, "Girls and Social Media"를 참조하라.

11 "Millennials Check Their Phones More Than 157 Times per Day," *New York*, May 31, 2016, https://socialmediaweek.org/newyork/2016/05/31/millennials-check-phones-157-times-per-day (강조는 저자).

12 Natasha Dow Schüll, *Addiction by Design: Machine Gambling in Las Vegas* (Princeton, NJ: Princeton University Press, 2014), 166–67.

13 Schüll, *Addiction by Design*, 160.

14 Natasha Dow Schüll, "Beware: 'Machine Zone' Ahead," *Washington Post*, July 6, 2008, http://www.washingtonpost.com/wp-dyn/content/article/2008/07/04/AR2008070402134.html (강조는 저자).

15 Schüll, *Addiction by Design*, 174를 참조하라.

16 Alex Hern, "'Never Get High on Your Own Supply'—Why Social Media Bosses Don't Use Social Media," *Guardian*, January 23, 2018, http://www.theguardian.com/media/2018/jan/23/never-get-high-on-your-own-supply-why-social-media-bosses-dont-use-social-media.

17 Jessica Contrera, "This Is What It's Like to Grow Up in the Age of Likes, Lols and Longing," *Washington Post*, May 25, 2016, http://www.washingtonpost.com/sf/style/2016/05/25/13-right-now-this-is-what-its-like-to-grow-up-in-the-age-of-likes-lols-and-longing.

18 Granville Stanley Hall, Adolescence: Its Psychology and Its Relations to *Physiology, Anthropology, Sociology, Sex, Crime, Religion and Education* (Memphis, TN: General Books, 2013), 1:3.

19 Hall, *Adolescence*, 1:84.

20 Erik H. Erikson, *Identity and the Life Cycle* (New York: W. W. Norton, 1994), 126–27. Erik H. Erikson, *Identity: Youth and Crisis* (New York: W. W. Norton, 1994), 128–35도 참조하라.

21 Jeffrey Jensen Arnett, Emerging Adulthood: *The Winding Road from the Late Teens Through the Twenties* (Oxford: Oxford University Press, 2006)에서 이 개념을 제안한 제프리 아넷의 논의를 참조할 수 있다.

22 다음의 문헌들이 그 예다. Laurence Steinberg and Richard M. Lerner, "The Scientific Study of Adolescence: A Brief History," *Journal of Early Adolescence* 24, no. 1 (2004): 45-54, https://doi.org/10.1177/0272431603260879; Arnett, *Emerging Adulthood*; Daniel Lapsley and Ryan D. Woodbury, "Social Cognitive Development in Emerging Adulthood," in *The Oxford Handbook of Emerging Adulthood* (Oxford: Oxford University Press, 2015); Wim Meeus, "Adolescent Psychosocial Development: A Review of

Longitudinal Models and Research," *Developmental Psychology* 52, no. 12 (2016): 1969-93, https://doi.org/10.1037 /dev0000243; Jeffrey Jensen Arnett et al., *Debating Emerging Adulthood: Stage or Process?* (Oxford: Oxford University Press, 2011).

23   Dan P. McAdams, "Life Authorship in Emerging Adulthood," in *The Oxford Handbook of Emerging Adulthood* (Oxford: Oxford University Press, 2015), 438.

24   Lapsley and Woodbury, "Social Cognitive Development," 152.

25   Lapsley and Woodbury, 155. 개별화와 애착 사이의 균형에 관한 학문적 논의는 문화의 문제를 제기한다. 발달 과정에 관한 이러한 이론이 얼마나 보편적으로 적용될 수 있을까? 랩슬리와 우드버리의 글은 이 문제에 관한 합리적이고 균형 잡힌 견해를 보여준다. 상이한 민족 또는 인종 집단, 문화적 환경, 국가에서 개별화가 어떻게 작용하는지는 경험적 탐구를 통해서만 알 수 있는 문제다. 그러나 우리가 보기에 독자성과 융화성 (agency-communion) 사이의 긴장은 인간이라는 존재가 기본적으로 가지고 있는 이중성에서 비롯되며(Bakan, 1966), 그것이 어떻게 표출되는가가 문화에 따른 다양성을 보여준다. 융화성을 우선시하는 사회에서도 독자성을 무시하지 않으며, 독자성이 더 중요한 사회라고 해도 애착과 융화, 유대감를 위한 갈망이 사라지지는 않는다. 더구나 독자성과 융화성은 한 사람의 삶 속에서도 관계적 지위, 발달의 우선순위, 개인의 삶이 처한 상황에 따라 시기별로 다르게 나타난다. 그러나 독자성과 융화성 사이에 타협이 이루어지더라도, 성인 진입기는 힘든 협상이 일어날 수밖에 없는 시기이며, 이 협상은 성인이 된 후의 적응에 중요한 함의를 갖는다.

윗글에 인용된 문헌은 David Bakan, *The Duality of Human Existence: Isolation and Communion in Western Man* (Boston: Beacon, 1966)이다.

26   Robert Kegan, *The Evolving Self: Problem and Process in Human Development* (Cambridge, MA: Harvard University Press, 1982), 96. 95 - 100의 논의를 참조하라.

27   Erikson, *Identity: Youth and Crisis*, 130.

28   Kegan, *The Evolving Self*, 19.

29   Lapsley and Woodbury, "Social Cognitive Development," 152.

30   danah boyd, It's *Complicated: The Social Lives of Networked Teens* (New Haven, CT: Yale University Press, 2014), 8.

31   Chris Nodder, *Evil by Design: Interaction Design to Lead Us into Temptation* (Indianapolis: Wiley, 2013), xv.

32   Lapsley and Woodbury, "Social Cognitive Development," 152.

33   Nodder, *Evil by Design*, 5.

34   "What's the History of the Awesome Button (That Eventually Became the Like Button) on Facebook?" *Quora*, September 19, 2017, https://www.quora.com/Whats-the-history-of-the-Awesome-Button-that-eventually-became-the-Like-button-on-Facebook.

35   John Paul Titlow, "How Instagram Learns from Your Likes to Keep You Hooked," *Fast Company*, July 7, 2017, https://www.fastcompany.com/40434598/how-instagram-learns-from-your-likes-to-keep-you-hooked.

36 Adam Alter, *Irresistible: The Rise of Addictive Technology and the Business of Keeping Us Hooked* (New York: Penguin, 2017), 128.

37 Josh Constine, "How Facebook News Feed Works," *TechCrunch,* September 6, 2016, http://social.techcrunch.com/2016/09/06/ultimate-guide-to-the-news-feed.

38 Michael Arrington, "Facebook Users Revolt, Facebook Replies," *TechCrunch*, http://social.techcrunch.com/2006/09/06/facebook-users-revolt-facebook-replies.

39 Victor Luckerson, "Here's How Your Facebook News Feed Actually Works," *Time*, July 9, 2015, http://time.com/collection-post/3950525/facebook-news-feed-algorithm.

40 Constine, "How Facebook News Feed Works"를 참조하라. Will Oremus, "Who Controls Your Facebook Feed," *Slate*, January 3, 2016, http://www.slate.com/articles/technology/cover_story/2016/01/how_facebook_s_news_feed_algorithm_works.html에서 인용했다.

41 Constine, "How Facebook News Feed Works."

42 Luckerson, "Here's How Your Facebook News Feed Actually Works"를 참조하라.

43 Oremus, "Who Controls Your Facebook Feed"를 참조하라.

44 Alessandro Acquisti, Laura Brandimarte, and George Loewenstein, "Privacy and Human Behavior in the Age of Information," *Science* 347, no. 6221 (2015): 509-14, https://doi.org/10.1126/science.aaa1465.

45 Jerry Suls and Ladd Wheeler, "Social Comparison Theory," in *Theories of Social Psychology*, ed. Paul A. M. Van Lange, Arie W. Kruglanski, and E. Tory Higgins, vol. 2 (Thousand Oaks, CA: Sage, 2012), 460-82.

46 David R. Mettee and John Riskind, "Size of Defeat and Liking for Superior and Similar Ability Competitors," *Journal of Experimental Social Psychology* 10, no. 4 (1974): 333-51; T. Mussweiler and K. Rütter, "What Friends Are For! The Use of Routine Standards in Social Comparison," *Journal of Personality and Social Psychology* 85, no. 3 (2003): 467-81도 참조하라.

47 Suls and Wheeler, "Social Comparison Theory."

48 K. Hennigan and L. Heath, "Impact of the Introduction of Television on Crime in the United States: Empirical Findings and Theoretical Implications," *Journal of Personality and Social Psychology* 42, no. 3 (1982): 461-77; Hyeseung Yang and Mary Beth Oliver, "Exploring the Effects of Television Viewing on Perceived Life Quality: A Combined Perspective of Material Value and Upward Social Comparison," *Mass Communication and Society* 13, no. 2 (2010): 118-38.

49 Amanda L. Forest and Joanne V. Wood, "When Social Networking Is Not Working," *Psychological Science* 23, no. 3 (2012): 295-302; Lin Qiu et al., "Putting Their Best Foot Forward: Emotional Disclosure on Facebook," *Cyberpsychology, Behavior, and Social Networking* 15, no. 10 (2012): 569-72.

50 Jiangmeng Liu et al., "Do Our Facebook Friends Make Us Feel Worse? A Study of Social Comparison and Emotion," *Human Communication Research* 42, no. 4 (2016): 619-40, https://doi.org/10.1111/hcre.12090.

51 Andrew K. Przybylski et al., "Motivational, Emotional, and Behavioral Correlates of Fear of Missing Out," *Computers in Human Behavior* 29, no. 4 (2013): 1841‒48, https://doi.org/10.1016/j.chb.2013.02.014.

52 Qin‒Xue Liu et al., "Need Satisfaction and Adolescent Pathological Internet Use: Comparison of Satisfaction Perceived Online and Offline," *Computers in Human Behavior* 55 (February 2016): 695‒700, https://doi.org/10.1016/j.chb.2015.09.048; Dorit Alt, "College Students' Academic Motivation, Media Engagement and Fear of Missing Out," *Computers in Human Behavior* 49 (August 2015): 111‒19, https://doi.org/10.1016/j.chb.2015.02.057; Roselyn J. Lee‒Won, Leo Herzog, and Sung Gwan Park, "Hooked on Facebook: The Role of Social Anxiety and Need for Social Assurance in Problematic Use of Facebook," *Cyberpsychology, Behavior, and Social Networking* 18, no. 10 (2015): 567‒74, https://doi.org/10.1089/cyber.2015.0002; Jon D. Elhai et al., "Fear of Missing Out, Need for Touch, Anxiety and Depression Are Related to Problematic Smartphone Use," *Computers in Human Behavior* 63 (October 2016): 509‒16, https://doi.org/10.1016/j.chb.2016.05.079.

53 Nina Haferkamp and Nicole C. Krämer, "Social Comparison 2.0: Examining the Effects of Online Profiles on Social‒Networking Sites," *Cyberpsychology, Behavior and Social Networking* 14, no. 5 (2011): 309‒14, https://doi.org/10.1089/cyber.2010.0120. Helmut Appel, Alexander L. Gerlach, and Jan Crusius, "The Interplay Between Facebook Use, Social Comparison, Envy, and Depression," *Current Opinion in Psychology* 9 (June 2016): 44‒49, https:///doi.org/10.1016/j.copsyc.2015.10.006도 참조하라.

54 Ethan Kross et al., "Facebook Use Predicts Declines in Subjective Well‒Being in Young Adults," *PLoS ONE* 8, no. 8 (2013): e69841, https://doi.org/10.1371/journal.pone.0069841.

55 Hanna Krasnova et al., "Envy on Facebook: A Hidden Threat to Users' Life Satisfaction?" *Wirtschaft informatik Proceedings* 2013 92 (January 1, 2013), http://aisel.aisnet.org/wi2013/92; Christina Sagioglou and Tobias Greitemeyer, "Facebook's Emotional Consequences: Why Facebook Causes a Decrease in Mood and Why People Still Use It," *Computers in Human Behavior* 35 (June 2014): 359‒63, https://doi.org/10.1016/j.chb.2014.03.003.

56 Edson C. Tandoc Jr., Patrick Ferruci, and Margaret Duffy, "Facebook Use, Envy, and Depression Among College Students: Is Facebooking Depressing?" *Computers in Human Behavior* 43 (February 2015): 139‒46.

57 Adriana M. Manago et al., "Facebook Involvement, Objectified Body Consciousness, Body Shame, and Sexual Assertiveness in College Women and Men," *Springer* 72, nos. 1‒2 (2014): 1‒14, https://doi.org/10.1007/s11199‒014‒0441‒1.

58 Jan‒Erik Lönnqvist and Fenne große Deters, "Facebook Friends, Subjective Well‒Being,

Social Support, and Personality," *Computers in Human Behavior* 55 (February 2016): 113-20, https://doi.org/10.1016/j.chb.2015.09.002; Daniel C. Feiler and Adam M. Kleinbaum, "Popularity, Similarity, and the Network Extraversion Bias," *Psychological Science* 26, no. 5 (2015): 593-603, https://doi.org/10.1177/0956797615569580.

59 Brian A. Primack et al., "Social Media Use and Perceived Social Isolation Among Young Adults in the U.S.," *American Journal of Preventive Medicine* 53, no. 1 (2017): 1-8, https://doi.org/10.1016/j.amepre.2017.01.010; Taylor Argo and Lisa Lowery, "The Effects of Social Media on Adolescent Health and Well-Being," *Journal of Adolescent Health* 60, no. 2 (2017): S75-76, https://doi.org/10.1016/j.jadohealth.2016.10.331; Elizabeth M Seabrook, Margaret L. Kern, and Nikki S. Rickard, "Social Networking Sites, Depression, and Anxiety: A Systematic Review," *JMIR Mental Health* 3, no. 4 (2016): e50, https://doi.org/10.2196/mental.5842.

60 Holly B. Shakya and Nicholas A. Christakis, "Association of Facebook Use with Compromised Well-Being: A Longitudinal Study," *American Journal of Epidemiology*, January 16, 2017, https://doi.org/10.1093/aje/kww189.

61 Bernd Heinrich, *The Homing Instinct* (Boston: Houghton Mifflin Harcourt, 2014), 298-99.

62 Erving Goffman, *The Presentation of Self in Everyday Life* (New York: Anchor, 1959), 112-32.

63 이 주제에 관한 문헌은 무척 많지만, 그 중에서도 다음의 두 글이 구체적으로 소셜 미디어에서의 '냉각 효과'를 언급하고 있다. Sauvik Das and Adam Kramer, "Self-Censorship on Facebook," in *Proceedings of the Seventh International AAAI Conference on Weblogs and Social Media*, 2013; Alice E. Marwick and danah boyd, "I Tweet Honestly, I Tweet Passionately: Twitter Users, Context Collapse, and the Imagined Audience," *New Media & Society* 13, no. 1 (2011): 114-33.

64 Shoshana Zuboff, file note, November 9, 2017, Queen's University, Kingston, Ontario.

65 Ben Marder, Adam Joinson, Avi Shankar, and David Houghton, "The Extended 'Chilling' Effect of Facebook: The Cold Reality of Ubiquitous Social Networking," *Computers in Human Behavior* 60 (July 1, 2016): 582-92, https://doi.org/10.1016/j.chb.2016.02.097.

66 Stanley Milgram and Thomas Blass, *The Individual in a Social World: Essays and Experiments*, 3rd ed. (London: Pinter & Martin, 2010), xxi-xxiii.

06 —————————————————————————————

1 Gaston Bachelard, *The Poetics of Space* (Boston: Beacon, 1994), 6.
2 Bachelard, *The Poetics of Space*, 7.

3 Bachelard, 91.

4 Philip Marfleet, "Understanding 'Sanctuary': Faith and Traditions of Asylum," *Journal of Refugee Studies* 24, no. 3 (2011): 440 –55, https://doi.org/10.1093/jrs/fer040.

5 John Griffiths Pedley, *Sanctuaries and the Sacred in the Ancient Greek World* (New York: Cambridge University Press, 2005), 97.

6 H. Bianchi, *Justice as Sanctuary* (Eugene, OR: Wipf & Stock, 2010). Norman Maclaren Trenholme and Frank Thilly, *The Right of Sanctuary in England: A Study in Institutional History*, vol. 1 (Columbia: University of Missouri, 1903)도 참조하라.

7 Linda McClain, "Inviolability and Privacy: The Castle, the Sanctuary, and the Body," *Yale Journal of Law & the Humanities* 7, no. 1 (1995): 203, http://digitalcommons.law.yale.edu/yjlh/vol7/iss1/9.

8 Darhl M. Pedersen, "Psychological Functions of Privacy," *Journal of Environmental Psychology* 17, no. 2 (1997): 147 –56, https://doi.org/10.1006/jevp.1997.0049. 법학에서의 관련된 논의로는 다음의 문헌들을 참조하라. Daniel J. Solove, "'I've Got Nothing to Hide' and Other Misunderstandings of Privacy," *San Diego Law Review* 44 (July 12, 2007): 745; Julie E. Cohen, "What Privacy Is For" (SSRN Scholarly Paper, Rochester, NY: Social Science Research Network, November 5, 2012), https://papers.ssrn.com/abstract=2175406을 참조하라.

9 Anita L. Allen, *Unpopular Privacy: What Must We Hide?* Studies in Feminist Philosophy (New York: Oxford University Press, 2011), 4.

10 Orin S. Kerr, "Searches and Seizures in a Digital World," *Harvard Law Review* 119, no. 2 (2005): 531–85; Elizabeth B. Wydra, Brianne J. Gorod, and Brian R. Frazelle, "Timothy Ivory Carpenter v. United States of America—On Writ of Certiorari to the United States Court of Appeals for the Sixth Circuit—Brief of Scholars of the History and Original Meaning of the Fourth Amendment as Amici Curiae in Support of Petitioner," Supreme Court of the United States, August 14, 2017; David Gray, *The Fourth Amendment in an Age of Surveillance* (New York: Cambridge University Press, 2017); David Gray, "The Fourth Amendment Categorical Imperative," *Michigan Law Review*, 2017, http://michiganlawreview.org/the-fourth-amendment-categorical-imperative.

11 Jennifer Daskal, "The Un-territoriality of Data," *Yale Law Journal* 125, no. 2 (2015): 326 –98을 참조하라.

12 Andrew Guthrie Ferguson, "The Internet of Things and the Fourth Amendment of Effects," *California Law Review*, August 3, 2015, 879 –80, https://papers.ssrn.com/abstract=2577944.

13 Lisa Van Dongen and Tjerk Timan, "Your Smart Coffee Machine Knows What You Did Last Summer: A Legal Analysis of the Limitations of Traditional Privacy of the Home Under Dutch Law in the Era of Smart Technology" (SSRN Scholarly Paper, Rochester, NY: Social Science Research Network, September 1, 2017), https://papers.ssrn.com/

abstract=3090340.

14 GDPR에서 규정하는 '동의'에 관한 정확한 설명은 다음의 글에서 볼 수 있다. Sally Annereau, "Understanding Consent Under the GDPR," Global Data Hub, November 2016, https://globaldatahub.taylorwessing.com/article/understanding-consent-under-the-gdpr..

15 McCann FitzGerald and Ruairí Madigan, "GDPR and the Internet of Things: 5 Things You Need to Know," *Lexology*, May 26, 2016, http://www.lexology.com/library/detail.aspx?g=ba0b0d12-bae3-4e93-b832-85c15620b877.

16 Daphne Keller, "The Right Tools: Europe's Intermediary Liability Laws and the 2016 General Data Protection Regulation" (SSRN Scholarly Paper, Rochester, NY: Social Science Research Network, March 22, 2017), https://papers.ssrn.com/abstract=2914684; Sandra Wachter, "Normative Challenges of Identification in the Internet of Things: Privacy, Profiling, Discrimination, and the GDPR" (SSRN Scholarly Paper, Rochester, NY: Social Science Research Network, December 6, 2017), https://papers.ssrn.com/abstract=3083554; Tal Zarsky, "Incompatible: The GDPR in the Age of Big Data" (SSRN Scholarly Paper, Rochester, NY: Social Science Research Network, August 8, 2017), https://papers.ssrn.com/abstract=3022646; Anna Rossi, "Respected or Challenged by Technology? The General Data Protection Regulation and Commercial Profiling on the Internet" (SSRN Scholarly Paper, Rochester, NY: Social Science Research Network, July 13, 2016), https://papers.ssrn.com/abstract=2852739; Viktor Mayer-Schönberger and Yann Padova, "Regime Change? Enabling Big Data Through Europe's New Data Protection Regulation," *Columbia Science & Technology Law Review* 315 (2016): 315–35.

17 Paul-Olivier Dehaye, e-mail message to DCMS Committee, March 8, 2018, http://data.parliament.uk/writtenevidence/committeeevidence.svc/evidencedocument/digital-culture-media-and-sport-committee/fake-news/written/80117.html.

18 Paul-Olivier Dehaye (강조는 저자).

19 아일랜드 정보보호위원회가 2011~2012년에 실시한 감사보고서에서 하이브의 데이터와 아키텍처에 관해 더 자세히 다루고 있다. 이 감사는 프라이버시 활동가 막스 슈렘스(Max Schrems)의 노력으로 이루어졌다. 그는 페이스북이 EU 회원국 시민들의 개인 정보를 축적하고 있다고 문제를 제기했다. "Facebook Audit," Data Protection Commission—Ireland, July 3, 2018, https://www.dataprotection.ie/docs/Facbook-Audit/1290.htm.

20 "How Can I Download a Copy of My Facebook Data?" Facebook, https://www.facebook.com/help/1701730696756992; "What to Look for in Your Facebook Data—and How to Find It," *Wired*, April 26, 2018, https://www.wired.com/story/download-facebook-data-how-to-read.

21 John Paul Titlow, "How Instagram Learns from Your Likes to Keep You Hooked," *Fast Company*, July 7, 2017, https://www.fastcompany.com/40434598/how-instagram-learns-from-your-likes-to-keep-you-hooked; Lilian Edwards and Michael Veale, "Slave to the Algorithm? Why a 'Right to an Explanation' Is Probably Not the Remedy You Are Looking For" (SSRN Scholarly Paper, Rochester, NY: Social Science Research Network, May 23, 2017), https://papers.ssrn.com/abstract=2972855; Michael Veale, Reuben Binns, and Jef Ausloos, "When Data Protection by Design and Data Subject Rights Clash," *International Data Privacy Law*, April 26, 2018, https://doi.org/10.1093/idpl/ipy002; Dimitra Kamarinou, Christopher Millard, and Jatinder Singh, "Machine Learning with Personal Data" (SSRN Scholarly Paper, Rochester, NY: Social Science Research Network, November 7, 2016), https://papers.ssrn.com/abstract=2865811.

22 Andrew Tutt, "An FDA for Algorithms," *Administrative Law Review* 69, no. 83 (2017), https://papers.ssrn.com/abstract=2747994.

23 개인적인 의견 교환.

24 역사적 관점에서 이 권력의 역학관계를 탁월하게 분석한 Robin Mansell, "Bits of Power: Struggling for Control of Information and Communication Networks," *Political Economy of Communication* 5, no. 1 (2017), 2-29, 특히 16을 참조하라.

25 Laura Nader, "The Life of the Law—a Moving Story," *Valparaiso University Law Review* 36, no. 3 (2002): 658.

26 NOYB 웹사이트에서 이 단체에 관한 많은 정보를 볼 수 있다. "Noyb.Eu | My Privacy Is None of Your Business," https://noyb.eu. Hannah Kuchler, "Max Schrems: The Man Who Took on Facebook—and Won," *Financial Times*, April 5, 2018도 참조하라.

27 2010-2012: Kit Seeborg, "Facebook Q4 2012 Quarterly Earnings," January 31, 2013, https://www.slideshare.net/kitseeborg/fb-q412-investordeck/4-Daily_Active_Users_DAUsMillions_of; 2013-2014: "Facebook Q4 2014 Results," investor.fb.com, August 4, 21018, http://files.shareholder.com/downloads/AMDA-NJ5DZ/3907746207x0x805520/2D74EDCA-E02A-420B-A262-BC096264BB93/FB_Q414EarningsSlides20150128.pdf, 3; 2015-2017: Deborah Crawford et al., "Facebook, Inc. (FB)—Fourth Quarter and Full Year 2016 Results," February 1, 2017, https://s21.q4cdn.com/399680738/files/doc_financials/2017/Q4/Q4-2017-Earnings-Presentation.pdf, 2.

28 United States and Canada: "Facebook: Quarterly Revenue in U.S. and Canada from 1st Quarter 2010 to 2nd Quarter 2018," Statista, 2018, https://www.statista.com/statistics/223280/facebooks-quarterly-revenue-in-the-us-and-canada-by-segment/#0; Europe: "Facebook: Quarterly Revenue in Europe from 1st Quarter 2010 to 2nd Quarter 2018," Statista, 2018, https://www.statista.com/statistics/223279/facebooks-quarterly-revenue-in-europe/#0.

29 "Global Stats," *statcounter.com*, http://gs.statcounter.com.

30 Daisuke Wakabayashi and Adam Satariano, "How Looming Privacy Regulations May Strengthen Facebook and Google," *New York Times*, April 24, 2018, https://www.nytimes.

com/2018/04/23/technology/privacy-regulation-facebook-google.html을 참조하라.

31 "Recommendations for Implementing Transparency, Consent and Legitimate Interest Under the GDPR," Centre for Information Policy Leadership, Hunton and Williams LLP, GDPR Implementation Project, May 19, 2017.

32 "Exclusive: Facebook to Put 1.5 Billion Users Out of Reach of New EU Privacy Law," *Reuters*, April 19, 2018, https://www.reuters.com/article/us-facebook-privacy-eu-exclusive/exclusive-facebook-to-change-user-terms-limiting-effect-of-eu-privacy-law-idUSKBN1HQ00P.

33 Elizabeth E. Joh, "Privacy Protests: Surveillance Evasion and Fourth Amendment Suspicion," *Arizona Law Review* 55, no. 4 (2013): 997–1029; Jeffrey L. Vagle, "Furtive Encryption: Power, Trust, and the Constitutional Cost of Collective Surveillance," *Indiana Law Journal* 90, no. 1 (2015), http://papers.ssrn.com/abstract=2550934.

34 "How to Be Invisible: 15 Anti-surveillance Gadgets & Wearables," *WebUrbanist*, November 28, 2016, http://weburbanist.com/2016/11/28/how-to-be-invisible-15-anti-surveillance-designs-installations. 이와 관련해 "The Role of Hackers in Countering Surveillance and Promoting Democracy," April 29, 2018, https://search-proquest-com.ezproxy.cul.columbia.edu/docview/1719239523?pq-origsite=gscholar도 참조하라.

35 Zach Sokol, "Hide from Surveillance by Wearing a Mask of This Artist's Face," *Creators*, May 7, 2014, https://creators.vice.com/en_us/article/pgqp87/hide-from-surveillance-by-wearing-a-mask-of-this-artists-face를 참조하라.

36 "Backslash," Backslash.com, August 4, 2018, http://www.backslash.cc를 참조하라.

37 Mehrdad Hessar et al., "Enabling On-Body Transmissions with Commodity Devices," *UBICOMP* 16, September 12–16, 2016, Heidelberg, Germany.

38 Adam Harvey, "Stealth Wear—Anti-drone Fasion," ah projects, December 3, 2012, https://ahprojects.com/projects/stealth-wear를 참조하라.

39 Benjamin Grosser, "Projects," Benjamin Grosser, August 3, 2018, https://bengrosser.com/projects를 참조하라.

40 Cade Metz, "The Unsettling Performance That Showed the World Through AI's Eyes," *Wired*, April 30, 2017, https://www.wired.com/2017/04/unsettling-performance-showed-world-ais-eyes/; Thu-Huong Ha, "Ai Weiwei's New Show Exposes the Creepy Consequences of Our Obsession with Posing for the Camera," *Quartz*, April 29, 2018, https://qz.com/1000684/ai-weiwei-herzog-de-meuron-artwork-hansel-gretel-exposes-the-creepy-consequences-of-our-obsession-with-posing-for-the-camera.

결론

1   Adam Smith, *The Wealth of Nations*, ed. Edwin Cannan (New York: Modern Library, 1994), 485.

2   Friedrich August von Hayek, *The Collected Works of Friedrich August Hayek*, ed. William Warren Bartley (Chicago: University of Chicago Press, 1988), 1:14.

3   Friedrich Hayek, "The Use of Knowledge in Society," in *Individualism and Economic Order* (Chicago: University of Chicago Press, 1980). 85–89의 논의를 참조하라.

4   Hayek, "The Use of Knowledge," 89 (강조는 저자).

5   Ashlee Vance, "Facebook: The Making of 1 Billion Users," *Bloomberg.com*, http://www.bloomberg.com/news/articles/2012-10-04/facebook-the-making-of-1-billion-users.

6   Tom Simonite, "What Facebook Knows," *MIT Technology Review*, June 13, 2012, https://www.technologyreview.com/s/428150/what-facebook-knows.

7   Vance, "Facebook: The Making of 1 Billion Users"를 참조하라.

8   Derek Thompson, "Google's CEO: 'The Laws Are Written by Lobbyists,'" *Atlantic*, October 1, 2010, https://www.theatlantic.com/technology/archive/2010/10/googles-ceo-the-laws-are-written-by-lobbyists/63908.

9   Satya Nadella, "Satya Nadella: Build 2017," *News Center*, May 10, 2017, https://news.microsoft.com/speeches/satya-nadella-build-2017.

10   Smith, *The Wealth of Nations*, 939–40.

11   이 자료들은 제너럴 모터스의 경우 1926년부터 2008년까지, 구글은 2004년부터 2016년까지, 페이스북은 2012년부터 2016년까지의 시가총액과 고용 데이터를 내가 직접 취합해 가공한 것이다. 시가총액은 모두 세인트루이스 연방준비은행 경제데이터(FRED)의 소비자물가지수에 따라 2016년 기준으로 조정됐다. 데이터를 얻은 자료원은 스탠더드 앤드 푸어스 캐피털 IQ(구글 시가총액 및 종사자 수), 휘턴 리서치 데이터 서비스-CRSP(제너럴 모터스 시가총액), 스탠더드 앤드 푸어스 컴퓨스탯(제너럴 모터스 종사자 수), 토머스 아이콘(페이스북 시가총액), 회사 연차보고서(제너럴 모터스 종사자 수), SEC 파일링(페이스북 종사자 수)이다.

12   Opinion Research Corporation, "Is Big Business Essential for the Nation's Growth and Expansion?" ORC Public Opinion Index (August 1954); Opinion Research Corporation, "Which of These Comes Closest to Your Impression of the Business Setup in This Country?" ORC Public Opinion Index (January 1955); Opinion Research Corporation, "Now Some Questions About Large Companies. Do You Agree or Disagree on Each of These?… Large Companies Are Essential for the Nation's Growth and Expansion," ORC Public Opinion Index (June 1959). 1951년의 한 기사("Poll Finds Public on Industry's Side," *New York Times*, July 15, 1951)에 따르면 미국 대중은 대기업을 칭송하는데 그 이유는 일자리 창출, 대량생산에 있어서의 효율성, 신제품의 개발과 품질 개선, 막대한 세

금 납부, 교육에의 투자 등이었다. 1966년 해리스 폴(루이스 해리스 앤드 어소시에이츠라는 기관에서 실시하는 여론조사-옮긴이)에 따르면 미국인의 44퍼센트가 국가의 번영이 연방정부 덕분이라고 응답하였으나 대기업 덕분이라고 응답한 사람도 34퍼센트에 달했다. 1968년, 당시 CEO의 보수는 노동자 평균 급여의 약 24배였는데, 미국인의 64퍼센트는 사업체의 리더십이 역대 최고 수준이라고 봤다. 다음의 글들을 참조하라. Louis Harris & Associates, "Which Two or Three Best Describe Most Business Corporation Leaders in the Country?" (April 1966); Louis Harris & Associates, "Compared with What We Have Produced in the Past in This Country, Do You Feel That Our Present Leadership in the Field of Business Is Better, Worse or About the Same as We Have Produced in the Past?" (June 1968). 시대적 배경에 관해 더 알고 싶다면 다음 책을 참조하라. Louis Galambos, *The Public Image of Big Business in America, 1880–1940: A Quantitative Study in Social Change* (Baltimore, MD: Johns Hopkins University Press, 1975).

13 다음의 문헌들을 참조하라. Alfred D. Chandler, "The Enduring Logic of Industrial Success," *Harvard Business Review*, March 1, 1990, https://hbr.org/1990/03/the-enduring-logic-of-industrial-success; Susan Helper and Rebecca Henderson, "Management Practices, Relational Contracts, and the Decline of General Motors," *Journal of Economic Perspectives* 28, no. 1 (2014): 49-72, https://doi.org/10.1257/jep.28.1.49.

14 David H. Autor et al., "The Fall of the Labor Share and the Rise of Superstar Firms" (SSRN Scholarly Paper, Rochester, NY: Social Science Research Network, May 22, 2017), https://papers.ssrn.com/abstract=2971352. Michael Chui and James Manyika, "Competition at the Digital Edge: 'Hyperscale' Businesses," *McKinsey Quarterly*, March 2015도 참조하라.

15 2018년 말까지 백 개 이상의 데이터 센터가 추가될 것으로 예상된다. 마이크로소프트는 2017년 200억 달러를 투자했고, 2018년에는 페이스북이 애틀랜타에 새로운 하이퍼스케일 데이터 센터를 짓는 데 200억 달러를 투자하겠다는 계획을 발표했다. 한 업계 보고서에 따르면, 하이퍼스케일 기업들은 해저케이블을 포함해 전 세계를 아우르는 네트워크도 구축하고 있다. 이는 '전 세계 인터넷 트래픽의 큰 비중이 이제 하이퍼스케일 기업이 소유 또는 운영하는 사설 네트워크를 통하게 된다는 뜻이다.' 2016년 페이스북과 구글은 미국과 홍콩 간 해저케이블을 신설하기 위해 협력했다. 이 케이블은 태평양을 가로지르는 최대 용량의 전송망이 될 것이다. 이에 관해 다음 문헌들을 참조하라. João Marges Lima, "Hyperscalers Taking Over the World at an Unprecedented Scale," *Data Economy*, April 11, 2017, https://dataeconomy.com/hyperscalers-taking-world-unprecedented-scale; João Marges Lima, "Facebook, Google Partners in 12,800Km Transpacific Cable Linking US, China," *Data Economy*, October 13, 2016, https://data-economy.com/facebook-google-partners-in-12800km-transpacific-cable-linking-us-china; João Marges Lima, "Facebook Could Invest up to $20bn in a Single Hyperscale Data Centre Campus," *Data Economy*, January 23, 2018, https://data-economy.com/facebook-invest-20bn-single-hyperscale-data-centre-campus.

16 T. H. Breen, *The Marketplace of Revolution: How Consumer Politics Shaped American*

Independence (New York: Oxford University Press, 2005), 22.

17 Breen, *The Marketplace of Revolution*, 222.

18 Breen, XVI – XVII.

19 Breen, 235 – 39.

20 Breen, 20을 참조하라.

21 Breen, 299를 참조하라.

22 Breen, 325.

23 Daron Acemoglu and James A. Robinson, *Why Nations Fail: The Origins of Power, Prosperity, and Poverty* (New York: Crown Business, 2012).

24 Acemoglu and Robinson, *Why Nations Fail*, 313 – 14. 역사가 잭 골드스톤(Jack Goldstone)은 영국 의회 개혁의 규모 덕분에 더 폭력적인 변화를 향한 압력이 완화되고 더 견고하고 활발한 민주주의가 창출될 수 있었다고 본다. 애스모글루와 로빈슨처럼 골드스톤 역시 '국가의 부패'가 대개 그 사회의 엘리트 계층이 자신들의 이해관계와 대중의 이해관계가 다르다고 보는 경향과 관련된다고 결론짓는다. 이는 바로 감시 자본가들이 누리는 구조적 독립성의 위험성을 암시한다. 이에 관해 다음의 문헌들을 참조하라. Jack A. Goldstone, *Revolution and Rebellion in the Early Modern World* (Berkeley: University of California Press, 1993), 481, 487; Barrington Moore, *Social Origins of Dictatorship and Democracy: Lord and Peasant in the Making of the Modern World* (Boston: Beacon, 1993), 3 – 39.

25 Michel Crozier, Samuel P. Huntington, and Joji Watanuki, "The Crisis of Democracy: Report on the Governability of Democracies to the Trilateral Commission," 1975, http://trilateral.org/download/doc/crisis_of_democracy.pdf.

26 Ryan Mac, Charlie Warzel, and Alex Kantrowitz, "Growth at Any Cost: Top Facebook Executive Defended Data Collection in 2016 Memo—and Warned That Facebook Could Get People Killed," *Buzzfeed*, March 29, 2018, https://www.buzzfeed.com/ryanmac/growth – at – any – cost – top – facebook – executive – defended – data?utm_term=.stWyyGQnb#.cnkEEaN0v.

27 Nicholas Thompson and Fred Vogelstein, "Inside the Two Years That Shook Facebook—and the World," *Wired*, February 12, 2018, https://www.wired.com/story/inside – facebook – mark – zuckerberg – 2 – years – of – hell.

28 Hunt Allcott and Matthew Gentzkow, "Social Media and Fake News in the 2016 Election," *Journal of Economic Perspectives* 31, no. 2 (2017): 211 – 36.

29 "Nielsen/Netratings Reports Topline U.S. Data for July 2007," Nielsen/Netratings, July 2007.

30 Consumer Watchdog, "Liars and Loans: How Deceptive Advertisers Use Google," February 2011; Jay Greene, "Feds Shut Down High – Tech Mortgage Scammers," *CBSNews.com*, November 16, 2011.

31 US Department of Justice, "Google Forfeits $500 Million Generated by Online Ads &

Prescription Drug Sales by Canadian Online Pharmacies," https://www.justice.gov/opa/pr/google-forfeits-500-million-generated-online-ads-prescription-drug-sales-canadian-online.

32 Michela Del Vicario et al., "The Spreading of Misinformation Online," *Proceedings of the National Academy of Sciences* 113, no. 3 (2016): 554–59; Solomon Messing and Sean J. Westwood, "How Social Media Introduces Biases in Selecting and Processing News Content," Pew Research Center, April 8, 2012.

33 Paul Mozur and Mark Scott, "Fake News in U.S. Election? Elsewhere, That's Nothing New," *New York Times*, November 17, 2016, http://www.nytimes.com/2016/11/18/technology/fake-news-on-facebook-in-foreign-elections-thats-not-new.html을 참조하라.

34 Catherine Buni, "The Secret Rules of the Internet," *Verge*, April 13, 2016, https://www.theverge.com/2016/4/13/11387934/internet-moderator-history-youtube-facebook-reddit-censorship-free-speech.

35 Madeleine Varner and Julia Angwin, "Facebook Enabled Advertisers to Reach 'Jew Haters,'" *ProPublica*, September 14, 2017, https://www.propublica.org/article/facebook-enabled-advertisers-to-reach-jew-haters.

36 다음의 문헌들에서 유익한 논의들을 읽을 수 있다. Buni, "The Secret Rules of the Internet"; Nick Hopkins, "Revealed: Facebook's Internal Rulebook on Sex, Terrorism and Violence," *Guardian*, May 21, 2017, https://www.theguardian.com/news/2017/may/21/revealed-facebook-internal-rulebook-sexterrorism-violence?utm_source=esp&utm_medium=Email&utm_campaign=GU+Today+USA+-+Collections+2017&utm_term=227190&subid=17990030&CMP=GT_US_collection; Nick Hopkins, "Facebook Moderators: A Quick Guide to Their Job and Its Challenges," *Guardian*, May 21, 2017, https://www.theguardian.com/news/2017/may/21/facebook-moderators-quick-guide-job-challenges; Kate Klonick, "The New Governors: The People, Rules, and Processes Governing Online Speech," *Harvard Law Review* 131 (March 20, 2017), https://papers.ssrn.com/abstract=2937985.

37 Michael Nunez, "Facebook's Fight Against Fake News Was Undercut by Fear of Conservative Backlash," *Gizmodo*, November 14, 2016, http://gizmodo.com/facebooks-fight-against-fake-news-was-undercut-by-fear-1788808204.

38 Varner and Angwin, "Facebook Enabled Advertisers to Reach 'Jew Haters.'"

39 Alex Kantrowitz, "Google Allowed Advertisers to Target 'Jewish Parasite,' 'Black People Ruin Everything,'" *BuzzFeed*, September 15, 2017, https://www.buzzfeed.com/alexkantrowitz/google-allowed-advertisers-to-target-jewish-parasite-black.

40 Jack Nicas, "Big Brands Boost Fake News Sites," *Wall Street Journal*, December 9, 2016; Olivia Solon, "Google's Bad Week: YouTube Loses Millions as Advertising Row Reaches US," *Guardian*, March 25, 2017, http://www.theguardian.com/technology/2017/

mar/25/google-youtube-advertising-extremist-content-att-verizon; Alexi Mostrous, "YouTube Hate Preachers Share Screens with Household Names," *Times*, March 17, 2017, https://www.thetimes.co.uk/article/youtube-hate-preachers-share-screens-with-household-names-kdmpmkkjk; Alexi Mostrous, "Advertising Giant Drops Google in Storm Over Extremist Videos," *Times*, March 18, 2017, http://www.thetimes.co.uk/article/advertising-giant-drops-google-in-storm-over-extremist-videos-2klgvv8d5.

41 Shannon Bond, "Trade Group Warns on Google Ad Backlash 'Crisis,'" *Financial Times*, March 24, 2017, https://www.ft.com/content/0936a49e-b521-369e-9d22-c194ed1c0d48; Matthew Garrahan, "AT&T Pulls Some Ads from Google After YouTube Controversy," *Financial Times*, March 22, 2017, https://www.ft.com/content/254d330d-f3d1-3ac2-ab8d-761083d6976a; Sapna Maheshwari and Daisuke Wakabayashi, "AT&T and Johnson & Johnson Pull Ads from YouTube," *New York Times*, March 22, 2017, https://www.nytimes.com/2017/03/22/business/atampt-and-johnson-ampjohnson-pull-ads-from-youtube-amid-hate-speech-concerns.html; Rob Davies, "Google Braces for Questions as More Big-Name Firms Pull Adverts," *Guardian*, March 19, 2017, https://www.theguardian.com/technology/2017/mar/19/google-braces-for-questions-as-more-big-name-firms-pull-adverts.

42 Olivia Solon, "Facebook's Fake News: Mark Zuckerberg Rejects 'Crazy Idea' That It Swayed Voters," Guardian, November 11, 2016,, https://www.theguardian.com/technology/2016/nov/10/facebook-fake-news-us-election-mark-zuckerberg-donald-trump.

43 Guy Chazan, "Berlin Looks at Fines for Facebook with Fake News Law," *Financial Times*, December 16, 2016; Guy Chazan, "Germany Cracks Down on Social Media Over Fake News," *Financial Times*, March 14, 2017, https://www.ft.com/content/c10aa4f8-08a5-11e7-97d1-5e720a26771b; Jim Pickard, "Amber Rudd Urges Action from Internet Groups on Extremist Content," *Financial Times*, March 26, 2017, https://www.ft.com/content/f652c9bc-120d-11e7-80f4-13e067d5072c; Alexandra Topping, Mark Sweney, and Jamie Grierson, "Google Is 'Profiting from Hatred' Say MPs in Row Over Adverts," *Guardian*, March 17, 2017, http://www.theguardian.com/technology/2017/mar/17/google-is-profiting-from-hatred-say-mps-in-row-over-adverts; Sabrina Siddiqui, "'From Heroes to Villains': Tech Industry Faces Bipartisan Backlash in Washington," *Guardian*, September 26, 2017, http://www.theguardian.com/us-news/2017/sep/26/tech-industry-washington-google-amazon-apple-facebook; Nancy Scola and Josh Meyer, "Google, Facebook May Have to Reveal Deepest Secrets," *Politico*, October 1, 2017, http://politi.co/2yBtppQ; Paul Lewis, "Senator Warns YouTube Algorithm May Be Open to Manipulation by 'Bad Actors,'" *Guardian*, February 5, 2018, http://www.theguardian.com/technology/2018/feb/05/senator-warns-youtube-algorithm-may-be-open-to-manipulation-by-bad-actors.

44 Madhumita Murgia and David Bond, "Google Apologises to Advertisers for Extremist Content on YouTube," *Financial Times*, March 20, 2017; Sam Levin, "Mark Zuckerberg: I Regret Ridiculing Fears Over Facebook's Effect on Election," *Guardian*, September 27, 2017, http://www.theguardian.com/technology/2017/sep/27/mark-zuckerberg-facebook-2016-election-fake-news; Robert Booth and Alex Hern, "Facebook Admits Industry Could Do More to Combat Online Extremism," *Guardian*, September 20, 2017, http://www.theguardian.com/technology/2017/sep/20/facebook-admits-industry-could-do-more-to-combat-online-extremism; Scott Shane and Mike Isaac, "Facebook to Turn Over Russian-Linked Ads to Congress," *New York Times*, September 21, 2017, https://www.nytimes.com/2017/09/21/technology/facebook-russian-ads.html; David Cohen, "Mark Zuckerberg Seeks Forgiveness in Yom Kippur Facebook Post," *Adweek*, October 2, 2017, http://www.adweek.com/digital/mark-zuckerberg-yom-kippur-facebook-post; "Exclusive Interview with Facebook's Sheryl Sandberg," *Axios*, October 12, 2017, https://www.axios.com/exclusive-interview-facebook-sheryl-sandberg-2495538841.html; Kevin Roose, "Facebook's Frankenstein Moment," *New York Times*, September 21, 2017, https://www.nytimes.com/2017/09/21/technology/facebook-frankenstein-sandberg-ads.html.

45 David Cohen, "Mark Zuckerberg Seeks Forgiveness in Yom Kippur Facebook Post."

46 Roose, "Facebook's Frankenstein Moment."

47 Booth and Hern, "Facebook Admits Industry Could Do More to Combat Online Extremism."

48 Murgia and Bond, "Google Apologises to Advertisers"를 참조하라.

49 Mark Bergen, "Google Is Losing to the 'Evil Unicorns,'" *Bloomberg Businessweek*, November 27, 2017.

50 On modest adjustments, see Mike Isaac, "Facebook and Other Tech Companies Seek to Curb Flow of Terrorist Content," *New York Times*, December 5, 2016, http://www.nytimes.com/2016/12/05/technology/facebook-and-other-tech-companies-seek-to-curb-flow-of-terrorist-content.html; Daisuke Wakabayashi, "Google Cousin Develops Technology to Flag Toxic Online Comments," *New York Times*, February 23, 2017, https://www.nytimes.com/2017/02/23/technology/google-jigsaw-monitor-toxic-online-comments.html; Sapna Maheshwari, "YouTube Revamped Its Ad System. AT&T Still Hasn't Returned," *New York Times*, February 12, 2018, https://www.nytimes.com/2018/02/12/business/media/att-youtube-advertising.html; Madhumita Murgia, "Google Reveals Response to YouTube Ad Backlash," *Financial Times*, March 21, 2017, https://www.ft.com/content/46475974-0e30-11e7-b030-768954394623; Heather Timmons, "Google Executives Are Floating a Plan to Fight Fake News on Facebook and Twitter," *Quartz*, https://qz.com/1195872/google-facebook-twitter-fake-news-chrome; Elizabeth Dwoskin and Hamza Shaban, "Facebook Will Now Ask Users to

Rank News Organizations They Trust," *Washington Post*, January 19, 2018, https://www.washingtonpost.com/news/the-switch/wp/2018/01/19/facebook-will-now-ask-its-users-to-rank-news-organizations-they-trust; Hamza Shaban, "Mark Zuckerberg Vows to Remove Violent Threats from Facebook," *Washington Post*, August 16, 2017, https://www.washingtonpost.com/news/the-switch/wp/2017/08/16/mark-zuckerberg-vows-to-remove-violent-threats-from-facebook. 의미있는 개혁을 억누르려는 움직임에 관해서는 다음 두 기사를 참조하라. Hannah Albarazi, "Zuckerberg Votes Against Shareholder Push for Fake News Transparency," *CBS SFBayArea*, June 2, 2017, http://sanfrancisco.cbslocal.com/2017/06/02/zuckerberg-shareholder-fake-news-transparency; Ethan Baron, "Google Parent Alphabet Gender-Pay Proposal Dead on Arrival," *Mercury News*, June 7, 2017.

51 "Facebook Reports First Quarter 2018 Results."

52 Adam Mosseri, "News Feed FYI: Bringing People Closer Together," *Facebook Newsroom*, January 11, 2018, https://newsroom.fb.com/news/2018/01/news-feed-fyi-bringing-people-closer-together.

53 Sapna Maheshwari, "As Facebook Changes Its Feed, Advertisers See Video Ambitions," *New York Times*, January 21, 2018, https://www.nytimes.com/2018/01/21/business/media/facebook-video-advertising.html.

54 Thomas Paine, *The Life and Works of Thomas Paine*, ed. William M. Van der Weyde (New Rochelle, NY: Thomas Paine Historical Society, 1925), 6:97.

55 Hannah Arendt, *Between Past and Future: Eight Exercises in Political Thought* (New York: Penguin, 2006), 99.

56 Mark Zuckerberg, "Building Global Community," February 16, 2017, https://www.facebook.com/notes/mark-zuckerberg/building-global-community/10154544292806634.

57 Karissa Bell, "Zuckerberg Removed a Line About Monitoring Private Messages from His Facebook Manifesto," *Mashable*, February 16, 2017, http://mashable.com/2017/02/16/mark-zuckerberg-manifesto-ai.

58 Heather Kelly, "Mark Zuckerberg Explains Why He Just Changed Facebook's Mission," *CNNMoney*, June 22, 2017, http://money.cnn.com/2017/06/22/technology/facebook-zuckerberg-interview/index.html.

59 Pippa Norris, "Is Western Democracy Backsliding? Diagnosing the Risks," Harvard Kennedy School, March 2017, https://www.hks.harvard.edu/publications/western-democracy-backsliding-diagnosing-risks; Erik Voeten, "Are People Really Turning Away from Democracy?" (SSRN Scholarly Paper, Rochester, NY: Social Science Research Network, December 8, 2016), https://papers.ssrn.com/abstract=2882878; Amy C. Alexander and Christian Welzel, "The Myth of Deconsolidation: Rising Liberalism and the Populist Reaction," *Journal of Democracy*, April 28, 2017, https://www.

journalofdemocracy.org/sites/default/files/media/Journal%20of%20Democracy%20 Web%20Exchange%20-%20Alexander%20and%20Welzel.pdf; Ronald Inglehart, "The Danger of Deconsolidation: How Much Should We Worry?" *Journal of Democracy* 27, no. 3 (2016), https://www.journalofdemocracy.org/article/danger-deconsolidation-how-much-should-we-worry; Roberto Stefan Foa and Yascha Mounk, "The Signs of Deconsolidation," *Journal of Democracy* 28, no. 1 (2017); Ronald Inglehart and Christian Welzel, "Democracy's Victory Is Not Preordained. Inglehart and Welzel Reply," *Foreign Affairs* 88, no. 4 (2009): 157-59; Roberto Stefan Foa, "The End of the Consolidation Paradigm-a Response to Our Critics," *Journal of Democracy*, April 28, 2017.

60 Bart Bonikowski, "Three Lessons of Contemporary Populism in Europe and the United States," *Brown Journal of World Affairs* 23, no. 1 (2016); Bart Bonikowski and Paul DiMaggio, "Varieties of American Popular Nationalism," *American Sociological Review* 81, no. 5 (2016): 949 - 80; Theda Skocpol and Vanessa Williamson, *The Tea Party and the Remaking of Republican Conservatism* (New York: Oxford University Press, 2016), 74 - 75.

61 Richard Wike et al., "Globally, Broad Support for Representative and Direct Democracy," *Pew Research Center's Global Attitudes Project*, October 16, 2017, http://www.pewglobal. org/2017/10/16/globally-broad-support-for-representative-and-direct-democracy.

62 민주주의 연구자이자 "민주주의 퇴조"라는 말을 만든 래리 다이아몬드는 이렇게 설명한다. "미국 민주주의의 활력과 자신감이 민주주의의 전 지구적 확장에 얼마나 중요했는지는 두말할 나위 없다. … 유럽과 미국에서의 무관심과 타성은 더 많은 국가에서 새로운 민주주의의 역전이나 권위주의적 개입을 막는 장벽을 현격히 낮출 수 있다." Larry Diamond, "Facing Up to the Democratic Recession," *Journal of Democracy* 26, no. 1 (2015): 141 - 55, https://doi.org/10.1353/jod.2015.0009.

63 Naomi Klein, The Shock Doctrine: *The Rise of Disaster Capitalism* (New York: Picador, 2007); Erik Olin Wright, *Envisioning Real Utopias* (London: Verso, 2010); Wendy Brown, *Edgework: Critical Essays on Knowledge and Politics* (Princeton, NJ: Princeton University Press, 2005); Gerald F. Davis, *Managed by the Markets: How Finance Re-shaped America* (New York: Oxford University Press, 2011).

64 Immanuel Wallerstein et al., *Does Capitalism Have a Future?* (Oxford: Oxford University Press, 2013); Erik Olin Wright, *Envisioning Real Utopias* (London: Verso, 2010); Naomi Klein, *This Changes Everything: Capitalism Vs. the Climate* (New York: Simon & Schuster, 2015); Wendy Brown, *Edgework: Critical Essays on Knowledge and Politics* (Princeton, NJ: Princeton University Press, 2005); Davis, *Managed by the Markets*; Wolfgang Streeck, "On the Dismal Future of Capitalism," *Socio-Economic Review* 14, no. 1 (2016): 164 - 70; Craig Calhoun, "The Future of Capitalism," *Socio-Economic Review* 14, no. 1 (2016): 171 - 76; Polly Toynbee, "Unfettered Capitalism Eats Itself," *Socio-Economic Review* 14, no. 1 (2016): 176 - 79; Amitai Etzioni, "The Next Industrial Revolution Calls for a Different Economic System," *Socio-Economic Review* 14, no. 1 (2016): 179 - 83.

65 예를 들어 Nicolas Berggruen and Nathan Gardels, *Intelligent Governance for the 21st Century: A Middle Way Between West and East* (Cambridge: Polity, 2013)를 참고하라.

66 Hannah Arendt, *The Origins of Totalitarianism* (New York: Schocken, 2004), 615.

67 Theodor Adorno, "Education after Auschwitz," in *Critical Models: Interventions and Catchwords* (New York: Columbia University Press, 1966).

68 Thomas Piketty, *Capital in the Twenty-First Century* (Cambridge, MA: Belknap Press, 2014), 571.

69 Piketty, *Capital in the Twenty-First* Century, 573. Wendy Brown, *Undoing the Demos: Neoliberalism's Stealth Revolution* (New York: Zone, 2015)도 참조하라. 이 책은 현명하고 품위 있게 민주주의를 방어한다.

70 Roger W. Garrison, "Hayek and Friedman," in *Elgar Companion to Hayekian Economics, ed. Norman Barry* (Northampton, MA: Edward Elgar, 2014).

71 Friedrich Hayek, interview by Robert Bork, November 4, 1978, Center for Oral History Research, University of California, Los Angeles, http://oralhistory.library.ucla.edu.

72 Zygmunt Bauman, *Liquid Modernity* (Cambridge, MA: Polity, 2000); Fernand Braudel, *The Structures of Everyday Life* (New York: Harper & Row, 1981), 1:620.

73 Piketty, *Capital in the Twenty-First Century*, 614–15.

74 Roberto M. Unger, *Free Trade Reimagined: The World Division of Labor and the Method of Economics* (Princeton, NJ: Princeton University Press, 2007), 8, 41 (강조는 저자).

75 Paine, *The Life and Works*, 6:172.

76 Hannah Arendt, "A Reply" [to Eric Voegelin's review of *Origins of Totalitarianism*], *Review of Politics*, 15 (1953): 79.

77 George Orwell, *In Front of Your Nose 1945–1950: The Collected Essays, Journalism and Letters of George Orwell*, vol. 4, ed. Sonia Orwell and Ian Angus (New York: Harcourt, Brace, and World, 1968), 160–81 (강조는 저자).

78 Orwell, *In Front of Your Nose*.

79 Hannah Arendt, "What Is Freedom?" in *Between Past and Future: Eight Exercises in Political Thought* (New York: Penguin, 1993), 169.

ㄹ

옮긴이 **김보영**

고려대학교 산림자원학과와 사회학과를 졸업하고 동 대학교 대학원에서 석사와 박사 과정을 수료했다. 이후 성균관대학교 번역·TESOL 대학원에 진학해 번역 공부를 하며 다양한 도서를 번역했다. 번역학과 졸업 후, 현재는 출판번역 에이전시 베네트랜스에서 번역가로 활동하며 다양한 도서의 검토와 번역을 진행하고 있다. 번역한 도서로는《제3의 장소》《맥도날드 그리고 맥도날드화》(공역)《국제 이주》《사이버파워》(공역)《Elements of Surprise》(출간 예정) 등이 있다.

감수 **노동욱**

서울대학교 대학원에서 영문학 박사 학위를 받았다. 현재 삼육대학교 스미스학부대학 교수로 재직 중이다. 저서로는《미국문학으로 읽는 미국의 문화와 사회》(공저)가 있고, 역서로는《행복한 결혼생활을 위한 7원칙》(공역),《위험한 책읽기》(공역)가 있으며, 감수한 책으로는《감염병과 사회》가 있다. 주요 논문으로는〈문화번역의 번역(불)가능성: 탈식민주의 번역 연구〉등이 있다.

감시 자본주의 시대

1판 1쇄   2021년 4월 14일
1판 4쇄   2023년 7월 28일

지은이   쇼샤나 주보프
옮긴이   김보영

펴낸이   임지현
펴낸곳   (주)문학사상
주소   경기도 파주시 회동길 363-8, 201호(10881)
등록   1973년 3월 21일 제1-137호

전화   031) 946-8503
팩스   031) 955-9912
홈페이지   www.munsa.co.kr
이메일   munsa@munsa.co.kr

ISBN   978-89-7012-508-4 (03300)